W0300144

Buch-Updates

Registrieren Sie dieses Buch auf unserer Verlagswebsite. Sie erhalten dann Buch-Updates und weitere, exklusive Informationen zum Thema.

Galileo BUCH UPDATE

Und so geht's

> Einfach **www.galileodesign.de** aufrufen

<<< Auf das Logo **Buch-Updates** klicken

> Unten genannten **Zugangscode** eingeben

Ihr persönlicher Zugang zu den Buch-Updates 05GP70714619

Christoph Grüder

Adobe Indesign CS2

Das Praxisbuch zum Lernen und Nachschlagen

Galileo Press

Liebe Leserin, lieber Leser,

ich freue mich, Ihnen dieses InDesign-Buch in völlig neuem Gewand präsentieren zu können. Vielleicht kennen Sie unser Standardwerk schon von den Auflagen zu den Versionen InDesign 2 und CS her? Zur Version CS2 wurde es inhaltlich und gestalterisch komplett überarbeitet. Das Layout wurde von uns modernisiert – Sie finden nun eine breite Seitenspalte mit vielen nützlichen Zusatzinformationen, die Sie als fortgeschrittener Anwender lesen sollten, als Einsteiger aber nicht lesen müssen – so ist dieses Buch für alle InDesign-Anwender geeignet.

Anhand der Themenauflistung im Inhaltsverzeichnis werden Sie schnell erkennen, dass Sie es hier mit einem Buch für denjenigen Leser zu tun haben, der InDesign in der Druckvorstufe professionell einsetzen möchte – Themen wie XML, InCopy, Datenzusammenführung und die ausführlichen Kapitel zur Ausgabe mit Themen wie Ausschießen, Überfüllen und Überdruck sprechen hier Bände.

Erfreuen wird Sie auch die weitere Ausstattung des Buchs: Die Referenzkarte versammelt alle wichtigen Tastenkürzel. Sie können sie neben Ihrem Rechner aufstellen und haben so die Tastenkürzel immer im Blick. Auf der beiliegenden DVD finden Sie einige Video-Lektionen aus unserem Videotraining zu InDesign CS2: So können Sie kostenlos diese neuartige Lehr- und Lernmethode kennen lernen.

Ich hoffe, dass sich unser Buch zu einem ständigen Begleiter in Ihrem Berufsleben entwickelt und wünsche viel Spaß beim Einsatz von InDesign CS2!

Ruth Wasserscheid
Lektorin Galileo Design

ruth.wasserscheid@galileo-press.de
www.galileopress.de
Galileo Press • Rheinwerkallee 4 • 53227 Bonn

Die Video-Lektionen auf der Buch-DVD

the
friendly
alien

Vertigo

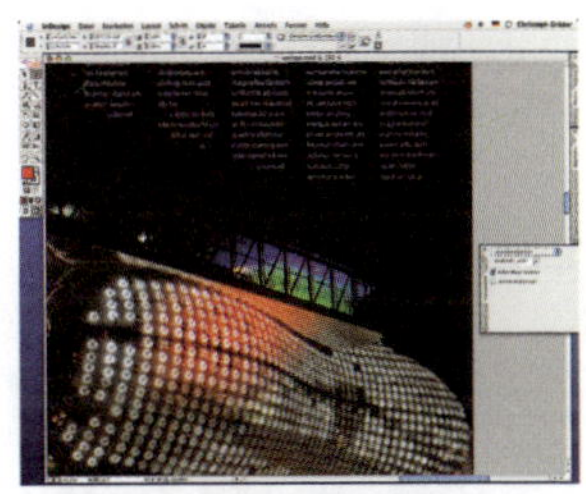

lounge
Interior News

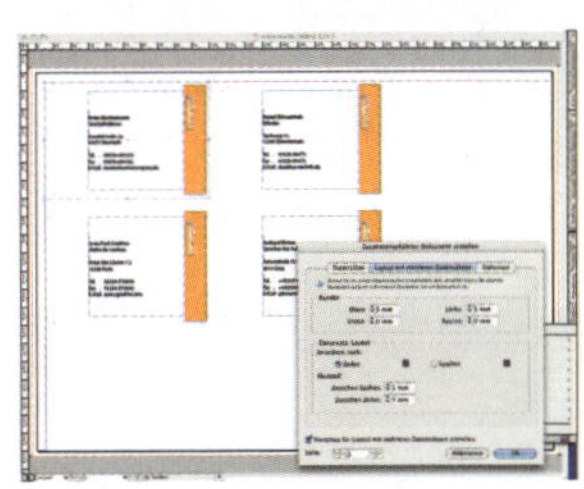

Einleitung

InDesign und die Creative Suite 2

Mit der zweiten Ausgabe der Adobe Creative Suite wächst InDesign zum zentralen Layout-Werkzeug. Die neuen Funktionen darin sind diesmal nicht so spektakulär wie bei der Vorversion. Dafür verhelfen sie umso mehr zu einer produktiveren Arbeitsweise, sind technologisch auf der Höhe der Zeit und bestechen durch einen einzigartigen und einmaligen Umfang, der unter Layout- oder Satzprogrammen seinesgleichen sucht.

Wir wenden uns mit diesem Buch sowohl an Einsteiger als auch an Profis und beschreiben das Programm einerseits aus gestalterischer Sicht mit einem umfassenden Blick auf die kreativen Werkzeuge und andererseits aus produktionstechnischer Sicht, wobei besonders der Umgang mit großen Datenmengen und die verschiedenen Ausgabemedien berücksichtigt werden müssen.

Das Buch soll Ihnen sowohl als Trainings- als auch als Nachschlagewerk dienen und besonders auch die Neuerungen der Version CS2 aufzeigen.

▲ **Abbildung 1**
Familienfoto: Neben den bekannten Werkzeugen Illustrator, Photoshop, GoLive und Acrobat hat sich Nachwuchs eingefunden: Zum einen die Adobe Bridge, zum anderen InCopy. Es wird immer wichtigerer als Zwilling von InDesign.

Vorgeschichte

Die erste InDesign-Version wurde im Frühjahr 1999 vorgestellt und brachte die bis dahin etablierte und konkurrenzlose Layoutprogramm-Landschaft durcheinander. Adobe hatte sich für die Entwicklung sehr viel Zeit gelassen, immerhin gingen über zwei

Jahre ins Land, bis das Produkt unter dem Entwicklungsnamen K2 zu InDesign 1.0 wurde.

Es war wohl zunächst eher ein strategisches Signal, das allerdings in der Layoutwelt auf großes Interesse stieß. Die Begeisterung hielt sich jedoch mit der Version 1.5, nicht zuletzt durch ein gewisses Maß an Unwissenheit und großer Vorsicht, noch in Grenzen, und die Klagen über langsame Systemumgebungen und Ausgabeprobleme mehrten sich. Wer kennt nicht den Ausspruch »Never touch a running system«? Diese Probleme wurden mit der 2.0-Version behoben, und darüber hinaus wurden viele neue Basisfunktionen integriert, wie z.B. Transparenzen, Tabellen oder XML-Strukturen. Damit diese neuen Funktionen auch für die Ausgabe beherrschbar blieben, wurden mit der CS-Version im Frühjahr 2004 unter anderem Produktionswerkzeuge wie die Ausgabe- und Reduzierungsvorschauen integriert, die ISO-Formate PDF/X-3 und /X-1a für drucktaugliche PDF-Dateien fanden den Weg in das Programm.

Die Neuerungen

Eher unspektakulär erscheint InDesign in der neuen CS2-Version. Von zahlreichen Funktionen wie den Transparenzen, den modernen Typografie-Werkzeugen und der hohen Flexibilität gegenüber unterschiedlichsten Formaten verwöhnt, schauen wir nun mit deutlich kritischerem Blick auf den InDesign-Alltag. Einzelne Neuerungen hervorzuheben, fällt schwer, da InDesign viele Verbesserungen für automatische Abläufe und wiederkehrende Aufgaben mitbringt. Somit hat Adobe, wie schon bei der CS-Version, die Produktionstauglichkeit von InDesign verbessert, die kreativen Neuerungen bleiben »übersichtlich«. Lesen Sie dazu das Kapitel »InDesign CS: Was ist neu?«.

Wettbewerb

Der nicht enden wollende Zwist unter Layoutern, welches Programm denn nun besser sei – QuarkXPress oder InDesign – wird von Quark weiter angeheizt. Viele Funktionen, die InDesign schon mit der 2.0-Version geboten hat, werden nun in Quark in veränderter Form eingebaut oder für zukünftige Versionen angekündigt. Quark 7 soll nun zum Dank an die lange ausharrenden Quark-Anwender sogar Transparenzen im Programm beherrschen. Ob diese dann auch sofort praxistauglich sind, darf bezweifelt werden. Schließlich hat es mitunter bis zu drei Jahre gedauert, bis InDesign-Nutzer Transparenzen nun tagtäglich anwenden und ausgeben. Interessant ist jedoch das Konzept der Transparenzen in Quark: Die Deckkraft soll einzig über die Farbe gesteuert werden, nicht wie die Objektdeckkraft in InDesign.

Daher sollen auch Verläufe von transparent zu deckend möglich sein. Nun genug der Spekulationen, es bleibt spannend.

Zusammenarbeit

In der Zwischenzeit entscheiden sich immer mehr große Verlage für InDesign, einzelne Magazine oder ganze Publikationen umzustellen. Ist eine solche Entscheidung erst einmal gefallen, gibt es so schnell kein zurück. Immer wichtiger wird in diesem Zusammenhang die Zwillingsschwester von InDesign: InCopy. Zunächst nur als Texteditor für große Redaktionssysteme geplant, entpuppt sich die Verbindung und Zusammenarbeit der Programme als Segen für Verlage auch in kleinen Redaktionen, in denen bislang gar kein Redaktionssystem eingesetzt wurde und der Datenaustausch grundsätzlich über QuarkXPress und Word als Texteditor stattfand. Über ein simples Netzwerk können so Daten zwischen Layout- und Textredaktion ausgetauscht werden und die Arbeit findet parallel statt. Daher haben wir InCopy auch ein eigenes Kapitel gewidmet, in der wir die Redaktionsarbeit im Kleinen wie im Großen erläutern.

Zukunft

Die technologischen Bausteine – PDF, XML, Unicode – haben sich bewährt. Obwohl InDesign technologisch gesehen weitaus komplexer als QuarkXPress ist, haben Entwickler und Kunden Wege gefunden, die Technik sinnvoll anzuwenden. Die unklaren Punkte wie die notwendige RIP-Version für PDF-Dateien aus InDesign oder die Frage nach der Ausbelichtung von Transparenzen erläutern wir in diesem Buch genau und geben Ihnen Tipps, wie Sie in diesen Untiefen navigieren.

Die neuen Standards PDF/X-3 und X-1a vereinheitlichen heute schon in vielen Betrieben und Verlagen die Produktion, wobei die Integration des PDF-Formats in InDesign eine seiner vielen Stärken ist.

Darüber hinaus gibt es aber auch eine Reihe von berechtigter Kritik, die sich Adobe zu Herzen nehmen sollte. Die Bedienung des Textumbruchs gibt vielen Anwendern immer wieder Rätsel auf. Einen Quark-Import für 6.x-Dateien suchen Sie vergebens und die Komplexität der Formate durch verschachtelte Absatzformate sowie aufeinander basierende Objektstile, die sich beide miteinander verbinden lassen, könnte so manche Reinzeichnerin oder so manchen Druckvorstufenoperator zur Verzweiflung treiben.

Die Creative Suite Standard und Premium

Wenn Sie InDesign in der Creative Suite 2 erworben haben, ändern sich für Sie zwei Dinge: das Update und die Integration der Programme zusammen mit der Server-Umgebung Version Cue und der Adobe Bridge.

Gemeinsame Plattform, gemeinsame Technologie

Mit der Creative Suite folgt Adobe dem Gedanken, nicht nur einzelne Lösungen, sondern eine gesamte Plattform anzubieten. Diese Idee ist nicht neu: Schon häufig haben Softwarefirmen Programme zu Paketen zusammengeschnürt. So bot Aldus einst u.a. die Programme PageMaker, FreeHand und Persuasion als Collection an. Diese Tradition verfolgte Adobe, die 1993 Aldus übernommen haben, mit der Design-, Web-, Publishing- oder Video-Collection. Die Creative Suite ist eine Weiterentwicklung: Die Programme werden über den Version Cue-Server und die Adobe Bridge miteinander verbunden. Das hat Konsequenzen sowohl für die Softwarelizenz als auch für die Technologien.

Die Softwarelizenz für die Adobe Creative Suite ist eine einzelne Lizenz. Das bedeutet, dass zukünftige Updates nur auf die gesamte Suite erfolgen können, einzelne Programme der Suite können nicht erneuert werden. Das hat Nach- und Vorteile: Zum einen kommen Sie an den anderen Programmen der Suite nicht vorbei, zum anderen erhalten Sie eine Gesamtlösung, in der alle Programme zur gleichen Zeit auf einen gemeinsamen Stand weiterentwickelt werden und zukünftig auch noch stärker zusammenwachsen dürften. Das bedeutet für Ihre Arbeit, dass Sie sich auf eine höhere Produktionssicherheit verlassen können. Wenn ältere und neue Programme gleichzeitig benutzt werden, können Inkompatibilitäten die Gestaltung oder die Produktion einschränken.

Nicht alle technischen Neuerungen ließen sich bis jetzt in der gesamten Workflow-Kette der Programme durchgängig einsetzen. Dies wird nun mit der Creative Suite ermöglicht: Das zentrale Farbmanagement, die Transparenzen, die Typografie-Werkzeuge oder die Integration von PDF/X werden von allen Programmen nahezu identisch behandelt. Auch mit der zweiten Creative Suite wurde von Adobe dieses Ziel angestrebt, aber nicht in allen Belangen erreicht. So ist z.B. Acrobat noch nicht in die Version Cue-Umgebung integriert worden.

Version Cue CS2

Version Cue ist ein Server, der es ermöglicht, für ein Publishing-Projekt eine Projektumgebung anzulegen. Haben Sie die Creative

Suite auf Ihrem Arbeitsplatz installiert, dann können Sie Projekte eigenständig anlegen und im Netzwerk mit anderen Arbeitsplätzen teilen. Über die einzelnen Programme der Standard- oder Premium-Version können Sie Daten zentral verwalten und lokal auf dem Arbeitsplatz bearbeiten. Während die Standard-Edition die Programme InDesign CS2, Photoshop CS2, Illustrator CS2 und Version Cue CS2 umfasst und sich primär an das Print-Design wendet, erlaubt die Premium-Edition mit GoLive CS2 und Acrobat 7 Professional den gesamten Workflow von Design und Produktion für Print und Web.

Die Arbeitsgruppe eines Projektes kann mehrere eingebundene Arbeitsplätze umfassen, es gibt keine physikalische Begrenzung. Sinnvoll ist jedoch der Einsatz von Version Cue in kleinen bis mittleren Arbeitsgruppen (zwei bis zwanzig Arbeitsplätze). Der Zugriff erfolgt über File Sharing bzw. über das FTP- oder HTTP-Protokoll und ermöglicht somit auch die Zusammenarbeit über das Internet. Die Arbeitsweise ohne Version Cue, wie Sie es bisher auch mit der 2.0-Version von InDesign gewohnt waren, ist selbstverständlich weiterhin möglich.

Wenn Sie InDesign CS2 nicht mit der Suite zusammen erworben haben, können Sie kein Version Cue-Projekt anlegen, dafür aber auf freigegebene Projekte im Netzwerk zugreifen. Das gilt ebenso für alle anderen Einzellizenzen. Die genaue Arbeitsweise wird im Kapitel »Version Cue« beschrieben.

Design und Publishing heute

Ein gutes Layout zur Aufbereitung von visuellen Informationen wird nicht von einer Software gemacht, sondern glücklicherweise von Ihnen – den Grafikerinnen und Gestaltern hinter dem Bildschirm. Dabei – so hat es Jan Tschichold betont – ist eine gute typografische Gestaltung immer dann erkennbar, wenn sie sich dem Betrachter nicht aufdrängt, also den Inhalt unterstützt und nicht mit ihm konkurriert. Eine Schrift oder ein Layout ist immer der Träger der Information, die einem Schauspieler gleicht. Das Publikum wird durch eine überzeugende Verkörperung fasziniert.

Die klassische Auffassung von Design ist heute wieder aktueller denn je, da wir in einer Bilderwelt leben, in der Trends und Styles ein sehr hohen Wert beigemessen wird, als der mit ihnen codierte Inhalt wirklich bietet. Hinzu kommen Geschwindigkeit und Verbreitung: Während früher zwischen Erfassung von Information und Veröffentlichung mehrere Arbeitsschritte und -prozeduren aufgrund der analogen Technologie nötig waren, vergehen heute nur noch wenige Stunden, um die digitalen Medien zu bedienen. Sie müssen somit immer schneller und für verschiedene Medien gestalten. Für diese Anforderungen wurde InDesign als Informationsschnittstelle konzipiert.

Die typografische Gestaltung hat durch die digitale Technik ein modernes Gesicht erhalten. Während die Zeiten des Bleisatzes rückblickend nostalgisch verklärt werden, kann niemand leugnen, dass heutige digitale Werkzeuge die typografischen und produktiven Möglichkeiten des Bleisatzes längst übertroffen haben. Dabei sollte sich der Qualitätsmaßstab gleichermaßen aus visuellen Konzepten und handwerklichen Traditionen bilden.

Neue Werkzeuge verändern also auch die Gestaltung, eine Tatsache, der sich Typografinnen und Designer stellen müssen. Unser Anspruch sollte stets sein, dass wir unser Gestaltungsrepertoire nicht von der Software abhängig machen, aber die Software uns alle Möglichkeiten offen halten sollte. Und genau an dieser Stelle setzen wir an.

Danke schön!

Was wäre ein Buch, wenn wir nicht auch ein paar Worte an die Menschen richten würden, die im Hintergrund geholfen haben? Ein besonderer Dank gilt Christof Bobzin für die Anregungen und unserer Lektorin Ruth Wasserscheid für die geduldige und kritische Beurteilung.

Die Layoutabteilung der MesseZeitung der Schlüterschen Verlagsgesellschaft mbH & Co. KG Hannover zur CeBIT 2005 gab die praktische Vorlage für das Kapitel über den Redaktionsworkflow: Danke an Melanie Kalisch (Leitung Layout), Daniela Stelter sowie Henning Bartens (Produktionsleitung).

Die Agentur Gereby Design und die Pressestelle der Technischen Universität Braunschweig haben uns dankenswerterweise die QuarkXPress-Satzdateien für das Kapitel über den Quark-Import zur Verfügung gestellt.

Wir hoffen, dass Ihnen das Buch einen umfassenden Eindruck von InDesign verschafft und Ihnen Appetit auf eigene Projekte macht.

Christoph Grüder
Braunschweig, im Oktober 2005

TEIL I
Grundlagen

1 Sinnvolle Voreinstellungen

Die enorme Funktionsvielfalt von InDesign erfordert umfangreiche Einstellungen. Mit sinnvollen Vorgaben arbeiten Sie in InDesign effektiv und vermeiden Fehler in der späteren Produktion. Welche Einstellungen geändert werden sollten und was sich dahinter verbirgt, zeigen wir Ihnen hier.

Um es kurz zu machen: InDesign ist so konfiguriert, dass Sie sofort mit der Layoutarbeit beginnen können. Jedoch können später Probleme während der kreativen Arbeit oder in der Ausgabe auftreten, die Sie hier mit korrekten Voreinstellungen vermeiden oder in der Fehlersuche beheben können.

1.1 Absolut und relativ

InDesign unterscheidet zwischen absoluten Grundeinstellungen, die bei jedem Programmstart übernommen werden, und dokumentspezifischen Einstellungen. Sobald Sie InDesign geöffnet haben und noch kein Dokument angelegt wurde, sind die absoluten Einstellungen aktiv. Sie können nun beginnen, anhand dieses Kapitels die Einstellungen zu überprüfen und sie gegebenenfalls zu ändern.

Farbmanagement und Text

Die Einstellungen zum Farbmanagement und zur Textbearbeitung finden Sie gesondert in den Kapiteln »Farbmanagement« und »Texte erfassen und bearbeiten«.

Wenn Sie ein neues Dokument anlegen, werden die absoluten Einstellungen automatisch in diesem Dokument übernommen. Jede Änderung der Grundeinstellungen bei einem geöffneten Dokument bleibt relativ, d.h., die absoluten Einstellungen bleiben unangetastet.

Wo liegt nun der Vorteil? Ein Beispiel: Sie verwenden generell als Standardeinheit für Maße und Lineale immer Millimeter. Für besondere typografische Arbeiten wollen Sie jedoch anstatt Millimeter die Einheit Cicero verwenden. Sie können die Einstellungen nur für dieses Dokument ändern. Jedes andere Dokument verwendet dagegen weiterhin Millimeterangaben. Bei einigen Grundeinstellungen weisen wir auf die besonderen Extras dieser Art hin.

1.1.1 Voreinstellungen aufrufen

Über das Hauptmenü InDesign • Voreinstellungen • Allgemein auf dem Mac bzw. Bearbeiten • Voreinstellungen • Allgemein auf dem PC oder mit den Shortcuts Strg/⌘ + K öffnen Sie die Voreinstellungen. Auf der ersten Seite erhalten Sie die Übersicht zu den allgemeinen Voreinstellungen, es folgen die weiteren Einstellungen in Kapiteln, die Sie über einen Klick in die linke Spalte aufrufen können.

1.2 Allgemein

1.2.1 Seitenzahlen-Ansicht

Die Paginierung Ihres Dokuments können Sie absolut nummerieren – also von der ersten bis zur letzten Seite –, oder Sie unterteilen Ihr Dokument in mehrere Kapitel mit einer eigenen Paginierung. Die Einstellung Absolute Nummerierung ignoriert Kapiteleinteilungen bei der Seitendarstellung in der Seitenpalette, Abschnittsnummerierung hingegen zeigt Ihnen die Kapitelnummerierung an. Die Abschnittsnummerierung bezieht sich hier nur auf ein geöffnetes Dokument mit mehreren Kapiteln. Die Buchfunktion hingegen verwaltet innerhalb eines Buchprojektes Dokumente mit durchgehender Nummerierung durch alle Bücher.

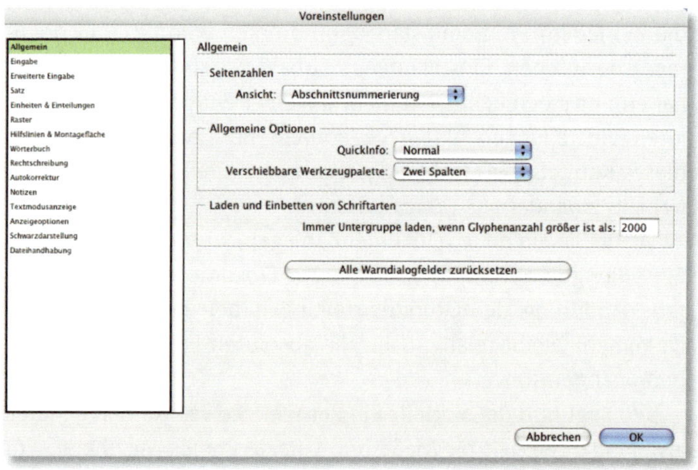

Abbildung 1.1 ▶
Die allgemeinen Voreinstellungen legen Sie absolut fest, wenn Sie alle Dokumente in InDesign schließen. Für jedes neue Dokument gelten dann diese Vorgaben.

1.2.2 Allgemeine Optionen

QuickInfo | Die QuickInfo – kleine gelbe Textfahnen – erscheint dann, wenn Sie den Mauszeiger über die Paletten bewegen. Sie erklären die Funktion, die hinter einem Symbol liegt. Da sich diese kleinen Heinzelmännchen – für Anfänger hilfreich – nach einiger Zeit schnell zu nervigen Besserwissern entpuppen, ist die Grundeinstellung auf Normal gestellt. Das bedeutet, dass erst nach ca. 2–3 Sekunden die QuickInfo sichtbar wird. Hier können Sie auch auf SCHNELL umstellen und werden dann bemerken, wie aufdringlich diese Hilfe plötzlich werden kann. Die Funktion KEINE ist an dieser Stelle überflüssig: Wenn Sie in das Programm eingearbeitet sind, kommt die QuickInfo hinter Ihrem Arbeitstempo nicht mehr her.

Verschiebbare Werkzeugpalette | Ob Ihre Werkzeuge zweispaltig, einspaltig oder einzeilig angezeigt werden, können Sie hier einstellen. Diese bekannte Funktion aus InDesign 2, die auch per Mini-Button am oberen Ende der Werkzeugpalette angewählt werden konnte, ist nun auf diese Einstellung zusammengeschrumpft. Ursprünglich sollte dadurch Platz eingespart werden. Durch das sehr platzsparende Interface-Konzept mit den verkleinerten »lauernden« Paletten am rechten Monitorrand ist dies jedoch nicht mehr nötig.

Alle Warndialogfelder zurücksetzen

Während Ihrer Arbeit in InDesign werden Ihnen je nach Situation Warndialogfelder angezeigt, die Sie auf die eine oder andere Gefahr hinweisen. Diese Felder haben überwiegend die Option DIESE WARNUNG NICHT MEHR ANZEIGEN integriert. Über den Zurücksetzen-Button deaktivieren Sie alle diese Optionen, und die Warnungen erscheinen bei drohenden Gefahren wieder vollständig.

1.2.3 Laden und Einbetten von Schriftarten

Diese Einstellung betrifft die Druck- und Exporteinstellungen. Hier handelt es sich besonders darum, OpenType-Fonts mit mehreren tausend Zeichen nicht vollständig in eine PostScript-, EPS- oder PDF-Datei einzubetten, da auf diese Weise schnell einige Megabyte zusätzlich zur Ausgabedatei hinzukommen würden. Der Schwellenwert bezieht sich auf die Summe an Zeichen, ab der eine Untergruppe des Fonts erzeugt und in die Exportdatei geschrieben wird. Lesen Sie dazu bitte auch den Abschnitt über OpenType-Fonts im Typografie-Kapitel.

1.3 Eingabe

Unter Eingabe (Abbildung 1.2) finden Sie Voreinstellungen, die sich auf das Verarbeiten von Text beziehen.

1.3.1 Eingabeoptionen

Typografische Anführungszeichen | Die Entwicklung des Desktop-Publishings hat leider die korrekte Orthografie in Mitleidenschaft gezogen. Für die deutsche Sprache fangen Anführungsstriche bei wörtlicher Rede unten an und hören oben auf. Wenn Sie bei der Texteingabe nicht auf diese Regel achten und die normale Anführungstaste auf Ihrer Tastatur verwenden, verzeiht Ihnen InDesign und wandelt alle »falschen« Anführungsstriche in korrekte Zeichen um, so wird aus "InDesign" z. B. „InDesign“. Nett, oder? Für die Satz-Profis unter Ihnen gelten die Shortcuts [⌘] + [⌥] + [⇧] + [ß] für den Mac und [Strg] + [Alt] + [⇧] + [ß] für den PC. Die Verwendung der typografischen Anführungsstriche wird unter den Verlagen unterschiedlich gehandhabt. So verwenden auch viele die französischen »Guillemets«, die sich für den Buchsatz besser in den Textfluss integrieren und weniger Unruhe erzeugen, so wie wir in diesem Buch.

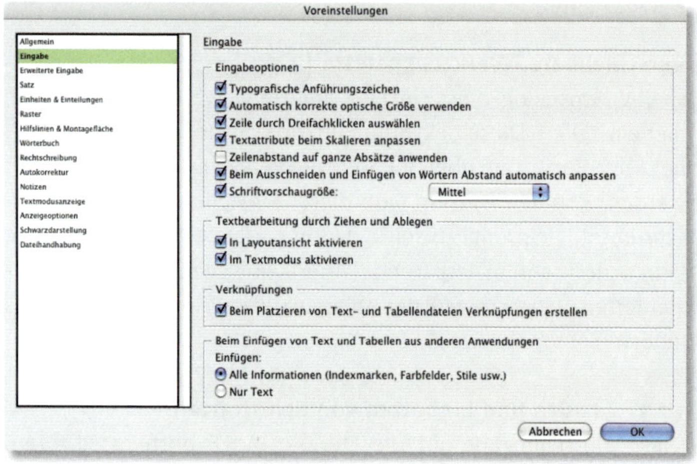

Abbildung 1.2 ▶
Zur Texteingabe und Bearbeitung dienen diese Vorgaben.

Automatisch korrekte optische Größe verwenden | Sollten Sie Multiple-Master-Schriften verwenden, so bieten diese Spezialfonts Variablen, um das Schriftbild bezüglich der Dickte, der Standfette oder der optischen Größe zu beeinflussen. Letztere dient dazu, die angewählte Schriftgröße (z. B. von 10 Punkt) als Maßstab zu nehmen, welche Dickte und Standfette optimal für die Lesbarkeit sind. Wenn dieser Punkt also aktiviert ist, übernimmt InDesign solche Vorgaben vom Multiple-Master-Font zur Wiedergabe der Typen.

Textbearbeitung durch Ziehen und Ablegen
Diese Funktion, Text per gedrückter Maustaste an eine neue Stelle zu verschieben, ist im Textmodus und im Layout möglich. Die Bearbeitung zeigen wir Ihnen ausführlich im Kapitel »Text erfassen und bearbeiten«.

Textattribute beim Skalieren anpassen | Die Schriftgröße, Laufweite und der Zeilenabstand werden beim Skalieren eines Textrahmens immer editiert. Bei aktivierter Funktion vergisst InDesign jedoch die ursprünglichen Werte vor der Skalierung. Ist diese Funktion deaktiviert, behält InDesign die Werte bei. Wichtig in InDesign ist, dass Sie bei gedrückter [⌘]-/[Strg]-Taste Textrahmen mitsamt der Textattribute skalieren können, was in den älteren Versionen nur über die Transformieren-Palette oder das Frei-Transformieren-Werkzeug [E] möglich war.

Zeilenabstand auf ganze Absätze anwenden | Wenn Sie mit Absatz- und Zeichenformaten arbeiten, dürfen Sie diese Einstellung ignorieren: Die aktivierte Funktion dient dazu, in der laufenden Layoutarbeit den Zeilenabstand schnell verändern zu können. Sie müssen dazu nur mit der Einfügemarke in einen

Textabsatz hineinklicken und ändern den Zeilenabstand in der Zeichen-Palette. Das lästige Textmarkieren entfällt. Diese Funktion sollten Sie einstellen, wenn Sie von QuarkXPress kommen, denn dann verhält sich InDesign CS2 wie XPress.

1.3.2 Verknüpfungen

Sobald externe Dateien in das Layout platziert werden, erzeugt InDesign eine Verknüpfung mit der Layoutdatei, die Sie in der Verknüpfen-Palette sehen und bearbeiten können. Wenn Sie dagegen eine Textdatei platzieren und formatieren, gehen Ihnen bei der Aktualisierung der Textdatei die Formatierungen verloren. Ist diese Option deaktiviert, wird der platzierte Text automatisch in InDesign-Text konvertiert und die Verknüpfung zur Textdatei aufgehoben. Diese Option steht auch für platzierte Doppelseiten aus anderen Layoutdokumenten zur Verfügung. Da hier aufgrund unterschiedlichster Arbeitsweisen keine eindeutige Einstellung empfohlen werden kann, sollten Sie sich dazu ausführlich mit dem Kapitel »Texte erfassen und bearbeiten« beschäftigen.

1.3.3 Beim Einfügen von Text und Tabellen aus anderen Anwendungen

Die letzte Option in dieser Voreinstellungsrubrik ermöglicht es, Alle Informationen eines in die Zwischenablage kopierten Textes oder einer Tabelle zu übernehmen. Kopieren Sie z. B. Text aus einer PDF-Datei aus dem Adobe Reader oder aus Acrobat, so wird der Text als temporäre RTF-Datei (Rich Text Format) kopiert, und die RTF-Attribute wie z. B. Schriftgröße und -farbe bleiben erhalten. Ist diese Option auf Nur Text eingestellt, werden diese Eigenschaften ignoriert und nur »reiner« Text eingefügt.

Textexport
Wussten Sie schon, dass Sie auch aus dem Adobe Reader 6.x nicht nur Text kopieren, sondern auch als vollständige Textdateien im TXT-Format exportieren können?

1.4 Erweiterte Eingabe

In diesem Menü können zum einen fehlende Zeichen im Font – wie Kapitälchen, hoch- und tiefgestellte Ziffern – durch skalierte Zeichen ersetzt werden, die sowohl in der Größe als auch in der Position zur Grundlinie variierbar sind. Zum anderen wird Ihnen die Texteingabe in diesen Voreinstellungen mit automatischen Funktionen erleichtert. Für die Erläuterung der typografischen Bezeichnungen lesen Sie bitte das Kapitel »Typografie«.

1.4.1 Zeicheneinstellungen

Die Größe von Kapitälchen und hoch- und tiefgestellten Zeichen im Verhältnis zur Schriftgröße stellen Sie in den Zeicheneinstellungen ein. Diese Prozentwerte dienen zur Skalierung von normalen Zeichen, wenn Ihr verwendeter Font keine Sonderzeichen beinhaltet. Zwei typografische Probleme tauchen dabei auf. Zum einen werden die »künstlichen« Kapitälchen durch die Skalierung magerer als Versalien und Gemeine, es entsteht ein unregelmäßiges Schriftbild. Zum anderen ist die x-Höhe bei jeder Schrift und Klassifizierung unterschiedlich hoch. Das bedeutet, dass Sie diese Werte hier genau für jede Schrift optimieren müssen – ein mühsames Unterfangen. Lassen Sie diese Werte zunächst unangetastet, und verwenden Sie Fonts mit Sonderschnitten, auch Expert-Schnitte genannt, die echte Kapitälchen sowie hoch- und tiefgestellte Zeichen bieten. Alternativ bieten OpenType-Pro-Fonts echte Kapitälchen sowie hoch- und tiefgestellte Zeichen an, die Sie aus der Glyphen-Palette aufrufen können.

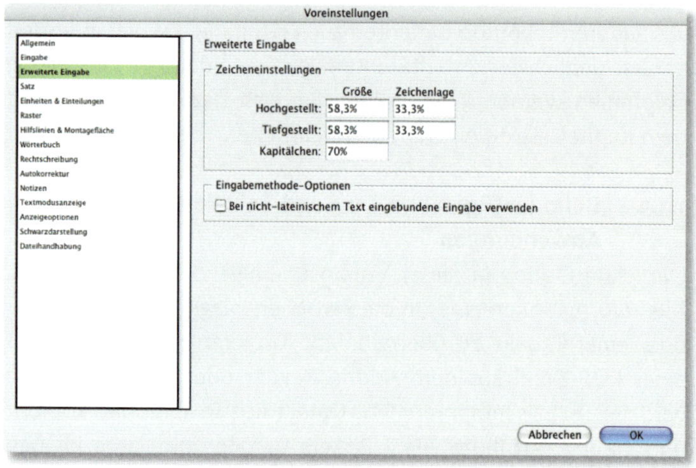

Abbildung 1.3 ▸
Voreinstellungen Erweiterte Eingabe

1.4.2 Eingabemethode-Optionen

Diese Option ermöglicht die Eingabe nicht lateinischer Zeichen wie z. B. chinesischer Schriftzeichen während der Texteingabe. Dazu werden diese Zeichen je nach Betriebssystem in einer temporären Eingabezeile durch das Eintippen der chinesischen Silben erzeugt. Da diese Eingabe stark vom System und den zur Verfügung stehenden Schriften abhängt, sollten Sie diese Funktion deaktiviert lassen, wenn Sie nur mit europäischen Sprachen layouten.

1.5 Satz

Unter den Satzeinstellungen finden Sie hilfreiche Markierungsfunktionen, die Ihnen im Textabsatz Umbruchverletzungen, ersetzte Schriftarten etc. anzeigen, sowie das Programmverhalten, wie ein Textabsatz neben einer Konturenführung ausgeglichen wird.

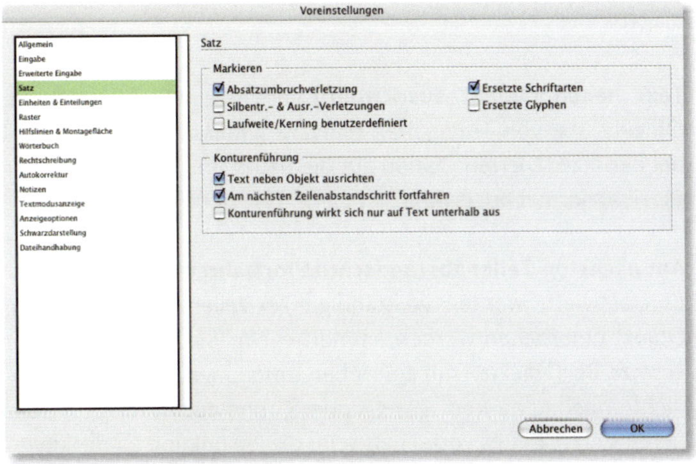

◂ **Abbildung 1.4**
Die Voreinstellungen Satz

1.5.1 Markieren

Absatzumbruchverletzungen | Umbruchverletzungen sind einzelne Zeilen, die entweder am unteren Rand einer Spalte oder Seite (Schusterjunge) oder zu Beginn einer neuen Seite stehen (Hurenkind). In der Absatzformatierung stellen Sie ein, wie viele Zeilen zusammengehalten werden (siehe das Kapitel »Absatz- und Zeichenformate«).

Ersetzte Schriftarten | Diese Funktion markiert Ihnen in Rosa die Textabschnitte, die nicht mit dem dafür vorgesehenen Font dargestellt werden können, da der Font nicht aktiviert, die Datei defekt ist oder auf dem Rechner gar nicht existiert. InDesign fragt Sie beim Öffnen eines Dokuments, das unbekannte Schriftreferenzen enthält, nach den Ersatzfonts, die Sie im Dialogfenster manuell zuweisen können, bis InDesign zu jeder nicht aktivierten Schrift eine neue Zuweisung erhalten hat.

Ersetzte Glyphen

Zeichenpaare, die durch Ligaturen im Absatzformat ausgetauscht werden, können mit Hilfe dieser Option hervorgehoben werden. Diese Zeichen werden violett markiert.

Laufweite/Kerning benutzerdefiniert | Eine feine typografische Funktion verbirgt sich hinter der Option Laufweite/Kerning benutzerdefiniert. Wenn Sie einen Textabschnitt mit einem Absatzformat definiert und nachträglich einzelne Wörter oder Buchstabenpaare manuell spationiert und unterschnitten haben, bleiben diese Eingriffe erhalten und werden Ihnen somit auch in Gelb angezeigt.

1.5.2 Konturenführung

Diese Einstellungen betreffen das Verhalten von Text gegenüber Objekten, die umflossen werden sollen. Dabei können verschiedene Sonderfälle erlaubt werden. Diese Verhaltensregeln von Textmengen beziehen sich auf ein gesamtes Dokument und können nicht für einzelne Rahmen aktiviert oder außer Kraft gesetzt werden.

Text neben Objekt ausrichten | Verwenden Sie freigestellte Objekte, die von Textspalten teilweise umflossen werden, wird bei dieser aktivierten Option auf die betreffenden Textzeilen das Blocksatzformat angewählt.

Am nächsten Zeilenabstandschritt fortfahren | Ist diese Funktion aktiviert, werden vollständige Textzeilen, die von einem Objekt umbrochen werden, immer regelmäßig zum Zeilenraster gesetzt. Bei Objekten mit amorphen Umräumen, die in der Größe nicht unbedingt an ein Zeilen- oder Grundlinienraster zu orientieren sind, kann es vorteilhaft sein, diese Funktion zu deaktivieren. Die folgenden Textzeilen sitzen dann direkt unterhalb des Objektes ohne Berücksichtigung des Zeilenrasters. Egal ob Sie jemals diese Funktion benötigen werden, die Auswirkungen sind nur bei hohen Zeilenabständen über 18 Punkt wirklich sichtbar.

Konturenführung wirkt sich nur auf Text unterhalb aus | Objekte, die über anderen Textrahmen liegen, werden mit aktiver Option umflossen. Dabei können die Objekte sowohl in der Objektreihenfolge oben liegen als auch auf einer anderen oberen Layoutebene. Objekte, die stattdessen unterhalb des Textrahmens liegen, werden mit aktiver Option nicht umflossen. Diese Voreinstellung wird für QuarkXPress-Anwender interessant sein: So verhält sich auch XPress.

1.6 Einheiten & Einstellungen

1.6.1 Linealeinheiten

Ursprung | Zu beachten ist, wo der Ursprung (x = 0 mm, y = 0 mm) für die Hilfslineale liegt: ÜBERGRIFF setzt den Ursprung auf die linke obere Ecke einer gesamten Doppelseite, SEITE betrachtet alle Seiten – ob einzeln oder doppelt – immer von der linken oberen Ecke aus, und RÜCKEN setzt den Ursprung auf die obere Mitte einer Doppelseite. Die Übersetzung vom englischen »Spread« ist hier allerdings fehlerhaft, es müsste stattdessen »Druckbogen« heißen. Die letzte Funktion RÜCKEN ist in der Anwendung clever, da die Objekte auf der linken Seite negative Positionsangaben besitzen und Objekte auf der rechten Seite folglich im positiven Bereich liegen.

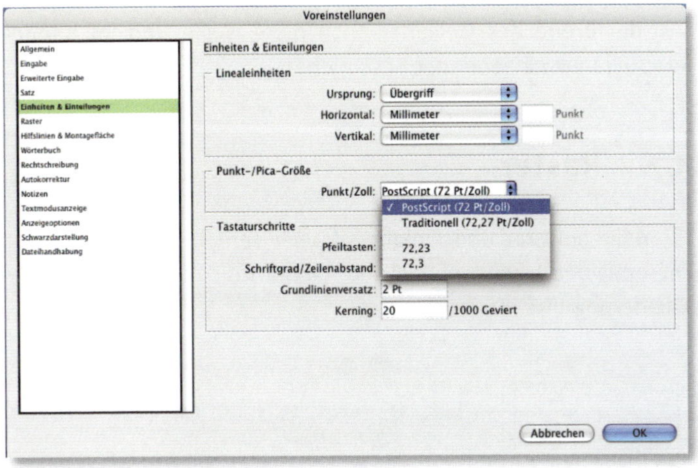

◂ **Abbildung 1.5**
EINHEITEN & EINTEILUNGEN legen die Bezugsmaße für das Layout fest.

Horizontal und vertikal | Die horizontalen und vertikalen Lineale können unabhängig voneinander in unterschiedlichste Einheiten eingeteilt werden. Sicher wird die übliche Standardeinheit zunächst Millimeter sein, bevor Sie sich an typografische Maße wie Pica, Punkt oder Cicero wagen. Während der Arbeit können Sie die Linealeinheit umstellen, indem Sie auf dem horizontalen oder vertikalen Lineal das Kontextmenü mit `Ctrl` aufrufen.

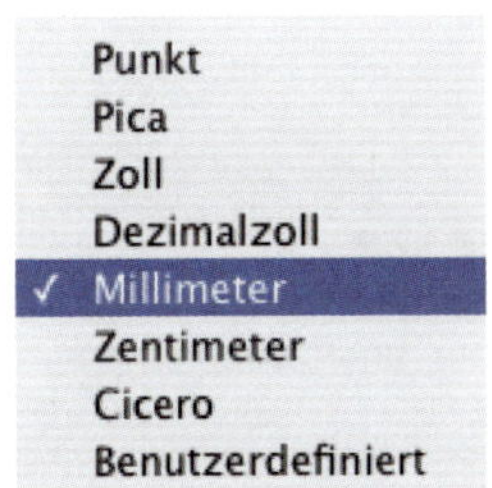

▴ **Abbildung 1.6**
Die Einheiten von InDesign umfassen alle typografisch und geografisch genutzten Einheiten.

1.6.2 Punkt-/Pica-Größe

Die typografische Größe Punkt benötigt einen Bezug zur physikalischen Umrechnung. Da es mehrere historisch bedingte Umrechnungen zwischen 72 Punkt/Zoll und 72,3 Punkt/Zoll gibt, bietet InDesign diese an. Sie sollten jedoch darauf achten, dass hier immer die PostScript-relevante Umrechnung benutzt wird!

1.6.3 Tastaturschritte

Wenn Sie Objekte im Layout bewegen wollen, können Sie das neben der freien Positionierung auch nummerisch oder mit den Pfeiltasten durchführen. Wie viel weiter ein Objekt verschoben wird, wenn Sie es mit den Pfeiltasten bewegen, legen Sie hier fest.

Schriftgrößen und Zeilenabstände verkleinern oder vergrößern Sie ebenfalls mit den Pfeiltasten. Klicken Sie dazu in die Zeichen-Palette auf die Eingabe der Schriftgröße mit einem Doppelklick, so dass das Eingabefeld markiert ist, und wählen Sie mit den Pfeiltasten `↑` und `↓` die gewünschte Schriftgröße aus. Ebenso können Sie mit dem Zeilenabstand verfahren.

Das manuelle Spationieren erfolgt ebenfalls in Kombination mit `⌥`/`Alt` und den Pfeiltasten `→`/`←`, wenn Sie mit der Einfügemarke ein Wort markiert oder zwischen zwei Buchstaben geklickt haben. Der Standardwert von 20/1000 Geviert bedeutet

2% der Breite des Gevierts. Auch diese Maße sind im Kapitel »Typografie« eingehender beschrieben.

1.7 Raster

Grundlinienraster und Dokumentraster vervollständigen zusammen mit den Layoutspalten und Rändern die Möglichkeiten der Gliederung Ihres Layouts.

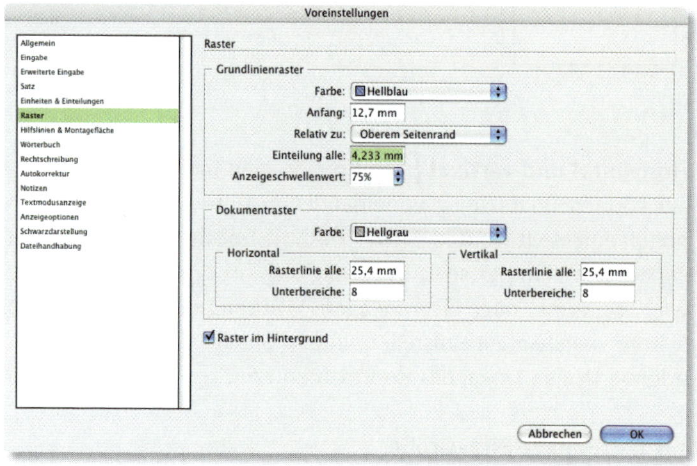

Abbildung 1.7 ▸
Einstellungsmöglichkeiten des Grundlinien- und Dokumentenrasters

> **Zeilenlineal**
>
> Besonders das vertikale Lineal kann intelligent genutzt werden: Verwenden Sie die Einheit BENUTZERDEFINIERT, und geben Sie für den Wert die Weite des Grundlinienrasters an, z. B. 12 Punkt. Sie können danach am vertikalen Lineal ablesen, wie viele Textzeilen Ihnen auf der Seite zur Verfügung stehen, vorausgesetzt, das Grundlinienraster beginnt ebenfalls bei der Seitenkante, also bei 0 mm.

1.7.1 Grundlinienraster

Ein Grundlinienraster dient dazu, den Fließtext immer auf denselben Grundlinien laufen zu lassen, sowohl auf einer Vorder- als auch auf der Rückseite. Beim Zeitungs- und Buchdruck werden diese Raster in Kombination mit Spaltenrastern besonders häufig verwendet, da nicht nur das Layoutabbild klar gegliedert wird, sondern auch das opake Papier die Rückseite so abbildet, dass der Widerdruck nicht die Lesbarkeit der Vorderseite stört. Ein solches Layoutraster wird auch als »registerhaltig« bezeichnet. Ein Grundlinienraster sollte daher denselben Zeilenabstand aufweisen wie die Absatzformatierung des Fließtextes. Auf die Gestaltung mit Layoutrastern gehen wir im Kapitel »Aufbau des Satzspiegels« noch genauer ein.

Anzeigeschwellenwert | Die Ansicht des Grundlinienrasters macht nur bei »näherer« Betrachtung Sinn, da zu viele Hilfslinien auch sehr schnell den Blick auf das Layout ablenken. Daher bietet InDesign einen Anzeigeschwellenwert an, der zunächst auf 75% eingestellt ist und unterhalb dessen keine Linien mehr angezeigt werden. Blenden Sie das Raster ein unter dem Menü ANSICHT •

Grundlinienraster einblenden, und ändern Sie den Zoomfaktor am linken unteren Fensterrahmen.

1.7.2 Dokumentraster

Dokumentraster hingegen sind bei eher technischen Darstellungen sinnvoll wie Tabellen, Info-Grafiken oder Formularen, da sie sich über die gesamte Arbeitsfläche erstrecken. Sie variieren die Rasterweite, indem Sie Unterteilungen einfügen. Zur besseren Orientierung werden die auf dem Raster liegenden Linien dicker angezeigt als die Unterteilungen.

Grundlinienraster während der Arbeit aufrufen
Wenn Sie das Grundlinienraster wärend Ihrer typografischen Arbeit einstellen wollen, sollten Sie mit gedrückter Alt-Taste in der Steuerungspalette auf eines der beiden Grundliniensymbole (Am Grundlinienraster ausrichten, Nicht an Grundlinienraster ausrichten) klicken. Danach öffnet sich sofort der Voreinstellungsdialog. Das erspart Ihnen den umständlichen Weg über das Menü.

Ob die Raster im Vorder- oder Hintergrund gezeigt werden, liegt ganz in Ihrem Ermessen. Im Vordergrund sind die Rasterlinien zur Positionierung nicht zu verfehlen, stören jedoch eventuell die Layoutdarstellung. Im Hintergrund können die Rasterlinien immer angezeigt werden, werden aber durch positionierte Bilder oder Grafiken überlagert. Wir empfehlen Ihnen, die Rasterlinien im Vordergrund zu halten. Mit der Seitenvorschau [W] können Sie dann jeweils zwischen der Layoutansicht und Vorschau wechseln.

Farbe | Die Farbgebung der Rasterlinien ist mit der der Hilfslinien abgestimmt. Die verwendeten Farben erscheinen zunächst recht schräg, beachten Sie jedoch, dass solche Farben sicher nicht in einem CMYK-Layout auftauchen! Daher heben sich diese Farben immer vom Untergrund ab.

1.8 Hilfslinien & Montagefläche

Diese Einstellungen betreffen Ränder- und Spaltenhilfslinien, Anschnitt und Seiteninfo-Bereich, die Sie sowohl beim Anlegen eines neuen Dokuments definieren als auch während der laufenden Layoutarbeit editieren.

Farbe | Für jedes dieser Objekte kann eine eigene Farbe vergeben werden. Natürlich tauchen diese Farben niemals in einem gedruckten Layout auf, also dürfen Sie sich auch hier Ihre Lieblingsfarben zusammenstellen. Die Farbgebung für den Hintergrund der Vorschau ist allerdings hilfreich. Oftmals können Doppelseiten oder auch Titelblätter auf einem neutralen (Grau, Weiß, Schwarz) oder kontrastierendem Untergrund besser beurteilt werden.

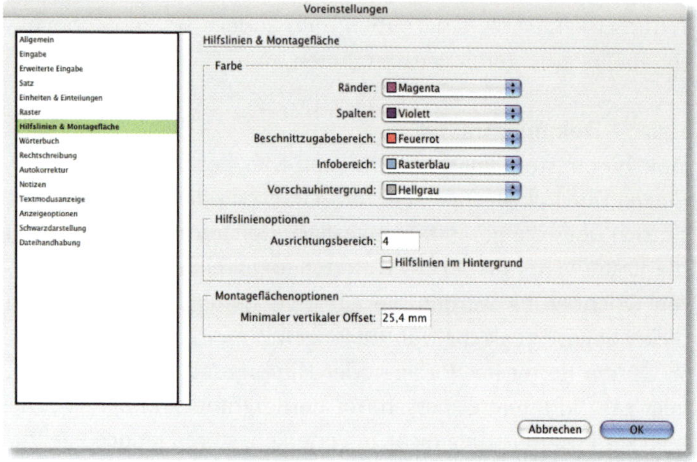

Abbildung 1.8 ▸
Für jede Linie eine Farbe

1.8.1 Hilfslinienoptionen

Objekte können an Hilfslinien aller Arten ausgerichtet werden. Wenn Sie ein Objekt auf der Layoutseite in die Nähe einer Hilfslinie bewegen und zuvor die Funktion AN HILFSLINIEN AUSRICHTEN im Menü ANSICHT angewählt haben, zieht die nächstgelegene Hilfslinie dieses Objekt an. Der Ausrichtungsbereich legt fest, wie nah Sie der Hilfslinie mit dem Objekt kommen müssen. Der Standardwert von 4 Pixel setzt eine genaue Layoutarbeit voraus. Je größer dieser Wert definiert ist, desto eher springt ein Objekt an eine nahe gelegene Hilfslinie. Aber Vorsicht: Benutzen Sie Grund-, Rand-, Spalten- und Linealhilfslinien, könnten Ihre Layoutobjekte beim Bewegen ein unvorhersehbares Eigenleben entwickeln! Daher verwenden Sie nie Werte über 10 Pixel.

Vorschauhintergrund

Sobald Sie die Vorschau mit der Taste [W] im Layout wählen, werden alle Hilfslinien und der Anschnitt ausgeblendet. Der Seitenumraum wird grau dargestellt. Das muss aber nicht sein. Suchen Sie sich mit der Option VORSCHAUHINTERGRUND auch eine andere kontrastierende Farbe aus.

1.8.2 Montageflächenoptionen

Doppelseiten werden im Dokumentfenster stets untereinander angezeigt. Wenn Sie aus einem mehrseitigen Dokument herauszoomen, sehen Sie, dass die Doppelseiten jeweils einen Abstand bis zur Begrenzung der Arbeitsfläche besitzen, den Sie hier genauer einstellen können. Eine Vergrößerung dieses Wertes ist besonders dann hilfreich, wenn Sie große Rahmen auf den Seitenrändern oben oder unten platziert haben, so dass die Anfasser der Rahmen nicht mehr vollständig zu erkennen und zu benutzen sind. Verkleinern Sie den Wert dann, wenn Sie nur Buchseiten ohne Objekte im Anschnitt layouten. Somit bleiben mehr Doppelseiten auf dem Monitor sichtbar.

Voreinstellungen Wörterbuch

Die Voreinstellungen zu Wörterbuch, Rechtschreibung und Autokorrektur finden Sie im Kapitel 7.5 erläutert.

Voreinstellungen Textmodus

Eine Erklärung zu den Textmodus-Einstellungsmöglichkeiten finden Sie im Kapitel xxx.

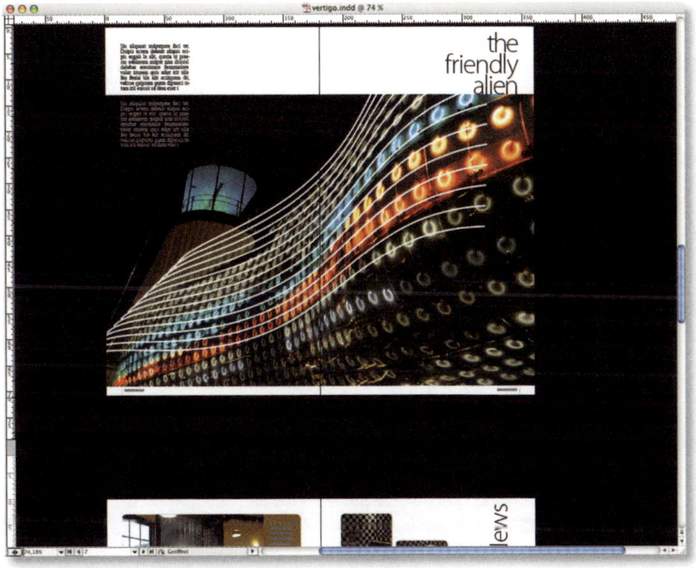

◂ **Abbildung 1.9**
Die Vorschau gibt es auch mit nah beieinander liegenden Doppelseiten auf schwarzem Grund.

1.9 Notizen

Die Voreinstellungen zu den NOTIZEN finden Sie dann in Ihren Voreinstellungen, wenn Sie die Plug-ins für Adobe InCopy CS2 installiert haben und in einer Redaktion mit einem anderen Textarbeitsplatz Textabschnitte exportieren.

Nur in der Zusammenarbeit mit InCopy CS2!

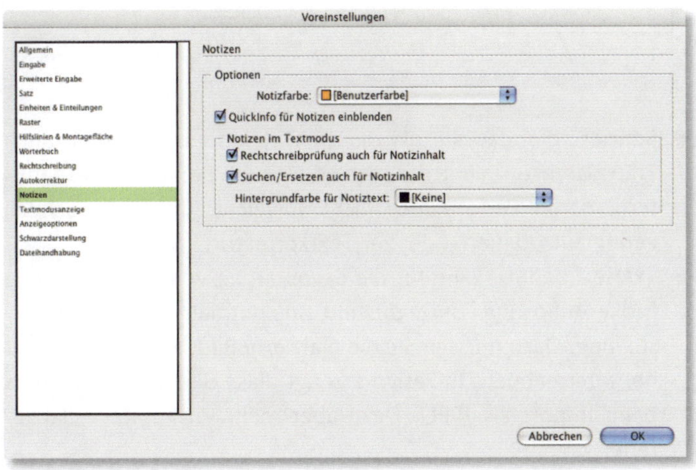

◂ **Abbildung 1.10**
Die Notizzettel zum Austausch mit InCopy

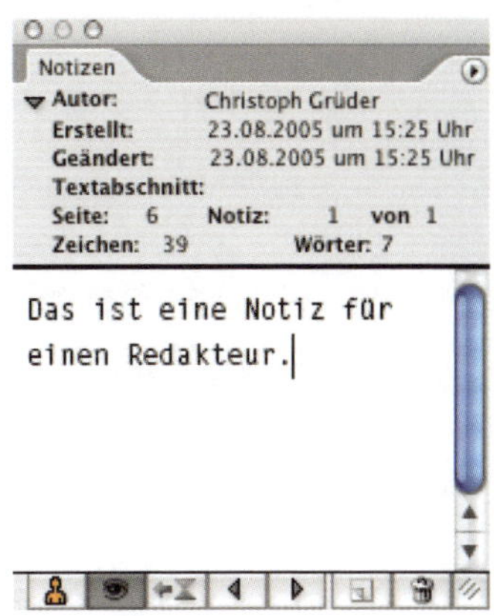

▴ **Abbildung 1.11**
Mit einer Notiz wird eine Nachricht zu einem Textabschnitt für InCopy verfasst.

Die Optionen sind allerdings nur für die Darstellung von Notizzetteln und die Rechtschreibprüfung des Notizinhalts zuständig, das Layout wird dadurch nicht beeinflusst.

1.10 Anzeigeoptionen

▲ **Abbildung 1.12**
Die Werkzeugpalette zeigt das Notizwerkzeug, wenn Sie die Plug-ins für Adobe InCopy installiert haben.

Diese Einstellungen dienen zur Steuerung der Anzeigequalität von platzierten Bildern im Layout. Während Sie es gewohnt waren, in anderen Layoutprogrammen nur eine mittelmäßige bis schlechte Farb- und Detailansicht platzierter Bilder und Grafiken – besonders von EPS-Dateien – zu genießen, die Sie zudem nicht beeinflussen konnten, dürfen Sie sich hier die Anzeigequalität selbst aussuchen.

Die Standardeinstellungen sind bereits für die Layoutarbeit optimiert, jedoch können Sie selbst die Anzeige beeinflussen. InDesign kennt drei Richtungen: Schnell, Typisch und Hohe Qualität.

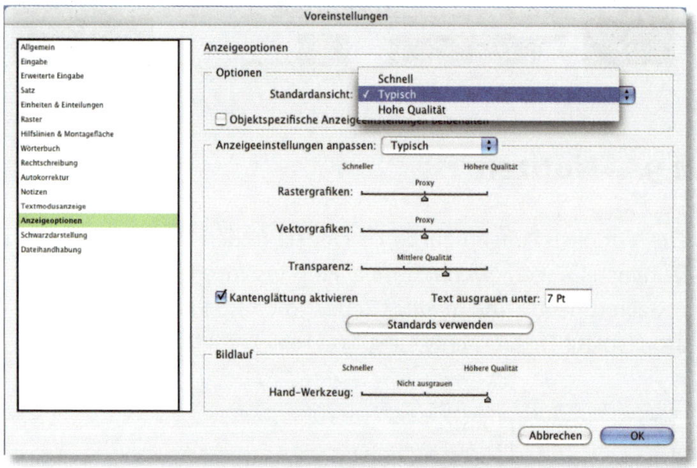

Abbildung 1.13 ▶
Qualität ist Ansichtssache.

- Schnell blendet alle platzierten Objekte aus und stellt auch Transparenzen nicht dar, das ist sinnvoll bei älteren Computern, deren Performance nicht ausreicht, die Bilder schnell genug aufzubauen, oder zur Textkorrektur.
- Typisch benutzt eine für die Layoutarbeit völlig ausreichende Proxy-Auflösung von 72 dpi und eine normale Transparenzdarstellung. Dazu müssen Sie die platzierte Bilddatei nicht separat herunterrechnen, InDesign erzeugt diese Bildvorschau bereits beim Import als JPEG. Dazu aber mehr im Kapitel »Platzieren«.
- Hohe Qualität dagegen nutzt die Feinauflösung der platzierten Objekte und setzt Transparenzen bestmöglich um, dazu erfolgt der Bildschirmaufbau aber langsamer als in den anderen Einstellungen, so dass ein flüssiges Arbeiten eher in der Einstellung »typisch« möglich wird und diese Einstellung nur zur Kontrolle gedacht ist.

1.10.1 Kantenglättung aktivieren

Mit der Option KANTENGLÄTTUNG AKTIVIEREN zeigt InDesign alle Schrift- und Vektorinformationen mit einer geglätteten Objektkante an, die sich aus Pixeln unterschiedlicher Deckkraft zusammensetzt.

Dieser Algorithmus ist auch bekannt als Antialias-Funktion. Für Vektoren und hohe Schriftgrade führt diese Einstellung zu einem qualitativ optimalen Abbild. Kleine Schriftgrade werden jedoch mit aktivierter Kantenglättung geringfügig magerer dargestellt, als sie in Wirklichkeit sind. Die Glättung erfolgt nach einem Standardverfahren, wie es auch in Photoshop oder Illustrator angewandt wird. Photoshop hat darüber hinaus noch zwei weitere Algorithmen in petto, die besonders die Eigenschaft der Abmagerung kleiner Schriftgrade ausgleicht. Ohne eine Kantenglättung werden alle Schrift- und Vektorkanten gröber dargestellt, an Radien oder schiefen Kanten können Sie den berühmten Treppeneffekt erkennen. Grundsätzlich gilt: Die geglättete Darstellung erscheint zwar unschärfer, aber die Zeichenpositionierung wird präziser abgebildet.

1.10.2 Text ausgrauen

Je kleiner Schriftgrade abgebildet werden, desto schwieriger sind sie zu lesen. Durch Kantenglättungen ist auch eine präzise Zeichenpositionierung unterhalb von wenigen Punkt nicht mehr möglich. Wenn Sie hier einen Wert von z. B. 6 Punkt angeben, wird jede Schrift, die auf dem Monitor eine Größe unterhalb von diesen 6 Punkt erreicht, als grauer Balken dargestellt. Diese Einstellung betrifft nur die Schriftgröße relativ zum Monitor, nicht aber zur Textformatierung.

1.10.3 Bildlauf

Neu in InDesign hinzugekommen ist der Bildlauf: Sobald Sie im Layout die Leertaste drücken, können Sie mit gedrückter Maustaste den Bildschirminhalt verschieben. Hier greift InDesign zugunsten eines schnelleren Bildaufbaus auf eine ungeglättete Darstellung ohne präzise Transparenzabbildung zurück, bis Sie die Leertaste wieder loslassen. Die Qualität des Dokuments wird natürlich nicht beeinflusst. Wenn Sie den Regler auf SCHNELLER schieben, werden auch die Bilder ausgegraut. Sollten Sie einen älteren Computer mit geringer Grafikleistung einsetzen, kann sich dadurch die Layoutarbeit beschleunigen.

1.11 Schwarzdarstellung

Wie im Kapitel »Farbmanagement« erwähnt wird, bietet Ihnen InDesign zwei mögliche Schwarzdarstellungen: die korrekte Darstellung eines 100 % Black als Dunkelgrau am Bildschirm und eine korrekte Ausgabe beim Druck oder die Darstellung und die Ausgabe als Tiefschwarz. Die Argumente für und wider diese Einstellungen haben wir bereits genannt, Sie sollten grundsätzlich die korrekte Darstellung wählen.

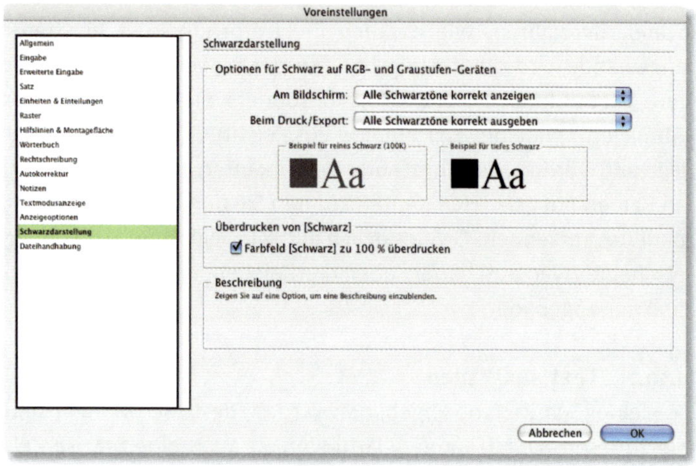

Abbildung 1.14 ▶
Voll »korrekte Anzeige« von Schwarz am Bildschirm und im Druck

1.11.1 Überdrucken von Schwarz

Hier ist angewählt, dass die Prozessfarbe Schwarz im Farbton 100 % überdruckt wird. Diese Einstellung sollten Sie nicht verändern, da sie im vierfarbigen Offsetdruck grundsätzlich richtig ist. Hauptsächlich schwarz eingefärbter Text, der auf Bildern oder farbigen Vektorflächen steht, wird somit überdruckt. Ist diese Funktion deaktiviert, wird beim Separieren das Schwarz ausgespart. Sehr wahrscheinlich können dadurch Blitzer an den Rändern der Schrift auftauchen, die das gesamte Druckbild ruinieren. Mehr zu diesem Thema Überdrucken, Aussparen und Separieren finden Sie im Ausgabe-Teil.

Interessant ist hier auch die Bezeichnung [Schwarz]: Dies ist die richtige Bezeichnung des Prozessfarbtons, die eckigen Klammern deuten an, dass es sich um eine fest definierte Farbe handelt. Sollten Sie z. B. Duplex-Bilder mit einer Sonderfarbe und Schwarz als EPS in das Layout platzieren, müssen Sie den Schwarzkanal mit »Schwarz« bezeichnen, damit InDesign die Farbe einwandfrei erkennt. Mehr dazu im Kapitel »Platzieren«.

1.12 Dateihandhabung

1.12.1 Dokumentwiederherstellung

Der hier angegebene Ordner dient InDesign zur Ablage der Datei »Recovery Data«. Dahinter verbirgt sich die geniale Eigenschaft von InDesign, alle Ihre Bearbeitungsschritte unbegrenzt aufzuzeichnen und zwischenzeitlich in diese Datei zu schreiben, bis Sie die bearbeitete Datei wieder abspeichern. Sollte während der Bearbeitung das Programm oder Ihr Computer abstürzen – kein Problem, Sie öffnen nach dem Neustart erneut InDesign, und die unfreiwillig verlassene Datei wird aufgrund dieser Recovery Data bis zum letzten Bearbeitungszustand zusammengesetzt. Voilà!

Sie sind beeindruckt? Nun, was halten Sie davon, dass diese Protokolldatei es Ihnen ebenso gestattet, alle Schritte in Ihrer Layoutarbeit zurückzugehen? Rufen Sie dazu den Tastenbefehl [Strg]/[⌘]+[Z] auf, und gehen Sie die Bearbeitungsschritte beliebig zurück. Mit [Strg] bzw. [⌘]+[⇧]+[Z] gehen Sie die zurückgenommenen Schritte wieder vorwärts! Ein Überspringen von Arbeitsschritten über eine Palette – wie in Photoshop vergleichbar – ist in InDesign nicht möglich.

InDesign setzt diesen Dateipfad von selbst, Sie müssen diese Einstellung nicht zwingend verändern.

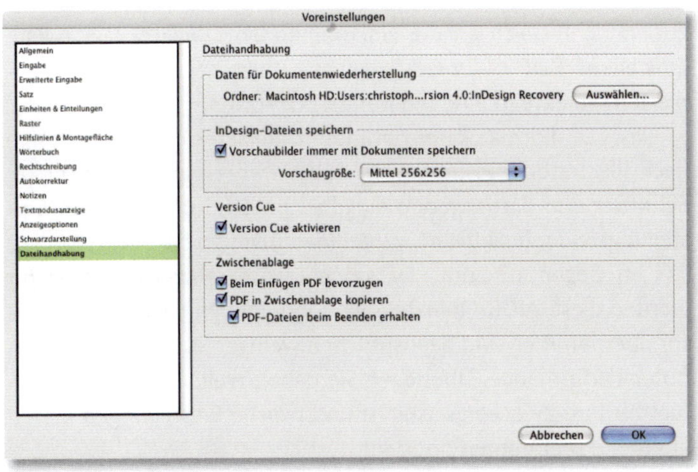

◀ **Abbildung 1.15**
Die Reste der Voreinstellungen haben sich unter der Rubrik DATEIHANDHABUNG zusammengefunden.

1.12.2 InDesign-Dateien speichern

Seit Adobe Bridge ist es sinnvoll, auch eine Übersicht der ersten InDesign-Seite als Bild in die Datei zu speichern. Somit können Sie in der Bridge die Vorschau anzeigen lassen. Wenn Sie es üppig mögen, können Sie hier die Grundeinstellung von 256 x 256 Pixeln auf die maximale Größe von 1024 x 1024 stellen.

1.12.3 Version Cue

Die unscheinbare Funktion VERSION CUE AKTIVIEREN verbindet InDesign mit dem Version Cue-Server der Creative Suite 2. Über den Öffnen- und Speichern-Dialog erhalten Sie den Button ADOBE DIALOG. Damit wechseln Sie in die Projektumgebung der Adobe Bridge und können auch die Version Cue-Projekte öffnen, um dort InDesign-Dateien und -Dateiversionen zu speichern. Mehr dazu finden Sie im Kapitel »Version Cue«.

1.12.4 Zwischenablage

Sobald Sie Texte, Bilder oder Vektorobjekte auf Ihrem Computer kopieren, wird die Zwischenablage aktiv. Sie funktioniert wie ein Postfach: Kopieren Sie hinein, was Sie wollen, die Zwischenablage ist so eingerichtet, dass nahezu alle Formate eingelagert werden. Sobald Sie den Befehl EINFÜGEN aufrufen, wird die Zwischenablage komplett in das aktuelle Programm entleert, eine Kopie bleibt in der Zwischenablage als Sicherheit zurück.

Die Aussage hinter der Voreinstellung ZWISCHENABLAGE beschränkt sich darauf, wie Sie grafische Objekte von InDesign zu einem anderen Adobe-Programm kopieren und wie Objekte aus der Zwischenablage in InDesign übernommen werden. Als eingängiges Beispiel nehmen wir den Austausch zwischen InDesign und Illustrator: Die erste Einstellung BEIM EINFÜGEN PDF BEVORZUGEN richtet sich an die einkommenden Objekte. Die zweite Einstellung PDF IN ZWISCHENABLAGE KOPIEREN wandelt alle kopierten Objekte in eine temporäre PDF-Datei.

Das PDF-Format kann mitunter Transparenzen aus InDesign nach Illustrator transportieren. Dabei werden auch verwendete Schriften und Farbangaben eingebettet. Sind diese beiden Einstellungsfelder deaktiviert, verwendet InDesign das AICB-Format, das im Gegensatz zum PDF keine Transparenzen kennt. Dafür werden diese AICB-Objekte aber von InDesign nativ aus Illustrator übernommen und beanspruchen weniger Speicher und Computer-Performance. Überlegen Sie daher, welches Austauschformat für Ihre Zwecke günstig ist und welche Einstellungen in den anderen Programmen nötig sind.

2 InDesign CS2: Was ist neu?

Dieses Kapitel richtet sich zum einen an Neueinsteiger, zum anderen an die InDesign-Kenner der Version CS. Wenn Sie also gleich mit den neuen Funktionen durchstarten wollen, geben wir Ihnen die nötigen Praxistipps, um von Anfang an mit der CS2-Version produktiv zu arbeiten. Wenn Sie mit InDesign CS bereits vertraut sind, können Sie nach dem Studium dieses Kapitels gleich in die neue CS2-Version starten. Wichtig ist uns bei dieser Betrachtung die Produktionstauglichkeit der neuen Funktionen.

2.1 Adobe Bridge

Die umfangreichste Neuerung betrifft die gesamte Creative Suite 2, und sie befindet sich außerhalb von InDesign: die Adobe Bridge. Wie der Name schon sagt, verbindet dieses Programm die Adobe-Anwendungen und verwaltet alle Layout- und Designdaten, inklusive mehrseitiger PDF-Dateien oder anderer Dateiformate. Das Zusammenspiel der Bridge und InDesign zeichnet sich besonders dadurch aus, dass Dateien und so genannte »Snippets« direkt aus der verkleinerten Bridge-Ansicht per Drag and Drop in das Layout platziert werden können.

Video-Lektion auf der DVD
Auf der Buch-DVD finden Sie zum Thema Adobe Bridge drei Video-Lektionen aus unserem Video-Training »InDesign CS2«.

Darüber hinaus können Sie in InDesign auch eine Vorschau der Layoutdatei speichern, so dass Sie in der Bridge durch ein InDesign-Dokument blättern können, ohne es erst öffnen zu müssen.

2.1.1 Adobe Stock Photos

Bilder über das Internet bei großen oder kleinen Anbietern von Bilddatenbanken wie Corbis oder Getty zu suchen, im Layout auszuprobieren und später für den Kunden zu kaufen, ist eine umständliche Prozedur. Jeder Anbieter verkauft Bildrechte nach anderen Regeln und bietet Funktionen, nach Stichwörtern zu suchen und das Suchergebnis zu verfeinern. Auch die Berechnung einer Lizenz kann komplex sein. So muss man bei Corbis für jeden unterschiedlichen Nutzen eines Bildmotivs beispielsweise angeben, wie groß ein Bild im Gesamtformat verwendet oder wie lange das Druckerzeugnis genutzt wird.

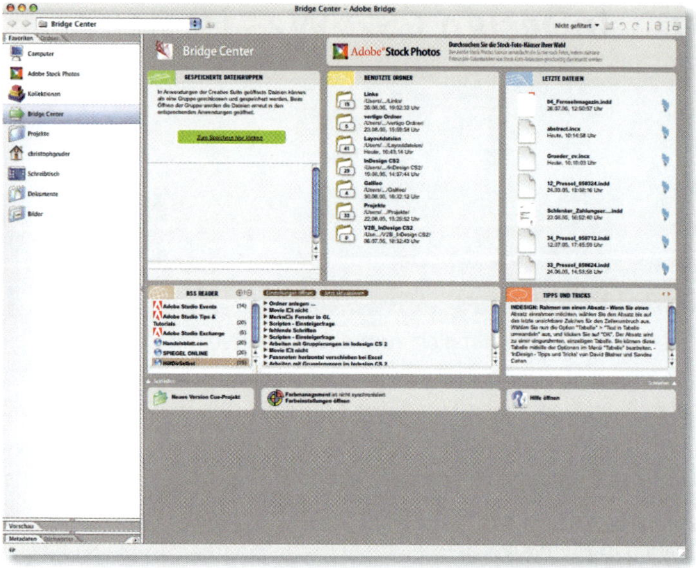

Abbildung 2.1 ▸
Das Bridge Center mit nützlichen Übersichten und Tipps

Um dieses Problem zu lösen, hat sich Adobe die Funktion Stock Photos einfallen lassen, die nichts anderes ist als ein Webportal mehrerer Anbieter für »Royalty free« Bilder, also Motive, deren Nutzungsrechte Sie nur einmal erwerben müssen. So suchen Sie über die Adobe Bridge nach Bildern, laden die Vorschaudaten für das Layout herunter und bezahlen nur über dieses eine Webportal. Die Preise für die Bilder sollen denen der Anbieter entsprechen.

Da es sich um eine Website handelt, die innerhalb der Bridge dargestellt wird, kann es je nach Zugangsverbindung zum Internet zu einer schnellen oder langsamen Darstellung der Oberfläche sowie der Suchergebnisse kommen. Bei jedem Aktivieren der Funktion Adobe Stock Photos in der Favoritenspalte der Bridge wird das Webportal neu geladen. Sie sollten sich also nicht wundern, wenn es mal ein wenig länger dauert. Der Vorteil ist: Das Portal kann jederzeit angepasst werden. Nicht nur die Funktionen des Portals wird Adobe später erweitern, sondern vor allem die Liste der Anbieter.

Zum Start der CS2 standen diese Anbieter fest: Photodisc (Getty Images), Digital Vision, Amana, Comstock und Imageshop. Weitere Anbieter werden also hinzukommen, informieren Sie sich bitte auf der Startseite von Adobe Stock Photos unter der Rubrik »Anbieter«.

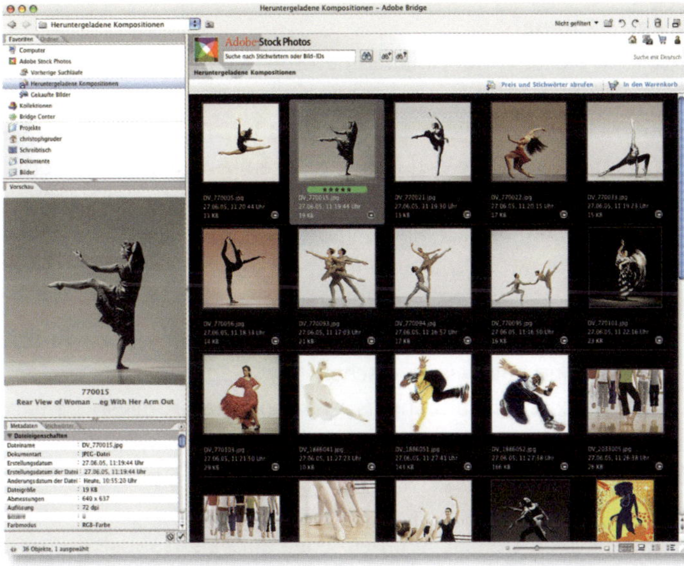

◂ **Abbildung 2.2**
Die Adobe Stock Photos bieten eine einfache Suche, eine ständig wachsende Auswahl und einen einfachen Bezahlvorgang.

Einmal gefundene Bilder werden in der Bridge als Suchergebnis gespeichert und lassen sich auch ohne Internetzugang betrachten. Auch die geladenen Vorschaubilder werden in der Bridge verwaltet. Klicken Sie dazu auf die entsprechenden Favoriten in der Bridge. Preise und Größen der Bilder können Sie ebenfalls abrufen.

2.1.2 Der Kontaktabzug mit InDesign CS2 und der Bridge

Die aus Photoshop bekannte Funktion, mehrere Bilder auf einem Gesamtformat mit Dateinamen und -größe in kleinen Ansichten zu platzieren, ist nun so mit InDesign gelöst worden, dass Sie innerhalb der Bridge einen Ordner öffnen oder einzelne Bilddokumente mit [Strg]+Klick/[⌘]+Klick markieren. Danach rufen Sie die Funktion aus dem Menü Werkzeuge • InDesign • Kontaktabzug erstellen auf. Sie suchen Sich eine geeignete Reihen-Spalten-Darstellung aus und wählen die Zusatzinformationen, die unterhalb der Bildminiaturen erscheinen sollen.

Dieses Werkzeug startet danach automatisch InDesign, legt ein neues Dokument an und platziert die Bild- und Textrahmen, so dass Sie nach Beendigung die Bilder jederzeit noch austauschen oder einen Ausschnitt wählen können. Danach exportieren Sie daraus eine mehrseitige PDF-Datei.

In Photoshop haben Sie als Ergebnis nur einzelne Bilder als Gesamtseite, die jedoch unflexibel sind und eine hohe Dateigröße haben, da auch der weiße Umraum zum Bild gehört. Dies ist bei InDesign u. a. nicht der Fall.

2.1.3 Snippets

Alle Text-, Grafik- oder Bildrahmen sowie Rahmengruppen können als einzelne Datei gespeichert werden. »Snippets« (engl. Schnipsel) werden diese Objekte genannt. Entweder legen Sie die Snippets per Drag and Drop auf Ihrem Arbeitsplatz/Finder in einem Ordner ab oder direkt in die Adobe Bridge. Der Vorteil daran ist, dass im einzelnen Snippet nicht nur alle Elemente so gespeichert wurden, wie sie im Layout aussahen, sondern auch die Position der Rahmen oder Rahmengruppen wird darin aufgezeichnet. Die Snippet-Datei können Sie mit der Adobe Bridge verwalten und auch eine Vorschau des Snippets betrachten, natürlich lassen sich die Snippets auch über den Arbeitsplatz verwalten. Sobald Sie das Snippet wieder in eine Layoutdatei per Drag and Drop ziehen, wandert das Snippet an die richtige Position im Layout.

Ein Beispiel: Sie platzieren ein Logo auf eine Doppelseite und fügen einen Slogan als Textrahmen hinzu. Logo und Slogan müssen auch in anderen Dokumenten wieder erscheinen. Sie gruppieren beide Rahmen und legen sie als Snippet in der Adobe Bridge ab. Sie öffnen nun ein neues Dokument gleichen Formats und ziehen das Snippet in das Layout. Logo und Slogan befinden sich nun an derselben Stelle auf der Doppelseite wie im ersten Dokument und sehen auch genauso aus. Position und Formatierung der Objekte bleiben erhalten.

Eine Einschränkung in der Anwendung von Snippets gibt es jedoch: Haben Sie Bilder als Snippets ablegt, so verweist das Snippet nur auf das Bild. Sobald Sie das verknüpfte Originalbild verschieben oder löschen, kann das Snippet das Bild nicht finden. Eine fehlerfreie Platzierung des Snippets ist dann nicht möglich, das Bild muss nachträglich neu verknüpft oder aktualisiert werden. Lesen Sie dazu auch aufmerksam das Kapitel 12 »Platzieren und Verknüpfen«.

2.2 Neuerungen in InDesign CS2

2.2.1 Objektstile

Ein Layoutrahmen hat bestimmte Eigenschaften: Rahmenform, Kontur, Farbfüllung, Deckkraft, Schlagschatten, Textspalten sowie definierte Abstände des Textes zum Rahmen. Darüber hinaus wird der Text mit einem bestimmten Absatzformat dargestellt. All diese Eigenschaften lassen sich nun in der Palette Objektstile speichern und auf andere unformatierte Rahmen per Mausklick übertragen. Sofort wird der zuvor unformatierte Rahmen mit der richtigen Schrift oder der passenden Rahmenfarbe dargestellt.

Wie das funktioniert? Jeder Rahmen in InDesign ist ein Objekt. Das Objekt hat bestimmte Eigenschaften, die so genannten Attribute. Aufgrund der Objektorientierung von InDesign lassen sich solche Attribute insgesamt nun auch in Klassen – den Objektstilen – ablegen und verwalten. Eigentlich war diese Funktion schon immer möglich und wurde bislang durch das hilfreiche Plug-in Woodwing SmartStyles ergänzt. Warum diese Funktion erst jetzt in InDesign integriert wurde? Nun, jede Softwarefirma muss sich ein paar Highlights für die nächsten Versionen warm halten.

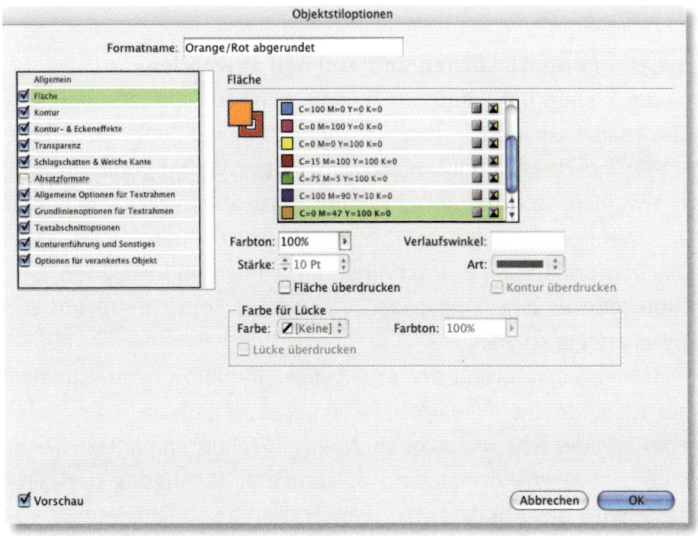

◀ **Abbildung 2.3**
Objektstiloptionen festlegen

Die Unterstützung von Tabellen fand leider nicht Einzug in die Objektstile. Warten wir also auf die fünfte InDesign-Generation.

Was deutlich mehr Flexibilität im Layout bedeutet, erfordert aber auch mehr Aufwand, wenn Fehler in der Produktion oder Reinzeichnung eliminiert werden müssen. Ein Textrahmen kann demnach zwar ursprünglich mit einem Objektstil formatiert sein, aber das nachträgliche Zuweisen von Absatzformaten ist weiterhin möglich. Somit gibt es also mindestens zwei Quellen, eine fehlerhafte Formatierung rückgängig zu machen: der Objektstil und das Absatzformat. Werden verschachtelte Formate benutzt – also miteinander verbundene Zeichen- und Absatzformate –, so können auch hier Fehler auftreten.

2.2.2 Export und Import von Absatzformaten und Objektstilen

Damit Sie für mehrere Layoutdateien gleiche Absatzformate, Zeichenformate oder Objektstile benutzen können, lassen sich diese als eigenständige Datei exportieren und in eine neue Layoutdatei importieren. Zudem ist auch das Kopieren auf andere Arbeitsplätze möglich.

Dadurch und ergänzend zur Option, Farben und PDF-Exportvorgaben sowie Snippets als Dateien zu speichern, können Sie sich einen ganzen Ordner von Vorgaben für Ihre Kunden oder Projekte anlegen. Farbgebung, Typografie und sogar die Position eines Logos im Layout sind somit unabhängig von einem Layoutdokument gesichert. Leider beziehen sich diese Informationen nur auf InDesign CS2 und die anderen Programme der Creative Suite 2. Frühere Programmversionen z. B. von Illustrator können die PDF-Exportvorgaben nicht übernehmen.

2.2.3 Formate suchen und »schnell anwenden«

In der Steuerungspalette im Textabsatzmodus von InDesign versteckt sich ein Button namens »Schnell anwenden«. Der Ironie dieser Funktionsbeschreibung zum Trotz: Wenn Sie diesen Button wählen, so erscheint ein kleines Auswahlfenster rechts oben am Monitor. Dort können Sie aus der Liste Ihrer Absatz- oder Zeichenformate ein Format direkt auswählen und zuweisen. Darüber gibt es eine Eingabezeile, wenn Sie Formate anhand der Bezeichnung suchen.

Damit Sie während der Arbeit diese Funktion noch schneller aufrufen, drücken Sie [⌘]+[↵]/[Strg]+[↵]. Danach erscheint ebenfalls die Liste rechts oben. Mit den Pfeiltasten blättern Sie zu einem anderen Format, und bei erneuter Betätigung der [↵]-Taste wird das Absatzformat dem Textrahmen zugewiesen. Drücken Sie dagegen noch einmal [⌘]+[↵]/[Strg]+[↵] bei geöffneter Liste, so öffnet sich sogar der Dialog ABSATZFORMATOPTIONEN. Toll, oder? Probieren Sie das mit den Tastenbefehlen in aller Ruhe aus. Die Arbeitsweise ist ungewöhnlich, aber wirklich sehr, sehr schnell.

▲ **Abbildung 2.4**
Schnell anwenden

Das funktioniert auch mit den Zeichenformaten: Dazu markieren Sie ein Wort im Text und wählen wieder den Tastenbefehl. Danach suchen Sie sich mit den Pfeiltasten nach oben oder nach unten ein Zeichenformat – gekennzeichnet mit einem fetten A – aus.

Verwechseln Sie bei Ihrer Layoutarbeit nicht die Enter- mit der Returntaste. Auch die Adobe Bridge nutzt einen ähnlichen Tastenbefehl: [⌘]+[↵] bzw. [Strg]+[↵]. Ihre Entertaste [↵] befindet sich direkt neben dem Buchstabenfeld Ihres Keyboards. Die Returntaste [⌅] sitzt ganz rechts neben dem Nummernblock. Für Notebook-Anwender wird es allerdings schwierig, hier gibt es nur eine Entertaste, die aber mit einer Funktionstaste zusammen oder bei aktivierter Nummernblock-Taste als Return genutzt werden kann. Haben Sie noch den Durchblick? Ansonsten lesen Sie bitte den Abschnitt »Tastaturbefehle mit InDesign CS2«.

2.2.4 Umwandlung von Formen

Über die Pathfinder-Palette ändern Sie jederzeit die Grundform eines Rahmens: Haben Sie ein Rechteck angelegt, können Sie nachträglich in der Pathfinder-Palette daraus eine Ellipse mit denselben Ausmaßen machen.

Auch die Eckeneffekte wurden mit integriert, so dass ein normaler Rechteckrahmen schnell zu einem Rahmen mit abgerundeten Ecken umgewandelt werden kann. Diese Funktion wird für Grafikerinnen und Gestalter sinnvoll sein, die Kleinanzeigen und Info-Boxen gestalten müssen. Die Formen können übrigens auch platzierten Bildern zugewiesen werden. Wenn Sie häufig auf dieselben Formen zugreifen müssen, sollten Sie sich diese als Objektstile speichern.

▲ **Abbildung 2.5**
Die Pathfinder-Palette

2.2.5 Schlagschatten-Erscheinung und -Kontur

Die Darstellung eines künstlich im Layout angelegten Schlagschattens oder einer weichen Kante kann nun so beeinflusst werden, dass das Druckbild natürlicher oder rauer aussieht. Dies geschieht über eine Körnung, die durch den Schatten abgebildet wird. Eine ähnliche Funktion kennen Sie bereits aus Photoshop: STÖRUNGEN HINZUFÜGEN.

Darüber hinaus kann der Schatten oder die weiche Kante auch ausgeweitet werden. Haben Sie eine sehr magere Schrift mit einem Schatten hinterlegt, so lässt sich der Schatten nun »verdicken«. Mehr dazu finden Sie auch im Kapitel 13 »Transparente Objekte«.

2.2.6 Übertragene Transformationen (Step and Repeat)

Die aus der Verpackungsbranche und aus FreeHand bekannte Funktion »Step and Repeat« wurde in InDesign integriert, so dass eine Bearbeitung eines Rahmens – wie Drehen, Skalieren oder Stauchen – auf mehrere Rahmen automatisch angewandt werden kann. Leider wurde dazu die ungewöhnliche und umständliche Bedienung aus Illustrator auf InDesign übertragen, und die Möglichkeiten der Wiederholung durch unverständliche Menübegriffe wurden wiedergegeben. Tastenbefehle verschaffen Ihnen hier eine Erleichterung. Den Durchblick erhalten Sie im Kapitel 6 »Layoutrahmen«.

2.2.7 Verankerte Objekte

Auf einer Marginalienspalte im Layout laufen auf Höhe des Textes Bilder, Grafiken oder andere Textrahmen mit. Je nach Zeilen-

oder Seitenumbruch ändert sich auch die Position der Marginalobjekte. Die Anwendungen sind vielfältig: Sie wollen eine wissenschaftliche Arbeit oder eine technische Dokumentation erstellen. Hier ist es notwendig, Literaturangaben oder Querverweise zu anderen Dokumenten anzufügen, die in einer Randspalte (Marginalie) im Satzspiegel Platz finden. Diese Literaturangabe muss sich auf eine Textpassage oder ein Wort im Fließtext beziehen. Sie platzieren einen Textrahmen mit dem Literaturhinweis und verankern diesen Textrahmen mit dem Schlüsselwort oder -satz im Fließtext. Sobald Sie vor diese Textpassage Text hinzufügen oder löschen, ändert sich der Zeilenumbruch. Der verankerte Literaturhinweis wandert automatisch mit, so dass er sich immer auf Höhe der Textpassage befindet.

Bei einem doppelseitigen Satzspiegel darf die Marginalspalte auch innen zum Bund ausgerichtet oder außen zum Seitenrand verlaufen. Ändert sich nicht nur der Zeilenumbruch, sondern auch der Seitenumbruch, so springt der Literaturhinweis auf die jeweils andere Seite, abhängig vom Satzspiegel. Diese Funktion ist natürlich nur mit doppelseitigen Dokumenten möglich.

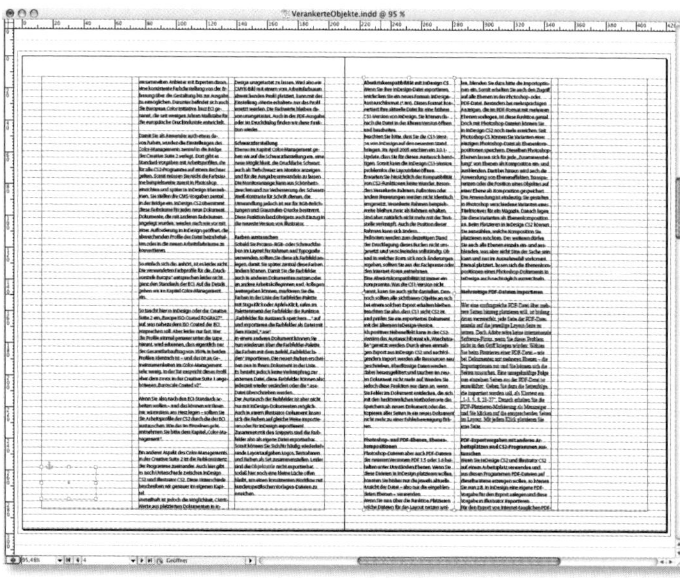

Abbildung 2.6 ▸
Verankerte Rahmen bekommen in der Layoutvorschau ein kleines Ankersymbol.

Hintergrund: InDesign bot bislang keine Funktion, so genannte Marginalobjekte zu erstellen. Diese mussten per Skript oder Zusatz-Plug-in ergänzt werden. Das verwandte Produkt FrameMaker von Adobe beherrscht diese Funktion seit Jahren und wird als Standardanwendung in der technischen Dokumentation z. B. im Automobilbau eingesetzt. InDesign CS2 ist mit Hilfe dieser Funktion nun auch dahingehend »gereift«, eine bequeme Katalogproduktion zu verwirklichen. Jedoch sind dafür Schnittstellen zu

Datenbanken nötig, da jeder Inhalt anders strukturiert ist. Tipps dazu gibt es im Kapitel 32 »Plug-ins«.

2.2.8 Automatische Aufzählung und Nummerierung

Für InDesign CS bot Adobe ein zusätzliches Plug-in-Pack an, das Grundfunktionen aus PageMaker für InDesign CS bereitstellte. Darunter fanden sich auch die automatischen Aufzählungen in Form von Bullet-Points oder anderen Aufzählungszeichen und die automatischen Nummerierungen. Diese Funktionen sind nun fest in InDesign CS2 integriert worden.

2.2.9 Dynamische Rechtschreibprüfung und Autokorrektur: intelligente Funktionen in der Textbearbeitung

Die Rechtschreibkorrektur wird nur dann aktiv, wenn Sie diese ausführen und Wörter sowie die Groß- und Kleinschreibung durch InDesign überprüfen. InDesign CS2 besitzt die dynamische Rechtschreibprüfung. Somit werden im Text automatisch alle Wörter mit einer roten Wellenlinie unterstrichen, die das aktuelle Wörterbuch nicht kennt. Das ist eine sehr hilfreiche Funktion, wenn Sie Texte direkt in InDesign erfassen oder korrigieren.

Die Autokorrektur hingegen sollte mit Vorsicht angewendet werden: Legen Sie in den VOREINSTELLUNGEN • AUTOKORREKTUR fest, welche falsch geschriebenen Wörter durch andere ersetzt werden sollen. Danach aktivieren Sie die Autokorrektur über das Menü BEARBEITEN • RECHTSCHREIBPRÜFUNG. Diese Funktion können Sie auch kreativ einsetzen: Wenn häufig im Text Abkürzungen auftreten, so ersetzen Sie diese durch die ausgeschriebene Form, wie z. B. »idcs2« durch »InDesign CS2«.

Die Autokorrektur ist jedoch nur bei umfangreichen Textarbeiten sinnvoll. Auch eine Rechtschreibprüfung kann ein falsch geschriebenes Wort erkennen, und Sie können ebenfalls über diese Funktion ein Wort, das sich mehrfach im Text befindet, durch ein anderes einmalig ersetzen. Somit behalten Sie auch die Kontrolle darüber, was InDesign genau macht, eine automatische Korrektur könnte Sie unter Umständen beim Schreiben von Text mehr behindern als unterstützen. Die deutschsprachigen Wörterbücher von InDesign CS2 wurden leider nicht mit Vorschlägen zur Autokorrektur ausgestattet.

2.2.10 Text per Drag and Drop verschieben

Aus MS Word, einem E-Mail-Programm oder einer anderen Textverarbeitung ist die Funktion bekannt, Text zu markieren und mit der gedrückten Maustaste an eine andere Textposition zu verschieben. Dies ist nun auch in InDesign CS2 möglich. In der Grundeinstellung von InDesign CS2 ist es vorgesehen, den Text

Aktualisierung

Die Wörterbücher, mit deren Hilfe die dynamische Rechtschreibkorrektur arbeiten soll, waren in der ersten Version von InDesign CS2 nicht brauchbar, die Korrekturergebnisse und Umbrüche, die mit InDesign CS2 erstellt wurden, waren mangelhaft. Laden Sie sich die aktuelle Version unter dem Menü HILFE • AKTUALISIERUNGEN... herunter.

per Drag and Drop nur im Textmodus zu bearbeiten. Das macht auch Sinn, da Sie sonst Text im Layoutmodus in einen anderen Rahmen verschieben könnten. Wer es dennoch im Layoutmodus anwenden möchte, kann die Funktion in den Voreinstellungen unter EINGABE freischalten.

2.2.11 Flexible Wörterbuchverwaltung

Bislang beherrschte InDesign die Verwendung von Wörterbüchern entweder im Dokument oder innerhalb der Anwendung. Nun können Sie die Wörterbücher, die Sie durch neue Worte ergänzt haben, in den Voreinstellungen verwalten und als externe Datei speichern, so dass andere diese Wörterbücher nutzen können. InDesign wird mit den »Proximity«-Wörterbüchern ausgeliefert, andere Hersteller bieten allerdings auch Wörterbücher für InDesign CS2 an.

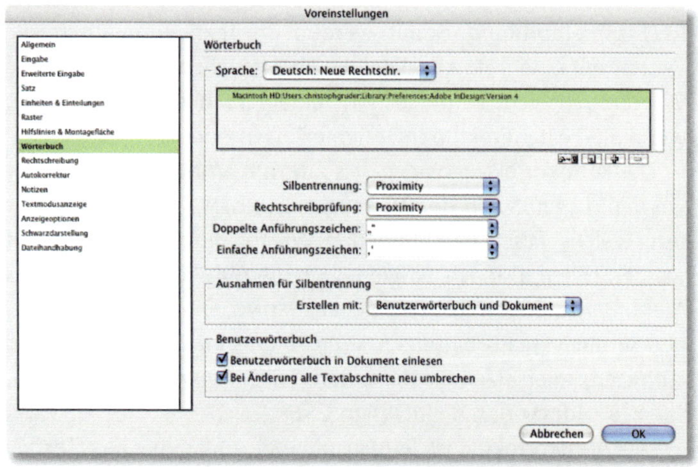

Abbildung 2.7 ▸
In den Voreinstellungen erstellen Sie ein individuelles Wörterbuch.

2.2.12 Einfügen von Text mit oder ohne Formatierung

Das Kopieren von Text aus einem anderen Programm und das Einfügen in das Layoutdokument von InDesign kann dazu führen, dass Schriftformatierungen wie »fett«, »kursiv« oder ganze Absatzformate in das Layout hineinwandern. Wenn nur die reine Textinformation kopiert werden soll, so können Sie InDesign in den Voreinstellungen dazu veranlassen, die Textformatierungen zu unterdrücken.

2.2.13 Rahmenbasiertes Grundlinienraster

Ein Grundlinienraster kann dokumentenübergreifend angelegt werden. Dadurch erreichen Sie die Registerhaltigkeit des Layoutdokumentes, also die gleiche Höhe von Textzeilen auf jeder Vor- und Rückseite. Bei Papieren mit niedriger Grammatur oder niedriger Opazität scheint das Druckbild der Rückseite auf der Vorderseite durch. Wenn Sie dagegen ein Grundlinienraster verwenden wollen, das nur für einen Textrahmen gilt, so wenden Sie in den Textrahmenoptionen – aufzurufen mit dem Tastenbefehl [⌘]+[B] oder [Strg]+[B] – ein eigenes Grundlinienraster unabhängig vom gesamten Dokument an. Wählen Sie zur Darstellung eine Farbe, die sich vom normalen Grundlinienraster (hellblau) unterscheidet, und blenden Sie das Grundlinienraster ein, indem Sie im Menü Ansicht • Raster & Hilfslinien die gleichnamige Funktion aufrufen.

2.2.14 Fußnoten

Kenner von wissenschaftlichen Texten vermissten bislang die Möglichkeit, Fußnoten im Text zu verwenden und zu verwalten, um z. B. Literaturangaben im Text durch hochgestellte Ziffern zu kennzeichnen und auf derselben Seite außerhalb des Textes zu erläutern. Nur durch kostenpflichtige Plug-ins war das Hinzufügen von Fußnoten in InDesign CS möglich.

Mit InDesign CS2 ändert sich dies: Sie markieren eine Textstelle, rufen über die rechte Maustaste oder [Ctrl]+Klick das Kontextmenü auf und wählen Fussnote einfügen aus. Sofort wird eine Ziffer hochgestellt hinter das Wort gesetzt und eine Fußnote unterhalb des Textes, aber innerhalb der Seite angefügt. Wie diese Fußnote dargestellt wird, und welche Möglichkeiten Sie noch haben, entnehmen Sie dem Menü Schrift • Optionen für Dokumentenfussnoten. Vorteilhaft ist die Durchnummerierung der Fußnoten: Wird im Textfluss zwischen zwei bestehende Fußnoten eine weitere eingefügt, so werden die nachfolgenden Fußnoten neu nummeriert.

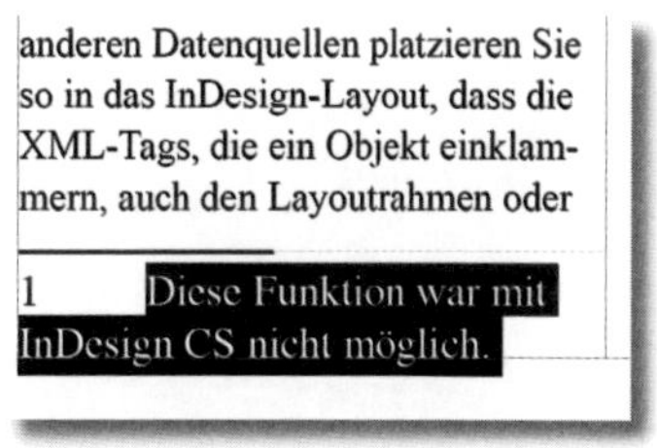

▲ **Abbildung 2.8**
Die Fußnote erscheint am unteren Ende des Textrahmens.

Fußnoten lassen sich übrigens auch aus einer Word-Datei importieren und zu InDesign-Fußnoten konvertieren, falls Sie sich die Textarbeit nicht in InDesign machen möchten oder die Textdaten von Ihren Kunden bekommen.

2.2.15 Farbkonsistenz

Seit einiger Zeit arbeiten nicht nur Adobe, sondern nahezu alle in der Publishing-Industrie versammelten Anbieter mit Experten daran, eine konsistente Farbdarstellung von der Erfassung über die Gestaltung bis zur Ausgabe zu ermöglichen. Darunter befindet sich auch die European Color Initiative, kurz ECI genannt, die seit wenigen Jahren Maßstäbe für die europäische Druckindustrie entwickelt.

Damit Sie als Anwender auch etwas davon haben, wurden die Einstellungen des Farbmanagements zentral in die Bridge der Creative Suite 2 verlegt. Dort gibt es Standardvorgaben mit Arbeitsprofilen, die für alle CS2-Programme auf einem Rechner gelten. Somit müssen Sie nicht die Farbräume beispielsweise zuerst in Photoshop einrichten und später in InDesign übernehmen. Sie stellen die CMS-Vorgaben zentral in der Bridge ein. InDesign CS2 übernimmt diese Farbräume für jedes neue Dokument. Dokumente, die mit anderen Farbräumen angelegt wurden, werden nach wie vor mit einer Aufforderung in InDesign geöffnet, die abweichenden Profile der Datei beizubehalten oder in die neuen Arbeitsfarbräume zu konvertieren.

So einfach, wie sich das anhört, ist es leider nicht. Die verwendeten Farbprofile für die »Druckvorstufe Europa« entsprechen leider nicht ganz den Standards der ECI. Auf die Details gehen wir im Kapitel 4 »Farbmanagement« ein.

So taucht hier in InDesign oder der Creative Suite 2 ein »Europe ISO Coated FOGRA27« auf, was nahezu dem ISO Coated der ECI entsprechen soll. Aber leider nur fast. Wer die Profile einmal genauer unter die Lupe nimmt, wird erkennen, dass eigentlich nur der Gesamtfarbauftrag von 350 % in beiden Profilen identisch ist – und das ist an Gemeinsamkeiten im Farbmanagement sehr wenig. In der Tat entspricht dieses Profil eher dem zuvor in der Creative Suite 1 angebotenen »Euroscale Coated v2«.

Wenn Sie also nach den ECI-Standards arbeiten wollen – und das können wir Ihnen nur wärmstens ans Herz legen –, sollten Sie die Arbeitsprofile der CS2 durch die der ECI austauschen. Wie das im Einzelnen geht, entnehmen Sie bitte dem Kapitel »Farbmanagement«.

Ein anderer Aspekt des Farbmanagements in der Creative Suite 2 ist die Farbkonsistenz der Programme zueinander. Auch hier gibt es noch Unterschiede zwischen InDesign CS2 und Illustrator CS2. Diese Unterschiede beschreiben wir genauer im eigenen Kapitel.

Vorteilhaft ist jedoch die Möglichkeit, CMYK-Werte aus platzierten Dokumenten in InDesign unangetastet zu lassen. Wird also ein CMYK-Bild mit einem vom Arbeitsfarbraum abweichenden Profil platziert, kann mit der Einstellung WERTE ERHALTEN nur das Profil ersetzt werden. Die Farbwerte bleiben davon unangetastet. Auch in der PDF-Ausgabe oder im Druckdialog finden wir diese Funktion wieder.

2.2.16 Schwarzdarstellung

Ebenso im Kapitel »Farbmanagement« gehen wir auf die Schwarzdarstellung ein, eine neue Möglichkeit, die Druckfarbe Schwarz auch als Tiefschwarz am Monitor anzeigen und für die Ausgabe umwandeln zu lassen. Die Monitoranzeige kann aus Schönheitszwecken und zur Verbesserung der Schwarz-Weiß-Kontraste für

Schrift dienen, die Umwandlung jedoch ist nur für RGB-Belichtungen und Graustufendrucke bestimmt. Diese Funktion fand übrigens auch Einzug in die neueste Version von Illustrator.

2.2.17 Farben austauschen

Sobald Sie Prozess-, RGB- oder Schmuckfarben im Layout für Rahmen und Typografie verwenden, sollten Sie diese als Farbfeld anlegen, damit Sie später zentral diese Farben ändern können. Damit Sie die Farbfelder auch in anderen Dokumenten nutzen oder an andere Arbeitskolleginnen und -kollegen weitergeben können, markieren Sie die Farben in der Liste der Farbfelder-Palette mit [Strg]+Klick oder [⌘]+Klick, rufen im Palettenmenü der Farbfelder die Funktion FARBFELDER FÜR AUSTAUSCH SPEICHERN auf und exportieren die Farbfelder als Datei mit dem Kürzel *.ase.

In einem anderen Dokument können Sie nun wiederum über die Farbfelder-Palette die Farben mit dem Befehl FARBFELDER LADEN importieren. Die neuen Farben erscheinen nun in Ihrem Dokument in der Liste. Es besteht jedoch keine Verknüpfung zur externen Datei, diese Farbfelder können also jederzeit wieder verändert oder die *.ase-Datei kann überschrieben werden.

Der Austausch der Farbfelder ist aber nicht nur mit InDesign-Dokumenten möglich: Auch in einem Illustrator-Dokument lassen sich die Farben auf gleiche Weise importieren oder für InDesign exportieren!

Zusammen mit den Snippets sind die Farbfelder also als eigene Datei exportierbar. Somit können Sie sich für häufig wiederkehrende Layoutaufgaben Logos, Textrahmen und Farben als Set zusammenstellen. Leider sind die Objektstile nicht exportierbar, so dass hier noch eine kleine Lücke offen bleibt, um einen konsistenten Workflow mit kundenspezifischen Vorlagendateien zu erreichen.

2.2.18 Farbwähler

Drei Methoden stehen Ihnen in InDesign CS2 zur Auswahl, Farben anzumischen: Über die Palette Farbe definieren Sie nach CMYK- oder RGB-Werten eine Farbe. In den Farbfeldern hingegen legen Sie eine Farbe so an, dass Sie jederzeit Änderungen daran vornehmen können und die Auswirkungen auch gleich im Layout sichtbar sind. Neu ist die dritte Methode: der Farbwähler. Mit einem Doppelklick auf die Farbfläche in der Werkzeugpalette öffnet sich der Farbwähler, in dem Sie in RGB oder LAB die Farben darstellen können oder RGB- sowie CMYK-Farbfelder anle-

Übersetzungen

Auch die neueste InDesign CS2-Version ist nicht vor Fehlübersetzungen der englischen Funktionsbezeichnungen geschützt. Während die vorherige Version weitestgehend frei von Fehlinterpretationen durch Übersetzer war, knüpfen die neuesten verbalen Entgleisungen stilistisch an den Klassiker »Zyan« aus der InDesign 1.0-Version an.

In den Voreinstellungen finden Sie unter der Rubrik Einheiten und Einteilungen die Angabe für den Nullpunkt oder Ursprung der Seitenlineale: »Übergriff«. Bei den möglichen Varianten zum englischen Original »Spread« dachte der Übersetzer vielleicht an die imperialen Einheiten, die von der linken auf die rechte Seite »übergreifen«. Natürlich muss es hier »Druckbogen« heißen. Auch die Farbfelder von Illustrator CS2 kommen nicht ganz ungeschoren davon: Wenn Sie eine Schmuckfarbe aus der Farbfelder-Bibliothek auswählen und diese in der Palette der Farbfelder aufrufen, wird sie als »Buchfarbe« bezeichnet. Richtig wäre die Bibliotheksfarbe. Aber das nur am Rande.

gen. Photoshop-Anwender kennen bereits diesen beliebten Farbwähler. Doch auch hier arbeitet dieses Werkzeug nicht identisch zu Photoshop, und Adobe hat es tatsächlich geschafft, das bekannte Profi-Werkzeug zu einer Anfängerversion herabzustufen.

Die Darstellung des Farbwählers ist nur im RGB- oder LAB-Farbraum möglich. Im Farbspektrum können Sie eine Farbe frei wählen. Je nachdem, welche Radiobuttons Sie anwählen, erscheint ein anderes Farbspektrum. Der vertikale Verlauf gibt die Helligkeit des jeweils aktiven Kanals an.

Klicken Sie in die RGB-Eingabefelder, so können Sie über den dritten Button im Dialog ein RGB-Farbfeld hinzufügen. Wählen Sie dagegen genaue CMYK-Werte, so springt der Button auf die Funktion CMYK-Farbfeld hinzufügen um. Schauen Sie also genau hin, wenn Sie aus der ausgesuchten Farbe ein Farbfeld anlegen. Das ist alles andere als intuitiv.

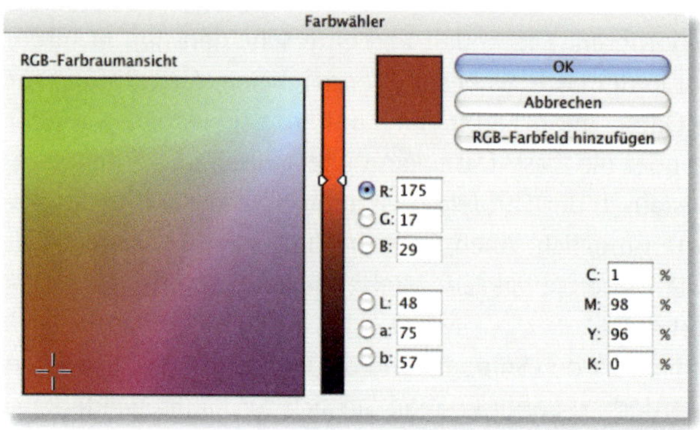

Abbildung 2.9 ▶
Der neue Farbwähler bietet nur eingeschränkte Funktionen an.

Leider hat Adobe an dieser Stelle vergessen, eine Farbwarnung einzublenden, wenn Sie eine leuchtende RGB-Farbe ausgewählt haben, die jedoch in einem CMYK-Ausgabefarbraum gar nicht reproduziert werden kann. Photoshop zeigt an dieser Stelle die Farbumfangwarnung. Mit einem Klick kann eine nächstliegende Farbe angewählt werden. Warum Adobe hier den jahrelang bewährten Farbwähler u.a. mit der HSB-Farbwahl nicht übernommen hat, bleibt ein Rätsel. In Illustrator wurde ebenfalls ein Farbwähler eingebaut – interessanterweise richtet sich dieser exakt nach dem altbekannten Vorbild aus Photoshop und verhält sich so, wie Sie es erwarten dürfen.

2.2.19 Abwärtskompatibilität mit InDesign CS

Wenn Sie Ihre InDesign-Datei exportieren, entdecken Sie ein neues Format: InDesign-Austauschformat (*.inx). Dieses Format konvertiert Ihre aktuelle Datei für eine frühere CS1-Version von

InDesign. Sie können danach die Datei in der älteren Version öffnen und bearbeiten.

Beachten Sie bitte, dass Sie die CS1-Version von InDesign auf den neuesten Stand bringen. Im April 2005 erschien ein 3.0.1-Update, das Sie für diesen Austausch benötigen. Somit kann die InDesign CS1-Version problemlos die Layoutdatei öffnen.

Erwarten Sie hinsichtlich der Kompatibilität von CS2-Funktionen keine Wunder. Besonders verankerte Rahmen, Fußnoten oder andere Neuerungen werden nicht identisch umgesetzt. Verankerte Rahmen beispielsweise bleiben zwar als Rahmen erhalten, sind aber natürlich nicht mehr mit der Textstelle verknüpft. Auch die Position dieser Rahmen kann sich ändern.

Fußnoten werden zum derzeitigen Stand der Drucklegung dieses Buches nicht umgesetzt und verschwinden vollständig. Ob und in welcher Form sich noch Änderungen ergeben, sollten Sie der Fachpresse oder den Internet-Foren entnehmen.

Eine Abwärtskompatibilität ist immer ein Kompromiss: Was die CS1-Version nicht kennt, kann sie auch nicht darstellen. Dennoch sollten alle sichtbaren Objekte an sich bei einem solchen Export erhalten bleiben. Beachten Sie also, dass CS1 nicht CS2 ist, und prüfen Sie ein exportiertes Dokument mit der älteren InDesign-Version.

Als positiver Nebeneffekt kann in der CS2-Version das Austauschformat als »Waschstraße« genutzt werden: Durch einen einmaligen Export aus InDesign CS2 und nachfolgenden Import werden alle Ressourcen neu geschrieben, überflüssige Daten werden dabei herausgefiltert und tauchen im neuen Dokument nicht mehr auf. Wenden Sie jedoch diese Funktion nur dann an, wenn Sie Fehler im Dokument entdecken, die mit den herkömmlichen Methoden wie das Speichern als neues Dokument oder das Kopieren aller Seiten in ein neues Dokument nicht mehr zu einer Fehlerbereinigung führen.

InDesign und QuarkXPress

Die Konkurrenz schläft nicht. Quark hat seit der CS-Version viel Know-how und Geld in die Entwicklung von XPress 6.5 gesteckt und diese Version mit nicht minder hohem Marketing-Aufwand angepriesen. Auch der Kundendienst soll nun verbessert worden sein. Das Ergbenis ist jedoch reichlich dürftig ausgefallen. XPress kann immer noch nicht mit OpenType-Fonts oder mit Transparenzen umgehen. Unicode ist (noch) ein Fremdwort. Dafür lassen sich nun Photoshop-Dokumente in das Layout platzieren und die Ebenen aus- und anwählen. Ohne InDesign hätte es diese Funktion sehr wahrscheinlich nie gegeben.

Gleich ob Quark oder Adobe den Olymp der besten Layout-Software erringen, als Anwender haben wir bereits durch diesen Wettstreit gewonnen. Hoffen wir, dass die Monopolzeiten des einen Anbieters endgültig vorbei sind und für den anderen erst gar nicht anbrechen: Wettbewerb belebt das Geschäft.

2.2.20 Photoshop- und PDF-Ebenen, Ebenenkompositionen

Photoshop-Dateien, aber auch PDF-Dateien der neueren Versionen PDF 1.5 oder 1.6 behalten unter Umständen Ebenen. Wenn Sie diese Dateien in InDesign platzieren wollen, konnten Sie bisher nur die jeweils aktuelle Ansicht der Datei – also nur die eingeblendeten Ebenen – verwenden.

Wenn Sie nun über die Funktion Platzieren solche Dateien für das Layout nutzen wollen, blenden Sie dazu bitte die Importoptionen ein. Somit erhalten Sie auch den Zugriff auf alle Ebenen in der Photoshop- oder PDF-Datei. Besonders bei mehrsprachigen Anzeigen, die im PDF-Format mit mehreren Ebenen vorliegen, ist diese Funktion genial.

Doch mit Photoshop-Dateien können Sie in InDesign CS2 noch mehr erreichen: Seit Photoshop CS können Sie Varianten einer einzigen Photoshop-Datei als Ebenenkompositionen speichern. Dieselben Photoshop-Ebenen lassen sich für jede »Zusammenstellung« von Ebenen als Komposition ein- und ausblenden. Darüber hinaus wird auch die Anwendung von Ebeneneffekten, Transparenzen oder die Position eines Objektes auf einer Ebene als Komposition gespeichert. Die Anwendung ist eindeutig: Sie gestalten in Photoshop verschiedene Varianten eines Titelmotivs für ein Magazin. Danach legen Sie diese Varianten als Ebenenkomposition an. Beim Platzieren in InDesign CS2 können Sie auswählen, welche Komposition Sie platzieren möchten. Des Weiteren dürfen Sie auch alle Ebenen einzeln ein- und ausblenden, was aber nicht Sinn der Sache sein kann und nur im Ausnahmefall vorkommt.

Einmal platziert, lassen sich die Ebenenkompositionen eines Photoshop-Dokuments in InDesign auch nachträglich auswechseln.

Mehrseitige PDF-Dateien importieren

Wer eine umfangreiche PDF-Datei über mehrere Seiten hinweg platzieren will, ist bislang daran verzweifelt, jede Seite der dieser Datei einzeln auf die jeweilige Layoutseite zu setzen. Doch Adobe wäre keine internationale Software-Firma, wenn Sie dieses Problem nicht in den Griff kriegen würden: Wählen Sie beim Platzieren einer PDF-Datei – wie bei Dokumenten mit mehreren Ebenen – die Importoptionen aus, und Sie können sich die Seiten aussuchen. Eine unregelmäßige Folge von einzelnen Seiten aus der PDF-Datei ist auswählbar: Geben Sie dazu die Seitenfolge, die importiert werden soll, als Klartext ein: »1–3, 5, 8, 23–27«. Danach erhalten Sie die PDF-Platzieren-Markierung als Mauszeiger, und Sie klicken auf die entsprechenden Seiten im Layout. Mit jedem Klick platzieren Sie eine Seite.

2.2.21 PDF-Exportvorgaben mit anderen Arbeitsplätzen und CS2-Programmen austauschen

Wenn Sie InDesign CS2 und Illustrator CS2 auf einem Arbeitsplatz verwenden und aus diesen Programmen PDF-Dateien auf dieselbe Weise erzeugen wollen, so können Sie nun z. B. in InDesign eine eigene PDF-Vorgabe für den Export anlegen und diese Vorgabe in Illustrator importieren.

Für den Export von internet-tauglichen PDF-Dateien – also mit einer kleinen Dateigröße, aber ausreichender Anzeigequalität – legen Sie sich in InDesign in den PDF-Exportvorgaben unter dem Menü DATEI • ADOBE PDF-VORGABEN • DEFINIEREN eine neue Einstellung an. Sobald Sie alle wichtigen Optionen festgelegt haben, können Sie Illustrator CS2 öffnen und dort im Menü BEARBEITEN • ADOBE PDF-VORGABEN auf diese Einstellung zugreifen. Ähnlich nutzen Sie die Vorgaben in Photoshop CS2.

Programmeigene Exporteinstellungen, wie die für Illustrator wichtige Funktion ILLUSTRATOR-BEARBEITUNGSFUNKTION BEIBEHALTEN werden dabei in einer Grundeinstellung aktiviert. Auch wenn es sich für Sie als InDesign-Benutzer so anhört, als ob eine PDF-Datei aus InDesign identisch wäre mit einer PDF-Datei aus Illustrator, so ist das im Detail nicht der Fall. Lesen Sie dazu aufmerksam das Kapitel 23 »PDF-Ausgabe«.

2.2.22 Verbesserte Unterstützung für Microsoft Word und RTF

Wenn Sie eine Word- oder RTF-Datei platzieren und dabei die Importoptionen anzeigen, so werden Sie nun von einer Flut an Möglichkeiten erschlagen, was Sie aus der Word-Datei für das InDesign-Layout übernehmen wollen und wie die Formatierungen aus Word behandelt werden. Zunächst zu den einfachen Dingen: Der Text des Inhaltsverzeichnisses sowie der Indextext können aus der Word-Datei importiert werden. Beachten Sie dabei, dass es sich um reine Textinformationen handelt. Wenn Sie später ein Inhaltsverzeichnis aktualisieren wollen, müssen Sie dies neu in InDesign anlegen.

Fuß- sowie Endnoten werden in InDesign-eigene Fußnoten konvertiert. Hier bleiben Fußnoten, was sie sind. Eine Änderung in den Fußnoten wirkt sich auch auf die Nummerierung der Fußnoten auf derselben Seite oder auf den nachfolgenden Seiten aus. Näheres dazu erfahren Sie im Abschnitt »Fußnoten«.

Wichtiger sind jedoch die weiteren Optionen, die wie ein Entscheidungsbaum als Dialog gestaltet sind: Wie sollen die Formatierungen aus Word behandelt werden? Es gibt dazu mehrere Möglichkeiten:

1. Die Formate werden ignoriert. Sie übernehmen nur die reinen Textinformationen aus der Word-Datei, und der Text erscheint im Layout unformatiert. Klicken Sie dazu auf den ersten Button FORMATE UND FORMATIERUNGEN AUS TEXT UND TABELLEN ENTFERNEN. Tabellen können Sie dabei als InDesign-Tabellen übertragen oder als mit Tabulatoren formatierten Text umwandeln. Das ist die einfachste Möglichkeit, allerdings müssen Sie zwangsläufig den Text auch manuell formatieren.
2. Die Formate werden importiert. Nach dem Platzieren erhalten Sie neue Formate in Ihrem InDesign-Layout. Für den automatischen Import von Absatz- und Zeichenformaten gibt es noch eine wichtige Entscheidung: Wenn Sie in Ihrer InDesign-Datei Formate mit gleichem Namen wie in der Word-Datei nutzen, erscheint zu den Punkten »Absatzformatkonflikte« und »Zeichenformatkonflikte« ein Warndreieck. Im jeweiligen Auswahlmenü legen Sie fest, ob dann das InDesign-Format genutzt wird, Formatierungen aus dem Word-Format in das InDesign-Format übertragen werden oder die Word-Formate automatisch umbenannt werden und als neue Absatzformate in der Palette erscheinen. Dieser Punkt birgt sehr viele Fehlerquellen. Da es zahlreiche Optionen gibt, die jeweils einen anderen Export verursachen, sollten Sie sich noch einmal alle Einstellungen in Ruhe anschauen.

3. Die Formate werden importiert und durch InDesign-Absatzformate ersetzt. Die wahrscheinlich produktivste dritte Variante ermöglicht es Ihnen in einem Arbeitsschritt, die Formate aus Word mit den bestehenden Absatzformaten in Ihrer Layoutdatei auszutauschen, indem Sie auf den Button FORMATIMPORT ANPASSEN klicken. In einer Liste FORMATZUORDNUNG werden die erkannten Formate aus Word aufgelistet, und Sie können Ihrerseits die InDesign-Formate zuordnen.

Die Möglichkeiten 2 oder 3 sollten Sie sich unbedingt »merken«: Klicken Sie dazu im Dialog oben rechts auf »Vorgabe speichern«, und Sie können für das nächste Platzieren diese Vorgaben gleich ganz oben im Dialog auswählen.

2.2.23 Für GoLive verpacken

Auch diese Funktion ist nur dann für Sie als Setzerin oder Layouter wichtig, wenn Sie mit GoLive CS2 oder der Creative Suite Premium arbeiten, um Websites zu gestalten. Seit InDesign CS gibt es diese Funktion, das Layout aus InDesign als Paket für GoLive so zu exportieren, dass Sie Inhalte des Layouts per Drag and Drop in das Weblayout kopieren oder ganze InDesign-Seiten als HTML-Seiten umwandeln. Dazu wurden die Exportmöglichkeiten von InDesign dahingehend erweitert, dass Sie Textabschnitte in HTML-Texte mit CSS-Stilen konvertieren können, Grafiken und Gruppen von Rahmen als »SmartPDF« in GoLive platzieren und weitere Optionen für das Platzieren in eine Website erhalten. Sollte sich das InDesign-Layout verändern, so können Sie wieder ein Paket für GoLive schnüren, und die Inhalte werden in GoLive mit einigen Einschränkungen übernommen oder aktualisiert. Falls Sie hier mit InDesign und GoLive zusammenarbeiten wollen, können wir Ihnen nur empfehlen, sich ausgiebig mit GoLive auseinander zu setzen. Die Beschreibung der technischen Details würde den Rahmen dieses Buches sprengen.

2.2.24 Selektive Zuweisung von Elementen für InCopy CS2

Diese Neuerung betrifft Sie als InDesign-Anwender nur, wenn Sie mit InCopy CS2 als Textverarbeitung in einer Redaktion zusammenarbeiten. Nutzen Sie nur das Programm InDesign CS2, stehen Ihnen diese Funktionen nicht zur Verfügung.

Wenn Sie im Layout mit InDesign CS2 und in einer Textredaktion mit dem Programm InCopy CS2 arbeiten, müssen Sie aus dem Layout die Zeitungsartikel als Textabschnitte exportieren, so dass ein Redakteur oder Texter diese Abschnitte in InCopy bearbeiten kann. Dazu war es bislang möglich, das Layout als InDesign-Datei und die Textabschnitte als InCopy-Dokumente zu speichern. Wenn nun aber mehrere Redakteure an einer Seite arbeiten und im Kontext zu erkennen sein soll, wie der Text und dazu platzierte Bilder aussehen, so ist es nun möglich, die entsprechenden Text- und Grafikrahmen auszuwählen und dann als InCopy-Interchange-Format (*.incx) zu exportieren. Näheres dazu lesen Sie auch zum Ende des Buches im Kapitel 26 »Redaktions-Workflow mit InCopy«.

2.2.25 XML-Tagging von Tabellen

XML-Inhalte aus Datenbanken oder anderen Datenquellen platzieren Sie so in das InDesign-Layout, dass die XML-Tags, die ein Objekt einklammern, auch den Layoutrahmen oder Platzhaltertexten zugewiesen werden. Nun können Sie auch XML-Tags den Tabellen in InDesign zuweisen, so dass die Inhalte aus einer XML-Tabelle einwandfrei mit den richtigen Zeichenformaten im Layout wiedergegeben werden.

Kopf- und Fußzeilen können dabei unterschiedlich zu den Körperzellen getaggt werden.

2.2.26 Verknüpfung zu platzierten XML-Dateien

XML-Dateien werden nun genauso wie Bild- oder Textdokumente mit dem InDesign-Layout verknüpft. Eine Aktualisierung der über die XML-Datei platzierten Inhalte ist dadurch möglich.

Importierte XML-Dateien konnten bislang nur einmalig mit dem Layout verbunden werden, so dass die Inhalte der XML-Datei in ein getaggtes Layout einfließen. Sobald sich die Inhalte in der Datenquelle wie einer Datenbank ändern, musste der Import noch einmal von vorn durchgeführt werden. Nun ist die Aktualisierung der XML-Datei möglich: Die XML-Datei erscheint nach dem Importieren einfach in der Verknüpfen-Palette. Wenn sich die XML-Datei ändert, so erscheint ein Warndreieck, und die Verknüpfung kann ebenso wie für geänderte platzierte Bilder aktualisiert werden, eine nahe liegende Funktion. Man fragt sich, warum das nicht von Anfang an so war?

2.2.27 Datenzusammenführung

Eine andere Funktion, die aus den PageMaker-Plug-ins für InDesign stammt, ist die Datenzusammenführung: Der Inhalt stammt aus einer Tabelle, das Layout wird in InDesign gestaltet. Danach wird der Inhalt in das Layout übertragen.

So lassen sich recht einfach Serienbriefe erstellen oder Visitenkarten mit Datenbankinhalten füllen. Ganz ohne Programmier- oder XML-Kenntnisse importieren Sie Datensätze aus einer

Quelldatei wie einem durch Tabulatoren formatierten Text (.txt) oder einer durch Kommata separierten Liste (.csv).

Darüber hinaus lassen sich auch Bilder als externe Referenz zu den Datensätzen automatisch platzieren. Sobald ein Layout als Schablone vorliegt, weisen Sie die Datenfelder zu, und mit einer Vorschau können Sie durch die Ergebnisse blättern. Für die eigentliche Datenzusammenführung – also die Erstellung neuer InDesign-Dokumente auf Basis der Schablone – gibt es umfangreiche Optionen, die für kleine Umfänge wie Serienbriefe, Visitenkarten für eine ganze Firma oder einfache Preislisten schnell eine XML-Lösung auskontern.

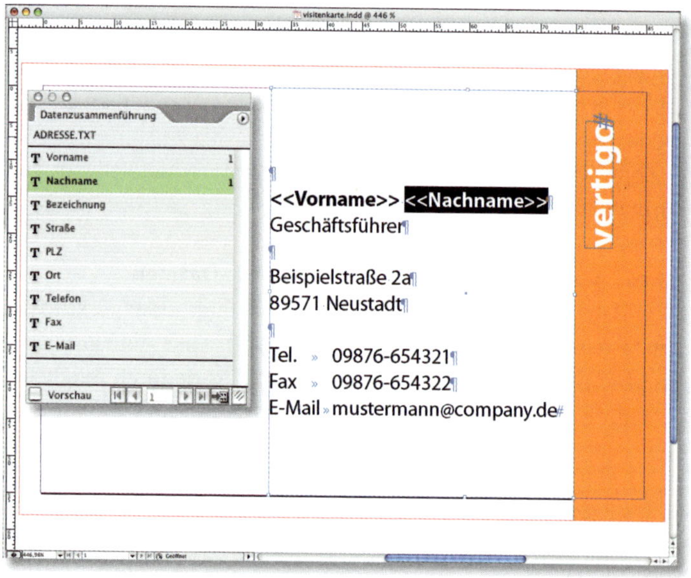

Abbildung 2.10 ▶
Beispielsweise können Sie über die Datenzusammenführung-Funktion Visitenkarten erstellen.

2.2.28 InBooklet SE

Die Funktion zum Ausschießen aus InDesign CS2 ist nicht neu, sie stammt ebenfalls wie die automatische Nummerierung oder die Datenzusammenführung aus dem ehemaligen PageMaker-Plug-in-Pack für InDesign CS. Dennoch wird Sie Ihnen in kompakter Form verschiedene Schemata zum Ausschießen ermöglichen, wenn Sie zuvor noch nicht mit diesem Werkzeug gearbeitet haben sollten. InBooklet SE ist eine »Special Edition« des Plug-ins der Firma Alap, die für Quark und InDesign Erweiterungen programmiert. Diese Version bietet Ihnen das Ausschießen von einfach gebundenen Dokumenten an, wie z. B. ein doppelseitiges A4-Format mit Klammerheftung. Danach werden die Seiten als Druckbogen in der richtigen Reihenfolge montiert und entweder direkt auf den Drucker ausgegeben oder als neues InDesign-Dokument erstellt. Einfache Aufgaben wie z. B. das digitale Drucken von 4c-Broschüren ist somit ohne weiteres Programm oder Plug-in möglich. Für die Druckplattenmontage jedoch empfehlen wir professionelle Plug-ons oder Lösungen auf PDF- oder PostScript-Basis.

2.3 Verbesserungen

Der von den Anwendern am lautesten vertretene Forderung trug Adobe nun Rechnung und ermöglichte die Abwärtskompatibilität der InDesign-Dateien: Endlich können Sie InDesign-Dateien von der neuen CS2-Version auch für frühere CS1-Versionen speichern. Dazu verwenden Sie das neue InDesign-Austauschformat mit dem Kürzel »*.inx«. Alle Grafiken und Texte, die Sie in InDesign CS2 mit neuen Werkzeugen bearbeitet haben, werden dabei so gespeichert, dass ihre Erscheinung in der CS1-Version erhalten bleibt. Nach dem Öffnen dieser Austauschdatei in InDesign CS1 wird die Layoutdatei zu einer neuen Datei konvertiert. Diesen Schritt können Sie jedoch nicht zurückgehen, wenn Sie nun diese »alte« Datei in der CS2-Version öffnen.

Ein Beispiel: Sie haben ein Bild in einer Marginalspalte mitlaufend zum Haupttext an ein bestimmtes Wort oder einen Satz verankert. Sie speichern die Layoutdatei für die CS1-Version ab. Sobald Sie die Datei mit InDesign CS öffnen, erscheint das Bild an seinem bestimmten Platz. Das Bild ist jedoch nun nicht mehr mit dem Text verkettet. Sobald Sie den Zeilenumbruch im Haupttext ändern, läuft das Bild nicht mehr automatisch mit. Auch wenn Sie diese Layoutdatei wieder in der neuen CS2-Version öffnen, bleibt das Bild, wo es ist. Die Verankerung kann nicht von InDesign wiederhergestellt werden, Sie müssen das Bild erneut mit dem Haupttext verankern. Dies ist ein Kompromiss zugunsten der Dateiversionen und wirkt sich natürlich auch auf alle anderen Funktionen aus, die – wie in diesem Kapitel beschrieben – in der CS2-Version hinzugekommen sind. Den regelmäßigen Austausch von Layoutdaten zwischen InDesign CS und CS2 sollten Sie damit also nicht realisieren.

Ein ganz besonderes Highlight ist sicher das schlichteste Werkzeug: die »schnelle Auswahl« von Absatz- und Zeichenformaten per Tastenbefehl. Noch rasanter können Sie als Anwender Formate einfach nicht zuweisen.

Ohne Zweifel: Die CMS-Einstellungen zentral für die gesamte Creative Suite zu verwalten und alle Programme auf Knopfdruck zu synchronisieren ist genial. Auch die Spezialeinstellungen zur Schwarzdarstellung und den CMYK-Werten sind sehr sinnvoll. Hinter dem Vorhang sieht es jedoch noch unaufgeräumt aus. Illustrator und InDesign bieten z. B. unterschiedliche Darstellungen von Schmuckfarben aufgrund unterschiedlicher Farbbibliotheken der Programme. Besonders Illustrator wartet hier mit einigen Abweichungen auf, die dann erst im Produktionsalltag auffallen und zu Ungereimtheiten führen können.

2.4 Was immer noch fehlt

Sie fragen sich, was an InDesign noch fehlt, obwohl doch bereits Hunderte an Werkzeugen darauf warten, benutzt zu werden? Im Großen und Ganzen ist die Version CS2 ein grundsolides Update und bringt die Software an die Spitze der Desktop-Programme. Ähnlich wie bei den Neuerungen der Vorgängerversion lag das Augenmerk darauf, Prozesse zu vereinfachen und die Produktivität zu erhöhen. Doch viele Dinge, die InDesign zwar technisch beherrscht, sind bei weitem nicht so anwenderfreundlich, wie sich das Adobe gern vorstellt.

Die Problemzonen von InDesign tauchen in der alltäglichen Arbeit mit großen Dokumenten bei eher einfachen wiederholbaren Arbeitsschritten auf. Zum einen erfordert ein manueller Umbruch eines Blocksatzes eine sehr gute Kenntnis der InDesign-Techniken »Silbentrennung«, »Optimierung« und »Adobe Absatzsetzer« und wo diese in welchem Dialog zu finden sind. Nach den Vorstellungen der Entwickler löst der Adobe Absatzsetzer alle Umbruchprobleme mit einem Mausklick. Jedoch tauchen in der Praxis unliebsame Trennfehler oder einfach unschöne Zeilenumbrüche auf. Wie Sie dennoch einen sauberen manuellen Umbruch herbeiführen, erklären wir Ihnen im Kapitel 8 »Typografie«. Alle Funktionen, die hier zusammenarbeiten, sollten auch unmittelbar in einem Einstellungsdialog auftauchen. Zurzeit müssen wir noch zwischen mehreren Dialogen hin und her blättern.

Der Import von **QuarkXPress**-Daten ist nur bis zur Version 4.1 möglich. Dies konnte InDesign von Anfang an seit der ersten Version, leider hat sich daran aber nichts geändert. Mittlerweile gibt es viele Produktionen, die auch auf QuarkXPress 6.5 umgestiegen sind, aber aus Unzufriedenheit über die mangelhafte Produktentwicklung und den hohen Preis auf InDesign umsteigen wollen. Dies ist zurzeit nicht möglich. Adobe hat den Import-Filter für QuarkXPress speziell von einem Team entwickeln lassen, welches das Format so lange getestet und importiert hat, bis eine ansprechende Funktion für InDesign daraus wurde. Nun wird es wieder Zeit, dieselben Anstrengungen zu unternehmen.

Obwohl Adobe die Software an vielen Stellen um sinnvolle Funktionen erweitert hat, die Sie schnell nicht mehr missen wollen, haben sich kleine Probleme für die **Bedienung** eingeschlichen. Der Farbwähler ist aufgrund der fehlenden Farbumfangwarnung und der reinen RGB-Darstellung schlichtweg unprofessionell und bildet ein negatives Highlight in einem ansonsten soliden und ausgereiften Programm. Objektstile, Absatz- und Zeichenformate können nicht als externe Datei gespeichert werden, obwohl die Farbfelder sich nun exportieren lassen. Im Zuge der Entwicklung der Creative Suite 2 kommen auf Sie als Anwender oder Benutzer viele neue Dateiformate (*.inx, *.ase etc.) zu, die sich nur in den aktuellen Adobe-Programmen nutzen lassen. Die Handhabung von Fußnoten und verankerten Objekten ist sehr gewöhnungsbedürftig. Die genauen Arbeitsweisen erklären wir im Kapitel 7 »Texte erfassen und bearbeiten«.

Rundherum lässt sich schließen, dass Adobe durch das Update auf InDesign CS2 die mögliche Produktivität Ihrer Layoutarbeit erhöht hat, aber die »Baustellen« des Programms sind leider größer geworden.

3 Die Programmoberfläche

KAPITEL 3

Die Programmoberfläche von InDesign hat sich aus der CS-Version bewährt und wurde für die neue Creative Suite 2 nur geringfügig angepasst. Als Photoshop- oder Illustrator-Anwender finden Sie sich schnell in InDesign zurecht, als Umsteiger von QuarkXPress müssen Sie sich erst einmal an die Vielzahl von Paletten und Einstellungen gewöhnen.

Sind Sie Adobe-Kenner?

Wir gehen davon aus, dass Sie schon einmal einen Blick auf eine Adobe-Software geworfen haben. Alle Leser, die bereits umfangreich mit Illustrator oder Photoshop arbeiten, sollten dieses Kapitel überblättern oder nur einen kurzen Blick auf die Abbildungen werfen.

3.1 Der Willkommen-Bildschirm

Bekannt aus Photoshop, Illustrator oder GoLive sehen Sie nun auch einen Willkommen-Bildschirm bei jedem Start von InDesign CS2. Wenn Sie Ihre ersten Schritte in InDesign wagen wollen, hilft Ihnen der Dialog, ein neues Dokument anzulegen oder ein bestehendes zu öffnen.

Mac oder Windows in diesem Buch

Wir verwenden im gesamten Buch hauptsächlich die Paletten- und Fensterdarstellungen von Mac OS X. Als Windows-User werden Sie die Bildbeispiele sicher für Ihren Arbeitsplatz übertragen können.

◂ **Abbildung 3.1**
Die Vorlagen lassen sich über den Willkommen-Bildschirm öffnen.

3.1.1 Programminterne Vorlagen

Mit einem Klick auf die Funktion Neu erstellen aus Vorlage öffnet sich Adobe-Bridge mit dem Vorlagen-Ordner von InDesign. Darin befinden sich unterschiedliche InDesign-Templates, auch abgekürzt *.indt, sortiert nach Medien wie Booklets, Bücher oder Broschüren. Mit einem Doppelklick öffnen Sie die Templates und können die neu erstellten Dateien selbst verändern und speichern. Interessant sind dabei die Vorlagen zur »Datenzusammenführung«, die eine bereits fertige Datenquelle mit einem InDesign-Layout verbinden. Dazu erfahren Sie aber später mehr im Kapitel 24.

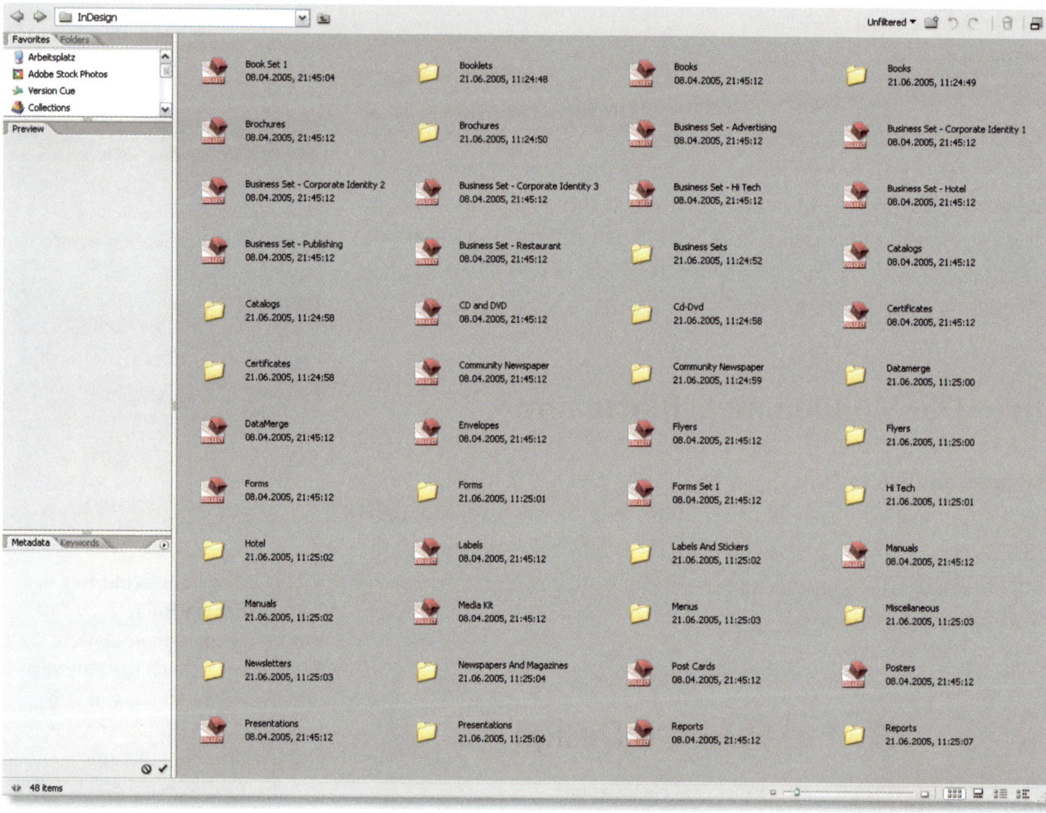

▲ **Abbildung 3.2**
Die mitgelieferten InDesign-Vorgaben

Hier die fehlenden Übersetzungen der schwer verständlichen Begriffe:

- Business Set: Akzidenzdrucksachen
- Certificates: Urkunden und Auszeichnungen
- Community Newspaper: Unternehmens- oder Mitarbeiterzeitschrift
- Datamerge: Datenzusammenführung
- Forms: Formulare und Antragsvordrucke
- Miscellaneous: Vermischtes
- Media Kit: Pressemappe

Leider wurden die Bezeichnungen der Vorlagen nicht ins Deutsche übersetzt, und auch die Übersetzungen im Willkommen-Bildschirm sind nicht sehr gelungen: Neu erstellen aus Vorlage oder Öffnen Datei (PC: Öffnen Dokument) wären im Pisa-Test sicher durchgefallen. Am Stil der Vorlagen können Sie außerdem unschwer erkennen, dass Adobe eine amerikanische Firma ist.

3.1.2 Vorlagen anlegen

Wenn Sie nicht auf diese Vorlagen zurückgreifen möchten, so legen Sie sich Ihre eigenen Dateien als Templates ab, indem Sie unter Datei • Speichern unter im Drop-down-Menü Format • InDesign-Vorlage (auf dem PC: Dateityp • InDesign-Vorlage) wählen.

Wenn Sie den Speicherort der vorinstallierten Vorlagen verwenden, können Sie auch Ihre eigenen Templates über den Button Neu erstellen aus Vorlage im Willkommen-Dialog aufrufen:

- Für den PC sind die Vorlagen unter dem Verzeichnis zu finden: C:/Programme/Gemeinsame Daten/Adobe/Templates/InDesign
- Auf dem Mac finden Sie die Vorlagen hier: Macintosh HD/Library/Application Support/Adobe/Templates

Tastenkürzel!
An dieser Stelle wollen wir Ihnen einige Tipps mit auf den Weg geben, wie Sie besonders clever mit der Oberfläche in InDesign umgehen, da wir die Erfahrung gemacht haben, dass sowohl Programmanfänger als auch Fortgeschrittene nahezu geschlossen dieselbe einseitige Bedienung bevorzugen: Sie suchen die Funktionen immer zuerst im Hauptmenü. Sie werden auf diese Weise auch zu denselben Ergebnissen kommen, aber benötigen ein Vielfaches der Arbeitszeit und fahren lange Wege mit der Maus ab. InDesign bietet über das Kontextmenü und Tastenbefehle einen schnellen Zugriff auf die am häufigsten genutzten Werkzeuge und Einstellungen.

3.2 Die Arbeitsoberfläche

Die Ähnlichkeit der Programmoberfläche mit der von Illustrator oder Photoshop ist offensichtlich, und alle Werkzeuge und Paletten funktionieren auch erwartungskonform.

Ein gravierender Unterschied zwischen der Mac- und der Windows-Oberfläche existiert nicht, da Adobe seit Jahren auf die Konformität der Programmoberflächen achtet. Der einzige Unterschied liegt in der Unterbringung der Voreinstellungen der beiden Programmversionen: Auf dem Mac finden Sie die Voreinstellungen unter InDesign • Voreinstellungen • Allgemein, auf dem PC sind die Voreinstellungen unter Bearbeiten • Voreinstellungen • Allgemein untergebracht.

Kommen wir zur Programmoberfläche, die sich präsentiert, wenn Sie den Willkommen-Bildschirm schließen.

◂ **Abbildung 3.3**
Die Mac-Oberfläche von InDesign CS

1 Menüleiste
2 die Steuerungspalette
3 die Werkzeugpalette
4 verkleinerte Paletten
5 aufgeklappte Palette Seite
6 die Statusleiste
7 die geöffnete Datei

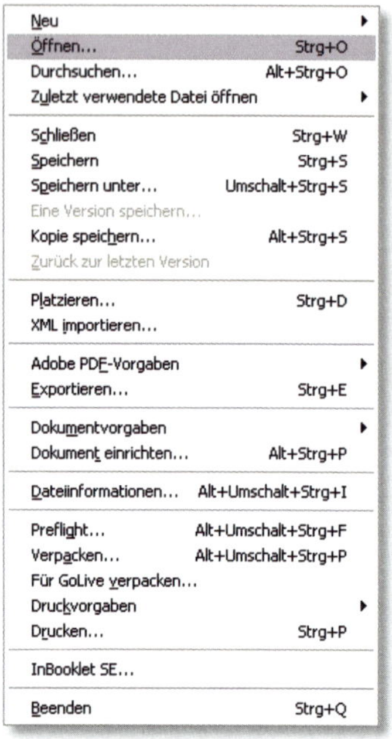

▲ **Abbildung 3.4**
Das Menü Datei.

In der Menüleiste finden Sie klar gegliedert alle Funktionsgruppen und Einstellmöglichkeiten in InDesign: Datei, Bearbeiten, Layout, Schrift, Objekt, Tabelle, Ansicht, Fenster und Hilfe. Viele Funktionen in den einzelnen Menüs können Sie mit Shortcuts (Tastenbefehlen) aufrufen. Der passende Shortcut steht jeweils rechts neben dem Menüpunkt.

Weiterführende Untermenüs werden mit einem Pfeil nach rechts angezeigt, nachfolgende Dialoge erscheinen bei Menüpunkten, die mit einer typografischen Ellipse gekennzeichnet sind: Dateiinfo...

3.3 Die Werkzeugpalette

Klicken Sie auf die Werkzeugsymbole mit einem kleinen Pfeil nach rechts. Wenn Sie die Maustaste ca. eine Sekunde gedrückt halten, öffnet sich ein Untermenü mit Spezialwerkzeugen, genannt Fly-out-Menü. Mit gedrückter ⌥-/Alt-Taste und einem Klick auf das entsprechende Werkzeug wechselt InDesign auch automatisch auf das nächste Werkzeug, wenn Sie so lange nicht warten wollen.

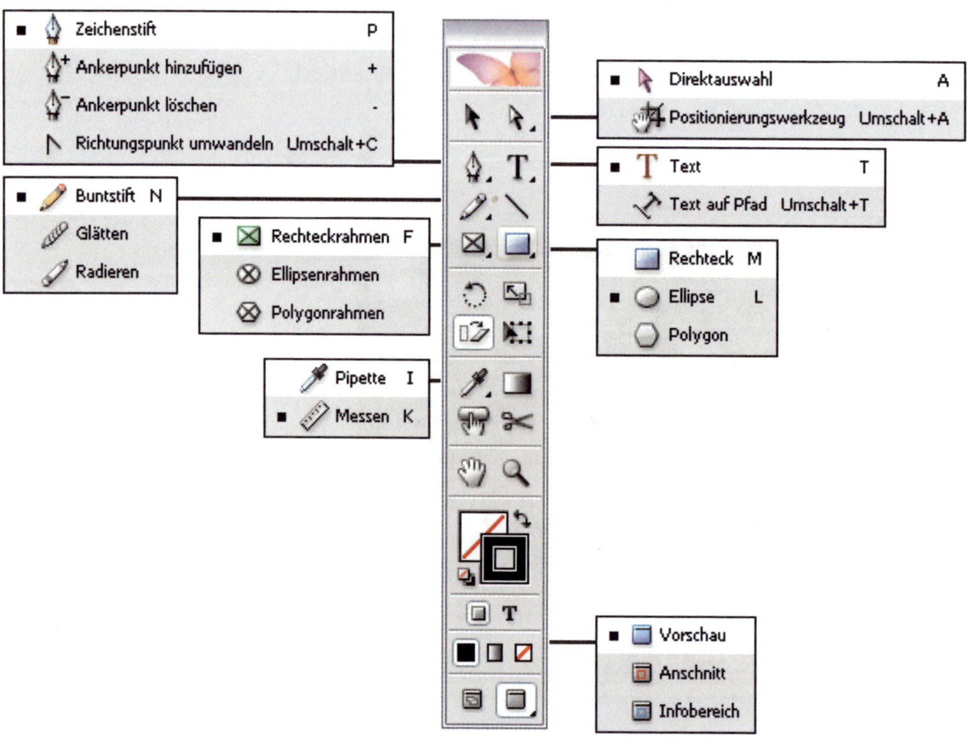

▲ **Abbildung 3.5**
Die Werkzeugpalette mit den vorhandenen Fly-out-Menüs

Werkzeug	Symbol	Tastenkürzel
Ankerpunkt hinzufügen		[+]
Ankerpunkt löschen		[-]
Auswahl		[V]
Buntstift		[N]
Direktauswahl		[A]
Drehen		[R]
Ellipse		[L]
Farbe anwenden		[,]
Flächen- und Konturaktivierung austauschen		[X]
Flächen- und Konturfarben austauschen		[⇧]+[X]
Frei Transformieren		[E]
Hand		[H]
Keine anwenden		[#]
Linienzeichner		[<]
Messen		[K]
Pipette		[I]
Positionierungswerkzeug		[⇧]+[A]
Rechteck		[M]
Rechteckrahmen		[F]
Richtungspunkt umwandeln		[⇧]+[C]
Schaltflächen		[B]
Schere		[C]

Tabelle 3.1
Tastenkürzel der Werkzeuge

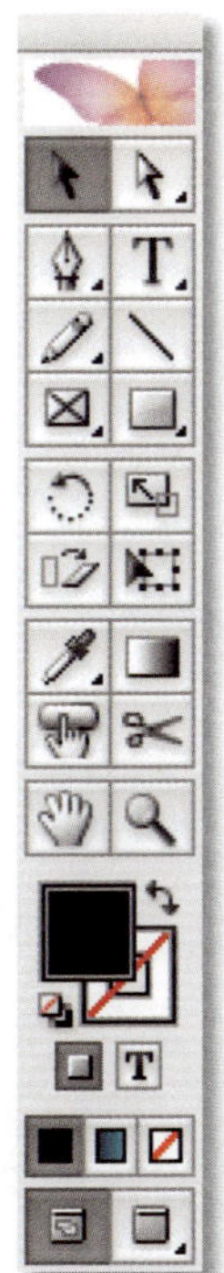

▲ **Abbildung 3.6**
Die Werkzeugleiste

Werkzeug	Symbol	Tastenkürzel
Skalieren		S
Standardflächen- und -konturfarben anwenden		D
Text		T
Text auf Pfad		⇧+T
Verbiegen		O
Verlauf		G
Verlauf anwenden		.
Zeichenstift		P
Zoom		Z
Zwischen Standardansicht und Vorschau wechseln		W
Zwischen Text- und Objektsteuerung wechseln		J

Tabelle 3.1
Tastenkürzel der Werkzeuge (Forts.)

Wie auch in Illustrator oder Photoshop können Sie alle Werkzeuge über Shortcuts erreichen. Da Sie häufig zwischen dem Text- und dem Rahmenwerkzeug wechseln müssen, prägen Sie sich bitte an dieser Stelle schon einmal die Shortcuts T für Text und V für Auswahl ein. Diese Shortcuts sind identisch mit denen von Photoshop und Illustrator.

3.3.1 Variable Werkzeugpalette

Die Darstellung der Werkzeugpalette können Sie je nach Geschmack oder Platzausnutzung als die normale doppelspaltige, als einspaltige oder einzeilige Anzeige wählen. Dazu klicken Sie doppelt auf den Kopfbereich der Werkzeugpalette. Alternativ stellen Sie die Ansicht in den VOREINSTELLUNGEN • ALLGEMEIN • ALLGEMEINE OPTIONEN • VERSCHIEBBARE WERKZEUGPALETTE ein.

3.3.2 Werkzeuge mit Eingabedialogen

Über die einfache Auswahl eines Werkzeuges per Mausklick oder Tastenbefehl hinaus rufen Sie mit einem Doppelklick auf einige Werkzeuge weiterführende Dialoge auf. Hier eine Übersicht:

Werkzeug	Icon	Es öffnet sich das Dialogfenster ...
Buntstift		Buntstift-Voreinstellungen
Farbe anwenden		Farbe-Palette
Fläche		Farbwähler
Glätten		Glätten-Voreinstellungen
Kontur		Farbwähler
Linienzeichner		Kontur-Palette
Messwerkzeug		Informationen-Palette
Pipette		Pipette-Optionen
Polygon		Polygon-Einstellungen
Polygonrahmen		Polygon-Einstellungen
Positionierungswerkzeug		Optionen für Positionierungswerkzeug
Verlauf anwenden		Verlauf-Palette
Verlauf-Werkzeug		Verlauf-Palette

Tabelle 3.2
Eingabedialoge, die sich durch Doppelklick öffnen

Werkzeug	Icon	Dialogfenster
Auswahl		VERSCHIEBEN-Dialog
Direktauswahl		VERSCHIEBEN-Dialog
Drehen		Eingabedialog DREHEN
Skalieren		Eingabedialog SKALIEREN
Verbiegen		Eingabedialog VERBIEGEN

Tabelle 3.3
Eingabedialoge, die sich durch Doppelklick öffnen, wenn ein Rahmen aufgezogen ist

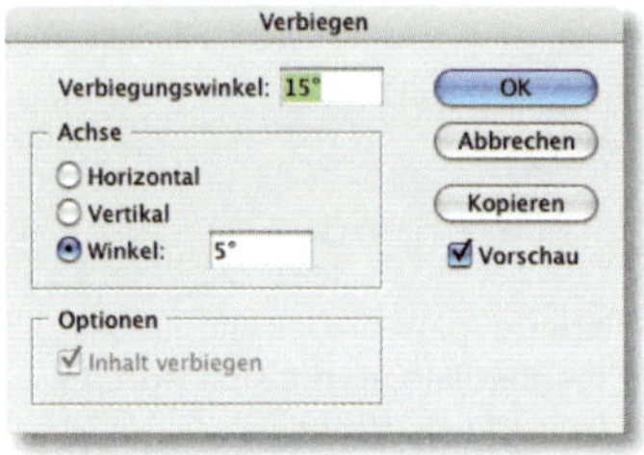

▲ **Abbildung 3.7**
Einige Werkzeuge erfordern eine nummerische Eingabe.

Drehen, Skalieren und Verbiegen | Bei den Werkzeuge DREHEN , SKALIEREN und VERBIEGEN öffnet sich also ein nummerischer Eingabedialog. Neben der Eingabe lassen diese Werkzeuge sowohl eine Vorschau als auch eine Kopie zu. Das ermöglicht Ihnen eine zielgerichtete Layoutarbeit, da Sie über die aktivierte Vorschau sofort die Veränderungen im Layout sehen. Das Werkzeug DREHEN trennt dabei sogar den Layoutrahmen und den Inhalt durch die Option INHALT DREHEN. Sie können den Rahmen entweder einzeln oder zusammen mit dem Inhalt verwenden!

Buntstift | Beim BUNTSTIFT öffnen Sie mit einem Doppelklick auf das Werkzeugsymbol die Voreinstellungen.

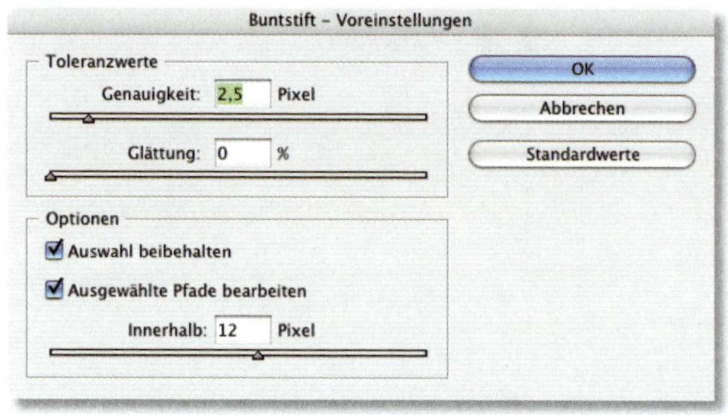

Abbildung 3.8 ►
Voreinstellungen des Bleistifts

Die Schieberegler beschreiben das Werkzeugverhalten des Buntstifts, wenn Sie mit der Maus oder einem Grafiktablett eine Linie zeichnen. Dabei setzt InDesign die Linie des Buntstifts nach diesen Vorgaben in eine Vektorlinie um. Ganz wichtig ist hier der Button STANDARDWERTE, falls Sie die Einstellungen wieder auf die Eingangswerte zurückstellen wollen.

Pipette | Die Pipette bietet über die Optionen eine wahre Flut von Einstellmöglichkeiten an. Sie übernimmt alle Attribute eines Layoutobjekts wie z. B. die Farbfüllung, Schriftformatierungen oder Transparenzwerte.

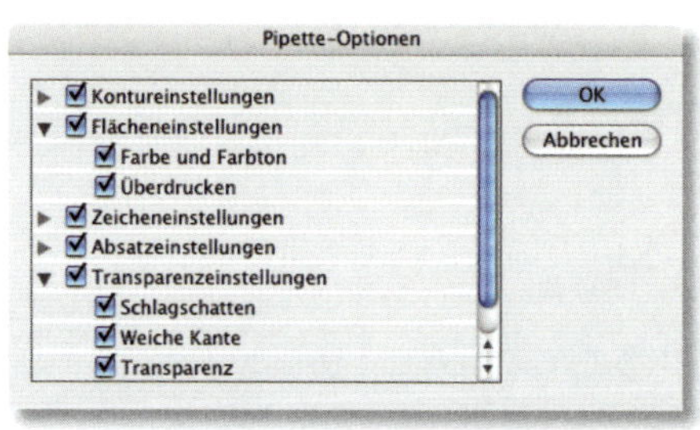

Abbildung 3.9 ►
Voreinstellungsmöglichkeiten der Pipette

3.3.3 Ansichtsmodi

Der Vorschaumodus am unteren Ende der Werkzeugpalette wechselt nicht nur vom Layoutmodus in eine Vorschau, in welcher der Anschnitt ausgeblendet wird, sondern Sie können auch den Beschnittzugabe- und Seiteninfo-Bereich einblenden.

▲ **Abbildung 3.10**
Layoutmodus mit Spaltenlinien und Grundlinienraster

▲ **Abbildung 3.11**
Vorschaumodus ohne Hilfslinien und Anschnitt

3.4 Paletten

Alle weiteren Funktionen sind in jeweils einer Palette untergebracht. So gibt es für die typografischen Funktionen die Werkzeugpaletten SCHRIFT und ABSATZ, für die Positions- und Größenangaben von Layoutrahmen die Palette TRANSFORMIEREN; die Seitenverteilung ist in der Palette SEITEN untergebracht.

Im Menü über FENSTER können Sie alle Paletten einzeln aufrufen; welche davon bereits geöffnet sind, sehen Sie an dem Haken links neben der Bezeichnung ❶.

▲ **Abbildung 3.12**
Die Palette KONTUR ist bereits geöffnet. Das erkennen Sie am Haken links.

Das Verlaufswerkzeug bzw. die Palette VERLAUF öffnen Sie auch mit einem Doppelklick auf das Verlaufswerkzeug in der Werkzeugpalette. Dagegen rufen Sie mit einem Doppelklick auf das Maßwerkzeug die Infopalette auf, sofern diese ausgeblendet ist. Somit verhält sich InDesign nicht nur mit der Steuerungspalette hilfreich zu Ihrer Arbeitssituation, sondern auch im Zusammenspiel mit Paletten.

Werte eingeben | Einstellfelder für die Parametereingabe sind weiß unterlegt, ein Klick auf den davor angeordnete Pfeil-Button vergrößert oder verkleinert den Wert, dahinter liegende Buttons öffnen eine Auswahlliste.

Befinden Sie sich im Eingabefeld, können Sie den Wert durch Klick der Pfeiltasten erhöhen oder reduzieren. Halten Sie zusätzlich die Umschalttaste gedrückt, erhöht sich der Wert um größere Schritte.

In den Eingabefeldern können Sie InDesign auch rechnen lassen. Rechnungen sind dabei sogar über verschiedene Einheiten hinweg möglich! Klammern funktioniert allerdings nicht (was QuarkXPress beherrscht).

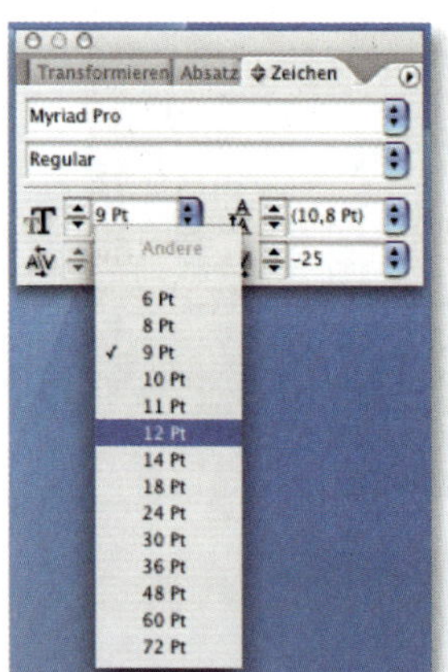

Abbildung 3.13 ▶
Auswahlliste für die Schriftgröße

	Windows	Mac
Alle Paletten in Seiten-Registerkarten öffnen/schließen	Strg + Alt + ⇥	⌥ + ⌘ + ⇥
Alle Paletten anzeigen	⇧ + Strg + Alt + ´	⇧ + ⌥ + ⌘ + ´
Alle Paletten außer Werkzeugpalette ein- und ausblenden	⇧ + ⇥	⇧ + ⇥
Alle Paletten ein- und ausblenden	⇥	⇥
Löschen ohne Bestätigung	Alt + auf Papierkorb klicken	⌥ + auf Papierkorb klicken
Element erstellen und Optionen festlegen	Alt + auf Schaltfläche Neu klicken	⌥ + auf Schaltfläche Neu klicken
Zuletzt verwendete Option in der zuletzt verwendeten Palette aktivieren	Strg + Alt + ´	⌘ + ⌥ + ´
Eingabe bestätigen und nächstes Eingabefeld auswählen	⇥	⇥

Tabelle 3.4
Paletten-Tastenkürzel

3.4.1 Steuerungspalette

Durch die Steuerungspalette werden Ihnen abhängig vom aktiven Werkzeug und vom ausgewählten Rahmenobjekt alle wichtigen Informationen angezeigt. Befinden Sie sich z. B. gerade in der Rahmenbearbeitung, so erhalten Sie hier die physikalischen Maße und Positionen des Rahmens. In der Textbearbeitung hingegen erhalten Sie unterteilt in Zeichen- und Absatzinformationen Angaben zu Schriftgröße oder dem ausgewählten Absatzformat.

QuarkXPress
Die Steuerungspalette entspricht in QuarkXPress der Maßpalette, die Sie in XPress allerdings am unteren Bildrand finden.

▲ **Abbildung 3.14**
Die Steuerungspalette des Rahmenwerkzeugs

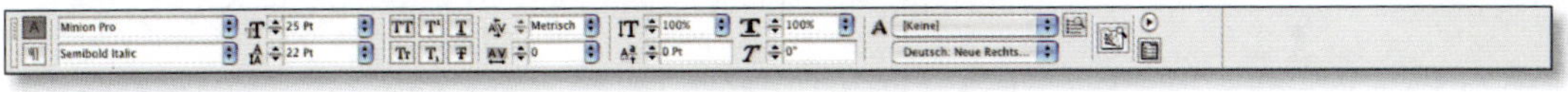

▲ **Abbildung 3.15**
Die Steuerungspalette des Textwerkzeugs, die Informationen zu Zeichenformaten

Wenn Sie die Informationen der Steuerungspalette mit denen der einzelnen Paletten Zeichen oder Absatz vergleichen, wird Ihnen auffallen, dass dieselben Werkzeuge und Einstellungen der Paletten ebenso hier in einer anderen Ordnung wiederzufinden sind. Die Steuerungspalette macht viele einzelne Paletten schlicht und einfach überflüssig.

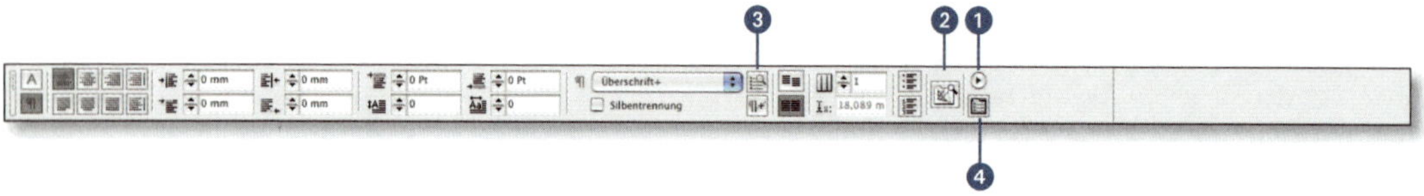

▲ **Abbildung 3.16**
Die Steuerungspalette des Textwerkzeugs, die Informationen zu Absatzformaten

Anordnung
Die Anordnung der Steuerungspalette kann sowohl am oberen Bildschirmrand wie auch am unteren erfolgen. Dazu wählen Sie einfach aus dem Palettenmenü – gekennzeichnet durch einen schwarzen Pfeil nach rechts am rechten Palettenrand – die Option Unten andocken oder Oben andocken aus. QuarkXPress oder auch PageMaker lassen grüßen! Alternativ können Sie die Steuerungspalette auch als Floating Box über den Befehl Verschiebbar definieren. Einen wirklichen Vorteil gewinnen Sie jedoch daraus nicht.

Am rechten Rand befindet sich der Button für das Palettenmenü ❶. Neu in der Steuerungspalette sind die Buttons für die Adobe Bridge ❷ sowie der Button Schnell anwenden ❸. Hier finden Sie außerdem den Paletten-Button ❹: Hiermit öffnen Sie passend zur derzeitigen Arbeit weitere Paletten. befinden Sie sich zum Beispiel in der Vektorbearbeitung, so rufen Sie über diesen Button die Paletten Objektstile und Kontur auf. Bei wiederholtem Klick verschwinden die Paletten natürlich wieder. Lassen Sie die Maustaste einen Moment auf dem Paletten-Button ruhen, zeigt InDesign Ihnen in der QuickInfo an, welche Paletten geöffnet werden. Vorsicht: Ist kein Objekt ausgewählt, so werden alle Paletten ein- und ausgewählt, nur die Steuerungspalette selbst und die Werkzeugleiste bleiben erhalten.

3.4.2 Paletten minimieren

Aus InDesign, Photoshop oder auch Illustrator sind Sie es gewohnt, dass die Paletten am rechten Monitor- bzw. Fensterrand immer vollständig sichtbar sind. InDesign CS2 verbirgt die Paletten und stellt nur die Palettenreiter als vertikalen Clip dar. Das spart enorm Platz, und Sie behalten immer den Blick auf das gesamte Dokument oder die Doppelseite im Auge. Klicken Sie auf einen dieser Reiter, so fährt die Palette wie eine Schublade heraus. Bei erneutem Klick auf einen ausgefahrenen Reiter versteckt sich die Palette wieder, wie Sie in der Abbildung sehen. Dies ist auch mit der linken Programmfensterseite möglich.

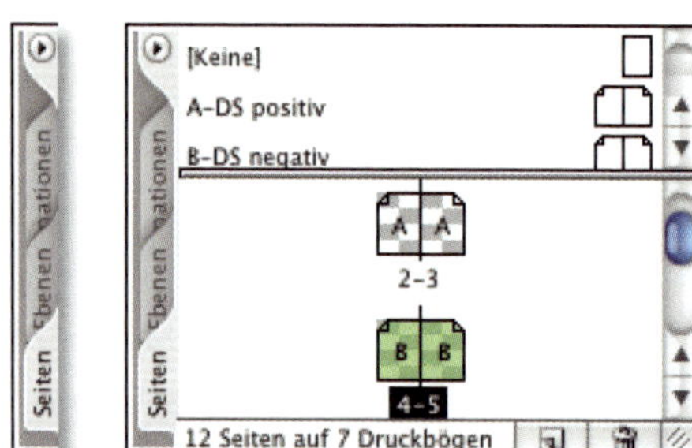

Abbildung 3.17 ▶
Alle Standardpaletten im ein- und ausgeklappten Zustand

Freischwebend oder angedockt | Alle Paletten sind nach der Installation so angeordnet, dass Sie problemlos beginnen können, mit InDesign zu arbeiten. Als Alternative steht es Ihnen natürlich auch frei, die Palette von der rechten Monitor- bzw. Fensterseite abzuziehen. Dazu klicken Sie in den Palettenreiter und ziehen mit gedrückter Maustaste die Palette an eine andere Stelle. Die Palette löst sich. Ebenso lassen sich umgekehrt auch freischwebende Paletten wieder »andocken«, sowohl am linken wie am rechten Monitorbereich. Die Höhe dieser ineinander gedockten Paletten richtet sich immer nach der größten Palette. Sie können aber auch dies anpassen, indem Sie den Mauszeiger auf den unteren Bereich der angedockten Palette bewegen und mit gedrückter Maustaste die Palettengröße nach oben oder unten verändern.

Vorsicht! Bei der Seitenpalette macht dies noch Sinn, wenn Sie mit umfangreichen Dokumenten arbeiten. Allerdings überlagern sich die Paletten, so dass Sie unter Umständen die darunter liegende Palette nicht mehr aufrufen können. Benötigen Sie also eine große Palette, so ziehen Sie diese aus dem Seitendock heraus oder docken sie einzeln am linken Monitorrand an.

Freischwebende Paletten können platzsparend **ineinander geschoben** werden. Klicken Sie auf den Reiter der ersten Palette, und ziehen Sie sie mit gedrückter Maustaste in den grauen Bereich der zweiten Palette. Ebenso trennen Sie bei Bedarf die Paletten wieder voneinander.

Ein kleiner Unterschied zwischen den Systemen

Beachten Sie, dass auf Windows-Rechnern das Programmfenster maximal dargestellt wird. Dies erreichen Sie, wenn Sie in der oberen Programmfensterzeile den rechten Button anwählen. Wenn Sie stattdessen das Programmfenster nur auf die Monitorgröße skalieren, werden die rechts oder links liegenden Paletten nur innerhalb des Programmfensters an den Rand geschoben. Mac OS X geht hier wesentlich flexibler und benutzerfreundlicher zu Werke.

Schwebende Paletten

Sie haben den Vorteil, dass man nicht nur die Höhe, sondern auch die Breite ändern kann. Letzteres ist bei angedockten Paletten nicht möglich.

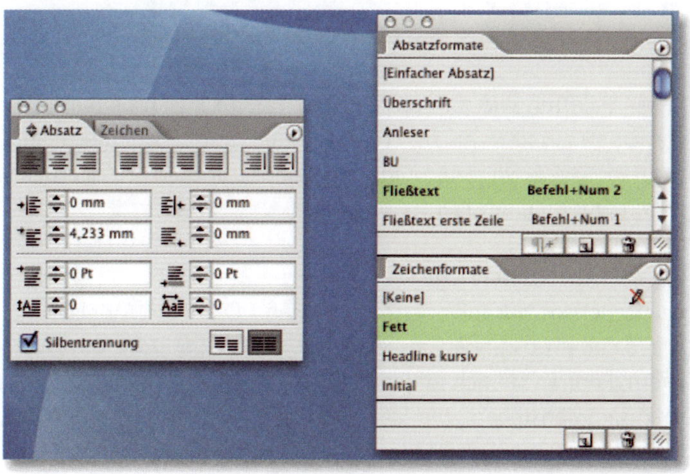

◂ **Abbildung 3.18**
Hintereinander liegende und untereinander angedockte Paletten

Die Paletten lassen sich auch **untereinander** andocken. Sie müssen hier die erste Palette an die untere Kante der zweiten Palette mit gedrückter Maustaste ziehen, bis Sie eine dunkle Hervorhebung am Palettenrand erkennen. Erst dann dürfen Sie die Maustaste wieder loslassen.

Sie benötigen mehr Platz?
Eine Alternative zur Anordnung von Paletten und Dokumentenfenstern ist der Anschluss eines zweiten Monitors. Für den Anschluss benötigen Sie eine Grafikkarte, die zwei Monitore gleichzeitig versorgen kann. Wenn Ihr System ihn als erweiterte Arbeitsfläche unterstützt, können Sie dort Paletten ablegen, um möglichst ungestört auf dem Hauptmonitor das Layoutdokument zu bearbeiten.

Alle Paletten ein und aus
Wollen Sie alle Paletten auf einmal ein- oder ausblenden, so drücken Sie dazu [Alt] und klicken auf einen beliebigen Reiter.

Optionen einblenden
Beachten Sie auch das den Doppelpfeil ⇕Zeichen. Er weist darauf hin, dass Sie Optionen einblenden können. Ein Klick auf den Pfeil, und die Darstellung der Palette springt um.

Ausblenden von Paletten | Bei der Arbeit blenden Sie alle Paletten und die Werkzeugleiste aus, indem Sie [Tab] drücken. Ein erneutes Betätigen von [Tab] lässt die Paletten und Werkzeuge wieder zum Vorschein kommen. Für ein separates Ausblenden der Paletten und der Steuerungspalette allein drücken Sie die Tastenkombination [⇧]+[Tab] oder auf den rechten unteren Button der Steuerungspalette.

3.4.3 Der kleine Pfeil nach rechts: das Palettenmenü

Mit einem Klick auf die runden Pfeil-Buttons jeweils rechts neben den Palettenreitern öffnen Sie das Palettenmenü zu dieser Palette. Darunter werden Sie sowohl Darstellungsfunktionen für die Palette finden, wie z. B. die Größendarstellung der Icons für Musterseiten und Montageflächen, als auch konkrete Anwendungen.

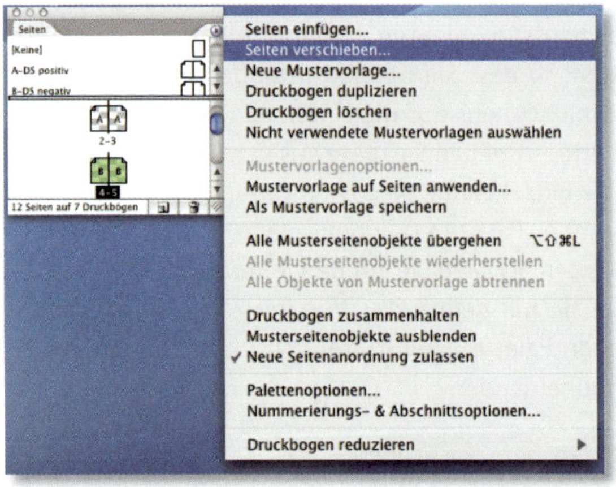

Abbildung 3.19 ▸
Palettenmenü der Seitenpalette

Einige Paletten wie z. B. die Zeichen-Palette lassen es hier über Optionen einblenden zu, erweiterte Funktionseinstellungen aufzurufen. Die erweiterten Optionen sind grundsätzlich alle beim ersten Öffnen einer Palette sichtbar.

3.4.4 Arbeitsbereiche

Palettenchaos mit InDesign? Nicht mehr. Dank der Möglichkeit, alle Palettenpositionen als eigenen »Arbeitsbereich« abzuspeichern, können Sie sich für jeden erdenklichen Einsatz die Paletten so zusammenstellen, wie Sie es wünschen. Auch die Arbeit mit Ihren Kolleginnen und Mitarbeitern wird somit einfacher: Muss ein Arbeitsplatz einmal gewechselt werden, schalten Sie die Programmoberfläche auf Ihren gespeicherten Arbeitsbereich um.

Dazu sortieren Sie sich zunächst alle Paletten so, wie Sie es für sinnvoll halten. Danach rufen Sie im Menü Fenster • Arbeitsbereich • Arbeitsbereich speichern auf. Geben Sie einen geeigneten Namen ein. Nun können Sie wiederum die Oberfläche konfigurieren. Vielleicht benötigen Sie Paletten für die Buchproduktion? Dann sollten Sie die Seitenpalette, die Verknüpfungen-Palette u.a. einblenden. Auch diese Einstellung speichern Sie wieder unter einem passenden Namen. Nun können Sie zwischen diesen Arbeitsbereichen umschalten, indem Sie Ihre Einstellungen aus dem Menü Fenster • Arbeitsbereich • Mein Arbeitsplatz aufrufen.

Als Beispiel haben wir Ihnen einmal zwei mögliche Konfigurationen zusammengestellt: typografische Werkzeuge einerseits in Abbildung 3.20 und produktionsrelevante Paletten andererseits in Abbildung 3.21.

◂ **Abbildung 3.20**
Der Arbeitsbereich optimal eingestellt für typografische Arbeiten und die Auswahl der Glyphen

◂ **Abbildung 3.21**
Der Arbeitsbereich mit produktionsrelevanten Paletten wie der Separationsvorschau

3.5 Die Kontextmenüs

Eine besondere Rolle kommt in InDesign den Kontextmenüs zu. Alle Editiermöglichkeiten zum aktuellen Werkzeug verbergen sich kompakt in diesen Menüs.

Wenn Sie z. B. einen Text bearbeiten, können Sie über das Kontextmenü nicht nur die Schrift oder die Schriftgröße erreichen, sondern auch typografische Sonderzeichen wie ein Viertelgeviert oder Formatierungszeichen wie einen Seitenumbruch einfügen.

Zu erreichen sind diese Menüs auf dem PC über die rechte Maustaste und auf dem Mac über `Ctrl`. Eine Zwei-Tasten-Maus ist auch für Mac-User an dieser Stelle sehr empfehlenswert.

Im Zusammenhang mit der neuen dynamischen Rechtschreibprüfung bietet InDesign beim richtig ausgewählten Wörterbuch die Alternativen im Kontextmenü an.

> **Die Monitorwiedergabe**
>
> Die Monitorgröße gibt die physikalische Fläche vor, die dargestellt werden kann. Ein kleiner Monitor mit einer Bildschirmdiagonale um die 15 Zoll kann eine gesamte DIN A4-Seite nicht originalgetreu abbilden, unabhängig davon, wie viele Millionen Pixel Ihr Monitor besitzt. Auch Schrift- und Bildgrößen sowie Proportionen der Layoutelemente zueinander lassen sich dadurch nur schwer abschätzen, und Sie sind gezwungen, für die Beurteilung von Schrift- und Bildgrößen im Layout einen Laserausdruck zu machen. Idealerweise verwenden Sie daher einen Monitor mit einer Bildschirmdiagonale zwischen 21 und 24 Zoll. Dies ist keine unnötig teure und platzraubende Investition, sondern eine Notwendigkeit, um die Beurteilung des Layouts gleich am Monitor vorzunehmen. Der Zoomfaktor des geöffneten Dokuments ist auch im Fenstertitel neben dem Dokumentnamen eingeblendet.

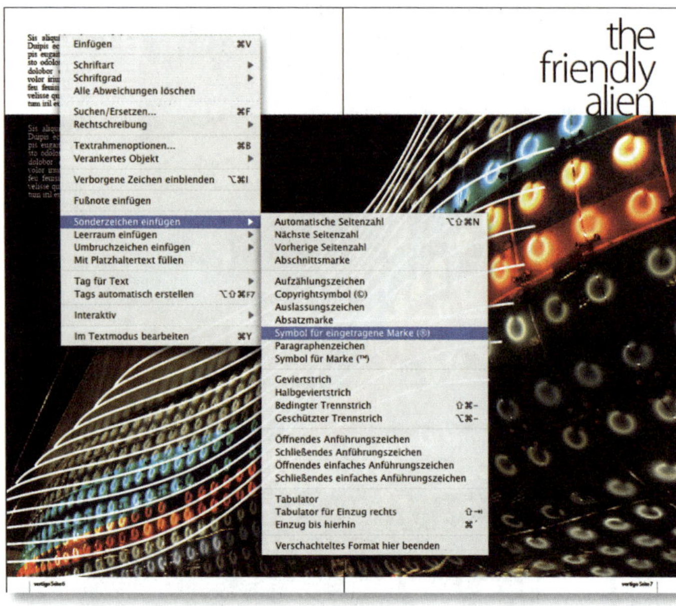

Abbildung 3.22 ▸
Das Kontextmenü TEXT

3.6 Zoomfunktionen und Ansichten

Video-Lektionen auf der DVD
Auf der DVD zum Buch finden Sie eine Video-Lektion zum Thema Ansichten.

Die Arbeit an einem komplexen Layoutdokument erfordert viel Übersicht und die nötigen Shortcuts, um innerhalb der Dokumentansicht zu navigieren. Anschließend finden Sie eine kleine Tabelle der nötigen Tastenkürzel.

	Menü	Windows	Mac
Auszoomen	Ansicht • Auszoomen	Strg + Num -, Strg + -	⌘ + Num -, ⌘ + -
Einzoomen	Ansicht • Einzoomen	Strg + Num +, Strg + +	⌘ + Num +, ⌘ + +
Ausschnitt einzoomen		Strg + Leertaste	⌘ + Leertaste
Ausschnitt auszoomen		Strg + Alt + Leertaste	⌘ + ⌥ + Leertaste
Originalgröße	Ansicht • Originalgrösse	Strg + 1	⌘ + 1
Größe 50 %		Strg + 5	⌘ + 5
Größe 200 %		Strg + 2	⌘ + 2
Größe 400 %		Strg + 4	⌘ + 4
Ganze Seite anzeigen	Ansicht • Seite in Fenster einpassen	Strg + 0	⌘ + 0
Ganze Doppelseite anzeigen	Ansicht • Druckbogen in Fenster einpassen	Strg + Alt + 0	⌘ + ⌥ + 0
Ganze Montagefläche anzeigen	Ansicht • Ganze Montagefläche	⇧ + Strg + Alt + 0	⇧ + ⌥ + ⌘ + 0
Bewegen der Montagefläche		Leertaste	Leertaste
Bewegen während der Texteingabe		Alt	⌥
Ansicht: zwischen aktueller und vorheriger wechseln		Strg + Alt + 2	⌥ + ⌘ + 2

Tabelle 3.5
Tastenkürzel Zoom und Ansichten

Beachten Sie in der Tabelle die letzten beiden Tastenbefehle. Während der Texteingabe in InDesign erzeugt natürlich die Leertaste ein Leerzeichen. Verwenden Sie bei der Texteingabe daher die ⌥-/Alt-Taste, um die Montagefläche zu bewegen.

Optimale Beurteilung am Monitor
Wenn Sie ein A4-Dokument am Monitor nahezu 1:1 darstellen wollen, geben Sie einen Zoomfaktor von 125 % unten links im Dokumentenfenster ein. Bei einer Darstellung von 100 % wird das Layoutdokument grundsätzlich kleiner als die pysikalische Realität abgebildet.

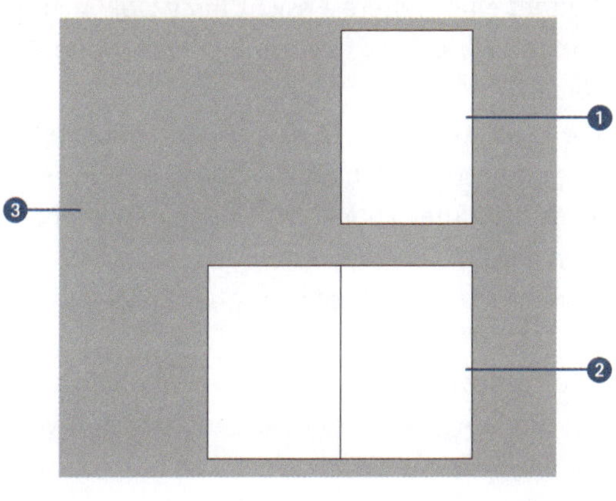

◂ **Abbildung 3.23**
Seite ❶, Druckbogen bzw. Doppelseite ❷, Montagefläche ❸

InDesign kennt die Anzeige in Seiten, Doppelseiten und eine Anzeige mit Montagefläche. Unter Montagefläche ist dabei der graue Bereich um das Dokument herum zu verstehen. Er dient zum Ablegen z. B. von Bildern oder Layoutelementen, die erst zu einem späteren Zeitpunkt in das Dokument eingepasst werden sollen. Elemente, die auf der Montagefläche liegen, werden nicht mit ausgegeben.

Die Navigator-Palette

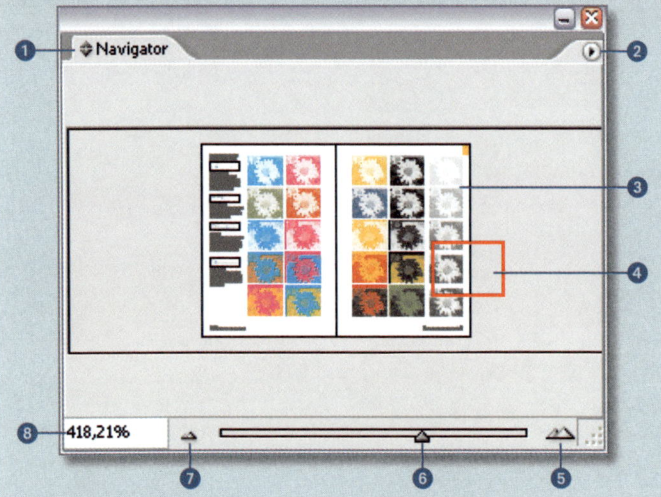

1 Palette verkleinern/vergrößern
2 Palettenmenü
3 Druckbogen
4 gezeigter Ausschnitt
5 einzoomen
6 Stufenlos zoomen
7 auszoomen

▲ **Abbildung 3.24**
Der Navigator

3.6.1 Praktische Dokumentansicht

Für Ihre typografische Feinarbeit steht Ihnen eine äußerst hilfreiche Funktion zur Verfügung: NEUES FENSTER unter dem Menü FENSTER. InDesign öffnet eine weitere Ansicht Ihres Dokuments. Wozu diese Funktion, da wir doch schon genug Fenster und Paletten bedienen müssen?

Rufen Sie nun die FENSTER • NEBENEINANDER auf. Suchen Sie sich eine Ansicht aus, und zoomen Sie bis zu 4000 % in eine Textstelle. Jede Textänderung, Unterschneidung oder Laufweitenänderung, die Sie nun in diesem Fenster vornehmen, äußert sich im Absatz- oder Seitenumbruch. Umbruchfehler oder Probleme fallen sofort ins Auge.

Die parallele Anzeige desselben Dokuments hilft Ihnen auch bei der farblichen Beurteilung, wenn der Ausgabefarbraum vom eingestellten Farbmanagement abweicht. Lesen Sie dazu das Kapitel »Farbmanagement«.

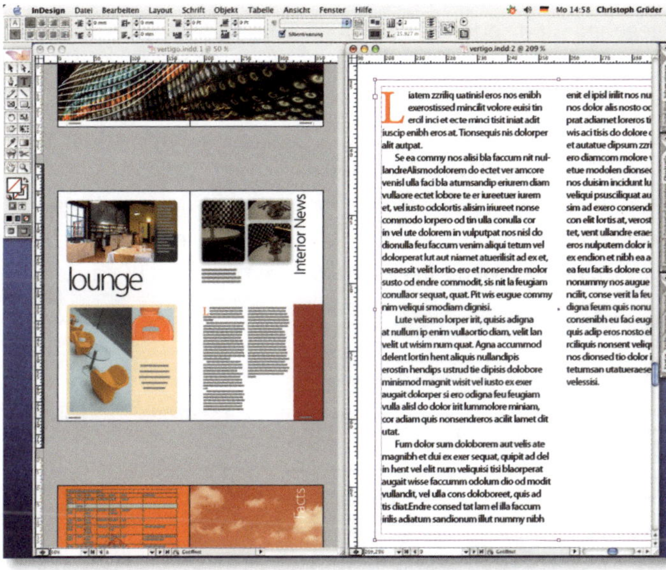

Mac OS X
Für Mac OS X-Nutzer wird die Größe und Position des Mac OS X-Docks berücksichtigt, und die Dokumentenfenster überlagern dabei das Dock nicht, allerdings nur dann, wenn das Dock auch permanent sichtbar ist.

◀ **Abbildung 3.25**
Darstellung eines Dokuments mit unterschiedlichen Zoomstufen

Wenn Sie zwei unterschiedliche Dokumente geöffnet haben, sortieren Sie die beiden Dokumentenfenster mit der Funktion NEBENEINANDER so, dass Sie mit Drag and Drop Text- oder Bildrahmen von einem Dokument in das andere kopieren können. Anschließend wählen Sie die Funktion ÜBERLAPPEND im gleichen Hauptmenü aus, die Dokumentenfenster werden wieder über- bzw. hintereinander angeordnet.

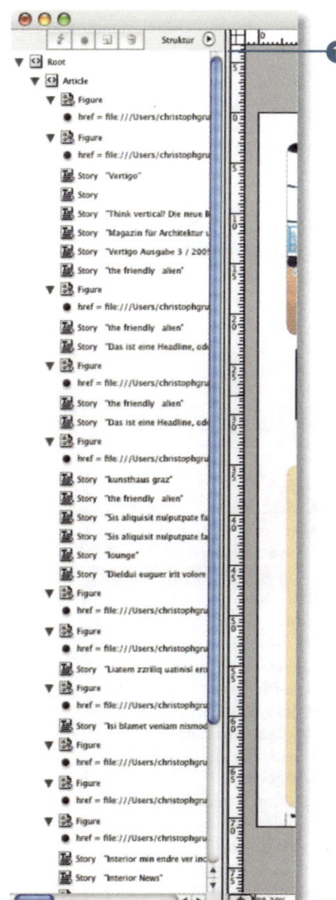

▲ **Abbildung 3.26**
Die Strukturansicht zeigt am linken Rand zugewiesene XML-Tags.

3.6.2 Die Strukturansicht

Am linken Rand Ihres Dokumentenfensters versteckt sich die Strukturansicht. Klicken Sie auf den schmalen grauen Steg ❶. Die Strukturansicht dient dazu, Ihrem Layoutdokument zusätzliche Strukturinformationen in Form von TAGS zu verleihen. Wir gehen im Kapitel 25 »Publishing mit XML« noch genauer auf diese Funktionalität ein. Die Breite der Strukturansicht können Sie anpassen, indem Sie auf den grauen Steg klicken und ihn mit gedrückter Maustaste nach links oder rechts verschieben. Diese Strukturansicht lassen Sie verschwinden, wenn Sie erneut auf den grauen Rand klicken.

3.7 Kürzere Wege über Tastaturbefehle

Je länger Sie mit einem Programm arbeiten, desto eher wird Ihnen auffallen, dass Sie für die eine oder andere Funktion gern einen Shortcut – auch Tastenbefehl genannt – hätten, um die Funktion schneller aufzurufen. InDesign besitzt zahlreiche Shortcuts, die in den Hauptmenüs jeweils hinter einem Menüpunkt angegeben sind, erlaubt aber auch eine individuelle Shortcut-Vergabe. Dabei bietet InDesign auch für QuarkXPress-Umsteiger einen speziellen Tastaturkürzelsatz an.

3.7.1 Tastaturbefehle bearbeiten

Der InDesign-Shortcut-Satz ist eine Vorkonfiguration, die Sie an Ihre Bedürfnisse anpassen können. Sie rufen die Tastaturbelegungen über das Menü BEARBEITEN • TASTATURBEFEHLE auf.

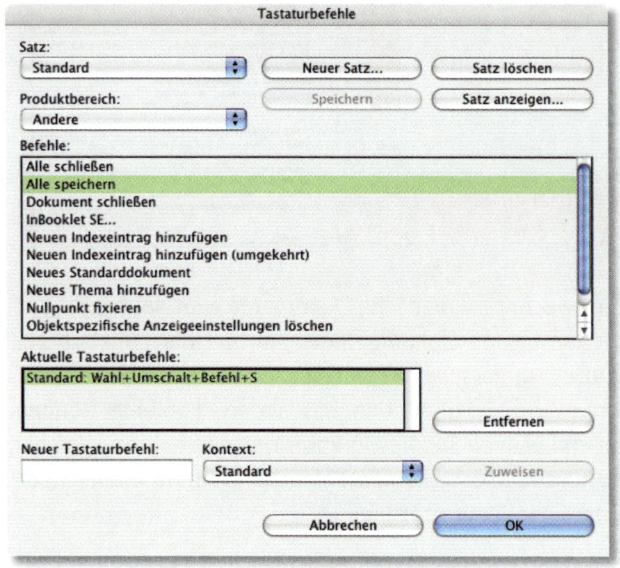

Abbildung 3.27 ▸
Das Dialogfenster TASTATURBEFEHLE

Hier sind alle Tastaturbefehle in Produktbereiche sortiert. Die Bezeichnung ist irreführend, »Werkzeuggruppen«, »Funktionsbereiche« oder schlicht »Menüs und Werkzeuge« würden das Verständnis erleichtern. Darunter sehen Sie die Auswahl der Befehle und den zugeordneten Tastaturbefehl.

▴ **Abbildung 3.28**
Produktbereich der Tastaturbefehle

Tastenkürzel ausdrucken | So manche Funktion, die InDesign nicht direkt über Menüs oder Werkzeuge anbietet, verbirgt sich in den Tastaturbefehl-Definitionen. Wenn Sie also nach einer bestimmten Funktion vergeblich suchen, sollten Sie Ihre Suche auf die Tastaturbefehle ausdehnen.

Wenn Sie sich einen Überblick über die Tastaturbefehle verschaffen wollen, dann klicken Sie im Tastaturbefehle-Dialog auf den Button SATZ ANZEIGEN... und öffnen damit eine Übersicht in einem beliebigen Texteditor auf Ihrem Computer (Abbildung 3.29), die Sie nun bequem durchsuchen oder ausdrucken können.

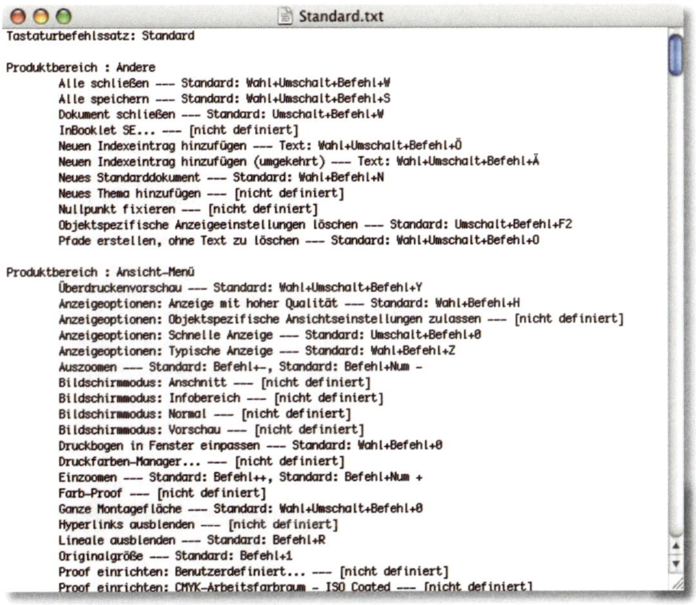

◂ Abbildung 3.29
Eine Übersicht über alle Tastaturbefehle bietet InDesign zum Ausdrucken – sehr praktisch!

3.7.2 InDesign oder QuarkXPress?

Wichtiger jedoch ist die Auswahl, die sich hinter dem obersten Punkt SATZ verbirgt. Wenn Sie zuvor jahrelang auf QuarkXPress gearbeitet haben und sich bei den Tastenbefehlen nicht umgewöhnen wollen, stellen Sie einfach alle Shortcuts auf den Befehlssatz von QuarkXPress 4.0 um. Sogleich werden alle Tastaturbefehle in den Menüs umgeschaltet. Die reinen Tastaturbelegungen zum Aufruf von Sonderzeichen (€, £, fi etc.) sind davon natürlich nicht betroffen.

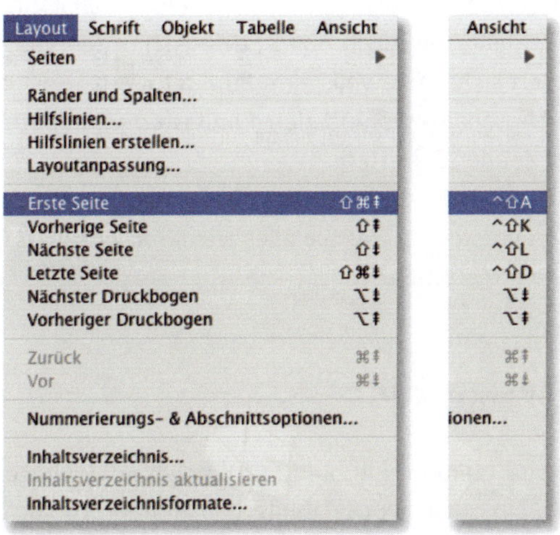

◂ Abbildung 3.30
Das Hauptmenü LAYOUT
Am linken Rand wechseln die Tastaturbefehle nach dem Umschalten auf die Tastenkürzel von QuarkXPress.

Mäuschenschubser oder Fingerbrecher?
Die Verwendung von Shortcuts ist unter Designern schon fast eine philosophische Frage. Während die eine Partei dem Anschieben eines seifenförmigen Gegenstandes ästhetische und motorische Handlungen entlockt, antwortet die andere Partei mit endlosen Listen von Tastaturbefehlen. Was ist denn nun wirklich effektiv?

Wie schon zu Anfang erwähnt, verwenden viele Programmanfänger zunächst fast ausschließlich die Maus, um damit die Menüs »abzulaufen«. Dabei werden auch die einfachsten Shortcuts wie das Drücken der Leertaste – freies Bewegen der Ansichtsfläche – oder der Ctrl-Taste zum Aufruf des Kontextmenüs so lange ignoriert, bis die Tastatur als Eingabemedium aus dem Fokus der Programmbenutzer zu verschwinden droht. Sobald eine Texteingabe erforderlich ist, findet eine langsame Umschaltung von der Maus zur Tastatur statt. Beides sollte jedoch erlernt werden, denn erst aus der Kombination von Shortcuts und Mausbedienung erreichen Sie eine hohe Effektivität, die Sie nicht vom Gestaltungsprozess ablenkt, sondern positiv unterstützt und Ihnen eine schnellere Visualisierung ermöglicht. Das betrifft nicht nur InDesign, sondern nahezu jedes Programm mit einer grafischen Benutzeroberfläche.

3.7.3 Tastaturbefehle für die Auswahl von Absatz- und Zeichenformaten

Wenn Sie Text formatieren und auf Zeichen- und Absatzformate zugreifen wollen, so markieren Sie mit dem Textwerkzeug den entsprechenden Bereich und drücken die Tasten ⌘ + ↵ oder Strg + ↵, und es erscheint in der rechten oberen Programmecke ein kleines Auswahlmenü der angelegten Formate. Darin können Sie mit den Pfeiltasten nach oben oder unten auswählen, und ein erneutes Drücken der Tastenkombination lässt das Fenster wieder verschwinden. Durch diese Funktion SCHNELL ANWENDEN ersparen Sie sich das umständliche Aufklappen der entsprechenden Paletten und Anwählen der Formate.

Allen Formaten können Sie natürlich einen Tastenbefehl zuweisen. Dafür ist der Nummernblock auf Ihrer Tastatur vorgesehen. Lesen Sie dazu das Kapitel 9 »Absatz- und Zeichenformate«, wie Sie einen Shortcut vergeben und anwenden.

3.7.4 Nummerische Eingabe

Sie bedienen alle nummerischen Eingabefelder in InDesign effektiver in Kombination mit der Tabulatortaste und den Pfeiltasten:

1. Klicken Sie z. B. in das Eingabefeld FONT der Zeichenpalette, und drücken Sie die Pfeiltasten nach oben und nach unten. Der jeweils nächste auf dem System verfügbare Font wird ausgewählt.
2. Geben Sie einen Buchstaben ein, z. B. C. Der erste Font, der mit einem C beginnt, wird aufgerufen.
3. Drücken Sie nun ⇥, und Sie springen in das nächste Eingabefeld. Mit der Tastenkombination ⇧ + ⇥ springen Sie in den Eingaben rückwärts.
4. Betätigen Sie die Pfeiltasten nach oben oder nach unten, und der Wert verändert sich um jeweils eine Punktgröße.
5. Mit gedrückter Umschalttaste und den Pfeiltasten verändern Sie die Werte in Zehner-Schritten.

Können Sie sich nun vorstellen, was Sie alles allein mit einer Tastatureingabe bearbeiten können?

3.8 Die InDesign-Hilfe

Neben der normalen Programmhilfe bietet InDesign auch einige zusätzliche Internet-Links zur Support-Seite von Adobe über das Menü HILFE an. Darüber hinaus können Sie hier nach Aktualisierungen suchen, sich registrieren oder die Aktivierung Ihrer InDesign-Lizenz ausführen.

3.8.1 Das Adobe Help Center

Anders als in vielen Programmen erhalten Sie über die lokale Hilfe in InDesign – erreichbar unter dem Menü HILFE • INDESIGN-HILFE zahlreiche Verständniserklärungen und Anwendungsbeispiele als Ergänzung zum Handbuch. In einfachen Schritten wird Ihnen die betreffende Funktion erklärt. InDesign CS2 öffnet nun – anders als die Vorgängerversionen – eine eigene Anwendung, das Adobe Help Center.

Die Bedienung erfolgt denkbar einfach: Unter dem Punkt PRODUKTHILFE finden Sie alle Einträge zu InDesign oder zu allen anderen CS2-Programmen, im Inhalt erfahren Sie zu jeder Rubrik alles Wissenswerte. Im Index können Sie direkt nach Schlagwörtern suchen, jedoch ist die Eingabe über die Suche oben rechts schneller und intuitiver. Sobald Sie einen Abschnitt studiert haben und diesen zu einem späteren Zeitpunkt wieder aufrufen wollen, können Sie die entsprechende Seite mit einem Lesezeichen markieren. Klicken Sie dazu auf den Button LESEZEICHEN FÜR DEN AKTUELLEN HILFE-INHALT HINZUFÜGEN, danach erscheint in der Lesezeichenleiste die angefügte Markierung.

Expert Support
Darüber hinaus bietet das Help Center einen Expert Support. Dieser Bereich ist zwar von Adobe hier integriert worden, aber im deutschsprachigen Raum nicht verfügbar. Sobald Sie einen entsprechenden Bereich auswählen, gelangen Sie auf die Adobe-Homepage, die Ihnen nur mitteilt, dass der Export Support nicht gewährt werden kann. Auch die Sprachvoreinstellungen dazu, die sich hinter dem Button DIALOGFELD VOREINSTELLUNGEN ÖFFNEN verbergen, führen zu keinem Ergebnis. Wann und in welchem Umfang Adobe diesen Dienst auch hierzulande anbieten wird, war bis zur Drucklegung dieses Buches noch offen. Verfolgen Sie daher bitte die Fachpresse, oder tragen Sie sich eventuell in den Adobe-Newsletter ein, damit Sie die neuesten Informationen erhalten.

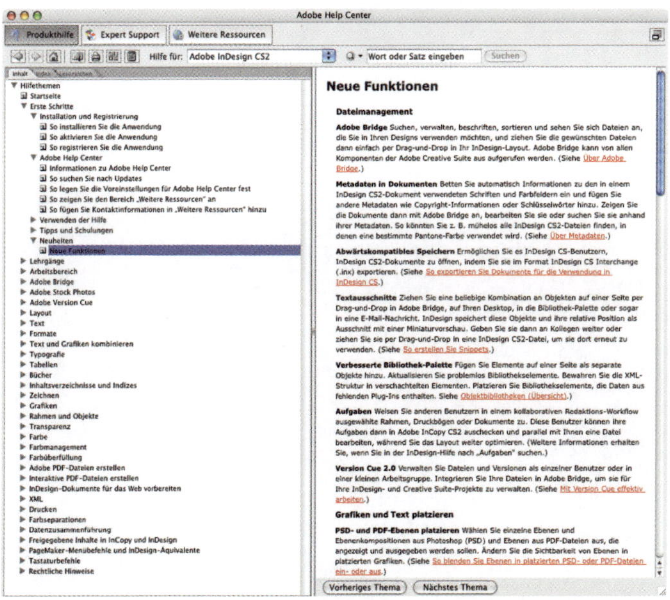

◂ **Abbildung 3.31**
Das Help Center ist eine komfortable Hilfe in allen CS-Programmen.

3.8.2 Adobe Studio

Adobe Studio ist eine Plattform, die Empfehlungen zu Büchern, Videos oder Schulungen vermittelt. Darüber hinaus bietet Adobe Studio kostenlose Beispielfilme oder Tutorials. Im englischsprachigen Bereich (US) gelangen Sie auch zu Skripten, die Ihnen in InDesign weiterhelfen, oder zum Schriftenbrowser der Adobe-eigenen Fontbibliothek. Adobe Studio erreichen Sie mit einem

Klick auf »Weitere Ressourcen« im Help Center oder direkt im Internet: http://studio.adobe.com/de/

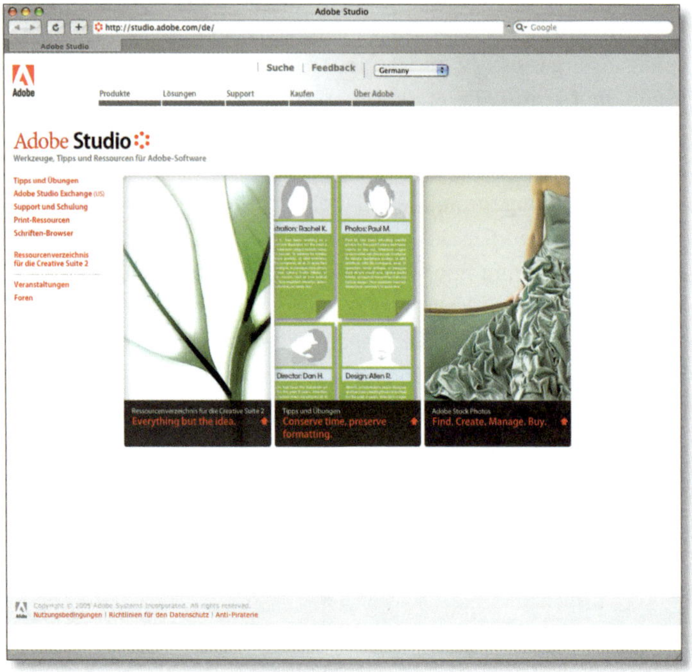

Abbildung 3.32 ▶
Adobe Studio ist eine Online-Plattform für Tipps und Übungen. Im Bereich Exchange können Sie Skripte und Demo-Dateien downloaden.

Adobe Technical Support Center

Über diese Telefonnummern erreichen Sie den technischen Support von Adobe in den Niederlanden. Sie müssen kein Holländisch lernen, die Mitarbeiter sprechen Deutsch.
Tel.: (+31) 20 582 0866
Fax: (+31) 20 582 0875

4 Farbmanagement

Farben identisch zum abgebildeten Original exakt zu reproduzieren ist eine anspruchsvolle Aufgabe, der Sie sich annehmen sollten. Das Farbmanagement von InDesign CS2 bringt einige Neuerungen mit, die auf der einen Seite sehr hilfreich sind, aber dennoch Fragezeichen hinterlassen. Daher wollen wir das Thema eingehend beleuchten.

Um Ihnen gleich von Anfang an die Angst vor dem komplexen Thema Farbmanagement zu nehmen: Mit aktivem Farbmanagement haben Sie die Möglichkeit, Farben qualitativ hochwertig und präzise wiederzugeben und sie dafür von einem Farbraum in einen anderen Farbraum umzurechnen. Wenn Sie stattdessen das Farbmanagement deaktivieren, vergeben Sie sich die Chance auf einen farbkonsistenten Arbeitsablauf.

Wer behauptet, dass früher in QuarkXPress oder PageMaker alles einfacher war und sich Farben doch manuell in Photoshop anlegen lassen, wird spätestens beim Thema Druckzuwachs, Papiersorte oder Gesamtfarbauftrag einsehen müssen, dass mehrere Faktoren zusammenkommen, die sich nicht aus den Prozenten eines Prozessfarbtons auslesen lassen: Ein Farbton mit den Werten 100 C, 50 M, 20 Y und 10 K sieht im Tiefdruck anders aus als im Offsetdruck, auf gestrichenem Papier anders als auf Zeitungspapier. Ebenso werden Farben auch auf elektronischem Wege publiziert und sollten idealerweise auf dem Bildschirm ebenso wahrgenommen werden wie auf einem bedruckten Medium. Um genau diese gravierenden Unterschiede auszugleichen, gibt es das Farbmanagement.

4.1 Vor- und Nachteile von Farbmanagement

In wirtschaftlich angespannten Zeiten muss jede Gestalterin oder jeder Produktionsleiter die Kosten im Auge behalten und Einsparpotenzial ausmachen. Ist Farbmanagement daher nicht ein unnötiger und kostspieliger Luxus?

Workflow – auch hier
Ein wenig Planung und Vorbereitung vorweg für alle mutigen und experimentierfreudigen Designerinnen und Druckprofis: Woher kommt das Bildmaterial? Auf welchen Plattformen findet die Bearbeitung statt? Wie werden die Daten ausgegeben? Auf welcher Druckmaschine, auf welchem Papier? Das gesamte Thema füllt bereits zahlreiche Bücher, daher wollen wir Ihnen nur einen Überblick geben, was Sie in InDesign mit aktiviertem Farbmanagement erzielen können. Wenn Sie nach diesem Kapitel von diesem Thema nicht abgeschreckt sind, sondern die Vorteile erkennen, sollten Sie sich unbedingt mit Ihrer Druckerei oder Ihrem Repro-Unternehmen auseinander setzen, um die Farbmanagement-Standards zu vereinbaren.

Eine konsequente Anwendung des Farbmanagements im Print- und Web-Workflow setzt ja voraus, dass alle Mitarbeiter geschult werden. Des Weiteren müssen Kalibriergeräte beschafft und Arbeitsplätze neu ausgeleuchtet werden. Gegebenenfalls müssen sogar alte Gerätschaften, die nicht mehr in den Farb-Workflow passen, ausgemustert werden.

Aber nein: Der Vorteil, den Sie aus dieser Umstellung gewinnen, ist eine Farbstandardisierung und damit auch gleichzeitig eine deutliche Verminderung bis Vermeidung von Reklamationen aufgrund von Farbabweichungen. Farben sind mitunter der wichtigste Faktor bei der Beurteilung und Wirkung von Druckerzeugnissen. Bei Nachdrucken können Sie als Druckdienstleister Ihrem Kunden gegenüber bei standardisierter Produktion garantieren, dass er seine Druckerzeugnisse in identischer Qualität erhält. Darüber hinaus können Nachdrucke schneller ausbelichtet und gedruckt werden, da hier die Druckmaschine nicht manuell korrigiert werden muss.

Das ist keine Utopie, was viele Druckereien bereits durch ein konsequentes Farbmanagement bewiesen haben. Internationale Unternehmen legen Farbräume fest, die zur Ausgabe Ihrer Drucksachen weltweit verwendet werden. Die Globalisierung macht auch hier nicht Halt: Die Druckqualität muss identisch sein, gleich wo das Dokument weltweit gedruckt wird.

[Lab]
Geräteunabhängiger Farbmodus, bei dem Farben durch einen Kanal für die Helligkeit (L für Lightness) und zwei Buntheitskomponenten (Kanal a von Grün bis Magenta und Kanal b von Blau bis Gelb) dargestellt werden. Er umfasst das gesamte Spektrum der sichtbaren Farben.

[RGB]
Farbraum aus Selbstleuchterfarben Rot, Grün, Blau, die sich additiv zu Weiß mischen, beispielsweise beim Farbmonitor.

[CMYK]
Gebräuchliche Abkürzung für die vier Prozessfarben Cyan, Magenta, Gelb (Yellow) und Schwarz (Key Color). Im Vierfarbdruck werden alle anderen Farben aus diesen vier Grundfarben erzeugt.

4.2 Theorie

4.2.1 Farbraum und Farbprofile

Ein Farbraum beschreibt u. a. alle darin reproduzierbaren Farben. Farbräume werden unterteilt in **LAB**-, **RGB**- und **CMYK**-Farbräume, entsprechend den verschiedenen Aufnahme-, Darstellungs- und Ausgabeverfahren wie Scannen, Wiedergabe am Monitor oder Offsetdruck. Des Weiteren bietet sich mit Hilfe von Farbmanagement die Möglichkeit, Farben jederzeit auf Basis von Standards identisch wiederzugeben.

Farben sind physikalisch messbar in Wellenlängen, Intensitäten und Helligkeiten. Da Sie immer eine »originale« Farbe durch eine drucktechnisch reproduzierte ersetzen, müssen die *Abweichungen* dokumentiert werden. Ziel eines Farbmanagements ist es, auf Basis dieser Abweichungen die Farbreproduktion zu präzisieren.

Für alle technisch reproduzierbaren Farben wurde der theoretische Farbraum LAB erschaffen. Jeder andere Farbraum – CMYK, RGB, Hexachrome – ist Teilmenge dieses Farbraums. Jedes Gerät zur Farbwiedergabe – digitale Fotokamera, Scanner, Bildschirm, Proofgerät oder Belichter – hat eine festgelegte Beziehung zu diesem LAB-Farbraum. Die Dokumentierung dieser Abweichung und die anderen Beschreibungen bezeichnet man als **Farbprofil**.

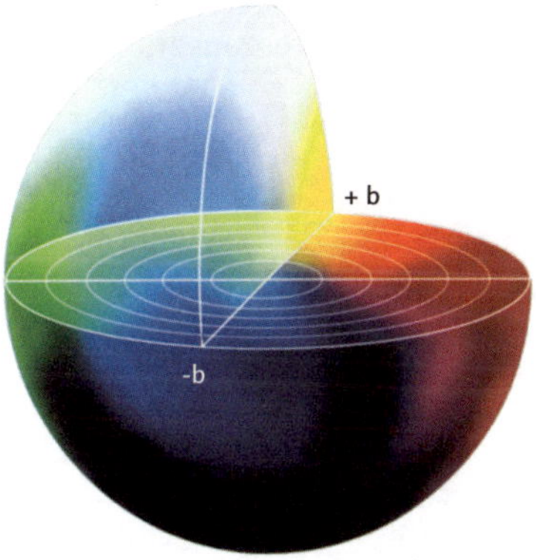

▲ **Abbildung 4.1**
Der LAB-Farbraum

Die verschiedenen Farbräume überschneiden sich, haben jedoch auch Bereiche, die nur durch einen bestimmten Farbraum wiedergegeben werden können. Ein reines Cyan ist am Monitor nicht darstellbar, da dieser Wert außerhalb des RGB-Farbraums des Monitors liegt. Soll z. B. ein Bild von einem Quellfarbraum (RGB) in einen Zielfarbraum (CMYK) umgerechnet werden, müssen eben diese Farben im Bild eine Entsprechung im Zielfarbraum bekommen.

4.2.2 Kalibrierung

Eine Digitalkamera kann nur so viele RGB-Farben »sehen«, wie der Kamerachip verarbeiten kann. Hochleistungsscanner arbeiten im LAB-Farbraum, d. h., sie nutzen den maximalen Farbraum zur Bilddigitalisierung. Monitore hingegen müssen durch eine Kalibrierung an das Farbmanagement angepasst werden.

Dazu bieten verschiedene Hersteller handliche Kalibrierungsgeräte an, die in Verbindung mit einer Software ein Geräteprofil einmessen und für das Betriebssystem bereitstellen. Auf der Apple-Plattform übernimmt ColorSync das Geräteprofil und passt entsprechend die Bildwiedergabe an.

Diese Kalibrierung muss regelmäßig erneuert werden, da Monitore – egal ob klassischer Röhren- oder moderner TFT-Monitor – im fortgeschrittenen Alter Helligkeit und Kontrast verlieren oder Farbschwächen aufweisen. High-End-Monitore werden zusammen mit einem Kalibrierungsgerät ausgeliefert.

Nachdem diese Kalibrierungstechnik jahrelang nur für Röhrenmonitore zur Verfügung stand, sind nun auch Lösungen für TFT-Displays erhältlich. PostScript-fähige Farbdrucker und digitale

[Hexachrome]
Hexachrome ist ein Sechsfarbsystem, das vom Farbhersteller Pantone entwickelt wurde. Bei diesem Verfahren werden zusätzlich zu den veränderten Prozessfarben noch Orange und Grün zur Erweiterung des Farbraumes eingesetzt. Ziel von Hexachrome ist es, den Farbumfang der Prozessfarben zu überschreiten und darüber hinaus Schmuckfarben durch die Umsetzung in den sechs Druckfarben zu ermöglichen.

Hexachrome ist ein High-End-System, das nur von autorisierten Druckereien angeboten wird. Auf einem Standard-Mac oder -PC können Sie Hexachrome nicht einsetzen, dazu benötigen Sie das Pantone-Softwarepaket, das Ihrem System und den Programmen die neue Farbwelt beibringt.

Druckmaschinen werden mit Farbprofilen ausgeliefert, können jedoch auch kalibriert werden. Dies geschieht mit Spezialgeräten, die feinste Farbnuancen registrieren, pro Papiersorte muss dafür ein Profil auf Basis eines Textcharts als Referenzausdruck angelegt werden.

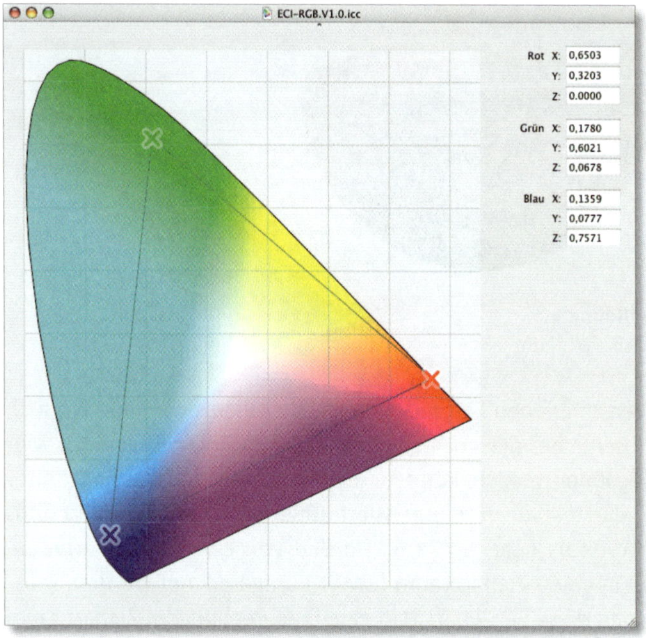

Abbildung 4.2 ▸
Mit dem Werkzeug ColorSync-Dienstprogramm zeigen Sie Profile innerhalb der bekannten »LAB-Schuhsohle« an. Die Eckpunkte markieren die Referenzpunkte zum LAB-Farbraum.

Mac und PC verwenden unterschiedliche Gammawerte

Ein Bild wird auf dem Mac – ohne Farbmanagement – anders abgebildet als auf einem PC. Das hat den Grund, dass das OS X einen Gammawert von 1.8 verwendet und dass im Gegenzug Windows den Wert 2.2 nutzt. Ein Bild, dass im Kontrast und in den Tonwerten am Mac neutral wirkt, wird dagegen auf dem PC in den Mitteltönen dunkler abgebildet. Mit Color-Management werden diese Unterschiede durch Berechnungen des Farbprofils des Bildes, des kalibrierten Monitors sowie der darstellenden Software ausgeglichen.

Wenn Sie an einem kalibrierten Monitor arbeiten, dürfen Sie auf keinen Fall die Helligkeit, den Kontrast oder die Farbtemperatur des Monitors manuell nachregeln. Stellen Sie Ihren Monitor so ein, dass er den größtmöglichen Farbraum darstellen kann, und führen Sie dann die Kalibrierung durch. Wenn Sie z. B. zur Mittagszeit den Monitor heller stellen wollen, weil die Umgebungsbeleuchtung am Arbeitsplatz ansteigt, müssten Sie sofort ein Profil einmessen. Umso wichtiger ist es, dass Sie Ihren Arbeitsplatz so ausstatten, dass zeitliche Lichteinflüsse durch den Sonnenstand vermieden oder ausgeglichen werden. Wir empfehlen Ihnen eine durchgängige Tageslichtbeleuchtung mit einem Kelvinwert von 5000°.

Die Arbeitsweise mit Farbmanagement auf einem Laptop ist dagegen natürlich schwieriger. Hier hängt es immer vom Umgebungslicht und der Helligkeit ab, nach der Sie beurteilen sollten, wann Sie ein Monitorprofil umstellen, um eine bessere Darstellung zu erreichen. Wenn Sie Ihren Laptop-Monitor mit einem Kalibriergerät einmessen, können Sie dabei auch das Umgebungslicht berücksichtigen, so dass die **Farbtemperatur** der Umgebung und des Monitors übereinstimmt und somit ein neutrales Grau auch als Grau am Bildschirm erscheint. Grundsätzlich bieten die heutigen TFT-Displays von Laptops keinen ausreichenden Farbraum, um eine wirklich perfekte Bildbearbeitung zu machen, der Einsatz von Kalibrierungsgeräten lohnt sich aber dahingehend, dass Lichter und Tiefen wesentlich differenzierter dargestellt werden – ohne Farbmanagement immer ein Nachteil am Laptop.

4.2.3 RGB-Profile

RGB-Profile beinhalten u. a. die Werte zum Weißpunkt und Gammawert. Damit Tiefen und Lichter differenziert am Monitor wiedergegeben werden, sorgt eine nichtlineare Korrektur – der **Gammawert** – im Farbprofil dafür, dass helle oder dunkle Mitteltöne überproportional detailliert abgebildet werden. Ein plattformübergreifendes Profil wie das ECI-RGB beschreibt z. B. einen Gammawert von 1.8. Damit werden die Lichter stärker differenziert. Ein AdobeRGB oder sRGB beschreiben ein Gamma von 2.2, das im Vergleich zum ECI-RGB deutlich dunklere Mitteltöne anzeigt.

Für unsere Gestaltung verwenden wir daher das **ECI-RGB** als Arbeitsfarbraum und folgen damit den Empfehlungen der European Color Initiative.

sRGB | Der weitaus kleinste RGB-Farbraum des sRGB wird überwiegend im Internet und von Microsoft Office-Programmen oder älteren Digitalkameras verwendet und kann in Sachen Farbmanagement als »kleinster gemeinsamer Nenner« bezeichnet werden. Dabei ist zwar von Vorteil, dass Dateien in diesem kleinen Farbraum von jedem PC-Monitor dargestellt werden können, aber die Reproduktion aus diesem Farbraum in einen Prozessfarbraum ist qualitativ immer die schlechtere Lösung. Zum Bearbeiten in Photoshop sollten Sie stets in den ECI-RGB-Farbraum konvertieren. Verwenden Sie diesen sRGB-Farbraum nur dann, wenn Sie für das Internet Grafiken exportieren.

4.2.4 CMYK-Profile

Ein CMYK-Profil speichert im Gegensatz zum RGB-Profil Informationen für die Druckausgabe. Dabei wird die Papiersorte berücksichtigt, ebenso der Tonwertzuwachs, die Methode des **Schwarzaufbaus** (GCR/UCR), das Papierweiß, das absolute Schwarz sowie der Gesamtfarbauftrag. Alle diese Parameter beschreiben das Verhalten von Prozessfarben auf einer bestimmten Papiersorte und mit einer bestimmten Druckart.

Die ECI – European Color Initiative – hat dazu eine ganze Reihe von Profilen veröffentlicht, die für verschiedenste Papiersorten und -gewichte geeignet sind. Jedes Profil wird mit einer PDF-

[Was ist Farbtemperatur?]
Die Farbtemperatur beschreibt unterschiedliche Arten von Lichtquellen. Unsere Augen können sich an unterschiedliche Farbtemperaturen je nach Lichtquelle wie Sonnenlicht oder Glühlampen anpassen. Technische Reproduktionen verlangen jedoch eine feste Farbtemperatur. So stellen Tageslichtfilme in Fotokameras nur bei Sonnenlicht alle Farben neutral dar. Fotografieren Sie mit einem Tageslichtfilm eine Glühlampe, so erscheinen alle Farben gelblich, bei Neonlicht hingegen grünlich oder am Abend bläulich.

Die Farbtemperatur wird in Grad Kelvin gemessen. Eine 100-Watt-Glühlampe besitzt eine Farbtemperatur von 2800 K, Leuchtstoffröhren von 3000 K (Warmweiß) bis 4000 K (Kaltweiß), Tageslicht liegt bei 5500 K, die Schatten dagegen bei 9000–12000 K.

Digitale Video- und Fotokameras müssen auf die aktuelle Farbtemperatur des Lichts eingemessen werden. Dieser Vorgang ist auch unter dem Begriff »Weißabgleich« bekannt.

[Gamma]
Bei der Gammakorrektur verteilen sich die Tonwerte zwischen Schwarz- und Weißpunkt neu. Die Korrektur wirkt sich hauptsächlich in den Mitteltönen aus, der gesamte Tonwertumfang wird nicht verändert.

[Schwarzpunkt und Weißpunkt]
Die Punkte auf einer Gradationskurve oder im Histogramm, die einem 100 %igen Schwarz bzw. Weiß entsprechen. Durch Setzen von Schwarz- und Weißpunkt lassen sich die vorhandenen Tonwerte auf die gesamte zur Verfügung stehende Grauskala optimal verteilen

[Schwarzaufbau]
Anteil der Schwarzkomponente in CMYK-Bildern. Je nach Separationseinstellung (GCR oder UCR) werden gleiche Farbanteile der Buntfarben Cyan, Magenta und Gelb ganz oder teilweise durch die Farbe Schwarz ersetzt.

Datei detailliert beschrieben. Darunter befinden sich auch die Profile der großen Verlagshäuser für Tiefdruck oder Rollenoffset.

Das Profil **ISO Coated** ist unser Standardprofil und CMYK-Arbeitsfarbraum. ISO Coated wurde für den Offsetdruck auf gestrichenem Papier eingemessen und hat u.a. einen Gesamtfarbauftrag (GFA) von 350%.

4.3 Farbeinstellungen in Adobe Bridge

4.3.1 Das Adobe-Farbmanagement

Der Vorteil von InDesign ist die nahtlose Integration in die Adobe-Familie und die Nutzung gemeinsamer Technologien – auch im Farbbereich. Somit werden Bilder, Vektoren und Schriften im InDesign-Layout farblich identisch zu Photoshop und Illustrator angezeigt. Sogar eine exportierte PDF-Datei mit integrierten Farbprofilen wird unter Acrobat farbidentisch abgebildet. Keine andere Layout-Software kann so nahtlos und einfach integriert werden.

Das ColorSync-Dienstprogramm
Wenn Sie auf einem Mac arbeiten, können Sie sich Farbräume auch dreidimensional anschauen und miteinander vergleichen. Wenn Sie einen ECI-RGB-Farbraum mit einem ISO Coated vergleichen, wird Ihnen recht schnell klar werden, dass sich viele Farben im RGB- nicht im CMYK-Farbraum abbilden lassen, sondern bei einer Umrechnung an einen nächstmöglichen Wert angenähert werden müssen.

Wenn Sie die Rubrik PROFILE wählen, so erhalten Sie eine Übersicht aller installierten Farbprofile. In dem Verzeichnis ANDERE sehen Sie alle Profile, die z.B. durch die Installation von InDesign CS2 oder der Creative Suite angelegt wurden. Weitere Profile wurden hier von der ECI – European Color Initiative – übernommen. Lesen Sie dazu auch den Abschnitt »ISO-Standards« durch.

In den Farbeinstellungen wählen Sie die eigenen Arbeitsfarbräume oder übernehmen bestehende Einstellungen aus anderen Programmen. Dabei werden die Einstellungen zentral abgelegt, d.h., alle Programme greifen auf dieselben Einstellungen zu. Diese Technik funktioniert ab Photoshop 6, Illustrator 9, Acrobat 5 und InDesign 2 nahtlos.

▲ **Abbildung 4.3**
Konsistente Farbdarstellung in der Adobe-Familie: InDesign und ein in Photoshop geöffnetes platziertes Dokument

Seit der Creative Suite 2 hat sich Adobe eine schöne Neuerung ausgedacht, die anwenderfreundlich ist: das einmalige Einrichten des Farbmanagements in der Adobe Bridge für alle installierten CS2-Programme. Aber ist diese Einstellung auch sinnvoll? Wir wollen Vor- und Nachteile beleuchten.

4.3.2 Creative Suite-Farbeinstellungen

Im Menü Bearbeiten finden Sie die Creative Suite-Farbeinstellungen. Im nachfolgenden Dialog erscheint eine kurze Liste von möglichen Vorgaben. Mit aktiviertem Button Erweiterte Liste ... anzeigen blättert die Bridge mehrere Einstellungen auf, die Sie vielleicht schon aus früheren CS-Versionen kennen. Jede Einstellung greift auf ein Farbprofil für RGB-, CMYK-, Graustufen- und Strichgrafiken zurück.

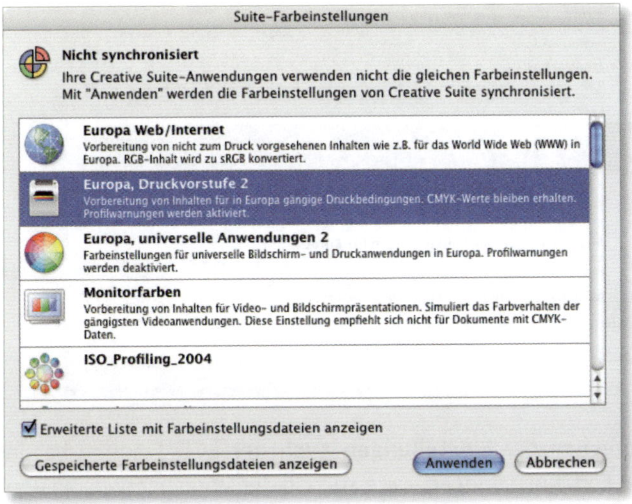

◂ Abbildung 4.4
Mit den Standard-Farbeinstellungen der Bridge können Sie alle CS2-Programme synchronisieren.

Da Sie anhand dieser Liste nicht erkennen können, welche Profile damit verbunden sind, gehen wir die wichtigsten Einstellungen durch.

	RGB-Profil	CMYK-Profil
Europa, Druckvorstufe 2	Adobe RGB (1998)	Europe ISO Coated Fogra27
Europa Web/Internet	sRGB	Europe ISO Coated Fogra27
Allgemeine Einstellungen für Druckvorbereitung Europa	Adobe RGB (1998)	Euroscale Coated v2

Tabelle 4.1
Einstellungen und die damit verbundenen Profile

Wählen Sie Europa, Druckvorstufe 2 aus, und klicken Sie auf Anwenden. Danach wechselt der Status der Einstellungen auch auf SYNCHRONISIERT. Das bedeutet, dass nun alle CS2-Anwendungen wie InDesign neue Dokumente mit diesen Einstellungen bearbeiten. Zuvor bearbeitete Dokumente können aber mit anderen Farbeinstellungen angelegt worden sein. In diesem Fall werden Sie in InDesign beim Öffnen der Datei eine Warnung erhalten.

Die Einstellung EUROPA WEB/INTERNET arbeitet mit einem sRGB-Profil, ist also wirklich nur für das Webdesign geeignet. Falls Ihre Aufgaben zwischen Web und Print wechseln, sollten Sie bei jedem neuen Job das Farbmanagement kontrollieren. Eine gute Einstellung für beide Welten gibt es derzeit nicht.

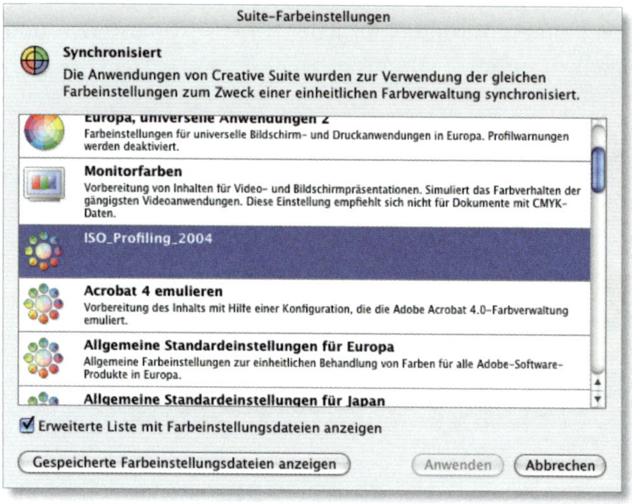

Abbildung 4.5 ▶
Wenn Sie die ISO-Profile eingeladen und ein Set in InDesign vorbereitet haben, können Sie später diese Vorgabe auch in der Bridge für alle anderen Programme übernehmen.

Entsprechen die Einstellungen auch der ECI? | Adobe hat in seinen Farbeinstellungen – wie auch in der Vorgängerversion von InDesign – eigene Sets von Profilen zusammengestellt. Die erste Einstellung »Europa, Druckvorstufe 2« kann praxistauglich eingesetzt werden, entspricht jedoch in keinem Fall den ECI-Empfehlungen.

- Adobe RGB zeigt im Vergleich zum ECI-RGB deutlich dunklere Mitteltöne
- Das CMYK-Profil »Europe ISO Coated Fogra27« hat trotz ähnlichen Namens leider nichts mit dem gewünschten »ISO Coated« zu tun, sondern basiert nur auf demselben Auflagenpapier.

Beide Profile beschreiben einen unterschiedlichen Farbumfang, wie Abbildung 4.6 zeigt. Das Adobe-Profil beschreibt größere Farbräume im Cyan- und Gelb-Bereich, dargestellt durch das weiße Gitter. ISO Coated hingegen besitzt höhere Werte im Violett-, Orange- und Grünbereich.

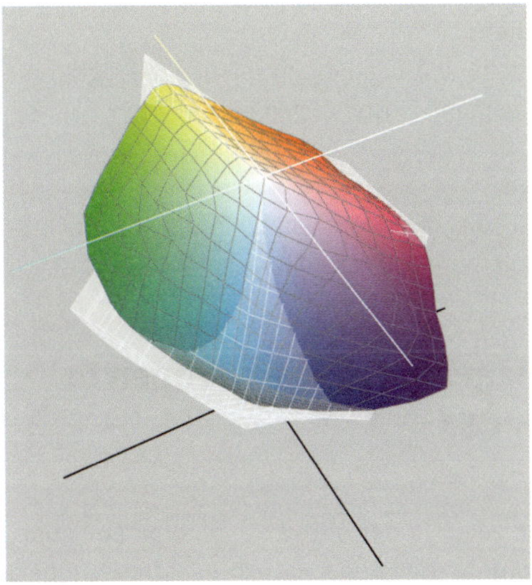

◂ **Abbildung 4.6**
Die Profile Europe ISO Coated Fogra27 (weißes Gitter) und ISO Coated (bunt) im Vergleich

Eigene ECI-konforme Vorgaben erstellen | Damit Sie sich eine Vorgabe einrichten, die auf ISO-Profile zurückgreift, müssen Sie die ECI-Vorgaben auf Ihren Computer laden und in InDesign eine eigene Farbmanagement-Einstellung einrichten.

Schritt für Schritt: Die ECI-Vorgaben einrichten

1 Die ISO-Profile laden

Die Empfehlungen der ECI können Sie über die Website http://www.eci.org downloaden. Wählen Sie in der Rubrik DOWNLOAD das Paket ECI_Offset_2004. Es enthält die ICC-Profile ISO Coated, ISO Web Coated, ISO Uncoated und ISO Uncoated Yellowish. Ebenso müssen Sie die Datei eciRGBv10.zip laden.

2 Entpacken und Ablegen der Profile

Entpacken Sie die ZIP-Dateien nach dem Download auf Ihrem Rechner. Speichern Sie die Profile auf dem Mac oder auf dem PC unter folgenden Verzeichnissen:

Macintosh HD/Library/Application Support/Adobe/Color/Profiles/...

C:Programme/Gemeinsame Dateien/Adobe/Color/Profiles/Recommended/ oder C:WINDOWS/system32/spool/drivers/color/

3 Einrichten der ECI-Empfehlungen

Schließen Sie in InDesign alle Dokumente, und wählen Sie aus dem Menü BEARBEITEN die Farbeinstellungen. Für den RGB- und CMYK-Arbeitsfarbraum erhalten Sie nun in den Auswahllisten die entsprechenden ECI-Profile wie ECI-RGB und ISO Coated.

4 Vorgabe speichern
Speichern Sie sich eine neue Vorgabe, um später alle Programme auf diesen Farbmanagement-Einstellungen einzurichten.

5 Synchronisieren
Aktivieren Sie die ECI-Vorgabe in der Adobe Bridge in den Farbeinstellungen für die gesamte Creative Suite 2. ■

4.4 Farbmanagement-Einstellungen in InDesign CS2

Video-Lektionen
Auf der DVD zum Buch finden Sie eine Video-Lektion zum Thema Farbeinstellungen.

Einstellungen, die Sie zuvor in der Bridge vorgenommen haben, werden mit der Funktion »Anwenden« auch in InDesign übernommen.

4.4.1 Farbeinstellungen

Das Farbmanagement in InDesign verwaltet die Grundeinstellungen, es besagt, mit welchen Profilen Sie in InDesign oder speziell in einer Datei arbeiten. Unter dem Menü BEARBEITEN • FARBEINSTELLUNGEN finden Sie die Farbzentrale.

Haben Sie wie empfohlen die ECI-Vorgaben heruntergeladen, bietet InDesign Ihnen die Einstellungen für die Arbeitsfarbräume ❶ an.

Farbmanagement-Richtlinien | Die Farbmanagement-Richtlinien ❷ definieren das Verhalten von InDesign bei abweichenden Farbprofilen, insbesondere für platzierte Dateien. RGB-Daten sollten dabei in den Arbeitsfarbraum konvertiert werden, wohingegen CMYK-Profile nicht konvertiert werden dürfen, Farbverschiebungen wären vorprogrammiert.

Im bisherigen Druckalltag kam es in InDesign 2 und CS trotz Farbmanagement-Einstellungen zu Konvertierungen während des Drucks oder des PDF-Exports, und zwar bei Farben von platzierten Dokumenten, die aus einem CMYK-Farbraum stammten, der nicht mit dem CMYK-Zielfarbraum identisch war. In den FARBMANAGEMENT-RICHTLINIEN, aber auch im Druckdialog und im PDF-Export gibt es daher in InDesign CS2 die Richtlinie WERTE ERHALTEN. Dadurch wird sichergestellt, dass die Farben nicht neu separiert werden. Im Kapitel 22 »PostScript-Ausgabe« und 23 »PDF-Export« gehen wir noch detailliert darauf ein.

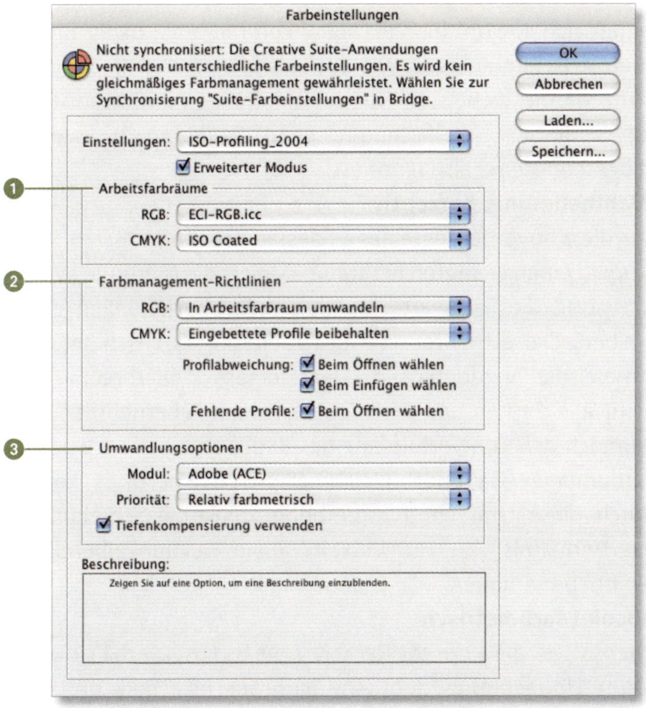

◂ **Abbildung 4.7**
Das Menü zu den Farbeinstellungen

▴ **Abbildung 4.8**
Damit keine CMYK-Werte umgerechnet werden, kann das Verhalten des Farbmanagements auf WERTE ERHALTEN eingerichtet werden.

Umrechnungsoptionen | Die Color Engine ❸ rechnet Farbräume um. Für Ihre Arbeiten empfehlen wir die Adobe Color Engine, kurz ACE genannt, da die ACE plattformübergreifend funktioniert, also gleichermaßen auf Mac und PC identische Ergebnisse liefert.

Es gibt vier Umrechnungsarten, Farben zu konvertieren (auch Rendering Intent genannt):

- WAHRNEHMUNG
- SÄTTIGUNG
- RELATIV FARBMETRISCH
- ABSOLUT FARBMETRISCH

Als Grundregel gilt: Bilder werden mit der Einstellung WAHRNEHMUNG umgerechnet, Grafiken mit eindeutigen Farbtönen, die erhalten werden sollen, werden dagegen RELATIV FARBMETRISCH umgerechnet. Eine Mischung aus Bilddaten und eindeutigen Farbangaben wie z. B. eine Photoshop-Datei mit Vektor- und Textinhalten wird mit der Methode RELATIV FARBMETRISCH UMGERECHNET.

- **Relativ farbmetrisch**
  Diese Umrechnungsform vergleicht zunächst den Weißpunkt des Quellfarbraums mit dem des Zielfarbraums und gleicht danach alle Farben an. Farben, die in beiden Farbräumen vorkommen, werden übernommen. Diese Umrechnungsform

eignet sich sowohl für Vektorgrafiken mit einfarbigen Bildflächen (z. B. Firmenlogos) wie auch als Standard-Umrechnungsform, da die wenigsten Farbverschiebungen auftreten. Farbtöne, die im Zielfarbraum nicht vorkommen, werden »abgeschnitten«, also ignoriert.

- **Wahrnehmung, perzeptiv**
  Für die Konvertierung eines Bildes aus einem größeren Farbraum in einen kleineren Farbraum skaliert die Methode WAHRNEHMUNG die Farbwerte, damit die Farbbeziehungen gleich bleiben. Diese theoretische Beschreibung lässt sich sehr gut am Beispiel verdeutlichen. Der kleinere Zielfarbraum kann nicht alle Farben aus dem Quellfarbraum übernehmen. Um dennoch den Tonwertumfang des Bildes zu erhalten, wird der Farbumfang (Gammut) gleichmäßig verkleinert. Es kommt durch diese Umrechnungsmethode zu Farbverschiebungen, das Verhältnis von Farbwinkeln sowie Helldunkelbereichen bleibt aber erhalten.

Was wird verwendet?

Diese beiden ersten Methoden RELATIV FARBMETRISCH und WAHRNEHMUNG sind die am häufigsten verwendeten Umrechnungsarten, wenn Dokumente mit aktiviertem Farbmanagement bearbeitet werden. ABSOLUT FARBMETRISCH und SÄTTIGUNG stehen ebenfalls zur Auswahl, werden aber nur im Spezialfall angewandt.

- **Absolut farbmetrisch**
  Ebenso wie die Priorität RELATIV FARBMETRISCH erhält die absolute Umrechnung identische Farbtöne im Quell- und Zielfarbraum, sie werden nicht verändert. Entgegen der relativen Methode wird dazu aber nicht der Weißpunkt in Quell- und Zielfarbraum hinzugezogen, somit wird zur Umrechnung die Beziehung eines Farbwertes zur Bildhelligkeit nicht beachtet.
- **Sättigung**
  Für Geschäftsgrafiken aus dem Office-Umfeld ist diese Methode dafür gedacht, einen möglichst großen Sättigungsgrad und somit eine hohe Farbintensität zu erzielen, um auf Beamern mit kleinem darstellbaren Farbraum präsentiert zu werden. Die Farbwerte des Quellfarbraums werden auf den Zielfarbraum maximal skaliert. Der visuelle Eindruck nach der Konvertierung ist deutlich intensiver. Eine Konvertierung für die Belichtung ist auf diese Art nicht zu empfehlen.

4.4.2 Profile zuweisen

Um Dokumente ohne Farbmanagement nachträglich mit Farbprofilen zu versehen, rufen Sie unter dem Menü BEARBEITEN die Funktion PROFILE ZUWEISEN auf. Wie bei den Farbeinstellungen sind die Konvertierungsoptionen wiederum in RGB, CMYK und die Umrechnungsprioritäten unterteilt. Dokumente ohne Profile werden nur mit dem Zielprofil ergänzt, ohne umgerechnet zu werden. Diese Information ist deshalb sinnvoll, wenn eine spätere Umrechnung ansteht und ein Ausgangsfarbraum benötigt wird. Ist dagegen kein Farbprofil vorhanden, geht das Programm von einem Standardfarbraum aus.

Wenn Sie im Layoutdokument transparente Objekte verwenden, können Sie für die Umrechnung der Transparenzen in das Ausgabeprofil die PRIORITÄT DER TRANSPARENZBERECHNUNG FESTLEGEN. Ist hier wie bei den anderen Einstellungen die Farbeinstellungspriorität ausgewählt, richten sich alle Einstellungen nach den Vorgaben des Farbmanagements.

Vorschau ist Sinnvoll

Mit aktiver Vorschau können Sie kontrollieren, in welcher Weise platzierte Dokumente eventuell ihre Farbdarstellung ändern.

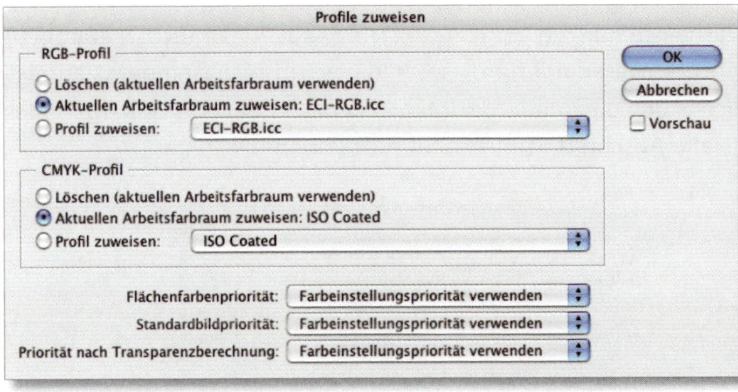

◂ **Abbildung 4.9**
Profile zuweisen

4.4.3 In Profil umwandeln

Des Weiteren finden Sie unter BEARBEITEN auch den Menüpunkt IN PROFILE UMWANDELN. Bestehende Profile von platzierten Dokumenten können mit dieser Funktion vom Quellfarbraum in den Zielfarbraum konvertiert werden.

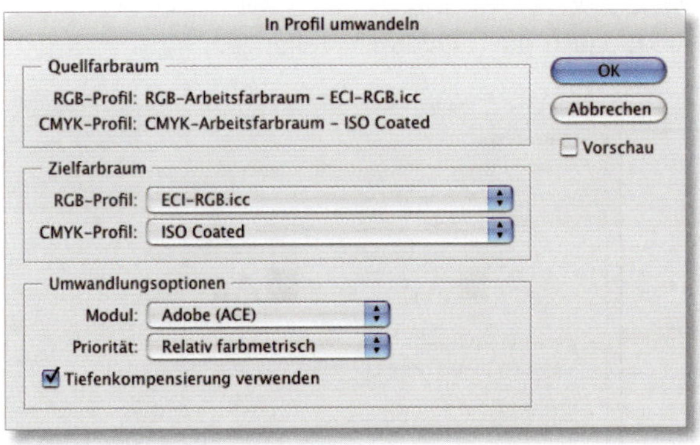

◂ **Abbildung 4.10**
In Profil umwandeln

Die Einstellungen sind in Quell- und Zielfarbraum gegliedert. Mit aktiver Vorschau können Sie gut erkennen, ob die Methode WAHRNEHMUNG oder RELATIV FARBMETRISCH zu dem besten Ergebnis führt. Verwenden Sie die Funktion nur, wenn Sie Dokumente im Layout platziert haben, die ein eigenes Profil mitbringen und die Sie nicht in das Arbeitsprofil beim Import umgewandelt haben.

4.4.4 Bilder nachträglich in das Farbmanagement einbinden

Vorsicht!

Auch hier gilt wie für jede andere Konvertierung: Bestehende RGB-Profile dürfen umgerechnet werden, CMYK-Profile müssen erhalten bleiben!

Haben Sie ein Bild in das Layout platziert, das nicht mit einem Profil versehen war und das Sie auch nicht in den Arbeitsfarbraum konvertiert haben, können Sie jederzeit manuell kontrollieren.

Über das Kontextmenü bei Auswahl eines Bildes rufen Sie die Farbeinstellungen auf (GRAFIKEN • FARBEINSTELLUNGEN FÜR BILD) und aktivieren nur für dieses Bild das Farbmanagement nachträglich. Auch die Renderpriorität ist je nach Charakteristik des Bildes (siehe Abschnitt »Umrechnungsoptionen«) wählbar.

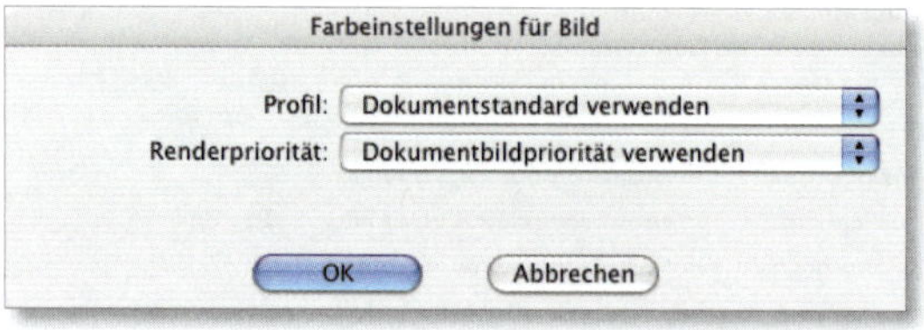

Abbildung 4.11 ►
Für jedes Bild können die Farbeinstellungen separat bestimmt werden.

4.4.5 Schwarzdarstellung für CMYK- oder RGB-Ausgabe

Zusätzlich zu den komplexen Einstellungen des Farbmanagements können Sie die Farbe Schwarz am Monitor oder im Druck wahlweise als Druckschwarz oder als Tiefschwarz anzeigen zu lassen. Unter den Voreinstellungen finden Sie unter der Rubrik SCHWARZDARSTELLUNG die nötigen Einstellungen.

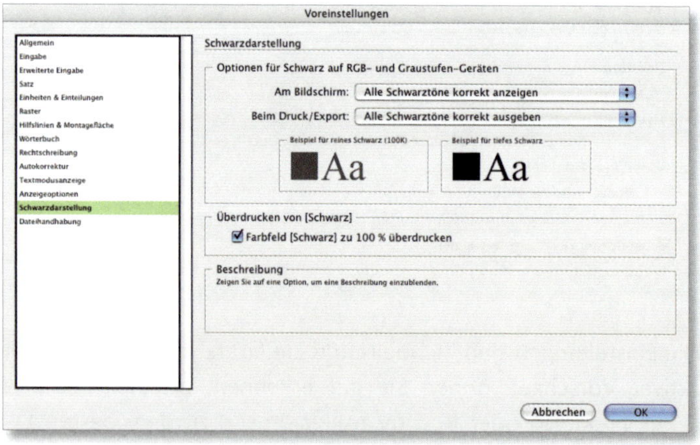

Abbildung 4.12 ►
Die Farbe Schwarz kann wahlweise wie eine Prozessfarbe oder als ein RGB-Schwarz angezeigt

Für die Druckproduktion wollen wir natürlich unserer Anzeige vertrauen können und wählen selbstverständlich die Voreinstellung, dass Schwarz am Bildschirm korrekt angezeigt und für den Druck/Export korrekt ausgegeben wird.

Welchen Grund hatte Adobe, diese Möglichkeit einzubauen? Ein 100-prozentiges Schwarz erscheint in dieser Einstellung am

Monitor als Dunkelgrau. Das ist so weit auch korrekt, denn erst ein Tiefschwarz, das sich durch die Mischung mehrerer Prozessfarben ergibt, wird auch als absolutes Schwarz am Monitor mit den RGB-Werten 0/0/0 wiedergegeben. Dadurch können wir in der Anzeige überhaupt zwischen diesen Schwarzwerten optisch unterscheiden. Für das Editieren von Text oder die Aufbereitung von Layoutdaten für die RGB-Ausgabe ist es jedoch eher hinderlich, eine dunkelgraue Darstellung anzeigen zu lassen. Somit könnten wir das Schwarz für die Bildschirmanzeige auch als Tiefschwarz wiedergeben lassen, ohne das Druckergebnis zu beeinflussen. Auch mit der Tiefschwarz-Anzeige wird ein Soft-Proof korrekt wiedergegeben.

Für den Druck und den Export sieht das jedoch anders aus. Hier sollten wir für die CMYK-Ausgabe stets ALLE SCHWARZTÖNE KORREKT AUSGEBEN ANWÄHLEN. Nur in der Ausgabe auf RGB-Geräten wie Fotobelichtern ist die Alternative ein Vorteil: ALLE SCHWARZTÖNE ALS TIEFES SCHWARZ AUSGEBEN sorgt dafür, dass ein 100 % K wie ein Tiefschwarz ausgegeben wird. Das hat den Vorteil, dass bei transluzentem – durchscheinendem – Fotomaterial auch eine Hinterleuchtung der Schrift möglich ist und die Schrift – nahezu lichtdicht – einen maximalen Kontrast darstellt.

4.4.6 Soft-Proof

Unter der Bezeichnung Soft-Proof versteht man im Farbmanagement die Simulation des Zielfarbraums am Bildschirm, bevor die Farben in diesen umgerechnet werden. Benötigen Sie also eine Vorschau, wie ein RGB-Bild später im 4C-Offsetdruck aussieht, dann können Sie dafür den Soft-Proof anwenden.

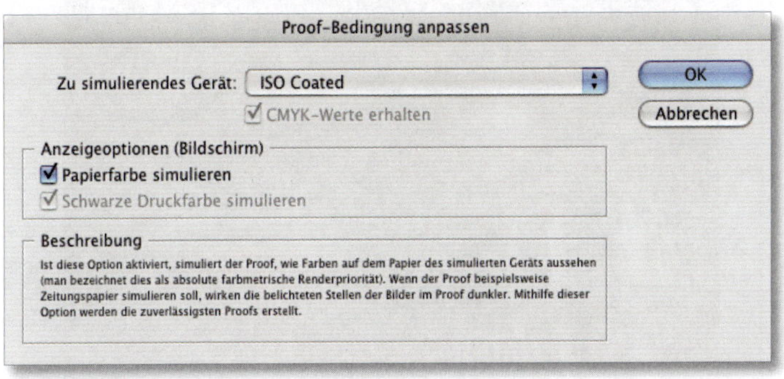

◂ **Abbildung 4.13**
Papierweiß und die schwarze Druckfarbe können ebenfalls mit Hilfe der Funktion Soft-Proof simuliert werden.

Aktivieren Sie unter dem Menü ANSICHT den Punkt FARBPROOF. Unter PROOF EINRICHTEN können Sie den CMYK-Zielfarbraum definieren. Wichtig an dieser Stelle ist, dass ein Soft-Proof niemals farbechte Darstellungen erreichen kann, aber Sie erhalten einen Eindruck von Sättigung und Leuchtkraft. Ohne Korrektur

Nur mit Farbmanagement

Eine Anzeige über Soft-Proof ist dann exakt, wenn Sie mit aktiviertem Farbmanagement in InDesign arbeiten, alle verwendeten und platzierten Dokumente ein Farbprofil beinhalten und Ihr Monitor kalibriert ist. Ohne diese Technik ist jede Anzeige des Soft-Proof nicht aussagekräftig, und das Anzeigeergebnis wäre zufällig. Daher ist diese Funktion bei deaktiviertem Farbmanagement in InDesign auch deaktiviert.

werden Farben unter Umständen zu intensiv oder grell wiedergegeben.

Ein Ausgabeprofil wie »ISO Coated« kennt das Papierweiß der späteren Druckpapierklasse ebenso wie die Darstellung der schwarzen Druckfarbe auf dem Auflagenpapier. Unter dem Menü Ansicht • Proof einrichten... • Benutzerdefiniert aktivieren Sie diese beiden Optionen auch für die Darstellung im Soft-Proof. Dies macht dann Sinn, wenn Sie z. B. gelbliches oder gräuliches Zeitungspapier simulieren wollen.

Abbildung 4.14 ▶
Die Darstellung des Layoutdokuments ohne und mit Soft-Proof (ISO Coated Yellowish)

Ein Soft-Proof ist in der Praxis immer dann sinnvoll, wenn die Bilder und Grafiken im Layout noch nicht in den endgültigen Farbraum umgerechnet wurden. Zwei typische Fälle:

- Sie wollen die Farbwirkung von RGB-Bildern mit einem ECI-RGB-Farbprofil mit dem CMYK-Profil ISO Coated für die Ausgabe wiedergeben. Richten Sie dazu die Farbeinstellungen so ein, dass der CMYK-Arbeitsfarbraum ISO Coated entspricht, und aktivieren Sie den Soft-Proof im Menü ANSICHT.
- Die Bilder wurden bereits in einem CMYK-Farbraum umgewandelt, sollen jedoch in der Ausgabe mit einem anderen Farbraum gedruckt werden. Wenden Sie für den Soft-Proof das entsprechende Ausgabeprofil an: Menü ANSICHT • PROOF EINRICHTEN.

4.5 CMS-Strategien

4.5.1 Medienneutrale und verfahrensneutrale Datenaufbereitung

Medienneutral | Der Begriff medienneutral steht für das Konzept, alle benutzten und definierten Farben jeweils ohne Konvertierung in den Ausgabefarbraum zu belassen, bis die Ausgabeform feststeht. Bilder werden also im ECI-RGB-Farbraum retuschiert und für den Druck vorbereitet, ohne sie in den CMYK-Farbraum umzurechnen. Diese Methode lässt Ihnen die Möglichkeit offen, von einem einzigen Layoutdokument ausgehend alle Farben für einen 4C-Offsetdruck, Prozess- und Schmuckfarbendruck oder einen RGB-Lambda-Print nur ein einziges Mal in der Ausgabe zu konvertieren. Diese Konvertierungen erfolgen auf Basis des Farbmanagements und des definierten Umrechnungsverhaltens (siehe »Intent«). Die medienneutrale Aufbereitung der Layoutdaten wird immer wichtiger, da die Druckdaten international weitergegeben und dort lokal für den Druck angepasst und umgerechnet werden müssen.

Zudem werden Hersteller mehr Geräte entwickeln, die im RGB-Farbraum drucken. Eine Schmuckfarbe kann durchaus im größeren RGB-Raum besser wiedergegeben werden als im Prozessfarbraum.

Composite-Farbraum | Farben unterschiedlichster Farbräume werden innerhalb von InDesign oder dem Format PDF im Composite-Farbraum zusammengefasst und erst im RIP in den Ausgabefarbraum umgewandelt. Nachteil: Konvertierungen und die damit verbundenen Farbverschiebungen werden erst zum Ende des Layoutprozesses z. B. im Proof sichtbar; Vorteile: absolute Flexibilität für jede Ausgabeform.

Verfahrensneutral | Als verfahrensneutral könnte man die herkömmliche Methode bezeichnen, die Daten gleich beim Erfassen oder Importieren in den Zielfarbraum der Ausgabe zu konvertieren. Das bedeutet zum Beispiel, dass Sie Dias über einen LAB-fähigen Trommelscanner direkt als CMYK-Bild einscannen oder in InDesign nur Prozessfarben verwenden, wenn die Ausgabe auf einer Offsetmaschine feststeht. Nachteil: Für jede Ausgabesituation muss ein eigenes Farbprofil erstellt werden. Vorteil: Geringe Konvertierungsverluste, Farbverschiebungen oder ungünstige Farbwirkungen werden bereits im Layout berücksichtigt.

Welche Methode nehmen? | Welchen Weg Sie mit Ihren Layoutdokumenten gehen, sollten Sie danach entscheiden, wie viele unterschiedliche Ausgabeformen geplant sind und ob Sie z. B. allgemeine Dokumentvorlagen für ein Corporate Design erstellen, die alle Möglichkeiten in der Ausgabe offen lassen sollen.

4.5.2 ISO-Standards oder spezialisierter Workflow?

Nach den ersten Gehversuchen mit dem Farbmanagement haben Druckereien oftmals eigene Farbprofile von Monitoren und Ausgabegeräten eingemessen und in das Farbmanagementsystem eingebunden. Die Auswahl der Profile ist somit an Arbeitsplatz- und Druckumgebung gebunden. Sollte ein Print-Job in einer anderen Druckerei z. B. in Osteuropa oder in Asien erfolgen, dann muss die dortige Druckerei wiederum eigene Profile einmessen und die bestehenden Layoutdaten konvertieren. Da die Konvertierung aus einem CMYK- in einen anderen CMYK-Farbraum aus den genannten Gründen verlustbehaftet ist, kommt es zu einer Qualitätsminderung in der Farbbrillanz. Als Beispiel dient hier die Umrechnung von Euroscale Coated und SWOP Coated. Während Euroscale Coated einen Tonwertzuwachs von 9% verwendet, beansprucht SWOP einen Wert von 20%. Somit erhalten die Farbinformationen einen höheren Tonwertzuwachs, das Druckergebnis kann daher dunkler und gesättigter ausfallen.

RGB-Profile | Auch RGB-Profile weichen stark voneinander ab: Zum einen kann die Gammakurve variieren, was bei einer Konvertierung die gesamte Tonwertverteilung beeinträchtigt. Zum anderen ist im RGB-Farbraum auch ein Weißpunkt sowie eine

Farbtemperatur definiert, eine Profilkonvertierung kann somit aus neutralen Grautönen kalte oder warme Grautöne machen.

Profile niemals in der Druckerei ersetzen | Ein weiterer Punkt kommt in der Abstimmung zwischen Lieferant (Designer) und Datenempfänger (Drucker) hinzu: Häufig werden einfach bestehende Profile bei der Datenübernahme durch die Druckerei gelöscht und durch eigene Farbprofile ersetzt. Das ist eine fatale Vorgehensweise: Wie wir aus der Einleitung wissen, beschreibt ein Farbprofil den Farbraum der Daten sowie deren Anwendung (Papiersorte, Druckart etc.). Wenn nun Profile einfach ersetzt werden, stimmt diese Beschreibung durch die Farbräume nicht mehr mit den Farben im Dokument überein! Um diesen Fehler zu vermeiden, muss eine Druckerei dem Designbüro die Farbprofile zur Verfügung stellen, der Designer muss die Profile nach Druckerei und Print-Job verwalten.

Vorteile des spezialisierten Workflows: genaue Anpassung entsprechend den Druckereibedingungen, exakte Farbreproduktion. Nachteile: unabwendbare Profilkonvertierung bei Druckereiwechsel, Farbabweichungen an unterschiedlichen Druckorten, hoher Verwaltungsaufwand der Farbprofile.

ISO-Standards | Vermehrt wird stattdessen auf ISO-Standards gesetzt. Somit ist klar definiert, was das Designbüro liefert und womit die Druckerei rechnen muss.

Nach den Empfehlungen der ECI sollen diese ISO-Profile für die Bearbeitung und die Ausgabe verwendet werden:

Für den RGB-Arbeitsfarbraum verwenden Sie am besten ECI RGB v 1.0.

Einsatz	Profil
Papiertyp 1 und 2, gestrichene Bilderdruckpapiere, 60/cm	ISOcoated.icc
Papiertyp 3, gl. gestrichenes Rollenoffset-Papier (LWC), 60/cm	ISOwebcoated.icc
Papiertyp 4, ungestrichene weiße Offsetpapiere, 60/cm	ISOuncoated.icc
Papiertyp 5, ungestrichene, leicht gelbliche Offsetpapiere, 60/cm	ISOuncoatedyellowish.icc

Tabelle 4.2
Offset-Paket – Profile für den Akzidenzoffsetdruck (Bogen- und Rollenoffset)

Einsatz	Profil
Papiertyp 2, matt gestrichenes Bilderdruckpapier, 60/cm	ISOcofcoated.icc

Tabelle 4.3
Continuous-Paket – Profile für den Endlosdruck

Tabelle 4.3
Continuous-Paket – Profile für den Endlosdruck (Forts.)

Einsatz	Profil
Papiertyp 4, ungestrichenes weißes Offsetpapier, 54/cm	ISOcofuncoated.icc

Seit 2004: neue Profile der ECI

Wenn Sie bislang auch mit Profilen der ECI gearbeitet haben, sollte Ihnen aufgefallen sein, dass sich die Profile nun geringfügig geändert haben. Im Jahr 2004 hat die ECI neue Profile veröffentlicht. »ISO Coated sb« wurde durch »ISO Coated« ersetzt. Das hat den Hintergrund, dass die ECI die alten Profile einmal auf unbedruckter und bedruckter Rückseite des Auflagenpapiers eingemessen hat. Die Kennung »sb« bezeichnete also das Profil für den Schön- und »bb« für den Widerdruck. Diese Unterscheidung gibt es fortan nicht mehr, alle Profile sind auf weißem Untergrund eingemessen worden. Aktualisieren Sie Ihre Profile, falls Sie noch mit den älteren arbeiten.

Ein Workflow auf Basis dieser Profile ermöglicht einen reibungsloseren Ablauf und eine exakte Datenübergabe auch im internationalen Vergleich. Das Profil ISO Coated ist jedoch anspruchsvoll: Ein Gesamtfarbauftrag von 350 % stellt manche Druckmaschine vor Probleme. Im direkten Vergleich benötigt das Profil Euroscale Coated v2 nur einen Gesamtfarbauftrag von 300 % und ist damit weitaus pflegeleichter in der Produktion.

Zum Hintergrund: Ein maximales Schwarz wird beispielsweise zum einen durch 100 K sowie auch durch 70 C, 70 M und 60 Y aufgebaut. Bei höherem Farbauftrag können manche Papiersorten die Farbe nicht mehr aufsaugen, und die Farbe braucht länger, um abzutrocknen. Durch hohe Druckgeschwindigkeiten überlagern sich nun die Exemplare, und die feuchten Farbbereiche schlagen jeweils auf die Rückseite des darüber liegenden Papiers durch. Beim Wert 300 % ist noch gewährleistet, dass dieser Fall nur bei Sonderpapieren eintreten könnte. Hersteller von Natur- und Feinstpapieren geben dafür Empfehlungen aus, wie hoch der Gesamtfarbauftrag definiert werden darf. Ein Testdruck ist somit unabdingbar, um die Druckeinstellungen zu finden, die Druckmaschine bei 350 % Gesamtfarbauftrag zu fahren und kein Geisterbild auf den Rückseiten zu hinterlassen.

4.6 Praxisbeispiel

Wir verfolgen den Weg eines Bildes vom Scanner über die Bildbearbeitung in das Layout und zuletzt in die Belichtung aus der medienneutralen und aus der geräteneutralen Sicht.

Schritt für Schritt: Medienneutrale Sicht

1 Scannen
Zunächst wird unser Bildmotiv mittels eines Trommelscanners im LAB-Modus erfasst und im RGB-Modus gespeichert. Das Bild erhält bereits hier vom Scanner ein RGB-Profil.

2 In Photoshop öffnen
Nun öffnen wir das Bild in Photoshop, um Bildfehler zu retuschieren und Farben einzustellen.

Beim Öffnen in Photoshop fragt das Programm nach der korrekten Umrechnung. Soll das Quellprofil des Bildes beibehalten oder in den Arbeitsfarbraum von Photoshop umgerechnet werden? Wir konvertieren das Bild in den Arbeitsfarbraum, da die Umrechnung zwischen RGB-Farbräumen überwiegend problemlos durchgeführt werden kann.

Sollten Sie nicht sicher sein, öffnen Sie das Bild ohne Konvertierung und behalten das Quellprofil bei.

Über die Funktion unter dem Menü BILD • MODUS • IN PROFIL KONVERTIEREN rufen Sie dafür die Konvertierungsoptionen auf. Mit aktiver Vorschau sehen Sie, welche Farben eventuell verschoben werden oder ob sich die Bildgradation verändert.

3 Bild bearbeiten

Nun wird das Bild im Arbeitsfarbraum mit der Farbbalance als Einstellebene und anderen Werkzeugen bearbeitet. Mit dem Farbproof richten Sie eine Vorschau ein, wie das Bild auf verschiedenen Medien aussehen wird (gestrichene und ungestrichene Papiere, Windows-Computer, Macintosh-Rechner). Für die Vorschau mit Prozessfarbprofilen sollten Sie die Funktion ANSICHT • PROOF EINRICHTEN • PAPIERWEISS SIMULIEREN aktivieren. Damit wird auch der Weißpunkt des Papieres aus dem Ausgabeprofil simuliert.

4 Speichern

Nach der Bearbeitung in Photoshop speichern wir die RGB-Bilddatei als PSD oder Photoshop-PDF und sichern dabei das Farbprofil.

5 Zurück zu InDesign

In InDesign platzieren wir nun das Bild in das Layout. Ebenso verwenden wir im Layout nur RGB-Töne oder Sonderfarben. Letztere sind in Farbbibliotheken abgelegt, die in LAB-Farbrauminformationen vorliegen. Auch im Layout können Sie nun den Farbproof wie in Photoshop aktivieren, um Farbverschiebungen in der Ausgabe zu simulieren.

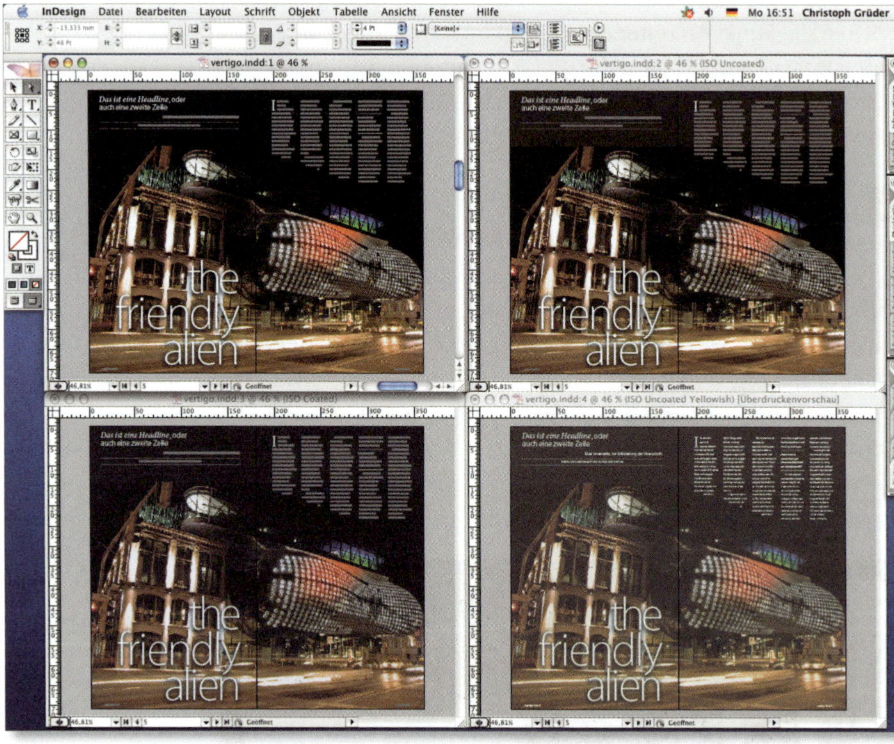

6 Ausgabe

Für die Ausgabe aus InDesign bietet sich nun der Weg über das Format PDF an, das wir sowohl als PDF für das Internet mit RGB-Farben ohne Konvertierung der Farben als auch für den Druck mit der Konvertierung der Farben in den Zielfarbraum aufbereiten können.

Im PDF-Export-Dialog finden Sie die Einstellungen, um die Farben für den Export umzurechnen. Wenn Sie hier die Vorgabe PDF/X-3 verwenden, so findet keine Farbkonvertierung statt, der Ausgabefarbraum (ISO Coated) wird jedoch in das PDF geschrieben.

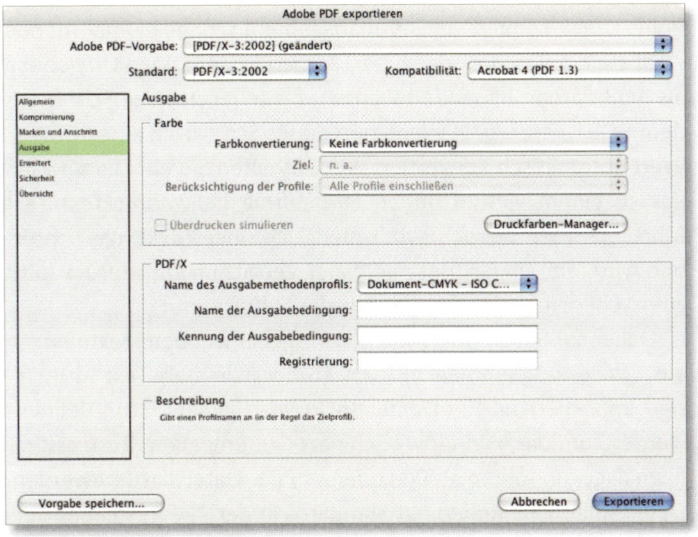

Andere Möglichkeiten des Datenexports zeigen wir ausführlich im Kapitel 23 »Ausgabe«. ■

4.6.1 Pragmatismus im Farbmanagement

Wie schön die Modelle für die medien- und verfahrensneutrale Produktion auch aussehen mögen: Die Realität ist doch durch Abweichungen bestimmt. Das Bildmaterial oder die Grafiken stammen oft nicht aus der eigenen Produktion, sondern werden von externen Mitarbeitern oder den Kunden selbst bereitgestellt, die natürlich Farbmanagement-Richtlinien nicht einhalten, da es für ihre tägliche Arbeit keinen Stellenwert einnimmt. Dafür haben die Microsoft Office-Programme durch katastrophale Farbkonvertierungen gesorgt.

Wenden wir uns jedoch erst einmal dem Bild zu, das mit einem Fremdprofil angeliefert wurde und in das Layout platziert werden soll. Für den medienneutralen Workflow konvertieren wir das Bild in den Arbeitsfarbraum, wenn es sich um ein RGB-Bild handelt. Bei CMYK-Daten belassen wir das eingebettete Profil bei, um keinen Farbverlust zu erzeugen. Auch wenn das CMYK-Bild später innerhalb einer PDF-Datei als RGB exportiert werden soll, ist diese Umrechnung weniger kritisch zu beurteilen.

Im geräteneutralen Workflow verhalten wir uns ähnlich, RGB-Daten werden in den CMYK-Arbeitsfarbraum konvertiert, CMYK-Daten bleiben unangetastet.

4.6.2 Grafiken aus Office-Anwendungen

Häufig müssen in ein Layout auch Grafiken aus der Office-Welt platziert werden. Balkendiagramme aus Excel oder eine Power-

Farbmanagement und Tintenstrahldrucker

Für die einfache Farbausgabe werden häufig Tintenstrahldrucker verwendet. Günstige Geräte verstehen überwiegend kein PostScript, also können sie niemals farbverbindliche Prints ausgeben! PostScript-fähige Tintenstrahldrucker dagegen können mit einem Farbmanagement angesteuert werden. Die Gerätehersteller bieten Ihnen die Geräteprofile auf den jeweiligen Internet-Seiten zum Download an.

Die Qualität der Druckfarben schwankt je nach Hersteller und Papiersorte. Normale Drucker verwenden CMYK-Tinten, so genannte Fotodrucker mit sechs Farben, darunter die Prozessfarben, ein pastoses Gelb und Magenta, um zur Wiedergabe von Hauttönen die Schwächen der 4c-Tinten auszugleichen. Verwechseln Sie dieses Druckverfahren bitte nicht mit einem Hexachrome-Farbsystem. Trotz aller Abweichungen zu den Ausgabestandards werden bei der Installation der Druckertreiber auch Farbprofile angelegt, die für unterschiedliche Papiere (matt, glossy, Film) und Auflösungen eine »Farbharmonisierung« vergeblich herbeizaubern sollen. Generell gibt es aber ein Profil, das verwendet werden kann: das Standard-Geräteprofil des Druckers. Drucktests lohnen sich! Auf weitere Druckmöglichkeiten von Geräten ohne PostScript-Level gehen wir im Kapitel 23 »Ausgabe« ein.

Point-Grafik können ein Farbmanagement schnell einmal auf den Kopf stellen. Da alle angelegten Farben in der Office-Umgebung als RGB-Farben behandelt werden, besteht schwarze Schrift aus dem RGB-Wert 0/0/0! Wenn nun dieses Schwarz in einen CMYK-Wert automatisch konvertiert wird, erhalten Sie ein Tiefschwarz, das zu einem viel zu hohen Farbauftrag bei gedrucktem Text führt. Schriften werden somit mehrfach überdruckt, das Schriftbild wird fett, ein leichter minimaler Versatz im Offsetdruck führt zu psychedelischen Farbschatten der Schrift.

Daher sollten Sie folgende Faustregel anwenden: Textmengen aus Office-Programmen müssen grundsätzlich als Text in InDesign importiert und mit einer InDesign-eigenen Farbe definiert werden, um das »Windows-Schwarz« zu umgehen. Businessgrafiken dagegen sollten als Bild oder als PDF-Datei platziert werden. Dabei sollten Sie unbedingt Standards in der PDF-Erstellung vereinbaren. Der Vorteil gegenüber dem PDF ist, dass Sie Vektoren aus z. B. PowerPoint erhalten und ggf. über Acrobat 7 die Farben im PDF messen und konvertieren können.

TEIL II

Ein Layout erstellen

5 Neue Dokumente anlegen

Von einfachen Layouts zu hierarchischen Mustervorlagen: In diesem Kapitel zeigen wir Ihnen, wie Sie Dokumente und Seitenformate strukturiert anlegen und verwalten. Dabei gehen wir besonders auf die Buch- und Magazingestaltung ein. Um doppelte Arbeit und komplizierte Umbruchsänderungen zu vermeiden, sollten Sie mit Mustervorlagen arbeiten.

5.1 Neues Dokument

In InDesign CS 2 finden Sie im Hauptmenü Datei unter dem ersten Menüeintrag Neu die drei Optionen Neues Dokument, Buch und Bibliothek. Wie in nahezu allen anderen Programmen legen Sie mit Datei • Neu bzw. ⌘ + N (Macintosh) oder Strg + N (Windows) ein neues Dokument an. Auf das Anlegen von Buch und Bibliothek gehen wir in Kapitel 15 ein.

In der sich jetzt öffnenden Dialogbox geben Sie die Seitenzahl vor, die Ihr Dokument haben soll. Wenn Sie zum Beispiel eine zwölfseitige Broschüre erstellen wollen, können Sie diesen Wert bereits jetzt eintragen oder später problemlos weitere Seiten hinzufügen und entfernen.

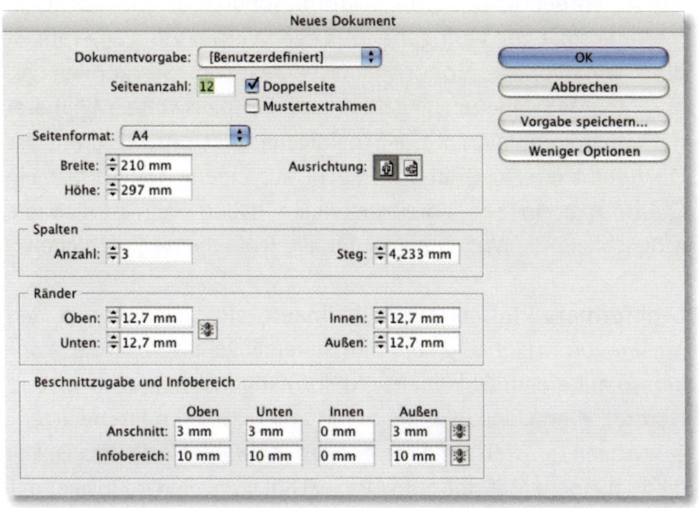

◂ **Abbildung 5.1**
Der Dialog Neues Dokument mit eingeblendeten Optionen, in denen Sie die Beschnittzugabe und den Info-Bereich angeben.

Lange Dokumente anlegen

In InDesign zählt die Paginierung bis zu 99.999 Seiten, die Software kann aber nur 9.999 Seiten verwenden. Dieses Problem kann die Verwaltung großer Dokumente über die Buchfunktion lösen. Lesen Sie dazu auch das Kapitel 15 »Buch, Bibliothek und Snippets«.

Das Optionsfeld DOPPELSEITE sollte bei Büchern und Zeitschriften, kleineren Imagebroschüren o. Ä. aktiviert werden. Das Dokument erhält dann einen Bund sowie linke und rechte Seiten. Rechte Seiten tragen ungerade, linke Seiten immer gerade Seitenzahlen. Wird die Option DOPPELSEITE aktiviert, bedeutet das, dass sich bei einem mehrseitigen Dokument bis auf die erste und letzte Seite immer eine rechte und linke Seite in der Seitenpalette und im Dokument gegenüberstehen. Einzelseiten eignen sich für Flyer oder Plakate.

5.1.1 Mustertextrahmen

Über das Optionsfeld MUSTERTEXTRAHMEN legen Sie fest, ob auf den Mustervorlagen ein an den Satzspiegel gebundener Textrahmen angelegt wird.

Ein Mustertextrahmen wird zwischen den Spaltenhilfslinien angelegt. Mustertextrahmen sind Ihnen vielleicht schon aus QuarkXPress bekannt und dienen dazu, für das Platzieren eines Textes aus einer Datei einen einheitlichen Seitenrahmen für jede Dokumentseite anzulegen. Beachten Sie jedoch, dass – anders als in QuarkXPress – ein Mustertextrahmen in InDesign nicht zwingend angelegt werden muss, um Text zu platzieren. Zum einen können Sie auch später einen Textrahmen auf Mustervorlagen anlegen und verketten. Zum anderen legt Ihnen InDesign automatisch anhand des Satzspiegels und Spaltenrasters Textrahmen an, wenn Sie Text platzieren, sogar zusätzliche Seiten, sollte der Text über die angelegten Seiten hinauslaufen. Lesen Sie dazu bitte auch das Kapitel 7 »Texte erfassen und bearbeiten«.

5.1.2 Seitenformat

In unserer Abbildung wurde A4 gewählt, es stehen aber auch andere vordefinierte Formate und besonders das benutzerdefinierte Format zur Verfügung. Mit den Werten 210 x 297 mm ist die Formatvorlage HOCHFORMAT vorgegeben. Sie können gemischte Maßeinheiten angeben und beispielsweise Millimeter mit Punkt kombinieren. Die Schaltfläche AUSRICHTUNG dreht das Dokument um 90 Grad und macht aus einem Hochformat ein Querformat. In den Voreinstellungen haben Sie natürlich die Möglichkeit, die Maßeinheiten für alle Dokumente festzulegen.

Großformate | InDesign erlaubt Ihnen, ein Dokument in den Maßen von maximal 5486,4 mm Seitenlänge anzulegen. Es können so mit einem Dokument großformatige Wandplakate erstellt werden. Wenn Sie Dokumente mit einer größeren Fläche erzeugen wollen, müssen Sie diese entweder aufteilen oder das Dokument in einem Maßstab zum Original anlegen. Ein Großplakat mit einer Kantenlänge von 30 Metern legen Sie im Maßstab 1:10 an und drucken später die Datei mit einem Vergrößerungsfaktor von 1000 % aus. Solche Informationen für die spätere Verarbeitung sollten Sie mit Ihrem Drucker besprechen, in die XMP-Daten eingeben oder auf den Seitenrand platzieren. Die Metadaten als XMP besprechen wir im Kapitel 27 »Version Cue«.

5.1.3 Spalten

Die Spaltenzahl gibt an, wie viele Textspalten innerhalb des Satzspiegels einer Mustervorlagenseite vorgesehen sind. Maximal sind 20 Spalten auf einer Seite innerhalb eines Textrahmens möglich. Die Spalten sind nicht nur für die grafische Ordnung des Layouts verantwortlich: Wenn Sie Text in das Layout platzieren, fließt der Text immer automatisch in eine Spalte und wird in die jeweils nächste umbrochen. Richten Sie sich also nur so viele Layoutspalten ein, wie Sie benötigen.

Spalten und Hilfslinien
Spalten lassen sich hervorragend mit Hilfslinien ergänzen: Wollen Sie ein für die Gestaltung möglichst flexibles Raster mit mehreren Spalten anlegen, so legen Sie beispielsweise ein dreispaltiges Raster an. Danach ergänzen Sie das Spaltenraster, indem Sie auf die Mustervorlage in der Seitenpalette klicken und im Menü LAYOUT den Eintrag HILFSLINIEN ERSTELLEN... anwählen. Passend zu den bestehenden Seitenrändern legen Sie Hilfslinienspalten an oder ergänzen den Satzspiegel durch Zeilenhilfslinien.

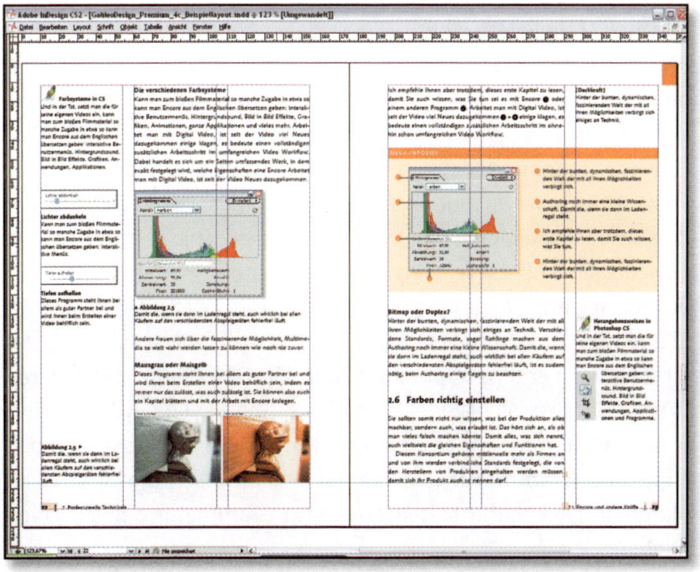

◂ **Abbildung 5.2**
Das Galileo-Layout dieses Buchs ist dreispaltig angelegt. Der Steg ist 6 mm breit.

Steg | Der Steg teilt mehrere Textspalten voneinander. Der vorgegebene Abstand im Feld STEG ist 4,233 mm (entspricht 12 Punkt, also genau einem Cicero). Sie können hier Werte zwischen 0 und 508 mm eintragen.

Die Wahl des Stegs richtet sich wie auch der Zeilenabstand und das Grundlinienraster nach der verwendeten Brotschrift, ihrer Schriftgröße und ihrer Beschaffenheit, wie wir noch eingehend im Kapitel 8 »Typografie« beschreiben werden. Als Faustregel gilt: Wenn Sie einen engen Zeilenabstand bei geeigneter Type wählen, kommen Sie mit einem schmalen Steg aus, da das Schriftbild an sich eine harmonische Graumenge bildet.

[Durchschuss]
Raum zwischen den Textzeilen

Bei hohen Zeilenabständen muss auch der Steg mitwachsen, da der **Durchschuss** sehr dominant wird. Beide Regeln lassen sich zusammenfassen: Zeilenabstand = Steg.

Zur guten Orientierung im Layoutdokument sollte der Steg jedoch niemals breiter als die Textspalte an sich sein.

5.1.4 Ränder

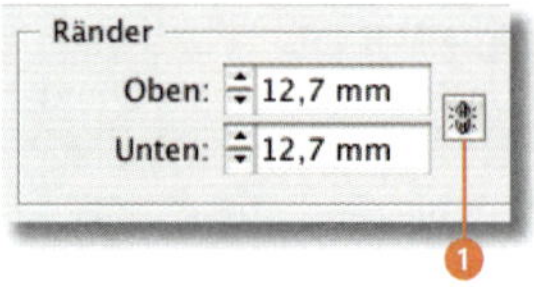

▲ **Abbildung 5.3**
Randmaße

Die Ränder definieren die Ausmaße des Satzspiegels. Bei einem einseitigen Dokument wird aus innen und außen dann links und rechts. Wollen Sie alle Ränder gleichermaßen einstellen, so klicken Sie auf den Verkettungsbutton ❶. Alle weiteren Ränderangaben werden auf alle vier Eingabefelder übertragen.

Der Rand Innen – besser bekannt als Bund – muss häufig dem Format und der Seitenstärke angepasst werden. Je dicker ein Buch oder eine Broschüre durch Seitenzahl, Papiergrammatur, Prägungen oder auch dem Farbauftrag im Sieb- oder Digitaldruck wird, desto höher müssen Sie den Bund wählen, da sonst innen liegende Textzeilen einer aufgeschlagenen Doppelseite in den Bund hineinlaufen und somit nicht mehr lesbar sind. Der Leser muss die Doppelseite »auseinander ziehen«, was dazu führt, dass der Rücken von Leimbindungen aufbricht.

[Brotschrift]
Schriftart des gesetzten Grundtextes einer Publikation, auch Werkschrift, Bodytype

Auch eingebundene, geleimte oder geklammerte Einleger mit Postkarten machen durch die Steifigkeit des Postkartenkartons den Bund enger, eine Doppelseite lässt sich nicht mehr so gut aufschlagen. All diese Dinge werden häufig in der Gestaltung unterschlagen, da zum einen während des Layoutprozesses die Seitenanzahl nachträglich wächst oder Einleger erst nachträglich einsortiert werden, ohne dass der Gestalter informiert wird. Wenn Sie sich nicht sicher sind, hilft Ihnen eine Blätterprobe weiter. Heften Sie so viele Seiten des Auflagenpapiers oder einer ähnlichen **Grammatur** aneinander, oder messen Sie bei Exemplaren vergleichbarer Seitenstärke und Grammatur den Bundbereich aus.

[Grammatur]
Grammatur bezeichnet das Flächengewicht von Papier. Eine Grammatur von 90 g/m^2 besagt, dass ein Bogen von 1 m^2 des bezeichneten Papiers 90g wiegt. Die Einheit der Grammatur ist g/m^2.

Inwiefern Seiten auf dem späteren Druckbogen montiert und ausgeschossen werden, um diese Probleme zu lösen, können Sie im Kapitel 21 »Ausschießen« nachlesen.

5.1.5 Beschnittzugabe und Info-Bereich

[randabfallend]
Im Anschnitt stehend

Für **randabfallende** Bilder oder Grafiken im Layout benötigen Sie einen Anschnittbereich. Der Anschnitt wird bei der Ausgabe mit ausbelichtet und durch die Schnitt- und Beschnittzugabemarken gekennzeichnet.

Der Anschnitt hilft besonders nach dem Druckvorgang: Durch Feuchtigkeit, hohen Farbauftrag oder Druckart dehnt sich das Papier nach einem Druckvorgang geringfügig aus. Die Bedruckung der Rückseite kann daher niemals passgenau erfolgen, ein leichter **Versatz** des Druckbildes ist die Folge. Dieser Versatz ist bei gut zu verarbeitendem Auflagenpapier im Offsetdruck und geregelten klimatischen Bedingungen zu vernachlässigen. Schwieriger wird es jedoch bei Naturpapieren oder Druckmedien im Sieb- oder Flexodruck, die schlecht fixiert werden können, wie z. B. Kunststofffolien.

Neben dem eigentlichen Anschnitt können in diesem Dokumentbereich auch einfach Falzmarken untergebracht werden, die nicht für den Druck, aber für die Verarbeitung relevant sind. Ebenso wie bei den Randbereichen können Sie über den Verkettungsbutton den ersten Anschnitt von 3 mm für alle weiteren Anschnitte übernehmen.

Der **Info-Bereich** ist die letzte Einstellung. Die Seiteninfo ist dazu bestimmt, Informationen zu den Druckbögen abzulegen. Das können zum einen allgemeine Dokumentinformationen sein, zum anderen Farbkeile für die Qualitätskontrolle. Hierfür bietet die Forschungsgruppe Druck (FOGRA) den standardisierten CMYK-Medienkeil an, den Sie als TIFF oder EPS in einer Breite des Keils von 6 oder 10 mm platzieren können.

Der Seiteninfo-Bereich wird auch hier über den Verkettungsbutton gleichmäßig verteilt. Für einen Medienkeil reicht der Wert von 10 mm aus.

Welchen Anschnitt verwenden?
Verwenden Sie einen Standardanschnitt von 3 Millimetern, sofern Sie keine anderen Angaben Ihrer Druckerei erhalten haben.

Neu in InDesign CS2
Die frühere Version InDesign CS bot die Einrichtung eines neuen Dokuments ohne Einblendung der Anschnitt- und Seiteninfo-Vorgaben an, so dass viele Nutzer diese Einstellung übersehen haben und InDesign-Layouts ohne definierten Anschnitt an die Druckerei geliefert wurden. Dies wurde nun in der CS2-Version geändert, so dass immer diese beiden wichtigen Angaben gemacht werden können.

5.1.6 Dokumentvorgabe

Wenn Sie ein Dokument auf diese Weise angelegt haben, können Sie nun die Eingabe bestätigen und mit der Layoutarbeit beginnen, oder Sie speichern Ihr Dokumentformat als Vorgabe. Dazu klicken Sie im Dialog auf den Button VORGABE SPEICHERN und geben einen entsprechenden Namen ein. So legen Sie sich Vorgaben für individuelle Projekte oder Formate an, die nicht in der Auswahlliste von InDesign auftauchen.

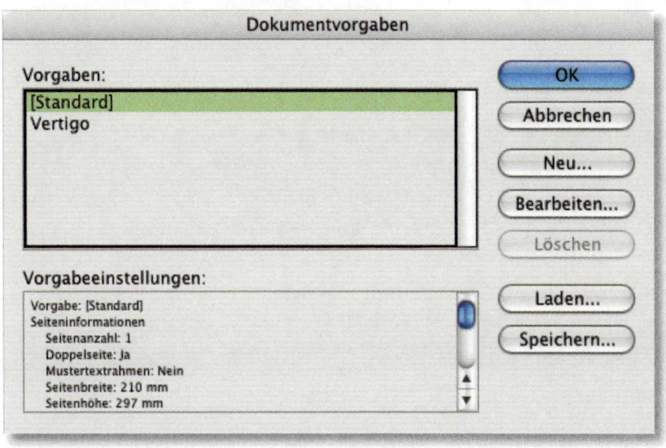

◂ **Abbildung 5.4**
Neue Dokumentvorgaben wählen Sie über den Button NEU.

Vorgaben können Sie anschließend unter Datei • Dokumentvorgabe aufrufen. Hier können Sie die Dokumentvorlagen anwenden oder ändern (über Definieren). Um Vorgaben nachträglich zu bearbeiten oder neue Vorgabenvarianten anzulegen, wählen Sie in der Liste der Vorgaben ein Format mit einem Mausklick aus und klicken danach auf Neu. Die Werte dieses Formates werden für die neue Vorgabe übernommen.

Die Standardvorgabe wird von InDesign immer dann benutzt, wenn Sie ein neues Dokument über den Tastenbefehl ⌘ + N oder Strg + N anlegen. Überlegen Sie also, welche Einstellungen Sie häufig oder gern verwenden. Besonders die Angaben für den Anschnitt werden sicher häufig übersehen, geben Sie also in der Standardvorgabe einen Beschnitt von 3 Millimetern an.

In den folgenden Aufstellungen finden Sie die Zusammenstellung einiger Papier- und Medienformate, die Sie für Ihre Arbeit benötigen. In Tabelle 5.2 präsentieren wir Ihnen die gängigen Zeitungsformate.

Tabelle 5.1
DIN-Formate

A6 (Postkarte)	105 x 148,5 mm
DIN lang (Grußkarte)	105 x 210 mm
A5	148,5 x 210 mm
A4	210 x 297 mm
A3	297 x 420 mm
A2	420 x 594 mm
A1	594 x 840 mm
A0	840 x 1190 mm (1 Quadratmeter)

Tabelle 5.2
Zeitungsformate

Formatbezeichnung	Vertreter oder ähnliche Formate	Satzspiegel
Berliner Format	Badische Zeitung, Nordwest-Zeitung, Die Presse, Der Standard, die tageszeitung	315 x 470 mm
Rheinisches Format	Aachener Zeitung, Allgäuer Zeitung, Berliner Zeitung, Freie Presse, Mitteldeutsche Zeitung, Rheinische Post, Stuttgarter Zeitung, Thüringer Allgemeine	350 x 510 mm oder 360 x 530 mm
Halbrheinisches Format		260 x 325 mm
Norddeutsches oder Nordisches Format	Berliner Morgenpost, Bild-Zeitung, Frankfurter Allgemeine Zeitung, Frankfurter Rundschau, Hamburger Abendblatt, Hannoversche Allgemeine Zeitung, Süddeutsche Zeitung, Der Tagesspiegel, Die Welt	400 x 570 mm
Halbnordisches Format oder auch Tabloid oder Half-Broadsheet	Bild am Sonntag, B.Z., Kleine Zeitung, Kronen Zeitung, NEWS Frankfurt, Welt kompakt	235 x 315 mm oder 285 x 400
Schweizer Format	Neue Zürcher Zeitung	320 x 475 mm

Formatbezeichnung	Vertreter oder ähnliche Formate	Satzspiegel
Andere Formate	Asahi Shimbun (Japan)	405 x 545 mm
	Le Figaro (Frankreich)	425 x 600 mm
	New York Times	390 x 585 mm
	Prawda (Russland)	420 x 594 mm
	Broadsheet	295 x 533 mm
	Halbes Schweizer Format	240 x 330 mm
	Tabloid Extra	305 x 457 mm

Tabelle 5.2
Zeitungsformate (Forts.)

5.1.7 Das Dokument ist fertig

Nach der Bestätigung der Eingabe zeigt Ihnen InDesign die erste Dokumentseite in der Ganzseitenansicht. Die magentafarbenen Linien zeigen die Randhilfslinien ❶. Die Spaltenhilfslinien erscheinen violett ❷. Der Anschnitt ist rot hervorgehoben ❸, der Seiteninfo-Bereich dagegen hellblau ❹.

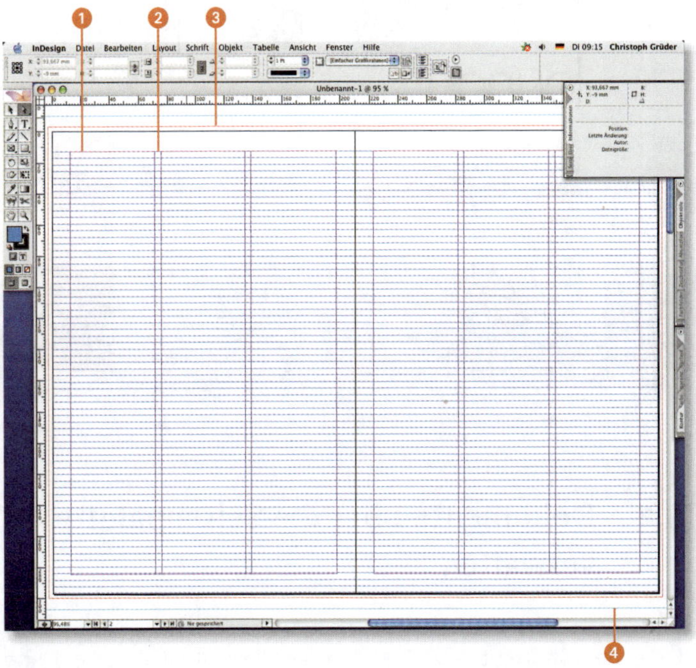

◂ **Abbildung 5.5**
Ein neu angelegtes Dokument mit allen Hilfslinien (je nach Ebene eingefärbt), Spalten (violett), Anschnitt (rot) und Seiteninfo-Bereich (blau). Das Grundlinienraster ist hellblau eingefärbt und wird oberhalb einer Darstellungsgröße von 75 % angezeigt.

Sie befinden sich auf der ersten Seite Ihres Dokuments. Auf der Seite sollte der Satzspiegel aus Spalten und Rändern sichtbar sein. Falls nicht, vergewissern Sie sich, dass Sie die Hilfslinien auch sichtbar gemacht haben. Über die Tastenkombination [⌘] + [Ü] (Macintosh) oder [Strg] + [Ü] (Windows) blenden Sie die Hilfslinien ein und aus. Alternativ schalten Sie zwischen der Layoutansicht und der Vorschau ohne jegliche Hilfslinien und Rahmenkanten mit der Taste [W] um. Dabei wird auch der Anschnitt ausgeblendet. Somit kontrollieren Sie während der Gestaltung, wie Ihr Layout mit randabfallenden Bildern und Grafiken nach dem Beschnitt wirkt.

Wollen Sie den Anschnitt und den Seiteninfo-Bereich ebenfalls in der Vorschau einblenden, können Sie in der Werkzeugpalette den unteren rechten Button anklicken : Wahlweise stehen Ihnen dort die entsprechenden Einträge zur Verfügung.

Rahmenfarbe | Die jeweilige Rahmenfarbe ist abhängig von der gewählten Ebene bzw. der definierten Ebenenfarbe. Hellblau ist die Standardfarbe der Ebene 1.

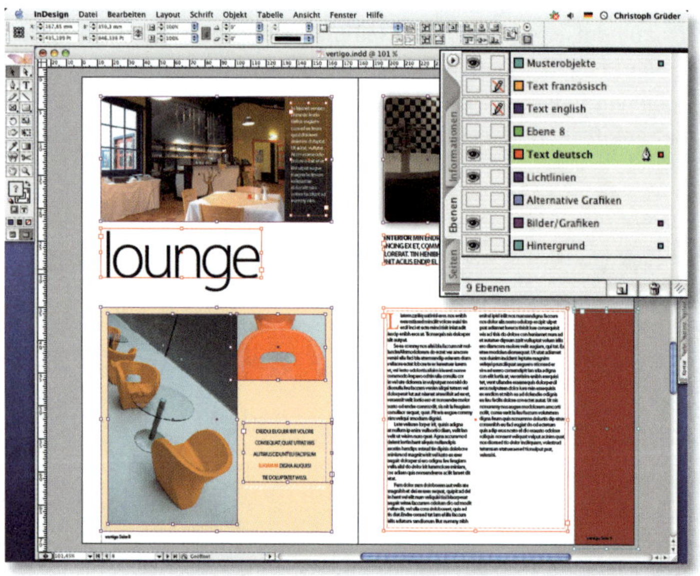

Abbildung 5.6 ▸
Texte liegen immer über den Bildern: Beispieldoppelseite mit Rahmen in Ebenenfarbe. Hier sind die Textrahmen auf einer eigenen Ebene rot, Bilder und Grafiken violett sowie Hintergrundobjekte mintfarben.

5.2 Dokumente über die Seitenpalette verwalten

Über den Shortcut [F12] blenden Sie die Seitenpalette ein und aus.

Im oberen Bereich sehen Sie die angelegten Mustervorlagen ❶, im unteren Bereich haben alle Seiten mit einem Schachbrettmuster ❷ transparente Objekte (Schlagschatten, weiche Kanten, Deckkraft oder Tranfermodus). Eingeklammerte Seitenzahlen ❸ werden als Druckbogen zusammengehalten.

Über diese Palette und ihr Palettenmenü

- navigieren Sie schnell durch das Dokument (durch Klick auf das Seiten-Icon),
- fügen rasch Seiten hinzu,
- löschen Seiten und
- führen komplexe Layoutänderungen über Mustervorlagen durch.

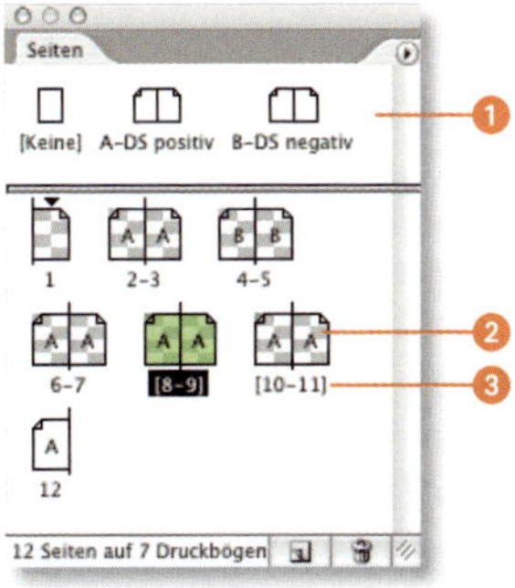

▲ **Abbildung 5.7**
Ansicht der Seitenpalette, wenn Sie die Seiten über die Palettenoptionen aus dem Palettenmenü horizontal angeordnet haben.

Sie können über die Seitenpalette jederzeit an einer beliebiger Stelle im Dokument zwischen zwei Seiten, am Anfang oder am Ende eine oder mehrere neue Seiten einfügen und dabei die gewünschte Mustervorlage wählen, die den Seiten zugrunde liegen soll. Die Funktion SEITE EINFÜGEN können Sie über den Tastenbefehl ⌘ + ⇧ + P oder Strg + ⇧ + P aufrufen.

Auch über das Menü LAYOUT finden Sie nun in InDesign CS2 die Funktionen, um Seiten, Druckbögen oder Mustervorlagen zu bearbeiten und in ihnen zu navigieren.

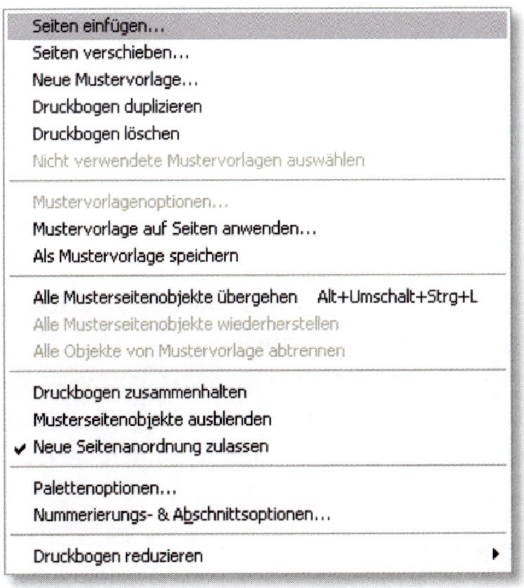

◄ **Abbildung 5.8**
Das Palettenmenü der Seitenpalette. Die Einträge sind weitgehend selbsterklärend.

▲ **Abbildung 5.9**
Oben sehen Sie eine einzelne Seite, unten einen Druckbogen. Die graue Fläche ist die Montagefläche.

Als Druckbogen werden in InDesign eine Doppelseite bzw. mehrere zusammenhängende Seiten bezeichnet. Das ist verwirrend, denn ein Druckbogen ist im Grunde ein großformatiger Papierbogen, auf den mehrere Seiten gedruckt werden. Dieser Bogen wird gefalzt und beschnitten und somit ein Teil des Buchblocks. Druckbögen stehen hier in InDesign einzelnen Seiten gegenüber und können wie sie angelegt und gelöscht werden.

5.3 Mustervorlagen

Anfängerfehler
Als Anfänger in InDesign oder Umsteiger von FreeHand werden Sie aber zunächst den Fehler machen, Seitenzahlen auf jeder Seite per Hand einzugeben. Sobald Sie die Seitenreihenfolge verschieben, müssen Sie dann alle Seitenzahlen ändern. Schenken Sie sich die mühsamen und überflüssigen Arbeiten, indem Sie gleich von Anfang an mit Mustervorlagen arbeiten.

Bevor Sie nun auf den Bearbeitungsseiten in Ihrem Dokument Texte und Bilder layouten, wollen wir einige Worte zum Aufbau eines Layouts in InDesign verlieren.

Eine der wichtigsten und grundlegenden Funktionen eines Layoutprogramms ist die Mustervorlage: Auf solchen Seiten platzieren Sie alle Grafiken, Texte oder Bilder, die auf mehreren Seiten im Dokument in derselben Weise passgenau dargestellt werden sollen, wie z. B. Seitenzahlen (Pagina), Rubrikbezeichnungen, Spiegelstriche, Registerflächen, Fußnoten oder ein Firmen-Logo. Darüber hinaus richten Sie auf Mustervorlagen das Spaltenraster, Ränder oder Hilfslinien ein, die für alle Seiten maßgebend sind. Einer Dokumentseite liegt immer eine Mustervorlage zugrunde.

Begriffliches
Der Begriff Mustervorlage ist die InDesign-interne Bezeichnung für »Musterseite«, wie sie in QuarkXPress bezeichnet wird. Der Begriff Musterseite umschreibt den eigentlichen Sinn dieser Seiten etwas klarer als der Begriff Mustervorlage. Wir wollen uns aber an die Begrifflichkeit von InDesign halten, da der Begriff »Vorgabe« häufiger u. a. für die Einstellungen des PDF-Exports genutzt wird.

Die Seitenzahl z. B. wird nur auf einer Mustervorlage angelegt und auch nur hier in Schrift und Form verändert, so dass alle Seiten im Dokument daraufhin angepasst werden.

Bei vielen Projekten kann der Einsatz von Mustervorlagen sinnvoll sein. Darunter fallen z. B. komplexe Magazine und Zeitschriften, bei denen Sie unterschiedliche Mustervorlagenseiten wie zweispaltige Seiten, dreispaltige Seiten oder Titelseiten, Werbeseiten etc. einrichten können.

5.3.1 Neue Mustervorlage anlegen und einrichten

Wir möchten in diesem Beispiel aus einem doppelseitigen Dokument eine dreispaltige Mustervorlage erstellen.

Erstellen Sie bitte über Datei • Neu • Dokument ein zweispaltiges Dokument, das fünf Seiten umfassen soll. Wählen Sie dann über das Palettenmenü der Seitenpalette den Menübefehl Neue Mustervorlage aus.

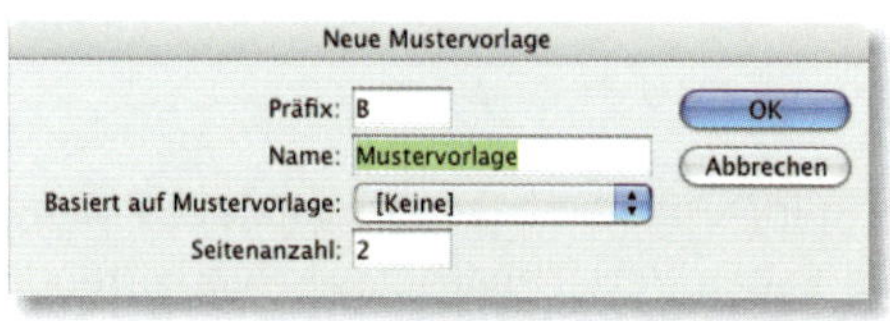

Abbildung 5.10 ▸
Das Menü öffnet sich, wenn eine neue Mustervorlage angelegt werden soll.

In dem sich jetzt öffnenden Dialogfenster erscheint unter dem Feld Präfix der Eintrag B. Alle Seiten, die beim Erstellen eines Dokuments angelegt werden, basieren zunächst auf der Mustervorlage »A-Mustervorlage«. Es handelt sich in unserem Dokument also um die zweite Mustervorlage. Sie können hier jedes beliebige vierstellige Präfix auswählen und somit eine eigene logische Struktur der Mustervorlagenseiten vorgeben oder jederzeit die logische Reihenfolge Ihrer Mustervorlagen abändern.

Im Namensfeld tragen Sie einen aussagekräftigen Namen ein, beispielsweise »dreispaltig«, da wir eine dreispaltige B-Mustervorlage anlegen wollen.

In dem Eingabefeld für Seitenzahl tragen Sie die Ziffer 2 ein, wenn es sich, wie in den meisten Fällen, um ein zweiseitiges Dokument mit jeweils einer linken und rechten Mustervorlagenseite handelt. Bestätigen Sie nun die Eingabe. Automatisch befinden Sie sich dann auf der neu angelegten Mustervorlage, die nun über das Menü Layout • Ränder und Spalten... eingerichtet werden kann.

Basiert auf Mustervorlage
Unter Basiert auf Mustervorlage stellen Sie zunächst Keine ein. Was es damit auf sich hat, erklären wir unter 5.3.9 »Hierarchische Mustervorlagen«.

Die von Ihnen neu angelegte Mustervorlage wird zunächst noch die Layouteigenschaften der A-Mustervorlage tragen – in unserem Fall also zweispaltig sein –, alle Dokumente werden ja zunächst auf Basis von A-Mustervorlage angelegt.

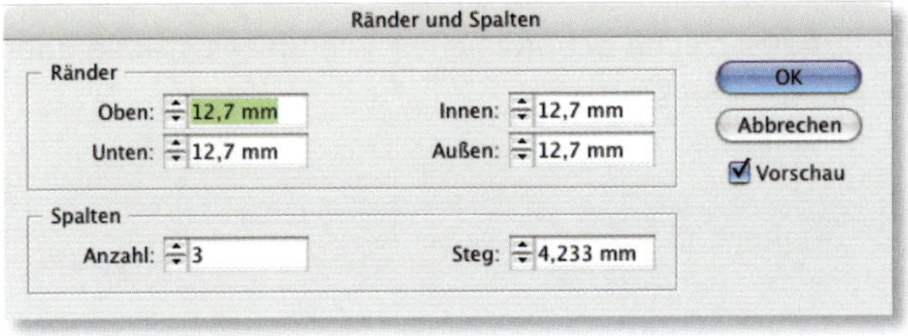

◂ **Abbildung 5.11**
Ränder und Spalten verändern Sie immer auf den Mustervorlagen.

Über das Menü Layout • Ränder und Spalten können Sie in der neuen Mustervorlage den Satzspiegel und die Spaltenanzahl wie gewünscht einrichten, das heißt, von zweispaltig auf dreispaltig umstellen.

Wie bereits erwähnt, können Sie diese Änderungen zum einen in den Dokumentseiten einzeln oder aber auf der Mustervorlage, dann dokumentweit, vornehmen. Wir wählen hier die Mustervorlage aus, da wir dieses Layout auf mehrere Seiten unseres Beispieldokuments anwenden wollen und dabei auch die Flexibilität im Layout beibehalten möchten. Dazu klicken Sie doppelt auf eine Mustervorlagenseite in der Seitenpalette und markieren mit gedrückter Umschalttaste die benachbarte Mustervorlagenseite ebenfalls, so dass beide Seiten markiert sind. Alle Änderungen gelten nun für die gesamte Doppelseite.

Mustervorlagen bearbeiten

Um Mustervorlagen nachträglich zu bearbeiten, klicken Sie bitte doppelt auf ihren Namen in der Seitenpalette.

5.3.2 Mustervorlagen umbenennen

Das Umbenennen einer Mustervorlage direkt über die Palette ist leider immer noch nicht möglich. Dies hat sich auch in der vierten Generation von InDesign nicht gebessert. Um das Präfix, Namen und Abhängigkeiten der Mustervorlagen zu ändern, klicken Sie zunächst die gewünschte Mustervorlage in der Seitenpalette an und wählen dann über das Palettenmenü die Option Mustervorlagenoptionen für... aus. Die Dialogbox, die wir bereits vom Anlegen der Mustervorlage kennen, erscheint. Hier können Sie entsprechende Änderungen vornehmen. Auch über das Kontextmenü können Sie diese Optionen anwählen.

5.3.3 Paginierung

Auf der Mustervorlage wird das Paginierungsfeld für die Seitennummerierung platziert. Dabei muss die linke Mustervorlage von der rechten Vorlage getrennt bearbeitet werden.

Mit Formaten arbeiten

Wir empfehlen Ihnen bei größeren Projekten, Magazinen, Broschüren oder Zeitschriften in jedem Fall, auch für die Paginierung ein eigenes Zeichenformat zu definieren. Es zahlt sich mit Sicherheit aus, sorgfältig und exakt zu arbeiten, denn im weiteren Verlauf werden dann Anpassungen und Änderungen viel leichter möglich sein. Die Absatz- und Zeichenformate erklären wir im gleichnamigen Kapitel 8 »Typografie«.

Auf den Musterseiten ziehen Sie für die Paginierung einen Textrahmen auf. Über das Menü SCHRIFT • SONDERZEICHEN EINFÜGEN • AUTOMATISCHE SEITENZAHL [⌘] + [⌥] + [N] bzw. [Strg] + [Alt] + [N] fügen Sie auf der Mustervorlagenseite den Platzhalter für die automatische Seitennummerierung ein. Im entsprechenden Textfeld auf der Mustervorlage erscheint als Platzhalter das Präfix dieser Mustervorlagenseite ❶. Vor und nach dem Platzhalter können Sie bei Bedarf zusätzliche Schriftzeichen wie Spiegelstriche oder Kapitelbezeichnungen einfügen.

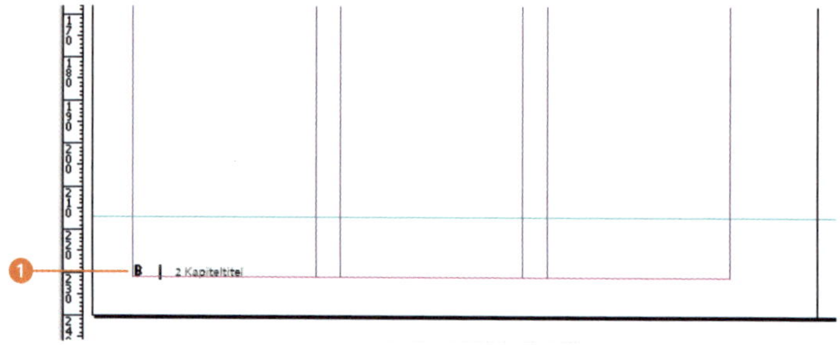

Abbildung 5.12 ▸
Mustervorlagen für unser Buch mit automatischen Seitenzahlen sowie Trennstrich und Kapiteltitel

5.3.4 Texte platzieren und Mustervorlagen bearbeiten

Wenn Sie auf den Layoutseiten einen Text aus einer Datei per Mausklick platzieren, richtet sich InDesign beim Erstellen der Textrahmen an das Spaltenraster und somit auch an die Mustervorlage. Für ein dreispaltiges Layout werden pro Seite auch drei miteinander verkettete Textrahmen für eine entsprechende Textlänge angelegt.

Wie zu Beginn schon erwähnt, müssen Sie keine Mustertextrahmen auf den Mustervorlagen anlegen, da InDesign automatisch das Raster beim Platzieren von Text berücksichtigt. Diese Arbeitsweise ist ungewohnt, wenn Sie zuvor mit QuarkXPress gearbeitet haben, das unbedingt Mustertextrahmen erfordert. Der Vorteil liegt darin, dass Sie jederzeit das Spaltenraster und die Ränder verändern können und InDesign für Sie die Textrahmen des platzierten Textes anpasst. Wenn Sie diese Arbeitsweise einmal verstanden haben, werden Sie nicht wieder zu Quark zurückkehren wollen. Schauen Sie sich im nächsten Abschnitt an, wie Sie den Satzspiegel ändern.

5.3.5 Zuweisen von Mustervorlagen

Das Zuweisen von Mustervorlagen auf die Dokumentseiten kann in InDesign komfortabel per Drag and Drop seitenweise durchgeführt werden oder aber selektiv auf beliebige Dokumentseiten gleichzeitig. Wählen Sie dazu im Palettenmenü der Seitenpalette den Befehl MUSTERVORLAGE AUF SEITEN ANWENDEN aus, und tragen Sie die Einzelseiten – durch Kommata getrennt – oder ganze Seitenfolgen ein.

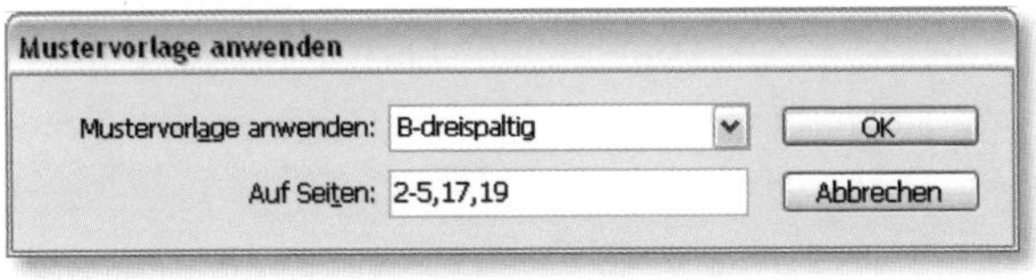

◄ **Abbildung 5.13**
Gleichzeitig können Sie Seiten eine Mustervorlage zuweisen, indem Sie einfach die Seitenzahlen oder Seitenbereiche eingeben.

Wenn Sie eine Mustervorlage anwenden, sehen Sie, dass sich durch das Zuweisen der Textumbruch der entsprechenden Seiten ändert. Die Paginierung wird auf den Seiten sichtbar. Der Text, der zuvor noch zweispaltig lief, läuft in unserem Beispiel nun in drei Spalten.

Jede Änderung kann über [Strg]/[⌘]+[Z] rückgängig gemacht werden oder über ein erneutes Zuweisen der ursprünglichen Mustervorlage. Im letzteren Fall werden alle Mustervorlagenelemente neu zugewiesen.

5.3.6 Musterdruckbogen duplizieren

In InDesign werden zwei oder mehrere angeordnete Seiten – im Regelfall die linke und rechte Seite einer Mustervorlagenseite – wie bereits erwähnt als Druckbogen bezeichnet. Das Duplizieren einer Mustervorlage oder eines Musterdruckbogens über die Palette funktioniert per Drag and Drop. Ziehen Sie einfach den entsprechenden Druckbogen auf das Neu-Symbol am unteren Rand der Seitenpalette.

Wenn Sie mit der rechten Maustaste auf einen Musterdruckbogen in der Seitenpalette klicken, können Sie auch direkt die Duplizieren-Funktion aus dem Kontextmenü auswählen. Beim Duplizieren wird die Mustervorlage mit entsprechenden Einstellungen unter gleichem Namen mit dem Zusatz »Kopie« dupliziert.

5.3.7 Nicht verwendete Mustervorlagen auswählen und löschen

In der Praxis werden häufig Mustervorlagenseiten erstellt, die dann aber im Laufe der Arbeit durch andere Seiten ersetzt oder aber schlicht nicht zugewiesen werden. InDesign hilft Ihnen, diese nicht verwendeten Seiten schnell ausfindig zu machen bzw. sie einfach markieren zu lassen.

Werden in Ihrem Dokument Mustervorlagen vorgehalten, die im Dokument nicht zugewiesen sind, wird im Palettenmenü der Eintrag Nicht verwendete Mustervorlagen auswählen aktiv. Schnell lassen sich dann all Mustervorlagen in der Seitenpalette markieren und per Drag and Drop auf das Papierkorb-Icon der Seitenpalette ziehen. Das Dokument wird so von unnötigen Informationen befreit. Gleiches lässt sich mit Formaten, Farben, Ebenen etc. machen. Ihre Dokumente bleiben so stets überschaubar, und Sie verhindern, dass später mit diesen nicht verwendeten Vorlagen weitergearbeitet wird.

5.3.8 Layoutanpassung

Um spätere Layoutänderungen an den Mustervorlagen automatisch anzugleichen, gibt es die Funktion Layoutanpassung im Menü Layout. Eine Layoutanpassung wird nur durch Änderungen an Seitenformat, Ausrichtung, Rand- und Spalteneinstellungen ausgelöst. Damit sie aber immer erfolgt, wenn Sie das Seitenformat des Dokuments, die Ausrichtung, Ränder oder Spalten ändern, muss die Option auch aktiviert sein. Im Dialogfeld Layoutanpassung können Sie über Optionsschalter die jeweiligen Regeln für die Anpassung setzen. Die Layoutanpassung kann global aktiviert werden, indem Sie, ohne ein Dokument geöffnet zu haben, das Menü aufrufen und die Anpassung aktivieren. In allen neuen Dokumenten wird fortan das Layout angepasst.

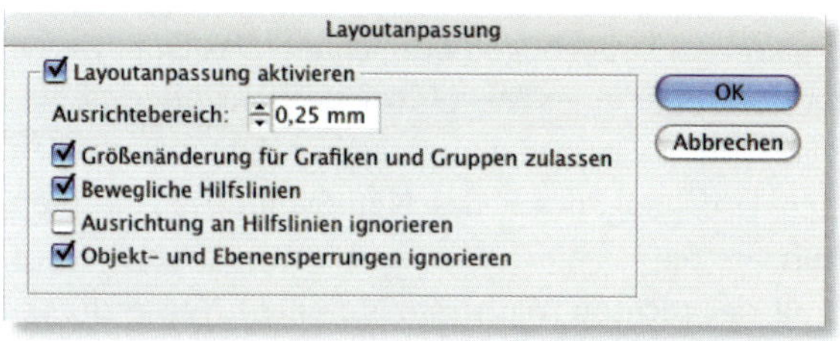

Abbildung 5.14 ▸
Wenn die Layoutanpassung aktiviert ist, werden nach dem Zuweisen anderer Mustervorlagen oder Formatänderungen die Objekte entsprechend diesen Vorgaben an das neue Layout angepasst.

Im Feld Ausrichtebereich geben Sie einen Wert für den Abstand eines Objektes zu den Hilfslinien ein, um festzulegen, wie nah ein Objekt an eine Randhilfslinie, Spaltenhilfslinie oder Seitenkante kommen muss, damit es bei Aktivierung der Layoutanpassung an diesem Element ausgerichtet wird. Die Option Grössenänderung für Grafiken und Gruppen zulassen bedeutet, dass durch die Layoutanpassungsfunktion diese Objekte skaliert werden sollen. Ist die Option jedoch deaktiviert, können Grafiken und Gruppen durch die Layoutanpassung zwar verschoben, nicht jedoch in ihrer Größe geändert werden. Die Option Bewegliche Hilfslinien aktivieren Sie, wenn Hilfslinien durch die Layoutanpassungsfunktion automatisch neu positioniert werden sollen – wie bei einer Formatänderung. Sind die Hilfslinien für die Layoutanpassung im Ergebnis nicht gut positioniert, sollten Sie zuvor die Option AUSRICHTUNG AN HILFSLINIEN IGNORIEREN aktivieren. Die Objekte werden dann weiterhin an Spalten- und Randhilfslinien sowie Seitenkanten ausgerichtet, die manuell gesetzten Hilfslinien werden nicht berücksichtigt.

Aktivieren Sie die Option OBJEKT- UND EBENENSPERRUNGEN IGNORIEREN, wenn einzeln gesperrte oder auf einer gesperrten Ebene liegende Objekte bei der Layoutanpassung neu positioniert werden sollen.

Seitenformat mit der Layoutanpassung ändern

Mit der Layoutanpassung werden Formatänderungen von A4 auf A3 möglich, wobei das Layout vollständig erhalten bleibt. Auch die Änderung um wenige Millimeter in der Seitenbreite ist mit der Layoutanpassung möglich und liefert sehr gute Ergebnisse. Beachten Sie jedoch, dass natürlich der Textumbruch neu erfolgt. Änderungen von einem Hoch- zu einem Querformat können dagegen weniger gut von InDesign umgesetzt werden, manuelle Nacharbeit ist hier immer nötig.

5.3.9 Hierarchische Mustervorlagen

Eine Besonderheit in InDesign sind hierarchische Mustervorlagen. Das bedeutet: Eine neue Mustervorlage basiert auf einer zuvor angelegten Mustervorlage und übernimmt alle dort platzierten Objekte. Die »Mutter« vererbt ihrem »Kind« also alle Eigenschaften. Dadurch können intelligente Vorlagen erstellt werden, um für sehr komplexe Layoutdokumente wiederkehrende Objekte per Drag and Drop zuzuweisen.

Stellen wir uns vor, wir erstellen eine Programmzeitschrift, so brauchen wir eine Mustervorlage A, die z.B. den Titel der Zeitschrift und die Seitenzahl beinhaltet.

Nun müssen die Wochentage angelegt werden. Zusätzlich zu den Informationen Titel und Seitenzahl benötigen wir eine farbige Grafik und die Abkürzung für den Wochentag.

Da wir in der ersten Vorlage A Titel und Seitenzahl schon definiert haben, erstellen wir uns eine neue Mustervorlage, die auf Vorlage A basiert. Dafür müssen wir im Dialog NEUE MUSTERVORLAGE nur im Popup-Menü BASIERT AUF MUSTERVORLAGE die Vorlage A einstellen. Die neue Vorlage nennen wir »SA« für »Samstag« und sehen, dass sich dort bereits die Seitenzahl und der Magazintitel befinden. Diese wurden von InDesign auf die SA-Vorlage übertragen. Nun fügen wir unsere Grafik und einen Textrahmen auf der Seitenecke ein. Des Weiteren können wir nun eine Sonntag- bis Freitag-Vorlage – jeweils auf dem A-Muster basierend – anlegen.

Die Besonderheit ist aber, dass die Objektabhängigkeiten vollständig erhalten bleiben. Wenn Sie später Änderungen an der »Mutter« vornehmen und die Seitenzahl umformatieren oder den Magazintitel ändern, so werden alle Vorlagen von Montag bis Sonntag automatisch angepasst.

Das Besondere an hierarchischen Mustervorlagen
Sie können so eine ungeheuere Produktivität beim Layouten komplexer Druckobjekte erreichen. Stellen Sie sich nur die Fülle von Anzeigenformaten vor, die auf den Seiten eines Magazins platziert werden. Die Layoutabteilungen dieser Redaktionen haben dafür Mustervorlagen für verschiedene Schemata des Seitenaufbaus und der Anzeigenplatzierung vorbereitet. Wenn diese bei einem Wochenmagazin regelmäßig von Hand in das Magazinlayout gesetzt würden, wäre das Wochenblatt sehr schnell eine Monatszeitung.

Mustervorlagen-Objekte lösen | Um Objekte auf den hierarchisch angelegten Mustervorlagen, auf den Bearbeitungsseiten oder im Dokument aktivieren oder ändern zu können, müssen Sie die Tastenkombination Strg/⌘+⇧ drücken und die Objekte mit dem Auswahlwerkzeug anklicken. Damit werden die Objekte nur für diese Seite von der Mustervorlage gelöst und können bearbeitet werden. Die Mustervorlage bleibt unverändert.

Wenden Sie diese Möglichkeit nur dann an, wenn Sie entweder sehr genaue Mustervorlagen für einen unterschiedlichen Seitenaufbau vorbereitet haben oder wenn zum Beispiel eine Seitenzahl über einem platzierten Bild liegt, die jedoch anstatt in der Textfarbe Schwarz nun in Weiß erscheinen soll.

Wollen Sie diesen Bearbeitungsschritt wieder rückgängig machen, so sollten Sie einfach per Drag and Drop die Mustervorlage wieder der aktuellen Seite zuweisen.

Beachten Sie bitte, dass Objekte, die Sie von der Mustervorlage gelöst haben, sich immer noch auf der Dokumentseite befinden. Weisen Sie erneut die Mustervorlage per Drag and Drop auf die einzelne Seite zu, so überlagern sich eventuell die Objekte. Dies kann zu unvorhergesehenen Druckproblemen führen. Das Schriftbild doppelt übereinander liegender Rahmen könnte im Druck fetter scheinen. Löschen Sie daher alle zuvor losgelösten Objekte und weisen erst dann die Mustervorlage zu. Somit stellen Sie sicher, dass sich immer nur ein Objekt auf einer Dokumentseite befindet!

5.3.10 Praxisbeispiel Mustervorlagen

Die Fernsehzeitschrift nehmen wir nun als Beispiel zum Anlegen eines neuen Dokuments mit Mustervorlagen. In unserer Programmzeitschrift werden:

- die Wochentage Montag bis Sonntag mit unterschiedlichen Farben gekennzeichnet;
- die äußeren Blattecken mit einer Grafik in dieser Farbe dargestellt;
- pro Wochentag vier Seiten benötigt.
- Jeder Wochentag besitzt im Layout eine Mustervorlage, auf der die entsprechenden Layoutobjekte dargestellt sind.
- Allgemeine Informationen wie Seitenzahlen, Kopf- oder Fußgrafiken werden auf einem A-Muster eingerichtet.
- Für Grafiken, die sich nur auf einen Wochentag beziehen, legen Sie eine eigene Vorlage an.

Abschließend werden die Vorlagen den jeweiligen Seiten zugewiesen.

Schritt für Schritt: Eine Programmzeitschrift mit Mustervorlagen erstellen

1 Neues Dokument einrichten

Mit dem Tastenbefehl [⌘] + [N] bzw. [Strg] + [N] legen Sie ein neues Dokument an. Wählen Sie ein A4-Format mit 28 Seiten – vier Seiten pro Wochentag – und richten Sie ein Spaltenraster mit drei Spalten sowie einem Anschnitt von 3 mm ein.

2 Layoutraster anpassen

Mit einem Doppelklick auf die A-Mustervorlage wechseln Sie die Ansicht auf die Mustervorlage. Rufen Sie aus dem Menü LAYOUT • RÄNDER UND SPALTEN den Eingabedialog auf, und ändern Sie die Daten wie in der folgenden Abbildung zu sehen.

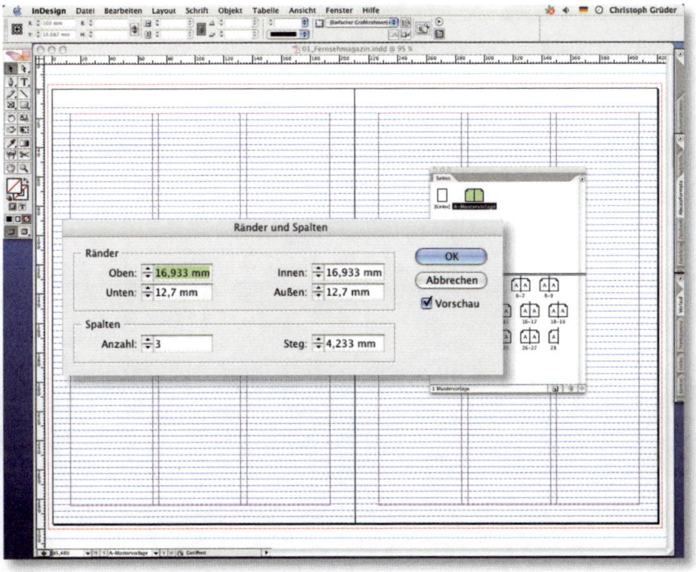

3 Umbenennen der Mustervorlage

Wählen Sie in der Seitenpalette das Blatt-Icon der A-Mustervorlage mit einem Klick aus. Über [Ctrl] + Klick oder die rechte Maustaste gelangen Sie in das Kontextmenü der A-Mustervorlage. Rufen Sie den Punkt MUSTERVORLAGENOPTIONEN FÜR A-MUSTERVORLAGE auf, und wählen Sie einen passenden Namen.

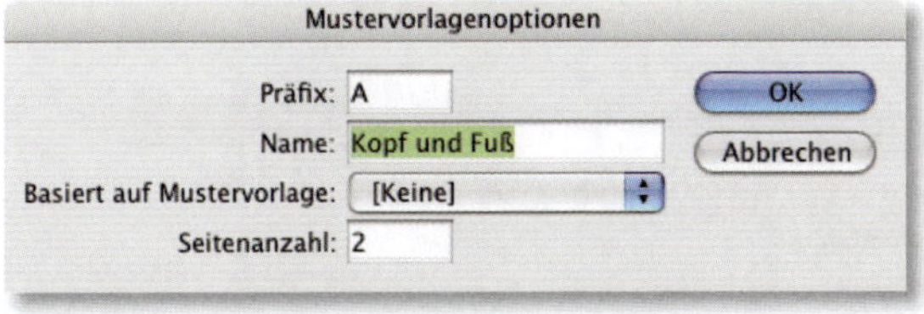

4 Rahmen auf Mustervorlage anlegen

Wählen Sie das Rahmenwerkzeug [F] ⊠, und ziehen Sie ein Rechteck über beide Seiten im oberen und anschließend im unteren Seitenbereich auf.

Füllen Sie das Rechteck mit einem Verlauf wie in der Abbildung dargestellt ①.

Mit dem Textwerkzeug ziehen Sie am unteren Seitenrand der linken Seite einen Textrahmen auf und geben dort »Seite« ein. Aus dem Kontextmenü der Texteingabe rufen Sie SONDERZEICHEN • AUTOMATISCHE SEITENZAHL auf. Es erscheint ein »A« stellvertretend für die spätere Seitenzahl.

Wechseln Sie auf die Direktauswahl [V], und duplizieren Sie den Textrahmen mit gedrückter Maus- und [Alt]-Taste durch einfaches Ziehen auf die rechte Seite.

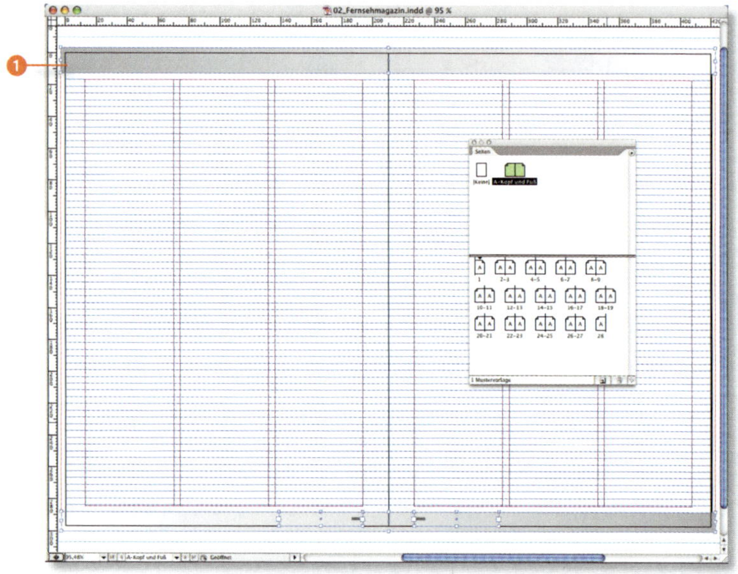

5 Neue Mustervorlage »Samstag« anlegen

Rufen Sie aus dem Palettenmenü der Seitenpalette die Option NEUE MUSTERVORLAGE auf. Geben Sie als Präfix »SA« ein, und wählen Sie als Mutter der Mustervorlage »A-Kopf und Fuß«. Alle Objekte der A-Vorlage werden für die Samstagsvorlage übernommen.

6 Grafiken für den Samstag gestalten

Legen Sie mit dem Pfadwerkzeug und dem Textwerkzeug einen roten Winkel und einen weißen Text »SA« an der oberen linken und rechten Ecke der Mustervorlage an.

Dazu wählen Sie das Pfadwerkzeug in der Werkzeugpalette und klicken von Eckpunkt zu Eckpunkt der L-Form. Zuletzt klicken Sie wieder auf den ersten gesetzten Pfadpunkt. Somit ist der Pfad geschlossen.

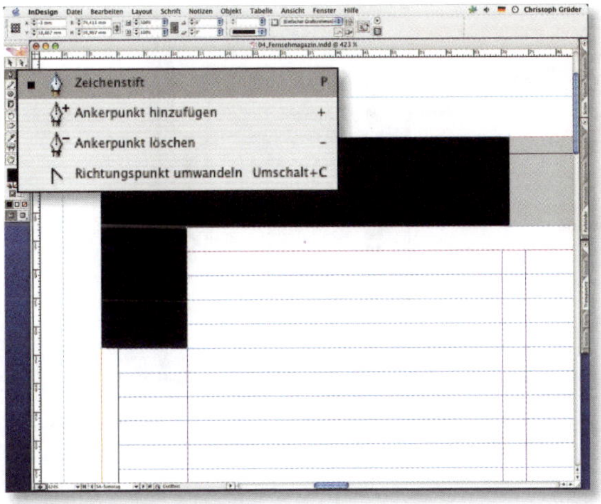

Wählen Sie den Rahmen mit dem Auswahl-Werkzeug an und suchen Sie sich nun aus der Palette der Farbfelder ein Rot für die Rahmenfüllung aus.

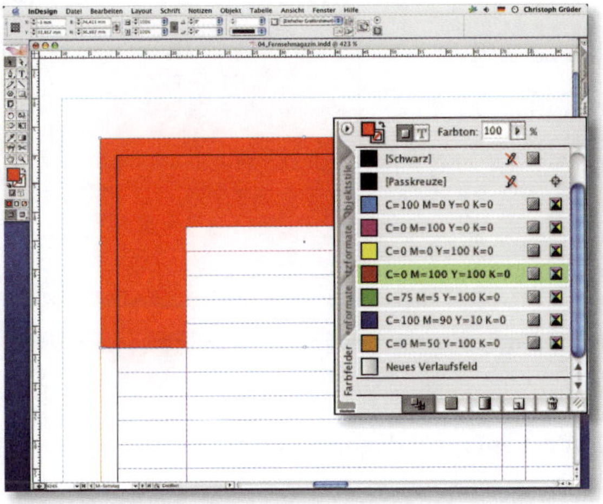

Mit dem Textwerkzeug ziehen Sie nun mit gedrückter Maustaste einen Textrahmen auf. Danach klicken Sie in den Textrahmen und geben ein »SA« ein. Wenn Sie den Text markieren, können

Sie in der Steuerungspalette eine geeignete Schrift, Schnitt und Schriftgröße auswählen.

Sobald Sie den Text mit dem Textwerkzeug markieren, können Sie in der Palette FARBFELDER die Schriftfarbe PAPIER auswählen. Der Text wird danach umgefärbt.

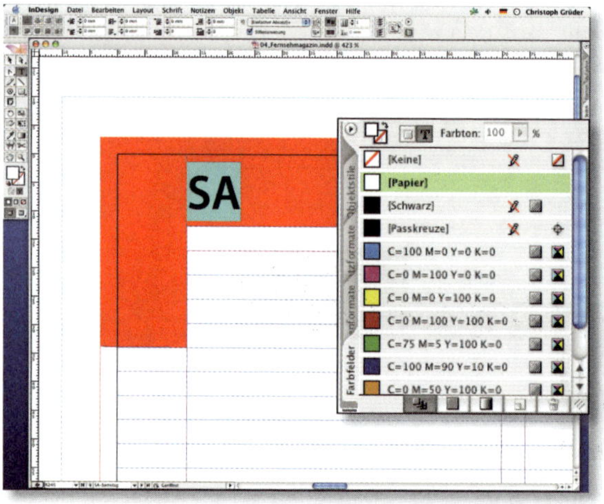

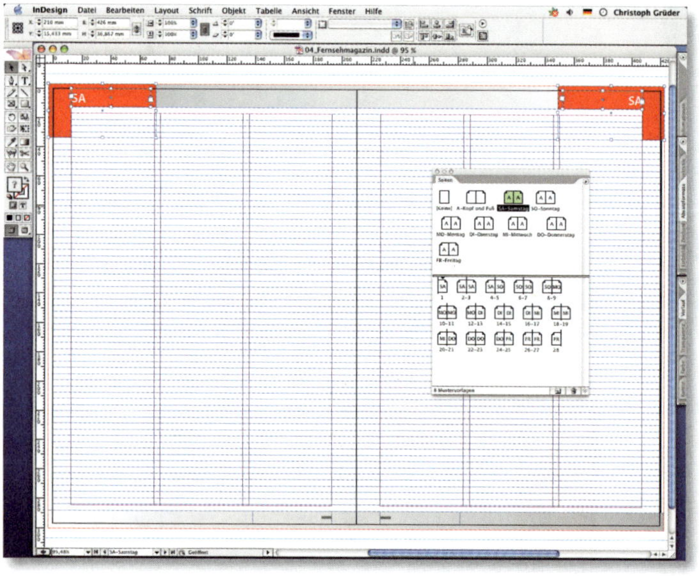

7 Andere Wochentagsvorlagen anlegen

Die Samstagsvorlage wird nun über das Palettenmenü der Seitenpalette mit der Funktion MUSTERDRUCKBOGEN »SA-SAMSTAG« DUPLIZIEREN kopiert. Geben Sie danach für die Kopie einen neuen Namen für den jeweiligen Wochentag an.

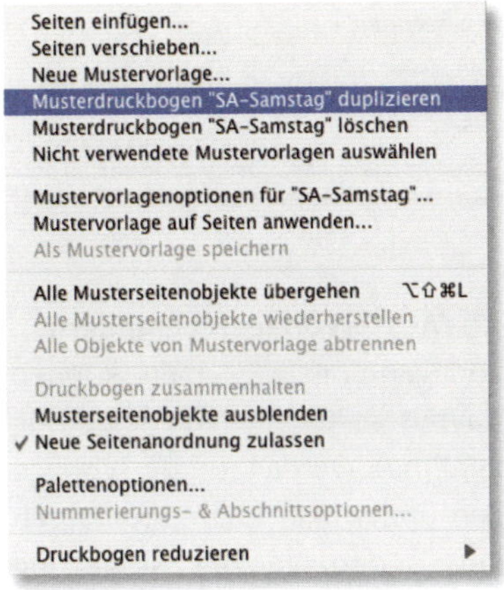

8 Wochentage gestalten

Wählen Sie für die Winkel in den Ecken eine andere Farbe und den entsprechenden Wochentag. Wiederholen Sie die Schritte 7 und 8, bis Sie für alle Wochentage eine Vorlage erstellt haben.

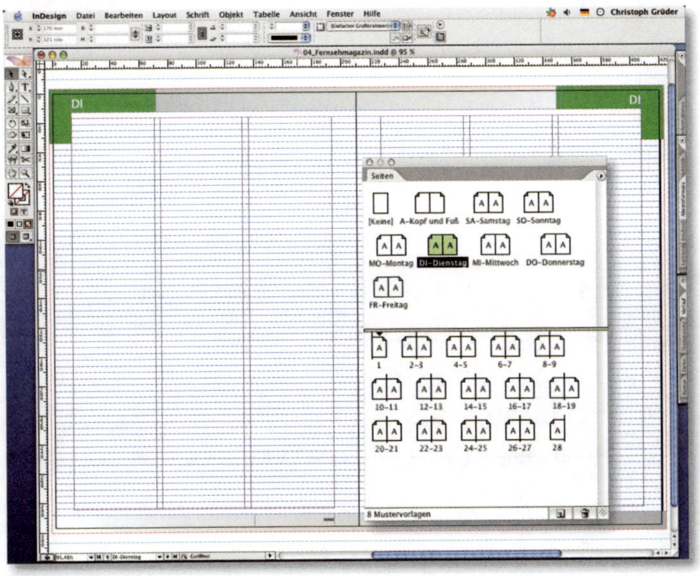

9 Mustervorlagen zuweisen

Wählen Sie mit gedrückter ⇧-Taste vier Seitensymbole in der Seitenpalette aus, rufen Sie aus dem Kontextmenü die Funktion MUSTERVORLAGE AUF SEITEN ANWENDEN... auf, und suchen Sie sich unter MUSTERVORLAGE ANWENDEN die Mustervorlage mit dem richtigen Wochentag aus. Wiederholen Sie diesen Schritt auch für die anderen Wochentagsseiten.

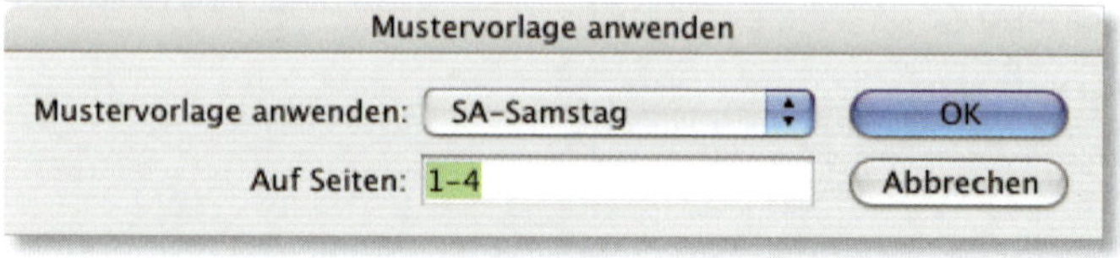

10 Dokument bearbeiten und Mustervorlagen verändern

Nachdem Sie nun alle Mustervorlagen angelegt haben, können Sie für jeden Wochentag das Layout gestalten. Jede Änderung der Seitenzahl oder der Verlaufsrahmen werden auf der Vorlage »A-Kopf und Fuß« vorgenommen und wirken sich automatisch auch auf alle anderen Vorlagen aus. Änderungen der Farbgebung für die Wochentage nehmen Sie bitte in der jeweiligen Vorlage vor. Neue Seiten fügen Sie mit dem Blattsymbol der Seitenpalette ein. ■

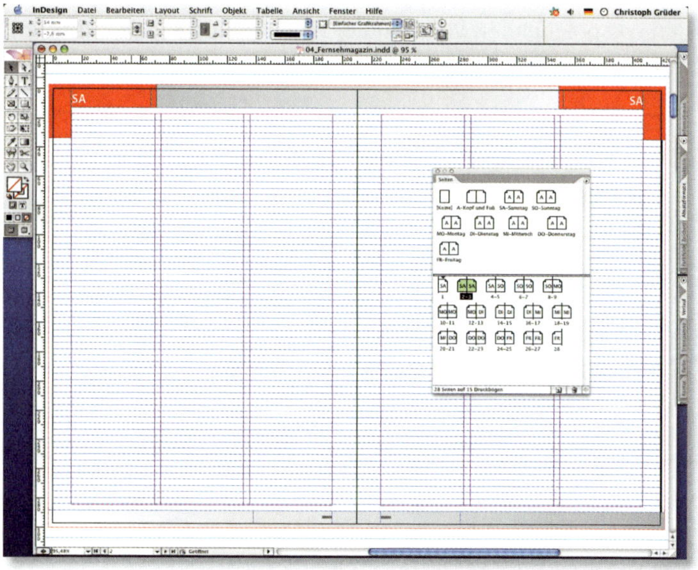

6 Die Layoutrahmen

Das Geheimrezept von InDesign: Alle Objekte, die Sie layouten, werden als Rahmen behandelt, unabhängig davon, welche Inhalte darin gehalten werden: Bilder, Vektorgrafiken, Texte oder sogar Tabellen!

6.1 Das Rahmen-Konzept

Das Rahmenkonzept von InDesign ist denkbar einfach: Alle Objekte verwenden einen einzigen Layoutrahmen, um im Layout platziert und in der Größe definiert zu werden, gleich ob Texte, Bilder, PDF-Dateien oder Tabellen. Die minimalen Unterschiede in der Bearbeitung ergeben sich aus dem Inhalt des Rahmens: Für einen Textrahmen erhalten wir Optionen für die Typografie und den Textfluss, für einen Bildrahmen können wir den Inhalt proportional anpassen.

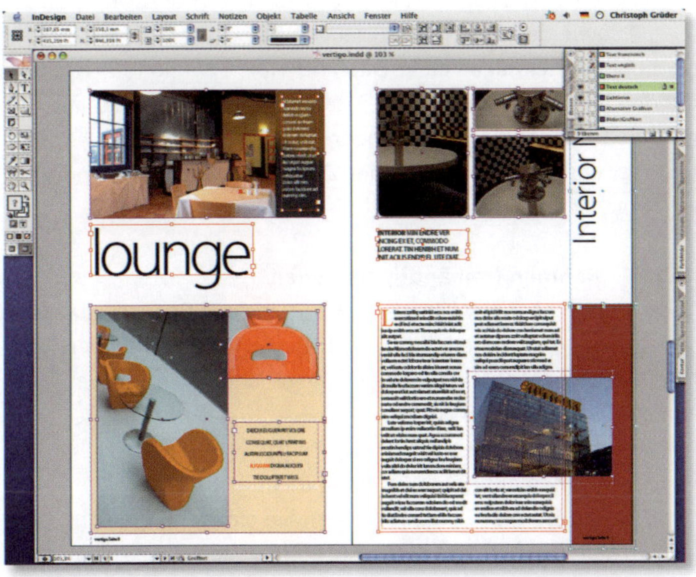

◂ **Abbildung 6.1**
Einer für alle, alle für einen – Layoutrahmen verhalten sich sehr kooperativ und nehmen die Farbe der Ebene an.

Sobald Sie einen Rahmen erstellt haben, können Sie ihn mit Inhalt füllen, nummerisch exakt positionieren, drehen, transformieren oder die Rahmenform beeinflussen. Mehrere Rahmen lassen sich dann zueinander ausrichten, so dass beispielsweise die Abstände zwischen Rahmen identisch sind. Darüber hinaus ist es möglich, Rahmen miteinander zu gruppieren, auszustanzen oder zu einem neuen Rahmen zu verbinden.

In diesem Kapitel wollen wir Ihnen die grundsätzlichen Werkzeuge zum Anlegen und Bearbeiten der Rahmen vorstellen, auf denen alle weiteren Kreativ- und Produktionsfunktionen in InDesign beruhen.

Ein Rahmen für alles
Einen unterschiedlichen Rahmen für Text oder Bild wie in QuarkXPress gibt es nicht. Das hat bedeutende Vorteile, wenn man Bilder platzieren oder die Rahmenform bearbeiten will.

Rahmen wiederverwenden | Wenn Sie eine gestaltete Rahmenform wiederverwenden wollen, so speichern Sie sich den Rahmen als Objektstil. InDesign speichert alle Rahmeneigenschaften, die Sie dann für jeden neu angelegten Rahmen anwenden können, darunter auch die Deckkraft oder den Schlagschatten. Lesen Sie dazu auch aufmerksam den Abschnitt »Objektstile« in diesem Kapitel.

Ganze zusammenhängende Text- und Bild-Rahmen-Gruppen speichern Sie am besten als Snippet oder als Bibliotheksobjekt ab. Lesen Sie dazu auch das Kapitel 15.

6.2 Rahmen erstellen

Illustrator
Die gesamte Rahmen- und Vektorbearbeitung ist der von Illustrator entliehen. Es gibt praktisch keine großen Differenzen im Handling, erfahrene Illustrator-Profis werden sich schnell zu Hause fühlen.

Rahmen können Sie auf vier verschiedenen Wegen anlegen:

1. mit den Werkzeugen TEXT, RECHTECK (POLYGON, ELLIPSE) sowie den Rahmenwerkzeugen
2. durch das Einfügen einer Datei über die Funktion PLATZIEREN
3. durch das Einfügen einer Datei per Drag and Drop aus der Adobe Bridge oder vom Finder/Arbeitplatz
4. über das Einkopieren aus der Zwischenablage (z. B. eine Vektorgrafik aus Illustrator)

6.2.1 Rahmen freihändig aufziehen

Genug der Theorie: Wählen Sie das Werkzeug RECHTECKRAHMEN [F] aus, und ziehen Sie mit gedrückter Maustaste einen Rahmen auf Ihrer Montagefläche auf. Sie erhalten einen aktiven Rahmen in der Layoutansicht.

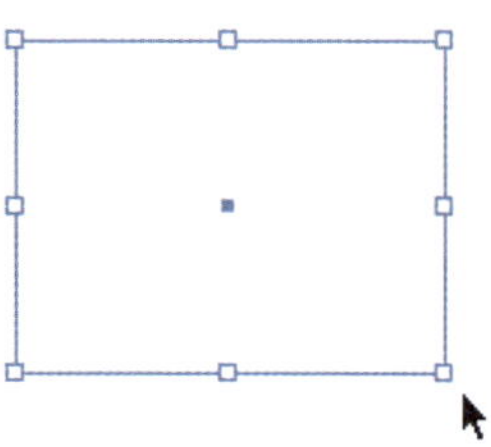

▲ **Abbildung 6.2**
Rahmen aufziehen

- Mit gleichzeitig gedrückter [Alt]- bzw. [⌥]-Taste ziehen Sie den Rahmen aus dem Mittelpunkt auf.
- Drücken Sie die [⇧]-Taste, ziehen Sie einen Rahmen auf, dessen Seiten gleich sind. Beim Rechteck erstellen Sie so natürlich ein Quadrat, bei der Ellipse erzielen Sie dadurch einen Kreis, beim Polygon ein gleichseitiges Vieleck.

Rahmen editieren | Sie können nun mit der Auswahl [V] diesen Rahmen editieren:

- An den Eckpunkten ❶ skalieren Sie den Rahmen.
- An den Seitenpunkten ❷ skalieren Sie ihn in horizontale und vertikale Richtung.
- Wenn Sie ebenfalls hier die [⌥]-/[Alt]-Taste drücken, skalieren Sie aus dem Mittelpunkt heraus.
- Mit der [⇧]-Taste skalieren Sie proportional, d. h., die Seitenverhältnisse des Rahmens bleiben bestehen.

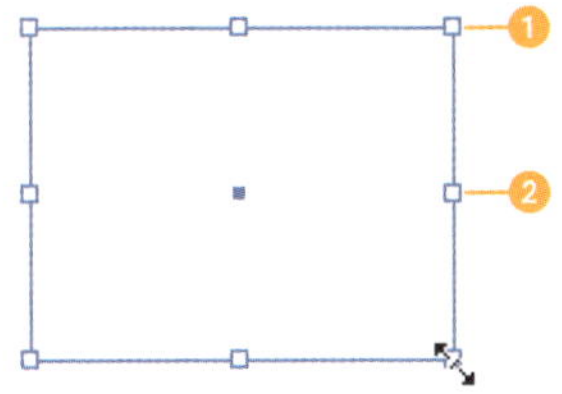

▲ **Abbildung 6.3**
Rahmen manuell skalieren

6.2.2 Rahmen nummerisch anlegen

Über die Steuerungspalette werden Werte zum Rahmen angezeigt. Hier finden Sie alle wichtigen nummerischen Werte, ob Ankerpunkt-Ausrichtung, X-/Y-Position, Skalierung des Rahmens, Drehwinkel, Scherung, Konturenstärke und -stile. Darüber hinaus können Sie auch direkt einen Objektstil auswählen oder die Paletten Konturen und Objektstile über den Paletten-Button auf der rechten Seite einblenden.

Rahmen-Steuerungspalette

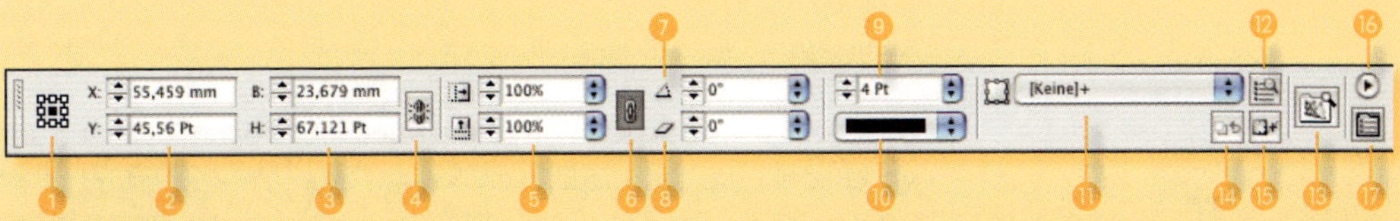

▲ **Abbildung 6.4**
Die Steuerungspalette des Rahmenwerkzeugs

1. Ursprung
2. X-Position/Y-Position
3. Breite/Höhe
4. Proportionen für Breite und Höhe beibehalten
5. X-Skalierung/Y-Skalierung
6. Proportionen für X-Skalierung/Y-Skalierung beibehalten
7. Drehwinkel
8. Verbiegungswinkel X-Achse
9. Konturenstärke
10. Konturenstile
11. Objektstile
12. Schnell anwenden
13. Bridge öffnen
14. Nicht vom Stil definierte Attribute löschen
15. Abweichungen löschen (d. h. Standard wiederherstellen)
16. Palettenmenü
17. Zwischen Palette Kontur und Objektstil wechseln

Transformieren-Palette
Die Funktionen der Statuspalette und des Palettenmenüs sind identisch zur Transformieren-Palette. Die Verwendung der Steuerungspalette ist aber effizienter, wir wollen die Funktionen daher exemplarisch an der Steuerungspalette betrachten.

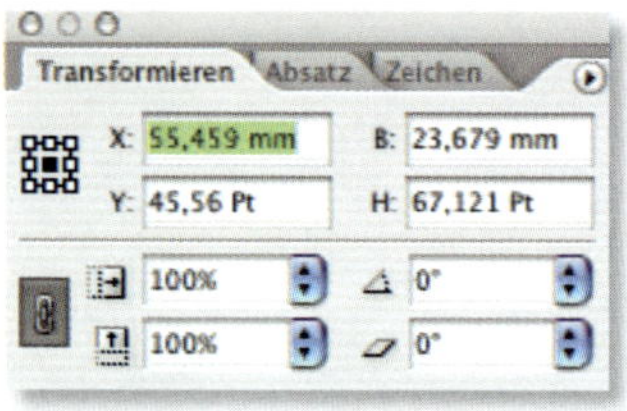

▲ **Abbildung 6.5**
Die Transformieren-Palette ist nahezu identisch mit der Steuerungspalette.

Um die Maße eines Rahmens nummerisch zu bestimmen, müssen Sie zunächst einen Rahmen aufziehen. Wählen Sie ihn dann an, und geben Sie die Werte in den Eingabefeldern ein. Je nach Ankerpunkt auf der linken Seite wählen Sie den entsprechenden Bezugspunkt aus, den Sie mit den X-/Y-Werten genau festlegen können. Breite und Höhe können Sie miteinander verknüpfen, um die Proportionen eines Rahmens beizubehalten. Klicken Sie dazu auf das Verketten-Symbol hinter den Eingabefeldern.

Andere Möglichkeiten der nummerischen Eingabe gibt es direkt über die Werkzeuge: Für die nummerische Eingabe wählen Sie zuerst das Rechteckwerkzeug [M] oder das Rechteckrahmen-Werkzeug [F] an und klicken danach auf die Montagefläche. Über einen Eingabedialog erfolgt nun die millimetergenaue Angabe. Bei der Ellipse [L] und dem Ellipsenrahmen verfahren Sie ebenso.

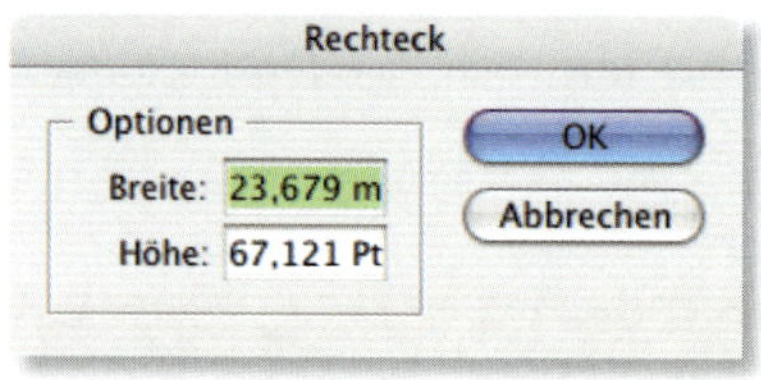

▲ **Abbildung 6.6**
Nummerische Rechteckerstellung

Das Polygon und der Polygonrahmen benötigen dagegen eine Voreinstellung. Doppelklicken Sie auf das Werkzeugsymbol POLYGON, und geben Sie hier die Werte ein. Die Sternform ist zudem eine Erweiterung des Polygons: Bei 100 % erhalten Sie ein Vieleck, bei 50 % einen normalen Stern und bei 0 % einen extrem spitzen Stern, der jedoch keine Fläche mehr aufweist. Er muss mindestens eine minimale Kontur besitzen, um auch im Ausdruck sichtbar zu sein.

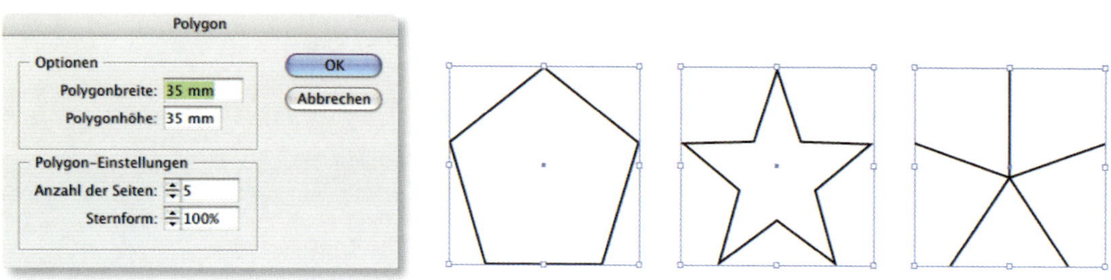

▲ **Abbildung 6.7**
Einstellungen für das rechte Polygon-Beispiel

6.3 Rahmen bearbeiten

Über die Werkzeuge Drehen, Skalieren sowie Verbiegen lassen sich nun die Rahmen beliebig bearbeiten – sowohl manuell als auch nummerisch! Für alle Rahmenbearbeitungen gilt:

- In Verbindung mit der Umschalttaste bleiben bei der manuellen Bearbeitung die Proportionen erhalten, oder feste Winkel werden angenommen.
- Zusammen mit [⌥]/[Alt] kopieren Sie die Rahmen.

Alle Aktionen beziehen sich auf den Ursprung, der zunächst immer auf den Mittelpunkt des Rahmens gesetzt ist. QuarkXPress-Nutzer müssen hier aufpassen: In XPress liegt der Ursprung immer in der linken oberen Ecke. Mit einem Doppelklick auf die Werkzeugsymbole in der Werkzeugpalette öffnen Sie den entsprechenden nummerischen Eingabedialog.

6.3.1 Rahmen drehen

Um Rahmenobjekte zu drehen, wählen Sie das Drehen-Werkzeug [R] aus der Werkzeugpalette aus. Der ausgewählte Rahmen erhält ein Fadenkreuz in der Mitte der Fläche, das den Rotationspunkt markiert. Mit gedrückter Maustaste drehen Sie das Objekt auf die gewünschte Winkelstellung.

Der Rahmen wird um den Rotationspunkt gedreht. Klicken Sie auf den Rotationspunkt und ziehen ihn mit gedrückter Maustaste an eine andere Stelle außerhalb des Rahmens. Drehen Sie nun den Rahmen, erfolgt die Rotation um den neu gesetzten Punkt.

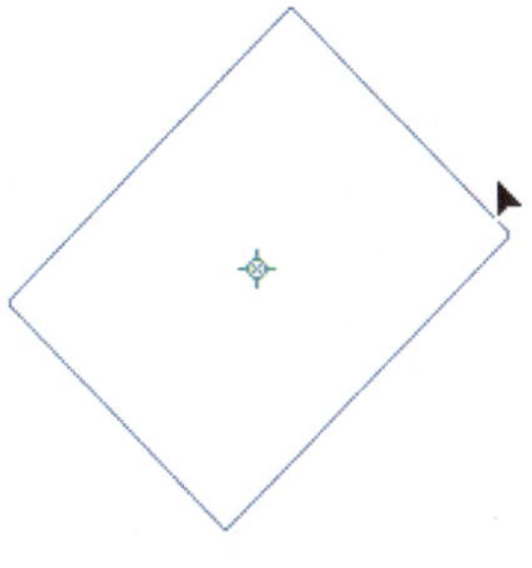

▲ **Abbildung 6.8**
Manuelles Drehen mit zentriertem Rotationspunkt

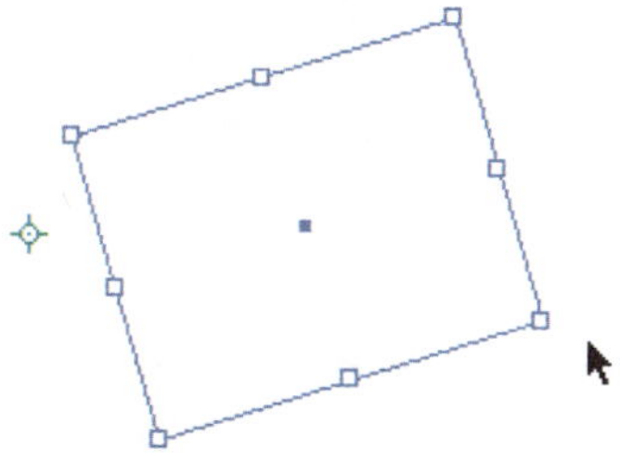

▲ **Abbildung 6.9**
Außen liegender Rotationspunkt

Nummerisch geben Sie den Rotationswinkel ein, indem Sie einen Rahmen mit dem Auswahlwerkzeug aktivieren und auf das Symbol Drehen doppelklicken. Danach öffnet sich der Werkzeug-Dialog. Mit aktivierter Vorschau kommen Sie zu präzisen und

Werkzeuge oder Steuerungspalette?
Die Einstellungen zu diesen Werkzeugen können Sie natürlich auch mit der Steuerungspalette vornehmen.

Mehrere Rahmen bearbeiten

Um mehrere Rahmen gleichzeitig zu bearbeiten, stehen Ihnen die Steuerungspalette, die Palette Ausrichten und die Funktion Gruppieren zur Verfügung. Leider können nicht alle Funktionen mit einer einzigen Palette ausgeführt werden.

Die Unterschiede der Werkzeuge Rechteck und Rechteckrahmen

Beide Rahmenwerkzeuge und die dazugehörigen Ellipsen- und Polygonrahmen beschreiben einen Layoutrahmen, das Rechteckrahmen-Werkzeug jedoch besitzt keine Füllung oder Kontur, um Bilder in solche Rahmen zu platzieren. Diese Eigenschaft kommt Ihnen später während der Layoutarbeit zugute, wenn Sie parallel Rechtecke mit einer speziellen Füllung bearbeiten und externe Daten in Rechteckrahmen importieren wollen. Den Platzhalterrahmen kennen Sie evtl. schon aus QuarkXPress.

Umschalttaste + Drehen
Drücken Sie beim Drehen die [⇧]-Taste, dreht sich der Rahmen nur in 45°-Winkelschritten.

schnellen Ergebnissen. Über den Button KOPIEREN erzeugen Sie einen zweiten gedrehten Rahmen, der Ausgangsrahmen bleibt erhalten.

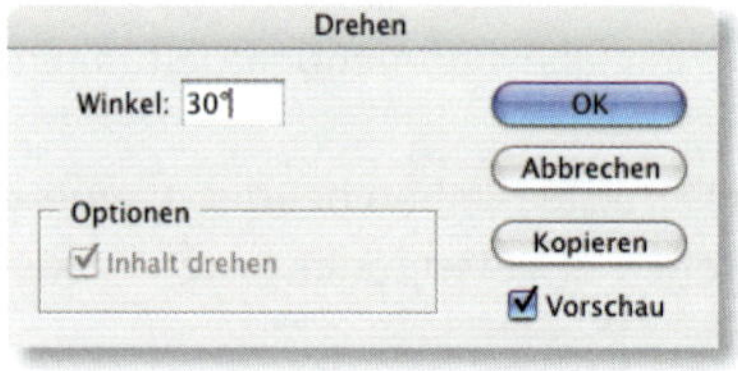

Abbildung 6.10 ▸
Drehen mit aktiver Vorschau

6.3.2 Rahmen skalieren

Die Skalieren-Funktion arbeitet ähnlich wie das Drehen-Werkzeug. Wählen Sie einen Rahmen an, und klicken Sie auf das Werkzeugsymbol SKALIEREN. Auch hier erhalten Sie einen Ursprungspunkt, der zunächst auf den Rahmenmittelpunkt gesetzt ist. Sie können den Rahmen nun frei skalieren.

Ein Doppelklick auf das Werkzeugsymbol öffnet den Eingabedialog. Die Option INHALT SKALIEREN bezieht sich auf platzierte Bilder oder Vektorpfade.

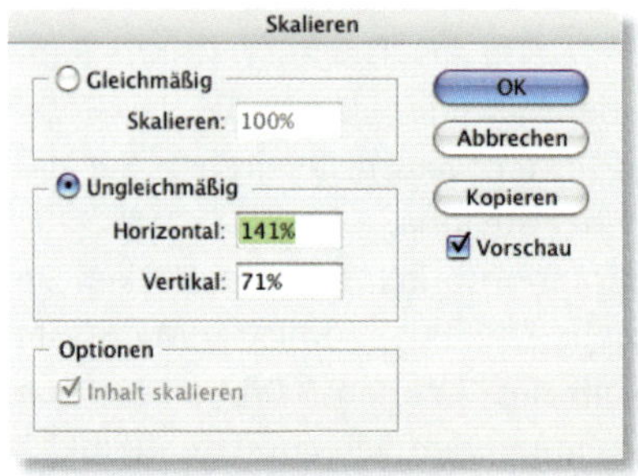

Abbildung 6.11 ▸
Der Eingabedialog SKALIEREN mit ungleichmäßiger Skalierung und aktiver Vorschau

6.3.3 Rahmen verbiegen

Diese Funktion dient zur Scherung eines Rahmens, und zwar in zwei Richtungen. Wählen Sie einen Rahmen aus, und klicken Sie auf das Werkzeugsymbol oder die Taste [O]. Auch hier erhalten Sie den bereits bekannten Ursprungsmittelpunkt. Ziehen Sie nun die gedrückte Maus in die horizontale Richtung (von links nach rechts), so wird der Rahmen um einen Winkel parallel zur x-Achse gekippt, also geschert. Bewegen Sie die Maus vertikal, wird der Rahmen dagegen zur y-Achse geschert.

6.3.4 Transformieren und Konturen

Weitere Funktionen verbergen sich im Palettenmenü der Steuerungspalette. Hier stehen Ihnen Dreh- und Spiegelfunktionen zur Verfügung. Auch diese Menübefehle richten sich nach dem Ursprung.

Wenn Sie einen Rahmen mit einer Kontur gestaltet haben, können Sie mit der Option Abmessungen enthalten Konturenstärke die Maßangaben in der Steuerungspalette um diese Kontur erweitern.

Skalieren Sie einen Rahmen, werden unter Umständen auch die Konturen skaliert. Dies kann aber dazu führen, dass Sie bei Verkleinerungen sehr feine Konturen erhalten, die im Druck nahezu verschwinden. Verwenden Sie daher grundsätzlich nur Konturen ab 0,25 Punkt Strichstärke. Die Option Konturen skalieren sollte zunächst deaktiviert sein und nur in Sonderfällen angewendet werden. Noch wichtiger werden die Optionen im Zusammenhang mit gruppierten oder verschachtelten Rahmen, die wir später noch erläutern werden.

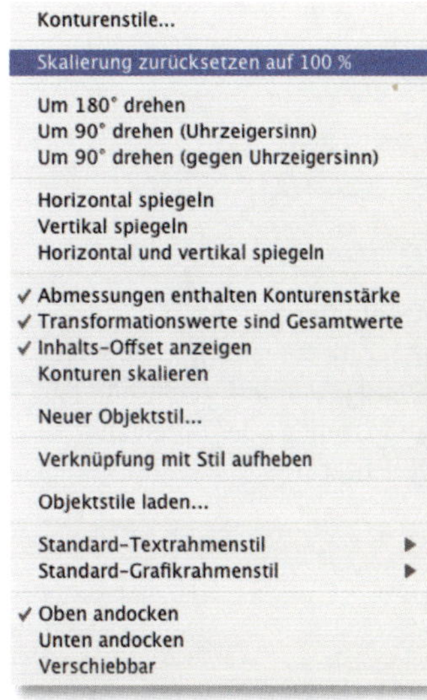

▲ **Abbildung 6.12**
Das Palettenmenü der Steuerungspalette verbirgt wichtige Optionen

6.3.5 Rahmen anordnen

Wenn Sie Rahmen übereinander schieben, werden Sie feststellen, dass es bei Überlagerungen zu einer Sortierung kommt. Welcher Rahmen oben, in der Mitte oder unten liegt, hängt davon ab, in welcher Reihenfolge die Rahmen erstellt wurden und ob Sie diese Anordnung zuvor geändert haben. Sie können Rahmen nach oben befördern, indem Sie den Rahmen mit der Auswahl anwählen und das Kontextmenü aufrufen. Unter dem Menüpunkt Anordnen finden Sie den Punkt In den Vordergrund, und der Rahmen springt nach oben. Andernfalls können Sie auch Rahmen In den Hintergrund, Schrittweise nach vorne oder Schrittweise nach hinten legen. Diese Logik ist bei nahezu allen Desktop-Publishing-Programmen gleich. Eine andere »räumliche« Ordnung erstellen Sie über die Ebenen, dazu mehr im gleichnamigen Kapitel 14.

6.3.6 Rahmen ausrichten

Layoutrahmen einzeln zu positionieren ist zeitraubend und mühsam, insbesondere wenn die Rahmen regelmäßig ausgerichtet werden sollen. InDesign stellt für diese Anforderungen leicht zu bedienende Werkzeuge zur Verfügung. Auch das Verschachteln und Gruppieren ist ein Kinderspiel.

Markieren Sie zunächst mehrere Rahmen. In der Steuerungspalette (und in der obersten Reihe der Ausrichten-Palette) finden Sie zusätzliche Funktionen, diese Rahmen linksbündig ❶, zentriert ❷, rechtsbündig ❸ sowie oben ❹, mittig ❺ und unten ❻ auszurichten. Mit einem Klick auf diese Funktionen werden sogleich die Rahmen im Layout ausgerichtet.

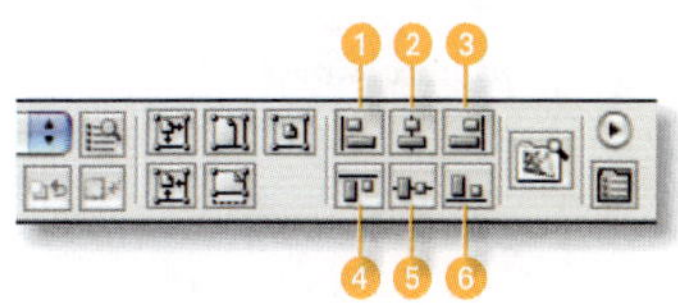

▲ **Abbildung 6.13**
Die Steuerungspalette zeigt im rechten Bereich sechs Optionen, Rahmen auszurichten.

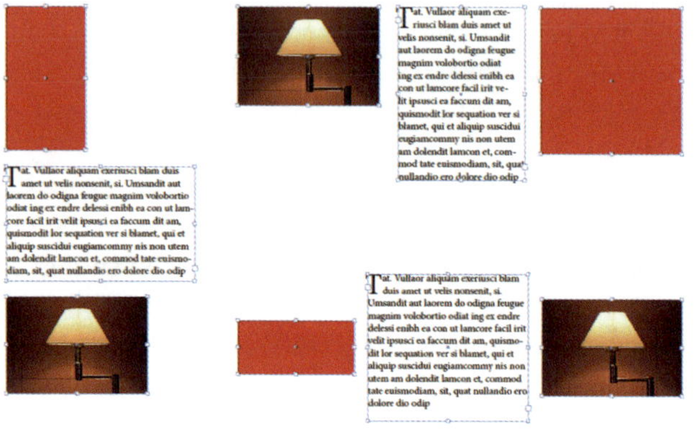

Abbildung 6.14 ▸
Mehrere Rahmen werden linksbündig, zentriert, rechtsbündig, oben, mittig oder unten ausgerichtet.

Rahmen, die gleichmäßig neben- oder untereinander liegen sollen, werden in der Ausrichten-Palette mit der zweiten Button-Reihe bedient. Öffnen Sie die Ausrichten-Palette aus dem Menü Fenster • Objekt und Layout • Ausrichten.

Wählen Sie mehrere Rahmen aus, und klicken Sie auf den entsprechenden Button, oder nutzen Sie die horizontale Variante. Vor oder nach dem Verteilen können Sie die Rahmen auch noch zueinander ausrichten. Mit zwei Klicks sind somit mehrere Rahmen sauber ausgeglichen.

Die Ausrichten-Palette

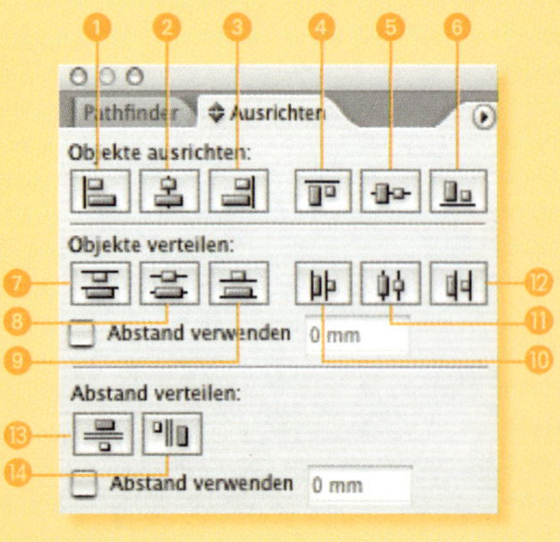

▲ Abbildung 6.15
Die Palette Ausrichten bietet viele Funktionen, Objekte zu verteilen.

1. Linke Kanten ausrichten
2. Mittelpunkte horizontal ausrichten
3. Rechte Kanten ausrichten
4. Obere Kanten ausrichten
5. Mittelpunkte vertikal ausrichten
6. Untere Kanten ausrichten
7. Obere Kanten verteilen
8. Mittelpunkte vertikal verteilen
9. Untere Kanten verteilen
10. Linke Kanten verteilen
11. Mittelpunkte horizontal verteilen
12. Rechte Kanten verteilen
13. Zwischenraum vertikal verteilen (über Optionen einblenden)
14. Zwischenraum horizontal verteilen (über Optionen einblenden)

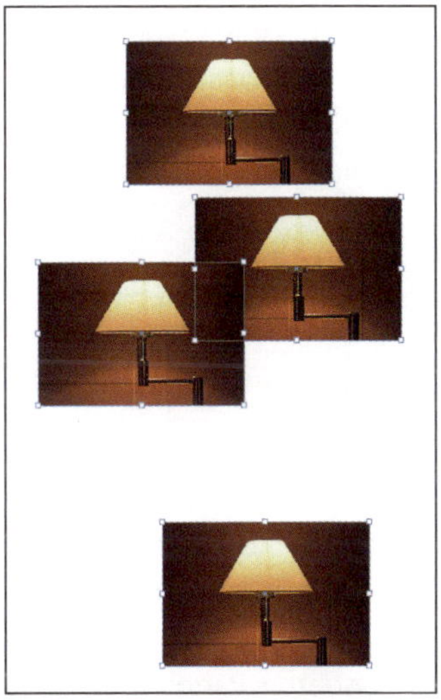

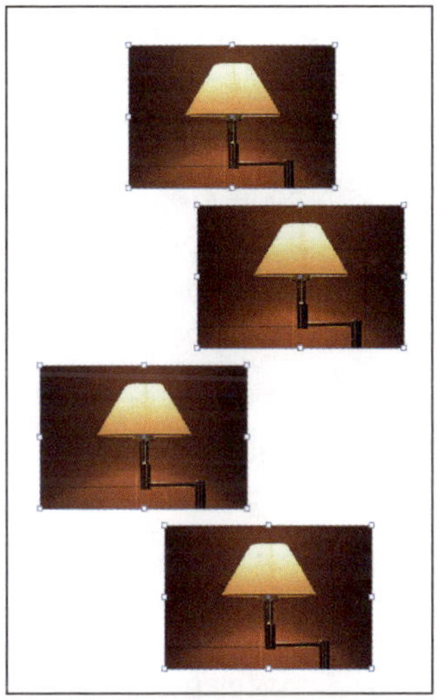

◂◂ **Abbildung 6.16**
Zunächst werden mehrere Rahmen ausgewählt ...

◂ **Abbildung 6.17**
... und danach vertikal verteilt ⑧, so dass alle Rahmen einen gleichmäßigen Abstand zueinander einnehmen.

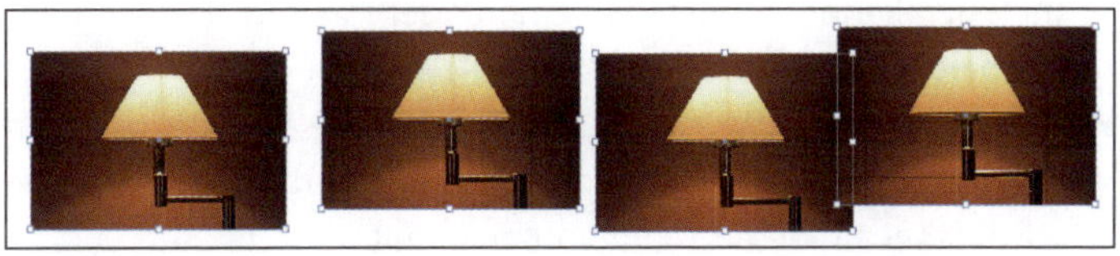

◂ **Abbildung 6.18**
Horizontale Rahmen werden ausgewählt ...

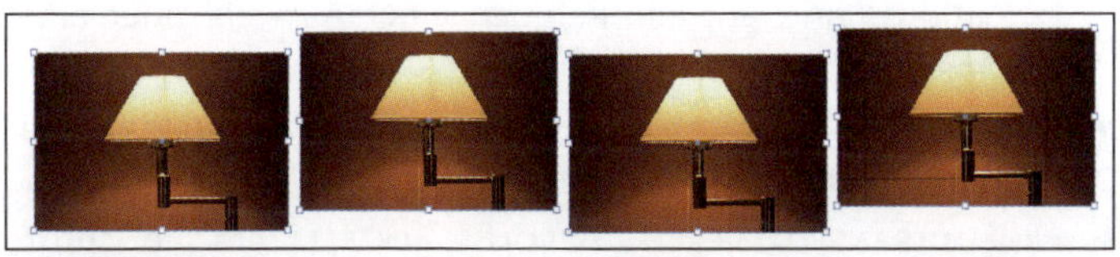

◂ **Abbildung 6.19**
... und horizontal verteilt ⑪.

Die Eingabe eines Abstands dient dazu, die Verteilung der angewählten Rahmen durch Werte zueinander festzulegen. Viel interessanter ist jedoch die Funktion ABSTAND VERTEILEN am Fußbereich der Palette. Zusammen mit einem Abstandwert behalten die so verteilten Objekte die Ausrichtung an Zwischenräumen, ideal für den grafischen Aufbau eines Rasters.

6.3.7 Kopieren, duplizieren und versetzt einfügen

InDesign kennt viele Wege, einen Rahmen zu vervielfältigen:

Wollen Sie einen Rahmen kopieren, so klicken Sie den Rahmen an und ziehen ihn mit gedrückter Maus- und [Alt]/[⌥]-Taste an eine neue Position. Über den Befehl AN ORIGINALPOSITION EINFÜGEN... aus dem Menü BEARBEITEN kopieren Sie den Rahmen passgenau auf den ersten zuvor kopierten Rahmen.

Für das mehrfache Vervielfältigen von Rahmen hingegen stellt InDesign eine besondere Funktion bereit: Wählen Sie einen Rahmen aus, und rufen Sie im Menü BEARBEITEN den Befehl DUPLI-

Alternative

Natürlich funktioniert das Duplizieren auch, indem Sie den Rahmen mit [⌘]+[C] bzw. [Strg]+[C] kopieren und mit [⌘]+[V]/[Strg]+[V] einfügen.

zieren und versetzt einfügen auf. Im nachfolgenden Dialog wählen Sie die Anzahl der Kopien und einen Verschiebewert von der Position des zuvor kopierten Rahmens.

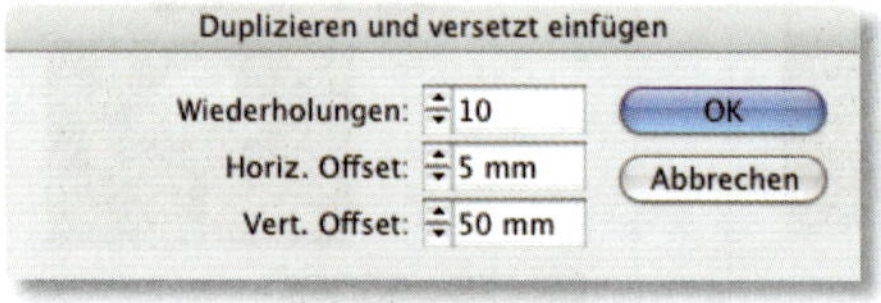

Abbildung 6.20 ▸
Die Eingabe ermöglicht es, mit einem Arbeitsschritt mehrere Kopien eines Rahmens anzulegen.

6.3.8 Objekt erneut transformieren

Nicht nur eine Kopie eines Rahmens ist mit InDesign möglich, sondern auch das Transformieren mehrerer Arbeitsschritte hintereinander! InDesign merkt sich die Transformierungen eines Rahmens und kann diese auf eine Kopie wiederholen, vorausgesetzt, Sie wählen dazwischen keinen anderen Rahmen an. Wie geht das?

InDesign kennt vier Befehle, einen oder mehrere Transformieren-Arbeitsschritte zu wiederholen:

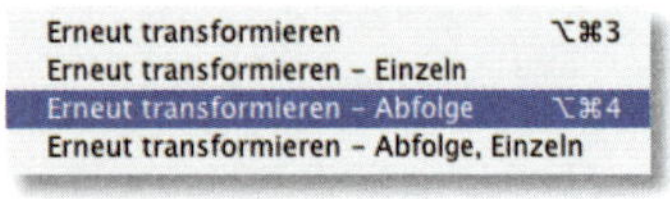

▴ Abbildung 6.21
Aus dem Menü Objekt • Erneut transformieren kann ein einzelner Schritt oder eine Abfolge auf mehrere Rahmen oder eine Rahmengruppe erfolgen.

- Erneut transformieren führt den letzten Schritt auf einen Rahmen oder eine Rahmengruppe insgesamt aus, die Gruppe wird dabei als Gesamtrahmen behandelt.
- Erneut transformieren – Einzeln wendet den letzten Transformationsschritt auf alle Rahmen einer Auswahl oder einer Gruppe separat an.
- Erneut transformieren – Abfolge ruft alle zuvor vorgenommenen Schritte auf.
- Erneut transformieren – Abfolge, Einzeln wird alle Schritte auf alle ausgewählten Rahmen auch innerhalb einer Gruppe anwenden.

Damit das nicht reine Theorie bleibt, wollen wir anhand eines Workshops zeigen, wie diese Funktionen anzuwenden sind. Leider zeichnet InDesign die Arbeitsschritte nicht als Protokoll wie in Photoshop auf. Hier könnte Adobe durchaus mit diesem bekannten Komfort nachbessern.

Schritt für Schritt: Abfolge duplizieren

Für eine Grafik über einem Bild wird eine Vektorgrafik angelegt, dupliziert und gleichzeitig verschoben. Danach folgen das Drehen und das Wiederholen der Arbeitsschritte als Abfolge.

1 Rahmen duplizieren und verschieben

Legen Sie einen Rahmen an, und duplizieren Sie ihn mit gedrückter [Alt]-Taste an eine neue Position.

2 Rahmen drehen

Drehen Sie den kopierten Rahmen um 2 Grad mit aktiver Vorschau.

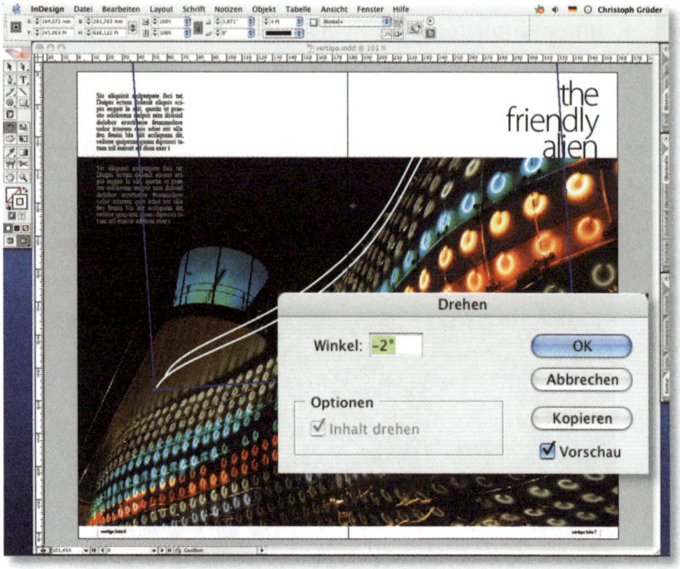

3 Abfolge mehrfach ausführen

Rufen Sie die Abfolge aus Duplizieren, Verschieben und Drehen auf, indem Sie einfach den Tastenbefehl ⌘+Alt+4 oder Strg+Alt+4 aufrufen. Wiederholen Sie den Schritt so lange, bis Sie mit dem Ergebnis zufrieden sind. ■

	Windows	Mac
 bzw.  von anderem Werkzeug auswählen (es erscheint das zuletzt verwendete Auswahlwerkzeug)	Strg	⌘
Rahmen verschieben	Pfeiltasten	Pfeiltasten
Rahmen um ein Zehntel verschieben	Strg + ⇧ + Pfeiltasten	⌘ + ⇧ + Pfeiltasten
Rahmen um das Zehnfache verschieben	⇧ + Pfeiltasten	⇧ + Pfeiltasten
Rahmen duplizieren	Alt + Ziehen	⌥ + Ziehen
Rahmen duplizieren und verschieben	Alt + Pfeiltasten	⌥ + Pfeiltasten
Rahmen duplizieren und um das Zehnfache verschieben	Alt + ⇧ + Pfeiltasten	⌥ + ⇧ + Pfeiltasten
Nächsten oder vorherigen Rahmen im Textabschnitt auswählen	Alt + Strg + Bild↓/Bild↑	⌥ + ⌘ + Bild↓/Bild↑
Ersten oder letzten Rahmen im Textabschnitt auswählen	⇧ + Alt + Strg + Bild↓/Bild↑	⇧ + ⌥ + ⌘ + Bild↓/Bild↑

Tabelle 6.1
Tastenkürzel für die Rahmenbearbeitung

6.4 Rahmen gruppieren

Mehrere Rahmen gruppieren Sie, indem Sie die Rahmen anwählen und aus dem Menü OBJEKT den Menüpunkt GRUPPIEREN auswählen oder den Tastenbefehl Strg/⌘ + G verwenden. Die Rahmen werden in einem gemeinsamen Rahmen zusammengefasst und mit einer gestrichelten Linie umrandet. Dieser Gruppenrahmen kann ebenfalls mit einzelnen Rahmen oder anderen Gruppenrahmen kombiniert werden. Über die Transformieren-Palette oder die Werkzeuge DREHEN, SKALIEREN, VERZERREN oder TRANSFORMIEREN lassen sich die Gruppenrahmen bearbeiten. Farbzuweisungen über die Farbfelder oder die Palette FARBE gelten für alle Objekte innerhalb des Gruppenrahmens.

Mit dem Tastenbefehl ⌘ + ⇧ + G bzw. Strg + ⇧ + G lösen Sie die Gruppe wieder in Einzelrahmen auf.

Sobald Sie mehrere Rahmen unterschiedlicher Ebenen gruppieren, werden alle Rahmen dieser Gruppe auf einer Ebene zusammengefasst. Dies kann nicht umgangen werden. Lesen Sie dazu auch das Kapitel 14 »Ebenen«. Wenn Sie mehrere Rahmen verschiedener Ebenen transformieren wollen, sollten Sie diese nur auswählen und verändern. Eine Gruppierung verschiebt evtl. unvorhergesehen Rahmen auf eine andere Ebene.

Abbildung 6.22 ▶
Gruppierte Rahmen werden mit einem gestrichelten Gesamtrahmen angezeigt.

6.4.1 Gruppen transformieren

Für Gruppenrahmen steht im Palettenmenü der Steuerungspalette die Option Transformationswerte sind Gesamtwerte zur Verfügung. Die Funktion bewirkt, dass z. B. gedrehte Rahmen in einer wiederum gedrehten Gruppe mit dem aktuell sichtbaren Drehwinkel angezeigt werden. Wenn Sie diese Funktion ausschalten, wird der Winkel des Objekts zur Gruppe angezeigt.

Abbildung 6.23 ▶
Bei gedrehten Objekten in einer Gruppe müssen Sie auf den angezeigten Drehwinkel in der Steuerungspalette achten.

6.4.2 Gruppen skalieren und Vergrößerung zurücksetzen

Bei einer Skalierung von Gruppen müssen Sie beachten, dass die Kontur zunächst in der Standardeinstellung nicht mit vergrößert wird. Erst wenn Sie die Option Konturen skalieren im Palettenmenü der Steuerungspalette aktivieren, verkleinert oder vergrößert sich auch eine Rahmenkontur beim Skalieren.

Skalierte Gruppen merken sich den Grad der Verkleinerung oder Vergrößerung. Das sehen Sie in der Steuerungs- oder Transformieren-Palette an den Vergrößerungswerten von z. B. 75%. Wenn Sie im Palettenmenü die Skalierung auf 100% zurücksetzen, wird dieser Wert gelöscht.

Sonderfall skalierte Textrahmen | Für Textrahmen in Gruppen erinnert sich InDesign, wie hoch die Schriftgröße im Ausgangsrahmen war. Jede Skalierung vergrößert oder verkleinert die Schriftgröße. Der Ausgangswert wird dann immer noch in der Steuerungspalette oder in der Zeichenpalette angezeigt. Der skalierte Wert steht danach in Klammern. Wenn Sie die Gruppe auflösen, den Textrahmen anwählen und über das Palettenmenü der Steuerungspalette die Option Textattribute skalieren aufrufen, wird der eingeklammerte Wert übernommen und bildet die neue Schriftgröße.

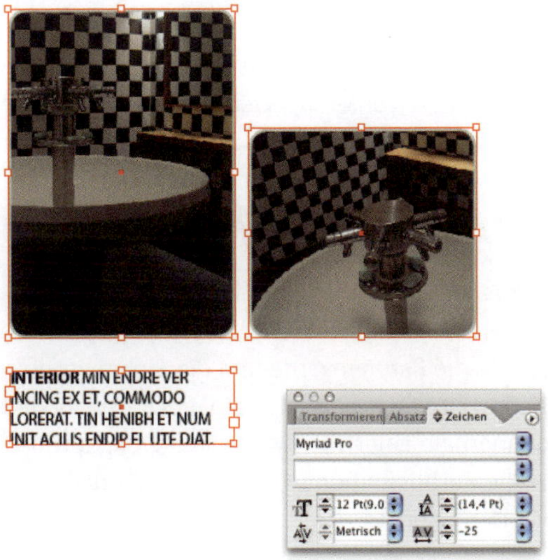

◂ **Abbildung 6.24**
Skalierte Textrahmen behalten die ursprüngliche Schriftgröße bei und geben die derzeitige Schriftgröße in Klammern an.

6.5 Rahmen verschachteln

Anders als beim Gruppieren lassen sich die Rahmen auch miteinander verschachteln. Das bedeutet, dass Sie einen oder mehrere Rahmen in einen anderen Rahmen einfügen.

Legen Sie zwei Rahmen wie in der Abbildung übereinander. Schneiden Sie den oberen Rahmen per ⌘/Strg + X aus, klicken Sie den Zielrahmen an, und wählen Sie aus dem Menü Be-

Arbeiten die Option In die Auswahl einfügen. Der Rahmen wird aus der Zwischenablage direkt in den Zielrahmen hineinkopiert. Es wird eine Vektormaske erzeugt.

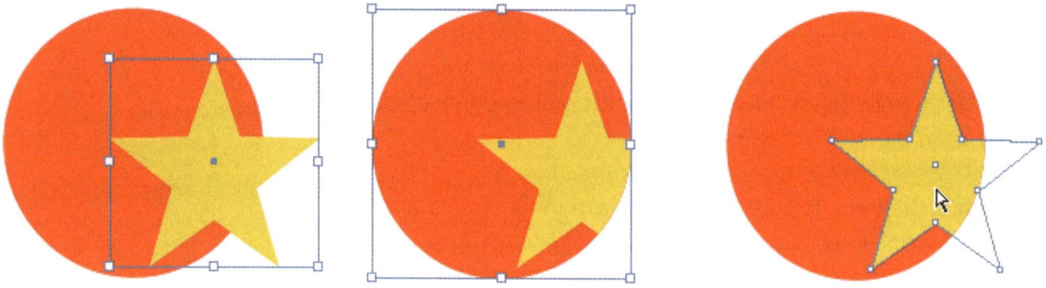

▲ **Abbildung 6.25**
Rahmen miteinander verschachteln

Illustrator
Diese Funktion arbeitet anders als in Illustrator. Dort werden zwei übereinander liegende Rahmen ausgewählt, und ein Beschneidungspfad wird per Menübefehl erzeugt, der obere Rahmen stellt die Vektormaske dar. Leider unterscheiden sich die Programme in diesem elementaren Punkt, ein wenig mehr Konsistenz wäre wünschenswert.

Verschachtelte Objekte bearbeiten | Mit dem Werkzeug Direktauswahl können Sie dieses verschachtelte Objekt nun nachträglich bearbeiten. Die Verschachtelung mittels der Funktion In die Auswahl einfügen kann beliebig wiederholt werden, d. h., dieses maskierte Objekt kann nun wiederum in eine neue Maske eingesetzt werden. Somit können sehr komplexe Objektgruppen entstehen, insbesondere Kombinationen von Text- und Bildrahmen, die mit einem Pfad maskiert werden.

Mit dieser Funktion sollten Sie sehr sparsam umgehen, da Sie sonst leicht den Überblick verlieren, welcher Rahmen oder welches Objekt denn nun in welchem Beschneidungspfad liegt und wie Sie diese Objekte wieder entfernen können. Als Faustregel für ein nachvollziehbares Arbeiten gilt: immer nur eine Vektormaske für ein Objekt oder eine Objektgruppe.

Als Auswahlhilfe dienen die beiden Funktionen im Menü Objekt • Auswahl • Container und Inhalt.

Farbzuweisungen für die Rahmenkante und die Füllung sollten Sie nur dann machen, wenn Sie zuvor mit der Direktauswahl den einzelnen Rahmen innerhalb einer verschachtelten Objektgruppe angewählt haben. Alle Farbdefinitionen beziehen sich dann nur auf diesen ausgewählten Rahmen.

6.5.1 Verknüpfte Pfade

Anders als das Verschachteln bilden verknüpfte Pfade Schnittobjekte. Wählen Sie dazu zwei überlappende Rahmen aus, und rufen Sie den Menüpunkt Objekt • Verknüpfte Pfade • Erstellen auf. Beachten Sie, dass diese Funktion nur mit Vektorpfaden funktioniert. Bild- und Textrahmen können nicht miteinander verknüpft werden. Warum diese Funktion angesichts des neuen Pathfinder nicht entfallen ist, indem die Funktion Überlappende Formbereiche ausschliessen zu einem wenn nicht gleichen, aber ähnlichen und nachvollziehbaren Schnittobjekt gelangt, bleibt offen. Der Vorteil, dass hier die ursprünglichen Rahmenformen erhalten bleiben und jederzeit wieder gelöst werden können, tritt angesichts des Ergebnisses in den Hintergrund: Wer benötigt eine solche Vektorengruppe?

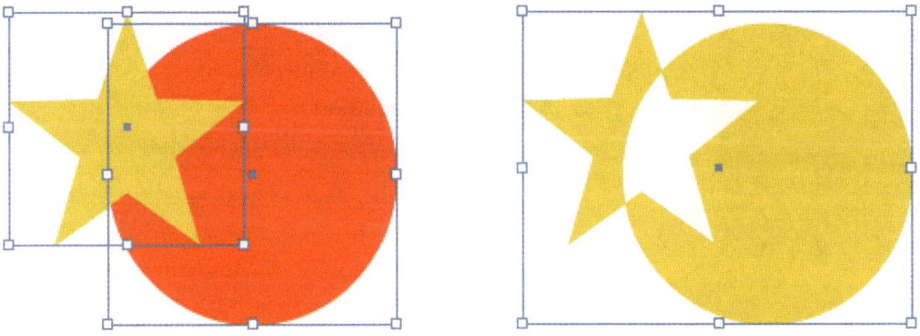

▲ **Abbildung 6.26**
Verknüpfte Pfade bilden Schnittobjekte.

6.5.2 Pathfinder

Den Pathfinder kennen Sie vielleicht schon aus Illustrator oder in einer ähnlichen Variante aus FreeHand. Mit diesem Werkzeug verschmelzen Sie Rahmen, ziehen Rahmen voneinander ab oder bilden Schnittmengen. Die Palette öffnen Sie über das Menü Fenster • Objekt & Layout • Pathfinder.

Mehrere Objekte wie Rechtecke, Kreise oder Polygone müssen früher oder später einmal miteinander verrechnet werden, um ein neues komplexeres Objekt zu erzeugen. Man spricht auch vom Boolen, benannt nach den Boole'schen Operationen aus der Mathematik.

Im Pathfinder sind alle wesentlichen Operationen versammelt: Addieren, Subtrahieren, Schnittmenge bilden, Überlappung ausschliessen und Hinteres Objekt abziehen. Diese etwas kryptischen Beschreibungen werden wir nun erklären.

Textrahmen und der Pathfinder
Wenn Sie einen Schriftzug mit einem Rahmen verrechnen wollen, dann müssen Sie den Text zuerst in Pfade umwandeln: Menü Schrift • In Pfade umwandeln. Andernfalls wird nur der Textrahmen allein – nicht aber die Schriftvektoren – mit den anderen Rahmen verrechnet.

Der Umriss eines Textrahmens lässt sich ebenfalls mit dem Pathfinder beeinflussen: Rahmen, die den Textrahmen überlappen, ergeben nach einer Addition im Pathfinder einen neuen Formsatz!

Werden mehrere Objekte ausgewählt und miteinander verrechnet, werden die Attribute des oben liegenden Rahmens für das entstandene neue Objekt übernommen. Das betrifft nicht nur die Farbe der Füllung und der Kante, sondern auch alle anderen Stile: Transparenz, weiche Kante, Linienstile oder den Schattenwurf.

Ist das oberste Rahmenobjekt ein platziertes Bild, werden die anderen Rahmen z. B. in der Funktion Addieren dem platzierten Bildrahmen hinzugefügt. Das Bild kann nun in diesem neuen Rahmen neu ausgerichtet werden. Liegt das Bildobjekt nicht an oberster Stelle der ausgewählten Rahmen, wird das Bild entfernt, und nur der platzierte Rahmen wird mit den anderen verrechnet.

Die Pathfinder-Palette

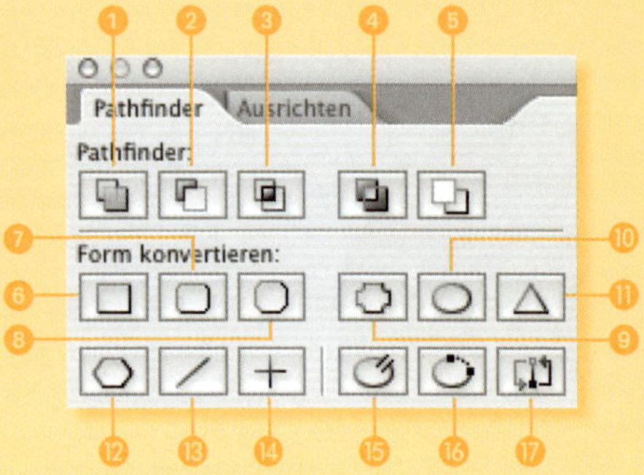

▲ **Abbildung 6.27**
Der Pathfinder

1. Addieren
2. Subtrahieren
3. Schnittmenge bilden
4. Überlappung ausschließen
5. Hinteres Objekt ausschließen
6. In Rechteck konvertieren
7. In abgerundetes Rechteck konvertieren
8. In abgeflachtes Rechteck konvertieren
9. In ein nach innen gewölbtes Rechteck konvertieren
10. In Ellipse konvertieren
11. In Dreieck konvertieren
12. In Polygon konvertieren
13. In eine Linie konvertieren
14. In eine vertikale oder horizontale Linie konvertieren
15. Pfad öffnen
16. Pfad schließen
17. Pfad umkehren (Pfadrichtung ändern)

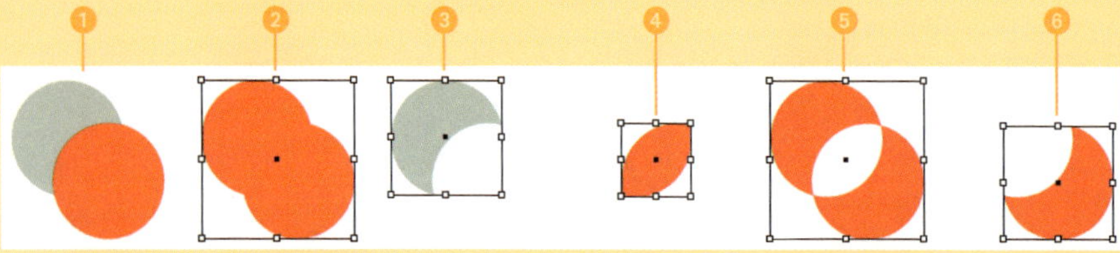

▲ **Abbildung 6.28**
Beachten Sie dabei die Farbgebung: Nur beim Subtrahieren behält das Hintergrundobjekt die Farbe im Ergebnis.

6.6 Fläche und Kontur

Rahmen dienen als Platzhalter für jede Art von Layoutobjekten. Der Rahmen selbst ist ein Bézierpfad, dem Sie eine farbige Fläche oder eine Kontur in Prozess- und Volltonfarben sowie Verläufe zuweisen können. Auch hier macht InDesign keinen Unterschied, ob es sich bei dem Rahmen um einen Text-, Vektor- oder Bildrahmen handelt. Im Abschnitt »Layoutrahmen« haben Sie die Erstellung von Rahmen kennen gelernt. Mit Hilfe der Werkzeugpalette, der Farbfelder, der Farb- und Verlaufspaletten sowie der Konturen-Palette legen Sie nun die Farbfüllung und die Konturbeschaffenheit fest.

6.6.1 Fläche und Kontur einfärben

In der Werkzeugpalette finden Sie im unteren Bereich die Flächen- und Kontursymbole. Wenn Sie einen Rahmen erstellt haben und beide Symbole mit roten Diagonalen durchgestrichen sind, so weist der Rahmen weder Flächen- noch Konturfarbe auf, der Rahmen ist leer.

Klicken Sie auf das Flächensymbol ①, und wählen Sie entweder aus den Farbfeldern oder aus der Palette Farbe eine Flächenfüllung aus. In der Werkzeugpalette springt das Flächensymbol in den Vordergrund und wird mit der ausgewählten Farbe eingefärbt. Sie können einem Rahmen sowohl Volltonfarben als auch Prozessfarben, Farbtöne oder Verläufe zuweisen.

Klicken Sie auf das Kontursymbol ②, so springt dieses Zeichen nach vorne, und Sie legen die Konturfarbe ebenfalls über die Palette Farbfelder oder Farbe fest.

Illustrator
Die Arbeitsschritte der Farbzuweisung in InDesign sind identisch zu denen in Illustrator.

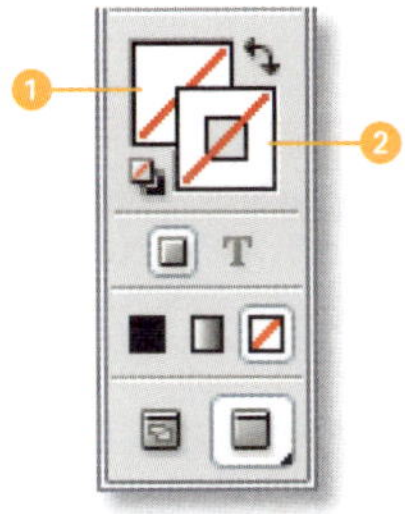

▲ **Abbildung 6.29**
Die Flächen- und Kontursymbole in der Werkzeugleiste

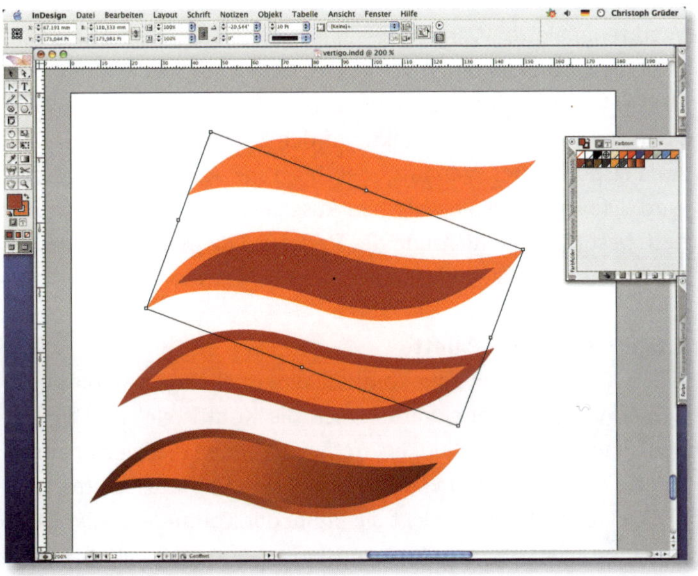

◄ **Abbildung 6.30**
Beispiel für Polygonrahmen mit definierter Fläche und Kontur. Die Flächen- und Kontursymbole der Werkzeugpalette finden Sie in den Farbfeldern in Miniaturform wieder. Das erste Objekt besitzt nur eine Füllung. Das zweite Objekt besitzt Füllung und Kontur, die für das dritte Objekt umgedreht wurden, und zuletzt sehen Sie ein Objekt mit einer Verlaufsfüllung und einer Verlaufskontur.

Standardkontur | Jeder neu erstellte Rahmen hat zunächst eine Standardkontur von einer schwarzen Linie von 1 Punkt und keiner Flächenfarbe. Wenn Sie diesen Zustand später wiederherstellen wollen, klicken Sie auf das kleine Miniatursymbol Standardfläche und -kontur links unterhalb der Flächen- und Kontursymbole, oder wählen Sie den Tastenbefehl [D].

Flächen- und Konturfärbung umkehren | Um die Flächen- und Konturfärbung umzukehren, klicken Sie bitte auf den gebogenen Pfeil Fläche und Kontur austauschen, oder rufen Sie den Tastenbefehl [⇧]+[X] auf. Danach wird die Farbzuweisung der Kontur auf die Fläche gelegt und umgekehrt.

6.6.2 Verläufe zuweisen

Ebenso wie Sie der Fläche oder Kontur eines Rahmens zuvor Volltonfarben, Farbtöne oder Prozessfarben zugewiesen haben, können Sie auf die gleiche Weise einen Verlauf anwählen. Klicken Sie dazu auf das mittlere Symbol VERLAUF ANWENDEN zwischen dem Flächen- und Kontursymbol.

Dabei werden Sie nicht auf eine Flächenzuweisung beschränkt, Sie dürfen auch der Rahmenkontur einen Farbverlauf geben. Beachten Sie jedoch, dass der Rahmen eine ausreichende Kontur von mindestens einem Punkt Stärke aufweist, da sonst der Verlauf im Druck kaum zu sehen ist und eher den Anschein eines Belichtungsfehlers gibt.

Werkzeug Verlauf | Verläufe müssen Sie nicht unbedingt über die Palette VERLAUF auf Rahmenflächen oder -konturen zuweisen. Intuitiver arbeitet das Werkzeug VERLAUF [G] in der Werkzeugpalette. Wählen Sie einen Rahmen aus, und weisen Sie über die Farbfelder einen Verlauf zu. Aktivieren Sie das Werkzeug VERLAUF, und ziehen Sie eine Linie mit gedrückter Maustaste über den Rahmen. Der Punkt, auf den Sie zuerst klicken, ist der Anfangspunkt des Verlaufs, der bis zum Absatzpunkt gesetzt wird. Die Linie, die Sie zwischen Ausgangs- und Absatzpunkt ziehen, bestimmt die Richtung des Verlaufs. Die genaue Farbdefinition entnehmen Sie bitte dem Kapitel 11 »Farben«.

6.6.3 Konturen-Palette

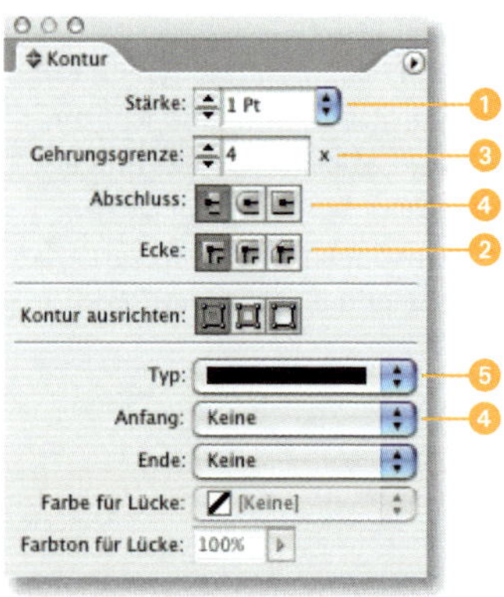

▲ **Abbildung 6.31**
Die Konturen-Palette

Jedem Rahmen kann eine Kontur in einer beliebigen Stärke zugewiesen werden. Dabei verteilt sich die Kontur gleichmäßig um den Pfad. Die Einstellungen treffen Sie über die gleichnamige Palette aus dem Menü FENSTER oder über die Statuspalette.

Die Option STÄRKE ① legt die Breite der Kontur fest. Hier ist zu beachten, dass es bei Konturenstärken von unter 0,25 pt auf hochauflösenden Geräten zu Ausgabeschwierigkeiten kommen kann, d. h., die Kontur könnte nicht zu sehen sein.

Wollen Sie die Ausformung der Ecken des Pfades bestimmen, müssen Sie sich der Optionen für die Ecke ② bedienen. Hier können Sie zwischen Gehrungsecke, abgerundeter Ecke und abgeflachter Ecke wählen. Die Gehrungsecke bezeichnet eine im 90°-Winkel aufgebaute Ecke, sie kann mit der Option GEHRUNGSGRENZE ③ noch weiter definiert werden: Hier können Sie mit Werten von 1 bis 500 festlegen, wann die Form eines Eckpunkts von einer Gehrungsgrenze in eine abgeflachte Ecke geändert wird.

Auf einzelne, nicht geschlossene Pfade hat die Abschlussform der Konturen-Palette einen Einfluss ③. Wählen Sie die mittlere Form ABGERUNDET aus, enden die einzelnen Striche in einem

Halbkreis. Die dritte Option ÜBERSTEHEND erweitert die Striche über den Anfangs- und Endpunkt mit einem halben Quadrat zur Konturenstärke hinaus. Hier wird jedoch die Lücke zwischen den Kontursegmenten kleiner, als Sie es in der Palette angegeben haben. Verwenden Sie diese dritte Funktion in Verbindung mit einer gestrichelten Linie nicht!

Die Optionen für die Anfangs- und Endformen der Kontur ④ sind selbsterklärend. Hier möchten wir Ihnen raten, die verschiedenen Möglichkeiten einmal durchzuspielen. Die Formen können nicht bearbeitet werden und finden natürlich nur bei offenen Pfaden Anwendung. Ihre Größe wird automatisch proportional zur Konturenstärke berechnet.

Unter dem Pull-down-Menü TYP ⑤ verbergen sich zahlreiche Konturenstile wie doppelte und dreifache Konturen, gepunktete oder gestrichelte Formen sowie gewellt oder auch gemustert. Einige Beispiele dazu finden Sie in der Abbildung. Die Option GESTRICHELT (3 UND 2) bedeutet, dass eine Kontur in drei Teile Linie und zwei Teile Lücke abhängig von der Konturenstärke aufgeteilt wird, wohingegen die Option GESTRICHELT (4 UND 4) eine gestrichelte Kontur erzeugt, deren Segmente identisch mit den Lücken sind.

Begrenzungsrahmen

Das Palettenmenü weist aber einen interessanten Punkt auf: STÄRKE ÄNDERT DEN BEGRENZUNGSRAHMEN. Ist diese Option angewählt, wird mit zunehmender Konturenstärke auch der Rahmen größer. Ist diese Funktion deaktiviert, wächst die Konturenlinie »nach innen«, die Rahmengröße bleibt gleich.

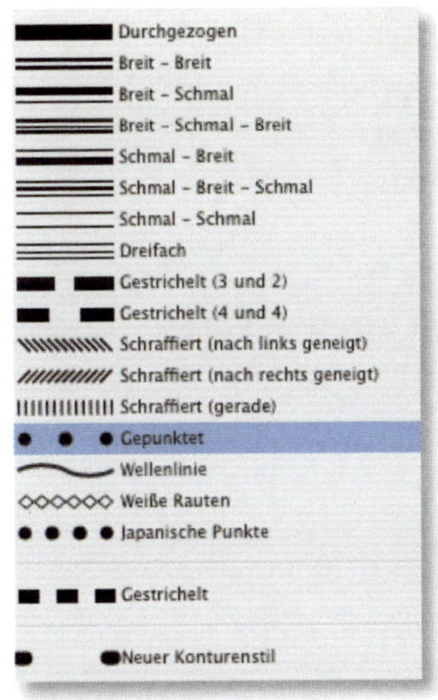

▲ **Abbildung 6.32**
Die Konturenstile bieten bereits eine Fülle an Möglichkeiten.

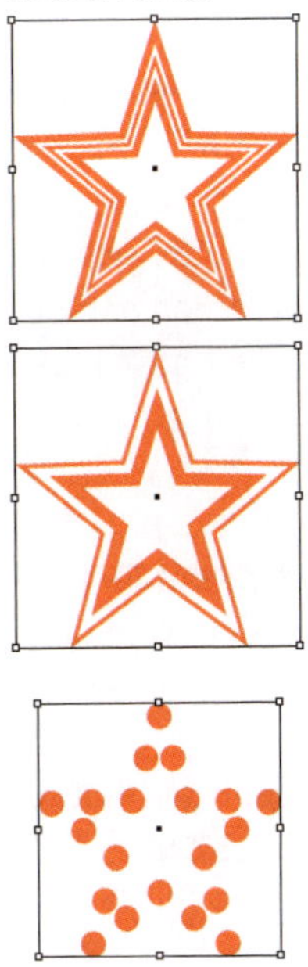

▲ **Abbildung 6.33**
Breit – schmal – breit; schmal – breit und Japanische Punkte

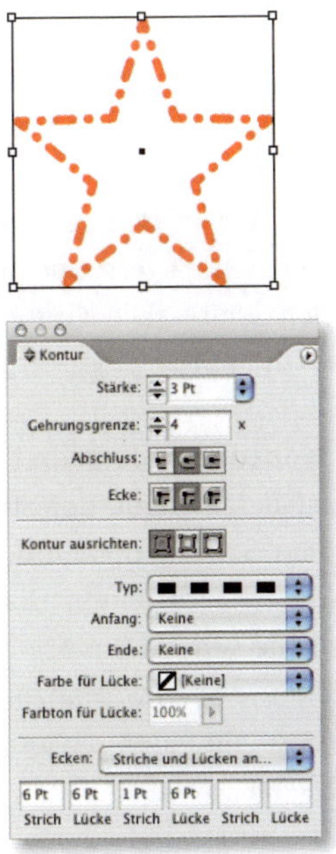

▲ **Abbildung 6.34**
Gestrichelte Konturen können auch mit einer Lückenfarbe gefüllt werden. Mit den Werten STRICH und LÜCKE definieren Sie das Muster der Kontur.

Konturen auf Text

Auch auf Textrahmen und dem Text selbst können Sie eine Füllung oder eine Kontur zuweisen. Diese Kontur liegt jedoch immer hinter dem Text, gleich welche Stärke Sie der Kontur zuweisen. Andernfalls würde eine starke Kontur um einen Text die Zeichen verdecken. Wollen Sie dies aufheben, müssen Sie den Text in einen Pfad umwandeln. Wählen Sie dazu aus dem Menü SCHRIFT • IN PFADE UMWANDELN aus.

Die Typfunktion GESTRICHELT erweitert die Konturen-Palette um weitere Eingabefelder. Darin geben Sie ein, in welchem Rhythmus eine Linie gezeichnet wird. Diese Abwechslung von Strich und Lücke dürfen Sie auf bis zu drei aufeinander folgende unterschiedliche Längen und Lücken ausbauen. Danach wiederholt sich das Muster. Geben Sie nur eine Strichlänge und eine Lücke in Punkt oder Millimetern ein, erhalten Sie ein regelmäßiges Konturenmuster.

Alle Einstellungen zu diesen Lücken zwischen den Linienabschnitten sind natürlich immer nur dann im Zugriff, wenn Sie einen entsprechenden Linientyp ausgewählt haben.

Position der Kontur | Ungewöhnlich ist in InDesign, dass Sie die Position der Kontur zum Pfad definieren können. Über die Konturen-Palette können Sie unter KONTUR AUSRICHTEN mit den drei Buttons bestimmen, dass die Kontur innerhalb des Pfades liegt oder ob die Kontur mittig oder außerhalb liegt. Dabei erweitert sich der Rahmen mit der Kontur, der Pfad wird dabei nicht verändert. Dem Verhalten von QuarkXPress entspräche KONTUR AN INNENKANTE.

Der Vorteil bei der mittigen Anordnung ist zum Beispiel, dass Sie zwei Bilder nebeneinander platzieren wollen und beide mit einer Kontur versehen. Liegt die Kontur innerhalb des Rahmens, so bilden beide Konturen nebeneinander eine unerwünschte doppelt starke Kontur, ebenso wie mit der Position außerhalb des Rahmens. Die mittige Anordnung führt dazu, dass sich die Linien direkt überlagern und somit die Kontur zwischen den Bildern gleich bleibt. Die Grundeinstellung jeder neu angelegten Kontur ist die mittig ausgerichtete Position auf dem Pfad.

6.6.4 Konturenstile selbst erstellen

Über das Palettenmenü der Statuspalette oder der Konturen-Palette öffnen Sie mit der Option KONTURENSTILE den Konturen-Editor. Sie erhalten einen Dialog, in dem Sie die bestehenden Konturenstile sehen können.

Konturenstile überall

Die Auswahl verschiedenster Konturenarten finden Sie an vielen Orten über das ganze Programm verteilt. Wollen Sie eine Tabelle mit einer speziellen Kontur gestalten, so erhalten Sie auch hier alle zur Verfügung stehenden Konturenstile. So lassen sich zum Beispiel Tabellenzeilen mit einer gestrichelten Linie abwechselnd zu einer geschwungenen Linie voneinander unterscheiden. Auch Absatzformate können mit einer gestrichelten Linie voneinander getrennt werden.

Um einen neuen Stil anzulegen, klicken Sie auf den Button NEU und wählen einen passenden Namen und einen Stiltyp aus:

- Typ STREIFEN
- Typ GEPUNKTET
- Typ GESTRICHELT

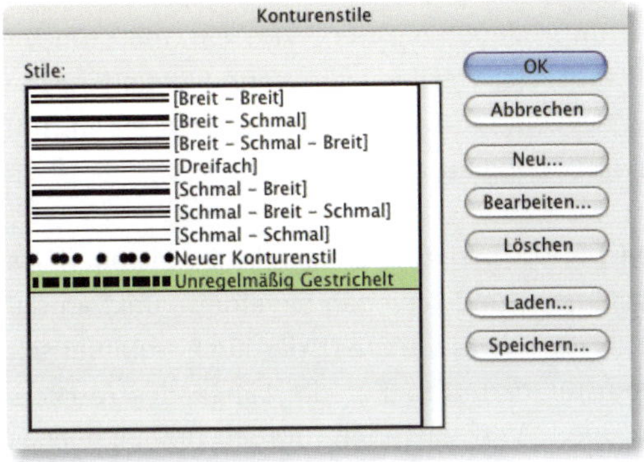

◂ Abbildung 6.35
Die bestehenden Konturenstile können als Bibliothek bearbeitet, gespeichert oder geladen werden.

Streifen | Im Editor unter dem Typ STREIFEN sehen Sie nun eine Skala von 0 bis 100% der gesamten Strichstärke. Hier können Sie die Linienstärke der Streifen prozentual über die vertikalen Schieberegler einteilen. Wollen Sie einen weiteren Streifen einfügen, so ziehen Sie einfach mit gedrückter Maustaste im Bearbeitungsfenster vertikal einen Streifen auf. Der Streifeneditor verhält sich intelligent: Schieben Sie die Anfangs- und Endpfeile über einen anderen Streifen, so werden die Streifen automatisch verbunden. Zum Löschen eines Streifens klicken Sie auf ihn, halten die Maustaste gedrückt, und ziehen Sie den Mauspfeil außerhalb des Bearbeitungsfensters.

Die Stärke des Striches legen Sie hinterher in der Konturen-Palette fest. Beachten Sie dabei, dass Linien unterhalb eines Viertelpunktes je nach Druckart und Auflagenpapier nicht gedruckt werden. Wenn Sie einen Streifen mit 25% der Gesamtkontur anlegen und diesen Stil hinterher auf eine Linie von 1 Punkt Stärke anwenden, ist der eigentliche Streifen nur 0,25 Punkt stark.

Konturenstärke

Nicht nur aus gestalterischen Gründen ist es wenig sinnvoll, die Konturenstile auf Linien mit weit mehr als 10 Punkt Konturenstärke anzuwenden. Gepunktete Linien beispielsweise können mathematisch gesehen ab einer Größe nicht mehr gleichmäßig um einen Rahmen gelegt werden, am Endpunkt des Wiederholungsmusters entsteht eine optische Lücke. Ebenso tritt dieser Effekt bei gestrichelten Linien auf. Auch an Eckpunkten von Pfaden können unregelmäßige Punkte auftauchen.

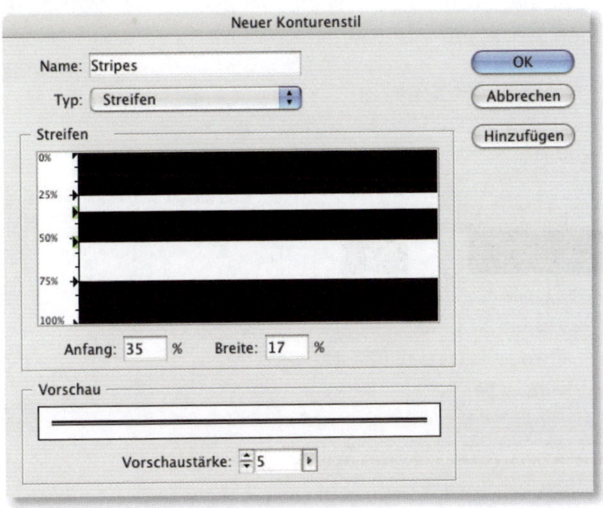

◂ Abbildung 6.36
Die Streifen können vertikal verteilt werden. Eine nummerische Eingabe ist ebenfalls über die Breite und den Anfang möglich.

In der Vorschau darunter geben Sie den Wert ein, mit dem Ihr neuer Konturenstil angezeigt werden soll. Wenn Sie die Eingabe beendet haben, so wählen Sie den Button HINZUFÜGEN an, um den Stil nun im Layout verfügbar zu machen.

Gepunktete Linien | Für gepunktete Linien klicken Sie ebenfalls in das Bearbeitungsfenster, und schieben Sie einen Punkt an die gewünschte Stelle. Natürlich funktioniert das auch nummerisch über das Eingabefenster darunter. Für die Länge des Musters können Sie einen neuen Wert eingeben, um ein umfangreiches Muster aus mehreren nachfolgenden Punkten zu erstellen.

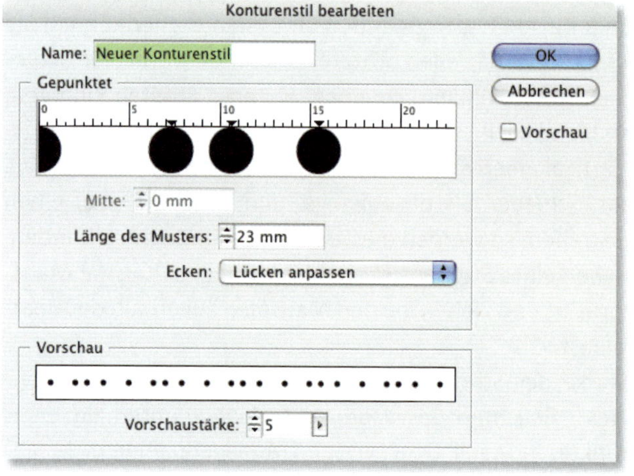

Abbildung 6.37 ▸
Die Punkte schieben Sie einfach auf dem Lineal an die gewünschte Position. In der Vorschau sehen Sie das Endergebnis mit einer frei wählbaren Vorschaustärke.

Gestrichelte Linien | Nun zu den gestrichelten Linien. Ähnlich zu den horizontalen Streifen lassen sich auch unterschiedlich lang aufeinander folgende Striche anlegen. Dazu klicken Sie ebenso in das Bearbeitungsfenster und ziehen mit gedrückter Maustaste einen neuen Strich auf.

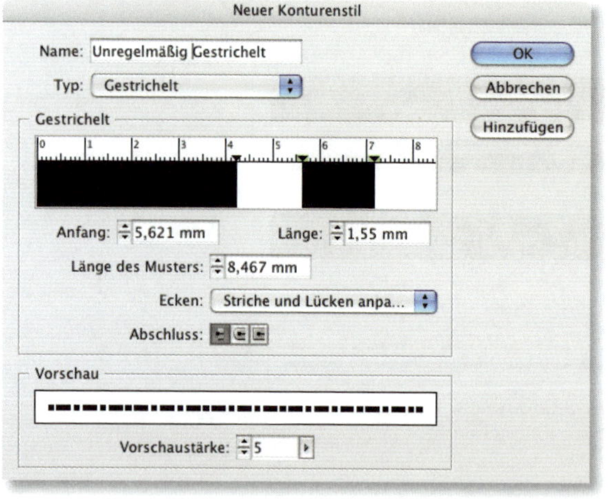

Abbildung 6.38 ▸
Ein neuer gestrichelter Konturenstil lässt sich millimetergenau definieren. Beachten Sie, dass es sich hier nicht um absolute Werte handelt, die Erscheinung wird also je nach Strichstärke mit skaliert oder verkleinert.

Das Löschen eines Striches erfolgt identisch zu den anderen Stilarten: Klicken Sie ein Liniensegment an, und ziehen Sie es außerhalb des Bearbeitungsfensters. Wollen Sie das Wiederholungsmuster der Striche erweitern, so legen Sie auch hier einen höheren Musterbereich fest. Den Linienabschluss wählen Sie entweder normal lang vom Anfang bis zum Ende der Linie, abgerundet über diese Punkte hinaus oder erweitert um ein halbes Quadrat.

Lückenfarbe
Gestrichelte Linien können jederzeit mit einer zusätzlichen Lückenfarbe versehen werden. Eine Anwendung dieser Lücken als Gestaltungsmittel zeigen wir Ihnen im Kapitel 8 »Typografie« innerhalb der Absatzformate.

Konturenstil zuweisen | Haben Sie die neuen Stile für gestreifte, gepunktete oder gestrichelte Linien angelegt, so können Sie diese nun jederzeit auf eine beliebige Kontur aus dem Pull-down-Menü der Konturen-Palette oder aus der Steuerungspalette zuweisen. Die Stärke der Linie legen Sie unabhängig vom Stil fest, der Stil des Wiederholungsmusters wird bei wachsender Linienstärke skaliert. Die Proportionen von Liniensegmenten oder Punkten zu den Lücken bleiben dabei gleich.

Gewellt

Neben anderen Linienstilen können Sie auch eine gewellte Linie als Konturenstil auswählen. Hier zeigt sich jedoch, dass nicht alles sinnvoll ist, was technisch geboten wird. Die »Dauerwelle« oder auch Sinuskurve kann nicht manuell editiert werden und schwingt einfach nur hin und her. Brauchen Sie also einfach nur eine sehr flach schwingende Welle, können Sie dies nicht einstellen! Auch im Zusammenspiel mit der Position der Kontur zum Pfad erweist sich die Welle als problematisch: Eine gewellte Kontur um ein platziertes Bild legt die Welle entweder direkt auf der Bildkante, innerhalb des Bildes oder außerhalb. Bei der letzten Ausrichtung klebt die Welle jedoch direkt an der Bildkante. Ein Abstandswert einer Kontur zu einem Pfad wäre schön gewesen und eventuell sogar sinnvoller als der gesamte Konturen-Editor.

6.7 Eckeneffekte und Form konvertieren

Alle Rahmen – Bilder, Vektorgrafiken oder Texte – können mit Eckeneffekten gestaltet werden. Alle Ecken eines Rahmens werden daraufhin mit einem vorgegebenen Stil dargestellt. Häufigste Anwendung findet die abgerundete Ecke, wie die Abbildung zeigt.

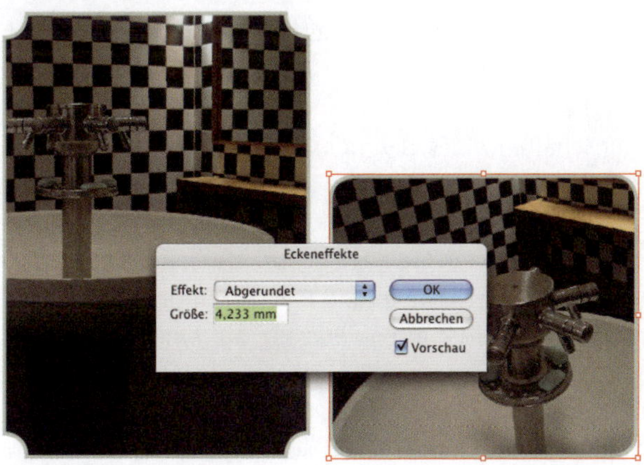

INTERIOR MIN ENDRE VER INCING EX ET, COMMODO LORERAT. TIN HENIBH ET NUM INIT ACILIS ENDIP EL UTE DIAT.

◂ **Abbildung 6.39**
Abgerundete Kanten legen Sie über die Funktion Eckeneffekte fest. Links sehen Sie ein Beispiel für nach innen gewölbte Ecken.

Eckeneffekte auf Textrahmen
Sobald Sie einen Eckeneffekt auf einen Textrahmen anwenden, kann dies später zu Problemen führen. Der Text kann dann unter Umständen im Rahmen nicht mehr vertikal mittig ausgerichtet werden. Die inneren Abstände des Textes zum Textrahmen können nur noch mit einem einzigen inneren Versatz gesteuert werden. Diese Änderungen sind später nicht mehr rückgängig zu machen. Lesen Sie bitte hierzu auch das Kapitel »Typografie«.

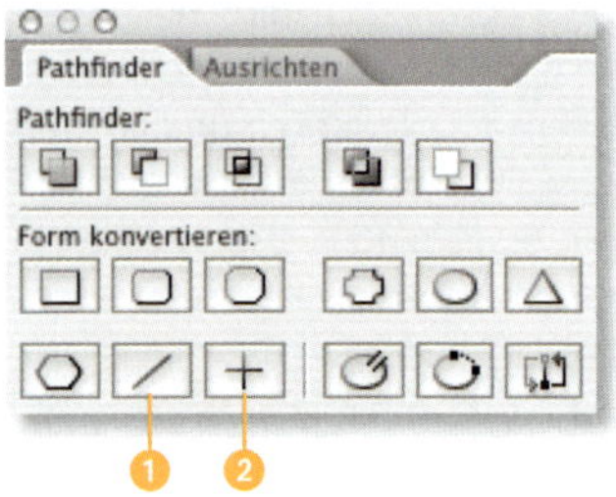

▲ **Abbildung 6.40**
Pathfinder

Wählen Sie einen Rahmen aus, und rufen Sie die Funktion ECKENEFFEKTE aus dem Menü OBJEKT aus. Weitere Stile stehen zur Verfügung: PHANTASIE, ABGEFLACHTE KANTE, INNERER VERSATZ, NACH INNEN GEWÖLBT oder ABGERUNDET.

Wollen Sie die Eckeneffekte später ändern oder entfernen, müssen Sie die Funktion erneut aufrufen und den Effekt auf KEINE stellen.

Eckeneffekte im Pathfinder | Das Entfernen oder Wechseln von Konturenstilen ist jedoch auch mit dem Pathfinder möglich. Rufen Sie dazu die Palette auf, und wählen Sie einfach eine andere Umrissform. Schön ist dabei, dass Sie auch das eigentliche Grundobjekt – Rechteck, Ellipse, Dreieck – umwandeln können.

Die untere Reihe ist jedoch mit Vorsicht zu genießen: Nur der erste Button ergibt ein Polygon. Die weiteren Funktionen Linie ❶ und horizontale/vertikale Linie ❷ lösen den Rahmen an sich auf und erzeugen eine Linie. Ein Zurückwandeln ist später nicht mehr möglich. Die letzten Funktionen dienen zur Vektorbearbeitung und sollten hier nicht angewandt werden.

6.8 Eigenschaften übertragen mit der Pipette

Sie haben verschiedene Rahmen gestaltet und sind mit dem Ergebnis zufrieden. Nun besteht aber Ihre Aufgabe darin, mehrere Rahmen auf dieselbe Weise zu gestalten. Damit Sie nicht jeden einzelnen Rahmen Schritt für Schritt formatieren müssen, gibt es in InDesign die Pipette, ein Allround-Werkzeug, das alle grafischen Eigenschaften eines Rahmens »aufsaugt« und auf einen anderen Rahmen überträgt.

Klicken Sie doppelt auf das Werkzeug PIPETTE in der Werkzeugpalette. Danach sehen Sie die Eigenschaften, die Sie übertragen können, anhand der Liste in den PIPETTE-OPTIONEN.

Klicken Sie mit dem Pipettenwerkzeug auf einen gestalteten Rahmen. Sie erhalten eine gefüllte Pipette als Werkzeugspitze. Danach übertragen Sie alle aufgesogenen Eigenschaften auf einen anderen Rahmen, indem Sie einfach auf ihn klicken. Der zweite Rahmen übernimmt sofort das Aussehen des ersten Rahmens. Weitere Rahmen können Sie auf dieselbe Weise formatieren. Haben Sie sich verklickt und falsche Eigenschaften aufgenommen, so drücken Sie die Alt-Taste und klicken erneut in den ersten Rahmen.

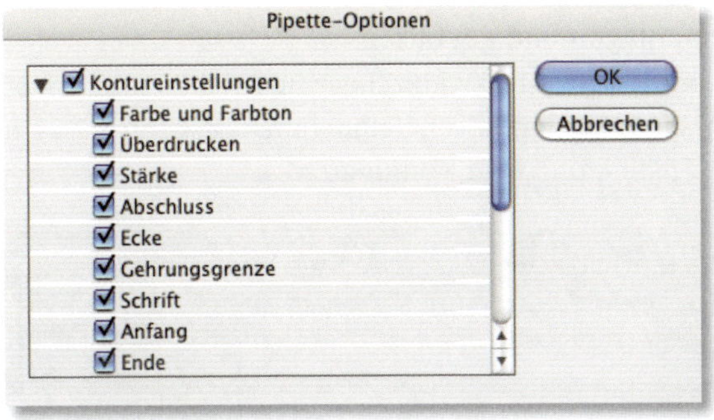

◂ **Abbildung 6.41**
Neben den Kontureinstellungen nimmt die Pipette auch die Flächen-, Transparenz- oder Typografieeigenschaften auf.

Das Werkzeug eignet sich auch zum Übertragen von Transparenz- und Typografieeigenschaften, so dass Sie in kurzer Zeit mehrere unformatierte Rahmen per Mausklick gestalten. Wollen Sie dies allerdings in fertigen Formaten speichern, benötigen Sie die neuen Objektstile in InDesign CS2.

6.9 Objektstile

Alle grafischen Eigenschaften eines Layoutrahmens können Sie als Objektstil speichern und später auf einen neuen unformatierten Rahmen anwenden.

Die Eigenschaften Rahmenform, Kontur oder Füllung haben Sie bereits kennen gelernt. Aber darüber hinaus speichern Sie in einem Objektstil auch die Deckkraft, die Eckeneffekte, den Schattenwurf, die weiche Kante, Textspalten, Grundlinienraster, optischen Randausgleich, Konturenführung sowie die Verankerung als Marginalobjekt. Des Weiteren kann ein Objektstil sogar ein Absatzformat beinhalten.

Weiterführend
Wenn Sie Ihre ersten Versuche mit einem Objektstil gemacht haben, sollten Sie dazu auch die Kapitel zu Typografie, Absatz- und Zeichenformaten sowie Transparenzen lesen. Da sich die Objektstile nahezu alles merken können, was Sie in InDesign mit einem Rahmen anstellen, können wir an dieser Stelle nur die grundlegenden Funktionen bezogen auf grafische Rahmen erläutern. Die weiteren Funktionen entnehmen Sie bitte den genannten Kapiteln dieses Buches.

6.9.1 Objektstil erstellen

Der folgende Workshop soll Ihnen zeigen, wie Sie am besten mit Objektstilen arbeiten.

Schritt für Schritt: Objektstile anlegen und zuweisen

Die einfachste Art und Weise, Objektstile anzulegen, ist es, einen Rahmen zu gestalten und dann einen neuen Objektstil aus der gleichnamigen Palette unter dem Menü Fenster anzulegen. Danach kann der Objektstil auf einen neuen Rahmen angewendet werden. Wir arbeiten mit den bekannten Rahmeneigenschaften Füllung, Kontur und Eckeneffekt.

1 Rahmen anlegen und gestalten

Ziehen Sie mit dem Rechteckwerkzeug einen Rahmen auf. Der Rahmen kann eine beliebige Größe einnehmen. Weisen Sie dem Rahmen eine Füllung und eine Kontur zu.

2 Eckeneffekt nutzen

Gestalten Sie den Rahmen mit einem Eckeneffekt wie z. B. ECKEN ABRUNDEN aus dem Menü OBJEKT • ECKENEFFEKTE.

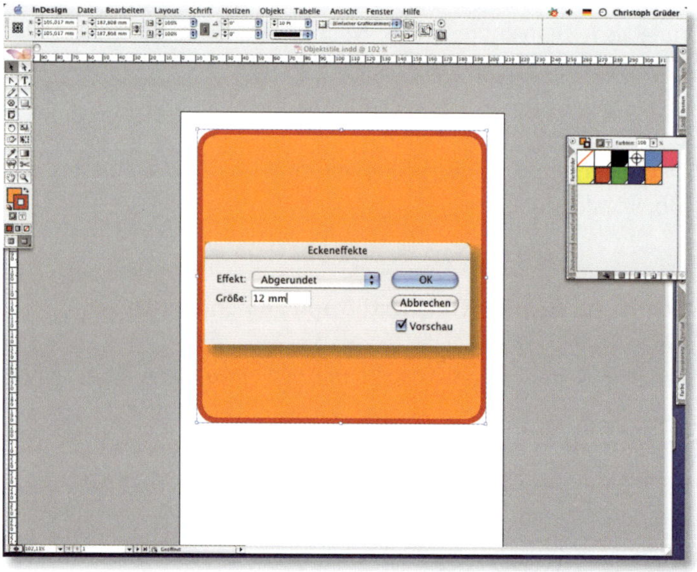

3 Neuen Objektstil anlegen

Wählen Sie den Rahmen mit der Auswahl [V] aus, und öffnen Sie die Palette Objektstile aus dem Menü Fenster. Klicken Sie auf das Blattsymbol. Ein neuer Objektstil erscheint in der Palette.

4 Objektstil benennen und konfigurieren

Mit einem Doppelklick auf den neuen Stil in der Palette der Objektstile öffnen Sie die Objektstiloptionen und vergeben einen Namen. Weitere Einstellungen können Sie hier treffen.

5 Neuen Rahmen erstellen

Ziehen Sie mit dem Rechteck-Werkzeug einen neuen Rahmen auf.

6 Objektstil auswählen

Klicken Sie in der Steuerungspalette in das Drop-down-Menü der Objektstile. Wählen Sie den neuen Stil aus. Der Rahmen wird sofort mit den zuvor gespeicherten grafischen Eigenschaften dargestellt.

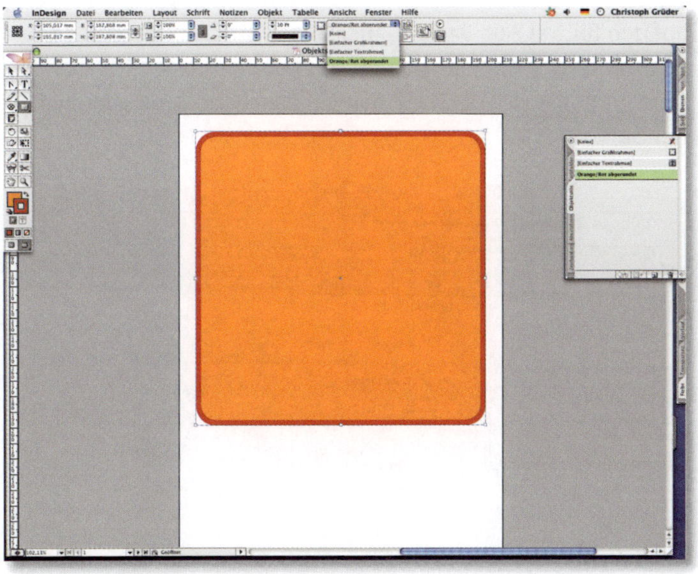

Eine andere Möglichkeit zur Erstellung eines Objektstils wäre folgende: Rufen Sie die Palette Objektstile aus dem Menü Fenster auf. Jedes InDesign-Dokument besitzt zwei festgelegte Objektstile, gekennzeichnet in eckigen Klammern: Einen einfachen Grafikrahmen und einen einfachen Textrahmen. Über das Blattsymbol am unteren Ende der Palette legen Sie einen neuen Objektstil an.

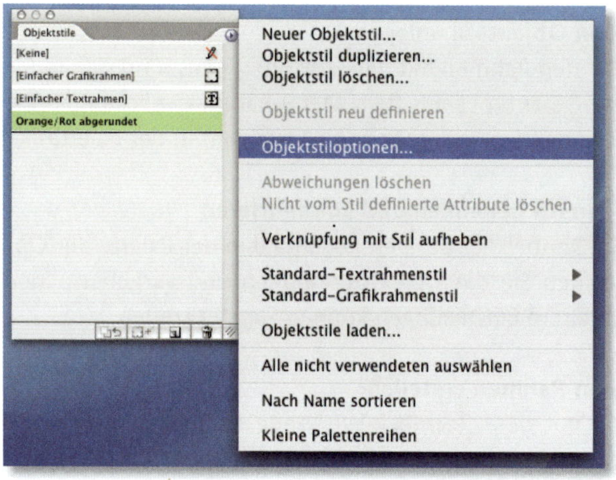

Abbildung 6.42 ▸
Die Palette Objektstile und das Palettenmenü geben einen Überblick über die Möglichkeiten. Mit den Objektstiloptionen öffnen Sie die weiteren Einstellungen.

6.9.2 Objektstiloptionen

Mit einem Doppelklick auf den Stil in der Liste oder über das Palettenmenü öffnen Sie die umfangreichen Objektstiloptionen.

Eine allgemeine Übersicht ermöglicht es Ihnen, einen Tastenbefehl wie Apfel + Num1 oder Strg + Num1 zu vergeben. Ein Klick auf den Button Auf Basis zurücksetzen stellt alle Werte auf den einfachen Grafikrahmen zurück, auf dem ein neuer Stil auch basiert. In der Ausklappliste sehen Sie alle aktuellen Eigenschaften des Stils.

Gesonderte Objektstile für Grafikrahmen und Textrahmen
InDesign unterscheidet für Objektstile grob, ob der Inhalt eine Grafik ist oder ob Text einfließen soll. Daher gibt es auch grundsätzlich die Formate »Einfacher Grafikrahmen« sowie »Einfacher Textrahmen«. In diesem Kapitel haben wir ausschließlich die Grafikrahmen behandelt, also die Stile, in denen die Kontur, Farbe, Eckeneffekte etc. definiert sind. Anders verhält es sich aber bei Textrahmen. Lesen Sie dazu auch die Kapitel »Typografie« sowie »Absatz- und Zeichenformate«.

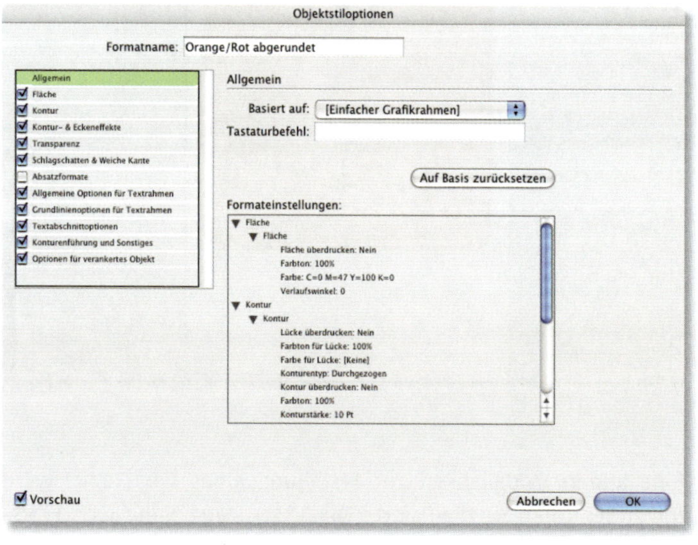

Abbildung 6.43 ▸
In den allgemeinen Optionen legen Sie einen Namen für den Stil fest und sehen alle Formateinstellungen in der Aufklappliste.

Den Rubriken nach können Sie die Einstellungen verändern: Farbe, Fläche, Kontur- und Eckeneffekte, Transparenz etc. Alle hier möglichen Einstellungen werden wir im Verlaufe des Buchs noch kennen lernen.

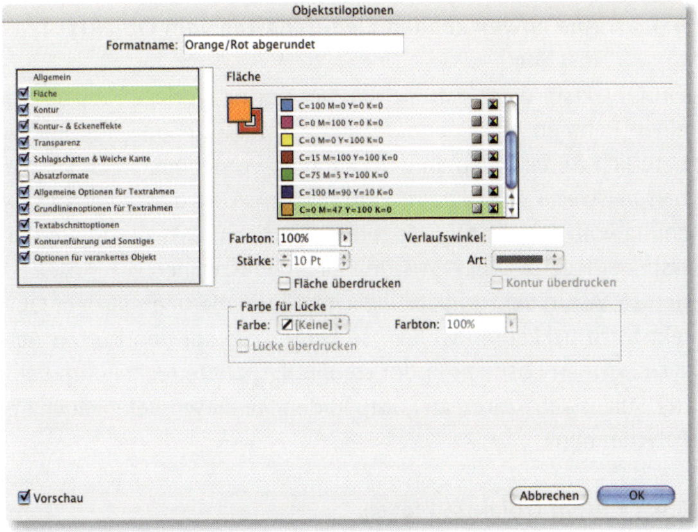

◂ **Abbildung 6.44**
Die Farbangaben zur Fläche/Kontur sowie andere Einstellungen nehmen Sie an den Rubriken in der linken Liste vor.

6.9.3 Objektstil schnell anwenden

Wenn Sie einen Rahmen nach fertigen Objektstilen gestalten wollen, so bietet Ihnen InDesign CS2 die neue Funktion SCHNELL ANWENDEN: Wählen Sie den Rahmen mit der Auswahl [V] an, und rufen Sie über den Tastenbefehl [⌘]+[↵] bzw. [Strg]+[↵] die Schnellauswahl aller Objektstile auf. Am rechten oberen Bereich des Dokumentenfensters erscheint die Liste aller Stile. Entweder klicken Sie auf den gewünschten Stil, oder Sie bewegen sich mit den Pfeiltasten nach oben oder unten durch die Liste. Mit der [↵]-Taste bestätigen Sie die Auswahl. Falls Ihr Dokument unzählige Stile aufweisen sollte, können Sie in der Eingabezeile sogar danach suchen.

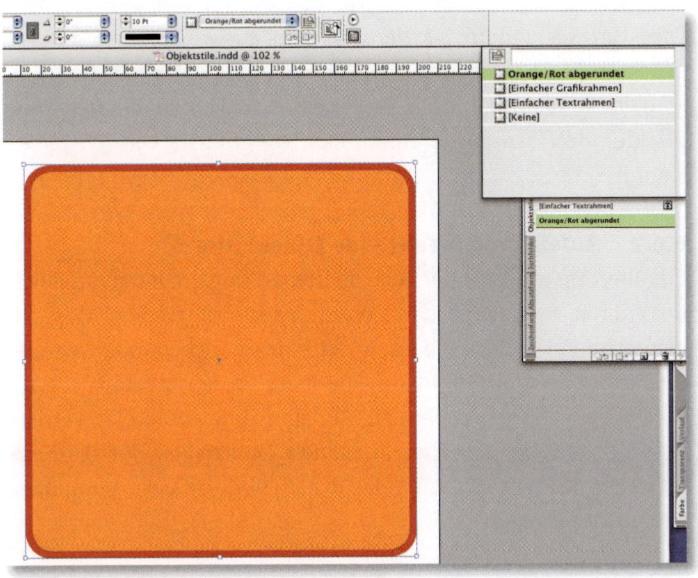

◂ **Abbildung 6.45**
Die Schnellauswahl ist ein komfortabler Weg, Objektstile auszuwählen. Sie rufen die Schnellauswahl auch in der Steuerungspalette über den Befehl ❶ auf.

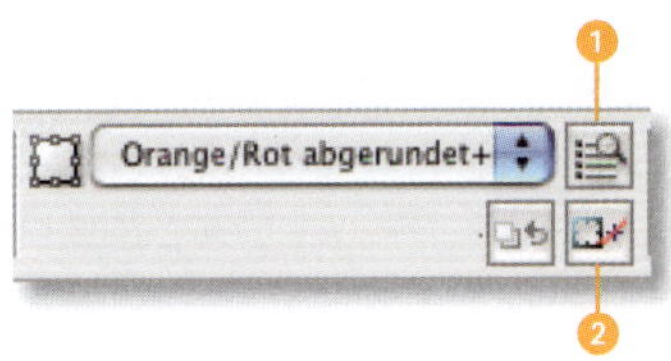

▴ **Abbildung 6.46**
SCHNELL ANWENDEN oder ABWEICHUNGEN LÖSCHEN finden Sie als einzelne Buttons

6.9.4 Alle abweichenden Eigenschaften vom Objektstil löschen

Ein Objektstil dient natürlich immer nur als Vorlage. Sobald Sie einen Rahmen mit einem Objektstil gestaltet haben, dürfen Sie natürlich Änderungen an dem Rahmen vornehmen. Wählen Sie beispielsweise eine andere Farbfüllung, so ist dies eine Abweichung vom Objektstil. Dies sehen Sie daran, dass der Stil in der Liste der Palette Objektstile mit einem Pluszeichen gekennzeichnet ist. Wenn Sie zur ursprünglichen Formatierung mit dem Objektstil zurückkehren wollen, so klicken Sie auf den Button Abweichungen löschen in der Steuerungspalette rechts unterhalb der Stilauswahl. Alternativ dazu finden Sie diesen Befehl auch im Palettenmenü.

Keine Stile? Im Prinzip schon, aber ...
Zugegeben, der Umgang mit den Stilen ist etwas verwirrend, da es für InDesign eigentlich keinen Rahmen ohne jeden Stil gibt, denn sogar dafür ist der Fall [keine] vorgesehen. Vergleiche mit dem deutschen Steuerrecht sind rein zufällig und nicht beabsichtigt.

6.9.5 Vom Objektstil lösen

Jeder mit einem Objektstil gestaltete Rahmen ist mit dem Stil weiterhin verknüpft. Während der Gestaltung kann es aber vorkommen, dass der Stil nicht mehr ausreicht und die Verbindung aufgehoben werden muss, um evtl. einen neuen Stil anzulegen. Dazu bietet InDesign die Option Verknüpfung mit Stil aufheben im Palettenmenü der Steuerungspalette oder der Objektstile. Die Formatierung des Rahmens bleibt erhalten, nur der zugewiesene Stil lautet nun [keine].

6.9.6 Rahmen zurücksetzen

Haben Sie einen Rahmen so häufig mit einem Stil gestaltet und Änderungen vorgenommen, so dass Sie nicht mehr wissen, auf welchem Stil der Rahmen nun wirklich basiert, dann sollten Sie den Rahmen zurücksetzen, also alle Formatierungen löschen. Dies tun Sie, indem Sie den Rahmen auswählen und mit gedrückter [Alt]-Taste den Objektstil Einfacher Grafikrahmen wählen. Somit erhalten Sie wieder einen schlichten Rahmen ohne Effekte oder Transparenzen mit einer 1 Punkt starken schwarzen Kontur.

6.9.7 Aufeinander basierende Objektstile

Erlauben Sie uns eine persönliche Bemerkung: InDesign fasziniert uns immer wieder mit den neuesten technologischen Möglichkeiten, die allerdings die Fähigkeit eines Druckers oder die Geduld einer Reinzeichnerin auf eine harte Probe stellen. Nicht alle Funktionen können in der vollständigen Tiefe ausgereizt werden. Was sich Adobe allerdings in Sachen Objektstilen für die neue InDesign CS2-Version ausgedacht hat, übertrifft alle vorherigen Herausforderungen.

Wenn Sie bereits mit Absatzformaten gearbeitet haben, kennen Sie die Möglichkeit, Formate aufeinander basieren zu lassen. Im ersten Absatzformat schreiben Sie die Brotschrift fest, in den darauf basierenden Formaten legen Sie Unterschiede wie Einzüge oder Initiale fest. Ebenso verhält es sich mit Objektstilen: Sie definieren einen Grundrahmen, z. B. mit abgerundeten Ecken. Ein darauf basierender Rahmen besitzt dann noch einen Schlagschatten oder eine andere Formatierung. Wollen Sie alle Rahmen aber ohne abgerundete Ecken, müssen Sie das erste »Mutter«-Format ändern, so dass alle »Kinder« die Eigenschaften übernehmen.

Was sich für rein grafische – also mit Farben gefüllte und in der Deckkraft reduzierte – Rahmen genial anhört, kann im Zusammenhang mit Absatzformaten eine undurchschaubare Fülle von Formatierungen mit sich bringen. Sie sollten diese basierten Formate nur mit Vorsicht genießen.

Objektstile austauschen

Einzelne oder alle Stile einer anderen InDesign-Datei importieren Sie über das Palettenmenü der Objektstile mit dem Befehl OBJEKTSTILE LADEN. Leider gibt es in dieser Version von InDesign noch keinen Export dieser Stile. Wenn Sie jedoch Platzhalterrahmen gestalten und diese als Snippets in der Bridge oder auf Ihrem Arbeitsplatz ablegen, so werden auch darin die Stile gespeichert, die Rahmen »merken« sich also ihre Eigenschaften. Lesen Sie dazu auch das Kapitel 15.

6.10 Vektorbearbeitung

Wie auf den vorangegangenen Seiten schon angedeutet, werden alle Rahmenobjekte in InDesign als Bézierkurven behandelt. Das bedeutet, dass Sie zahlreiche einfache Vektorfunktionen im Layout anwenden können. Neben den Rahmenwerkzeugen RECHTECK, ELLIPSE und POLYGON verfügt InDesign über weitere Werkzeuge zur Erstellung von vektorbasierten Grafikobjekten:

- DIREKTAUSWAHL
- ANKERPUNKT HINZUFÜGEN
- ANKERPUNKT LÖSCHEN
- RICHTUNGSPFAD UMWANDELN

▲ **Abbildung 6.47**
Direktauswahl- und Auswahlwerkzeug

6.10.1 Die Direktauswahl

InDesign unterscheidet, ob Sie nur den Rahmen als Ganzes bearbeiten oder ob Sie den Inhalt editieren wollen. Diese Trennung kommt durch die beiden Werkzeuge AUSWAHL [V] und DIREKTAUSWAHL [A] zum Ausdruck.

Erzeugen Sie mit dem Polygon-Werkzeug in der Werkzeugpalette einen Rahmen (Abbildung 6.48).

Wechseln Sie nun mit einem Mausklick oder dem Tastenbefehl [A] auf die Direktauswahl. Der Layoutrahmen verschwindet und offenbart die **Ankerpunkte** 1 des Polygons (Abbildung 6.49).

Wir sind jetzt in die Vektorbearbeitung gesprungen. Nun kann mit der Direktauswahl- und anderen Pfadwerkzeugen wie dem ZEICHENSTIFT, ANKERPUNKT HINZUFÜGEN, ANKERPUNKT LÖSCHEN und RICHTUNGSPUNKT UMWANDELN der Vektorpfad bearbeitet werden.

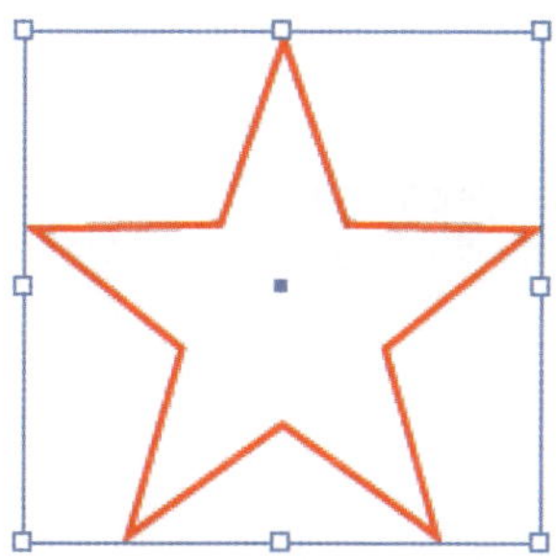

▲ **Abbildung 6.48**
Ein Polygonrahmen ist mit dem Auswahlwerkzeug aktiviert, der Layoutrahmen ist sichtbar.

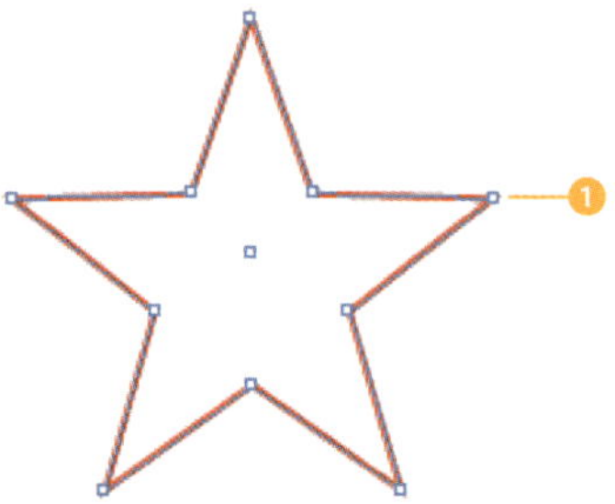

Abbildung 6.49
Ein Polygonrahmen ist mit der Direktauswahl aktiviert, die Ankerpunkte des Polygons werden gezeigt.

▼ **Abbildung 6.50**
Mit der Direktauswahl bearbeiten Sie die Linie.

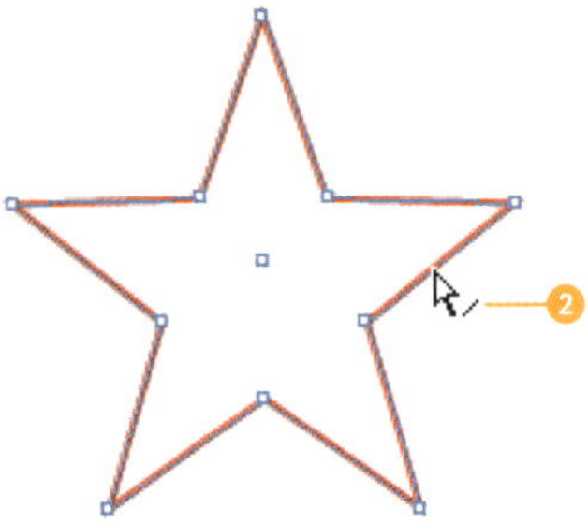

6.10.2 Ankerpunkte bearbeiten

Wenn Sie die Direktauswahl über den Vektorpfad bewegen, zeigt das Werkzeug verschiedene Zusätze rechts unterhalb der Werkzeugspitze an. Bewegen Sie sich über einen Pfad, wird zusätzlich eine Linie angezeigt ②.

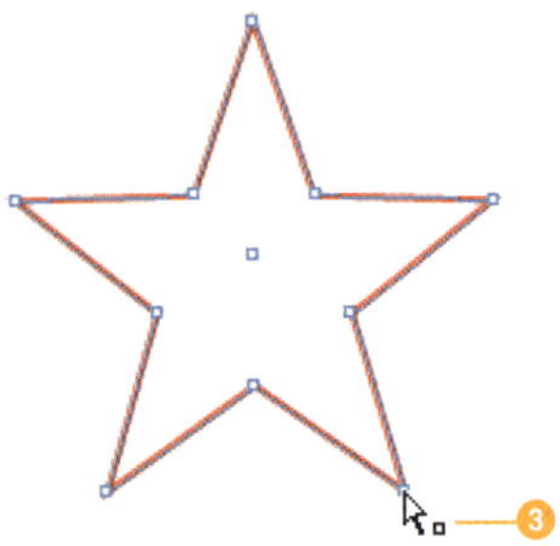

▲ **Abbildung 6.51**
Mit der Direktauswahl einen Ankerpunkt bearbeiten

Ankerpunkt verschieben | Bewegen Sie das Werkzeug auf einen Ankerpunkt, erhalten Sie ein kleines Quadrat ③.

Klicken Sie auf einen Ankerpunkt. Der Punkt wird jetzt gefüllt dargestellt. Klicken Sie den Ankerpunkt erneut an, und halten Sie dabei die Maustaste gedrückt. Ziehen Sie den Ankerpunkt an eine andere Stelle (siehe Abbildung 6.52). Sie sehen bei der Bewegung, welchen Verlauf der ursprüngliche Pfad hat. Lassen Sie den Ankerpunkt los.

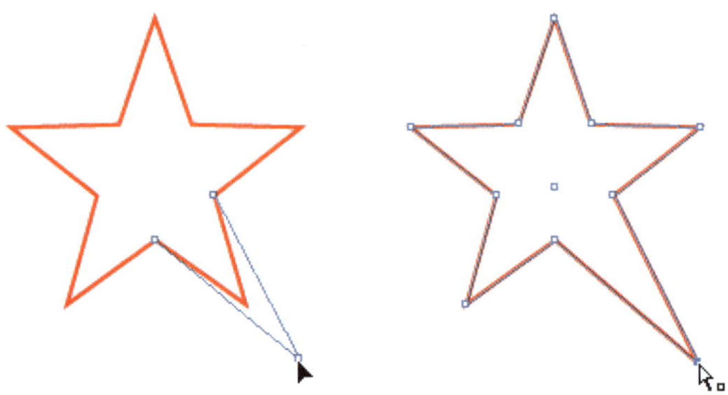

Abbildung 6.52 ▶
Verschieben eines Ankerpunktes

Mehrere Auswahlpunkte verschieben | Ziehen Sie ein Auswahlrechteck über mehrere Auswahlpunkte. Nun haben Sie diese Ankerpunkte gleichzeitig ausgewählt und können sie verschieben. Halten Sie bei diesen Aktionen ⇧ gedrückt, werden die Ankerpunkte auf einem 45°- oder 90°-Winkel verschoben.

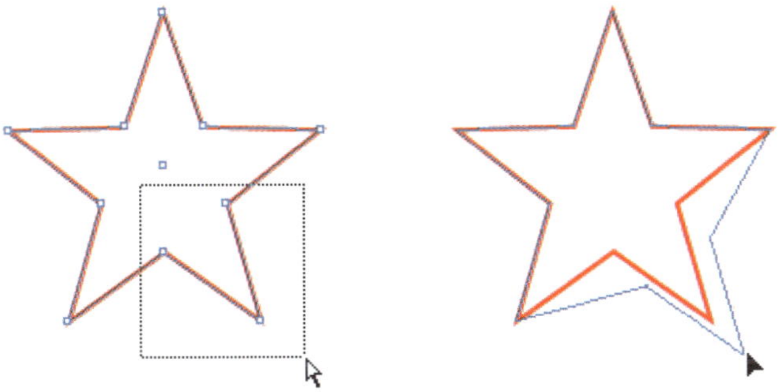

◂ **Abbildung 6.53**
Mehrfachauswahl und Verschieben von drei Ankerpunkten

Ankerpunkte hinzufügen | Wählen Sie nun das Werkzeug ZEICHENSTIFT aus (P). Bewegen Sie den Zeichenstift über den ausgewählten Vektorpfad. Über dem Vektorpfad erscheint ein kleines Plus neben der Stiftspitze, Sie können mit einem Mausklick einen Ankerpunkt zum bestehenden Pfad hinzufügen.

Werkzeuge

Dieselben Funktionen erreichen Sie über die Werkzeugauswahl ANKERPUNKT HINZUFÜGEN und ANKERPUNKT LÖSCHEN der Werkzeugpalette, die auch über die Tastenbefehle + und - aufgerufen werden können.

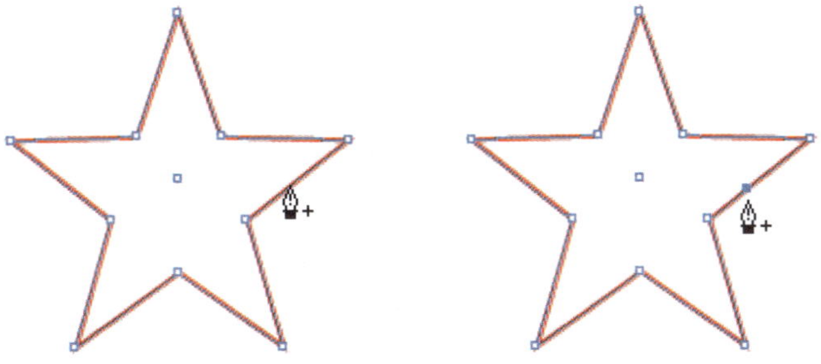

◂ **Abbildung 6.54**
Ankerpunkt hinzufügen

Ankerpunkt löschen | Erscheint über einem Ankerpunkt hingegen ein Minus, kann dieser Ankerpunkt mit einem Mausklick gelöscht werden.

Besondere Tastenbefehle

Bei ausgewähltem Zeichenstift können Sie mit gedrückter Strg-/⌘-Taste temporär auf die Direktauswahl wechseln, um einzelne Ankerpunkte schneller zu verschieben, ohne das Werkzeug wechseln zu müssen.

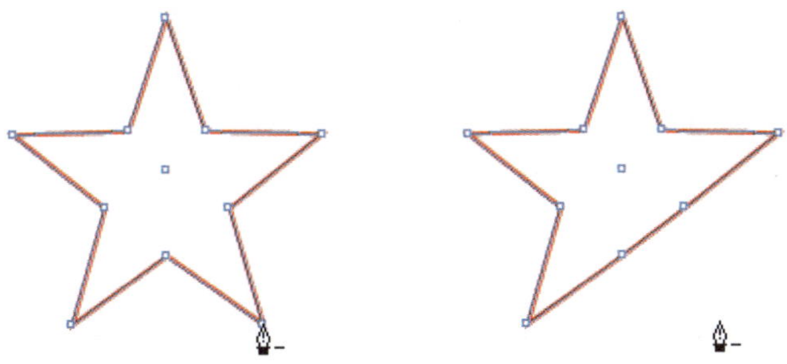

◂ **Abbildung 6.55**
Ankerpunkt löschen

Richtungspunkt umwandeln | Das Werkzeug mit der etwas irritierenden Bezeichnung zieht bei gedrückter Maustaste auf einen Ankerpunkt einen Eckpunkt als **Tangentenpunkt** auf. Eckpunkte werden durch gerade Linien verbunden, Tangentenpunkte dagegen erzeugen durch Tangenten eine Bogenform. Die Länge einer Tangente beeinflusst den Bogen des Vektorpfades.

Abbildung 6.56 ▸
Richtungspunkt umwandeln
Aus Eckpunkt wird Tangentenpunkt.

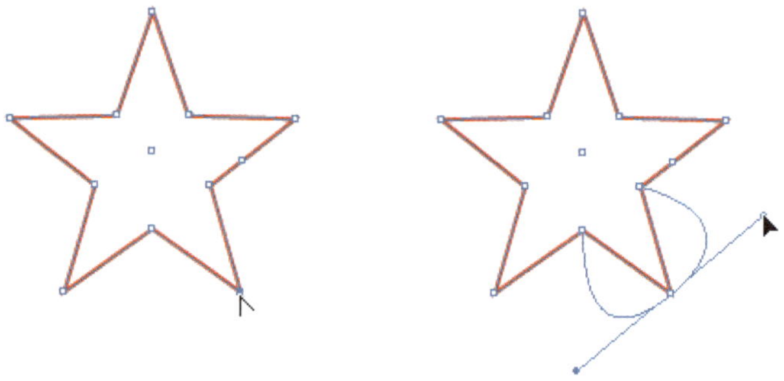

Ankerpunkte nummerisch transformieren
Nicht nur Rahmen, sondern auch Ankerpunkte lassen sich nummerisch transformieren! Wählen Sie dazu mit der Direktauswahl einen Ankerpunkt an, und rufen Sie die Transformieren-Palette auf. Sie erhalten die Koordinaten des Punktes und können sie verändern.

Tangentenpunkte werden zunächst symmetrisch im rechten Winkel zum Vektorpfad mit gleichen Tangentenlängen angelegt. Nachträglich können nun die Tangenten angepasst werden; auch bestehende Tangentenpunkte: Zunächst ziehen Sie einen Kreisrahmen auf und wechseln auf das Werkzeug RICHTUNGSPUNKT UMWANDELN. Ziehen Sie einen neuen Tangentenpunkt aus dem unteren Ankerpunkt heraus. Danach klicken Sie mit demselben Werkzeug auf einen einzelnen Tangentenpunkt und verschieben diesen. Nun erstellen Sie eine eigene Bogenform, der Kreisbogen läuft nicht mehr symmetrisch durch den Ankerpunkt.

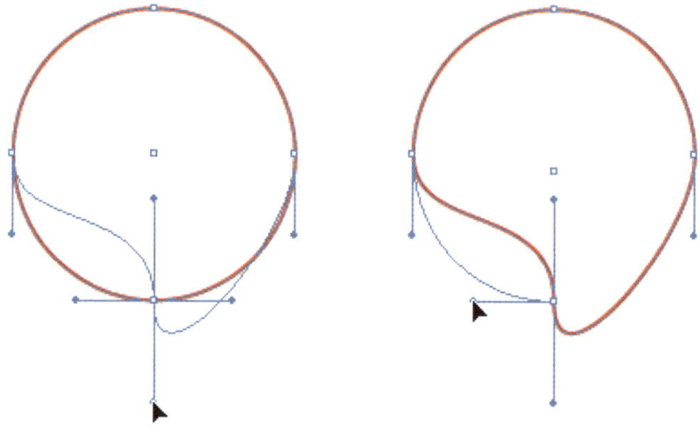

Abbildung 6.57 ▸
Tangentenpunkt neu aufziehen und Tangenten einzeln editieren

Bestehende Tangentenpunkte wandeln Sie wieder in Eckpunkte um, indem Sie mit dem Werkzeug auf den Ankerpunkt klicken.

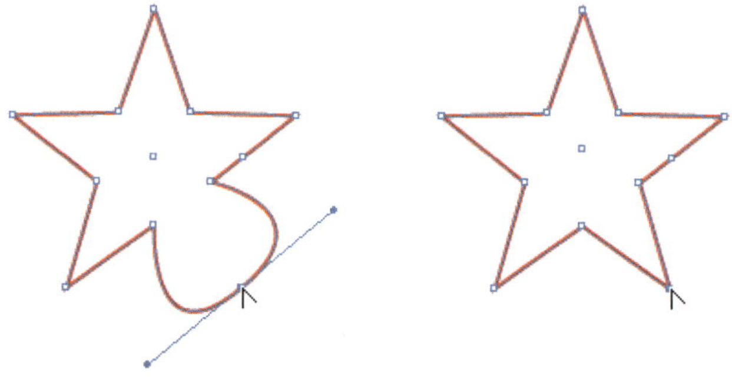

Abbildung 6.58 ▸
Tangentenpunkt zu Eckpunkt umwandeln

6.10.3 Werkzeuge zur Vektorbearbeitung: Zeichenstift, Buntstift u.a.

Sie müssen Vektorpfade nicht unbedingt über Rahmen erstellen. Ihnen stehen dafür die Werkzeuge ZEICHENSTIFT [P], BUNTSTIFT [N], GLÄTTEN, RADIEREN und – natürlich – der LINIENZEICHNER [^] zur Verfügung. Mit allen Werkzeugen können Sie die Konturdefinitionen treffen, die wir im gleichnamigen Kapitel ansprechen werden.

Zeichenstift | Wählen Sie das Werkzeug aus, und klicken Sie auf die Montagefläche. Klicken Sie ein weiteres Mal, und die beiden Punkte werden verbunden. Einen Tangentenpunkt können Sie setzen, wenn Sie die Maustaste gedrückt halten und den Mauszeiger vom Ankerpunkt wegbewegen. Setzen Sie weitere Tangentenpunkte, und achten Sie auf die Linie, die gezeichnet wird, bevor Sie die Maustaste loslassen.

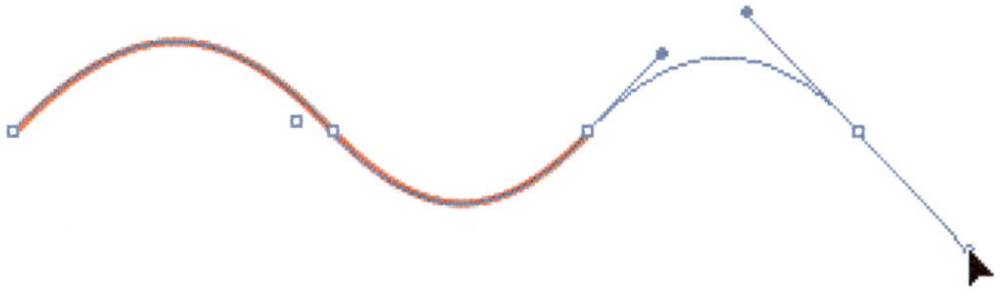

◂ **Abbildung 6.59**
Mit dem Zeichenstift Tangentenpunkte aufziehen

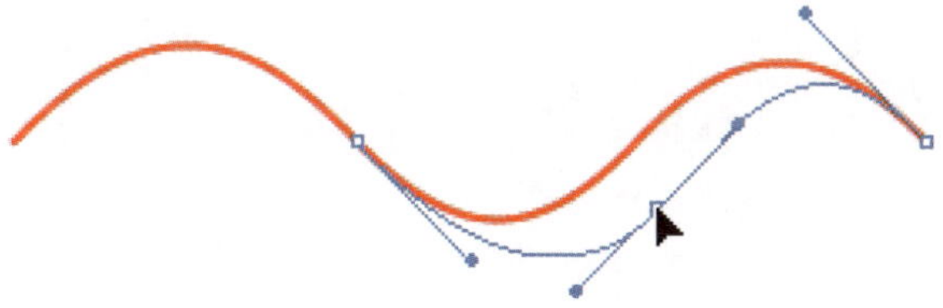

◂ **Abbildung 6.60**
Mit dem Zeichenstift Tangentenpunkte versetzen

Buntstift | Wesentlich intuitiver arbeiten Sie mit dem Buntstift. Bevor Sie nun aber versuchen, damit eine Skizze anzufertigen, benutzen Sie bitte ein Grafiktablett für diese Arbeit, das krakelige Beispiel ist mit einer Maus entstanden.

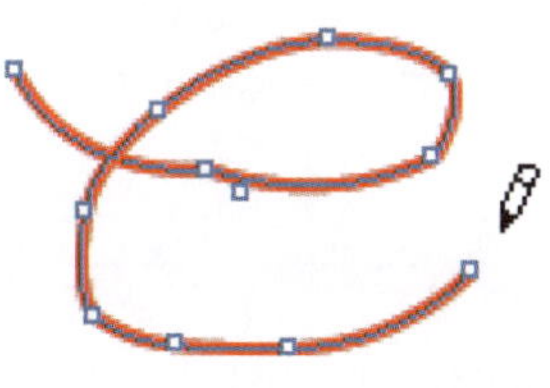

◂ **Abbildung 6.61**
Zeichnen mit dem Buntstift

Glätten | Um diese Unebenheiten auszugleichen, wählen Sie das Glätten-Werkzeug, und fahren Sie mit der Werkzeugspitze mehrmals über die aktive Zeichenform. Dadurch wird der krakelige Strich auf wundersame Weise schnell zu einer gleichmäßigen Form.

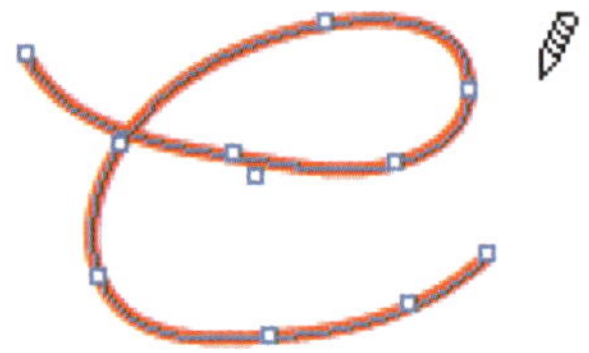

Abbildung 6.62 ▸
Skizzen glätten Sie mit dem gleichnamigen Werkzeug.

Radiergummi | Sie haben zu viel gezeichnet? Nun, dafür haben Sie als letztes Zeichenwerkzeug den Radierer zur Verfügung.

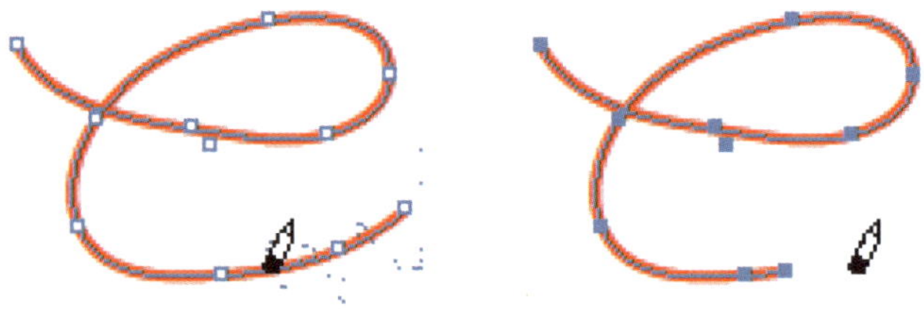

Abbildung 6.63 ▸
Zeichnungen mit dem Radierer entfernen

	Windows	Mac
Richtungspunkt umwandeln auswählen	+ [Alt] + [Strg] oder Zeichenstift + [Alt]	+ [⌥] + [⌘] oder Zeichenstift + [⌥]
Zwischen Ankerpunkt hinzufügen und Ankerpunkt löschen wechseln	[Alt]	[⌥]
Ankerpunkt hinzufügen auswählen	+ [Alt]	+ [⌥]

Tabelle 6.2
Tastenkürzel Vektorbearbeitung

7 Texte erfassen und bearbeiten

Für das Erfassen, Platzieren und Korrigieren von Texten stehen Ihnen zahlreiche Datenformate, Importe und Korrekturwerkzeuge zur Verfügung, die den Vergleich zu reinen Texteditoren nicht zu scheuen brauchen.

7.1 Textimport-Formate und Importoptionen

Der Import erfolgt ähnlich wie das Platzieren eines Bildes: Sie rufen mit dem Tastenbefehl [⌘]/[Strg] + [D] den Platzieren-Dialog auf und suchen sich Ihre Textdatei heraus. Danach legen Sie in den Importoptionen fest, wie der Text übernommen wird.

Zur Vorbereitung der Datenerfassung sollten Sie sich zunächst Gedanken machen, mit welchen Dateiformaten Sie arbeiten wollen oder welche Ihnen Ihre Kunden zur Verfügung stellen. Je nach Format bietet InDesign unterschiedliche Importoptionen, die Ihnen die Arbeit des Platzierens, der Korrektur und der späteren Formatierung erleichtern.

Das Thema des Textimports kann dabei ähnlich komplex wie das Platzieren von Bilddaten in das Layout sein. Die Formate, die Sie verwenden können, sind Standardformate, die weltweit genutzt werden. Darunter wird zwischen solchen Textformaten unterschieden, die nur die reine Textmenge transportieren wie das Nur-Text-Format (*.TXT), und solchen, die auch Absatz- und Zeichenformate sowie weitergehende Informationen wie Inhaltsverzeichnis- oder Indexinformationen beinhalten (RTF und DOC).

7.1.1 Welches Format wann verwenden?

Sind Texte erst einmal im Layout platziert worden, gibt es häufig nach einer Kundenkorrektur eine Änderung im Text. Doch an welcher Stelle soll die Änderung vorgenommen werden?

Zum Austausch von Textdateien mit Kunden oder Übersetzern bietet sich das RTF- oder das Word-Format an. Besonders der

Platzieren oder einmalig importieren?

Sie können entweder die Datei platzieren und mit der Originaldatei verknüpfen, oder Sie importieren den Text einmalig, ohne dass eine Verknüpfung bestehen bleibt.

Diese Wahl treffen Sie, indem Sie in den Voreinstellungen unter der Rubrik TEXT die Verknüpfen-Option BEIM PLATZIEREN VON TEXT- UND TABELLENDATEIEN VERKNÜPFUNGEN ERSTELLEN anwählen.

Diese Funktion ist nicht gerade gut platziert, da Sie von Fall zu Fall entscheiden müssen, ob Sie die Textdatei platzieren wollen. Ist diese Funktion deaktiviert, so können Sie zwar den Text importieren, eine Aktualisierung des Importes ist jedoch nicht möglich. Lassen Sie also jederzeit diese Funktion aktiviert. Über die Verknüpfungen-Palette können Sie nachträglich entscheiden, ob und wann Sie die verknüpfte Datei in die Layoutdatei einbetten.

Import von Word-Dateien mit Absatzformaten wurde in InDesign CS2 so verbessert, dass Sie beim Platzieren der Datei die Schriftformate den Absatz- und Zeichenformaten in InDesign zuordnen können. Der Text erscheint nach dem Import sofort in der richtigen Formatierung.

Ein Austausch zwischen InDesign-Dokumenten gelingt hervorragend mit dem Tagged-Text-Format, da Sie alle Absatzformate aus dem Layout mit exportieren und im neuen Dokument wieder einlesen können.

Wenn Sie einen dauerhaften Austausch von Artikeln mit dem Layout für eine Redaktion oder in einem Übersetzungsbüro ermöglichen wollen, sollten Sie sich zunächst mit diesem Kapitel beschäftigen und anschließend die Arbeitsweise mit Adobe InCopy im gleichnamigen Kapitel kennen lernen.

7.1.2 Nur-Text-Import

Das Nur-Text-Format – oder auch kurz .txt – zählt zu den Dateiformaten ohne weitere Information zur Darstellung des Textes, die Zeichen liegen demnach in einer solchen Datei nur als Textabsatz vor.

TXT-Dateien lassen sich aus jeder Textanwendung heraus exportieren, natürlich aus Microsoft Word, aber auch aus Adobe Acrobat oder ab der Version 6.x gar aus dem Adobe Reader, so dass Sie Texte aus PDF-Dateien als TXT exportieren können.

Um eine solche TXT-Datei in InDesign zu platzieren, rufen Sie über den Tastenbefehl [⌘] + [D] oder [Strg] + [D] oder DATEI • PLATZIEREN den Platzieren-Dialog auf, und wählen Sie die entsprechende Datei aus.

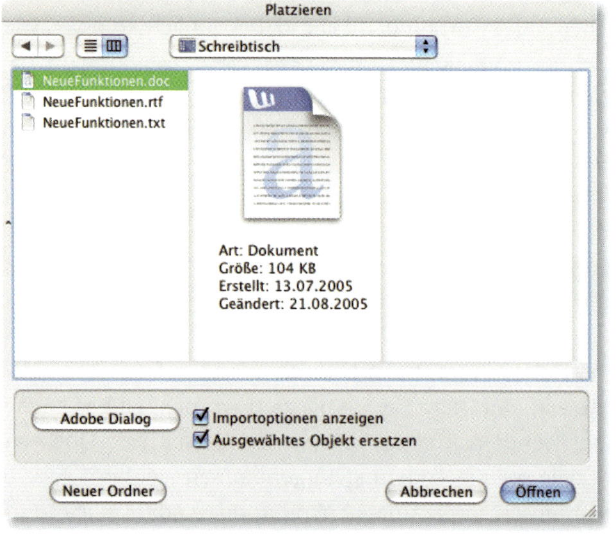

Abbildung 7.1 ▶
Der Platzieren-Dialog

Wählen Sie die Funktion IMPORTOPTIONEN ANZEIGEN, so öffnet sich das Dialogfenster TEXTIMPORTOPTIONEN, und Sie erhalten die Möglichkeit, die Kodierung des Textes für die Platzierung auszuwählen.

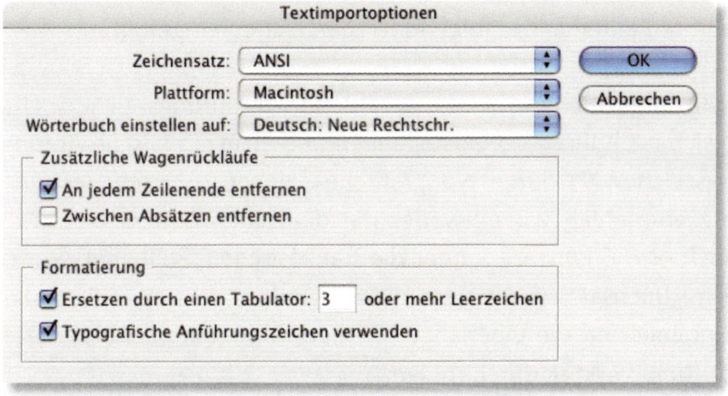

◂ **Abbildung 7.2**
Textimportoptionen für das Nur-Text-Format

Kodierungsarten | Je nach Plattform und Programm gibt es unterschiedliche Kodierungsarten. InDesign erkennt automatisch die Kodierung der Datei und konvertiert den Text für die interne Verarbeitung als Unicode-Format UTF-8. So lässt sich aus jeder Kodierung heraus auch für fremdsprachige Texte jedem Zeichen eine absolute Kodierung zuweisen. Lesen Sie bitte dazu auch das Kapitel »Typografie« und den Abschnitt »OpenType«.

Wählen Sie nun die entsprechende Kodierung im Import-Dialog aus, oder übernehmen Sie einfach die von InDesign vorgeschlagene Form.

Wörterbuch | Danach weisen Sie ein Wörterbuch zu, z. B. DEUTSCH: NEUE RECHTSCHREIBUNG. Jeder Textabschnitt kann mit einem eigenen Wörterbuch in InDesign unabhängig vom voreingestellten Wörterbuch für das gesamte Dokument arbeiten. Wählen Sie hier die passende Sprache aus, damit der Text korrekt umbrochen wird. Wenn Sie an dieser Stelle ein falsches Wörterbuch zuweisen, z. B. Deutsch zu einem englischen Text, umbricht InDesign die Wörter in einem Blocksatz nicht ausreichend, da es im deutschen Wörterbuch keine Trennrichtlinien für die englischen Begriffe gibt. Sie können zu einem späteren Zeitpunkt auch andere Wörterbücher zuweisen, um den Textumbruch korrekt durchzuführen.

Osteuropa
Durch die Öffnung des osteuropäischen Wirtschaftsraums und die Erweiterung der EU müssen heute viele Broschüren oder Produktdatenblätter mehrsprachig auch auf Polnisch oder Ungarisch veröffentlicht werden. Während für diese Sprachen früher eine besondere InDesign-Version nötig war, um z. B. polnische Texte zu platzieren und mit dem richtigen Wörterbuch zu umbrechen, werden nun mit der CS2-Version die lang vermissten Wörterbücher mitgeliefert.

Leerzeichen | Unter ZUSÄTZLICHE WAGENRÜCKLÄUFE versteht InDesign unnötige Leerzeilen, die Sie automatisch beim Import entfernen können. Die Abstände zwischen Absätzen werden in der Regel durch Absatzabstände im Absatzformat definiert. Dadurch sind auch kleinere Abstände wie 6 Punkt oder 2 Millimeter möglich.

Manche Texte sind mit Leerzeichen anstelle von Tabulatoren oder Einzügen formatiert worden. Diese Fehler lassen sich beim Import sofort ersetzen: Tabulatorzeichen werden anstelle von mehreren aufeinander folgenden Leerzeichen eingefügt.

Anführungszeichen | Die typografischen Anführungszeichen richten sich nach Ihren Voreinstellungen und ersetzen falsche Anführungszeichen (") durch typografische Zeichen. Je nach Verwendung empfehlen wir entweder die deutschen Satzzeichen „..." – auch 99-66 genannt – oder die französischen Guillemets »...«, die im Buchsatz häufig Verwendung finden, da sie weniger die Grundlinie und die Oberlänge in einem Mengentext stören. Das Schriftbild wirkt dadurch ruhiger.

7.1.3 RTF – Rich Text Format

Das RTF ist ein Allround-Format, in dem alle Darstellungsangaben und Formatierungen zum Text wie Schriftfamilie, Schnitt, Größe, Farbe und anderes abgespeichert werden können. Ebenso kann ein RTF-Dokument Absatz- und Zeichenformatierungen beinhalten sowie Inhaltsverzeichnisse, Indizes, aber auch Tabellen. Einzig platzierte Bilder können nicht in ein RTF integriert werden.

Diese Optionen und Möglichkeiten bedeuten jedoch nicht, dass eine RTF-Datei auch wirklich Absatzformatierungen mitbringt. Exportieren Sie z. B. aus Acrobat heraus den Text einer PDF-Datei als RTF, so werden zwar die Schriftinformationen aus dem PDF in das RTF konvertiert; da das PDF jedoch keine Absatzformate kennt, existieren auch keine in der RTF-Datei. Hingegen können Sie eine Word-Datei mit Absatzformatierungen definieren und als RTF speichern. Ein Inhaltsverzeichnis und ein Index werden dabei nicht automatisch angelegt, diese müssen Sie zuvor in Word erstellen. Somit ist also relevant, aus welcher Anwendung heraus die RTF-Datei kommt.

Wie bei einer TXT-Datei platzieren Sie auch hier über den Tastenbefehl [⌘]+[D] oder [Strg]+[D] oder Datei • Platzieren eine RTF-Datei in das Layout. Aktivieren Sie Importoptionen anzeigen. An dieser Stelle erhalten Sie weitaus andere Funktionen als zum TXT-Format.

Sie übernehmen den Text eines Inhaltsverzeichnisses, des Index und platzieren Fuß- und Endnoten, sofern sie im Textdokument vorhanden sind. Darüber hinaus werden auch hier Typografische Anführungszeichen verwendet ❶.

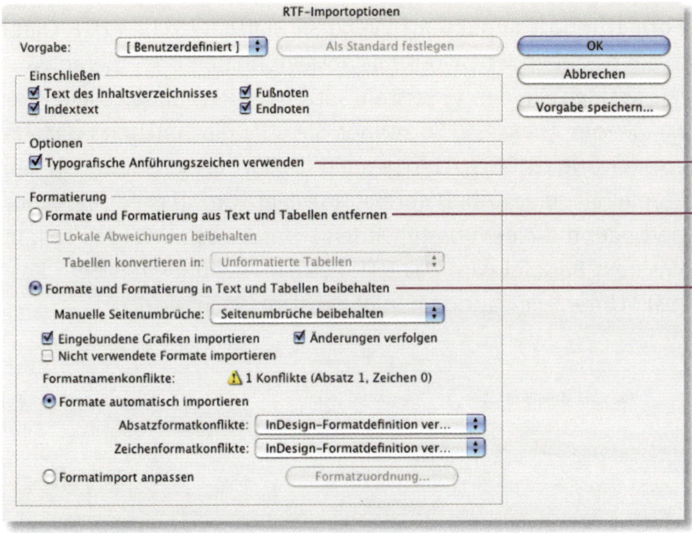

◂ **Abbildung 7.3**
Der RTF-Import-Dialog gleicht dem Word-Import.

Wenn Sie den Text vollständig unformatiert importieren wollen, um alle Formate zu löschen und später den Text von Grund auf neu zu formatieren, wählen Sie die Option Formate und Formatierung aus Text und Tabellen entfernen ❷.

Formatierter Text mit Absatzformaten kann auch eingebundene Grafiken und Seitenumbrüche mitbringen. In den nachfolgenden Funktionen ❸ wählen Sie die passenden Optionen für Ihren Text. Da jeder Textimport unterschiedlich ausfallen kann, gibt es an dieser Stelle keine allgemein gültigen Regeln.

Neben diesen etwas unübersichtlich angeordneten Importoptionen wollen wir auf die beiden untersten Funktionen hinweisen.

Formate automatisch importieren | Diese Einstellung sorgt dafür, dass alle Absatzformate der RTF-Datei in InDesign importiert und zu InDesign-Formaten umgewandelt werden. Wie Sie diese Absatzformate bearbeiten, lesen Sie im Kapitel »Absatz- und Zeichenformate« nach. Die Absatzformate erscheinen in der gleichnamigen Palette mit einem Diskettensymbol.

Word-typische Formate sind z. B. »heading 1« und »normal«. Ändern Sie an diesem Absatzformat die typografischen Einstellungen mit einem Doppelklick auf den Formatnamen und die nachfolgenden Änderungen, so wird aus dem platzierten Format ein InDesign-Absatzformat, die Verknüpfung zum Format der platzierten RTF-Datei geht verloren. Die Verknüpfung der RTF-Datei zum InDesign-Layout hingegen bleibt erhalten.

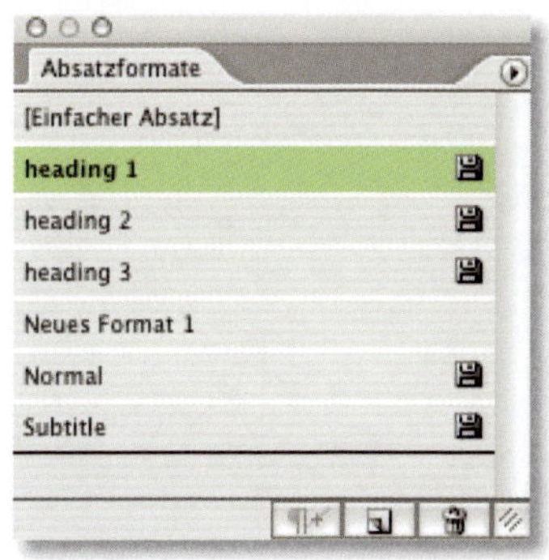

▴ **Abbildung 7.4**
So werden Absatzformate aus RTF-Dateien in InDesign übernommen.

Formatimport anpassen | Wenn Sie stattdessen Ihre RTF-Datei in ein bestehendes Layout mit Absatzformaten importieren wollen, wählen Sie den untersten Button im RTF-Importdialog FOMATIMPORT ANPASSEN. So können Sie über die Funktion FORMATZUORDNUNG... im nachfolgenden Dialog entscheiden, ob ein Format als neues Absatzformat angelegt wird, das Format ignoriert oder mit einem bestehenden Format ersetzt werden soll. In unserem Beispiel wird das RTF-Format »Subtitle« mit dem Format »Unterzeile« aus dem InDesign-Dokument ersetzt.

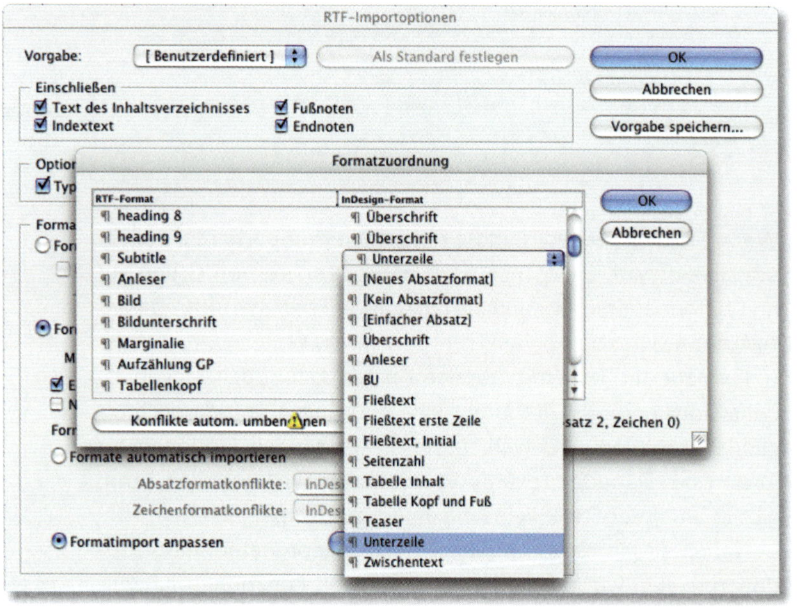

▲ **Abbildung 7.5**
Mit der Formatzuordnung wählen Sie, welches RTF-Format mit einem InDesign-Format ersetzt wird.

Wenn Sie allerdings diese lange Prozedur nicht über sich ergehen lassen wollen, können Sie die KONFLIKTE AUTOMATISCH UMBENENNEN. Mit einem Klick auf diesen Button sorgen Sie dafür, dass InDesign selbstständig die Formate zuordnet. Das Ergebnis können Sie natürlich eigenständig verändern.

7.1.4 Microsoft Word

Das Word-Format beinhaltet alle Eigenschaften eines RTF-Dokuments und darüber hinaus platzierte oder eingebettete Bilder und Grafiken sowie eingebettete Excel-Tabellen. Der Import einer Word-Datei ist identisch zum RTF-Import.

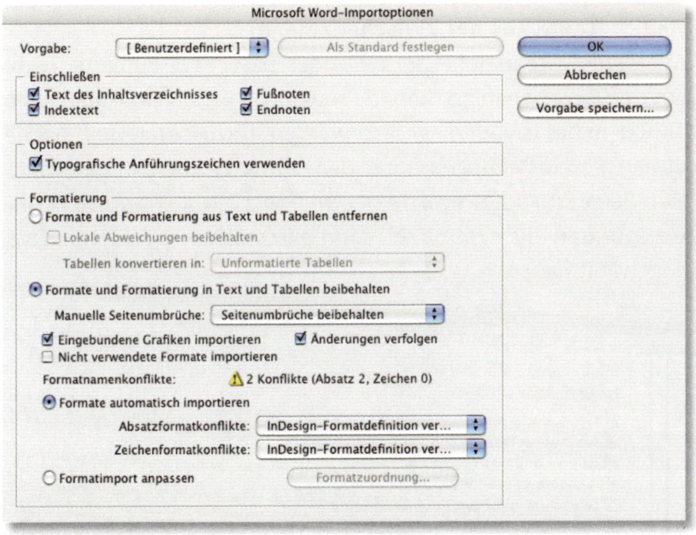

◂ **Abbildung 7.6**
Die Importoptionen zum Word-Format gleichen denen des RTF-Imports.

Wir empfehlen Ihnen, stets in Word mit Absatz- und Zeichenformaten zu arbeiten, da Sie diese einwandfrei in InDesign importieren und weiterbearbeiten können. Manuelle Formatierungen durch das Markieren von Text und die Auszeichnung durch die Funktionsbuttons »fett« oder »kursiv« sind keine Zeichenformate wie in InDesign, sondern reine typografische Formatierungen. Nur wenn Sie für solche Darstellungen in Word ein eigenes Zeichenformat anlegen, können Sie dieses in InDesign importieren. InDesign kann Ihnen hier diese Arbeit nicht abnehmen!

Wenn Sie Word-Dokumente platzieren, können Sie auch hier die Formatzuordnung bestimmen. Dadurch wird der Text einwandfrei mit den richtigen Formaten dargestellt.

Austausch

Der Austausch einer Word- oder RTF-Datei ist einfach, wenn Sie beachten, dass Sie immer dieselben Formate in der Textdatei verwenden und für alle typografischen Auszeichnungen Formate verwenden oder anlegen. So lässt sich in InDesign jederzeit der Text mit einer gespeicherten Vorlage auf dieselbe Weise platzieren.

Wichtig ist hier, dass Sie die Textdatei platzieren und gleichzeitig mit dem Layoutdokument verknüpfen. Dazu sollten Sie in den Voreinstellungen unter Eingabe immer die Option Beim Platzieren von Text- und Tabellendateien Verknüpfung erstellen aktiviert lassen.

7.1.5 Vorgabe speichern

Sobald Sie für eine RTF- oder Word-Datei die Importoptionen festgelegt haben, speichern Sie sich diese als Vorgabe ab, indem Sie auf den Button Vorgabe speichern... klicken. Somit können Sie bei einem neuen Import der Datei oder einer Aktualisierung stets dieselben Einstellungen verwenden, und die Formate der RTF- oder Worddatei werden richtig den InDesign-Absatzformaten zugeordnet.

Die gespeicherten Vorgaben wählen Sie dann im Importdialog als ersten Punkt unter Vorgabe aus.

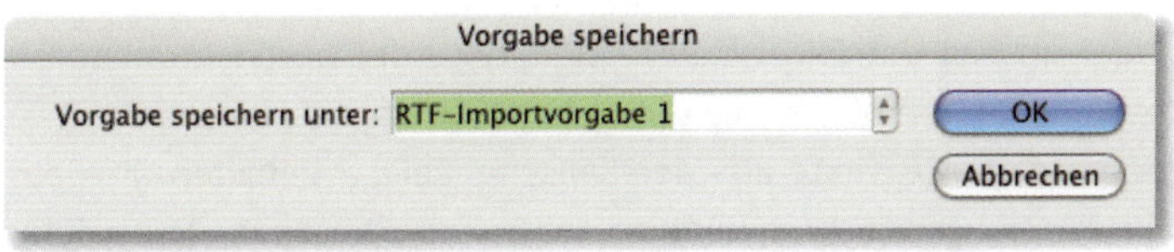

◂ **Abbildung 7.7**
Einmal getroffene Einstellungen für den RTF- oder Word-Import sollten Sie sich für ein erneutes Platzieren abspeichern.

7.1.6 Texte aus der Zwischenablage

Mit dem Tastenbefehl ⌘+C oder Strg+C kopierte Texte aus der Zwischenablage können sowohl als »Nur Text«, aber auch als RTF in das Layout eingesetzt werden. Dazu ist relevant, ob Sie in den Voreinstellungen unter der Rubrik EINGABE in der Funktion BEIM EINFÜGEN VON TEXT UND TABELLEN AUS ANDEREN ANWENDUNGEN die Option ALLE INFORMATIONEN oder NUR TEXT angewählt haben.

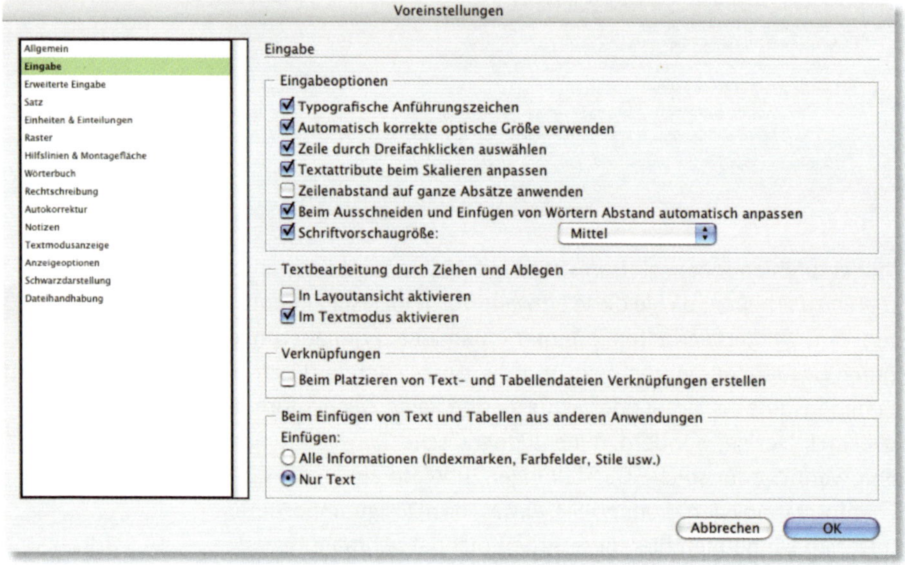

▲ Abbildung 7.8
Die Voreinstellungen EINGABE beinhalten wichtige Vorgaben für das Einfügen von Texten aus der Zwischenablage.

Ist diese Funktion aktiviert, so erkennt InDesign die Formatierungen wie Schriftfamilie oder Schriftgröße und platziert den Text der Zwischenablage in formatierter Form. Dabei wird der Text selbstverständlich direkt eingefügt, ohne dass eine Verknüpfung zu einer externen Datei besteht.

Wenn Sie aus Excel eine Tabelle markieren und diese nach InDesign kopieren, so bleibt sogar die Struktur der Tabelle in Form von Zellen erhalten. Die Tabelle wird somit nativ kopiert und zu einer InDesign-Tabelle umgewandelt.

Ist die Übernahme von Textattributen in den Voreinstellungen ausgeschaltet, kopieren Sie nur einfachen unformatierten Text oder im Fall der Excel-Datei einen Text, der durch Tabulatoren ergänzt ist, um diesen weiter zu formatieren.

Formatierte Texte aus der Zwischenablage behalten also das Erscheinungsbild und können sogar Tabellenzellen beinhalten. Dabei werden jedoch auch druckuntaugliche Schriftinformationen und Farbangaben in das Layout kopiert, die schnell übersehen werden können. Handelt es sich zum Beispiel um eine verwendete Systemschrift, die nicht optimal für den Druck, sondern für den Monitor ist, bilden sich unsaubere Unterschneidungen in der Ausbelichtung. Einkopierte Farben z. B. aus Excel sind RGB-Farben, die erst kurz vor der Ausgabe durch ein Preflight erkannt werden. Eine schwarze Textfarbe entpuppt sich als RGB-Farbe, die in der Ausbelichtung ohne Preflight in mehrere Prozessfarben aufgerastert wird und einen wesentlich höheren Farbauftrag bildet. Das Schriftbild verdickt sich dadurch optisch um einen halben Schriftschnitt. Bei grobem Druckraster kann auch die Schriftkante ausfransen und unscharf wirken. Somit müssen Sie unweigerlich die Formatierung nachträglich überprüfen und korrigieren. Besonders bei der Übernahme von Tabellen ist dieses Vorgehen aber zu empfehlen, da sonst die Tabellenzellen nachträglich aus dem durch Tabulatoren formatierten Text umgewandelt werden müssten.

Unformatierter Text lässt sich durch Zuweisen von Absatzformaten besser verarbeiten, da der Textimport schneller von InDesign durchgeführt wird und keine Schriftformatierungen übersehen werden können.

7.2 Textfluss und Textverkettungen

7.2.1 Textfluss steuern

Nach der Wahl der Importoptionen zu den Textformaten bestätigen Sie den Import-Dialog, und Sie erhalten eine Einfügemarke. Wenn Sie nun an eine beliebige Stelle im Layout klicken, fließt der Text danach innerhalb eines Rahmens automatisch in das Spaltenraster der Mustervorlagen ein.

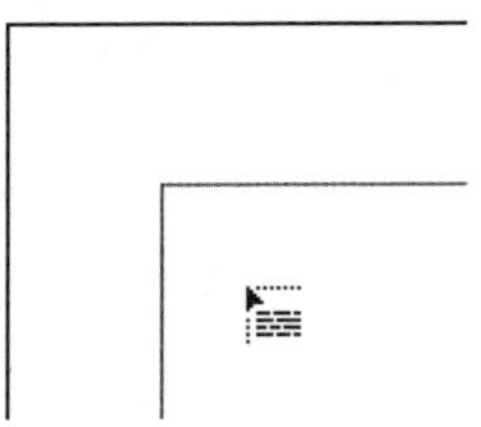

◂ **Abbildung 7.9**
Einmal klicken, und schon wird der Text eingefügt.

- Standardmäßig wird zunächst die Cursorform des manuellen Textflusses angezeigt.

- Bei gedrückter ⇧-Taste erhalten Sie einen automatischen Textfluss als Einfügecursor – erkennbar an der durchgezogenen Schlangenlinie –, der nur einen Textrahmen anlegt.

- Bei gedrückter [Alt]-Taste hingegen verläuft der Textfluss halbautomatisch – eine gestrichelte Schlangenlinie –, d. h., Sie können zunächst mit einem Klick einen Textrahmen anlegen und behalten den Rest des Importtextes »in der Hand« bzw. am Mauszeiger. Bei erneutem Klick wird ein weiterer Textrahmen erzeugt usw.

- In der Tastenkombination [⇧] und [Alt] erhalten Sie einen geraden Pfeil nach unten, um so viele Textrahmen wie nötig anzulegen. Dabei werden auch zusätzliche Seiten zum bestehenden Dokument angelegt.

Blindtext

Sollten Sie keinen Text zur Hand oder keine Zeit haben, sich einen Fließtext anzulegen, nehmen Sie doch einfach den Platzhaltertext, den InDesign Ihnen über das Menü SCHRIFT • MIT PLATZHALTERTEXT FÜLLEN anbietet. Alternativ können Sie den Platzhaltertext auch über das Kontextmenü im Textbearbeitungsmodus über die [Ctrl]-Taste (Mac) oder die rechte Maustaste (PC) einfließen lassen. Der Text fließt dabei immer so lange, bis der ausgewählte Textrahmen oder miteinander verkettete Rahmen vollständig ausgefüllt sind.

7.2.2 Textverkettungen erstellen

Wenn Sie den Text platziert haben, so erkennen Sie zunächst, dass sich der Text in einem Rahmen befindet, der jeweils links oben ❶ und rechts unten ❷ ein kleines Kästchen besitzt, Eingang und Ausgang. Das sind die Markierungen für den Textfluss.

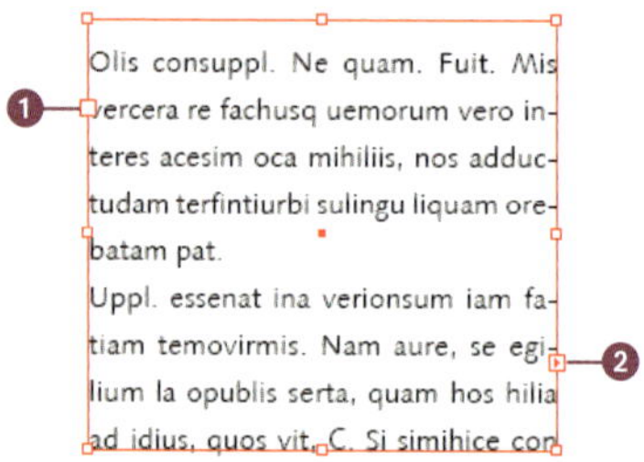

▲ **Abbildung 7.10**
Der Textrahmen mit Textflussmarkierungen

Unterschied zu QuarkXPress

Suchen Sie nicht nach den Ihnen aus XPress bekannten Werkzeugen Verketten und Entketten. InDesign arbeitet hier nach einem anderen Konzept.

In unserem Beispiel (Abbildung 7.11) haben wir zwei Rahmen angelegt. Der Text fließt dabei von einem zum nächsten Rahmen, angezeigt durch kleine Pfeile nach rechts in den Flussmarkierungen ❸.

Um eine Textverkettung zwischen zwei bestehenden Rahmen zu erstellen, müssen Sie mit dem Auswahlwerkzeug den ersten Rahmen aktivieren und dann auf den Ausgang klicken. Das Auswahlwerkzeug verwandelt sich in das Symbol TEXT PLATZIEREN. Ziehen Sie den Mauszeiger nun auf den zweiten Rahmen, und es wandelt sich in das Verketten-Symbol. Per Klick können Sie die Verkettung erstellen.

7.2.3 Textverkettungen sichtbar machen

Um die Textverkettung zwischen den Rahmen sichtbar zu machen, wählen Sie im Menü ANSICHT • TEXTVERKETTUNGEN EINBLENDEN aus. Danach werden die Flussrichtungen mit kräftigen Linien zwischen den Rahmen und den Flussmarken angezeigt.

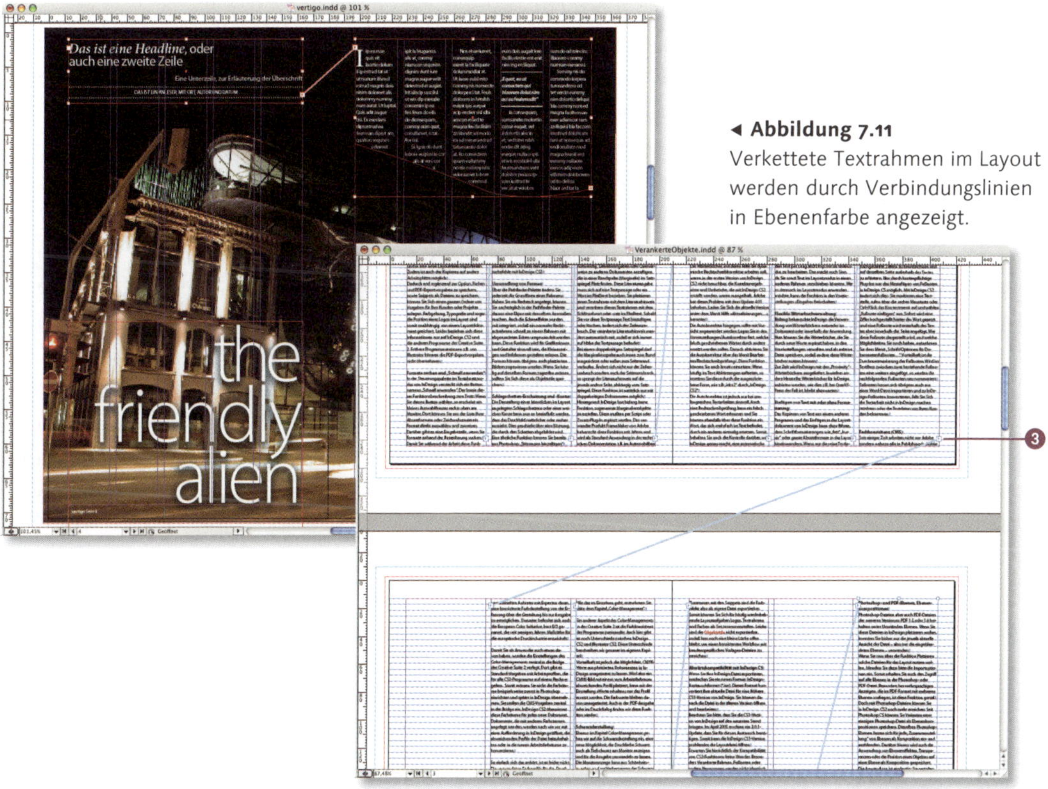

◀ **Abbildung 7.11**
Verkettete Textrahmen im Layout werden durch Verbindungslinien in Ebenenfarbe angezeigt.

7.2.4 Textverkettungssymbole

▲ **Abbildung 7.12**
Ein leerer Ein- und Ausgang. Der Text beginnt und endet in diesem Textrahmen.

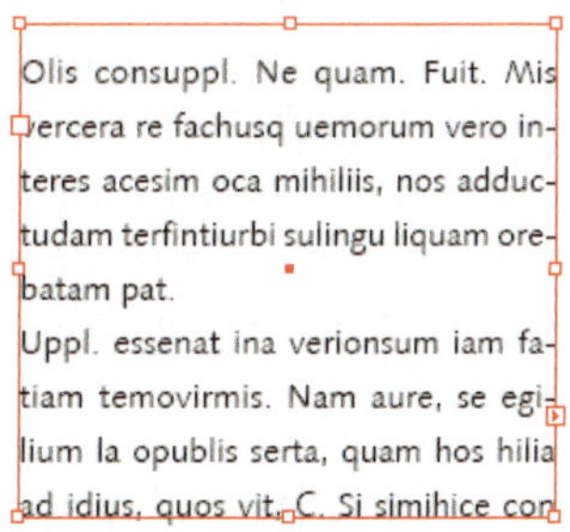

▲ **Abbildung 7.13**
Der Ausgang enthält einen Pfeil. Der Textrahmen ist mit einem zweiten Rahmen verkettet, in dem weiterer Text folgt.

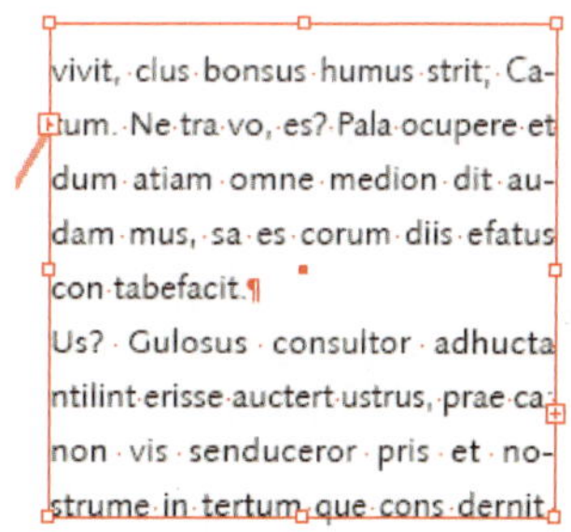

▲ **Abbildung 7.14**
Der Anfang enthält einen Pfeil. Der Textrahmen ist mit einem vorher liegenden Rahmen verkettet, der ebenfalls Text enthält.

Verschiedene Symbole können Ihnen bei der Textverkettung begegnen, die Sie den folgenden Abbildung entnehmen können.

Das Pluszeichen am Textende signalisiert, dass der Rahmen mehr Text enthält, als angezeigt werden kann. Wie viel des so

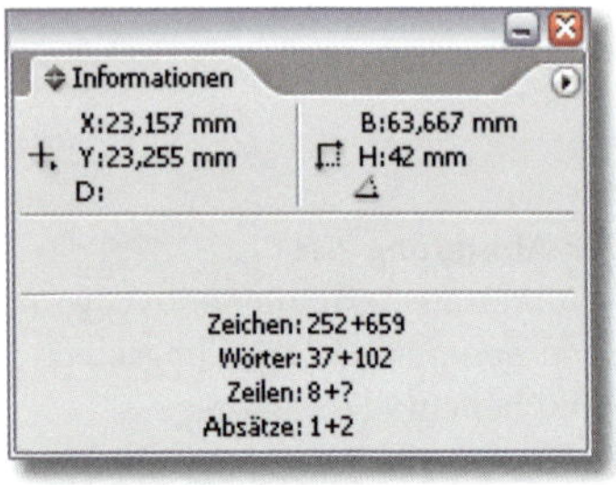

▲ **Abbildung 7.15**
Ein Absatz ist im Rahmen sichtbar, zwei aber befinden sich noch im Übersatz.

genannten Übersatzes vorhanden ist, sehen Sie in der Informationen-Palette. Dazu müssen Sie nur den Cursor in den Textrahmen stellen. Klicken Sie in der Informationen-Palette auf OPTIONEN EINBLENDEN, und schon werden Ihnen die dargestellten und mit einem Pluszeichen auch die nicht dargestellten Zeichen, Wörter, Zeilen und Absätze angezeigt.

7.2.5 Textverkettung ergänzen

Wenn Sie zwischen zwei verketteten Textrahmen einen weiteren Rahmen hinzufügen wollen, so klicken Sie in den Textrahmenausgang des ersten Rahmens. Danach wandelt sich der Mauszeiger in die Texteinfügemarkierung. Ziehen Sie nun mit gedrückter Maustaste einen neuen Textrahmen auf. Der Textfluss läuft nun vom ersten Rahmen durch diesen neuen Rahmen weiter in den dritten Rahmen.

7.2.6 Textverkettung lösen oder unterbrechen

Eine Textverkettung lösen Sie, indem Sie ebenfalls auf den Ausgang des ersten Rahmens klicken und danach mit der Maus auf den zweiten verketteten Rahmen zeigen. Sie erhalten dann ein Symbol mit offenen Kettengliedern. Mit einem Klick auf diesen zweiten Rahmen lösen Sie die Verkettung und können nun einen neuen Rahmen aufziehen.

Wollen Sie eine Textverkettung unterbrechen, müssen Sie zuvor den Text des zweiten Rahmens mit dem Textwerkzeug markieren und in die Zwischenablage kopieren. Danach klicken Sie in den Ausgang des ersten Rahmens und danach in den zweiten Rahmen. Der zweite Rahmen ist nun leer. Wählen Sie das Textwerkzeug, klicken Sie in den zweiten Rahmen, und fügen Sie den Text aus der Zwischenablage mit ⌘/Strg+V ein. Leider ist dies nicht mit einem anderen Werkzeug möglich. Hier sollte Adobe nachbessern, da diese Prozedur sehr umständlich ist.

7.3 Verknüpfungen-Palette

Wenn Sie zuvor in den Voreinstellungen die Textverknüpfung aktiviert haben, so erhalten Sie nun in der Verknüpfungen-Palette die platzierte Textdatei dargestellt. Die Palette rufen Sie unter dem Hauptmenü FENSTER auf.

Über die Verknüpfungen-Palette sehen Sie alle platzierten Text- und Grafikdateien im InDesign-Layout. Die Verknüpfung bleibt so lange aktiv, bis die platzierte Datei gelöscht oder aber die Textdatei eingebettet wird. Diese Vorgehensweise ist dann empfehlenswert, wenn es sich um Texte handelt, die nur einmal platziert und danach über eine elektronische Korrespondenz via PDF-Dateien mit dem Kunden ausgetauscht werden, oder für Texte, deren Korrekturphase definitiv abgeschlossen ist.

Über das Palettenmenü aktualisieren Sie die Verknüpfung, oder Sie wählen aus, ob die Datei nachträglich in das Layout eingebettet wird. Somit wird die Verknüpfung aufgelöst und kann nicht mehr nachträglich aktualisiert werden.

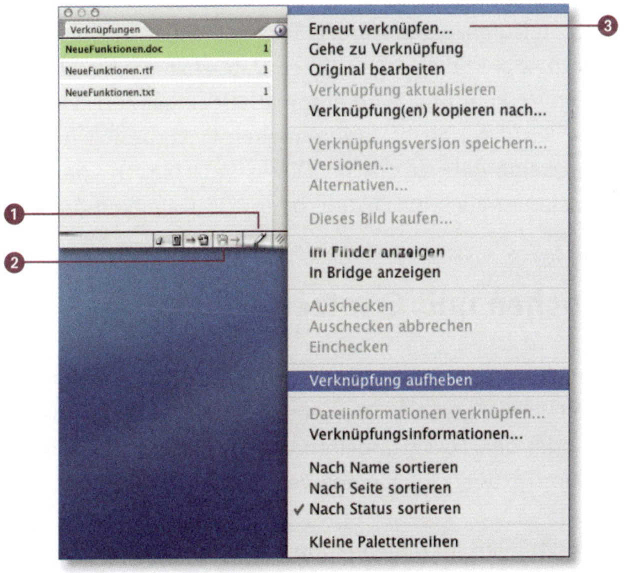

◂ **Abbildung 7.16**
Platzierte Textdateien werden in der Verknüpfungen-Palette angezeigt, wenn Sie in den Voreinstellungen aktiviert haben, dass Texte platziert und nicht importiert werden. Die Funktionen AUSCHECKEN und EINCHECKEN sind nur im Zusammenspiel mit InCopy möglich.

7.3.1 Texte aktualisieren

Platzierte Texte in InDesign lassen sich auch extern bearbeiten und nachträglich aktualisieren. Das kann auf verschiedenen Wegen geschehen.

Der konventionelle Weg erfolgt über die Verknüpfungen-Palette. Dazu müssen Sie die Verknüpfungen-Palette in InDesign unter dem Hauptmenü FENSTER aufrufen, die platzierte Textdatei auswählen und auf das Bleistiftsymbol ORIGINAL BEARBEITEN ❶ an der unteren Palettenkante klicken. Danach sucht InDesign automatisch nach der Erstellungssoftware der Textdatei oder nach einem adäquaten Programm wie Word Pad unter Windows XP oder TextEdit unter Mac OS X.

Dieser Weg ist jedoch wenig komfortabel. Stattdessen ist es wahrscheinlicher, dass Ihr Kunde Ihnen eine neue Textdatei schickt, die Sie austauschen sollen. Auch an dieser Stelle gibt es zwei Wege:

- Entweder Sie ersetzen die externe Textdatei durch die neue und aktualisieren danach in der Verknüpfungen-Palette die Referenz ❷.

- Oder Sie wählen die alte platzierte Textdatei in der Verknüpfungen-Palette aus und rufen die Funktion ERNEUT VERKNÜPFEN ❸ auf. Danach wählen Sie den Pfad zur neuen Datei.

7.3.2 Verknüpfte Textdateien verschieben

Wenn Sie die Textdatei mit dem Layout verknüpft haben und während der Layoutarbeit den Speicherort der Textdatei wechseln möchten, können Sie die Funktion VERKNÜPFUNG(EN) KOPIEREN NACH... aufrufen. Dann wählen Sie einen neuen Speicherort, und InDesign kopiert die ausgewählten Dateien in ein neues Verzeichnis. Die Verknüpfung wird automatisch aktualisiert. Die ursprüngliche Textdatei bleibt an ihrem alten Platz, besitzt für das Layout aber keine Relevanz mehr. Dieses Verschieben von platzierten Dateien ist auch mit Bildern oder PDF-Dateien möglich.

Intelligenter Workflow
Die Platzierung von Text im Layout und eine parallele Korrektur und zwischenzeitliche Aktualisierung der Verknüpfung kann in InDesign nur dann funktionieren, wenn Sie und Ihr Kunde konsequent mit Formatvorlagen in Word arbeiten.

Als Vorbereitung für einen Redakteur kann es daher sehr von Vorteil sein, wenn Sie einfach einen Platzhaltertext mit selbst definierten Absatzformaten gestalten. Danach kopieren Sie diesen Platzhaltertext einfach in ein leeres Word-Dokument und stellen es Ihren Kunden oder der Textredaktion zur Verfügung. Die Absatzformate aus InDesign bleiben beim Kopiervorgang erhalten und lassen sich bequem in Word weiter nutzen!

7.4 Suchen und Ersetzen

Haben Sie erst einmal den gewünschten Text platziert, können Sie nun mit dem Zuweisen von Absatz- und Zeichenformaten fortfahren oder den Text bearbeiten und korrigieren. Klicken Sie dazu mit dem Textwerkzeug in den Textrahmen, den Sie bearbeiten möchten.

Zur Korrektur verhilft die Funktion SUCHEN/ERSETZEN aus dem Menü BEARBEITEN, die Sie auch über den intuitiven Tastenbefehl [⌘]+[F] oder [Strg]+[F] aufrufen.

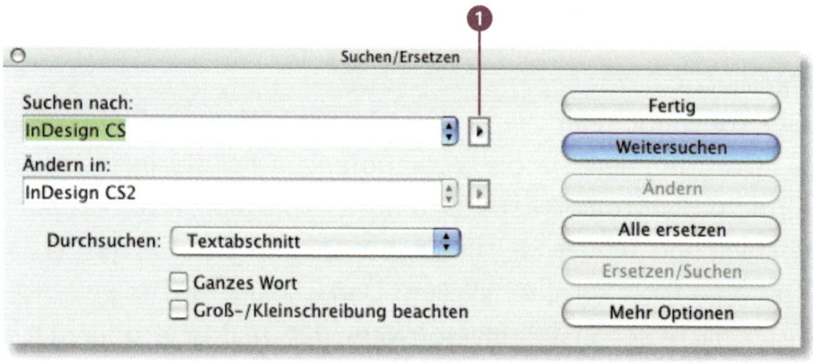

Abbildung 7.17 ▸ Textkorrektur oder Gestaltungswerkzeug?

Wörter ersetzen | Hier haben Sie zunächst die Möglichkeit, Wörter zu ersetzen. Diese Suchfunktion können Sie beliebig auf den gewählten Textabschnitt, das gesamte Dokument oder auf alle geöffneten Dokumente anwenden, indem Sie auf das Auswahlmenü DURCHSUCHEN klicken.

Sonderzeichen ersetzen | Auch die Suche nach Sonderzeichen wie Umbruchmarkierungen, lange Gedankenstriche oder Anführungszeichen ist möglich: Klicken Sie dazu rechts neben dem

Eingabefeld SUCHEN auf den kleinen Button mit dem Pfeil nach rechts ❶: Es öffnet sich ein Auswahlmenü mit allen formatierbaren Meta- und Sonderzeichen. Dadurch können Sie z. B. Geviertstriche durch Halbgeviertstriche automatisch ersetzen.

Die Auswahl an Sonderzeichen, die Sie ebenfalls über SUCHEN/ERSETZEN mit anderen Zeichen oder Formaten tauschen können, ist enorm. Dazu können Sie jedoch auch Sonderzeichen im Text kopieren und diese in die Eingabemaske des Suchen und Ersetzen-Dialogs einfügen.

▲ **Abbildung 7.18**
Auswahlmenü für Meta- und Sonderzeichen

Schrift suchen | Wenn Sie einmal eine Warnmeldung zu einer fehlenden Schriftart wie der »Times« beim Öffnen oder in der Druckausgabe erhalten, die eigentlich gar nicht im Dokument verwendet werden soll oder aus der Gestaltungsphase noch im Layoutdokument übrig geblieben ist, suchen Sie hier mit dieser Funktion nach der Schrift. Da die Suche dokumentweit durchgeführt wird, kann Ihnen auch ein Metazeichen, das noch in der ungewollten Schrift formatiert ist, nicht entwischen. Eine unverzichtbare Funktion, da Sie hier nicht durch teure Preflight-Tools die Schriftsuche durchführen müssen.

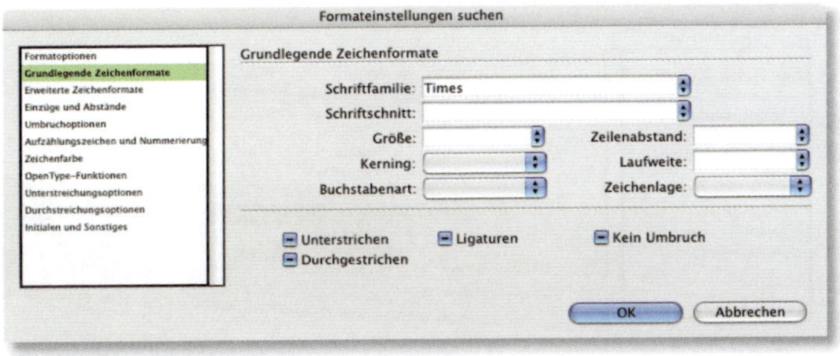

▲ **Abbildung 7.19**
Lassen Sie InDesign einfach nach fehlenden Schriften suchen.

Formate ersetzen | Auch die Textformatierung durch Absatz- und Zeichenformate kann auf diese Weise bearbeitet werden. Dadurch ersparen Sie sich das manuelle Zuweisen der Formatierungen. Unter dem Button MEHR OPTIONEN finden Sie die Anwahl der Formate und erhalten einen Eingabedialog, der ebenso wie die Absatz- und Zeichenformate ausgewählt wird (Abbildung 7.20).

Möchten Sie also alle Textstellen umformatieren, die eventuell ein falsches Zeichenformat tragen, so wählen Sie dieses Quell- und Zielformat aus und lassen die Formatierungen ersetzen.

Alternativ lassen Sie hier nach typografischen Eigenarten suchen. So könnten automatisch über das gesamte Dokument normale Großbuchstaben in Kapitälchen aus einer OpenType-Pro-Schrift umgewandelt werden (Abbildung 7.21).

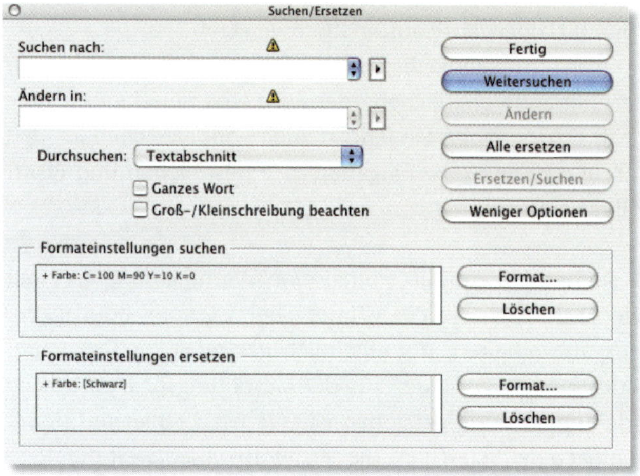

▲ **Abbildung 7.20**
Mit erweiterten Optionen können Sie mit der Funktion SUCHEN/ERSETZEN neben der Textsuche auch nach Farben, Formatierungen oder Sonderzeichen suchen.

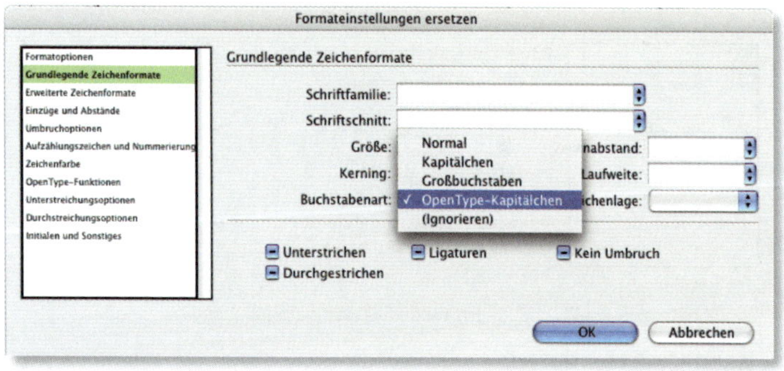

Abbildung 7.21 ▶
Über SUCHEN/ERSETZEN tauschen Sie die Formate oder weisen neue Formate zu.

Suchen lassen | Wenn Sie auf den Button WEITERSUCHEN klicken, durchsucht InDesign sofort das Dokument und hebt die Treffer im Text mit einer negativen Markierung hervor. Mit einem erneuten Klick auf WEITERSUCHEN springen Sie zur nächsten Trefferstelle im Dokument. Dabei bleibt der Eingabedialog geöffnet, so dass Sie flexibel die Eingabe korrigieren können oder sofort ein Wort zum Ersetzen eingeben.

Durch den Button ÄNDERN wird die jeweils aktuell gefundene Textstelle ersetzt, mit der Option ALLE ERSETZEN durchsucht InDesign den gesamten Textabschnitt oder die Dokumente und meldet danach die Anzahl der Ersetzungen.

Beachten Sie bei der Funktion SUCHEN/ERSETZEN die Anwahl der Groß- und Kleinschreibung.

	Windows	Mac
Suchen/Ersetzen aufrufen	Strg + F	⌘ + F
Markierten Text in das Suchen-Feld einsetzen	Strg + F1	⌘ + F1
Markierten Text in das Suchen-Feld einfügen und weitersuchen	⇧ + F1	⇧ + F1
Weitersuchen	⇧ + F2 oder Alt + Strg + F	⇧ + F2 oder ⌥ + ⌘ + F
Markierten Text im Feld ÄNDERN IN einfügen	Strg + F2	⌘ + F2
Ersetzen	Strg + F3	⌘ + F3

Tabelle 7.1
Tastenkürzel für das Suchen und Ersetzen

7.5 Wörterbücher und Rechtschreibprüfungen

Neben einer normalen Rechtschreibprüfung, die Sie jederzeit durchführen können, besitzt InDesign auch eine automatische Erkennung von Wörtern, die nicht im aktuell zugewiesenen Wörterbuch vorhanden sind. Darüber hinaus können Sie durch eine Autokorrektur schwerwiegende Schreibfehler ausbessern. Jeder Rechtschreibprüfung liegt ein Wörterbuch zugrunde, und auch hier bietet InDesign wieder verschiedene Optionen an.

7.5.1 Voreinstellungen für die Rechtschreibung

Bevor Sie mit der Textkorrektur beginnen, sollten Sie einige Voreinstellungen beachten. Rufen Sie mit dem Befehl ⌘/Strg + K die InDesign-Voreinstellungen auf. In den Rubriken WÖRTERBUCH sowie RECHTSCHREIBUNG und AUTOKORREKTUR müssen Sie einige Veränderungen vornehmen.

Benutzerdefinierte Wörterbücher anlegen | Frühere Versionen von InDesign nutzten Wörterbücher nur innerhalb von InDesign oder einem Dokument. Mit der CS2-Version ist es nun auch möglich, ein benutzerdefiniertes Wörterbuch anzulegen und als externe Datei zu verwalten. Wenn also Wörterbücher für regelmäßige Publikationen von mehreren Arbeitsplätzen aus genutzt werden müssen, so richten Sie sich gleich zu Beginn ein neues Wörterbuch ein und speichern es an einem geeigneten Ort auf Ihrer Festplatte.

Öffnen Sie dazu die Voreinstellungen mit dem Tastenbefehl ⌘/Strg + K, und wählen Sie die Rubrik WÖRTERBUCH. Das

Standard-Wörterbuch ist zunächst ausgewählt und erscheint in der Liste.

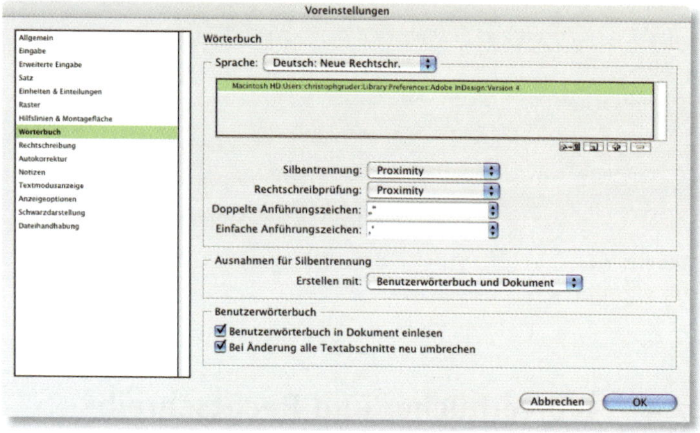

Abbildung 7.22 ▶
Benutzerdefinierte Wörterbücher legen Sie als externe Datei an.

Mit einem Klick auf dem Plus-Button legen Sie ein neues Wörterbuch an und speichern es als *.UDC – User Dictionary.

Sollte Ihr InDesign-Dokument auch einmal Ihren Computer verlassen und von einem anderen Mitarbeiter verändert werden, sollten Sie die Option Benutzerwörterbuch in Dokument einlesen unbedingt aktivieren.

Vorsicht ist mit der letzten Option geboten: Bei Änderung alle Textabschnitte neu umbrechen. Ist diese Funktion angewählt, ändert InDesign alle Textstellen, die im Benutzerwörterbuch neu angelegt wurden. Lesen Sie dazu auch den nächsten Abschnitt der Rechtschreibprüfung.

Dies sollten Sie von Dokument zu Dokument überprüfen. Lange Dokumente sollten nicht vollständig umbrochen werden, da sich evtl. die gesamte Seitenfolge des Textes ändern kann und enormer Korrekturaufwand nötig ist. Kurze Layoutdokumente mit einzelnen nicht verketteten Rahmen hingegen könnten neu umbrochen werden, ohne den Textfluss entscheidend zu ändern.

Voreinstellungen Rechtschreibung | Danach besuchen wir die Voreinstellungen zur Rechtschreibprüfung. Hier sehen Sie, dass die Rechtschreibprüfung grundsätzlich vier verschiedene Fälle erkennt: Rechtschreibfehler, wiederholte Wörter, kleingeschriebene Wörter sowie Sätze. Mit Hilfe der aktiven dynamischen Rechtschreibprüfung können Sie diesen Fällen auch eine Hervorhebungsfarbe im Layout geben.

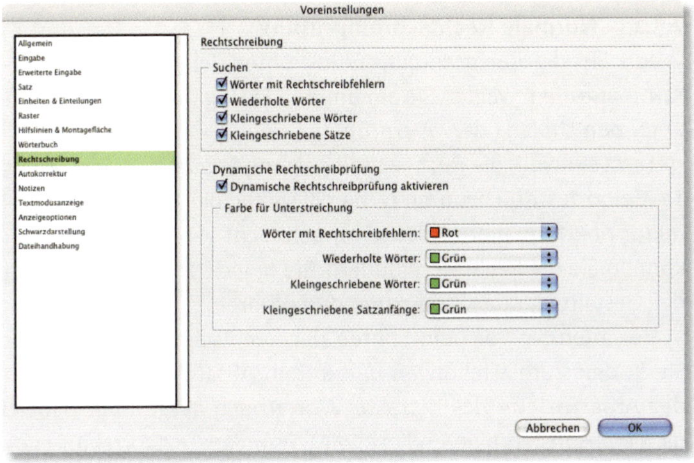

◂ **Abbildung 7.23**
Die dynamische Rechtschreibprüfung sollte in den Voreinstellungen immer aktiviert bleiben.

Voreinstellungen Autokorrektur | Wenn Sie danach in der Rubrik AUTOKORREKTUR die neue Funktion aktivieren, können Sie zur aktuell ausgewählten Sprache typische Rechtschreibfehler aufnehmen. Klicken Sie auf HINZUFÜGEN, und geben Sie eine Korrektur ein.

Probleme in den Wörterbüchern
Nur die englischen, französischen oder spanischen Wörterbücher haben in InDesign bereits fertige Vorschläge für eine Autokorrektur. Wenn Sie diese auswählen, bekommen Sie eine lange Liste von möglichen Schreibfehlern. Alle anderen Sprachen gehen in InDesign leer aus, hier müssen Sie alle Autokorrekturen selbst eintragen.

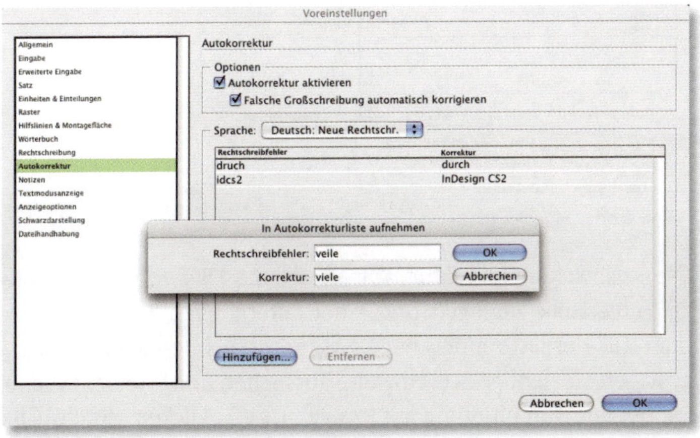

◂ **Abbildung 7.24**
Die Autokorrektur verwaltet typische Rechtschreibfehler oder gewollte Kurzwörter. Anstelle von »idcs2« wird »InDesign CS2« eingesetzt.

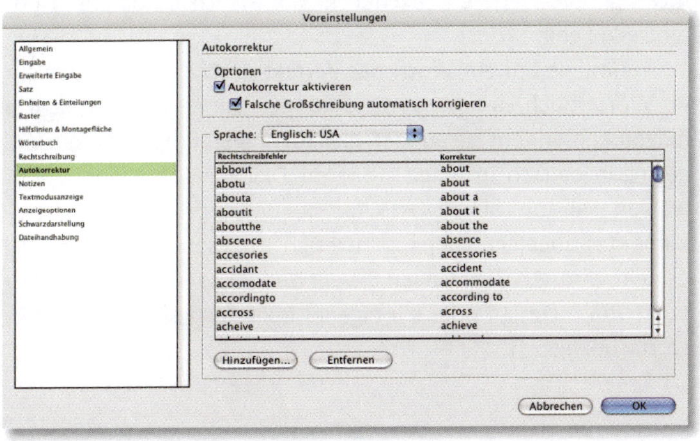

◂ **Abbildung 7.25**
Vorschläge für die Autokorrektur im englischen Wörterbuch

7.5.2 Normale Rechtschreibprüfung

Wenn Sie die Rechtschreibprüfung unter dem Menü Bearbeiten... aufrufen, wählen Sie am unteren Dialogrand mit Durchsuchen den Umfang der Überprüfung.

Es ist sinnvoll, die Rechtschreibprüfung immer zu Beginn eines Textimportes durchzuführen, damit später die Rechtschreibkorrektur den formatierten Textumbruch nicht verändert. Natürlich können Sie die Rechtschreibüberprüfung jederzeit auch während der Gestaltung oder Produktion durchführen.

Beachten Sie vor dem Starten der Rechtschreibprüfung, dass Sie in den Voreinstellungen und in den Absatzformaten bzw. in der Absatzpalette das korrekte Wörterbuch ausgewählt haben, da Sie ansonsten eine endlose wie unsinnige Textkorrektur starten.

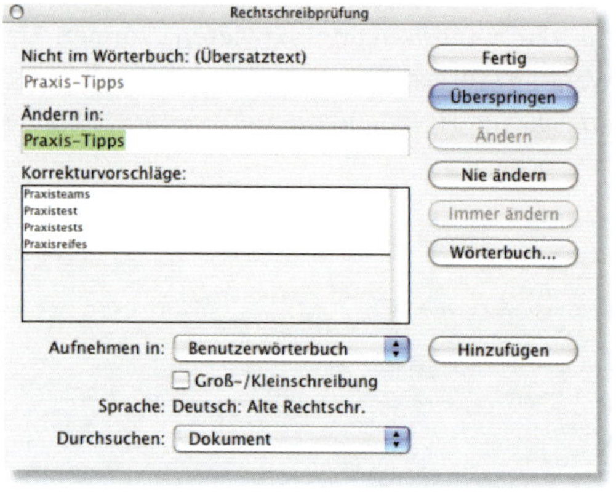

Abbildung 7.26 ▶
Die Rechtschreibprüfung bietet zum nicht erkannten Wort Korrekturvorschläge an. Achten Sie auf die Auswahl des Suchbereiches. Wenn ein Wort nicht in einem sichtbaren Bereich erscheint, erfolgt der Hinweis »Übersatztext« zu Beginn.

Reihenfolge beachten

Häufig wird der Fehler begangen, dass die Korrektur erst mitten in der Layoutphase gestartet wird. Dabei befinden Sie sich mitten im Dokument. Somit übersehen Sie leicht, dass die Korrektur in der Durchsuchen-Auswahl Zum Ende des Textabschnittes erst ab der aktuellen Seite oder Textauswahl bis zum Ende nach Fehlern sucht, nicht aber von Anfang an.

Die Rechtschreibkorrektur läuft so ab, dass Sie von Fehlerstelle zu Fehlerstelle springen und einen alternativen Text eingeben oder aus der Liste möglicher Verwandter aus den Korrekturvorschlägen die richtige Schreibweise aussuchen und ersetzen. Wenn Sie bei der Durchführung auf Immer ändern klicken, durchsucht InDesign alle weiteren Textstellen und ersetzt automatisch potenzielle Fehler.

Treffen Sie auf ein Wort, das korrekt geschrieben, aber nicht im Wörterbuch zu finden ist, so können Sie dieses nachträglich hinzufügen, indem Sie auf den gleichnamigen Button klicken. Sie gelangen danach in einen weiteren Dialog Wörterbuch. Hier wählen Sie aus, ob dieses Wort nur im Wörterbuch des Dokumentes abgelegt oder für InDesign insgesamt zur Verfügung gestellt wird. Als Ziel wählen Sie entweder das Standard-Wörterbuch von InDesign oder ein eigenes zuvor angelegtes Benutzerwörterbuch.

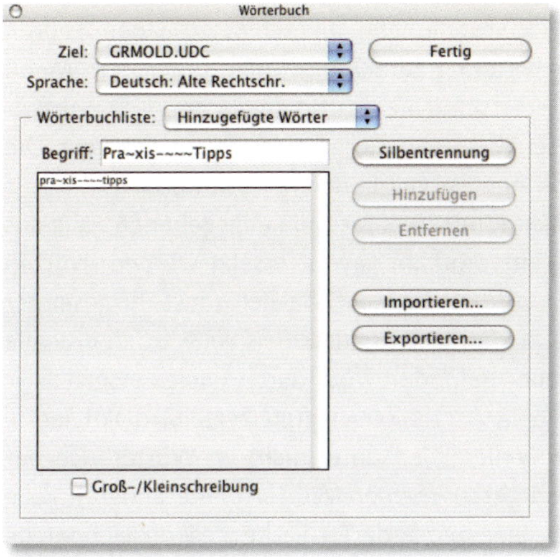

◂ **Abbildung 7.27**
Mit einem Klick auf die Silbentrennung schlägt InDesign eine Trennung für ein Wort vor, das in das aktuelle Wörterbuch übernommen werden soll. Die Anzahl der Tilden gibt die Priorität an, mit der später das Wort im Absatz getrennt wird.

Silbentrennung | Für neue Begriffe ist es sinnvoll, auch die Silbentrennung mit anzugeben. Das geschieht folgendermaßen: In der Eingabemaske ist der neue Begriff bereits eingetragen, den Sie nun durch einen Klick auf SILBENTRENNUNG komplettieren. Danach erscheinen zwischen den Wortsilben so genannte Tilden, welche die Trennmöglichkeit anzeigen. Dieser Thesaurus-Algorithmus arbeitet erstaunlich gut und verhilft stets zu guten Trennergebnissen. Sollte einmal die Trennung nicht optimal sein, so können Sie manuell die Tilden einfügen. Die Anzahl der Tilden beschreibt die Trennpriorität: Drei Tilden zuerst, danach zwei Tilden und zuletzt eine Tilde, die zwar eine erlaubte Trennung anzeigt, die jedoch eventuell zu einem ungünstigen Textumbruch führt.

Haben Sie Wörter durch ein Zeichen wie ein Slash (/) oder einen Unterstrich (_) nacheinander geschrieben, so kann die Silbentrennung nicht einwandfrei eine Trennung herbeiführen.

Nachdem die Silbentrennung erfolgt ist, fügen Sie den neuen Begriff dem Wörterbuch hinzu und beenden den Dialog mit FERTIG. Sie kehren wieder zur Rechtschreibkorrektur zurück und können die Fehlersuche fortsetzen.

Grenzen der Fehlererkennung
Wie jede Desktop-Software kann auch InDesign keine grammatikalische Syntax auf Vollständigkeit überprüfen, eine Korrekturlesung auf Papier ist immer sinnvoll, auch wenn der Kunde maßgeblich für die Rechtschreibung verantwortlich ist. Da eine Korrektur in letzter Minute durchaus den Umbruch und somit den Textfluss beeinträchtigen kann, entrollt sich somit eine Fehlerlawine, da nun Übersatz im Textrahmen steckt, der aber nicht größer positioniert werden darf. Das Szenario ist sicher erweiterbar, aber belassen wir es bei dem Hinweis, dass sowohl Gestalter wie Druckdienstleister nicht nur für die gedruckte Qualität, sondern auch für die Orthografie verantwortlich sind, schließlich ist auch die Orthografie an sich eine Dienstleistung.

7.5.3 Dynamische Rechtschreibprüfung und Autokorrektur

Zwei Funktionen sind in InDesign CS2 unter anderem hinzugekommen, die Ihnen die Arbeit an Texten wesentlich erleichtern können: Die dynamische Rechtschreibprüfung hebt falsch geschriebene oder dem Wörterbuch unbekannte Wörter hervor. Darüber hinaus bietet InDesign mit dieser Funktion während der Textarbeit Vorschläge an. Die Autokorrektur hingegen soll selbstständig falsch geschriebene Wörter austauschen können.

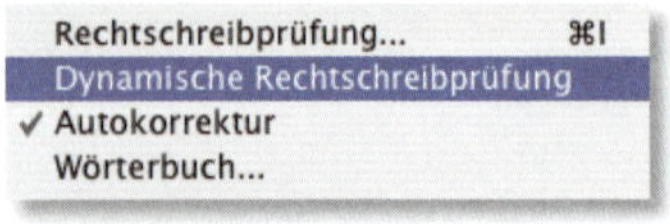

▲ **Abbildung 7.28**
Über das Menü BEARBEITEN oder über das Kontextmenü während der Textbearbeitung aktivieren Sie die dynamische Rechtschreibprüfung und die Autokorrektur.

Keine Hervorhebung sichtbar?

Wenn Sie die dynamische Rechtschreibkorrektur aktivieren, aber keine roten Wellenlinien im Layout sehen, kann es daran liegen, dass Sie entweder einen hervorragenden Text vor sich haben, oder Sie befinden Sich im Vorschaumodus. Dabei werden alle Hilfslinien und Markierungen ausgeblendet. Geben Sie den Tastenbefehl [W] ein, die Wellenlinien sollten damit sofort wieder erscheinen.

Nachdem Sie die Voreinstellungen abgeschlossen haben, kehren Sie wieder zu Ihrem Layout zurück und rufen unter dem Menü die DYNAMISCHE RECHTSCHREIBPRÜFUNG sowie die AUTOKORREKTUR auf. InDesign schaltet dann diese beiden Funktionen ein. Die Auswirkungen erkennen Sie erst in der Textbearbeitung.

Die AUTOKORREKTUR bewirkt, dass alle angegebenen Fälle aus den Voreinstellungen sofort im Layout ersetzt werden. Nutzen Sie also diese Funktion mit Bedacht, da sich sonst Ihr gesamter Textumbruch ändern könnte. Für unser Beispiel werden u.a. alle Fälle, in denen »veile« gefunden wird, durch »viele« ersetzt.

Sobald Sie die DYNAMISCHE RECHTSCHREIBPRÜFUNG aktivieren, erkennen Sie rote Wellenlinien unter nicht im Wörterbuch bekannten oder falsch geschriebenen Wörtern. Alle anderen Fälle werden grün oder in einer anderen Farbe gekennzeichnet, je nachdem, was Sie in den Voreinstellungen wählen. Sobald Sie mit dem Textwerkzeug über das markierte Wort fahren und das Kontextmenü aufrufen, erhalten Sie eine Liste aller Wortvorschläge von InDesign. Wechseln Sie nun das Wort, oder fügen Sie das markierte Wort als neuen Begriff in Ihr Wörterbuch ein.

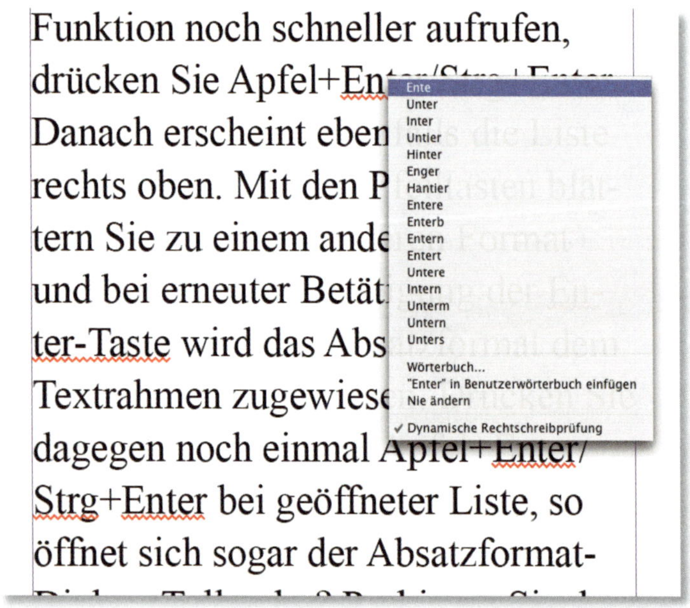

▲ **Abbildung 7.29**
Nicht im Wörterbuch verzeichnete Wörter werden markiert. Über das Kontextmenü sehen Sie die Vorschläge der Rechtschreibprüfung. Bevor Sie aber die Ente drücken, sollten Sie besser das nicht erkannte Wort Ihrem Wörterbuch hinzufügen.

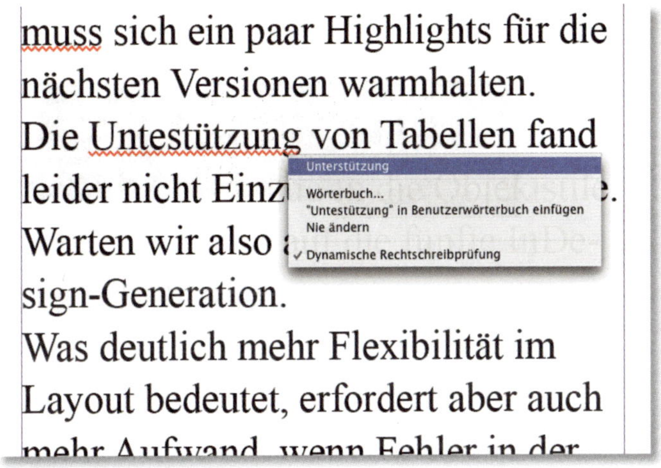

◂ **Abbildung 7.30**
Falsch geschriebene Wörter werden markiert, und die Rechtschreibprüfung schlägt Ihnen eine Korrektur im Kontextmenü vor.

7.6 Textmodus

Die Bearbeitung und Korrektur von Texten ist in Layoutdokumenten häufig umständlich: Textrahmen, die um 90 Grad gedreht sind, lassen sich schwer lesen und korrigieren. Ebenso bei grafisch aufwändigen Dateien: Übereinander liegende transparente Objekte oder unruhige Untergründe behindern die Lesbarkeit, hochauflösende Bilddaten verlangsamen den Bildaufbau im Textumbruch. Damit Sie nicht Ihre Texte außerhalb von InDesign bearbeiten oder eigene Textebenen anlegen müssen, bietet Ihnen InDesign einen Textmodus an. Darin werden bei aktiver dynamischer Rechtschreibprüfung auch die Textmarkierungen angezeigt.

Alles rot?
Wenn Sie mit mehrsprachigen Dokumenten arbeiten, kann es sein, dass Sie noch ein anderes Wörterbuch einer anderen Sprache ausgewählt haben. Sobald Sie die dynamische Rechtschreibprüfung aktivieren, werden Ihnen nahezu alle Wörter rot hervorgehoben. Stellen Sie einfach das Wörterbuch in den Voreinstellungen um, oder wählen Sie das richtige Wörterbuch in den Absatzeinstellungen, danach werden nur die falsch geschriebenen oder unbekannten Wörter hervorgehoben.

7.6.1 Textmodus aktivieren

Sie rufen den Textmodus auf, indem Sie zunächst einen Textrahmen anwählen oder mit einem Doppelklick in den Textrahmen in das Textwerkzeug wechseln und dann den Tastenbefehl [⌘] + [Y] bzw. [Strg] + [Y] drücken oder im Menü Bearbeiten • Im Textmodus bearbeiten… anklicken. Alternativ dazu können Sie auch über das Kontextmenü in den Textmodus wechseln.

Was zeigt der Textmodus? | Der Textmodus zeigt Ihnen neben der Textmenge in der linken Spalte die Formatierungen an, alle Absatzformate werden benannt. Somit behalten Sie leicht den Überblick über die Textformatierungen. Sie können auch im Textmodus über die Absatzformat-Palette oder über Tastenbefehle für die Absatzformate die Abschnitte formatieren.

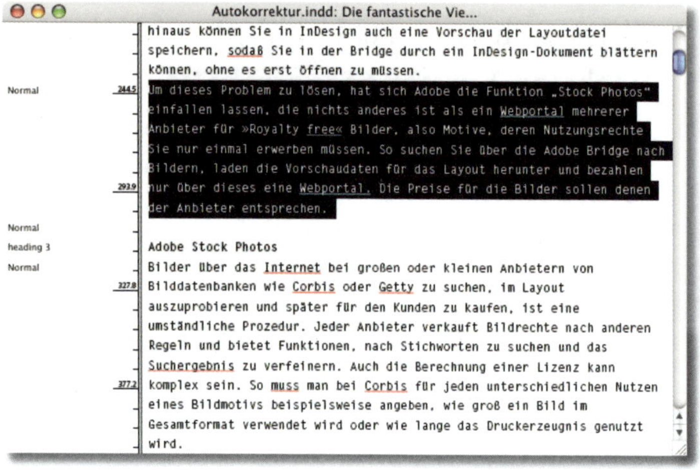

Abbildung 7.31 ▶
Der Textmodus erlaubt die einfache Textbearbeitung unabhängig vom Layout.

Wenn Sie zudem unter dem Menü TEXT die Option VERBORGENE ZEICHEN EINBLENDEN aktivieren, werden auch Sonderzeichen, Leerräume und Umbruchzeichen angezeigt. Auch im Textmodus können Sie jederzeit diese Sonderzeichen aus dem Kontextmenü einfügen.

Informationen anzeigen lassen | Blenden Sie während der Textbearbeitung die Info-Palette ein, so erhalten Sie die Anzahl der Anschläge, der Wörter, aber auch den Umfang des Übersatzes – jener Textabschnitt, der über einen Textrahmen hinausgeht und nicht angezeigt werden kann. Somit können Sie an einigen Stellen redaktionelle Textkürzungen oder Umformulierungen treffen, um den Übersatz teilweise oder ganz zu verringern.

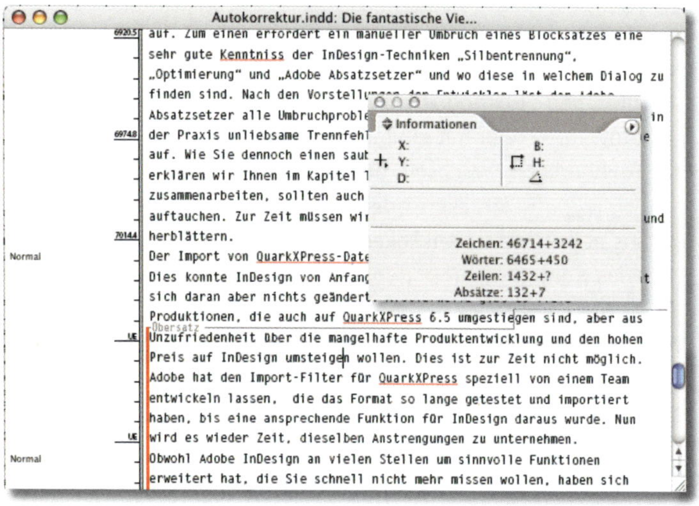

Abbildung 7.32 ▶
Übersatztext wird mit einer roten Markierung hervorgehoben. In der Info-Palette sehen Sie zudem, wie viele Zeichen und Wörter sich außerhalb eines Layoutrahmens befinden: 6465+450 besagt, dass 450 Wörter im Übersatz stehen.

Texte bearbeiten | Innerhalb des Textmodus korrigieren Sie Texte durch die automatische Rechtschreibkorrektur und durch Wörterbücher. Rufen Sie dazu aus dem Menü BEARBEITEN die Optionen RECHTSCHREIBKORREKTUR oder WÖRTERBÜCHER auf. Ebenso lassen sich Wörter über die Funktion SUCHEN/ERSETZEN korrigieren oder tauschen.

Ganze Textpassagen lassen sich auch verschieben: Markieren Sie den Textabschnitt, und ziehen Sie ihn mit gedrückter Maustaste an eine neue Position.

Dieses Verschieben per Drag and Drop ist auch im Layout möglich. Sicherheitshalber ermöglicht InDesign aber nur das Verschieben innerhalb des ausgewählten Textrahmens oder miteinander verknüpfter Rahmen. Rufen Sie die Voreinstellungen mit [⌘]/[Strg]+[K] auf. Unter der Rubrik EINGABE sehen Sie, dass Sie die TEXTBEARBEITUNG DURCH ZIEHEN UND ABLEGEN beeinflussen können.

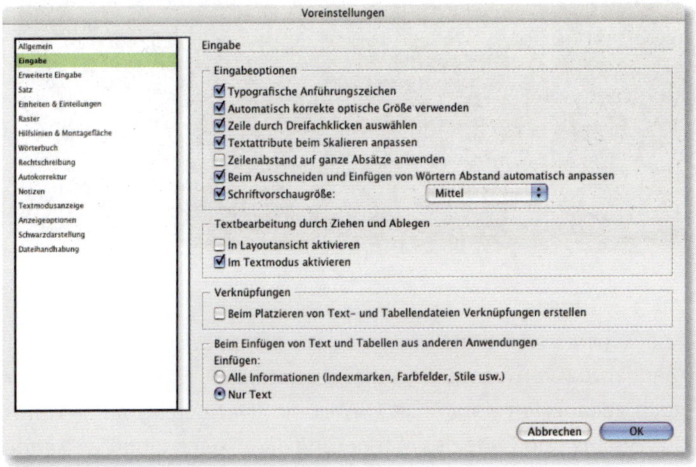

◂ **Abbildung 7.33**
Die Voreinstellungen zur Eingabe betreffen die Textbearbeitung sowohl im Layout als auch im Textmodus.

Textmodus beenden | Wollen Sie den Textmodus wieder beenden, so drücken Sie erneut den Tastenbefehl [⌘]+[Y] bzw. [Strg]+[Y]. Somit kehren Sie wieder zur normalen Layoutarbeit zurück, der Textmodus lässt sich jederzeit von neuem starten.

7.6.2 Darstellungsoption des Textmodus

Wie sich der Textmodus präsentiert, stellen Sie in den Voreinstellungen unter TEXTMODUS ein. Dort wählen Sie Font, Farbe, Hintergrund oder die Form des Textmodus. Dazu kommt auch eine Kantenglättung der Schrift, die InDesign grundsätzlich verwendet. Wen dies stört, kann für den Textmodus diese Option deaktivieren.

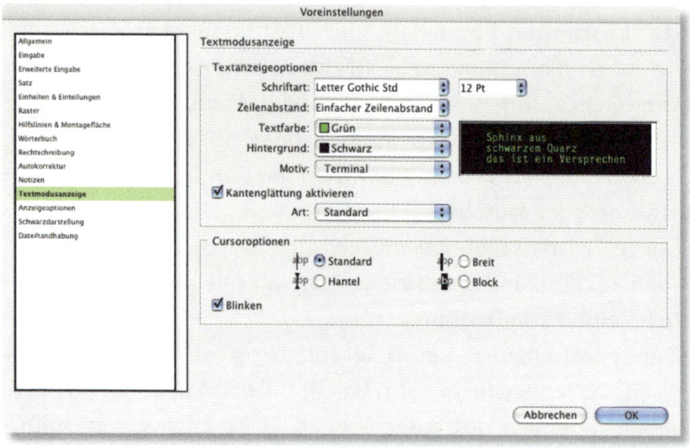

Abbildung 7.34 ▶
Die Voreinstellungen zum Textmodus erlauben ein komplett anderes Erscheinungsbild, das sich nicht auf das Layout auswirkt.

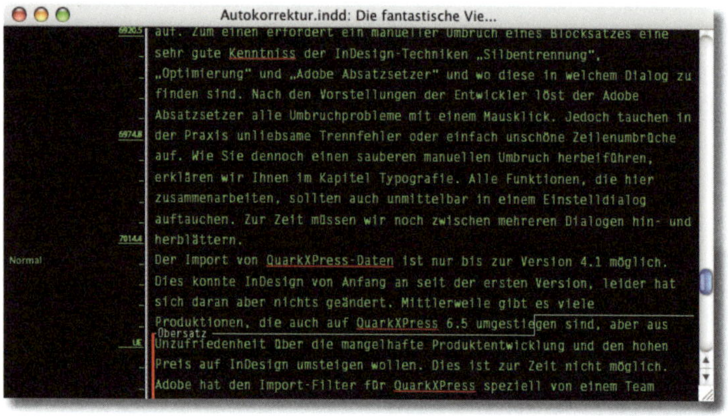

Abbildung 7.35 ▶
Die Voreinstellung TERMINAL beschwört nostalgische Programmierer-Erinnerungen.

7.6.3 Tags

Abgesehen von Absatzformaten lassen sich auch XML-Tags zur Markierung von variablen Inhalten anzeigen. Darauf gehen wir noch genauer im Kapitel 25 »XML« ein. Dazu stellt der Textmodus Anfang und Ende der Markierung durch nach innen weisende Pfeile und die Tag-Bezeichnung dar. XML-Markierungen werden durch die Schreibweise <Tag> geöffnet und durch </Tag> geschlossen, daher bildet auch hier der Textmodus diese Syntax ab.

Verwechseln Sie bitte die Tags nicht mit Absatz- oder Zeichenformatierungen! Tags dienen lediglich zur Markierung des Inhalts, die Absatzformate bilden dagegen die Darstellungsform der Inhalte. Tags und Formate lassen sich über XML-Funktionalitäten miteinander synchronisieren. Somit wird eine Stelle im Text durch die Tags erkannt, mit einem neuen Inhalt ersetzt und mit einem Absatz- oder Zeichenformat dargestellt.

Da alle Sonderzeichen auch im Textmodus frei editierbar sind, lassen sich auf diese Weise durch Ausschneiden und Einfügen die Tags auch manuell versetzen.

7.7 Tagged-Text-Format

7.7.1 Austauschen von Textabschnitten innerhalb von InDesign-Dokumenten

Wenn Sie Texte aus einem InDesign-Dokument in ein anderes Layout kopieren wollen, so können Sie dies natürlich manuell mit den Befehlen KOPIEREN und EINFÜGEN durchführen. Wollen Sie aber auch sämtliche im Textabschnitt benutzten Absatz- und Zeichenformate kopieren, so verwenden Sie besser das Tagged-Text-Format. Dazu markieren Sie mit dem Textwerkzeug den gewünschten Abschnitt und wählen unter DATEI • EXPORTIEREN das Tagged-Text-Format.

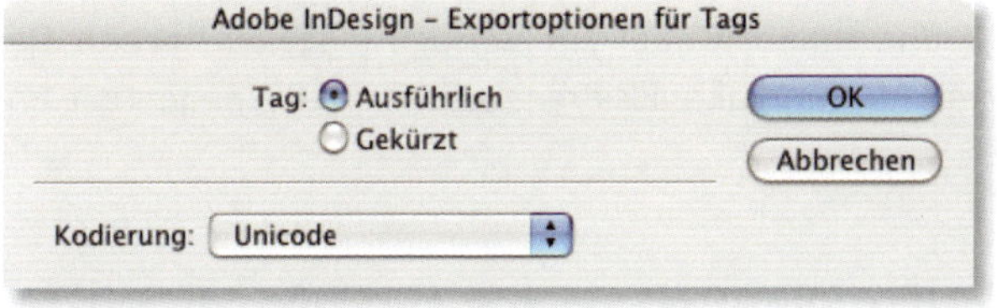

◂ **Abbildung 7.36**
Beim Export von Tagged Text erscheinen weitere Optionen.

Im folgenden Dialogfeld können Sie eine Kodierung dieser Textdatei wählen. Sobald Sie international arbeiten oder Textabschnitte vom PC auf den Mac oder umgekehrt exportieren wollen, sollten Sie Unicode als Kodierung nutzen.

Im **Zieldokument** platzieren Sie diese Datei mit dem etwas irreführenden Kürzel ».txt«. Somit werden auch die Absatz- und Zeichenformate eingefügt, eine enorm hilfreiche Methode, um die Darstellungsqualität des kopierten Textes zu erhalten und die Formate im neuen Dokument für die weitere Arbeit zu nutzen.

◂ **Abbildung 7.37**
Wenn Sie die Tagged-Text-Datei platzieren, erhalten Sie bei aktivierten Importoptionen diesen Dialog, in dem Sie die Textformatierungen entweder übernehmen oder entfernen können.

7.7.2 Austausch von mehrsprachigen Texten mit InCopy CS2

Wenn Sie zusammen mit Übersetzern arbeiten und im Layout mehrere Sprachen in einer InDesign-Datei layouten, gibt es zwei Wege, den Übersetzern optimale Dokumente zuzuschicken, die sie dann korrigieren können:

- Entweder markieren Sie den entsprechenden Text aus einem oder miteinander verketteten Textrahmen und exportieren den Textabschnitt als RTF-Datei, indem Sie den Export-Dialog

Alternativen zum Textmodus

Die Textkorrektur findet nicht immer im Layout statt. Häufig müssen die Kunden selbst die Texte formulieren oder ändern. Dazu ist der Textmodus ungeeignet, da die Texte häufig in Microsoft Word erfasst oder erstellt werden. Neben der Platzierung von Word-Dokumenten gibt es aber auch eine Alternative: InCopy. InCopy ist ein Textverarbeitungsprogramm für Redakteure, das auf derselben Technologie wie InDesign aufbaut. InDesign und InCopy sind so aufeinander abgestimmt, dass Textpassagen oder ganze Textrahmen aus einem Layoutdokument exportiert und in InCopy überarbeitet werden können. Magazinredaktionen wie beim FOCUS in München arbeiten mit diesen beiden Programmen.

Dazu benötigen die Mitarbeiter der Redaktion oder Ihre Kunden eine InCopy-Lizenz, die separat bei Adobe verfügbar ist. Der Austausch wird über das Plug-in Smart Connection Light oder Smart Connection Pro der Firma Woodwing organisiert. Lesen Sie dazu auch das Kapitel 26 »Redaktions-Workflow mit InCopy«.

mit dem Tastenbefehl [⌘]/[Strg]+[E] aufrufen und die Datei speichern.

- Oder Sie können in Zusammenarbeit mit InCopy Textabschnitte automatisch exportieren. Dafür lohnt es sich, die Layoutdatei so aufzubauen, dass Sie für jede Sprache eine Layoutebene anlegen. Lesen Sie dazu auch das Kapitel »Ebenen«.

Haben Sie die Plug-ins für InCopy in InDesign installiert, wählen Sie unter dem Menü BEARBEITEN die Option EXPORTIEREN • EBENE... und speichern die Ebene als Datei mit dem Kürzel *.INCX (InCopy-Interchange-Dokument). In der Verknüpfungen-Palette sehen Sie, dass die Datei nun mit Ihrem Layout verknüpft ist. Ein Übersetzer kann jetzt diese Datei mit InCopy CS2 bearbeiten, korrigieren und Ihnen wieder zur Verfügung stellen. Wenn Sie die Dateiverknüpfung aktualisieren, erscheint der neue Text im Layout.

7.8 Fußnoten

Unter den Neuerungen in der aktuellen InDesign CS2-Version finden Sie auch die Fußnoten. Diese enthalten Querverweise zu anderen Seiten oder Literaturverweise zu anderen Büchern. Dabei können Sie Fußnoten selbstständig anlegen und die Formatierung wählen oder Fußnoten über den RTF- oder Word-Import einlesen.

Fußnoten befinden sich immer in demselben Textrahmen wie der Hinweis im Fließtext. Wird eine Fußnote zu umfangreich, wird sie bis zur Höhe des Verweises erweitert und in der nächsten Textspalte weitergeführt. Ist kein ausreichender Platz vorhanden, wird sie auf die nächste Seite oder in den nächsten verketteten Textrahmen umbrochen.

Da es sehr viele verschiedene Möglichkeiten gibt, Fußnoten zu gestalten oder anzulegen, wollen wir Ihnen anhand eines einfachen Beispiels den Umgang mit Fußnoten näher bringen.

7.8.1 Fußnoten anlegen

Klicken Sie an eine Textstelle mit dem Textwerkzeug und rufen das Kontextmenü auf. Wählen Sie die Option FUSSNOTE EINFÜGEN. Zunächst fügt InDesign hinter dieser Textstelle eine hochgestellte Ziffer ein.

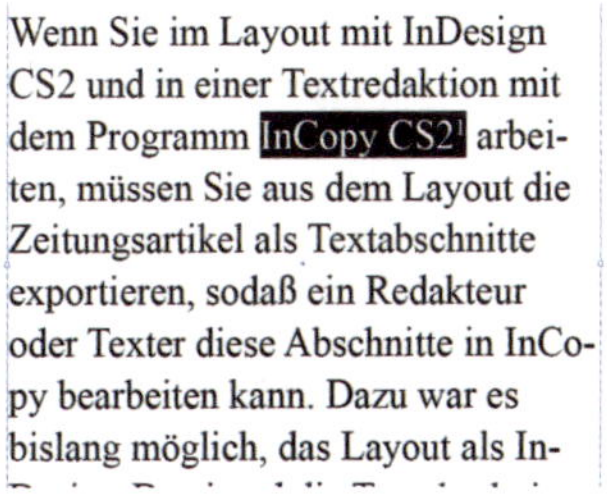

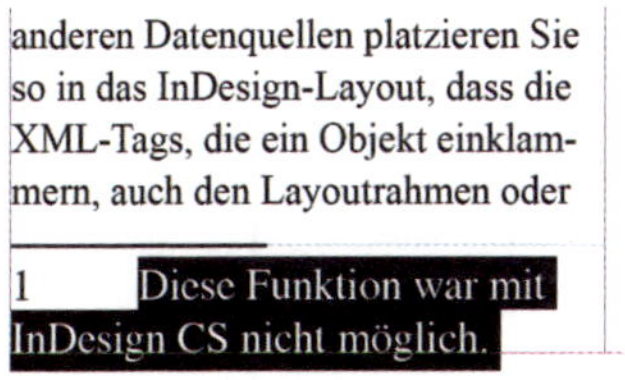

◂◂ **Abbildung 7.38**
Den Verweis auf eine Fußnote wird durch eine hochgestellte Ziffer abgebildet.

◂ **Abbildung 7.39**
Die Fußnote erscheint am unteren Ende des Textrahmens.

Danach springt InDesign an das untere Ende des Textrahmens, setzt einen Strich und eine normale Ziffer. Es blinkt mit dem Abstand eines Tabulators die Einfügemarke. Nun können Sie den Fußnotentext angeben.

7.8.2 Fußnoten formatieren

Um nun die Fußnoten auch zugestalten, rufen Sie aus dem Menü SCHRIFT die OPTIONEN FÜR DOKUMENTFUSSNOTEN auf.

In der nachfolgenden Einstellung treffen Sie alle Optionen, wie die Fußnote nummeriert wird ❶. So können Sie neben den arabischen Ziffern auch z. B. eine alphabetische Nummerierung einstellen. Neben der Hochstellung der Verweisziffer im Text können Sie auch in der Rubrik FORMATIERUNG eine tiefgestellte normale Ziffer wählen ❷. Zusätzlich formatieren Sie diese Ziffer mit einem Zeichenformat.

Die FUSSNOTENFORMATIERUNG ❸ beschäftigt sich nur mit der Fußnote am Ende des Textrahmens. Hier wählen Sie ein eigenes Absatzformat. Wie Sie Absatz- und Zeichenformate erstellen, lesen Sie im gleichnamigen Kapitel 9.

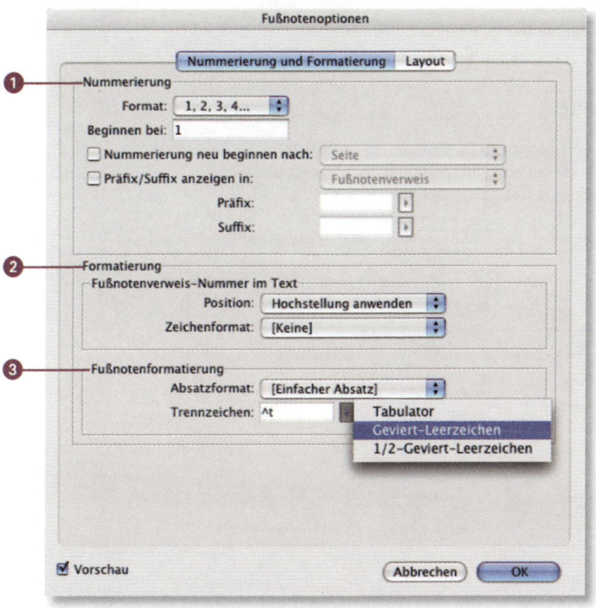

◂ **Abbildung 7.40**
Nummerierung und Formatierung des Verweises und der Fußnote treffen Sie in den Fußnotenoptionen.

Abbildung 7.41 ▶
Für die Formatierung einer Fußnote legen Sie sich ein Absatzformat an. Damit die Fußnote hinter dem Text eingezogen wird, müssen Sie einen linken Einzug (5 mm) und einen negativen Einzug in der ersten Zeile (–5 mm) definieren.

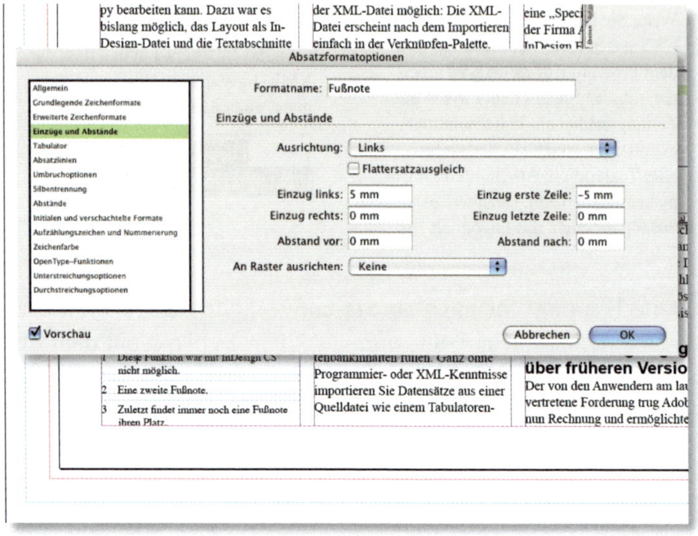

Unter Trennzeichen stellen Sie ein, wie der Leerraum zwischen der Nummer und dem Fußnotentext definiert werden soll. Das Trennzeichen kann mit einem Tabulator angegeben werden – es erscheint dann in der Schreibweise »^t«. Aber auch ein Geviert kann einen guten Leerraum zum Fußnotentext darstellen.

Somit haben Sie nun die Erscheinung der Fußnote und des Verweises festgelegt. Wie sieht es aber mit den Fußnoten zueinander und im Layout aus? Wechseln Sie die Optionen auf den Reiter Layout.

Abbildung 7.42 ▶
Wie sich die Fußnoten zum Layout verhalten, stellen Sie im zweiten Reiter Layout ein.

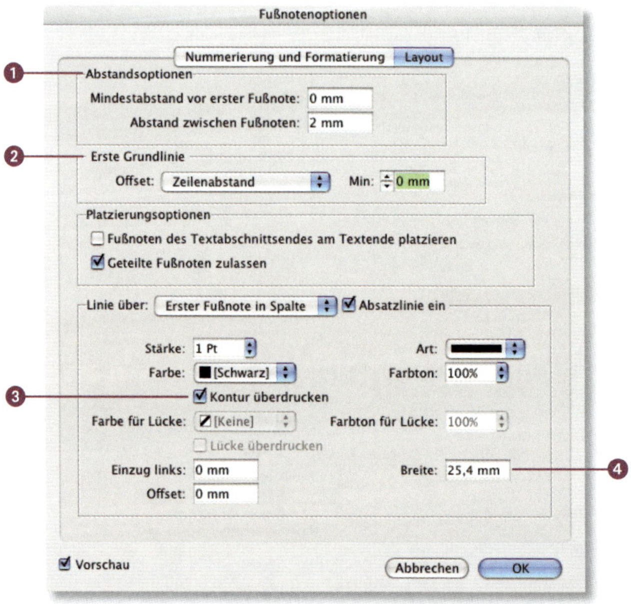

Die Abstandsoptionen ❶ und die Orientierung an der Grundlinie ❷ sind nahezu selbsterklärend. Die Verwendung der ersten Grundlinie lesen Sie bitte in dem Kapitel »Typografie« nach.

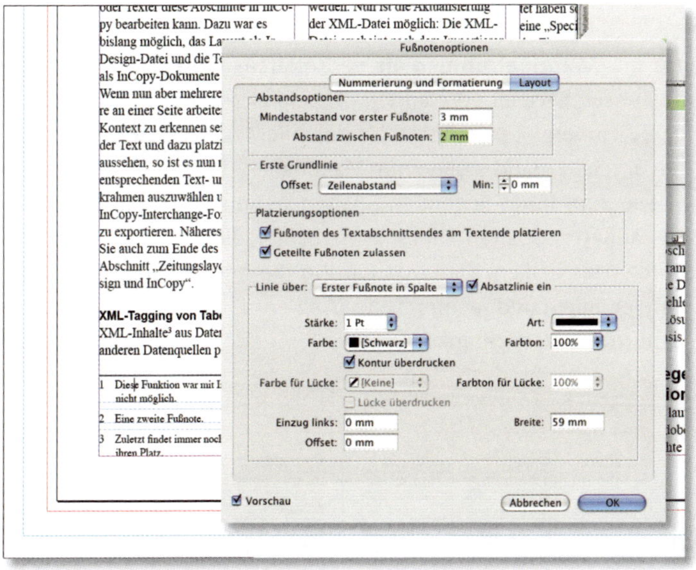

◀ **Abbildung 7.43**
Damit die Fußnoten voneinander getrennt werden, geben Sie einen ABSTAND ZWISCHEN DEN FUSSNOTEN in den Fußnotenoptionen an.

Wie die Fußnote vom übrigen Text getrennt wird, können Sie mit einer Linie über der ersten Fußnote festlegen. Auch diese Einstellungen geben keine Rätsel auf. Beachten Sie aber hier, dass Sie die Funktion KONTUR ÜBERDRUCKEN ❸ aktivieren, wenn Sie eine Absatzlinie z. B. in der Farbe Schwarz verwenden. Konturen werden in InDesign grundsätzlich zunächst nicht überdruckt. Bei feinen Linien unter 1 Punkt Strichstärke sollten Sie diese Option allerdings nutzen.

Die Breite der Linie ❹ gibt an, wie weit die Fußnotenlinie in die Textspalte gezogen wird. Leider haben Sie hier keine Einstellungen, diese Linie in der Breite an die Textspalte anzupassen. Hier sollte Adobe nachbessern.

7.9 Verankerte Objekte

Das Thema der verankerten Objekte überschneidet sich mit vielen Themen, z. B. dem Platzieren von Rahmen und Bildern sowie den Absatz- und Zeichenformaten. Bitte lesen Sie bei Unklarheiten in den betreffenden Kapiteln nach.

Für zwei Anwendungen verwenden Sie verankerte Objekte:

- Die naheliegende Funktion sind Marginalrahmen, also innerhalb des Layouts in einer eigenen Spalte laufende Textrahmen. Interessant ist der Einsatz auch bei Text-Bild-Kombinationen mit einem Literaturhinweis oder einem ergänzenden Bild. Beide beziehen sich auf eine Textposition im Fließtext.

- Ein zweites sinnvolles Einsatzgebiet sind eingebundene Grafiken.

7.9.1 Marginalrahmen als verankertes Objekt

Für unser Beispiel verwenden wir ein dreispaltiges Layout, die beiden inneren Spalten sind für den Fließtext reserviert, die Spalten am Seitenrand stellen nur Marginalien dar.

Die zum Bund liegenden Spalten nehmen den Fließtext auf, die äußeren Spalten (links und rechts) dienen der Ergänzung durch Marginalien. Der Text wird in die beiden inneren Spalten auf der linken und rechten Seite platziert. Eine Marginalie soll mit dem roten Wort verankert werden.

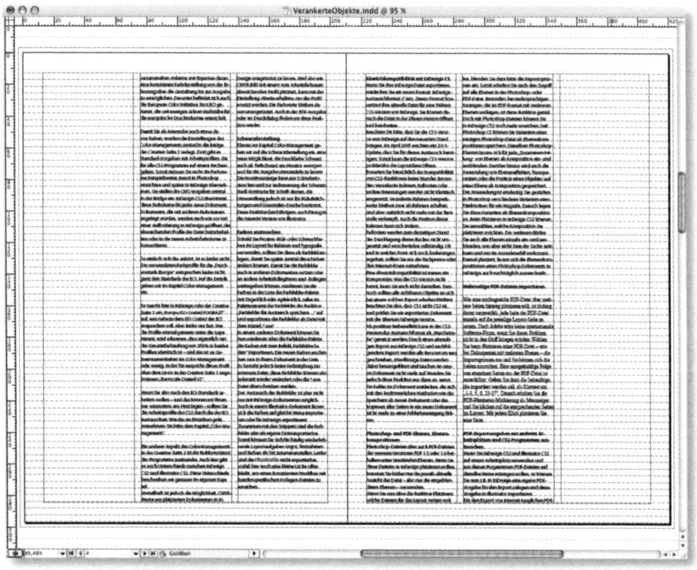

Abbildung 7.44 ▸
Unser Beispiel: Das Buch-Layout

In der Abbildung haben wir ein rotes Wort zur besseren Orientierung hervorgehoben. Klicken Sie nun an die Stelle im Fließtext, die unmittelbar durch eine Marginalie ergänzt werden soll. Rufen Sie das Kontextmenü auf, und wählen Sie die Option Verankertes Objekt • Einfügen... aus. Im nachfolgenden Dialog können Sie diverse Einstellungen vornehmen, z. B. wie die Marginalie nun mit der Textstelle verankert und was für ein Rahmen erzeugt wird.

Optionen für verankertes Objekt angeben | Zunächst legen Sie im Inhalt ❶ fest, was für einen Rahmen Sie anlegen wollen. Wenn Sie hier Nicht zugewiesen wählen, erzeugt InDesign einen neutralen Rahmen, in den Sie Text oder Grafik einfügen können.

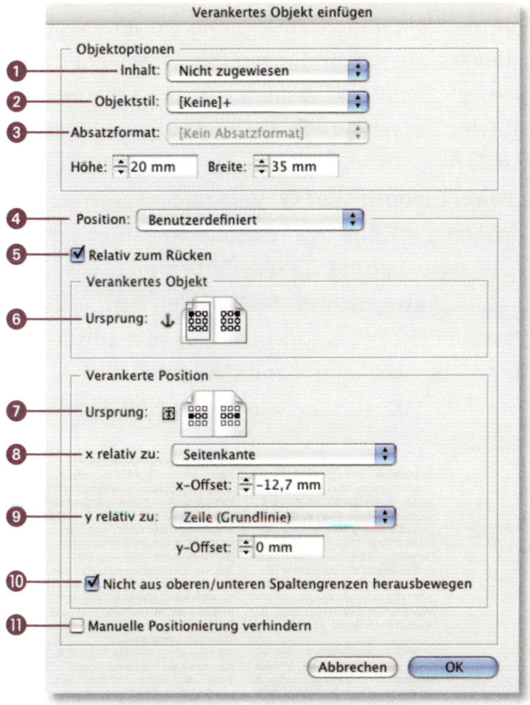

◂ **Abbildung 7.45**
Ungewöhnlich und wenig komfortabel sind die Einstellungen für die verankerten Objekte. Achten Sie darauf, dass Sie die Position für Marginalien auf Benutzerdefiniert stellen und mitlaufende Grafiken als Eingebunden oder über Zeile positionieren.

Die Objektstile ❷ erklären wir Ihnen im Kapitel »Layoutrahmen«. Ist ein Text als Inhalt zugewiesen, ist es möglich, dass Sie gleich hier ein Absatzformat für die Marginalie wählen ❸. Dies können Sie aber auch später mit den typografischen Werkzeugen von InDesign festlegen und ein Absatzformat auf den fertigen verankerten Rahmen anwenden.

Kommen wir nun zu den wesentlichen Einstellungen! Die Höhe und die Breite des Rahmens ist selbsterklärend, aber die Positionsangaben des Rahmens zur Seite und zur Textstelle haben es in sich. Leider ist der Dialog recht komplex für unterschiedliche Zwecke angelegt worden, eine Vorschau ist nicht möglich. Die Orientierung zum Rücken und die verankerte Position erfordern einige Übung. Daher wollen wir Ihnen am Beispiel diese Einstellungen näher bringen.

Unser Marginalrahmen, der mit der Textstelle verankert wird, soll in einer vom Bund der Doppelseite gesehen äußeren Layoutspalte auf Höhe der Textstelle »mitlaufen«. Somit ist also klar, dass die Position zunächst auf Benutzerdefiniert ❹ umgestellt und der Rahmen Relativ zum Rücken ❺ ausgerichtet wird. Das bedeutet, dass ein Marginalrahmen »weiß«, dass er sich auf einer linken oder rechten Seite befindet und sich dementsprechend ausrichtet. Der Ursprung kann an den oberen äußeren Seitenecken ausgerichtet werden, wie die Abbildung zeigt ❻.

Vorsicht: Keine Markierung als Verankerung festlegen

In der Version von InDesign CS2, mit der dieses Buch erstellt wurde, gibt es einen Bedienungsfehler, der sich fatal auswirken kann. Sie dürfen nur mit dem Textwerkzeug einmal an die Ankerstelle klicken und danach über das Kontextmenü die Einstellungen zum verankerten Objekt aufrufen. Wenn Sie stattdessen ein Wort markieren und danach ein verankertes Objekt zuweisen, verschwindet später der markierte Text. Überprüfen Sie, ob Sie mit der aktuellsten InDesign-Version arbeiten, und rufen Sie unter dem Menü Hilfe die Funktion Aktualisierungen auf. Adobe sollte diesen Fehler mit einem Update beheben.

Verankerte Position stellt Ihnen eine Unmenge an Möglichkeiten zur Verfügung, da die Anwendungen sehr verschieden sein können. Für unser Marginalobjekt wählen wir als Ursprung die äußere Position auf der Doppelseite ❼. Die horizontale x-Position richten wir an der Seitenkante aus und wählen einen Offset in der Breite des äußeren Layoutrandes ❽. Vertikal hingegen wollen wir unsere Marginalien auf Höhe der Textstelle mitlaufen lassen. Das bedeutet: Gleich wo sich die Textstelle befindet, wird der Marginalrahmen vertikal ausgerichtet. Also wählen wir für die y-Position beispielsweise die Zeile (Grundlinie) ❾. Ein Offsetwert kann auch hier angegeben werden, damit die erste Textzeile des Marginalrahmens auf derselben Höhe wie die Textstelle läuft.

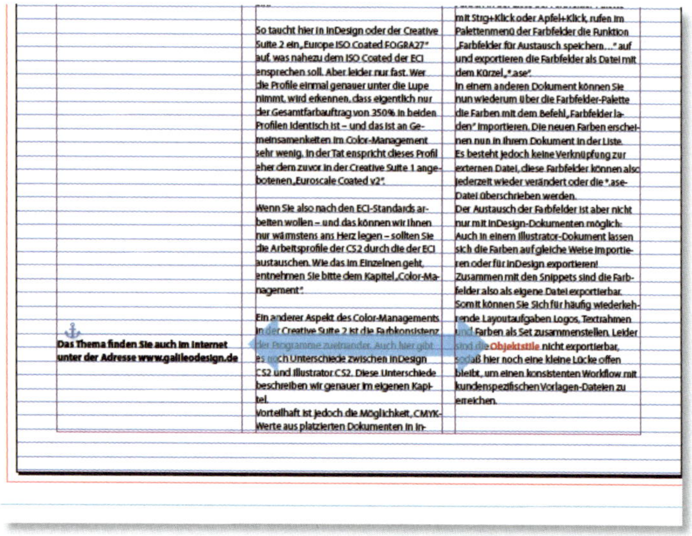

Abbildung 7.46 ▶
Der Marginalrahmen läuft nun in Abhängigkeit zur Textstelle vertikal zum Text mit (optische Verdeutlichung durch blauen Pfeil).

Wichtig sind die beiden letzten Optionen: Wenn Sie ein Spaltenraster wie in diesem Beispiel verwenden, läuft der Marginalrahmen innerhalb der Textspalte wie auf einer vertikalen »Schiene« und wird von den Layouträndern daran gehindert, aus der Seite herauszurutschen. Das hat zur Folge, dass bei einem Seitenumbruch der Textstelle auch die Marginalie auf die andere Seite umbrochen wird. Aktivieren Sie dazu die Option Nicht aus oberen/unteren Spaltengrenzen herausbewegen ❿.

Die letzte Option Manuelle Positionierung verhindern ⓫ schützt einen Marginalrahmen davor, abweichend von diesen gesamten Einstellungen verschoben zu werden. Da es aber nie auf Anhieb ohne Vorschau gelingen wird, ein verankertes Objekt einwandfrei mit Hilfe dieses Dialogs zu erstellen, sollten Sie sich alle Möglichkeiten offen halten.

Verankerter Rahmen wird angelegt | Sobald Sie den Dialog mit OK bestätigen, legt Ihnen InDesign einen neuen verankerten Rahmen an die angegebene Position an. Ein kleiner Anker erinnert Sie daran, dass dieser Rahmen nun in Abhängigkeit des Fließtextes steht. Die rot markierte Textstelle gibt die Höhe des Rahmens vor, die horizontale Position richtet sich nach der Seitenkante.

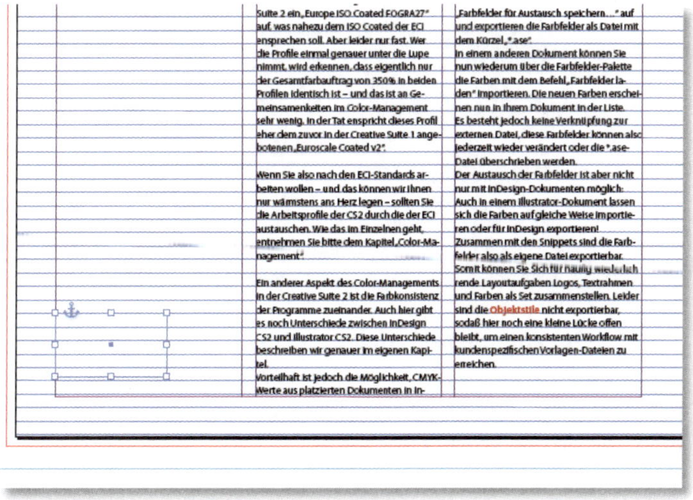

◂ **Abbildung 7.47**
Verankerte Rahmen bekommen in der Layoutvorschau ein kleines Ankersymbol.

Nun können Sie das Textwerkzeug wählen und in den Rahmen hineinklicken. Sie geben wie in jedem Textrahmen die Schriftgröße oder ein Absatzformat an, wie wir bereits eingangs beschrieben haben. Alternativ platzieren Sie ein Bild.

Wie auch bei Textverkettungen lassen sich die Verbindungen von verankerten Objekten zur Textstelle mit Hilfe der Funktion TEXTVERKETTUNGEN EINBLENDEN [⌘]/[Strg]+[Alt]+[Y] anzeigen. Die Verbindungslinien sind hier jedoch gestrichelt.

Sobald sich der Umbruch durch eine andere Formatierung wie die Schriftgröße, die Spaltenbreite oder die Absatzeinstellungen ändert, rutscht natürlich auch die Textstelle auf eine andere Seite. Hier zeigt sich nun die Intelligenz des verankerten Marginalrahmens: Er rutscht einfach auf die rechte äußere Layoutspalte und bleibt auf derselben Höhe wie die Textstelle.

Manuelle Position verhindern

Die Option, die manuelle Position zu verhindern, ist keine endgültige Einstellung. Wenn Sie später einen solchen verankerten Rahmen mit dem Auswahl-Werkzeug [V] anwählen und den Befehl [⌘]/[Strg]+[Alt]+[L] aufrufen, wird die Position des Rahmens entsperrt, und Sie können den Rahmen verschieben. Danach können Sie mit dem Tastenbefehl den Rahmen auch wieder sperren.

Abbildung 7.48 ▶
Nach einem neuen Umbruch rutscht die Marginalie auf die entsprechende Seite.

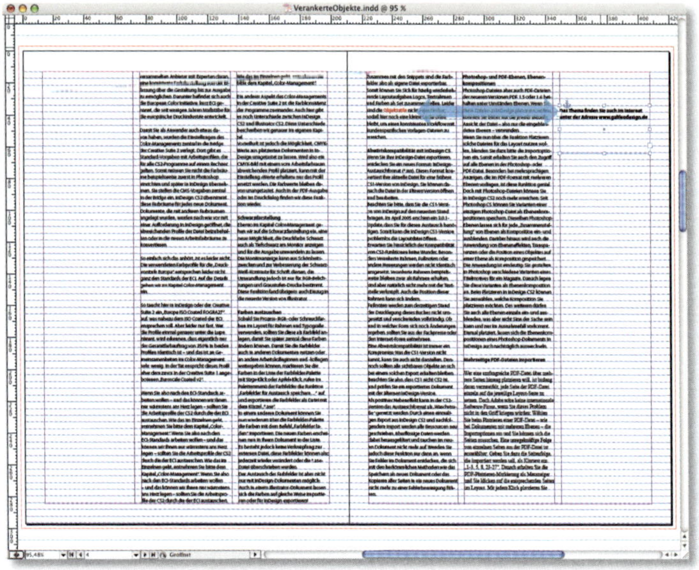

Eine andere Reihenfolge? Leider ist das Anlegen einer Marginalie aus dem normalen Layout heraus nicht möglich. Wenn Sie einen Textrahmen oder eine Rahmengruppe anlegen und diese später als verankertes Objekt mit dem Text verankern wollen, müssen Sie den hier beschriebenen Weg wieder nachgehen und in einen leeren Rahmen die Rahmengruppe einsetzen. Das ist äußerst unflexibel. Adobe sollte hier dringend nachbessern, auch andere Arbeitsweisen zu ermöglichen.

7.9.2 Eingebundene Grafiken

Etwas einfacher ist die zweite Anwendung für verankerte Objekte: eingebundene Grafiken. Dies sind beispielsweise Bildrahmen, die sich im Textfluss befinden.

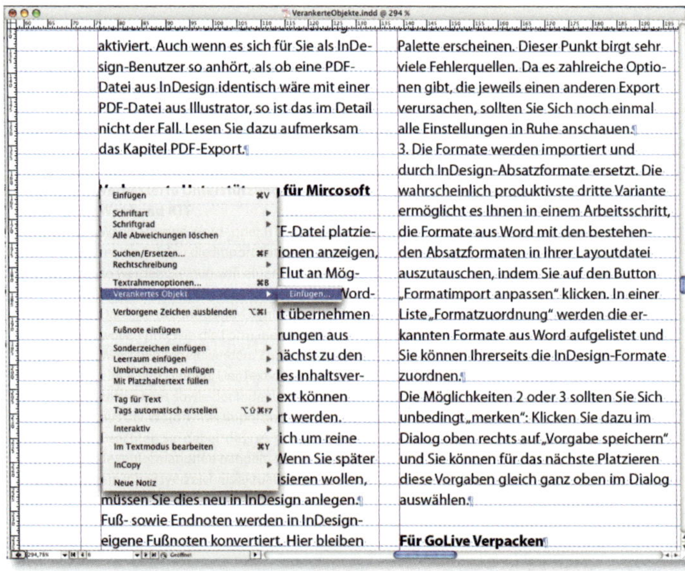

Abbildung 7.49 ▶
Zu Beginn eines Absatzes fügen Sie beispielsweise einen Rahmen auf Spaltenbreite ein.

Wenn Sie einen solchen Rahmen anlegen wollen, verfahren Sie wie bei Marginalobjekten und klicken an eine Textstelle, an der Sie das verankerte Objekt einfügen wollen.

Die Einstellungen für eine eingebundene Grafik sind etwas einfacher als für eine doppelseitig ausgerichtete Marginalie: Sie müssen hier nur die Position als Eingebunden oder über Zeile wählen. Danach bestimmen Sie mit der Option ÜBER ZEILE, dass der eingebundene Rahmen den Text verdrängt. Ein ABSTAND VOR und NACH dem Rahmen in der Größe des Zeilenabstands oder Grundlinienrasters ist angemessen (4,233 mm = 12 Punkt).

Wenn Sie den Dialog bestätigen, erscheint nun auch hier wie bei den Marginalien ein neuer leerer Rahmen im Layout, der allerdings den Text verdrängt, da ein Abstand vor und nach dem Rahmen angegeben wurde.

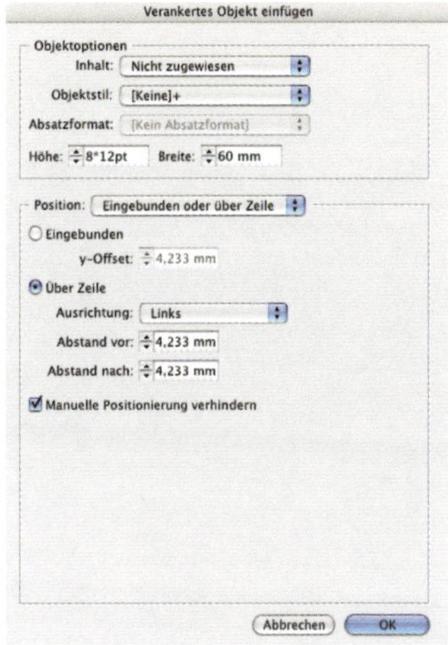

▲ **Abbildung 7.50**
In den Optionen für verankerte Objekte wählen Sie EINGEBUNDEN ODER ÜBER ZEILE als POSITION aus.

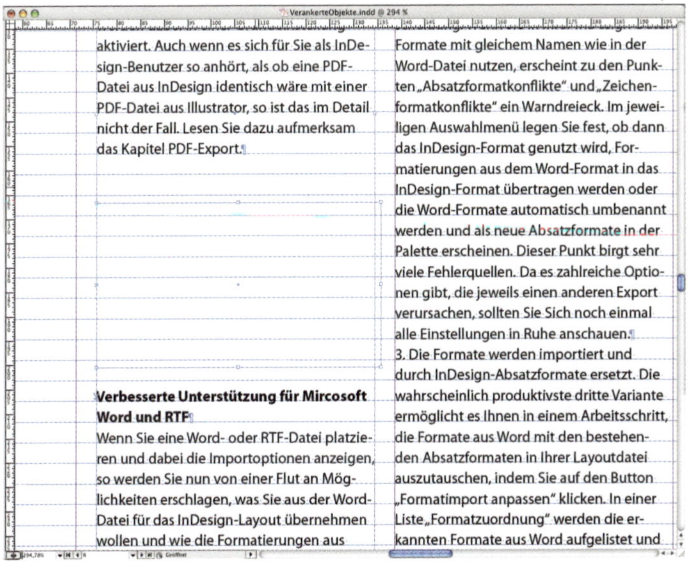

◀ **Abbildung 7.51**
Der neutrale eingebundene Rahmen verdrängt den Text.

Diesen Rahmen können Sie nun frei gestalten oder ein Bild hineinplatzieren. Dies erklären wir Ihnen im Kapitel 12.

Höhe der eingebundenen Grafik

Die Höhe eines eingebundenen Rahmens geben Sie am besten so an, dass der Rahmen ein Vielfaches des Zeilenabstandes ausmacht. Da InDesign in allen Eingabefeldern erlaubt, einfache Rechnungen mit gemischten Einheiten vorzunehmen, geben Sie z. B. »8 * 12 pt« ein. Der Rahmen wird dann später eine Höhe von 8 Zeilen einnehmen.

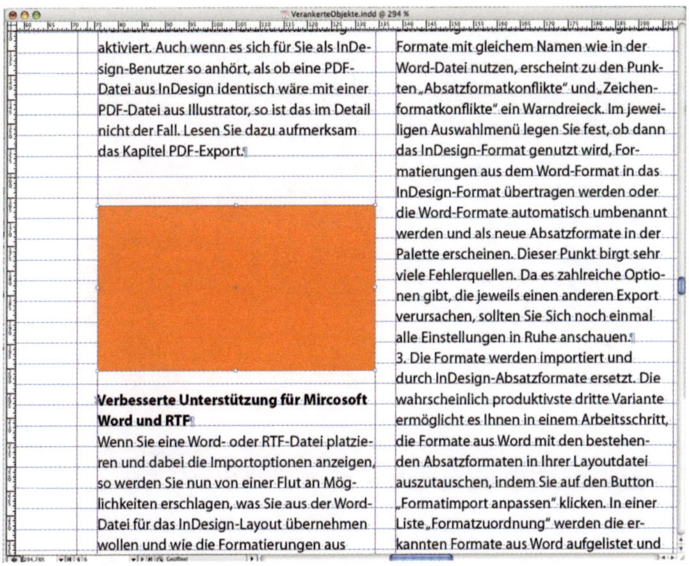

◀ **Abbildung 7.52**
Nach dem Einbinden wird der Rahmen gestaltet oder ein Bild platziert.

7.9.3 Verankertes Objekt lösen

Um die Verbindung des verankerten Objekts mit dem Text zu lösen, müssen Sie es auswählen und die Funktion OBJEKT • VERANKERTES OBJEKT • LÖSEN aufrufen. Die Verbindung zwischen Text und Objekt wird aufgehoben, das Objekt bleibt erhalten.

Wenn Sie das verankerte Objekt löschen, wird damit auch die Verankerung im Text aufgehoben. Löschen Sie aber den Text, der die Verankerung enthält, wird auch das verankerte Objekt gelöscht – ohne Nachfrage von InDesign CS2.

8 Typografie

Wie in jedem Layout- oder Satzprogramm steigt oder fällt die Qualität der gestalteten Magazine, Zeitschriften oder Kataloge mit den typografischen Möglichkeiten. InDesign bietet mit Abstand im Vergleich zu anderen Programmen die hochwertigsten Werkzeuge für die Typografie an, nicht zuletzt in Verbindung mit dem Unicode-basierten OpenType-Format.

Bevor Sie mit allen typografischen Werkzeugen in InDesign bekannt gemacht werden, entnehmen Sie bitte der Abbildung 8.1 einige typografische Maße, die in diesem Kapitel häufiger verwendet werden.

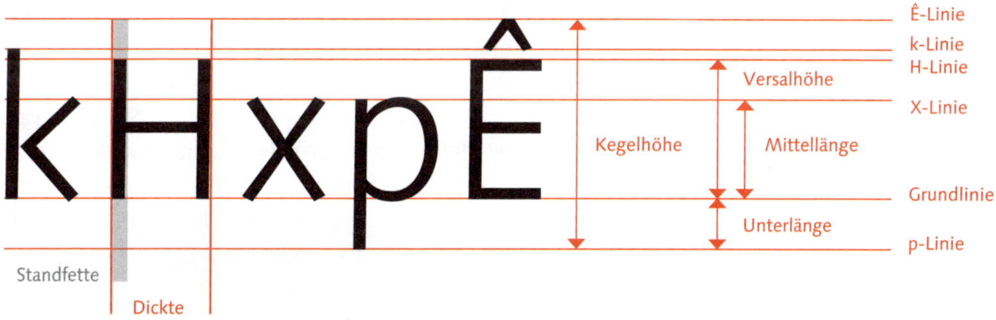

▲ **Abbildung 8.1**
Jede Schrift besitzt charakteristische individuelle Größen, abhängig von der Grundlinie.

InDesign CS2 bietet eine große Zahl von typografischen Werkzeugen, angefangen bei der manuellen Formatierung und Unterschneidung von Zeichen bis hin zu aufeinander folgenden Absätzen und verschachtelten Formaten. Neu in InDesign CS2 hinzugekommen sind zum einen die schnelle Auswahl von Absatz- und Zeichenformaten per Tastenbefehl sowie die Objektstile, mit denen Sie per Mausklick auch typografische Eigenschaften auf unformatierte Textrahmen übertragen können. Darüber hinaus kann jeder Textrahmen mit einem eigenen Grundlinienraster formatiert werden. Was das für Ihre tägliche Arbeit bedeutet, wollen wir genauer beleuchten.

Die Ausrichtung eines Textrahmens kann für doppelseitige Dokumente auch am Rücken bzw. Bund erfolgen. Das ist besonders bei Textrahmen auf Marginalienspalten sinnvoll. Neben den neuen typografischen Werkzeugen wollen wir hier auch die neuen Wörterbücher für osteuropäische Sprachen erwähnen, die es erstmals in der US- und westeuropäischen Variante von InDesign ermöglichen, z. B. polnische oder tschechische Texte zu layouten und korrekt zu umbrechen.

8.1 Textrahmen

8.1.1 Textrahmen erstellen und bearbeiten

Bitte vergewissern Sie sich zunächst, dass Sie unter dem Menü Schrift den letzten Punkt Verborgene Zeichen einblenden aktiviert haben. Damit zeigt Ihnen InDesign auch Leerzeichen, Umbrüche u. Ä. an.

Nach dieser Vorbereitung nun aber ans Werk: Wählen Sie aus der Werkzeugpalette das Textwerkzeug, oder rufen Sie den Tastenbefehl [T] auf. Ziehen Sie einen Rahmen mit gedrückter linker Maustaste auf. Damit haben Sie einen Textrahmen erstellt, in dem nun eine Einfügemarke blinkt, und können mit der Texteingabe beginnen. Der Text wird mit der Standardformatierung angezeigt, die Sie in der Steuerungspalette oder in der Palette Zeichen ablesen können (siehe Absatz 8.2).

Wenn Sie nach der Eingabe wieder das Auswahlwerkzeug anklicken, wird der normale Rahmen sichtbar, die Steuerungspalette wechselt wieder auf die normalen Rahmenwerkzeuge zurück. Der Textrahmen hat ebenso wie andere Rahmen Eck- und Seitenpunkte, mit denen Sie die gesamte Rahmenform bearbeiten können (siehe Kapitel 6 »Layoutrahmen«).

Textrahmen per Mausklick anpassen

Wenn Sie einen Textrahmen gestaltet haben, der für die eingegebene Textmenge zu groß ist, können Sie mit einem Mausklick den Rahmen an den Inhalt anpassen ❶. Wählen Sie dazu einen Textrahmen aus, und klicken Sie in der Steuerungspalette auf den Button mit dieser Bezeichnung, links neben dem Bridge-Button. Sofort wird der Rahmen in der Länge an den Textinhalt angepasst.

8.1.2 Textrahmen skalieren

Ziehen Sie den Rahmen schmaler, so wird der Textumbruch neu berechnet. Wenn Sie den Rahmen so verkleinern, dass der eingegebene Text nicht mehr vollständig abgebildet werden kann, wird am rechten Rand ein rotes Kreuz eingeblendet. Wenn Sie den Textrahmen horizontal oder vertikal vergrößern, verschwindet das rote Kreuz wieder, sobald die Textmenge vollständig inklusive aller Absatzmarkierungen im Textrahmen dargestellt werden kann.

Wollen Sie den Textrahmen proportional verkleinern oder vergrößern, dann halten Sie beim Verändern des Textrahmens an den Eckpunkten die Befehlstaste [Strg] bzw. [⌘] gedrückt. Somit wird gleichzeitig der Inhalt des Rahmens skaliert, der Umbruch bleibt erhalten. Dadurch entstehen natürlich merkwürdige Schriftgrößen- und Zeilenabstandswerte von z. B. 11,798 Punkt.

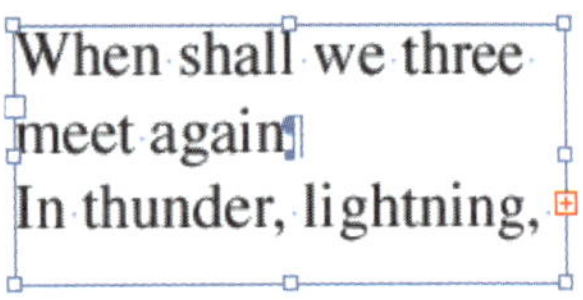

▲ **Abbildung 8.2**
Reicht der Text über die Rahmengröße hinaus, wird ein rotes Kreuz sichtbar.

8.1.3 Text einfärben

Ein Textrahmen besitzt neben der Flächen- und Konturfarbe des Rahmens auch die Farbgebung der Schrift, ebenso aufgeteilt in Fläche und Kontur. Wählen Sie das Werkzeug Text, klicken Sie mit gedrückter linker Maustaste in den Textrahmen, und ziehen Sie die Marke über ein Wort.

Das Wort wird markiert und invers dargestellt, in der Werkzeugpalette sehen Sie nun anstatt des Flächen- und Kontursymbols die Textsymbole.

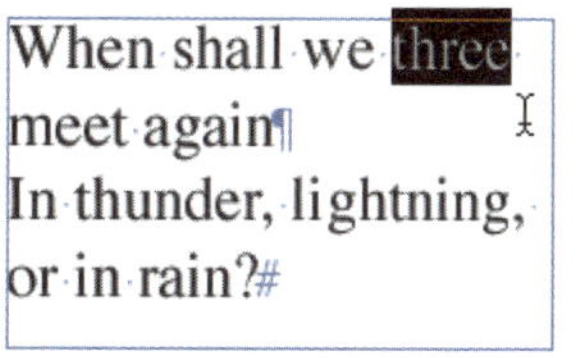

▲ **Abbildung 8.3**
Markierter Text kann separat bearbeitet werden.

◂ **Abbildung 8.4**
Für die Flächen- oder Konturenfüllung von Text müssen zuvor in der Werkzeugpalette die entsprechenden Flächen aktiviert sein.

Färben Sie den markierten Text mit einer Farbe aus den Paletten Farbfelder oder Farbe. Alternativ dazu können Sie auch mit einem Doppelklick in das Flächen- oder Kontursymbol den Farbwähler öffnen und eine Farbe aus dem Farbspektrum auswählen. Die Funktionsweise des Farbwählers ist genauer im Kapitel 19 »Farben« beschrieben.

Bei aktiver Kontur können Sie nun die Textkontur einfärben. Auch hier dürfen Sie zusätzlich die Konturpalette mit einbeziehen, um die Stärke zu verändern. Die Kontur wird von InDesign immer hinter den Text gelegt. Eine starke Kontur von mehreren Punkt Strichstärke überlagert damit die Zeichenform nicht. Somit können Ihnen auch keine feinen Serifen verloren gehen.

Beachten Sie, dass eine Kontur um eine Schrift keine Kontureigenschaften wie Typ, Anfang und Ende besitzen kann. Somit sind Mehrfach-Outlines nicht möglich. Diesen Konflikt können Sie umgehen, wenn Sie zuvor den Schriftzug in Pfade konvertiert haben: Menü Schrift • In Pfade umwandeln.

8.1.4 Textrahmenoptionen

Befinden Sie sich mit der Textmarke in einem Textrahmen, um dort den Inhalt zu bearbeiten, erreichen Sie über `Ctrl` oder die rechte Maustaste das Kontextmenü.

Wenn Sie Textrahmenoptionen auswählen, erhalten Sie einen umfangreichen Eingabedialog. Alternativ rufen Sie die Textrahmenoptionen mit dem Tastenbefehl `⌘`+`B` oder `Strg`+`B` auf. Der Dialog ist in InDesign CS2 nun aufgeteilt in ALLGEMEIN und GRUNDLINIENOPTIONEN.

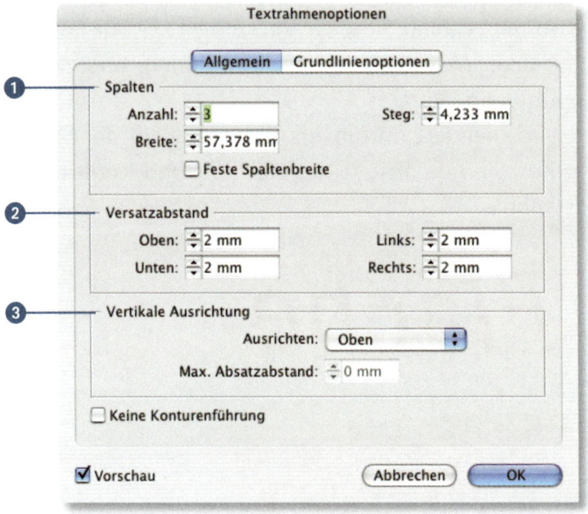

Abbildung 8.5 ▸
Die Textrahmenoptionen ALLGEMEIN bieten Optionen, wie sich die Textmenge zum Rahmen verhalten soll.

Spalten im Textrahmen | Zunächst wählen Sie die Spaltenanzahl ❶ und den Steg im Textrahmen. Mit aktiver Vorschau können Sie alle Änderungen im Hintergrund sehen. Der Textfluss ist somit durch die Spalten im Textrahmen vorgegeben. Spaltenumbrüche und andere Formatierungen können Sie auch im Text unterbringen.

Die Umbruchzeichen entnehmen Sie bitte dem Kapitel »Texte erfassen und bearbeiten«.

Entfernung vom Rahmen | Wenden wir uns dem VERSATZABSTAND ❷ zu. Mit diesen Abständen legen Sie fest, wie weit der Textverlauf im Rahmen von der Rahmenkante entfernt liegen soll. Diese Funktion ist nützlich, wenn Sie eine Textspalte über einer farbigen Fläche anordnen, damit der Textkörper nicht an die Rahmenkante stößt. Sollten Sie von QuarkXPress kommen und Ungereimtheiten auftreten: InDesign berechnet den unteren Versatzabstand von der Grundlinie aus, nicht wie XPress in Bezug zur Unterlänge.

Ausrichtung im Textrahmen | Die VERTIKALE AUSRICHTUNG ❸ im Textrahmen bezieht sich auf den gesamten Inhalt. OBEN, ZENTRIERT und UNTEN sprechen für sich, VERTIKALER KEIL sorgt hingegen dafür, dass alle Zeilen unabhängig vom eingestellten Zeilenabstand auf die volle Rahmenhöhe ausgetrieben werden.

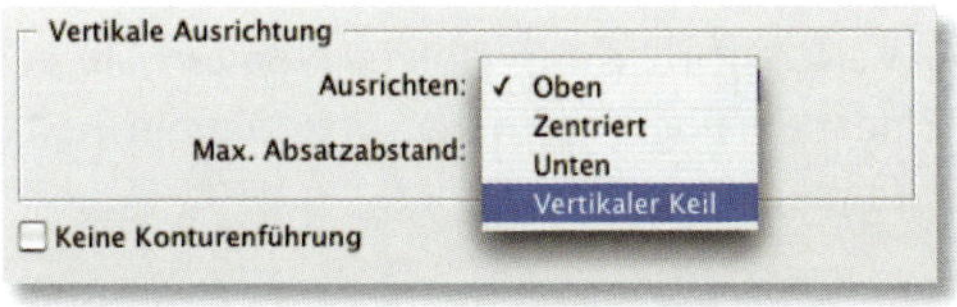

Abbildung 8.6 ▸
Den vertikalen Keil wählen Sie im Ausrichten-Menü aus.

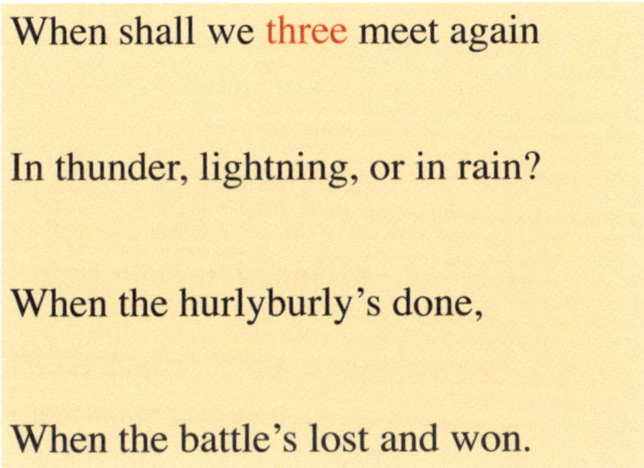

◂ **Abbildung 8.7**
Ein Beispiel mit aktiviertem vertikalen Keil

In diese Berechnung des vertikalen Keils können auch bestehende Absätze im Text einbezogen werden. Dazu geben Sie einen maximalen Absatzabstand ein. InDesign addiert diesen Bereich zum vertikalen Keil hinzu. Abbildung 8.7 zeigt einen zweispaltigen Textrahmen, der einen Versatzabstand besitzt, bei dem VERTIKALER KEIL aktiviert ist und MAXI. ABSATZABSTAND auf 8 mm gesetzt wurde. Bei diesen Operationen sollten Sie unbedingt die Vorschau aktivieren, da aufgrund der Einstellungen das Ergebnis nicht immer vorherzusehen ist.

Grundlinienoptionen | Wenn Sie mit einem Grundlinienraster im Layout arbeiten, so gilt das Raster zunächst für alle Seiten gleichermaßen. In den VOREINSTELLUNGEN • RASTER legen Sie Beginn und Schrittweite des Grundlinienrasters fest. Nun können Sie in InDesign CS2 das Grundlinienraster auch nur für einen Textrahmen bestimmen, sollten Sie anhand des Rasters auch andere Bilder oder Rahmen ausrichten wollen.

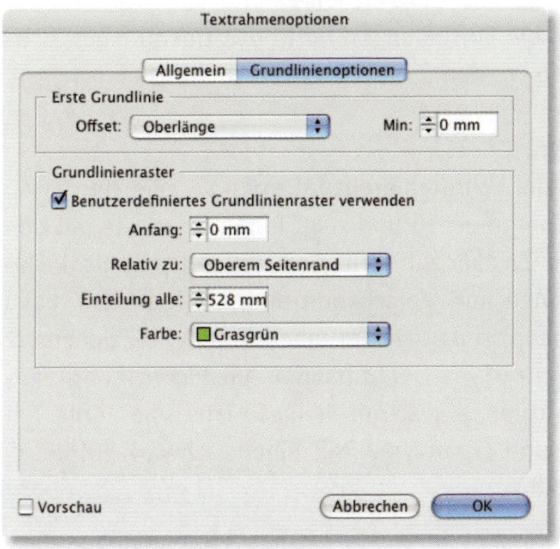

◂ **Abbildung 8.8**
Die Textrahmenoptionen GRUNDLINIENOPTIONEN bestimmen ein vom Dokument unabhängiges Grundlinienraster, das nur für diesen einen Textrahmen gilt.

Textzeilen optisch ausrichten

Haben Sie einen Textrahmen angelegt, der vertikal so ausgerichtet werden soll, dass die Textzeile optisch denselben Abstand von der oberen wie unteren Kante besitzt, so müssen Sie zunächst in den ALLGEMEINEN TEXTRAHMENOPTIONEN die VERTIKALE AUSRICHTUNG auf ZENTRIERT stellen und danach in den GRUNDLINIENOPTIONEN für die ERSTE GRUNDLINIE den OFFSET auf die X-HÖHE einstellen. Danach wird die Textzeile auf die optisch korrekte Höhe gesetzt, die immer ein wenig höher als die mathematisch genaue Ausrichtung ist. Dadurch wirkt das Schriftbild stabiler und wird als angenehmer empfunden.

Rufen Sie dazu in den Textrahmenoptionen den Reiter GRUNDLINIENOPTIONEN auf. Die ERSTE GRUNDLINIE – also die Ausrichtung der ersten Textzeile im Rahmen – kann mit einem OFFSET angegeben werden, der zunächst auf OBERLÄNGE eingestellt ist. Damit liegt die erste Zeile immer innerhalb des Textrahmens. Zusätzlich können Sie mit einer Feinjustierung Abstände im Millimeterbereich hinzugeben.

Sie können nun das BENUTZERDEFINIERTE GRUNDLINIENRASTER ANWENDEN. Für Textrahmen, die in einer eigenen Marginalspalte mit dem Haupttext verankert sind, legen Sie ein Grundlinienraster relativ zum oberen Seitenrand fest. Geben Sie auch hier einen ANFANG und eine Schrittweite mit der Funktion EINTEILUNG ALLE ein. Ebenso wählen Sie eine treffende Farbe aus, die sich vom Grundlinienraster des Dokuments unterscheidet.

8.2 Steuerungspalette Zeichen und Zeichen-Palette

Palettenmenü und Kontextmenü
Das Palettenmenü der Zeichen-Palette birgt einige hilfreiche Optionen wie die Umschaltung zu den Großbuchstaben, Kapitälchen, Hochstellung und Tiefstellung, Unterstreichung, Durchstreichung und Ligaturen. Die Anwahl dieser und weiterer Sonderzeichen finden Sie im Abschnitt 8.4 »Glyphen und Sonderzeichen«.

In der praktischen Steuerungspalette ZEICHEN am oberen Rand können nahezu alle typografischen Werkzeuge, die in diesem Kapitel vorgestellt werden, aufgerufen und editiert werden. Wenn Sie mit dem Textwerkzeug [T] einen Textrahmen aufziehen oder in einen bestehenden Textrahmen doppelklicken, dann wechselt die Steuerungspalette unterhalb der Menüzeile auf die typografischen Einstellungen.

Alternativ rufen Sie die gleichen Funktionen auch über das Menü FENSTER • SCHRIFT die Zeichen-Palette auf. Und last but not least können die Einstellungen im Kontextmenü eines Textrahmens getroffen werden.

8.2.1 Schriften

Bei der Auswahl der Schriften greift InDesign auf alle aktivierten Schriften Ihres Computers zu und zeigt Ihnen eine Liste mit den Schriftfamiliennamen aller zur Verfügung stehenden Fonts. InDesign CS2 zeigt Ihnen nun Vorschauen der Schriftfamilien, auch lässt sich erkennen, ob es sich um einen TrueType-Zeichensatz oder einen PostScript Type 1-Font handelt. PostScript-Fonts werden mit einem roten a gekennzeichnet, TrueType-Fonts mit einem blauen T und OpenTypes mit einem schwarz-grünen O (siehe Abbildung 8.11).

Zeichenpalette und Steuerungspalette Zeichen

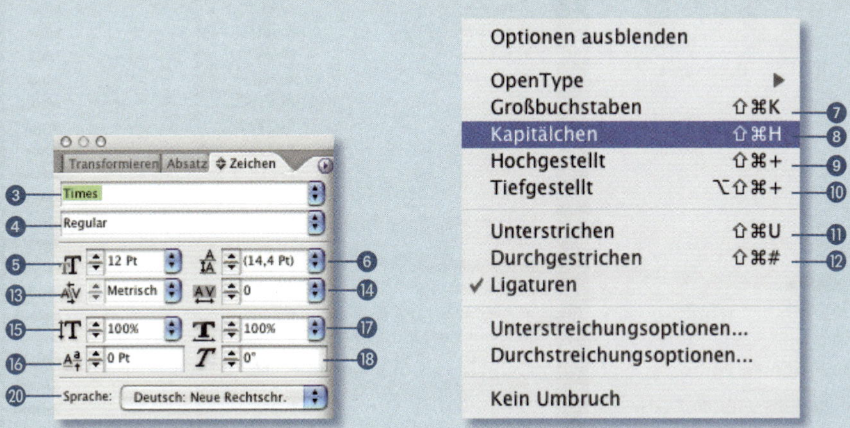

▲ **Abbildung 8.9**
Die Zeichen-Palette mit Palettenmenü

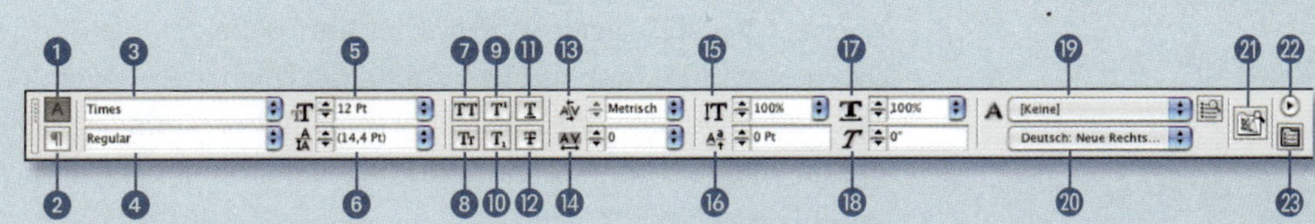

▲ **Abbildung 8.10**
Steuerungspalette Zeichen

Die einzelnen Werkzeuge im Detail:

1 Zeichenformatierung

2 Absatzformatierungssteuerung – wechselt zu den absatzbezogenen Einstellungen

3 Schriftfamilie

4 Schriftschnitt

5 Schriftgröße

6 Zeilenabstand

7 Versalien erzwingen

8 Kapitälchen erzwingen

9 Hochgestellte Zeichen

10 Tiefgestellte Zeichen

11 Unterstrichen

12 Durchgestrichen

13 Kerning/Unterschneidung

14 Laufweite

15 Vertikale Zeichenverzerrung

16 Grundlinienversatz

17 Horizontale Zeichenverzerrung

18 Verzerren/Scherung

19 Zeichenformate

20 Wörterbuch/Sprache

21 Schnell anwenden

22 Palettenmenü

23 Paletten-Button (ruft die Paletten ZEICHEN und ZEICHENFORMATE auf)

Darstellung beeinflussen

Die Darstellungsgröße der Vorschau ist einzustellen in den Voreinstellungen • Eingabe • Schriftvorschau.

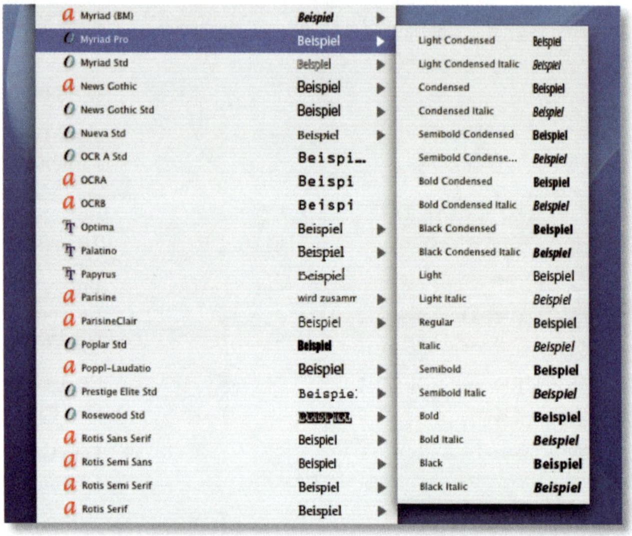

Abbildung 8.11 ▶
Mit einem Klick in das Schriftmenü der Steuerungspalette werden alle geladenen Fonts mit einer Vorschau angezeigt, wie hier die Myriad Pro mit allen Schnitten.

Die Anzahl der Ablageorte ist mit den neuen Mehrbenutzersystemen wie Mac OS X gewachsen. Hier unterscheiden die Betriebssysteme nach System und Benutzer. Zusätzlich bietet auch InDesign einen eigenen Fonts-Ordner in seinem Programmverzeichnis, in dem ebenfalls Schriften abgelegt werden können, die dann nur von InDesign genutzt werden.

Zu viele Paletten?
Beide Ansichten der Steuerungspalette bieten alle relevanten Einstellungen auf einen Blick. Dadurch werden faktisch Zeichen- und Absatz-Palette überflüssig. Jedoch werden durch die Paletten-Buttons nicht alle typografischen Paletten erfasst, die Glyphen- sowie die Textabschnitt-Palette müssen Sie sich per Tastenbefehl aufrufen oder dafür einen geeigneten Arbeitsbereich sichern, wie im Kapitel 3 beschrieben ist.

Welche Schriften sollten nun aber für die Produktion eingesetzt werden? | In der Vergangenheit waren häufig die PostScript-Schriften die beste Wahl, da zum einen viele hoch qualitative Schriften nur in diesem Format erhältlich waren, zum anderen PostScript-Fonts vollständig in eine EPS-, PS- oder in eine PDF-Datei eingebettet werden können, also nicht unbedingt auf dem Ausgabesystem vorhanden sein müssen. Zudem gab es eine große Flut von billigen TrueType-Fonts, die sich durch eine schlechte Zurichtung – Neudeutsch auch Kerning – bei allen anspruchsvollen Typografen unbeliebt gemacht und das Format in Verruf gebracht haben – zu Unrecht. Die Qualität einer TrueType-Schrift kann durchaus gleichwertig zu ihrem PostScript-Pendant sein.

Aus der Praxis heraus hat sich aber gezeigt, dass die verschiedenen Schriftformate PostScript Type-1, TrueType- und OpenType alle ohne Probleme in InDesign verwendet werden können. Bei Dokumenten, die sowohl am Mac als auch am PC bearbeitet werden, sollten Sie unbedingt identische Fonts des gleichen Herstellers verwenden, da sonst das Schriftbild nicht mehr übereinstimmt und der Textumbruch falsch wiedergegeben wird.

Auch **Fonts mit ähnlichem Namen** sind hier nicht zu gebrauchen, weil eine Berthold Garamond weder eine Adobe Garamond noch eine Stempel Garamond ist. Diese Garamond-Familien stammen von unterschiedlichen Herstellern, die ihrerseits verschiedene Originale des französischen Typografen Claude Garamond als Grundlage der Schrift genommen haben.

Ebenso ist eine Helvetica des Mac-Systems oder eine Swiss auf dem PC nicht mit dem PostScript-Font Neue Helvetica 55 zu vergleichen. Bitte seien Sie an dieser Stelle pingelig, und durchforsten Sie Ihren Schriftenbestand, da Sie diese Fehler häufig erst dann entdecken, wenn der Druckauftrag bereits bearbeitet wurde.

Freie Fonts
In Ihrem Interesse sei jedoch gesagt, dass Sie frei verfügbare Fonts aus dem Internet nicht für eine anspruchsvolle Qualitätsarbeit einsetzen sollten, denn diese Schriften sind grundsätzlich schlecht ausgeglichen, d. h., mikrotypografische Unterschneidungen von einzelnen Zeichenpaaren werden nicht vorgenommen. Gerade diese Feinheiten machen jedoch ein ausgeglichenes und lesbares Schriftbild aus. Wenn Sie von Ihrem Kunden eine Schrift für die Gestaltung vorgegeben bekommen, sollten Sie sich erkundigen oder testen, ob es sich um eine gut zugerichtete Schrift handelt.

8.2.2 Schriftschnitt

»Geschnitten« wurde die Form der Schrift zu Zeiten des Bleisatzes in die metallene Gussform von Bleilettern. Daher wird auch heute noch die Herstellung einer Schrift als Schnitt bezeichnet, die verschiedenen Ausprägungen wie normal, fett oder kursiv dementsprechend als Schnitte. Welche Schnitte einer Schriftfamilie genau zur Auswahl stehen, liegt am Schriftdesigner und am Hersteller. Ältere PostScript-Fonts weisen häufig weniger Schnitte auf als neu aufgelegte und überarbeitete Fonts. Neuauflagen berücksichtigen dabei häufig die technischen Gegebenheiten in den unterschiedlichen Einsatzbereichen, wie z. B. die Durchleuchtung eines Schriftzuges, die zu einer minimalen optischen Verstärkung der Fette führt und somit vom Ausgangsschnitt abweicht.

Die Schrift des Buchs
Für unsere Beispiele arbeiten wir mit der Linotype Syntax, in der auch dieses Buch gesetzt wurde.

Die Multiple-Master-Technologie erlaubt beim Design der gleichnamigen Fonts ein Höchstmaß an Variabilität, da der gesamte Font in verschiedenen Achsen (Standfette, Dickte, Serifen etc.) definiert werden kann. Je mehr Möglichkeiten zur Auswahl stehen, umso schwieriger die Entscheidung für oder wider einen möglichen Schnitt.

Nur mit PC-Fonts arbeiten
Dafür bietet InDesign eine schöne Funktion: Sie können für Dokumente, die auf beiden Plattformen produziert werden, nur PC-TrueType-Fonts verwenden, indem Sie die PC-Schrift (.ttf) in den Fonts-Ordner von InDesign auf dem Mac legen. Beim Öffnen einer auf dem PC erzeugten InDesign-Datei werden dabei diese Schriften abgefragt. Somit bleibt gewährleistet, dass der Umbruch der Texte sowohl auf dem PC wie auf dem Mac identisch ist.

Bei der Auswahl von Schnitten sollten Sie sich zunächst an die vollen Schnitte halten, um dann gegebenenfalls bei technischen Bedingungen auf einen Halbschnitt – wie bei einer Hinterleuchtung auf Schildern – auszuweichen. Wir wenden zunächst die Auszeichnungsform Fett/Bold und Kursiv/Italic an.

8.2.3 Schriftgrad

Die Schriftgröße – auch als Grad bezeichnet – hängt natürlich zum einen von der Anwendung ab. Der Schriftgrad wird in Punkt angegeben, der am häufigsten verwendeten Einheit. Das Maß richtet sich nach der Kegelhöhe, also der Summe aus Versalhöhe, Über- und Unterlänge. Da alle Schriften nahezu ein anderes Verhältnis dieser Höhen besitzen, ist also nicht jede Schrift von 12 Punkt gleich groß.

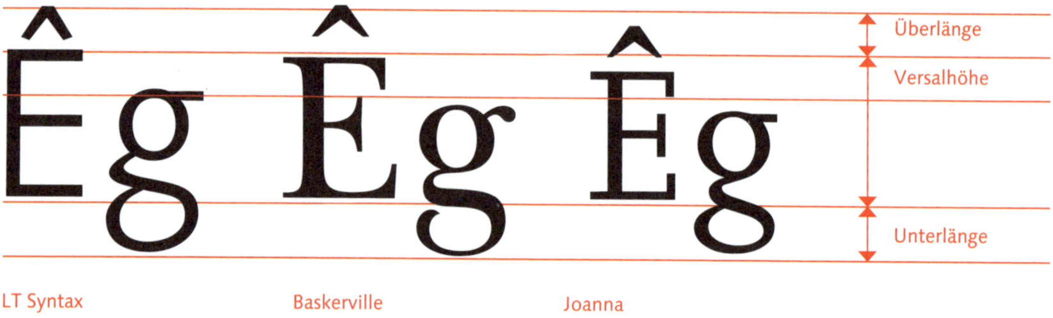

▲ **Abbildung 8.12**
Schriftbeispiele mit unterschiedlichen Versalhöhen. Die Gesamtsumme aus Unterlänge, Versalhöhe und Überlänge wird als Kegelhöhe bezeichnet.

Im traditionellen Bleisatz ist die Schriftgröße gleich der Versalhöhe zu setzen, um dieses Manko auszugleichen. Da sich jedoch die Computerwelt dazu entschlossen hat, diesen feinen Unterschied geflissentlich zu ignorieren, kommt es bei der Auswahl von Schriftgrößen verschiedener Schriften auf Ihr Augenmaß an.

Schriftgrößen zwischen 8 und 12 Punkt gelten für einen Mengentext als gut lesbar. Die Ergonomie einer Gestaltung liegt jedoch auch in den Schriften selbst und im Zusammenspiel mit Zeilenabstand, Laufweite oder Schriftfarbe. Den Schriftgrad um 2 Punkt zu vergrößern führt meistens nicht zu einer Verbesserung der Lesbarkeit!

Lautstärke einer Schrift | Abgesehen von der Ergonomie ist auch entscheidend, wie »laut« eine typografische Gestaltung sein soll.

When shall we three meet again
In THUNDER, lightning, or in *rain*?

When the hurlyburly's done,
When the battle's lost and *won*.

When shall we three meet again
In THUNDER, lightning, or in *rain*?

When the hurlyburly's done,
When the battle's lost and *won*.

When shall we three meet again
In THUNDER, lightning, or in *rain*?

When the hurlyburly's done,
When the battle's lost and *won*.

▲ **Abbildung 8.13**
Mit wachsendem Schriftgrad steigt die »Lautstärke« des Schriftbildes an.

Vergleichen Sie beliebige Exemplare von Tageszeitungen oder Magazinen. Sie werden feststellen, dass aufgrund einfacher grafischer Methoden der Farbwahl oder der Schriftgröße und -fette die visuelle Sprache mehr oder weniger laut, feinfühlig, seriös oder informativ sein kann.

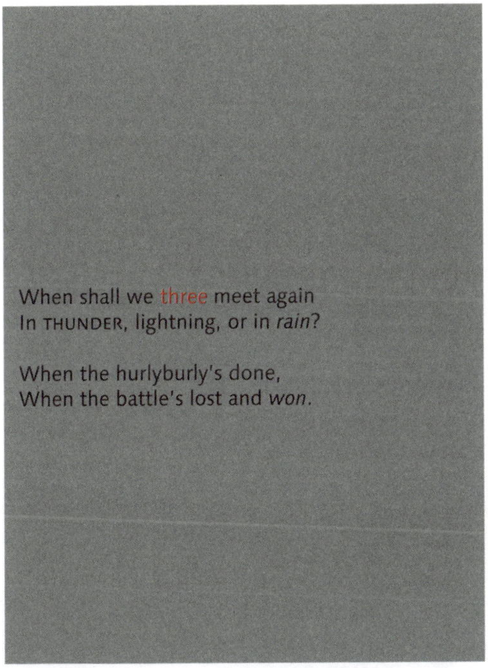

▲ **Abbildung 8.14**
Sachlich und sehr dezent wirkt ein kleiner Schriftgrad im Verhältnis zur Gesamtfläche.

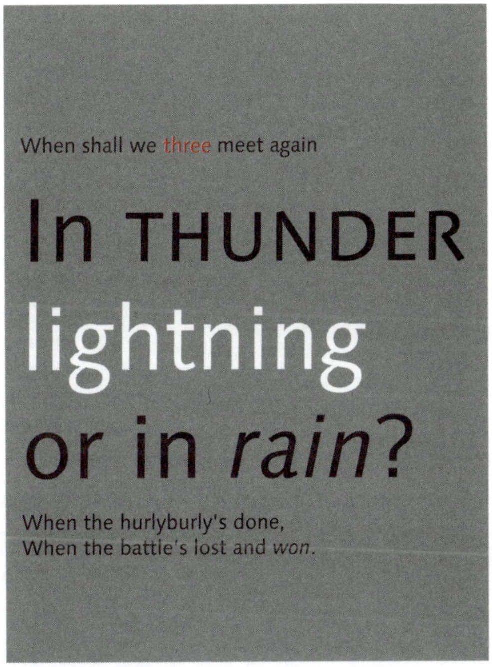

▲ **Abbildung 8.15**
Ein überproportional hoher Schriftgrad entfacht ein regelrechtes Unwetter.

Stellen Sie sich die Person hinter einem Titelblatt vor, die zu Ihnen spricht. Da begegnen uns z. B. auf Boulevard-Titeln handfeste Arbeiter, die ihren Kollegen die neuesten Nachrichtenzeilen gegen den Lärm eines Presslufthammers zurufen. Andere Titel dagegen predigen, klagen oder flüstern. Die Zielgruppe wird durch die Schrift wie von einer virtuellen Person angesprochen.

	Windows	Mac
Schriftgrad 5fach erhöhen	⇧ + Strg + Alt + .	⇧ + ⌥ + ⌘ + .
Schriftgrad 5fach verringern	⇧ + Strg + Alt + ,	⇧ + ⌥ + ⌘ + ,
Schriftgrad erhöhen	⇧ + Strg + .	⇧ + ⌘ + .
Schriftgrad verringern	⇧ + Strg + ,	⇧ + ⌘ + ,

Tabelle 8.1
Tastenkürzel für den Schriftgrad

8.2.4 Zeilenabstand

Der Zeilenabstand beschreibt den Raum zwischen zwei Grundlinien und ist automatisch auf 120 % des Schriftgrades gestellt, erkennbar an der eckigen Einklammerung in der Zeichen-Palette. Für einen Mengensatz sollte der Zeilenabstand so groß sein, dass die Zwischenräume nicht neben den Schriftzeilen gleichwertig erscheinen. Der Durchschuss – der Raum zwischen den Zeilen – sollte nicht kleiner als 0,5 Punkt sein.

Das klingt sehr unscharf formuliert, und so ist es in der Tat auch. In Abbildung 8.16 sehen Sie zwei Beispiele mit einem Linienmuster. Im ersten Beispiel entsteht ein optisches Wackelbild, keine Zeile hat eine Gewichtung. Im zweiten Beispiel ist die Gewichtung ausgewogen, die schwarzen Zeilen wirken deutlich kräftiger als die weißen Zwischenräume. Dies ist kein messbares typografisches System, es soll Ihnen vielmehr eine Anleitung sein, den Zeilenabstand mit Augenmaß zu treffen, anstatt automatischen Computereinstellungen zu vertrauen.

Abbildung 8.16 ▸
Die weißen Zwischenräume in der rechten Abbildung sind genauso breit wie die grauen Linien, doch sie wirken größer. Geringfügig dünnere Linien erzeugen ein gleichmäßiges Streifenraster. Ebenso verhält es sich mit dem optimalen Zeilenabstand! Testen Sie mit unterschiedlichen Zeilenabständen, ab welcher Größe dieses gleichmäßige Streifenmuster entsteht.

Die optische Zeilenbildung ist natürlich abhängig von der verwendeten Schrift. Je fetter eine Schrift ist, umso größer kann der Zeilenabstand gewählt werden. Die Größe der Mittelhöhe ist ebenso wichtig.

When shall we three meet again
In thunder, lightning, or in rain?
When the hurlyburly's done,
When the battle's lost and won.
That will be ere the set of sun.
Where the place?
Upon the heath.
There to meet with Macbeth.

▴ Abbildung 8.17
Syntax regular, 9 Punkt, Zeilenabstand 11 Punkt. Normales Schriftbild.

When shall we three meet again
In thunder, lightning, or in rain?
When the hurlyburly's done,
When the battle's lost and won.
That will be ere the set of sun.
Where the place?
Upon the heath.
There to meet with Macbeth.

▴ Abbildung 8.18
Joanna regular, 9 Punkt, Zeilenabstand 10 Punkt. Ein geringeres Mittelband erlaubt engere Zeilen.

Moderne Groteskschriften wie die Syntax haben eine größere Mittelhöhe als Schriften älterer Epochen (wie MT Joanna) und erzeugen somit kräftigere Textzeilen.

Verwenden Sie dagegen eher magere Schriften, so tritt dieser Effekt weniger auf, und der Durchschuss darf geringer ausfallen. Der richtige Zeilenabstand wird für die Layoutarbeit als Grundlinienraster angelegt.

When shall we three meet again
In thunder, lightning, or in rain?
When the hurlyburly's done,
When the battle's lost and won.
That will be ere the set of sun.
Where the place?
Upon the heath.
There to meet with Macbeth.

▲ **Abbildung 8.19**
Syntax black, 9 Punkt, Zeilenabstand 12 Punkt. Je fetter, desto weiter der

When shall we three meet again
In thunder, lightning, or in rain?
When the hurlyburly's done,
When the battle's lost and won.
That will be ere the set of sun.
Where the place?
Upon the heath.
There to meet with Macbeth.

▲ **Abbildung 8.20**
Syntax light, 9 Punkt, Zeilenabstand 9,75 Punkt. Magere Typen brauchen weniger Platz.

Unabhängig von der reinen Unterstützung der Lesbarkeit kann der Zeilenabstand auch gestalterisch eingesetzt werden. So verschwimmen bei minimalem bis negativem Durchschuss die Zeilen ineinander, serifenbetonte Schriften beginnen, sich ineinander zu verhaken. Wird eine Textmenge so zu einer Graumenge ausgeglichen, in der die einzelne Textzeile fast verschwindet, bezeichnet man diese Form als »compressed«, was nicht gleichbedeutend mit einer sehr engen Type »condensed« ist. Ein hoher Durchschuss betont dafür jede Zeile für sich, der Text wirkt hochwertiger, aber auch »inhaltsschwanger«.

Where the place?
Upon the heath.
There to meet with Macbeth.

▲ **Abbildung 8.21**
Syntax regular, 12 Punkt, Zeilenabstand 9 Punkt. Die Zeilen verhaken sich ineinander, der Text wirkt gedrungener und vom Verständnis sperriger.

Where the place?

Upon the heath.

There to meet with Macbeth.

▲ **Abbildung 8.22**
Syntax regular, 12 Punkt, Zeilenabstand 30 Punkt. Jede Zeile wird einzeln gelesen, der Inhalt bekommt eine zusätzliche Bedeutung.

	Windows	Mac
Zeilenabstand 5fach erhöhen	Strg + Alt + ↓-Taste	⌥ + ⌘ + ↓-Taste
Zeilenabstand 5fach verringern	Strg + Alt + ↑-Taste	⌥ + ⌘ + ↑-Taste
Zeilenabstand erhöhen	Alt + ↓-Taste	⌥ + ↓-Taste
Zeilenabstand verringern	Alt + ↑-Taste	⌥ + ↑-Taste

Tabelle 8.2
Tastenkürzel für den Zeilenabstand

8.2.5 Kerning

Der typografische Zeichenausgleich unterteilt sich in den Bereich des optischen Ausgleichs von Zeichen (Kerning) und in die Laufweite.

Das Kerning wird ohne Ihren Einfluss zunächst vom Font gesteuert, denn jeder Zeichensatz besitzt so genannte Unterschneidungstabellen. Darin ist definiert, mit welchem Abstand ein bestimmter Buchstabe auf einen anderen folgt. Besonders bei Zeichen mit Überhängen oder großen Binnenräumen wie T, W oder F mit nachfolgenden Gemeinen sind diese Angaben wichtig, um ein harmonisches Schriftbild zu erzeugen. Diese Tabellen sind je nach Schrift, Designer und Hersteller sorgsam angelegt. Experimentelle Schriften benötigen solche Angaben nicht unbedingt, wenn die Gestaltung des Fonts grundsätzlich dem Setzer-Handwerk widerspricht. Ältere PostScript-Schriften sind eventuell schlechter ausgeglichen als moderne Überarbeitungen. InDesign gibt Ihnen dennoch zwei Werkzeuge an die Hand, um einen manuellen Ausgleich durchzuführen.

In der Zeichen-Palette finden Sie die Einstellungen für das Kerning unterhalb des Schriftgrads. Die Standardeinstellung ist METRISCH, damit werden die Unterschneidungen aus dem Font interpretiert. Diese Einstellung führt in den häufigsten Fällen zu einem gut ausgeglichenen Schriftbild.

QuarkXPress-Terminologie
Lassen Sie sich nicht verwirren, InDesigns *Kerning* entspricht in QuarkXPress der *Unterschneidung*, und *Laufweite* meint *Spationieren*.

[Geviert]
Ein Geviert ist das Quadrat zur Kegelhöhe und wird im Ganzen oder in Teilen als nicht druckender Abstand zwischen Zeichen und Wörtern eingesetzt. Im Bleisatz gibt es das Geviert (1000/1000), Halbgeviert (500/1000), Viertelgeviert (250/1000) und Achtelgeviert (125/1000), die Sie auch als Sonderzeichen einsetzen können (Abschnitt »Leerräume«).

▲ **Abbildung 8.23**
Zeichenpaare werden separat ausgeglichen. Der korrekte Wortabstand umfasst die Breite eines kleinen i.

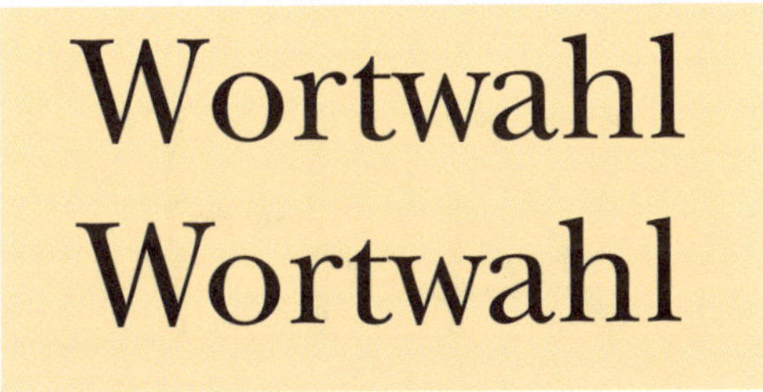

▲ **Abbildung 8.24**
Durch metrisches Kerning wird der Abstand zwischen W und o durch die Vorgaben aus dem Font ausgeglichen.

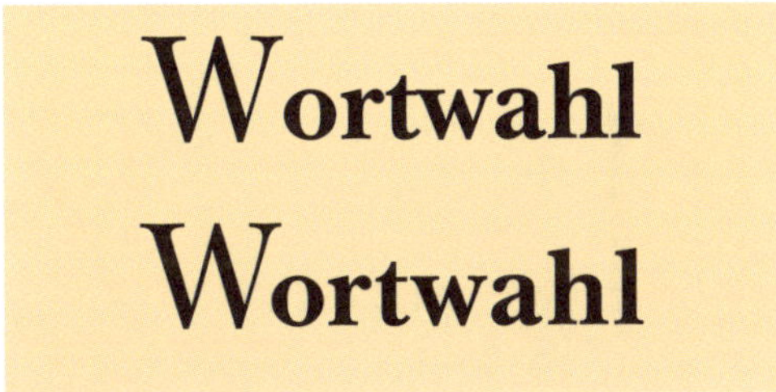

▲ **Abbildung 8.25**
Unterschiedliche Schriftgrade ohne und mit optischem Kerning

Die Darstellung am Monitor kann trügerisch sein, da z. B. in einem TrueType-Font spezielle Angaben (**Hints**) steuern, wie der Vektor einer Schrift in Pixel umgesetzt wird. Diese Hints haben jedoch in der Druckausgabe keinen Einfluss. Vergewissern Sie sich mit einem Probeausdruck, ob das Kerning Ihren Ansprüchen gerecht wird.

Die Einstellung Optisch hingegen bezieht zur Berechnung des Kernings einen Algorithmus mit ein, der die Form jedes Zeichens berücksichtigt. In der normalen Anwendung entstehen kaum Unterschiede. Verwenden Sie aber unterschiedliche Schriften innerhalb eines Wortes oder unterschiedliche Schriftgrade wie in Abbildung 25, so können die Unterschneidungstabellen der Fonts die Zeichen nicht mehr ausgleichen. Das optische Kerning gleicht dieses Manko aus und erzielt sehr gute Ergebnisse bei ungewöhnlichen Anwendungen.

Sie können einen Ausgleich auch manuell durchführen. Klicken Sie dazu mit dem Textwerkzeug zwischen zwei Buchstaben, oder wählen Sie ein Wort aus. Wählen Sie einen Unterschneidungswert aus dem Pull-down-Menü aus, oder halten Sie die Alt-Taste gedrückt und betätigen die Pfeiltasten nach links oder rechts. Dabei ändert sich der Wert um 20/1000 Geviert, eine sehr feine Unterschneidungseinheit.

Die Werte wie –2 aus QuarkXPress werden Sie hier vergeblich suchen. InDesign differenziert um ein Vielfaches höher. Die Unterteilung in mindestens 20/1000 Geviert ist für nahezu alle manuellen Arbeiten ausreichend. InDesign nutzt ein typografisch korrektes Geviert, andere Programme setzen zwei blinde Buchstaben nebeneinander, was weitaus größer als ein Standardgeviert ist.

Therapie für schlecht ausgeglichene Fonts
Schlecht ausgeglichene Fonts können notfalls mittels des optischen Kernings besser ausgeglichen werden. Das optische Kerning berücksichtigt die Zeichenformen und nicht die Unterscheidungsvorgaben aus dem Font. Somit können auch Zeichen aus zwei unterschiedlichen Schnitten oder gar Schriftfamilien in unterschiedlichen Schriftgrößen ausgeglichen werden. Erwarten Sie jedoch von InDesign keine Wunder. Zusätzlich leidet die Geschwindigkeit des Programms, da das optische Kerning eine rechenintensive Operation ist. Wenn Sie also diese Funktion auf eine mehrseitige Textmenge anwenden, kommt es bei jeder Layoutänderung wie dem Umfließen eines platzierten Bildes oder der Änderung der Schriftgröße besonders auf etwas älteren Computern zu Wartezeiten.

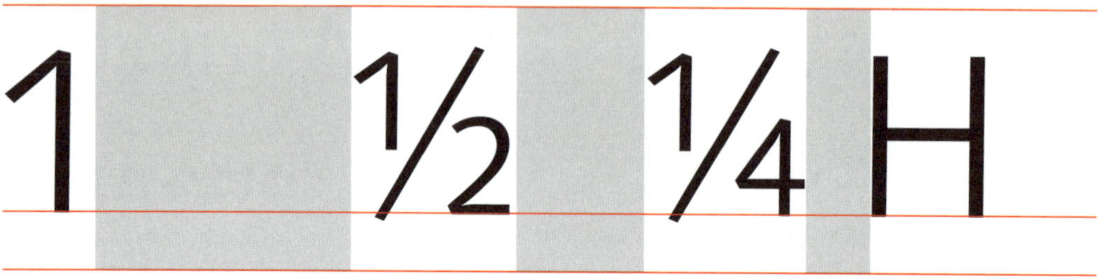

▲ **Abbildung 8.26**
Ein Geviert ist immer so breit wie die Kegelhöhe einer Schrift.

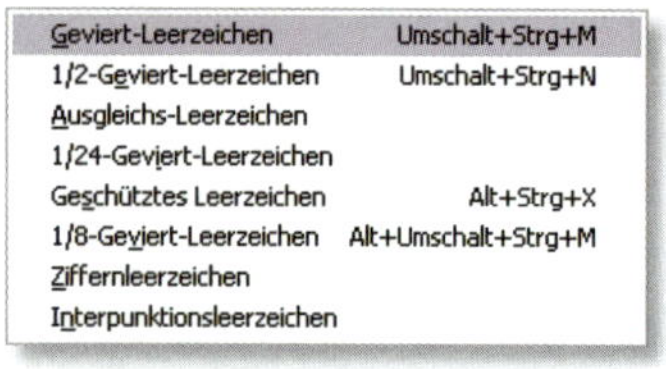

▲ **Abbildung 8.27**
Zur Auswahl über das Kontextmenü oder das Menü SCHRIFT • LEERRAUM EINFÜGEN stehen fertige Sonderzeichen wie Halb- oder Achtelgevierte. Das Ausgleichs-Leerzeichen ist ein Viertelgeviert.

8.2.6 Laufweite

Ist die Textmenge erst einmal ausgeglichen, können Sie über die Laufweite in der Zeichen-Palette den gleichmäßigen Abstand der Zeichen zueinander einstellen, der ebenfalls in Einheiten pro 1000 angegeben wird. So einfach die Auswahl ist, so schwierig ist es, die Laufweite gestalterisch einzusetzen. Die Abbildungen 8.28–8.31 geben hierin einen Einblick. Die auch als Sperrung bezeichnete Spationierung ist zunächst eine Auszeichnungsform, doch schnell kann die Lesbarkeit bei hohen Abständen der Zeichen verloren gehen. Nutzen Sie die Laufweite mit minimalen Einstellungen, wenn Ihnen die Vermittlung des Inhalts am Herzen liegt.

Für einen optimalen Blocksatz ist die Laufweite sehr entscheidend, obwohl InDesign dies mit der Trennung und den Wortabständen bei der Absatzformatierung in Verbindung setzt. Schon sehr kleine Laufweitenänderungen können den Blocksatz deutlich verbessern.

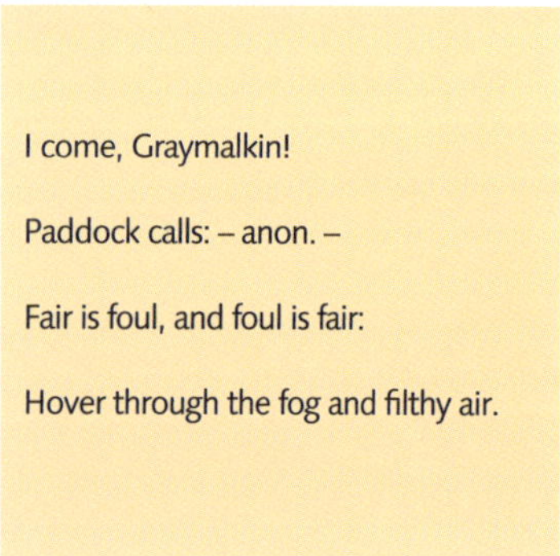

▲ **Abbildung 8.28**
Enge Laufweite:
Die Buchstaben verbinden sich.

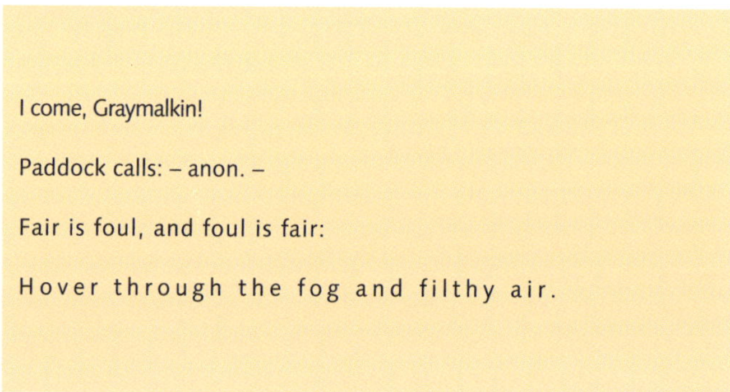

▲ **Abbildung 8.29**
Weit laufende Texte sind schwerer zu lesen, vermitteln aber ein luftigeres Schriftbild.

When shall we three meet again
In thunder, lightning, or in rain?
When the hurlyburly's done,
When the battle's lost and won.
That will be ere the set of sun.
Where the place?
Upon the heath.
There to meet with Macbeth.
I come, Graymalkin!
Paddock calls: – anon. –
Fair is foul, and foul is fair:
Hover through the fog and filthy air.

▲ **Abbildung 8.30**
Enge Laufweite und niedriger Zeilenabstand: Der Textkörper wird zur Graumenge. Man spricht auch von einem Compressed-Satz.

When shall we three meet again
In thunder, lightning, or in rain?
When the hurlyburly's done,
When the battle's lost and won.
That will be ere the set of sun.
Where the place?
Upon the heath.
There to meet with Macbeth.
I come, Graymalkin!
Paddock calls: – anon. –
Fair is foul, and foul is fair:
Hover through the fog and filthy air.

▲ **Abbildung 8.31**
Auch eine Graumenge, aber aus einzelnen Buchstaben bei hoher Laufweite und Zeilenabstand.

	Windows	Mac
Kerning und Laufweite zurücksetzen	Strg + Alt + Q	⌥ + ⌘ + Q
Kerning/Laufweite 5fach erhöhen	Strg + Alt + → -Taste	⌥ + ⌘ + → -Taste
Kerning/Laufweite 5fach verringern	Strg + Alt + ← -Taste	⌥ + ⌘ + ← -Taste
Kerning/Laufweite erhöhen	Alt + → -Taste	⌥ + → -Taste
Kerning/Laufweite verringern	Alt + ← -Taste	⌥ + ← -Taste

Tabelle 8.3
Tastenkürzel für Kerning und Laufweite

8.2.7 Horizontale und vertikale Skalierung

Die Verzerrung einer Schrift in vertikaler wie in horizontaler Richtung ist kein typografisches Gestaltungselement. Stauchung und Streckung verändern die Proportionen von Schriften, und gerade diese machen den Charakter einer Schrift aus. Durch eine Verzerrung in vertikaler Richtung erhalten Sie keinen Vorteil, nutzen Sie besser zuerst eine Schriftgradänderung. Mit einer negativen Verzerrung in horizontaler Richtung sparen Sie eventuell einigen Platz ein, dennoch leidet die Lesbarkeit. Spationieren Sie die Schrift stattdessen ein wenig enger, wählen Sie einen geringfügig niedrigeren Zeilenabstand, oder entscheiden Sie sich für eine schmaler laufende Condensed-Schrift, auch wenn Ihnen diese Funktionen als technische Möglichkeit zur Verfügung stehen.

Als weitere Alternative kommen auch die Trennregeln in Frage: Eine Absatzeinstellung auf minimale Trennungen oder auf besseren Wortabstand im Absatzformat trägt entscheidend dazu bei, wie viel Text in einen Rahmen hineinpasst. Johannes Gutenberg hat für einen optimalen Blocksatz unterschiedlich breite Zeichen pro Textzeile geschnitten, die optisch jedoch nicht ins Gewicht gefallen sind. Dies können wir ihm nachtun und die Optionen für den Blocksatz in InDesign einstellen. Lesen Sie bitte auch den Kapitel 9.

	Windows	Mac
Normale horizontale Textskalierung	⇧ + Strg + X	⇧ + ⌘ + X
Normale vertikale Textskalierung	⇧ + Strg + Alt + X	⇧ + ⌥ + ⌘ + X

Tabelle 8.4
Tastenkürzel Textskalierung

Vorsicht!

Verwechseln Sie bitte den Grundlinienversatz nicht mit den Funktionen HOCHGESTELLT oder TIEFGESTELLT. Hierfür bietet InDesign eigene Buttons und Voreinstellungen.

8.2.8 Grundlinienversatz

Mit dieser Einstellung verändern Sie den Abstand der Zeichen von der Grundlinie. Eine praktische Anwendung eines Grundlinienversatzes ist das Ausrichten von Sonderzeichen wie »@« in einer E-Mail-Adresse. Je nach Schriftfamilie liegt das Zeichen im Vergleich zu den anderen deutlich höher auf der Grundlinie. Damit das Zeichen optisch besser in eine E-Mail-Adresse eingebunden wird, können Sie das Zeichen markieren und den Grundlinienversatz um z. B. –0,5 pt verändern. Darüber hinaus ist ein Achtelgeviert als Leerraum vor und hinter dem Zeichen sinnvoll.

	Windows	Mac
Grundlinienversatz 5fach erhöhen	⇧ + Strg + Alt + ↑-Taste	⇧ + ⌥ + ⌘ + ↑-Taste
Grundlinienversatz 5fach verringern	⇧ + Strg + Alt + ↓-Taste	⇧ + ⌥ + ⌘ + ↓-Taste
Grundlinienversatz erhöhen	⇧ + Alt + ↑-Taste	⇧ + ⌥ + ↑-Taste
Grundlinienversatz verringern	⇧ + Alt + ↓-Taste	⇧ + ⌥ + ↓-Taste

Tabelle 8.5
Tastenkürzel für den Grundlinienversatz

8.2.9 Verzerren

Ebenso wie die vertikale und horizontale Skalierung rein technische Möglichkeiten darstellen und nur in geringen Werten sinnvoll sein können, erzeugt die Verzerrung einer Schrift eine falsche Kursive, die im typografischen Detail besonders durch unschöne Proportionen und ein holpriges Schriftbild glänzt. Auch wenn andere Programme per Knopfdruck automatisch eine Kursive durch Verzerren erzeugen: InDesign bietet bis auf wenige Ausnahmen nur diejenigen Möglichkeiten, die ein Typograph bei der Erstellung der Schrift vorgesehen hat oder die typografisch sinnvoll sind. Nutzen Sie die zahlreichen sehr formschönen professionellen Kursivschnitte Ihrer Schriftensammlung!

8.2.10 Sprache

Die Sprachauswahl und die damit verbundene Unterstützung durch Wörterbücher erfolgt sowohl dokumentübergreifend in den Voreinstellungen sowie manuell in der Zeichen-Palette, wenn Sie mehrsprachige Dokumente layouten (siehe Kapitel 1 »Voreinstellungen«). Eine konsequente Anwendung der geeigneten Wörterbücher erfordert, dass diese in den Absatzformaten auch zugewiesen sind. InDesign CS2 bietet neben den bekannten Wörterbüchern jetzt auch die osteuropäischen Wörterbücher wie Polnisch oder Ungarisch an.

Wie Sie Sprachen für das gesamte Dokument ändern, lesen Sie im Kapitel »Absatz- und Zeichenformate«.

Enge Laufweiten werden von Serifen toleriert

Eine Serifenschrift ist aufgrund der zahlreichen An- und Abstriche in den Zeichenformen deutlich robuster gegenüber einer sehr engen Laufweite als eine serifenlose Antiqua. Werden die Zeichenformen verbunden, so bilden die Serifen für das Auge immer noch einen deutlichen Übergang von einem zum anderen Buchstaben. Je nach Font ist eine Laufweite bis –40 bei einer Schriftgröße von 9 Punkt möglich, die immer noch ein gut lesbares Schriftbild ermöglicht.

Serifenlose Fonts laufen in den Zeichenformen nicht zusammen, sondern verklumpen optisch und bilden für unsere Augen einen wahren Stolperstein.

8.3 Steuerungspalette Absatz und Absatz-Palette

Bei Klick auf die Absatzformatierungen ❶ (Abbildung 8.32) in der Steuerungspalette wechseln alle Werkzeuge, und Sie erhalten Zugriff auf die Funktionen für die Absatzeinstellungen. Die gleichen Einstellungen finden Sie auch in der Palette Absatz.

8.3.1 Ausrichtung

Eine Textmenge innerhalb eines Rahmens besitzt immer eine Ausrichtung, ob linksbündig, zentriert, rechtsbündig oder Blocksatz. Mit diesen Ausrichtungen können Sie einzelne Zeilen, Absätze oder gesamte Textrahmen formatieren.

InDesign kennt über diese Grundausrichtungen hinaus vier Arten des Blocksatzes. Diese unterscheiden sich in der Formatierung der letzten Zeile, wie Sie unschwer an der oberen Button-Reihe der Absatz-Palette erkennen können. Der letzte Button auf der rechten Seite gleicht auch die letzte Zeile eines Blocksatzes auf die gesamte Spaltenbreite aus.

8.3.2 Einzüge

Für die Ausrichtung einer Textmenge stehen Ihnen zudem verschiedene Einzüge zur Verfügung: Einzug links, Einzug rechts, Einzug links in erster Zeile sowie Einzug rechts in letzter Zeile eines Absatzes. In einem Fließtext ist besonders der Einzug der ersten Zeile hilfreich, um eine Textmenge durch diese »optische Lücke« zu gliedern.

Die Breite eines solchen Einzugs kann auf zwei Arten verwendet werden: traditionell und experimentell. Die klassische Typografie sieht vor, den Einzug mit einem Geviert zu versehen, damit sich durch den Einzug immer ein »weißes Quadrat« ergibt. Tragen Sie als Einzug der ersten Absatzzeile die verwendete Schriftgröße ein, und Sie erhalten ein Geviert.

When shall we three meet again
In thunder, lightning, or in rain?
When the hurlyburly's done,
When the battle's lost and won.
That will be ere the set of sun.
Where the place?
Upon the heath.
There to meet with Macbeth.
I come, Graymalkin!
Paddock calls: – anon. –
Fair is foul, and foul is fair:
Hover through the fog and filthy air.

Abbildung 8.34 ▸
Ein optisches Quadrat als Einzug

Wenn Sie allerdings genauer hinsehen, ergibt sich erst ein optisches Quadrat aus dem Einzug, wenn auch der Durchschuss – also der Abstand zwischen zwei Zeilen – doppelt hinzugerechnet wird.

Bevor Sie unsichtbare Kaninchen sehen, ein kleines Beispiel zur Verdeutlichung: Der Schriftgrad in Abbildung 8.35 beträgt 8 Punkt und der Zeilenabstand 10 Punkt. Daraus ergibt sich ein Durchschuss von 2 Punkt. Unser Kaninchen Harvey ist also 10 + 2 + 2 = 14 Punkt breit.

Experimentell gesehen dürfen Sie einfach jeden Wert eintragen. Beliebt sind bei breiten Spalten (60–80 Anschläge pro Zeile) tiefe Einzüge bis zur Hälfte der Spalte. Benutzen Sie die Einzüge jedoch behutsam, weit mehr ist die Wahl der richtigen Schrift zum dargestellten Inhalt entscheidend!

Anderer Einzug ist erlaubt

Alternativ zum Geviert als Einzug darf aus traditioneller Sicht auch bis zu einem Drittel einer Spaltenbreite eingezogen werden. Das hat damit zu tun, dass somit immer noch eine Trennung der Absätze erfolgt, diese jedoch nicht »optisch umfallen« soll und die erste Zeile des Absatzes nicht zu einem unlesbaren Zeilenrest verkommt.

Auszug für die erste Zeile | Verwenden Sie auch einmal keinen Ein-, sondern einen Auszug. Dazu müssen Sie zunächst einen vollständigen linken Einzug definieren (12 pt). Für den Einzug der ersten Zeile geben Sie nun den Wert –12 pt ein. Schon wird die erste Zeile ausgezogen. Ebenso wie der Einzug um ein Geviert bietet auch der Auszug eine optische Strukturierung der Textmenge.

When shall we three meet again
In thunder, lightning, or in rain?
When the hurlyburly's done,
When the battle's lost and won.
That will be ere the set of sun.

Where the place?
Upon the heath.
There to meet with Macbeth.

Abbildung 8.35 ▸
Typografisches Frage-Antwort-Spiel mit verschiedenen Auszeichnungen und Einzügen

Absatz-Palette und Steuerungspalette Absatz

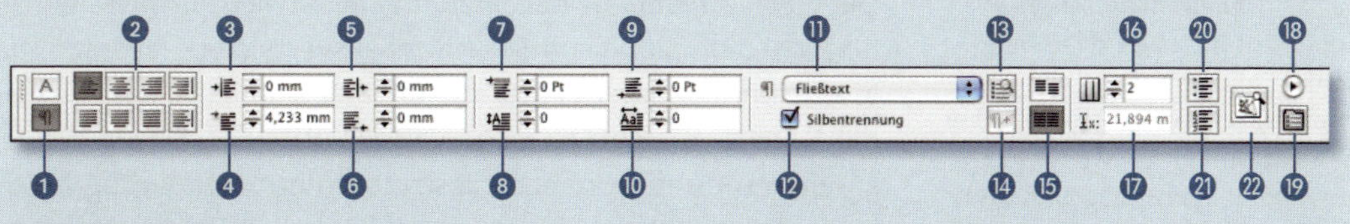

▲ **Abbildung 8.32**
Steuerungspalette Absatz

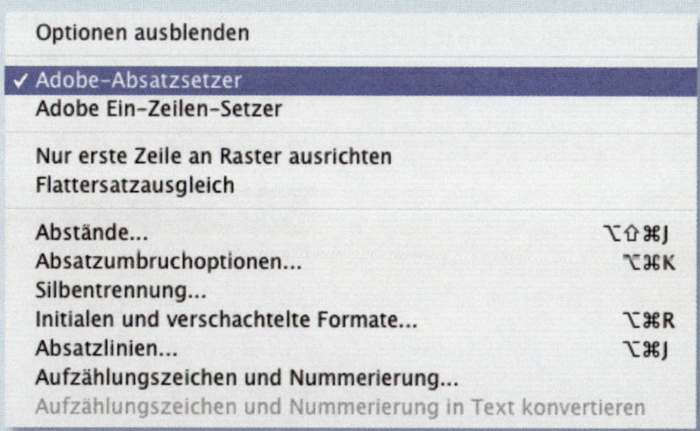

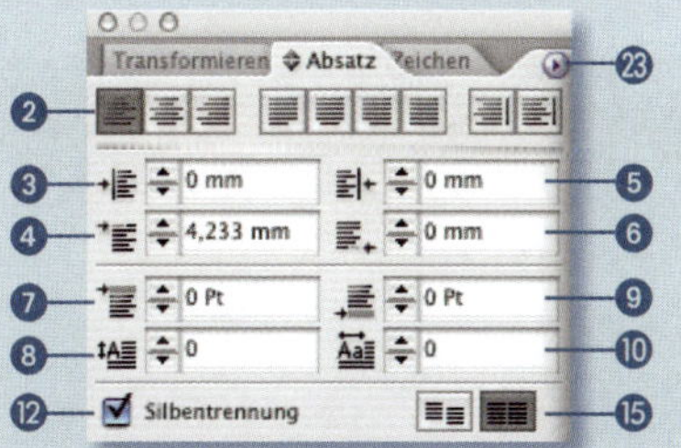

▲ **Abbildung 8.33**
Die Absatz-Palette

- ❷ Absatzausrichtungen (LINKSBÜNDIG, ZENTRIERT, RECHTSBÜNDIG, AM RÜCKEN AUSRICHTEN und Blocksatz mit den Optionen LETZTE ZEILE LINKSBÜNDIG, LETZTE ZEILE ZENTRIERT, LETZTE ZEILE RECHTSBÜNDIG
sowie NICHT AM RÜCKEN AUSRICHTEN)
- ❸ Einzug links
- ❹ Einzug erste Zeile
- ❺ Einzug rechts
- ❻ Einzug letzte Zeile
- ❼ Abstand vor dem Absatz
- ❽ Initialhöhe
- ❾ Abstand nach dem Absatz
- ❿ Initialbreite
- ⓫ Absatzformate
- ⓬ Silbentrennung (ein/aus)
- ⓭ Schnell anwenden
- ⓮ Abweichungen in Auswahl löschen
- ⓯ Grundlinienausrichtung (an/aus)
- ⓰ Spaltenanzahl (für einen Textrahmen)
- ⓱ Horizontale Cursor-Position
- ⓲ Palettenmenü
- ⓳ Paletten-Button (ruft die Paletten ABSATZ und ABSATZFORMATE auf)
- ⓴ Aufzählungszeichen
- ㉑ Nummerierte Liste
- ㉒ Bridge öffnen
- ㉓ Am Rücken ausrichten (ja/nein)

Unhandlicher Auszug
Leider hat InDesign keine Möglichkeit, diesen Auszug mit einem einzigen Wert einzustellen. Daher müssen wir immer zwei Werte verändern: den Einzug links und den Einzug für die erste Zeile. Allein mit einem Verkettungsbutton zwischen den beiden Eingabefeldern in der Steuerungspalette oder in einem Absatzformat wäre dies möglich.

8.3.3 Letzte Zeile: Einzug rechts

Der Einzug rechts in der letzten Zeile ist neu in InDesign CS2 hinzugekommen. Wenn Sie ein Inhaltsverzeichnis layouten, das in Abschnitten unterteilt ist und in der letzten Zeile des Absatzes die Seitenzahl steht, so ist es vorteilhaft, einen Einzug für den gesamten Absatz von rechts festzulegen und den Einzug für die letzte Zeile rechts wieder herauszuziehen, indem Sie einen negativen Wert eingeben. Hier verhält es sich ähnlich wie bei einem Auszug der ersten Zeile eines Absatzes.

Es mag darüber hinaus einige Zeitschriften weltweit geben, die zum Ende eines Artikels den Autor oder die Quelle in der letzten Zeile rechtsbündig mit einem Einzug setzen. Für solche Fälle ist diese Funktion auch gedacht.

Tabelle 8.6
Tastenkürzel für Ausrichtung und Einzug

	Windows	Mac
Blocksatz	⇧ + Strg + J	⇧ + ⌘ + J
Blocksatz (inkl. letzte Zeile)	⇧ + Strg + F	⇧ + ⌘ + F
Linksbündig	⇧ + Strg + L	⇧ + ⌘ + L
Rechtsbündig	⇧ + Strg + R	⇧ + ⌘ + R
Zentriert	⇧ + Strg + C	⇧ + ⌘ + C
Einzug bis hierhin	Strg + ´	⌘ + ´

8.3.4 Abstände

Diese Funktionen sind besonders bei der Formatierung von Absätzen sinnvoll, Sie werden sie besonders bei Mengentexten einsetzen. Sie ersparen sich damit den Einsatz von Leerzeilen, um Absätze mit einem größeren Abstand voneinander zu trennen. Das ist keine unmittelbare Notwendigkeit, aber besonders im Umgang mit großen Textmengen ein komfortabler Vorteil. Wenn Sie nicht mit einem Grundlinienraster arbeiten, können Sie diese Abstände auch sehr frei wählen und z. B. auch halbe Zeilen (z. B. 6 pt) zur Auflockerung des Layouts verwenden.

8.3.5 Am Grundlinienraster ausrichten

Grundlinienraster
Wie Sie das Grundlinienraster einstellen, entnehmen Sie bitte den Kapiteln »Voreinstellungen« und »Absatz- und Zeichenformate«.

Wenn Sie Ihr Layout auf einem Grundlinienraster aufbauen und die Absätze danach ausrichten, läuft jede Textzeile unabhängig vom Schriftgrad oder der Familie auf einem durchgehenden Zeilenraster.

Ziel eines Grundlinienrasters ist es, neben der typografischen Arbeit das Druckbild der Textzeilen auf Schön- und Widerdruck (Vorder- und Rückseite eines Druckbogens) auf gleicher Höhe zu halten, der Satz ist somit »registerhaltig«, wie in Abbildung 8.37 dargestellt. Die Absatz-Palette bietet diese Funktion an, um Rahmen ohne Grundlinienausrichtung auf das Raster zu setzen: AN GRUNDLINIENRASTER AUSRICHTEN.

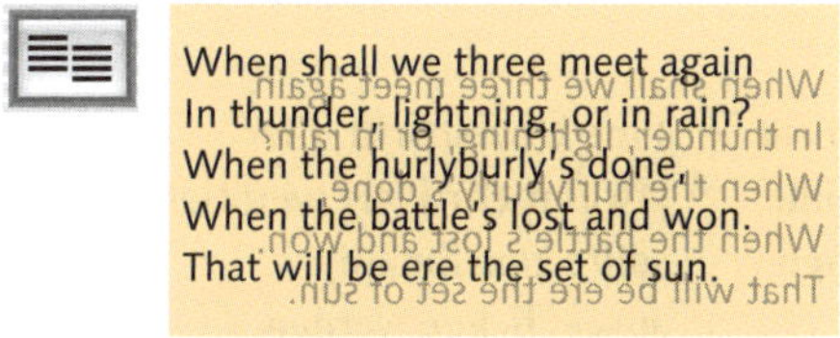

▲ **Abbildung 8.36**
Nicht registerhaltig: Die Textvorderseite ist kaum zu entziffern.

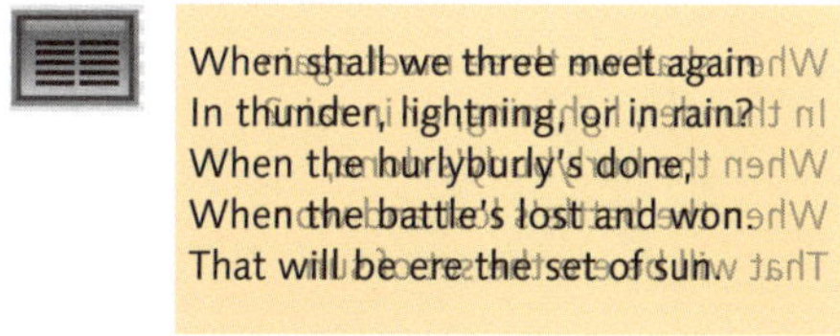

▲ **Abbildung 8.37**
Registerhaltig: Der Widerdruck stört die Lesbarkeit nicht.

Sollen jedoch Textrahmen nur mit der ersten Textzeile auf dem Grundlinienraster beginnen, um Layoutlinien aufzunehmen, dann wählen Sie aus dem Palettenmenü der Absatz-Palette den Eintrag NUR ERSTE ZEILE AM RASTER AUSRICHTEN.

8.3.6 Initiale

Zu Beginn eines Absatzes können Initialen verwendet werden, die mehrere Textzeilen hoch sind. Diese Initialen sind besonders dann hilfreich, wenn keinerlei Bilder den Text im Layout auflockern. Wählen Sie mindestens drei Zeilen aus, um ein brauchbares Initial zu setzen. Generell wird zunächst ein Zeichen verwendet, Sie können jedoch auch mehrere Zeichen hintereinander nehmen. Die genaue Verwendung von Initialen ist auch im Kapitel »Absatz- und Zeichenformate« beschrieben.

8.3.7 Flattersatzausgleich

Um Überschriften oder auch einen Flattersatz auf einfache Weise optimal auszugleichen, haben Sie in InDesign im Palettenmenü der Absatz-Palette die Funktion FLATTERSATZAUSGLEICH zur Verfügung. Diese Funktion macht besonders bei mehrzeiligen Überschriften Sinn, wenn Sie keine Worttrennung vornehmen wollen. Dazu markieren Sie zunächst die Überschrift, wählen im Palettenmenü der Steuerungspalette Absatz die Option FLATTERSATZAUSGLEICH (siehe Abbildung 8.38).

Mit den normalen Einstellungen erhalten Sie eine zweizeilige Überschrift, deren erste Zeile auf die volle Spaltenbreite umbrochen wird. So entstehen unschöne Schriftbilder. Durch die neue Funktion werden möglichst zwei oder mehrere gleich lange Zeilen erzeugt, deren erste Zeile die längste ist. Wenn Sie einen längeren Textabschnitt mit dieser Funktion formatieren, so kann es sein, dass keine einzige Zeile die volle Spalten- oder Rahmenbreite einnehmen wird, da der Flattersatzausgleich dafür sorgt, dass alle Zeilen auf eine durchschnittliche Zeilenbreite ausgeglichen sind. Soll es dagegen stark »flattern«, also alle Zeilen eine möglichst unterschiedliche Länge aufweisen, so deaktivieren Sie den Flattersatzausgleich.

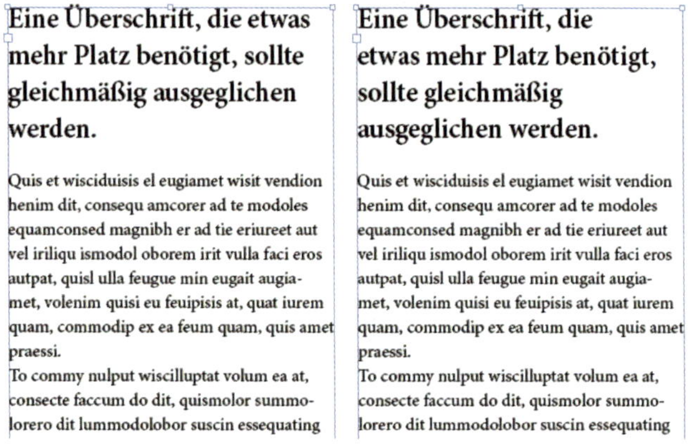

Abbildung 8.38 ▸
Überschriften können durch den Flattersatzausgleich automatisch zu einer besseren Zeilenbildung umbrochen werden.

8.4 Glyphen und Sonderzeichen

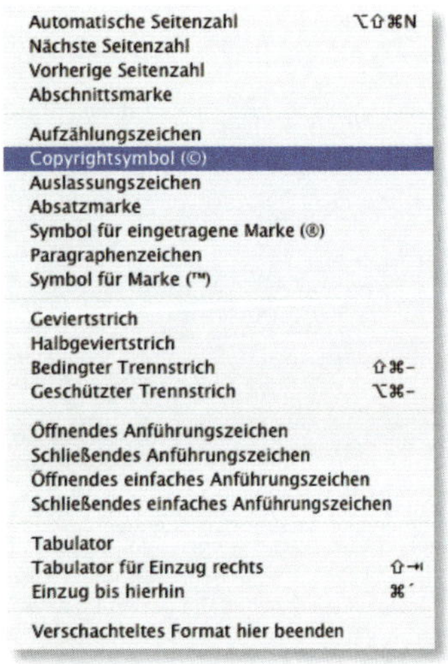

▴ **Abbildung 8.39**
Während der Textbearbeitung werden zahlreiche Sonderzeichen angeboten.

Neben den gebräuchlichen Zeichen eines Fonts zur Darstellung von Text können Sie im Desktop-Publishing viele Sonderzeichen benutzen. Zum einen befinden sich Zeichen darunter, die im Font integriert sind, wie z.B. das Copyright-Symbol © oder der lange Gedankenstrich –. Diese Zeichen können Sie auch über Tastenbefehle aufrufen, Sie müssen dafür jedoch zahlreiche Befehle lernen.

Zum anderen nutzen Layoutprogramme wie InDesign intelligente Steuerzeichen, das sind Zeichen bzw. sichtbare und unsichtbare Anweisungen für den Textfluss oder die Formatierung. Darunter fallen Seitenzahlen, die automatisch die korrekte Zahl aus dem Dokument lesen, Tabulatoren, Einfügemarken, Leerräume und Umbruchanweisungen.

Diese Sonder- und Steuerzeichen rufen Sie auf, indem Sie während der Textbearbeitung das Kontextmenü mit der rechten Maustaste oder `Ctrl` aufrufen oder Schrift • Sonderzeichen einfügen klicken.

Unter Leerraum einfügen finden Sie – wie bereits beschrieben – nicht druckende Abstände wie Geviert oder Viertelgeviert.

Die Umbruchzeichen werden dazu verwendet, einen Umbruch in den nächsten Absatz zu erzwingen, der sowohl im nächsten Rahmen, in der nächsten Spalte oder auf der nächsten geraden oder ungeraden Seite beginnen kann. Auf diese Weise werden falsche Umbrüche von Textzeilen vermieden. Lesen Sie dazu auch das Kapitel »Texte erfassen und bearbeiten«.

	Windows	Mac
Geviert-Leerzeichen	⇧ + Strg + M	⇧ + ⌘ + M
Halbgeviert-Leerzeichen	⇧ + Strg + N	⇧ + ⌘ + N
Achtelgeviert-Leerzeichen	⇧ + Strg + Alt + M	⇧ + ⌥ + ⌘ + M
Geschütztes Leerzeichen	Strg + Alt + X	⌥ + ⌘ + X
Geschützter Trennstrich	Strg + Alt + -	⌥ + ⌘ + -
Bedingter Trennstrich	⇧ + Strg + -	⇧ + ⌘ + -
Geviertstrich	⇧ + Alt + -	⇧ + ⌥ + -
Halbgeviertstrich	Alt + -	Wah + -
Öffnendes Anführungszeichen	Alt + Ö	⌥ + Ö
Öffnendes einfaches Anführungszeichen	Alt + Ä	⌥ + Ä
Schließendes Anführungszeichen	⇧ + Alt + Ö	⇧ + ⌥ + Ö
Schließendes einfaches Anführungszeichen	⇧ + Alt + Ä	⇧ + ⌥ + Ä
Aufzählungszeichen	Alt + 8	⌥ + 8
Auslassungszeichen	Alt + Ü	⌥ + Ü
Copyright-Symbol (©)	Alt + G	⌥ + G
Paragraphenzeichen	Alt + 6	⌥ + 6
Symbol für eingetragene Marke (®)	Alt + R	⌥ + R

Tabelle 8.7
Tastenkürzel für Leerzeichen, Striche, Sonderzeichen

8.4.1 Glyphen

Für alle Zeichen, die im Font vorliegen, aber nur schwer über die Tastatur aufgerufen werden können, steht Ihnen die Glyphen-Palette zur Verfügung. Rufen Sie die Palette auf, indem Sie mit dem Textwerkzeug in einen Textrahmen klicken und im Menü SCHRIFT die Funktion GLYPHEN auswählen.

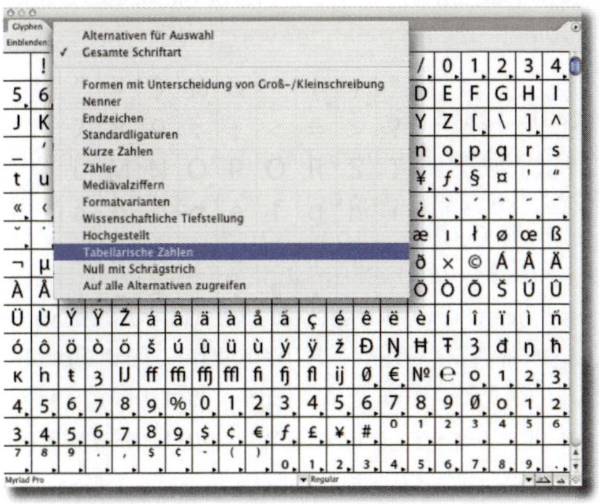

◂ Abbildung 8.40
Standardfont bietet 256 Zeichen und ist beschränkt auf einen Sprachraum wie z. B. Westeuropa.

Die Palette zeigt Ihnen alle verfügbaren Zeichen und Glyphen des aktuellen Fonts. Mit einem Doppelklick auf eine Position fügen Sie das Zeichen in Ihren Textrahmen ein. Diese Übersicht ist die so genannte Codepage, die je nach Schriftformat und Betriebssystem unterschiedlich aufgebaut ist. Jeder PostScript- oder TrueType-Font besitzt 256 Zeichen. Für jeden Sprachraum gibt es unterschiedliche Codepages (Westeuropa, Osteuropa, Kyrillisch etc.).

InDesign unterscheidet hier zwischen den normalen Zeichen (z. B. A–Z) und den eigentlichen Glyphen, das sind typografische Alternativen, die noch im Zusammenhang mit dem OpenType-Format eingehend erklärt werden. Diese Unterscheidung finden Sie jedoch in dieser Palette nicht wieder, auch eine eigene Sortierung von Zeichen und Glyphen gibt es nicht als Vorauswahl.

Arbeiten mit Expert-Schnitten | Wenn Sie mit Expert-Schnitten in PostScript-Fonts arbeiten, kann es zu einem gravierenden Problem kommen: Sie formatieren Text z. B. in der Adobe Garamond und markieren einzelne Zeichen oder Wörter, um sie mit dem Expert-Schnitt in Kapitälchen zu ändern. Sobald Sie den Expert-Schnitt auswählen, verschwinden die markierten Zeichen!

Da InDesign intern mit Unicode arbeitet, kennt das Programm alle Zeichen nur unter einer einzigen Bezeichnung: »A« ist im Unicode »0041«. Das Kapitälchen »A« hat dagegen die Kennung »F761«, und InDesign sucht im Expert-Schnitt vergeblich nach »0041«. Die Lösung ist denkbar einfach: Halten Sie während der Auswahl des Expert-Schnittes die Tastenkombination ⌘ + ⌥ bzw. Strg + Alt gedrückt. InDesign sucht nun nicht nach der Unicode-Kennung, sondern nach der Bezeichnung »A«.

Achten Sie auch bei der Formatierung von normalen Ziffern in Mediävalziffern auf diese Tastenkombination. Wenn Sie mit einem OpenType-Font arbeiten, tritt die Problematik nicht auf, da InDesign nicht zwei Fonts miteinander vergleichen muss.

8.4.2 Multilinguale Texte

Für den Einsatz von Schriften für mehrsprachige Texte besonders aus dem osteuropäischen Raum werden überwiegend CE-Fonts verwendet. CE steht für Central European und verweist auf den geografischen Sprachraum zwischen Estland und Bulgarien. Diese Schriften haben eine andere Codepage und werden durch Sonderzeichen ergänzt. Wenn Sie einen z. B. polnischen Text einfach importieren, werden die Zeichen durch einen hierzulande verwendeten Font falsch wiedergegeben oder durch rosafarbene Lücken dargestellt. Dazu müssen Sie zunächst einen CE-Font installieren und den importierten Text mittels des CE-Fonts formatieren. CE-Fonts sind für alle PostScript- und TrueType-Fonts bei den diversen Schriftenherstellern und -häusern erhältlich. Die Schriftfamilie der Myriad Pro bietet zahlreiche Zeichen, mit deren

Hilfe auch polnische oder ungarische Texte wiedergegeben werden können.

Neben der Darstellung der Zeichen ist natürlich auch der richtige Textumbruch und die Worttrennung wichtig. InDesign CS2 unterstützt nun alle osteuropäischen Sprachen wie Bulgarisch oder Lettisch mit einem eigenen Wörterbuch. So können Sie einen polnischen Text z. B. aus Word direkt in InDesign platzieren und mit einer Schrift wie der Myriad Pro darstellen. Danach weisen Sie noch das richtige Wörterbuch zu und formatieren typografisch einwandfrei den fremdsprachigen Text.

Absatzformate
Dokumente, die mehrere Sprachen gleichzeitig darstellen sollen, müssen mit eigenen Absatzformaten angelegt werden. Lesen Sie dazu auch das Kapitel »Absatzformate«.

Neben den mit InDesign installierten Fonts wie der Myriad können auch Systemschriften weiterhelfen: Auf der Windows-Welt bietet die Arial Unicode einen großen Zeichenvorrat an, auf dem Mac ist es die Lucida Grande.

8.4.3 OpenType-Technologie

Eine andere Lösung zur Wiedergabe fremdsprachiger Texte bietet das OpenType-Format, das nicht nur ausschließlich für die Erweiterung des Fonts um osteuropäische Sonderzeichen gedacht ist, sondern um jede Sprache und ihre Zeichen abzubilden.

Statt der maximal 256 Zeichen eines solchen Fonts kann das neue OpenType-Format bis zu 65535 Zeichen aufnehmen. Darüber hinaus ist das Format plattformunabhängig und wird durch nur eine einzige Datei dargestellt. Wie funktioniert das?

Das Zauberwort heißt Unicode, die technische Grundlage, auf der das OpenType-Format basiert. Unicode ist ein 16-Bit-Code zur Abbildung von 2 hoch 16 auf der ganzen Welt zurzeit verwendeter Zeichen. Da im Unicode-Standard möglichst alle Schriftsprachen enthalten sein sollen, werden diese nacheinander eingearbeitet. Jedem Zeichen ist eine Position zwischen 0 und 65535 zugeordnet, die im Hexadezimalcode angegeben wird. So besitzt das Zeichen »A« den Code 0041. Die Kodierung der Zeichen ist im Unicode-Standard festgelegt. Dieser wird regelmäßig überarbeitet und erweitert. Unicode 4.1 ist der derzeit aktuell verwendete Standard. Hierzu finden Sie auch interessante Links am Ende des Buches.

Die zahlreichen Codepages eines Unicode-Fonts sind in einer vorgegebenen Reihenfolge definiert. Der Font beginnt mit den bekannten lateinischen Zeichen, auch als Basic Latin bezeichnet. Danach folgen die Erweiterungen Latin 1, Latin Extended A und Latin Extended B. Das sind Erweiterungen, mit denen alle sprachenspezifischen Zeichen europäischer Sprachen aufgefangen werden. Darunter finden sich u. a. auch Sonderzeichen für Tschechisch, Ungarisch oder Finnisch. Bisherige Fonts bildeten nur eine Auswahl dieser Codepages, begrenzt für einen Sprachraum

Hintergrund: OpenType-Technik

Technisch gesehen ist ein OpenType-Font nichts anderes als ein PostScript-Font, der im Unicode vorliegt. Darüber hinaus besitzt ein OpenType-Font aber so genannte »Features« wie die Erkennung und Ersetzung von Brüchen. Wie funktioniert das? Ein Skript sucht im formatierten Text nach Stellen wie z. B. »1/9« und ersetzt diese durch die hochgestellte 1, einen eigenen Bruchstrich und die tiefgestellte 9. Alle drei Zeichen werden zudem unterschnitten. Wenn Sie also einen OpenType-Font nutzen und in InDesign die Funktion »Brüche« aufrufen, schalten Sie dieses Skript an. Ebenso gibt es in einem OpenType-Font Skripte für Ligaturen, Kapitälchen und andere Feinheiten, wie hier beschrieben.

(ISO Latin 1, ISO Latin 2 etc.). Danach folgen Codepages mit Sonderzeichen für die phonetische Darstellung (IPA), und anschließend beginnen die diakritischen Zeichen.

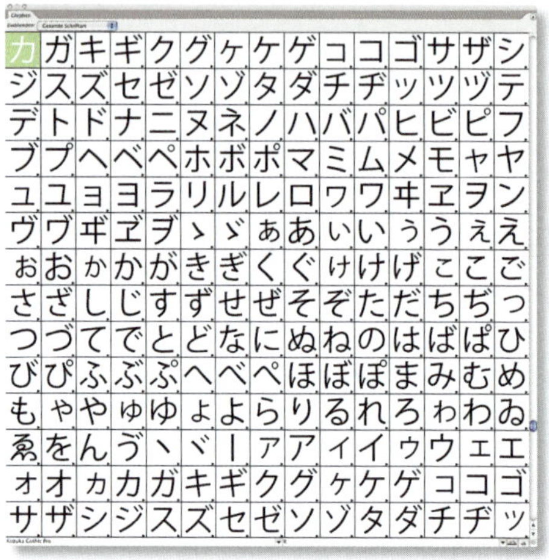

Abbildung 8.41 ▶
Ein japanischer Font mit Kana-Zeichen

Zeichen und Sprachen
Für die Wiedergabe jeder europäischen Sprache sind ca. 500 Zeichen notwendig. Für die Darstellung eines chinesischen oder japanischen Textes hingegen werden mehrere tausend Zeichen verwendet. Dabei werden nur die Schriftzeichen berücksichtigt, die im ständigen Gebrauch sind. Das Japanische ist im weltweiten Vergleich das komplexeste Schriftsystem. Es setzt sich aus drei verschiedenen Zeichensystemen zusammen: Kanji, Kana und Romanji, Kanji sind die ca. 3000 aus dem Chinesischen entlehnten Schriftzeichen, Kana hingegen vereinfachte Bildzeichen für die Aussprache und zuletzt Romanji die lateinischen Zeichen.
Eine Systemschrift auf dem Mac besitzt für die multilinguale Darstellung eben diese Zeichen. Abbildung 8.41 zeigt einige Beispiele für Kana (Hirogana und Katakana) sowie Kanji des Systemzeichensatzes Osaka.

Da Unicode sowohl von einem Windows- wie auch Mac-System verstanden wird, können Satzdateien auf beiden Plattformen bearbeitet werden. Der typografische Nutzen liegt bei den so genannten Pro-Fonts neben echten Kapitälchen und der Auswahl von Tabellen- oder Mediävalziffern in der Integration von kontextbedingten Varianten: Wie in den Abbildungen 8.42 bis 8.43 zu sehen ist, können Sie über die Glyphen-Palette passende Zeichenalternativen aufrufen.

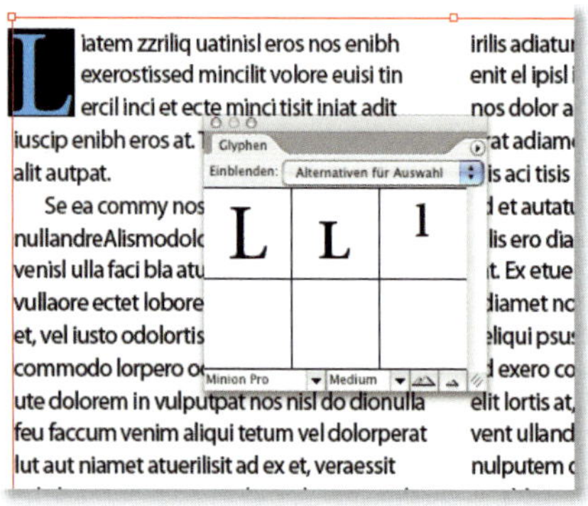

Abbildung 8.42 ▶
Alternativen bieten OpenType Pro-Fonts für dieselbe Darstellung eines Zeichens.

Mediävalziffern eignen sich hervorragend im Textfluss, während Tabellenziffern (Monotype-Zeichen) für eine tabellarische Darstellung ein gleichmäßiges Raster bilden.

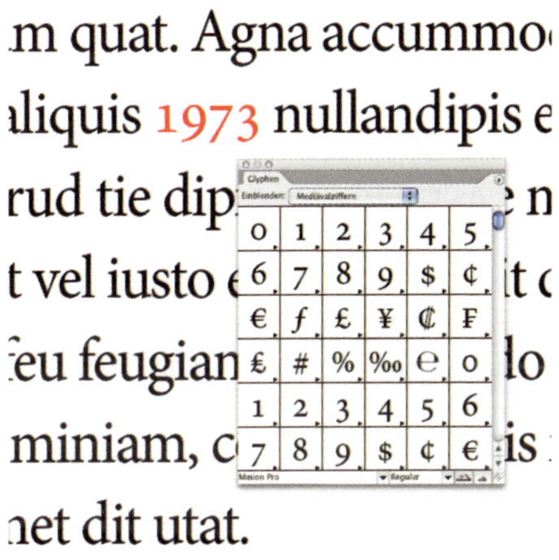

◄ **Abbildung 8.43**
Mediävalziffern

▲ **Abbildung 8.44**
Altbekannte Ligaturen aus vergangenen Zeiten können dank OpenType-Technologie wieder zum Leben erweckt werden.

OpenType-Fonts können wie bereits erwähnt um Glyphen wie Kapitälchen oder echte Brüche ergänzt werden. Diese Fonts tragen die Ergänzung »Pro« im Schriftnamen. OpenType-Fonts ohne diesen Zusatz oder mit der Kennung »Std« für »Standard« bieten nur den Vorrat herkömmlicher Zeichen.

Hier zeichnet sich ab, dass nicht jede OpenType-Schrift alle Möglichkeiten bietet sowohl für die typografische Auszeichnung als auch für die Anwendung fremdsprachiger Texte. Vergewissern Sie sich beim Hersteller, ob ein gewünschter Font auch Ihre benötigten Funktionen unterstützt. Viele Schriften, die zurzeit erhältlich sind, wurden nur aus bestehenden TrueType- oder PostScript-Fonts konvertiert.

Normale OpenType-Schriften des Herstellers Adobe umfassen grundsätzlich alle im westlichen Sprachraum verwendeten Zeichen inklusive einiger internationaler Sonderzeichen wie dem Euro-Symbol. Die Pro-Fonts hingegen sind alle um typografische Alternativen ergänzt und beinhalten die Zeichen für mittel- und osteuropäische Sprachen, teilweise sogar auch kyrillische und griechische Zeichen.

Wenn Sie sich weitergehend über das aktuelle Schriftenangebot und die Technologie informieren wollen, finden Sie am Ende des Buches hilfreiche Links zu den Herstellern.

8.5 Text im Pfad: Formsatz

Eine Spielart der Typografie ist der Formsatz. Wie der Name schon sagt, bildet das Schriftbild eine gegenständliche oder abstrakte Form, die überwiegend einem Motiv aus dem Textinhalt entstammt. Wie nahezu alle traditionellen handwerklichen oder künstlerischen Vorlagen lassen sich auch diese auf moderne Weise interpretieren.

Wie Sie aus der Rahmenbearbeitung bereits wissen, wird auch ein Textrahmen durch Bézierkurven definiert, die zunächst immer ein Rechteck abbilden, in dem der Text »fließt«.

Wählen Sie einen Textrahmen mit der Auswahl an, und wechseln Sie auf die Direktauswahl. So wird der Textrahmen zu einem Bézierpfad. Nutzen Sie die Pfadwerkzeuge, um die Form des Textrahmens zu verändern, fügen Sie Pfadpunkte hinzu, oder erzeugen Sie Tangentenpunkte (Abbildungen 8.45–8.47): Der Textfluss passt sich immer der Außenform an. Die andere Möglichkeit besteht darin, zuerst einen Pfad zu erzeugen und danach mit dem Textwerkzeug hineinzuklicken. Danach schreiben Sie den Text innerhalb der Form.

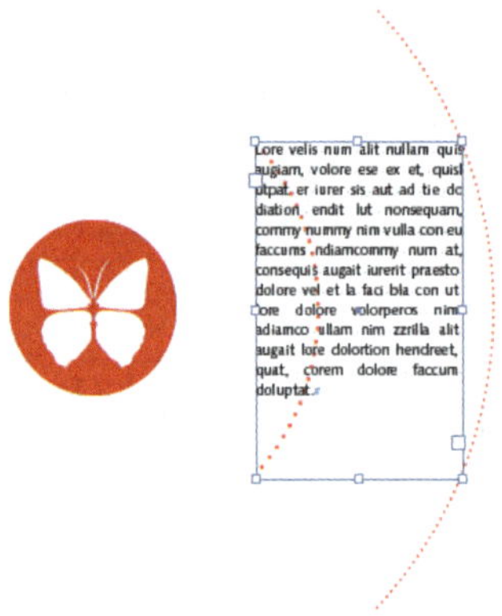

▲ **Abbildung 8.45**
Textrahmen und Hilfsobjekte

▲ **Abbildung 8.46**
Pfadbearbeitung

▲ **Abbildung 8.47**
Formsatz komplett

8.6 Text auf Pfad: Beschwingtes

Anders als der Formsatz richtet die Funktion TEXT AUF PFAD die Grundlinie nach einem Pfad aus, der sowohl eine Linie als auch eine geschlossene Form sein kann. Ziehen Sie eine schwungvolle Linie mit dem Bleistift oder mit dem Zeichenstift auf und wechseln auf das Textwerkzeug: Halten Sie die Maustaste über dem Textsymbol in der Werkzeugpalette gedrückt, und das Flyout-Menü mit dem Werkzeug TEXT AUF PFAD erscheint. Alternativ dazu können Sie den Tastenbefehl [⇧] + [T] aufrufen.

Klicken Sie nun mit dem Textpfad auf den gezeichneten Pfad. Die Einfügemarke springt auf den Pfad, die Eingabe kann beginnen.

Pathfinder und Formsatz
Einfacher geht's nicht: Mit dem Pathfinder, der mehrere Vektorformen zu einer gesamten Form addieren oder auch voneinander abziehen kann, können Sie auch Formsatz verändern. Nehmen Sie einen Formsatz, und ergänzen Sie den Textrahmen mit einer neuen Vektorform. Markieren Sie beide Objekte, und klicken Sie auf ADDIEREN. Die neue Form wird dem Formsatz zugewiesen, es entsteht eine neue Gesamtform.

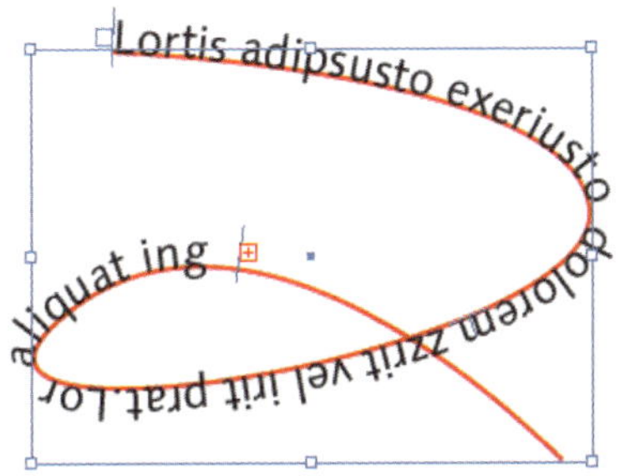

◂ **Abbildung 8.48**
Textpfad

Die Ausrichtung auf dem Pfad kann auf zwei Wegen beeinflusst werden. Die Ausrichtung der Absatz-Palette ist dabei zunächst entscheidend. Die andere Methode sind die senkrechten Begrenzungsstriche links und rechts vom Text. Klicken Sie eine Begrenzung an, und schieben Sie sie wie einen Regler an die gewünschte Position. Der Text wird danach erneut ausgerichtet.

Formkonstruktion
Einfacher und schneller lassen sich solche Formen natürlich in Vektorprogrammen wie Illustrator erzeugen. Über die Zwischenablage kopieren Sie den Illustrator-Pfad direkt in InDesign hinein und füllen ihn mit Text.

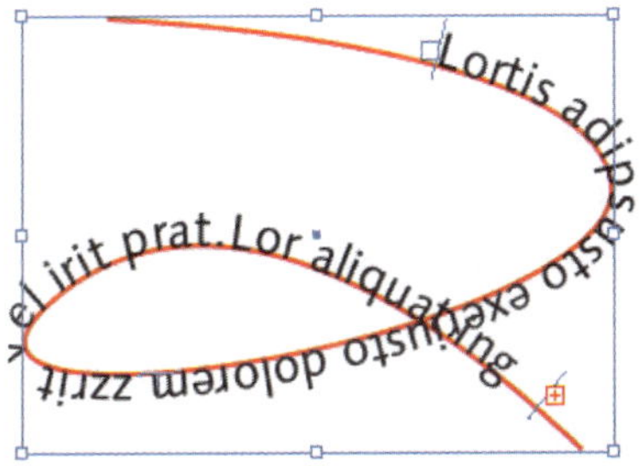

◂ **Abbildung 8.49**
Alternativer Anfangspunkt

8.6.1 Textpfad-Optionen

Rufen Sie über das Kontextmenü den Punkt Text auf Pfad • Optionen... auf, oder wählen Sie Schrift • Text auf Pfad • Optionen.

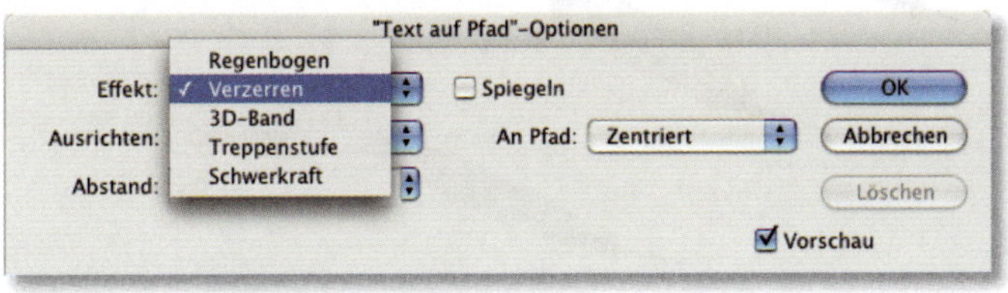

◂ **Abbildung 8.50**
Die Textpfad-Optionen

Verschiedene Effekte stehen Ihnen zur Verfügung, darunter die Option Verzerren, mit welcher der Text senkrecht zum Pfad ausgerichtet wird, als würde sich das Schriftband über eine Fläche wölben. Dieser Pseudo-3D-Effekt gleicht ein wenig die verringerte Lesbarkeit des Pfadtextes aus. Regenbogen ist unser altbekannter Kreistext. Die anderen Optionen dürfen Sie sich gern in Ruhe anschauen.

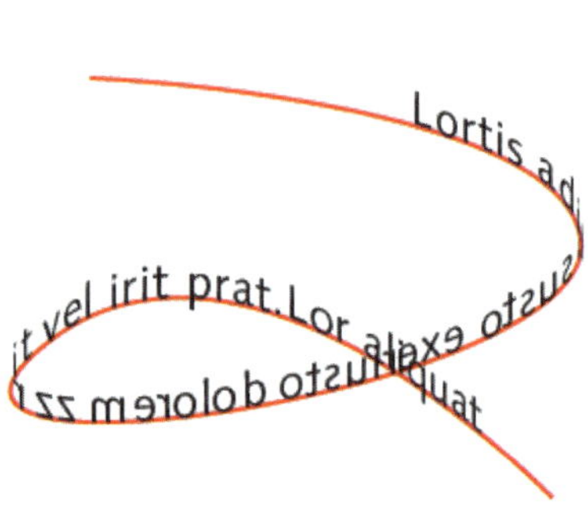

▲ **Abbildung 8.51**
Textpfad mit Effekt VERZERREN

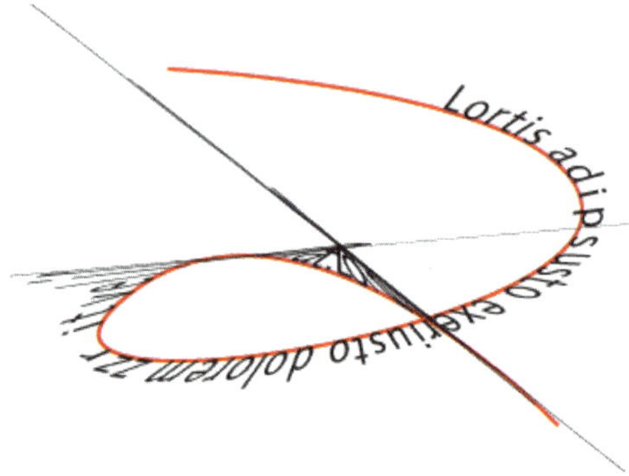

▲ **Abbildung 8.52**
Effekt SCHWERKRAFT

Interessant ist hier noch die Ausrichtung: Die Grundlinie, die Oberlänge oder Unterlänge können als Ausrichtung dienen. Der Abstand hingegen gleicht Zeichenabstände an engen Kurven aus.

8.6.2 Inline-Grafiken im Textfluss

Als Inline-Objekte werden im Programmierjargon Objekte wie z. B. Bilder bezeichnet, die in einem Text mitlaufen. Dazu wählen Sie einen Bildrahmen aus, kopieren diesen in die Zwischenablage und klicken mit dem Textwerkzeug an eine geeignete Stelle auf dem Textpfad. Nun fügen Sie den Rahmen ein. Sie erkennen nun, dass das Bild auf der Grundlinie der Textzeile steht.

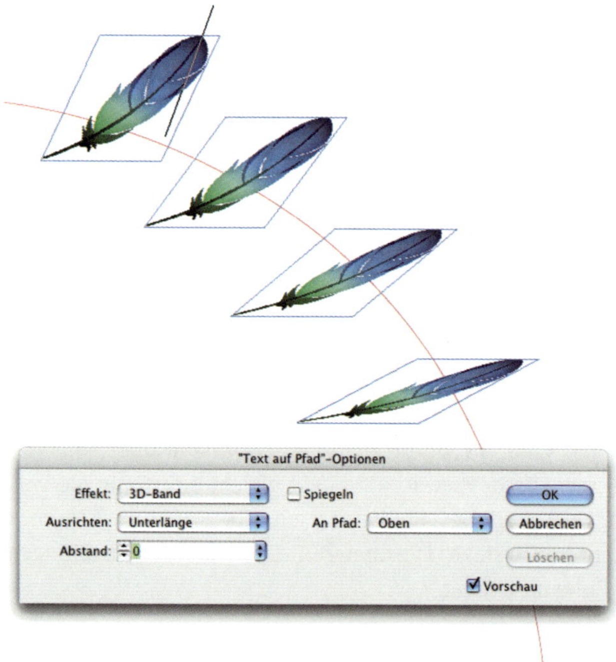

Abbildung 8.53 ▶
Inline-Grafiken können auch auf einem Textpfad einkopiert und gestaltet werden.

Ändern Sie den Text, so wird das Bild auf der Grundlinie einfach mitverschoben, die Inline-Grafik verhält sich also wie ein eigener Buchstabe. Die Bilder können auch mehrfach hintereinander einkopiert werden.

Die Verzerrungseffekte von InDesign für den Pfadtext erlauben es, auch die Inline-Grafiken entsprechend zu verzerren, wie die Abbildung 8.53 zeigt. An dieser Stelle wurden mehrere identische Grafiken auf einer Textzeile eingefügt. Zur Gestaltung eignen sich u. a. die Effekte VERZERREN und 3D-BAND. Dies funktioniert übrigens auch bei Symbolen oder Vektorgrafiken, die Sie in InDesign oder Illustrator erstellt haben.

▲ **Abbildung 8.54**
Ohne Pfad und mit einem mehrfarbigen Farbverlauf wirken die Schriftbänder mit dem Effekt VERZERREN sehr luftig.

8.6.3 Optischer Zeichenausgleich

Auch für den Pfadtext können Sie den optischen Zeichenausgleich aktivieren. Je nach Schriftgrad, Fette oder Laufweite wird ein besserer Ausgleich herbeigeführt als auf die herkömmliche Weise, besonders an engen Kurven wird der Ausgleich sichtbar. Manuell können Sie die Laufweite an solchen »Problemzonen« verringern, um das Schriftband auf dem Pfad zusammenzuhalten. Führen Sie diesen Schritt bitte als letzte Korrektur durch, da sich der eng spationierte Teil schnell auf dem Pfad verschieben kann, wenn Sie die Ausrichtung ändern oder Text hinzufügen.

Nutzen Sie besser die Abstandsfunktion der Textpfad-Optionen, wenn Sie zunächst nur ein Groblayout erstellen.

8.7 Konturenführung

Die Verdrängung einer Textmenge um eine Grafik, die sowohl Bildmotiv, Vektorgrafik, Logo als auch einen Textrahmen darstellen kann, wird in InDesign Konturenführung genannt. Dabei unterscheidet InDesign, ob das Objekt als Rechteck, als Freiform, als Übersprung oder als Spaltenbegrenzung eingesetzt werden soll. Ist diese Funktion eine typografische Auszeichnung? Nein, eher wäre sie den Rahmenfunktionen zuzuordnen, doch auch Abstandswerte wie der sich ergebende Textfluss haben eindeutig typografische Auswirkungen auf Ihr Layout.

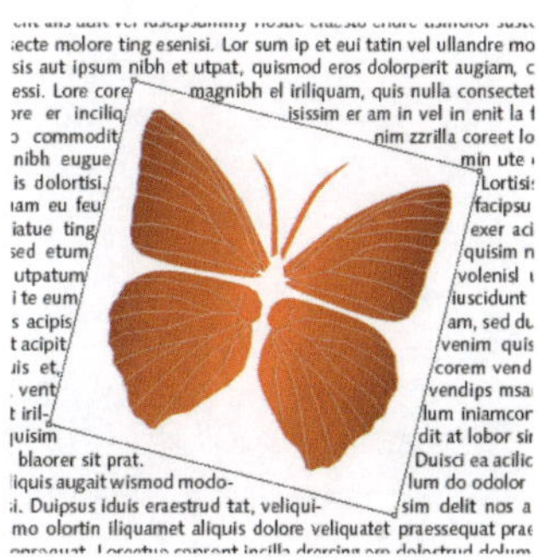

▲ **Abbildung 8.55**
Platziertes Objekt mit Konturenführung um den Begrenzungsrahmen. Auch bei gedrehten Rahmen verläuft der Textfluss rechteckig entlang der Rahmenkante.

8.7.1 Konturenführung am Begrenzungsrahmen

Legen Sie zunächst einen Textrahmen an, und platzieren Sie ein Objekt über dem Textrahmen, wie in der Abbildung gezeigt wird.

Über das Menü FENSTER rufen Sie die Palette KONTURENFÜHRUNG auf (Strg + Alt + W bzw. ⌥ + ⌘ + W). Aktivieren Sie das platzierte Objekt, und klicken Sie auf den zweiten Button

KONTURENFÜHRUNG UM BEGRENZUNGSRAHMEN ❷. Erfreulicherweise sind diese Button-Symbole wirklich selbsterklärend: Das Objekt, das Sie nun mit einer Konturenführung aktiviert haben, wird anhand des Objektrahmens in einer Rechteckform umflossen. Die Abstandswerte nach oben, unten links und rechts definieren den Textabstand von diesem Rahmen.

Konturenführung-Palette

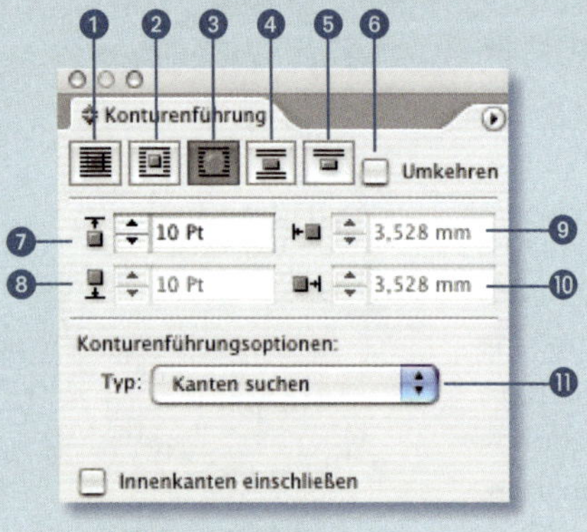

▲ **Abbildung 8.56**
Die Konturenführung-Palette

❶ Keine Konturenführung
❷ Konturenführung um Begrenzungsrahmen
❸ Konturenführung um Objektform
❹ Objekt überspringen
❺ In nächste Spalte springen
❻ Umkehren
❼ Offset oben
❽ Offset unten
❾ Offset links
❿ Offset rechts
⓫ Konturenführungsoptionen

Wenn Sie den Objektrahmen am Grundlinienraster orientieren, ist es sinnvoll, die Abstandswerte wie auch bei Absatzabständen in Zeilenabstandswerten anzugeben.

Arbeiten Sie beispielsweise mit einem 12 Punkt großen Grundlinienraster und haben sowohl den Textrahmen als auch die Zeichenformatierung daran ausgerichtet, definieren Sie die Abstandswerte nach oben und nach unten mit 12 Punkt, der Textfluss hält damit eine Zeile Abstand zum umfließenden Objekt. Nach links und nach rechts können Sie ebenfalls einen 12 Punkt großen Abstand definieren, vergleichbar einem Einzug von einem Geviert.

8.7.2 Konturenführung an der Objektform

Viel spannender sind dagegen die Auswirkungen des dritten Buttons der Konturenführung-Palette: KONTURENFÜHRUNG UM OBJEKTFORM ❸. Damit wird entgegen der vorherigen Rahmenkante direkt die Objektkante genutzt. Der Textfluss »klebt« direkt am Objekt.

Bei eingeblendeten Palettenoptionen erhalten Sie eine zusätzliche Auswahl an Konturenführungsoptionen ⓫. Hierunter finden Sie Funktionen, die Ihnen bekannt vorkommen sollten. Genau!

Wir haben Ihnen bereits erläutert, wie Sie Freistellobjekte anhand von Beschneidungspfaden, Alpha-Kanälen und Objektkanten erstellen können. Diese Optionen wurden an dieser Stelle sinnvollerweise ein zweites Mal integriert. Somit können Sie platzierte Objekte als EPS-, PDF- oder Illustrator-Datei auch ohne definierten Beschneidungspfad umfließen lassen.

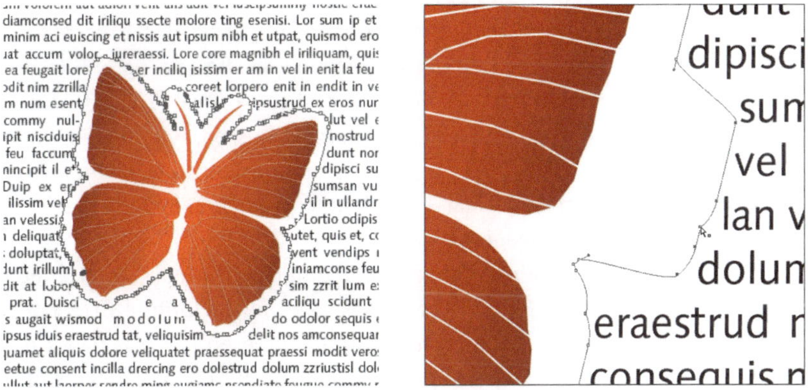

▲ **Abbildung 8.57**
Konturenführung an der Objektform mit einem Abstandswert. Der Freistellpfad kann mit den Pfadwerkzeugen manuell bearbeitet werden.

Platzieren Sie eine PDF-Datei mit einem geschlossenen Objekt. Aktivieren Sie die Konturenführung um die Objektkante, und wählen Sie die Option Kanten suchen aus. Mit einem Standard-Abstandswert von zunächst 12 Punkt führt InDesign die Textmenge um das Objekt. Nun können Sie durch einen eigenen Wert den Abstand definieren.

Dieser Konturenpfad, den InDesign selbst berechnet, besteht natürlich aus Bézierkurven. Da Sie bereits in Kapitel 7.10 die Pfadwerkzeuge und deren Handhabung kennen gelernt haben, wissen Sie sicher, wie Sie nun diese Kontur bearbeiten können. Wenn Sie auf die Direktauswahl [A] wechseln, gibt InDesign alle Pfadpunkte frei. An unserem Beispiel entstehen aufgrund der unregelmäßigen Objektkontur des Schmetterlings zahlreiche Ankerpunkte. Da nicht alle Punkte für eine saubere Konturenführung benötigt werden, können Sie nun viele Punkte löschen oder nachbearbeiten. Leider stellt InDesign keine automatische Vereinfachung mit Vorschaufunktion wie Illustrator oder einen Toleranzbereich zur Verfügung, der Ihnen diese Arbeit abnimmt.

Zu ähnlich komplexen Freistellpfaden kommen Sie mit der Option Alpha-Kanal. Dagegen bestehen eingebettete Beschneidungspfade häufig aus »schlankeren« Pfaden mit deutlich weniger Knotenpunkten. Die Anzahl der Vektoren und Knoten spielt für die spätere Belichtungszeit heute eher eine untergeordnete Rolle. Wenn Sie diese Funktion häufiger für mehrere Freisteller einsetzen wollen, sollten Sie als Alternative Freisteller in Photoshop mit Transparenzen oder – ganz klassisch – mit einem Beschneidungspfad erstellen.

8.7.3 Wort- und Zeichenausgleich

Durch die Konturenführung entstehen bei links- oder rechtsbündigem Satz neben einem Objekt ungewollte Lücken, wenn der verbleibende Platz z. B. nur für eine Silbe ausreicht. Der Textfluss und die Lesbarkeit werden dadurch zerrissen, wie in Abbildung 8.58 zu sehen ist: Der Begrenzungsrahmen als Kontur wird nur an der rechten Seite klar vom Textfluss eingeschlossen, die linke Kante wirkt dagegen abgerissen.

In den Voreinstellungen SATZ unter dem Menü DATEI finden Sie unter der Rubrik KONTURENFÜHRUNG die Option BLOCKSATZ NEBEN KONTURENFÜHRUNG. Wenn Sie diesen Punkt aktiviert haben, wird der Begrenzungsrahmen auch auf der linken Seite eindeutig umflossen, der Text wird durch einen Blocksatz ausgeglichen, ohne dass sich die gesamte Textformatierung ändert. Dabei tritt die Absatzformatierung zur Bildung einer regelmäßigen Graumenge in den Hintergrund.

Auch hier können größere Wortlücken auftreten, die »weiße Löcher« in das Schriftbild reißen. Nutzen Sie eine minimale Verringerung der Laufweite, um diese Lücken auszugleichen. Dazu reicht schon eine Laufweitenminimierung um 10/1000 Geviert.

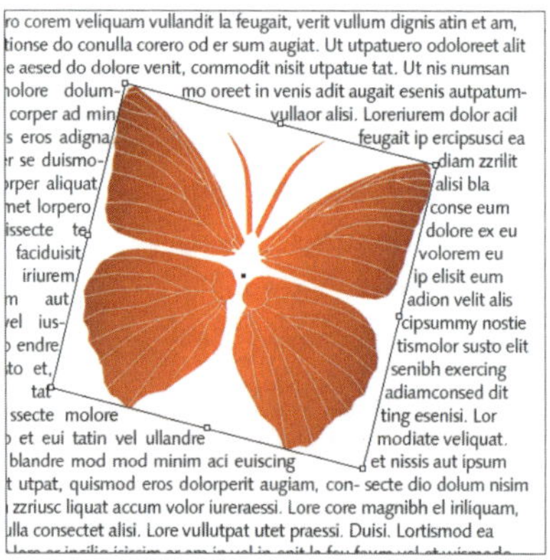

▲ **Abbildung 8.58**
Konturenführung ohne aktivierte Option BLOCKSATZ NEBEN KONTURENFÜHRUNG

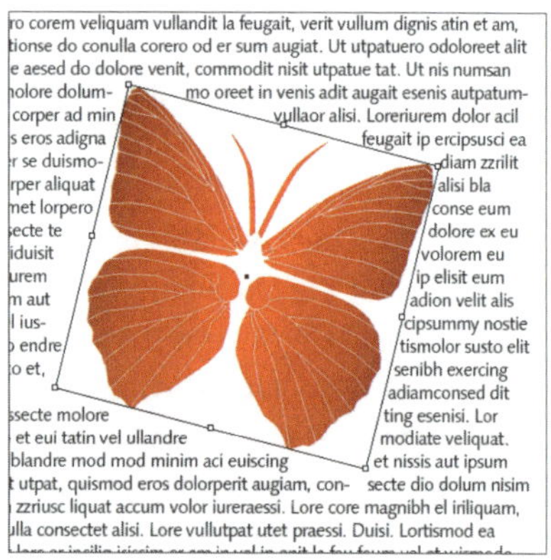

▲ **Abbildung 8.59**
Konturenführung mit aktivierter Option BLOCKSATZ NEBEN KONTURENFÜHRUNG in den Voreinstellungen

Einzelwörter neben dem Objekt können auf unterschiedliche Art und Weise ausgeglichen werden, allerdings nur, wenn der Text auf Blocksatz formatiert ist. Unter dem Absatz-Palettenmenü finden Sie im Dialog Abstände – in dem Sie das Blocksatzverhalten einstellen können – die Auswahl Einzelwortausrichtung.

Mit der Einstellung Blocksatz werden auch Einzelwörter am Rande einer Konturenführung mit hohem Zeichenabstand auf die maximale Breite ausgetrieben.

8.7.4 Textrahmen umfließen

Natürlich können auch Textrahmen als Konturenobjekte genutzt werden, sowohl als Rechteckform wie auch als Formsatz. Dazu eignen sich besonders Abstände in der Größe des Zeilenabstandes. Wie beim Formsatz in der Abbildung zu sehen ist, kann auch die Konturenführung dem Formsatz automatisch oder manuell mit den Pfadwerkzeugen angepasst werden.

▲ **Abbildung 8.60**
Konturenführung um einen Textrahmen

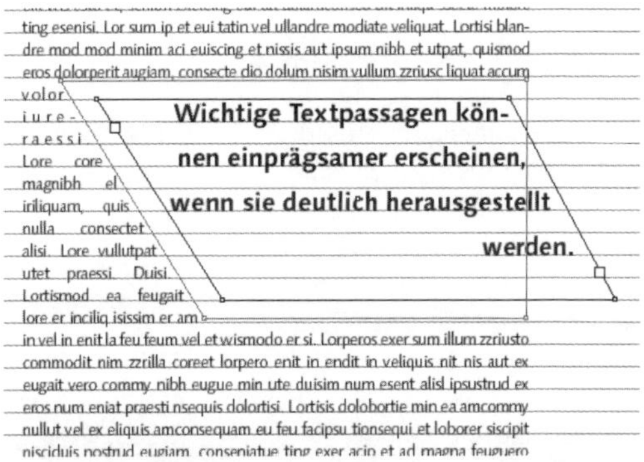

▲ **Abbildung 8.61**
Auch Textrahmen im Formsatz werden korrekt umflossen.

8.7.5 Objekt überspringen

Entgegen der Konturenführung am Begrenzungsrahmen oder an der Objektkante, die zu einem neuen Textfluss innerhalb einer Zeile führt, markieren Objekte mit der Einstellung Objekt überspringen in der Konturenführung-Palette einen Textumbruch um die Höhe des platzierten Objektes.

Diese Option ist besonders bei großen Textmengen sinnvoll. Die Einstellung In nächste Spalte springen hingegen bricht den Text vor dem Objekt um. Die Konturenführung wird hier als Umbruchmarkierung benutzt.

▲ **Abbildung 8.62**
Option Objekt überspringen

▲ **Abbildung 8.63**
In nächste Spalte springen

8.7.6 Konturenführung umkehren

Eine vollständige Umkehrung der Konturenführung erzeugen Sie, indem Sie den Button Umkehren in der Konturenführung-Palette aktivieren. Die Funktion Konturenführung um Objektform muss dazu aktiviert werden, wenn Sie ein Ergebnis wie in Abbildung 8.64 erzeugen wollen. Der Textfluss verläuft nicht am Objekt vorbei, sondern nur innerhalb der Objektform. Es handelt sich hier also um eine weitere Art des Formsatzes mitten im Textrahmen. Der Vorteil gegenüber einem Formsatz ist, dass das Objekt die Form vorgibt. Wird also die Position des Objekts verschoben oder die Größe skaliert, ändert sich auch die Textform. Wenn Sie stattdessen einen getrennten Formsatz über einem anderen Objekt erzeugen, so müssten Sie bei jeder Änderung die Kontur manuell anpassen. Ein klarer Vorteil für einen solchen Spezialfall.

Verdrängt das Objekt den Text oder wird der Text von Satzangaben umbrochen?

Zwei Wege führen nach Rom: Soll eine Textmenge geschickt im Spaltenraster umbrochen werden, so können entweder platzierte Rahmen mit der Funktion Objekt überspringen oder In nächste Spalte springen dafür sorgen, dass der Text verdrängt wird, oder Sie wenden die Umbruchzeichen wie Spaltenumbruch im Text an, indem Sie aus dem Menü Schrift • Umbruchzeichen einfügen... das entsprechende Zeichen auswählen. Lesen Sie dazu auch das vorherige Kapitel »Texte erfassen und bearbeiten«.

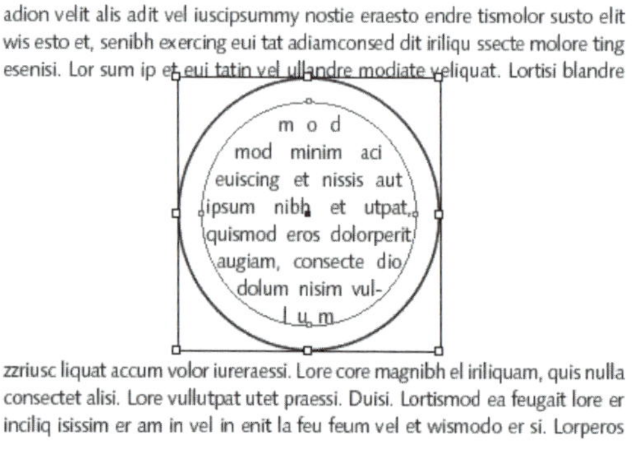

▲ **Abbildung 8.64**
Bei umgekehrter Konturenführung fließt der Text innerhalb der Objektform, nicht an ihm vorbei.

8.7.7 Objektstile mit Konturenführung

Mit der neuen InDesign-Funktion Objektstile speichern Sie das Verhalten, wie ein Text von einer Grafik verdrängt wird, auch in einem Stil für den Grafikrahmen. Alle Optionen, die wir hier beschrieben haben, sehen Sie in der Abbildung.

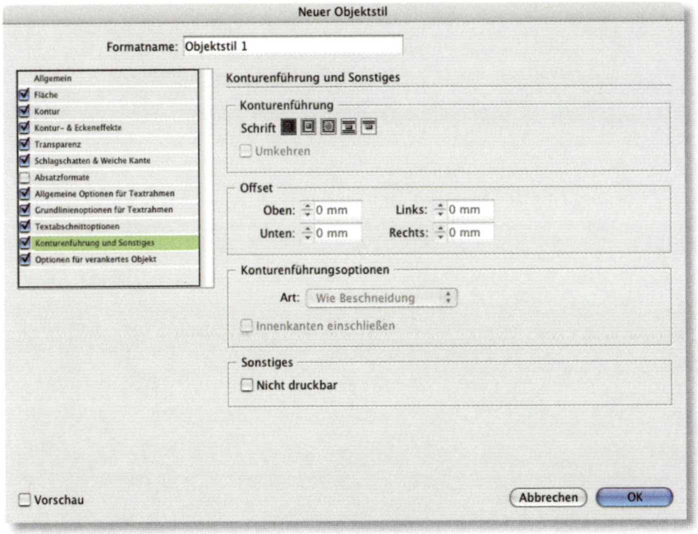

◂ **Abbildung 8.65**
Die Konturenführungsoptionen werden als Objektstil gespeichert. Vergleichen Sie die Möglichkeiten mit der Palette Konturenführung.

Wollen Sie also Bilder immer in derselben Art und Weise umfließen lassen, so legen Sie sich einen Objektstil an und wählen in der Rubrik Konturenführung und Sonstiges die entsprechenden Einstellungen. Leichter ist es jedoch, gleich einen Rahmen fertig zu gestalten und mit einem Klick alle Eigenschaften des Rahmens als neuen Objektstil zu übernehmen. Wie Sie dies erreichen, zeigen wir im Kapitel 6 »Layoutrahmen«.

9 Absatz- und Zeichenformate

Alle Formatierungen, die Sie mit den typografischen Werkzeugen der Steuerungs-, Zeichen- oder Absatzpalette vorgenommen haben, legen Sie als Format an, um einerseits platzierte oder geschriebene Texte schneller zu formatieren und um andererseits diese Formate übergreifend in anderen Dokumenten oder auf anderen Arbeitsplätzen innerhalb eines Designteams zu verwenden. Somit stellen Sie sicher, dass die typografischen Qualitäten von InDesign durchgehend auf dieselbe Weise angewendet werden. Zusätzlich können diese Formate auch in den Objektstilen eingebunden werden.

9.1 Was sind Absatz- und Zeichenformate?

Innerhalb eines **Absatzformates** werden all die Einstellungen gespeichert, die sich – wie der Name bereits verrät – auf einen ganzen Textabsatz beziehen: Wie soll der Textabsatz typografisch dargestellt, wie soll der Text ausgerichtet und nach welchen Methoden soll er getrennt und umbrochen werden? Ein Absatz wird mit einem Return oder einer »Zeilenschaltung« abgeschlossen. Wenn Sie im Menü SCHRIFT • VERBORGENE ZEICHEN EINBLENDEN, so erkennen Sie einen Textabsatz am nicht druckenden Sonderzeichen »¶«.

Die **Zeichenformate** hingegen beziehen sich nur auf eine Textauswahl wie ein Zeichen oder ein Wort. Intelligenterweise arbeiten Sie daher zuerst mit Absatzformaten und gestalten dann eigene Zeichenformate, um abweichende typografische Auszeichnungen wie »kursiv«, »fett«, »hochgestellt« oder »farbig« anzuwenden.

Absatz- und Zeichenformate können Sie zu so genannten **verschachtelten Formaten verbinden**, eine sehr spannende, aber gelegentlich auch komplexe Angelegenheit. Bevor Sie sich mit verschachtelten Formaten beschäftigen, sollten Sie aber die Grundlagen zu den Absatz- und Zeichenformaten erlernen.

Im Zusammenhang mit Absatzformaten müssen wir zunächst auf das Grundlinienraster und die Registerhaltigkeit eingehen.

9.2 Grundlinienraster

Wie schon im Typografie-Kapitel angesprochen, sollten Sie ein Absatzformat für einen Fließtext grundsätzlich auf das Grundlinienraster stellen, denn nur so kann die Registerhaltigkeit von Schön- und Widerdruck erreicht werden. Überall, wo Sie mit mehrseitigen Dokumenten wie Magazinen, Zeitschriften, Büchern und ähnlichen Dingen konfrontiert werden, sollten Sie gleich zu Beginn das Grundlinienraster anwenden.

Nicht jede Überschrift oder Zwischenüberschrift muss am Grundlinienraster ausgerichtet werden, aber mit Sicherheit sollte der Fließtext mit der Brotschrift am Raster angelehnt sein.

Dabei gibt es die Möglichkeit, nur die erste Zeile eines Absatzes dem Grundlinienraster zuzuordnen, um einen Textrahmen oder einen Absatz sozusagen in das Raster einzuhängen. Vom Grundlinienraster abweichende Zeilenraster lassen sich in einem Textrahmen über die Textrahmenoptionen anwählen, das ist u.a. sinnvoll für Rahmen auf Marginalspalten.

9.2.1 Grundlinienraster anzeigen und einstellen

Das Grundlinienraster blenden Sie über das Menü ANSICHT oder den Shortcut [⌘]+[⌥]+[ß]/[Strg]+[Alt]+[ß] ein bzw. aus.

Rufen Sie dann die VOREINSTELLUNGEN • ALLGEMEIN ([Strg]/[⌘]+[K]) auf und nehmen dort über RASTER einige Einstellung für das Grundlinienraster vor.

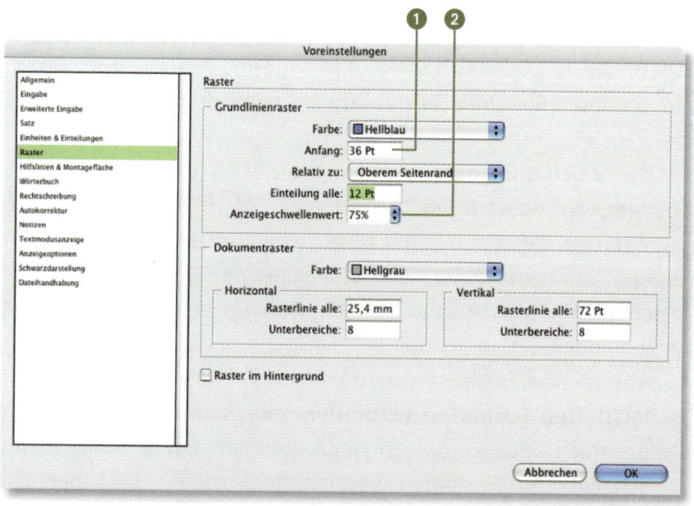

Abbildung 9.1 ▸
Voreinstellungen für das Grundraster

Zunächst wählen Sie den Startwert ❶ aus. Wenn Sie beispielsweise mit einem 12-pt-Grundlinienraster arbeiten, dann kann das Grundlinienraster bereits bei 0 mm an der Seitenkante beginnen, oder Sie starten erst mit einem vielfachen Wert dieser 12 pt, wie 24, 36 oder 48 pt, wenn Sie im oberen Seitenbereich Kapitelbeschriftungen oder -marken hinzufügen wollen. Haben Sie als Standardeinheit Millimeter angewählt, so können Sie in den Eingabefeldern auch Punktwerte eingeben, indem Sie nach dem nummerischen Wert ein »pt« eintippen. Danach wird der Punktwert in Millimeter umgerechnet.

Besonders angenehm an InDesign ist, dass Sie für die Anzeige des Grundlinienrasters einen ANZEIGESCHWELLENWERT ❷ definieren können, der Ihnen das Raster in Abhängigkeit der Ansichtsgröße des Dokumentes einblendet. Den Schwellenwert stellen Sie entweder für das Programm oder für das jeweilige Dokument ein. Achten Sie auch hier wieder darauf, dass Sie auf den normalen Ansichtsmodus wechseln, um sich das Raster auch anzeigen zu lassen.

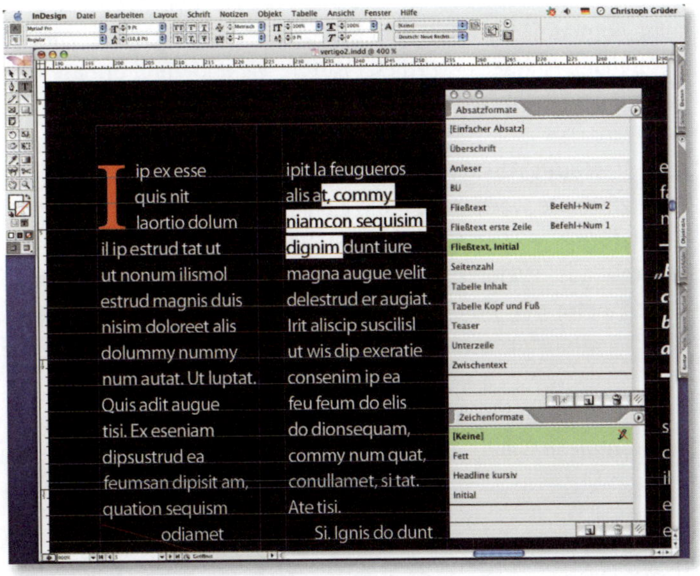

▲ **Abbildung 9.2**
Ausgehend vom blauen Grundlinienraster bestimmen Sie die Brotschrift und legen die Absatzformate fest.

9.3 Absatzformate

Nun aber zu den Absatzformaten. Wir möchten Ihnen die Erstellung von Absatzformaten anhand eines Beispiels demonstrieren. Wir zeigen, wie Sie Absatzformate erstellen, die aufeinander ba-

Zwei Grundlinienraster

Das Arbeiten mit einem Grundlinienraster wird etwas komplexer, wenn Sie ein Dokument erstellt haben, in dem Sie mit mehreren Schriftgrößen arbeiten. Kommen dann noch Marginalspalten mit ins Spiel, bei denen ein anderer Schriftgrad und ein vom Fließtext abweichender Zeilenabstand benutzt wird, trotzdem aber eine Registerhaltigkeit erzielt werden soll, können Sie in den Textrahmenoptionen dieses Marginaltextes ein eigenes Grundlinienraster definieren. Wählen Sie dazu den Textrahmen aus, und drücken Sie den Shortcut [⌘]+[B] oder [Strg]+[B]. In der Rubrik GRUNDLINIENOPTIONEN finden Sie alle nötigen Einstellungen.

Ein »halbes« Grundlinienraster

Mittels eines Tricks können Sie flexibler arbeiten und benötigen sogar nur ein einziges Grundlinienraster: Halbieren Sie einfach das Raster, z. B. von 14 Punkt auf 7 Punkt. Eine 11 Punkt große Brotschrift wird somit auf jeder zweiten Grundlinie laufen. Überschriften oder Zwischentitel können dagegen bei einer Schriftgröße von 18 Punkt auf jeder dritte Grundlinie mit einem Zeilenabstand von 21 Punkt laufen. Fußnoten in der Größe von 6 Punkt – sofern mit der gesetzten Type und optimalem Druck noch lesbar – richten sich dann am 7-Punkt-Raster aus.

sieren, wie Sie die Formatierungen zuweisen und was mit zugewiesenen Zeichenformaten beim Ändern eines Absatzformats passiert.

Stellen Sie sich vor, dass Sie einen Zeitschriftenartikel zu formatieren haben. Entsprechend dem Aufbau des Artikels wollen wir einmal die notwendigen Absatzformate auflisten:

1. Titel
2. Untertitel
3. Anleser
4. Erster Absatz mit Initiale
5. Folgeabsatz mit Einzug
6. Zwischentitel
7. Zitat
9. Folgeabsatz ohne Einzug
9. Autor

Konkrete Angaben
Für den Fließtext haben wir als Ausgangsbasis einmal die Adobe Caslon Pro im Regular-Schnitt und in der Schriftgröße von 10 Punkt ausgewählt. Das Grundlinienraster beträgt 12 Punkt, an dem wir die Absatzformate ausrichten.

Innerhalb des Artikels können natürlich die Absatzformate in unterschiedlicher Reihenfolge aufeinander treffen. Als Ausgangsformat benötigen wir also ein Basisformat für den Fließtext und seine Formate Folgeabsatz ohne Einzug, mit Einzug, erster Absatz mit Initiale, Anleser und zuletzt Autor. Die anderen Formate fassen wir als Titelformate zusammen.

Mac-Problem

[F11] funktioniert evtl. auf dem Mac nicht, da es vom Betriebssystem verwendet wird! Sie könnten sich aber über BEARBEITEN • TASTATURBEFEHLE einen neuen Tastaturbefehl hinterlegen. Alternativ funktioniert auch der Shortcut [Ctrl] + [⌘] + [F11]

9.3.1 Neues Absatzformat

Absatzformate werden über die gleichnamige Palette erstellt. Die Absatzformate-Palette blenden Sie über die Funktionstaste [F11] ein bzw. aus. Wählen Sie über das Palettenmenü der Absatzformate-Palette den Befehl NEUES ABSATZFORMAT aus. Es erscheint das Dialogfenster zum Ändern der Absatzformatoptionen.

9.3.2 Allgemeine Absatzformatoptionen

Der komplexe Dialog zeigt zunächst das Register ALLGEMEIN an.

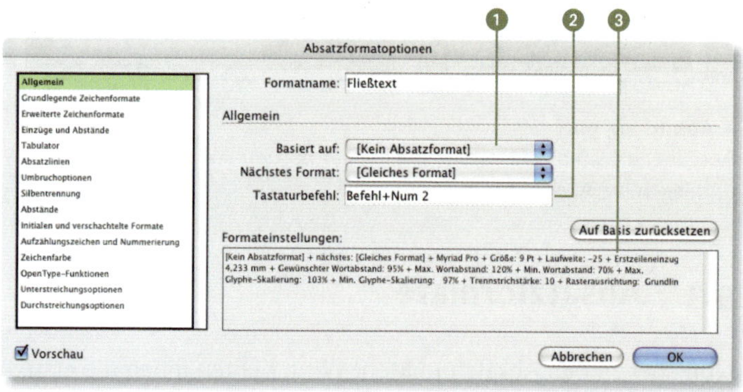

Abbildung 9.3 ▸
Register NEUES ABSATZFORMAT • ALLGEMEIN

Hier definieren Sie zunächst den Formatnamen wie beispielsweise »Fließtext«.

Basiert auf | Solange Sie noch keine weiteren Absatzformate erstellt haben, sind Verknüpfungen im Dialogfeld ALLGEMEIN nicht möglich. Daher können Sie unter BASIERT AUF ❶ auch kein anderes Absatzformat auswählen. Erst wenn mehrere Formate definiert wurden, können nach erneutem Öffnen der bestehenden Absatzformate Folgeformate zugewiesen werden.

Arbeiten Sie zum Beispiel mit einem Absatzformat »Fließtext«, können Sie nun ein basierendes Format »Fließtext erste Zeile« definieren. Geben Sie das Ausgangsformat unter BASIERT AUF ein und verändern Sie dann nur einen Wert für den Einzug der ersten Zeile. Alle anderen Angaben werden aus dem basierenden Format übernommen.

Absatzformate tauschen

Alternativ können Sie über die Funktion SUCHEN UND ERSETZEN auch die Absatzformate tauschen, indem Sie unter FORMAT • FORMATOPTIONEN zunächst das gesuchte Absatzformat im Dokument wählen und danach das neue Format ersetzen lassen.

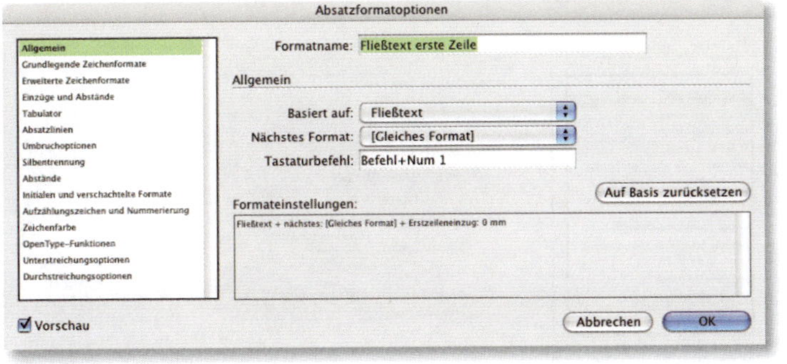

◂ Abbildung 9.4
Soll nur die erste Zeile eines Textabschnitts nicht zu Beginn eingezogen werden, legen Sie ein Absatzformat basierend auf dem Grundformat »Fließtext« an, und stellen Sie den Einzug der ersten Zeile zurück.

Bei korrekter Definition der Absatzformate wird nach Betätigung des Zeilenschalters das nächste Format dann automatisch benutzt. Auf diese Weise lässt sich u.a. bei einer Aufzählung geschickt zwischen zwei Formaten wechseln und ein Text bereits bei der Erfassung formatieren.

Das **Löschen aller Abweichungen** zur »Mutter« ist nun in InDesign CS2 auch möglich. Klicken Sie dazu auf den Button AUF BASIS ZURÜCKSETZEN, so dass alle Änderungen gegenüber dem basierenden Format gelöscht werden.

Vorsicht bei hierarchischen Absatzformaten
Damit dies richtig funktioniert, ist es notwendig, die Absatzformate gut zu pflegen und bei hoher Komplexität auch genau zu prüfen. Durch strukturierte Definition der Absatzformate und deren Abhängigkeiten können Sie sich einen großen Teil der oftmals aufwändigen manuellen Formatierung ersparen und arbeiten effizienter und produktiver.

Tastenbefehl zuweisen | Interessant sind die Eingabemöglichkeiten unter TASTATURBEFEHL ❷. Hier können Sie dem Absatzformat einen eigenen Tastenbefehl zuweisen, so dass Sie Texte in InDesign schnell formatieren können. Diese Tastenbefehle sind idealerweise mit der Befehlstaste [⌘] oder [Strg] und dem Nummernblock Ihrer Tastatur erreichbar.

Weitere Tastenbefehle sind in der Kombination mit [⇧] und [Alt] definierbar und ergänzen sich neben anderen denkbaren, aber nicht sinnvollen Tastenbefehlen zu immerhin 27. Beachten Sie hierbei, dass andere Tastenbefehle wie z. B. [⌘] + [0] vordefinierte Befehle für die ganzseitige Darstellung sind. Bei Eingabe solcher Kombinationen lässt InDesign nicht mit sich reden und lehnt diese Tastenbefehle ab, damit Sie nicht aus Unachtsamkeit das Programm unbedienbar machen.

Beispielhaft
In unserem Beispiel könnten wir z. B. für eine gute Aufteilung der Tastenbefehle folgende Einteilung wählen.

1. Fließtextformate:
Fließtext mit Einzug
[⌘]/[Strg] + [Num1]
Fließtext ohne Einzug
[⌘]/ [Strg] + [Num2]
Fließtext mit Initiale
[⌘]/[Strg] + [Num3]

2. Titelformate:
Überschrift
[⌘]/[Strg] + [Num4]
Unterzeile
[⌘]/[Strg] + [Num5]
Zwischentext
[⌘]/[Strg] + [Num6]

3. Sonderformate:
Anleser/Teaser
[⌘]/[Strg] + [Num7]
Bildunterschrift/BU
[⌘]/[Strg] + [Num8]

Übersichtsbereich | Sinnvoll ist, dass Sie die für das Absatzformat getroffenen Formateinstellungen direkt im Übersichtsbereich ❸ ablesen können.

9.3.3 Grundlegende Zeichenformate

Klicken Sie auf Grundlegende Zeichenformate, und es erscheint das gezeigte Dialogfenster.

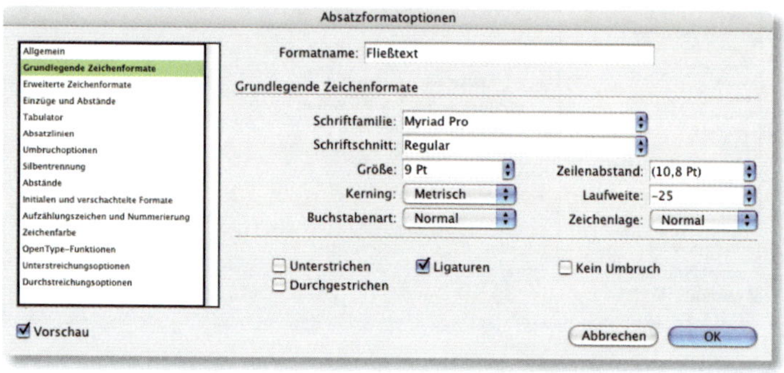

Abbildung 9.5 ▸
Grundlegende Zeichenformate für das Absatzformat

Hier bestimmen Sie, welchen Font Sie dem Format zuweisen möchten, und legen den Zeilenabstand, Schriftgrad, die Laufweiten, Buchstabenart und sonstige wichtige typografische Eigenschaften des Absatzformates fest.

InDesign unterstützt bekanntlich OpenType-Schriften, und so können Sie bei den Grundeinstellungen auch festlegen, ob im Dokument beispielsweise echte Ligaturen oder echte Kapitälchen benutzt werden sollen, wenn Sie wie bei unserem Beispiel eine OpenType Pro-Schrift nutzen. Die Kapitälchen werden dann dem jeweiligen Font entnommen und nicht etwa nur horizontal und vertikal skaliert.

Diese typografische Perfektion stellt ein Highlight von InDesign dar. Die Adobe-Fonts sind derzeit zu einem großen Teil auf OpenType umgestellt. OpenType-Schriften sind Macintosh- und Windows-kompatibel, klassische Schriftprobleme in heterogenen Produktionsumgebungen gehören damit der Vergangenheit an.

Das optische und metrische Kerning wie auch die übrigen Einstellungsmöglichkeiten in diesem Register haben wir im Kapitel »Typografie« beschrieben.

9.3.4 Erweiterte Zeichenformate und mehrsprachige Dokumente

Die erweiterten Zeichenformate erlauben es Ihnen, die Schriften horizontal und vertikal zu skalieren und bei Bedarf einen Grundlinienversatz einzugeben. Eine Schrift sollte aber grundsätzlich nicht über diese Funktion skaliert werden, da dies ihren Charakter zerstört.

Über das Popup-Menü SPRACHE legen Sie fest, welche Grammatikregeln auf das Absatzformat angewendet werden sollen. InDesign ist mehrsprachig und unterstützt so auch die jeweils installierten Grammatikregeln völlig absatzbezogen. Im Typografie-Kapitel beschreiben wir, wie über die Zeichen-Palette einem einzelnen Absatz, z. B. einem fremdsprachigen Zitat, die jeweilige Grammatik zugewiesen werden kann. Diese Einstellung ist auch für die Rechtschreibprüfung maßgeblich.

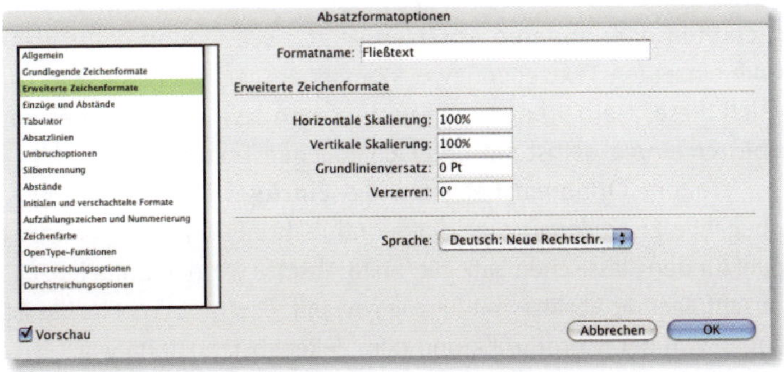

◂ **Abbildung 9.6**
Erweiterte Zeichenformate beinhalten u. a. das zugewiesene Wörterbuch. Wollen Sie in mehreren Sprachen layouten, so müssen Sie für jede Sprache ein eigenes Format definieren.

Wollen Sie also ein mehrsprachiges Layoutdokument mit z. B. deutschen, englischen, französischen, russischen oder türkischen Texten anlegen, so müssen Sie unbedingt einzelne Absatzformate anlegen, denen Sie jeweils das richtige Wörterbuch zuweisen.

Sprachen global im Dokument ändern | Wollen Sie für alle Textrahmen Ihres Dokuments die Sprache ändern und ein anderes Wörterbuch zuweisen, so nutzen Sie die Funktion SUCHEN UND ERSETZEN aus dem Menü BEARBEITEN. Wenn Sie hier auf MEHR OPTIONEN klicken und unter FORMATEINSTELLUNGEN SUCHEN auf FORMAT KLICKEN, so finden Sie in der Rubrik ERWEITERTE ZEICHENFORMATE die Auswahl der Sprache. Geben Sie zunächst die gesuchte Sprache ein, und wählen Sie anschließend unter FORMATEINSTELLUNGEN ERSETZEN die neue Sprache aus. InDesign wird dann für die formatierten Textabschnitte das neue Wörterbuch zuweisen und ggf. die Trennung neu durchführen.

9.3.5 Einzüge und Abstände

Die Ausrichtung ist wahrscheinlich neben der Wahl der Schriftgröße die wichtigste Einstellung. Unter EINZÜGE UND ABSTÄNDE finden Sie daher auch spezielle Blocksatzausrichtungen, die sich jeweils in der Behandlung der letzten Absatzzeile unterscheiden.

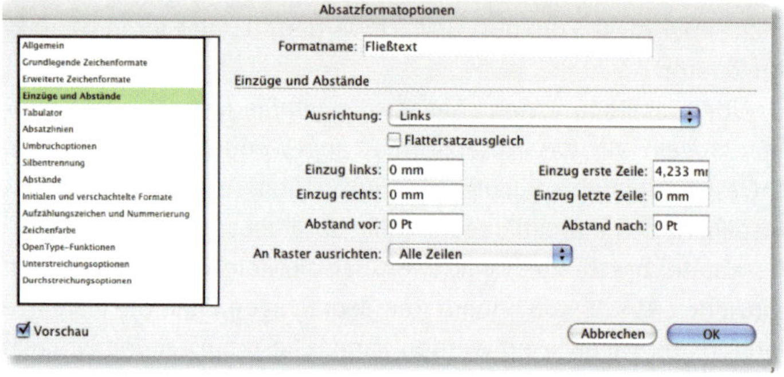

Abbildung 9.7 ▶
Die Einzüge und Abstände sind nun übersichtlicher gestaltet als in den Vorgängerversionen.

Interessant ist der FLATTERSATZAUSGLEICH: Bei mehrzeiligen Überschriften oder anderen Absätzen sorgt diese Option dafür, dass die einzelnen Textzeilen jeweils besser ausgeglichen werden. Da sich dieses Verhalten schwer vorhersagen lässt, testen Sie es am besten einmal selbst mit unterschiedlichen Textmengen aus.

Weitere Optionen betreffen die **Einzüge**: Erstzeileneinzüge, negative Erstzeileneinzüge, linke und rechte Einzüge. Als Faustregel für den klassischen Satz gilt: Erste Absätze werden ohne Einzug, nachfolgende Absätze mit Einzug gewählt. Die Tiefe des Einzugs ist auch von der Schriftgröße und dem Zeilenabstand abhängig.

Einzug der ersten Zeile

Einen negativen Einzug der ersten Zeile erzielen Sie, indem Sie einen linken Einzug von z. B. 12 pt definieren und dagegen den Einzug der ersten Zeile bei –12 pt anlegen. Lesen Sie zu der Wahl der Einzüge das Kapitel »Typografie«.

Der **Abstand** vor und nach dem Absatz erzeugt einen Freiraum, ohne dass Sie zusätzliche Umbruchzeichen eingeben müssen. Wenn Sie mit einem Grundlinienraster arbeiten, geben Sie auch hier ein Vielfaches des Rasters ein, wie z. B. 12, 24 oder 36 Punkt.

Sie finden hier auch die Einstellungsmöglichkeit zur Festlegung der **Registerhaltigkeit**. Stellen Sie in der Checkbox AN RASTER AUSRICHTEN die Option ALLE ZEILEN ein, um das Absatzformat am Grundlinienraster auszurichten. Dabei steht diese Einstellung im Wechselspiel mit dem Zeilenabstand der GRUNDLEGENDEN ZEICHENFORMATE. Ist an dieser Stelle ein manueller Zeilenabstand eingestellt, der höher als das Grundlinienraster ist, so springt der Text in die jeweils zweite Zeile, der Zeilenabstand ist damit doppelt so hoch. Stellen Sie daher grundsätzlich immer einen Zeilenabstand ein, der dem Grundlinienraster entspricht bzw. niedriger ist.

Als weitere Option steht Ihnen die Möglichkeit offen, nur die erste Zeile eines Absatzes in das Grundlinienraster »einzuhängen«. Wenn Sie das Grundlinienraster nur als Anhaltspunkt verwenden oder von Absatz zu Absatz den Zeilenabstand geringfügig verringern oder erweitern, ist dies ein guter Kompromiss zwischen der Freiheit im Layout und der Registerhaltigkeit für den Druck.

9.3.6 Tabulator

Ähnlich wie in der Formatierung von Tabulatoren (siehe auch Kapitel 10 »Tabellen«) treffen Sie hier übergreifende Tabulatorzeichen. Mit aktivierter Vorschau und einer entsprechend markierten oder zugewiesenen Textstelle können Sie sogar die Tabulatoren auf dem Lineal in Echtzeit verschieben und die Auswirkungen auf den Text begutachten.

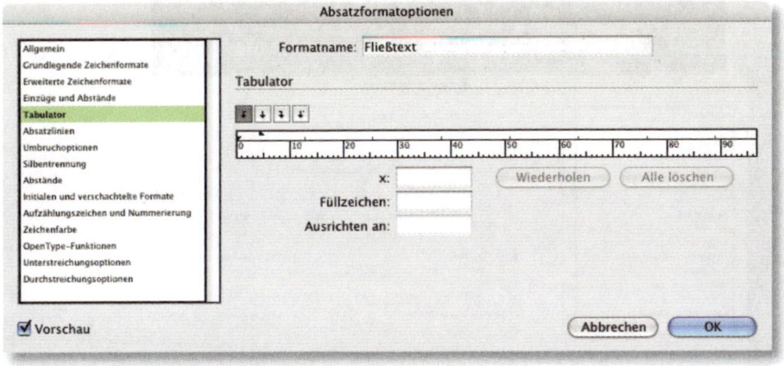

◂ **Abbildung 9.8**
Neues Absatzformat: Einstellungen für Tabulatoren

Einfacher als einen Tabulator über das Absatzformat einzustellen, ist es aber, einen Text mit Tabulatoren manuell zu formatieren, den Absatz zu markieren und ein neues Absatzformat anzulegen. Somit werden automatisch die Tabulatoreinstellungen in das Format geschrieben.

9.3.7 Absatzlinien

Für die Markierung eines Absatzes können Sie Absatzlinien ober- und unterhalb des Absatzes formatieren. Alle Konturenoptionen – auch die Wahl der Füllfarbe für gestrichelte Linien – stehen Ihnen offen.

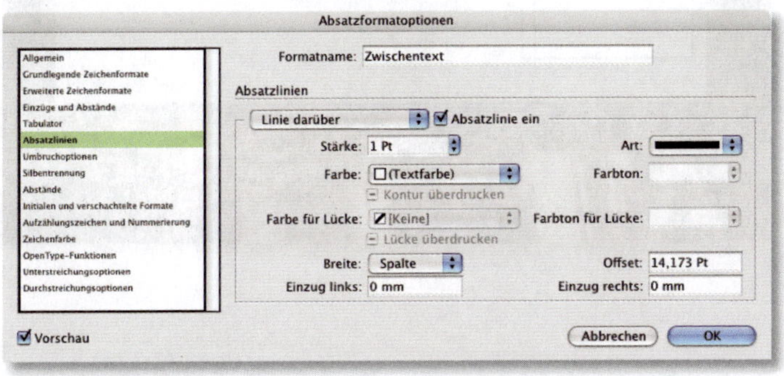

◂ **Abbildung 9.9**
Linien ober- und unterhalb eines Absatzes gliedern auf grafische Weise eine Textmenge, eignen sich jedoch nur für besondere Auszeichnungen von Zitaten, Zwischenüberschriften oder Anlesern.

Etwas unübersichtlich ist der Wechsel zwischen LINIE DARÜBER und LINIE DARUNTER. Achten Sie hier besonders darauf, welche Linie Sie gerade verändern. Wichtig ist in den selbsterklärenden Einstellungen der Offset-Wert, der für die Linie oberhalb und unterhalb des Absatzes immer manuell gewählt werden muss, um ein optisch ansprechendes Schriftbild zu erreichen. Arbeiten Sie daher auch hier mit aktivierter Vorschau.

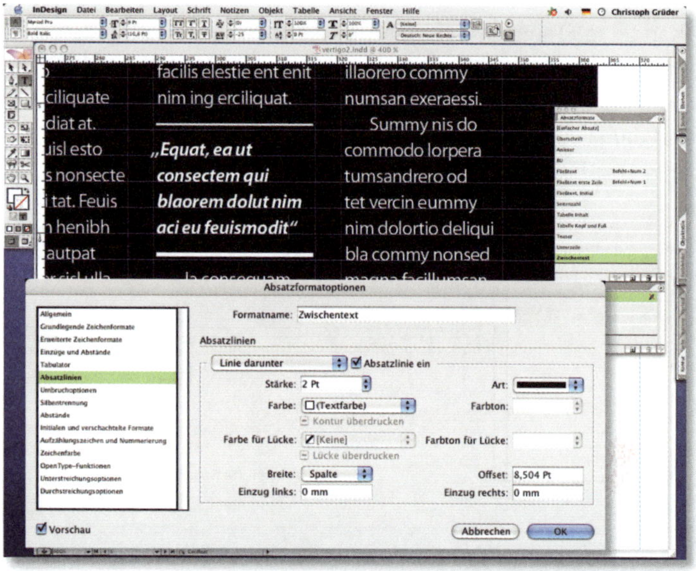

Abbildung 9.10 ▶
Ein Beispiel für Absatzlinien mit einer mageren Linie oben und einer fetten Linie unten. Beachten Sie, dass auch die Abstände des Absatzes zum vorherigen und zum nachfolgenden Absatzformat angegeben werden müssen.

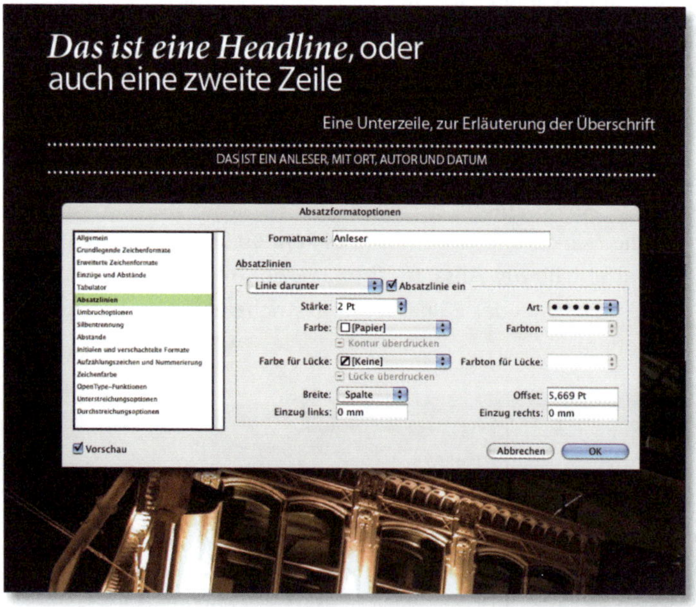

Abbildung 9.11 ▶
Für den Anleser wird ein Absatzformat verwendet, das gepunktete Absatzlinien nutzt. Dazu stellen Sie die Art der Linie um.

9.3.8 Umbruchoptionen

Wie soll sich der Text am Ende oder Anfang eines Absatzes verhalten? Nichts ist schlimmer als eine auslaufende Absatzzeile, die losgelöst auf einer neuen Seite steht, oder eine Absatzzeile, die am Ende einer Spalte oder Seite einsam und alleine stehend beginnt. Die so genannten »Hurenkinder« und »Schusterjungen« können durch Setzen der richtigen Optionen schon beim Anlegen der Absatzformate weitestgehend vermieden werden, indem Sie dafür sorgen, dass mindestens zwei Zeilen am Anfang oder Ende des Absatzes zusammengehalten werden.

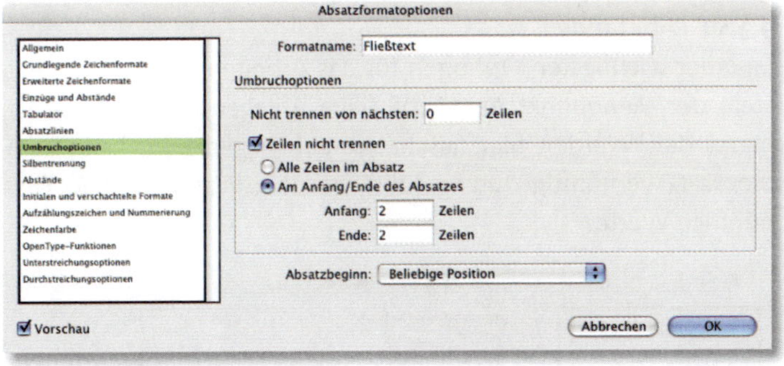

◂ **Abbildung 9.12**
Umbruchoptionen sorgen dafür, dass durch einen ungünstigen Zeilen- und Seitenumbruch keine Schusterjungen und Hurenkinder entstehen.

9.3.9 Silbentrennung

In diesem Menüpunkt steuern Sie das Trennverhalten von InDesign. Die Optionen sind quasi selbsterklärend. Sie legen fest, wie viele Zeichen ein Wort haben muss, um von InDesign überhaupt getrennt zu werden, die Anzahl der Zeichen vor bzw. nach dem Trennstrich und wie viele Trennzeichen in Folge erlaubt werden. Dabei sind maximal drei Trennstriche aufeinander folgend ein guter Anhaltspunkt.

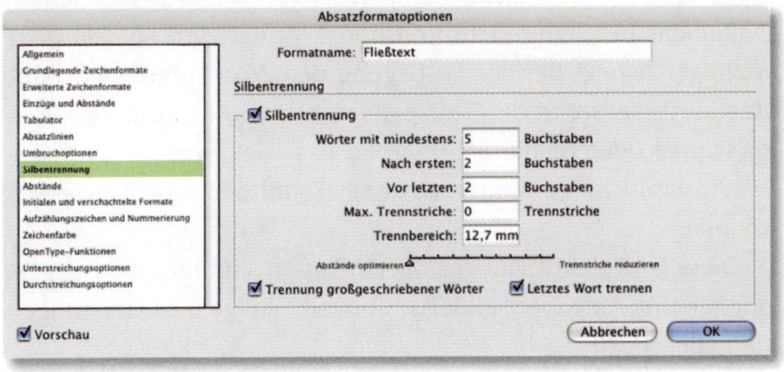

◂ **Abbildung 9.13**
Wenn der Regler der Trennoptimierung ganz nach links geschoben wird, gleicht InDesign die Abstände optimal aus. Maximal drei Trennstriche in Folge gehören nach den ungeschriebenen Satzregeln zum guten Ton der Mikrotypografie.

Im Feld Trennbereich legen Sie die Trennzone fest. Diese Zone beschreibt den Abstand vom rechten Textrand, in den der Text laufen muss, um überhaupt getrennt zu werden.

Besonders schön in InDesign sind die Schieberegler, mit denen Prioritäten dynamisch gesetzt werden können. Hier legen Sie

Keine Trennstriche?
Setzen Sie die maximale Anzahl der Trennstriche auf null: InDesign besitzt nun alle Freiheiten, Wörter nach Belieben zu trennen, wenn die Abstände in einem Absatz optimiert werden sollen.

fest, ob den definierten Abständen oder aber dem Wert der Trennungen der Vorzug zu geben ist. Diese Dynamik ist einzigartig. Für einen gut ausgeglichenen Blocksatz ziehen Sie den Regler ganz nach links auf ABSTÄNDE OPTIMIEREN. Arbeiten Sie hier immer mit der aktiven Vorschau, um das Ergebnis zu beurteilen.

Für Absatzformate bei Titeln oder Untertiteln ist es gelegentlich empfehlenswert, die Silbentrennung für großgeschriebene Wörter oder ganz zu deaktivieren. Auch das letzte Wort in einem Absatz sollte unter Umständen nicht betrennt werden, da sonst zu kurze letzte Zeilen entstehen.

9.3.10 Abstände

Eine der wichtigsten Optionen für das Arbeiten mit Mengentext stellt der Menüpunkt ABSTÄNDE beim Anlegen eines Absatzformates dar. Werden hier falsche Vorgaben gemacht, kann kein Blocksatz vernünftig durchgeführt werden. Was aber sind vernünftige Werte?

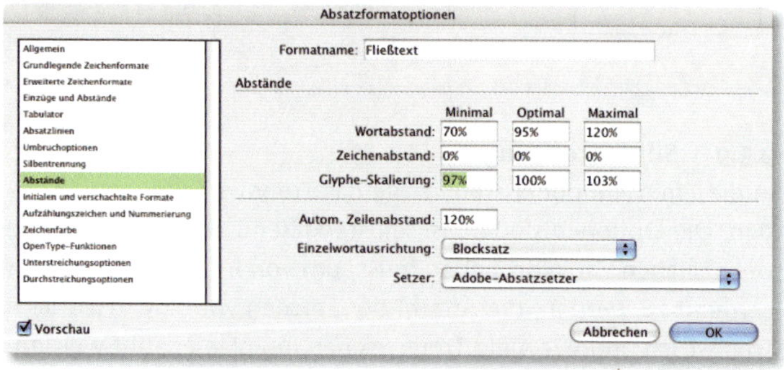

Abbildung 9.14 ▶
Die Abstände zwischen Wörtern und Zeichen sind die Verhandlungsmaße für InDesign, eine gute Zurichtung im Absatz herbeizuführen. Eine Skalierung der Glyphen ist innerhalb geringer Werte erlaubt und sinnvoll.

Eine verbindliche, eindeutige Antwort gibt es hierzu nicht. Die Ergebnisse, die Sie erzielen, hängen zum größten Teil von den im Dokument benutzten Schriften und Schriftgrößen ab. Ein ganz wichtiger Aspekt bei der Festlegung der Wort- und Zeichenabstände ist die Breite der Textspalten im Layout. Sind die Spalten zu schmal oder ist die Schriftgröße des Fließtextes zu groß gewählt, wird kaum ein ausgewogenes Schriftbild erreicht werden können.

Diese Grundeinstellungen von InDesign sind für sehr viele typografische Aufgaben äußerst sinnvoll, einige Verbesserungen sind aber möglich.

Geben Sie InDesign kleine Pufferzonen vor, mit denen die möglichen Varianten erhöht und optimiert werden können. Eine solche Pufferzone ist neben der maximalen Trennstrichanzahl die Zeichenbreite der Schrift. Über den Minimal- und Maximalwert der Glyphe-Skalierung erreichen Sie mit den Einstellungen 97%

bzw. 103 %, dass die Zeichen in einer Zeile des Absatzes geringfügig schmaler oder breiter skaliert werden dürfen. Eine solche minimale Stauchung oder Streckung der Zeichen ist auch für geschulte Augen kaum zu erkennen. Übrigens ist diese Technik schon über 500 Jahre alt! Kein Geringerer als Johannes Gutenberg nutze unterschiedlich breite Zeichen für den Buchdruck.

Adobe-Absatzsetzer und Adobe-Ein-Zeilen-Setzer | Beachten Sie hier besonders die Einstellungen unter SETZER. Der Adobe-Absatzsetzer ist eine geniale Erfindung: Ein Algorithmus betrachtet dabei den gesamten Textinhalt eines Rahmens und ermittelt, wie mit möglichst wenigen Trennungen der Textfluss umbrochen werden kann. Somit erspart Ihnen InDesign diese lästige Arbeit der manuellen Umbruchkorrektur.

InDesign bietet neben dieser Satzmethode auch eine Standardabsatzmethode an, den Adobe Ein-Zeilen-Setzer. Der Adobe Ein-Zeilen-Setzer stellt die traditionelle Methode zum zeilenweisen Setzen von Texten – vergleichbar mit QuarkXPress – dar. Textkorrekturen in den Absätzen führen dann nicht zu größeren Änderungen des Textbildes.

Beim Anlegen des Absatzformates können Sie bereits die gewünschte Satzmethode festlegen. Mit beiden Methoden berechnet InDesign den optimalen Umbruch, basierend auf den Absatzvoreinstellungen für Silbentrennung und Ausrichtung.

Initiale ausgleichen

Der Ausgleich eines Initials ist nicht ganz einfach: Je nach Schrift wird das Zeichen unter Umständen zu weit in die erste Zeile hineingezogen. Im gesamten Schriftbild ergibt sich somit eine unsaubere linke Kante. Nutzen Sie hierzu den optischen Randausgleich, den wir auch im Kapitel »Typografie« genauer erklären.

9.3.11 Initiale und verschachtelte Formate

Lesen Sie hierzu im Einzelnen das Typografie-Kapitel dieses Buches. Dort erklären wir Ihnen ausführlich, wie das Gestaltungsmittel Initiale eingesetzt werden sollte.

Hier können Sie Initialen ein Zeichenformat zuweisen, das sich nur auf die Darstellung der Initiale bezieht.

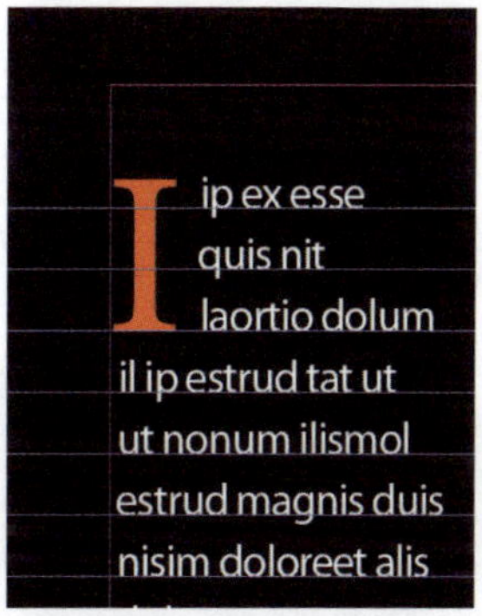

▲ **Abbildung 9.15**
Hier sehen Sie eine rote Initiale über drei Zeilen.

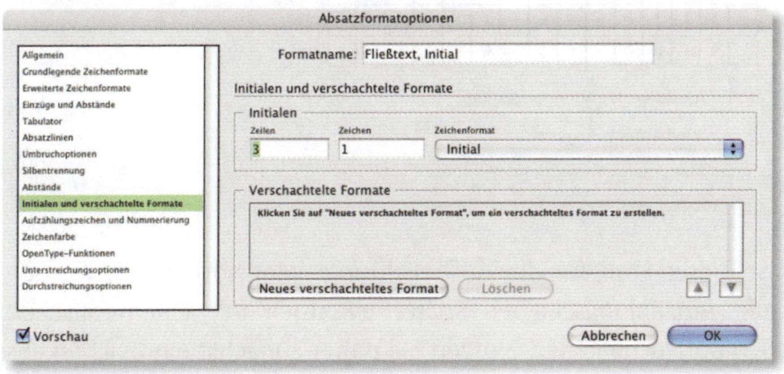

◄ **Abbildung 9.16**
Traditionell gelten Initiale über ein Zeichen und zwei bis drei Zeilen als geeignete Methode, den thematischen Beginn eines Kapitels zu kennzeichnen. Gesondert für die Initiale können Sie ein eigenes Zeichenformat anlegen.

9.3.12 Aufzählungszeichen und Nummerierung

Aus dem PageMaker-Plug-in-Pack für InDesign CS stammen diese beiden Funktionen.

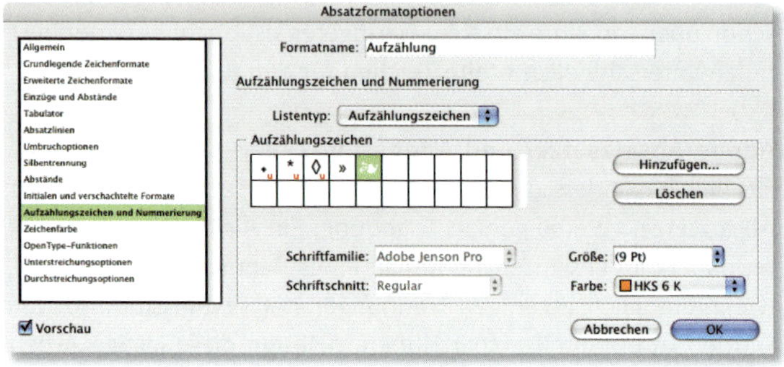

Abbildung 9.17 ▸
Aufzählungszeichen und Nummerierungen können direkt im Absatzformat gespeichert werden. Die ersten drei Aufzählungszeichen in diesem Dialog sind mit einem kleinen »u« gekennzeichnet, was dafür steht, dass Sie diese nicht aus der Übersicht löschen können.

Aufzählung | Mittels der Aufzählungszeichen legen Sie fest, wie eine Liste formatiert wird. Wählen Sie dazu als Listentyp die AUFZÄHLUNGSZEICHEN aus. Entweder nutzen Sie dazu vor jedem Listeneintrag ein Kennzeichen wie den bekannten Bullet-Point oder ein beliebiges anderes Sonderzeichen.

Über den Button HINZUFÜGEN... wählen Sie dann wie aus der Glyphen-Palette ein Sonderzeichen aus der gewählten Schrift aus. Sobald Sie dieses Zeichen verwenden, sollten Sie sich aber auch darüber klar sein, dass die Schrift dazu für den weiteren Gebrauch der Datei mitgeliefert werden muss oder von InDesign in eine PDF-Datei eingebettet wird.

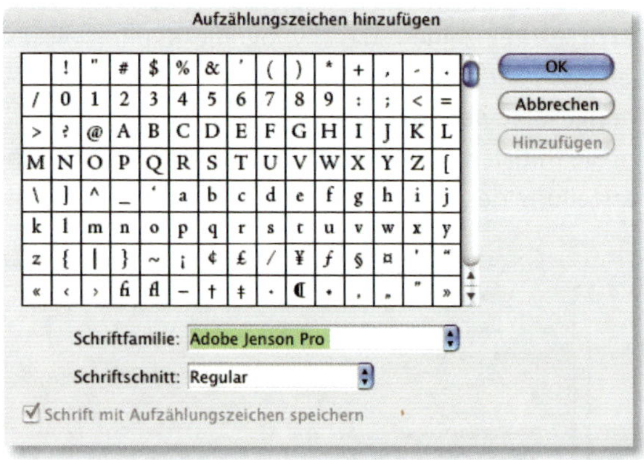

Abbildung 9.18 ▸
Jedes Zeichen aus dem Schriftenvorrat kann als Aufzählungszeichen ausgewählt werden.

Ist dieser Font für die Ausbelichtung nicht vorhanden, werden alle Aufzählungszeichen später eventuell mit einem falschen Symbol ausbelichtet. Nutzen Sie daher zunächst ein Zeichen aus Ihrer Schriftfamilie, die auch im Layout verwendet wird.

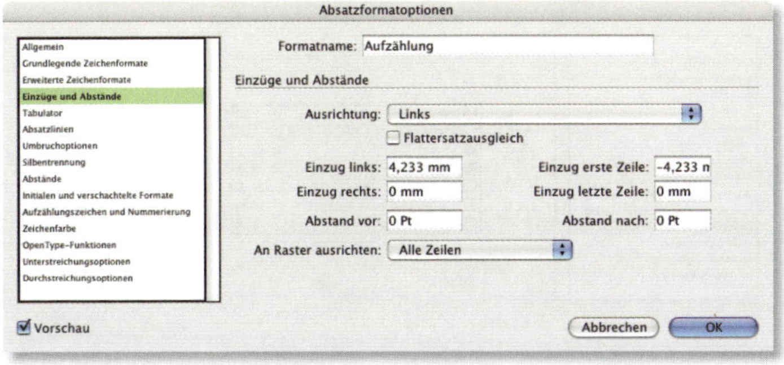

◂ **Abbildung 9.19**
Die Einzüge LINKS und ERSTE ZEILE sind maßgeblich verantwortlich, wie weit die Aufzählung eingezogen wird.

Passen Sie die Größe und die Beschaffenheit des Zeichens über die Einstellungen SCHRIFTSCHNITT oder FARBE an. Ein Aufzählungszeichen sollte immer etwas deutlicher hervortreten als der nachfolgende Text. Suchen Sie sich daher entweder einen fetteren Schriftschnitt oder eine andere Schriftgröße aus.

Nummerierung | Die Nummerierung hingegen erfolgt nach arabischen oder römischen Ziffern, es ist aber auch eine alphabetische Aufzählung möglich. Wählen Sie dazu als Listentyp ZAHLEN aus, und legen Sie die weiteren Formatierungen an. Auch für die Zahlen oder Buchstaben gibt es gesonderte Einstellungen zu Schrift, Schnitt, Größe oder Farbe. Die Nummerierung ist nur dann durchgängig, wenn alle nummerierten Absätze direkt aufeinander folgen. Eine hierarchische Nummerierung nach Haupteinträgen und untergeordneten Listeneinträgen ist mit diesem Werkzeug leider nicht möglich, wenden Sie daher diese Form der Nummerierung nur für zusammenhängende Listen an.

Eine Überschrift mit automatisch nummerierten Einträgen wie »2.4.1« müssen Sie entweder per Hand eingeben oder die Textdokumentation zuvor in einem Programm wie Word formatieren – eine Verbesserung, die in der Liste der neuen Funktionen für eine zukünftige InDesign-Version nicht fehlen sollte.

▴ **Abbildung 9.20**
Ein Beispiel für eine automatische Aufzählung nach den Einstellungen aus den Abbildungen 9.17 und 9.19.

9.3.13 Zeichenfarbe

Es stehen alle in InDesign angelegten Farben für die Absatzformate zur Verfügung. Falls Sie hier eine eigene Farbe anmischen wollen, so klicken Sie doppelt in die Symbole der Farbfüllung und der Kontur. So öffnet sich ein neuer Dialog mit den CMYK-Reglern, der ebenso wie das Anmischen eines neuen Farbfeldes funktioniert. Damit Sie später die Farbangabe auch getrennt vom Absatzformat ändern können, klicken auf den Button HINZUFÜGEN, somit wird die angemischte Farbe als Farbfeld übernommen.

Death by Bullet Point
Aus zahlreichen nicht enden wollenden PowerPoint-Präsentationen kennen Sie den Bullet Point, den fetten runden Punkt, der stets vor einem neuen »Highlight«, »Feature« oder einer »Unified Selling Proposition« steht. Leider hat das Programm PowerPoint dafür gesorgt, dass bei jeder Verwendung des Bullet Points der Betrachter wie auf Knopfdruck in einen Tiefschlaf fällt. Wollen Sie also Ihre Leser wach halten, so verwenden Sie doch einfach ein anderes Zeichen, z. B. ein Guillemet: ».

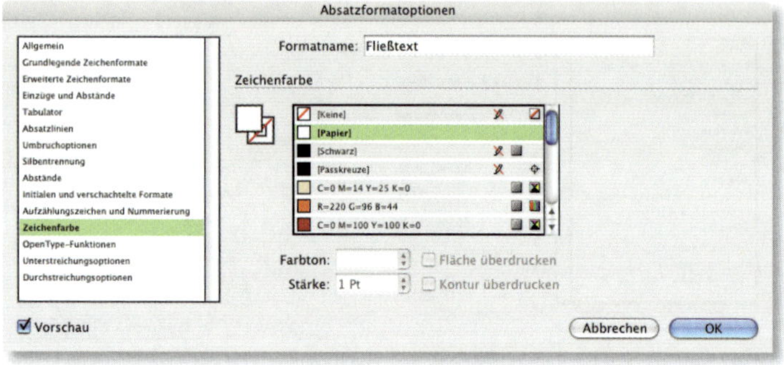

▲ **Abbildung 9.21**
Die Zeichenfarbe steht zunächst immer auf Schwarz, also 100% K, und wird überdruckt. Sie können jedoch eine andere Farbe wählen. Die Mischung der Zeichenfarbe durch Prozessfarben sollten Sie besonders aus drucktechnischen Gründen nur für große Schriftgrade anwenden. Bei kleinen Schriftgrößen eignen sich vorrangig die Färbung durch die Grundfarben oder verwendete Schmuckfarben, die im Druck nicht aufgerastert, sondern auf einer eigenen Druckplatte ausgegeben werden.

Zeichenfarbe

Zu den Einstellungen der Zeichenfarbe sei noch einmal betont, dass kleine Schriftgrößen ungeeignet sind, mehrfarbig durch Prozessfarben wiedergegeben zu werden. Besonders feine Serifenschriften werden dadurch grob aufgerastert, wirken unscharf oder brechen aus. Volltonfarben wie 100% Schwarz oder eine Schmuckfarbe erzeugen dagegen ein scharfes Druckbild.

Die den Absatzformaten zugewiesenen Farben können im Farbton (Deckkraft) prozentual reduziert werden. Sie haben ferner die Möglichkeit, unabhängig von den Überfüllungseinstellungen, einen Text gegenüber seiner Hintergrundfarbe überdrucken zu lassen (FLÄCHE ÜBERDRUCKEN). Arbeiten Sie mit Konturen der Schriften, bietet Ihnen InDesign die Möglichkeit, bei der Definition des Absatzformates auch die Kontur überdrucken zu lassen.

9.3.14 OpenType-Funktionen

InDesign wird bereits mit OpenType-Schriften ausgeliefert, die automatisch mitinstalliert werden. Die auf Unicode basierenden OpenType-Schriften enthalten bis zu 65000 Schriftzeichen in einem Font, da die Schrift 16-Bit-codiert ist. Dabei besteht ein OpenType-Font – ähnlich der Großfamilie im Bleisatz – aus weiteren Zeichen, die in anderen Sprachen verwendet werden. Das OpenType-Format haben wir bereits im Kapitel 8.4.3 ausführlich erklärt.

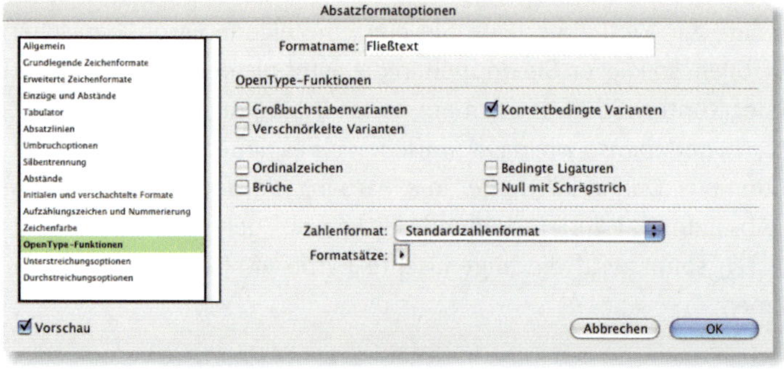

Abbildung 9.22 ▶
OpenType-Einstellungen im Absatzformat für typografische Alternativen, Brüche, Ligaturen oder Tabellenziffern

Ein Großteil der in den OpenType-Schriften enthaltenen Alternativen wie Schwungzeichen – etwas missverständlich als »verschnörkelte Varianten« übersetzt – ist für erfahrene DTP-Profis ungewöhnlich, da man diesen Zeichen zuletzt im Bleisatz begegnet ist. Das Arbeiten mit echten Brüchen, bedingten Ligaturen und Ordinalzahlen ist dagegen nahe liegend und interessant. Wenn Sie OpenType-Schriften einsetzen, können Sie auf das manuelle Setzen von Brüchen verzichten, da InDesign automatisch die echten Brüche aus hoch- und tiefgestellten Ziffern setzt, wenn Ziffern durch das Slash-Zeichen voneinander getrennt werden.

Die Null mit Schrägstrich ist ein sehr exotischer Fall und dafür gedacht, eine 0 von einem O zu unterscheiden. Sollten die Proportionen sehr ähnlich sein, da die Schrift eine sehr schmale Dickte aufweist oder in Verbindung mit Buchstaben der Unterschied nicht klar zu erkennen ist, so können Sie diese Extranull einsetzen. OpenType-Fonts wie die Myriad Pro bieten sogar für Proportional- wie Monospace-Ziffern eine durchgestrichene Null.

Zahlenformat | Das Zahlenformat der OpenType-Funktionen ist sehr komplex. Die Auswahlmöglichkeiten setzen natürlich voraus, dass Sie auch eine entsprechende OpenType-Schrift einsetzen. Die mit InDesign installierte Myriad Pro bietet beispielsweise proportionale wie tabellarische Ziffern an).

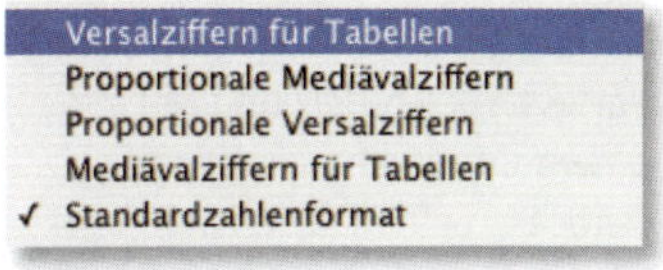

▲ **Abbildung 9.23**
Je nach Ausstattung des OpenType-Fonts sind neben den normalen Standardziffern auch Monospace-Ziffern für Tabellen oder Mediävalziffern möglich.

- Beim Aktivieren von Versalziffern für Tabellen werden Ihnen Ziffern in Versalhöhe bereitgestellt, die alle dieselbe Breite einnehmen (Monospace-Zeichen). Das ermöglicht das saubere Setzen von mehrzeiligen Zahlenreihen untereinander.
- Mit der Option Proportionale Mediävalziffern werden alle Ziffern als Mediävalziffern gesetzt, d. h., die Ziffern laufen im Grundkörper zwischen Grundlinie und Mittelhöhe und haben je nach Ziffer Unter- oder Oberlängen (6,9 etc.). Entgegen den Tabellenziffern besitzt jede Ziffer eine eigene Breite. Diese Ziffernform eignet sich für die Formatierung von Zahlenwerten innerhalb des Textflusses, da sich die Mediävalziffern harmonisch in das Schriftbild integrieren.
- Aus diesen Vorgaben setzen sich auch die beiden weiteren Optionen Proportionale Versalziffern und Mediävalziffern für Tabellen zusammen.
- Wollen Sie dagegen bei OpenType-Fonts auf diesen Komfort verzichten, so wählen Sie Standardzahlenformat, und InDesign setzt alle Ziffern so, wie es für den Font an den Positionen 0030 bis 0039 im Unicode definiert ist.

9.3.15 Unterstreichungs- und Durchstreichungsoptionen

Um einen gesamten Absatz zu unterstreichen oder durchzustreichen, sind die letzten beiden Register der Absatzformat-Einstellungen gedacht. Sie verhalten sich ebenso wie die Absatzlinien, und es stehen Ihnen auch hier alle technisch machbaren Konturenstile und Strichelungen zur Verfügung. Wenn Sie nur ein einzelnes Wort oder eine Wortfolge unterstreichen wollen, legen Sie dafür aber besser ein Zeichenformat an. Bei gestrichelten Konturstilen definieren Sie auch eine Lückenfarbe.

Abbildung 9.24 ▸
Die Funktion UNTERSTREICHUNG lässt sich auch als Hervorhebung oder Markierung im Text anwenden, da ein kräftiger Unterstrich hinter dem Text läuft, eine eigene Farbe besitzen darf und mit einem Offsetwert verschoben wird.

Der Vorteil, einen gesamten Absatz zu unterstreichen, liegt darin, allen Textzeilen eine einfarbige Hintergrundlinie zu geben. Dazu geben Sie als Strichstärke der Unterstreichung einen höheren Wert an als die Schriftgröße. Zusätzlich müssen Sie noch den Offset bestimmen, eine Verschiebung der Unterstreichung nach oben oder unten. Die sehr starke Linie liegt jetzt hinter jeder Textzeile im Absatz. Dazu können Sie die Kontur auch hier überdrucken lassen.

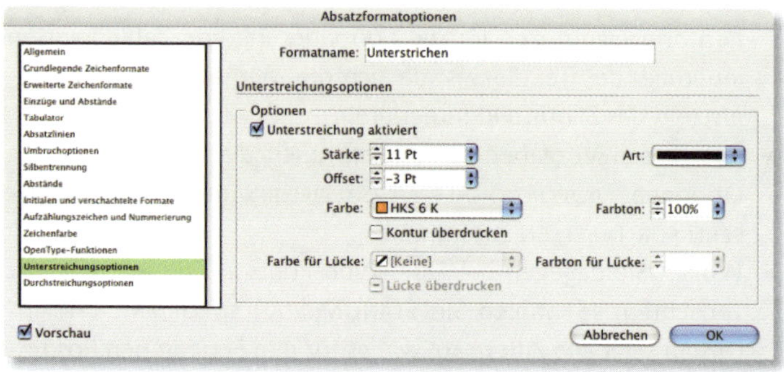

Abbildung 9.25 ▸
Die Einstellungen für die Unterstreichung erzeugen einen »Hintergrundstrich«, wie in Abbildung 9.24 zu sehen ist.

9.4 Zeichenformate

In InDesign können Sie neben den vorab beschriebenen Absatzformaten auch Zeichenformate erstellen. Wenn Sie zunächst einem Textabschnitt ein Absatzformat zugewiesen haben, können Sie nun mit einem Zeichenformat einzelne Wörter mit Auszeichnungen wie »kursiv« oder mit einer gesonderten Farbe hervorheben. Die Absatzformatierung bleibt davon unangetastet. Sollten Sie später das Absatzformat ändern und die Schrift auf eine andere Familie umstellen, bleibt das Zeichenformat hingegen erhalten und arbeitet mit der neuen Schriftformatierung zusammen. Bislang war es bei anderen Layoutprogrammen so, dass nach einer Neuzuweisung eines Absatzformates alle darin getätigten manuellen Änderungen, auch über Zeichenformate, wieder aufgelöst wurden. In InDesign bleiben die zugewiesenen Zeichenformate jedoch erhalten.

Zeichenformate-Palette
Die Zeichenformate-Palette öffnen Sie über FENSTER • SCHRIFT UND TABELLEN bzw. [⇧]+[F11].

9.4.1 Zeichenformat erstellen

Die Definition eines Zeichenformates erfolgt ebenso wie bei einem Absatzformat, es genügt hier aber, nur die Unterschiede zum Absatzformat einzustellen – alle nicht ausgefüllten Eingabefelder wie z. B. die Schriftgröße bleiben weiß, und die Werte werden vom Absatzformat übernommen.

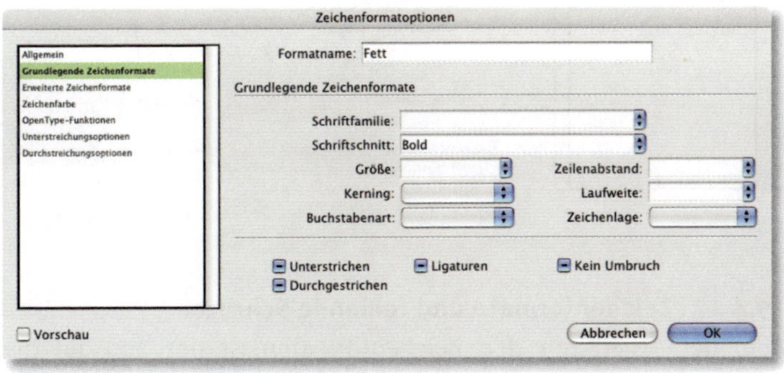

◂ **Abbildung 9.26**
Beim Zeichenformat geben Sie nur die abweichenden Eigenschaften an, hier soll anstatt der normalen Absatzformatierung nur der Schnitt BOLD verwendet werden. Alle anderen Vorgaben liefert das Absatzformat.

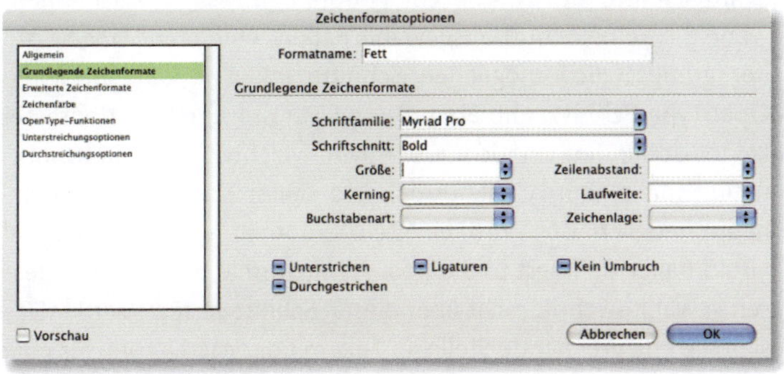

◂ **Abbildung 9.27**
Ähnlich zu den Zeichenstilen in QuarkXPress können Sie auch eine absolute Einstellung verwenden, um die Schriftfamilie festzulegen.

Formate nachträglich formatieren

Sehr praktisch finde ich die Funktion, ein Zeichen- oder Absatzformat auf Basis eines formatierten Textes zu erstellen: Markieren Sie den Text aus, der die von Ihnen gewünschte Formatierung enthält, und wählen Sie NEUES ZEICHENFORMAT bzw. NEUES ABSATZFORMAT. Sie werden sehen, dass InDesign CS2 die von Ihnen eingestellten Formatierungen automatisch übernommen hat!

Ein Beispiel: Möchten Sie mehrere Wörter im Absatz durch eine rote Zeichenfarbe hervorheben, so erstellen Sie ein neues Zeichenformat in der gleichnamigen Palette unter dem Hauptmenü FENSTER • SCHRIFT & TABELLEN, indem Sie aus dem Palettenmenü die Funktion NEUES ZEICHENFORMAT aufrufen. So erhalten Sie einen Eingabedialog, der ebenso wie ein Absatzformat aufgebaut ist, allerdings ohne Umbruch- oder Einzugsoptionen.

Unter dem Register ZEICHENFARBE wählen Sie eine entsprechende Farbe und einen treffenden Formattitel aus. Danach bestätigen Sie die Eingabe, markieren ein Wort in einem Absatz und weisen mit einem Klick auf den Namen des Zeichenformats in der Zeichenformat-Palette die Formatierung zu. Schon erscheint der markierte Text in der gewünschten Farbe. Stellen Sie nun im Absatzformat die Schriftfamilie um, so bleibt der formatierte Text bestehen und wechselt auf den gewünschten Schriftschnitt.

Zeichenformat und Absatzformat kollidieren also nicht miteinander, sondern ergänzen sich hervorragend. Auf diese Weise können Sie Zeichenformate für kursive Hervorhebungen, fette Auszeichnungen oder Kapitälchen anlegen. Auch die Durch- oder Unterstreichung ist mittels eines Zeichenformates möglich.

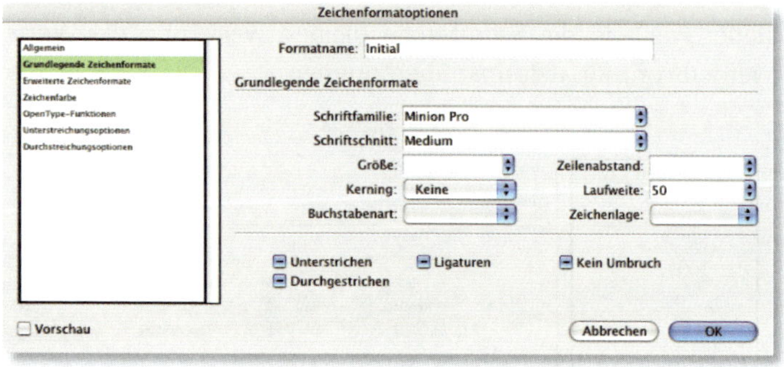

Abbildung 9.28 ▶
Für Initialen können Sie ein Zeichenformat anlegen, das später im Absatzformat verwendet wird.

9.4.2 Zeichenformate und fehlende Schriften

Bei der Arbeit mit den Zeichenformaten ist bezogen auf die Schriftschnitte etwas Vorsicht geboten. InDesign wird Ihnen, wenn Sie keine Schrift ausgewählt haben, eine recht lange Liste der grundsätzlich möglichen Schnitte inklusive der speziellen OpenType-Schnitte anbieten. Diese Liste ist keine Funktionsliste! Leider ist hier jedoch nicht ersichtlich, welcher Schnitt in Kombination mit einem Absatzformat und seiner Schriftfamilie überhaupt möglich ist. Wird ein Zeichenformat wie zum Beispiel »Bold Italic« definiert und einem Absatzformat zugewiesen, dessen gewählte Schrift nicht über diesen Schnitt verfügt, wird InDesign die entsprechende Stelle im Text mit der Markierung für eine fehlende Schrift anzeigen oder eine Fehlermeldung ausgeben.

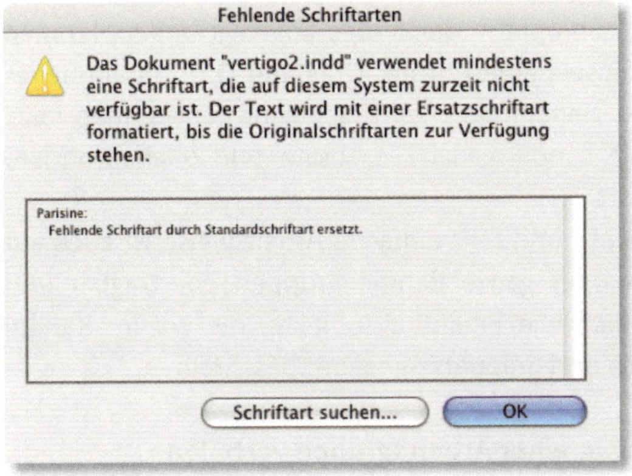

◂ **Abbildung 9.29**
Fehlende Schriften werden mit der Standardschrift Myriad oder Times dargestellt, eine Fehlermeldung erscheint.

Welche Schriftschnitte eine Schrift enthält, lässt sich, wenn man es nicht genau weiß, leicht ermitteln. Dazu müssen Sie beim Anlegen eines Zeichenformates unter der Option GRUNDLEGENDE ZEICHENFORMATE die gewünschten Schriften nur einmal aktivieren. Je nach geladener Schrift erscheinen dann nur die tatsächlich existierenden Schriftschnitte der Schrift im Popup-Menü hinter dem Schriftnamen.

Format mit der Format-Palette bearbeiten
Um ein bestehendes Absatz- oder Zeichenformat direkt über die Palette zu bearbeiten, müssen Sie in der jeweiligen Format-Palette nur auf den Formatnamen doppelklicken.

Befindet sich der Textcursor dabei innerhalb eines Absatzes oder ist Text markiert, wird er automatisch formatiert. Um das zu verhindern und das Format nicht sofort auf ausgewählten Text anzuwenden, halten Sie ⇧+⌘/Strg gedrückt, wenn Sie den Formatnamen durch Doppelklick bearbeiten wollen.

9.5 Absatz- und Zeichenformate bearbeiten

9.5.1 Formate austauschen

Damit Sie Formate auch für andere Dokumente nutzen können, ohne diese noch einmal für jedes Dokument neu anzulegen, müssen Sie aus einem neuen Dokument heraus über das jeweilige Palettenmenü der Absatzformate- oder Zeichenformate-Palette ABSATZFORMATE LADEN bzw. ZEICHENFORMATE LADEN wählen. Um beide Formattypen gleichzeitig zu importieren, wählen Sie ALLE FORMATE LADEN. Danach wählen Sie das entsprechende Ausgangsdokument aus und importieren die Formate.

9.5.2 Formate als Snippets weitergeben

Als Alternative zum Laden der Formate aus anderen InDesign-Dateien speichern Sie Ihre Textrahmen als Snippets ab, um sie in einem anderen Dokument weiter zu nutzen.

Dazu öffnen Sie die Bridge und verkleinern die Ansicht in den Kompaktmodus über den Tastenbefehl ⌘+Num ↵ oder Strg+↵. Nun wechseln Sie in Ihr Layout und markieren einen entsprechenden Rahmen. Ziehen Sie den Rahmen mit gedrückter Maustaste in die Bridge, dort wird der Rahmen als Snippet gespeichert.

Auch über dem Arbeitsplatz

Die Bridge wird nicht unbedingt zum Ablegen und Anwenden eines Snippets benötigt: Dazu ziehen Sie den Textrahmen einfach aus Ihrem Dokument auf den Schreibtisch oder den Arbeitsplatz. Dort kann ein Snippet wie jede andere Datei auch verschoben, kopiert oder gelöscht werden.

Sobald Sie ein Snippet in der Bridge abgelegt haben, können Sie dieses »Schnipsel« jederzeit per Drag and Drop in ein neues Layoutdokument ziehen. Dort wird nicht nur der Rahmen lokal konstant platziert, sondern auch die Absatz- und Zeichenformate werden importiert.

Diese intelligente und sehr einfache Arbeitsweise ist auch auf andere Rahmen oder ganze Rahmengruppen übertragbar und funktioniert ähnlich wie Bibliotheksobjekte, die wir im Kapitel »Buch, Bibliothek und Snippets« genauer beschreiben.

9.5.3 Formate in einer Arbeitsgruppe verteilen

Leider können Sie die Formate nicht als externe Datei ablegen, sondern immer nur aus bestehenden Dateien importieren, eine etwas umständliche Arbeitsweise, die über eine unabhängige Datei leichter zu pflegen wäre. Damit auch Ihre Kolleginnen und Kollegen von den angelegten Formaten profitieren, ohne die Ursprungsdatei aufzurufen, legen Sie einen formatierten Textrahmen in einer InDesign-Bibliothek ab. Wenn Sie in einem neuen Dokument diesen Textrahmen wieder in das Layout ziehen, werden automatisch alle Formatierungen übernommen und erscheinen wieder in den jeweiligen Paletten.

Auch der Ex- und Import einer Tagged-Text-Datei importieren die Absatz- und Zeichenformate für die weitere Layoutarbeit im neuen Dokument.

9.5.4 Abweichende Formate

Sicher wird Ihnen bald ein kleines Pluszeichen in der Zeichenformate oder Absatzformate-Palette auffallen. Es deutet darauf hin, dass das Zeichenformat (in der Abbildung das Format Kursiv), nicht mehr in seinem Originalzustand vorliegt, sondern dass die Textformatierung geändert wurde. Sobald Sie einen Absatz mit einem Absatzformat gestaltet haben und nachträglich manuelle Korrekturen vornehmen, sind diese Änderungen eine so genannte »Abweichung« vom Format. Das ist im Satzalltag nichts Ungewöhnliches, schnell haben Sie im Blocksatz die Laufweite reduziert, damit der Textfluss an einer bestimmten Stelle eine Zeile Text einspart.

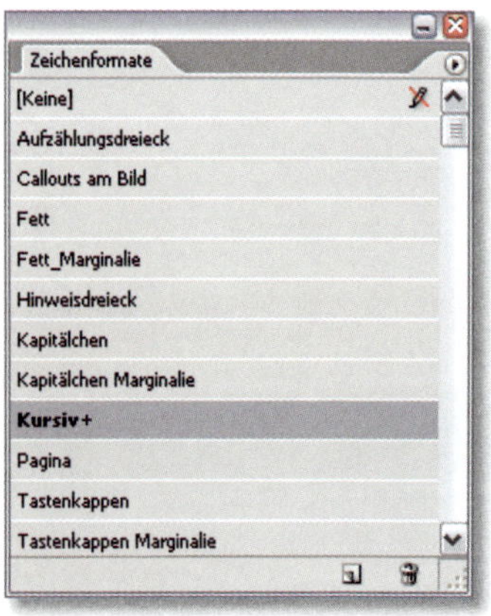

▲ **Abbildung 9.30**
Durch das Plus-Zeichen wird ein verändertes Zeichenformat angezeigt.

Seit der neuen Version werden allerdings nur Änderungen von wirklich im Format festgelegten Einstellungen angezeigt. Wurde z. B. eine Unterstreichung im Format definiert, die nun zurückgenommen wird, erscheint ein Plus-Zeichen.

Wenn sich diese Abweichungen jedoch stark häufen, wird eine Satzkorrektur schwierig. Dazu ist es gelegentlich notwendig, die Formate wieder vollständig neu zuzuweisen. Wenn Sie den entsprechenden Absatz markieren und mit gedrückter Taste [Alt] bzw. ⌥ in der Absatz- oder Zeichenformatpalette das neue Format anklicken, so werden damit alle vorherigen manuellen Änderungen gelöscht, und der Text erscheint nur mit den typografischen Angaben aus dem Format. Alternativ markieren Sie die Textstelle und klicken in der Steuerungspalette auf ABWEICHUNGEN IN AUSWAHL LÖSCHEN ¶+. Parallel dazu können Sie dasselbe mit gedrückter ⌘- oder Strg-Taste tun. Somit werden alle Abweichungen im aktuellen Absatz gelöscht.

9.5.5 Formate schnell finden

Seit InDesign CS2 gibt es in der Steuerungspalette das Symbol für Schnell anwenden. Klicken Sie auf das Symbol, und In Design CS2 bietet Ihnen alle Formate an, die Sie dem markierten Text zuweisen können. Über das Suchen-Feld können Sie die Auswahl einschränken.

▲ **Abbildung 9.31**
Schnell anwenden – der linke Button mit der Lupe.

9.5.6 Formate lösen und löschen

Wenn Sie einen Text von einem Format ablösen wollen, so markieren Sie die Textstelle und wählen im Palettenmenü der Absatzformate VERKNÜPFUNG MIT FORMAT AUFHEBEN.

Nicht mehr benötigte Formate, seien es nun Absatz- oder Zeichenformate, lassen sich über das Palettenmenü der jeweiligen Palette und den Befehl FORMAT LÖSCHEN wieder entfernen.

Wurde das Format in Ihrem Layout nicht eingesetzt, wird es ohne Rückfrage entfernt. Sollten Sie ein Format löschen, dass in Ihrem Dokument noch verwendet wird, erscheint ein Dialogfenster, in dem Sie entscheiden müssen, wie der betreffende Text formatiert werden soll.

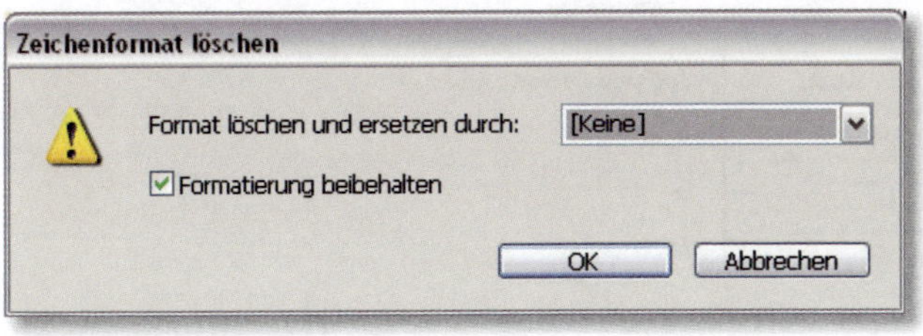

◄ **Abbildung 9.32**
Format löschen und ersetzen

Deaktivieren Sie hier Formatierung beibehalten und wählen [KEINE], so wird der Text mit dem Standardformat ausgezeichnet. Ansonsten können Sie unter FORMAT LÖSCHEN UND ERSETZEN DURCH ein Ersatzformat benennen.

Über die Funktion ALLE NICHT VERWENDETEN AUSWÄHLEN aus dem Palettenmenü lassen sich alle überflüssigen Formate markieren. Diese können Sie dann gemeinsam auf den Papierkorb-Button der Palette ziehen und entfernen.

	Windows	Mac
Absatzformate-Palette ein-/ausblenden	[F11]	[F11] bzw. [Ctrl]+[⌘]+[F11]
Zeichenformate-Palette ein-/ausblenden	[⇧]+[F11]	[⇧]+[F11]
Zeichenformatdefinition vom Text übernehmen	[⇧]+[Alt]+[Strg]+[C]	[⇧]+[⌥]+[⌘]+[C]
Absatzformatdefinition vom Text übernehmen	[⇧]+[Alt]+[Strg]+[R]	[⇧]+[⌥]+[⌘]+[R]
Abweichende Formatierung entfernen	[Alt]+Klick auf das Format	[⌥]+Klick auf das Format
Abweichende Einstellungen aus Format löschen	[Alt]+[⇧]+auf Namen des Formats klicken	[⌥]+[⇧]+auf Namen des Formats klicken

Tabelle 9.1
Tastenkürzel für die Arbeit mit Formaten

9.6 Absatz- und Zeichenformate als Objektstile speichern

Wie Sie Objektstile für alle Arten von Rahmen definieren, zeigen wir Ihnen ausführlich im Kapitel »Layoutrahmen«.

Eine große Neuerung von InDesign CS2 besteht darin, alle Stile eines Rahmens als Objektstil zu speichern. Dazu gehören auch die typografischen Eigenschaften, also die Absatzformate.

Wenn Sie einen neuen Objektstil auf Basis eines ausgewählten Textrahmens anlegen, ist das Absatzformat zunächst deaktiviert. Öffnen Sie die Objektstiloptionen per Doppelklick aus der Palette Objektstile, und klicken Sie auf den Haken vor der Rubrik Absatzformate. Nun werden automatisch das erste und das nachfolgende Format im Objektstil übernommen.

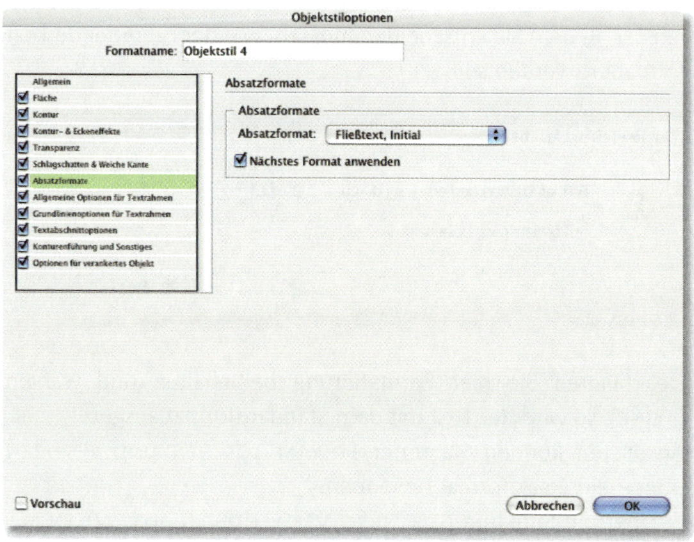

Abbildung 9.33 ►
Absatzformate können ebenso wie andere grafische Eigenschaften in einem Objektstil gespeichert werden.

Ganz entscheidend ist es, welches Format nicht nur im Objektstil gespeichert wird, sondern auch, welches Format nach diesem folgt. Dies legen Sie wiederum im Absatzformat an. Etwas kompliziert, aber wenn Sie die Logik einmal durchschaut haben, arbeiten Sie spielend mit Objektstilen. Es folgt ein kleiner Workshop zu diesem Thema.

Schritt für Schritt: Objektstile mit Absatzformat und »Nächstes Format« anwenden

1 Textrahmen formatieren

Bevor Sie den Text formatieren, kümmern Sie sich zunächst um die Größe und die Beschaffenheit des Textrahmens: Wählen Sie einen zweispaltigen Text innerhalb des Rahmens.

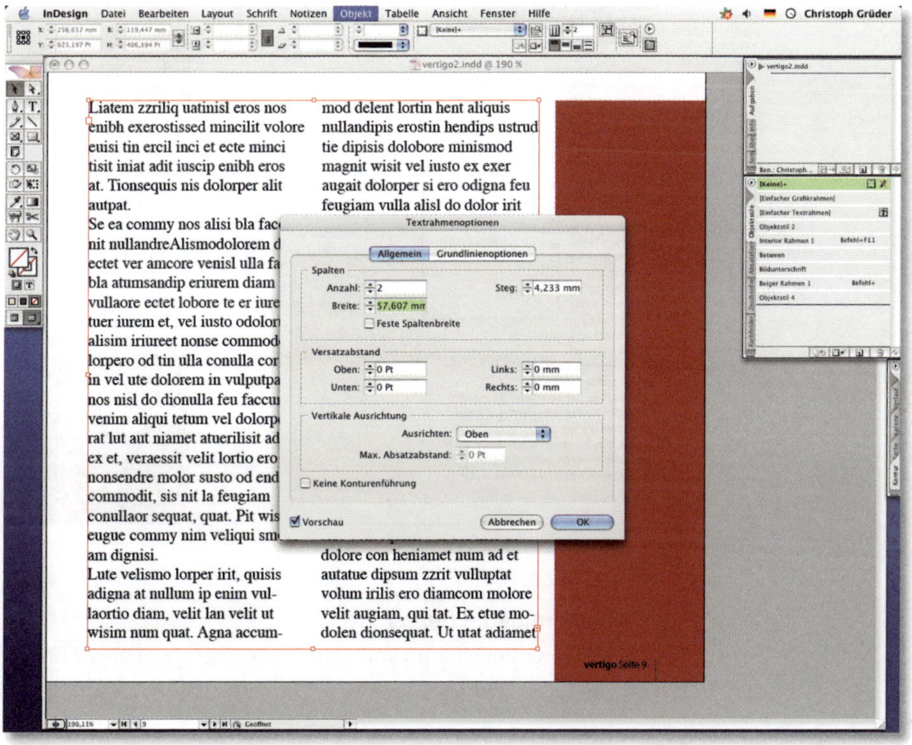

2 Absatzformate definieren

Dann legen Sie geeignete Absatzformate an, wie einen Fließtext und ein darauf basierendes Format INITIALE.

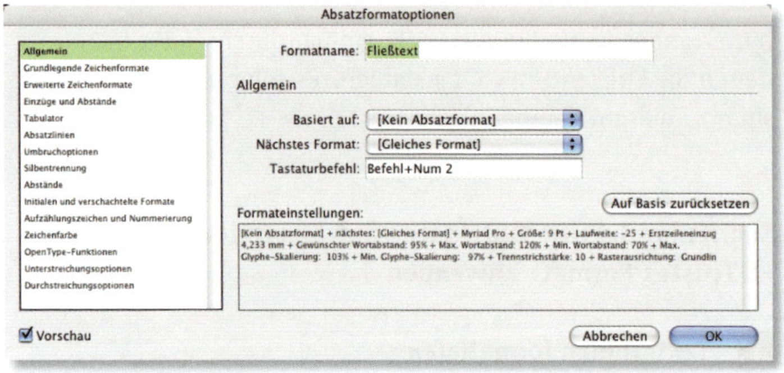

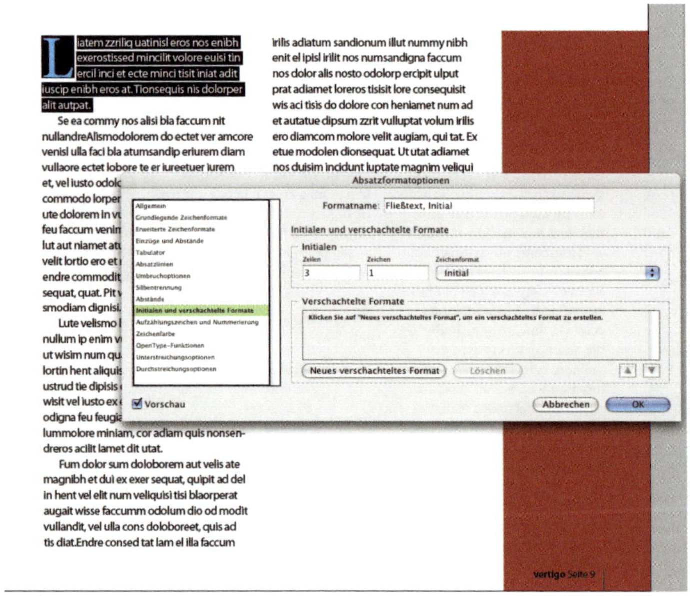

3 Absatzfolge festlegen

Als Nächstes geben Sie im Initialen-Format an, welches Format folgen soll, z. B. Fließtext.

4 Texte formatieren

Bevor es mit den Stilen weitergeht, müssen Sie den Text im Rahmen mit den gewünschten Absatzformaten gestalten.

5 Objektstil speichern

Damit Sie nun jedem Textrahmen entsprechende Formatierungen zuweisen können, markieren Sie den Rahmen mit der Auswahl und klicken in der Objektstil-Palette auf das Blattsymbol. Somit werden zunächst alle grafischen Eigenschaften des Rahmens gespeichert.

6 Absatzformate einbeziehen

Wählen Sie mit einem Doppelklick den neuen Objektstil aus, und aktivieren Sie den Button ABSATZFORMATE.

7 Absatzformat auswählen

Aus der Liste der Formate des Dokuments suchen Sie INITIAL aus und aktivieren auch hier den Button NÄCHSTES FORMAT ANWENDEN.

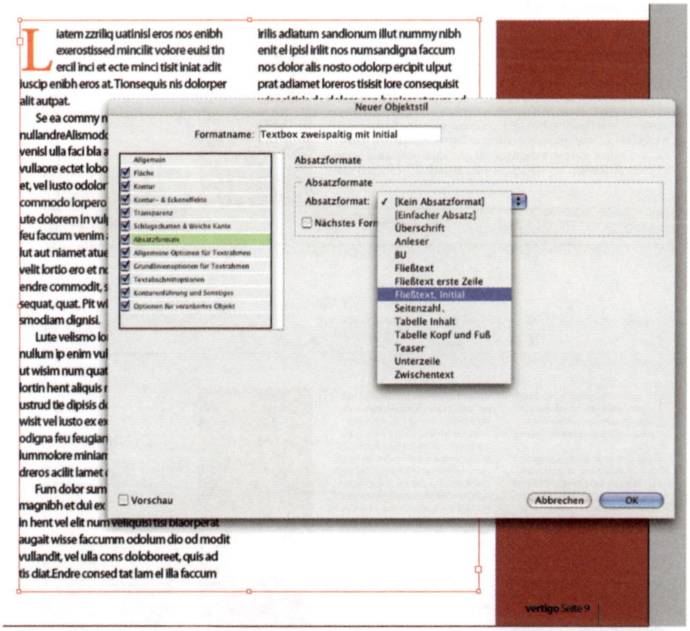

8 Objektstil zuweisen

Per Drag and Drop formatieren Sie neue oder andere Textrahmen mit dem Objektstil. Somit werden alle grafischen Eigenschaften des Textrahmens und die typografische Formatierung auf den neuen Rahmen übernommen. Als Alternative können Sie aber auch aus der Steuerungspalette im Pulldown-Menü der Objektstile den neuen Stil auswählen. In der unteren Abbildung sehen Sie das Ergebnis.

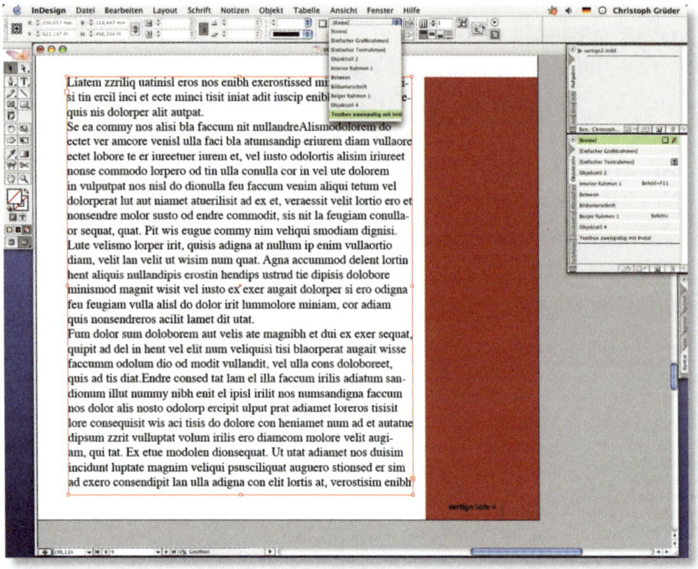

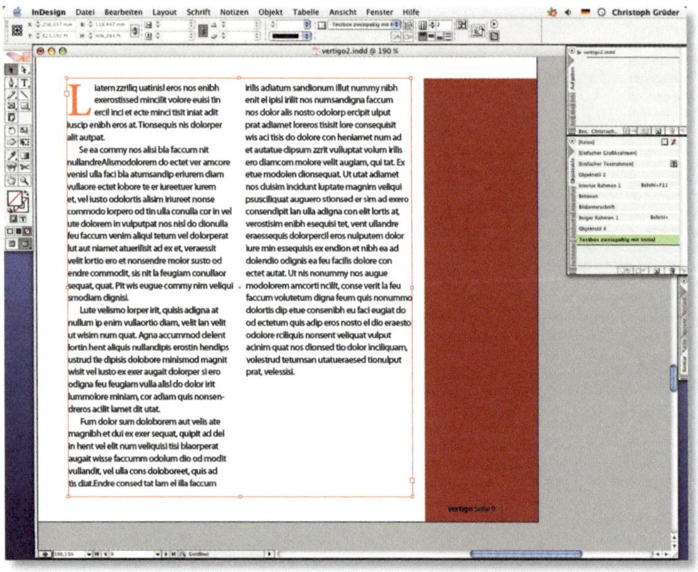

9.6.1 Objektstile lösen

Wollen Sie aber alle typografischen Formatierungen und Textrahmeneinstellungen aufheben, so klicken Sie mit der Auswahl den Textrahmen an und finden in der Steuerungspalette das Pulldown-Menü der Objektstile. Hier wählen Sie [KEINE] oder [EINFACHER TEXTRAHMEN].

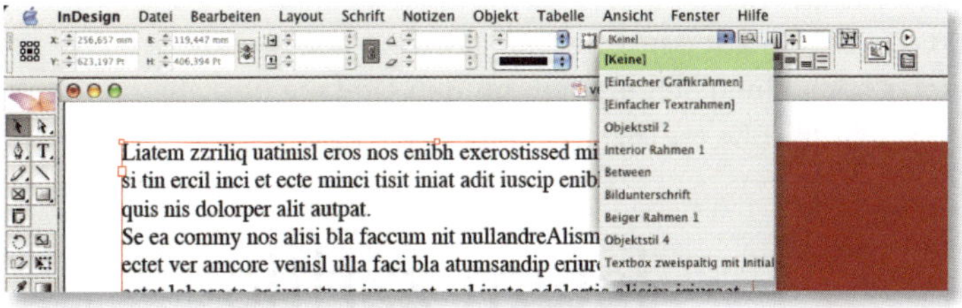

◂ **Abbildung 9.34**
Die Objektstile können dafür sorgen, alle Formatierungen mit einen Klick zurückzusetzen. Sie erhalten einen einfachen Textrahmen mit der Standardschrift Times.

9.7 Optischer Randausgleich

Ausgesprochen hilfreich ist in InDesign die Funktion des Optischen Randausgleichs, ein Algorithmus besonders für die Verbesserung der Blocksatzbildung. Auch wenn Sie nicht unmittelbar einen Randausgleich im Absatzformat einstellen können, wollen wir Sie an dieser Stelle mit dem Randausgleich vertraut machen.

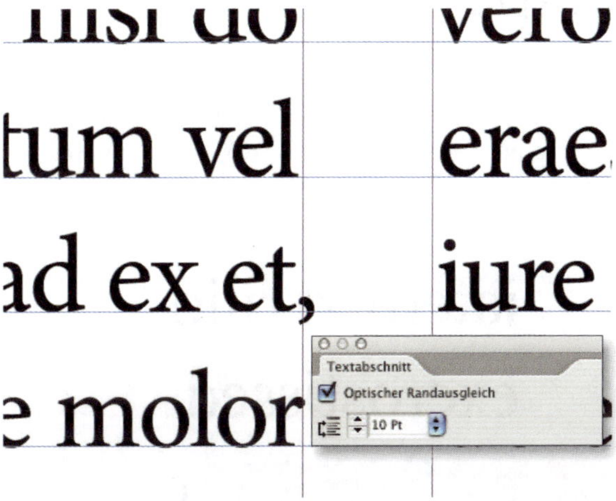

◂ **Abbildung 9.35**
Der Optische Randausgleich bewirkt, dass innerhalb eines Absatzes Zeichen wie Trennstriche oder Kommata außerhalb des Textrahmens platziert werden, um die Blocksatzflucht links und rechts optisch gleichmäßiger erscheinen zu lassen.

Hierbei werden bei der Aktivierung im Blocksatz die auslaufenden Zeilen leicht über die linke und rechte Satzspiegelkante hinausgeschoben, wenn Sonderzeichen wie Trennstriche, Kommata, Anführungszeichen u. Ä. als letztes bzw. erstes Zeichen einer Zeile stehen. Das führt zu einer harmonischen, optisch idealen Erscheinung. Auch Initiale, die überhängende Serifen haben, werden dabei ausgeglichen.

Optischen Randausgleich aktivieren | Leider ist der optische Randausgleich kein Bestandteil eines Absatzformates. Somit bleibt Ihnen nichts anderes übrig, als diese Funktion manuell zu aktivieren.

Um den Optischen Randausgleich zu aktivieren, klicken Sie einfach auf einen Textrahmen und rufen über das Menü Schrift die Funktion Textabschnitt auf. Sind die Rahmen verkettet, wird

Optischer Randausgleich und Initiale

Wenn Initialen den Absatz einleiten, können am linken Rand der Spalte ungleichmäßige Abstände der Zeichen zum Textrahmen entstehen, die Initiale beginnt weiter in der ersten Textzeile, als die nachfolgenden Zeilen vorgeben. Verwenden Sie in diesem Fall den Optischen Randausgleich für den betreffenden Rahmen. Wird dadurch das Problem nicht vollständig behoben, so hilft hier nur ein Einzug der nachfolgenden Zeilen weiter.

die Funktion auf den vollständigen Text angewandt. Wählen Sie jetzt noch einen Schriftgrad, um den Umfang des Überhangs für die Schriftgröße im Textabschnitt festzulegen.

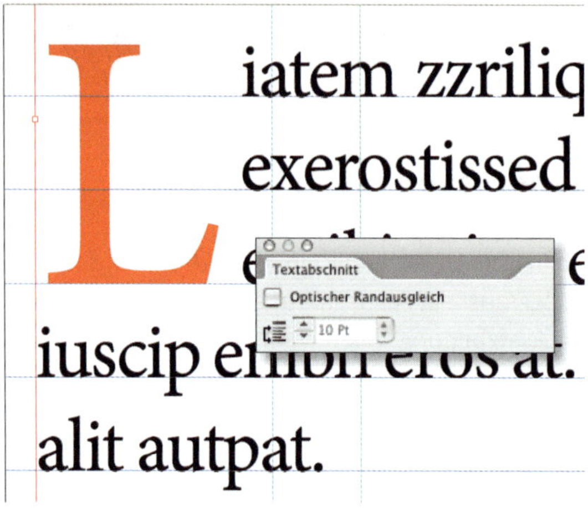

Abbildung 9.36 ▸
Eine Initiale wird ohne Randausgleich zu weit eingezogen.

Dabei werden Sie die besten Ergebnisse erzielen, wenn Sie denselben Schriftgrad wie für den Fließtext verwenden. Probieren Sie diese Funktion im aktiven Vorschaumodus einfach aus.

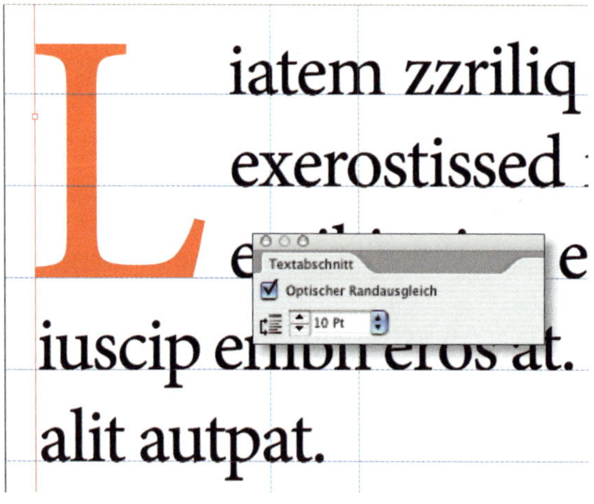

Abbildung 9.37 ▸
Mit optischem Randausgleich wird die Initiale typografisch einwandfrei platziert.

Kontroverse | Der optische Randausgleich spaltet die Gemüter. So ist diese Anwendung aus Magazinentwürfen schon auf Wunsch der Redaktion herausgenommen worden. Zum einen daher, weil der Algorithmus nicht grundsätzlich bei jeder beliebigen Schrift ein gleich gutes Ergebnis erzielt, zum anderen aus dem Grund, dass es keine nachvollziehbaren Einstellungsmöglichkeiten außer der Schriftgröße gibt. Alternativ dazu könnte es auch einen Regler von schwach bis stark geben.

Für fette Schriftschnitte ist übrigens der Randausgleich gänzlich ungeeignet, da auch die Trennstriche zum Ende oder die Anführungsstriche zu Beginn einer Zeile recht kräftig geschnitten sind, so dass sie durch den Algorithmus eine ungewohnte Aufmerksamkeit erhalten.

9.8 Verschachtelte Formate

Im vorherigen Abschnitt haben Sie die Formatierung von Textmengen mittels Absatz- und Zeichenformaten kennen gelernt. Dabei stellt sich heraus, dass Absatzformate zueinander eine logische Verknüpfung eingehen können, indem ein basierendes Absatzformat ausgewählt wird. Also haben wir eine grundlegende Formatierung und darauf basierende Abwandlungen. Einzüge zu Beginn eines Absatzes, eine erste Zeile eines Textabschnitts, die nicht eingerückt wird, eine Initiale, die große Textmengen optisch deutlich trennt, oder ein Zitat erfordern jeweils ein spezielles Absatzformat.

Außerdem können Absatzformate aufeinander folgen, indem Sie in jedem Absatzformat das nachfolgende Format bestimmen.

Nun gibt es aber auch Formatierungswünsche, die Sie allein durch ein Absatzformat nicht lösen. Dazu verwenden Sie Zeichenformate. Somit lassen sich beispielsweise einzelne Wörter kursiv oder fett herausheben. Das Zeichenformat besitzt nur die einzelne typografische Anweisung: Kursiv. Ein Absatzformat wird somit durch das Zeichenformat ergänzt.

Über diese Beziehung zwischen dem Absatzformat und dem ergänzenden Zeichenformat für einzelne Wörter oder Wortgruppen wie Eigennamen etc. entsteht eine Verknüpfung. InDesign besitzt verschachtelte Formate, die ein Absatzformat als Basis haben, in das Sie weitere Zeichenformate einbetten können. Die Zeichenformate müssen dann aber einen Anhaltspunkt haben, wann sie beginnen und enden.

9.8.1 Einsatz von verschachtelten Formaten

Um die Logik nicht unnötig zu strapazieren, machen Sie sich einmal mit dem folgenden Beispiel vertraut. Anhand eines Interviews wollen wir Fragesteller und Antwortgeber automatisch mit einem Zeichenformat herausheben. Da zunächst der volle Name und dann eine Abkürzung genannt werden, ist der Doppelpunkt unsere Markierung, bis zu dem unser Zeichenformat gehen soll.

Schritt für Schritt: Verschachtelte Formate

1 Absatzformat »Fragestellung« definieren

Zunächst formatieren Sie den Text nach Belieben und legen hierfür ein Absatzformat »Fragestellung« an.

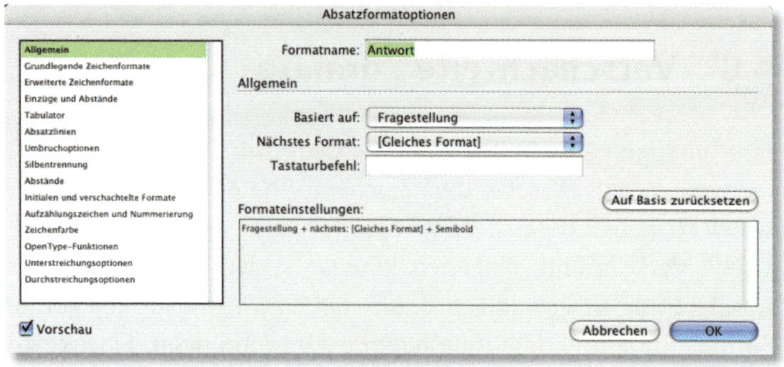

2 Absatzformat »Antwort« basieren lassen

Zur besseren Unterscheidung von Frage und Antwort legen Sie ein eigenes Absatzformat für die Antworten an. Darin legen Sie fest, dass alle typografischen Vorgaben aus dem Format »Fragestellung« übernommen werden.

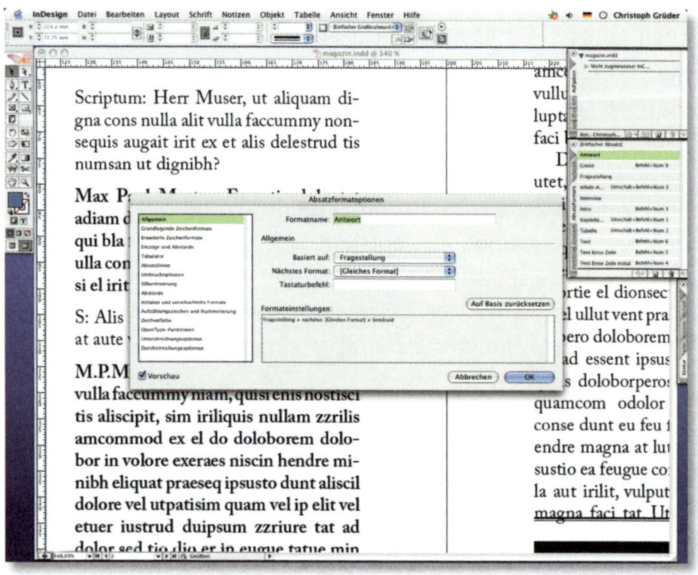

3 Unterschied formatieren

In den Grundlegenden Zeichenformaten des Absatzformats wählen Sie einen anderen Schriftschnitt, wie z. B. Semibold.

4 Zeichenformat »Rot kursiv«

Rufen Sie das Absatzformat FRAGESTELLUNG erneut auf. Mit aktiver Vorschau wechseln Sie nun in die Einstellungen zu den verschachtelten Formaten. Klicken Sie auf NEUES VERSCHACHTELTES FORMAT, und wählen Sie beispielsweise »Rot kursiv« aus.

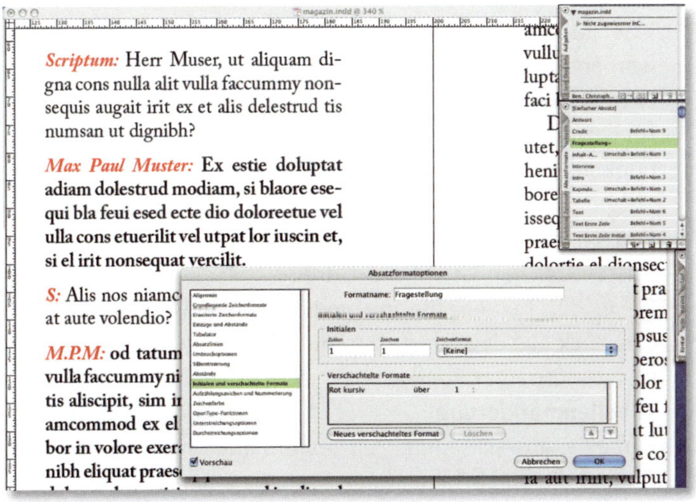

5 Doppelpunkt eingeben

Danach definieren Sie, dass über den ersten Doppelpunkt hinaus das Zeichenformat angewendet wird, indem Sie anstatt »Wörter« einen Doppelpunkt eingeben. Schon werden im Hintergrund die abwechselnden Interviewpartner hervorgehoben. ■

9.8.2 Verschachtelte Formate mit Beziehung

Wollen Sie für ein verschachteltes Format hingegen eine feste Anzahl von Wörtern benutzen, so legen Sie in den Absatzformatierungen in der Einstellung INITIAL UND VERSCHACHTELTE FORMATE das Zeichenformat fest, das auf die ersten drei Wörter angewandt werden soll. Klicken Sie dazu auf den Button NEUES VERSCHACHTELTES FORMAT. Es erscheint eine neue Zeile in den Einstellungen. Wählen Sie nun ein Zeichenformat im Drop-down-Menü aus. Als Beziehung definieren Sie in der nachfolgenden Spalte »über«, »3« und »Wörter«. Bestätigen Sie die Eingabe, und weisen Sie nun dieses verschachtelte neue Absatzformat einem Text zu. Die ersten drei Wörter jedes Absatzbeginns werden nun entsprechend ausgezeichnet.

Logik | Diese Logik können Sie auch auf eine Anzahl von Sätzen oder Zeichen anwenden. Die verschiedenen Verschachtelungsoptionen im Überblick:

- **Sätze, Wörter, Zeichen, Buchstaben und Ziffern**
  Die einfachste Option legt die Anzahl dieser Elemente für die Begrenzung des Zeichenformates fest. Sätze werden durch eine Punktsetzung oder ein Fragezeichen beendet, Wörter werden durch die Trennung mit einem Leerraum erkannt, Zeichen sind alle Zeichen außer Metazeichen wie XML-Tags oder Ähnliches. Buchstaben schließen Ziffern, Leeräume oder Interpunktionen aus, im Gegensatz dazu dienen Ziffern als Begrenzung.
- **Endzeichen der Verschachtelung**
  Das Endzeichen ist ein nicht druckendes Sonderzeichen, das Sie in der Texteingabe mit gedrückter rechter Mauste oder Ctrl-Klick aus dem Kontextmenü SONDERZEICHEN EINFÜGEN • VERSCHACHTELTES FORMAT HIER BEENDEN aufrufen.
- **Tabellenmarkierung**
  Für eine abwechselnde Zeichenformatierung innerhalb von Texten, die durch Tabulatoren formatiert sind, dient diese Begrenzung. Dadurch können Sie eine Tabelle mit Tabulatoren – keine InDesign-Tabelle – spaltenweise auszeichnen.
- **Weitere Zeichen**
  Weitere Zeichen zur Endmarkierung sind ein erzwungener Zeilenumbruch, Einzug bis hierhin, ein geschütztes Leerzeichen, ein Geviert oder ein Halbgeviert. Darüber hinaus kann auch das Zeichen automatische Seitenzahl oder der Abschnittsname für die Betitelung eines Kapitels zur Markierung genutzt werden.
- **Mitlaufende Grafik**
  Wenn Sie ein Rahmenobjekt oder eine Rahmengruppe in den Textfluss eingefügt haben, dient mit dieser Einstellung diese Grafik als Begrenzungsobjekt. Dies kann unter anderem auch ein Firmenlogo sein.

9.8.3 Verschachtelte Formate in Objektstilen

Die ausgiebigste Verknüpfung von Formatierungen der Rahmen und des Textes in InDesign sind die Objektstile, die Sie ja schon eingangs kennen gelernt haben. Auch hier lassen sich die verschachtelten Formate einbinden, indem Sie ein Absatzformat zuweisen, dass eben diese verschachtelten Zeichenformate vorsieht.

Somit ist es also möglich, für unser Workshop-Beispiel auch Rahmenfarbe und Kontur, Schlagschatten und Deckkraft zuzuweisen, die in einem einzigen Objektstil gespeichert werden.

Um das Ganze auf die Spitze zu treiben, hat Adobe auch vorgesehen, Objektstile aufeinander basieren zu lassen. Ob Sie dann allerdings noch den Durchblick behalten, möchten wir Ihnen überlassen.

9.8.4 Fazit: verschachtelte Formate

Auf diese Weise lassen sich sicher viele Möglichkeiten finden, die Formatierungen zu verfeinern. Besonders die Festlegung der Reihenfolge ist reizvoll. So beschränkt InDesign Ihre Kreativität nicht darauf, nur ein Zeichenformat in ein Absatzformat einzubetten, sondern Sie können beliebig viele eingebettete Formate definieren, die entweder durch die Anzahl von aufeinander folgenden Wörtern, durch ein bestimmtes Zeichen, durch einen Leerraum oder durch ein eingefügtes Sonderzeichen beendet werden.

Vergessen Sie nicht, einen Objektstil für einen Textrahmen anzulegen, damit Sie solch komplexe Formatierungen nur einmal anlegen und für neue Textrahmen den Objektstil in der Steuerungspalette nur einmal auswählen müssen.

10 Tabellen und Tabulatoren

Klassisch mit Tabulatoren arbeiten oder modern mit Tabellenfunktionen gestalten: InDesign CS 2 bietet für beide Wege optimale Werkzeuge. Die Tabellen sind jedoch für umfangreiche Darstellungen als Zeilen und Spalten effektiver.

Der Satz von Tabellen ist in InDesign über zwei Wege möglich:

1. Der erste, herkömmliche Weg führt über Tabulatoren, das sind Steuerzeichen, die Wörter markieren, die später ausgerichtet werden.
2. Der zweite Weg wurde durch die Integration von »echten« Tabellen in InDesign geebnet.

Sollten Sie sich schon länger mit Tabulatoren auseinander gesetzt haben, fahren Sie bitte mit dem Abschnitt »Tabellen« fort, für viele Anwendungen werden sich Tabellen besser eignen, und die Bearbeitung ist flexibler. Wenn Sie stattdessen die Tabulatoren von Grund auf kennen lernen wollen, lesen Sie dieses Kapitel bitte besonders aufmerksam. Auch Tabulatoren können später in Tabellen eingesetzt werden.

10.1 Tabulatoren

Was ist ein Tabulator genau? Ein Tabulator ist ein nicht druckbares Steuerzeichen, die Wortbedeutung stammt vom lateinischen Wort »tabula« für »Tafel« ab. Ein Tabulator wird durch die Tabulator-Taste [⇆] gesetzt und markiert damit den nachfolgenden Text bis zum nächsten Tabulator. Eine Textzeile darf aus beliebig vielen Tabulatoren mit nachfolgenden Texten, Zahlenwerten oder Einheiten bestehen. Zweck einer Tabulatorformatierung ist es, alle Textzeilen innerhalb eines Textrahmens mit derselben Abfolge von Tabulatoren und Texten herzustellen. Geben Sie zunächst immer einen Tabulator ein, und schreiben Sie danach direkt nach dem Zeichen den entsprechenden Text.

Mit aktivierter Funktion VERBORGENE ZEICHEN EINBLENDEN sehen Sie die Tabulatorzeichen als kleine Doppelpfeile nach rechts. Zum Ende der Textzeile fügen Sie einen Absatz mit der Return-Taste ein und fahren mit der zweiten Zeile fort.

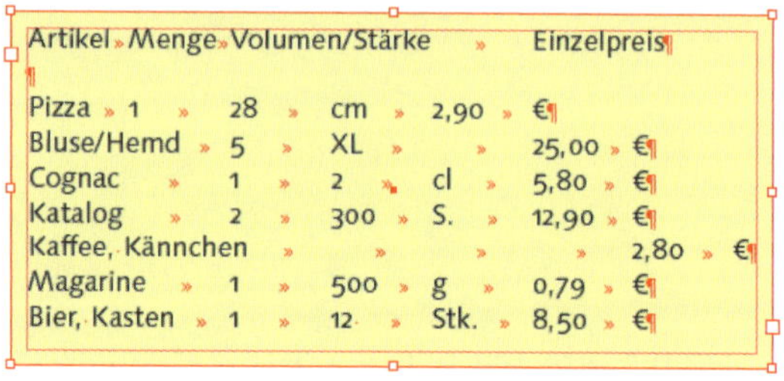

Abbildung 10.1 ▶
Unformatierter Textrahmen mit eingegebenen Tabulatoren und eingeblendeten Zeichen

10.1.1 Linksbündig, rechtsbündig, zentriert

Wenn Sie nun genug Werte und Zeilen eingetragen haben, rufen Sie die Tabulatoren aus dem Menü SCHRIFT auf. Über dem Textrahmen, den Sie gerade bearbeiten, erscheint ein Lineal. Markieren Sie die oberste Tabellenzeile mit einem Dreifachklick. Zunächst ist die linksbündige Ausrichtung ausgewählt, d.h., alle ersten Tabulatoren richten den nachfolgenden Text linksbündig zu dieser vertikalen Position aus. Durch Klicken und Ziehen auf die Ausrichtungsmarkierung verschieben Sie den Text, der nun an dieser Markierung »klebt«.

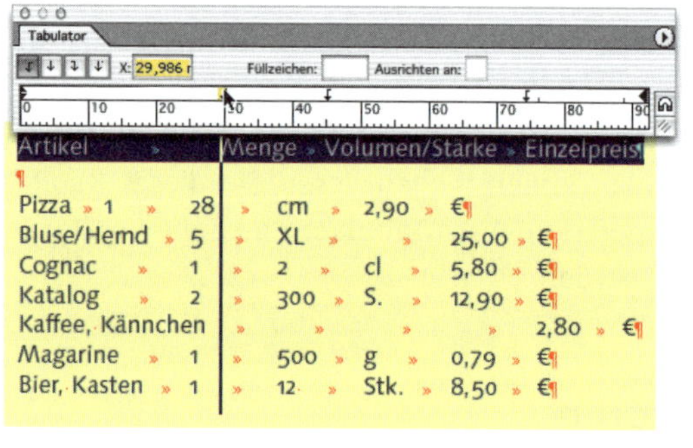

Abbildung 10.2 ▶
Setzen eines linksbündigen Tabulators im Lineal für den markierten Textbereich (dunkelblau)

Vervollständigen Sie für die Kopfzeile der Tabelle auch hier die linksbündigen Ausrichtungen. Wie Sie feststellen können, lassen sich die Markierungen auch nummerisch setzen. Wenn Sie also genau auf dem Abstand von 55 Millimetern eine linksbündige Ausrichtung setzen wollen, geben Sie den Wert in das X-Feld ein.

Markieren Sie nun den Inhalt, d.h. alle Werte, die einheitlich ausgerichtet werden sollen. Verteilen Sie zunächst linksbündige Ausrichtungen in der Anzahl der möglichen Spalten auf dem Lineal, um die ungeordneten Werte in eine überschaubare Ansicht zu bringen. Wählen Sie nun eine linksbündige Markierung an, und klicken Sie unter den Ausrichtungssymbolen an der linken Seite des Tabulatorlineals auf RECHTSBÜNDIG. Die Werte in der

Tabelle richten sich sofort bündig zur rechten Seite an der Markierung aus. Rechtsbündige Markierungen werden besonders bei der Ausrichtung ganzzahliger Werte mit nachfolgender Einheit eingesetzt.

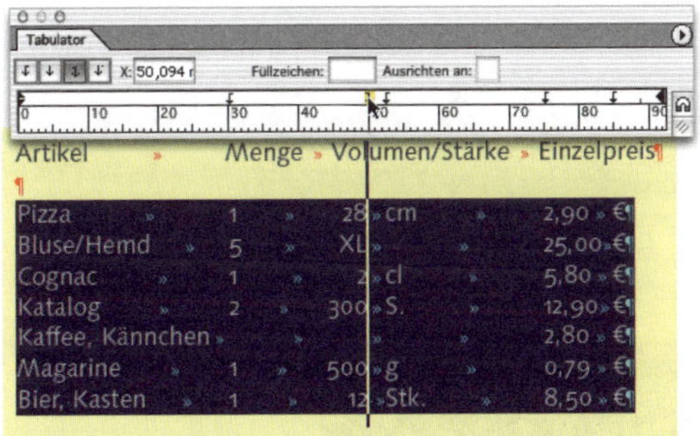

◂ **Abbildung 10.3**
Setzen eines rechtsbündigen Tabulators

Selbstverständlich lassen sich Werte auch nach einer Zentrierungsmarke ausrichten, verfahren Sie bei der Anwendung ebenso wie bei links- oder rechtsbündigen Ausrichtungen.

10.1.2 Dezimaltabulatoren

Die vierte Ausrichtungsart für Tabulatoren ist die Dezimalausrichtung. Wenn Werte mit Nachkommastellen verwendet werden, wie z. B. Geldbeträge, Füllmengen oder physikalische Messwerte, so bilden sie ein harmonisches Gesamtbild, wenn alle Kommentare untereinander angeordnet sind. Somit lassen sich Werte innerhalb einer Tabelle auch gut vergleichen!

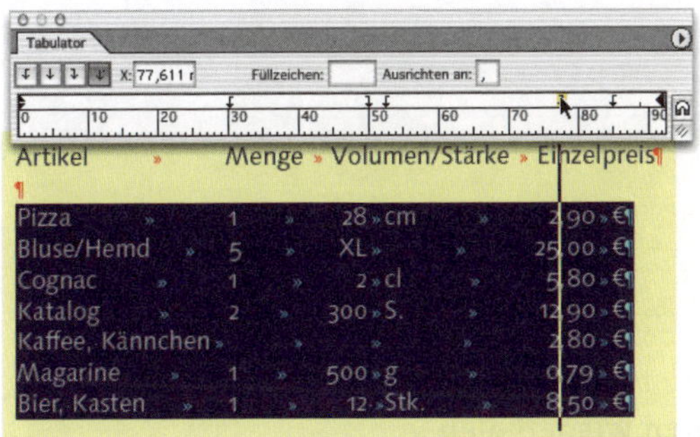

◂ **Abbildung 10.4**
Der Dezimaltabulator sorgt für eine vertikale Ausrichtung der Nachkommastellen.

Verwenden Sie daher den vierten Button zur Auswahl einer solchen Dezimalausrichtung. Befinden sich unter den Werten an einer Stelle keine Nachkommastellen, so wird dieser Wert linksbündig zu den ganzzahligen Werten ausgerichtet. Ob sich der Wert nun an einem Komma orientiert oder ob Sie dafür lieber einen Punkt benutzen – InDesign überlässt diese Entscheidung Ihnen, indem Sie das entsprechende Zeichen einfach im Tabulatorlineal in das Feld AUSRICHTEN AN eintragen.

Andere Füllzeichen
Verwenden Sie einmal anstatt eines Punktes einen Doppelpunkt in Verbindung mit einem Leerzeichen. Erinnert Sie das nicht an einen großen deutschen Feinripp-Unterwäschehersteller?

10.1.3 Füllzeichen

Bei besonders breiten Tabellen, in denen zwischen den ersten Spalten (z. B. Artikel) und der letzten Spalte (Preis) sehr viel Platz ist und das Auge der Linie dazwischen nicht mehr nachfolgen kann, übernehmen Füllzeichen in Form eines normalen Punktes oder eines Mittelpunktes diese Funktion, um den Bezug zwischen links und rechts wieder herzustellen.

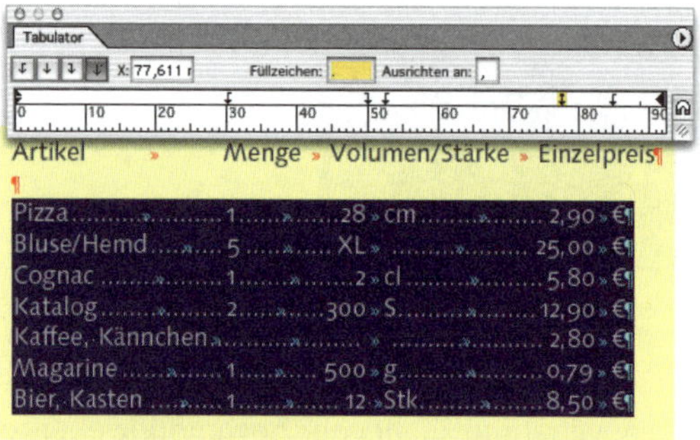

Abbildung 10.5 ▶
Der Punkt als Füllzeichen

Diese Methode ist besonders bei Restaurant-Speisekarten beliebt! Andere Füllzeichen wie ÄÄÄ, (((oder --- sind ebenso erlaubt, dennoch Vorsicht: Allzu schnell erhält das Füllzeichen mehr Aufmerksamkeit als die eigentlichen Inhalte.

Zur Variation eines Punktes als Füllzeichen können auch ein Punkt und ein nachfolgendes Leerzeichen dienen. Die an einen Textilschnittbogen anmutenden Punktlinien werden so dezenter, obwohl die Grundlinie immer noch zu erkennen ist.

Artikel	Menge	Volumen/Stärke	Einzelpreis
Pizza	1	28 cm	2,90 €
Bluse/Hemd	5	XL	25,00 €
Cognac	1	2 cl	5,80 €
Katalog	2	300 S.	12,90 €
Kaffee, Kännchen			2,80 €
Magarine	1	500 g	0,79 €
Bier, Kasten	1	12 Stk.	8,50 €

Abbildung 10.6 ▶
Alternativ zu den Füllzeichen können auch Absatzstriche verwendet werden.

10.1.4 Tabulatoren wiederholen

Wollen Sie ein und denselben Abstand einer Ausrichtungsmarkierung wiederholen, um eine regelmäßige Tabelle mit identischen Spaltenabständen zu erzeugen, so wählen Sie eine Tabulatormarkierung im Lineal aus und dann im Palettenmenü den Punkt Tabulator wiederholen. Der Tabulator wird einmal erneut im gleichen Abstand gesetzt. Eine Mehrfachfunktion kennt InDesign leider nicht.

10.1.5 Tabulatoren löschen

Einzelne Tabulatormarkierungen können Sie entfernen, indem Sie die entsprechende Markierung im Lineal anklicken und nach oben oder nach unten aus dem Lineal herausziehen.

Bei dieser Aktion sollten Sie aber bedenken, dass daraufhin Ihr kompletter Tabellensatz verschoben wird, da sich nun alle Textelemente an dieser vertikalen Position eine neue Markierung suchen!

Alle Tabs löschen

Im Palettenmenü finden Sie den Eintrag ALLE LÖSCHEN, falls Sie die Übersicht verloren haben oder einfach alle Tabulatoren entfernen wollen, weil der Aufbau einer Tabelle nun doch sinnvoller ist.

10.1.6 Textlineal

Während Sie mit Hilfe des Textlineals Tabulatoren ausrichten, kann es sein, dass Sie plötzlich die Welt nicht mehr verstehen. Sobald Sie die Fensteransicht des InDesign-Dokuments verschieben oder in das Dokument hineinzoomen, bleibt das Textlineal stur an seinem alten Platz und weigert sich vehement, am Textrahmen zu verweilen. Bevor Sie nun versuchen, das störrische Lineal an seinen korrekten Platz zu schieben, oder gar das Programm verfluchen, hier die etwas gewöhnungsbedürftige Lösung: Klicken Sie auf das Magnetsymbol ❶, und schon setzt InDesign das Lineal an die richtige Position. Warum dies InDesign nicht auch gleich automatisch erledigt, weiß die Programmier-Unit von Adobe allein. Alternativ zum Magnetsymbol können Sie über den Tastenbefehl [Strg]/[⌘]+[⇧]+[T] das Lineal aus- und auch gleich wieder einblenden.

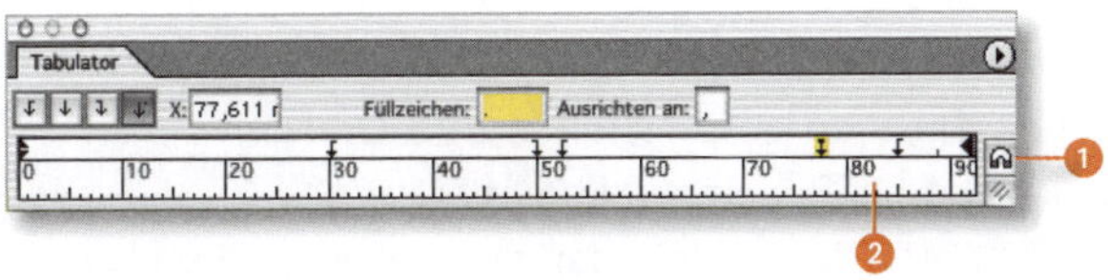

◂ **Abbildung 10.7**
Die Tabulator-Palette

Wenn Sie bei laufender Tabulatorbearbeitung mit der Maus auf das Maßband ❷ klicken, können Sie mit gedrückter Maustaste den Ausschnitt verschieben. Somit lassen sich auch Tabulatoren in besonders großen Tabellen setzen, ohne dass die Dokumentansicht verschoben werden muss.

Dagegen können Sie über den Anfasser an der rechten unteren Ecke des Textlineals die Ansichtsbreite verkleinern oder vergrößern. Auch hier dient das Magnetsymbol wieder dazu, das Lineal optimal zum Textrahmen zu positionieren.

10.1.7 Textmodus für knifflige Formatierungen

Wenn Sie Werte in einer bereits gesetzten Tabelle verändern, kann es vorkommen, dass der Text innerhalb einer Tabellenspalte breiter wird als geplant, Textzeilen verrutschen. Daraufhin müssen Sie die Tabellenspalte verbreitern und den betroffenen Tabulator versetzen. Diese Arbeit kann schnell dazu führen, dass Sie vergessen, den gesamten Textinhalt zu markieren, um die Änderungen an den Tabulatoren vorzunehmen. Somit verändern Sie nur für die eine Zeile den Tabulator, und schon gerät die Formatierung des gesamten Textes durcheinander.

Bei solchen Änderungen kann der Textmodus helfen. Wie bereits beim Importieren von Texten beschrieben, öffnen Sie den Texteditor über das Menü BEARBEITEN • IM TEXTMODUS BEARBEITEN oder mit dem Tastenbefehl [⌘] + [Y] bzw. [Strg] + [Y]. Blenden Sie hierzu die verborgenen Zeichen mit dem Tastenbefehl [⌘] + [⌥] + [I] oder [Strg] + [⌥] + [I] unbedingt ein, damit Sie die Formatierung der Textzeilen im Auge behalten.

Es gibt leider keine andere Darstellungsform speziell für Tabulatoren im Editor, dennoch können Sie zunächst hier die Textänderungen vornehmen, um danach wieder den Editor zu schließen und die Tabulatoren für den gesamten markierten Text zu verändern. Somit trennen Sie automatisch die beiden Arbeitsschritte und verlieren nicht die Übersicht.

Absatzbedingte Tabulatoren

Wie in diesem Kapitel beschrieben, können Sie Tabulatoren für jede einzelne Zeile oder einen Absatz anwenden, um bei unterschiedlicher Formatierung durch Tabulatoren zum einen Tabulatoren einzusparen oder auf weitere Textrahmen zu verzichten. Dieser Vorteil kann sich als Hindernis erweisen, wenn Sie z. B. mehr als zwei Absätze innerhalb Ihres Textrahmens mit unterschiedlichen Tabulatoren formatiert haben. Sobald Sie zu einem späteren Zeitpunkt die Formatierung ändern müssen, erkennen Sie nur graue Tabulatormarkierungen im Textrahmen, d. h., dass sich diese Markierungen nur auf einen Absatz beziehen, nicht aber auf den gesamten Textrahmen. Für andere Mitarbeiter, die Änderungen vornehmen wollen, eine vorprogrammierte Katastrophe, die häufig dazu führt, dass eine Tabelle komplett neu gesetzt werden muss.

Achten Sie daher darauf, Tabulatoren generell in der gesamten Textmenge oder in einem geschlossenen Absatz zu benutzen und gegebenenfalls neue Rahmen zu erzeugen. Somit bleiben die Markierungen transparent und nachvollziehbar.

10.2 Was ist das Besondere an Tabellen?

Tabellen sind langweilig und müssen mit Tabulatoren gesetzt werden – so sah der Tabellenalltag bisher aus und war aufgrund der fehlenden Verknüpfung zur Excel-Datei sehr arbeitsintensiv. InDesign eröffnet mit dem Tabellensatz nun alle Möglichkeiten, aus nüchternen Tabellen ansprechende Info-Grafiken zu gestalten und die Inhalte bei Bedarf zu aktualisieren.

Tabulatoren waren lange Zeit der einzige Weg, Tabellen in einem Layoutdokument aufzubauen. Vom mühsamen Datenimport einmal abgesehen, sind Tabulatoren jedoch sehr unflexibel; mit einfachen Handgriffen mehrere Unterteilungen vorzunehmen und farbige Flächen mit der Tabelle zu verknüpfen ist gar unmöglich.

Tabellen bestehen aus den Spalten, Zeilen und den einzelnen Zellen. Zusätzlich kommen die Kopf- und Fußzeilen hinzu: wiederkehrende Zeilen zu Beginn und am Ende einer Tabelle, um beispielsweise Spaltenbeschriftungen aufzunehmen. Ein Programm zur Tabellenkalkulation wie Excel dient zur Berechnung der Zelleninhalte aufgrund einfacher bis umfangreicher Algorithmen, darin liegt der Vorteil eines solchen Programms. Die Ausgabe gestaltet sich dagegen schwierig, die Möglichkeiten der Tabellen- und Zeichenformatierung sind begrenzt.

InDesign schlägt eine Brücke zwischen der Funktionalität einer Tabellenkalkulation und den Ansprüchen der PostScript-Ausgabe.

Sie können entweder Tabellen im Layout aufbauen oder bestehende Tabellen als Excel-Dokumente direkt importieren und anspruchsvoll formatieren.

Der Tabellensatz ist mit dem Textwerkzeug verknüpft, Sie benötigen kein weiteres Werkzeug. Eine Tabelle liegt immer innerhalb eines Textrahmens. Neben der leichten Bearbeitung gibt es dadurch noch einen Vorteil: Tabellen lassen sich mit dem Textfluss umbrechen! Neu in InDesign CS hinzugekommen ist die Möglichkeit, Kopf- und Fußzeilen einzusetzen und darüber hinaus Konturstile auf einzelne Zellen oder auf die gesamte Tabelle anzuwenden.

10.3 Tabellen importieren

Viel einfacher, als eine Tabelle manuell zu erstellen, ist es, bestehende Excel- oder Word-Tabellen zu importieren und schnell zu formatieren.

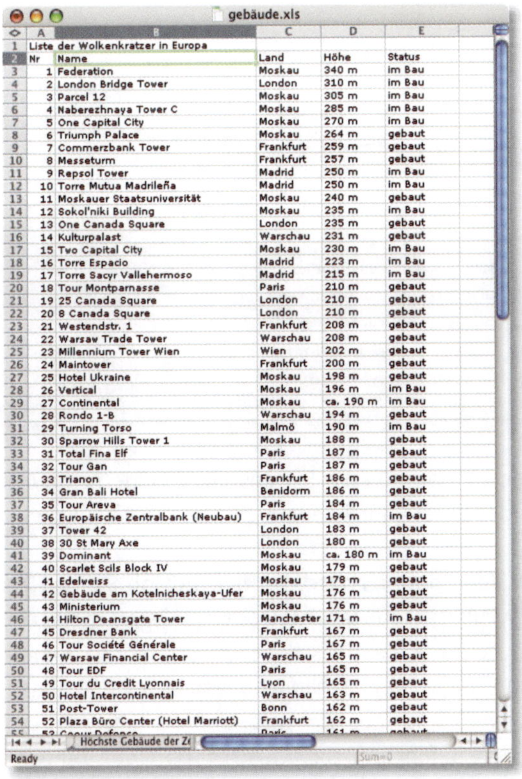

gebäude.xls

Liste der Wolkenkratzer in Europa

Nr	Name	Land	Höhe	Status
1	Federation	Moskau	340 m	im Bau
2	London Bridge Tower	London	310 m	im Bau
3	Parcel 12	Moskau	305 m	im Bau
4	Naberezhnaya Tower C	Moskau	285 m	im Bau
5	One Capital City	Moskau	270 m	im Bau
6	Triumph Palace	Moskau	264 m	gebaut
7	Commerzbank Tower	Frankfurt	259 m	gebaut
8	Messeturm	Frankfurt	257 m	gebaut
9	Repsol Tower	Madrid	250 m	im Bau
10	Torre Mutua Madrileña	Madrid	250 m	im Bau
11	Moskauer Staatsuniversität	Moskau	240 m	gebaut
12	Sokol'niki Building	Moskau	235 m	im Bau
13	One Canada Square	London	235 m	gebaut
14	Kulturpalast	Warschau	231 m	gebaut
15	Two Capital City	Moskau	230 m	im Bau
16	Torre Espacio	Madrid	223 m	im Bau
17	Torre Sacyr Vallehermoso	Madrid	215 m	im Bau
18	Tour Montparnasse	Paris	210 m	gebaut
19	25 Canada Square	London	210 m	gebaut
20	8 Canada Square	London	210 m	gebaut
21	Westendstr. 1	Frankfurt	208 m	gebaut
22	Warsaw Trade Tower	Warschau	208 m	gebaut
23	Millennium Tower Wien	Wien	202 m	gebaut
24	Maintower	Frankfurt	200 m	gebaut
25	Hotel Ukraine	Moskau	198 m	gebaut
26	Vertical	Moskau	196 m	im Bau
27	Continental	Moskau	ca. 190 m	im Bau
28	Rondo 1-B	Warschau	194 m	gebaut
29	Turning Torso	Malmö	190 m	im Bau
30	Sparrow Hills Tower 1	Moskau	188 m	gebaut
31	Total Fina Elf	Paris	187 m	gebaut
32	Tour Gan	Paris	187 m	gebaut
33	Trianon	Frankfurt	186 m	gebaut
34	Gran Bali Hotel	Benidorm	186 m	gebaut
35	Tour Areva	Paris	184 m	gebaut
36	Europäische Zentralbank (Neubau)	Frankfurt	184 m	im Bau
37	Tower 42	London	183 m	gebaut
38	30 St Mary Axe	London	180 m	gebaut
39	Dominant	Moskau	ca. 180 m	im Bau
40	Scarlet Scils Block IV	Moskau	179 m	gebaut
41	Edelweiss	Moskau	178 m	gebaut
42	Gebäude am Kotelnicheskaya-Ufer	Moskau	176 m	gebaut
43	Ministerium	Moskau	176 m	gebaut
44	Hilton Deansgate Tower	Manchester	171 m	im Bau
45	Dresdner Bank	Frankfurt	167 m	gebaut
46	Tour Société Générale	Paris	167 m	gebaut
47	Warsaw Financial Center	Warschau	165 m	gebaut
48	Tour EDF	Paris	165 m	gebaut
49	Tour du Credit Lyonnais	Lyon	165 m	gebaut
50	Hotel Intercontinental	Warschau	163 m	gebaut
51	Post-Tower	Bonn	162 m	gebaut
52	Plaza Büro Center (Hotel Marriott)	Frankfurt	162 m	gebaut

Höchste Gebäude der Ze

Ready

◂ **Abbildung 10.8**
Eine Excel-Tabelle dient als Vorlage für die Layoutdaten.

Bevor Sie eine Excel-Datei in das Layout platzieren, sollten Sie sich auch hier wie bei Textdateien fragen, ob dieser Import einmalig ist oder ob Sie eine veränderte Dateiversion von Ihrem

Kunden im Layout aktualisieren müssen. Wenn eine Aktualisierung notwendig ist, müssen Sie unbedingt in den Voreinstellungen EINGABE und der Rubrik VERKNÜPFUNGEN die Option BEIM PLATZIEREN VON TEXT- UND TABELLENDATEIEN VERKNÜPFUNGEN ERSTELLEN aktivieren. Haben Sie diesen Punkt deaktiviert, so können Sie zwar die Datei platzieren, die Verknüpfung zur Excel-Datei geht jedoch unwiderruflich verloren. Diese Voreinstellung ist ungeschickt platziert, da Sie von Datei zu Datei entscheiden müssen, ob Sie einmalig importieren oder platzieren und verknüpfen. Daher sollten Sie aus Sicherheitsgründen diese Funktion immer aktiviert lassen.

10.3.1 Excel-Datei platzieren

Platzieren Sie also die Excel- oder Ihre Tabelle aus Word wie ein Bild oder eine Grafik. Mit aktivierten Importoptionen wählen Sie für eine Excel-Tabelle die betreffende Arbeitsmappe aus ❶ – Excel hat in der Regel mindestens drei Arbeitsmappen angelegt, bei einfachen Tabellen befinden sich in der ersten Mappe die gewünschten Inhalte.

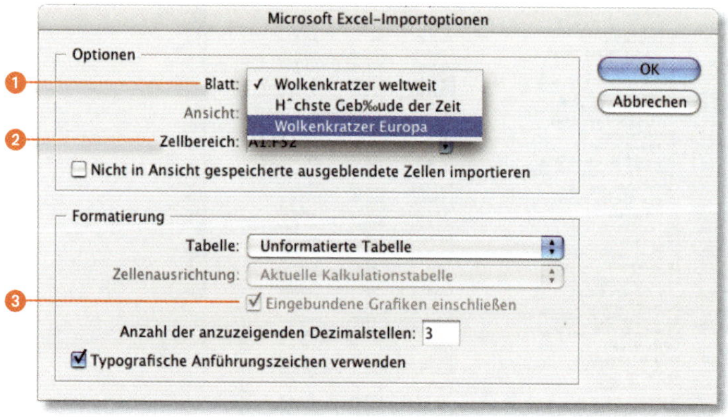

Abbildung 10.9 ▶
In den Importoptionen für eine Excel-Tabelle suchen Sie sich aus mehreren Blättern der Datei die richtige Tabelle heraus.

Neben der Arbeitsmappe können Sie aus allen Feldern – auch Array genannt – der Excel-Tabelle einen genauen Ausschnitt importieren ❷.

Danach legen Sie in den IMPORTOPTIONEN fest, ob Sie die Tabelle als UNFORMATIERTE Tabelle in InDesign anlegen, ob auch Gestaltungsattribute aus Excel mit importiert und übernommen werden. Alternativ zu diesen Einstellungen lässt sich eine Tabelle auch als Textmenge – mit Tabulatoren getrennt – importieren. Rufen Sie dann den Befehl UMFORMATIERTER TEXT MIT TABULATORTRENNZEICHEN auf. Darüber hinaus können Sie nun auch eingebundene Grafiken übernehmen ❸.

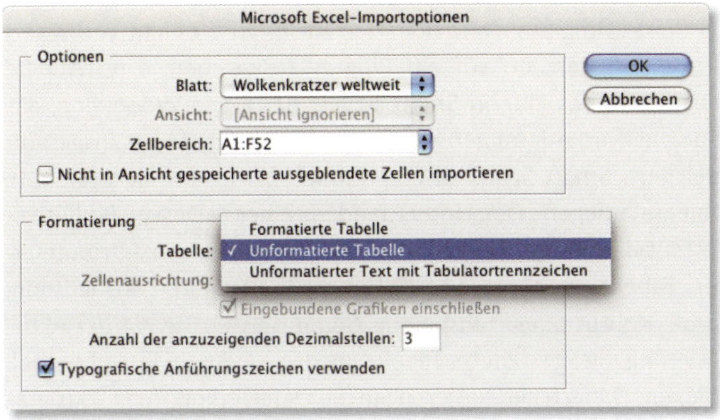

◂ **Abbildung 10.10**
Formatierungen aus Excel können auch in das Layout importiert werden.

Bestätigen Sie die Auswahl, und InDesign legt Ihnen die Tabelle mit den ausgewählten Werten an. Gestalten Sie die Tabelle nun nach Belieben.

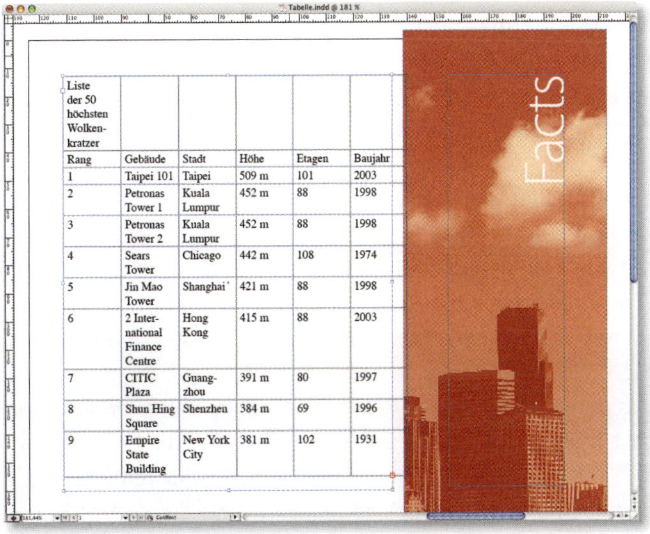

Liste der 50 höchsten Wolken-kratzer					
Rang	Gebäude	Stadt	Höhe	Etagen	Baujahr
1	Taipei 101	Taipei	509 m	101	2003
2	Petronas Tower 1	Kuala Lumpur	452 m	88	1998
3	Petronas Tower 2	Kuala Lumpur	452 m	88	1998
4	Sears Tower	Chicago	442 m	108	1974
5	Jin Mao Tower	Shanghai	421 m	88	1998
6	2 International Finance Centre	Hong Kong	415 m	88	2003
7	CITIC Plaza	Guang-zhou	391 m	80	1997
8	Shun Hing Square	Shenzhen	384 m	69	1996
9	Empire State Building	New York City	381 m	102	1931

◂ **Abbildung 10.11**
Fertig importierte, aber unformatierte Excel-Tabelle

Problem mit verknüpften Tabellen | Die Excel-Datei ist nun platziert, und in der **Verknüpfungen-Palette** – aufzurufen mit dem Tastenbefehl ⇧ + ⌘ + Alt + D oder ⇧ + Strg + Alt + D – sehen Sie die Datei und ihren Status. Ebenso wie Bild- oder Textdateien lassen sich (theoretisch) auch Tabellendokumente aktualisieren oder neu verknüpfen, falls die externe Datei verloren gegangen oder verschoben wurde und sich somit der Dateipfad geändert hat.

Sobald die verknüpfte Excel-Tabelle geändert wird, müssen Sie also die Verknüpfung **aktualisieren**, um die Layouttabelle abzugleichen. Wenn Sie aber die Tabelle über die Palette VERKNÜPFUNGEN aktualisieren, gehen Ihnen dabei in der aktuellen Programmversion die Formatierungen verloren.

Da dieses Programmverhalten von InDesign CS nicht verbessert wurde, müssen Sie auf ein Plug-in ausweichen. Eine Abhilfe schafft hier das Plug-in **Smart Styles** der Firma Woodwing, das u.a. die Formatierungen der Tabelle und der Zellen insgesamt speichert. Smart Styles ist eine Bibliothek, in der Sie gestaltete Objekte ablegen. Der Unterschied zu einer InDesign-Bibliothek besteht darin, dass Smart Styles auch die grafischen Attribute einer Tabelle erkennt, also Schriftgröße, Schnitt, Ausrichtung, Farbe, Kontur oder Transparenz. Somit müssen Sie vor der Aktualisierung die gestaltete Tabelle in der Smart Styles-Bibliothek ablegen. Danach aktualisieren Sie die Dateiverknüpfung. Das grafische Erscheinungsbild geht nun verloren. Per Drag and Drop ziehen Sie nun die Tabellenattribute aus der Bibliothekspalette auf die aktualisierte Tabelle im Layout. Sofort wird die Tabelle vollständig wiederhergestellt. Dabei werden auch Kopf- und Fußzeilen übernommen.

Wenn Sie stattdessen auch benutzerdefinierte Formatierungen von Zellen erhalten wollen, müssen Sie auf das Plug-in Table-Styles oder CellStyles 1.1 Pro von Teacup Software zurückgreifen. Weitere Informationen erhalten Sie auch zum Ende des Buches.

10.3.2 Tabellen aus der Zwischenablage

Ebenso effektiv wie das Platzieren einer Excel-Datei ist das Kopieren von Tabelleninhalten aus Excel über die Zwischenablage. In den Voreinstellungen ALLGEMEIN sollten Sie zuvor die Option aktivieren, dass die Textattribute beim Einfügen übernommen werden.

Markieren und kopieren Sie in Excel einen Zellenbereich. Nun wechseln Sie zu InDesign CS: Fügen Sie die Tabelle per [⌘] + [V] oder [Strg] + [V] ein. Die Tabelle wird als zwischenzeitliches RTF-Objekt aus der Zwischenablage platziert, und die Zellenstruktur der Tabelle bleibt erhalten. Somit können Sie für übersichtliche Inhalte auch auf diese schnelle Weise Tabellen aufbauen, die jedoch natürlich nicht verknüpft sind oder aktualisiert werden können.

10.3.3 Leere Tabellen anlegen

Ziehen Sie mit dem Textwerkzeug einen Textrahmen auf, und wählen Sie im Menü TABELLE die Option TABELLE EINFÜGEN..., oder wählen Sie den Tastenbefehl [⇧] + [⌘] + [⌥] + [T] bzw. [⇧] + [Strg] + [Alt] + [T]. Sie erhalten einen Eingabedialog, in dem Sie die Zeilen- und Spaltenanzahl angeben.

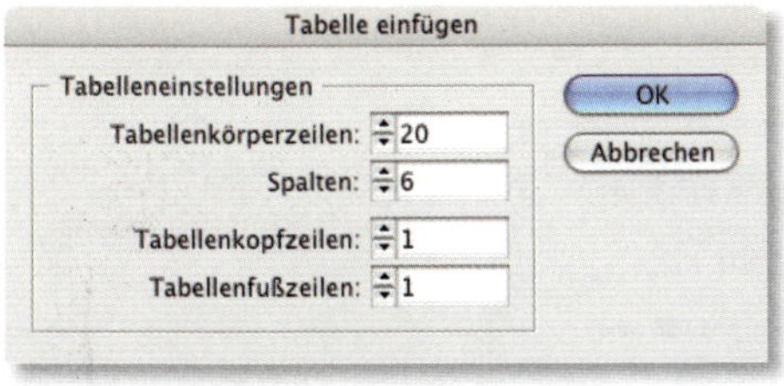

◂ **Abbildung 10.12**
Neben den Zeilen und Spalten legen Sie auch fest, ob und wie viele Kopf- und Fußzeilen Sie verwenden wollen.

Kopf- und Fußzeilen | Außerdem definieren Sie an dieser Stelle, ob Sie mit Kopf- und Fußzeilen arbeiten wollen, also Zellen, die als Titel- oder Anmerkungsbereich horizontal durch die gesamte Tabelle laufen. Diese als Überschriften oder Legenden verwendeten Kopf- und Fußzeilen können Sie später noch nachformatieren. Wichtig werden diese Kopf- und Fußzeilen, wenn Sie Tabellen über mehrere Seiten hinweg layouten wollen. Wenn Sie dazu mehrere miteinander verkettete Textrahmen anlegen, wiederholen sich diese Kopf- und Fußzeilen auf jeder Seite.

Text eingeben | Die Tabelle wird danach zunächst in der Breite des Textrahmens angelegt. Als Standardformatierung zieht InDesign um jede Zelle eine 1 Punkt starke schwarze Linie, die Flächen werden nicht gefüllt.

Klicken Sie nun in eine Tabellenzelle, und geben Sie den Text wie in einen Textrahmen ein. Betätigen Sie ⇥, und Sie springen in die nächste Zelle. Gelangen Sie an ein Zeilenende, springen Sie mit ⇥ in die nächste Zeile darunter. Mit dem Tastenbefehl ⇧ + ⇥ springen Sie rückwärts.

10.4 Tabellen- und Steuerungspalette

Die weiteren Angaben zur gesamten Tabelle lassen sich über die Tabellen-Palette oder über die Steuerungspalette einstellen.

Über die oberen beiden Einstellfelder der Tabellen-Palette geben Sie die Zeilen- und Spaltenanzahl an. Haben Sie bereits eine Tabelle angelegt und sie mit dem Textwerkzeug markiert, erhöhen Sie nun die Anzahl, und InDesign legt Ihnen weitere Zeilen oder Spalten rechts neben bzw. unterhalb der bestehenden Tabelle an. Das Reduzieren über diese Einstellfelder nimmt Zeilen und Spalten vom rechten Rand und von unten weg.

Mit der Zeilenhöhe und der Spaltenbreite darunter legen Sie die Höhe und Breite jeder markierten Zelle fest. Über die Einstellung Genau bleiben diese Größen immer fest, Mindestens hingegen schützt die Zellen vor einer zu kleinen Darstellung.

Tabellen-Palette und Steuerungspalette Tabelle

Abbildung 10.13 ▸
Die Tabelle-Palette

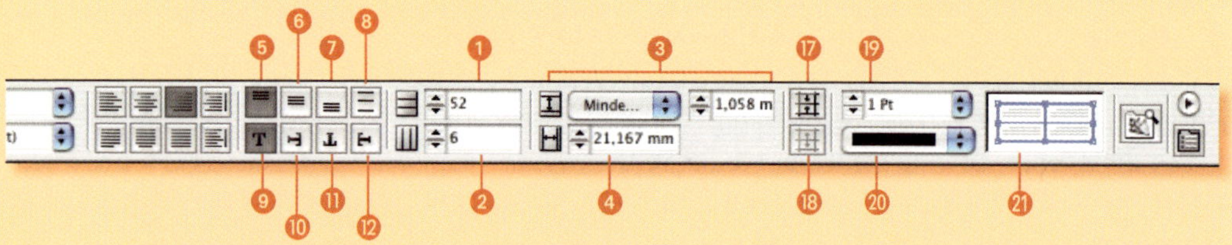

▴ Abbildung 10.14
Steuerungspalette Tabelle

- ❶ Anzahl der Zeilen
- ❷ Anzahl der Spalten
- ❸ Zeilenhöhe
- ❹ Spaltenbreite
- ❺ Oben ausrichten
- ❻ An der Mitte ausrichten
- ❼ Unten ausrichten
- ❽ Vertikaler Blocksatz
- ❾ Text horizontal
- ❿ Text um 90° drehen
- ⓫ Text um 180° drehen
- ⓬ Text um 270° drehen
- ⓭ Abstand zum Zellenrand oben
- ⓮ Abstand zum Zellenrand unten
- ⓯ Abstand zum Zellenrand links
- ⓰ Abstand zum Zellenrand rechts
- ⓱ Zellen verbinden
- ⓲ Zellverbindung aufheben
- ⓳ Tabellenlinienstärke
- ⓴ Tabellenlinientyp
- ㉑ Tabellenlinien-Auswahl

Weitere Optionen in der Tabellen-Palette sind die Ausrichtungen des Inhalts innerhalb der Zellen ❺. Die Ähnlichkeit zu den Textrahmen-Optionen bei der normalen Textbearbeitung ist hier nicht zu übersehen: Die Ausrichtungen Oben, Zentriert, Unten und Vertikaler Keil funktionieren hier ebenso. Die Textausrichtung innerhalb der Zelle ❾ ist in 90°-Schritten möglich, horizontal, 90° absteigender Text, 180° auf dem Kopf stehend und 270° aufsteigend. Die Textabstände ⓭ halten den Text vom Zellenrand fern.

◂ **Abbildung 10.15**
Alle genannten und weitere Tabellenoptionen finden Sie übersichtlich im Palettenmenü.

Steuerungspalette Tabelle | Je nach Auswahl der gesamten Tabelle oder einer einzelnen Zelle erhalten Sie in der Steuerungspalette alle Optionen zur Bearbeitung der Texte in den Zellen. Neben der horizontalen Ausrichtung wie linksbündig, zentriert oder rechtsbündig stehen Ihnen auch vertikale Ausrichtungen oder die Drehung des Textes zur Verfügung.

Kontextmenü | Alle Funktionen, die Sie über die Tabellen-Palette einstellen oder aufrufen können, sind für Sie auch über das Kontextmenü mit der [Ctrl]-Taste oder die rechte Maustaste erreichbar. Die Handhabung aus der Praxis zeigt, dass die Funktionen über das Kontextmenü schneller aufzurufen sind, die Palette jedoch mehr Übersicht gewährt.

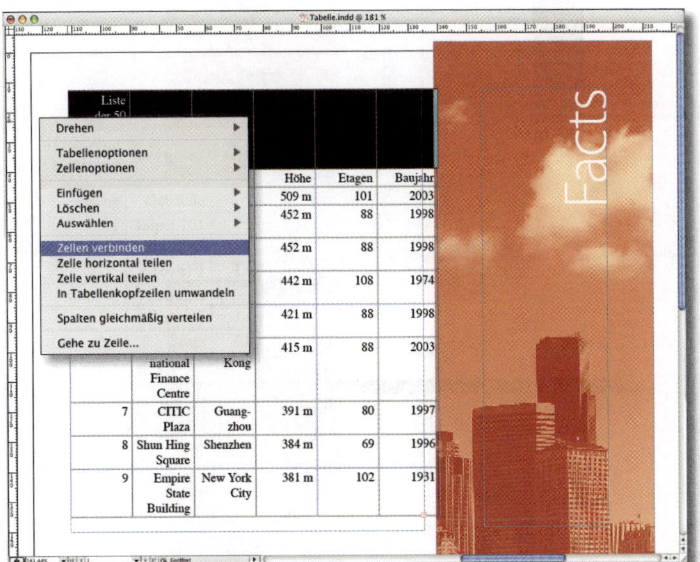

◂ **Abbildung 10.16**
Über das Kontextmenü erreichen Sie alle wichtigen Einstellungen.

10.5 Tabellen bearbeiten

10.5.1 Zellen markieren und bearbeiten

Gehe zu Zeile ...

Wenn Sie innerhalb einer umfangreichen Tabelle, die über mehrere Seiten läuft, navigieren möchten, gibt es im Kontextmenü eine schöne Navigationshilfe: Der Sprung zu einer beliebigen Zeile nach Zeilennummer.

Um eine Tabelle wie in Abbildung 10 nun zu formatieren, müssen Sie entweder einzelne Zellen, Spalten, Zeilen oder die gesamte Tabelle selbst markieren. Bewegen Sie den Mauszeiger bei angewähltem Textwerkzeug über die Ränder der Zellen und der Tabelle insgesamt.

Wenn Sie sich mit dem Mauszeiger genau auf einer vertikalen Trennlinie zweier Zellen befinden, können Sie mit einem Klick und der gedrückten Maustaste die Spaltenbreite verändern. Auf der horizontalen Trennung verändern Sie die Höhe der Zeilen.

Am Rand hingegen erhalten Sie ein Pfeilsymbol, was jeweils auf die Spalte oder die Zeile weist. Klicken Sie in dieser Mausposition einmal auf den Tabellenrand, und schon haben Sie eine komplette Spalte oder Zeile markiert.

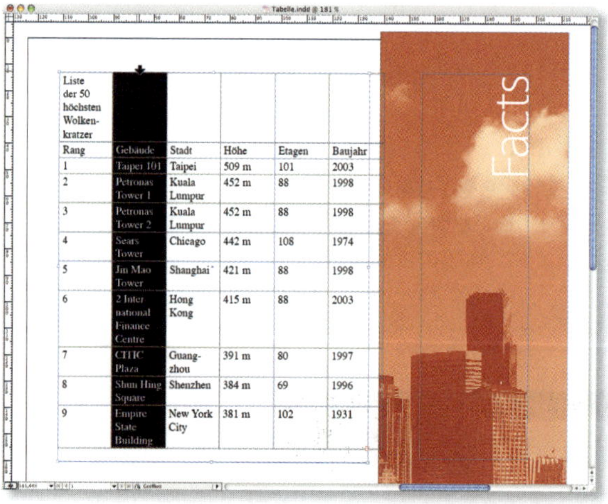

Abbildung 10.17 ▶
Eine Spalte markieren Sie, indem Sie den Mauszeiger an die obere Spaltenkante bewegen und sich der Mauszeiger zu einem Pfeil nach unten wandelt.

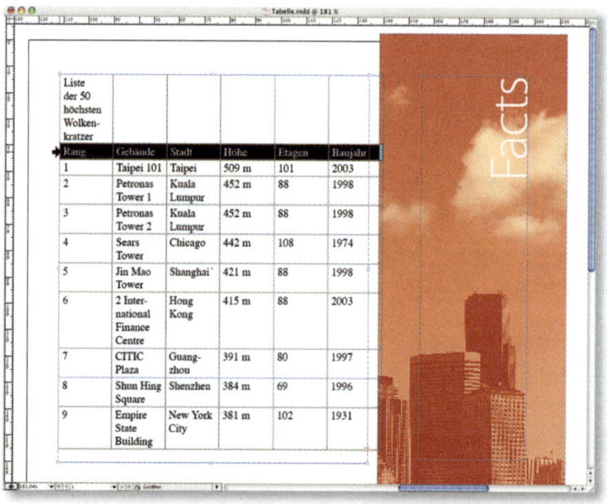

Abbildung 10.18 ▶
Sobald Sie eine Zeile markiert haben, werden alle typografischen Änderungen oder Farbangaben auf diese Zellen angewendet.

Wenn Sie den Mauszeiger auf die linke obere Ecke der Tabelle bewegen, weist der Pfeil im 45°-Winkel auf die Tabellenecke. Mit einem Klick markieren Sie alle Zellen gleichzeitig, alle weiteren Formatierungen betreffen alle Zellen und deren Inhalte.

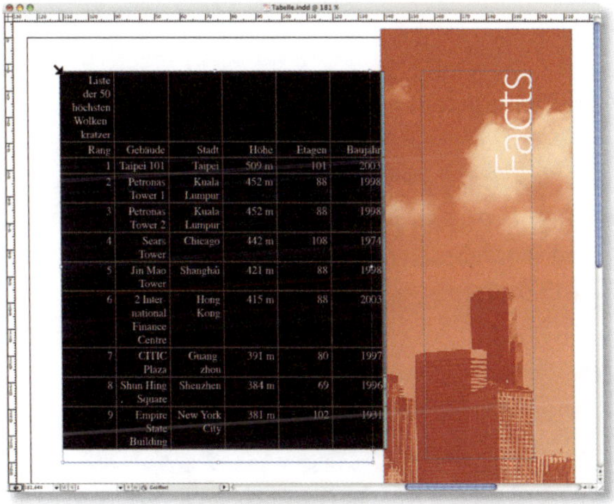

◂ **Abbildung 10.19**
Alle Zellen einer Tabelle markieren Sie über die linke obere Ecke.

Das Klicken und Ziehen auf die rechte oder untere Kante bestimmt hingegen die Gesamtgröße der Tabelle. Die Zellengrößen verändern Sie, indem Sie auf die Trennlinie zwischen zwei Zellen klicken und mit gedrückter Maustaste verschieben.

Wenn Sie mit der Einfügemarke in ein beliebiges Feld klicken und mit gedrückter Maustaste in horizontale oder vertikale Richtung ziehen, markieren Sie das erste Feld wie auch weitere Felder. Nun können Sie die Felder bearbeiten, Farben zuweisen oder Texte formatieren.

Tabelleninhalte formatieren

Bei der Tabellenbearbeitung unterscheidet InDesign zwischen den Hintergrundflächen, der Kontur und den Inhalten. Alle Tabelleninhalte können über die Zeichen- und Absatzpalette formatiert werden, bzw. Sie weisen ein Absatz- oder Zeichenformat zu (siehe Kapitel »Typografie«).

Farben zuweisen | Sobald Sie die Gesamttabelle oder einzelne Zellen markiert haben, weisen Sie über die Werkzeugpalette und die Paletten Farbfelder, Farbe, Kontur und Verlauf die Farben der Tabelle zu.

10.5.2 Zellen teilen und verbinden

Benachbarte Zellen fügen Sie zusammen, indem Sie die Zellen zunächst markieren und im Paletten- oder Kontextmenü die Funktion Zellen verbinden aufrufen. Die Zellen werden danach zu einer Zelle verbunden, die Inhalte werden direkt mit einem Absatz untereinander aufgeführt, unabhängig davon, ob die Zellen zuvor unter- oder nebeneinander angeordnet waren. Natürlich können verbundene Zellen auch wieder geteilt werden. In unserem Beispiel werden alle Zellen in der ersten Zeile zu einer durchgehenden Zeile zusammengefasst.

Wenn Sie mehrere Zellen so verbunden haben, dass sich durch eine nachträgliche Teilung nicht mehr automatisch die Ursprungszellen ergeben, bietet InDesign eine sehr praktische Funktion: Es merkt sich nun die Originalzellen vor der Verbindung, so dass Sie bequem über die Funktion ZELLENVERBINDUNG AUFHEBEN aus dem Kontextmenü zu diesen zurückkehren können.

10.5.3 In Tabellenkopfzeilen umwandeln

Sobald Sie eine Kopfzeile aus mehreren Zellen zusammengefügt haben, können Sie sie zu einer Tabellenkopfzeile umwandeln. Das hat den Vorteil, dass diese Kopfzeile bei einem Rahmen-, Spalten- oder Seitenumbruch wiederholt wird, so dass also die Spaltenüberschriften immer oberhalb der Einträge stehen. Dies werden wir auch in den TABELLENOPTIONEN noch näher erklären. Dazu markieren Sie die entsprechenden Zeilen und rufen aus dem Kontextmenü den Befehl auf.

Abbildung 10.20 ▶
Die beiden Tabellenkopfzeilen werden bei einem Umbruch in einen anderen Rahmen, eine Textspalte oder auf eine andere Seite wiederholt.

10.5.4 Zellen gleichmäßig verteilen

Wenn Sie mehrere Zeilen, Spalten oder Zellen markiert haben, die eine unterschiedliche Höhe oder Breite aufweisen, können Sie mit dieser Option ZELLEN GLEICHMÄSSIG VERTEILEN aus dem Paletten- oder dem Kontextmenü die Unterschiede ausgleichen. Diese Funktion ist besonders dann sinnvoll, wenn Sie die gesamte Breite oder Höhe der Tabelle oder einzelne Zeilen verändert haben und nun die Zellen wieder regelmäßig zueinander ausrichten wollen.

10.5.5 Tabellen-Bibliothek

Für viele Aufgaben wie Preistabellen oder kleine Übersichten eignet sich die Verwendung von Bibliotheken für Tabellen. Legen Sie kundenspezifische Tabellen an, die Sie später per Drag and

Drop aus der Bibliothek in das Dokument ziehen. Nun geben Sie die Inhalte manuell ein. Über die Funktion Zeilen oder Spalten gleichmässig verteilen können Sie die Tabellen dann sehr schnell an unterschiedlichste Layouts anpassen. Außerdem bleibt die Seitenposition einer Tabelle innerhalb einer Bibliothek gespeichert, und Sie platzieren die Tabelle genau am Ort. Lesen Sie dazu auch das Kapitel 15.

10.5.6 Zellen ausrichten

Für alle Tabelleninhalte kann eine Ausrichtung innerhalb der Zelle vorgenommen werden. Horizontal wird der Text wie in einem normalen Textrahmen formatiert: Linksbündig, Zentriert, Rechtsbündig, Am Rücken ausgerichtet, und andere Funktionen stehen dazu in der Steuerungspalette bereit.

▲ **Abbildung 10.21**
Die Funktionen zur Ausrichtung des Tabelleninhalts liegen in der Steuerungspalette kompakt zusammen. Sogar die Ausrichtung am Rücken ist für Tabelleninhalte möglich.

10.5.7 Tabulatoren in Tabellen

Sobald Sie innerhalb der Tabellenbearbeitung die Tabulatortaste betätigen, springen Sie in die nächste Tabellenzelle. Wenn Sie einzelne Spalten auch mit Hilfe von Tabulatoren formatieren wollen, so klicken Sie mit der Einfügemarke in die gewünschte Zelle, und geben Sie den Wert oder den Inhalt ein, z. B. 2,50 €. Klicken Sie vor diesen Wert, und fügen Sie aus dem Kontextmenü das Sonderzeichen »Tabulator« ein. Rufen Sie nun das Tabulatorlineal auf, und setzen Sie einen Dezimaltabulator. Beachten Sie die Ausrichtung am Punkt oder am Komma, damit der eingegebene Wert nun auch ausgerichtet wird. Selbstverständlich können Sie auch die links- oder rechtsbündigen wie zentrierten Tabulatoren nutzen, aber die Ausrichtung des Textes innerhalb der Zelle ist hier weitaus flexibler, als die Tabulatoren als Sonderzeichen einzufügen.

Anmerkung des Setzers

Fügen sie den Tab einfach mit Alt + ⇥ ein!

10.5.8 Tabellen exportieren

Tabellen im Layout sind eine feine Sache! Was aber passiert, wenn Sie neben der Belichtung und dem Offsetdruck die Informationen im Internet publizieren wollen? Wenn Sie das GoLive-Paket schnüren und die Funktion Verpacken für GoLive unter dem Hauptmenü Datei aufrufen, konvertiert InDesign die Daten auf diese Weise, dass Sie in GoLive die Tabelle einfach auf die Website platzieren können. Somit bleiben die Anordnung und Tabellenstruktur auch im HTML-Code erhalten.

10.5.9 Transparente Tabellen?

Ebenso wie ein Textrahmen kann auch eine Tabelle mit Transparenzeffekten gestaltet werden. Beachten Sie dabei, dass die

Tabelle auch eine Hintergrundfläche hat, auf die eine Transparenz wirken kann.

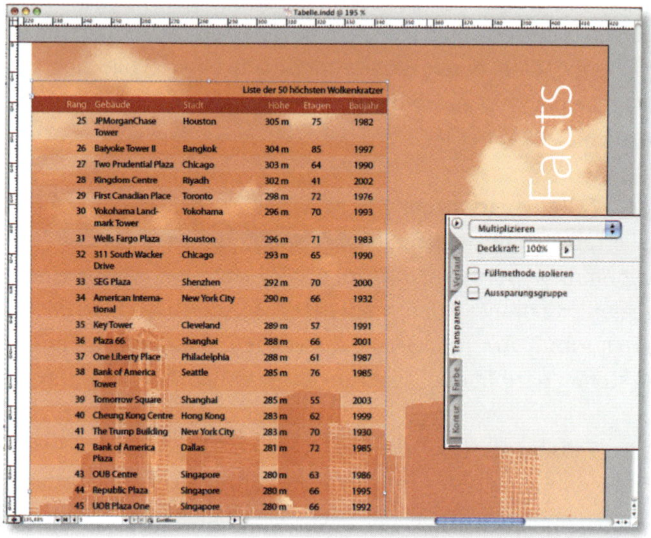

▲ **Abbildung 10.22**
Transparente Tabelle

Auch Schattenwürfe sind selbstverständlich möglich, wie auch Farbverläufe auf Zellenkonturen. Beachten Sie jedoch, dass Tabellen häufig während der Layoutphase geändert werden müssen. Folglich müssen eventuell auch alle grafischen Eigenschaften angepasst werden. Da eine Tabelle wie eine einzelne Zelle global formatiert werden kann, können sich die Effekte schnell anhäufen und unübersichtlich werden. Wie schon erwähnt, speichert das Plug-in Smart Styles Transparenzeigenschaften. Somit lassen sich auch neue platzierte Tabellen mit Transparenzattributen aus der Smart Styles-Bibliothek formatieren.

Zudem müssen Sie beachten, dass schwarze Schrift mit 100 % K in Zusammenhang mit Deckkraft oder Transfermodus nach einer Transparenzreduzierung in Prozessfarben umgewandelt wird. Das Schriftbild kann dann fetter wirken als geplant. Eine unterschiedliche Deckkraft von Schrift und Zellenfüllung ist leider nicht möglich. Daher sollten Sie bei Transparenzen immer eine komplette Füllung für die Tabelle wählen und dann einen Schattenwurf anwenden. Andere Transparenz-Einstellungen führen zur Umwandlung in Prozessfarben der Schrift.

	Windows	Mac
Tabelle einrichten	⇧ + Strg + Alt + B	⇧ + ⌥ + ⌘ + B
Zellen-/Textauswahl wechseln	Esc -Taste	Esc -Taste
Zellenoptionen: Text	Strg + Alt + B	⌥ + ⌘ + B
Zeile in nächstem Rahmen beginnen	⇧ + Num ↵	⇧ + Num ↵
Zeile in nächster Spalte beginnen	Num ↵	Num ↵
Größe der Zeilen oder Spalten verändern, ohne die Größe der Tabelle zu ändern	⇧ + inneren Zeilen- oder Spaltenrand ziehen	⇧ + inneren Zeilen- oder Spaltenrand ziehen
Größe von Zeilen oder Spalten proportional ändern	⇧ + Tabellenrand ziehen	⇧ + Tabellenrand ziehen
Auswählen		
Tabelle auswählen	Strg + Alt + A	⌥ + ⌘ + A
Spalte auswählen	Strg + Alt + 3	⌥ + ⌘ + 3
Zeile auswählen	Strg + 3	⌘ + 3
Zelle auswählen	Strg + #	⌘ + #
Zellen darüber auswählen	⇧ + ↑	⇧ + ↑
Zellen darunter auswählen	⇧ + ↓	⇧ + ↓
Zellen zur Linken auswählen	⇧ + ←	⇧ + ←
Zellen zur Rechten auswählen	⇧ + →	⇧ + →
Einfügen		
Tabelle einfügen	⇧ + Strg + Alt + T	⇧ + ⌥ + ⌘ + T
Spalte einfügen	Strg + Alt + 9	⌥ + ⌘ + 9
Zeile einfügen	Strg + 9	⌘ + 9
Zeilen oder Spalten beim Ziehen einfügen	Zeilen- oder Spaltenrand ziehen, dann Alt drücken und ziehen	Zeilen- oder Spaltenrand ziehen, dann ⌥ drücken und ziehen
Löschen		
Spalte löschen	⇧ + ←	⇧ + ←
Zeile löschen	Strg + ←	⌘ + ←
Zeilen oder Spalten beim Ziehen löschen	Zeilen- oder Spaltenrand ziehen, dann Alt drücken und ziehen	Zeilen- oder Spaltenrand ziehen, dann ⌥ drücken und ziehen
Cursor bewegen		
In benachbarte Zelle bewegen	← → ↑ ↓	← → ↑ ↓
Zur nächsten bzw. vorherigen Zelle	⇥ bzw. ⇧ + ⇥	⇥ bzw. ⇧ + ⇥
Zur ersten letzten Zelle in Spalte	Alt + Bild ↑ / Bild ↓	⌥ + Bild ↑ / Bild ↓
Zur ersten letzten Zelle in Zeile	Alt + Pos1 bzw. Ende	⌥ + Anfang bzw. Ende

Tabelle 10.1
Tastenkürzel für das Bearbeiten von Tabellen

10.6 Tabellenoptionen

Unter den Tabellenoptionen im Paletten- oder im Kontextmenü sind alle Formatierungsfunktionen zusammengestellt, welche die gesamte Tabelle betreffen. Es öffnet sich eine Dialogbox mit fünf verschiedenen Reitern.

10.6.1 Tabelle einrichten

Unter den Tabelleneinstellungen legen Sie die Anzahl der Zeilen und Spalten fest. Auch die Anzahl von Kopf- und Fußzeilen stellen Sie entweder hier oder im gleichnamigen Reiter TABELLENKOPF UND -FUSS ein. Da sich dieselben Einstellungen an verschiedenen Positionen mehrfach befinden, reicht es aus, nur im letzten Reiter der Tabellenoptionen die Anzahl anzugeben.

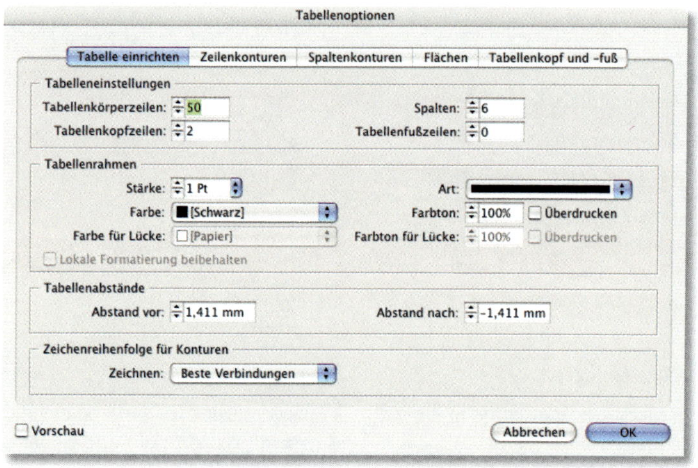

Abbildung 10.23 ►
Unter dem Reiter TABELLE EINRICHTEN finden Sie alle grundlegenden Vorgaben.

Die Stärke und Darstellung des Tabellenrahmens bearbeiten Sie darunter. Ebenso wie Sie Konturen festlegen, definieren Sie auch hier die Konturenstärke, die Farbe und die Erscheinung. Die Option LOKALE FORMATIERUNG BEIBEHALTEN schützt die Konturen von Einzelzellen, die Sie unter den Zellenoptionen festlegen. Die Tabellenabstände hingegen sind vergleichbar mit den Absatzabständen, die den vorhergehenden oder nachfolgenden Text auf Distanz halten.

Die Reihenfolge der Konturendarstellung treffen Sie in der letzten Option ZEICHENREIHENFOLGE FÜR KONTUREN. Dabei wird der Sonderfall berücksichtigt, dass Sie eine Tabelle sowohl insgesamt als auch angrenzende Zellen mit einer Kontur formatiert haben. Somit würden sich diese beiden Konturen überlagern. InDesign CS bietet Ihnen hier die Auswahl, ob das visuell beste Ergebnis erzielt werden soll, BESTE VERBINDUNGEN, ob eine der Konturen im Vordergrund steht oder ob das InDesign 2-Verhalten bezüglich der Konturen angewandt wird. Die Grundeinstellung Beste Verbindungen ist hier vorzuziehen.

10.6.2 Zeilen- und Spaltenkonturen

Für alle Einstellungen der Kontur oder Flächenfüllung in Tabellen hält InDesign abwechselnde Muster bereit. Darunter wird die Formatierung mit zwei unterschiedlich aufeinander folgenden Konturen oder Flächen verstanden.

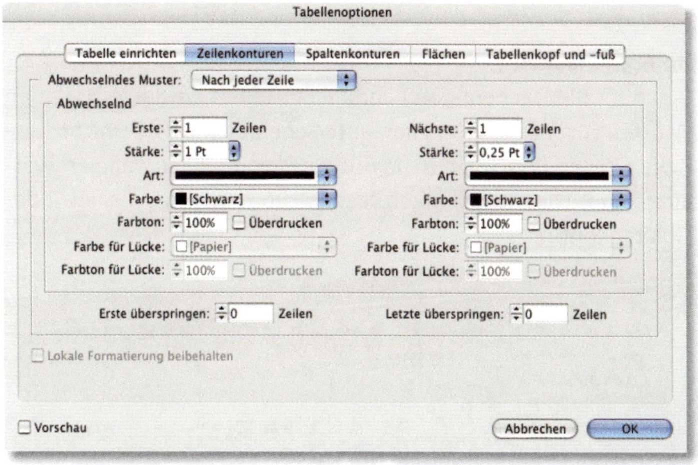

◂ **Abbildung 10.24**
Einstellungen für die Zeilenkonturen

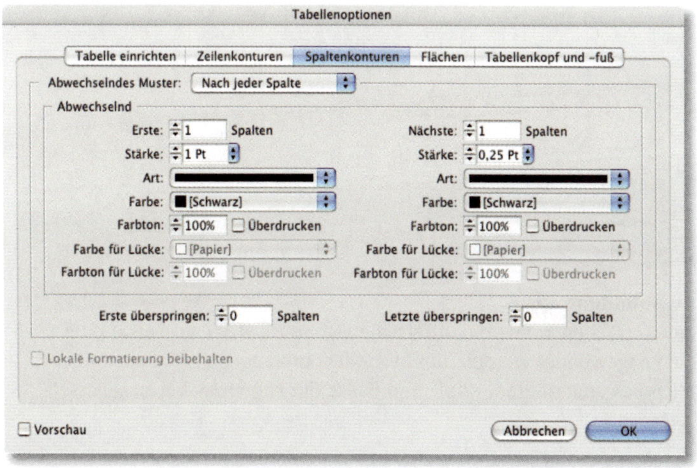

◂ **Abbildung 10.25**
Die Kontureneinfassung von Zeilen wie auch Spalten kann einem benutzerdefinierten Muster folgen.

Wie viele Zeilen oder Spalten auf einmal mit der ersten Einstellung auf der linken Seite und danach mit den Optionen auf der rechten Seite dargestellt werden, legen Sie an dem Muster fest. Einige feste Muster bietet InDesign bereits an: Musterwechsel nach jeder einzelnen Zeile, nach zwei Zeilen oder drei Zeilen. Die benutzerdefinierte Einstellung lässt Ihnen freie Hand, Sie dürfen hier auch z. B. drei Zeilen mit gleicher Einstellung und danach eine Zeile mit alternativer Einstellung folgen lassen.

Mehr zu den Einstellungsmöglichkeiten der Kontur für die Zeilen oder Spalten lernen Sie im Kapitel 6. Auch hier gibt es wie an jeder Einstellung zur Kontur die Auswahl der Konturenstile sowie Optionen für eine gestrichelte Linie mit Lückenfarbe. Ob Sie diese grafisch technischen Möglichkeiten wirklich ausschöpfen, bleibt Ihnen überlassen.

Nicht jede Tabelle hat jedoch nur aufeinander folgende Zeilen. Welche Zeilen oder Spalten übersprungen werden sollen, geben Sie im unteren Bereich des Einstellungsdialogs ein.

10.6.3 Flächen

Auch für die Flächenfarben der Zellen stehen die abwechselnden Muster zur Verfügung. Hier unterscheidet InDesign nicht zwischen Zeilen und Spalten, da nur eines von beiden definiert werden kann. Die Einstellungen hier folgen denen der Zeilen- oder Spaltenkontur.

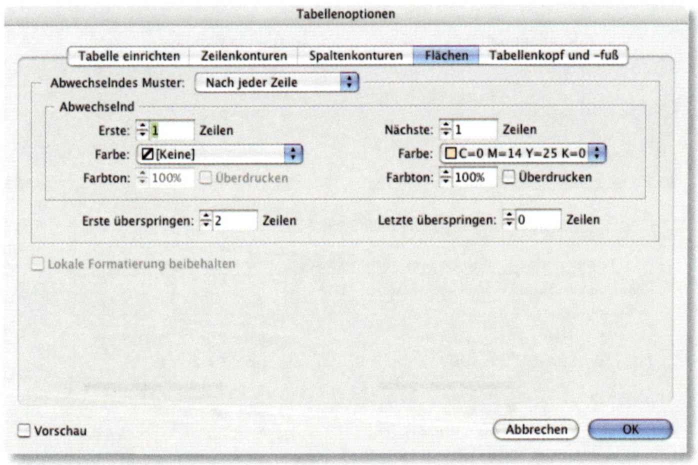

▲ Abbildung 10.26
Auch Flächen können in unterschiedlichen Mustern auf Zeilen oder Spalten angewendet werden, um besonders umfangreiche Tabellen übersichtlich zu gestalten. Kopf- und Fußzeilen können dabei ausgelassen werden.

Während abwechselnde Konturen innerhalb einer Tabelle jedoch nicht unbedingt zu einer harmonischen Ansicht führen, zeigen wir die abwechselnde Flächenfärbung am Beispiel.

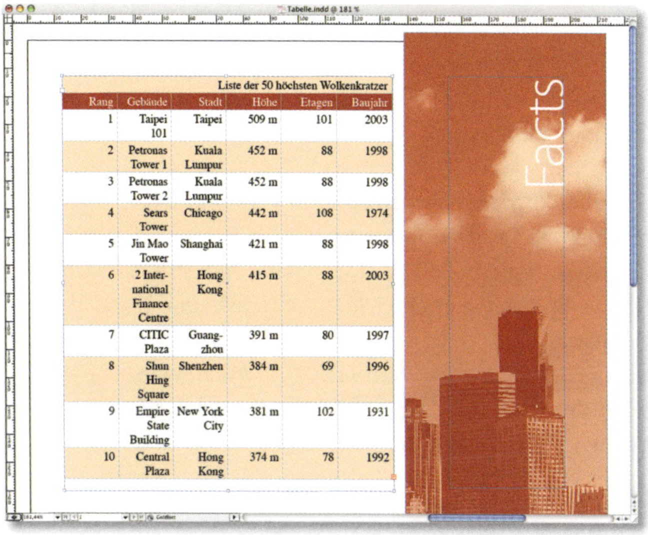

Liste der 50 höchsten Wolkenkratzer					
Rang	Gebäude	Stadt	Höhe	Etagen	Baujahr
1	Taipei 101	Taipei	509 m	101	2003
2	Petronas Tower 1	Kuala Lumpur	452 m	88	1998
3	Petronas Tower 2	Kuala Lumpur	452 m	88	1998
4	Sears Tower	Chicago	442 m	108	1974
5	Jin Mao Tower	Shanghai	421 m	88	1998
6	2 International Finance Centre	Hong Kong	415 m	88	2003
7	CITIC Plaza	Guangzhou	391 m	80	1997
8	Shun Hing Square	Shenzhen	384 m	69	1996
9	Empire State Building	New York City	381 m	102	1931
10	Central Plaza	Hong Kong	374 m	78	1992

◂ **Abbildung 10.27**
Alternierende Füllungen zur Verbesserung der Lesbarkeit von Zeilen

10.6.4 Tabellenkopf und -fuß

Die schon angesprochenen Kopf- und Fußzeilen für Tabellen finden Sie im letzten Reiter der Tabellenoptionen. So einfach, so genial: Mit der Anzahl der Zeilen geben Sie an, wie groß der Bereich ist, der als fester Bestandteil jedes umbrochenen Tabellenabschnitts wiederholt wird. Zusätzlich definieren Sie darunter, auf welche Weise die Kopf- und Fußzeilen wiederholt werden: pro Textspalte, Textrahmen oder Seite.

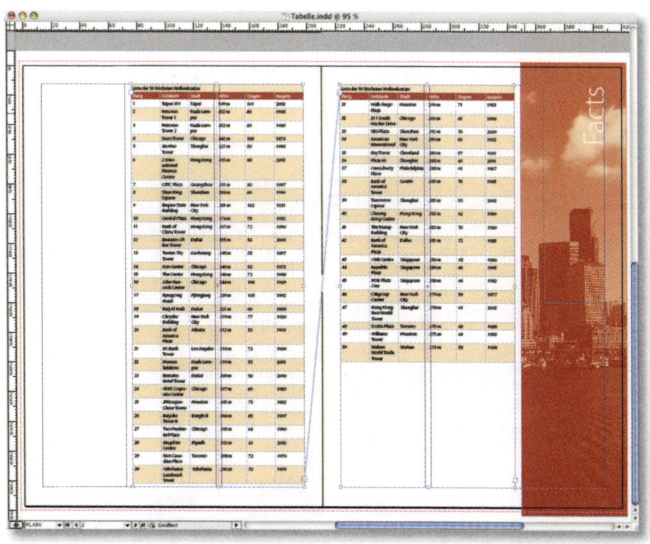

◂ **Abbildung 10.28**
Wird die Tabelle über mehrere Textrahmen umbrochen, so können Kopf- und Fußzeilen spalten-, rahmen- oder seitenweise wiederholt werden.

Die Gestaltung der Kopf- und Fußzeilen müssen Sie nur an einer markierten Zeile durchführen, die grafische Erscheinung wird auf den wiederholten Zeilen übernommen.

Dies ist eine Funktion, die schon in InDesign 2 sehr vorteilhaft gewesen wäre, da hier manuelle Arbeit dafür sorgte, dass zumindest optisch Kopf- und Fußzeilen als Spaltenbeschriftung oder als Tabellentitel dienten.

In Tabellenkopfzeilen umwandeln | Neben der Eingabemethode über die Tabellenoptionen können Sie auch direkt aus der Tabellengestaltung Zeilen zu Kopfzeilen umwandeln. Dazu markieren Sie einfach die erste Zeile Ihrer Tabelle und rufen über die rechte Maustaste oder `Ctrl` im Kontextmenü den Eintrag IN TABELLENKOPFZEILEN UMWANDELN auf. Auch eine Markierung und Umwandlung über mehrere Zeilen ist möglich. Gleichermaßen gehen Sie mit Fußzeilen vor. Zeilen innerhalb einer Tabelle können nicht als Kopf- oder Fußzeilen definiert werden.

10.7 Zellenoptionen

In den Tabellenoptionen legen Sie die Darstellung der gesamten Tabelle fest, die Zellenoptionen hingegen richten sich nur an diejenigen Zellen, die Sie zuvor mit gedrücktem Textwerkzeug markiert haben. Dies können sowohl eine einzelne Zelle, eine Zeile, eine Spalte wie auch alle Zellen sein.

10.7.1 Text

Die Textformatierungen beziehen sich auf den Textfluss innerhalb einer Zelle. Die Einstellungen sollten Ihnen aus den Textrahmenoptionen bereits bekannt sein, der Textabstand ist hier der Zellversatz.

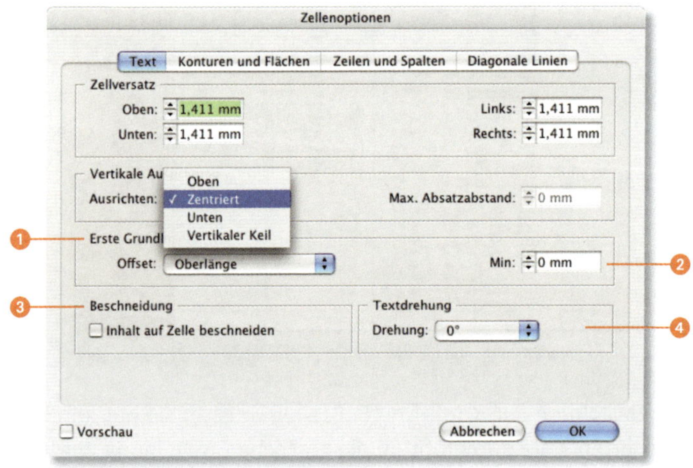

Abbildung 10.29 ▸
Zellenoptionen für die Ausrichtung von Text, vergleichbar mit den Textrahmenoptionen

Die Einstellung unter ERSTE GRUNDLINIEN ①, nämlich die Ausrichtung an den typografischen Horizonten OBERLÄNGE oder X-HÖHE (siehe auch Kapitel »Typografie«) ist hier gekoppelt mit einem Minimalbereich. Die Bezeichnung FIXIERT ist etwas widersprüchlich, als »Grundlinie« definiert wäre die Übersetzung besser gelungen.

Der Minimalbereich ② ist gekoppelt an den zuvor ausgewählten OFFSET. Wenn Sie also z. B. die x-Höhe auswählen und hier 1 mm eingeben, wird der Text innerhalb der Zelle ausgehend von der x-Höhe um einen Millimeter nach unten zur vertikalen Ausrichtung versetzt in der Zelle platziert. Haben Sie alles verstanden? Nun, es zeigt, dass InDesign an dieser Stelle besonders viele Möglichkeiten bietet, welche die Wahl zur Qual machen.

Die Beschneidung des Inhalts auf den Text ③ ist eine nützliche Funktion, wenn Sie Bilder in eine Zelle importieren. Klicken Sie dazu mit der Einfügemarke in eine Zelle, und platzieren Sie wie gewohnt eine Bilddatei. Die Grafik oder das Bild wird dann mit der linken oberen Ecke in die Zelle gesetzt. Wenn die Zelle nicht groß genug ist, ragt das Bild zunächst über die Zelle hinaus und verdeckt benachbarte Tabellenfelder. Wenn Sie diese Option INHALT AUF ZELLE BESCHNEIDEN unter den Zellenoptionen aktivieren, wird der überlappende Bildbereich ausgeblendet und auf die Zellenfläche begrenzt.

Bei der nächsten Einstellung dreht es sich jedoch wieder um den Text innerhalb der Zelle: TEXTDREHUNG ④. In 90°-Schritten richten Sie den Text in einer Zelle aus. Das spart Ihnen oft Platz, wenn Sie schmale Spalten mit Zahlenwerten anlegen müssen und die Überschrift oder Bezeichnung der Spalte besonders viel Platz einnimmt.

Gedrehter Text in einer Zelle

Leider bietet InDesign keinen Drehwinkel um 45° oder 30° an, um die Spaltenüberschriften lesbarer anzuordnen. Hier hilft Ihnen ein Trick: Erzeugen Sie zunächst einen Textrahmen, und drehen Sie ihn um 45 Grad. Schneiden Sie den gedrehten Rahmen in die Zwischenablage mit aus, klicken Sie nun mit dem Textwerkzeug in die Tabellenzelle, und fügen Sie den Textrahmen ein. Voilà! Über die Textausrichtung links- oder rechtsbündig sowie die vertikale Ausrichtung des Textes innerhalb der Zelle platzieren Sie den Textrahmen genauer.

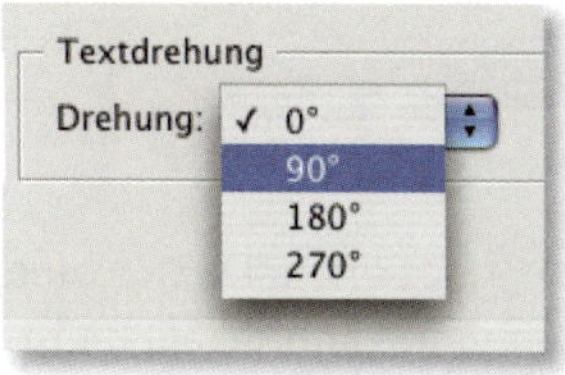

◂ **Abbildung 10.30**
Die Textdrehung ist nur in 90°-Schritten möglich. Andere Drehungen erreichen Sie nur, indem Sie einen gedrehten Rahmen in eine Zelle hineinkopieren. Leider ist hier InDesign CS2 noch sehr unflexibel.

10.7.2 Konturen und Flächen

Parallel zu den Tabellenoptionen können Sie einzelne Zellen separat mit einer eigenen Zellenkontur und Zellfläche gestalten, um eine Zelle optisch besonders hervorzuheben. Diese Einstellungen werden unter den Tabellenoptionen als lokale Formatierung geschützt.

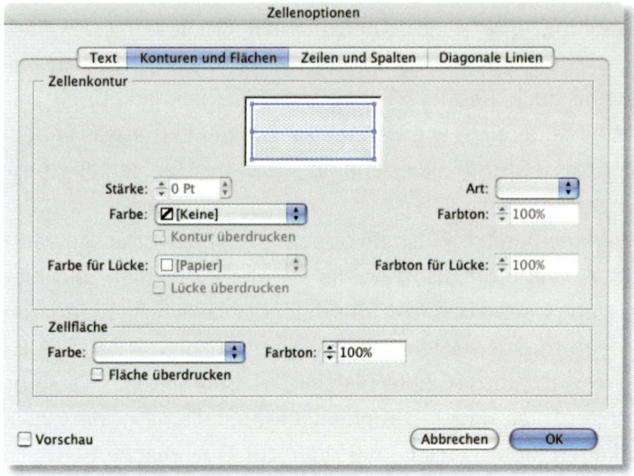

Abbildung 10.31 ▸
Zellenoptionen: Konturen und Flächen

10.7.3 Zeilen und Spalten

Die genaue Höhe und Breite von Zeilen und Spalten definieren Sie hier. Schneller jedoch geben Sie die Maße über die Tabellen-Palette ein, die hier für die gesamte Tabelle gelten.

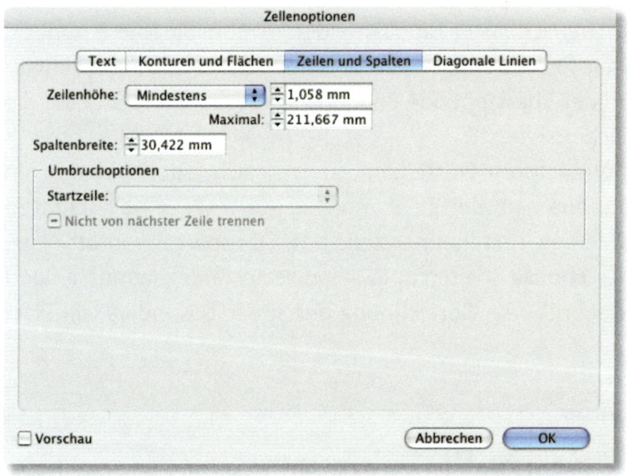

Abbildung 10.32 ▸
Zellenoptionen: Zeilen und Spalten

Wichtig in diesem Menü sind die Umbruchoptionen. Da sich eine Tabelle innerhalb eines Textrahmens befindet, kann sie auch umbrochen werden. Die Tabelle verhält sich wie normaler Text in verketteten Textrahmen und bricht zeilenweise in den nächsten Textrahmen um. Verkettete Textrahmen beschreiben wir genauer im Kapitel 5 »Neue Dokumente anlegen«.

10.7.4 Diagonale Linien

Zellen einer Tabelle, die nicht gefüllt sind, können mit diesen Einstellungen gekennzeichnet werden. Mit diagonalen Linien aufsteigend, absteigend oder durchkreuzt können Sie diese Zellen im Vordergrund oder Hintergrund kennzeichnen. Auch hier wie bei allen Kontureinstellungen innerhalb des Tabellensatzes stehen Ihnen STÄRKE, ART, FARBE und FARBTON zur Verfügung.

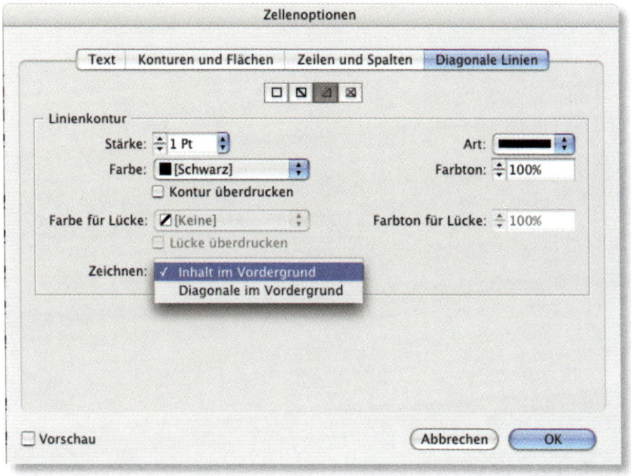

◂ **Abbildung 10.33**
Diagonale Linien markieren entweder fehlende Einträge oder können als Gestaltungsmittel eingesetzt werden. Die Linie wird immer innerhalb der Zelle eingefasst.

Eine Einschränkung gibt es jedoch: Der Anfangs- und Endpunkt wird bei Linien über einem Punkt STRICHSTÄRKE spitz in die Ecken der Zelle gesetzt. Das bedeutet für die Anwendung, dass Sie entweder nur feine Linien verwenden oder um die betroffenen Zellen eine zusätzliche Kontur ziehen müssen, welche die spitzen Eckpunkte kaschieren. Die Form der Eckpunkte wie in der Konturen-Palette können Sie nicht beeinflussen.

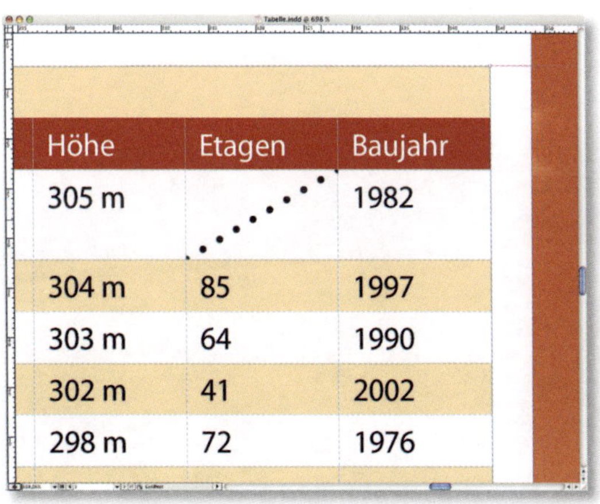

◂ **Abbildung 10.34**
Diagonale Linien zeigen einen fehlenden Eintrag.

Wenn Sie in der durchgestrichenen Zelle auch Inhalte eingefügt haben, so können Sie zusätzlich entscheiden, ob die Diagonale diese Inhalte überlagert oder ob der Inhalt im Vordergrund der Zelle steht.

11 Die Farbwelt von InDesign CS2

Ob LAB, CMYK, RGB, Pantone oder HKS – InDesign bietet Ihnen alles Nötige, um die Welt der Farben zu erobern. Nutzen Sie die Farbfelder als Bibliothek für Ihr Layoutdokument, um Volltöne, Prozessfarben, Farbtöne, Verläufe oder Mischdruckfarben anzulegen. Tauschen Sie die Farben mit anderen Dokumenten aus.

Alle Rahmen können mit einer Farbfüllung und einer Kontur definiert werden. Ebenso wenden Sie Farben auf Schriften, Graustufen-Dateien wie TIFFs oder Photoshop-Dokumente oder Schwarz-Weiß-Bitmaps an. Bevor wir aber in die Kreativarbeit einsteigen, tauchen wir zuvor in die Welt der Farben ein.

11.1 Der Farbwähler

Die aktuelle Farbfüllung und -kontur eines Objektes oder Ihres aktuellen Werkzeugs erkennen Sie anhand der Werkzeugpalette. Das Quadrat und die Kontur geben Ihnen immer eine Rückmeldung, welche Farben gerade angemischt sind. Ein rot durchgestrichenes Symbol zeigt Ihnen an, dass entweder keine Füllung oder Kontur ausgewählt sind.

▲ **Abbildung 11.1**
Fläche- und Konturfarbe werden in der Werkzeugpalette angezeigt.

Mit einem Doppelklick auf Füllung oder Kontur öffnen Sie den Farbwähler, eine neue Funktion in InDesign CS2. Den Farbwähler kennen Sie evtl. schon aus Photoshop.

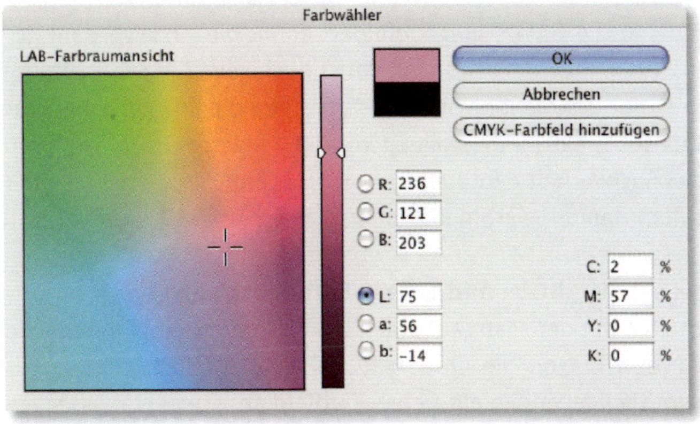

◂ **Abbildung 11.2**
Der neue Farbwähler in InDesign CS2 erleichtert das Anmischen von benutzerdefinierten Farben.

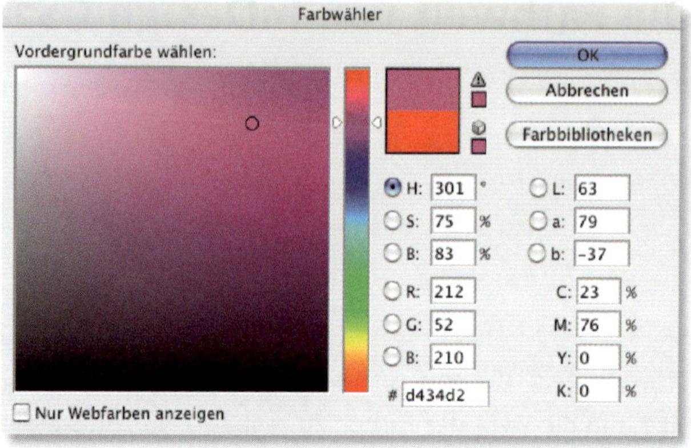

Abbildung 11.3 ▶
Der Farbwähler in Photoshop ist deutlich komfortabler durch die HSB-Mischung und bietet auch eine Farbumfangswarnung, wenn angemischte Farben nicht im Arbeitsfarbraum definiert sind.

Mit einem Klick in das Farbspektrum wählen Sie eine Farbe aus und sehen gleichzeitig die RGB-, LAB- und CMYK-Werte der Auswahl. Mit dem Regler neben dem Spektrum bestimmen Sie den Wert des gerade ausgewählten Wertes. Wenn Sie einen der RGB-Buttons aktivieren, erscheint das Farbspektrum im RGB-Farbraum, und der Regler bestimmt die Werte für jeden Farbkanal von 0 bis 255. Ein absolutes Schwarz wird im RGB-Modus mit 0, 0, 0 wiedergegeben, ein Weiß mit 255, 255, 255 und ein neutrales Grau mit 128, 128, 128. Im LAB-Modus hingegen bestimmt der L-Kanal die Luminanz von 0 bis 100 %. Die Werte a und b sind Achsen durch den LAB-Farbraum, die im Wert 0 einen Grauwert ergeben. A und b lassen sich jeweils von –127 bis +127 einstellen. Da das Anmischen von Farben im LAB-Modus äußerst ungewöhnlich und das Farbmodell abstrakt und dadurch wenig intuitiv für die tägliche Arbeit ist, wollen wir uns stattdessen auf die CMYK-Mischung konzentrieren: Aus Cyan, Magenta, Yellow und Black wählen Sie prozentual einen neuen Farbwert.

Dummerweise werden die CMYK-Werte aber nicht angezeigt. Sie müssen direkt in die Eingabefelder klicken, um einen Wert einzugeben. Die Anzeige im Spektrum ist nicht genau. Klicken Sie zunächst auf den Button vor einem LAB-Kanal, und wechseln Sie danach in die CMYK-Eingabefelder, damit die Anzeige dem gewünschten Prozessfarbton entspricht. Da ein CMYK-Farbraum immer eine Teilmenge von LAB ist, werden die Prozessfarben nur mit dieser Spektrumdarstellung korrekt wiedergegeben. Ist Ihnen dieser Sachverhalt neu oder unklar, so sollten Sie sich eingehend mit dem Kapitel »Farbmanagement« beschäftigen.

11.1.1 LAB-, RGB- und CMYK-Farbfelder anlegen

Wenn Sie mit der Maus auf einen RGB-Wert klicken, erhalten Sie als dritten Button die Option RGB-Farbfeld hinzufügen. Mit einem Klick legen Sie ein neues Farbfeld an. Sobald Sie aber ein CMYK-Eingabefeld anwählen, wechselt der Button auf CMYK-

Farbfeld hinzufügen. LAB-Farbfelder können Sie ebenso auf dieselbe Weise anmischen und anlegen.

Das Ergebnis der angelegten Farbfelder entspricht aber nicht den angemischten Werten. Je nachdem, wie Ihr Farbmanagement eingerichtet ist, weichen die Werte der Farbfelder um einige Prozent ab. Es bleibt Ihnen also nichts anderes übrig, als die Farbfelder ggf. zu korrigieren oder gleich in der Farbfelder-Palette anzulegen. Wie dies geschieht, lesen Sie im nächsten Abschnitt.

11.1.2 Kritik am Farbwähler

Der neue Farbwähler gibt selbst eingefleischten Farbprofis Rätsel auf. Nicht nur, dass die Anwendung stark von Photoshop und dem neuen Farbwähler in Illustrator abweicht, sondern auch die Ergebnisse der angelegten Farbfelder sind abenteuerlich und schwer nachvollziehbar.

Ebenso fehlt der aus Photoshop bekannte und auch in QuarkXPress beliebte HSB-Modus. Hue, Saturation und Brightness stehen stellvertretend für den Farbwinkel im Farbkreis, die Sättigung und die Helligkeit sind die nahe liegenden Eigenschaften, wie eine Farbe beschrieben wird.

Darüber hinaus verfügt der Farbwähler nicht über eine Farbumfangswarnung aus Photoshop, die für die Druckvorbereitung doch so wichtig ist. Eine angemischte Farbe wird dabei stets mit dem RGB- oder CMYK-Arbeitsfarbraum verglichen und eine Warnung in Form eines Dreiecks ausgegeben. Mit einem Klick auf die Farbwarnung sucht sich Photoshop den nächstmöglichen Farbwert.

Dies tut InDesign offenbar auch, wenn wir im RGB-Modus ein leuchtendes Türkis anlegen: Die RGB-Werte 0, 255, 255 ergeben nach einem Klick in die CMYK-Eingabefelder und einem anschließenden Hinzufügen eines neuen CMYK-Farbfeldes einen Näherungswert von CMYK = 58, 0, 27, 0. Wenn InDesign ein Profi-Werkzeug ist, warum werden also diese Sachverhalte nicht im Farbwähler dargestellt?

Ebenso fehlt ein Button in die Schmuckfarben-Bibliothek von InDesign. Es bleibt also noch viel Arbeit für Adobe, den Farbwähler produktionstauglich zu gestalten.

11.2 Die Farbfelder-Palette

InDesign verwaltet alle anwendungs- und dokumentspezifischen Farben in der Palette Farbfelder, zu erreichen über das Menü Fenster.

Die Farbfelder-Palette

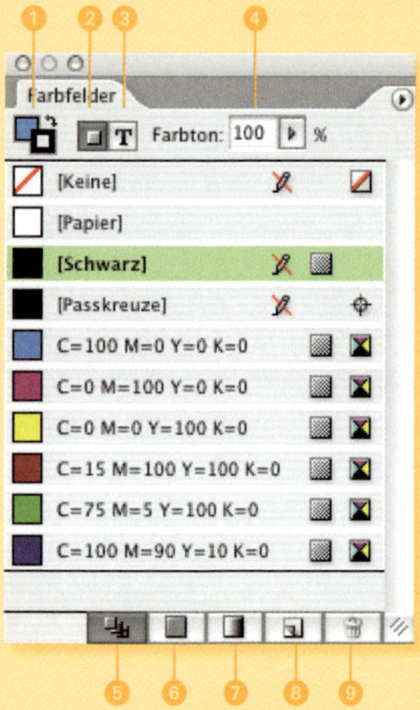

▲ **Abbildung 11.4**
Standardansicht: Alle geschützten Standard-Farbfelder werden mit einem durchgestrichenen Stiftsymbol gekennzeichnet.

Im Kopfbereich der Palette sehen Sie:

1. eine Miniatur der Werkzeugpalette Fläche und Kontur
2. Formatierung Rahmen
3. Formatierung Text
4. Farbtoneinstellung

Darunter folgt eine Liste aller im Dokument definierten Farben. Die voreingestellten Farben wie Cyan, Magenta, Gelb, Dunkelrot, Grün und Dunkelblau können Sie jederzeit verändern oder gleich vollständig löschen: Markieren Sie diese Farben, und ziehen Sie sie auf das Papierkorbsymbol in der Farbfelder-Palette.

An der unteren Palettenkante finden Sie die folgenden Funktionsbuttons:

5. Alle Farbfelder einblenden
6. Farbfelder einblenden
7. Verlaufsfelder einblenden
8. Neues Farbfeld
9. Farbfeld löschen

11.2.1 Der Palettenaufbau

In der Standarddarstellungsform Name werden Ihnen die Farbfelder mit einer genauen Farbbezeichnung aufgelistet, die entweder aus einer Farbbibliothek kommt (z. B. Pantone Orange 021 C) oder die Sie selbst definiert haben. In Abbildung 11.4 sehen Sie diejenigen Farben, die InDesign immer zur Verfügung stellt: Keine, Papier (Weiss), Schwarz (100 % K) und Passkreuze (100 % C, 100 % M, 100 % Y und 100 % K).

Die Farbe Passkreuze dient zur Markierung von Schnittmarken, Passkreuzen etc., die auf allen späteren Ausbelichtungsfilmen zu sehen sein sollen, und ist als Vollton im CMYK-Farbraum definiert. Auch bei einer Ausgabe von Sonderfarben wie HKS- oder Pantone-Tönen werden diejenigen Objekte, die mit diesem Farbton definiert sind, auf dem Film mit ausbelichtet. Da Schnittmarken, Passkreuze oder Farbkontrollstreifen generell automatisch bei der Ausgabe auf den Film oder die Druckplatte ausbelichtet werden, sollten Sie das Anlegen von zusätzlichen Schnittmarken nur bei außergewöhnlichen Druck- oder Stanzformen mit Ihrem Druckdienstleister besprechen. Diese Marken können auf dem Seiteninfo-Bereich angelegt werden. Lesen Sie dazu auch das Kapitel »Neue Dokumente anlegen«.

In Abbildung 11.5 sehen Sie eine Auswahl verschiedener Farben aus den Farbräumen RGB, CMYK, HKS K und Pantone Solid Coated. Darüber hinaus werden auch Verlaufsfelder angezeigt.

Die Farbfeldnamen ergeben sich automatisch aus den Farbwerten der Farbkanäle. Durch die Symbole hinter den Farbnamen erkennen Sie, ob es sich um eine Schmuckfarbe handelt (Waschmaschine – weißes Quadrat mit grauem Innenkreis) oder ob das Farbfeld als Prozessfarbe definiert ist (graues Quadrat). Die zweite Symbolspalte beschreibt den Farbraum, aus dem die ausgewählten Farben stammen.

Farben sortieren

Die Liste der Farben können Sie sich nach Ihren Bedürfnissen sortieren: Klicken Sie auf ein Farbfeld, und ziehen Sie es mit gedrückter Maustaste an eine andere Position.

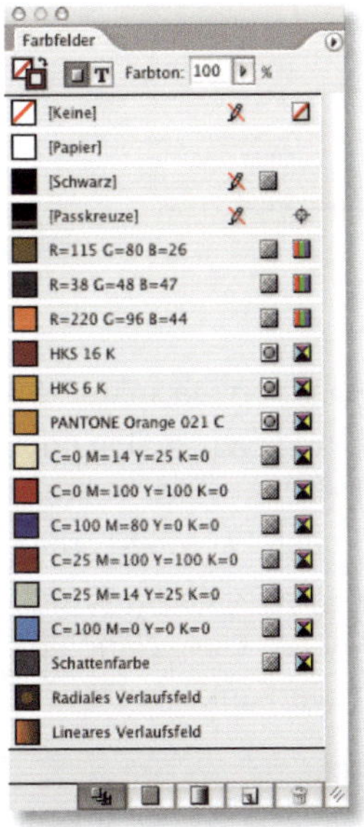

◂ **Abbildung 11.5**
Eine Farbauswahl aus den verschiedenen Modi CMYK, RGB, HKS K und Pantone Solid Coated. Die zusätzlichen Icons hinter dem Farbnamen kennzeichnen den Unterschied zwischen Prozess- und Volltonfarbe sowie die verschiedenen Farbmodelle.

▴ **Abbildung 11.6**
Die großen oder kleinen Farbfelder eignen sich für die Kreativarbeit und nehmen deutlich weniger Platz ein als die Listenansicht. Die Farbfelder sind identisch zur Abbildung 11.5.

Farbfeld-Ansicht | Über den Befehl GROSSES FARBFELD im Palettenmenü stellen Sie die Ansicht der Farbfelder um. Hier werden Volltonfarben mit einem Punkt in der rechten unteren Ecke eines Farbfeldes gekennzeichnet.

11.2.2 Das Palettenmenü

Über das Palettenmenü der Farbfelder legen Sie mit der Auswahl der ersten Option NEUES FARBFELD ein Farbfeld an, definieren Verläufe, ändern bestehende Farbfelddefinitionen unter dem Punkt FARBFELDOPTIONEN oder verändern die Ansicht der Palette mit der Auswahl zwischen NAME, NAME (KLEIN), KLEINES FARBFELD oder GROSSES FARBFELD.

11.3 Farbfelder anlegen und löschen

Rufen Sie die Funktion NEUES FARBFELD im Palettenmenü auf. Sie erhalten einen Farbfeld-Dialog, in dem Sie die Farbe nach Farbtyp, Farbmodus und den Werten in den Farbachsen festlegen.

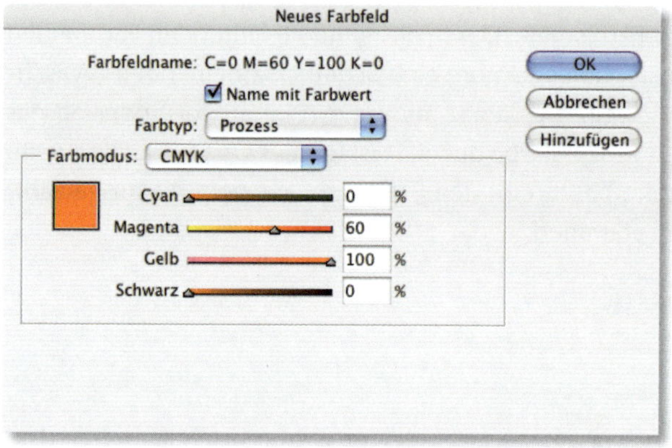

Abbildung 11.7 ▸
Der Auswahldialog NEUES FARBFELD

11.3.1 Farbtyp

[Prozessfarben]
Die vier Farben Cyan, Magenta, Gelb und Schwarz (CMYK), aus denen im Vierfarbdruck alle anderen Farben erzeugt werden. Es gibt auch den Sechsfarbendruck, bei dem als zusätzliche Prozessfarben noch Grün und Orange hinzu kommen.

Die Auswahl des Farbtyps richtet sich danach, ob Sie später die Farbe als Prozessfarbe im CMYK-Farbraum ausgeben wollen oder ob mit Vollton ein eigener Farbauszug ausbelichtet wird. Volltonfarben sind alle Sonderfarben wie HKS- oder Pantone-Farben sowie Gold, Silber oder eine Lackform. Diese Spezialfälle werden im Abschnitt »Vollton« gesondert beschrieben. Eine Wandlung von Vollton- zu Prozessfarben ermöglicht die Funktion DRUCKFARBEN-MANAGER (siehe Kapitel 11.7).

11.3.2 Farbmodus

Über den Farbmodus greifen Sie auf die InDesign-Farbbibliotheken zu, aus denen Sie vordefinierte Farben laden können.

- **LAB:** Der LAB-Farbraum ist, wie schon im Kapitel »Farbmanagement« beschrieben, der theoretische Farbraum, der jede technisch reproduzierbare Farbe enthält. Dies beschränkt sich aber nicht nur auf den druckbaren CMYK-Farbraum, sondern beinhaltet auch die Farbräume RGB oder Hexachrome.
- **CMYK:** Nach den Standarddruckfarben Cyan, Magenta, Yellow und Black mischen Sie in Prozentwerten die Farben an. In der Praxis liegt der maximale Farbauftrag bei ca. 300–350 %. Beachten Sie bitte, dass Sie keine Farben anlegen, die zusammengenommen diesen Wert überschreiten. Ein solch hoher Farbauftrag kann dazu führen, dass das Papier nach der Bedruckung wellt, das Druckbild auf andere Bögen durchschlägt oder die Druckmaschine stoppt.

- **HKS:** Die Standarddruckfarben im deutschsprachigen Raum unterteilen sich in den E- Fächer für Endlosdruck, den N-Fächer für mattgestrichene Papiere, den K-Fächer für gestrichene Sorten und den Z-Fächer für den Zeitungsrotationsdruck. HKS-Töne werden grundsätzlich als Volltonfarbe angelegt.

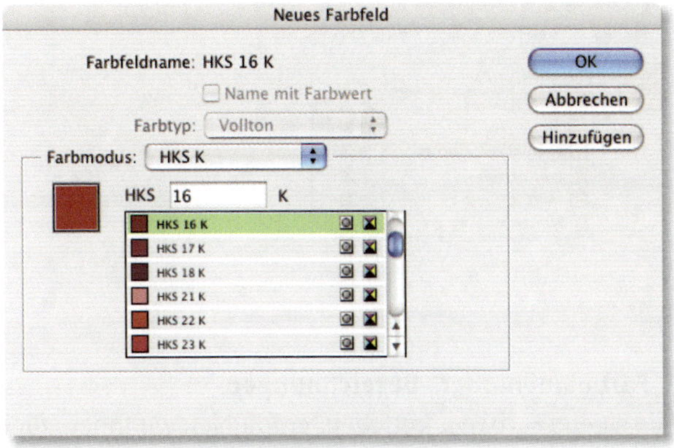

◂ **Abbildung 11.8**
Der Auswahldialog zur Anlage eines HKS-Farbtons

- **RGB:** Farben im RGB-Modus werden in den Kanälen Rot, Grün und Blau definiert. Pro Farbkanal dürfen Sie aus 255 Farbnuancen auswählen. Sind alle Kanäle auf 0 gestellt, erhalten Sie Schwarz, im Gegenzug ergibt sich Weiß aus R = 255, G = 255 und B = 255. RGB-Farben werden von Digitalkameras, Monitoren und Foto-Belichtungsgeräten verwendet. Legen Sie RGB-Farbfelder nur dann an, wenn Sie die Layoutdaten medienneutral aufbauen, später für das Internet verwenden oder auf einem RGB-Belichtungsgerät wie z. B. einem Lambda-Belichter ausgeben wollen. Verwenden Sie RGB-Farben für den CMYK-Druck nur dann, wenn Sie für die automatische Umrechnung für die Ausbelichtung mit Farbprofilen arbeiten, nach denen dann die Farbinformationen von RGB nach CMYK umgerechnet werden.
- **Pantone:** Ein international verbreitetes Farbsystem von Sonderfarben. Auch dieses System ist in unterschiedliche Fächer eingeteilt: Process Coated für gestrichene Papiere, bestehend aus Farben, die sich aus einem Mischungsverhältnis der 4c-Grundfarben ergeben, Solid Coated ebenfalls für gestrichene Papiere, jedoch ohne Mischverhältnis, Solid Matte für mattgestrichene Sorten und Solid Uncoated für ungestrichene Papiere.
  Wie die HKS-Töne werden auch diese als Volltöne angelegt (Abbildung 11.10). Fächer, die mit »Process« beginnen, führen nur Pantone-Farben auf, die sich auch durch die Grundfarben Cyan, Magenta, Yellow und Black mischen lassen. Somit ist die

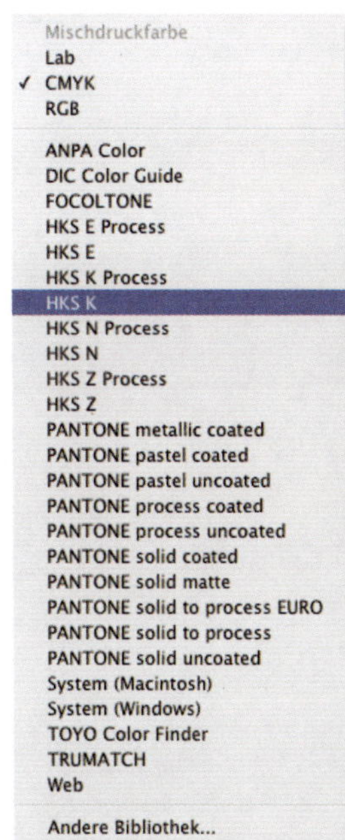

▴ **Abbildung 11.9**
Die Grundfarbräume und Farbbibliotheken der Farbmodusauswahl

Reproduktion einer solchen Pantone-Farbe auch ohne separate Schmuckfarbe möglich.

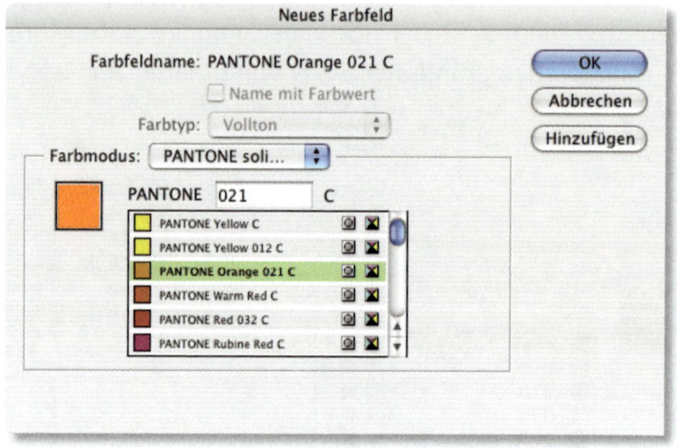

Abbildung 11.10 ▶
Die Anlage eines Pantone-Farbtons

11.3.3 Farbnamen oder -bezeichnungen

Wenn Sie eigene Farben anmischen, empfehlen wir Ihnen, für die frei definierbare Bezeichnung entweder die Farbwerte zu verwenden oder die Verwendung im Dokument zu betiteln, ähnlich der Bezeichnung der Absatz- oder Zeichenformate. Verwenden Sie eine Farbe z. B. nur für Überschriften oder als gesamte Auszeichnungsfarbe, so finden Sie passende Benennungen. Eine schlechte Benennung wäre z. B. Mausgrau oder Aschgrau, sinnvoll hingegen wäre »Pantone Cool Gray 5C« oder L=51, A=0, B=0.

11.3.4 Überflüssige Farben löschen

Wählen Sie die Option ALLE NICHT VERWENDETEN AUSWÄHLEN an. Klicken Sie danach auf den Punkt FARBFELD LÖSCHEN..., um unnötige Farbfelder aus dem Dokument zu entfernen. Dies erspart Ihnen in der Weitergabe der Dokumente an die Druckerei oder den Prepress-Dienstleister unnötige Probleme.

Der Weg zum Papierkorb ist ebenfalls nicht weit. Wählen Sie einen oder mehrere Farbtöne aus, und ziehen Sie diese auf das Papierkorb-Symbol am Fuß der Farbfelder-Palette. InDesign fragt Sie danach, durch welche Farbe die zu löschende ersetzt werden soll. Zunächst wird immer Schwarz als Ersatzfarbe angegeben. InDesign benötigt unbedingt eine Ersatzfarbe, um eine lückenlose Farbdefinition zu erhalten.

Als Alternative dazu steht Ihnen der Druckfarben-Manager zur Verfügung, mit dessen Hilfe Sie durch die Alias-Funktion in der Ausgabe mehrere Farben zu einer Volltonfarbe (Druckkanal) zusammenfügen können. Diese Vorgehensweise finden Sie eingehend im Kapitel 22 »Drucken« beschrieben.

	Windows	Mac
Neues Farbfeld aus dem aktuellen Farbfeld erstellen	Alt + Neues Farbfeld	⌥ + Neues Farbfeld
Neues Volltonfarben-Farbfeld aus dem aktuellen Farbfeld erstellen	Alt + Strg + Neues Farbfeld	⌥ + ⌘ + Neues Farbfeld

Tabelle 11.1
Tastenkürzel für die Farbfelder-Palette

11.4 Farbtonfelder

Um Layoutdokumente auch mit wenigen Sonderfarben lebendig zu gestalten, benötigen Sie Abstufungen der Volltonfarben.

Wählen Sie zunächst eine bestehende Vollton- oder Prozessfarbe in der Palette Farbfelder mit einem Mausklick aus. Über das Palettenmenü rufen Sie mit der zweiten Funktion Neues Farbtonfeld anlegen... den Auswahldialog auf. Sie erhalten einen Dialog, der sehr ähnlich zu dem normalen Farbfeld-Dialog aufgebaut ist.

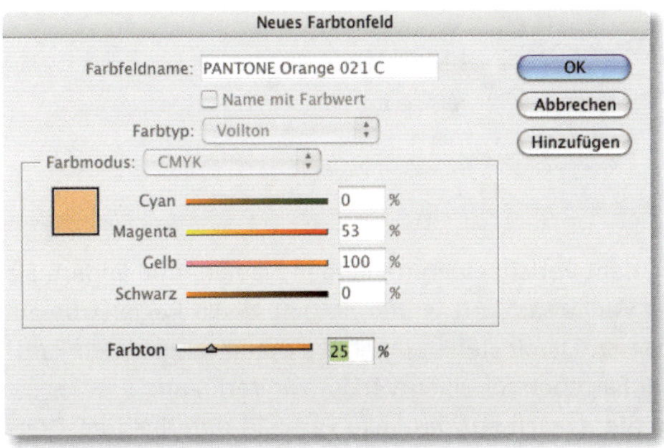

◂ **Abbildung 11.11**
Der Auswahldialog Farbtonfeld

Sie sehen die Farbfeld-Bezeichnung, den Farbmodus und die Farbwerte. Allerdings sind diese Funktionen ausgeblendet, dafür ist ein Farbtonregler hinzugekommen, mit dem Sie den Tonwert eingeben können. Wählen Sie z. B. einen Farbton von 35 %. Nach der Bestätigung erscheint der Farbton in Ihrer Farbfeld-Palette.

Im Eingabefeld des Farbtons im Kopf der Farbfeld-Palette sehen Sie diesen ausgewählten Prozentsatz. Beachten Sie, dass alle Objekte, die im Layout diesen Farbton tragen, bei einer Farbtonänderung ebenfalls umgefärbt werden.

Abhängige Farbtöne | Ändern Sie nun den Vollton, auf dessen Basis Sie den Farbton ausgewählt haben. Alle zugehörigen Farbtöne werden danach umgeschrieben, sie sind also abhängig vom Vollton. Ebenso funktioniert das Anlegen von Farbtönen mit Prozessfarben.

11.5 Verlaufsfelder

Ob Sie nun selten oder oft Verläufe als Gestaltungsmittel nutzen, hier zeigen wir Ihnen die zahlreichen Möglichkeiten, diese anzulegen. Beginnen wir mit einem Volltonverlauf. Öffnen Sie dazu über das Palettenmenü NEUES VERLAUFSFELD... den Verlaufsfeld-Dialog.

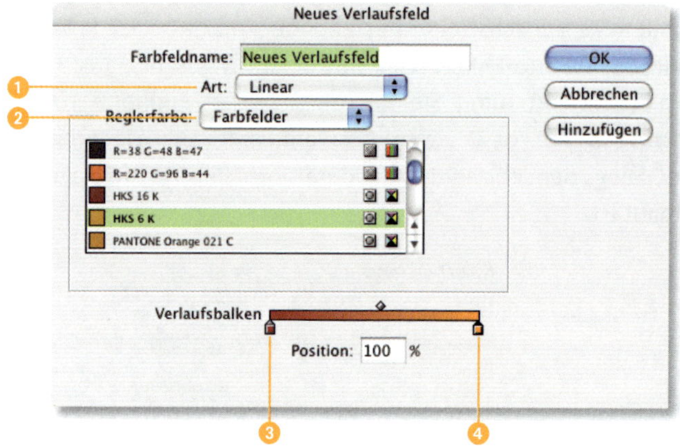

Abbildung 11.12 ►
Der Auswahldialog VERLAUFSFELD

Geben Sie dem Verlauf einen treffenden Namen, und ändern Sie neben der Verlaufsart LINEAR oder RADIAL ❶ die Reglerfarbe auf FARBFELDER ❷. Damit stehen Ihnen die bereits angelegten Farbfelder oder Farbtöne für einen Verlauf zur Verfügung.

Klicken Sie danach auf das linke Farbfeld unterhalb des Verlaufsreglers ❸. Nun können Sie dieser Farbe ein bestehendes Farbfeld oder einen Farbton zuweisen. Klicken Sie danach auf das rechte Farbfeld ❹, und wählen Sie auch hier den Vollton aus. In der wählen wir einen Verlauf von HKS 16K nach HKS 6K.

11.5.1 Asymmetrische Verläufe

Die Positionen der Farbfelder im Verlauf lassen sich verändern, indem Sie auf die Farbfelder unterhalb des Verlaufsreglers klicken und diese mit gedrückter Maustaste an eine andere Position ziehen. Sie sehen die neue Position in Prozentwerten unterhalb des Reglers.

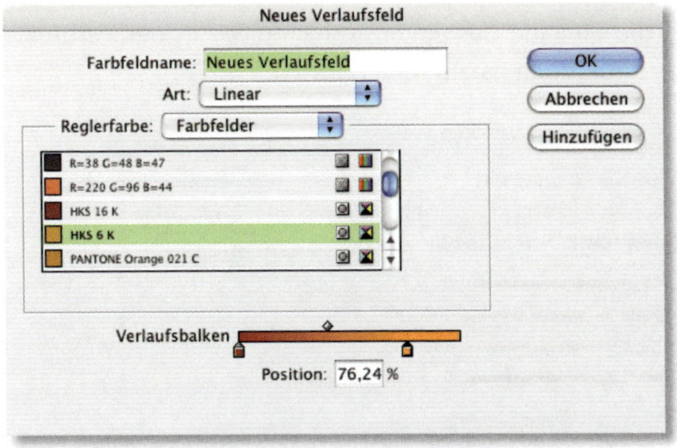

◂ **Abbildung 11.13**
Verschiebung der Farbfelder auf dem Verlaufsregler (Ausschnitt)

Den Verlaufsmittelpunkt, der zunächst immer auf neutralen 50 % steht, können Sie ebenfalls anklicken und nach links oder rechts ziehen.

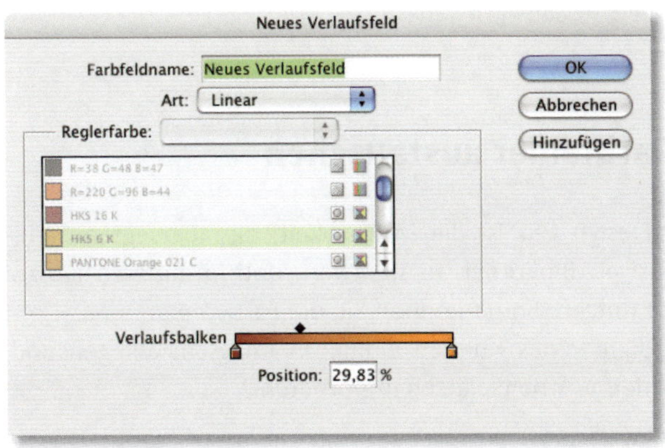

◂ **Abbildung 11.14**
Verschieben des Verlaufsmittelpunktes zur Erzeugung eines asymmetrischen Verlaufs

Diese beiden Arbeitsschritte sind auch nummerisch möglich, indem Sie zunächst auf Farbfeld oder Verlaufsmittelpunkt klicken und die gewünschte Position in das Eingabefeld eintragen. Bestätigen Sie die Verlaufseingabe, und ein neues Verlaufsfeld erscheint in der Palette Farbfelder.

11.5.2 CMYK-Verläufe: Regenbogen

Alternativ zu einem Volltonverlauf können Sie auch einen CMYK-Verlauf anlegen. Öffnen Sie den Dialog Neues Verlaufsfeld... Klicken Sie auf ein Farbfeld unterhalb des Verlaufsreglers, und wählen Sie als Reglerfarbe • CMYK aus und als Art • Linear. Definieren Sie die Farbwerte und die Positionen wie folgt. Die Verlaufsmittelpunkte sind jeweils auf 50 % gesetzt:

- 0, 100, 100, 0, Position 0 %
- 0, 0, 100, 0, Position 25 %
- 100, 20, 0, 0, Position 50 %
- 80, 100, 0, 0, Position 100 %

Wenn Sie die Eingabe bestätigen, erhalten Sie in der Farbfeld-Palette das neue Verlaufsfeld Regenbogen.

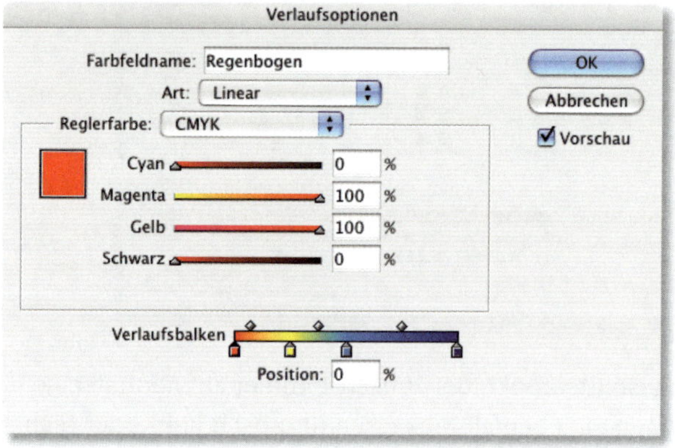

▲ **Abbildung 11.15**
Definition eines Regenbogen-Verlaufs

11.6 Farbfelder austauschen

Neu in InDesign CS2 ist die Möglichkeit, die angelegten Farbfelder quasi als Bibliothek zu speichern und in anderen Dokumenten zu nutzen. Somit können Sie die Farbvorgaben des Corporate Designs eines Kunden einmal in InDesign anlegen und auch auf andere Arbeitsplätzen importieren.

11.6.1 Farbfelder für Austausch speichern

Haben Sie eine Reihe von Schmuckfarben und Prozessfarben angelegt, so können Sie diese mit [⌘]+Klick bzw. [Strg]+Klick auswählen und über das Palettenmenü mit Farbfelder für Austausch speichern exportieren. Die Farbfelder werden als Datei mit dem Kürzel *.ase (Adobe Swatch Exchange) angelegt. Diese Datei können Sie nun auf Ihrem Computer belassen oder auf andere Arbeitsplätze verteilen.

Der Import erfolgt auf ähnliche Weise: Wählen Sie aus dem Palettenmenü die Option Farbfelder laden und rufen Sie die Datei auf. Die importierten Farbfelder erscheinen in der Palette und können problemlos angewandt oder verändert werden. Eine Verknüpfung zu dieser Austauschdatei besteht nicht.

Der Import von Farbfeldern beschränkt sich nicht allein auf die Austauschdatei. Auch aus anderen InDesign-Dateien, Vorlagen (*.indt) und Illustrator-Dateien (*.ai oder *.eps) lassen sich automatisch die verwendeten Farbfelder auslesen und hier importieren.

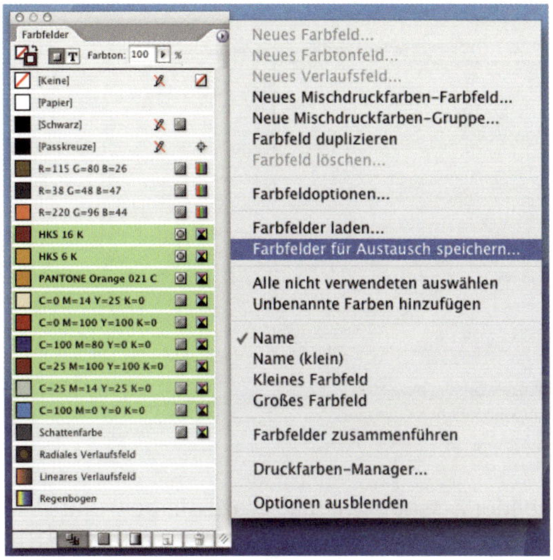

Austausch mit der Creative Suite
Der Austausch findet auch mit anderen CS2-Programmen statt. Die Farbfelder, die Sie aus InDesign exportiert haben, können Sie ebenso gut in Photoshop, Illustrator oder sogar GoLive importieren.

◂ **Abbildung 11.16**
Farbfelder werden zunächst exportiert und später in ein anderes Dokument geladen.

11.6.2 Platzierte Farbfelder löschen

Platzierte Dateien, die Schmuckfarben beinhalten wie eine Mehrkanal-Photoshop-Datei, eine DCS 2.0-Datei, EPS- oder Illustrator-Dokumente, legen ihre Schmuckfarben auch automatisch in der Farbfelder-Palette ab. Solange ein solches Dokument platziert ist, kann die Schmuckfarbe nicht gelöscht werden. Erst wenn Sie das Dokument entfernen, ist es auch möglich, die Schmuckfarbe über den Befehl im Palettenmenü Alle nicht verwendeten auswählen und mit einem Klick auf den Papierkorb in der Farbfelderpalette zu löschen.

11.7 Der Druckfarben-Manager

Für Schmuckfarben, die als Prozessfarben ausgegeben werden sollen, doppelte oder falsch benannte Farben sowie für die Reihenfolge der Überfüllung wurde der Druckfarben-Manager in InDesign eingerichtet.

Diese Farbverwaltung erreichen Sie über den vorletzten Punkt im Palettenmenü der Farbfelder. Sollten Sie im Dokument Volltonfarben verwenden, so werden Ihnen alle Prozess- und Sonderfarben im Dialog aufgeführt.

Hier erkennen Sie auf einen Blick, wie viele Separationen aus Ihrem InDesign-Dokument für die Belichtung exportiert werden würden. Wird das Dokument nur mit den Prozessfarben gedruckt, muss der zusätzliche Vollton umgewandelt werden. Dafür müssen Sie nun nicht das Vollton-Farbfeld nachträglich editieren, sondern wählen einfach die Option Alle Volltonfarben in Prozessfarben umwandeln an.

Druckfarben-Manager und Separationsvorschau
Im Kapitel 19 »Separationsvorschau« gehen wir genauer auf das Zusammenspiel mit der neuen Darstellung der Ausgabefilme ein. Der Druckfarben-Manager ist auch hier aus dem Palettenmenü auswählbar und arbeitet wundervoll im Zusammenspiel mit der Separationsvorschau, um Volltöne zu reduzieren oder vollständig in Prozessfarben umzuwandeln.

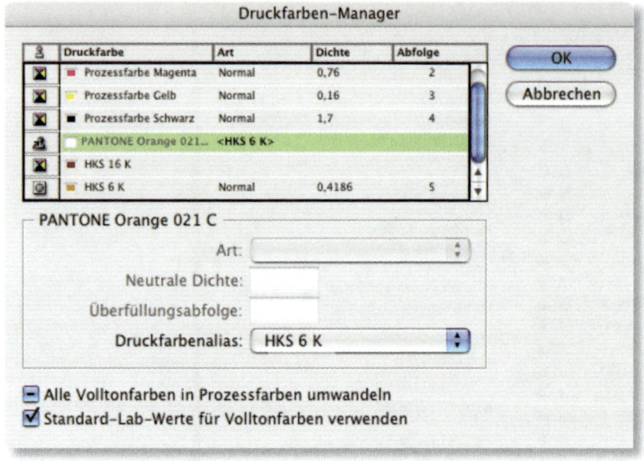

Abbildung 11.17 ▶
Der Druckfarben-Manager mit den vier Prozessfarben und drei Volltonfarben. Die Option Alle Volltonfarben in Prozessfarben umwandeln ist bei einer Ausgabe nur durch Prozessfarben anzuwenden.

In der Beispielabbildung sehen wir die Prozessfarben und drei Volltonfarben. Hier wird für die Ausgabe die Pantone-Farbe Orange 021C durch die gleichwertige Farbe HKS 6K wiedergegeben. HKS 16K wird in der Ausgabe in die Prozessfarben umgewandelt.

11.8 Farben frei anmischen in den Paletten Farbe und Verlauf

Die Farbwahl über die Palette Farbfelder hat den Vorteil, dass Sie diese definierten Farben jederzeit innerhalb des gesamten Dokuments einsetzen können. Auch in der Reinzeichnung sind die Farbangaben somit sichtbar, ohne jedes einzelne farbige Objekt überprüfen zu müssen. Wenn Sie jedoch Farben oder Verläufe frei anmischen möchten, so stehen Ihnen die Paletten Farbe und Verlauf zur Verfügung.

Felder als Basis für die Farbmischung
Bestehende Vollton- und Prozessfarbfelder, Farbtöne oder Verläufe können als Ausgang für die Farbmischung dienen. Klicken Sie zunächst in der Farbfelder-Palette auf das gewünschte Feld. In der Farbpalette werden die Felder direkt übernommen, Sie können nun einen Farbton auswählen, eine neue Mischfarbe erstellen oder den Verlauf editieren. Das Ausgangsfeld wird dadurch nicht verändert.

11.8.1 Palette Farbe

Rufen Sie die Palette Farbe über das Menü Fenster auf. Blenden Sie über das Palettenmenü die Optionen ein, und wählen Sie abermals aus dem Palettenmenü den Farbmodus LAB, CMYK oder RGB aus. Die Palette zeigt die Farbkanäle an, über die Sie nun eine Farbe anmischen können.

Am Fuß der Palette können Sie alternativ aus einem Farbspektrum mittels einer Pipette die Farbe anwählen. Wenn Sie die Maustaste gedrückt halten und die Pipette über das Spektrum ziehen, sehen Sie gleichzeitig die CMYK- oder RGB-Farbwerte darüber.

Eine ausgewählte Farbe darf hier den Farbfeldern hinzugefügt werden, um im gesamten Dokument auch andere Objekte damit zu kolorieren. Wählen Sie dazu im Palettenmenü den letzten Punkt DEN FARBFELDERN HINZUFÜGEN aus.

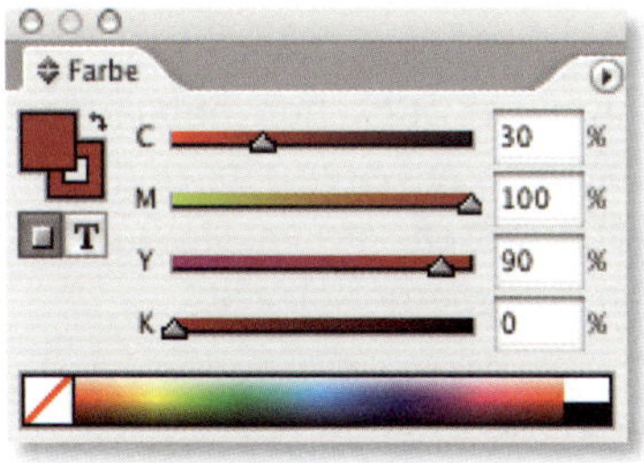

▲ **Abbildung 11.18**
Die Palette FARBE

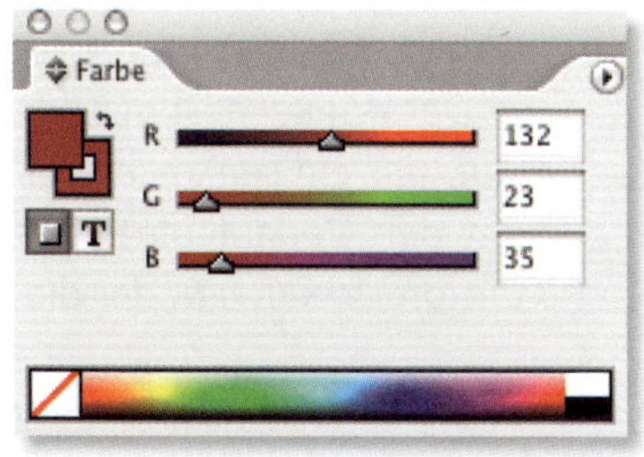

▲ **Abbildung 11.19**
RGB-Farben können ebenso angemischt werden.

11.8.2 Palette Verlauf

Die Palette VERLAUF wird ähnlich gehandhabt. Auch hier empfehlen wir, die Optionen einzublenden, da sonst nur ein Farbspektrum zu sehen ist. Hier können Sie ebenso einen Regenbogen-Verlauf auf einfache Weise erzeugen: Klicken Sie zunächst auf das Spektrum, und mischen Sie genau wie in der Farben-Palette im CMYK-Modus einen Rotton, danach einen Gelb-, Blau- und violetten Ton an.

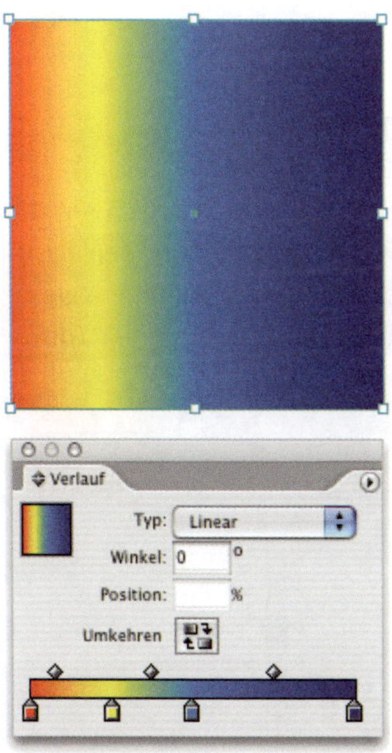

▲ **Abbildung 11.20**
Mehrfarbverlauf

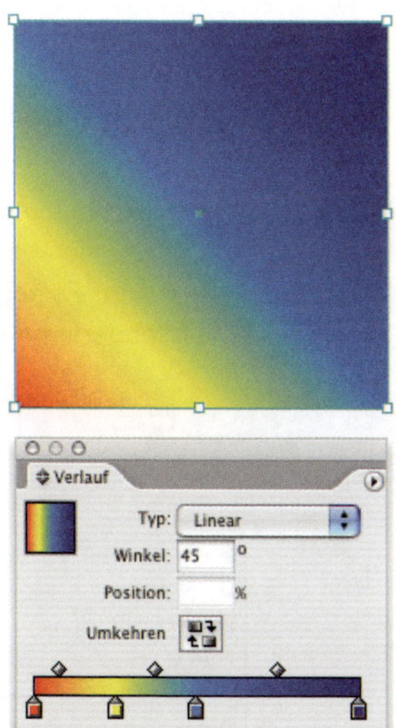

▲ **Abbildung 11.21**
Gedrehter Verlauf

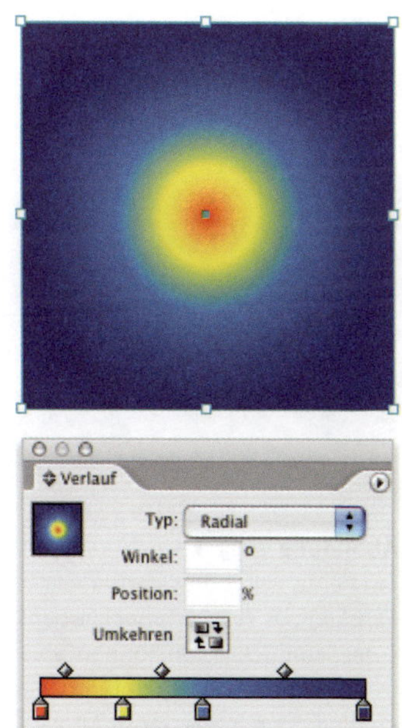

▲ **Abbildung 11.22**
Ein radialer Farbverlauf

Auch hier dürfen Sie die Positionen der Farben und der Verlaufsmittelpunkte nummerisch über POSITION definieren. Die Eigenschaft, ob es sich um einen linearen oder radialen Verlauf handelt, wählen Sie im Pull-down-Menü ART.

Der Winkel bestimmt die Richtung: 0° ist ein horizontaler Verlauf, 90° ein senkrechter. Die Gegenwerte wären 180° und 270°, um den Verlauf umzudrehen. Stattdessen klicken Sie auf den Button UMKEHREN, der die Verlaufssymmetrie spiegelt.

11.8.3 Farbverläufe als Verlaufsfelder definieren

Auch einen Verlauf können Sie von hier übernehmen, leider fehlt jedoch dieser Punkt im Palettenmenü. Färben Sie einen Rahmen mit dem Verlauf ein. Klicken Sie danach einfach in der Farbfelder-Palette auf das Blatt-Symbol, und der angemischte Verlauf wird sofort als Feld übernommen.

	Windows	Mac
Farbe-Palette: Alle Farbregler gleichzeitig verschieben	⇧ + Regler ziehen	⇧ + Regler ziehen
Anderer Farbmodus (CMYK, RGB, LAB)	⇧ + auf Farbbalken klicken	⇧ + auf Farbbalken klicken

Tabelle 11.2
Tastenkürzel für die Arbeit mit Farben

11.9 Mischdruckfarben

Wenn Sie zwei Farben miteinander mischen, erhalten Sie in der Regel einen Mischton, der an Leuchtkraft gegenüber den Basisfarben einbüßt. Je mehr Farben Sie miteinander mischen – gleich ob Prozess- oder Sonderfarbe –, desto »erdiger« wird der Ton.

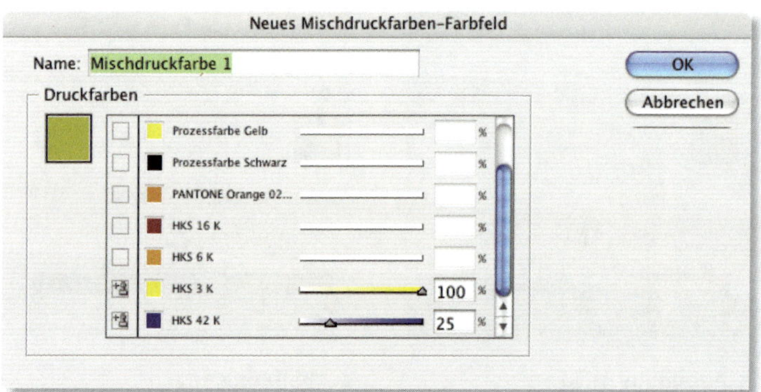

Abbildung 11.23 ▸
Ein neues Mischdruckfarben-Farbfeld aus zwei Schmuckfarben. Zwei Schmuckfarben können somit zu neuen Tönen gemischt werden, eine interessante Alternative für die Gestaltung von zweifarbigen Layoutdaten.

11.9.1 Mischdruckfarben anlegen

Zusätzlich zu den herkömmlichen Farbdefinitionen als Farbfelder können Sie mit InDesign CS2 so genannte Mischdruckfarben erzeugen. Was der Name ausdrücken soll: Jede Farbe ist mit jeder anderen mischbar! Theoretisch lässt Ihnen InDesign die Freiheit, eine LAB-Farbe, eine RGB-Farbe mit einer Sonderfarbe aus dem HKS-Fächer sowie einer Prozessfarbe wie Cyan zu mischen. Wie Sie bereits bemerkt haben, liegt die Betonung auf theoretisch, denn wirklich Sinn machen nur Mischverhältnisse, die reproduzierbar bleiben. Niemand wird voraussagen können, wie ein solcher Mischton separiert wird.

Für einen günstigen zweifarbigen Druck mit Sonderfarben – z. B. mit HKS 3K und HKS 42K – können problemlos Mischtöne erzeugt werden. Dazu rufen Sie die Farbfelder-Palette aus dem Menü FENSTER auf oder klicken am rechten Bildschirmrand auf diese verkleinerte Palette. Über das Palettenmenü erreichen Sie mit der Option NEUES MISCHDRUCKFARBEN-FARBFELD den Mischdialog. Sie sehen alle definierten Farben und können nun über den Prozentregler die Farbtöne miteinander kombinieren. Beachten Sie bitte wie auch in der konventionellen Farbfelddefinition, dass Farbtöne unterhalb eines Mindestwertes nicht gedruckt werden.

Abgesehen von diversen Zwischentönen, die durch die Kombination der Werte erreicht werden können, mischen Sie einen **Schwarzton** aus zwei oder mehreren Sonderfarben mit mehr als 95% Tonwert. Beachten Sie dabei, dass es sich natürlich nicht um ein korrektes Tiefschwarz handelt, sondern dadurch ein geschönter, »sehr dunkler« Farbton entstehen kann. Ein tiefes geschöntes Schwarz mischen Sie z. B. aus dem Prozesskanal »Black« und einer zusätzlichen Farbe im Blau-, Rot- oder Grünbereich.

11.9.2 Gesamtfarbauftrag

In diesem Zusammenhang sei noch einmal auf den Gesamtfarbauftrag hingewiesen: Mehr als 300–350% der miteinander addierten Farbtöne – ganz gleich ob ein heller Gelbton oder ein dunkler Blauton – vertragen keinen Offsetdruck! Das Druckbild kann sich auf der Rückseite des darüber liegenden Druckexemplars durchschlagen, oder sie können gar miteinander verkleben. Dies bezieht sich auch auf Sonderfarben: Vier Schmuckfarben zu je 100% Auftrag ergeben 400%, gleich welche Farbtöne – helle oder dunkle – damit abgebildet werden.

Um diesen Fall auszuschließen, öffnen Sie die Separationsvorschau, die wir im Ausgabe-Kapitel noch vorstellen: Hier lassen sich über die Funktion FARBUMFANG solche Flächen mit einer roten Hervorhebung erkennen, deren Farbauftrag den eingestell-

Farbe und Schrift

Wenn Sie diesen Farbton verwenden, um Schriften unterhalb von 12 Punkt Schriftgröße einzufärben, beachten Sie bitte, dass dadurch die Schrift um einen halben Schnitt fetter erscheinen kann, da hier zwei oder mehr Druckfarben übereinander gedruckt werden. Auch durch die zusätzliche Aufrasterung können die Schriften häufig an den Kanten ausfransen, es entsteht der Eindruck, dass die Schrift unscharf oder verwackelt ist.

Dies betrifft natürlich auch jeden Farbton, der aus Prozessfarben gemischt wird. Bei leichtem Versatz im Offsetdruck können so Blitzer entstehen. Verwenden Sie daher aus typografischer Weitsicht nur eindeutige Sonderfarben für kleine Punktgrößen, oder planen Sie den Druckzuwachs mit ein, indem Sie keine allzu feingliedrige serifenbetonte Antiqua einsetzen.

ten Wert übertrifft. Je nach Druckart sind unterschiedlich hohe Werte zulässig.

11.9.3 Mischdruckfarben-Gruppen

Neben der Anlage eines Mischdruckfarben-Farbfeldes können Sie auch gleich eine Gruppe möglicher Kombinationen anlegen. Bis zu 1000 Farbfelder lassen sich somit in InDesign CS mit der Funktion MISCHDRUCKFARBEN-GRUPPE anlegen, die Sie über das Palettenmenü der Farbfelder-Palette aufrufen.

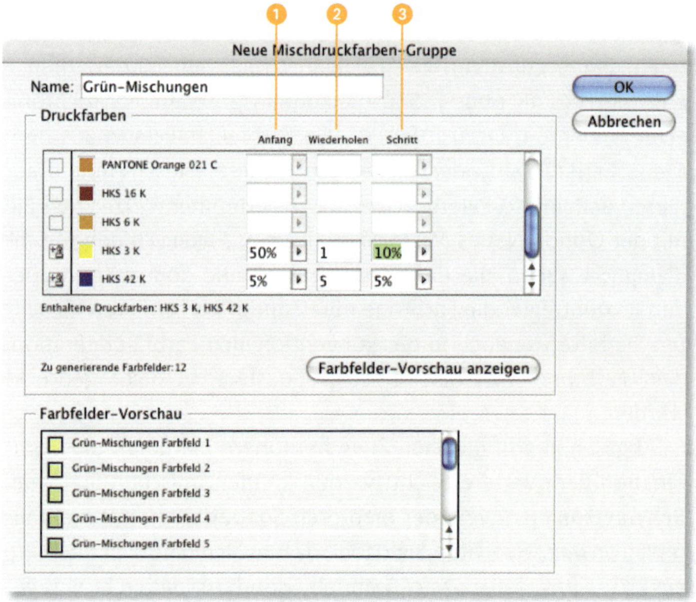

Abbildung 11.24 ▸
Eine Gruppe aus Mischdruckfarben greift auf bestehende Farbfelder zurück. Über die Schrittweite, Anfang und Ende lassen sich die Kombinationen ermitteln und in der Vorschau betrachten.

Wählen Sie zunächst aus den bestehenden Farbfeldern diejenigen aus, welche die Gruppe bilden sollen. Für unser Beispiel dienen die Farbfelder HKS 3K und 42K.

Abbildung 11.25 ▸
Eine Mischgruppe wird entweder als Farbname oder als Miniatur angezeigt.

Jedes Farbfeld definieren Sie jeweils mit einem Anfangswert ①, einer Wiederholrate ② und einer Schrittweite ③. Anfang und Schritt werden prozentual wie bei den bereits beschriebenen Farbtonfeldern angegeben. Die Wiederholung gibt an, wie oft das Farbfeld um die Schrittweite erweitert wird.

Für das Beispiel aus den Abbildungen 11.24 und 11.25 ergeben sich zwei Reihen an Farbfeldern. HKS 3K wird einmal mit 50 % und einmal mit 60 % gemischt. HKS 42K wird in fünf Abstufungen von 5 % bis 30 % hinzugemischt.

Zum einen lassen sich alle Felder gleichmäßig mischen, indem alle einen identischen Anfangswert, eine identische Wiederholung und Schrittweite besitzen. Mischen Sie beispielsweise ein Gelb mit einem Blau, so erhalten Sie durchgängige Helligkeitsabstufungen desselben Grüntons, da das Mischverhältnis der Farben zueinander immer gleich bleibt.

Verändern Sie jedoch die Schrittweite oder die Wiederholung, erhalten Sie eine scheinbar unregelmäßige Mischung. Somit erzeugen Sie eine Farbgruppe, die Sie hauptsächlich zur kreativen Anwendung nutzen können. In der Farbfelder-Palette stellt sich diese Mischgruppe als Liste dar. Überflüssige Farbmischfelder löschen Sie aus der Palette, ohne dass die anderen Abstufungen davon beeinflusst werden.

Optionen für Mischdruckfarben-Gruppen | Wollen Sie die ausgewählten Farben der Mischung nachträglich ändern, so wird die Mischgruppe in den Farbfeldern mit einem eigenen Symbol angezeigt. Diese Funktion ist neu in InDesign CS2. Mit einem Doppelklick in diese Mischgruppe gelangen Sie in die Optionen, in denen Sie die Ausgangsfarben ändern oder Schmuckfarben für die Gruppe in Prozessfarben umwandeln können (Abbildung 11.26).

Wenn Sie hier anstatt der angegebenen Farbe HKS 3K eine andere wählen, so werden auch alle Mischtöne der Gruppe passend dazu geändert.

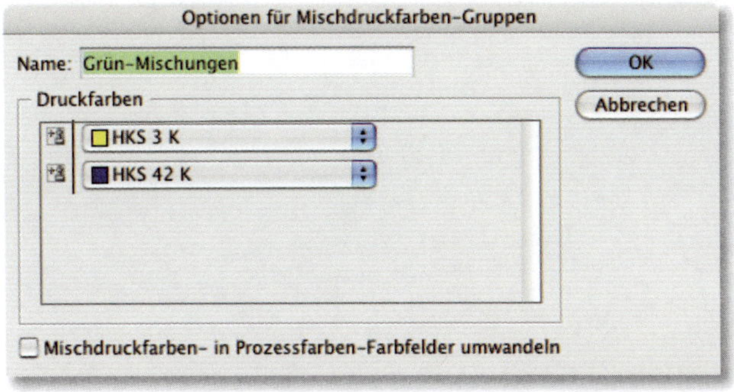

◄ **Abbildung 11.26**
Die Druckfarben einer Mischgruppe lassen sich nachträglich ändern.

12 Platzieren und verknüpfen

Welche Dateiformate für die Platzierung von Bild- und Vektordateien in InDesign geeignet sind, wie Sie die Bild- und Vektordokumente parallel bearbeiten und welche Optionen Ihnen für das Layout zur Verfügung stehen, lesen Sie hier.

InDesign akzeptiert nahezu alle Standardformate für Bild- und Vektordateien von TIFF, EPS, JPEG, BMP bis zu PDF. Darüber hinaus können Sie native Photoshop- oder Illustrator-Dokumente importieren, in denen Ebenen, Ebeneneffekte, Einstellebenen, Freistellpfade, Schmuckfarben oder Alphakanäle integriert sind – ein genialer Vorteil für alle Designer, die unter Zeitdruck schnelle Ergebnisse präsentieren müssen und sehen können, ob sich ein Photoshop-Composing auch gut in das Layout einfügt.

Seit CS2 erkennt InDesign nun auch Photoshop-Dateien mit allen Ebenen und den flexiblen Ebenenkompositionen, die Sie in der Layoutansicht austauschen können. PDF-Dateien können ebenfalls Ebenen beinhalten, die Sie auch nach dem Platzieren in InDesign austauschen können. Mehrseitige PDF-Dateien können Sie nun in dieser Version in einem Arbeitsschritt platzieren.

Was ist mit XML, QuickTime-Movies und AVI-Dateien?
Ja, Sie haben richtig gelesen: InDesign kann als Layoutwerkzeug auch strukturierte Daten in Form von XML-Dateien und Filme platzieren. Wie Sie die XML-Dateien platzieren und verknüpfen, lesen Sie bitte im XML-Kapitel nach, QuickTime- oder AVI-Filme platzieren Sie wie Bilder und verwenden sie für interaktive PDF-Dateien, beschrieben im Kapitel 30 »Interaktivität«.

Die Nachteile, die durch die hohe Flexibilität von InDesign entstehen, sind zum einen die recht großen Dateien, die mit der Layoutdatei verknüpft werden, und zum anderen die mangelnde Datentransparenz für die Druckdienstleister, denn wer weiß schon, ob noch eine weitere Photoshop-Ebene sichtbar sein soll oder nicht? InDesign löst dieses Problem mit der überaus komfortablen Verknüpfungen-Palette, über die alle platzierten Dokumente – auch Text- oder Tabellendateien – verwaltet werden. Im Einzelnen wollen wir Ihnen die Unterschiede der Dateiformate beim Platzieren erläutern.

12.1 Dateien platzieren

Die Funktion Platzieren rufen Sie im Menü Datei auf oder wählen den Tastenbefehl Strg/⌘+D.

Aktivieren Sie zuerst die Importoptionen über Importoptionen anzeigen und klicken danach die betreffende Datei an. Je nach importiertem Dateiformat erhalten Sie zusätzliche Funktionen, die Abbildung zeigt zum Beispiel Importoptionen für das Photoshop-Format mit Ebenenkompositionen.

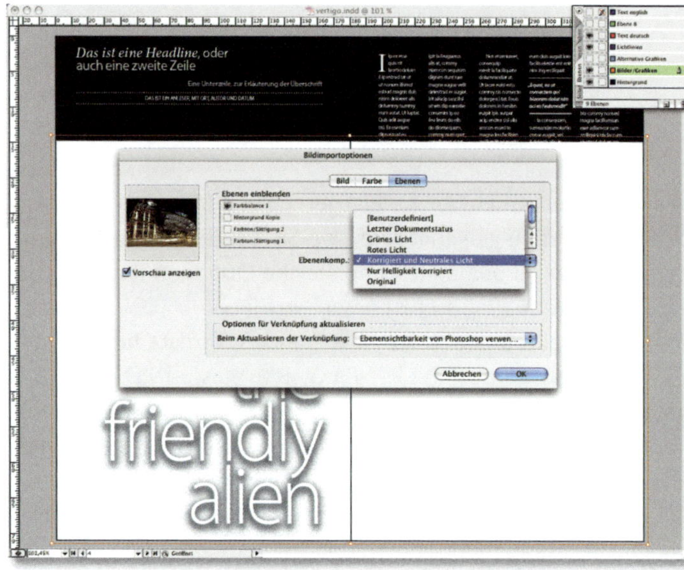

Abbildung 12.1 ▶
Das normale Platzieren einer Photoshop-Datei mit eingeblendeten Importoptionen ermöglicht die Auswahl einer Ebenenkomposition.

Alle Farbprofile von PSD-, AI-, TIFF-, JPEG- oder BMP-Formaten können mit aktiviertem **Farbmanagement** in InDesign angesteuert werden. Beim Dateiimport wählen Sie, ob Sie eingebettete Profile in den Arbeitsfarbraum konvertieren möchten und mit welcher Umrechnungsart. Nur ein konsequent durchgängiger Farb-Workflow garantiert Ihnen eine optimale Bildschirmdarstellung!

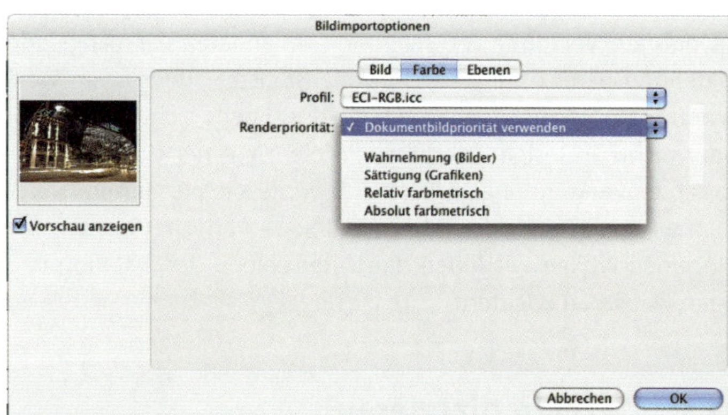

Abbildung 12.2 ▶
Importoptionen für das Farbmanagement

Sehr gut eignen sich natürlich das Photoshop- und das Photoshop-PDF-Format, Letzteres nicht nur wegen der Erhaltung der Ebenen und Transparenzen, sondern auch durch die interne Komprimierung der Daten.

Nach Bestätigung dieses Optionendialogs zeigt Ihnen InDesign das Platzieren-Symbol im Mauszeiger mit einem Pinsel an einem Winkel an. Klicken Sie an die gewünschte Stelle im Layout, und die Datei wird eingefügt.

12.1.1 Drag and Drop

Die einfachste Methode, eine Datei zu platzieren, ist es jedoch, aus einem Dokumentenfenster heraus die gewünschte Datei mit gedrückter Maustaste per Drag and Drop in das Layout zu bewegen. Somit ersparen Sie sich die Auswahl des Dokuments über den Platzieren-Dialog. Die Importoptionen sind jedoch nicht wählbar, und mit welchen Einstellungen zum Farbmanagement das Bild eventuell konvertiert wird, übernimmt InDesign aus den Standardvorgaben.

Zur besseren Übersicht wird Ihnen die Dateivorschau halbtransparent angezeigt, bis Sie die Maustaste über dem Layoutfenster von InDesign loslassen und somit die Datei platzieren.

◂ **Abbildung 12.3**
Ziehen Sie das Bild aus dem offenen Dateifenster Ihres Finders oder Arbeitsplatzes in das Layout.

12.1.2 Platzieren mit der Adobe Bridge

Alternativ können Sie auch über die Adobe Bridge die gewünschte Datei in das Layout befördern. Dazu starten Sie die Bridge und wählen den Kompaktmodus, indem Sie den Tastenbefehl ⌘/Strg+↵ aufrufen. Das Fenster der Bridge wird sofort verkleinert. Klicken Sie nun die gewünschte Datei an und ziehen sie mit gedrückter Maustaste in das Layoutfenster im Hintergrund. Eine transparente Darstellung der Dateivorschau wird zwischenzeitlich sichtbar, bis Sie die Maustaste loslassen.

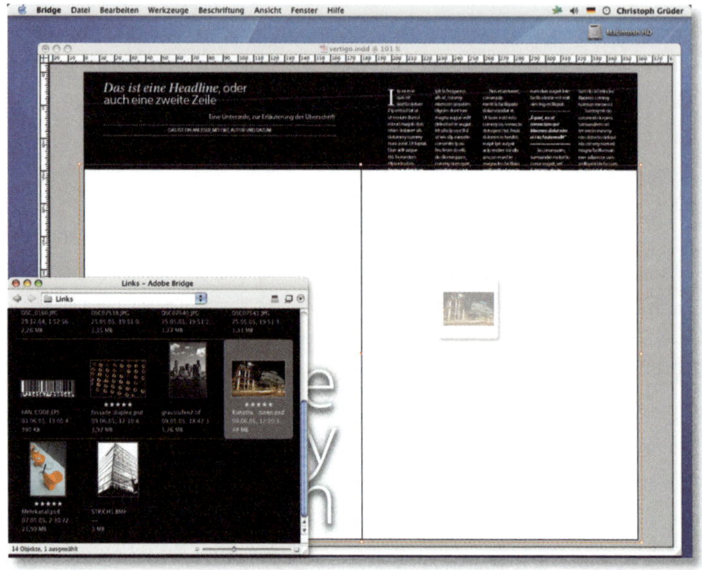

Abbildung 12.4 ▸
Die verkleinerte Bridge im Vordergrund dient als Tablett, von dem die Bilder per Drag and Drop in das Layout gezogen werden.

Auch eine Mehrfachauswahl ist möglich. Klicken Sie mit gedrückter [⇧]-Taste die Datei-Icons in der verkleinerten Bridge an, und ziehen Sie die Dateien ebenfalls in das Layoutfenster von InDesign. Dabei wird die Mehrfachauswahl durch eine halbtransparente Darstellung von aufgefächerten Dia-Rahmen sichtbar.

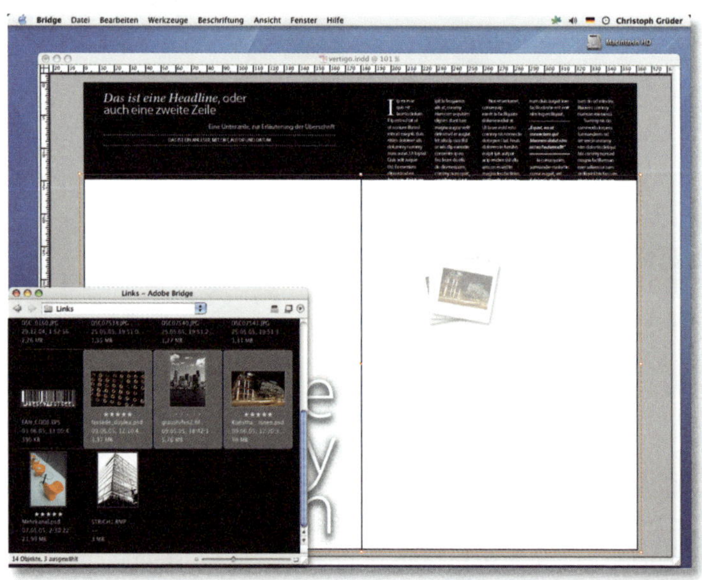

Abbildung 12.5 ▸
Mehrere Bilder werden mit [⇧]-Klick ausgewählt und in einem Arbeitsschritt in das Layout platziert.

Bei einer Mehrfachauswahl setzt InDesign alle Layoutrahmen mit einem leichten Versatz nach links und nach unten übereinander. Sie können sich dann aus diesem »Stapel« die Dateien aussuchen und positionieren.

12.1.3 CMYK oder RGB?

Ob Sie CMYK- oder RGB-Dateien in InDesign platzieren, sollten Sie nach der Ausgabeform entscheiden. Wie im Kapitel »Farben« beschrieben, stellen sich hier dieselben Fragen: Arbeite ich mit Schmuckfarben? Wird das Dokument auf einer Offsetmaschine gedruckt oder auf einem Foto-Belichter ausgegeben? InDesign erlaubt Ihnen, während der Layoutarbeit alle Farbräume nebeneinander zu nutzen und somit medienneutral zu produzieren. Auch wenn Ihnen hier ein sehr großer Spielraum eingeräumt wird, sollten Sie darauf achten, dass alle platzierten Bilddokumente für die spätere Ausgabe passen und nicht unnötig von RGB nach CMYK konvertiert werden müssen, da sich sonst unvorhersehbare Farbverschiebungen ergeben. Diese Empfehlung gilt sowohl für pixel- wie auch für vektorbasierte Dokumente.

12.2 Importoptionen

Nach einem Klick auf die Importoptionen erhalten Sie je nach gewähltem Format verschiedene Einstellungsmöglichkeiten.

12.2.1 TIFFs

TIFF-Dokumente im CMYK- oder RGB-Farbraum mit einer Bildebene sind bis auf wenige Ausnahmen das umgänglichste Dateiformat. In den Importoptionen wählen Sie, ob Sie eingebettete Profile umrechnen wollen. Generell gilt der Grundsatz: RGB-Profile werden in den Arbeitsfarbraum des Dokuments umgerechnet, CMYK-Profile dagegen bleiben erhalten.

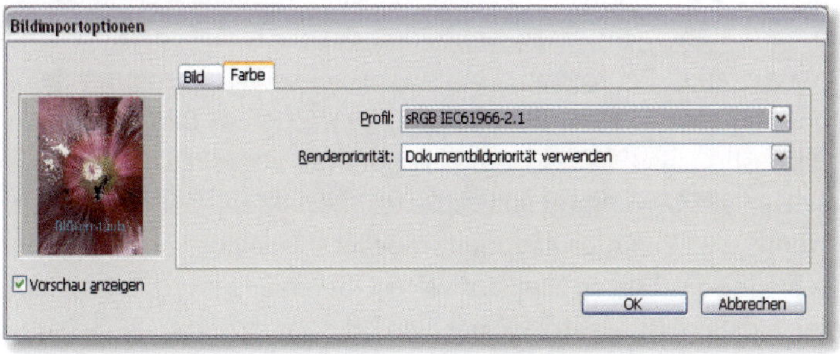

◂ **Abbildung 12.6**
Importoptionen bei TIFF-Dateien

Seit Photoshop 6.0 können TIFF-Dateien alle Ebenen aus einer Photoshop-Datei übernehmen, inklusive Effekte und Einstellungsebenen. Zusätzlich seit Photoshop 7.0 kommt die Möglichkeit hinzu, anstatt der verlustfreien LZW-Kompression den ebenfalls verlustfreien ZIP-Algorithmus oder die verlustbehaftete JPEG-Kodierung für die Verkleinerung der Dateigröße einzusetzen. Darüber hinaus erlaubt Photoshop beim TIFF-Export, die

Ebenen ebenfalls zu komprimieren. Hier stehen der RLE- und der ZIP-Algorithmus zur Verfügung. Schmuckfarben und Transparenzen können ebenfalls im TIFF-Format gespeichert und in InDesign platziert werden.

Bevor Sie dieses neue TIFF-Format mit mehreren komprimierten Ebenen in InDesign platzieren, sprechen Sie sich aber besser mit Ihrem Druckdienstleister ab, oder machen Sie eine Testbelichtung. TIFF-Dokumente dieser Art sparen trotz aller Ebenen immerhin über 50 % der Dateigröße ein. Als Alternative zum TIFF mit Ebenen nutzen Sie bitte das Photoshop-Format.

12.2.2 JPEG-Formate

Ob Sie dieses komprimierte Dateiformat für die Gestaltung von qualitativ hochwertigen Dokumenten verwenden und platzieren wollen, hängt sehr vom Grad der Kompression und der Beschaffenheit des Bildes ab. Für die Druckvorstufe sind nur JPEGs mit hoher bis maximaler Qualitätsstufe geeignet, die Dateigröße schrumpft dabei bis auf ein Siebtel und mehr zusammen. Die PDF/X-Formate akzeptieren nur maximale Qualitätsstufen für die Kompression beim Export.

Zudem muss – wie bei allen anderen Bildern auch – die Auflösung der späteren Ausgabe angepasst sein. JPEGs, die nur mit mittlerer Qualität komprimiert sind, neigen besonders bei Konturen im Bildmotiv zur Bildung von Artefakten – Fehlerpixeln, die später im Druck erkennbar sind. Ebenso eignen sich JPEGs nicht, wenn eine zwischenzeitliche Bildkorrektur vorgenommen wird. JPEGs sind vom Dateiformat »Einbahnstraßen«, jede Änderung am Bild vergrößert ein bestehendes JPEG, was nur mit einer erneuten Kompression – und so mit einer Qualitätsverschlechterung – einhergeht, dazu zählt auch das nachträgliche unscharfe Maskieren in Photoshop. Ein JPEG »wächst« nach erneuter Bearbeitung um ca. 25 %, unabhängig davon, ob das Bild erneut aus Photoshop als JPEG komprimiert oder nur abgespeichert wird.

Adobe Stock Photos und andere Bildarchive

Bilddaten, die aus Bildarchiven wie den Adobe Stock Photos geliefert werden, sind unter Umständen höher komprimiert (JPEG-Qualitätsstufen 8 bis 9). Hierbei wird berücksichtigt, dass die Daten nur in der Größe für das Layout angepasst werden, jedoch nicht mehr farblich korrigiert werden müssen. Außerdem verzeihen gröbere Raster für den Zeitungsdruck so manche Qualitätseinbußen durch die Kompression, da die minimalen Artefakte im Bild im Druck nicht mehr zu sehen sind.

Die JPEG-Kompression arbeitet besonders dann effizient, wenn die Bildinformationen möglichst kleine Tonwertunterschiede von Pixel zu Pixel aufweisen. Genauer gesagt: Je unschärfer ein Bild ist, desto kleiner wird die exportierte JPEG-Datei. Handelt es sich dagegen um Bildmotive mit vielen Details und kontrastreichen Texturen, so ist die exportierte JPEG-Datei bei gleicher Kompressionsstufe wesentlich größer. Beim nachträglichen Bearbeiten einer JPEG-Datei mit Filtern für die Bildschärfe werden minimale Kontraste in das Bild hineingerechnet, so dass diese Datei wiederum größer wird als die Ausgangsdatei.

12.2.3 JPEG2000

Das Bildformat, das aus Photoshop ausgegeben werden kann, verspricht kleinere Dateien und eine bessere Bildqualität als das herkömmliche JPEG-Verfahren. Diese JPEG2000-Bilder lassen sich jedoch nicht im InDesign-Layout platzieren. JPEG2000 hat sich bislang nicht auf dem Agentur- und Verlagssektor durchgesetzt.

12.2.4 EPS-Dateien

Encapsulated PostScript – die Formatbezeichnung sagt bereits einiges über dieses komplexe Dateiformat aus. Die Inhalte liegen im PostScript-Code vor und sind mit einer 72-dpi-Vorschau gekapselt, die entweder als Macintosh-PICT oder als 8-Bit-TIFF abgespeichert wird. Neben einer Pixelebene können im EPS auch Vektorobjekte, Freistellpfade, Schmuckfarben, Rasterangaben oder Druckkennlinien mit abgespeichert werden.

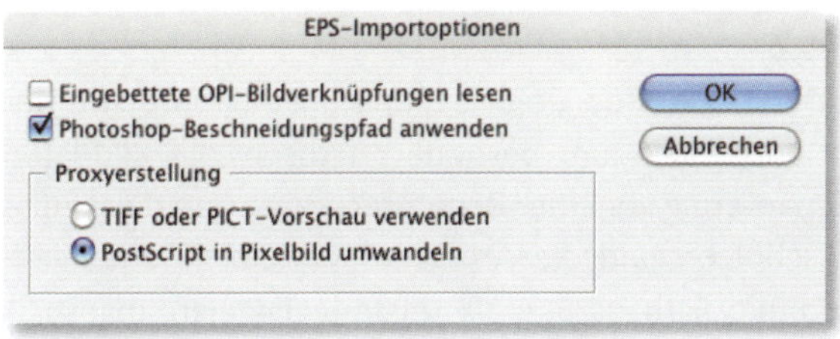

◂ **Abbildung 12.7**
EPS-Importoptionen

Der Vorteil für Ihre Layoutarbeit ist hierbei, dass Sie immer mit einer Vorschau arbeiten, die schneller zu handhaben ist, InDesign muss die Ansicht nicht permanent berechnen. Diese interne Vorschau ist jedoch verantwortlich für die EPS-Dateigröße. Beim Platzieren bietet InDesign an, die EPS-Vorschau zu verwenden oder eine eigene Ansicht zu berechnen. Die zweite Lösung führt zu einer besseren Bildschirmdarstellung, die Vorschau wird in die Layoutdatei hineingerechnet.

Bessere EPS-Darstellung im Layout
Für eine bessere Ansicht der EPS-Datei im Layout können Sie es auch InDesign überlassen, die Vorschau zu berechnen: Aktivieren Sie hierzu die Funktion PostScript in Pixelbild umwandeln. InDesign berechnet aufgrund der Feindaten in der EPS-Datei die bestmögliche Ansicht im Layout!

◂ **Abbildung 12.8**
EPS mit niedrig aufgelöster Vorschau aus der Datei

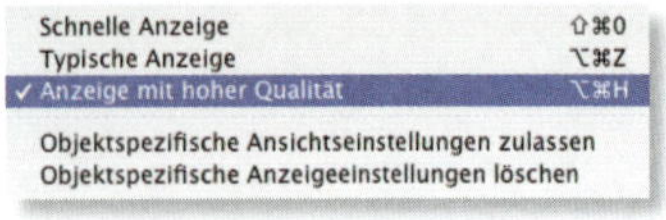

▲ **Abbildung 12.9**
Anzeigeoptionen für die schnelle Layoutdarstellung oder hochauflösende Details

Abbildung 12.10 ►
Die Anzeige mit hoher Qualität errechnet InDesign aus den Feindaten und stellt auch Vektoren und Schriften hochauflösend dar.

Die Importoptionen bieten Ihnen ebenfalls an, den Beschneidungspfad einer EPS-Datei zu übernehmen. InDesign importiert diesen Pfad als eigenen Vektorpfad.

Formatgeschichte
Die Entwicklung des Formats DCS stammt aus einer Zeit, als die RIPs noch leistungsschwach waren und die Geschwindigkeit des Rasterns maßgeblich war. Heute werden DCS 2.0-Dateien nicht mehr benötigt, aber aufgrund ihrer Vorseparation als Speziallösung eingesetzt.

DCS-Dateien eignen sich primär für vorseparierte, hostbasierte Workflows. Hostbasiert bedeutet, dass die Daten softwareseitig für die Ausgabe separiert und danach belichtet werden. InDesign ist in erster Linie für den Composite-Workflow ausgelegt, der die Separierung der Druckkanäle erst über das RIP – Raster Image Processor – in der Ausgabe vorsieht. DCS-EPS-Daten eignen sich für die Speicherung von Mehrkanaldokumenten, also Bilddaten mit Prozessfarben und Sonderfarben.

12.2.5 DCS 2.0

Das Format DCS – Desktop Color Separations – wurde von der Firma Quark entwickelt, um besonders farbsensible Bilddaten durch eine Separierung vor einer Bildumrechnung durch das Ausgabe-RIP zu schützen und die Arbeit im Vorfeld zu erledigen. Dabei können alle Farbauszüge als separate Dateien abgespeichert werden, die über eine so genannte Masterdatei verbunden sind.

InDesign CS2 beherrscht auch den Import dieser **Mehrkanaldokumente**. Sie können diese problemlos platzieren. Sonderfarben aus einem DCS werden ebenso wie aus jeder anderen EPS-Datei in den Farbfeldern von InDesign erkannt und importiert.

Mehrkanalinformationen lassen sich auch in einer Photoshop-Datei abspeichern. Der Vorteil zu einer DCS-Datei liegt in der Flexibilität. Sie können jederzeit diese Mehrkanaldatei in Photoshop bearbeiten oder die Sonderfarbdefinition ändern. Die DCS-Datei hingegen ist um ein Vielfaches kleiner, da die Dateigröße mittels JPEG-Kompression verkleinert werden kann.

12.2.6 Duplex-EPS

Für Dokumente mit Schmuckfarben kann ein Graustufenbild in Photoshop mit bis zu vier Sonderfarbkanälen definiert werden. Danach werden die Sonderfarben anteilig über Tonwertkurven den Graustufen zugeordnet. Die häufigste Anwendung dieses Formates ist die Duplex-Variante mit zwei Sonderfarben, z. B. einem HKS-K-Farbton und Schwarz. Das Dokument ist daher nicht größer als ein EPS mit Graustufen! Nach dem Platzieren finden Sie die Sonderfarben in Ihrer Farbfelder-Palette wieder, um sogleich auf Basis dieser Farben Rahmen oder Texte einzufärben. Sollten Sie bereits einen identischen HKS-Ton angelegt haben, können Sie über den Druckfarben-Manager diesem Farbton den HKS-Farbton des platzierten EPS als Alias zuordnen, um auch wirklich nur zwei Druckfilme oder -platten zu erhalten!

Intelligenterweise ignoriert InDesign den Schwarzton, wenn er auch so in Photoshop definiert wurde. Es entstehen dadurch keine doppelten Grundfarbtöne (CMYK). Importierte Farbfelder aus platzierten EPS-Dateien können jederzeit für die Erzeugung einer Mischdruckfarbe oder einer Mischgruppe verwendet werden. Lesen Sie dazu auch das Kapitel »Farben«.

12.2.7 Adobe-PDF

PDF-Dateien enthalten Bild-, Schrift- und Vektordaten, die InDesign einwandfrei platzieren kann. Darüber hinaus werden auch Transparenzen und Ebenen erkannt. Mehrseitige PDFs platzieren Sie in einem Arbeitsschritt.

Aussterbende Arten?
Neben dem DCS- und dem EPS-Format scheint sich auch das Duplex-EPS bald zu verabschieden. Wenn Sie eine Photoshop-Graustufen-Datei als Duplex gestalten und dabei beachten, dass eine Hintergrundebene vorhanden ist, können Sie auch dieses Photoshop-Format als Duplex speichern und in InDesign platzieren.

PDF-Dateien verhalten sich beim Platzieren wie EPS-Dateien, da auch sie ein geschlossenes Format abbilden. Bei den Importoptionen wird aber schnell deutlich, dass es sich hier um weitreichendere Funktionen handelt als beim EPS-Format. Abgesehen von der Seitenwahl bei mehrseitigen PDF-Dokumenten finden Sie eine Auswahl von Begrenzungen unter OPTIONEN.

Diese Auswahl bildet die Boxentechnologie des PDF-Formats ab. Demnach können bis zu fünf Boxen gesetzt werden, die jeweils das Rechteck um die Mediengröße der Belichtung, das Endformat mit Beschnittzugabe, das Endformat mit Anschnitt, das Endformat selbst und das maximale Rechteck um alle Layoutobjekte bezeichnen. Die Option BEGRENZUNGSRAHMEN platziert Ihnen das PDF im Nettoformat ohne Anschnitt.

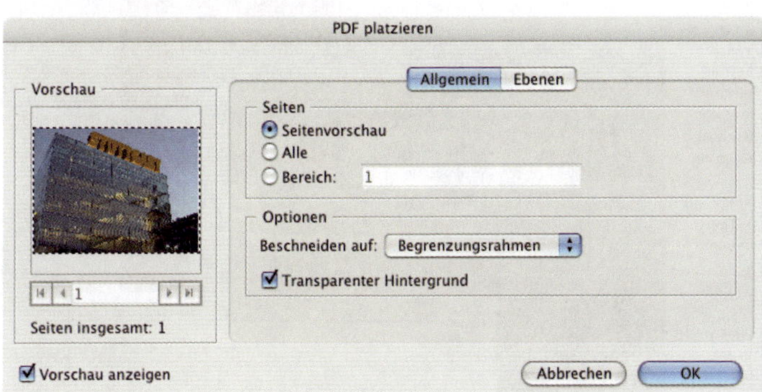

◂ **Abbildung 12.11**
Importoptionen einer PDF-Datei mit der Auswahl der Seite oder eines Seitenbereiches. Enthält die PDF-Datei Transparenzen, können diese mit einem transparenten Hintergrund importiert werden.

PDF-Dateien neuerer Version können auch Ebenen beinhalten. Lesen Sie dazu das Kapitel »PDF-Ausgabe«. Programme wie InDesign oder Illustrator exportieren Layoutdokumente als PDFs mit Ebenen. Nachträglich können diese auch über Acrobat-Plugins in die PDF-Datei eingefügt werden, wie z. B. mit dem »pdfLayerMaker« von Callas.

In unserem Beispiel besitzt die PDF-Datei drei Ebenen, zwei davon dienen als Varianten. In den Importoptionen dieser Datei sehen Sie die Ebenen unter dem gleichnamigen Reiter. Hier können Sie bereits wählen, welche Ebenenkombination platziert werden soll.

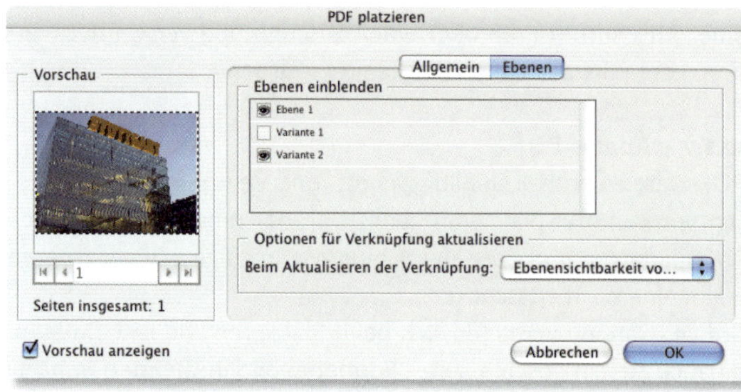

Abbildung 12.12 ▶
Auswahl der Ebenen in einer PDF-Datei

Objektebenenoptionen | Sobald die Datei platziert ist, können Sie auch später noch auf die anderen Ebenen zugreifen. Rufen Sie aus dem Menü Objekt die Objektebenenoptionen auf. Alternativ erreichen Sie diese auch über das Kontextmenü.

Die Objektebenenoptionen zeigen Ihnen alle Ebenen der platzierten Datei an. Nun können Sie mit aktiver Vorschau die Alternativen aussuchen. Wählen Sie eine andere Ebene aus, und bestätigen Sie den Ebenentausch mit OK.

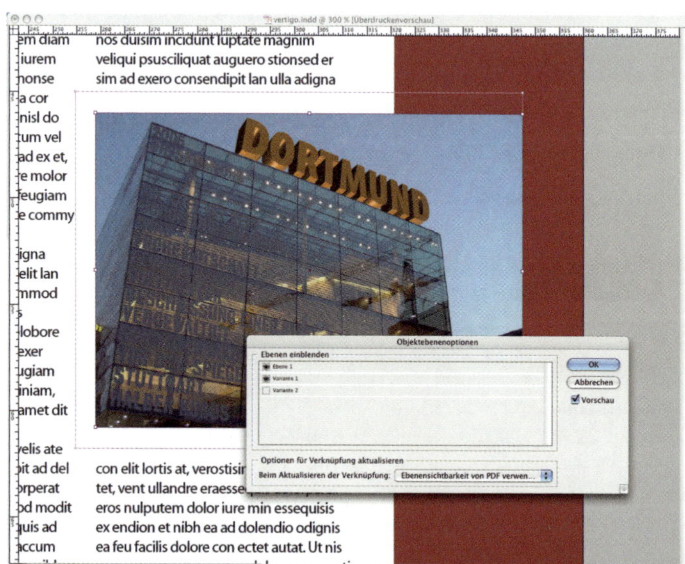

Abbildung 12.13 ▶
Eine Gestaltungsalternative verbirgt sich in den Ebenen der PDF-Datei.

Mehrseitige PDF-Dateien | Mehrseitige PDF-Dateien sind keine Seltenheit, und die Platzierung war bislang mühsam. Jede Seite musste einzeln ausgewählt und platziert werden. Dankenswerterweise besitzt InDesign CS2 nun die Eigenschaft, eine mehrseitige PDF-Datei nur einmal zu platzieren. Wie dies funktioniert? Nun, zunächst wählen Sie in den Importoptionen, dass alle Seiten platziert werden sollen. Alternativ können Sie auch einen Bereich wie »1, 3, 5-8, 12« eingeben, falls das PDF Anzeigenseiten beinhaltet, die Sie nicht übernehmen möchten. Danach können Sie noch entsprechende Ebenen – soweit vorhanden – auswählen und platzieren die Seiten. Sie erhalten auch hier die Platzierungsmarke, und bei jedem Klick in das Layout platzieren Sie eine Seite in der gewünschten Größe. Solange Sie noch nicht alle Seiten platziert haben, wird die PDF-Platzierungsmarke mit einem Plus gekennzeichnet.

Das können Sie so lange fortsetzen, bis Sie alle Seiten verteilt haben. Wenn eine PDF-Seite auf der falschen Layoutseite gelandet ist, so wählen Sie ⌘+Z oder Strg+Z und platzieren noch einmal. Einfacher geht es nicht.

Das Einfügen von mehreren Seiten aus der Bridge per Drag and Drop ist leider nicht möglich, hier nutzt InDesign nur die Standardeinstellungen, und die erkennen nur die erste Seite einer PDF-Datei.

Mehrsprachige Dateien

Eine tolle Anwendung für PDF-Ebenen sind mehrsprachige Dokumente. Dazu muss zunächst eine Layoutdatei in InDesign mit einzelnen Dokumentebenen pro Sprache angelegt werden. Danach exportieren Sie die PDF-Datei im Format 1.5 oder 1.6 mit Ebenen. Wenn Sie nun die Datei wiederum in ein anderes Layout platzieren, können Sie sich die Sprachversion über die Objektebenenoptionen aussuchen. Das ist doch toll, oder?

Alle PDF-Seiten auf einer Seite platzieren

Wenn Sie beim Platzieren die Alt/⌥-Taste drücken, werden alle Seiten auf einmal positioniert und erscheinen leicht versetzt übereinander. Aus diesem Stapel können Sie dann die gewünschten Seiten »herausziehen« und die Layoutrahmen bearbeiten.

12.2.8 Photoshop-Dateien

Es hört sich für ehemalige Quark-Nutzer ungewöhnlich einfach an, und so ist es auch in der Anwendung: Nehmen Sie Ihr Photoshop-Composing, und platzieren Sie es direkt in InDesign! Bei aktivierten Importoptionen sehen Sie auch, wie elegant InDesign das bewerkstelligt. Ein PNG-Format wird hierzu in die Ansicht berechnet. InDesign erkennt ähnlich wie beim PDF-Format die Transparenzen, Ebenen und verwendete Schriften. Die Ebenen können Sie separat an- und abwählen. Da jedoch die sichtbaren Ebenen einer Photoshop-Datei den aktuellen Zustand wiedergeben, sollten Sie daran nur etwas ändern, wenn Sie die Photoshop-Daten genau kennen.

Darüber hinaus wird das Farbprofil der Datei eingelesen, und die Ebenenkompositionen werden abgefragt. Ebenenkompositionen sind sichtbare Ebenen, die in Photoshop gespeichert werden. Lesen Sie bitte dazu im Handbuch von Photoshop oder in der Online-Hilfe, wie Sie diese Ebenenkompositionen anlegen.

Wie Sie InDesign für das Farbmanagement optimieren und welche Profile Sie in den Importoptionen auswählen, lesen Sie bitte im Kapitel »Farbmanagement«.

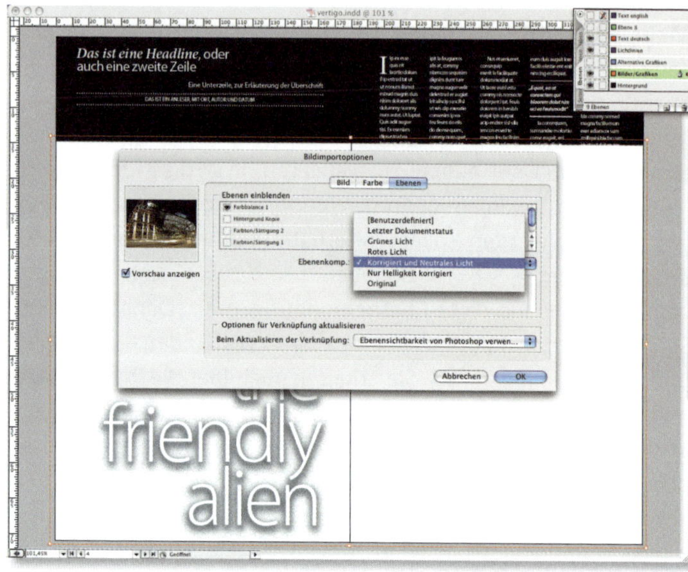

Abbildung 12.14 ▸
Das normale Platzieren einer Photoshop-Datei mit eingeblendeten Importoptionen ermöglicht die Auswahl einer Ebenenkomposition.

Sobald Sie eine solche Photoshop-Datei platzieren, erkennt InDesign die Ebenenkompositionen, und Sie können sie in den Importoptionen auswählen. Wenn Sie diese Datei nun im Layout platzieren, können Sie auch zu einem späteren Zeitpunkt die Ebenenkompositionen wechseln. Rufen Sie dazu ebenso wie bei PDF-Dateien aus dem Menü Objekt die Objektebenenoptionen auf.

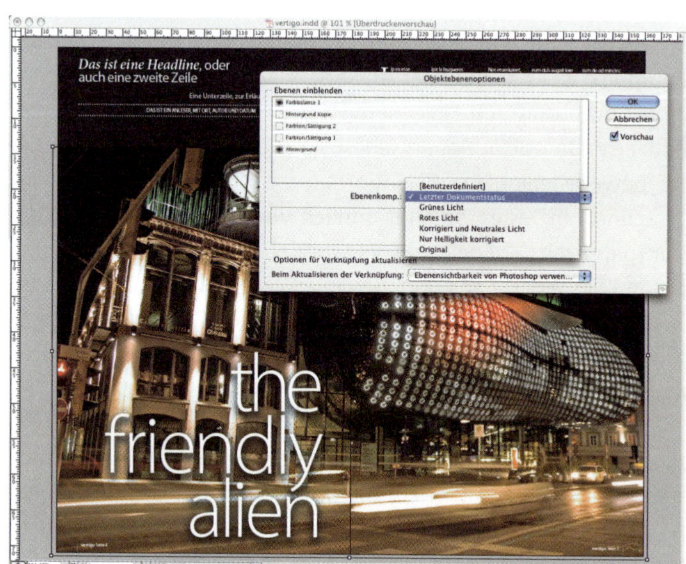

Abbildung 12.15 ▸
Die Ebenenkompositionen zu dieser Photoshop-Datei können jederzeit gewechselt werden.

Für unser Layoutbeispiel wurden für das farblich schwierige Motiv verschiedene Korrekturen und kreative Varianten erzeugt. Da die Farbtemperaturen der Lichtquellen im Bildmotiv unterschiedliche Werte haben, kann das Bild insgesamt nicht ohne Farbstich korrigiert werden. Die Korrekturen betreffen den Farbstich der neutralen Grautöne im Bild, die Varianten hingegen sind mögliche Versionen für das Layout, die Lichtfarbe entweder neutral oder bewusst akzentuierend in den Grün- oder Rotbereich zu verschieben.

◀ **Abbildung 12.16**
Die Ebenenkomposition »Grünes Licht« taucht das Bildmotiv über eine Einstellungsebene FARBTON/SÄTTIGUNG in der Photoshop-Datei in eine andere Lichtfarbe.

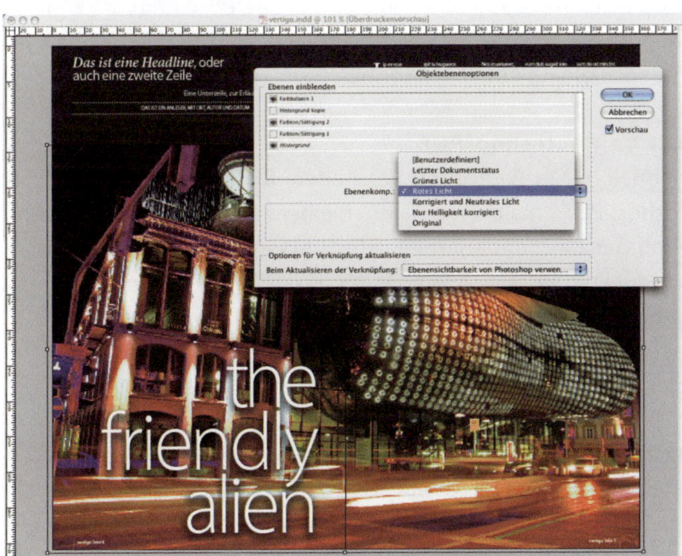

◀ **Abbildung 12.17**
Auch hier dient eine Einstellungsebene in Photoshop dazu, die Szenerie in rötlichen Tönen einzufärben.

▲ **Abbildung 12.18**
Möchte die Designerin oder der Mediengestalter nur die korrigierte Originalversion verwenden, wird die entsprechende Ebenenkomposition ausgewählt.

Wie kommen die Transparenzen in das Layout?
InDesign platziert eine Ansicht der Photoshop-Datei im PNG-Format – Portable Network Graphics. Pardon? PNG? Ja, Sie lesen richtig, InDesign macht sich die 24-Bit-Technik dieses Formates zunutze, um die stufenlosen Transparenzen einer Photoshop-Datei darzustellen. PNG-Dateien werden mit einem Gammawert gespeichert, um eine Helligkeitskorrektur für Bildschirme oder nicht PostScript-fähige Ausgabegeräte herbeizuführen. Die Standardeinstellung kann dabei problemlos übernommen werden.

Mehrkanaldokumente | Wie schon beim DCS-Format angesprochen, speichern Sie Mehrkanaldokumente ebenfalls als Photoshop-Datei oder als Photoshop-PDF, um das Bild in InDesign zu platzieren. Das Photoshop-Format ist im direkten Vergleich wesentlich flexibler und komfortabler. Nutzen Sie daher für Mehrkanaldateien dieses Format.

12.2.9 Photoshop-PDF

Speziell nur in Photoshop bearbeitete Bilder lassen sich als Photoshop-PDF speichern. Darin bleiben Ebenen, Ebeneneffekte, Alphakanäle, Sonderfarben oder Vektorinformationen erhalten. Im direkten Vergleich können die Pixelinformationen des Photoshop-PDF komprimiert werden. Somit kann ein Photoshop-PDF deutlich kleiner als eine komplette Photoshop-Datei werden, bei gleichzeitigem Erhalt aller Informationen.

12.2.10 Illustrator-Dateien

Ebenso wie sich EPS- oder PDF-Dateien verhalten, so können Sie auch Illustrator-Dateien platzieren. Wenn Sie eine Vektorgrafik mit Illustrator CS oder CS2 erstellen, verwendet Illustrator intern bereits das PDF-Format. Beim Speichern aus Illustrator müssen Sie dazu die Option PDF-KOMPATIBLE DATEI ERSTELLEN aktivieren.

Illustrator-Pfade aus der Zwischenablage | Beachten Sie hier, dass Illustrator-Objekte in einem platzierten AI-Format nicht in InDesign bearbeitet werden können. Für Illustrator-Funktionen wie das Verlaufsgitter oder die Symbolobjekte mag diese Eigenschaft von Vorteil sein. Wenn Sie jedoch Pfadobjekte aus Illustrator übernehmen möchten, so kopieren Sie diese über die Zwischenablage einfach in InDesign hinein. Die Objekte werden in native Bézierkurven umgewandelt und in die Layoutdatei integriert, wenn Sie in den Voreinstellungen zu Illustrator als Zwischenablage-Format AICB wählen. Wenn Sie die Objekte als PDF nach InDesign kopieren, platzieren Sie sozusagen eine Rahmengruppe, ohne an die einzelnen Objekte zu gelangen.

12.2.11 Graustufen- und Strichbilder einfärben

Mehr kreative Möglichkeiten stehen Ihnen bei Graustufen- und Strichbildern zur Verfügung. Platzieren Sie ein Graustufen-TIFF, eine Graustufen-Photoshop-Datei mit einer Hintergrundebene oder eine Strichgrafik im BMP-Format.

Rufen Sie die Palette FARBFELDER auf, und ziehen Sie mit gedrückter Maustaste ein Farbfeld auf die platzierte Grafik. Schon wird das Graustufenbild eingefärbt. Ebenso verfahren Sie bei Strichgrafiken.

Beachten Sie dabei, dass die Farbflächenauswahl in der Werkzeugpalette für die Farbzuweisung nicht geeignet ist, da hier nur der positionierte Rahmen und damit der Hintergrund des Bildes eingefärbt wird. Wenn Sie aber auf die Direktauswahl wechseln, bezieht sich das Flächensymbol auf den Rahmeninhalt, also das platzierte Bild selbst.

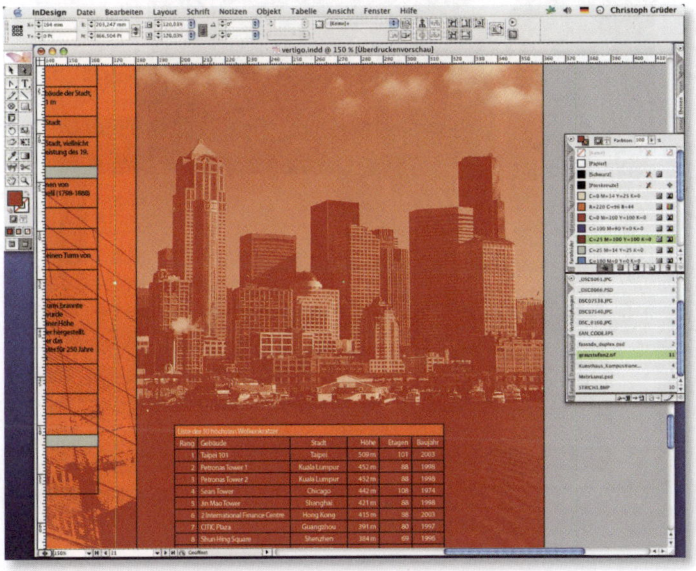

◂ **Abbildung 12.19**
In diesem Beispiel ist das Graustufen-TIFF platziert und mit zwei unterschiedlichen Farbtönen einer Prozessfarbe eingefärbt worden. Dazu muss das Graustufenbild zuerst mit dem Auswahlwerkzeug aktiviert und mit der VORDERGRUNDFARBE eingefärbt werden, danach wechseln Sie auf die Direktauswahl und wählen die Hintergrundfarbe. Auf diesem Weg erzielen Sie auf simple Weise eine Einfärbung des Bildes, ohne auf Transparenzeffekte zurückgreifen zu müssen.

12.3 Das Original

12.3.1 Original anzeigen

Wenn Sie während der Layoutarbeit einen Blick auf die platzierte Datei werfen wollen, gibt es nun mit InDesign CS2 zwei Wege, die Daten anzuzeigen: entweder auf dem Finder/Arbeitsplatz oder in der Adobe Bridge. Dies ist insofern komfortabel, da Sie nicht das Original öffnen müssen, dass einige Sekunden pro Bild beanspruchen kann. Die Bridge errechnet Ihnen recht schnell eine ausreichende Ansicht der Feindaten, je nach Darstellungsgröße.

Rufen Sie dazu Ihr platziertes Dokument auf, und über das Kontextmenü gelangen Sie in der Rubrik GRAFIKEN zu den genannten Optionen IM FINDER ANZEIGEN oder IN DER BRIDGE ANZEIGEN.

Wenn Photoshop einmal nicht geöffnet wird

Es kann vorkommen, dass platzierte Bilder, die nicht mit Photoshop bearbeitet wurden oder die Sie über das Internet erhalten haben, über die Funktion ORIGINAL BEARBEITEN nicht in Photoshop geöffnet werden, sondern in einem Bildbetrachtungsprogramm des jeweiligen Systems. Das hat den Hintergrund, dass das System einer Datei ein Programm zuordnet. Diese Zuordnung kann im Internet oder beim Brennen auf eine CD oder DVD verloren gehen. Öffnen Sie hierzu auf der Arbeitsoberfläche des Systems (Mac-Finder – oder Windows-Arbeitsplatz) die Informationen/Eigenschaften zu dieser Datei, und ändern Sie das zugewiesene Programm auf Photoshop. Danach öffnet InDesign wie gewünscht das richtige Programm.

12.3.2 Original bearbeiten

Platzierte Dateien lassen sich während der Layoutarbeit nachbearbeiten. Wählen Sie dazu eine platzierte Grafik an, und rufen Sie das Kontextmenü mit der rechten Maustaste oder `Ctrl` auf. Mit der Option ORIGINAL BEARBEITEN öffnen Sie diese Grafik im Programm, mit dem sie erstellt wurde. Nach der Bearbeitung speichern Sie das Dokument einfach ab und kehren zu InDesign zurück, das automatisch die Ansicht in exakt derselben Darstellungsgröße der Grafik im Layout erneuert. Die Aktualisierung der Verknüpfung muss nicht mehr bemüht werden.

Abbildung 12.20 ▶
Aus dem Layout heraus öffnen Sie eine platzierte Photoshop-Datei und bearbeiten das Dokument. Nach dem Speichern wird die Ansicht im Layout aktualisiert.

12.4 Rahmen und Inhalt anpassen

Zunächst lässt sich das platzierte Bild oder die Grafik an den Layoutrahmen anpassen. Danach können Sie den Rahmen mitsamt dem Inhalt proportional skalieren und die Rahmenform bestimmen. Beginnen wir mit der Anpassung.

12.4.1 Rahmen skalieren

Sobald Sie ein Dokument platziert haben, werden Sie sicher die Grafik skalieren wollen. Wählen Sie dazu das Auswahlwerkzeug, und klicken Sie mit ⌘-/Strg-+⇧ auf einen Rahmenanfasser, z. B. unten rechts. Nun halten Sie die Tasten gedrückt und ziehen mit der Maus den Rahmen größer oder kleiner. Auf diese Weise skalieren Sie den Rahmen und den Inhalt gleichzeitig, und vor allem proportional.

12.4.2 Ausschnitt einer Grafik anzeigen lassen

Wenn Sie eine Grafik platziert haben, aber der Inhalt stimmt nicht mit den Proportionen des Rahmens überein oder Sie wollen einen Ausschnitt layouten, stehen Ihnen verschiedene Anpassungsoptionen zur Auswahl. Zum Beispiel können Sie den Rahmen durch Klicken und Ziehen an den Rahmenanfassern so verkleinern, dass nur noch ein Ausschnitt der Grafik zu sehen ist. Wenn Sie nun auf die Direktauswahl wechseln, in das Bild klicken und die linke Maustaste gedrückt halten, erscheint nach kurzem Augenblick die Vorschau des Gesamtbildes als transparentes Geisterbild. Somit erkennen Sie in Echtzeit, welchen Ausschnitt Sie layouten!

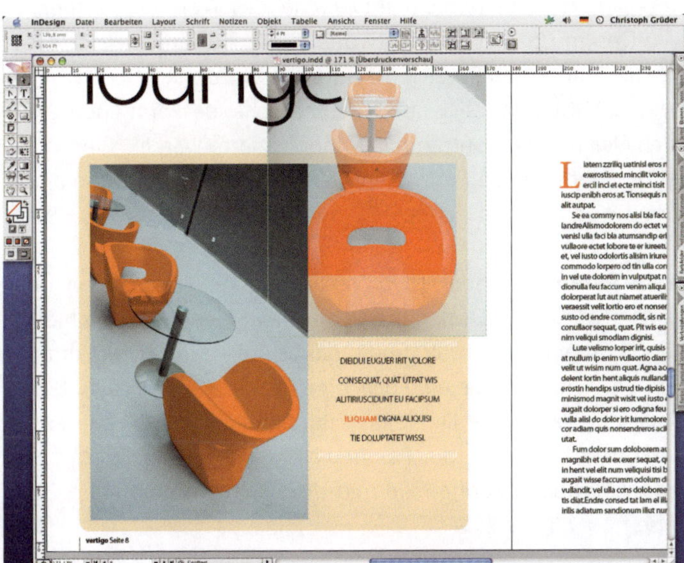

◂ Abbildung 12.21
Nach dem Platzieren können Sie das Bild mit der Direktauswahl anklicken und den Ausschnitt mit gedrückter Maustaste verschieben. Die verdeckten Bildteile werden in einer Halbtransparenz gezeigt.

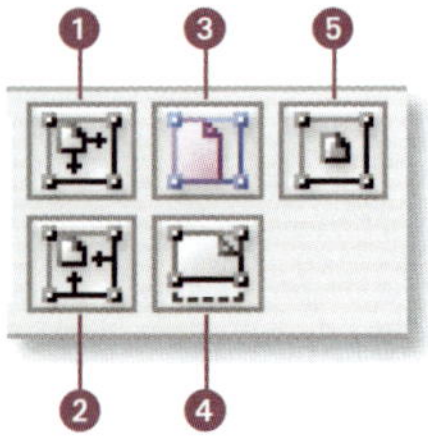

▲ **Abbildung 12.22**
In der Steuerungspalette finden Sie die Buttons für das Anpassen von platziertem Bild und dem Rahmen.

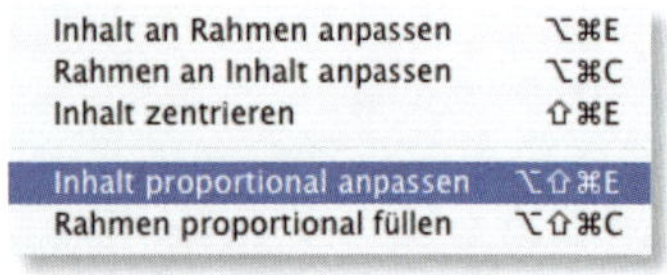

▲ **Abbildung 12.23**
Über das Kontextmenü rufen Sie die Optionen auf, um Bild und Rahmen anzupassen. Dies sind identische Funktionen zur Steuerungspalette.

12.4.3 Anpassen-Optionen

Über das Kontextmenü und die Steuerungspalette erreichen Sie des Weiteren die Anpassen-Optionen.

- Inhalt an Rahmen anpassen ❶ verzerrt und skaliert den Inhalt gleichzeitig, bis die Größe der Grafik mit der des Rahmens übereinstimmt.
- Hingegen bewirkt die Funktion Rahmen an Inhalt anpassen ❷ das Gegenteil.
- Inhalt proportional anpassen ❸ führt zur gleichmäßigen Skalierung der Grafik zum Rahmen.
- Rahmen proportional füllen ❹ skaliert den Inhalt so, dass der Inhalt mit der kürzeren Seite in den Rahmen passt.
- Inhalt zentrieren ❺ ist eine schöne Möglichkeit, wenn der Rahmen größer ist als die platzierte Grafik.

Diese Aufstellung mag zunächst verwirrend sein, aber Sie sollten sich die beiden Funktionen Proportional anpassen merken, mit denen Sie schnell die Bilder auf Rahmengröße skalieren.

Die gesamte platzierte Grafik kann ebenso über die Transformieren-Palette positioniert, gedreht, verzerrt oder gespiegelt werden, wie wir im Kapitel »Layoutrahmen« bereits erläutert haben.

12.4.4 Rahmenstile und Formen wechseln

Wenn Sie keine neuen Rahmenstile für das platzierte Bild angelegt haben, so benutzt InDesign stets einen rechteckigen Rahmen zur Darstellung im Layout. Doch was ist mit anderen Rahmenformen? Abgeschrägte oder abgerundete Kanten? Besonders im Anzeigensatz wäre hier ein entsprechendes Werkzeug optimal.

InDesign CS2 hat eine Antwort: In der Pathfinder-Palette finden Sie im unteren Bereich die Buttons zur Rubrik Form konvertieren. Mit einem Klick auf die entsprechende Form ändert sich auch gleich der Layoutrahmen Ihrer platzierten Grafik. Ein Wechsel zu einer anderen Form ist immer möglich. Die Funktion erläutern wir genauer im Kapitel »Layoutrahmen«.

Freie Rahmenformen | Ob Vektorobjekte, Textmengen oder platzierte Bilder, InDesign macht auch hier keinen Unterschied in der Rahmenbearbeitung und erlaubt frei definierte Rahmenformen. Platzieren Sie eine beliebige Bilddatei in das Layout, und wechseln Sie auf die Direktauswahl. Sie erkennen – wie bei der Vektorbearbeitung – die Rahmenkante als Bézierpfad. Mit den Pfadwerkzeugen können Sie nun dem Rahmen eine neue Form geben.

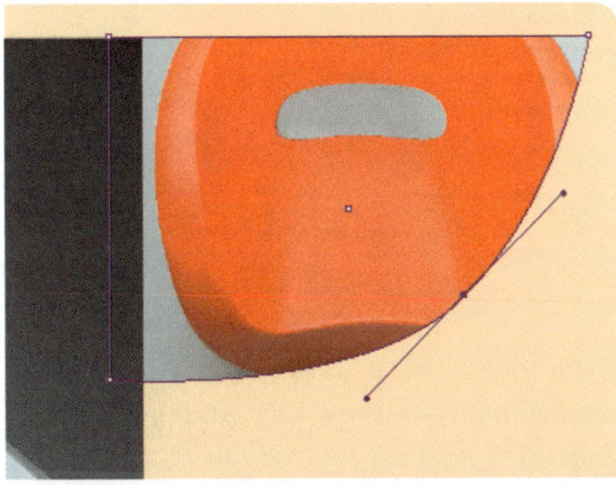

◂ **Abbildung 12.24**
Mit der Direktauswahl und den anderen Pfadwerkzeugen bearbeiten Sie die Rahmenform des platzierten Bildes.

	Windows	Mac
Inhalt an Rahmen anpassen	[Strg] + [Alt] + [E]	[⌥] + [⌘] + [E]
Inhalt proportional anpassen	[⇧] + [Strg] + [Alt] + [E]	[⇧] + [⌥] + [⌘] + [E]
Inhalt zentrieren	[⇧] + [Strg] + [E]	[⇧] + [⌘] + [E]
Rahmen an Inhalt anpassen	[Strg] + [Alt] + [C]	[⌥] + [⌘] + [C]
Rahmen proportional füllen	[⇧] + [Strg] + [Alt] + [C]	[⇧] + [⌥] + [⌘] + [C]

Tabelle 12.1
Tastenkürzel für das Anpassen

12.5 Freistellen mittels Beschneidungspfad oder Alphakanal

Um Pixelobjekte frei vor farbigen Flächen zu positionieren, wurden die Beschneidungspfade erfunden. Aus Photoshop heraus kann ein Beschneidungspfad erzeugt und in das EPS-, PSD- oder das TIFF-Format exportiert werden. Ein Pfad beschneidet das Pixelobjekt und wirkt wie eine Maskierung. Ein weiterer Vorteil ist auch die Kantenschärfe, da die Pfadkanten das Objekt abschneiden. Als Alternative platzieren Sie eine Photoshop-Datei, in welcher der Freisteller mit einem Alphakanal oder einer Ebenenmaske pixelgenau maskiert wurde.

12.5.1 Dokumente mit Beschneidungspfaden platzieren

Dokumente mit Beschneidungspfaden können auf zwei Wegen platziert werden. Zum einen so, dass Sie den Pfad nachbearbeiten können, zum anderen mit dem Verzicht auf den sichtbaren Pfad, wenn das Objekt bereits sorgfältig freigestellt wurde, ohne dass Blitzer an den Objekträndern auftreten können. Andernfalls könnte der maskierte Bildhintergrund am Motivrand »durchblitzen«. Wählen Sie die betreffende Option Photoshop-Beschneidungspfad anwenden aus.

Abbildung 12.25 ▶
Der Photoshop-Beschneidungspfad wird in den Importoptionen ausgewählt.

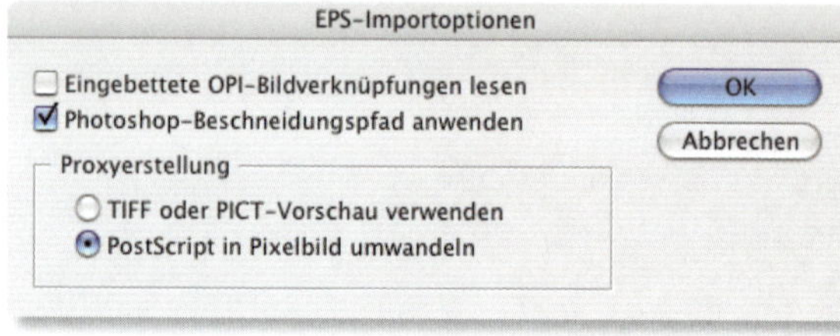

Sobald Sie die Grafik platziert haben, wählen Sie die Direktauswahl aus, und klicken Sie auf eine beliebige Objektkante. Der Freistellpfad wird sichtbar.

Abbildung 12.26 ▶
Aktiver Beschneidungspfad aus der platzierten Datei

Abbildung 12.27 ▶
Ein Beschneidungspfad in InDesign mit der Funktion KANTEN SUCHEN erzeugt einen nach Helligkeit ausgerichteten Pfad, der allerdings sehr viele Ankerpunkte enthält.

Da Sie natürlich mit einer vergrößerten EPS-Vorschau kein Objekt freistellen können, stellen Sie über das Kontextmenü die Anzeigequalität auf HOCH. Nach kurzer Berechnung werden die Originalpixel gezeigt, und Sie können mit den Pfadwerkzeugen den Beschneidungspfad editieren.

12.5.2 Beschneidungspfade aus Objektkonturen, Alphakanälen oder Ebenenmasken

InDesign kann Beschneidungspfade selbst erzeugen, wenn platzierte Bilder keinen Beschneidungspfad aufweisen. Es gibt zwei Möglichkeiten:

1. anhand von Objektkanten (z. B. auf weißem Grund)
2. mit Alphakanälen oder Ebenenmasken

Beschneidungspfad anhand von Objektkanten erzeugen | Für die erste Möglichkeit gehen Sie so vor: Wählen Sie eine platzierte Bilddatei aus, und rufen Sie unter dem Menü OBJEKT • BESCHNEIDUNGSPFAD den Einstellungsdialog auf.

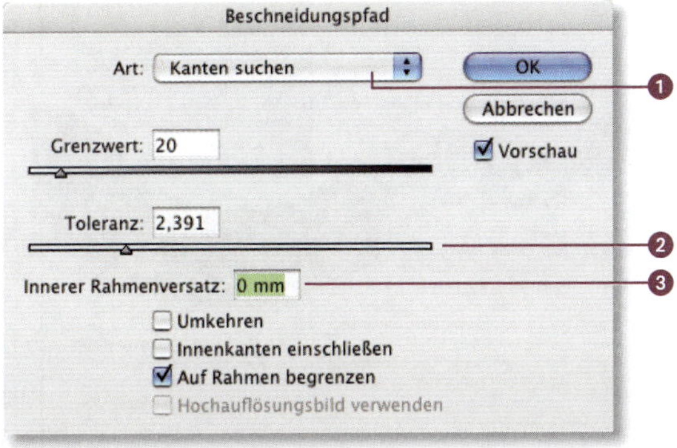

◂ **Abbildung 12.28**
Beschneidungspfad bestimmen

Wählen Sie die Art KANTEN SUCHEN ❶. Mit Hilfe eines Grenzwertes zwischen 0 und 255 tastet InDesign die Bildhelligkeit ab. Bei aktivierter Vorschau sehen Sie die freigestellten Bildpartien. Bilder mit weißem Untergrund sind besonders gut geeignet.

Der Toleranzbereich ❷ legt fest, wie genau die Objektkante erkannt werden soll und wie viele Ankerpunkte gesetzt werden. INNERER RAHMENVERSATZ ❸ ist ein sehr wichtiger Zusatz: InDesign verkleinert um diesen Wert die erkannte Objektauswahl, das bedeutet, eventuelle Blitzer werden sofort ausgeschlossen! Bei jedem Motiv ist die Balance zwischen möglichst genauer Pfadzeichnung und Rahmenversatz anders. Arbeiten Sie daher immer mit aktivierter Vorschau, und stellen Sie das Bild möglichst groß und in höchster Darstellungsqualität dar, um alle nötigen Details erkennen zu können. Selbstverständlich können Sie auch diesen Beschneidungspfad mit den Pfadwerkzeugen nachbearbeiten.

Beschneidungspfad anhand von Identifizierung von Alphakanälen oder Ebenenmasken im Bild. | Die Funktionalität ist identisch zur eben beschriebenen manuellen Kantenerkennung. Alphakanäle sind zusätzliche Farbkanäle im Bilddokument neben den CMYK- oder RGB-Kanälen, die zur Maskierung des Gesamtbildes genutzt werden. Da sie pixelbasiert sind, werden Bildpartien genauer freigestellt als mit Pfaden. Alphakanäle können aufgrund der Transparenzen nicht ausgegeben werden und können somit in Beschneidungspfade umgewandelt werden. Die zusätzliche Qualität der Kanäle hat jedoch auch ihren Preis: Die Dateien werden verhältnismäßig größer als herkömmliche Bilddateien mit Beschneidungspfaden.

Alternativ zur Erzeugung von nachträglichen Beschneidungspfaden können Sie Alphakanäle aus Photoshop-Dateien über die Transparenzreduzierung ausgeben. Die Umrechnungsarten zeigen wir Ihnen im Kapitel »Transparenzreduzierung«.

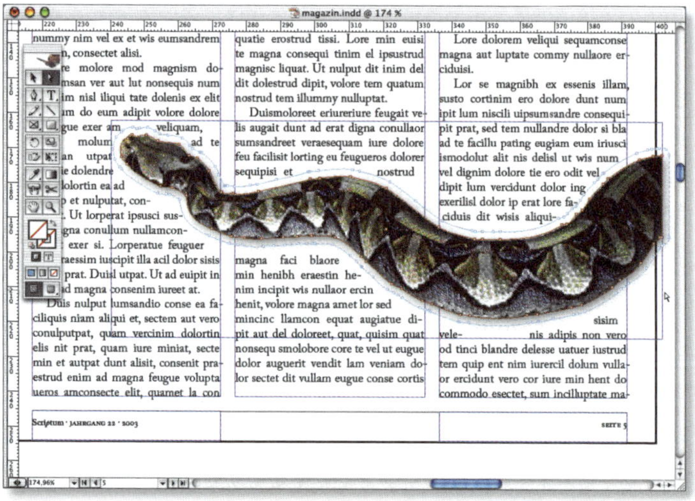

Abbildung 12.29 ▸
Platzierte EPS-Datei mit Beschneidungspfad (orange) und Konturenführung auf Basis dieses Pfades (hellblau). Mit Pfadwerkzeugen können Sie den orangefarbenen Freistellpfad nachbearbeiten. Für die exakte Bearbeitung empfehlen wir die Umschaltung auf die hohe Darstellungsqualität, damit Sie die Ankerpunkte und Tangenten genau positionieren können, so dass keine Blitzer zum Untergrund entstehen (Schattenwurf oder Hintergrundfarbe).

12.5.3 Freisteller ohne Pfade

Es geht aber auch vollständig ohne Beschneidungspfade. Ist ein Motiv so schwierig freizustellen, dass Bildmotive wie z. B. Haare oder transparente Stoffe nicht ohne Qualitätsverlust mit einem Pfad freigelegt werden können, so sollten Sie einen Alphakanal oder eine Ebenenmaske mittels einer Photoshop-Datei platzieren. Einen Pfad benötigen Sie für die Transparenz des Freistellers nicht, da diese pixelgenau aus der Datei in InDesign ausgelesen wird. Bei einer PostScript- oder PDF-Ausgabe werden mit Hilfe der Transparenzreduzierung wieder deckende Flächen errechnet.

Lesen Sie dazu auch das Kapitel »Transparenzreduzierung«. Die genaue Erstellung eines Freistellers mittels Transparenzen können Sie dem Photoshop-Handbuch entnehmen, oder lesen Sie »Photoshop CS2« von Sibylle Mühlke, erschienen ebenfalls bei Galileo Design.

◂ **Abbildung 12.30**
Das Freisteller-Bildmotiv als Ausgangsbild

Schritt für Schritt: Freisteller über eine Ebenenmaske in Photoshop

1 Ebenenmaske anlegen

Zunächst müssen Sie eine schwebende Auswahl der überflüssigen Bildbereiche erstellen und eine Ebenenmaske daraus anfertigen. Für diese Auswahl kann ein Alphakanal dienen.

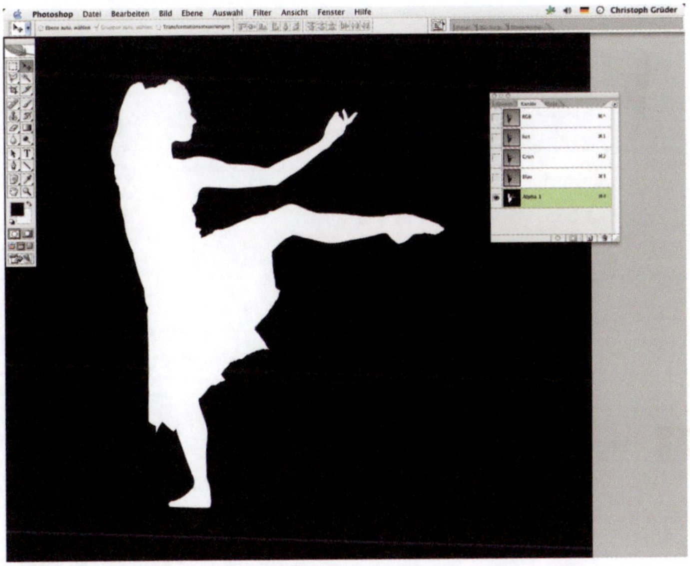

Eine schwebende Auswahl wird nun vom Alphakanal abgezogen und eine Ebenenmaske erstellt.

2 Datei platzieren

Die Datei wird als Photoshop-Dokument in InDesign platziert. In den Importoptionen müssen Sie darauf achten, dass nun die Transparenz des Photoshop-Dokuments für die Berechnung eines Alphakanals in InDesign dient. So wird der Freisteller auch ohne Pfad im Layout dargestellt!

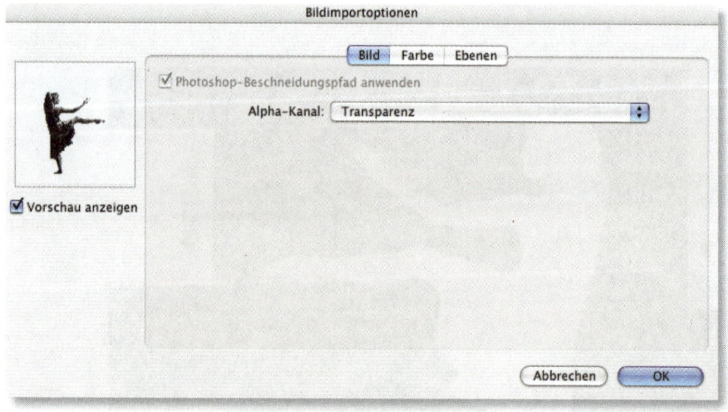

3 Ergebnis

Nach der Platzierung in InDesign erscheint die Transparenz bei maximaler Darstellungsqualität einwandfrei.

12.6 Bildinterpolationen

Sobald Sie platzierte Dokumente skalieren, ändern Sie die Auflösung des Bildes für die Ausgabe. Ein Beispiel: Eine platzierte Bilddatei hat die Größe von 10 mal 10 cm bei einer Auflösung von 300 dpi. Sie verkleinern die Datei im Layout um 50 %. Damit verdoppelt sich die Ausgabeauflösung der platzierten Datei auf 600 dpi. Eine Skalierung auf 200 % halbiert dagegen die Auflösung auf 150 dpi, erste Unschärfen und Pixelartefakte sind im Druck eventuell bereits zu erkennen.

Bleiben die Änderungen zwischen 71 und 141 % der ursprünglichen Größe, sind diese Skalierungen tolerierbar und führen nicht zu wesentlichen Qualitätsverlusten. Skalieren Sie jedoch über diesen Wert hinaus eine platzierte Datei, so kann es zu Unschärfen kommen, sowohl bei der Vergrößerung wie auch Verkleinerung. Sollte dies aus Gestaltungs- oder Platzgründen der Fall sein, rechnen Sie die platzierte Datei extern auf die Zielgröße des zur Verfügung stehenden Layouts um.

Die Verkleinerung ist im Vergleich zur Vergrößerung weniger kritisch zu beurteilen. Erst bei sehr detailreichen Motiven wie

Ausgabe

Für die Ausgabe als Druck oder als PDF-Datei wird eine kleiner oder größer skalierte Datei neu berechnet, wenn Sie z. B. die Vorgabe PDF/X-3:2003 wählen.

Textilstrukturen oder Mikroskopie-Bildern kann es passieren, dass ein Bilddetail nach einer Verkleinerung im Layout und einer Neuberechnung für die Druckausgabe »verschwindet«.

Ein zusätzliches leichtes, unscharfes Maskieren kann bei vergrößerten Bildern verwaschene Bilddetails wieder ausgleichen. Andernfalls erhalten Sie qualitativ schlechte Druckergebnisse und geben unter Umständen sehr große – und zudem überflüssige – Datenmengen zur Ausbelichtung!

12.7 Verknüpfungen

InDesign legt eine Verknüpfung vom Layoutdokument zur platzierten Datei an. Diese Verbindungen können Sie in der Palette VERKNÜPFUNGEN unter dem Menü FENSTER einsehen und bearbeiten. Alle platzierten Dateien – auch Textdokumente oder Tabellen – werden in der Palette aufgelistet.

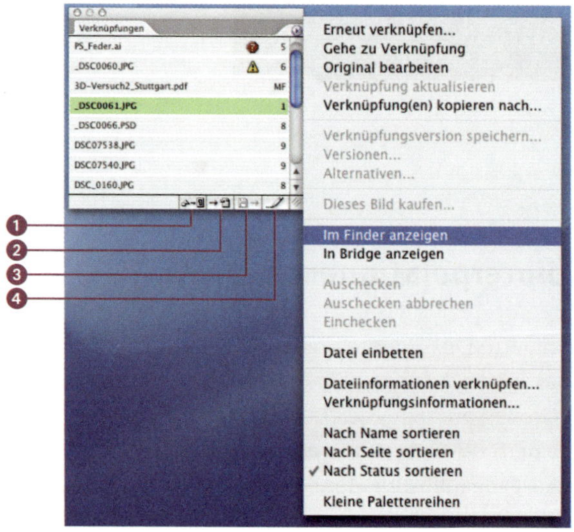

Abbildung 12.31 ▸
Die platzierten Bilder erscheinen in der Verknüpfungen-Palette. Rot gekennzeichnete Bilder fehlen, gelbe Dreiecke zeigen eine Änderung des Dokuments an, und MF bedeutet »Montagefläche«.

Den Status, d. h., ob eine Verknüpfung aktiv ist, sehen Sie an den zusätzlichen Symbolen hinter den Dateinamen: Ein rotes Fragezeichen zeigt eine fehlerhafte Verknüpfung, d. h., das Originaldokument konnte nicht gefunden werden. Das gelbe Dreieck hingegen steht für eine Datei, die zwischenzeitlich geändert und mit der Layoutdatei noch nicht aktualisiert wurde.

Über die Button-Zeile am Fuß der Palette lassen sich die Dateien ERNEUT VERKNÜPFEN ❶, die Verknüpfung im Layout anzeigen ❷, aktualisieren ❸ oder das Original in einem externen Editor bearbeiten ❹.

12.7.1 Verknüpfungsinformationen

Mit einem Doppelklick auf einen Dateinamen oder über das Palettenmenü öffnen Sie die Verknüpfungsinformationen. Auch hier werden Ihnen der Status und weitere Parameter gezeigt. Über die Weiter-/Zurück-Buttons wechseln Sie zur nächsten platzierten Datei.

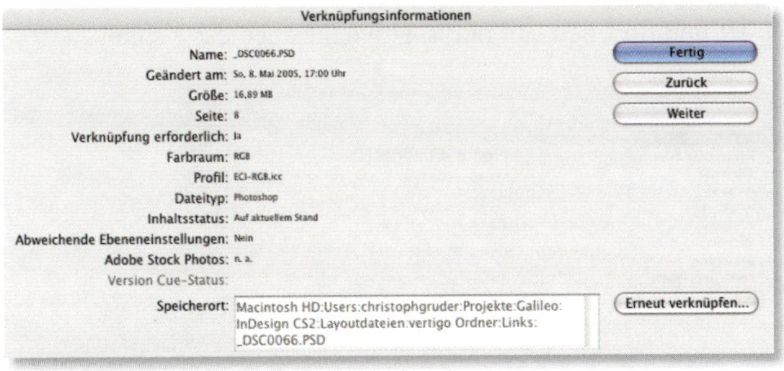

◀ **Abbildung 12.32**
Mit einem Doppelklick auf eine Datei in der Verknüpfungen-Palette öffnen sich die weiteren Informationen, so dass Sie beispielsweise den Farbraum oder ein eingebettetes Farbprofil erkennen können.

Fehlerhafte Verknüpfungen können Sie auch hier wieder neu setzen, indem Sie den Pfad der Datei angeben oder aus einem Systemdialog die Datei auswählen.

12.7.2 Verknüpfungen in einem Schritt aktualisieren

Wenn Sie eine Layoutdatei öffnen, die fehlerhafte Verknüpfungen erkennt, werden Sie schon zu Beginn aufgefordert, die Verknüpfungen zu aktualisieren. Ignorieren Sie diese Aufforderung und arbeiten Sie weiter, so bleiben die Verknüpfungswarnungen erhalten. Besitzt Ihre Layoutdatei also solche fehlenden Verknüpfungen, ist es ratsam, das Dokument zu speichern, zu schließen und neu aufzurufen. Danach erscheint wieder die Aufforderung, die Pfade der Dateien anzugeben. Dieser Weg ist komfortabler als das manuelle Verknüpfen über die Palette. Leider sortiert InDesign die Einträge in der Liste nicht nach der Reihenfolge im Layout. Oben stehen die fehlenden oder geänderten Verknüpfungen. Sobald die Verknüpfung aktualisiert wird, rutscht die Datei an eine völlig andere Position. Das macht die Verknüpfen-Arbeit über diesen Weg sehr schwierig bis nahezu unmöglich.

MF

Ein besonderer Clou steckt hier in der Palettenliste: Rahmen, die Sie von der Seite auf die Montagefläche beiseite geschoben haben, werden mit einem »MF« gekennzeichnet! Dadurch erkennen Sie, ob es sich beispielsweise um ein Motiv handelt, das während des Entwurfs wieder aus dem Layout herausgenommen wurde. Das ist doch sehr nett, oder? Rahmen, die nicht auf dem Druckbogen liegen, werden auch beim PDF-Export oder Ausdruck ignoriert.

12.7.3 Einbetten und Einbettung aufheben

Um nicht nach verlorenen Dateien suchen zu müssen, können Sie die platzierten Dokumente auch über das Palettenmenü einbetten. Ein kleines Grafiksymbol erscheint hinter dem Dateinamen in der Palette. Doch Vorsicht, die Layout-Dateigröße kann sehr schnell anwachsen.

Eingebettete Dateien können Sie wieder aus der Layoutdatei herausziehen: Wählen Sie aus dem Palettenmenü Einbettung

Dateiinformationen
Metadaten von Digitalbildern oder gekauften Bildern aus Archiven beinhalten Metadaten, die InDesign als XMP-Daten verwaltet. Diese rufen Sie ab, indem Sie im Palettenmenü der Verknüpfungen-Palette die Option DATEIINFORMATIONEN VERKNÜPFEN... aufrufen. Hier erkennen Sie, mit welcher Kamera die Bilder aufgenommen wurden oder wo die Bildrechte liegen.

DER DATEI AUFHEBEN. Dokumente, die unterhalb einer Dateigröße von 48 KByte liegen, werden von InDesign automatisch eingebettet, darunter fallen z. B. kleine Logos, Vektorsymbole oder kurze importierte Textmengen.

Platzierte Bilder und Grafiken müssen Sie nicht unbedingt einbetten. Mit Hilfe der Funktion VERPACKEN werden alle platzierten Dokumente mit der InDesign-Datei in einen neuen Ordner kopiert und dort neu verknüpft. Lesen Sie auch das Kapitel 20.

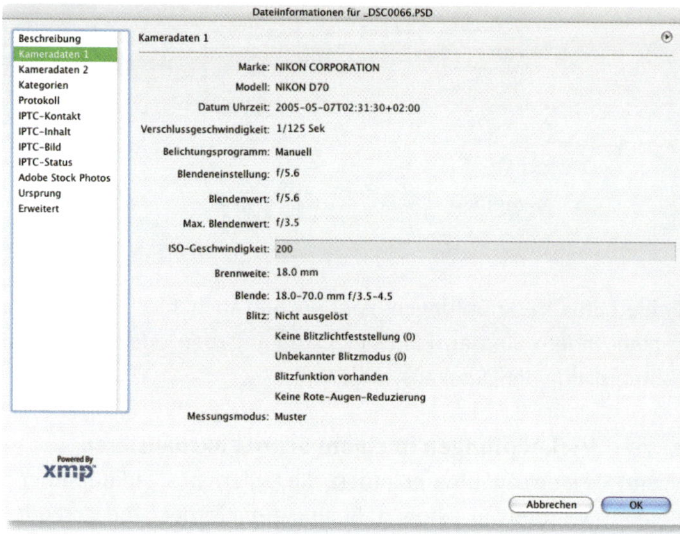

Abbildung 12.33 ▶
Die Metadaten einer digitalen Aufnahme werden auch in InDesign erkannt.

12.7.4 Verknüpfungen kopieren

Wenn Sie einmal platzierte Daten verschieben wollen, so müssten Sie die Daten zunächst kopieren und in InDesign die Verknüpfungen einzeln aktualisieren. Das ist eine zeitraubende Angelegenheit. Doch es geht auch anders: Wählen Sie zunächst die entsprechenden Dateien in der Verknüpfungen-Palette aus. Nutzen Sie die Funktion VERKNÜPFUNGEN KOPIEREN im Palettenmenü der Verknüpfungen-Palette, um aus InDesign heraus die platzierten Dateien an einen anderen Ort zu verschieben. Wählen Sie einen neuen Speicherort. InDesign kopiert nun die Dateien und aktualisiert gleichzeitig die Verknüpfung. Die zuerst platzierte Datei bleibt sicherheitshalber an ihrem alten Ort.

	Windows	Mac
Zum verknüpften Element gehen	Alt + auf Name der verknüpften Datei doppelklicken	⌥ + auf Name der verknüpften Datei doppelklicken
Alle Dateinamen auswählen	Strg + auf Name der verknüpften Datei doppelklicken	⌘ + auf Name der verknüpften Datei doppelklicken

Tabelle 12.2
Tastenkürzel für das Verknüpfen

13 Transparente Objekte

Licht aus, Spot an: Deckkraft, negativ multiplizieren, weiche Kanten oder Schattenwürfe: Die Transparenzen von InDesign sind unschlagbar im direkten Vergleich zu anderen Layoutprogrammen. Nicht nur die Deckkraft ist variabel, sondern auch die aus Photoshop und Illustrator bekannten Füllmethoden stehen zur Verfügung. Ebenso gehören weiche Kanten zu den Transparenzfunktionen, die sich alle zusammen im Schattenwurf von InDesign versammeln, wo sie miteinander kombiniert werden können.

Transparenzen können Sie in InDesign auf alle Layoutrahmen anwenden. Ob platzierte Bilder, Vektorobjekte, Textrahmen oder sogar Tabellen – InDesign kennt keine Grenzen in der kreativen Gestaltung, ein wahres Highlight für alle Designer, für die Reinzeichnung und Druckvorbereitung eine anspruchsvolle Aufgabe.

Für die spätere Ausgabe stehen Ihnen die Funktion TRANSPARENZREDUZIERUNG und die REDUZIERUNGSVORSCHAU bereit, die wir noch detailliert beschreiben. Somit werden die Transparenzen auch für alle Designerinnen und Layouter kontrollierbar, die dieser Thematik bisher eher kritisch gegenüberstanden.

13.1 Transparente Objekte erstellen

Transparente Objekte erzielen Sie über drei verschiedene Methoden:

1. Über die FÜLLMETHODE legen Sie fest, wie die Farbe eines oben liegenden Objekts zu der eines dahinter gelegenen berechnet wird.
2. Mit der DECKKRAFT hingegen steuern Sie die Deckung des Objektes zum Untergrund.
3. Mit der WEICHEN KANTE werden alle Objekte in ihrer Begrenzung zur Umgebung »unscharf«, es wird ein Verlauf von transparent zu deckend entlang der Objektkante berechnet.

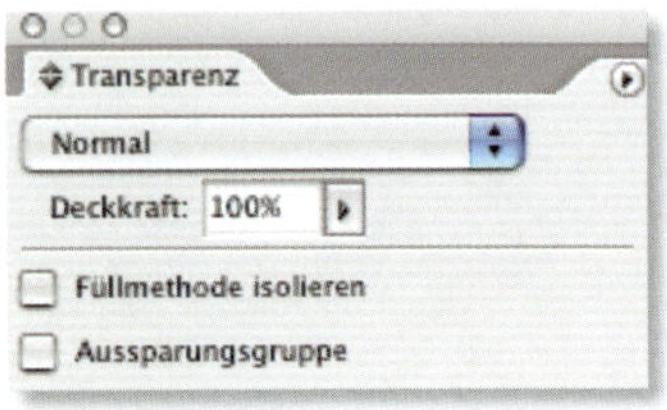

▲ **Abbildung 13.1**
Die Transparenz-Palette funktioniert wirklich so einfach, wie sie aussieht.

13.1.2 Transparenz-Palette

Die Transparenz-Palette rufen Sie unter dem Menü Fenster • Transparenz auf. Ebenso wie in Photoshop oder Illustrator stellen Sie über das Pull-down-Menü der Palette die Füllmethode des Objekts zum Hintergrund ein. Ihnen stehen die bekannten Arten wie Multiplizieren oder Ineinander kopieren zur Verfügung.

Die Deckkraft eines Layoutobjekts wählen Sie mit Hilfe des Schiebereglers oder einer nummerischen Eingabe. Wenn Sie bereits in Photoshop oder Illustrator Ihre Erfahrungen mit Transparenzen gesammelt haben, werden Sie sich in InDesign schnell zurechtfinden, da hier dieselbe Technik in InDesign genutzt wird.

13.2 Die Deckkraft

Anders als in Photoshop
Eine Einschränkung für Photoshop-Nutzer gibt es jedoch: Transparenzeinstellungen betreffen in InDesign nicht eine Layoutebene (vgl. Kapitel »Ebenen«), sondern nur ein einzelnes Objekt oder eine Objektgruppe.

Die nächstliegende Möglichkeit, Transparenzen zu erzeugen, ist natürlich die Verringerung der Deckkraft. In der folgenden Abbildung sehen Sie verschiedene Deckkrafteinstellungen. Über die Transparenz-Palette stellen Sie bequem die Deckkraft in Prozentwerten ein – entweder über den Schieberegler oder nummerisch über das Eingabefeld.

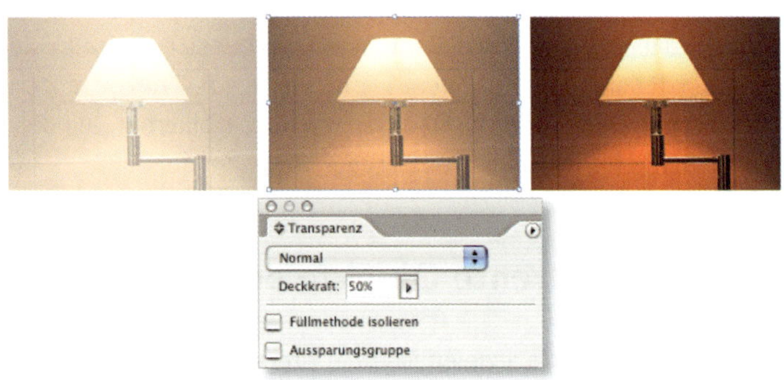

Abbildung 13.2 ▶
Über die Deckkraft wird die Sichtbarkeit eines Layoutobjektes gesteuert.

Rahmen überlagern | Mit Hilfe der Deckkraft können Sie natürlich auch Rahmen überlagern. In Abbildung 13.3 sehen Sie, dass das obere Bild mit einer Deckkraft von 50 % durchscheinend zum Untergrund ist. Auch die Farben der transparenten Rahmen mischen sich über die Deckkraft:

In Abbildung 13.4 wird ein gelb gefüllter Rahmen (Y = 100 %) mit einer Deckkraft von 50 % über das Bild gelegt. Daraus ergeben sich aber nicht automatisch Farben mit einem höheren Gelbanteil. Die Farbmischung messen Sie, indem Sie die Separationsvorschau anschalten. Lesen Sie dazu auch das gleichnamige Kapitel 19.

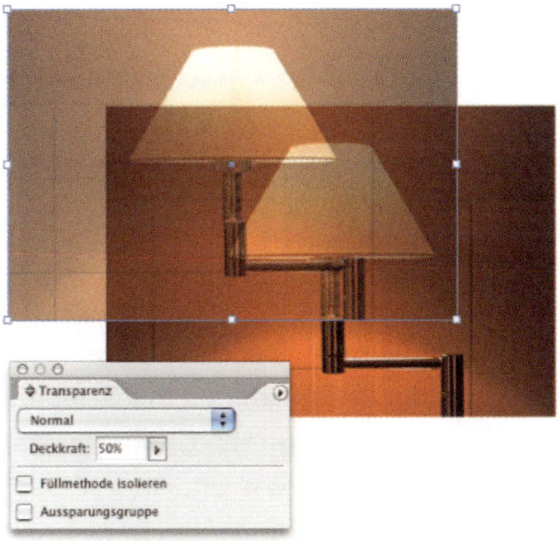

◂ **Abbildung 13.3**
Die reduzierte Deckkraft sorgt für Durchblick.

◂ **Abbildung 13.4**
Eine gelbe Fläche von 100% Yellow überdeckt ein platziertes Bild.

13.3 Die Füllmethoden

Neben zahlreichen Möglichkeiten, Layoutobjekte farblich miteinander zu kombinieren, wollen wir Ihnen an dieser Stelle alle Füllmethoden im Einzelnen vorstellen. Bei der Beschreibung gehen wir davon aus, dass Sie ein Bild im Hintergrund und eine Vektorfläche im Vordergrund liegen haben, auf die Sie die Füllmethoden anwenden. Nicht immer lässt sich das Ergebnis der Farbtonberechnung vorhersagen, die zugrunde liegenden Algorithmen sind sehr komplex und können hier nur im Ergebnis beschrieben werden. Eine Vorausberechnung, welche Farbwerte sich zueinander addieren, ist für eine drucktaugliche Ausgabe nicht nötig, dazu haben Sie in InDesign die Separationsvorschau zur Verfügung, an der Sie die resultierenden Werte der übereinander liegenden Farbwerte ablesen können.

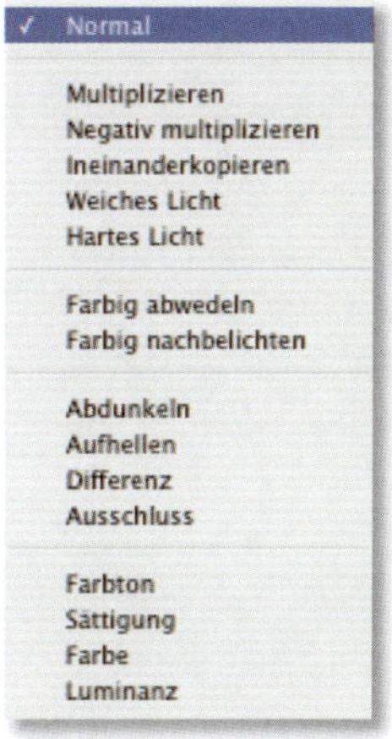

▴ **Abbildung 13.5**
Mit den Füllmethoden beeinflussen Sie die Berechnung der Farben des transparenten Objekts zum Untergrund.

13.3.1 Normal

Die Farbwerte von übereinander gelagerten Objekten werden in der Einstellung NORMAL nicht gesondert berechnet, nur eine reduzierte Deckkraft erzeugt die Transparenz. Die Farbmischung führt nicht automatisch zu einer Addition der Farbwerte, sondern kann auch eine Aufhellung zufolge haben, wie Sie in Abbildung 13.4 sehen können.

13.3.2 Multiplizieren

Diese Füllmethode addiert überlagernde Farbwerte. Das Ergebnis ist immer dunkler als die Ausgangsfarben. Legen Sie einen Rahmen mit der Füllung Cyan 100 % über einen Rahmen mit Magenta 100 %, erhalten Sie eine Transparenzfarbe von 100 C und 100 M.

Gern wird diese Methode auch benutzt, um Graustufenbilder mit einem farbigen Untergrund zu verbinden. Alle Graustufen des Bildes werden mit der Untergrundfarbe addiert, weiße Partien werden ausgeblendet.

Abbildung 13.6 ▸
Füllmethode MULTIPLIZIEREN

13.3.3 Negativ multiplizieren

Wie die Bezeichnung schon vermuten lässt, folgt nun das Gegenteil: Die Farbwerte werden voneinander abgezogen, das Ergebnis ist immer heller als die Ausgangswerte. Farbwerte mit jeweils 100 % Deckung werden zu 0 subtrahiert, Farbwerte mit 50 % Deckung ergeben einen Mischton mit jeweils 25 %.

Abbildung 13.7 ▸
Beispiel für die Füllmethode NEGATIVMULTIPLIZIEREN

Wenn Sie helle Objekte auf dunklen Untergründen platzieren und die Deckkraft reduzieren, ist diese Methode vorteilhaft, da das Vordergrundobjekt den Untergrund aufhellt. Somit ist es möglich, mit Rahmen doppelseitige Bilder zu überdecken, um dort Fließtext zu gestalten.

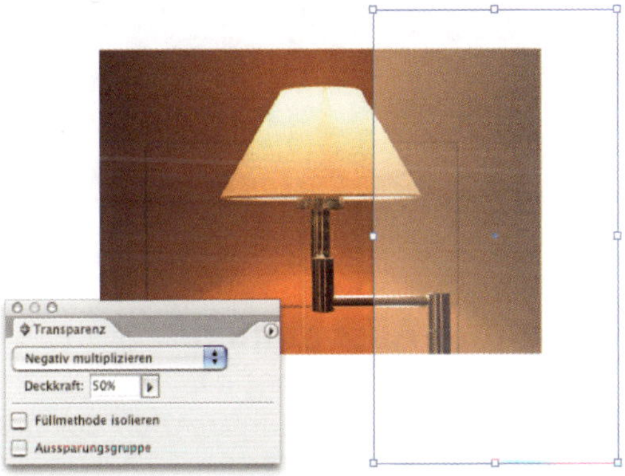

◂ **Abbildung 13.8**
Mit der Füllmethode NEGATIV MULTIPLIZIEREN können Sie Bilder aufhellen, der weiße Rahmen überlagert das Bild mit reduzierter Deckkraft.

13.3.4 Ineinander kopieren

Diese Methode ist u.a. geeignet, wenn Sie Bilder mit Vektorflächen einfärben wollen. In der Abbildung sehen Sie, dass der gelbe Rahmen (100 % Y) mit einer Deckkraft von 50 % und der Füllmethode INEINANDER KOPIEREN das Bild nur gelblich färbt. Im Vergleich zur Abbildung 13.4 wird der Hintergrundfarbton aber nicht aufgehellt.

◂ **Abbildung 13.9**
Beispiel für die Füllmethode INEINANDERKOPIEREN

13.3.5 Weitere Füllmethoden

Für die Anwendung von den zahlreichen Füllmethoden ist es zwar technisch zu beschreiben, mit welcher Füllmethode welches Farbadditionsergebnis erreicht wird. Dennoch wird es sinnvoller sein, sich einmal bei einem eigenen Beispiel die verschiedenen Füllmethoden anzuschauen und anzuwenden. Dazu sehen Sie nun noch eine Auswahl dieser Methoden.

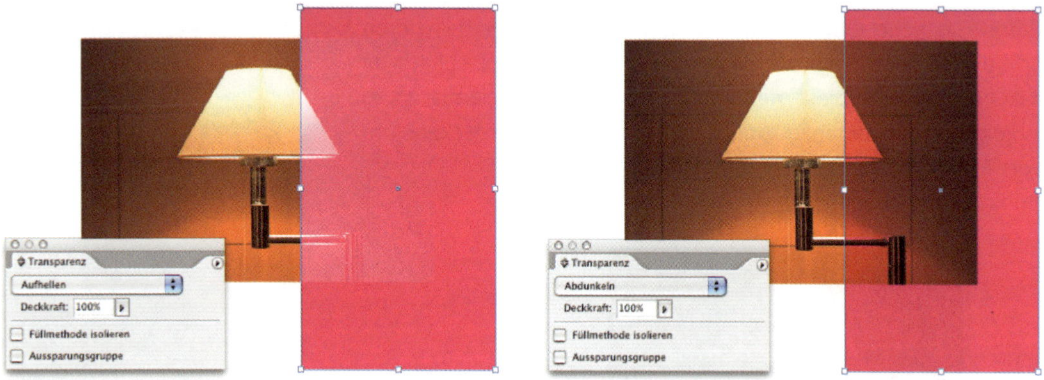

▲ **Abbildung 13.10**
Beispiel für die Füllmethode Abdunkeln (links) und für die Füllmethode Aufhellen (rechts).

13.4 Sonderfälle und Ausnahmen

Aus der Praxis zeigt sich, dass nicht jede Transparenzfunktion das Design verbessert, wenn für die Ausgabe die Grenzen der Drucktechniken nicht berücksichtigt werden. Anhand einiger Beispiele wollen wir Ihnen zeigen, dass es durchaus Sonderfälle gibt, die häufiger in Ihrer Layoutarbeit auftauchen, als Sie glauben!

13.4.1 Transparenzen in Gruppen

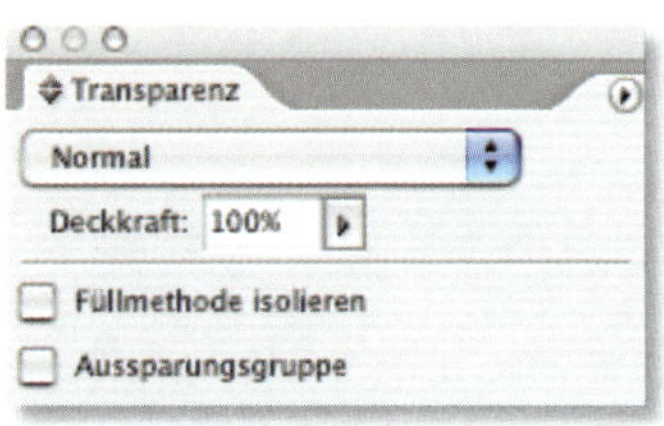

▲ **Abbildung 13.11**
Füllmethode isolieren und Aussparungsgruppe in der Transparenz-Palette

Wenn Sie transparente Objekte mit Füllmethoden gestalten und gruppieren, gibt es zwei Möglichkeiten, die Transparenzeffekte entweder nur auf die Gruppe selbst zu beschränken oder die Füllmethoden nur auf den Hintergrund anzuwenden. Wählen Sie Füllmethode isolieren in der Transparenz-Palette für eine Gruppe aus, wenn Sie den Hintergrund nicht mit Füllmethoden berechnen lassen wollen. Die Aussparungsgruppe hingegen bewirkt das Gegenteil: Die Füllmethoden der Gruppe werden nur auf den Hintergrund, nicht aber auf die Gruppenobjekte selbst angewendet.

13.4.2 Die Deckkraft und der Farbauftrag

Für Ihre gestalterische Arbeit beachten Sie bitte, dass alle Objekte, deren Deckkraft Sie verringert haben, unterhalb einer Tonwertgrenze von ca. 5–7 % je nach Rasterweite und Papier nicht mehr im Offsetdruck wiedergegeben werden können oder oberhalb von 240–350 % Gesamtfarbauftrag Probleme in der Papierablage verursachen.

Ein Beispiel soll dies verdeutlichen: Ein Graustufen-Bild enthält Bildpartien mit Werten zwischen 10 und 20 % Schwarz. Eine Deckkraftverringerung von 50 % halbiert diese Werte zu 5–10 %, das Bild kann je nach Rasterweite und Papierart im Druck noch vollständig wiedergegeben werden. Eine Deckkraftverringerung auf 30 % führt zu Werten zwischen 1,5 und 6 %, die nahezu vollständig im Druck verschwinden. Wenn Sie also weich modulierte Bilder mit Transparenzeffekten verwenden oder Vektorobjekte mit geringem Farbanteil, beachten Sie die untere Tonwertgrenze!

▼ **Abbildung 13.12**
Der weiße Rahmen überdeckt mit 95 % das Bild. In der Ausgabevorschau des Farbauftrags zeigt sich bei einer Grenze von 7 %, dass der Lampenschirm keine Zeichnung mehr aufweist (graue Partien).

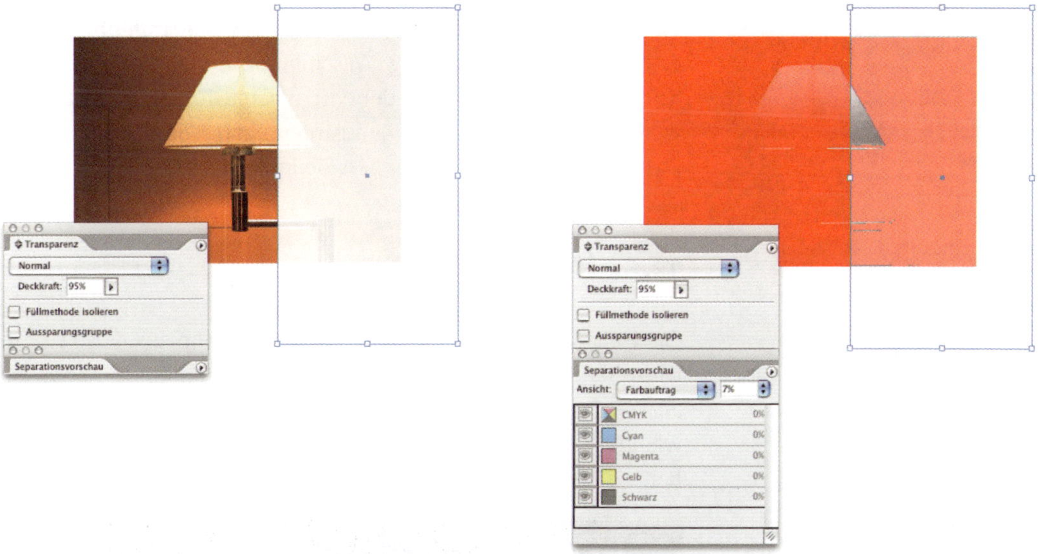

▲ **Abbildung 13.13**
Der viloettfarbene Rahmen überdeckt mit 50 % das Bild in der Füllmethode MULTIPLIZIEREN. In der Ausgabevorschau des Farbauftrags zeigt sich bei einer Grenze von 350 %, dass die Schatten auf dem Lampenarm eine zu hohe Deckkraft aufweisen.

RGB, LAB oder CMYK?

Ob medienneutral oder nicht: Die Transparenzfunktionen können selbstverständlich auf RGB-, LAB- wie auf Prozessfarbwerte angewendet werden. Auch Sonderfarben wie HKS- oder Pantone-Farben sind dazu grundsätzlich geeignet. Allerdings ist es hierbei wichtig, den korrekten Transparenzfarbraum zu wählen, ein geeignetes Reduzierungsformat anzulegen und zu berücksichtigen, welche Objekte letztendlich nach einer Transparenzreduzierung entstehen. Dazu lesen Sie bitte auch das Kapitel 18.

Durch Transparenzen kann auch der maximale Farbauftrag überschritten werden. Wenn ein Bild durch einen überlagernden Rahmen und die Füllmethode Multiplizieren abgedunkelt wird, so ergeben sich neue Farbwerte, die in der Separationsvorschau den Gesamtfarbauftrag übersteigen.

13.4.3 Der Sonderfall für Graustufen

Für den eben beschriebenen Sonderfall des Graustufenbildes gibt es allerdings einen Umweg: Mischen Sie die Hintergrund- und Vordergrundfarbe an, mit denen das Graustufenbild dargestellt werden soll. Färben Sie das Graustufenbild mit diesen Farben ein. Das genauere Vorgehen können Sie im Kapitel 12 nachlesen.

13.5 Weiche Kanten

Die weichen Kanten kennen Sie eventuell schon aus Illustrator 9. Diese Funktion erzeugt eine transparent verlaufende Kante bei allen InDesign-Objekten. Diese Funktion ist bei einem ausgewählten Objekt über das Kontextmenü Weiche Kante erreichbar.

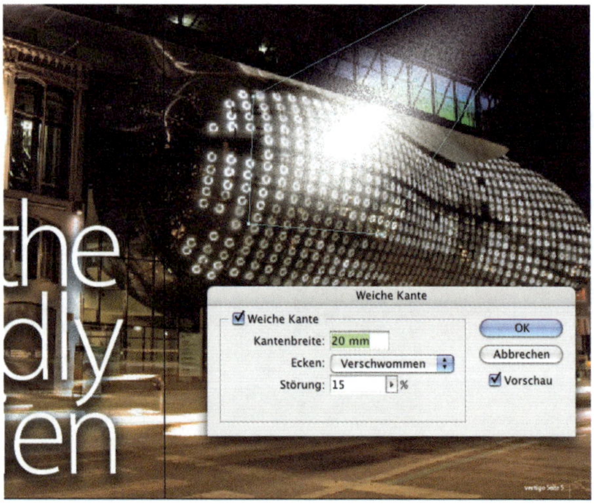

Abbildung 13.14 ►
Weiche Kanten sind einfach in der Anwendung, aber anspruchsvoll in der Ausgabe. Für den Spot dient eine Vektorform, die mit einer leichten Störung versehen ist.

Der weiche Kantenverlauf kann millimetergenau angegeben werden; die Methode, wie die Kante berechnet wird, erhalten Sie unter dem Pull-down-Menü Ecken. Verschwommen bedeutet dabei, dass die Kante mit einem Gauß'schen Weichzeichner diffus berechnet wird. Diese Methode kommt auch bei der Schlagschatten-Funktion zum Einsatz. Die grafischen Ergebnisse mit der Einstellung Spitz, Abgerundet und Verschwommen können Sie mit einer einfachen Vektorform schnell nachvollziehen. Auch hier können Sie mit aktivierter Vorschau bereits während der Einstellung der Kantenbreite das Ergebnis begutachten.

Aus der Praxis heraus benötigen Sie häufig nur die Methode VERSCHWOMMEN, da die anderen Einstellungen zu eher unfreiwillig hässlichen Ergebnissen führen, die an Computergrafiken aus den späten Achtzigerjahren erinnern. Aber wie bei vielen Designzitaten müssen auch die Achtziger für grafische Experimente herhalten.

Störungen | Neu in InDesign CS2 sind die STÖRUNGEN: Ebenso wie im Schlagschatten, den wir noch näher beleuchten, führt die Störung dazu, dass eine Körnung – ähnlich dem fotografischen Runzelkorn – hinzugegeben wird. Bei entsprechenden Bildern im Hintergrund führt diese Einstellung dazu, dass sich die weiche Kante mit dem Untergrundmotiv harmonischer überlagert. In der Praxis genügen Störungen zwischen 5 und 15 %, um eine unregelmäßige Struktur zu erzeugen.

Softe Typen

Auch ein Schriftzug kann mit einer weichen Kante belegt werden. Beachten Sie dabei, dass die Schrift auch eine stabile Fette haben muss – also mindestens ein normaler Schnitt, besser noch ein halbfetter oder fetter Schriftschnitt –, um diesen Effekt sichtbar zu machen.

13.5.1 Bilder und weiche Kanten

Da InDesign diese Funktionalität nicht auf Vektorgrafiken beschränkt, dürfen Sie auch Bilder mit weichen Kanten belegen, um einfache Composings in InDesign zu erzeugen. Wie bei allen Transparenzeffekten ist mit Sorgfalt auf die spätere Reduzierung zu achten. Eine Maskierung von transparent zu deckend ist mit einfachen Bordmitteln in InDesign leider nicht möglich.

13.6 Schatten

Schattenwürfe hinter geometrischen Objekten und Schriftzügen dienen bei einer Vielzahl von Katalogen oder Magazinen als grafischer Allrounder. Lange haben Sie diesen Effekt mit platzierten Bildern aus Photoshop erzeugt, oder Sie haben Ihre Layout-Software mit Plug-ins erweitert. Diese Schatten gehören jedoch der Vergangenheit an. Die Funktion wurde so in InDesign integriert, dass Sie sehr einfach und schnell damit arbeiten können, und erlaubt Ihnen den klassischen Einsatz als Schlagschatten oder als Hintergrundbeleuchtung. Neu hinzugekommen ist die Möglichkeit, den Schatten zu erweitern, wenn er auf besonders dünne Vektorobjekte oder auf magere Schriften angewendet wird. Die ebenfalls neue Störung kann dazu führen, dass ein Schatten weniger technisch abgebildet wird und durch eine Körnung den »analogen« Charakter eines Runzelkorns erhält.

13.6.1 Schatten hinzufügen

Sie fügen beliebigen Objekten wie platzierten Bildern, Vektorgrafiken oder Textrahmen einen Schattenwurf hinzu, indem Sie mit dem Auswahlwerkzeug auf das Objekt klicken und das Kontextmenü aufrufen. Wählen Sie den Punkt Schlagschatten aus.

Abbildung 13.15 ▶
Der Schlagschatten ist eine Kombination aus Füllmethode, Deckkraft und weicher Kante.

In diesem Dialog aktivieren Sie zunächst den Button Schlagschatten. Danach aktivieren Sie auch die Vorschau, um den gewünschten Schattenwurf gleich im Original zu beurteilen.

Modus | Modus bezeichnet das Farbverhalten des Schattens. Diese Modi haben Sie ja bereits zu Beginn des Kapitels kennen gelernt. Da Schatten nun einmal die Eigenschaft haben, Bereiche abzudunkeln – also Farbwerte miteinander zu multiplizieren –, ist die Vorauswahl des Modus immer Multiplizieren.

Deckkraft | Die Deckkraft ist mit 75 % akzeptabel, erzeugt aber stets einen leidenschaftslosen kräftigen Schattenwurf. Verwenden Sie leichtere Schatten von 30–50 % bei hellen Untergründen oder höhere Werte bei mittleren bis dunklen Untergründen von 80–100 %. Der x-Offset und der y-Offset bezeichnet den zweidimensionalen Abstand des Schattens vom Objekt, dieser Abstand darf auch negative Werte haben. Wie weich die Schattenkante gezeichnet wird, können Sie hier selbst bestimmen. Mit dem Übergriff vergrößern Sie den Schatten im Verhältnis zum Rahmen.

Schattenfarbe | Als Schattenfarbe ist zunächst Schwarz mit 100 % K ausgewählt. Hier gelangen Sie über das Pull-down-Menü Farbe in die Auswahl der Farbfelder oder aber in die Anwahl der Farbmodelle RGB, LAB und CMYK, um eigene Farben direkt nur für diesen Schatten anzumischen. Auch Schmuckfarben können für zwei- oder mehrfarbige Layouts ausgewählt werden. Dazu müssen Sie jedoch zuvor in den Farbfeldern diese Farben anlegen oder Mischdruckfarben definieren.

Übergriff und Störung | Interessant und nützlich sind die Erweiterungen der weichen Kante durch den ÜBERGRIFF und die STÖRUNG. Die etwas merkwürdige Bezeichnung des »Übergriffs« beschreibt die Erweiterung der Schattenkante innerhalb der weichen Kante. Wenn Sie z. B. eine weiche Kante von 4 mm und einen Übergriff von 50 % angeben, so wird der Schatten um 2 mm ausgedehnt. Eine geeignete Anwendung beschreiben wir auch in unserem Workshop zum Schattenwurf.

Die Störung hingegen sollten Sie aus Photoshop kennen: Die weiche Kante des Schattenwurfs wird mit einer Körnung vergleichbar dem fotografischen Runzelkorn versehen. Dadurch wirkt ein Schatten weniger technisch perfekt, sondern mehr analog erzeugt.

13.6.2 Lebendige Schatten

Seit der klassischen Moderne werden Schattenfarben in der Malerei nicht mehr mit Schwarz abgedunkelt, sondern mit Blautönen. Diese Schatten wirken auf den Betrachter lebendiger. Mischen Sie dazu eine eigene Farbe für 4C-Druckjobs mit Schwarz und Cyan an, z. B. 50 % C und 80 % K, die Sie als Schattenfarbe in den Farbfeldern ablegen. Schon bei einer Anwendung von 50 % Deckkraft wird der Schatten als bläulich wahrgenommen.

Schritt für Schritt: Schattenwurf

Für eine Headline auf einer Doppelseite soll die Schrift einen Schatten erhalten. Mit Hilfe der Schattenfunktion sowie den Neuerungen ÜBERGRIFF und STÖRUNG gestalten wir einen geeigneten Schatten.

1 Schatten auf einen Textrahmen anwenden

Wählen Sie den Textrahmen aus, und öffnen Sie über das Menü OBJEKT • SCHLAGSCHATTEN den Dialog. Aktivieren Sie die Vorschau, und wählen Sie die Einstellungen nach der Abbildung.

Ein schwarzer Schatten mit weicher Kante macht zunächst einen technischen Eindruck.

2 Schattenfarbe anwenden

Aus Cyan und Black können Sie sich eine geeignete Schattenfarbe anmischen. Der Cyan-Anteil sorgt dafür, dass der Schatten auf dem späteren Hintergrund lebendiger erscheint. Wählen Sie dieses Farbfeld unter Farbe aus.

3 Übergriff

Damit der Schatten kräftiger wird, können Sie mit Hilfe des Übergriffs bestimmen, wie weit der Schatten innerhalb der weichen Kante verdickt wird. Wählen Sie eine Einstellung von 30 %.

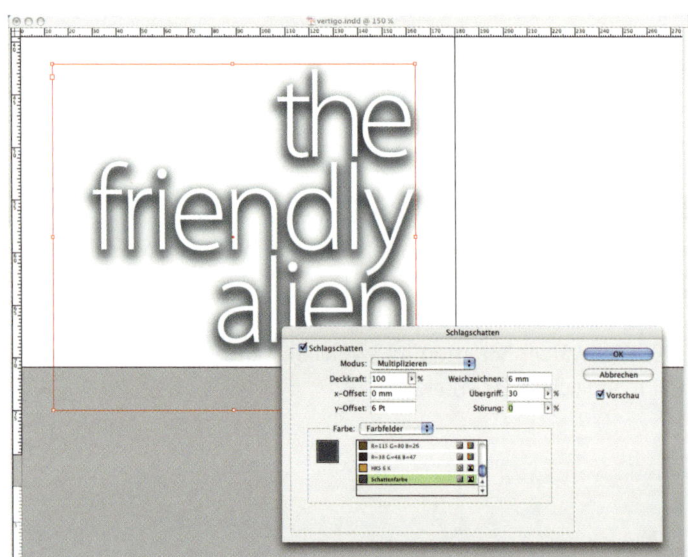

4 Störung

Eine Körnung der weichen Kante führt zu einer unregelmäßigen Struktur des Schattens. Als Krönung erhält der Schlagschatten eine Störung von 15%.

5 Ergebnis

Somit wirkt der Schattenwurf im Ergebnis lebendiger. Er sorgt dafür, dass sich die Headline gut vom unruhigen Hintergrund abhebt. ■

13.6.3 Schatten als Hinterleuchtung

Verwenden Sie als Schattenfarbe Weiß im Modus NEGATIV MULTIPLIZIEREN mit der Deckkraft 100% und einem leichten Offset. Bei einem dunklen Untergrund wirkt dieser negative Schatten als Hintergrundbeleuchtung eines Rahmens oder Schriftzugs. Durch den Übergriff können Sie die Hinterleuchtung erweitern, so dass wirklich die Lichtquelle hinter dem Objekt hervorstrahlt. Verwenden Sie einen Übergriff von 50% bei einer weichen Kante, die größer ist als bei einem vergleichbaren Schattenwurf. Die Störung sollten Sie allerdings nur geringfügig einsetzen: Eine strahlende Lichtquelle mischt sich nicht mit dem Untergrund, sondern leuchtet dem Betrachter weich entgegen.

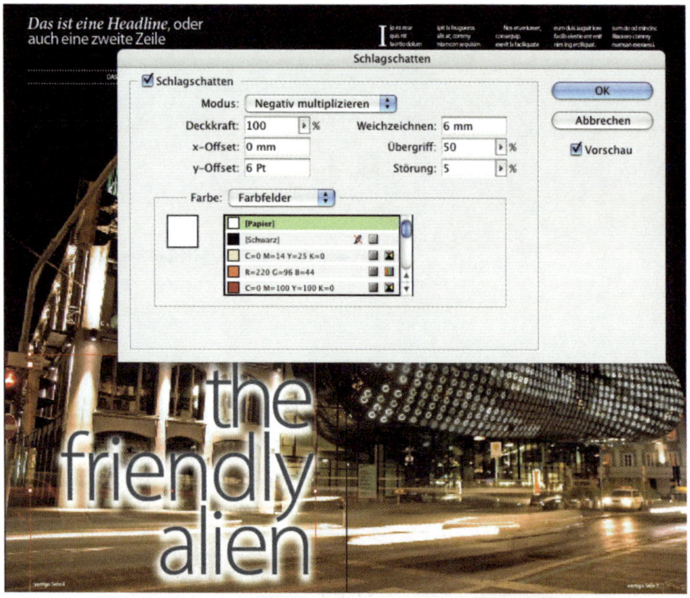

Abbildung 13.16 ▸
Schattenwurf einmal anders. Mit Hilfe der Einstellungen lassen sich auch Lichteffekte erzielen.

Schritt für Schritt: Licht aus, Spot an

Um einmal die Transparenzfunktionen am Beispiel nachvollziehen zu können, haben wir einem platzierten Bild in InDesign einige Lichteffekte verpasst. Aus mehreren Vektorformen werden mittels weicher Kante, Deckkraft und Füllmethode diffuse Scheinwerfer-Lichtkegel.

1 Spot vorbereiten

Dazu zeichnen wir zunächst ein Dreieck mit den Pfadwerkzeugen und geben dem Objekt eine Lichtfarbe aus dem Bildmotiv (Grün). Die Eckpunkte müssen nicht exakt positioniert werden, da wir dies später noch nach dem Gesamteindruck des Bildes beurteilen und korrigieren.

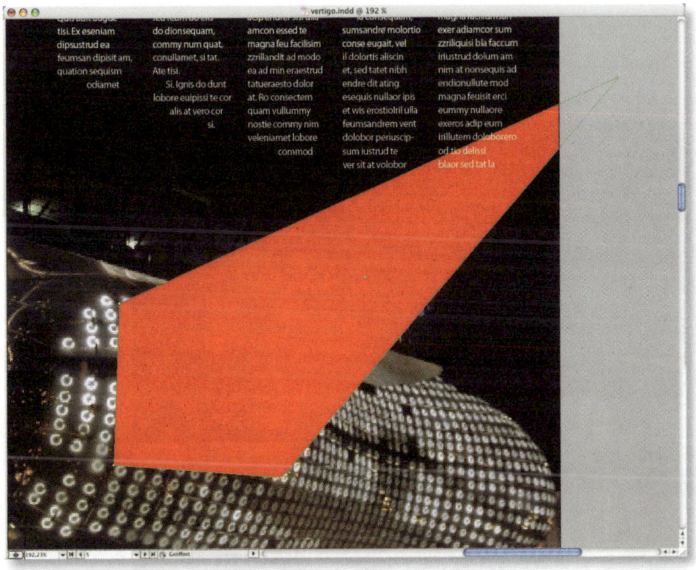

2 Ecken runden

Nun rufen wir die Eckeneffekte aus dem Menü Objekt auf und runden die Ecken des Pfades ab. Die Ankerpunkte bleiben nach wie vor bestehen, nur die Füllung des Pfades wird beeinflusst.

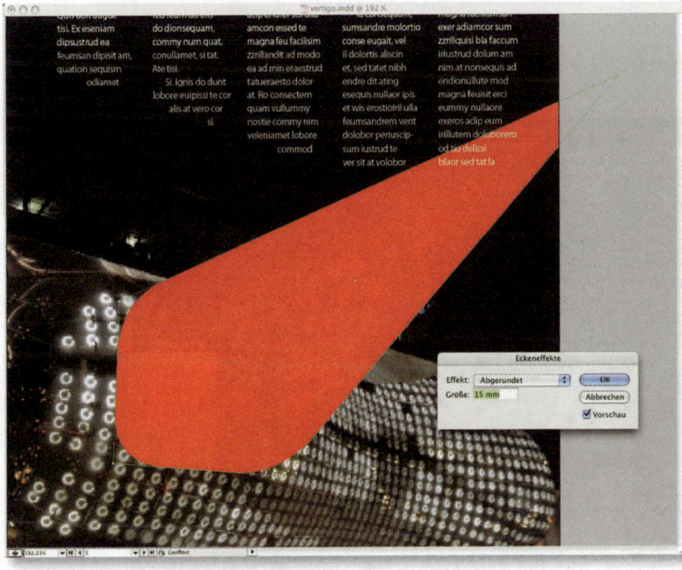

3 Weiche Kante

Jetzt hat der Lichtkegel bereits seine unregelmäßige Form. Dazu fehlt noch die WEICHE KANTE: Aus dem Menü OBJEKT rufen wir die Funktion auf und wählen mit aktiver Vorschau einen geeigneten Wert und eine leichte Störung.

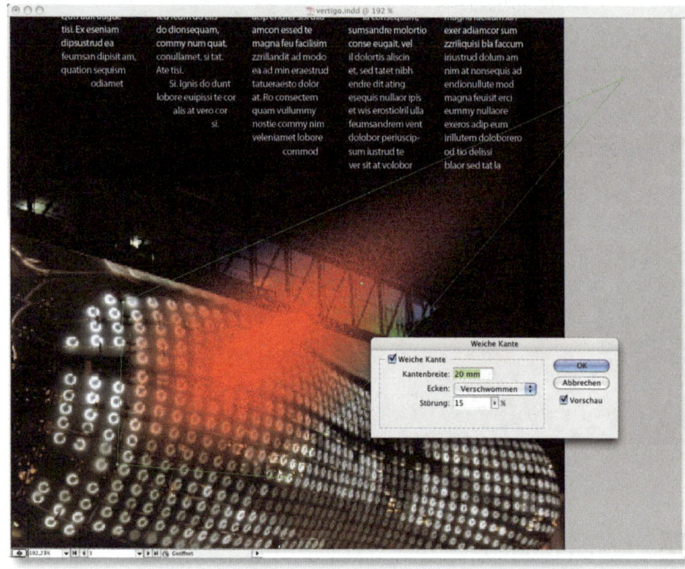

4 Mit Füllmethoden optimieren

Damit nun der Lichtkegel nicht mehr wie ein Airbrush-Fehler aussieht, wählen wir aus der Transparenz-Palette die Füllmethode AUFHELLEN sowie eine niedrige Deckkraft.

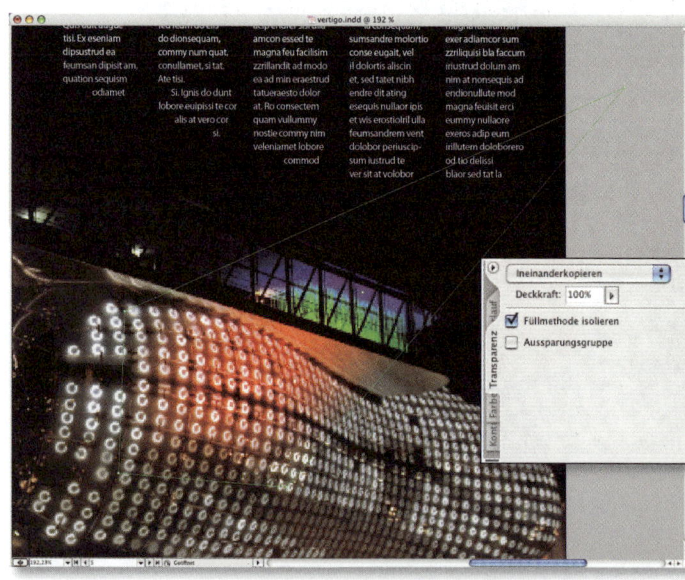

Die Reihenfolge dieser Vorgänge ist beliebig. Um mehrere Lichtkegel in das Bild zu integrieren, ist es ratsam, möglichst unterschiedliche Deckkraft-Werte und weiche Kantenbereiche zu wählen, um keine technisch erzeugten Regelmäßigkeiten abzubilden, auf deren Erkennung unsere Wahrnehmung sehr gut trainiert ist. ■

14 Arbeiten mit Ebenen

Rahmen im Vorder- oder Hintergrund, mehrsprachige Textversionen als auch eine genaue Kontrolle oder das Einblenden von nicht druckbaren Objekten ist mit Hilfe der Ebenenfunktion möglich.

14.1 Was sind Layoutebenen?

Bevor wir auf die genaue Arbeit mit Ebenen in InDesign eingehen, müssen Sie zunächst wissen, dass die Layoutebenen keine Photoshop-Ebenen sind. Folglich können Sie keine Transparenz auf eine Ebene anwenden oder eine Maskierung vornehmen. Die Ebenen in InDesign sind daher sehr einfach zu bedienen, aber begrenzt in den Anwendungsmöglichkeiten. Sie sollen Ihnen helfen, Ihr Layoutdokument übersichtlicher zu strukturieren und so einige zusätzliche Möglichkeiten zu nutzen.

Die Vorteile von Ebenen können sein:

- Trennung von Text -, Bild- und Vektorebenen in Vorder-, Mittel- und Hintergrund
- Sortierung der Objektreihenfolge
- Separate Objekte von Muster- und Bearbeitungsseiten
- Ein- und Ausblenden von Hintergrundmustern
- Mehrsprachige Textversionen in einer Layoutdatei
- Identische Layoutentwürfe mit alternativen Bildmotiven
- Verschiedene Layoutversionen
- Schutz von fertig bearbeiteten Grafiken oder importierten Vorlagen

Unabhängig von den genannten Vorteilen lässt sich jedes Layoutdokument auch ohne Ebenen bearbeiten und ausgeben, da InDesign grundsätzlich innerhalb einer Bearbeitungsebene den Unterschied von vorne und hinten kennt und Sie die Objektreihenfolge mit Hilfe des Kontextmenüs sortieren können. Dabei geht aber bei komplexen Layoutdokumenten schnell die Übersicht verloren, zudem können die Objekte nicht einfach ausgeblendet werden.

Ein weiterer Vorteil der Arbeit mit Ebenen ist die **Datentransparenz**. So kann sich ein Reinzeichner schneller zurechtfinden, um nötige Änderungen vorzunehmen oder das Dokument zu überprüfen.

14.1.1 Hilfslinien

InDesign ordnet die Hilfslinien immer der jeweiligen Ebene zu. Das bedeutet für Ihre Arbeit, dass Sie – wenn Sie ausgiebig mit Ebenen arbeiten wollen – genau planen sollten, welche Hilfslinien Sie für alle Ebenen oder nur für Objekte einer Ebene benötigen. Für den ersten Fall legen Sie sich bitte eine eigene Ebene mit einer treffenden Bezeichnung an, die Sie über allen anderen Objekten platzieren, damit andere großflächige Rahmen Ihnen nicht die Sicht nehmen. Hilfslinien, die Sie dagegen nur für Objekte in einer Ebene benötigen, brauchen Sie nicht in einer gesonderten Ebene unterzubringen. Die Spalten- und Randhilfslinien, das Grundlinienraster sowie die Beschnittzugabe sind von dieser Wahl nicht betroffen, sie sind immer absolut für das gesamte Dokument angelegt.

14.2 Die Ebenen-Palette

▲ **Abbildung 14.1**
Die Ebenen-Palette erlaubt das separate Einblenden oder Sperren von Ebenen sowie die farbliche Markierung. Ebenenfarben sind immer auch die Farben der Layoutrahmen auf dieser Ebene und somit im Layout gut zu unterscheiden.

Unter dem Menü Fenster rufen Sie die Palette Ebenen auf oder klicken auf den verkleinerten Reiter. Zunächst besteht jede Datei, die Sie in InDesign anlegen oder aus anderen Layoutanwendungen importieren, aus der Ebene 1, die mit einem blauen Quadrat gekennzeichnet ist (Abbildung 14.1). Alle Rahmen von Text-, Grafik- oder platzierten Bildobjekten werden entsprechend der Ebenenfarbe (Hellblau) eingefärbt. Diese Ebene zieht sich vollständig durch das gesamte Dokument und über alle Musterseiten hinweg. Wenn Sie aus dem Menü Ansicht die Option Rahmenkanten einblenden aktiviert haben, sehen Sie auch die Kanten von nicht aktivierten Rahmen der zugeordneten Ebene eingefärbt.

Sichtbarkeit und Sperrung | In der Palettenansicht befinden sich zwei Felder vor der Ebene: die Sichtbarkeit ❶ und die Sperrung ❷. Drücken Sie ein Auge zu, verschwinden die Ebenenobjekte in der Dokumentansicht. Durch Sperren/Entsperren schützen Sie Ebenen vor ungewollter Bearbeitung. In der Ebenenzeile wird ein Zeichenstift hinter dem Ebenennamen angezeigt ❸, der Ihnen sagt, dass Sie nun alle Objekte bearbeiten können. Wird die Ebene gesperrt, wird auch der Zeichenstift durchgestrichen. Sobald Sie einen Rahmen mit der Auswahl angeklickt haben, erscheint hinter dem Zeichenstift ein kleines Quadrat.

Rahmen verschieben | Rahmen, die von einer Ebene zur nächsten verschoben werden sollen, müssen Sie zunächst aktivieren. Klicken Sie auf das kleine Quadrat hinter dem Zeichenstift in der Ebenen-Palette ❹ und ziehen es auf die gewünschte Ebene nach oben oder nach unten. Lassen Sie die Maustaste los, und der Rahmen springt auf die Zielebene. Der Rahmen wird in der Ebenenfarbe umgefärbt.

Mehrfachauswahl | Eine Mehrfachauswahl von Rahmen ist möglich, wenn alle Rahmen auf einer Ebene liegen. Leider funktioniert die Verschiebung auf eine Zielebene von mehreren Rahmen nicht, die auf unterschiedlichen Ebenen vorliegen. Dieser Fall dürfte allerdings bei geordneter Arbeitsweise auch sehr selten auftreten.

14.2.1 Ebenenoptionen

Mit einem Doppelklick auf die Ebene 1 in der Ebenen-Palette öffnen Sie die Optionen, in denen Sie den Namen, die Farbzuordnung, die Sichtbarkeit der Ebene und die Sichtbarkeit der Hilfslinien definieren können. Alternativ dazu erreichen Sie die Ebenenoptionen über das Palettenmenü.

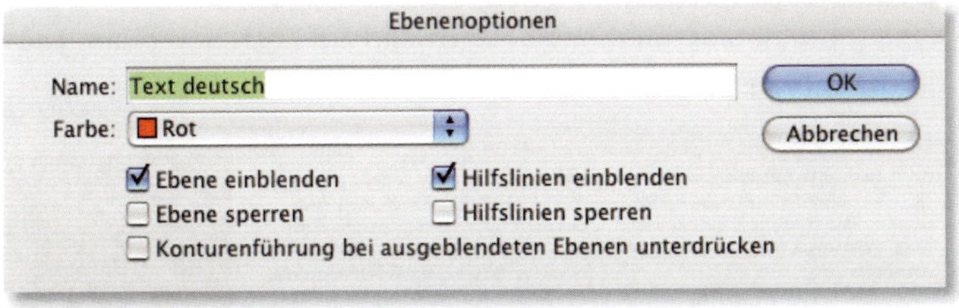

▲ **Abbildung 14.2**
In den Ebenenoptionen wählen Sie einen Namen, die dargestellte Farbe als Ebenenmarkierung sowie weitere Optionen. Wichtig ist auch die letzte Funktion: Die Konturenführung von Textrahmen um Bilder oder Grafiken kann deaktiviert werden, wenn diese zu umfließenden Objekte ausgeblendet sind.

Geben Sie der Ebene einen neuen Namen, und wählen Sie eine andere Farbe aus, z. B. Rot. Die Farbbezeichnungen sind hier keine druckrelevanten Angaben, Sie dürfen sich somit auch Farben mit den schönen Namen »Weinrot« oder »Schwefel« aussuchen, ohne einen Nervenzusammenbruch Ihres Druckdienstleisters zu provozieren.

Achten Sie bei mehreren Ebenen darauf, dass Sie auch wirklich Farben auswählen, die Sie auf Anhieb unterscheiden können. Ob die Ebene sichtbar sein soll oder nicht, können Sie in der Ebenen-Palette selbst einstellen. Wichtiger dagegen sind die Hilfslinien.

Wie eingangs beschrieben, sind Hilfslinien immer ebenenabhängig. Hilfslinien können Sie an dieser Stelle separat ein- oder ausblenden.

Auch hier ist ein kleiner Vorteil für die Layoutarbeit zu erkennen, da Sie für einzelne Rahmen Hilfslinien setzen können, die Sie in den anderen Ebenen nicht benötigen und bei Bedarf ausblenden. Somit überfrachten Sie die Dokumentansicht nicht, aber in der Produktionswirklichkeit hat sich herausgestellt, dass es sinnvoll ist, zunächst nicht bei jeder horizontalen oder vertikalen Anordnung von Rahmen eine Hilfslinie zu benutzen, dafür stellt InDesign die Ausrichten-Palette oder die permanent sichtbare Steuerungspalette zur Verfügung, die wesentlich schneller zu Ergebnissen führt. Zusätzlich bieten die Spalten- und Randhilfslinien, das Grundlinienraster und nicht zuletzt das Dokumentraster Hilfslinien in Hülle und Fülle an, die alle ebenenübergreifend festgelegt und über einfache Tastenbefehle ein- und ausgeblendet werden können.

Ebenen und Textfluss | Wenn Sie eine Ebene ausblenden, auf der ein Rahmen liegt, der von einem Text umflossen wird, bleibt der Textfluss erhalten. Das ist auch gut so, solange Sie verschiedene platzierte Bilder derselben Größe übereinander angeordnet haben, um herauszufinden, welches Bild am besten mit dem Layout harmoniert.

Abbildung 14.3 ▸
Ein platziertes Bild auf der Ebene »Bilder/Grafiken« verdrängt einen Text der Ebene »Text deutsch«.

Wollen Sie dagegen Bilder oder Rahmen für das Layout ausblenden, muss der Textfluss neu berechnet werden. Um dies zu ermöglichen, wählen Sie in den Ebenenoptionen KONTURENFÜHRUNG BEI AUSGEBLENDETEN EBENEN UNTERDRÜCKEN.

▲ **Abbildung 14.4**
Die Ebene »Bilder/Grafiken« wurde ausgeblendet, der Text wird weiterhin verdrängt. In den Ebenenoptionen für die Textebene können Sie dieses Verhalten abschalten, so dass der Text normal fließt oder von einem Objekt einer anderen Ebene verdrängt werden soll.

14.2.2 Ebenen zusammenfügen

Mit gedrückter [Strg]-/[⌘]-Taste klicken Sie mehrere Ebenen an, die Sie zusammenfügen wollen. Wählen Sie im Palettenmenü die Option AUF EINE EBENE REDUZIEREN aus, alle betreffenden Rahmen werden somit zusammengefügt. Sollten Sie den Wunsch verspüren, alle Ebenen im Dokument zu reduzieren, da Sie mit der Layoutarbeit fertig sind oder keine weitere Ebenenunterteilung benötigen, wählen Sie einfach alle Ebenen aus, und wiederholen Sie den Schritt.

14.2.3 Ebenen löschen

Unbenutzte Ebenen, auf denen kein Rahmen mehr liegt, können Sie mit dem nachfolgenden Befehl UNBENUTZTE EBENEN LÖSCHEN im Palettenmenü löschen.

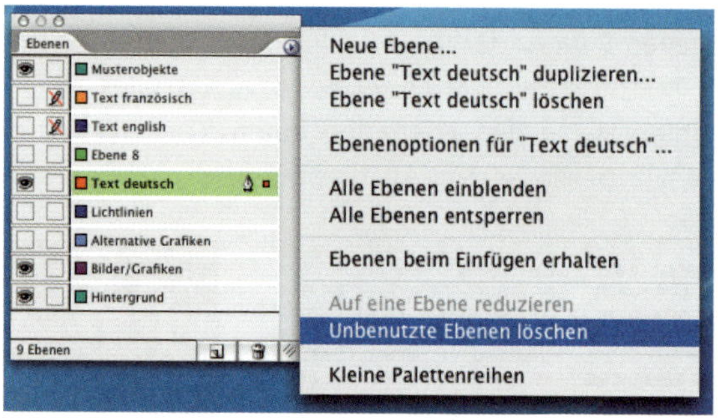

Abbildung 14.5 ▶
Das Palettenmenü der Ebenen bietet auch die Möglichkeit, unbenutzte Ebenen zu löschen oder mehrere Ebenen auf eine zu reduzieren.

14.2.4 Ebenen beim Einfügen erhalten

Kopieren Sie Rahmen aus anderen Layoutdokumenten, die Sie aus verschiedenen Ebenen angewählt haben, so haben Sie die Wahl, beim Einfügen in ein neues Dokument diese Ebenenreihenfolge und -namen mit zu kopieren und damit zu erhalten (Ebenen beim Einfügen erhalten). Ist diese Option im Palettenmenü aktiviert, werden die kopierten Objekte mit deren Ebenen über die zuletzt aktivierte Ebene im neuen Dokument eingefügt. Dagegen kopieren Sie bei deaktivierter Option nur die Rahmen auf die zuletzt aktive Ebene.

14.2.5 Von Ebene zu Ebene

Wenn Sie Objekte verschiedener Ebenen in ein neues Dokument kopieren und dabei an identischer Position einfügen wollen, wählen Sie aus dem Menü Bearbeiten den Punkt An Originalposition einfügen aus. Als Alternative dazu können Sie eine eigene Bibliothek anlegen (siehe auch Kapitel »Bibliotheken«). Verschieben Sie die jeweiligen Layoutobjekte in die Bibliothek, wechseln Sie das Dokument, und ziehen Sie diese Objekte wieder auf die Bearbeitungsseite. Dabei bleiben die Originalpositionen automatisch erhalten.

14.3 Anwendungsbeispiele

Nachdem Sie nun die Funktionsweise von Ebenen kennen gelernt haben, kommen wir zu den spannenden Anwendungsbeispielen.

14.3.1 Rahmensortierung

Eine Trennung in Vordergrund und Hintergrund bietet ebenso die Trennung in Bild, Text und weitere Grafiken. Legen Sie sich dazu mehrere Ebenen an, die Sie mit sinnvollen Namen ergänzen.

◂ **Abbildung 14.6**
Das vollständige Layout mit allen eingeblendeten Ebenen.

Verteilen Sie nun die Rahmen auf die betreffenden Ebenen. Nun blenden Sie für die Textbearbeitung die Bildebene aus, um schneller im Dokument zu navigieren, da der Grafikprozessor Ihres Computers nicht mehr mit der Zeichnung von platzierten Bilddaten beschäftigt ist. Ebenso verfahren Sie mit der Bearbeitung von Vektorobjekten.

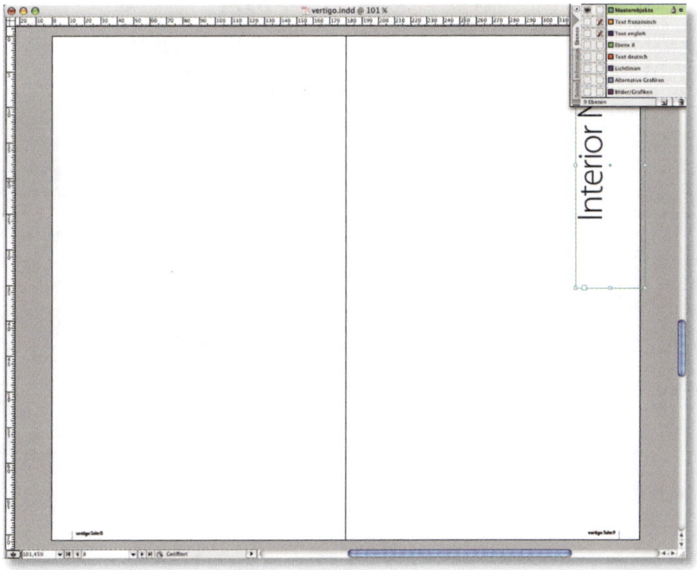

▴ **Abbildung 14.7**
Rahmen der Mustervorlage werden auf einer separaten Ebene (grün) platziert. Somit können keine Musterrahmen von anderen verdeckt werden.

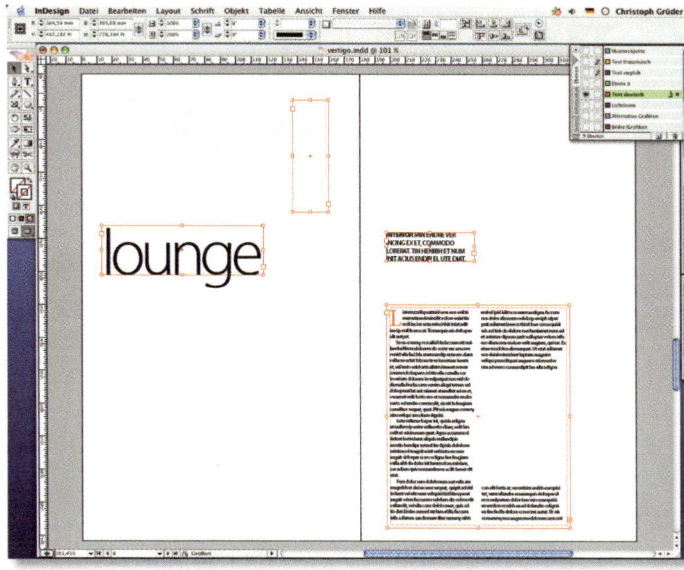

▲ **Abbildung 14.8**
Eine separate Ebene für Texte (rot) oder verschiedene Sprachen

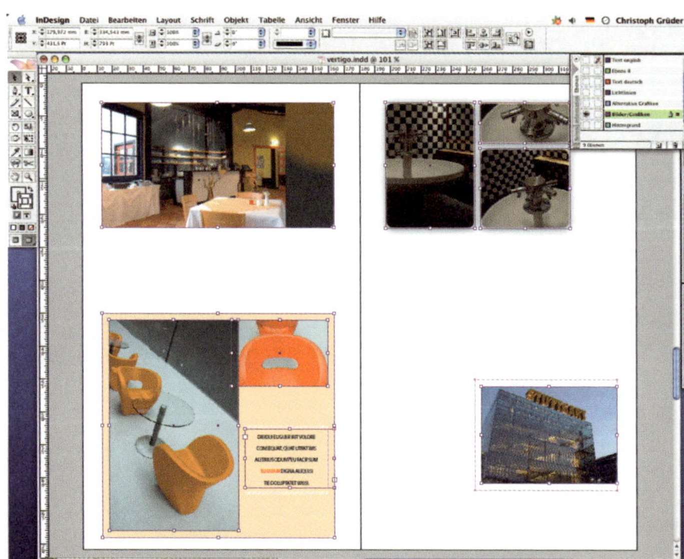

▲ **Abbildung 14.9**
Bilder- und Grafikebene (violett)

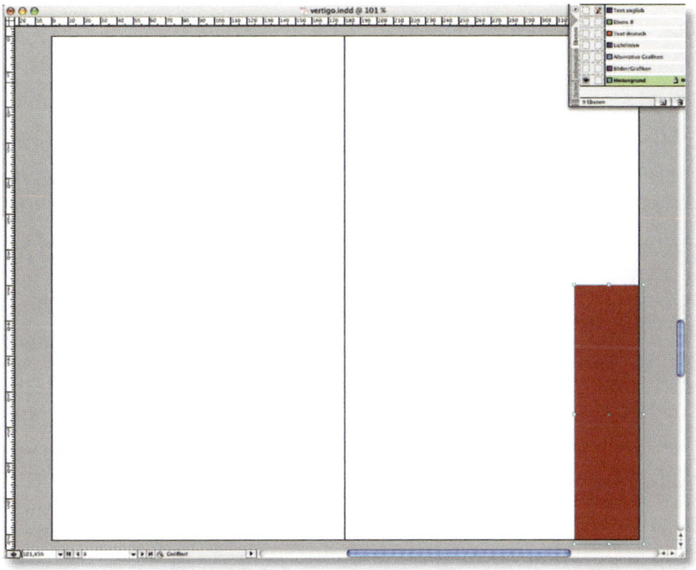

◂ **Abbildung 14.10**
Rahmen im Hintergrund liegen idealerweise auf einer eigenen Ebene (mint).

14.3.2 Mehrsprachige Dokumente

Die Aufgabe, mehrsprachige Dokumente anzulegen, stellt zusätzliche Anforderungen an das Layout. So müssen Sie z. B. für ein deutsch-, englisch- oder französischsprachiges Dokument berücksichtigen, dass Französisch und Deutsch die längeren Texte hervorbringen als das kompaktere Englisch. Das heißt, im Satzspiegel müssen Sie auch kleine »Pufferzonen« einrichten, die – gleich ob mit Text gefüllt oder nicht – das Gesamtbild des Layouts nicht stören. Lesen Sie dazu auch das Kapitel »InCopy CS2«.

14.3.3 Transparenzen: Texte immer nach oben

Als Faustregel und als Hinweis auf die spätere Transparenzreduzierung sollten Sie unbedingt beachten, dass Sie Textebenen nach oben und Grafikebenen nach unten platzieren. Das hat folgenden Hintergrund: Die Transparenzreduzierung dient dazu, transparente Objekte mit dem Untergrund zu verrechnen. Dies betrifft sowohl Textobjekte als auch Vektoren oder platzierte Bilder. Dabei sind bereits Schatten, die auf einen Schriftzug angewendet wurden, transparente Objekte, die mit dem Hintergrund für die PostScript-Ausgabe verrechnet werden müssen. Damit keine Schriftobjekte in der Transparenzreduzierung in Pixel umgewandelt oder mit einer zusätzlichen Kontur versehen werden, sollten Textrahmen immer auf der obersten Ebene platziert werden. Zu diesem Thema gehen wir im Kapitel »Transparenzreduzierung« noch genauer auf die Arten der Reduzierung und deren Ergebnisse ein.

Lackformen sind keine Transparenzen

Transparenzen wie die Deckkraft oder die Transfermodi sollten Sie für Lackformen unbedingt vermeiden, durch eine Transparenzreduzierung in der Ausgabe können die Volltonfarbinformationen verloren gehen, und alle übereinander liegenden Rahmen werden in Prozessfarbobjekte umgerechnet. Lackformen werden grundsätzlich überdruckt und mit Hilfe der Überdruckenvorschau angezeigt.

14.3.4 Ebenen im Einsatz

Wollen Sie Bilder im Druck zusätzlich lackieren, um die Brillanz des Druckbildes zu erhöhen oder die Grafiken zu schützen, empfehlen wir Ihnen, sich mit Ihrer Druckerei abzustimmen, welcher Lack geeignet ist oder wie die Farbbezeichnung lauten muss.

Ist diese Absprache nicht möglich, empfehlen wir Ihnen folgende Vorgehensweise, damit eine Lackform als zusätzlicher Farbauszug ausgegeben wird. Die weitere Bearbeitung der Volltonfarbe und die Überfüllung der Lackformen sollte in der Druckerei in der Ausgabe als PDF- oder PostScript-Datei erfolgen. Führen Sie die folgenden Arbeitsschritte erst dann durch, wenn das Layout feststeht. Ansonsten müssen Sie aufgrund aller veränderter Bildrahmen die Lackformen neu positionieren und anpassen.

Schritt für Schritt: Lackform

1 Ein neues Farbfeld anmischen

Öffnen Sie die Farbfelder-Palette, und klicken Sie auf das Blattsymbol, um eine neue Farbe zu definieren. Mischen Sie die Farbe als Volltonfarbe mit einer eigenen Bezeichnung, wie z. B. »UV-Lack«.

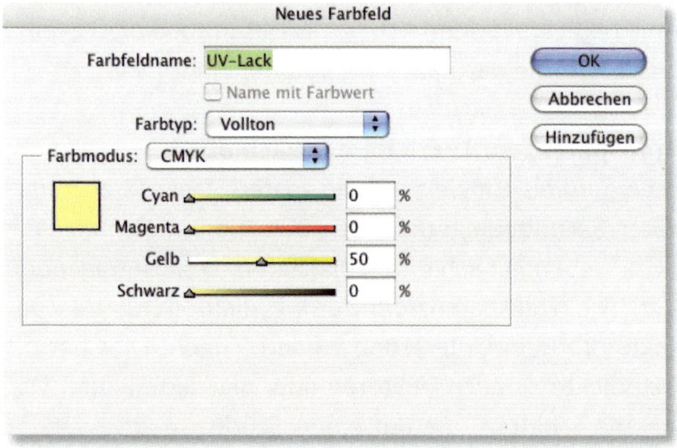

2 Rahmen auswählen und duplizieren

Markieren Sie alle platzierten Bilder oder Grafiken auf einer Doppelseite, die mit einem Lack bedruckt werden sollen. Kopieren Sie diese Rahmen mit [⌘] + [C] oder [Strg] + [C].

3 Neue Ebene anlegen

In der Ebenen-Palette klicken Sie nun auf das Blattsymbol und legen somit eine neue Ebene »UV-Lack« an. Klicken Sie auf diese Ebene. Die neue Ebene »UV-Lack« muss immer über den lackierten Objekten liegen.

4 Rahmen an Originalposition einfügen

Platzieren Sie nun die kopierten Rahmen auf der Lack-Ebene mit dem Befehl Bearbeiten • An Originalposition einfügen.

5 Löschen der Grafiken

Wechseln Sie auf die Direktauswahl [A], klicken Sie in die einzelnen Bilderrahmen und löschen die Inhalte mit der Entfernen-Taste.

6 Füllen der Rahmen

Wählen Sie als neue Füllung der nun leeren Rahmen die angemischte Volltonfarbe.

7 Lackform überdrucken

Wählen Sie alle Lackform-Rahmen aus, und öffnen Sie aus dem Menü Fenster die Attribute. Klicken Sie hier auf Fläche überdrucken.

8 Überdruckenvorschau aktivieren

Zur besseren Darstellung können Sie die Überdruckenvorschau aus dem Menü ANSICHT aufrufen. InDesign stellt das Layout so dar, dass die Lackformen transparent erscheinen.

9 Ebene sperren

Damit die Lackformen nicht verschoben werden, können Sie als letzten Schritt die Ebene »UV-Lack« sperren, indem Sie in der Ebenen-Palette auf das Schloss-Symbol vor dem Ebenennamen klicken. ■

TEIL III
Publishing

15 Buch, Bibliothek und Snippets

Mit komplexen Dokumenten arbeiten und flexible Vorlagen erstellen: Sie sollten von Beginn an versuchen, sich bei größeren Dokumenten der Buchfunktion von InDesign zu bedienen. Wenn Sie wiederkehrende Rahmen platzieren wollen, nutzen Sie die Bibliotheken. Als Alternative stehen Ihnen in der neuen InDesign-Version die »Snippets« zur Verfügung. Das sind einzelne Rahmen oder Rahmengruppen mit Texten, Bildern oder Grafiken, die Sie mit der Adobe Bridge oder auf Ihrem Arbeitsplatz verwalten.

Beispielmaterial für die Verwendung der Buch-Funktion finden Sie auf der Buch-DVD unter Beispieldateien\15_Buchfunktionen.

15.1 Die Buch-Funktion

Für das Anlegen eines Buches gibt es etliche plausible Gründe, die wir kurz darstellen wollen.

- **Übersicht:** Je größer ein Dokument wird, desto mehr Einschränkungen gibt es für die Bedienung und Übersichtlichkeit. Bei 250 Seiten macht das Navigieren über die Seiten-Palette keinen Sinn. Die Aufgabe, Inhalte zu ändern, kommt der Suche nach der Nadel im Heuhaufen gleich. Eine Unterteilung in Kapitel und separate Dokumente ist angebracht.
- **Paralleles Arbeiten:** Sie müssen verschiedene Kapitel eines Buches oder eines Magazins parallel auf verschiedenen Arbeitsplätzen erstellen. Über die Buchfunktion können problemlos mehrere Mitarbeiter an jeweils einem oder an mehreren Kapiteln arbeiten, die zu guter Letzt als Gesamtdokument in Form einer PDF-Datei oder einer Belichtung zusammengeführt werden können.
- **Performance:** Aus den bereits angesprochenen Themen wie Übersicht und Arbeitsteilung können Sie ein drittes Argument für die Unterteilung als Buch gewinnen: die Performance. Ein 250 Seiten starkes Dokument mit hohem Bildanteil zu öffnen kann mehrere Minuten dauern, wenn Bildverknüpfungen nicht aktuell sind, Schriften fehlen oder Farbmanagement-Abweichungen erkannt werden.

- Einheitliche Formate: Absatz- und Zeichenformate, Farbangaben oder Objektstile werden aus einem zentralen Dokument für alle Buchdateien verwendet. Abweichungen davon können erlaubt oder mit der Formatquelle wieder synchronisiert werden.

Auch die Navigation im Dokument über das Scrollen von Seiten ist keine Stärke von InDesign und wird dadurch zusätzlich ausgebremst.

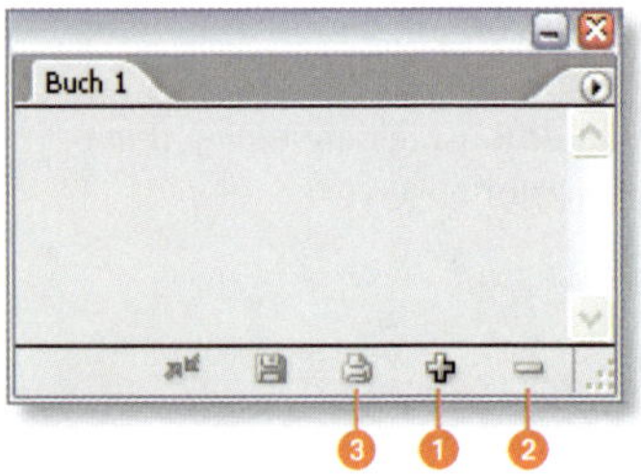

▲ **Abbildung 15.1**
Die leere Buchpalette

15.1.1 Ein neues Buch erstellen

Unabhängig davon, welche Einzeldokumente letztlich in das Buch aufgenommen werden sollen, kann gleich zu Beginn einer Projektarbeit über das Menü Datei • Neu • Buch... eine neue Buchdatei angelegt und unter geeignetem Namen gesichert werden. Es öffnet sich eine eigene Palette, die den Namen der gespeicherten Buchdatei trägt.

Über das dazugehörige Palettenmenü erreichen Sie weitere Funktionen, die auf die selektierten Dokumente in der Buch-Palette angewandt werden können. Über diese Palette selbst lassen sich nun die gewünschten Dokumente durch einen einfachen Klick auf das Pluszeichen ❶ am unteren Palettenrand hinzufügen.

Wählen Sie einfach den Quellordner Ihrer InDesign-Dokumente aus, oder treffen Sie mit gedrückter [⇧]-Taste oder der [⌘] auch eine Mehrfachauswahl. Die Dokumente erscheinen dann in alphabetisch sortierter Reihenfolge in der Buch-Palette.

Abbildung 15.2 ▶
Nachdem Sie alle InDesign-Dokumente zum Buch hinzugefügt haben, erscheinen sie in der Buch-Palette. Die Formatquelle wird gesondert markiert. Dateien, die nicht gefunden wurden, werden mit einem roten Fragezeichen gekennzeichnet. Ausgewählte Buchkapitel exportieren Sie ebenfalls über das Palettenmenü in das PDF-Format.

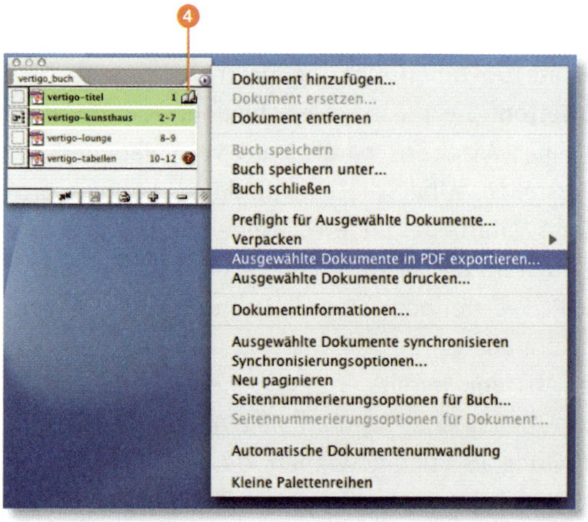

Die aktivierten Dokumente lassen sich genauso einfach wieder aus der Palette entfernen (über die Minustaste ❷) oder auch ausdrucken ❸. Die Dokumente lassen sich zudem auch durch einen

Doppelklick auf das entsprechende Dokument in der Buch-Palette direkt öffnen, ein Buchsymbol zeigt dies in der Palette hinter dem Dateinamen an ❹.

15.1.2 Automatische Paginierung

Per Drag and Drop ändern Sie auch die Reihenfolge der einzelnen Teildokumente innerhalb des Buches. Das Schöne hierbei ist, dass sich eine auf der Mustervorlage definierte Pagina automatisch anpasst. Wenn Sie die Reihenfolge der Dokumente in der Buch-Palette ändern, werden die Seitenzahlen auf den einzelnen Teildokumenten automatisch entsprechend den Vorgabeoptionen aktualisiert. Sie müssen sich nicht mehr darum kümmern, ob die Seitenzahlen der Einzeldokumente richtig gesetzt wurden. Somit entfällt die manuelle Definition der Kapitelanfänge und deren Paginierung, da sie automatisch durch InDesign berechnet wird.

Die Seitennummerierungsfunktionen lassen sich über das Palettenmenü einerseits global für das Buch definieren. Wählen Sie hierzu Seitennummerierungsoptionen für Buch.

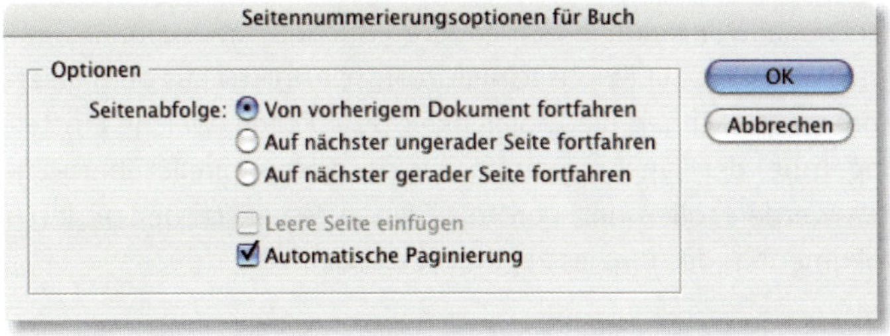

◂ Abbildung 15.3
Eine durchgehende Paginierung aller Seiten des Buches erreichen Sie mit der ersten aktiven Option.

Es ist aber auch möglich, nur die Seitennummerierung eines Dokuments zu ändern, und zwar über Seitennummerierungsoptionen für Dokument.

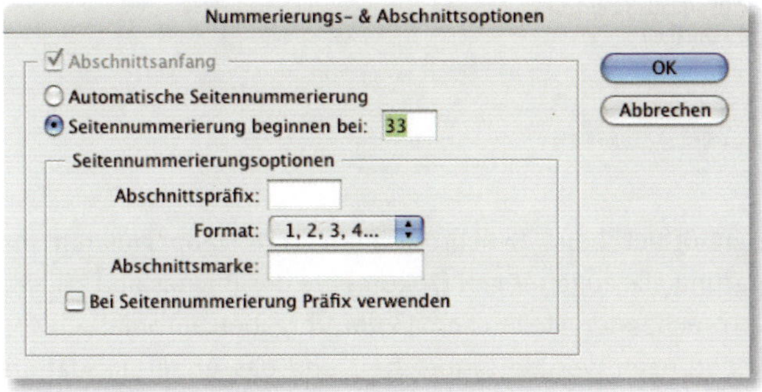

◂ Abbildung 15.4
Die Paginierung darf an einer beliebigen Position im Dokument beginnen. Unterschiedliche Darstellungsformen der Seitenziffern oder eine Ergänzung durch das Präfix des Kapitels runden die Optionen ab.

Die Paginierungsvorgaben für ein Dokument lassen sich wesentlich eleganter nach dem Anlegen des Buches vornehmen. Beachten Sie, wenn Sie die Dokumentpaginierung über die Buch-Palette aufrufen, lädt InDesign das entsprechende Dokument. Sie erkennen ein geöffnetes Dokument in der Buch-Palette am entsprechenden Icon.

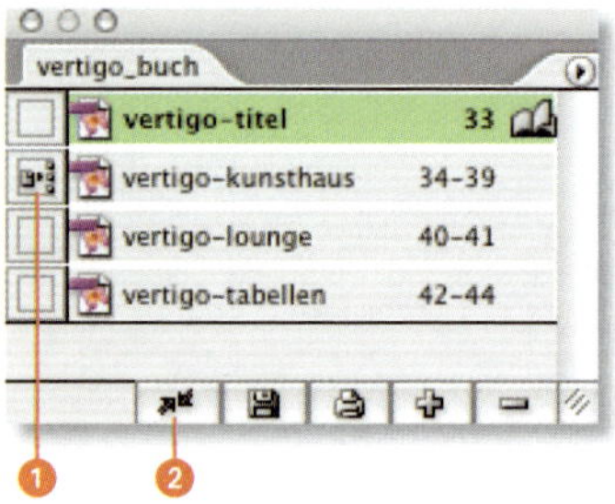

▲ **Abbildung 15.5**
Nachdem eine Paginierung im geöffneten Dokument (Buchsymbol) geändert wurde, aktualisiert InDesign die Paginierung aller nachfolgenden Dokumente.

15.1.3 Formatquellen angeben

Eine Buchdatei stellt eine Sammlung von Dokumenten dar, die auf dieselben Absatz- und Zeichenformate und Farbfelder zugreifen sollten. Eines der Dokumente in der Buchdatei ist die Formatquelle, was an dem kleinen Icon links neben dem Dokumentsymbol in der Buch-Palette zu sehen ist ❶.

Standardmäßig ist die Formatquelle das erste Dokument im Buch, aber Sie können jederzeit durch Anklicken der grauen quadratischen Fläche vor dem Dokumentsymbol in der Buch-Palette eine neue Formatquelle auswählen, aus der die Farbdefinitionen und Formate entnommen werden sollen. Durch Aktivierung des Palettensymbols FORMATE UND FARBFELDER MIT FORMATQUELLE SYNCHRONISIEREN ❷ links neben dem Diskettensymbol der Buch-Palette werden die Absatzformate und Farbfelder der gewählten Formatquelle auf alle weiteren Dokumente der Buch-Palette angewandt, d. h., die Formate und Farbfelder aus der Formatquelle ersetzen alle Formate in den anderen Buchdokumenten.

Der Menüpunkt SYNCHRONISIERUNGSOPTIONEN aus dem Palettenmenü gibt Ihnen die Möglichkeit festzulegen, welche Einstellungen bei der Synchronisation aus der Formatquelle übernommen werden sollen und von InDesign automatisch den anderen Dokumenten des Buches zugeführt werden.

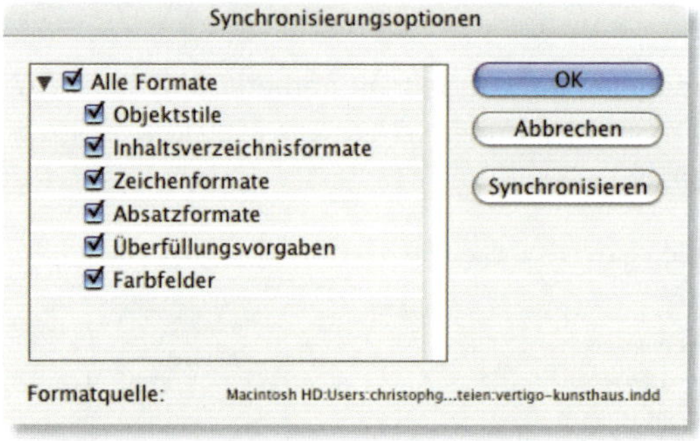

Abbildung 15.6 ▶
Welche Eigenschaften aus der Formatquelle auf alle anderen Buchkapitel übertragen werden, wählen Sie in den Synchronisierungsoptionen. Auch die Objektstile werden erkannt und von der Formatquelle auf alle Buchdateien übernommen.

InDesign öffnet beim Synchronisieren und Neupaginieren im Hintergrund alle zugehörigen Dokumente des Buches und ändert die entsprechenden Stellen gemäß der Vorgaben automatisch ab. Die Änderungen werden gespeichert und das Änderungsdatum den Dateien angefügt.

15.1.4 PDF exportieren

Eine Besonderheit und sehr angenehme Integration findet sich in der Übernahme der komplexen Preflight-, Verpacken-, PDF-Export- und Druckfunktionalität. Das bedeutet, alle Dokumente eines Buches lassen sich zentral über die Buchfunktion mit einem Befehl in ein PDF exportieren.

Um alle Dokumente oder nur einen Teil des Buches in PDF zu exportieren, wählen Sie die jeweiligen Dokumente in der Buch-Palette aus. Über das Palettenmenü rufen Sie die Funktion AUSGEWÄHLTE DOKUMENTE IN PDF EXPORTIEREN auf. Genaue Erläuterungen zu den Einstellungen für den PDF-Export finden Sie im entsprechenden Kapitel 23.

Alle ausgewählten Dokumente werden in eine PDF-Datei geschrieben. Hierbei ist es unerheblich, ob die einzelnen InDesign-Dokumente allesamt ein einheitliches Format aufweisen. Sie können so beispielsweise ein A3-Überformat quer problemlos mit A4 kombinieren, so wie man es vielleicht gewohnheitsmäßig in FreeHand tut. Eine Titelseite kann mit dem zugehörigen Inhalt in eine PDF-Datei überführt werden. Gewisse Vorsicht ist hier aber dennoch geboten, besonders wenn man anschließend eine Ausschießsoftware wie Nicola, Preps oder Imposition Publisher einsetzt.

Das gesamte Buch

Erst wenn Sie alle Dokumente in der Buch-Palette ausgewählt haben, erhalten Sie im Palettenmenü die Funktionen, das gesamte Buch zu verpacken, zu drucken oder als PDF zu exportieren.

15.2 Bibliotheken

Eine Buchfunktion für einzelne grafische Objekte – auch das gibt es in InDesign. InDesign besitzt eine Bibliothek, in der Sie alle Arten von einzelnen Rahmen, Rahmengruppen oder platzierten Grafiken ablegen und in anderen Dateien wiederverwenden können. Es besteht keinerlei Einschränkung, welchen Inhalt die Rahmen transportieren, sei es formatierter Text, Tabellen, Gruppen aus Vektorgrafiken, Texten und beispielsweise platzierte EPS-Dateien.

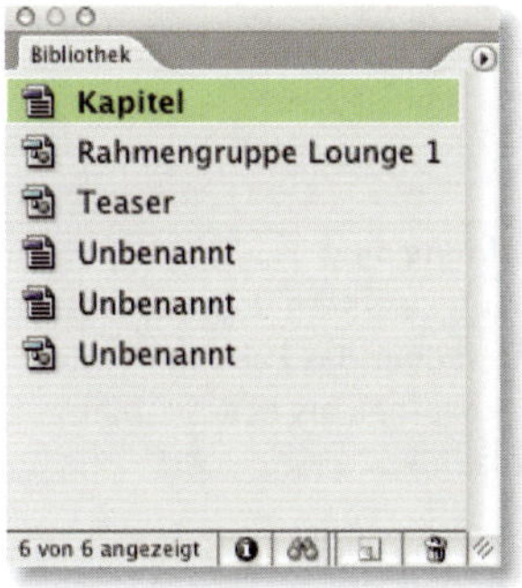

▲ **Abbildung 15.7**
In der Listenansicht versieht InDesign jedes Objekt je nach Art mit einem kleinen Icon.

15.2.1 Bibliothekspalette und Palettenmenü

Die Bibliothek ist unabhängig von einer Layoutdatei, daher legen Sie auch unter dem Menü DATEI • NEU • BIBLIOTHEK eine eigene Bibliotheksdatei mit dem Dateikürzel .indl (InDesign-Library) an. Sie erhalten eine eigene Bibliothekspalette. In dieser Palette können Sie nun per Drag and Drop Ihre Grafiken aus einer Layoutdatei ablegen. Die Palette ist ähnlich wie die Ebenen- oder Verknüpfen-Palette aufgebaut und funktioniert auch so.

Die Objekte können jederzeit aus der Palette in eine Layoutdatei ebenfalls per Drag and Drop kopiert werden. Die Bibliothek erkennt das Objekt und zeigt es in der Palette in Form einer Symbolansicht an.

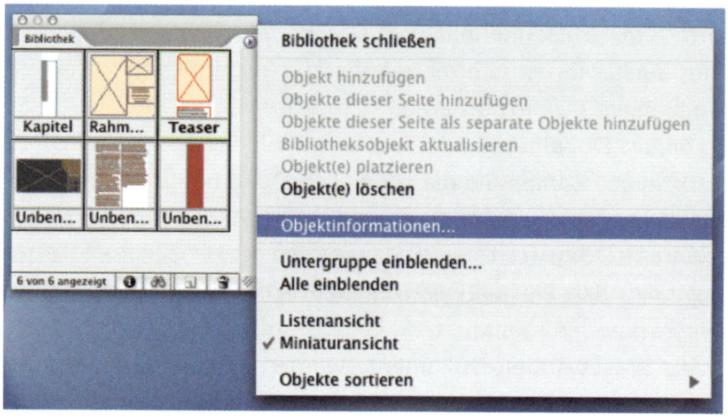

Abbildung 15.8 ▶
In der Symbolansicht werden die Objekte, die Sie in einer Bibliothek ablegen, mit einer Vorschau gespeichert. Die Bibliothek erkennt automatisch, was für einen Rahmen Sie hier ablegen und welcher Inhalt darin liegt.

Sortieren

Die Darstellung und Ordnung von abgelegten Bibliotheksobjekten ist über das Palettenmenü konfigurierbar: In der Listendarstellung werden lediglich die Objektbezeichnungen dargestellt, die Thumbnail-Darstellung zeigt eine kleine Vorschau. Die Sortierung erreichen Sie ebenso im Palettenmenü: nach Name, zuletzt abgelegt, zuerst abgelegt und nach Art.

Eine schnelle Methode, die Rahmen einer gesamten Seite abzulegen, finden Sie im Palettenmenü der Bibliothekspalette: ALLE OBJEKTE DIESER SEITE HINZUFÜGEN. Somit kopiert InDesign einfach die gesamte aktuelle Seite als eigenes Seiten-Objekt.

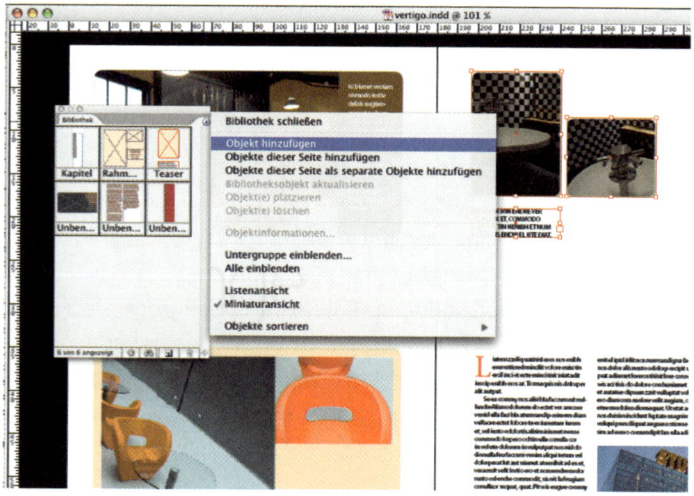

Abbildung 15.9 ▶
Die ausgewählten Rahmen (rot) werden über das Palettenmenü der Bibliothek als neues Objekt hinzugefügt.

Bibliotheken speichern nicht nur die Größe und Formatierung eines Objektes, sondern auch seine Position auf der Seite. Wenn Sie das Objekt nicht einfach aus der Palette in das Layout ziehen, sondern das Objekt auswählen und über das Palettenmenü mit dem Befehl OBJEKT(E) PLATZIEREN aufrufen, wird das Objekt positionsgenau auf die aktive Bearbeitungsseite gesetzt. Diese Aktion entspricht dem Befehl BEARBEITEN • AN ORIGINALPOSITION EINFÜGEN.

15.2.2 Objektinformationen

Das Objekt in der Bibliothek wird zunächst immer mit der Bezeichnung »Unbenannt« abgelegt. Über den Button Bibliotheksobjektinformationen an der unteren Kante der Palette rufen Sie die Objektinformationen auf und können hier den Namen und eine Bemerkung eingeben sowie die Objektart editieren.

Letzteres ist allerdings unnötig, da InDesign die Art der Layoutrahmen von allein erkennt: Es unterteilt folgende Objektarten: Bild, EPS, PDF, Geometrie, Seite und Text.

Unter die Bezeichnung Bild fallen alle relevanten Bildformate wie TIFF, JPEG oder BMP. Als Geometrie kennt InDesign Vektorrahmen und Rahmengruppen. Befindet sich in einer abgelegten Rahmengruppe mindestens ein Vektor- oder Pixelrahmen, dann ist das abgelegte Bibliotheksobjekt bereits eine Geometrie. Als Text wird ein gesamter Textrahmen oder eine Gruppe von Textrahmen erkannt. Im Text mitlaufende Grafiken – so genannte Inline-Grafiken – führen nicht dazu, dass die Textrahmen als Geometrie abgelegt werden, sondern sie bleiben Textrahmen.

Bei Gruppenrahmen wird zunächst die Art Geometrie ausgewählt.

Hinzufügen und Objektinformationen festlegen
Wenn Sie den Befehl Objekt hinzufügen wählen, sollten Sie gleichzeitig die [Alt]-Taste gedrückt halten. Somit werden sofort die Objektinformationen geöffnet, in denen Sie eine Bezeichnung eingeben können.

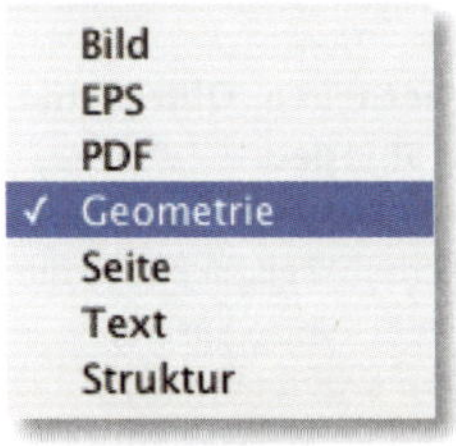

▲ Abbildung 15.10
Die Geometrie ist die beste Objektart für Rahmengruppen mit gemischten Inhalten. Alle Inhalte einer Seite können als Seitenobjekt verwaltet werden.

◄ Abbildung 15.11
Die Objektinformationen lassen sich je nach Objektart durch freie Texteinträge als Beschreibung ergänzen.

15.2.3 Suchoptionen

Mit einem Klick auf das Fernglassymbol am unteren Rand der Palette öffnen Sie die Suchoptionen. Hier können Sie die abgelegten Objekte recht bequem nach Namen, Erstellungsdatum oder Objekttyp der Beschreibung durchsuchen. Hilfreich ist besonders das Ausschlussprinzip: Mit der Auswahl Enthält nicht suchen Sie alle Objekte außerhalb dieser Parameter. Die Eingrenzungen können Sie auch kombinieren. Wenn Sie auf den Button Mehr Optionen klicken, bekommen Sie eine weitere Suchzeile hinzu. Das bedeutet, Sie können eine kombinierte Suche durchführen, wie die Abbildung zeigt.

Das Suchergebnis wird Ihnen danach direkt in der Palette angezeigt, InDesign stellt Ihnen hier eine so genannte Untergruppe dar. Um alle Objekte wieder zum Vorschein kommen zu lassen, wählen Sie im Palettenmenü der Bibliothekspalette den Punkt Alle einblenden aus.

Abbildung 15.12 ►
Die Suchfunktion und deren Umfang innerhalb der Bibliothek zeigen, dass es sich bei der Bibliothek um eine eigenständige Objektdatenbank innerhalb von InDesign handelt. Umfangreiche Suchparameter grenzen die Suche nach dem richtigen Objekt ein.

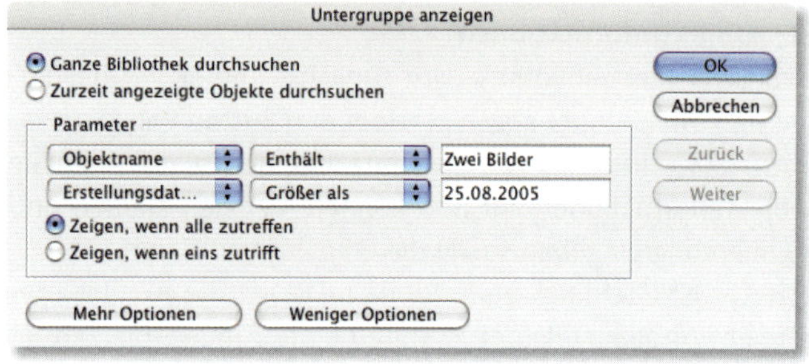

Bibliotheken, Objektstile und Snippets
InDesign bietet mit der CS2-Version zahlreiche Möglichkeiten, die grafischen oder typografischen Eigenschaften von Rahmen zu speichern und als Vorlage für ein neues Layout anzuwenden. Die Bibliotheken stehen hier in der Konkurrenz zu den neuen Objektstilen oder den flexiblen Snippets. Welches dieser Werkzeuge für Ihre Anwendung ideal ist, sollten Sie danach entscheiden, ob Sie eine strukturierte Ablage mit mehreren Arbeitsplätzen in Form der InDesign-Bibliothek benötigen oder stattdessen zugunsten der hohen Flexibilität die Objektstile nutzen. Snippets können hilfreich sein, besonders schnell Inhalte nach Vorlagen zu gestalten.

Unabhängigkeit

Alle Bibliotheken sind unabhängig vom Layoutdokument, aus dem die abgelegten Objekte ursprünglich stammten, d.h., die ursprünglichen Layoutdokumente erhalten keine Verknüpfung mehr zu den Rahmen in der Bibliothek. Verwechseln Sie also die Bibliothek nicht mit der Verknüpfen-Palette!

15.2.4 Anwendungsgebiete von Bibliotheken

Zahlreiche Anwendungen lassen sich daraus ableiten, wie zum Beispiel die automatische Platzierung eines Bibliotheksobjekts über ein Skript. Auch Plug-ins bedienen sich dieser Logik, um Vorlagen mit XML-Tags aus der Bibliothek in das Layout zu platzieren und mit Inhalten aus einer Datenbank zu füllen.

Kataloge | Bei umfangreichen Dokumenten wie Katalogen o.Ä. treten einige grafische Elemente immer wieder auf, wie z.B. Logos, Abbildungen gleicher Größe oder kleine Tabellen mit technischen Daten, Preisen oder Adressen.

Daher ist es effizient, bei Arbeiten an Katalogen zunächst eine Beispielseite mit diesen wiederkehrenden Rahmen aufzubauen und diese in der Bibliothek abzulegen, so dass sie bei Bedarf später in einem neuen Dokument wiederverwertet werden können.

Auch für einzelne Kunden können Sie eine eigene Bibliothek zusammenstellen, mit dem Firmenlogo als platzierte EPS-Datei, einem Textrahmen für die Firmenanschrift und einigen Freiformen, um darin Bilder zu platzieren.

Bibliotheken für Symbole und Logos | Da sich eine Bibliothek nicht an eine Layoutdatei bindet, können Sie auch genauso gut mehrere Bibliotheken anlegen. So ist es sinnvoll, für die Verwendung wiederkehrender Symbole eine Piktogramm-Bibliothek anzulegen. Beachten Sie dabei, dass die abgelegten Objekte auch ihre physikalische Größe behalten, die sie aus dem ursprünglichen Layout mitnehmen. Sollen diese Piktogramm-Bibliothek wirklich eine Arbeitserleichterung und die daraus kopierten Piktogramme einheitlich sein, so ist eine sorgfältige Ablage wichtig.

Auch Firmenlogos müssen als EPS-Datei immer wieder platziert werden – seien es Logos der eigenen Firma als auch Logos für Werbeprospekte.

Bibliotheken für Corporate Design-Standards | Grundelemente eines Corporate Design-Standards können Hintergrundbilder,

Logos oder formatierte Tabellen sein. Auch hierfür lohnt es sich, eine eigene Bibliothek anzulegen.

Textbibliotheken | Formulierungen wie ein vorgegebenes Firmenprofil in 50, 100 oder 250 Wörtern als Marketing-Material für Pressemitteilungen oder Produktbeschreibungen lassen sich auf diese Weise in einer Bibliothek ablegen. Dabei bleiben natürlich die Schrift- und Absatzformatierungen erhalten.

Bibliotheken mit interaktiven Elementen | Auch Bibliotheken für Schaltflächen oder Hyperlinks sind denkbar. Dabei sollten Sie jedoch beachten, dass nur allgemeine Schaltflächen, die zum Beispiel die nächste Seite im Dokument sichtbar machen, oder Hyperlinks, die eine absolute URL wie http://www.galileo-press.de beinhalten, in einer Bibliothek sinnvoll sind. Das Abspielen eines Filmes als Schaltflächenaktion macht in einer Bibliothek keinen Sinn, da in dieser Aktion auf den entsprechenden Film verwiesen wird. Der Film müsste dann ebenso in der Bibliothek abgelegt werden.

Keine Logik
Mit der Symbol-Bibliothek aus Illustrator ist diese in InDesign aber nicht zu vergleichen, da Illustrator ein Symbol und eine platzierte Instanz verwendet. Ändern Sie in Illustrator das Symbol, ändert sich auch das platzierte Symbol im Dokument. Diese logische Abhängigkeit kennt InDesign leider nicht, somit sind auch Größen nicht automatisch veränderbar oder Bibliotheksobjekte über mehrere geöffnete Dokumente miteinander verknüpft. Die bisherige Lösung in InDesign ist sinnvoll und einfach zu bedienen. Andere Ansätze, wie hier beschrieben, lassen sich besser über die Adobe Bridge, Version Cue, ein Content Management System oder eine Redaktionsumgebung lösen.

Kombination und Weitergabe | Arbeiten Sie mit mehreren geöffneten Bibliotheken, wenn die Anzahl der abgelegten Objekte die Übersicht behindert. Eine inhaltliche Trennung nach Thema wie Corporate Design oder nach Einsatz wie Kataloggestaltung ist hier sinnvoll.

Da Bibliotheken eigene unabhängige Dateien sind, lassen sie sich auch innerhalb eines Netzwerkes schnell verteilen und in InDesign öffnen. Somit arbeiten mehrere Designerinnen oder Layouter mit denselben Musterobjekten – eine perfekte Ergänzung zu den Buchprojekten!

15.3 Snippets

Als Alternative zu Bibliotheken stehen Ihnen mit der neuen Version von InDesign die Snippets (»Schnipsel«) zur Verfügung. Sie benötigen keine Verwaltungsdatei, sondern ziehen einfach per Drag and Drop diejenigen Rahmen, die Sie später in anderen Dokumenten verwenden oder mit anderen Inhalten füllen wollen, aus Ihrem InDesign-Dokument auf den Finder/Arbeitsplatz oder in die Adobe Bridge.

15.3.1 Snippets ablegen

Zunächst öffnen Sie eine Layoutdatei und legen dort Platzhalterrahmen an. Falls Sie schon ein fertiges Layout mit platzierten

Grafiken besitzen, wählen Sie die Bilder mit der Direktauswahl [A] an und löschen diese. Übrig bleiben die leeren Platzhalterrahmen.

Danach öffnen Sie das Programm Adobe Bridge über den Button ❶, suchen einen geeigneten Ablageort und verkleinern die Darstellung der Bridge auf den Kompaktmodus mit dem Tastenbefehl [⌘]/[Strg] + [↵]. Sie können sich die Bridge so verkleinern, dass sie wie eine kleine Ablagefläche am Bildschirmrand funktioniert. Nun kehren Sie wieder nach InDesign zurück.

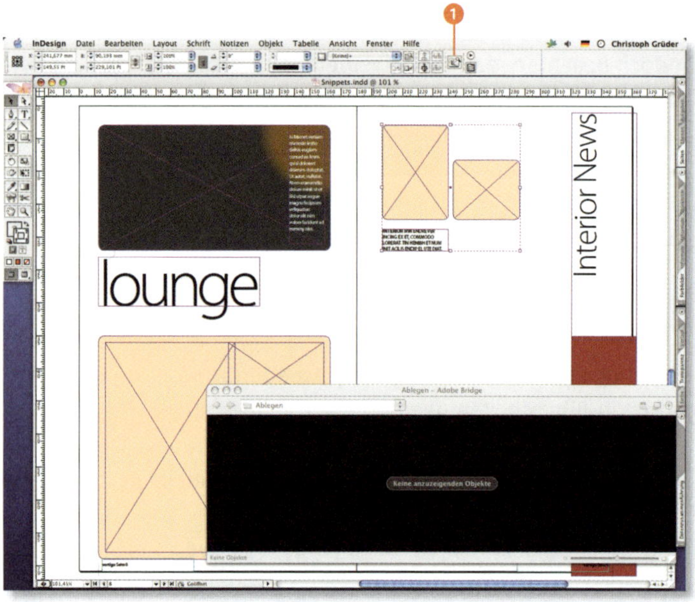

▲ **Abbildung 15.13**
Die Bridge wird auf die Kompaktdarstellung verkleinert und die Rahmengruppe per Drag and Drop in der Bridge abgelegt.

Nun wählen Sie einen Rahmen oder eine Rahmengruppe aus und ziehen diese per Drag and Drop in den leeren Bereich der Bridge. InDesign exportiert daraufhin die Rahmen oder Rahmengruppen als Snippet mit dem Dateikürzel *.inds. Alle grafischen und typografischen Formatierungen der Rahmen werden beibehalten und in der Datei gespeichert. Sobald Sie also das Snippet in der Bridge angelegt haben, erscheint hier ein Icon. Legen Sie nun weitere Rahmen und Rahmengruppen an.

Danach können Sie das Ursprungsdokument schließen, die Snippets bleiben in der Bridge im ausgewählten Verzeichnis erhalten.

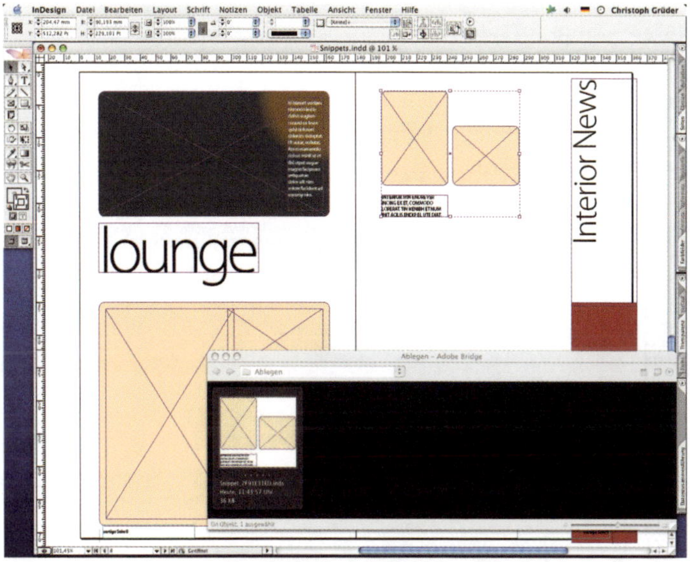

◂ **Abbildung 15.14**
Sobald die Gruppe abgelegt wurde, erscheint das Snippet als verkleinerte Darstellung in der Bridge.

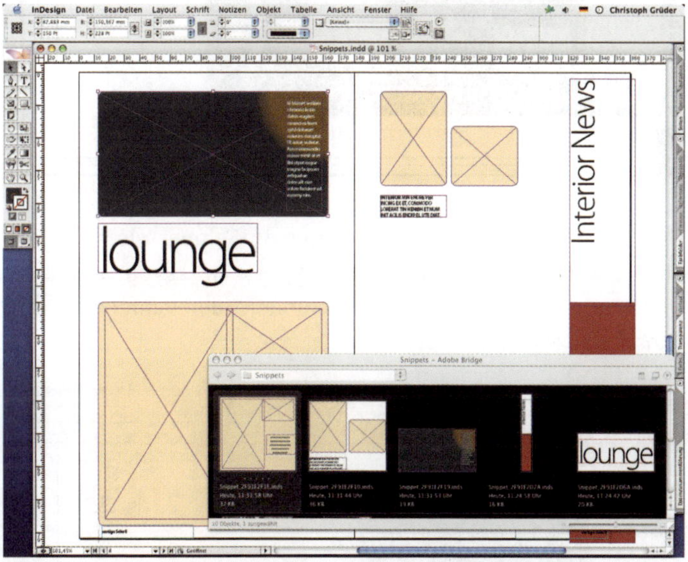

◂ **Abbildung 15.15**
Alle Platzhalterrahmen wurden als Snippet abgelegt.

Probleme mit Bildern | Eine Einschränkung in der Anwendung von Snippets gibt es jedoch: Haben Sie Bilder als Snippets ablegt, so verweist das Snippet nur auf das Bild. Sobald Sie das verknüpfte Originalbild verschieben oder löschen, kann das Snippet das Bild nicht finden. Eine fehlerfreie Platzierung des Snippets ist dann nicht möglich, das Bild muss nachträglich neu verknüpft oder aktualisiert werden. Lesen Sie dazu auch aufmerksam das Kapitel 12 »Platzieren«.

15.3.2 Snippets einfügen

Sobald Sie diese Rahmen wieder benötigen, können Sie ebenfalls per Drag and Drop das Snippet in ein Layoutdokument ziehen. Die verkleinerte Bridge dient als »Tablett«, von dem aus die Snippets eingefügt werden.

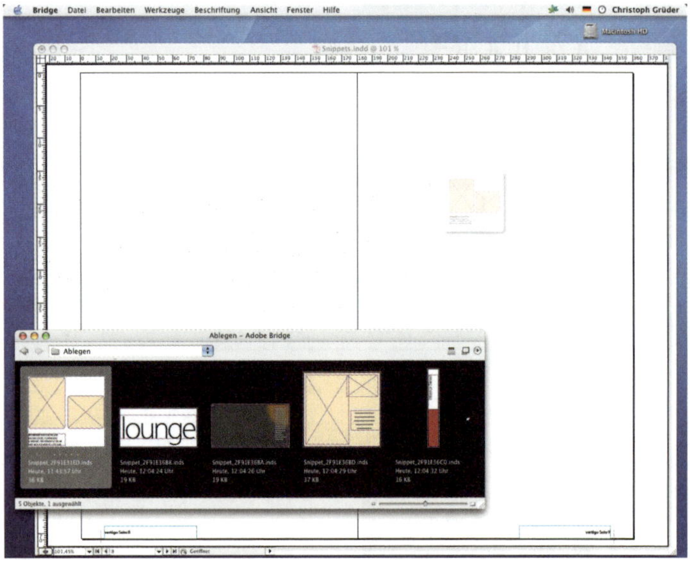

Abbildung 15.16 ▶
Per Drag and Drop ziehen Sie ein Snippet in das Layout im Hintergrund.

Der Vorteil daran ist, dass im einzelnen Snippet nicht nur alle Elemente so gespeichert wurden, wie sie im Layout aussahen, sondern auch die Position der Rahmen oder Rahmengruppen darin aufgezeichnet wird.

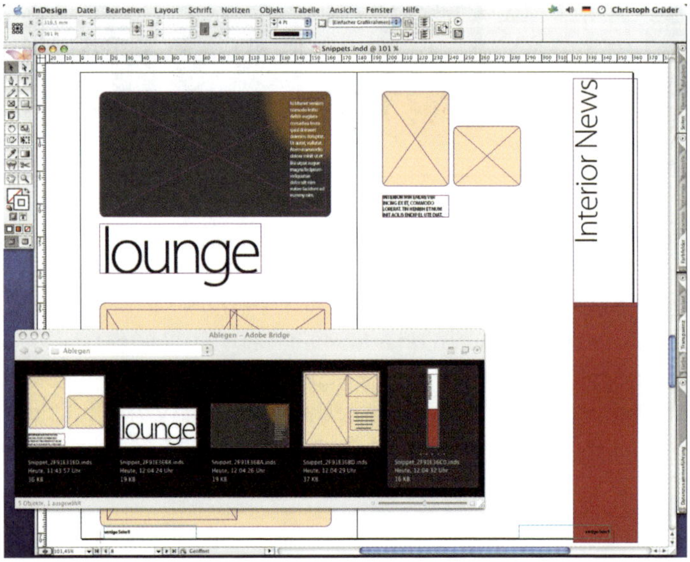

Abbildung 15.17 ▶
Nacheinander fügen Sie alle benötigten Snippets in das Layout ein.

Sobald Sie das Snippet wieder in eine Layoutdatei ziehen, wandert es an die richtige Position im Layout, ebenso wie über den Befehl Bearbeiten • An Originalposition einfügen. Dabei »merkt« sich InDesign allerdings keine Verknüpfung zum Snippet, Sie können also diesen Rahmen unabhängig vom Snippet verändern.

Objektstile und Absatzformate | Wenn Sie bei den abgelegten Rahmen Absatz- und Zeichenformate sowie Objektstile verwenden, bleiben diese im Snippet erhalten. Sobald Sie das Snippet neu platzieren, werden auch diese Informationen wieder in das Layout hinzugefügt. Sie können dann die Formate und Stile in den entsprechenden Paletten sehen und natürlich auch für andere Rahmen und Textabschnitte verwenden.

15.3.3 Platzhalterrahmen befüllen

Sobald Sie Snippets ablegen und in ein Layout einfügen, müssen Sie wahrscheinlich auch die Bilder platzieren. Dazu können Sie ebenfalls die Adobe Bridge nutzen. Wählen Sie ein entsprechendes Verzeichnis mit den Bildern aus, und verkleinern Sie sich die Bridge wie beim Einfügen der Snippets.

Nun ziehen Sie die Bilder mit gedrückter Maustaste auf die Platzhalterrahmen. Sie erhalten ein eingeklammertes Einfüge-Symbol anstatt des Mauszeigers, wenn Sie sich direkt über dem Platzhalterrahmen befinden. Wenn Sie nun die Maustaste loslassen, wird die Datei in den Rahmen platziert.

◂ Abbildung 15.18
Eine kleine Vorschau des Bildes erscheint halbtransparent, wenn Sie ein Bild aus der Bridge auf einen Rahmen im Layout ziehen.

Die Datei ist selten in der richtigen Größe berechnet worden, so dass zunächst nur ein kleiner Ausschnitt der Datei zu sehen ist. Wechseln Sie auf die Direktauswahl [A], klicken Sie in das Bild und halten die Maustaste gedrückt. Sofort ist das gesamte Bild halbtransparent sichtbar, und Sie können sich den Bildausschnitt nun aussuchen.

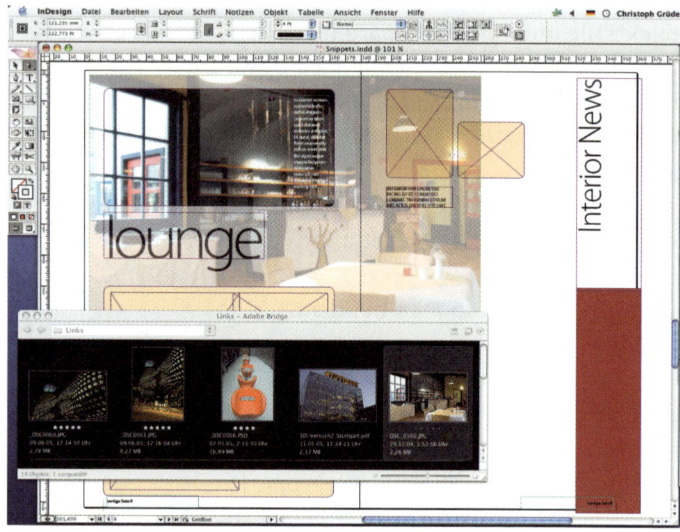

Abbildung 15.19 ▸
Mit gedrückter Direktauswahl verschieben Sie den Inhalt des Rahmens.

Alternativ rufen Sie einfach die Funktion INHALT PROPORTIONAL ANPASSEN... mit dem Tastenbefehl [⌘]/[Strg]+[Alt]+[⇧]+[E] auf. Der Bildinhalt wird dann so auf die Rahmengröße verkleinert, dass die längere Seite des Bildes vollständig in den Rahmen hineinpasst.

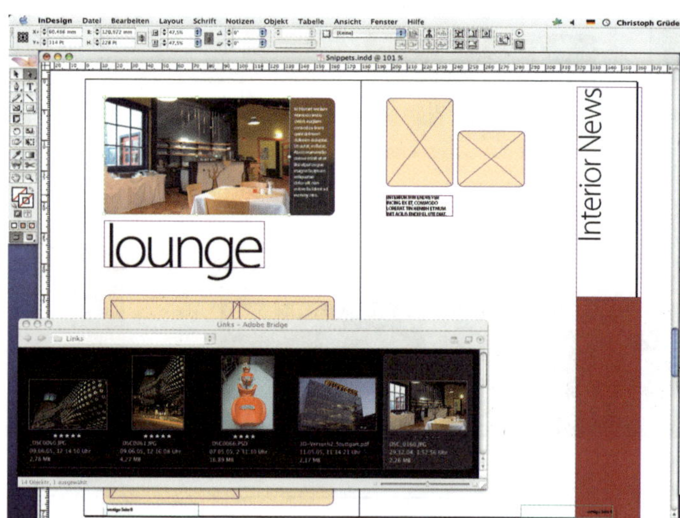

Abbildung 15.20 ▸
Das Bild wurde proportional an die Rahmengröße angepasst.

Mit den anderen Bildern verfahren Sie ebenso. Hier legt InDesign natürlich für jedes platzierte Bild eine Verknüpfung an, die in der gleichnamigen Palette sichtbar wird. Darin unterscheidet sich das Platzieren eines Bildes von dem Einfügen eines Snippets.

Snippets mit Bildern | Natürlich können Sie auch Rahmen mit platzierten Bildern als Snippets abspeichern. Dabei behält das Snippet allerdings die Verknüpfung zum Originalbild bei. Sobald das Bild verschoben oder gelöscht wird, erkennt das Snippet das verwendete Bild nicht mehr und zeigt nach dem Einfügen im Layout nur einen leeren Rahmen anstelle des Bildes. Die Verknüpfung kann nicht aktualisiert werden. Dies können Sie nicht beeinflussen. Die Dateigröße eines Snippets ist vergleichsweise winzig, somit verwenden Sie nur kleine Dateien, die Sie auch per E-Mail versenden können. Die Dateigröße eines Snippets würde sich enorm vergrößern, wenn das Bild im Snippet gespeichert würde. Somit ist das Snippet ein guter Kompromiss aus flexibler Handhabung und Datensicherheit.

15.3.4 Snippets verwalten

Die Snippet-Datei können Sie mit der Adobe Bridge verwalten, umbenennen und auch eine Vorschau des Snippets betrachten, natürlich lassen sich die Snippets auch über den Arbeitsplatz verwalten.

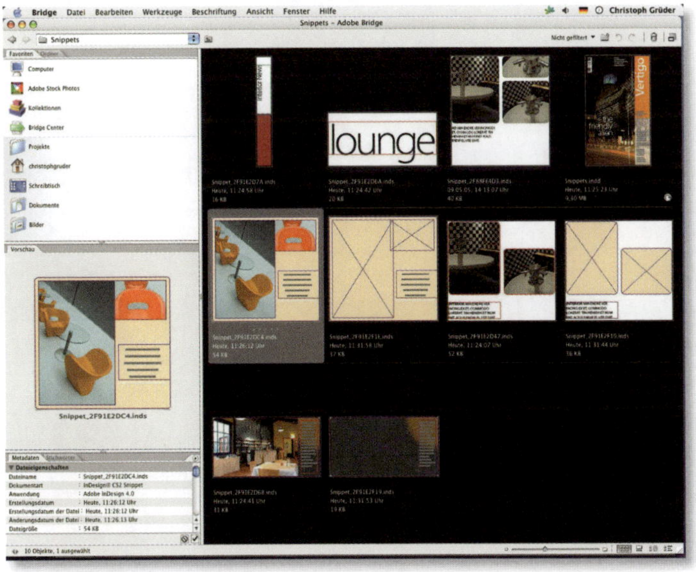

◂ **Abbildung 15.21**
Snippets mit Platzhalterrahmen und mit Bildern können in der Adobe Bridge verwaltet und umbenannt werden. Die Dateivorschau sagt allerdings nichts darüber aus, ob eine Bildverknüpfung des Snippets noch aktiv ist.

Snippets sind XML-Dateien, die alle Informationen zur grafischen Formatierung speichern können. Dabei nehmen sie nur wenige Kilobyte an Daten ein. Wenn Sie ein Snippet per Datenleitung oder E-Mail versenden wollen, müssen Sie darauf achten, dass das Snippet in der Kodierung der XML-Informationen nicht geändert wird, da der Empfänger sonst mit dem Snippet nichts anfangen kann. Vor dem Versand sollten Sie daher eventuell die XML-Datei als ZIP-Archiv komprimieren.

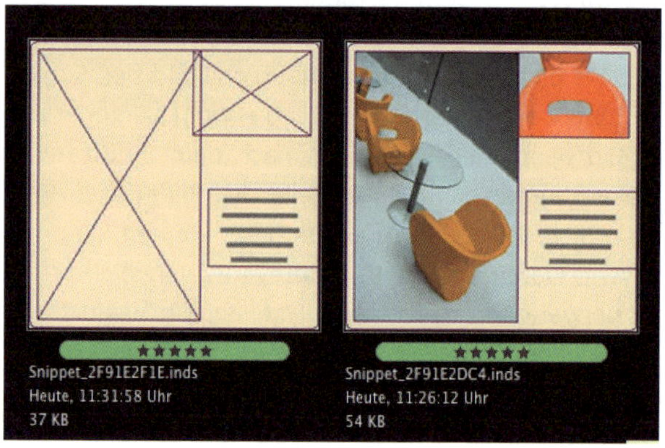

Abbildung 15.22 ▶
Snippets sind Winzlinge. Wenn keine Bilddaten gespeichert werden, nehmen Sie nur wenige Kilobyte ein. Im direkten Vergleich besitzt das rechte Snippet nur eine etwas größere Vorschau, daher der kleine Unterschied von 54 zu 37 KByte.

16 Inhaltsverzeichnis und Index

Über die Absatzformate in InDesign generieren Sie ein automatisches Inhaltsverzeichnis, das per Mausklick jederzeit aktualisiert werden kann. Auch das Arbeiten und Erstellen von komplexen, verschachtelten Indizes mit InDesign ist eine zentrale Funktionalität der Software.

16.1 Inhaltsverzeichnis

16.1.1 Inhaltsverzeichnis anlegen

Um mit InDesign ein Inhaltsverzeichnis anlegen zu können, müssen Sie mit Absatzformaten arbeiten. Meistens sollen die Kapitelüberschrift und mindestens zwei weitere Zwischenüberschriften in ein Inhaltsverzeichnis überführt werden.

Jeder Text, der mit dem entsprechenden Absatzformat belegt ist, wird in einem zweiten Schritt von InDesign herausgesucht und in ein bestehendes oder neu erstelltes Dokument eingefügt. Diesen Text können Sie dann im neuen Dokument ebenfalls formatieren lassen.

Werden die Absatzformate im Dokument richtig zugewiesen und angewendet, ist das Inhaltsverzeichnis in kürzester Zeit automatisch erstellt. Seitenzahlen können mit Zeichenformaten herausgestellt werden.

Je nach Komplexität eines Werkes werden in der Praxis nicht mehr als drei bis vier Absatzformate für ein übersichtliches Inhaltsverzeichnis benötigt. Benennen Sie die Absatzformate beginnend mit »IHV-« für »Inhaltsverzeichnis« oder »TOC-« für »Table of Content«, so dass alle Formate zusammen in der Absatzformat-Palette aufgeführt werden.

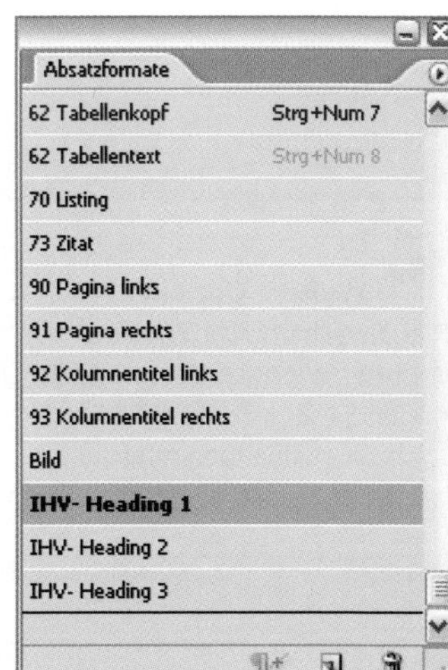

▲ **Abbildung 16.1**
Die Formate für das Inhaltsverzeichnis lassen Sie sich am besten gesammelt anzeigen.

Inhaltsverzeichnisse und Buchfunktion | Die Möglichkeit der Inhaltsverzeichnisgenerierung über mehrere Dokumente hinweg ist ebenfalls gegeben. Sie müssen dazu die einzelnen Dokumente in die Buch-Palette übernehmen und am besten auch gleich ein entsprechendes Dokument für das Inhaltsverzeichnis erstellen.

Als Formatquelle für die Synchronisation von Absatzformaten und Farben wählen Sie das entsprechende Dokument, das die Absatzformate für das Inhaltsverzeichnis enthält. Weiterführende Hinweise dazu finden Sie im Kapitel »Buch, Bibliothek und Snippets«. InDesign wird Ihnen ein Inhaltsverzeichnis über mehrere Dokumente hinweg generieren können.

16.1.2 Inhaltsverzeichnis erstellen lassen

Um das Inhaltsverzeichnis in einem Dokument automatisch generieren zu lassen, wählen Sie den Menüpunkt LAYOUT • INHALTSVERZEICHNIS aus.

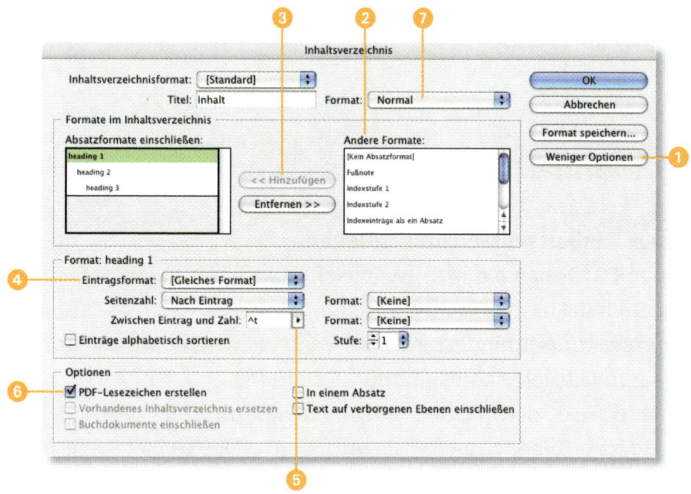

Abbildung 16.2 ▸
Einstellungen für die Konfiguration eines Inhaltsverzeichnisses mit verschachtelten Inhalten

Wenn Sie mit der Buchfunktion arbeiten, wird InDesign nun alle Dokumente prüfen und die Formatnamen der einzelnen Dokumente abfragen und zusammenstellen.

Weitere Optionen
Über die Schaltfläche MEHR OPTIONEN bzw. WENIGER OPTIONEN ❶ können Sie Zusatzinformationen ein- bzw. ausblenden, welche die Formatierung beeinflussen.

Formate im Inhaltsverzeichnis | Wählen Sie aus der Liste unter ANDERE FORMATE ❷ die Formate aus, aus denen Sie das Inhaltsverzeichnis generieren lassen möchten. Mit gedrückter Umschalttaste ist hier eine Mehrfachselektion möglich.

Klicken Sie jetzt auf die Schaltfläche HINZUFÜGEN ❸, um die gewählten Absatzformate für Ihr Dokument in die Liste ABSATZFORMATE EINSCHLIESSEN zu überführen. Nach der Reihenfolge der Auswahl wird im linken Feld auch die hierarchische Ordnung der Inhaltsverzeichnisformate festgelegt, wie z. B. »heading 1«, »heading 2« etc. Die Hierarchie des Inhaltsverzeichnisses, die durch die Einrückung der Einträge dargestellt wird, lässt sich durch einfaches Drag and drop ändern.

Wie soll das Inhaltsverzeichnis aussehen? | Im nächsten Schritt müssen Sie dafür Sorge tragen, dass die mittels Format extrahierten Texte formatiert werden. Gehen Sie dazu der Reihe nach vor, und aktivieren Sie in der Liste ABSATZFORMATE EINSCHLIESSEN den ersten Eintrag.

Jetzt müssen Sie aus der Liste der bestehenden Absatzformate noch das entsprechende Eintragsformat ④ wählen, das dann beim Generieren des Inhaltsverzeichnisses für den Eintrag benutzt wird. Das heißt: Das Format, das Sie hier eintragen, bestimmt das Aussehen des Textes im neuen Dokument. Tragen Sie [Gleiches Format] ein, wir der Inhaltsverzeichniseintrag genauso aussehen wie im Ausgangsdokument. Das ist meistens nicht erwünscht.

Darüber hinaus können Sie auch der Seitenzahl ein eigenes Zeichenformat zuweisen. Wie die Seitenzahl vom Eintrag abgesetzt wird, legen Sie in den nächsten Einstellungen fest. Hier ist ein Tabulator als Standard angegeben und mit der etwas kryptischen Bezeichnung »^T« dargestellt. Im kleinen Pfeilmenü 5 sehen Sie die möglichen Satzzeichen, die Sie für eine Trennung auswählen können.

Geben Sie auch noch an, ob Sie aus dem später angelegten Inhaltsverzeichnis auch gleich PDF-Lesezeichen erstellen ⑥, die bei einem direkten PDF-Export aus InDesign auch in das PDF geschrieben werden und im Acrobat oder Adobe Reader in der Lesezeichen-Spalte zu sehen sind.

Auch dem Inhaltsverzeichnistitel kann eine eigene Formatierung zugewiesen werden ⑦. Dazu wählen Sie ein bestehendes Absatzformat, das nicht in die Liste der einzuschließenden Formate übernommen werden muss. Auch hier empfiehlt es sich, im Vorfeld ein Absatzformat beispielsweise mit dem Namen »TOC-Titel« zu erstellen. Der Titeltext für das Inhaltsverzeichnis wird bei der Erstellung des Inhaltsverzeichnisses eingetragen.

Nach Bestätigen des OK-Buttons wird das Inhaltsverzeichnis generiert. Sie erhalten dann den Platzierungscursor für Text und können, je nach Umfang, auf einer Leerseite oder auf vorab eingefügten Seiten im Dokument den manuellen, halbautomatischen oder vollautomatischen Textfluss ausführen.

Inhaltsverzeichnis speichern | Sehr sinnvoll ist es, einmal gewählte Einstellungen im Dialog INHALTSVERZEICHNIS zu speichern. So bleiben sie im vorliegenden Dokument erhalten und können über das Dialogfeld INHALTSVERZEICHNISFORMAT sogar in anderen Dokumenten aufgerufen werden.

Einträge alphabetisch sortieren

Die Inhaltsverzeichnis-Funktion ist z. B. auch bei der Erstellung von Orts- oder Namensregistern sinnvoll. Dann kann eine alphabetische Sortierung angeraten sein.

Stufe

Der Eintrag mag etwas kryptisch anmuten: mit Stufe können Sie die Hierarchieebene des Eintrags bestimmen. So können auch mehrere Einträge auf der gleichen Stufe erscheinen.

In einem Absatz

IN EINEM ABSATZ stellt alle Einträge einer Hierarchiestufe in einem eigenen Absatz zusammen.

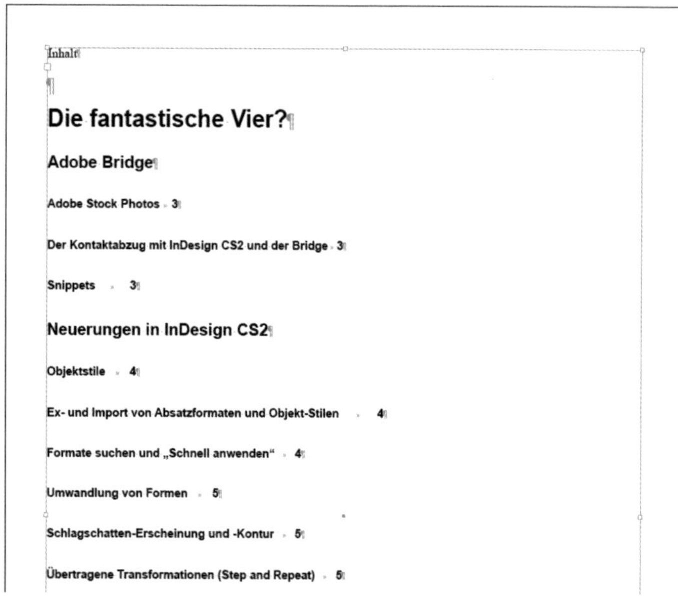
Inhalt

Die fantastische Vier?

Adobe Bridge

Adobe Stock Photos 3

Der Kontaktabzug mit InDesign CS2 und der Bridge 3

Snippets 3

Neuerungen in InDesign CS2

Objektstile 4

Ex- und Import von Absatzformaten und Objekt-Stilen 4

Formate suchen und „Schnell anwenden“ 4

Umwandlung von Formen 5

Schlagschatten-Erscheinung und -Kontur 5

Übertragene Transformationen (Step and Repeat) 5

Abbildung 16.3 ▶
Das fertig erstellte Inhaltsverzeichnis erscheint als eigener Textrahmen, der nun nachträglich mit Textrahmenoptionen oder Einfärbungen gestaltet werden kann.

16.1.3 Inhaltsverzeichnisse aktualisieren

Ein erstelltes Inhaltsverzeichnis kann jederzeit über das Menü LAYOUT • INHALTSVERZEICHNIS AKTUALISIEREN erweitert bzw. ergänzt werden. Korrekt zugewiesene Absatzformate im Text werden bei der Aktualisierung dann, wenn sie als Format auch in der Liste der eingeschlossenen Formate aufgeführt sind, mit in das Inhaltsverzeichnis aufgenommen und entsprechend aktualisiert.

Um den Menüpunkt INHALTSVERZEICHNIS AKTUALISIEREN überhaupt aktivieren zu können, muss ein Inhaltsverzeichnis natürlich erst einmal erstellt und das Layout geändert worden sein. InDesign erkennt dann die Positionen auf neuen Seiten oder die geänderten Überschriften im Dokument.

Leider ist diese Aktualisierung nicht so verknüpft, dass Sie während der Layoutarbeit einfach die Änderungen am Inhaltsverzeichnis übernehmen können, Sie müssen also nach jeder Bearbeitung des Dokuments das Inhaltsverzeichnis aktualisieren.

Sie sollten möglichst keine manuellen Änderungen im generierten Inhaltsverzeichnis vornehmen – diese gehen bei einer Aktualisierung verloren!

16.1.4 Inhaltsverzeichnisformate erstellen

Für wiederkehrende, regelmäßige Arbeiten können Sie Inhaltsverzeichnisformate definieren, die sich unter einem eigenen Formatnamen abspeichern lassen. Wählen Sie dazu aus dem Menü LAYOUT den Befehl INHALTSVERZEICHNISFORMATE. Sie können bestehende Formate anderer Dokumente übernehmen und Ihre eigenen Inhaltsverzeichnisformate exportieren.

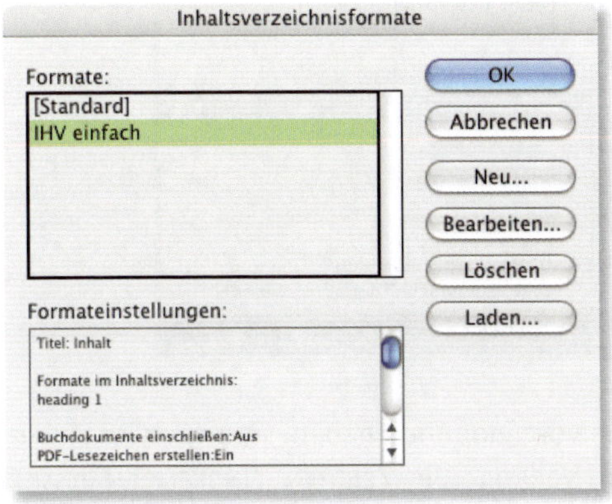

◂ **Abbildung 16.4**
Die Inhaltsverzeichnisformate sind wie alle Vorgaben in InDesign leicht zu verwalten und zu ändern.

Klicken Sie auf die Schaltfläche Neu, wenn Sie ein neues Format erstellen wollen. Sie gelangen dann automatisch in das Dialogfeld Neues Inhaltsverzeichnisformat, das genau wie das Menü Inhaltsverzeichnis aufgebaut ist. Inhaltsverzeichnisformate können zwar auch direkt über das Dialogfeld Inhaltsverzeichnis erstellt werden, allerdings können sie nur hier gelöscht und aus anderen Dokumenten geladen werden.

16.2 Der Index

Das Arbeiten mit Indizes empfiehlt sich bei Lehrwerken, wissenschaftlichen Abhandlungen, Fachbüchern und Büchern, die Querverweise oder einfach ein ausführliches Sachregister enthalten sollen. Mit InDesign lassen sich sowohl einfache Schlagwortregister als auch verknüpfte Abhängigkeiten mit Querverweisen zu anderen Kapiteln oder Abschnitten erstellen.

Die Indizes von Sachbüchern enthalten oftmals Ebenen und Unterebenen, z. B. als Überbegriff »Creative Suite« und als Unterbegriff »Illustrator CS2« und »InDesign CS2«. Wir sprechen hier auch von einer Mehrstufigkeit, die Sie in InDesign beim Anlegen eines Seitenverweises gesondert einstellen können.

Das Thema Indexerstellung, besonders über die Buchfunktion hinweg, ist sehr komplex und vielseitig. Die Erstellung des Index kann Ihnen von InDesign nicht abgenommen können. An dieser Stelle sind Sie gefragt und müssen die Entscheidung treffen, welche Begriffe auf welcher Ebene im Index stehen sollen und welche Abhängigkeiten existieren. Jeder Eintrag wird manuell in den Index aufgenommen werden müssen.

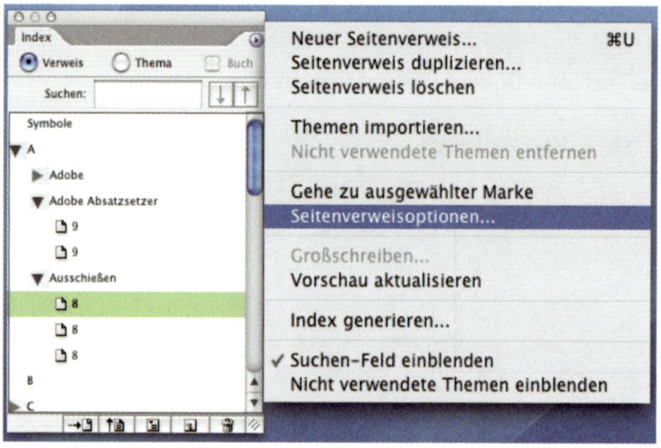

Abbildung 16.5 ▶
In der Index-Palette legen Sie über das Palettenmenü einen neuen Querverweis an.

Indexeinträge, die Sie vorgenommen haben, sind auch im Dokument sichtbar. Über VERBORGENE ZEICHEN EINBLENDEN lassen sich die Indexmarken ❶ anzeigen.

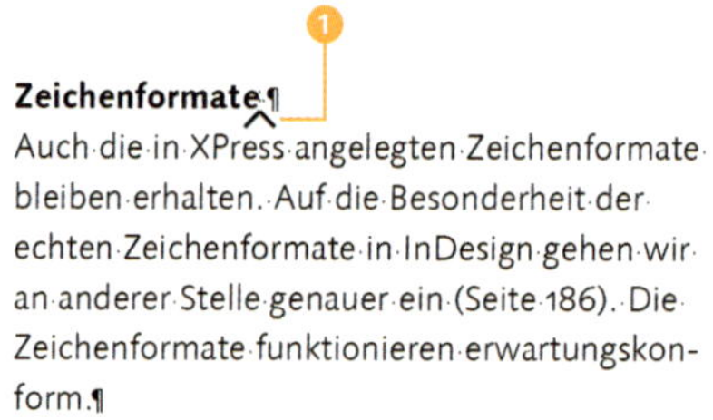

Abbildung 16.6 ▶
Indexmarke im Text: »Zeichenformate« ist im Index eingetragen.

Index automatisieren
InDesign kann einen Index nicht nachträglich automatisch durch neue Seitenverweise ergänzen, daher sollten Sie das Anlegen eines Index erst zum Schluss Ihrer Layoutarbeit vorsehen. Sollten Sie allerdings genau diese Arbeitsweise bevorzugen, benötigen Sie das Plug-in Sonar Bookends, das Ihnen diese Arbeit abnimmt. Mehr dazu finden Sie im Kapitel »Plug-ins«.

Über das Menü FENSTER rufen Sie über SCHRIFT UND TABELLEN die Index-Palette auf [⇧] + [F8]. Die Index-Palette erscheint zunächst ohne Einträge. Es werden Ihnen zwei Modi zur Verfügung gestellt:

- Indexeinträge werden gewöhnlich im Modus VERWEIS vorgenommen.
- Über den Modus THEMA können Indexeinträge thematisch geordnet werden.

16.2.1 Indexeinträge erstellen

Es gibt mehrere Möglichkeiten, einen einfachen Indexeintrag zu erstellen:

1. Markieren Sie im Dokument das Wort, das dem Index hinzugefügt werden soll. Über das Blatt-Symbol der Index-Palette lassen sich schnell und einfach Einträge in dieselbe übernehmen.
2. Sie können einen neuen Seitenverweis auch über das Palettenmenü erstellen, indem Sie ebenfalls ein aufzunehmendes Wort markieren und im Palettenmenü der Index-Palette den Befehl NEUER SEITENVERWEIS aufrufen. Das Dialogfeld NEUER SEITENVERWEIS können Sie direkt über den Shortcut [Strg]/[⌘] + [U]

aufrufen, was dem geübten Anwender sicherlich erheblich Zeit sparen wird.

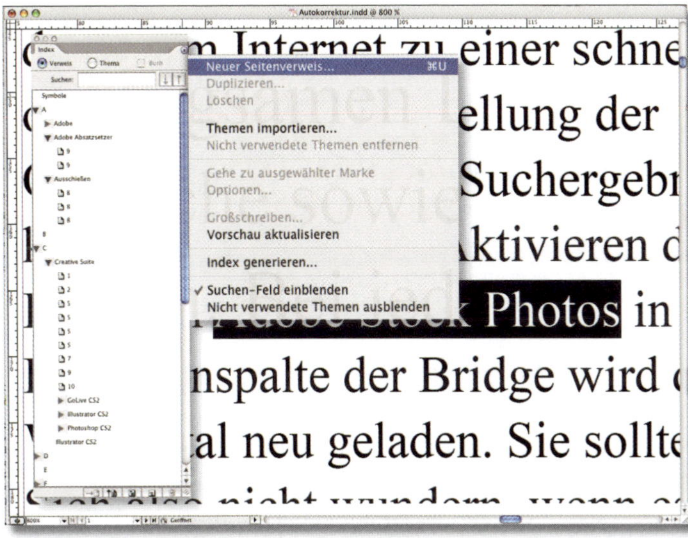

◂ **Abbildung 16.7**
Eintrag hinzufügen über die Index-Palette

3. Manuell lassen sich einstufige Indexeinträge ohne Aufruf eines Dialogfeldes mit dem Shortcut [⌘] + [⌥] + [⇧] + [Ö] bzw. [Strg] + [Alt] + [⇧] + [Ö] erstellen. Die entsprechende Seitenzahl der zum Eintrag gehörenden Seite wird dabei mit eingefügt.

In den ersten beiden Fällen öffnet sich nun das Dialogfeld NEUER SEITENVERWEIS.

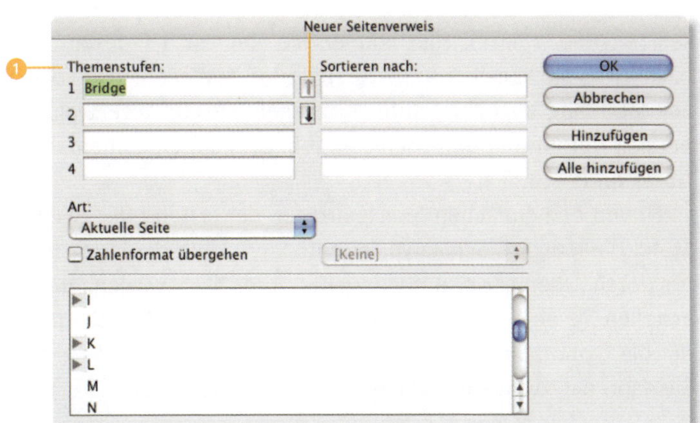

◂ **Abbildung 16.8**
Einen einstufigen, einfachen Indexeintrag erstellen Sie über den Dialog NEUER SEITENVERWEIS.

Wie Sie sehen, haben Sie hier die Möglichkeit, bis zu vier Unterebenen anzulegen, indem Sie diese unter THEMENSTUFEN (1) eingeben. Meistens sollten Sie es aber bei zwei Stufen, d.h. einem Untereintrag, bewenden lassen, da der Index ansonsten zu komplex wird.

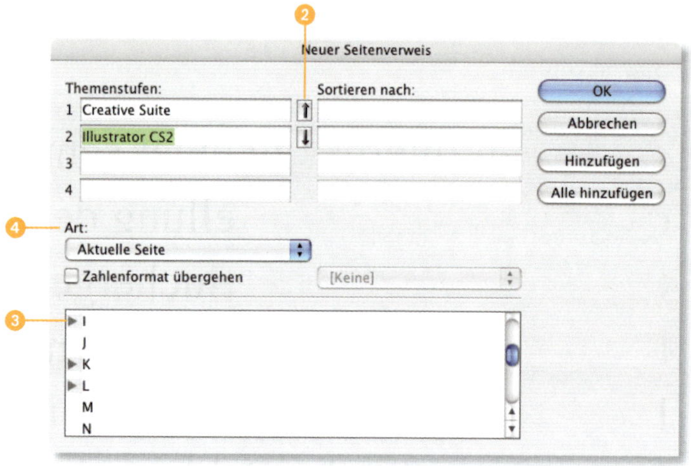

Abbildung 16.9 ▸
Mehrstufige Indizes erstellen Sie über die Themenstufen.

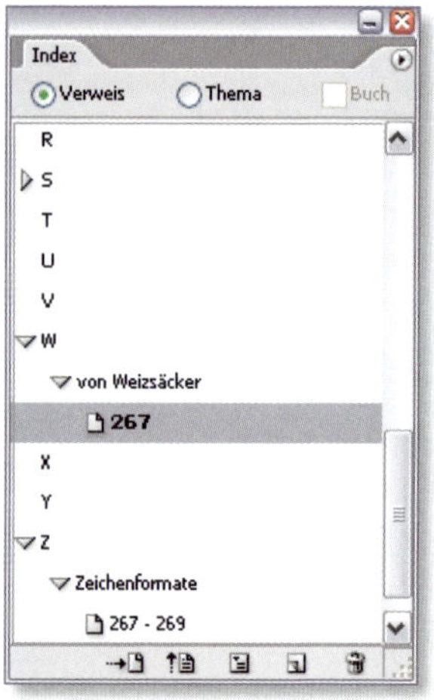

▲ Abbildung 16.10
Die Funktion Sortiert nach

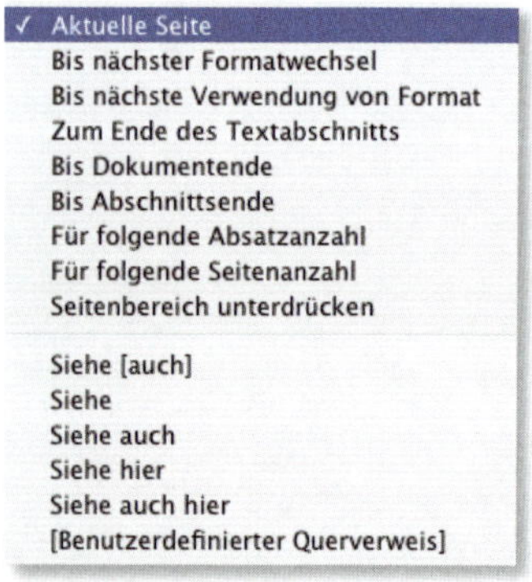

▲ Abbildung 16.11
Die Optionen des Menüpunkts Art bieten vordefinierte Formulierungen für den Indexeintrag.

Mehrstufige Einträge sollten Sie unbedingt gleich zu Beginn festlegen. Geben Sie entweder beide Begriffe direkt ein, oder verschieben Sie einen Eintrag, z. B. »Illustrator CS2« mit den Pfeiltasten ❷ nach unten auf die zweite Ebene, und wählen Sie aus der alphabetischen Liste der Themen unten ❸ (siehe auch Abbildung 16.13) ein Oberthema aus.

Unter Sortieren nach können Sie bestimmen, dass z. B. ein Eintrag wie »von Weizsäcker« nicht unter »von«, sondern unter »Weizsäcker« einsortiert wird. Dazu gaben Sie unter Sortieren nach einfach »Weizsäcker« ein.

Art | Über das Menü Art geben Sie ein, wohin der Indexeintrag verweisen soll. Meistens werden Sie auf die aktuelle Seite verweisen (Aktuelle Seite). Hier können Sie aber auch Indexeinträge nach Art von »Zeichenformate 267–269« festlegen, d. h. einen Seitenumfang angeben. Unter Art legen Sie nun fest, welchen Bereich der Eintrag umfassen soll, z. B. bis zum Dokumentende, Absatzende u. a.

Neben den einfachen Indexeinträgen der ersten oder zweiten Stufe, die lediglich Schlagwörter enthalten, kann die Indexstruktur durch Querverweise noch weiter verdichtet werden. Hierzu erstellen Sie einen Indexeintrag und wählen unter Art ❹ entweder die Option Siehe oder Siehe auch aus. Unter Verweis geben Sie dann das Wort ein, auf das verwiesen werden soll.

16.2.2 Einzelne Verweise oder alle im Dokument hinzufügen

Klicken Sie nun auf OK, wird der Eintrag dem Index hinzugefügt. Die Index-Palette verwandelt sich: Es wird eine alphabetische Liste angezeigt. Überall, wo ein kleiner grauer Pfeil erscheint, sind Indexeinträge vorhanden.

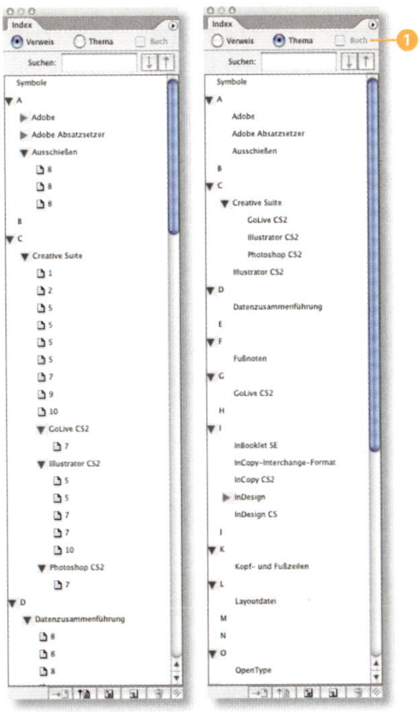

◂ **Abbildung 16.12**
Die Ansicht nach angelegten, alphabetisch sortierten Verweisen oder Themen wählen Sie in der Index-Palette mit einem Klick auf den entsprechenden Button. Mehrstufige Themen werden eingerückt dargestellt, z. B. »Creative Suite« mit »Illustrator CS2« etc.

Wenn Sie stattdessen auf ALLE HINZUFÜGEN klicken, sucht InDesign automatisch nach allen verwendeten Stellen im Dokument. Diese Stellen werden dann als Verweise im Index aufgenommen. Bei der Suche nach allen Vorkommen des markierten Textes berücksichtigt InDesign nur ganze Wörter und dabei die Groß- und Kleinschreibung. Wenn Sie z. B. »Absatzformat« markieren, wird »Absatzformate« nicht indiziert werden. Diese Arbeitsweise ist wesentlich schneller, und Sie können jederzeit überflüssige Einträge im Index löschen. Natürlich eignet sich dieses Vorgehen nicht bei sehr allgemeinen Begriffen wie »InDesign« in diesem Buch – die Anzahl der Einträge würde unübersehbar.

Den Indexeinträgen der einzelnen Stufe kann außerdem direkt ein eigenes Absatzformat zugewiesen werden. Haupteintrag und Verweis formatieren Sie somit bequem eigenständig. Das Erstellen und Pflegen eines Index ist zwar eine Fleißarbeit, zahlt sich aber in jedem Fall aus!

Bucheinträge

Soll ein Indexeintrag für mehrere Dokumente, die in einem Buch zusammengefasst sind, erstellt werden, muss das Feld BUCH durch das Häkchen 1 aktiviert sein. So sorgen Sie dafür, dass der Eintrag für alle Dokumente vorgenommen wird. Allerdings müssen Sie bei der Erstellung des Indexes alle Dokumente, die beachtet werden sollen, außerdem auch noch geöffnet haben!

16.2.3 Seitenverweis nach Themenstufen ändern

Wenn Sie einen Seitenverweis eingerichtet haben, ist es möglich, diesen nachträglich einzeln zu ändern. Mit einem Doppelklick in die Index-Liste auf ein Seitensymbol mit einer Ziffer öffnen Sie die Seitenverweis-Optionen. Sie gehen vor wie bei der Neuanlage eines Seitenverweises: Wollen Sie die Themenstufe nach unten verschieben, so dass der Seitenverweis unterhalb eines Oberthemas im Index erscheint, müssen Sie mit den Pfeiltasten den Eintrag nach unten auf die zweite Stufe schieben. Danach ist die erste Stufe leer. Entweder geben Sie nun hier ein neues Oberthema ein, oder Sie suchen sich aus der alphabetischen Liste im unteren Bereich des Dialogs den Begriff heraus. Mit einem Doppelklick wird er an die erste leere Themenstufe eingetragen. Sobald Sie den Dialog mit OK bestätigen, verschiebt InDesign den Seitenverweis an die gewünschte Position.

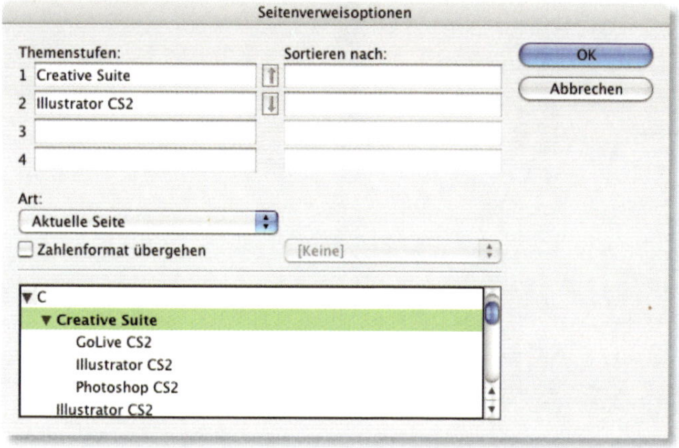

Abbildung 16.13 ▸
Wählen Sie die übergeordnete Themenstufe eines Seitenverweises, indem Sie aus der Liste der Themen unten mit einem Doppelklick den Begriff auswählen.

Mehrere mehrstufige Verweise nachträglich ändern
Wenn Sie einen mehrstufigen Eintrag im Index vornehmen wollen und dabei alle Stellen im Dokument berücksichtigen, benutzen Sie den Button ALLE HINZUFÜGEN im Dialog NEUER SEITENVERWEIS. Dadurch entstehen eventuell sehr viele Einträge im Index. Wenn Sie die Stufen der Verweise nachträglich ändern wollen, stellt Ihnen InDesign leider kein Werkzeug zur Verfügung. Alle Einträge müssten einzeln per Hand geändert werden. Löschen Sie daher das betreffende Verweisthema in der Index-Palette, und legen Sie es neu in der richtigen Themenstufe an.

16.2.4 Index generieren

Nun bleibt uns nur noch, den Index auch erstellen zu lassen. Um das Menü INDEX GENERIEREN aufzurufen, klicken Sie entweder auf die Taste am unteren Rand der Index-Palette, oder Sie öffnen es über das Palettenmenü. Der in der Abbildung gezeigte Dialog erscheint.

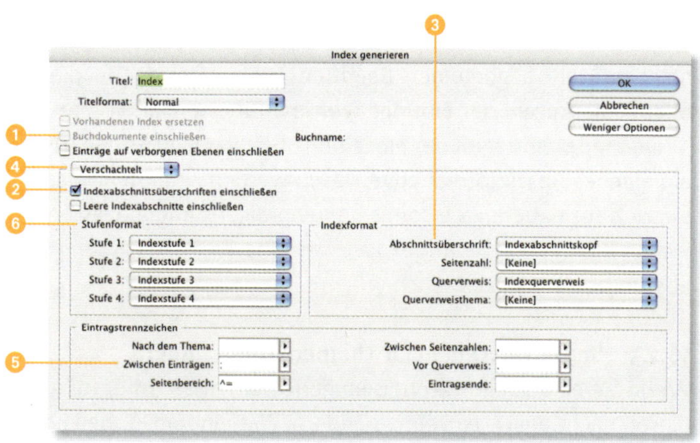

▲ Abbildung 16.14
Ohne Optionen ist der Dialog INDEX GENERIEREN schön übersichtlich. Mit Optionen hingegen können Sie genaue Absatz- und Zeichenformate zuweisen, damit der Index gleich richtig formatiert wird.

Groß schreiben

Über das Palettenmenü der Index-Palette können Sie bestimmen, ob alle oder bestimmte Einträge Ihres Indexes groß geschrieben werden sollen. Das ist besonders dann interessant, wenn Sie doppelte Einträge durch Klein- und Großschreibung erzeugt haben.

Stellen wir uns vor, Ihr Index solle in einem Buch von Galileo Design erscheinen. Dazu benötigen wir als Erstes eine Überschrift für den Index, die vermutlich in den meisten Fällen »Index« lauten wird. Sie wird unter Titel eingegeben. Zur Formatierung des Titels kann das vorgegebene Titelformat Indextitel oder jedes vorher erstellte Absatzformat verwendet werden.

Wir wollen in unserem Fall einen Index erstellen, der sich über das gesamte Buch erstreckt, daher ist es wichtig, die Dialogbox Buchdokumente einschliessen ① anzuklicken. Vorhandenen Index ersetzen kommt natürlich nur zum Tragen, wenn Sie einen Index aktualisieren wollen.

Überschriften im Index bestimmen | Besonders interessant für die übersichtliche Strukturierung des Index ist Indexabschnittsüberschriften einschliessen ②. InDesign fügt selbstständig Ordnungsüberschriften im Format A, B, C ein. Leere Indexabschnitte einschliessen bewirkt, dass auch für Buchstaben, denen kein Indexeintrag zugeordnet werden kann (meistens Q, X oder Y), eine Überschrift erstellt wird. Unter Indexformat • Abschnittsüberschrift ③ belegen Sie die Überschriften mit Absatzformaten, die Sie vorher erstellt haben. Unter Seitenzahl können Sie ebenso die Darstellung der Zahlen beeinflussen, hier liegen allerdings die Zeichenformate, die Sie definiert haben, zugrunde.

Verschachtelt | Beachten Sie auch das Menü Verschachtelt ④. Bei verschachtelten Indizes werden die Folgeebenen eingerückt untereinander dargestellt.

Für Indizes, die mit der Funktion In einem Absatz erstellt wurden, legt InDesign für jeden Eintrag nur eine Zeile an.

Weitere Optionen | Jeder Ebene des Indexes können Sie bereits hier im Dialog eine Formatierung zuweisen. Das geschieht über Stufenformat.

Im Feld Zwischen Einträgen unter Eintragstrennzeichen ⑤ bestimmen Sie die Zeichen, die zur Trennung der Ebenen verwendet werden – wir haben hier ein Semikolon gewählt. Unter Stufenformat ⑥ können Sie den verschiedenen Indexebenen Absatzformate zuweisen, um eine Strukturierung des Index vorzunehmen. Das waren bereits die wichtigsten Einstellungsmöglichkeiten.

Die Generierung | Abschließend sollten Sie sich überlegen, wo genau Sie den Index einfügen möchten. Bei einem Index, der über ein gesamtes Buch erstellt wird, bietet es sich natürlich an,

Indizes für mehrsprachige Dokumente
Das Anlegen von Indizes pro Sprache in einem InDesign-Dokument ist nicht sehr komfortabel, aber möglich. Hierzu sollten Sie pro Ebene eine Sprache verwenden und zur Generierung des Index die nicht verwendeten Sprachen ausblenden. Damit werden diese Einträge in der Standardeinstellung von InDesign ignoriert. Achten Sie darauf, dass im Dialog Index generieren der Button Einträge auf verborgenen Ebenen einschliessen deaktiviert ist. Leider bietet InDesign nur einen Index pro Dokument an.

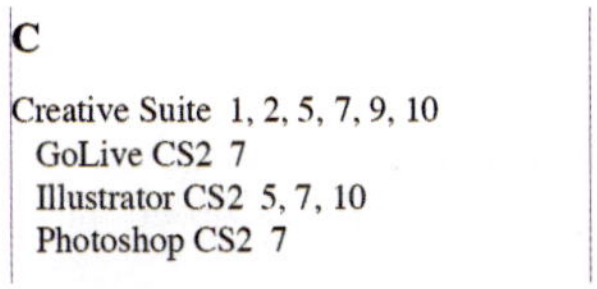
C

Creative Suite 1, 2, 5, 7, 9, 10
GoLive CS2 7
Illustrator CS2 5, 7, 10
Photoshop CS2 7

▲ **Abbildung 16.15**
Verschachtelter Index

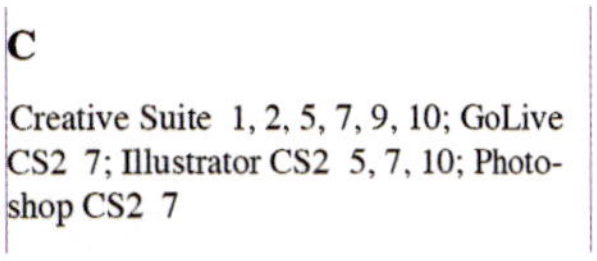
C

Creative Suite 1, 2, 5, 7, 9, 10; GoLive CS2 7; Illustrator CS2 5, 7, 10; Photoshop CS2 7

▲ **Abbildung 16.16**
Index »in einem Absatz«

ein neues Index-Dokument zu erstellen, bei einem kürzeren Text könnte der Index auch auf der letzten Seite des Dokuments eingesetzt werden.

Wenn Sie nun auf OK klicken, nimmt der Cursor die Form des manuellen Textflusses an, und Sie können den Index durch einen einfachen Klick an der gewünschten Stelle des Dokuments einfügen. InDesign hat uns in wenigen Schritten einen durchaus akzeptablen Index erzeugt. Sie können die Formatierung des Indexes aber auch auf einfache Weise ändern, denn InDesign hat automatisch ein eigenes Index-Format angelegt.

Index und PDF | Abschließend hält InDesign noch einen besonderen Leckerbissen für Sie bereit. Wenn Sie die Layoutdatei als PDF aus InDesign exportieren, können Sie – wie auch beim Inhaltsverzeichnis – die Indexeinträge als interaktive Links mit exportieren. Klicken Sie im Export-Dialog auf die Option HYPERLINKS. Alle Seitenzahlen als Indexeinträge des PDF-Dokuments sind nun interaktiv.

Die Lesezeichen im PDF werden nicht über den Index, sondern über das Inhaltsverzeichnis erstellt.

	Windows	Mac OS
Index-Palette öffnen	⇧ + F8	⇧ + F8
Indexeintrag erstellen, ohne das Dialogfeld zu öffnen	⇧ + Strg + Alt + Ö	⇧ + ⌘ + ⌥ + Ö
Dialogfeld INDEXEINTRAG öffnen	Strg + U	⌘ + U
Indexeintrag für Eigennamen (Nachname, Vorname) erstellen	⇧ + Strg + Alt + Ä	⇧ + ⌘ + ⌥ + Ä

Tabelle 16.1
Tastenkürzel für die Arbeit mit Indizes

TEIL IV
Ausgabe

17 Grundwissen Ausgabe

RIP-Vorgänge, Ausgabemedien und Überfüllungen: Bevor Sie Ihre Daten ausbelichten oder an Ihren Druckdienstleister weiterleiten, wollen wir kurz auf die Alternativen eingehen, die Sie für die Ausgabe auf Film oder Druckplatte haben und Ihnen helfen. Dabei beginnen wir mit der Wahl der Ausgabeform, stellen die verschiedenen RIP-Vorgänge vor und die Ausgabemedien zur Diskussion. Im zweiten Teil des Kapitels gehen wir auf das wichtige Thema Überfüllungen ein.

17.1 Vorüberlegungen

17.1.1 Offen oder geschlossen?

Offene Dateien | Als »offene« Daten werden solche Ausgabeinformationen bezeichnet, die bestehend aus der Layoutdatei, den damit verknüpften Dateien und den Schriften zur Ausbelichtung kommen. Verpackte Daten aus InDesign sind also offene Daten.

Geschlossene Dateien | Als »geschlossen« gelten Daten, die alle relevanten Informationen gekapselt transportieren, also mit einem Layoutwerkzeug wie InDesign nicht zu editieren sind. Geschlossene Formate sind PostScript-, EPS- sowie PDF-Dateien, die sowohl direkt über die PDF-Library aus InDesign als auch via Distiller aus PageMaker oder QuarkXPress oder mittels PDF-Maker aus Office- oder CAD-Anwendungen erstellt werden.

Vor- und Nachteile | Die Problematik, die offene Dateien immer wieder gegenüber geschlossenen Daten mitbringen, liegt in den zahlreichen unterschiedlichen Dateiformaten und den damit verbundenen Methoden der Schrift- und Farbverwaltung. Schriften können in EPS-Dateien beispielsweise vollständig eingebunden werden. Im Layout wird die Schrift nicht benutzt, dafür werden die Fontdaten separat mitgeschickt. Ein Preflight-Werkzeug kann beispielsweise erst in der PostScript-Ausgabe überprüfen, ob alle Fontinformationen vollständig vorhanden sind. Entgegen dem offenen Format kann eine PDF-Datei bereits vor dem RIP-Prozess auf Vollständigkeit überprüft und gegebenenfalls korrigiert werden, indem nachträglich Schriften eingebunden, unfreiwillige Haarlinien auf eine Minimalstärke gesetzt oder Farben in den gewünschten Farbraum konvertiert werden, so wie es die neue Acrobat 7-Version mit den Werkzeugen für die Druckproduktion durchführen kann.

Die Vorteile liegen also klar auf der Hand: Die geschlossenen Daten als PDF-Datei gewinnen die Oberhand, die klassischen Vorteile des kompakten Dateiformats kommen langsam, aber sicher zum Tragen. Heute sind schon nahezu zwei Drittel aller Ausgabedaten PDF-Dateien.

Warum dauert dieser Prozess mehrere Jahre, obwohl es doch schon vor Jahren mit Acrobat 3 oder 4 problemlos möglich war, PDF-Dateien für die Ausbelichtung anzufertigen? Viele Faktoren spielen hier eine gewichtige Rolle. Zum einen ist für die Ausgabe der Daten immer ein RIP zuständig, das die Daten in hochauflösende Schwarz-Weiß-Bitmaps pro Druckfarbe separiert und umwandelt, die danach auf Film oder Druckplatte belichtet werden. Zum anderen werden für geschlossene Daten spezielle neue Preflight-, Korrektur- oder Montage-Werkzeuge benötigt, die nachträglich als Acrobat-Plug-in oder eigenständige Software entwickelt wurden.

17.1.2 RIP und CID – Character Identifier

Bevor Sie zum Schluss kommen, RIP würde im Zusammenhang mit InDesign »Rest in Peace« bedeuten, wollen wir Ihnen ein wichtiges Thema näher bringen, das die PDF-Ausgabe mit InDesign betrifft. »RIP« bedeutet »Raster Image Processor« und wird grob in fünf Klassen unterteilt: Es wird nach

- ▶ den originalen Adobe PostScript-Versionen 1, Level 2 und 3 unterschieden,
- ▶ nach der Tauglichkeit, PDF 1.4-Daten direkt interpretieren zu können, und
- ▶ ob sie nur einen der genannten PostScript-Level emulieren, wie z. B. ein Harlekin-RIP.

Was genau ist ein CID-Font?

CID steht für Character Identifier und ist eine Weiterentwicklung des Type 1-PostScript-Fonts von Adobe. Gedacht sind diese CID-Fonts für den asiatischen Raum. Chinesische, koreanische und japanische Schriften benötigen mehr als 256 Zeichen, die im herkömmlichen Verfahren nicht in einem PostScript-Font beschrieben werden können.

So erlaubt ein 100% kompatibles Adobe-PostScript-RIP ab der Version 3011 eine einwandfreie Umsetzung von PDF-Dateien direkt aus InDesign inklusive der oftmals diskutierten CID-Fonts, das sind von InDesign konvertierte Schriftdaten im Unicode-Format. Harlekin-RIPs unterstützen CID-Fonts ab ScriptWorks 5.5.

Für RIPs vor dieser Version müssen Sie PostScript-Daten aus InDesign exportieren und über den Acrobat Distiller in PDF-Dateien generieren. CID-Fonts werden über diesen Weg nicht erzeugt.

Emulierte RIPs | Ein RIP mit emuliertem PostScript-Level ist nichts anderes als ein nachprogrammiertes RIP, das jedoch nicht den Lizenzbestimmungen des Original-PostScripts von Adobe unterliegt. Damit sind diese RIPs kostengünstiger für Druckereien oder Druckvorstufenbetriebe, jedoch bergen sie auch die Gefahr, dass nicht alle Innovationen, die in einem PostScript-Level definiert sind, nahtlos umgesetzt werden können. Ebenso wie 100% kompatible Adobe-PostScript-RIPs je nach Version unterschiedliche Funktionen unterstützen, weisen auch emulierte RIPs einen Versionsstand auf. Wenn Sie ein solches RIP einsetzen, sollten Sie sich darüber informieren, welche PostScript-Anweisungen nicht interpretiert werden. Dies betrifft übrigens nicht nur den PDF-Export von InDesign, sondern auch die PostScript-Ausgabe direkt auf einen Belichter.

17.1.3 Transparenzen mit PDF 1.4

RIPs, die nativ PDF-Dateien bis zur Version 1.4 interpretieren und rippen können, sind erst seit kurzem auf dem Markt und werden in den nächsten Jahren eine höhere Verbreitung finden. Da diese RIP-Generation keine Umwandlung mehr von Transparenzen in PostScript-taugliche Daten benötigt, sondern diese direkt aus der PDF-Datei interpretieren und eigenständig verflachen kann, entfällt die vorherige Transparenzreduzierung in InDesign oder Acrobat. Dennoch schützt fortschrittliche Technik nicht vor der falschen Anwendung, so dass z. B. Schriften aufgerastert werden, obwohl eine vektororientierte Verflachung vorgegeben ist.

17.1.4 Medienneutral oder geräteneutral?

Wie schon im Kapitel »Farbmanagement« angedeutet, gibt es diese beiden Strategien, die Layoutdaten aufzubereiten. Der medienneutrale Weg beschreibt die Aufbereitung in LAB- oder RGB-Farbräumen, um eine Ausgabe auf ein beliebiges Medium zu ermöglichen. Erst bei der Ausgabe selbst findet eine einmalige Farbkonvertierung in den Zielfarbraum statt. Somit lassen sich aus einer einzigen Datei PDF-Dateien für die Ausbelichtung, den Digitaldruck, die RGB-Belichtung oder für das Internet exportieren.

Die Bedingung für die Farbkonsistenz in der Ausgabe über verschiedene Medien hinweg ist die, dass grundsätzlich mit aktivem Farbmanagement gearbeitet wird und dass der jeweilige Dienstleister Erfahrung in der Farbkonvertierung hat, da hier die Verantwortung der Datenaufbereitung beim Dienstleister selbst liegt, wenn er die medienneutralen RGB-Daten bekommt.

Der PDF/X-3-Standard ermöglicht übrigens die Lieferung medienneutraler PDF-Dateien, da der Standard nur einen eindeutig

Film oder Druckplatte?

Kann die Belichtung auf Film durch eine Direktbelichtung der Druckplatte (Computer-to-Plate, CtP) ersetzt werden, sparen Sie nicht nur Zeit ein, sondern es entfällt auch ein chemischer Prozess in der Druckvorstufe. Während die Belichtung auf Film lange Zeit die Garantie war, flexibel eine weitere Auflage zu einem späteren Zeitpunkt ohne Neubelichtung drucken zu können, müssen heute die Druckjobs in immer kürzerer Zeit preisgünstig geleistet werden, insofern ist der Umstieg auf einen Computer-to-Plate-Workflow ein klarer Wettbewerbsvorteil.

definierten Ausgabefarbraum vorsieht, die eingebetteten Bilder jedoch im RGB-Farbraum liegen dürfen.

Die Alternative liegt weiterhin im herkömmlichen Verfahren, das Ausgabeverfahren und somit auch den Zielfarbraum von Anfang an zu bestimmen. Somit wird zum Beispiel direkt für den Zielfarbraum eingescannt, Fremddaten werden zunächst konvertiert, eine Farbraumtransformation findet im späteren Verlauf nicht mehr statt. Somit ist das Ergebnis weitaus weniger von Faktoren in der Ausgabe abhängig. Im Gegensatz zum medienneutralen Workflow müssen Sie die Daten jeweils für ein bestimmtes Ausgabeverfahren vorbereiten und ggf. separate Daten für Offsetdruck oder RGB-Belichtung anlegen.

17.1.5 Fazit

Entgegen den Trends, dem technisch Machbaren jederzeit zu folgen, empfehlen wir Ihnen an dieser Stelle, dass Sie abwägen, ob sich ein medienneutraler Workflow für Sie lohnt oder ob Sie mit Ihrem Druckdienstleister bereits zahlreiche Tests gemacht haben und einen geräteneutralen Weg gehen, um die optimale Qualität zu erhalten. Dagegen sind die geschlossenen Formate wie PDF, Standards wie X-3 oder die Computer-to-Plate-Belichtung aus dem Produktionsalltag bald nicht mehr wegzudenken. Setzen Sie sich mit der modernen Technik auseinander, InDesign CS ist hier das geeignete Werkzeug, mit dem Sie diese Innovationen in Ihre Produktion integrieren.

17.2 Was bedeutet Überfüllen?

Die Überfüllungs-Engine von InDesign ist der des Mitbewerbers QuarkXPress bei weitem überlegen. Sollten Sie mit den Standardeinstellungen der Überfüllungsvorgaben nicht zufrieden sein, können Sie auch eigene Überfüllungsvorgaben definieren und bei Bedarf wahlweise auf beliebige Dokumentseiten anwenden.

17.2.1 Warum überfüllt werden muss

Überfüllungen stellen eine drucktechnische Notwendigkeit im farbigen Offsetdruck dar. Immer dort, wo farbige Objekte wie Logos oder Texte auf farbigen Untergründen aneinander grenzen, liegen potenzielle Problemstellen.

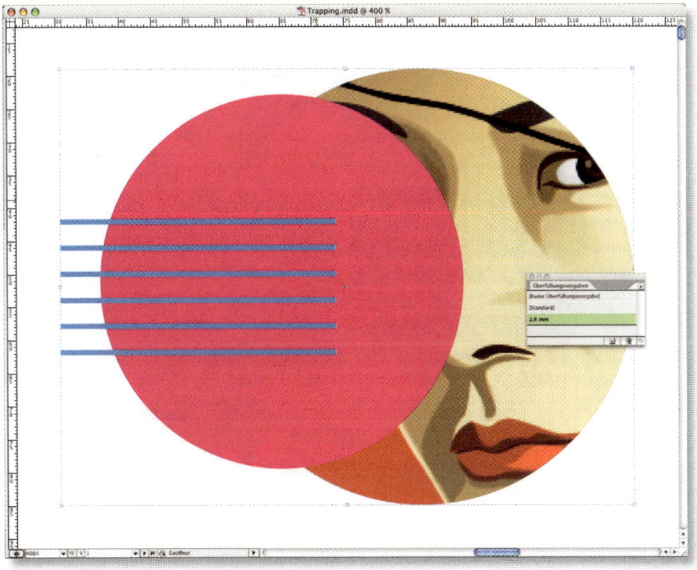

◂ **Abbildung 17.1**
Unser Beispiel in InDesign CS2

Die Begründung dafür liegt einerseits in der Eigenschaft der Druckfarben und zum anderen im drucktechnischen Verfahren.

Druckfarben sind lasierend und haben die Eigenschaft, dass ein anderer Farbton entsteht, wenn sie zu 100 Prozent übereinander gedruckt werden. Wird zum Beispiel auf eine Cyanfläche ein Objekt gelegt, das die Farbe Yellow hat, so entsteht ein Grünton. Damit nun aber im Offsetdruck das Gelb hinterher auch gelb erscheint, muss die Objektkontur aus der blauen Fläche entfernt werden: Man spricht hierbei von »**aussparen**«.

Würden die Objekte jetzt messerscharf voneinander getrennt, gäbe es im anschließenden Offsetdruck unausweichliche Blitzer: Das Papierweiß würde an den Übergängen marginal sichtbar werden, hierfür reichen schon hundertstel Millimeter vollkommen aus.

Genau diese durch unser Auge unschön empfundenen Differenzen sollen durch Überfüllungsvorgaben verhindert werden. InDesign trennt entsprechend der Einstellungen für die Überfüllungsvorgaben die Objekte nicht entlang einer 100-prozentigen Schnittkante, sondern es wird je nach Helligkeit der übereinander liegenden Objekte entweder den darüber liegenden Teil leicht vergrößern (Überfüllung) oder den darunter liegenden Teil minimal verkleinern (**Unterfüllung**). Nehmen Sie sich einfach eine Lupe zur Hand, und sehen Sie sich farbige Drucksachen einmal genau an.

Präzision mit Toleranzen
Keine Druckmaschine der Welt ist in der Lage, 100 % passergenau zu drucken, und das menschliche Auge ist viel sensibler, als man glauben mag. Bedenken Sie, dass das Papier im vierfarbigen Druck mindestens viermal am Andruckzylinder der Druckmaschine enormem Druck ausgesetzt ist, außerdem die einzelnen Bögen mit sehr hoher Geschwindigkeit durch die Druckmaschine rasen und zusätzlich die Druckfarben, aber auch die Druckplatten an den farbfreien Bereichen eine gewisse Feuchte aufweisen, die unweigerlich das Papier beeinträchtigt. Der Offsetdruck erfordert auch heute mit dem Einsatz modernster Druckmaschinen und Kontrolltechniken Fingerspitzengefühl.

Abbildung 17.2 ▶
Hier überfüllt InDesign CS2 die kritischen Stellen.

17.3 Überfüllungen in InDesign

Ohne Überfüllung?

Entgegen der weitläufigen Meinung, es könne für den Offsetdruck mit Prozessfarben nicht ohne Überfüllungen gearbeitet werden, besteht die Möglichkeit, Druckmaschine, Verfahren und Verarbeitung so weit zu präzisieren, dass Überfüllungen nicht mehr notwendig sind. Dieser Anspruch kann jedoch mit dem Ehrgeiz an der falschen Stelle gleichgesetzt werden: Investitionen in das Farbmanagement zahlen sich weit mehr aus, da die Standardüberfüllungen von InDesign grundsätzlich gute Ergebnisse liefern und die Präzision für den Kunden marginal ist. Zumal kann eine solche Präzision auch nur dann erreicht werden, wenn Auflagenpapier, Druckverfahren und andere Bedingungen identisch sind, keine Alltäglichkeit in den Druckereien.

Die Überfüllungsmethode von InDesign ist sehr effizient und vor allem auch sehr sicher. Der wesentliche Vorteil aber ist, dass jede Seite im Bedarfsfall mit eigenen Überfüllungswerten versehen und unterschiedlich überfüllt – auf Englisch »getrappt« – werden kann.

17.3.1 Seitenweise Definition

Diese seitenweise Definition von Überfüllungs-, aber auch von Transparenzreduzierungsvorgaben ist nur dann anzuraten, wenn es sich um besonders sensible grafische Objekte handelt oder aber um ein anderes Druckverfahren. Gestalten Sie zum Beispiel einen Druckbogen, der im Siebdruck separat gedruckt und nachträglich mit den Offsetseiten zusammengetragen und gebunden wird, so benötigen Sie für dieses Druckverfahren selbstverständlich andere Überfüllungsangaben.

In einem solchen Fall ist es jedoch ratsam, anstatt der seitenweisen Definition das Layoutdokument durch ein Buchprojekt in einen Offset- und einen Siebdruckteil aufzusplitten. Somit entstehen keine seitenweisen Abweichungen, sondern sie beziehen sich immer auf das gesamte Dokument.

17.3.2 Überfüllungen im Composite-Workflow

Völlig einzigartig in einer Layout-Software ist bislang die Tatsache, dass InDesign in der Lage ist, auch bei einer Composite-Ausgabe die eingestellten Überfüllungen zu berücksichtigen und in die Datei zu schreiben. Das bedeutet, dass eine Composite-

PostScript-Datei Überfüllungsinformationen enthalten kann und eine daraus erzeugte PDF-Datei in Acrobat mit der aktivierten Überfüllungsvorschau auch am Bildschirm, je nach Auflösung, zuverlässig überprüft werden kann. InDesign ermöglicht somit einen Soft-Proof. So kann ein Layouter die benutzten Überfüllungseinstellungen am Bildschirm sichtbar machen und sein Dokument überprüfen, ohne dafür einen kostspieligen Proofdruck erstellen zu müssen.

Zu 99% zuverlässig sind auch die Default-Einstellungen von InDesign. InDesign wird entsprechend der vordefinierten Werte die Farben von aufeinander treffenden Objekten analysieren und daraus schließlich die Überfüllungen berechnen. Dabei kann InDesign auch platzierte Bilder berücksichtigen und kritische Kantenbereiche über Gehrungsangaben unterschiedlich behandeln.

17.3.3 Überfüllungsvorgaben

Über das Menü Fenster • Ausgabe rufen Sie die Palette Überfüllungsvorgaben auf.

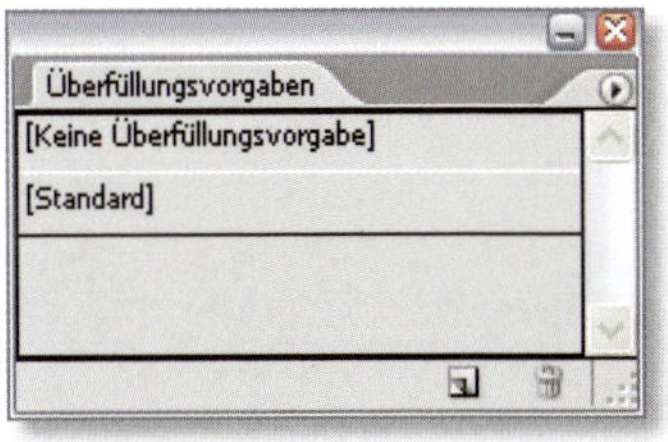

▲ **Abbildung 17.3**
Die Überfüllungsvorgaben-Palette

Dort gibt es zunächst das Format Keine Überfüllungsvorgabe und Standard. Ändern Sie die Default-Werte keinesfalls ab, denn sie sind gut so, wie sie sind. Richten Sie nur in Absprache mit Ihrer Druckerei eigene Vorgaben für spezielle Druckverfahren ein, und zwar über das Palettenmenü. Es öffnet sich der Dialog Überfüllungsvorgabeoptionen ändern. Hier sehen Sie zunächst die Vorgabenwerte basierend auf der Einstellung [Standard].

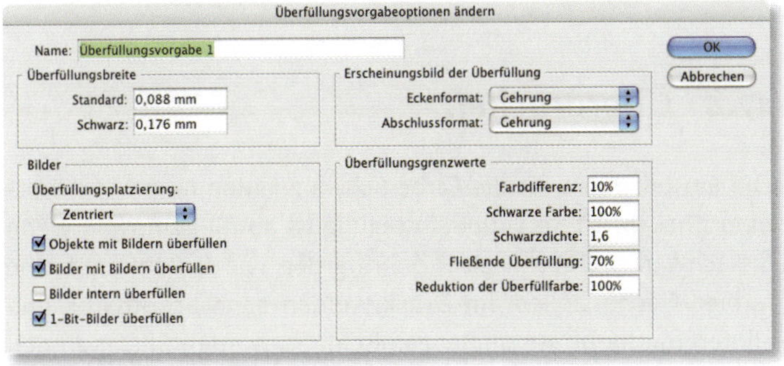

◄ **Abbildung 17.4**
Überfüllungsvorgabeoptionen

Das Dialogfenster ist in vier Teilbereiche aufgeteilt. Sie legen zunächst die Überfüllungsbreite fest. Zusätzlich können Sie das Behandeln von Bildobjekten steuern, das Erscheinungsbild an Kanten und sogar die Überfüllungsgrenzwerte definieren.

Überfüllen und Buchfunktion

Über das Synchronisieren von Dokumenten innerhalb der Buchfunktion werden auch die Überfüllungsvorgaben aus der Quelle für alle anderen Dokumente übernommen.

17.3.4 Zuweisen von Überfüllungsvorgaben

Die Überfüllungsvorgaben lassen sich in InDesign seitenweise zuweisen. Sie müssen demnach keinesfalls in aufwändigen Dokumenten die Objekte einzeln prüfen, sondern können hier auf entsprechend gepflegte Überfüllungsvorgaben zugreifen.

Um eine angelegte Vorgabe nun einer oder mehreren Dokumentseiten zuweisen zu können, klicken Sie auf das Palettenmenü der Überfüllungspalette, und wählen Sie den Befehl ÜBERFÜLLUNGSVORGABEN ZUWEISEN aus.

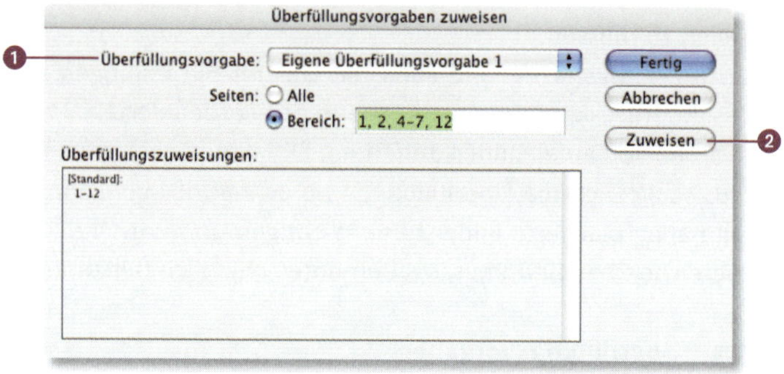

Abbildung 17.5 ►
Überfüllungen werden den Seiten zugewiesen, auf denen sie verwendet wurden.

Wählen Sie zunächst, je nach Anzahl der Formate, die jeweiligen Seiten des Dokuments aus, wobei Sie auch Seitenbereiche als »1–6« oder »1, 2, 4–7, 12« benutzen können. Anschließend wählen Sie aus dem Pop-up-Menü ÜBERFÜLLUNGSVORGABE ❶ die jeweils zuzuweisende Vorgabe aus. Klicken Sie dann zunächst auf die Schaltfläche ZUWEISEN ❷. Erst jetzt wird die ausgewählte Überfüllungsvorgabe auch tatsächlich auf die Seiten angewandt.

Wiederholen Sie diesen Vorgang, bis alle Dokumentseiten die richtigen Vorlagezuweisungen tragen. Erst dann klicken Sie auf die Schaltfläche FERTIG, damit die Zuweisung gespeichert wird.

17.4 Überdrucken

▲ Abbildung 17.6
Schwarz überdruckt und führt zu sichtbaren Flächenbildungen.

Die Einstellungen für die Farbe Schwarz lauten immer: Schwarz überdrucken. Diese Grundeinstellung ist absolut sinnvoll, wenn Sie schwarzen Text in einer Schriftgröße von 8 Punkt auf eine farbige Fläche stellen. Im Druck werden dann Schriftfarbe und Hintergrundfarbe zusammengemischt. So werden Blitzer an den Schriftkonturen vermieden.

Überdecken sich zwei Flächen wie in der nebenstehenden Abbildung, so liegt der Fall anders: Im Druck entsteht ein tieferes Schwarz, da es aus 100 % K und 100 % Cyan gemischt wird. Optisch wirkt die Schnittfläche als eigenes Quadrat. Aktivieren Sie hierzu die ÜBERDRUCKENVORSCHAU im Menü FENSTER • AUSGABE.

Um den Effekt der hier durchschimmernden Farben zu vermeiden und das Schwarz zu einem wirklich tiefen Schwarz werden zu lassen, empfiehlt es sich, eine eigene Prozessfarbe Tiefschwarz (50, 0, 0, 100) zu erstellen und diese Farbe den kritischen Objekten zuzuweisen. Sie erreichen so eine angenehme, wirklich gleichmäßige Farbe.

17.5 Aussparen

Für andere Fälle ist es möglich, Objekte auszusparen. Legen Sie zwei überlappende Rahmen wie in der Abbildung an. InDesign spart die magentafarbene Fläche in der Cyan-Fläche aus. Ebenso verhält es sich bei Schmuckfarben.

Wenn Sie jedoch transparenzähnliche Effekte erzielen wollen, so können Sie den oben liegenden Rahmen auf ÜBERDRUCKEN stellen. Wählen Sie dazu das Objekt im Vordergrund aus, und öffnen Sie im Menü FENSTER die ATTRIBUTE.

▲ **Abbildung 17.7**
Zwei Rahmen überlappen sich.

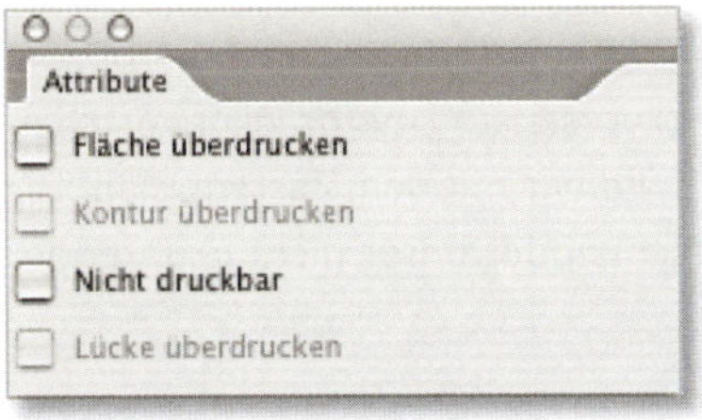

◂ **Abbildung 17.8**
Die Palette ATTRIBUTE ermöglicht das Überdrucken von einzelnen Objekten.

Wählen Sie nun die Funktion FLÄCHE ÜBERDRUCKEN. Mit aktiver Überdruckenvorschau sehen Sie nun, dass die Farbfläche im Vordergrund mit der Farbe im Hintergrund gemischt wird. Dieser Effekt, wie in Abbildung 17.9 zu sehen, entspricht der Füllmethode MULTIPLIZIEREN, die wir auch im Kapitel »Transparenzen« erläutern.

Überdrucken ist keine Transparenzfunktion
Auch wenn durch diese Funktion sich Farben überlagernder Rahmen mischen, ist sie doch keine Transparenzfunktion, die Rahmen müssen hierzu nicht in der Transparenz reduziert werden. Für InDesign sind nur Layoutrahmen wirklich transparent, die z. B. in der Deckkraft reduziert werden.

◂ **Abbildung 17.9**
Die Schnittfläche mischt sich aus 100 C und 100 M zusammen.

Die Möglichkeit, einzelne Flächen zu überdrucken, ist eine recht alte Methode, transparenzähnliche Darstellungen zu erzeugen. Besonders im Zusammenhang mit Schmuckfarben wird das Überdrucken oder Aussparen zu kreativen Zwecken angewandt. Nutzen Sie die Überdruckenvorschau in InDesign, um das Druckergebnis gleich am Monitor zu beurteilen.

17.6 Nicht druckende Objekte

Auch diese Möglichkeit gibt es, sie ist vorteilhaft, um Notizen oder Markierungen im Layout anzubringen: NICHT DRUCKBAR. Wählen Sie hierzu ebenfalls einen Layoutrahmen aus, und aktivieren Sie diese Funktion in der Attribute-Palette. Somit markieren Sie Rahmen, die zwar in der Layoutansicht von InDesign zu sehen sind, in der Ausgabe jedoch verschwinden. Hier erkennen wir auch, wie intelligent InDesign die verschiedenen Vorschaumodi Layoutansicht, Druckvorschau, Überdruckenvorschau etc. miteinander verknüpft: Sobald wir mit dem Tastenbefehl [W] in die Vorschau wechseln, verschwindet unser nicht druckender Rahmen.

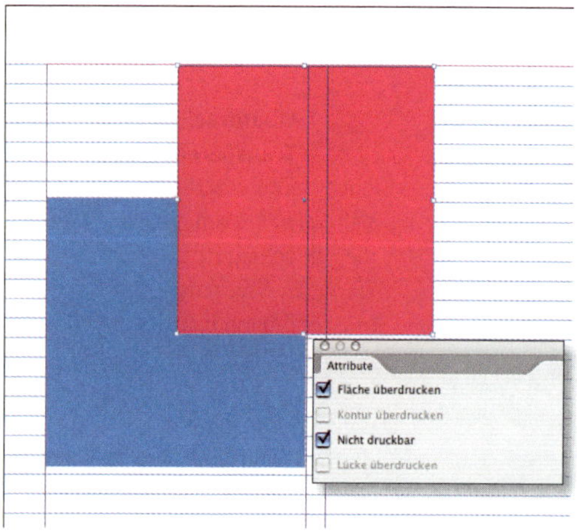

▲ **Abbildung 17.10**
Im Layoutmodus sehen Sie auch nicht druckende Rahmen.

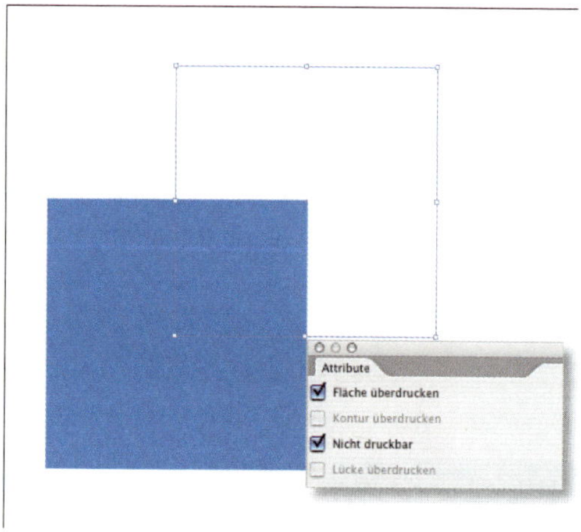

▲ **Abbildung 17.11**
In der Vorschau verschwindet der Rahmen komplett.

17.6.1 Wann nicht überdruckt wird: Papierqualität

Für den Zeitungsdruck, aber auch für den Farbdruck auf stark saugenden, minderwertigen Paieren mit hohem Holzanteil wird ggf. die Druckfarbe Schwarz nicht überdruckt oder der Schwarzaufbau reduziert Das können Sie sich einmal anschauen, wenn Sie einen Comic zur Hand nehmen und dort Schattenflächen genauer betrachten. Diese werden generell nur mit 100% Schwarz gedruckt, um den Farbauftrag zu reduzieren und den Farbverbrauch, der bei Comics auch durch das Papier selbst sehr hoch ist, zu minimieren.

Für den Zeitungsdruck taucht zudem das Problem der Ablage auf. Auch hier wird das Schwarz entweder nicht überdruckt oder durch den Schwarzaufbau durch die anderen Prozessfarben ausgeglichen. Wenn Sie auf einer Zeitungsseite mit dem Finger über eine großflächig schwarz angelegte Fläche fahren, wie es zum Beispiel bei Werbeanzeigen gern gemacht wird, dürfte dieser danach schwarz sein. Ebenso taucht der Effekt in der automatisierten Verpackung der Zeitungen auf, wenn Exemplare aufeinander abgelegt werden. Bei zu hohem Farbauftrag verschmutzt die überschüssige Farbe das Druckbild der Gegenseite. Im Anzeigensatz kann dies zu Reklamationen führen.

18 Transparenzreduzierung und -vorschau

Was wären die Transparenzfunktionen in InDesign wert, wenn man sie nicht vernünftig ausgeben könnte? InDesign stellt eine Funktion bereit, die Transparenzen während der Ausgabe in das PostScript- oder PDF-Format umrechnet: die Transparenzreduzierung, auch Flattening genannt.

Seit einigen Jahren können Sie in verschiedenen Software-Programmen mit Transparenzen arbeiten. Die Bildumrechnung auf eine Hintergrundebene in Photoshop oder die Erzeugung von Schnittobjekten in FreeHand für die Ausgabe waren jedoch lange der einzige Weg, bis erstmals Illustrator Transparenzen sowohl mit Pixelobjekten als auch mit Vektoren ermöglichte. Mit InDesign wenden Sie Transparenzen wie die Deckkraft oder Füllmethoden auf Layoutrahmen an und wandeln diese mit der Transparenzreduzierung für die PostScript- oder PDF-Ausgabe um.

18.1 Das Problem

»Transparenzen können nicht gedruckt werden«, so lautet die weit verbreitete Meinung. Das ist richtig, die Ausgabesprache PostScript kennt keine Transparenzbefehle, und entsprechende Druckgeräte oder RIPs können mit Transparenzen nichts anfangen. Daher müssen sie für die Ausgabe reduziert werden. Der englische Begriff dafür lautet »Flattening« – also eine Verflachung, was den Prozess eindeutig beschreibt: Übereinander liegende transparente Rahmen werden so zu nebeneinander liegenden Objekten verrechnet, dass das Abbild des Layouts erhalten bleibt, aber keine Transparenzen mehr vorhanden sind. Wir unterscheiden in InDesign zwei Methoden: die vektororientierte und die pixelorientierte Reduzierung.

18.1.1 Vektororientierte Reduzierung

Die für die Druckausgabe optimale Methode ist die vektororientierte Reduzierung. »Vektororientiert« bedeutet, dass Vektorgrafiken, Beschneidungspfade oder Schriftvektoren nach einer Transparenzreduzierung möglichst erhalten bleiben sollen. InDesign bietet dazu mehrere Grundeinstellungen an, die unter dieser Methode zusammengefasst werden können.

Die Auswirkungen einer vektororientierten Reduzierung zeigen sich ganz einfach am Beispiel. Überschneiden sich zwei transparente Vektorgrafiken, so wird die Schnittmenge als drittes Vektorobjekt umgewandelt und bekommt eine eigene Füllung.

Abbildung 18.1 ▸
Zwei übereinander liegende transparente Vektorobjekte ergeben für die Transparenzreduzierung eine Schnittmenge, die zu einem dritten Vektorobjekt umgewandelt wird.

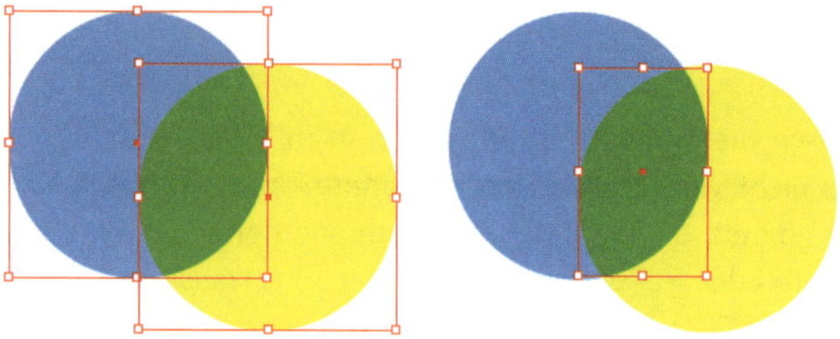

Liegen zwei platzierte Bilder übereinander, so ergeben sich nach der Reduzierung drei Bilder. Auch hier wird die Schnittmenge als drittes Bild behandelt, und alle drei erhalten einen Beschneidungspfad.

Abbildung 18.2 ▸
Beispiel für eine vektor- und pixelbasierte Transparenzreduzierung: Übereinander liegende Bilder und Grafiken (links) ergeben nach der Reduzierung ein drittes Objekt (rechts). Alle drei Bildteile erhalten einen eigenen Beschneidungspfad. Zur besseren Darstellung wurden die Grafiken auseinander gezogen.

18.1.2 Pixelorientierte Reduzierung

Für das Internet geeignet ist die pixelorientierte Reduzierung. Überlagern sich zwei oder mehrere Grafiken, so versucht InDesign, daraus ein einziges Pixelbild zu errechnen. Vektorgrafiken, Beschneidungspfade oder Schriften werden hierfür vollständig in Pixelgrafiken umgewandelt. Dazu benötigt InDesign eine Basisauflösung für die Umrechnung in den Vorgaben.

Immer dann, wenn Sie Schlagschatten, weiche Kanten, Deckkraftänderungen oder die Füllmethoden auf Objekte anwenden, arbeiten Sie mit Transparenzen, die bei dem Export in eine PDF-Datei oder direkt bei der Druckausgabe das Flattening (Transparenzreduzierung) erforderlich machen. Auch eine Photoshop-Datei mit transparentem Hintergrund oder halb deckenden Ebenen wird für die Druckausgabe umgerechnet.

Sind Überdrucken oder Aussparen auch Transparenzen?
Farben können überdruckt oder ausgespart werden. Dabei beziehen sich diese Formen der Transparenz – deckend und nicht deckend – weniger auf die Verrechnung übereinander liegender Objekte, sondern auf das Verhalten der Druckfarben in der Ausgabe. PostScript erkennt die Anweisungen Deckend/Aussparend und setzt diese um, InDesign muss diese Art der Transparenz nicht zuvor umrechnen.

18.2 Transparenzreduzierung

Anhand von Modellbeispielen zeigen wir Ihnen, wie sich die Standardeinstellungen von InDesign bei unterschiedlichen Objekten auswirken. InDesign bietet Ihnen von Haus aus auch drei Grundeinstellungen für verschiedene Ausgaben an.

InDesign wendet bei jeder Druckausgabe eine interne Funktion an, die alle Objekte, die Transparenzen enthalten, vor der Ausgabe an den Belichter oder den Drucker entsprechend der auswählbaren Transparenzreduzierungsvorgaben in neue Pixelbilder wandelt oder auch neue Vektorobjekte errechnet. Dabei werden, je nach ausgewählter Transparenzreduzierungsvorgabe, die Objektdaten miteinander verrechnet und somit die am Bildschirm dargestellten Informationen ausgabegerecht umgewandelt. Das Beispiel in Abbildung 18.1 würde bei der Transparenzreduzierung in genau sieben Teilvektorobjekte zerlegt werden, die dann wiederum von einem PostScript-Ausgabegerät sauber als Vektoren interpretiert werden können.

Sie können es selbst für einzelne vollständige Layoutseiten leicht prüfen, indem Sie Ihr InDesign-Dokument in eine PostScript-Datei mit den entsprechenden Reduzierungsvorgaben drucken und diese PostScript-Datei mit Adobe Illustrator öffnen. Das soll für Sie nur eine Möglichkeit sein, die Vorgänge in InDesign nachzuvollziehen. Generell sollten Sie diesen Arbeitsschritt nicht als Kontrollinstanz in Ihren Ausgabe-Workflow einbauen.

18.3 Transparenzreduzierungsvorgaben

InDesign bietet Ihnen drei interne Voreinstellungen für Transparenzreduzierungsvorgaben an, mit denen sich, je nach Ausgabegerät, sehr gute Ergebnisse erzielen lassen.

Über das Menü BEARBEITEN • TRANSPARENZREDUZIERUNGSVORGABEN rufen Sie das Fenster auf, in dem die Standardvorgaben NIEDRIGE AUFLÖSUNG, MITTLERE AUFLÖSUNG UND HOHE AUFLÖSUNG hinterlegt sind. Wenn Sie mit transparenten Objekten arbeiten und den Druckdialog starten, sollten Sie für hochwertige Ausgaben auf einen Belichter immer mit der hohen Auflösung arbeiten.

Die jeweiligen Einstellungen bestimmen die Ausgabequalität und die Ausgabegeschwindigkeit der Reduzierung. Sie hängen also vom gewünschten Verwendungszweck ab.

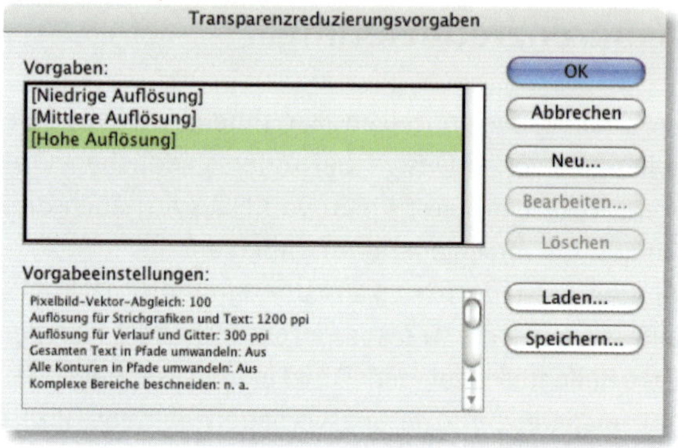

Abbildung 18.3 ▸
Der Dialog TRANSPARENZREDUZIERUNGSVORGABEN

- **Niedrige Auflösung:** Diese Vorgabe eignet sich für die Ausgabe schneller Probedrucke auf einfachen Schwarz-Weiß-Laserdruckern und für Dokumente, die im Web veröffentlicht oder in das SVG-Format exportiert werden sollen.
- **Mittlere Auflösung:** Die mittlere Auflösung eignet sich für Dokumente, die für Probedrucke bei Bedarf auf PostScript-Farbdruckern gedruckt werden. Um qualitativ hochwertige Belichtungen zu ermöglichen, ist diese Einstellung nicht geeignet. Ähnlich verhält es sich mit der PDF-Exportvorgabe Print, die ebenfalls nur für Farblaserdrucker geeignet ist.
- **Hohe Auflösung:** Diese Vorgabe eignet sich für die Ausgabe auf einem Belichter und für hochwertige Proofs wie separationsbasierte Farbproofs, beispielsweise auf Thermosublimationsdruckern.

18.3.1 Eigene Vorgaben anlegen

Mit der Vorgabe HOHE AUFLÖSUNG erzeugen Sie für den Offsetdruck oder andere qualitativ hohe Druckverfahren optimale Dateien. In einzelnen Fällen ist es sinnvoll, die Auflösungseinstellungen zu verändern, sollten sich Perfomance-Probleme beim Export einer PDF-Datei ergeben.

Um eine eigene Transparenzreduzierungsvorgabe zu erstellen, klicken Sie im Menü BEARBEITEN • TRANSPARENZREDUZIERUNGSVORGABEN... auf die Schaltfläche NEU. Tragen Sie im nun erscheinenden Dialog einen sinnvollen Namen, wie beispielsweise etwa den Belichternamen, für die zu erstellende Vorgabe ein.

Pixelbild-Vektor-Abgleich | Der Schieberegler ermöglicht eine Verlagerung mehr zum Pixelbild oder mehr zur Vektorisierung hin. Die Orientierung zum Pixelbild bewirkt, dass die Pixelobjekte, die sich mit anderen Objekten überlagern, nicht in einen eigenen Beschneidungspfad gesetzt werden. Auf ein gesamtes Layoutdokument bedeutet dies, dass eventuell die Dateigröße geringer ausfallen wird, da weniger Pfadobjekte in der ausgegebenen PostScript-Datei oder PDF-Datei vorhanden sind. Aber dadurch können auch unsaubere Bildkanten entstehen. Sie sollten die jeweiligen Auswirkungen in intensiven Tests mit Referenzdateien selbst beurteilen.

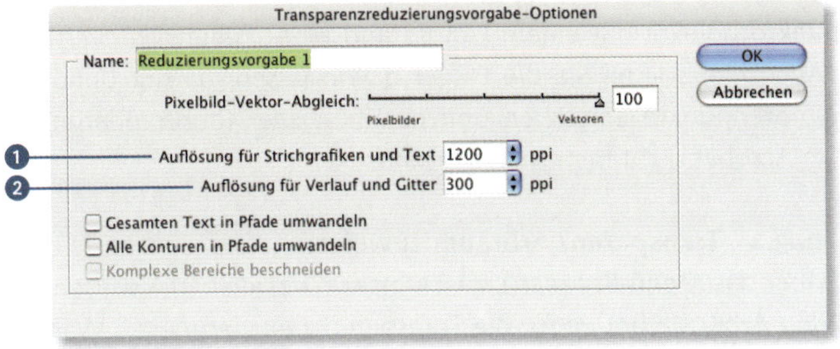

◂ **Abbildung 18.4**
Eigene Transparenzreduzierungsvorgaben für die Ausbelichtung sollten auf Basis der hohen Auflösung getroffen werden.

Auflösung | Eine Reduzierungsauflösung ❶ von 1200 dpi ist in der Regel für die Umrechnung von Bilddaten und Texten angebracht, auch wenn hier Werte von bis zu 2400 dpi möglich sind. Je nach maximaler Rasterweite des Belichters lässt sich die notwendige und optimale Bildauflösung berechnen. Natürlich ist die Umrechnung von der Qualität der ursprünglichen Bilddaten abhängig. Zu hohe Werte werden die Dateigröße unnötig aufblähen und keine qualitative Verbesserung mehr erzielen können. Niedrigere Werte unterhalb von 600 ppi tragen dazu bei, dass Strichgrafiken und Texte nach der Reduzierung pixelig erscheinen.

Die Verlaufsauflösung ❷ wird getrennt von der Bildauflösung eingestellt. Hier reichen üblicherweise Werte von 300 dpi aus.

Weiter Optionen | Daneben haben Sie die Möglichkeit, weitere Optionen über die Checkboxen vorzunehmen, welche die Dateigröße allerdings gravierend beeinflussen können. Die Option KOMPLEXE BEREICHE BESCHNEIDEN ist in der Vorgabe HOHE AUFLÖSUNG deaktiviert. Erst wenn Sie den Abgleichregler nach links auf 75 % schieben, wird dieser Punkt frei. Komplexe Bildbereiche werden beschnitten und über den Pixelbild-Vektor-Ausgleich idealerweise in Vektorobjekte gewandelt.

Die Option GESAMTEN TEXT IN PFADE UMWANDELN bedeutet, dass Text im Bereich transparenter Objekte in jedem Fall als eigenständiger Pfad erhalten bleibt, unabhängig davon, ob InDesign beim Flatten eher eine Verrechnung der Objektdaten in ein Pixelbild vorziehen würde.

Diese Einstellung macht allerdings keinen Sinn, wenn Sie beachten, dass Textrahmen immer im Vordergrund liegen. Schon ein winziger Bereich eines überlagernden Schlagschattens würde ausreichen, einen benachbarten Textrahmen für die Reduzierung in Pfade umzuwandeln. Dadurch entstehen unnötig große Dateien.

Ebenso lassen sich während der Transparenzreduzierung auch ALLE KONTUREN IN PFADE UMWANDELN. Das heißt, es werden von der Transparenz beeinflusste Pfade mit einer Kontur zwingend in Vektorobjekte mit einem Umriss und einer Füllung konvertiert. Auch hier sollten Sie die Finger davon lassen, da nur unnötige Knotenpunkte entstehen und nachträgliche Konturänderungen in Acrobat nicht mehr möglich sind.

18.3.2 Transparenzfarbraum zuweisen

Über das Menü BEARBEITEN • TRANSPARENZFARBRAUM weisen Sie den Arbeitsfarbraum für die Transparenzreduzierung zu. Wählen Sie für eine Druckausgabe immer die Einstellung DOKUMENT-CMYK. InDesign benutzt bei aktiviertem Farbmanagement den CMYK-Arbeitsfarbraum als Referenz für die farbliche Transparenzreduzierung, wie z. B. ISO Coated.

Die Option DOKUMENT-RGB wählen Sie bei der Ausgabe von Dokumenten für das Web oder eine PDF-Bildschirmpräsentation, aber auch bei einer medienneutralen Ausgabe für den Offsetdruck. Auch hier wird der eingestellte Arbeitsfarbraum in InDesign benutzt, optimal ist das ECI-RGB.

Hier zeigt sich leider eine Schwäche von InDesign: Obwohl Sie gleichermaßen RGB-, LAB- wie CMYK-Daten in das Layout platzieren oder in diesen Farbmodellen Farbfelder definieren können, erfolgt die Reduzierung nur auf Basis eines Farbmodells. RGB-Farbinformationen werden also bei ausgewähltem Dokument-CMYK für die reduzierte Ausgabe in CMYK-Werte umgesetzt und somit auch konvertiert. Das macht durchaus Sinn: Legen Sie ein RGB-Bild und ein CMYK-Bild per reduzierter Deckkraft oder Transfermodus wie Multiplizieren transparent übereinander, muss das Ergebnis in der Ausgabe zwangsläufig ein CMYK- oder RGB-Objekt sein. Das bedeutet aber auch für Ihre Arbeit, dass Sie sich, wie im Kapitel »Ausgabevorbereitung« beschrieben, Gedanken über einen medien- oder geräteneutralen Workflow machen sollten, um hier klare Standards zu setzen.

18.3.3 Vorgaben anwenden

Bei der Druckausgabe weisen Sie im Druckdialog unter der Option ERWEITERT die gewünschte Transparenzreduzierungsvorgabe zu. Ebenso kann die Reduzierungsvorgabe im PDF-Export ausgewählt werden.

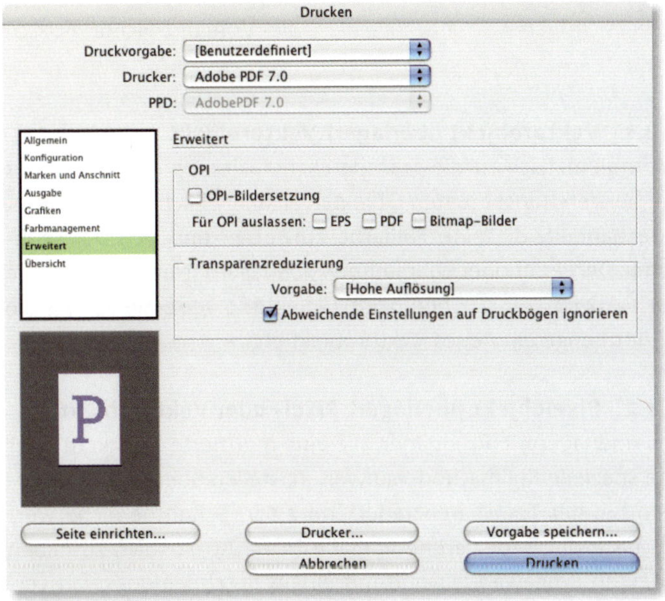

◂ Abbildung 18.5
Zuweisen der Transparenzreduzierungsvorgabe bei der Druckausgabe

Abweichende Einstellungen auf Druckbögen | Einmal mehr zeigt InDesign, was Technik möglich macht, aber den Anwender überfordern kann: Pro Druckbogen können Sie auch eine abweichende Einstellung für die Transparenzreduzierung wählen. Dieser Sonderfall macht dann Sinn, wenn Anzeigen auf einzelnen Seiten platziert werden und diese mit einer niedrigeren Auflösung reduziert werden können als die übrigen Seiten eines Magazins. Dazu wählen Sie den entsprechenden Druckbogen in der Seitenpalette und rufen aus dem Palettenmenü die Option Druckbogen reduzieren • Benutzerdefiniert auf. Wenden Sie diese Möglichkeit aber erst dann an, wenn ein Andruck eine schlechte Qualität aufweist und Sie wissen, dass die Änderung der Transparenzreduzierung die einzige Möglichkeit darstellt.

Keine Reduzierung für die Formate Adobe PDF 1.4 bis 1.6
Adobe hat das Portable Document Format in den Versionen 1.4 (ab Acrobat 5), 1.5 (ab Acrobat 6) und 1.6 (ab Acrobat 7) dahingehend weiterentwickelt, dass Sie nun Objekte mit Transparenzen, weichen Kanten und Schlagschatten in das Format einbetten können, ohne die Transparenzen zu reduzieren. Zusätzlich erlauben die Formate 1.5 und 1.6 die Verteilung auch von transparenten Objekten auf mehreren Ebenen, die im PDF-Dokument separat ein- und ausgeblendet werden können. Daraus entstehen kleinere Dateien, da z. B. transparente Vektorobjekte nicht zuvor in speicherhungrige 300-dpi-Rasterauflösungen umgerechnet werden müssen.

18.3.4 Transparenzreduzierung mit PDF/X

Die ISO-Standardformate PDF/X-3 und X-1a erlauben keine Transparenzen im PDF-Dokument, also müssen diese verflacht werden. Dazu bietet InDesign die direkte Ausgabe als PDF/X-3 an, in der Hohe Auflösung als Vorgabe definiert ist.

18.4 Typische Transparenzfälle

Da sich die Transparenzreduzierung und ihr Ergebnis immer sehr stark am Motiv orientieren, wollen wir Ihnen einige Grundmodelle aufzeigen, die in der Reduzierung auftreten können. Dabei

Datenmengen

Je größer ein transparentes Objekt ist, umso größer ist auch die Datenmenge, die bei der Transparenzreduzierung erzeugt wird. Wenn Sie also wirklich auf die Idee kommen sollten, z. B. einen vektorbasierten Architekturplan von A0 als Vektorobjekt vollständig mit Schlagschatten oder weichen Kanten zu gestalten, sollten Sie zuvor bedenken, dass alle weichen transparenten Übergänge in der Transparenzreduzierung Pixeldaten in 300 dpi erzeugen. Dies könnte zu Dateigrößen bis zu 800 MByte und mehr führen.

berücksichtigen wir ausschließlich die Vorgabe HOHE AUFLÖSUNG.

18.4.1 Vektorobjekt überlagert Vektorobjekt

Unproblematisch ist die Transparenzreduzierung dann, wenn es sich bei den transparenten Objekten ausschließlich um Vektorobjekte handelt, die eine Füllfarbe aufweisen und sich per reduzierter Deckkraft oder Füllmethode überlagern. Nach der Vorgabe HOHE AUFLÖSUNG werden beide Objekte so verrechnet, dass die Schnittmenge ein neues Vektorobjekt ergibt.

18.4.2 Pixelobjekt überlagert Pixel- oder Vektorobjekt

Sich überlagernde Pixelbilder, die eine reduzierte Deckkraft oder eine spezielle Füllmethode aufweisen, stellen ebenfalls kein Problem bei der Transparenzreduzierung dar. Schnittbereiche werden nach der Reduzierungsvorgabe HOHE AUFLÖSUNG zu neuen Objekten umgewandelt und mit einem Beschneidungspfad versehen, so dass die Überlappungs- oder Bildkanten erhalten bleiben.

18.4.3 Textrahmen überlagert Vektor- oder Pixelobjekt

Ein in der Deckkraft reduzierter oder per Füllmethode gestalteter Textrahmen überdeckt ein Vektorobjekt. Ähnlich wie das Verhalten zwischen Vektorobjekten werden im Schnittbereich die Pfade der Schrift in Vektorobjekte gewandelt. Wenn Textrahmen Pixelobjekte überlagern, so wird die in Beschneidungspfade umgewandelte Schrift mit dem resultierenden Pixelobjekt gefüllt. Dabei kann es jedoch sein, dass nicht betroffene Buchstaben oder Wörter nach wie vor echte Textobjekte bleiben.

▼ Abbildung 18.6
Ein häufiger Fall in der Reduzierung: transparenter Schriftzug auf Pixelobjekten über den Transfermodus NEGATIV MULTIPLIZIEREN und reduzierte Deckkraft. Bei der Vorgabe HOHE AUFLÖSUNG wird die Schrift in Vektorobjekte gewandelt und mit den resultierenden Flächen aus dem Bild gefüllt (schematische Darstellung).

Wichtigste Regel im Umgang mit Textobjekten und Transparenzen: Textobjekte gehören immer in der Objektanordnung in den Vordergrund oder auf eine obere Ebene. Egal wie kreativ Sie auch InDesign verwenden möchten, Sie sollten stets Textrahmen über andere Objekte legen, damit diese nicht versehentlich in Pixelobjekte verrechnet werden. Dadurch könnte das Schriftbild durch die niedrigere Auflösung der Pixelobjekte in der Reduzierungsvorgabe ausfransen oder fetter wirken als beabsichtigt.

18.4.4 Weiche Kanten und Schattenwürfe

Die Transparenzfunktionen WEICHE KANTE sowie Schlagschatten erzeugen für die Transparenzreduzierung immer eine Pixelgrafik. Fällt der Schatten auf einen Textrahmen, werden die betroffenen Bereiche des Textes in Beschneidungspfade mit einer Pixelbildfüllung umgerechnet. Diese Problematik beleuchten wir im Abschnitt Reduzierungsvorschau.

18.4.5 Transparenz und OPI

Viele große Verlage arbeiten heute noch mit OPI-Servern, auch wenn es nicht mehr so erforderlich ist wie vor einigen Jahren. Bei der Nutzung der OPI-Technik wird der Layouter nicht das hoch aufgelöste Layoutbild (High Resolution) in seiner Satzdatei platzieren, sondern lediglich das von dem OPI-Server zur Verfügung gestellte niedrig aufgelöste Platzierungsbild (Low Resolution). Wesentliche Gründe sprechen in komplexen Produktionsumgebungen für den OPI-Workflow. So wird zum einen die Netzwerklast bei der Platzierung und Anzeige von komplexen Bilddaten in die Satzdatei deutlich reduziert und vor allem bei der Druckausgabe verhindert, dass die High-Res-Bilddaten zunächst in das Layoutprogramm geladen werden müssen, um dann von dort aus an das gewählte Ausgabegerät geschickt zu werden.

Mit manchen OPI-Servern lassen sich, auch bei älteren Satzprogrammen, problemlos PDF-Dateien über ein EPS-Vorschaubild platzieren oder DCS-Formate ausgeben. Das Anwenden von Transparenzfunktionen in diesen Layoutbildern ist zwar möglich, und die Layoutdaten werden auch reduziert, allerdings bei der Interpretation des PostScripts auf dem OPI-Server durch die Originaldaten ersetzt. Um Transparenzen innerhalb eines OPI-Workflow-Systems zum heutigen Zeitpunkt wirklich nutzen zu können, müssen Sie in jedem Fall in InDesign die High-Res-Daten platzieren.

Technologische Entwicklung

Die heutigen RIPs, die Composite-Daten in separierte Filme umrechnen, kennen zu weiten Teilen noch keine Transparenz, d. h., Sie müssen für die Ausgabe die Transparenzen zuvor in Pixeldaten umrechnen, bevor ein RIP die Daten interpretieren, separieren und rastern kann. Die völlig reibungslose Ausgabe von Transparenzen wird erst mit einer neuen RIP-Generation möglich sein, die Transparenzen im PDF 1.4-Format interpretiert. InDesign ist hier der Hardware um einiges voraus, die Entwicklung dieser PDF 1.4-kompatiblen RIPs ist erst angelaufen.

18.4.6 Volltonfarben und die Transparenz

Die Verwendung von Volltonfarben mit Transparenzen ist nur dann möglich, wenn Sie übereinander liegende Vektorobjekte mit Volltonfarben im Dokument maximal mit der Reduzierung der Deckkraft auf TRANSPARENT stellen. Wenn dagegen eine Volltonfarbe auf eine Prozessfarbe trifft, wird in der Transparenzre-

Blitzer im PDF?
Wenn Sie eine reduzierte PDF-Datei in Acrobat anzeigen, kann es vorkommen, dass Sie am Monitor vermeintliche Blitzer entdecken. Wenn Sie sehr stark in das Dokument hineinzoomen, verschwinden diese Fehler. Das liegt an der Kantenglättung von Vektorobjekten in Acrobat. Da generell transparente Objekte häufig in Beschneidungspfade mit Pixelbildfüllung umgewandelt werden, ergeben sich daraus Vektorobjekte im PDF, die auf diese Weise angezeigt werden. Die Darstellung können Sie abschalten, indem Sie in Acrobat unter den GRUNDEINSTELLUNGEN • SEITENANZEIGE die Option VEKTORGRAFIKEN GLÄTTEN deaktivieren.

duzierung automatisch die Volltonfarbe zu einer Prozessfarbe umgewandelt. Dieser Nachteil tritt insbesondere bei Schlagschatten auf, die auf eine Volltonfarbe fallen. Die Transparenz durch die Deckkraft einer Volltonfarbe zu einem weißen Untergrund ist dadurch natürlich nicht betroffen.

18.5 Reduzierungsvorschau

Der Einsatz von Transparenzen erfordert die Reduzierung auf eine Bildebene pro Druckplatte für die Ausgabe. Wie InDesign Transparenzen verflacht, sehen Sie in der Reduzierungsvorschau je nach Vorgabe. Der besondere Clou liegt auf der Hervorhebung von Objekten, die in die spätere Transparenzreduzierung einbezogen werden; eine Situation, die Sie während der Layoutarbeit nicht abschätzen können, InDesign Ihnen aber sichtbar macht. Anhand eines typischen Beispiels wollen wir Ihnen zeigen, wie Sie Druckfehler mit Hilfe der Reduzierungsvorschau vermeiden können. Dabei kommt es darauf an, die rot hervorgehobenen Bereiche der Reduzierung richtig zu deuten und Änderungen vorzunehmen.

18.5.1 Fallbeispiel: Ein Schlagschatten fällt auf einen Textrahmen

Probleme können dann auftreten, wenn Sie Schlagschatten oder weiche Kanten als Gestaltungsmittel anwenden, die sich transparent auf darunter liegende Objekte auswirken. Alle Schatten und weichen Kanten wandeln die darunter liegenden Objekte in Vektor- und Pixelobjekte, unabhängig von der Herkunft. Fällt also ein Schatten auf eine schwarze Schrift (K = 100 %), so werden die betroffenen Buchstaben in Vektor- oder Pixelobjekte umgewandelt und das Schwarz in eine Prozessfarbe konvertiert.

Dabei wird das Objekt zunächst auf die Bereiche mit und ohne Schattenbeeinträchtigung zerschnitten. Die nicht betroffenen Zeichen bleiben unter Umständen schwarze Textobjekte. Somit erhalten Sie unterschiedliche Darstellungen der Schrift durch die Pixelung und Auflösungsdifferenzen zu Vektoren in der Ausgabe.

18.5.2 Einstellungen in der Reduzierungsvorschau

Die Reduzierungsvorschau rufen Sie unter dem Menü FENSTER • AUSGABE • REDUZIERUNGSVORSCHAU auf.

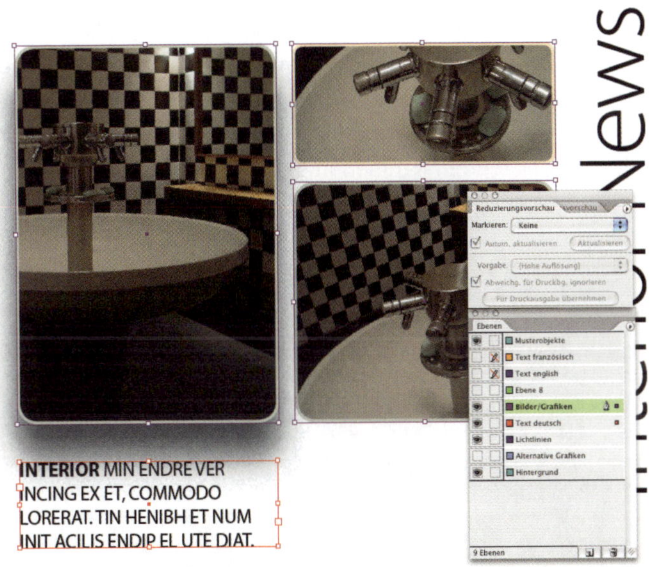

◂ **Abbildung 18.7**
Alltägliche Situation – ein Bildrahmen wirft einen Schlagschatten. Zwei benachbarte Bildrahmen werden durch den Schlagschatten beeinflusst. Ein Textrahmen (rot) liegt auf einer unteren Ebene.

Die Vorschaupalette unterteilt sich in den Markierungsbereich und die Vorgabe zur Reduzierung. Mit aktivierter Aktualisierung wird jede Veränderung im Layout sofort in der Vorschau berücksichtigt. Hier zeigt sich InDesign sehr flexibel, aber auch ungnädig gegenüber älteren Computern. Sollten Sie eine spürbare Verlangsamung des Bildaufbaus und der Programmreaktion bemerken, deaktivieren Sie diese Funktion, und aktualisieren Sie nach Bedarf über den Button rechts daneben.

Wenn Sie die Reduzierungsvorgaben für einzelne Druckbögen zuweisen sollten, können Sie mit der Option Abweichung für Druckbögen ignorieren die Vorgabe des Druckbogens überschreiben und eine Reduzierung auf Basis der aktuellen Vorgabe erzwingen.

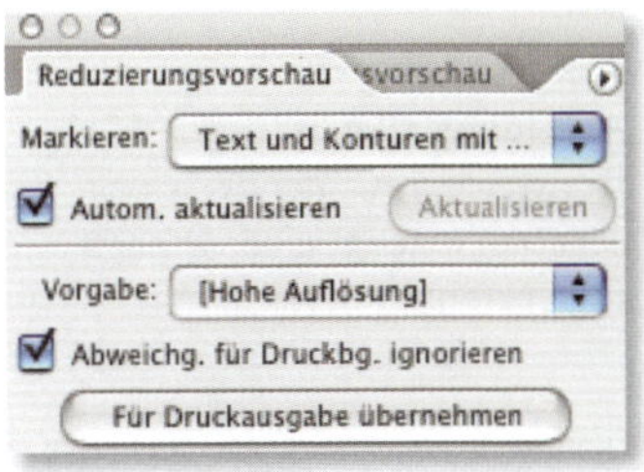

▴ **Abbildung 18.8**
Palette Reduzierungsvorschau

Markierungen | Unter Markieren können Sie sich die gewünschten Objekte anzeigen lassen. Darunter suchen Sie die passende Anzeige aus, um gezielt nach Fehlern zu suchen. Anhand unseres Fallbeispiels wollen wir die wichtigsten Punkte genauer erklären.

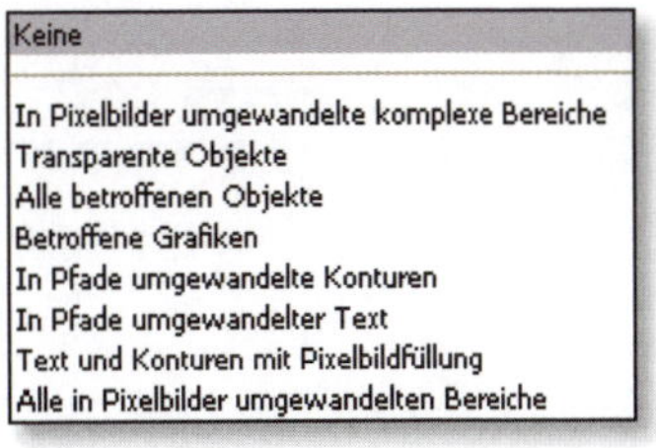

- In Pixelbilder umgewandelte komplexe Bereiche: Wenn in den Vorgabeoptionen zur Transparenzreduzierung die Option Komplexe Bereiche beschneiden aktiviert ist und der Schieberegler auf der Seite der pixelorientierten Reduzierung steht, werden dort, wo besonders viele Vektor- und Pixelobjekte zusammentreffen, diese Bereiche markiert. In der Vorgabe Hohe Auflösung sollte dies eher selten der Fall sein. In der Niedrigen Auflösung hingegen tritt dieser Fall sehr häufig auf.

▶ TRANSPARENTE OBJEKTE: Diese Markierung zeigt alle Objekte an, auf die eine Transparenz angewendet wurde. Ein Schlagschatten oder eine weiche Kante können einen sehr großen Umraum einnehmen. Innerhalb dieses Umraums werden alle darunter liegenden Rahmen in die Reduzierung einbezogen.

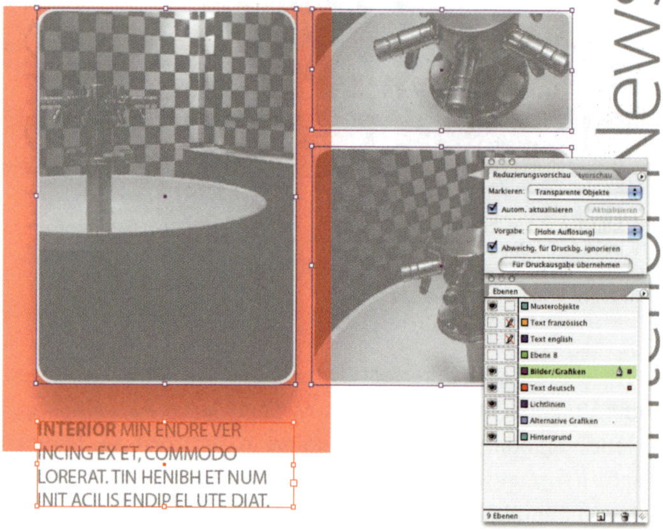

Abbildung 18.9 ▶
Der weich auslaufende Schlagschatten erzeugt einen großen transparenten Bereich.

▶ ALLE BETROFFENEN OBJEKTE: Wenn Sie ein Dokument generell nach Transparenzen durchsuchen und überprüfen möchten, eignet sich diese Option als erste Vorschaumethode. Abbildung 18.10 zeigt, dass neben dem Schlagschatten auch die benachbarten Bildrahmen und der darunter liegende Text vom Schlagschatten überdeckt wird.

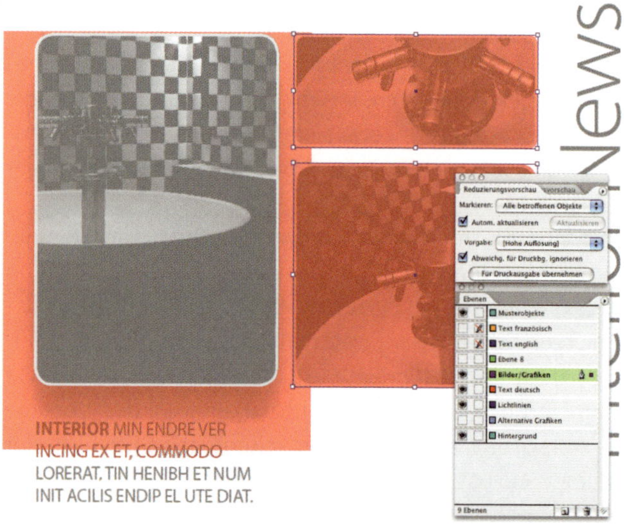

Abbildung 18.10 ▶
Alle betroffenen Objekte im Seitenbereich

- Betroffene Grafiken: Überlagert eine Transparenz eine platzierte Grafik, so wird diese zur Verdeutlichung hervorgehoben. Allerdings ist diese Option wenig sinnvoll, da bereits in der vorhergehenden Anzeige Alle betroffenen Objekte auch die Grafiken rot eingefärbt werden.
- In Pfade gewandelte Konturen: Konturen, die von einem Schlagschatten oder einer weichen Kante überdeckt werden, müssen in der Transparenzreduzierung in Pfade konvertiert werden. Mit dieser Option markieren Sie diese Konturen wie in Abbildung 18.11: Der Schlagschatten überdeckt die rot hervorgehobenen Konturen der beiden Bilder.

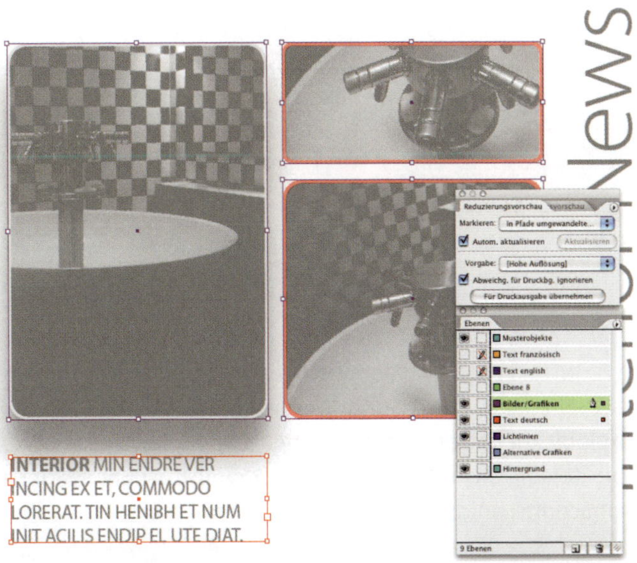

◂ **Abbildung 18.11**
Konturen, die in Pfade gewandelt werden.

- In Pfade umgewandelter Text: Wie bei der beschriebenen Überlagerung von Vektor- und Pixelobjekten werden auch Texte in Vektoren gewandelt, um Konturen zu erhalten und gleichzeitig die transparente Darstellung wiedergeben zu können. Grundsätzlich ist ein in Pfade konvertierter Text keine Problemstelle für die Druckausgabe. Wird der umgewandelte Text allerdings mit einem Pixelbild gefüllt, kann dies zu ungewollten Druckfehlern führen, wie im nächsten Schritt erläutert wird.
- Text und Konturen mit Pixelbildfüllung: Wie in der folgenden Abbildung zu sehen ist, werden Texte und Konturen gleichsam in Konturen gewandelt und mit Pixelbildern gefüllt, wenn sich im Layout ein Schlagschatten darüber befindet. Problematisch sind hier die beiden Konturen rechts neben dem Schatten und die ersten beiden Textzeilen des Textrahmens. Die Objektreihenfolge muss unbedingt geändert werden,

wenn der Textrahmen nicht zerschnitten und die oberen Textzeilen mit einer Prozessfarbe gefüllt werden sollen. Um dieses Problem zu umgehen, setzen Sie die Objektreihenfolge um, und positionieren Sie die Textebene über die Bildebene.

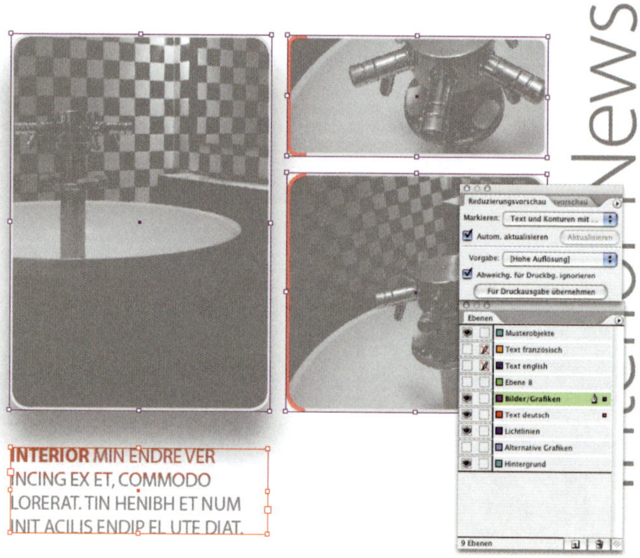

Abbildung 18.12 ▸
Texte und Konturen mit Pixelbildfüllung

- Alle in Pixelbilder umgewandelten Objekte: Mit der Vorgabe Niedrige Auflösung werden Schriften oder Pfade in Pixelobjekte umgerechnet. Schriften, die nur teilweise in Pixelobjekte aufgerastert werden, verdicken optisch um einen halben Schriftschnitt.

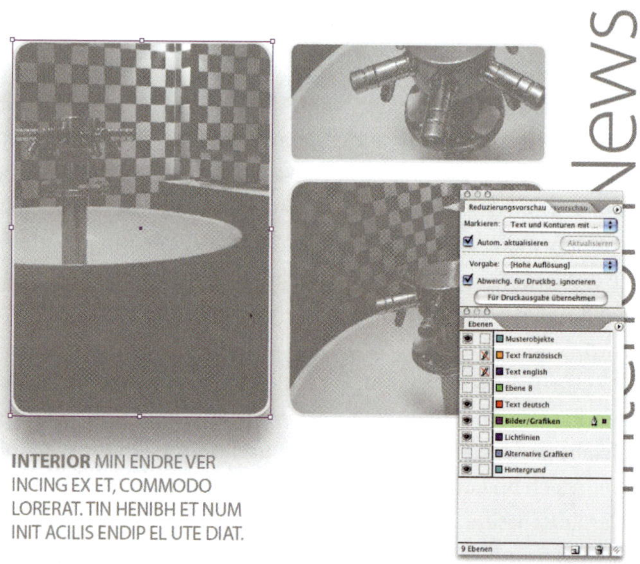

Abbildung 18.13 ▸
Eine neue Sortierung der Ebenen und Objekte löst das Reduzierungsproblem. Die Textebene liegt über der Bildebene. Innerhalb der Bildebene ist der Rahmen mit Schlagschatten das unterste Objekt und beeinflusst somit nicht mehr die benachbarten Grafiken rechts.

So kann es durchaus vorkommen, dass Zeichen als Schriftvektoren neben aufgerasterten Pixelbuchstaben stehen. Diese Katastrophe können Sie zum einen durch die hohe Auflösung als Vorgabe abwenden, zum anderen müssen Sie unbedingt darauf achten, dass sich Textobjekte immer auf einer höher gelagerten Objekt- oder Layoutebene befinden.

18.5.3 Zusammenfassung: Transparenzreduzierung

Anhand des Fallbeispiels sehen Sie, dass es unbedingt darauf ankommt, wie die transparenten Objekte in der Reihenfolge zueinander stehen. Die Reduzierungsvorschau zeigt Ihnen anhand der roten Markierung, welche Rahmen und Grafiken von der Reduzierung betroffen und für die PostScript- oder PDF-Ausgabe umgewandelt werden. Da diese Optionen vielfältig und auf den ersten Blick schwer verständlich sind, achten Sie bitte immer auf diese Punkte:

1. Textrahmen müssen auf einer eigenen Textebene überhalb von transparenten Rahmen liegen.
2. Konturen sollten erst ab einer Stärke von mindestens 1 Punkt in Konturen umgewandelt werden.
3. Schatten und weiche Kanten besitzen einen großen Transparenzumraum, der durch die Einstellung ALLE BETROFFENEN OBJEKTE in der Reduzierungsvorschau sichtbar wird.
4. Schmuckfarbenobjekte werden durch Transparenzen unter Umständen in Prozessfarben konvertiert, die Separationsvorschau zeigt dieses Problem an.
5. Vektorkanten der Beschnittobjekte in einer reduzierten PDF-Datei werden in Acrobat nur durch eine Voreinstellung fehlerhaft als Blitzer dargestellt.

19 Die Separationsvorschau

Ausgabesimulation am Bildschirm: Wie die Farbseparationen oder der Farbauftrag nach der Belichtung auf Film oder Druckplatte aussehen, zeigen Sie mit der Separationsvorschau an und korrigieren falsche oder doppelte Schmuckfarben mit dem Druckfarben-Manager.

Bevor eine Layoutdatei geprooft oder ausbelichtet werden muss, können Sie mit der Separationsvorschau anzeigen und ausmessen, wie die Farbauszüge mit den aktuellen Einstellungen belichtet werden. Dadurch erkennen Sie potenzielle Fehler und vermeiden teure Nachkorrekturen. Besonders effektiv arbeiten Sie mit der Separationsvorschau für Sonderfarben, die in Prozessfarben ausgegeben werden sollen. Zusätzlich lässt sich auch die Überschreitung des Gesamtfarbauftrages anzeigen.

Mit der Separationsvorschau wird gleichzeitig auch die Überdruckenvorschau aktiviert, damit Sie über die Separationsvorschau auch erkennen können, wie sich überdruckte oder ausgesparte Objekte separiert in der Ausgabe darstellen.

Fehler, die in der Separationsvorschau sichtbar werden, können Sie mit dem Druckfarben-Manager beheben.

Separationen und Farbmanagement
Beide Vorschauen für die Farbauszüge und den Farbauftrag arbeiten Hand in Hand mit dem Farbmanagement von InDesign CS 2 zusammen. Dabei beeinflussen alle Farbprofile und Umrechnungsrichtlinien das Ergebnis. Innerhalb der Farbprofile werden Informationen zum Gesamtfarbauftrag, dem Schwarzaufbau oder dem Tonwertzuwachs gespeichert. Wenn Sie das Kapitel »Farbmanagement« überschlagen haben sollten, so empfehlen wir Ihnen, dies vor diesem Kapitel nachzuholen, da Sie sonst Ergebnisse erhalten, die für Sie nicht aussagekräftig sind.

19.1 Die Separationsvorschau aufrufen

Über das Menü Fenster • Ausgabe • Separationsvorschau rufen Sie diese Funktion auf. Sie erhalten eine neue Palette, die mit der Transparenzreduzierungsvorschau gekoppelt ist. Alternativ rufen Sie die Palette mit dem Tastenbefehl [⇧] + [F6] auf.

Die Palette ist unterteilt in einen Kopfbereich, in dem Sie den Modus der Vorschau wählen.

- Die Option Separationen zeigt Ihnen die einzelnen Druckplatten an.
- Der Modus Farbauftrag hingegen markiert diejenigen Stellen, die oberhalb des angegebenen maximalen Farbauftrages liegen.
- Im Palettenmenü finden Sie den praktischen Eintrag Druckfarben-Manager.

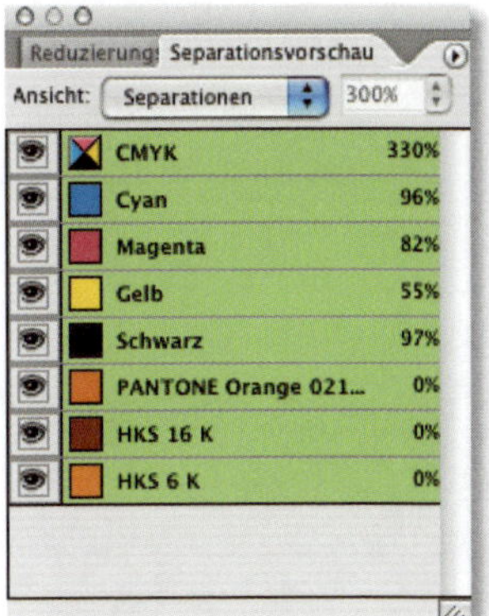

▲ **Abbildung 19.1**
Die Palette Separationsvorschau mit Sonderfarben

19.2 Separationen anzeigen

Beginnen wir mit den Separationen: Wenn Sie aus dem Dropdown-Menü der Palette die Separationen ausgewählt haben, schaltet InDesign in den Vorschaumodus um. Dabei werden alle Farbauszüge errechnet, die nach den aktuellen Angaben für die Ausgabe im Druckfarben-Manager entstehen. Gleichzeitig aktiviert InDesign die Überdruckenvorschau. Neben Objekten, die überdruckt werden sollen, wird auch ausgegrauter Text in der bestmöglichen Auflösung dargestellt. Dadurch kann sich der Bildaufbau geringfügig verzögern.

In der Separationsvorschau werden zunächst alle gewünschten Farbauszüge angezeigt. Fahren Sie mit der Maus über einzelne Bildpartien im Layout, und Sie erhalten in der Auszugsliste die genauen Farbwerte zu dieser Stelle.

Abbildung 19.2 ▸
Links wird ein Soft-Proof dargestellt. Auf der rechten Seite werden dagegen nur die Auszüge Cyan und Schwarz angezeigt.

Wählen Sie stattdessen nur einen einzelnen Auszug aus, indem Sie direkt in die Liste auf die Plattenbezeichnung (z. B. Magenta) klicken, so wechselt die Separationsvorschau in den Graustufenmodus. Die Farbwerte der anderen Auszüge lassen sich für einen gewünschten Punkt im Layout dennoch ablesen.

Zu diesem Auszug können Sie nun beliebig die anderen Auszüge über einen Klick auf das Auge in der Liste sichtbar machen, vergleichbar mit der Ebenen-Palette oder den Kanälen in Photoshop, die Graustufen-Darstellung der einzelnen Druckplatten wird durch die Farbmischung mehrerer Auszüge ersetzt.

◂ **Abbildung 19.3**
Korrekte Darstellung in Graustufen für den Auszug Yellow

Zusätzlich finden Sie im Palettenmenü die Option Einzelplatten in Schwarz anzeigen. Die Bezeichnung »Platte« ist zwar sprachlich richtig, zum besseren Verständnis verwenden wir jedoch den Begriff »Auszug«. Haben Sie nur einen Auszug zur Ansicht ausgewählt, so wird diese in Graustufen abgebildet, um die Vorschau besser beurteilen zu können. Diese Funktion sollte immer aktiviert sein. Die Vorschauergebnisse werden dadurch nicht beeinflusst, die Separationswerte sind mit oder ohne diese Funktion identisch.

◂ **Abbildung 19.4**
Die sinnlose Einfärbung der einzelnen Druckplatte sollten Sie vermeiden.

Mehrfachansicht

Wie mit allen anderen Vorschaufunktionen können Sie auch gleichzeitig eine Mehrfachansicht wählen, indem Sie unter dem Menü Fenster • Anordnen • Neues Fenster mehrere Ansichten desselben Layoutdokumentes öffnen und dort ebenfalls die Separationsvorschau aktivieren, wie Sie in Abbildung 19.5 sehen können.

Objekte auf ausgeblendeten Ebenen werden nicht in die Separationsvorschau einbezogen. Daher machen Sie zur Überprüfung der Farbauszüge alle Ebenen sichtbar, die für die Ausgabe wichtig sind.

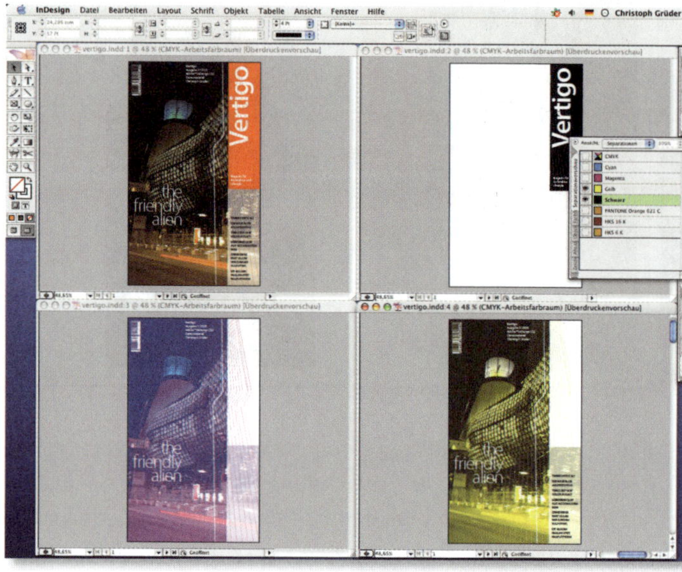

Abbildung 19.5 ▸
Mehrfachansicht der Farbauszüge. Oberere Reihe: Soft-Proof und Schmuckfarben; untere Reihe: Cyan und Magenta sowie Yellow und Black

19.2.1 Farbmanagement in der Separationsvorschau

Auch das Farbmanagement kann gleichzeitig per Soft-Proof in die Separationsvorschau integriert werden, um die Farbauszüge in Abhängigkeit zum Ausgabeverfahren zu zeigen, wie Abbildung 19.6 verdeutlicht.

Abbildung 19.6 ▸
Links ISO Coated und rechts ISO Uncoated Yellowish, jeweils mit Simulation des Papierweiß

Die Farbwerte jedoch verändern sich nicht, da es sich nur um eine Simulation am Bildschirm handelt, nicht um eine Farbkonvertierung. Ein Soft-Proof wird erst dann nötig, wenn der Ausgabefarbraum vom eingestellten Ausgabeprofil abweicht.

	Windows	Mac
Palette Separationsvorschau öffnen	⇧ + F6	⇧ + F6
Überdruckenvorschau aktivieren	Strg + Alt + ⇧ + Y	⌘ + ⌥ + ⇧ + Y
Alle Druckplatten anzeigen	Strg + Alt + ⇧ + ´	⌘ + ⌥ + ⇧ + ´
Cyan-Platte anzeigen	Strg + Alt + ⇧ + 1	⌘ + ⌥ + ⇧ + 1
Magenta-Platte anzeigen	Strg + Alt + ⇧ + 2	⌘ + ⌥ + ⇧ + 2
Gelb-Platte anzeigen	Strg + Alt + ⇧ + 3	⌘ + ⌥ + ⇧ + 3
Schwarz-Platte anzeigen	Strg + Alt + ⇧ + 4	⌘ + ⌥ + ⇧ + 4
1. Volltonfarben-Platte anzeigen	Strg + Alt + ⇧ + 5	⌘ + ⌥ + ⇧ + 5
2. Volltonfarben-Platte anzeigen	Strg + Alt + ⇧ + 6	⌘ + ⌥ + ⇧ + 6
3. Volltonfarben-Platte anzeigen	Strg + Alt + ⇧ + 7	⌘ + ⌥ + ⇧ + 7
4. Volltonfarben-Platte anzeigen	Strg + Alt + ⇧ + 8	⌘ + ⌥ + ⇧ + 8
5. Volltonfarben-Platte anzeigen	Strg + Alt + ⇧ + 9	⌘ + ⌥ + ⇧ + 9

Tabelle 19.1
Tastenkürzel für die Separationsvorschau-Palette

19.3 Druckfarben-Manager: Schmuckfarben-Fehler beseitigen

Wenn Sie Sonderfarben wie HKS- oder Pantone-Töne verwenden, vergewissern Sie sich, ob im Druckfarben-Manager alle Angaben korrekt getroffen sind. Den Druckfarben-Manager erreichen Sie über das Palettenmenü der Separationsvorschau-Palette.

Sonderfarben umwandeln | Haben Sie Sonderfarben im Layout verwendet, wollen jedoch wie z. B. für den Digitaldruck nur in den Prozessfarben ausgeben, so aktivieren Sie den unteren Button Alle Volltonfarben in Prozessfarben umwandeln. Somit wird die Sonderfarbe für die Ausgabe und für die Vorschau in Prozessfarben umgerechnet. Wollen Sie stattdessen die Sonderfarben als eigene Druckplatten ausgeben, dann lassen Sie diese Option deaktiviert.

Alternativ können Sie auch eine einzelne Schmuckfarbe mit einem Klick in die vordere Spalte des Druckfarben-Managers in die entsprechende Prozessfarbe konvertieren. Beachten Sie bitte, dass die Schmuckfarben im Layout erhalten bleiben. Erst wenn

Sie eine PDF-Datei exportieren oder einen PostScript-Druck starten, nutzt InDesign diese Vorgabe und konvertiert die Schmuckfarben.

Schmuckfarben austauschen | Falls zwei identische, aber unterschiedlich benannte Schmuckfarben verwendet werden, wie z. B. »HKS 40« und »HKS 40 K«, können Sie eine Schmuckfarbe im Druckfarben-Manager auch durch die andere austauschen, so dass nur ein HKS-Farbton ausgegeben wird. Dadurch sparen Sie unnötige Farbauszüge ein. Wählen Sie dazu die doppelte Farbe HKS 40 in der Liste der Farben aus, und klicken Sie auf das Dropdown-Menü DRUCKFARBENALIAS. Nun wählen Sie die andere Schmuckfarbe HKS 40 K als Ausgabefarbe. Die überflüssige Farbe erhält in der Liste der Druckfarben einen Verweis auf die richtige Ausgabefarbe.

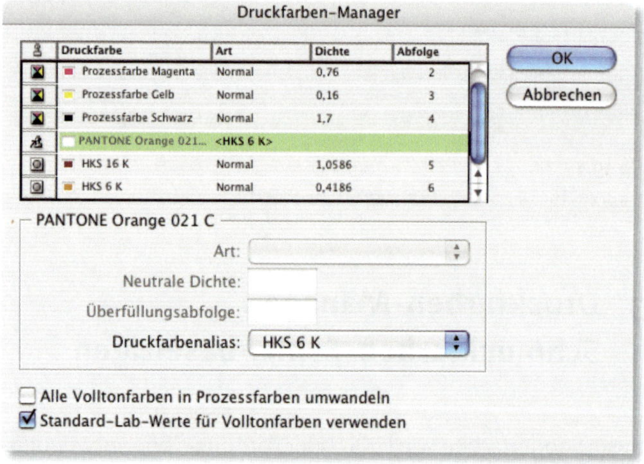

Abbildung 19.7 ▸
Der Druckfarben-Manager ist auch hier ein hilfreiches Werkzeug, um doppelte oder falsche Schmuckfarben zu unterdrücken.

Natürlich können Sie somit auch eine Schmuckfarbe wie HKS 40 durch den einzelnen Prozessfarbton Cyan oder durch eine alternative Pantone-Schmuckfarbe ersetzen. Dazu müssen Sie jedoch zuvor eine geeignete Pantone-Farbe in den Farbfeldern anlegen.

19.3.1 Prozessfarben durch Schmuckfarben austauschen

Das in der Verpackungsindustrie häufige Ersetzen von den vier Prozessfarben durch hochpigmentierte Schmuckfarben, die auf bestimmten Materialien wie Kunststoff oder Getränkekartons eine qualitativ bessere Farbwiedergabe ermöglichen, ist mit dem Druckfarben-Manager und der Separationsvorschau leider nicht möglich. Die Prozessfarben sind im Druckfarben-Manager vor einem Austausch geschützt. Das hat den Hintergrund, dass InDesign CS2 Farben nur dann einwandfrei mit dem Farbmanagement darstellen und verarbeiten kann, wenn alle Prozessfarben beibehalten werden. Ebenso verfährt Acrobat, wenn Sie eine PDF-Datei aus InDesign exportieren.

Prozessfarben mit Schmuckfarben zu tauschen, ist sinnvoll in der Bildbearbeitung oder in der finalen Druckausgabe. Für Photoshop gibt es daher von unterschiedlichen Anbietern wie z. B. Esko Graphics Plug-ins, die dies ermöglichen und die so veränderten Bilder auch korrekt anzeigen. In Acrobat ist diese Arbeitsweise ebenso nur mit zusätzlichen Werkzeugen möglich.

Was geschieht mit RGB- oder LAB-Farben?
Je nach Einstellung des Farbmanagements werden die RGB- oder auch LAB-Farben für die Ansicht in der Separationsvorschau in Prozessfarben umgerechnet. Dabei kommen den Arbeitsfarbräumen und der Umrechnungspriorität eine entscheidende Rolle zu.
Der RGB-Arbeitsfarbraum beschreibt die genaue Position der RGB-Farbe innerhalb dieses beschriebenen Farbraums. Die Umrechnungsmethode – z. B. Relativ farbmetrisch – konvertiert nun bei aktiver Separationsvorschau diesen RGB-Ton in eine Prozessfarbe in den Ausgabefarbraum. Wie die Methode Relativ farbmetrisch Farbwerte umrechnet, entnehmen Sie bitte dem Kapitel »Farbmanagement«.

19.4 Gesamtfarbauftrag

Der Gesamtfarbauftrag bezeichnet den maximalen Wert an prozentualer Deckkraft der Druckfarben C, M, Y, und K sowie der Schmuckfarben. Wie im Kapitel »Farbmanagement« bereits ausführlich erläutert, richtet sich der Gesamtfarbauftrag nach der Druckart und der Papiersorte. Er liegt mit Ausnahmen zwischen 240 % (Zeitungsrotation, Flexodruck etc.) und 350 % (Offsetdruck nach ISO Coated). Wird also ein Schwarz mit allen Prozessfarben gedruckt, sollten die Druckplatten insgesamt keinen Farbauftrag oberhalb dieses Wertes erzeugen, da sonst die Druckfarbe nicht schnell genug trocknen kann.

◂ **Abbildung 19.8**
Farbauftrag: Rot dargestellte Bereiche haben einen zu hohen Farbauftrag zu verzeichnen.

Um diesen Gesamtfarbauftrag zu überprüfen, wählen Sie aus dem Drop-down-Menü der Palette Separationsvorschau die Option Farbauftrag. Nun errechnet InDesign aus den Farbwerten und der vorgegebenen Grenze diejenigen Bereiche, die oberhalb dieses Wertes liegen, und hebt sie rot markiert hervor. Auch nun können Sie wieder mit der Maus über die roten Bereiche wandern und die Prozentwerte der Druckplatten in der Palette ablesen.

Begrenzungswert eingeben | Der Wert für die Begrenzung ist frei konfigurierbar. Aus der Auswahlliste rechts neben dem Begrenzungswert finden Sie vorgegebene Schritte von 280 bis 400 Prozent. Sie können jedoch auch einen eigenen Wert manuell eingeben, indem Sie in das Feld mit dem Prozentwert klicken und den gewünschten Wert eingeben.

Abbildung 19.9 ▸
Bei 340 % werden die darüber liegenden Bereiche nur noch blassrot dargestellt. Nur der Farbspot auf der rechten Seite verursacht eine Umfangswarnung.

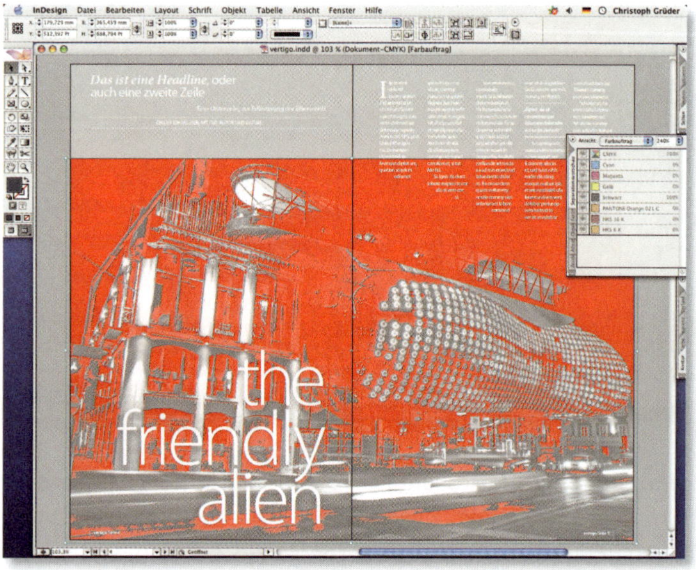

Abbildung 19.10 ▸
Bei einem sehr niedrigen Wert von 240 % Gesamtfarbauftrag werden alle darüber liegenden Bereiche in diesem Beispiel hellrot bis dunkelrot eingefärbt, da die Bilder und Grafiken in diesem Beispiel für die Ausgabe ISO Coated bearbeitet wurden.

Wie hoch der Farbauftrag jenseits des maximalen Wertes liegt, zeigt InDesign anhand der Färbung: Es färbt die jeweiligen Objekte oder Bildpartien zuerst rosa und zuletzt deckend rot ein.

19.4.1 Korrektur der roten Bereiche

Bereiche, die oberhalb des maximalen Farbauftrages liegen, lassen sich nur insofern verringern, als Sie die platzierten Originaldaten bearbeiten oder angemischte Farben in InDesign in den Farbwerten verringern: Bei aktiver Vorschau öffnen Sie die Farbe aus den Farbfeldern und verändern die Prozentwerte der Kanäle mit aktivierter Vorschau in den Farbfeldoptionen. Beträgt die Summe der Prozente weniger als der angegebene Farbauftrag, so werden Objekte, die mit dieser Farbe angelegt sind, nicht mehr rot oder rosafarben, sondern grau dargestellt.

◂ **Abbildung 19.11**
Die Vektorform mit weicher Kante wurde mit einer roten Farbe angemischt und überdeckt im Transfermodus INEINANDER KOPIEREN das Bild. Dadurch kommt der hohe Farbauftrag zustande.

Ist es Ihnen nicht möglich, bei z. B. platzierten EPS-Daten die Farbwerte zu korrigieren, müssen Sie diese falsch gewählten Werte vermerken. Da es kein Report-Werkzeug in InDesign gibt, machen Sie von den problematischen Seiten einen Screenshot, und fügen Sie diese zu einer PDF-Datei mit Acrobat zusammen. Die platzierten Bilder und Grafiken müssen erst in das korrekte Ausgabeprofil umgerechnet und die Verknüpfung in InDesign aktualisiert werden.

Je nach Ausgabeverfahren und Software kann der maximale Farbauftrag auf den Druckplatten auch während der Berechnung im RIP begrenzt werden.

Gesamtfarbauftrag und Soft-Proof

Jedes Farbprofil beansprucht einen anderen Gesamtfarbauftrag. Im direkten Vergleich zwischen ISO Coated und ISO Uncoated Yellowish verträgt der Druck auf gestrichenem Papier einen höheren Gesamtfarbauftrag (350 %), der Druck auf ungestrichenem gelblichen Papier hingegen kann nur mit maximal 320 % erfolgen. Für die Anzeige der Farbauftragswarnung schalten Sie daher unbedingt die Soft-Proof-Anzeige an.

▲ **Abbildung 19.12**
Werden die Farben reduziert, verschwindet mit aktiver Vorschau in den Farbfeldoptionen die Farbumfangswarnung.

20 Preflight und Verpacken

Das Dokument ist fertig gestellt und soll einem Dienstleister als offene Datei übergeben zu werden. Sind alle Bilddaten eingebunden und verfügbar, sind die Schriften alle vorhanden, wurden alle Farben richtig als CMYK-Farben definiert? InDesign prüft alle Angaben und schnürt Ihnen ein fertiges Versandpaket.

Sie können vor dem Zusammentragen aller Dokumentbestandteile dafür sorgen, dass InDesign die eventuellen Problemstellen analysiert und in einem Bericht zusammenfasst. Im nächsten Schritt können Sie dann Ihre Satzdaten, bestehend aus Bildverknüpfungen, Schriften und der InDesign-Datei, zusammentragen lassen und verpacken.

20.1 Preflight-Check in InDesign

Der Begriff »Preflight« stammt aus dem Bereich der Druckvorstufe und beschreibt den Vorgang, die Druckausgabe auf einen Belichter zu simulieren. Seit etlichen Jahren gibt es Preflight-Programme wie Flightcheck von Markzware, Preflight Pro von Extensis oder Asura von One-Vision, um diese Dokumentanalyse durchführen zu können.

Mit der Preflight-Funktion von InDesign können Sie Ihre Belichtungsdokumente auf Vollständigkeit und potenzielle Fehler prüfen. So vermeiden Sie teure Fehlbelichtungen auf Filmmaterial oder Druckplatten.

InDesign prüft die klassischen Fehlerquellen:

- Gebrochene Dateiverknüpfungen zu der Layoutdatei
- Falsche oder unterschiedliche Farbräume
- Zusätzliche Sonderfarben, die nicht in den CMYK-Farbraum umgewandelt wurden
- Fehlende Schriften oder einzelne Schriftschnitte

Über das Menü DATEI • PREFLIGHT... [⌘]+[⌥]+[⇧]+[F] bzw. [Strg]+[Alt]+[⇧]+[F] rufen Sie das Preflight-Modul von InDesign auf. Danach startet InDesign automatisch mit einem Standard-Suchmuster die Überprüfung Ihrer Layoutdatei. Dies kann

Für Ausgabe sammeln
Die Programme QuarkXPress oder FreeHand bieten reine Sammelfunktionen an, um die Layoutdatei und die verknüpften Grafiken in einen neuen Belichtungsordner zu kopieren. InDesign kann weitaus mehr: Mit dem Preflight wird die Layoutdatei geprüft, und die Daten werden inklusive der verwendeten Schriften verpackt.

Auch der Acrobat Distiller ist ein Preflight-Werkzeug
Seit das Format PDF mit PDF 1.3 in der Druckvorstufe einsetzbar ist, kann ein erster Preflight quasi schon mit dem Acrobat Distiller vorgenommen werden, denn der Distiller stellt ein universelles RIP dar und ermöglicht das Erkennen von klassischen Fehlern wie fehlenden Schriften schon im Vorfeld. Er ersetzt allerdings keinesfalls ein Preflight-Programm.

je nach Umfang des Dokuments und der Bildverknüpfungen zwischen einigen Sekunden und wenigen Minuten dauern. Wenn Sie gleich zu Beginn die Funktion VERPACKEN im Menü DATEI auswählen, wird ebenfalls ein Preflight gestartet, anschließend beginnt der Verpackungsvorgang.

20.1.1 Übersicht

Als Ergebnis öffnet sich ein Dialogfenster, in dem das Resultat des Preflight-Checks anschaulich dargestellt ist.

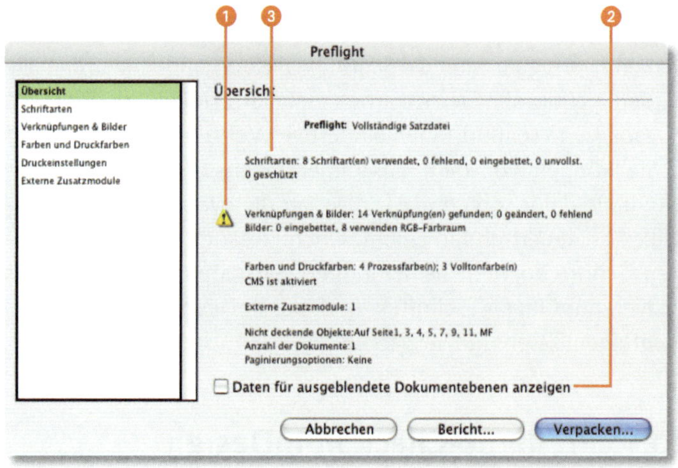

Abbildung 20.1 ▸
Ergebnis des Preflight-Checks eines InDesign-Dokuments

Problemstellen werden durch ein gelbes Dreieck ❶ deutlich angezeigt. Interessant ist, dass InDesign auch die ausgeblendeten Ebenen überprüfen kann ❷ und entsprechend berücksichtigt.

20.1.2 Schriftarten analysieren

Im zweiten Register SCHRIFTARTEN werden Ihnen die verwendeten Fonts angezeigt.

Nur Probleme

Noch ein Tipp für die tägliche Arbeit: Lassen Sie sich bei komplexen Dokumenten nur die Probleme ❹ anzeigen. So bleibt das Ergebnis übersichtlich.

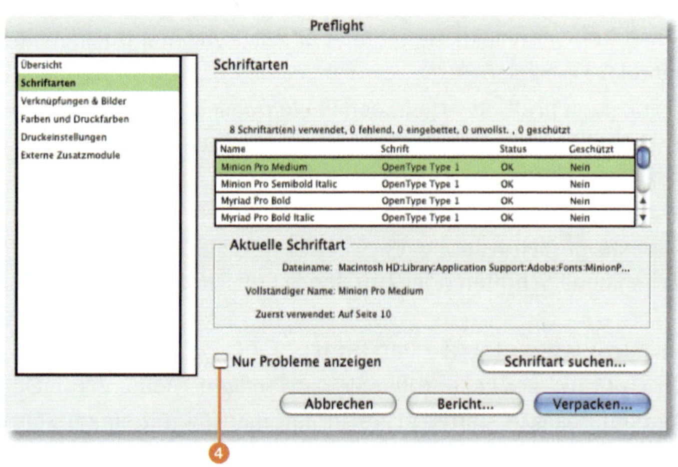

Abbildung 20.2 ▸
Benutzte Schriften

Gibt es eine Warnung und ist der Status einer Schrift »fehlend«, so können Sie den entsprechenden Font in der Liste auswählen und über den Button SCHRIFTART SUCHEN... die Verwendung der Schrift sowie den Ort der Schriftdatei ermitteln. InDesign zeigt Ihnen u.a. an, wie viele Zeichen mit diesem Font formatiert sind. Handelt es sich um eine fehlerhafte Schrift oder werden keine Zeichen im Layout mit dem problematischen Font formatiert, so können Sie die Schrift auch hier auswählen und durch eine andere Schrift ersetzen, vorzugsweise durch einen Font, der im Layout schon verwendet wird.

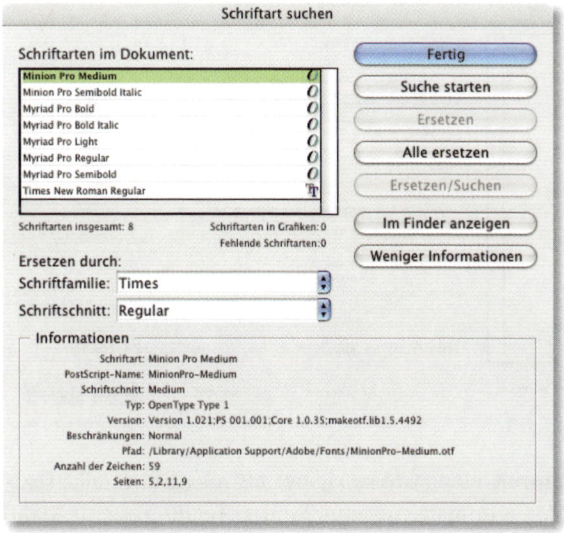

◂ **Abbildung 20.3**
Über die Funktion SCHRIFTART SUCHEN erkennen Sie die Verwendung im Layout und den Ort der Schriftdatei.

Geschützte Schriften | Abgesehen von der Font-Überprüfung zeigt Preflight an, ob eine Schrift geschützt ❸ ist. Was verbirgt sich dahinter? Einige Schriftenhersteller versehen ihre Schriften mit einem Kopierschutz, so dass der Font z.B. nicht vollständig in eine PostScript- oder PDF-Datei eingebettet und somit wieder extrahiert werden kann. Dieser Kopierschutz betrifft überwiegend TrueType-Schriften, die grundsätzlich bei einem PDF-Export nur in Untergruppen eingebunden werden. Dadurch erreichen die Schriftenhersteller, dass an jeder Stelle, an der diese Schrift reproduziert oder verwendet wird, auch eine vollständige Lizenz vorhanden sein muss. Der Kopierschutz innerhalb einer Fontdatei kann daher durch die Preflight-Funktion nicht aufgehoben werden.

Weitergabe der Schriften

Aus Sicht der Schriftenhersteller ist die Strategie durchaus legitim, Schriften nur als Untergruppen in andere Dateien einbetten zu dürfen. Denn bei der üblicherweise praktizierten Weitergabe von Schriften an die Druckereien können unbewusst Lizenzrechte verletzt werden. Die Weitergabe ist erst dann legal, wenn Sie sich davon überzeugen, dass der Empfänger Ihrer Daten auch über eine Lizenz verfügt.

20.1.3 Verknüpfungen und Bilder

Alle externen Dateien, insbesondere die nicht in das Dokument eingebundenen Bilddateien, werden durch eine aktive Verknüpfung, einen so genannten Link, im Layoutdokument eingebunden. Sie können die aktiven Bild- und Textverknüpfungen in der Verknüpfungen-Palette sehen. Preflight überprüft diese, mit der Buchfunktion auch über mehrere Dokumente hinweg, und meldet gebrochene Links unter Angabe der Seite. In der Detailansicht können Sie nun diese Links neu setzen ❶, d. h., eine neue Verbindung zum Bilddokument direkt im Ergebnisfenster der Preflight-Funktion herstellen. Ein erneuter Preflight ist danach nicht mehr notwendig (siehe auch Kapitel 12 »Platzieren und Verknüpfen«).

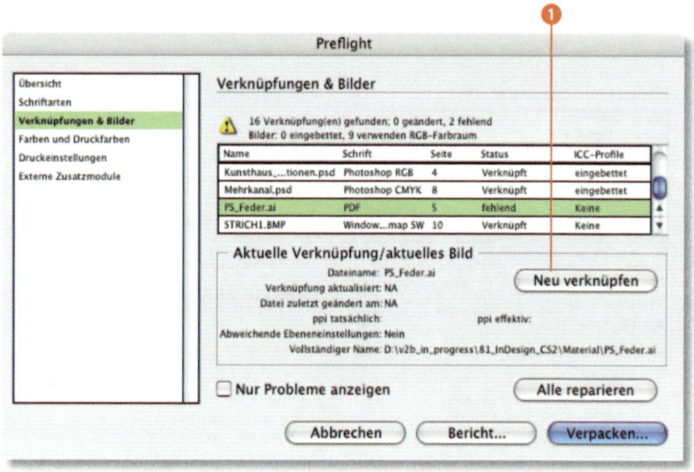

Abbildung 20.4 ▸
Verknüpfungen und Bilder

▴ **Abbildung 20.5**
Fehlende Verknüpfung in der Palette

Rastergrafiken mit einer Größe kleiner als 48 KB und alle Textdateien werden automatisch eingebettet, d. h., die gesamte Datei wird im InDesign-Dokument gespeichert und in der Verknüpfungen-Palette aufgeführt.

Farbraum überprüfen | Neben der Verknüpfung ist die Verwendung des korrekten Farbraums für eine Farbausgabe unabdingbar. Preflight sucht nach RGB-Farbräumen und zeigt die Abweichung davon an. In der Detailansicht können Sie diesen Fehler jedoch nicht beheben. Eine externe Farbkonvertierung durch eine Profilumrechnung in Photoshop wird erforderlich. In einer medienneutralen Aufbereitung der Layoutdaten mittels RGB-Farben und -Farbräumen wird diese Warnung dennoch angezeigt.

20.1.4 Farben und Druckfarben

Diese Überprüfung bezieht sich darauf, welches Ausgabegerät Sie ausgewählt haben bzw. welchen Farbraum Sie verwenden. Standardfarbraum ist hier der CMYK-Arbeitsfarbraum ohne Schmuckfarben etc.

Leider kann man von hier aus nicht den Druckfarben-Manager des Druckdialogs aufrufen oder andere Korrekturen vornehmen.

Dazu müssten Sie den Preflight abbrechen und wieder die Satzdatei bearbeiten.

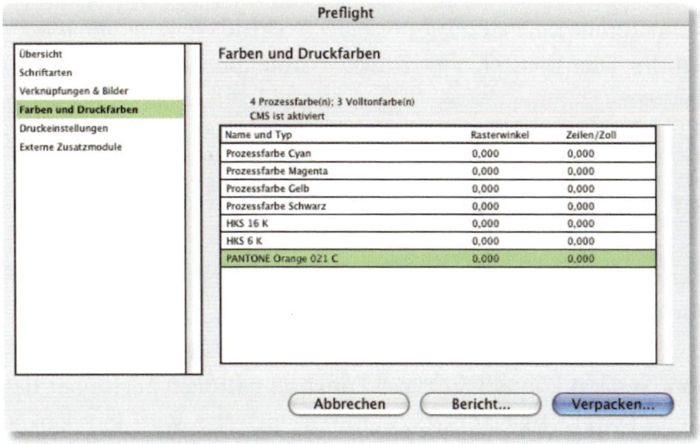

◂ **Abbildung 20.6**
Alle verwendeten Prozess- und Schmuckfarben im Dokument

20.1.5 Druckeinstellungen

Unter dem Reiter DRUCKEINSTELLUNGEN finden Sie die aktuell verwendeten Einstellungen, wie Sie die Datei u.a. auf Ihrem Laserdrucker ausgedruckt haben. Diese Information ist für einen Druckdienstleister allerdings uninteressant.

20.1.6 Externe Zusatzmodule

InDesign kann durch Erweiterungen anderer Hersteller – so genannte Plug-ins – ergänzt werden. InDesign speichert in Ihre Layoutdatei, mit welchen Plug-ins Sie diese Datei bearbeitet haben. Diese werden zur Ausgabe beim Dienstleister erforderlich, der Dienstleister muss also diese Plug-ins ebenfalls erwerben, wenn sie die Darstellung der Layoutinhalte beeinflussen. Sollte ein Plug-in nicht aktiv sein oder gar fehlen, ist die Dokumentdarstellung eventuell fehlerhaft und kann nicht einwandfrei ausbelichtet werden.

Im Zusammenspiel mit InCopy wird dieser Punkt wichtig: Für InDesign benötigen Sie die InCopy-Plug-ins, um Textabschnitte für InCopy auszulagern. Fehlen diese Plug-ins, können Textabschnitte nicht korrekt im Layout eingelesen werden. Lesen Sie dazu auch das Kapitel 26 »Redaktions-Workflow«.

Sie können über das Menü INDESIGN (nur bei Mac OS X, sonst über das Menü HILFE) den Befehl ZUSATZMODULE KONFIGURIEREN aufrufen und sich schnell einen Überblick über notwendige, optionale oder installierte Drittanbieter-Plug-ins verschaffen.

20.1.7 Fazit Preflight

Sie führen mit Preflight eine schnelle Analyse Ihrer Satzdatei durch und können einen Teil der Verantwortung für die Vollständigkeit Ihrer Druckdaten selbst übernehmen. Die lästigen Standardfehler, die das Leben so schwer machen, können auf diese Weise vermieden werden. Nutzen Sie daher diese Funktion, wann immer Sie Daten zur Ausgabe an Dritte weitergeben möchten. Ihr Dienstleister oder Druckvorstufenbetrieb wird es Ihnen danken.

20.2 Verpacken

Nachdem Sie nun umfangreich Ihre Layoutdatei überprüft haben, dürfen Sie auch gleich ein Päckchen schnüren. Die Funktion VERPACKEN finden wir erfreulicherweise gleich in der Preflight-Funktion. Separat können Sie diese Funktion natürlich auch über das Menü DATEI • VERPACKEN... aufrufen. InDesign wird Ihre Dokumente beim Verpacken ebenfalls prüfen und den Preflight-Algorithmus im Hintergrund ausführen.

Wenn Sie die Funktion VERPACKEN direkt nach dem Preflight aufrufen, fordert Sie InDesign zunächst auf, das Dokument zu speichern – unabhängig davon, ob Sie gerade vorher gesichert haben. Es erscheint danach die Druckanleitung, in der Sie Ihre Kontaktdaten eintragen sollten.

Abbildung 20.7 ▶
Druckanleitung

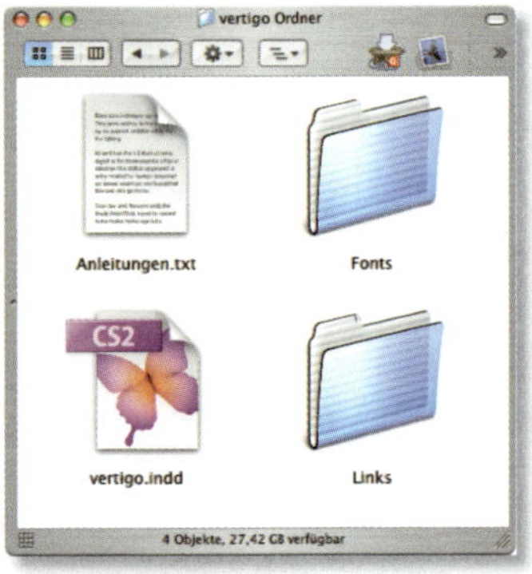

▲ **Abbildung 20.8**
Zusammenstellung der Daten nach dem Verpacken einer Datei

Klicken Sie jetzt auf WEITER, um nun die druckrelevanten Dateien inklusive der Schriften in einen neuen Ordner schreiben zu lassen. Sie müssen dazu keinen neuen Ordner anlegen, denn das macht InDesign automatisch, Sie wählen nur den Ort auf Ihrer Festplatte aus. In diesem Ordner legt InDesign den zum Dokument gehörenden Bericht, die Satzdatei und die zwei Unterordner »Links« und »Fonts« an. Dieser Vorgang kann je nach Umfang der Layoutdaten einige Minuten in Anspruch nehmen.

Platzierte Dokumente – PSD, AI, TIFF, JPEG, PDF, EPS, TXT, DOC, XLS – werden in den Ordner Links kopiert. Dabei werden die Verknüpfungen von der Layoutdatei zu diesen Dateien neu gesetzt. Daher können Sie nun den gesamten Sammelordner komprimieren, auf ein Medium (CD, DVD) brennen oder per Datenleitung (ISDN, FTP) versenden. Auf dem Ausgabecomputer wird der gesamte Ordner auf die Festplatte kopiert oder die Layoutdatei direkt vom Medium geöffnet. Die Verknüpfungen bleiben alle aktiv und müssen nun nicht mehr aktualisiert werden.

20.2.1 Verpacken von Büchern

Besonders angenehm bei der Verpacken-Funktion ist die Funktionalität über die Buchfunktion hinweg. Wenn Sie mehrere Dokumente eines Buches auswählen, schreibt InDesign die ausgewählten Dateien in einen Ordner und legt ebenfalls die Unterordner Links und Fonts an. Zusätzlich wird die Buchdatei mit gespeichert. Die Buchdatei enthält dann alle zum Buch gehörenden Dateien und zeigt Ihnen gegebenenfalls sofort fehlende Dateien an.

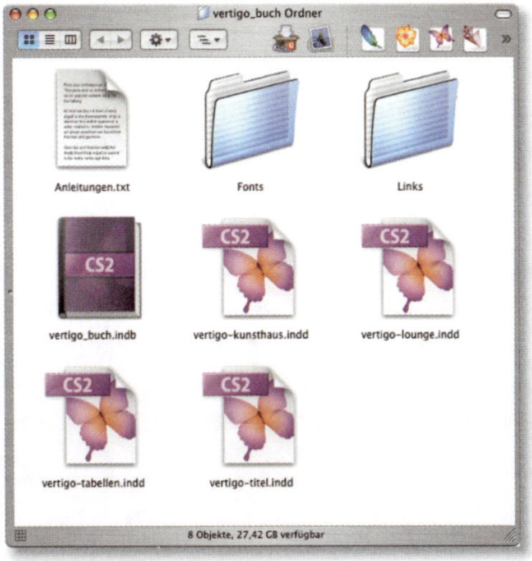

◂ **Abbildung 20.9**
Für den Druck oder das Internet können ebenso Bücher gesammelt und verpackt werden.

Für GoLive verpacken | Ebenfalls kann das Buch für die spätere Verwendung im Internet verpackt werden, was der Funktion FÜR GOLIVE VERPACKEN im Menü DATEI entspricht. In GoLive können Sie dann einzelne Textabschnitte, Überschriften oder das gesamte Layout auf einer Website verwenden. Die Formatierung des Layouts kann in GoLive durch Cascading Style Sheets auf eine HTML-Seite übertragen werden.

20.2.2 Verpacken im OPI-Workflow

Vorsicht ist bei dieser Funktion geboten, wenn Sie mit einem OPI-Server arbeiten. In aller Regel platzieren Sie in InDesign, wie in anderen Programmen auch, die Layoutbilder. Diese Layoutbilder sind in InDesign letztlich verlinkt. Durch den Befehl VERPACKEN... kann InDesign selbstverständlich nur die Layoutbilder aus dem OPI-Ordner Layouts zusammentragen. Das bedeutet, die Daten sind unvollständig. In diesem Fall muss der Operator die entsprechenden Feindaten zusammentragen. Die Funktionen Preflight und Verpacken ist also für den Einsatz mit OPI-Server ungeeignet.

20.3 PDF-Preflight mit Acrobat 7 Professional

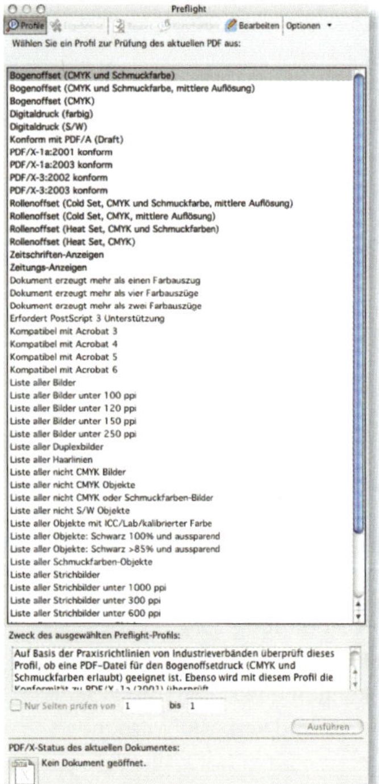

▲ **Abbildung 20.10**
Die Auswahl angebotener Preflight-Profile in Acrobat 7 Professional

Das Preflight-Werkzeug in InDesign kann nur diejenigen Objekte untersuchen, die in InDesign angelegt wurden oder Informationen auslesen, die von außen zugänglich sind, wie Auflösung, Farbräume oder Farbprofile platzierter Dateien. InDesign kann nicht analysieren, ob eine Schrift in eine EPS-Datei oder in eine PDF-Datei eingebettet wurde, auch nicht, ob in diesen Dateien Objekte mit unterschiedlichen Farbräumen vorliegen. Für die PDF-Ausgabe aus InDesign werden diese wichtigen Daten einfach in die exportierte PDF-Datei durchgereicht, das Problem der Fehlersuche wird näher zur Ausgabe hin verschoben.

Der Vorteil liegt jedoch nun in der Erreichbarkeit und Messbarkeit der Informationen, welche Schriften verwendet werden, wie die Sonderfarben definiert sind oder ob korrekte Farbprofile verwendet werden, da Sie nun nur noch ein Dateiformat haben. Mit Acrobat 7 Professional oder ergänzenden Plug-ins für die früheren Acrobat-Versionen überprüfen Sie nun die exportierte PDF-Datei.

20.3.1 Preflight-Profile für typische Anwendungen

Dafür bietet Acrobat eine umfangreiche Liste an Preflight-Profilen an, welche Inhalte überprüft werden sollen. In diesem Preflight-Profil werden genaue Sachverhalte in der PDF-Datei abgefragt. Starten Sie dazu Acrobat 7 Pro, und öffnen Sie die zu prüfende PDF-Datei. Über das Menü WERKZEUGE • DRUCKPRODUKTION • PREFLIGHT... rufen Sie die Liste der Profile auf.

Die zahlreichen vorkonfigurierten Profile, die Ihnen Acrobat hier anbietet, wurden von der Gent-Group – einem Zusammenschluss von verschiedenen Herstellern und Experten – erarbeitet. Darunter finden Sie Profile für den Bogenoffset oder für Zeitungsanzeigen.

So arbeitet ein Preflight-Profil | Ein Beispiel soll Ihnen verdeutlichen, wie ein Preflight-Profil arbeitet: Sie wollen wissen, ob ein Bild unterhalb der gewünschten Auflösung von 240 dpi in der PDF-Datei eingebettet ist. Trifft dies zu, möchten Sie gerne eine Fehlermeldung erhalten und natürlich auch wissen, welches Bild zu dieser Fehlermeldung führte. Somit gibt es eine klare Aufgabenstellung aus Regel und Bedingung an das Profil:

- Überprüfe alle Objekte, ob sie ein Bild sind. Ist die Bedingung nicht erfüllt (`false`), dann gehe zum nächsten Objekt.
- Ist die Bedingung wahr (`true`), so lese die Auflösung aus. Ist die Auflösung größer oder gleich 240 dpi (`false`), dann gehe zum nächsten Bildobjekt.
- Ist die Auflösung aber unterhalb von 240 dpi (`true`), dann melde einen Fehler im Preflight-Bericht.

So einfach ist das, und Acrobat kann diese Abfragen innerhalb von wenigen Sekunden über ein gesamtes PDF-Dokument mit mehreren tausend Einzelobjekten abfragen. Dieses einfache Beispiel lässt sich durch weitere Bedingungen wie zum Beispiel die Abfrage nach dem Farbraum oder dem Farbprofil ergänzen.

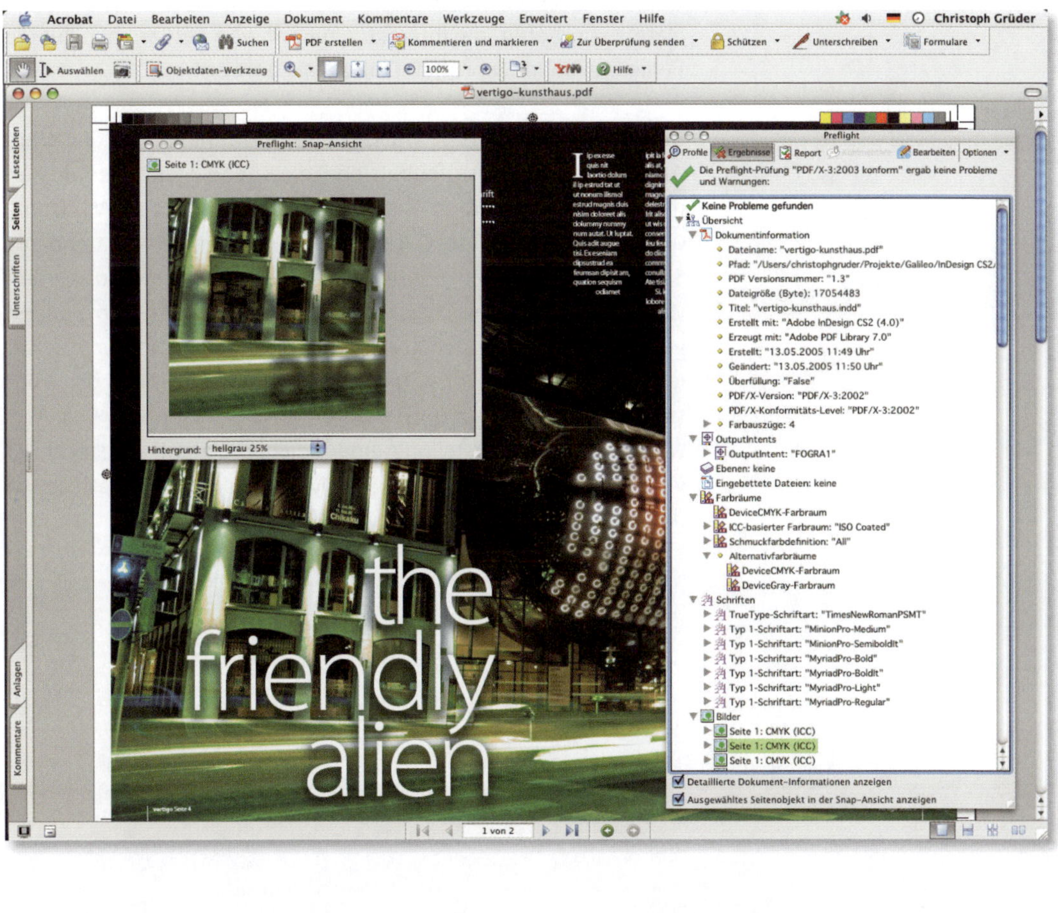

▼ Abbildung 20.11
Der Preflight-Test wurde erfolgreich bestanden. Mit der Snap-Darstellung sehen Sie auch die transparenzreduzierten Grafiken. Der Schatten der Schrift wurde zusammen mit dem Hintergrundmotiv als Pixelgrafik umgewandelt.

20.3.2 Preflight durchführen

Starten Sie das Profil PDF/X-3:2003 KONFORM für Ihre geöffnete PDF-Datei, indem Sie auf den Button AUSFÜHREN klicken. Nach wenigen Sekunden erhalten Sie eine umfangreiche Ergebnisliste. Unter der Rubrik PROBLEME sehen Sie – je nach Erstellung der PDF-Datei – eine lange Liste roter Problempunkte. Sie können nun diese einzeln aufrufen und bis auf das fehlerhafte Element aufklappen. Damit Sie sehen, um welche grafischen Objekte es sich dabei handelt, klicken Sie die Funktion SNAP AKTIVIEREN unterhalb der Ergebnisliste an. Der Ergebnisdialog wird um ein neues Ansichtsfenster ergänzt und zeigt diese Objekte (Abbildung 20.11). Die Ergebnisse des Preflights werden dokument- und seitenbezogen dargestellt. Im oberen Bereich der Prüfliste sehen Sie Metainformationen zum gesamten Dokument wie z. B. verwendete Schriften.

20.3.3 Report erstellen

Das Preflight-Ergebnis lässt sich auch als Report abspeichern. Klicken Sie dazu auf den Button REPORT, und Sie erhalten einen Exportdialog, ob die Daten als ASCII, XML oder PDF-Datei gespeichert werden sollen. Darunter können Sie auch eine PDF-Datei exportieren, die interaktiv in Form von Lesezeichen auf die Fehlerstellen im geprüften Dokument hinweist.

Statistiken aus XML-Reports | Interessant hierbei ist der XML-Ansatz für Druckvorstufenbetriebe, die überwiegend Fremddaten mit Acrobat überprüfen: Sichern Sie den Report als XML-Datei, und erfassen Sie diese Daten innerhalb einer Fehlerdatenbank. Somit lässt sich über mehrere Profile erkennen und auswerten, welche Fehler in der Erstellung der PDF-Datei von den Kunden gemacht werden. Durch gezielte Briefings oder auch kurze Schulungen können Sie Ihre Zulieferer so trainieren, nur noch vollständige und konforme PDF-Daten an Sie zu senden. Der Aufwand, der in der Erstellung einer solchen Datenbank steckt, ist vertretbar, wenn Sie sich vergegenwärtigen, welche Wartezeiten und Nachkorrekturen für Sie damit entfallen.

21 Ausschießen und Montieren

Digitale Druckbogenmontage mit InDesign: Alternativ zu Lösungen für PDF-Dateien oder PostScript-basierte Ausschießanwendungen können Sie in InDesign über die Funktion InBooklet SE oder kostenpflichtige Plug-ins wie Imposer Pro oder NICOLA Ihren Druckbogen vor der Ausgabe bereits in InDesign montieren und das Layoutdokument ausschießen.

21.1 Was ist Ausschießen, was Montieren?

Das Ausschießen beschreibt den Vorgang, einzelne Dokumentenseiten in der richtigen Reihenfolge und Ausrichtung für den Druckbogen zu sortieren. Die **Montage** ist die passergenaue Fixierung auf dem gesamten Druckbogen. Dabei ist es wichtig, je nach Größe des Druckbogens und späterer Verarbeitung wie Schneiden, Binden, Klammern, Heften, Falzen oder Stanzen die Seiten in der richtigen Position und Ausrichtung zu platzieren, so dass das Endprodukt – ein gebundenes Buch – eine richtige Seitenfolge erhält.

Dieser Arbeitsschritt des Montierens wurde bis vor wenigen Jahren noch manuell mit Druckfilmen ausgeführt: Auf einer Montagefolie, die in der Größe der Druckplatte entspricht, hat ein Druckvorlagenhersteller oder ein Reprograf die einzeln auf Film ausbelichteten Farbauszüge per Hand fixiert. Für jede Druckfarbe und -platte wurde somit eine Montagefolie passergenau angefertigt, die später auf die lichtempfindliche Offset-Druckplatte mittels eines Plattenbelichters und einer starken UV-Lichtquelle umkopiert wurde.

Die Entwicklungen CtP – Computer to Plate – und die digitale Druckbogenmontage haben diesen Arbeitsschritt komplett revolutioniert. Das Ausschießen wird nun entweder mit einer PDF-Datei, die Sie aus InDesign exportieren, in einem Ausschieß-Programm durchgeführt, um wiederum eine PDF-Datei als Druckmontage zu erhalten, oder die Seiten des InDesign-Dokuments werden bei der PostScript-Übertragung auf das RIP ausgeschossen und auf die Druckplatte belichtet (CtP). Die Standardlösungen in diesem Bereich sind u. a. Creo Preps, Krause KIM PDF oder Quite Imposing Plus.

21.1.1 Druckbogen, Nutzen, Falzschema und Verarbeitung

[Druckbogen]
Großformatiger Papierbogen, auf den mehrere Seiten gedruckt werden. Dieser Bogen wird gefalzt und beschnitten und somit ein Teil des Buchblocks.

Je nachdem, auf welcher Maschine gedruckt wird, muss der Druckbogen in einer bestimmten Größe angelegt werden. Dazu kommen das Falzschema und die nachträgliche Verarbeitung wie Binden und Schneiden. Hierfür erhält der Druckbogen zusätzliche Schnitt- und Falzmarken. Als **Nutzen** wird die größtmögliche Anzahl darstellbarer Seiten inklusive Anschnitt und weiterer Druckmarken pro Seite oder Doppelseite bezeichnet.

Der Druckbogen ist daher keinesfalls Ihre Dokumentengröße, sondern das Format, was insgesamt gedruckt wird, bevor die Bögen in die buchbinderische Verarbeitung geliefert werden.

Für den Offsetdruck gibt es je nach Anzahl der Seiten, Gewicht des Papiers und möglicher Nutzen pro Bogen vorgegebene Ausschieß-Schemata.

21.2 Ausschießen mit InBooklet SE

InDesign CS2 bietet mit der Funktion InBooklet SE diese Arbeitsschritte für typische Ausgabesituationen an. InBooklet SE ist eine »Special Edition« des Plug-ins Imposer Pro, also eine vereinfachte Version. Die amerikanische Firma Alap bietet über diese Grundfunktionen hinaus die Vollversion Imposer Pro an, die auch das Ausschießen und Montieren von Druckplatten z. B. für den Offsetdruck ermöglicht. Weitere Informationen entnehmen Sie bitte dem Kapitel »Plug-ins« zum Ende des Buches.

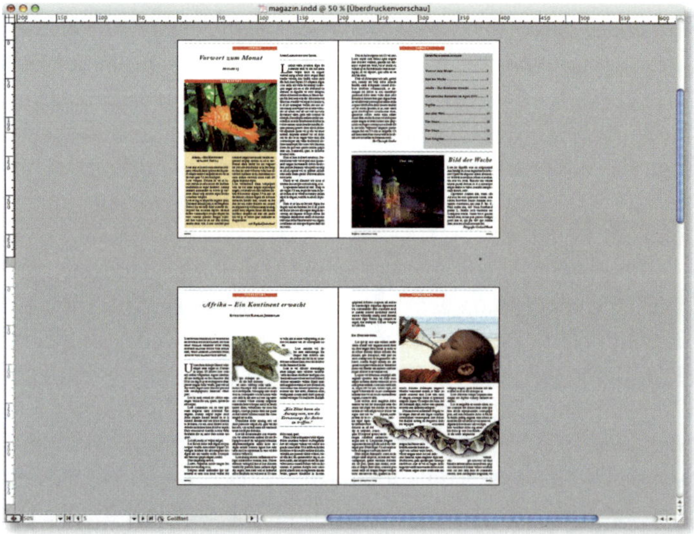

Abbildung 21.1 ▶
Das Ausgangsdokument für eine Rückendrahtheftung in zwei Nutzen muss aus einer Mehrzahl von vier Seiten bestehen.

Anhand eines zwölfseitigen Dokuments für den Digitaldruck wollen wir Ihnen die Funktionsweise von InBooklet SE erklären: Eine Broschüre hat das Endformat A4 und wird digital gedruckt. Die Druckbögen werden einmal gefalzt und durch eine Klammerheftung gebunden. Die Layoutmotive liegen im Anschnitt.

Der dazu passende Druckbogen hat ein A3-Überformat und zwei Nutzen inklusive der Schnittmarken.

Über das Menü Datei rufen Sie die Funktion InBooklet SE auf. Mit den folgenden Einstellungsdialogen geben Sie alle Parameter an, damit InBooklet SE aus Ihrem Dokument die Druckbögen erstellt.

In den Dialogen Layout und Druckvorgang geben Sie den Seitenbereich an. In der Regel werden Sie für ein zwölfseitiges Dokument für den Digitaldruck auch alle zwölf Dokumentenseiten in InDesign angelegt haben und verwenden daher die Auswahl Alle. Besitzt Ihr Dokument nur elf Seiten, so wird eine leere letzte Seite auf dem letzten Druckbogen angelegt.

21.2.1 Layout

Format bietet Ihnen die verschiedenen Schemata, Ihr Layoutdokument auszuschießen: Rückenheftung in zwei Nutzen ist die Einstellung für unser Beispielprojekt. Ein Druckbogen wird also aus zwei Nutzen aufgebaut und entspricht einer Doppelseite im Layout, jedoch in der richtigen Seitenanordnung. Danach wird die Seite 1 aus dem Layout mit der Seite 12 auf einen Druckbogen montiert, die Seite 2 mit 11 usw. Es gibt immer einen Druckbogen für die Vorderseite (Schöndruck) und die Rückseite (Widerdruck) eines Papierbogens.

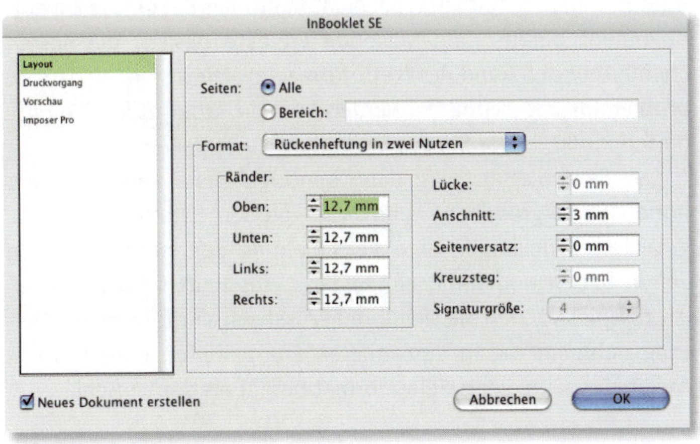

◂ **Abbildung 21.2**
In den Layout-Vorgaben wählen Sie die Zugabe des Druckbogens.

Das zweite Schema Klebebindung in zwei Nutzen dient zum Anlegen von Druckbögen, die nach dem Druck am Rücken angeschnitten und verleimt werden. Die weiteren Schemata Fortlau-

Schmuckfarben unterdrücken
Bevor Sie das Layoutdokument ausschießen, sollten Sie noch beachten, dass der Digitaldruck keine Schmuckfarbeninformationen verarbeiten kann. Überprüfen Sie daher Ihr Dokument mit dem Druckfarben-Manager: Öffnen Sie die Farbfelder-Palette, und wählen Sie die Funktion aus dem Palettenmenü aus. In der Übersicht des Druckfarben-Managers sehen Sie auf einen Blick, ob Sie wirklich Schmuckfarben im Layout verwenden. Aktivieren Sie die Funktion Alle Volltonfarben in Prozessfarben umwandeln. Somit bleibt Ihre Schmuckfarbe im Layout erhalten, wird aber in eine Prozessfarbe für die Ausgabe als PostScript oder PDF-Datei konvertiert. Bestätigen Sie die Eingabe mit OK. Den entsprechenden CMYK-Farbwert erhalten Sie über die Separationsvorschau.

InBooklet SE kennt keine Bücher

Leider können über InBooklet SE keine Buchdateien ausgeschossen werden. Sie müssten daher alle einzelnen Dokumente des Buches zu einer neuen InDesign-Datei zusammenfügen, damit die Seiten in der richtigen Reihenfolge auf dem Druckbogen erscheinen.

fend bieten Vorlagen für Seiten, die direkt aufeinander folgen. Die Nutzen werden also von links nach rechts auf einem Druckbogen verteilt, die Seitenzahlen werden aufsteigend ausgeschossen. Diese Schemata eignen sich bei Klappseiten in Wickelfalz oder als Leporello.

Die Ränder bezeichnen den Umraum um das Druckbild des Bogens und werden von InDesign mit 12,7 mm oder 36 pt angegeben.

Gesamtformat später einrichten | InBooklet SE bietet Ihnen während der Einstellungen leider keine Angabe des resultierenden Druckbogens. Die Größe des Ausgabeformats ergibt sich aus der Summe des Nettoformats, Anschnitts, der Schnittmarkierungen sowie des Randes mit weiteren Markierungen. Erst wenn Sie mit InBooklet Ihr Dokument ausschießen und dabei ein neues Dokument anlegen, erhalten Sie das Gesamtformat des Druckbogens. Nutzen Sie daher zunächst einen größeren Randbereich in den Einstellungen, um später das neue ausgeschossene Dokument im Format an eine Papiergröße für den Digitaldruck anzupassen.

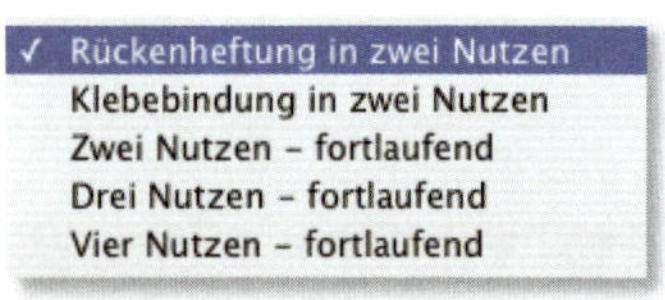

▲ **Abbildung 21.3**
Die Möglichkeiten von InBooklet SE umfassen die einfachsten Schemata.

Lücke, Anschnitt, Kreuzsteg und Signatur | Die weiteren Einstellungen betreffen die Zwischenräume der Nutzen. Die Lücke bezeichnet einen Zwischenraum zwischen den montierten Seiten. Für die Einstellung Rückenheftung in zwei Nutzen ist diese Funktion natürlich deaktiviert. Der Anschnitt versteht sich von selbst und wird von InDesign mit 3 mm angegeben. Anschnittinformationen werden an dieser Stelle leider nicht aus dem Layout übernommen. Somit lässt sich nicht kontrollieren, ob das Layoutdokument bereits randabfallende Objekte besitzt, die ausreichend über den Rand des Nettoformats platziert sind, so dass sie problemlos angeschnitten werden können. Überprüfen Sie bitte diesen Punkt, bevor Sie das Dokument ausschießen.

Der Seitenversatz wird dann benötigt, wenn aufgrund einer hohen Papiergrammatur und eines großen Seitenumfangs die gefalzten Druckbögen eine Verschiebung der innen liegenden Seiten bilden und somit ein späterer Anschnitt schwierig wird. Als Beispiel können Sie sich Ihre Fernsehzeitschrift mit Drahtheftung nehmen, die in den inneren Doppelseiten ein um ca. 5 Millimeter schmaleres Seitenformat besitzt als der Umschlag.

Klebebindungen | Während eine Drahtheftung eine vergleichsweise einfache Verarbeitung ist, stellt die Klebebindung eine aufwändigere Form dar. Für Klebebindungen spielen die Werte Lücke, Kreuzsteg und Signatur eine wichtige Rolle. Der »Kreuzsteg« gibt für Klebebindungen an, wie weit Seiten in die Lücke hineinragen dürfen. Beträgt z. B. die Lücke 2 mm, so können Sie hier maximal 1 mm für den Kreuzsteg definieren, da dann beide Seiten jeweils in den Kreuzsteg hineinragen.

Für die Einstellung Klebebindung in zwei Nutzen gibt die Signaturgröße die Anzahl der Seiten pro gefalzter Lage an. Eine Lage besteht aus einem oder mehreren Druckbögen, die in gefalztem Zustand zu einem Buchblock gestapelt werden. Ist der Wert der Signaturgröße »4«, so gibt es immer nur einen Druckbogen mit vier Seiten, der gefalzt wird. Für »8« werden zwei Druckbögen mit insgesamt acht Seiten zu einer Lage zusammengefasst. Ist die Seitenzahl des Layoutdokuments nicht durch die Signaturgröße teilbar, so ergänzt InBooklet die fehlenden Seiten, um vollständige Lagen zu bilden. Die Verwendung der Signaturgröße ist dann zu empfehlen, wenn Sie unterschiedliche Papiere oder gemischte Druckbögen pro Lage verwenden wollen. Einzelne Druckbögen können dann nur schwarz-weiß, andere hingegen im Duplexverfahren oder in den Prozessfarben mit Schmuckfarben gedruckt werden. Erst nach der Falzung erhalten Sie dann wieder die richtige Reihenfolge der Seiten.

21.2.2 Druckvorgang

Ebenso wie im Druckdialog von InDesign CS2 können Sie auch hier Druckermarken hinzufügen. Die genaue Bezeichnung und Verwendung finden Sie im Kapitel »Drucken«.

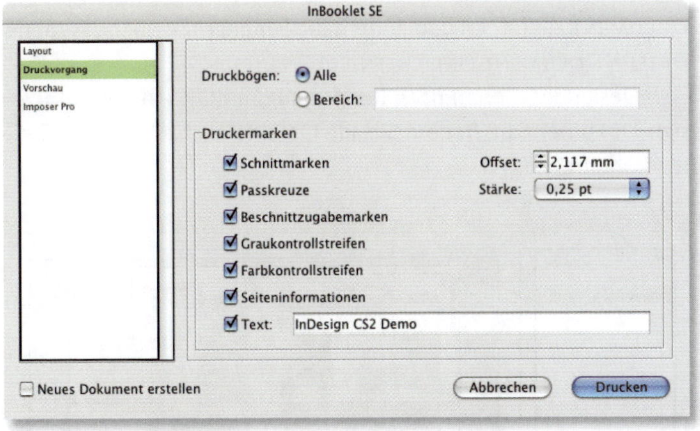

◂ **Abbildung 21.4**
Die Druckermarken werden für einen ausgeschossenen Druckbogen angelegt.

Darüber hinaus gibt es auch an dieser Stelle einen Offset der Marken vom bezeichneten Rand und die Stärke der Linien, die in der Standardeinstellung von 0,25 Punkt ausreichend ist. Zusätzlich kann ein Text auf dem Druckbogen erscheinen. Hier ist Ihnen freie Hand gelassen.

Eigene Keile

Einen eigenen Farb- oder Graukeil können Sie nicht anfügen. Wenn Sie einen Standard-FOGRA-Keil als EPS auf den Druckbogen platzieren wollen, so deaktivieren Sie hier die Keile und positionieren auf dem später ausgeschossenen Druckbogen den FOGRA-Keil manuell.

21.2.3 Vorschau

Haben Sie alle Einstellungen getroffen, so können Sie in der Rubrik Vorschau die Druckbögen anschauen. Mit Hilfe des Scrollbalkens blättern Sie zum nächsten Druckbogen, oder Sie klicken direkt auf die Druckbogenbezeichnung »Druckbogen 1 von 6« und suchen sich den gewünschten Bogen aus. Welche Seiten auf diesem Druckbogen montiert sind, sehen Sie zusätzlich neben dem Druckbogentitel.

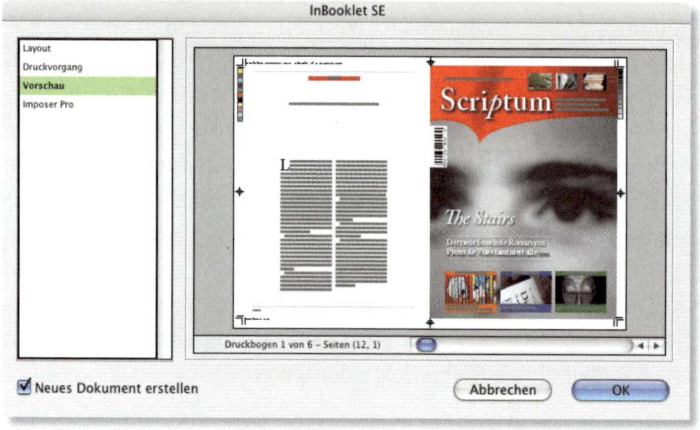

Abbildung 21.5 ▶
Die erste und letzte Seite werden für die Rückendrahtheftung aneinander montiert.

21.2.4 Neues Dokument erstellen

Damit Sie später noch das Gesamtformat Ihres Druckbogens bearbeiten oder an das Ausgabeformat Ihrer Digitaldruckmaschine anpassen können, aktivieren Sie zunächst die Funktion Neues Dokument erstellen und ändern die Seitengröße über das Menü Datei • Dokument einrichten.

InDesign legt Ihnen nach Bestätigung mit OK ein neues InDesign-Dokument an, in dem Sie alle Objekte nachträglich bearbeiten können.

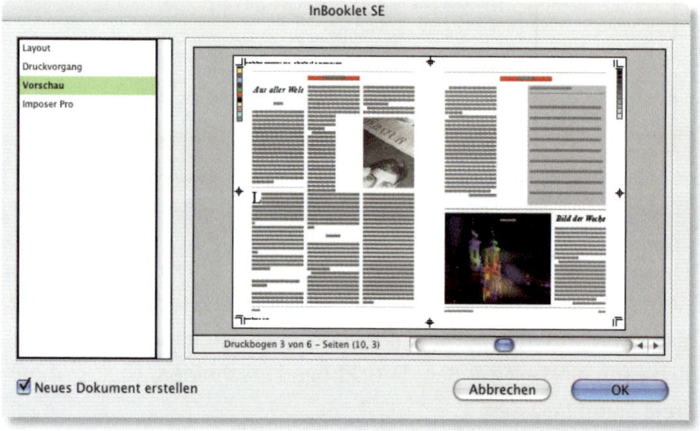

Abbildung 21.6 ▶
Sobald Sie die Option Neues Dokument erstellen aktivieren, erzeugt InDesign ein neues Dokument mit fertig montierten Druckbögen.

Beachten Sie bitte, dass Textrahmen, die zuvor in Ihrem Layout miteinander verknüpft waren, nun nicht mehr verbunden sind. Jeder Textrahmen steht nun für sich. Eine nachträgliche Änderung wird also nur im bearbeiteten Rahmen zu einem neuen Umbruch führen. Textänderungen sind allerdings zu diesem Zeitpunkt nach dem Ausschießen nicht mehr angebracht.

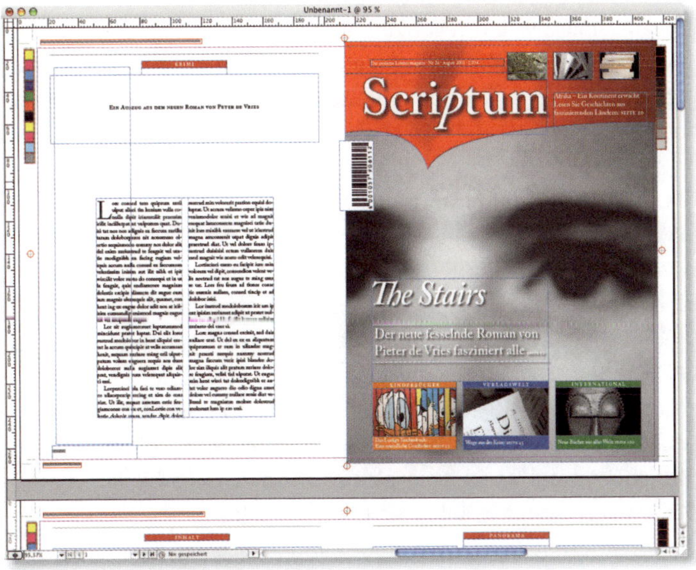

◂ **Abbildung 21.7**
Das ausgeschossene neue Dokument mit Druckermarken

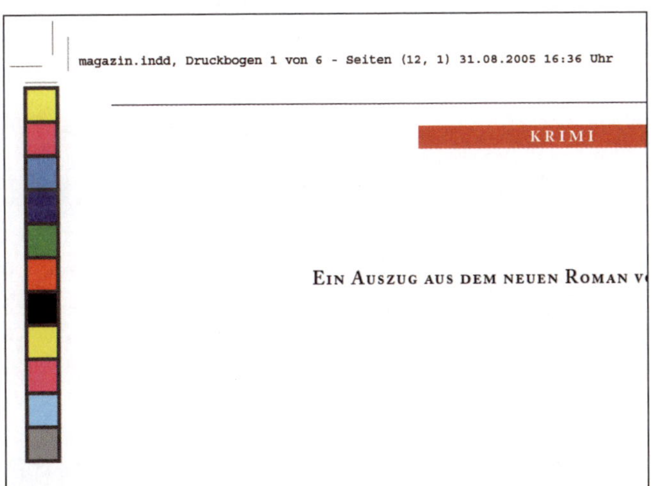

▴ **Abbildung 21.8**
Die Druckermarken werden zum Druckbogen hinzugefügt. Der Farbkeil kann nachträglich bearbeitet werden.

21.3 Ausschießen mithilfe von Plug-ins

21.3.1 Imposer Pro

Eine Demoversion von Imposer Pro finden Sie auf der Buch-DVD im Ordner »Plugins – Demoversionen«.

Wer eine erweiterte Möglichkeit sucht, aus InDesign auszuschießen, kann sich zusätzliche Informationen zum Profi-Werkzeug »Imposer Pro« von Alap über den Internet-Link anschauen. Imposer Pro schießt Druckbögen bis zu acht Nutzen aus. Darüber hinaus sind alle Einstellungen als Vorgabe speicherbar. Wie bei den meisten Profi-Werkzeugen muss man sich jedoch dem Sprachdiktat unterwerfen: Imposer Pro ist nur in englischer Sprache erhältlich.

21.3.2 Ausschießen mit NICOLA

Eine Demoversion von NICOLA finden Sie ebenfalls auf der Buch-DVD.

Wer auf dem Mac eine Lösung sucht, einen frei definierbaren Druckbogen für den Offsetdruck in InDesign auszuschießen, ist mit dem Plug-in NICOLA gut beraten. Natürlich findet die große Mehrzahl von Ausschießvorgängen in anderen Anwendungen auf PDF- oder PostScript-Basis statt, dennoch lohnt der Blick auf die Möglichkeiten. NICOLA beherrscht komplexe Ausschießschemata, die Sie selbst festlegen können, eine Beschränkung auf eine genaue Anzahl an Nutzen gibt es nicht. Die Farbkeile, die NICOLA verwendet, wählen Sie ebenfalls selbst.

Im Internet finden Sie Informationen zu NICOLA und eine Demo-Version zum freien Download auf der Website http://www.nothnagel-gruppe.de unter der Rubrik Graphia • Produkte • Graphiaware.

22 Drucken

PostScript für Drucker und RIPs ausgeben: Für die Kontrolle des Druckergebnisses legen Sie für jedes Ausgabeverfahren die richtigen Einstellungen an und speichern sie dann als Druckvorgabe, um jederzeit Dokumente mit vordefinierten Einstellungen auf einem PostScript-Drucker oder -RIP auszugeben.

22.1 PostScript-Ausgabe

Der Aufruf des Druckbefehls mit dem Shortcut [⌘]+[P]/[Strg]+[P] öffnet ein umfangreiches Menü mit neuen Funktionen, das sich wesentlich von Druckdialogen anderer Programme unterscheidet und somit zunächst ungewöhnlich erscheint. Der Druckdialog ist jedoch in einfache Rubriken unterteilt und schnell erlernbar. Hier geben Sie die Seitenfolge an, fassen Doppelseiten zu Druckbögen zusammen, legen fest, in welchem Farbraum die Ausgabe stattfindet und ob Sie Druckmarken ausgeben. Darüber hinaus können Sie alle Seiten als Miniaturen auf einem Druckbogen ausgeben, um eine Layoutstrecke zu beurteilen.

[PPD]
PostScript Printer Definition, Druckerbeschreibungsdatei für PostScript-Drucker. In dieser sind die gerätespezifischen Informationen wie Auflösung, Papierformat und verfügbare Papierschächte gespeichert und werden vom Druckertreiber gelesen und dann im Dialogfenster angezeigt.

Die PPD-Druckerbeschreibungsinformationen (PostScript Printer Definition) werden dabei mit dem Druckdialog auf intelligente Weise verknüpft. Somit werden Sie nicht mit separaten Einstellungen für das Papierformat und den Druck abgelenkt. PostScript-Drucker im Netzwerk können ebenso wie Nicht-PostScript-Drucker angesprochen werden, jedoch stehen Ihnen dann technisch bedingt nur eingeschränkte Druckoptionen zur Verfügung.

22.1.1 Druckvorgaben

Um diese Einstellungen bei wiederkehrenden Druckjobs nicht immer wieder von vorne überprüfen zu müssen, legen Sie sich Druckvorgaben an, in denen alle Ausgabeeinstellungen als Voreinstellung ähnlich wie Dokumentvorlagen, Objektstile oder Absatzformate gespeichert werden. Druckvorgaben lassen sich auch aus externen Dateien bei Bedarf laden. So können Sie auf Druckereinstellungen zugreifen, die Ihnen von Ihrem Dienstleister bereitgestellt werden. Druckvorgaben kennen Sie in QuarkXPress als Druckstile.

Druckjobs für alle
Standardeinstellungen für häufig wiederkehrende Kundenjobs lassen sich, einmal korrekt angelegt, speichern und auf alle weiteren InDesign-Arbeitsplätze übertragen. Der Ausgabeprozess wird somit sicherer und leichter reproduzierbar. Auch hier ist es sinnvoll, die Druckvorgaben auf einem Server-Volume zu hinterlegen.

Zwei Wege gibt es, diese Druckvorgaben anzulegen oder zu bearbeiten: Zum einen rufen Sie unter dem Menü DATEI • DRUCKVORGABEN (Abbildung 22.1) die Einstellungen auf. Zum anderen können Sie aus dem Druckdialog heraus die Angaben als Druckvorgabe speichern, sinnvoll besonders dann, wenn Sie nachvollziehen wollen, mit welchen Angaben Sie die Layoutdaten gedruckt oder belichtet haben.

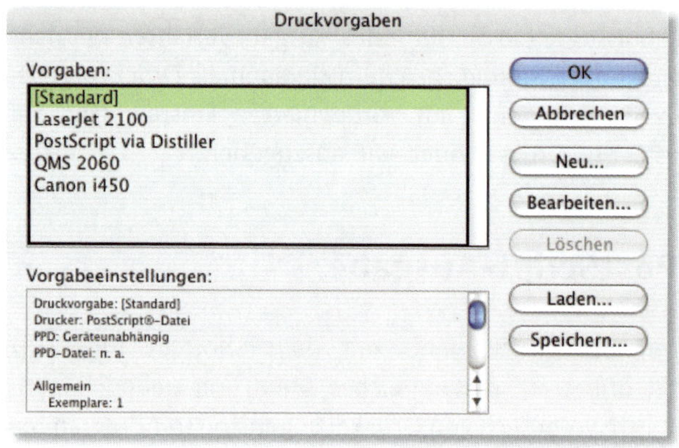

Abbildung 22.1 ▶
Druckvorgaben definieren Sie für verschiedene Ausgabegeräte oder Methoden.

Wählen Sie für die Druckvorgaben einen sinnvollen Namen, je nach den im Format vorgenommenen Einstellungen beispielsweise für Farbseparationen oder Papierformate.

22.2 Der Druckdialog

Wird der Befehl DRUCKEN über das Menü DATEI aufgerufen [Strg]/[⌘]+[P], kommen Sie direkt in die Dialogbox DRUCKEN (Abbildung 22.2), in der Sie zahlreiche Einstellungsoptionen logisch gegliedert vorfinden und die vorgenommenen Einstellungen ebenfalls als Druckvorgabe abspeichern können. In diesem Druckdialog erscheinen die folgenden Menüpunkte, die je nach Selektion ein anderes Fenster zeigen: ALLGEMEIN, KONFIGURATION, MARKEN UND BESCHNITTZUGABE, AUSGABE, GRAFIKEN, FARBMANAGEMENT, ERWEITERT und ÜBERSICHT.

22.2.1 Allgemein

Unter ALLGEMEIN legen Sie zunächst den Namen der anzulegenden Vorlage fest (siehe den Step-by-Step-Workshop unter Absatz 22.4). Unter DRUCKER wählen Sie den lokalen Drucker oder die im Netzwerk zur Verfügung stehenden Drucker aus und weisen die entsprechende PPD für das jeweilige Ausgabegerät zu.

Vergewissern Sie sich, dass Sie auch die aktuellen PPD-Dateien verwenden. Die PPD wird in der Regel mit dem Druckertreiber installiert.

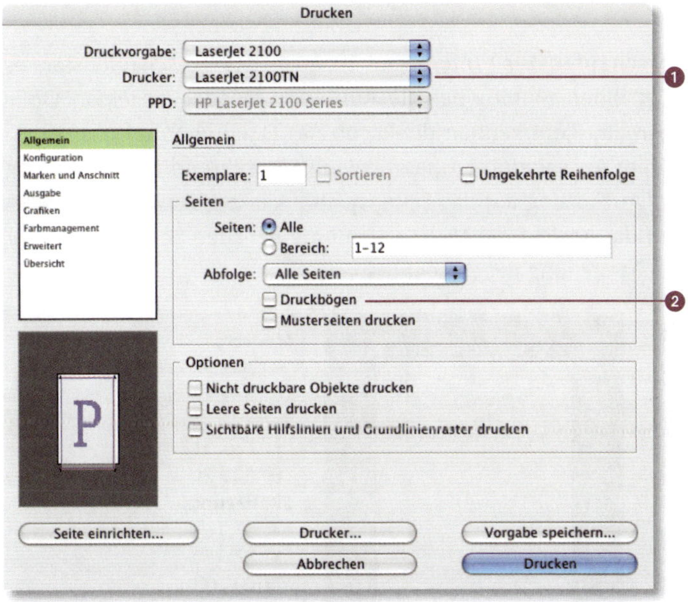

◂ **Abbildung 22.2**
Druckvorgaben • Allgemein

Unter Drucker können Sie auch die Ausgabe in eine PostScript-Datei wählen ❶, um diese manuell mit dem Distiller in eine PDF-Datei zu konvertieren oder sie direkt an einen Dienstleister zu versenden. Unter Allgemein legen Sie Grundeinstellungen wie die Anzahl der Kopien, zu druckende Seiten und Seitenabfolgen fest. Wird Druckbögen ❷ aktiviert, bedeutet das, dass ein doppelseitiges Dokument als Montage zusammengefasst als Querformat ausgegeben wird. Daher stammt auch die bei QuarkXPress verwendete Bezeichnung Montagefläche.

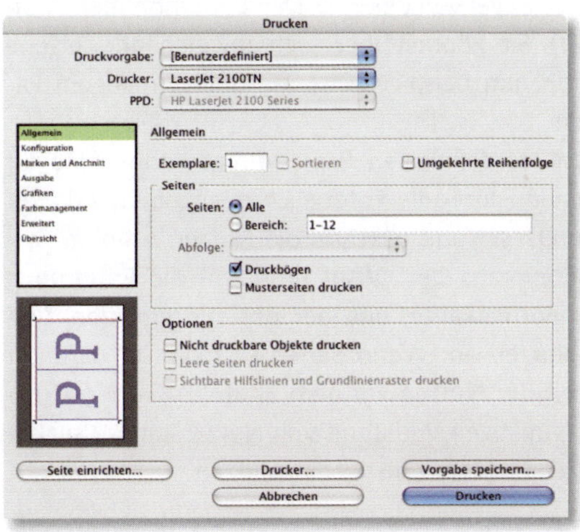

◂ **Abbildung 22.3**
Wenn Sie in den Einstellungen Allgemein die Druckbögen aktiviert haben, erscheint in der Seitenvorschau unten links die Doppelseite.

Unter den Optionen finden Sie weitere Elemente im Layout wie Hilfslinien oder das Grundlinienraster, das Sie für einen Korrekturauszug mitdrucken können. Für die Ausbelichtung sind diese Funktionen natürlich nicht bestimmt.

Vorschaufenster | Interessant ist auch das Vorschaufenster, es zeigt Ihnen unmittelbar die Auswirkungen der einzelnen Optionen an. Sie erkennen direkt, ob das Dokument auf das vorgewählte Ausgabeformat passt. Wenn Sie während der Einstellung im Druckdialog auf das Seitensymbol klicken, so wechselt InDesign die Ansicht der Vorschau auf die genauen Seitenmaße oder die Darstellung des Anschnitts.

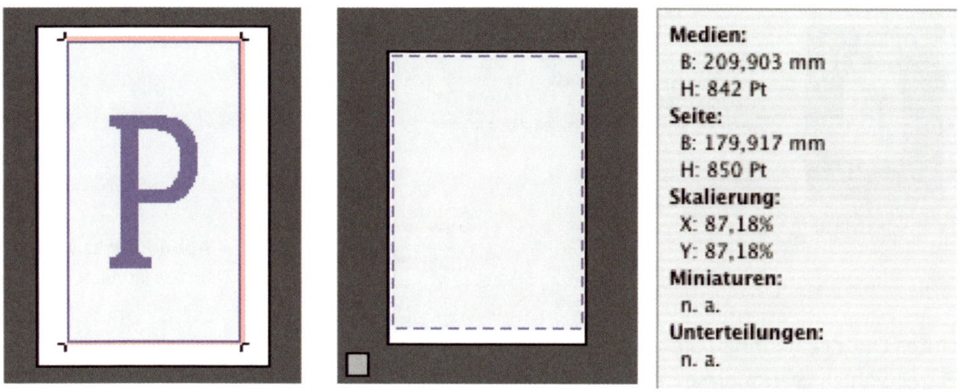

▲ **Abbildung 22.4**
Diese verschiedenen Vorschau-Varianten zeigt InDesign, wenn Sie auf die Seitenminiatur links unten im Druckdialog klicken.

22.2.2 Konfiguration

Unter dem Menüpunkt Konfiguration legen Sie das Ausgabepapierformat fest. Wie in der Abbildung zu sehen ist, wird das Papierformat in der Regel von der PPD-Datei übernommen (Von Treiber definiert). Sie können aber auch abweichende, eigene Formate definieren, um beispielsweise auf überformatigem Papier auszudrucken.

Bei einem benutzerdefinierten Papierformat können Sie für Endlosformate einen Film- oder Fotobelichter angeben und über die Einstellungen Offset und Abstand die Nutzen auf dem Format genau positionieren. Der Offset bestimmt die Entfernung des Nutzens zur Formatkante, und der Abstand gibt den Zwischenraum der Nutzen an. Wenn Sie Quer gestellt darunter aktivieren, so wird der Nutzen auf dem Endformat um 90° gedreht. Bei einem günstigen Verhältnis von Nutzen und Ausgabeformat können Sie Letzteres günstiger ausnutzen.

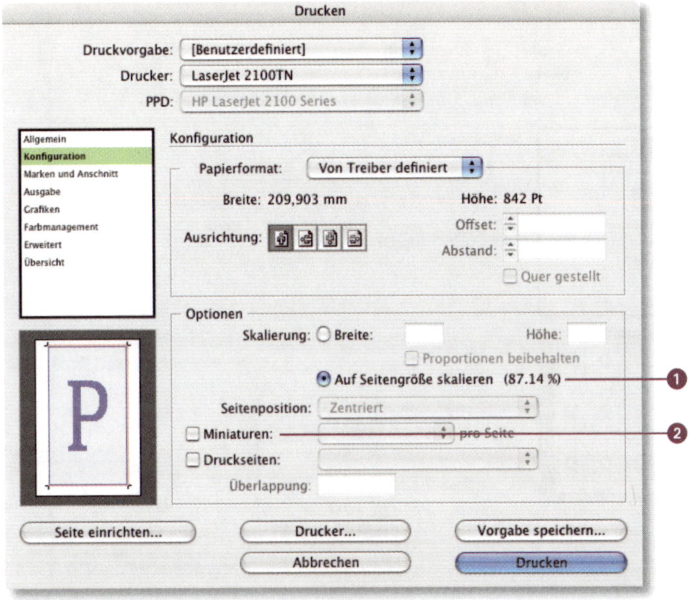

◂ **Abbildung 22.5**
Menüpunkt Konfiguration

Skalierung | Des Weiteren nehmen Sie eine Skalierung des Ausdrucks ❶ vor. Bei aktiver Einstellung Proportionen beibehalten bleibt das Seiten- und Höhenverhältnis bestehen. Sollten Sie ein A4-Format auf einem A4-Drucker inklusive der Schnittmarken ausdrucken wollen, so wählen Sie stattdessen Auf Seitengrösse skalieren. In der Vorschau links unten sehen Sie die daraus resultierende Verkleinerung. Die Seitenposition geben Sie mit dem Drop-down-Menü Seitenposition an.

Kontaktabzug | Über das Optionsfeld Miniaturen ❷ können Sie ein mehrseitiges Dokument verkleinert ausdrucken lassen, um beispielsweise für ein Magazin oder eine Broschüre eine Übersicht zu erhalten. Sie sehen ein Beispiel in der in Abbildung 22.6 gezeigten Vorschau.

Herkömmliche Druckertreiber können hier nur gerade Anzahlen von Seiten auf einer Seite ausdrucken, wie 2 x 2, 4 x 4 oder 8 x 8. InDesign hingegen gibt eine Vielzahl von Zwischenstufen von 1 x 2 bis 7 x 7 Seiten aus. Eine höhere Anzahl ist nicht sinnvoll, da ansonsten die verkleinerten Miniaturen so minimal abgebildet werden, dass viele Details völlig verloren gehen. Eine gute Beurteilung des Layouts ist dadurch nicht möglich. Jede Einzelseite wird im Ausdruck mit einer schwarzen Seitenkante eines stilisierten Schattens aus einer Vektorform versehen, der für den Ausdruck von InDesign in das Druckbild hineingerechnet wird. Benutzen Sie diese Option nur für Probedrucke für die Korrektur oder Präsentationszwecke.

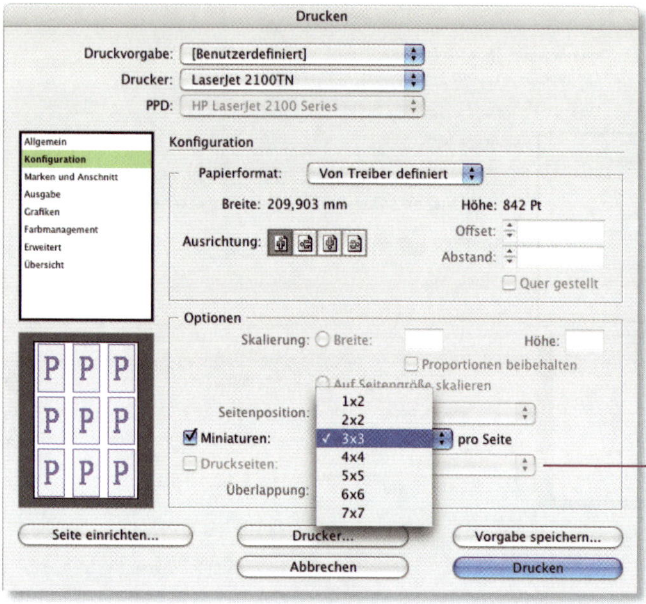

Abbildung 22.6 ▸
Miniaturen und Druckseiten

PPD
Der Druckertreiber erzeugt für die Grafik- und Textausgabe allgemein gültige PostScript-Anweisungen, die mit Hilfe der gerätespezifischen PPD um den notwendigen Ansteuerungsbefehl für das gewählte Ausgabegerät ergänzt werden. In der PPD sind betriebssystemübergreifend die speziellen Eigenarten des Geräts wie unterstützte PostScript-Version, Papierformate und vorhandene Schriften sowie die Ansteuerung von Sonderfunktionen als PostScript-Code gespeichert. Wir haben in der Praxis die Erfahrung gemacht, dass es sehr sinnvoll ist, alle im Betrieb benötigten PPD-Dateien zentral auf einem Serverlaufwerk zu pflegen und bei Bedarf bzw. bei der Installation lokal auf einem Client-Rechner abzulegen. Standardmäßig werden von Apple zahlreiche PPD-Dateien mit installiert, die unter Umständen bei der Auswahl der gerade benötigten PPD dann eher für Irritationen sorgen. Ein Großteil von Ausgabefehlern liegt im Zuweisen einer falschen oder fehlenden PPD-Datei begründet. Die Pflege und Ordnung sollte den Systemadministratoren überlassen werden, die auch überflüssige PPDs entfernen sollten.

Bei der Installation von PostScript-Druckertreibern werden grundsätzlich PPD-Dateien installiert. Die richtige PPD wird dadurch jedoch nicht automatisch aktiviert, erst in den Druckereinstellungen im Print-Center des Mac OS oder in den Systemeinstellungen unter Windows XP wählen Sie die PPD aus.

Großformate | Über die Option Druckseiten ❶ geben Sie ein Überformat auf mehreren Einzelseiten aus, wie beispielsweise ein A0-Plakat auf einem A3-Drucker. Den Bereich, in dem sich die Teilseiten überlappen sollen, geben Sie im darunter liegenden Textfeld an. Je nach Ausgabeformat und Drucker ist der Mindestbereich für die Überlappung unterschiedlich. Wollen Sie die Einzelseiten nach dem Ausdruck anschneiden und anstoßend auf einem Untergrund kaschieren, so reicht ein Überlappungsbereich von ca. 10 mm. Einen hohen Wert von 20–30 mm benötigen Sie, wenn die Einzelseiten überlappend verleimen.

Auch hier ist die Vorschau sehr hilfreich, um einen Eindruck von dem zu erwartenden Resultat zu bekommen. Dieses Verfahren ist ähnlich zu dem Überformatdruck von Illustrator. Sie können zwar manuell nicht die Einzelseitenausschnitte bestimmen, jedoch ist der Dialog wesentlich einfacher zu bedienen und somit effizienter, auch wenn zwei oder mehr Seiten bei einem Überformatdruck zusätzlich mitgedruckt werden.

22.2.3 Marken & Beschnittzugabe

Hier hat der Profi die Möglichkeit, alle druckrelevanten Parameter wie Schnittmarken, Beschnittzugabemarken, Passerkreuze, Farbkontrollstreifen und die Standardseiteninformationen zu setzen. Auch hier sehen Sie in der Vorschau direkt die Auswirkungen der aktivierten Funktionen und auch, ob alle Marken auch auf das ausgewählte Papierformat passen.

Anschnitt | Fehlender Anschnitt kann über die vier Eingabefelder auch nachträglich in das Dokument aufgenommen werden. Im Normalfall allerdings sollte man bereits beim Anlegen des Dokumentes auf die Standardbeschnittzugabe von 3 mm achten, um im Anschnitt liegende Objekte auch jederzeit vernünftig ausgeben zu können.

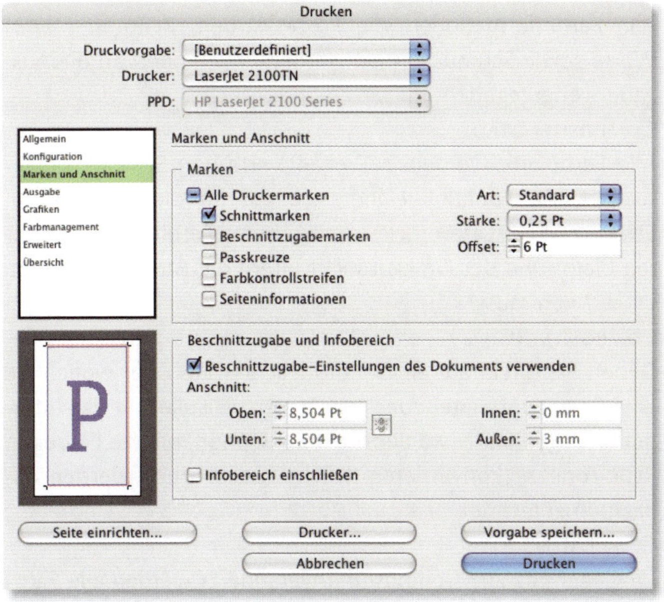

◀ **Abbildung 22.7**
Druckdialog Marken und Beschnittzugabe

Ist Ihr Dokument ein doppelseitiges Dokument, so erhalten Sie statt der Werte Links und Rechts die Bezeichnungen Innen und Aussen. Die Innen-Werte liegen im Bund und müssen mit 0 definiert sein. Bei einzelseitigen Dokumenten müssen Sie alle Werte gleichmäßig mit 3 mm beschneiden.

Die Höhe des Anschnitts liegt in der Verwendung und Druckart begründet, dazu haben wir Ihnen im Kapitel »Neues Dokument anlegen« bereits einige Tipps gegeben.

Wenn Sie bereits beim Einrichten des Layoutdokuments den Anschnitt definiert haben, dann wählen Sie ihn mit der Checkbox Dokumentanschnitt benutzen aus. Dann werden die Werte ausgegraut und können nicht verändert werden.

Info-Bereich | Auch der Info-Bereich für die Kennung des Print-Jobs oder zur Ablage eines Farbkeils kann mit ausgedruckt werden. Dabei wird jedoch auch hier neben den Schnittmarken das Nutzenformat auf dem Papierformat immer kleiner. Für eine Ausbelichtung eignet sich jedoch diese Funktion, da Sie von einem Farbkeil die Dichten der Farbwerte nach dem Andruck einmessen und den Auflagendruck daran angleichen können.

22.2.4 Ausgabe

Der Menüpunkt Ausgabe ermöglicht Ihnen, das Dokument als Composite zu drucken oder zu separieren und die einzelnen Farbauszüge zu erstellen.

Farbe

- Composite unverändert
  Alle Farbinformationen wie Prozessfarben, RGB- und LAB-Werte sowie Schmuckfarben werden unverändert an die Ausgabe weitergegeben.
- Composite-Grau
  Alle Farbwerte werden in Prozentwerte von Schwarz umgesetzt. Diese Funktion eignet sich gut für die Ausgabe auf Schwarz-Weiß-Laserdruckern, da hier die Farbhelligkeit erhalten bleibt und der Drucker nicht intern die Farben wiederum umrechnen muss.
- Composite-RGB
  Geben Sie direkt auf einen Fotobelichter aus oder wollen Sie eine PostScript-Datei über den Acrobat Distiller für das Internet erzeugen, dann wählen Sie diese Option, um die Farben in RGB-Töne zu konvertieren. Auch Prozessfarben werden danach umgerechnet.
- Composite-CMYK
  Im Gegensatz zu »Composite unverändert« werden alle Farbtöne – auch Schmuckfarben – zu Prozessfarben umgewandelt. Eine Option, die für die Ausgabe auf Farblaserdruckern geeignet ist.

Beim Aktivieren des Popup-Menüs Farbe • Separationen eröffnen sich weitere Optionen wie die Überfüllung und das Festlegen der Rasterweiten sowie Optionen für das Spiegeln der Dokumente, was bei der Belichtung auf Filmmaterial notwendig ist.

Überfüllung | Die Einstellung Anwendungsintegriert im Menü Überfüllung bedeutet, dass die Separationen nach den Werten, die in InDesign in den Überfüllungsvorgaben angegeben sind, benutzt werden, um die Farben zu überfüllen. Mit der Einstellung Adobe In-RIP hingegen berechnet das Ausgabe-RIP pixelgenau die Überfüllungen. Dazu ist ein PostScript Level-3-RIP notwendig. Zur In-RIP-Ausgabe sollten Sie sich mit Ihrem Druckdienstleister oder dem RIP-Hersteller in Verbindung setzen.

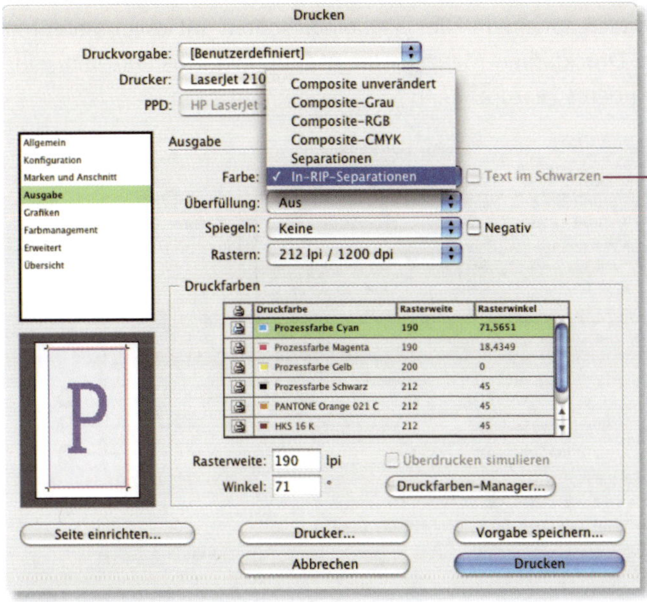

◄ **Abbildung 22.8**
Ausgabe der einzelnen Separationen: Entweder wird die Separation von InDesign durchgeführt oder über In-RIP-Separation direkt im angeschlossenen RIP.

Text im Schwarzen | Die wichtige Option Text im Schwarzen ❶ bedeutet, dass Text immer mit 100% K gedruckt wird, unabhängig davon, ob es sich um farbigen Text handelt, das Layoutdokument mit CMYK- oder RGB-Farben angelegt wurde. Diese Angabe macht besonders in der Composite-Grau-Ausgabe Sinn, damit auch ein hellgrau geschriebener Text bei der Ausgabe auf einem Schwarz-Weiß-Drucker gut lesbar bleibt und in der Textkorrektur nicht übersehen wird. Besonders Interpunktionen oder diakritische Zeichen in geringen Schriftgrößen unterhalb von 8 Punkt können durch eine grobe Rasterung durch einen 300-dpi-Schwarz-Weiß-Laserdrucker verstümmelt werden. Diese Option verhindert das, für die Ausbelichtung sollte diese Funktion jedoch deaktiviert sein.

Rastern | Die Angaben unter Rastern sind feste Voreinstellungen, die bei angewählten Separationen aktiviert sind. Daraus lassen sich Auflösungen zwischen 72 und 4000 dpi sowie Rasterweiten vom 60er- bis 200er-Raster anwählen. Durchschnittliche Rasterungsangaben liegen zwischen 1200 und 2400 dpi je nach Belichtungsgerät.

Druckfarben-Manager | Wer kennt das Problem nicht? Sie haben durch eine EPS-Datei eine Sonderfarbe importiert, zusätzlich jedoch dieselbe Farbe im Layoutdokument angelegt. Eine andere EPS-Datei benutzt dieselbe Farbe, jedoch ist die Farbbezeichnung unterschiedlich, z. B. Pantone 293 CVC anstatt P 293 C. Bei der Ausgabe erhalten Sie ohne Korrektur drei Farbauszüge, die doch eigentlich auf einem Film erscheinen sollten. InDesign bietet mit dem Druckfarben-Manager im Menüpunkt AUSGABE ein ganz besonderes Feature.

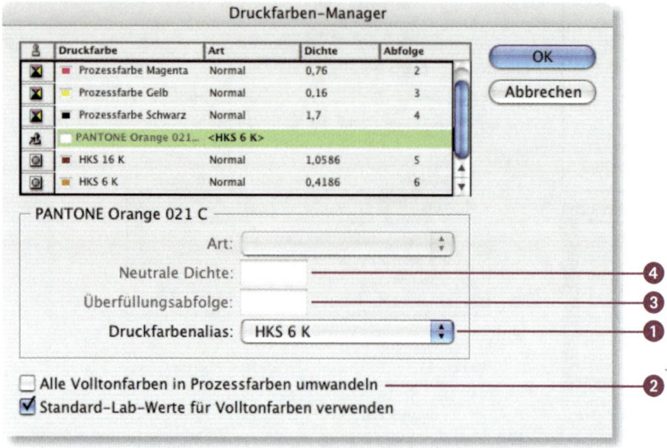

Abbildung 22.9 ▶
Zuweisen eines Druckfarbenalias im Druckfarben-Manager

InDesign löst dieses Problem sehr elegant, da Sie die Möglichkeit haben, einzelne Farbauszüge bei der Separation zusammen auf einen Film oder gleich auf eine Druckplatte (CtP) zu belichten. Sie müssen dazu lediglich die entsprechende Farbe auswählen und im Popup-Menü DRUCKFARBENALIAS ❶ die neue Auszugsfarbe zuweisen. InDesign berücksichtigt die Zuweisung bei der anschließenden Farbseparation.

Diese Option kann auch in kritischen Projektphasen die letzte Möglichkeit sein, Schmuckfarben komplett im gesamten Dokument zu ändern, ohne die Farbzuweisung zu den Layoutobjekten korrigieren zu müssen. Wollen Sie also anstatt der Schmuckfarbe »Pantone Orange 21« ein »HKS 6 K« verwenden, so legen Sie diesen einfach nur in der Farbfeldpalette an, und geben Sie im Druckfarben-Manager an dieser Stelle oder aus dem Palettenmenü der Farbfelder für den Druckfarbenalias diesen neuen Pantone-Wert an, wie in der Abbildung zu sehen.

Absprache hilft

Sprechen Sie in jedem Fall mit Ihrem Druckdienstleister, bevor Sie hier Korrekturen oder Änderungen vornehmen. Sie sehen an dieser Stelle recht deutlich, welche weitreichenden Einflussmöglichkeiten InDesign bei der Druckausgabe bietet.

Ebenfalls lassen sich hier per Knopfdruck alle im Dokument vorkommenden Schmuckfarben in Prozessfarben konvertieren ❷. Überfüllungsreihenfolgen der einzelnen Farbauszüge lassen sich in ihrer Abfolge tauschen ❸, und es können auch die Farbdichtewerte manuell eingetragen und verändert werden ❹.

Weitere Informationen zu der Überfüllungsreihenfolge entnehmen Sie bitte dem Kapitel »Ausgabevorbereitung«.

22.2.5 Grafiken

Bilder drucken | Um Probedrucke von Texten zu erstellen, beispielsweise für Korrekturzwecke, können Sie beim Drucken unter

Grafiken • Bilder die Anweisung Daten senden auf Keine stellen, um nur den Text auszugeben.

Bildrahmen werden bei der Ausgabe als graue Flächen dargestellt, um die Position der Grafiken und Bilder auf den Seiten sehen zu können. Die Einstellung Proxy bedeutet, dass die platzierten Bitmap-Bilder mit einer Bildschirmauflösung von lediglich 72 dpi an das Ausgabegerät geschickt werden. Diese Einstellung empfiehlt sich dann vorzunehmen, wenn Sie Probedrucke erstellen möchten und dabei die Bilder und Grafiken in der Ansicht benötigen.

Bei der Einstellung Optimierte Abtastauflösung sendet InDesign gerade die für das angeschlossene Ausgabegerät notwendigen Daten, um ein optimales Ergebnis zu erzielen. Angenommen Sie haben bereits die hochaufgelösten Bilddaten, die belichtet werden sollen, in InDesign platziert, so wird bei der ausgewählten Einstellung beim Drucken auf einem Laserdrucker nicht die vollständige Datenmenge geschickt, sondern nur die für das Gerät tatsächlich benötigte. So erfolgt der Ausdruck wesentlich schneller als beim Senden aller Daten, da die Druckdatei kleiner wird. Dafür berechnet InDesign jedoch die Datenmenge, was bei älteren Computern und großen Bilddaten im Layout die Ausgabe ausbremst. Wählen Sie stattdessen Alle, so gibt InDesign die Druckdatei schneller aus, dafür muss jedoch das RIP oder der PostScript-Drucker die Daten intern umrechnen.

▲ **Abbildung 22.10**
Für die Druckausgabe sollten Sie immer alle Daten senden. Für eine Korrekturphase oder für das Internet reicht die optimierte Abtastauflösung.

Ausgabegerät

InDesign unterstützt kein PostScript Level 1, sondern benötigt mindestens ein PostScript 2-RIP oder einen entsprechenden Drucker. Für die bestmögliche Ausgabe z. B. der Farbverläufe sollte Ihr Ausgabegerät daher nach Möglichkeit mit PostScript 3 kompatibel sein.

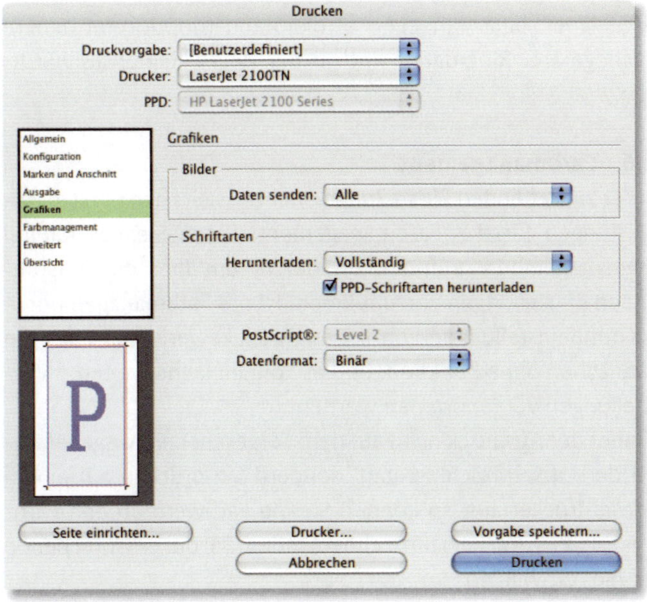

◀ **Abbildung 22.11**
Einstellungsmöglichkeiten für das Drucken von Grafiken

Schriften | Beim Ausdruck entscheiden Sie auch (Abbildung 22.12), ob die Schriften vollständig, gar nicht oder nur teilweise entsprechend der tatsächlich im Dokument benutzten Zeichen als Untergruppe an das Ausgabegerät geschickt werden. Wenn Sie sehr viele unterschiedliche Fonts im Dokument benutzen, macht sich das auch in der Ausdruckgeschwindigkeit bemerkbar. Ebenso werden umfangreiche OpenType-Fonts grundsätzlich in Untergruppen ausgegeben.

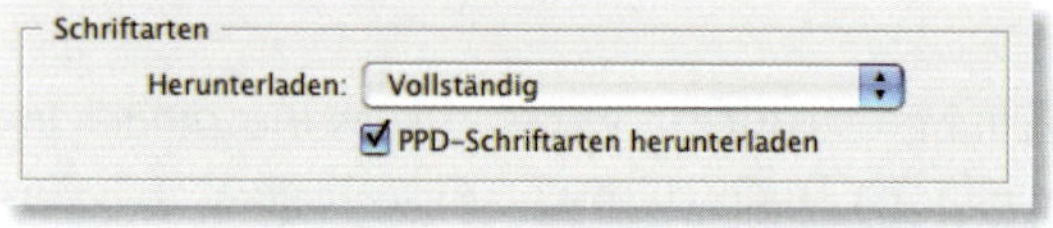

Abbildung 22.12 ▸
Schriften sollten immer vollständig heruntergeladen werden.

Durch Aktivieren der Schaltfläche PPD-SCHRIFTARTEN HERUNTERLADEN lassen sich häufige Fehler bei Ausgabegeräten vermeiden, die bereits Schriften installiert haben, denn es werden alle im Dokument benutzten Schriften erneut heruntergeladen. Typische Fehler mit unterschiedlichen Schriftarten wie Times und Helvetica lassen sich so vermeiden.

PostScript und Datenformat | InDesign wählt den PostScript-Level des jeweiligen Ausgabegerätes selbstständig. Wenn Sie einen PostScript Level 1-Drucker wählen, wird InDesign im Druckdialog automatisch auf DRUCKER: POSTSCRIPT-DATEI umgeschaltet. Die Kodierung der Ausgabe als ASCII ist für ältere Belichtungsgeräte geeignet, binär hingegen ist die Standardoption für neuere Ausgabegeräte. Binärdaten sind in der Regel kleiner als ASCII-Daten.

22.2.6 Farbmanagement

Die hier zu treffenden Einstellungen richten sich nach den Grundeinstellungen für das Farbmanagement. Lesen Sie das Kapitel »Farbmanagement« aufmerksam durch, um hier die entsprechenden Einstellungen vorzunehmen. Ist das Farbmanagement in den Grundeinstellungen von InDesign deaktiviert, sind auch die Schaltflächen ohne Funktion, und es können keine weiteren Voreinstellungen vorgenommen werden.

Findet der Ausdruck nicht auf dem vorgesehenen Ausgabefarbraum der Offsetmaschine statt, sondern Sie drucken auf einem Farblaserdrucker aus, so können Sie die Farbwerte in den Farbraum des Laserdruckers umrechnen, indem Sie das entsprechende Profil hier auswählen.

Das PostScript-Farbmanagement besagt, dass Farbtransformationen erst zur Ausgabe im RIP berechnet werden. Diese Funktion sollten Sie in der Standardausgabe nicht anwählen.

CMYK-Werte erhalten
InDesign CS2 bietet die Option, CMYK-Werte für einen Ausdruck oder einen Export zu erhalten. Die Option finden Sie im Druckdialog unter der Rubrik FARBMANAGEMENT.

Was bedeutet das? Wenn InDesign Daten in ein Druckerprofil konvertieren soll, sind davon auch die CMYK-Werte betroffen und werden umgerechnet. Aktivieren Sie diesen Button, bleiben alle in InDesign angelegten CMYK-Farbwerte erhalten und werden nicht umgerechnet.

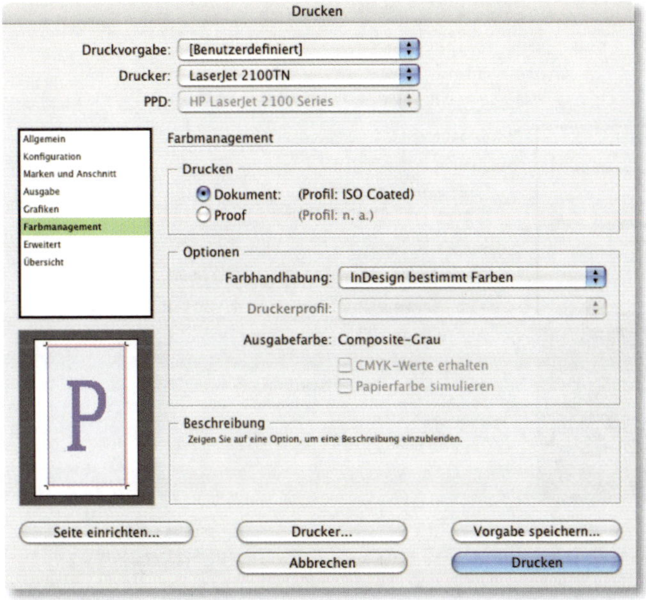

◂ **Abbildung 22.13**
Farbmanagement-Einstellungen beim Drucken

Proof | Für Druckaufträge mit fein nuancierten Farbabstufungen eignet sich immer ein Proof für die farbverbindliche Darstellung vor dem Druck. Anders als der Soft-Proof am Monitor mit InDesign drucken Sie direkt auf ein Proof-Gerät, das dazu geeignet ist, einen möglichst großen Farbraum abzubilden und spezielle Ausgabesituationen simulieren zu können. Als kostengünstige Proof-Lösungen können PostScript-fähige Tintenstrahldrucker oder Farblaserdrucker im Zusammenspiel mit einem Software-RIP eingesetzt werden. Eine High-End-Lösungen stellt z. B. das Cromalin-Verfahren von DuPont dar, das mit lichtechten Farbpartikeln arbeitet. Speziell für Pantone-Farben können mit diesem Verfahren farbechte Proofs angefertigt werden.

Wollen Sie einen Proof direkt aus InDesign ausgeben, so hält InDesign spezielle Einstellungen für Sie bereit. Im Register Farbmanagement des Druckdialogs wechseln Sie auf die Proof-Einstellungen. Danach schaltet InDesign die Optionen für die Papierfarbe frei. Ein Proof soll das spätere Druckergebnis bestmöglich darstellen. Findet der Proof auf einem neutralen Papier statt, so können Sie die Papierfarbe simulieren. Danach wandelt InDesign die Farbwerte nach dem im Druckerprofil angegebenen Werten um.

Wenn Sie jedoch auf einem Papier proofen, das dem späteren Auflagenpapier ähnelt, sollten Sie die Funktion deaktivieren. Für den Zeitungsdruck gibt es beispielsweise Rollenpapiere für Proof-Geräte, die ein nahezu identisches Farbannahmeverhalten und ein Papierweiß zeigen wie das spätere Auflagenpapier.

Analog- und Digitalproof

Um einen Proof anzufertigen, stehen zwei Techniken zur Verfügung: Für den modernen Digitalproof werden die Daten direkt an ein Proof-Gerät ausgegeben. Der analoge Proof sieht die Erstellung der Farbauszüge als Filme vor, die für eine Belichtung einer speziellen Druckform dienen.

[Formproof]
Verwechseln Sie einen Farbproof nicht mit einem Formproof. Dieser ist nur dazu da, die Passergenauigkeit des Layouts zu prüfen und den aufgebauten Druckbogen für spätere Verarbeitungsschritte zu beurteilen. Die farbliche Genauigkeit ist hier unwichtig.

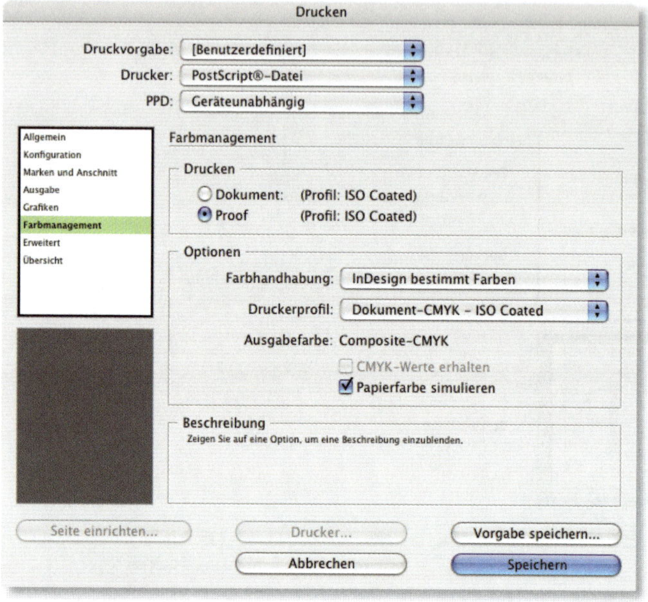

Abbildung 22.14 ▸
Ist die Option PROOF aktiviert, so ist die Wahl des Druckerprofils und die Simulation der Papierfarbe möglich.

22.2.7 Erweitert

OPI: Low-Res für das Layout, High-Res für die Ausgabe
Wenn im OPI-Workflow auch mit Transparenzen, Schlagschatten und weichen Kanten gearbeitet werden soll, so müssen in diesem Fall die hochaufgelösten Originaldaten platziert werden. Beim Drucken werden dann die Transparenzreduzierungsformate entsprechend der Voreinstellung angewandt.

OPI | Im Kapitel »Transparenzreduzierung« wurde bereits auf die Problematik der Transparenzen und Schlagschatten in Zusammenhang mit OPI hingewiesen. OPI (Open Prepress Interface) ist eine Technologie, die von Adobe zu Beginn der 90er-Jahre entwickelt wurde. Ziel war es damals, die Druckausgabe komplexer Satzdateien erheblich zu beschleunigen, indem die rechenintensiven Prozesse auf den OPI-Server verlagert werden. Der Layouter arbeitet am Bildschirm mit niedrig aufgelösten Grobdaten, die schließlich bei der Druckausgabe vom OPI-Server durch die hochaufgelösten Feindaten ausgetauscht werden. Damit der OPI-Server auch weiß, welche hochaufgelösten Bilddaten ersetzt und ausgegeben werden sollen, wird von der Anwendung ein so genannter OPI-Kommentar anstelle des Bildes zum Server geschickt. In diesen Kommentaren stehen die entsprechenden Informationen. Die OPI-Spezifikationen sind bei Adobe frei zugänglich.

Natürlich arbeitet InDesign auch mit dem HELIOS-OPI-Server problemlos zusammen. Nur wenn die Schaltfläche OPI-BILDERSETZUNG auch aktiviert ist, werden die OPI-Kommentare geschrieben und beim Drucken die niedrig aufgelösten Platzierungsbilder durch die hochaufgelösten Daten ausgetauscht. Der gesamte Ausgabeprozess kann zusätzlich noch erheblich beschleunigt werden. Beim Senden der Satzdatei an den OPI-Server können die platzierten Daten durch Aktivieren der Felder EPS, PDF und Bitmap-Bilder deaktiviert werden. Dann wird lediglich der OPI-Kommentar zur Verarbeitung an den Server geschickt und der Datenstrom dadurch reduziert.

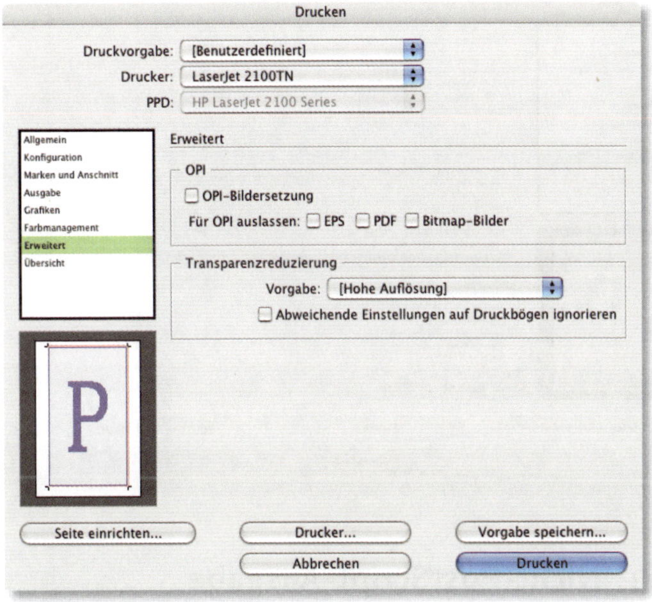

◂ **Abbildung 22.15**
Erweiterte Einstellungen für OPI und die Transparenzreduzierung

Transparenzreduzierung | Bei der Ausgabe können Sie direkt auf die angelegten Transparenzreduzierungsformate zugreifen, die festlegen, wie die transparenten und gegebenenfalls mit Schlagschatten versehenen Objekte der Satzdatei für die Ausgabe in eine Bitmap-Datei verrechnet (geflattet) werden.

Abweichende Einstellungen auf Druckbögen sollten Sie unbedingt vor der Ausgabe entweder notieren und hier berücksichtigen, indem Sie die letzte Option deaktivieren, oder aber Sie verzichten auf eine seitengenaue Transparenzreduzierung und benutzen global eine der Grundeinstellungen.

22.2.8 Übersicht

Alle im Druckmenü vorgenommenen Einstellungen werden in einer Übersicht zusammengefasst, die sich als Textdatei, quasi als Report, abspeichern lässt. Der Bericht kann mit den Daten archiviert werden und erlaubt bei späteren Nachdrucken einen schnellen Abgleich der Ausgabesituation.

22.2.9 Druckvorgaben verwalten und gemeinsam nutzen

Die gesamte Druckvorgabe ist als externe Datei vergleichbar zu den Transparenzreduzierungsvorgaben speicherbar. Somit können Sie auch innerhalb eines Netzwerkes auf mehreren Arbeitsplätzen auf dieselben Vorgaben zugreifen.

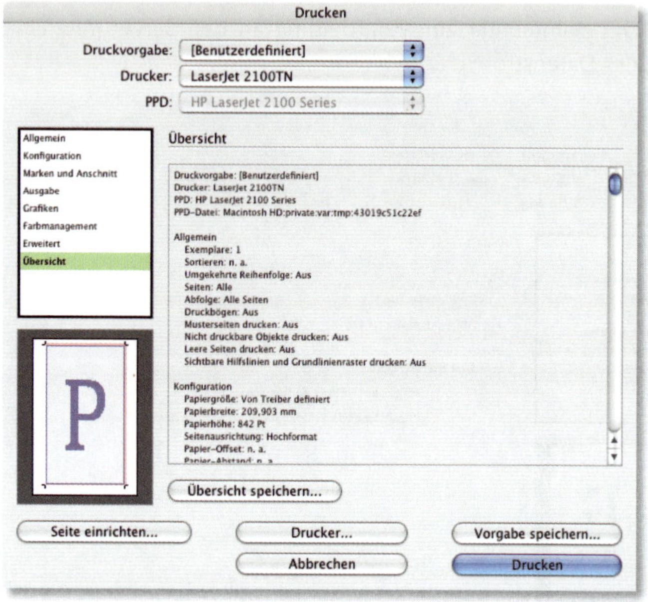

Abbildung 22.16 ▸
Übersicht erstellen

22.3 Nicht-PostScript-Ausgabe

Für einen Probedruck, eine Korrektur oder eine Präsentation müssen Sie eventuell Ihre Layoutdaten auf einem Nicht-PostScript-Drucker ausgeben, wie z.B. einem Tintenstrahldrucker ohne PostScript-RIP. Alle günstigen Tintenstrahldrucker besitzen grundsätzlich kein RIP, somit ist es nicht möglich, einen positionsgenauen Druck anzufertigen. So werden Linienstärken anders dargestellt als in der Ausbelichtung, oder das Kerning der Schrift wird nicht präzise umgesetzt, da die Vektorinformationen anders als bei einem PostScript-Drucker in ein Bitmap umgerechnet und an den Drucker gesendet werden. Sie können jedoch aus InDesign nicht nur annehmbar präzise, sondern auch farblich gute Probedrucke auf einem Tintenstrahldrucker ausgeben.

Um eine Ausgabe für einen so genannten »Layout-Dummy« optimal vorzubereiten, heben wir die dafür notwendigen Einstellungen heraus. Einige Funktionen sind reine PostScript-Funktionen, andere hingegen lassen sich auch mit einem Tintenstrahldrucker anwenden, was ein normaler Druckertreiber nicht bietet.

22.3.1 Anschnitt- und Beschnittzugabemarken

Anschnitt, Schnittmarken oder Beschnittzugabemarken können ebenso ausgegeben werden wie Farbkontrollstreifen oder der Seiteninfo-Bereich. Haben Sie zum Beispiel in den allgemeinen Einstellungen die Doppelseitenfunktion angewählt, so können Sie nun mit den Schnittmarken und dem Anschnitt zusammen eine Doppelseite als Dummy ausdrucken, anschließend beschneiden und mittig falzen.

22.3.2 Ausgabe

Tintenstrahldrucker besitzen je nach Ausstattung Vierfarbpatronen (konventionell) oder auch Sechsfarbpatronen bei so genannten Fotodruckern. Diese Sechsfarbpatronen setzen sich aus dem herkömmlichen Prozessfarben und zwei Pastellfarben Hellgelb und Hellmagenta zusammen. Die Pastellfarben dienen dazu, besonders sensible Hauttöne bei Porträts natürlicher auszugeben, da der Farbraum der vier Grundfarben nicht ausreicht.

InDesign erlaubt die Ausgabe für Nicht-PostScript-Drucker nur als Composite-Grau und Composite-RGB. Dies bedeutet, dass die Farben in Graustufen- oder RGB-Daten umgesetzt und an den Druckertreiber geschickt werden. Dieser wiederum konvertiert diese Daten für den CMYK-Farbraum des Druckers.

Cyan ist nicht gleich Cyan
Beachten Sie bitte, dass die Prozessfarben dieser Tintenstrahldrucker nicht genormt sind und somit eine 100 %ige Cyan-Fläche nicht identisch zu einer 100 %igen Cyan-Fläche im Offsetdruck ist! Mit diesem Hintergrund erkennen Sie hoffentlich, dass es nicht möglich ist, farbverbindliche Probedrucke anzufertigen. Versprechen Sie Ihren Kunden nicht, dass die Druckfarben im Offsetdruck auch so aussehen wie aus dem Tintenstrahldrucker, Sie werden sich nur unbequeme Fragen gefallen lassen müssen. Rechtlich farbverbindlich sind nur Farb-Proofs.

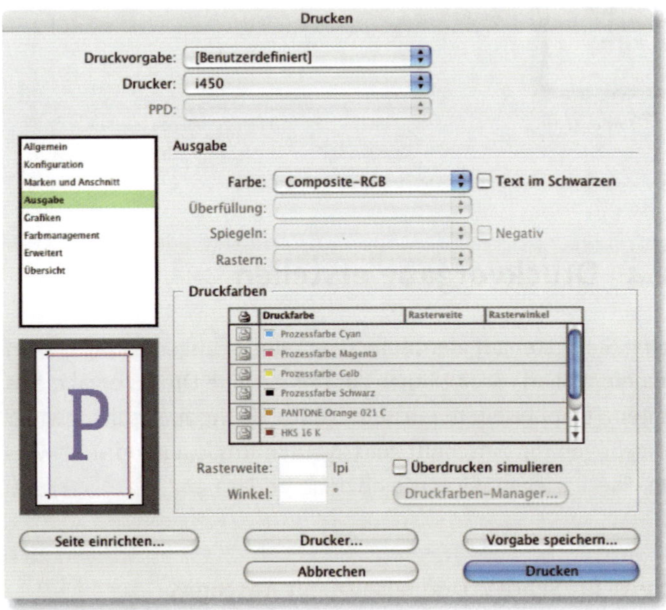

◄ Abbildung 22.17
In den Ausgabe-Einstellungen erkennen Sie bei einem Tintenstrahldrucker, der nicht PostScript-fähig ist, dass die Farbe nur als Composite-RGB an den Drucker weitergegeben wird.

22.3.3 Farbmanagement

Mit dem Ausgabeprofil im Druckerfarbraum geben Sie an, ob die Daten, die InDesign schickt, für den Druck farblich in den Zielfarbraum konvertiert werden. Wenn Sie diese Transformation vornehmen wollen, sollten Sie dafür als Zielfarbraum das Geräteprofil Ihres Druckers wählen. Es lohnen sich Drucktests, da nicht alle Geräteprofile, die mit dem Druckertreiber abgelegt werden, einen geeigneten Farbraum bieten. Sollten Sie mit einem ausgewählten Geräteprofil nicht zu dem gewünschten farblichen Ergebnis kommen, wählen Sie das Arbeitsprofil – Adobe RGB oder ECI RGB. Die RGB-Werte können Sie für die Ausgabe erhalten, so dass InDesign keine Farbkonvertierungen vornimmt. Lesen Sie bitte auch das Kapitel »Farbmanagement« und die darin empfohlenen Profilkonvertierungen, die Sie hier angeben können.

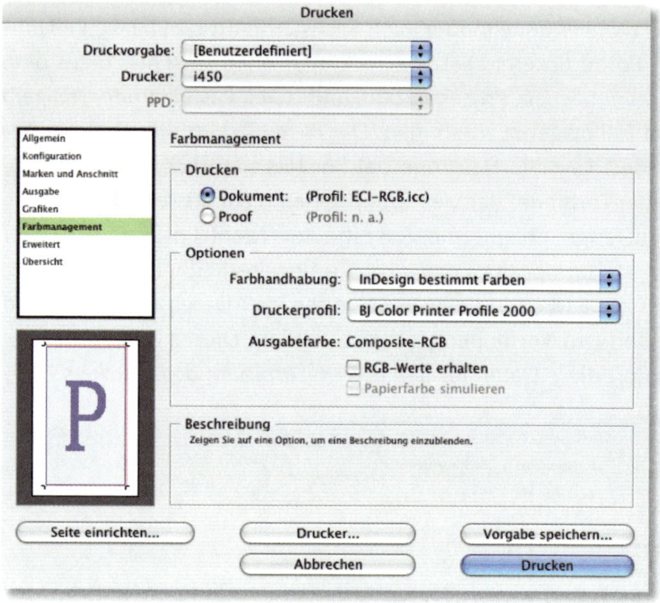

Abbildung 22.18 ▸
Das Farbmanagement im Druckdialog erlaubt es Ihnen, die Farben nur für den Tintenstrahldrucker auf ein Ausgabeprofil umzurechnen.

22.4 Druckvorgabe erstellen

Damit Sie später auf identische Druckeinstellungen zurückgreifen können, wollen wir mit Ihnen zusammen eine Druckvorgabe einrichten. Doppelseiten müssen häufig als zusammenhängender Druckbogen mit Anschnitt zur Layoutkontrolle ausgedruckt werden. Hierfür legen wir uns eine neue Vorlage an.

Schritt für Schritt: Doppelseite mit Anschnitt

1 Druckvorgabe neu anlegen

Wählen Sie im Menü Datei die Option DRUCKVORGABEN • DEFINIEREN..., und klicken Sie in der Übersicht der DRUCKVORGABEN auf NEU.

2 Druckbögen einrichten

In den Einstellungen ALLGEMEIN aktivieren Sie die Druckbögen, damit Doppelseiten als einseitiges Querformat ausgegeben werden.

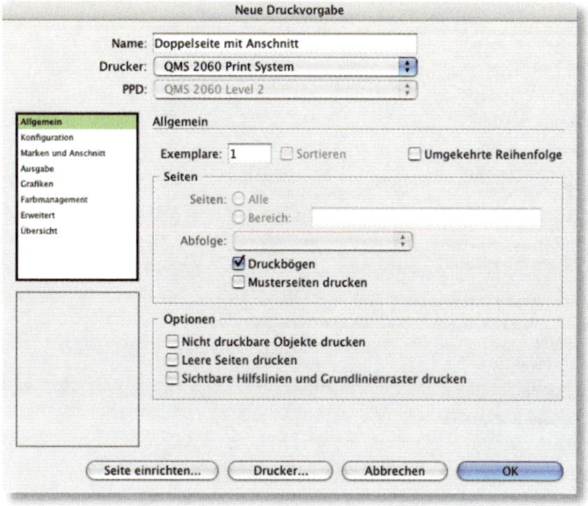

3 Papierformat einrichten

Wählen Sie das Papierformat in der Rubrik Konfiguration, und passen Sie den Ausdruck des Dokuments auf das Papierformat an, indem Sie auf den Button Auf Seitengrösse skalieren klicken.

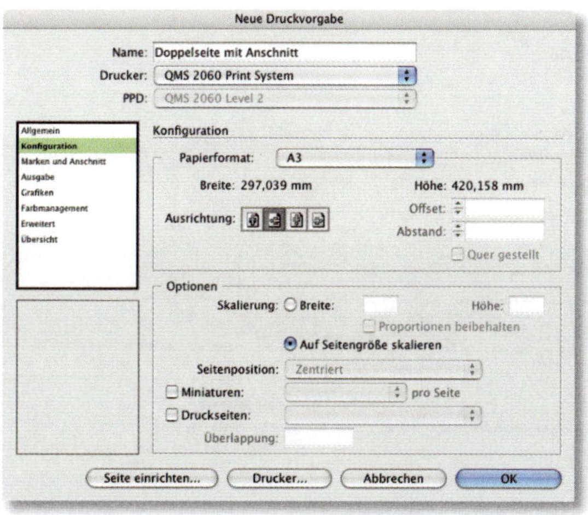

4 Druckermarken und Anschnitt hinzufügen

Im Register Marken und Anschnitt suchen Sie sich die Druckmarken aus, die Sie mit auf dem Ausdruck benötigen. Sinnvoll sind die Schnittmarken und die Seiteninformationen. Den Anschnitt des Dokuments drucken Sie mit, wenn Sie die Beschnittzugabe-Einstellungen des Dokuments verwenden.

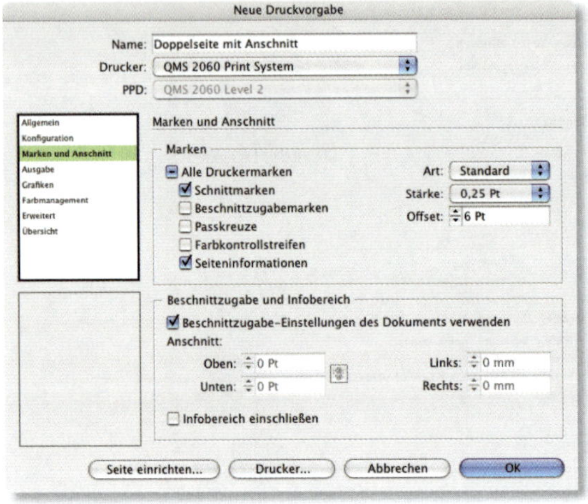

5 Farbausgabe wählen

Wählen Sie die Einstellung COMPOSITE-CMYK in der Rubrik AUSGABE für den Druck auf einem Farblaserdrucker aus.

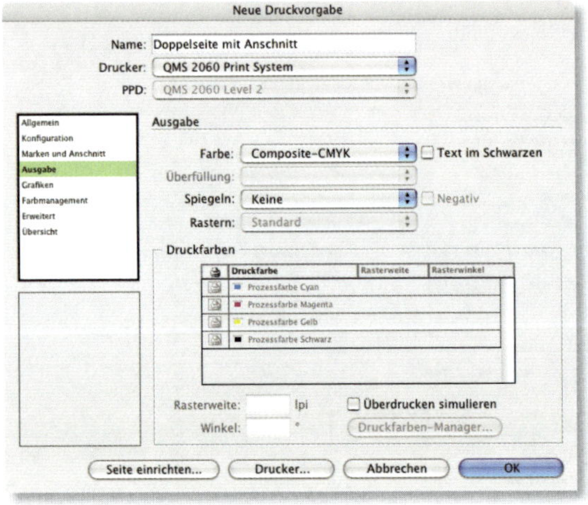

6 Bilder und Schriftarten übermitteln

Alle platzierten Grafiken und Bilder sollten in der eigenen Auflösung an den Drucker geschickt werden. Wählen Sie daher DATEN SENDEN • ALLE. Schriftarten müssen vollständig heruntergeladen werden.

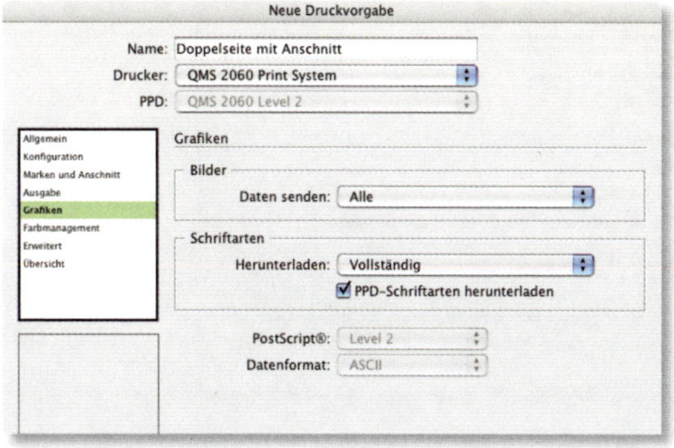

7 PostScript und Datenformat

Sofern nicht anders vorgegeben, sollte der PostScript-Level auf 3 stehen und das Datenformat binär sein. Für unser Beispiel arbeiten wir mit einem Drucker, der nur die in der Abbildung gezeigte Kombination versteht.

8 CMYK-Werte erhalten

Im Farbmanagement des Druckdialogs wählen Sie, dass InDesign die Farben bestimmt und dass das Druckerprofil mit dem Dokument-CMYK übereinstimmt. Insofern findet keine Farbumrechnung speziell für die Druckausgabe statt, und die CMYK-Werte werden erhalten.

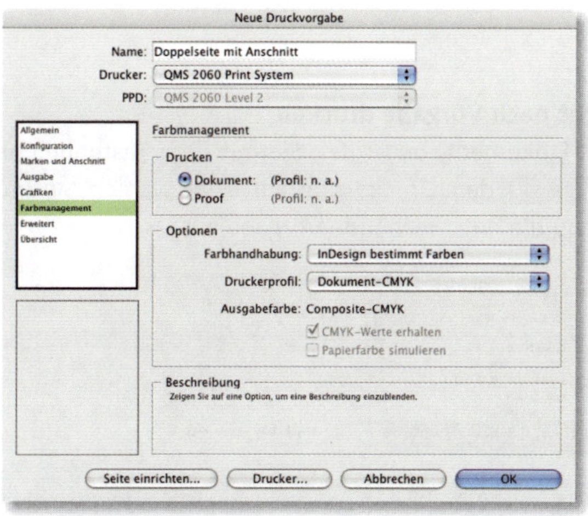

9 Transparenzen reduzieren

Wählen Sie die hohe Auflösung für die Reduzierung der Transparenzen, um die maximale Qualität an den Drucker weiterzugeben.

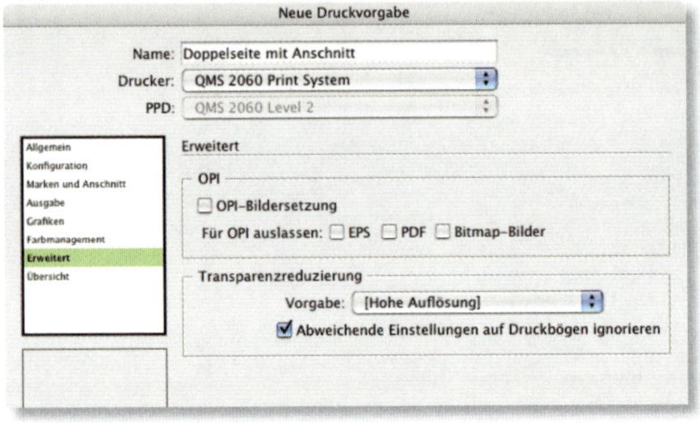

10 Neue Vorgabe speichern

Klicken Sie auf OK, und Ihre neue Einstellung erscheint in der Liste der Druckvorgaben.

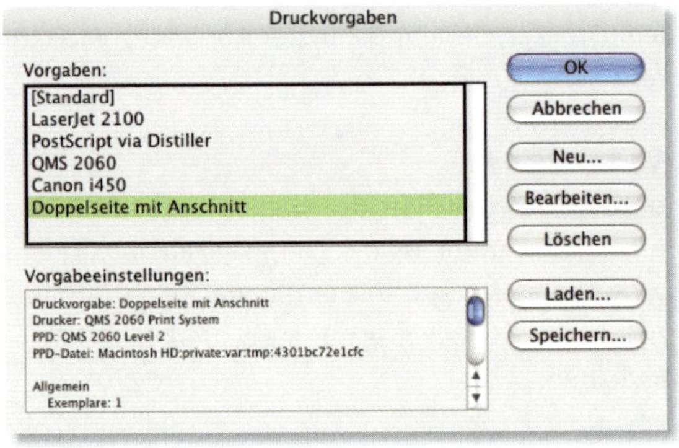

11 Dokument nach Vorgabe drucken

Öffnen Sie ein Dokument, und rufen Sie mit dem Tastenbefehl [⌘] + [P]/[Strg] + [P] den Druckdialog auf. Hier wählen Sie im Pull-down-Menü die entsprechende Vorgabe aus.

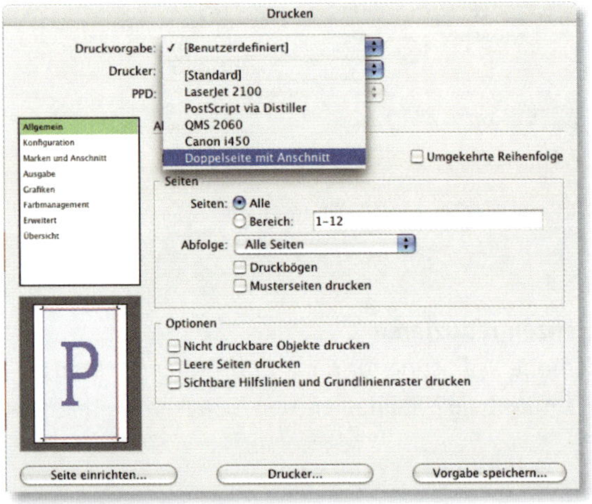

23 PDF-Export aus InDesign

Zwei Wege bietet InDesign zum PDF-Format: den direkten Export und die herkömmliche Erzeugung einer PDF-Datei über den Acrobat Distiller im Druckdialog. Beide Verfahren bieten eine qualitativ hochwertige Erstellung für den Druck auf Basis der bekannten ISO-Standards PDF/X-3 und X-1a oder das Internet an.

Ob für das Internet, für den Digitaldruck, die Ausbelichtung mit Einstellungen Ihrer Druckerei oder als PDF/X: InDesign bietet für jede Ausgabeform eine Vorgabe an, die Sie einfach übernehmen oder konfigurieren können. Diese Vorgaben wollen wir Ihnen im Detail vorstellen, beleuchten danach das PDF/X-Format und zeigen den klassischen Weg über PostScript und Distiller zum PDF-Format. Die Vorgaben sind nun auch innerhalb der Creative Suite 2 austauschbar, d. h., Sie richten einmal in InDesign eine PDF-Vorgabe ein und exportieren auf Basis dieser Vorgabe auch mit Illustrator CS2 eine PDF-Datei. Diese Funktion bieten nur die Programme der Creative Suite 2, frühere Versionen von Photoshop oder Illustrator können die Vorgaben nicht übernehmen.

Der Ideenreichtum von Adobe kann jedoch nicht darüber hinwegtäuschen, dass eine PDF-Datei aus InDesign nicht identisch zu einer PDF-Datei aus Illustrator ist, auch wenn Sie diese aufgrund derselben Vorgabe exportiert haben. Zu unterschiedlich sind die Techniken der Programme.

Damit Ihnen bei der PDF-Technik nicht schwindlig wird, die Versionen und Anforderungen auseinander zu halten, haben wir für Sie die Formate einmal aufgestellt:

Jahr	PDF-Version	Acrobat	PostScript	Bezeichnung
1992	PDF 1.0	Carousell	Level 1	–
1993	PDF 1.1	Acrobat 2	Level 2	2014
1996	PDF 1.2	Acrobat 3	Level 2	2017
1999	PDF 1.3	Acrobat 4	PostScript 3	3010
2001	PDF 1.4	Acrobat 5	PostScript 3	3011
2003	PDF 1.5	Acrobat 6	PostScript 3	3015
2004	PDF 1.6	Acrobat 7	PostScript 3	3016

23.1 Adobe PDF-Vorgaben

In diesem Kapitel wollen wir uns ausschließlich mit PDF-Dateien beschäftigen, die Sie für die Korrektur mit dem Kunden und für die Ausbelichtung anfertigen. Interaktive PDF-Dateien sind auch mit InDesign möglich. Lesen Sie dazu bitte das Kapitel »Interaktivität«.

Abbildung 23.1 ▸
Die Standard-PDF-Exportvorgaben sind in eckige Klammern eingefasst.

Sehen wir uns die Exportfunktionen von InDesign einmal genauer an. Über das Menü Datei haben Sie die Möglichkeit, die Adobe PDF-Vorgaben aufzurufen. Die in älteren Versionen von InDesign bekannten Vorgaben wurden nun allgemein durch Standardvorgaben der Creative Suite ersetzt. In einem kurzen Überblick weisen wir auf die Eigenschaften hin.

Die Formate eignen sich für die unterschiedlichen Einsatzgebiete, für die eine PDF-Datei exportiert werden kann. Dafür sind natürlich die Auflösung der Bilddaten, die Farbangaben, das Farbmanagement und die Verwendung von interaktiven Elementen maßgeblich. Auch die Dateigröße ist dafür ausschlaggebend, ob Sie als Anwender eine PDF-Datei über das Internet von einer Website herunterladen können.

Druckausgabequalität | Mit dieser Einstellung exportieren Sie PDF-Dateien, die für den Offsetdruck geeignet sind. Jedoch wurden die Transparenzen noch nicht reduziert, so dass Sie sich mit der Druckerei zuvor absprechen müssen. Nutzen Sie daher besser die Vorgabe PDF/X-3:2002 für den Offsetdruck oder andere hoch qualitative Druckverfahren.

Kleinste Dateigröße | Mit Hilfe dieser Vorgabe erzeugen Sie eine PDF-Datei, die nur für eine Korrektur geeignet ist und als E-Mail-Anhang möglichst wenig Platz einnimmt. Darüber hinaus eignet sich die Datei aber nicht für das Internet: Interaktive Elemente wie Hyperlinks werden allerdings nicht übernommen. Dazu müssen Sie eine eigene Vorgabe einrichten. Wie Sie interaktive PDF-Dateien exportieren, lesen Sie im Kapitel »Interaktivität«.

PDF/X-1a:2001 | Die erste Vorgabe nach dem PDF/X-Standard und erzeugt drucktaugliche PDF-Dateien im Format 1.3, die auch mit Acrobat 4 geöffnet und belichtet werden können. Lesen Sie dazu auch den Abschnitt zum ISO-Standard.

PDF/X-3:2002 | Ebenso wie /X-1a erzeugen Sie eine drucktaugliche Datei. Der X-3-Standard ist die meistgenutzte Variante der neuen ISO-Standards und wird mit den von der European Color Initiative (ECI) empfohlenen Profilen angewandt, um eine universell nutzbare PDF-Datei für die Druckvorstufe zu erzeugen. Diese Vorgabe und die damit verbundenen Anforderungen an die PDF-Datei beschreiben wir ausführlich im Abschnitt PDF/X.

Qualitativ hochwertiger Druck | Mit dieser Einstellung erzeugen Sie PDF-Dateien, ähnlich dem ersten Format DRUCKAUSGABEQUALITÄT, geeignet für Desktop-Drucker und Proof-Geräte.

Der Export-Dialog | Sobald Sie die Export-Funktion aufgerufen und den Ablageort der PDF-Datei gewählt haben, öffnet sich der Export-Dialog, und die weiteren Einstellungen können auf Basis der Vorgabe eingerichtet werden.

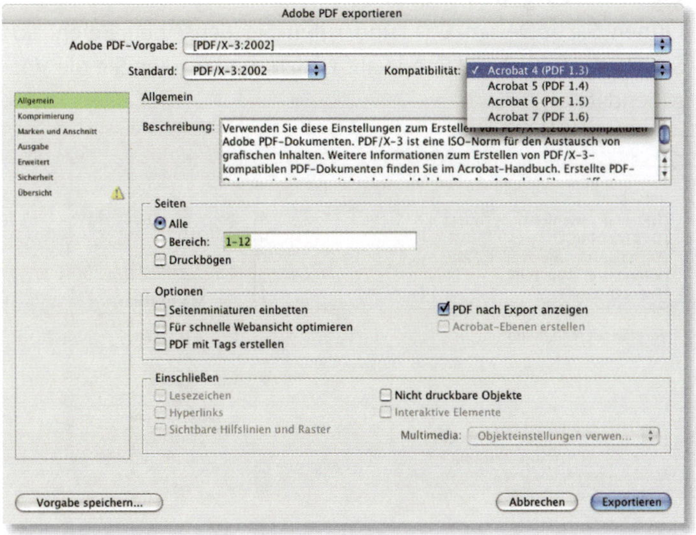

◂ **Abbildung 23.2**
Dialog ADOBE PDF EXPORTIEREN

Schritt für Schritt: Alte PDF-Exportvorgaben übernehmen

Wenn Sie mit einer InDesign CS-Version bereits Vorgaben definiert haben, die Sie in InDesign CS2 einfach nur übernehmen wollen, exportieren Sie die Vorgaben und laden sie später in der neuen CS2-Version.

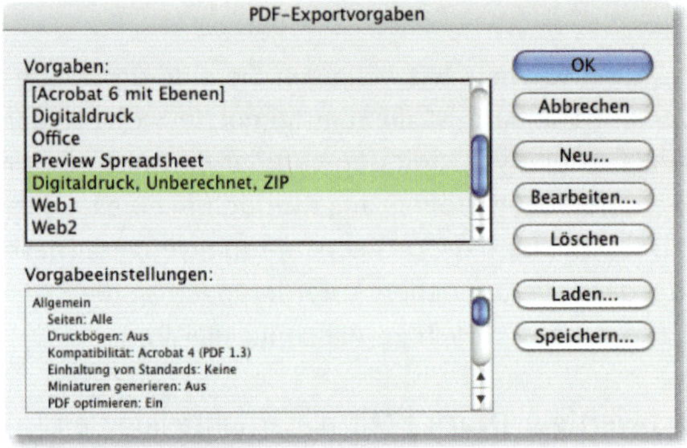

1 Alte Vorgaben speichern

Wählen Sie in InDesign CS den Befehl DATEI • PDF-VORGABEN • DEFINIEREN..., und klicken Sie auf SPEICHERN UNTER und wählen einen geeigneten Namen mit der Endung »*.tifs«.

2 Alte Vorgaben einladen

Öffnen Sie InDesign CS2, und rufen Sie denselben Befehl aus Schritt 1 auf. Klicken Sie nun auf LADEN, und wählen Sie die Vorgabendatei.

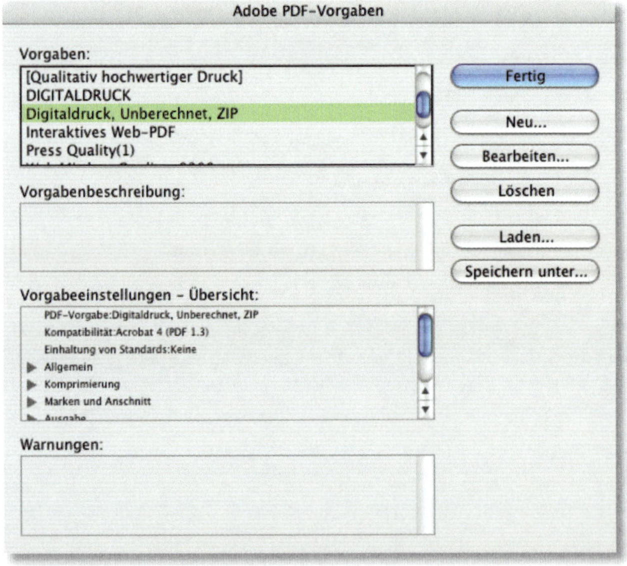

23.2 Direkter PDF-Export

InDesign ermöglicht mit der eingebauten PDF-Library den direkten Export. InDesign ist der Zeit damit ein gutes Stück voraus, denn es schreibt PostScript 3-Code, der nicht von allen derzeitigen RIPs interpretiert werden kann. Das direkt erzeugte PDF ist qualitativ sehr hochwertig, führt in vielen Umgebungen nicht zuletzt aufgrund der 2-Byte-CID-codierten Fonts (Character Identifier) zu Ausgabeproblemen, erst RIPs ab der PostScript-Version 3011 interpretieren diese CID-Fonts einwandfrei. In diesem Fall empfehlen wir, den Weg nach wie vor über den PostScript-Druckdialog via Distiller zur PDF-Erstellung zu beschreiten, um auch in älteren Produktionsumgebungen eine sichere Ausgabe zu gewährleisten.

InDesign hält sich beim direkten Export erwartungsgemäß streng an die aktuellen Adobe-Standards. Zum Öffnen von PDF-Dateien, die aus InDesign heraus geschrieben wurden, benötigen Sie mindestens Acrobat 4 für PDF 1.3 und Acrobat 5 für PDF 1.4, das Transparenzen unterstützt. Für die Unterstützung von Ebenen aus dem Layoutdokument in das Format PDF steht nun Acrobat 6 bzw. 7 mit dem 1.5- und 1.6-Format zur Verfügung.

Buch exportieren
Aus InDesign heraus können Sie grundsätzlich einzelne InDesign-Dokumente in PDF-Dateien exportieren oder aber über die Buch-Palette mehrere selektierte Dokumente gemeinsam. Von besonderer Qualität ist die Tatsache, dass so Dateien unterschiedlicher Dokumentgröße in eine PDF-Datei überführt werden können. Dazu wählen Sie in der Buch-Palette mit gedrückter Umschalttaste die zu exportierenden Dokumente aus. Über das Palettenmenü der Buch-Palette aktivieren Sie die Funktion Buch in PDF exportieren.

Über das Menü Datei rufen Sie den Befehl Exportieren auf (Strg/⌘+E) auf. Sie werden aufgefordert, den Speicherort der PDF-Datei anzugeben und der zu speichernden Datei einen Namen zu geben. Ist Ihr InDesign-Dokument bereits benannt, wird automatisch der Dokumentname mit der jeweiligen Export-Dateiendung benutzt. Unter der Option Formate wählen Sie Adobe PDF aus.

Wenn Sie den Exportbefehl über die Schaltfläche Sichern bestätigen, öffnet sich der Export-Dialog. Über das Popup-Menü Adobe-PDF-Vorgabe erreichen Sie die erwähnten Standard-PDF-Exportvorgaben oder die bereits von Ihrem Dienstleister zur Verfügung gestellten und importierten benutzerdefinierten PDF-Exportvorgaben.

Unabhängig von den neuen Formaten können Sie auch selbst eine Exportvorgabe für das Internet, für interaktive PDFs oder für den Digitaldruck erstellen. Dies sollten Sie allerdings in enger Abstimmung mit Ihrer Druckerei tun oder Vorgaben anfragen, die Sie dann in InDesign importieren können.

23.2.1 Allgemein

In den allgemeinen Exporteinstellungen legen Sie fest, mit welcher Acrobat-Version Ihre PDF-Datei kompatibel ist ❶. Das ist die wichtigste Konvertierungseinstellung für den klassischen

Print-Workflow. Es hängt dabei von Ihrer Wahl ab, ob verschiedene Effekte, z. B. Überdrucken, korrekt angezeigt werden.

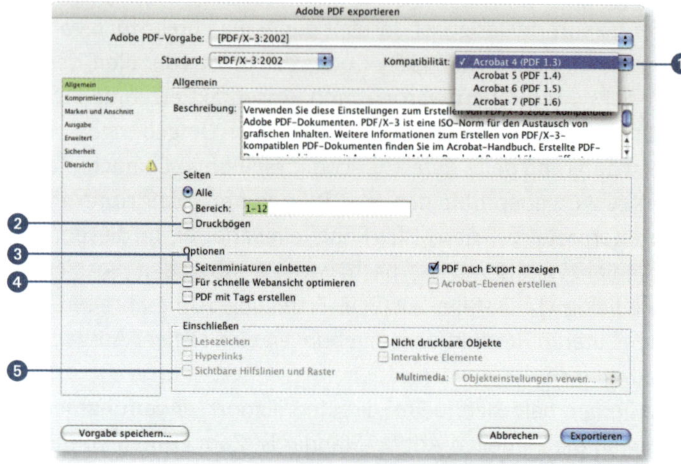

Abbildung 23.3 ▸
Allgemeine Einstellungen für den PDF-Export nach dem ISO-Standard PDF/X-3

Seiten | Mit der Funktion Druckbögen ❷ werden Seiten gemeinsam exportiert, als wären sie direkt miteinander verbunden oder auf demselben Blatt gedruckt. Pro Blatt können Sie nur einen Druckbogen exportieren. Aktivieren Sie die Funktion Druckbögen allerdings nicht, wenn die Ausgabe der PDF-Datei durch eine Druckerei erfolgen soll, denn die Seiten können dann in aller Regel nicht mehr als Einzelseiten ausgeschossen werden. Zum Thema Ausschießen sollten Sie auch das gleichnamige Kapitel lesen.

Optionen | Sie sehen im Feld für die Optionen, dass weitergehende, zusätzliche Parameter gesetzt werden können. Beim Export können Sie durch Aktivieren der Schaltfläche Seitenminiaturen einbetten ❸ automatisch dafür sorgen, dass Seiten-Thumbnails angelegt werden, die Ihnen beim Navigieren in der PDF-Datei in Acrobat eine Vorschau liefern. Bedenken Sie aber, dass die PDF-Datei durch die Miniaturen je nach Größe der Datei zusätzlichen Speicherbedarf benötigt.

Die Option Für schnelle Webansicht optimieren ❹ sorgt dafür, dass die exportierte Adobe PDF-Datei in ihrer Dateigröße verringert wird. Dabei wird die Datei neu strukturiert und so für seitenweises Laden (Byte-Serving) durch Webserver vorbereitet. Text und Strichgrafiken werden dabei komprimiert und die Komprimierungseinstellungen, die Sie vorgenommen haben, überschrieben. Das Ergebnis dieser Funktion ist ein erheblich schnellerer Zugriff und eine schnellere Anzeige beim Laden der Datei vom Internet oder von einem Netzwerk.

Als sehr praktisch erweist sich die Schaltfläche PDF NACH EXPORT ANZEIGEN. Gleich nach der Konvertierung in ein Adobe PDF wird der Acrobat Reader oder Adobe Acrobat gestartet, um die Datei am Bildschirm anzuzeigen. So können Sie das Ergebnis am Bildschirm schnell beurteilen und kontrollieren. Wir empfehlen Ihnen hier, mit einem Dokument mehrere Tests zu machen, um das Ergebnis der jeweiligen Konvertierungseinstellungen auch richtig bewerten zu können. Die Tatsache, dass die Option SICHTBARE HILFSLINIEN UND GRUNDLINIENRASTER ❺ vorhanden ist, eröffnet Ihnen beispielsweise hervorragende Korrekturmöglichkeiten.

Einschließen | Sie können bei der PDF-Erzeugung aus InDesign LESEZEICHEN und HYPERLINKS direkt einschließen. Lesezeichen und Hyperlinks in einer PDF-Datei verbessern die Dokumentnavigation, vorausgesetzt, Sie haben in Ihrem Layoutdokument auch entsprechende Markierungen vorgenommen. Im Kapitel »Interaktivität« erfahren Sie, wie Sie diese Lesezeichen anlegen und exportieren.

Exportieren, Prüfen und Versenden

Wenn Sie Ihr Layout fertig gestaltet haben und Ihrem Kunden eine Korrektur zuschicken wollen, legen Sie sich eine PDF-Vorgabe »Korrektur« an, und exportieren Sie eine PDF-Datei mit der Option NACH DEM EXPORT ANZEIGEN. Sobald die fertige PDF in Acrobat geöffnet wird, können Sie mit den Preflight-Tools die Datei prüfen und danach auf den E-Mail-Button in der Acrobat-Oberfläche klicken. Danach öffnet sich Ihr E-Mail-Programm mit der angehängten PDF-Datei und dem Dateinamen in der Betreffzeile. Einfacher geht es nicht!

23.2.2 Komprimierung

Die Einstellungen unter Komprimierung erinnern sehr stark an das Konfigurationsfenster des Adobe Acrobat Distillers. Auch hier hat Adobe nützliche Funktionen integriert, die viel Zeit und Ärger sparen und die Dateigröße optimal beeinflussen. So wie der Adobe Acrobat Distiller bietet InDesign Ihnen unter dem Popup-Menü ADOBE PDF-VORGABE ❶ bereits Standardkomprimierungen für die jeweiligen Ausgabeerfordernisse an.

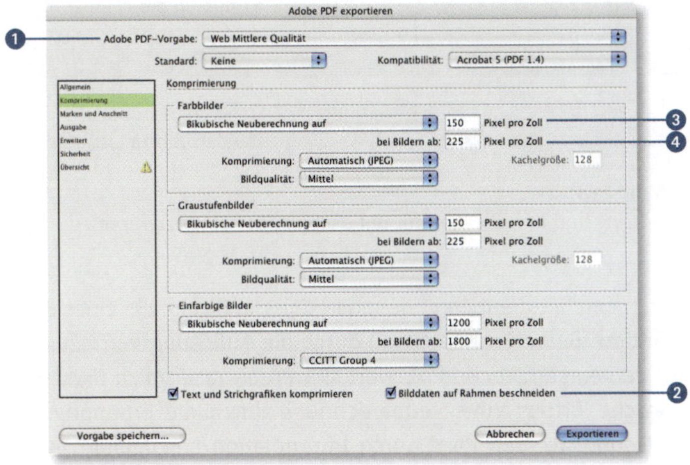

◂ Abbildung 23.4
Die Komprimierungseinstellungen für den PDF-Export einer internet-tauglichen Datei, die Sie auch an Ihre Kunden zur Korrektur senden können. Eine Auflösung von 72–150 dpi reicht zur Beurteilung und zum Ausdruck auf einem Farblaserdrucker aus.

Die Option BILDDATEN AUF RAHMEN BESCHNEIDEN ❷ ist funktional hervorragend. Per Mausklick werden bei der PDF-Erzeugung aus InDesign unnötige Bildinformationen entfernt, die verborgen hinter Rahmen enthalten sein können und bei der Ausgabe im Normalfall unabhängig davon, ob sie wirklich gedruckt werden sollen, mitgeschickt werden. Diese Funktion reduziert die Ausgabezeiten unter Umständen deutlich.

Ein **Neuberechnen** von platzierten Bildern kann generell vermieden werden, wenn man die Zeit hat, die Bilddaten im Vorfeld genau zu berechnen. In der Praxis wird aus Zeitgründen wohl aber eher damit gearbeitet, dass die Bilddaten in der Applikation angepasst werden.

Sie können in InDesign die **Auflösung** ❸ eines Bildes bestimmen, um die Bilddaten auf die für ein Ausgabegerät erforderliche Menge zu reduzieren. Das Neuberechnen empfiehlt sich, wenn Bilder mehr Daten enthalten, als das Ausgabegerät verwenden kann, oder wenn die exportierte Adobe PDF-Datei im Web verwendet werden soll.

Auflösung und Kompression | Mit einer kleinen Übersicht wollen wir Ihnen die richtigen Auflösungs- und Kompressionsstufen näher bringen:

Einsatz	Ziel	Auflösung	JPEG-Kompression	Extras
PDF-Download im Internet	minimale Dateigröße	72 ppi	Minimum	keine Hyperlinks oder Lesezeichen
PDF-Download im Internet; gute Qualität bei 100–150 ppi	mittel	auch für Kundenkorrektur geeignet		
Multimedia-PDF	Einbindung von Filmen	100–150 ppi	mittel	eingebettete Filmdaten beeinflussen die Dateigröße
Digitaldruck	optimale Qualität und Dateigröße	240–300 ppi	hoch	
PDF/X	ISO-Standard	300 ppi	Maximum	Hohe Dateigröße, aber standardisierte Qualität

Tabelle 23.1
Auflösung und Kompression für unterschiedliche Einsatzzwecke

Durch eine Bildneuberechnung werden die Pixelmaße eines Bilds geändert. Beim Neuberechnen durch die Auflösungsverringerung auf den eingetragenen Pixelwert ❹ werden tatsächlich Bilddaten gelöscht. Erfolgt eine Neuberechnung durch die Erhöhung der Auflösung, werden Pixel durch Interpolation hinzugefügt. Auch in InDesign wie im Acrobat Distiller gilt ein Berechnungsgrenzwert von 1,5, was bedeutet, dass die Bildneuberechnung nach den jeweils ausgewählten Einstellungen überhaupt erst erfolgt, wenn eine Bildauflösung den hier angegebenen Wert um mehr als das 1,5fache übersteigt. Ansonsten findet keine Bildneuberechnung statt.

Interpolationsmethoden | Anhand der gewählten Interpolationsmethode geben Sie an, auf welche Weise nun Pixel hinzugefügt oder aber aus den Bilddaten gelöscht werden.

- Bei der **Durchschnittlichen Neuberechnung** wird der Durchschnitt der Pixel in einem Abtastbereich errechnet und danach der gesamte Bereich durch die durchschnittliche Pixelfarbe in der festgelegten Auflösung ersetzt.
- Erfolgt hingegen eine **Änderung der Abtastauflösung**, wird ein Pixel in der Mitte des Abtastbereichs gewählt und dann der gesamte Bereich durch diesen Pixel in der festgelegten Auflösung ersetzt. Bei diesem Verfahren wird die Verarbeitung im Vergleich zur Auflösungsverringerung erheblich schneller vonstatten gehen. Die resultierenden Bilder aber wirken anschließend weniger glatt. Das Verfahren ist für den hochauflösenden Druck nicht unbedingt empfehlenswert.
- Bessere Ergebnisse lassen sich in jedem Fall mit der **bikubischen Neuberechnung** erzielen. Hierbei wird eine Pixelfarbe anhand eines gewichteten Durchschnitts bestimmt. Die bikubische Neuberechnung liefert deutlich bessere Ergebnisse als die durchschnittliche Neuberechnung. Das Verfahren dauert zwar in der Berechnung länger, ist aber dafür am präzisesten und bietet dem Anwender die glattesten Tonabstufungen.

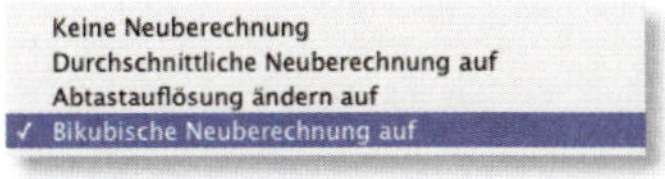

▲ **Abbildung 23.5**
Die bikubische Berechnung der Bildauflösung bei verkleinerten oder vergrößerten Bildern im Layout bietet stets die besten Bildergebnisse.

Beachten Sie, dass InDesign eine Neuberechnung in der Regel nur mit einer niedrigeren Auflösung durchführen kann und nicht mit einer höheren. Enthält Ihr Dokument transparente Objekte, kann für die Bilder allerdings unter bestimmten Umständen durch die Transparenzreduzierung dennoch eine Auflösungserhöhung erzielt werden.

23.2.3 Marken und Anschnitt

So wie bereits im Kapitel über die PostScript-Ausgabe ausführlich beschrieben, haben Sie die Möglichkeit, beim Exportieren Ihres InDesign-Dokuments Druckmarken zu setzen und die jeweiligen Informationen direkt in das PDF schreiben zu lassen. Setzen Sie sich dazu mit Ihrer Druckerei zusammen, oder beraten Sie Ihre Designer, die Ihnen die PDF-Daten anliefern. Der Anschnitt muss für die Druckausgabe immer mit exportiert werden. Die Schnittmarken hingegen können auch später durch eine Ausschießsoftware ergänzt werden.

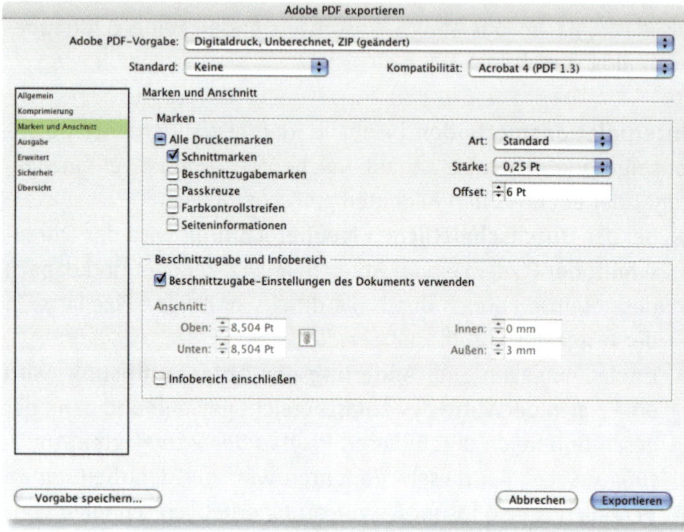

Abbildung 23.6 ▸
Die Schnittmarken und der Anschnitt sollten immer dann ausgegeben werden, wenn Sie nicht wissen, ob die Druckerei eigene Marken hinzufügt.

InDesign geht dabei von den Dokumentmaßen aus und erweitert das Dokument um die voreingestellten Maße, um alle Informationen in dem PDF unterbringen zu können. Papierformate müssen beim PDF-Export im Gegensatz zu den Druckformaten gesondert, nicht manuell eingegeben werden. Befinden sich Objekte im Anschnitt, ist es erforderlich, dass Sie in den Feldern für die Beschnittzugabe die entsprechenden Werte eintragen, denn nur so werden über die Begrenzung der Beschnittmarken hinaus überhaupt die randabfallenden Objekte berücksichtigt. Man geht in der Praxis von einer **Beschnittzugabe** von 3 mm aus.

Die Lage der Beschnittzeichen in Bezug zum beschnittenen Endformat kann frei gewählt werden, sollte jedoch nur in Ausnahmefällen angepasst werden. Normalerweise beträgt der Abstand der Beschnittzeichen 6 pt von der Papierkante, was der Voreinstellung 2 von 2,117 mm entspricht.

23.2.4 Ausgabe

In dieser Rubrik der Exporteinstellungen entscheiden Sie, ob Farben für den Export der PDF-Datei in ein Zielprofil umgewandelt oder beibehalten werden. Für die Ausgabe in das PDF/X-Format ist der Fall eindeutig: Es finden keine Umwandlungen statt, wie Sie schon in dem Abschnitt zu PDF/X lesen konnten.

Für das Internet können die Farben auch in den sRGB-Farbraum konvertiert werden. Das Profil sRGB ist der übliche im Web verwendete Farbraum. Eine Umwandlung an dieser Stelle hat den Vorteil, dass die Farben bei der Betrachtung am Monitor in einem Browserfenster, im Adobe Reader oder in Acrobat brillanter erscheinen als die CMYK-Farbwerte oder Schmuckfarben. Zudem genügen der exportierten PDF-Datei auch nur die drei

RGB-Farbwerte, um eine Farbe zu beschreiben, die PDF-Datei wird also kleiner als eine vergleichbare PDF mit CMYK-Bildern.

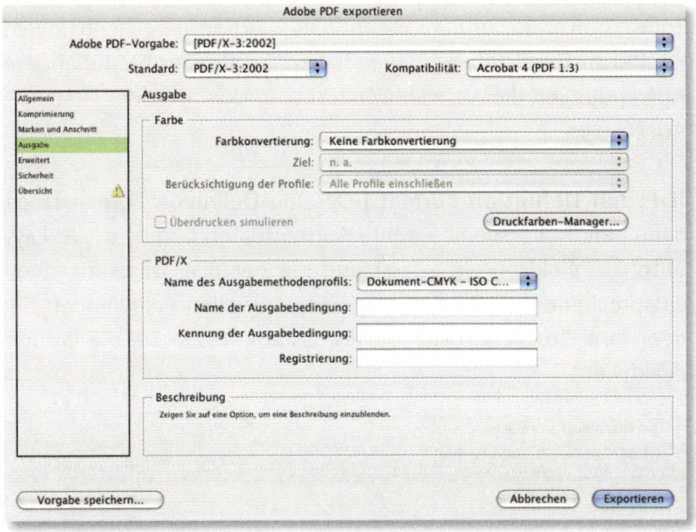

◂ Abbildung 23.7
Die Ausgabe bietet die Optionen zur Farbkonvertierung. Der PDF/X-Standard sieht keine Umwandlung vor, nennt aber das Ausgabemethodenprofil.

Haben Sie Ihr Dokument medienneutral aufgebaut und verwenden im Layout den ECI-RGB-Farbraum, so kann auch eine Umwandlung von ECI-RGB in sRGB eine bessere Monitordarstellung erzeugen, die Abweichungen sind jedoch minimal.

Mit der Einstellung In Zielprofil konvertieren (Werte beibehalten) werden nur Bilder umgewandelt, die mit einem Profil gekennzeichnet sind und nicht dem Zielprofil entsprechen. Andere Objekte wie Schriften, die keine Profile besitzen, werden nicht umgewandelt, ihre Farbwerte werden beibehalten.

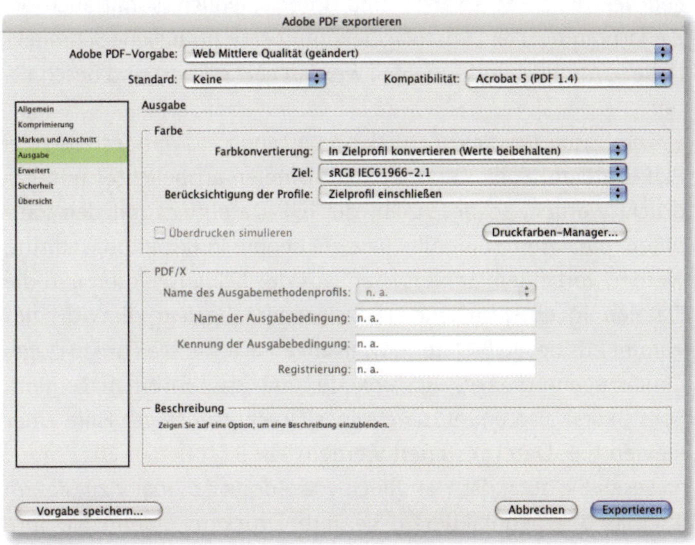

◂ Abbildung 23.8
Die Ausgabe für das Internet erfolgt mit einer Farbumwandlung in das Zielprofil sRGB.

23.2.5 Erweitert

Die Transparenzreduzierung und die JDF-Einstellungen treffen Sie in der Rubrik ERWEITERT im Exportdialog. Während wir die Transparenzreduzierung für den PDF/X-Export im gleichnamigen Kapitel ausführlich beschrieben haben, bestimmen Sie für andere Anwendungen die Auswahl MITTLERE AUFLÖSUNG oder NIEDRIGE AUFLÖSUNG.

JDF: Job Definition Format | Das Job-Definition-Format spielt dann eine Rolle, wenn Sie Ihre Auftragsdaten bereits in der Layoutphase elektronisch erfasst und mit der PDF-Datei für einen entsprechenden Workflow exportieren wollen. Verwenden Sie oder Ihre Druckerei kein solches System, lassen Sie die Option deaktiviert.

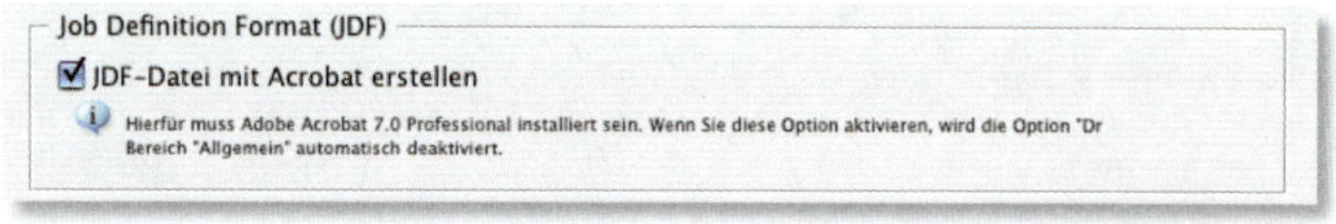

Abbildung 23.9 ▸
Mit InDesign CS2 können bei der Erzeugung auch JDF-Daten exportiert werden.

Das neue Standardformat JDF wird bereits in Druckereien zur Kontrolle und automatischen Steuerung von Druckjobs verwendet, und es können Informationen zum Kunden, zur Auflage, zur Papiersorte, zur Bindung und andere Verarbeitungsschritte gespeichert werden. Ein Beispiel soll Ihnen verdeutlichen, wozu JDF in der automatisierten Druckproduktion geeignet ist.

JDF im Internet
Mehr Informationen zum Thema JDF finden Sie unter der Adresse der CIP4-Organisation, einem Zusammenschluss von Herstellern, die den JDF-Standard entwickeln und in ihren Produkten einsetzen: http://www.cip4.org

Magazinproduktion mit JDF | Ein Magazin wird im Offsetdruck mit einem Innenteil und einem Umschlag vollständig vierfarbig gedruckt. Die Papiersorten sind unterschiedlich, somit auch die Zielfarbräume. Der Umschlag bekommt eine zusätzliche Schmuckfarbe. Umschlag und Innenteil werden geklammert und beschnitten.

Die Daten für diesen Druckjob bestehen aus mindestens zwei PDF-Dateien. Sollen nun die PDF-Dateien ausbelichtet und gedruckt werden, so beschreibt die JDF-Datei, was mit den Patienten passieren soll. Alle beschriebenen Verarbeitungsschritte werden von einem Serversystem aus der JDF ausgelesen und die Dateien in entsprechende Dateiordner abgelegt. Ein RIP bekommt aus der JDF-Datei Anweisungen u.a. für die Farbauszüge, Druckbogenmontage, Rasterweite und das Farbmanagement. Somit kann also ein automatischer Druckprozess mit Hilfe einer kleinen JDF-Datei gesteuert werden.

Lesen Sie auch das Handbuch von Adobe Acrobat 7 zu diesem Thema, oder kontaktieren Sie Ihre Druckerei, wenn Sie Ihre Druckjobs mit dem JDF-Format steuern wollen. Dazu benötigen

Sie allerdings eine entsprechende Druckauftrags- und Verwaltungssoftware, die auch mit JDF arbeitet.

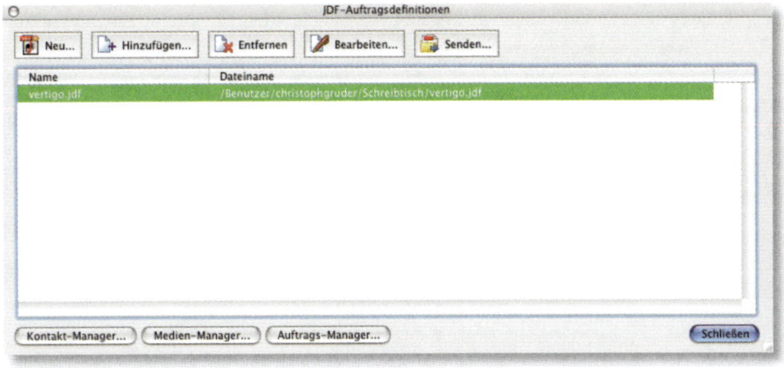

◂ **Abbildung 23.10**
Wenn Sie die JDF-Datei in Acrobat öffnen, können Sie diese bearbeiten oder mittels Kontakt-Manager versenden.

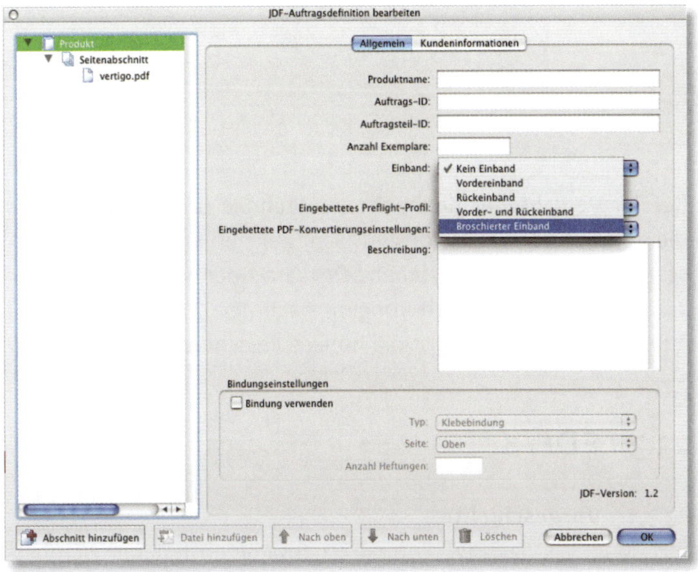

◂ **Abbildung 23.11**
Jobname, Auftrags-ID, Auflage oder die Bindung einer Broschüre können in der JDF-Datei mit Acrobat festgelegt werden. Diese Informationen sollten allerdings nicht per Hand eingegeben, sondern über ein Auftragssystem importiert werden.

23.2.6 Sicherheit

Schützen Sie Ihre PDF-Daten, wenn Sie Dateien zur Korrektur schicken oder Preislisten, Vertragswerke und andere sensible Dokumente im Internet zum Download zur Verfügung stellen wollen. Das ISO-Format PDF/X für die Weitergabe drucktauglicher PDF-Dateien erlaubt keinerlei Verschlüsselung.

So können Sie ein Dokumentkennwort festlegen, um das unerlaubte Öffnen Ihres PDF-Dokuments zu verhindern. Ferner haben Sie die Möglichkeit, ein vom Benutzerkennwort abweichendes Hauptkennwort zu vergeben, um die Nutzungsmöglichkeiten in der PDF-Datei einzuschränken. Diese Option ist besonders sinnvoll: Versenden Sie eine PDF-Datei zur Korrektur an Ihren Kunden, und nutzen Sie nur ein Berechtigungskennwort wie in Abbildung 23.12. Ohne zulässige Änderungen kann Ihr

Verschlüsselung in Acrobat
Alternativ zur Verschlüsselung aus InDesign können Sie später die PDF-Datei natürlich auch in Acrobat öffnen und nachträglich digitale Unterschriften oder Passwörter hinzufügen und somit die Datei vor unerlaubtem Zugriff absichern.

Kunde die PDF einfach öffnen und drucken, nicht jedoch Informationen mit Acrobat-Werkzeugen verändern.

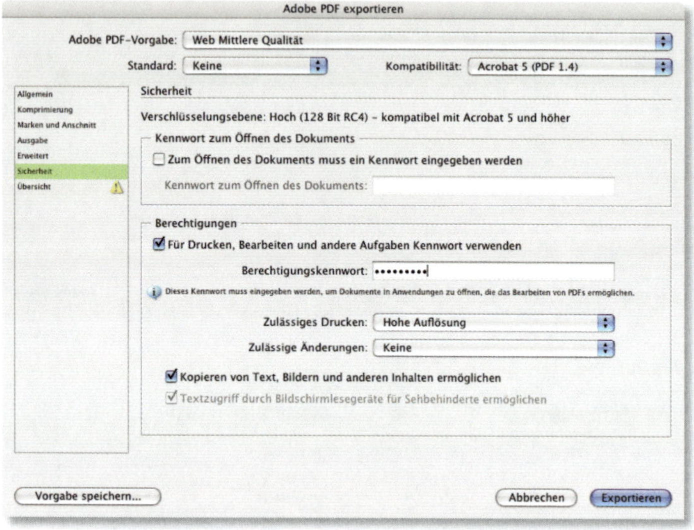

Abbildung 23.12 ▶
Entsprechend den Möglichkeiten der Acrobat 5-kompatiblen Verschlüsselung lässt sich der Zugriff der exportierten PDF-Datei beschränken.

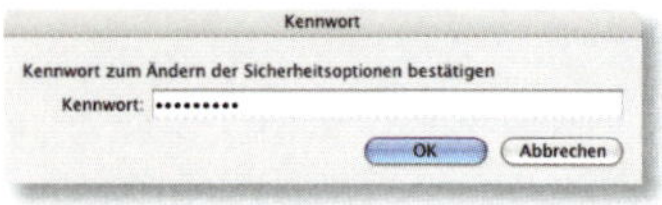

▲ Abbildung 23.13
Die Bestätigung des Kennworts erfolgt unmittelbar vor dem Export der PDF-Datei. Dieses Kennwort müssen Sie auch in Acrobat eingeben, um die Sicherheitseinstellungen zu modifizieren oder wieder ganz aufzuheben.

Bei der Vergabe der Kennwörter sollten Sie darauf achten, dass die Kennwörter aus mindestens acht Zeichen und möglichst verschiedenen Zeichen bestehen. Der Grad der Verschlüsselung – z. B. 128 Bit – richtet sich übrigens nach der Kompatibilität. Erst ab Acrobat 5 (PDF 1.4) ist die höhere Verschlüsselung möglich.

23.3 PDF/X

23.3.1 Vorgeschichte

Seit 1996, als das PDF-Format 1.2 zusammen mit der Acrobat-Version 3.0 von Adobe veröffentlicht wurde, waren die Grundvoraussetzungen geschaffen, auf Basis des PDF-Formats sowohl Schwarz-Weiß- als auch vierfarbige Druckvorlagen zu erstellen.

Die amerikanische Organisation Committee for Graphic Arts Technologies Standards – kurz CGATS genannt – liebäugelte damit, das Format PDF zu einem internationalen Standard zu entwickeln, da schon frühzeitig die Notwendigkeit und die Chancen gesehen wurden, für die Erstellung und Lieferung von Anzeigen und Drucksachen aller Art eine genormte technologische Basis zu schaffen. Dabei gingen die CGATS zunächst nach amerikanischen Bedürfnissen vor, um eine ANSI-Norm zu definieren, die nur für den US-Markt gilt. Da es sich um eine internationale Norm handeln sollte, die nur von der International Standard Organisation ISO erarbeitet und verabschiedet werden kann, wurden seit 1998 auch europäische Experten mit in die Entwicklung einbezogen.

Die europäischen Bedenken und Änderungswünsche wurden nur zögerlich eingearbeitet, so dass man sich erst im Jahr 2000 auf eine gemeinsame Richtung einigen konnte. Es sollte nun zwei ISO-Formate geben:

1. **PDF/X-1a** für den Print-Workflow ohne medienneutrale Daten und
2. **PDF/X-3** mit medienneutralen profilierten RGB-Daten, die erlaubt, aber nicht vorausgesetzt werden.

Diese Normen wurden im Jahr 2001 und 2002 offiziell als ISO-Norm verabschiedet.

Ein weiterer Standard: **PDF/X-2**. Dieser Standard spielt jedoch überwiegend für den asiatischen Markt eine Rolle. Hier geht es primär darum, auf genormtem Wege Schriften aus lizenzrechtlichen Gründen und wegen des enormen Datenformats nicht vollständig in eine PDF-Datei einzubetten, asiatische Fonts sind aufgrund des enormen Zeichenvorrats mit mehreren tausend Zeichen allein für das Chinesische ungleich größer als ein uns bekannter Standardfont für den europäischen Raum. Hier kommt das TrueType- und OpenType-Format ins Spiel. Auf diese Thematik gehen wir genauer im Kapitel »Typografie« ein.

Zurück zu den beiden ISO-Normen. PDF/X-1a ist ausschließlich dazu bestimmt, nur geräteabhängige Prozess- und Sonderfarben zu transportieren und auf 4C-Geräten auszugeben. Für eine medienneutrale Aufbereitung im RGB-Format sowie die verfahrensneutrale Strategie in Prozess- und Sonderfarben für die Ausgabe auf RBG- und 4C-Geräten ist die Norm PDF/X-3 bestimmt, inklusive Farbmanagement. Letzteres Format wurde besonders auf Drängen der europäischen ISO-Mitglieder definiert und trägt auch der technologischen Entwicklung Rechnung, da es zukünftig immer mehr Ausgabegeräte geben wird, die im RGB-Farbraum drucken oder belichten – man denke z. B. nur an Fotobelichter.

PDF/X im Internet

Zahlreiche nützliche Informationen warten auf Sie im Internet: Das Schweizer Magazin Publisher hat mit Fachreferenten einen Lehrgang zum Thema PDF/X-Erstellung erarbeitet. Dazu kommen auch wirtschaftliche Argumente und Praxisbeispiele. Mehr Informationen erhalten Sie unter: http://www.publisher.ch/pdf-x/

23.3.2 Regeln und Konventionen

Einige gemeinsame Regeln dieser Normen sollen Ihnen verdeutlichen, worin die Normierung besteht:

- **Fonts** müssen eingebettet sein.
- **Bilddaten** müssen als Bestandteil des PDF enthalten und mit Mitteln einer PDF-Seitenbeschreibung kodiert sein.
- **OPI-Kommentare** sind verboten.
- **Transferkurven** sind verboten.
- **Rastereinstellungen** sind erlaubt, müssen vom Empfänger einer PDF/X-Datei aber nicht verwendet werden.

Was bedeutet PDF/X-3:2002?
Wenn Sie sich die PDF-Vorgaben genauer anschauen, finden Sie im Gegensatz zur vorherigen InDesign-Version die Kennzeichnung »2002«. Der PDF/X-3-Standard wurde minimal überarbeitet und liegt nun in zwei Fassungen vor: einmal für die PDF-Version 1.3, die Acrobat 4-kompatibel ist, keine Transparenzen beinhalten darf und 2002 verabschiedet wurde. Die Überarbeitung des Standards fand 2003 statt, wird daher auch PDF/X-3:2003 genannt. Die Unterschiede zum Vorgänger bestehen nur in der erlaubten PDF-Version: 1.5, also Acrobat 5-kompatible Dateien. Transparenzen dürfen aber auch hier nicht verwendet werden.

- Die **Trim Box** muss definiert sein. Sofern Beschnittzugabe vorhanden und für die Produktion relevant ist, muss die Bleed Box definiert sein.
- **Kommentare und Formularfelder** innerhalb der durch Trim Box bzw. Bleed Box definierten Seitenflächen sind nicht erlaubt.
- Mittels des Eintrags »Trapped« in der Dokumentinformation einer PDF-Datei muss angegeben sein, ob die Datei bereits überfüllt wurde oder nicht.
- Die **LZW-Kompression** ist verboten, da Softwarehersteller Lizenzgebühren an den LZW-Patentinhaber Unisys entrichten müssen, um LZW verwenden zu dürfen. Andererseits ist aber die ZIP-Kompression ähnlich leistungsfähig, ohne mit Patenten belegt zu sein.
- Jegliche **Verschlüsselung** ist untersagt, das heißt, es ist auch nicht zulässig, PDF-Dateien zu verwenden, die verschlüsselt sind, aber kein Kennwort zum Öffnen erfordern.
- Mittels eines PDF/X-spezifischen Output-Intent-Dictionarys muss angegeben werden, für welche Ausgabebedingung – also Druckart, Schwarzaufbau, Druckpunktzuwachs, Papierweiß, Farbauftrag – die PDF/X-Datei erstellt worden ist.
- PDF/X-1a wie PDF/X-3 basieren auf PDF 1.3, insbesondere von den in PDF 1.4 eingeführten Transparenzfunktionen soll kein Gebrauch gemacht werden.

23.3.3 PDF/X-Überprüfung: falsch oder wahr?

Allein aus der Fülle von Einzelinformationen, welche die /X-Norm erfüllen müssen, erkennen Sie, dass es sich bei dem Format PDF um ein komplexes Format handelt, dass nun so weit vereinheitlicht wurde, dass es ohne große Schwierigkeiten für Sie als Anwender möglich ist, eine drucktaugliche genormte PDF-Datei zu erzeugen.

Die PDF-Dateien müssen vor einer Belichtung auf ihre Drucktauglichkeit überprüft werden. Die X-3-Überprüfung einer PDF-Datei geschieht über Prüfwerkzeuge, die genau diese Bedingungen abfragen können. Drei PDF/X-Prüfprofile wurden dazu in Acrobat 6 und 7 integriert. Im Kapitel »Preflight und Verpacken« gehen wir genauer auf dieses Werkzeug ein.

Druckdienstleister, die bereits nach Bekanntgabe der Norm ihren Workflow auf PDF/X-3 ausgerichtet haben, wollen auf keinen Fall wieder zur alten Arbeitsweise zurückkehren. Die Produktivitätsvorteile, die sich mit PDF/X eröffnen, können unmittelbar in entfallene Arbeitszeit zur Kontrolle und die damit verbundene Kostenreduzierung für den Kunden umgerechnet werden. Zudem wird die Abstimmung zwischen Designagentur und Druckdienstleister leichter, da nicht für jeden Druckjob unterschiedliche Distiller-Job-Options verschickt und eingesetzt werden müssen. Natürlich kann dieser Weg weiterhin beschritten werden, wenn das PDF-X/3-Format Einschränkungen definiert, die den Erfordernissen des Druckjobs entgegenstehen.

23.3.4 PDF/X-3-Dokument erstellen

Auf zwei verschiedenen Wegen kommen Sie aus InDesign zu einem PDF/X-3-Dokument.

1. InDesign besitzt eine eigene PDF-Exportvorgabe.
2. Es ist immer der parallele Weg über PostScript-Druckdialog und den Distiller möglich.

Beginnen wir jedoch mit dem direkten **PDF/X-3 Exportdialog**. Sie rufen den Ausgabedialog auf, indem Sie im Menü DATEI • EXPORTIEREN... wählen und als Ausgabeformat PDF bestimmen. Danach geben Sie einen Speicherort für diese PDF-Datei an, und im nachfolgenden Dialog wählen Sie unter ADOBE PDF VORGABE • PDF/X-3 aus. Nun können Sie, um ein PDF/X-3-kompatibles PDF zu erstellen, nur noch die Seitenanzahl angeben oder bestimmen, ob Sie einen Druckbogen exportieren möchten.

Marken und Beschnittzugaben | Die einzige sinnvolle Ergänzung, eine PDF-Datei abweichend von der Vorgabe zu exportieren, besteht darin, die Schnittmarken und den Anschnitt hinzuzufügen. Sprechen Sie sich jedoch zuvor mit Ihrer Druckerei ab, ob die Schnittmarken schon hier im InDesign-Export angelegt werden sollen. Viele Ausschießprogramme können auch nachträglich diese Schnittmarken in die Druckform einbelichten.

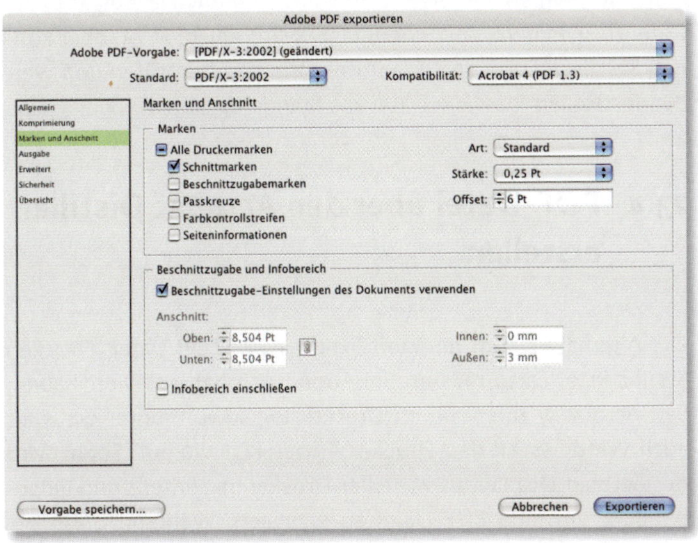

◂ **Abbildung 23.14**
Ergänzend zu den PDF/X-3-Vorgaben aktivieren Sie den Anschnitt und die Schnittmarken.

Ausgabe | Unter der Rubrik Ausgabe im Exportdialog sehen Sie, dass die Farbkonvertierung ausgeschaltet ist. Dies hat zur Folge, dass alle Farbinformationen, in welchen Farbräumen sie auch vorliegen mögen, in das PDF-Format übertragen werden. Darunter können auch RGB-Werte fallen.

Die Ausgabe wird im PDF/X-Format als »Output-Intent« beschrieben. InDesign stellt dafür die Wahl des Ausgabemethodenprofils zur Verfügung. Hier ist grundsätzlich der CMYK-Arbeitsfarbraum gewählt. Wenn Sie aus dem Kapitel »Farbmanagement« alle Einstellungen gemäß der ECI-Empfehlungen getroffen haben, sollten Sie hier das Format ISO Coated vorfinden.

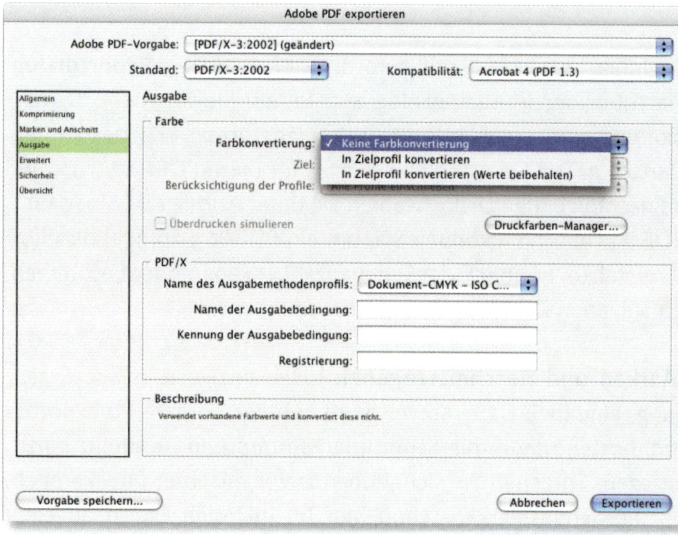

Abbildung 23.15 ▸
Für die Ausgabe findet keine Farbkonvertierung statt. Das Ausgabemethodenprofil entspricht dem eingestellten CMYK-Arbeitsfarbraum.

Da es große Einschränkungen in den Angaben der PDF-Erzeugung gibt, haben Sie jetzt nur noch die ehrenvolle Aufgabe, die Datei zu speichern. Mit einem PDF/X-3-Preflight in Acrobat können Sie diese Datei später auf Konformität überprüfen und werden feststellen, dass die Datei alle Standards einhält.

23.4 PDF-Datei über den Acrobat Distiller erstellen

Adobe PDF-Drucker einrichten
Wie Sie den Adobe PDF-Drucker für OS X oder Windows XP einrichten, entnehmen Sie bitte dem Acrobat-Handbuch oder der Online-Hilfe.

Die Alternative zum direkten Export einer PDF-Datei: Drucken Sie Ihr PDF. Dazu müssen Sie Adobe Acrobat installiert haben. Seit Acrobat 7 rufen Sie im Druckdialog sowohl unter OS X als auch Windows XP den Drucker Adobe PDF 7.0 auf. Somit wird der Acrobat Distiller als virtueller Drucker im Hintergrund eingebunden, um eine PDF-Datei zu erzeugen. Während diese Arbeitsweise früher sehr umständlich war, indem eine zwischenzeitliche PostScript-Datei aus InDesign exportiert und später im Distiller umgewandelt wurde, geschieht dies nun ohne manuelle Arbeit.

Doch zunächst müssen Sie den Adobe PDF 7.0 als Standarddrucker einrichten und die korrekten Vorgaben für die Umwandlung der PostScript-Datei in eine PDF-Datei wählen. Nutzen Sie hierzu die PDF/X-3:2002-Vorgabe des Distillers.

Danach richten Sie das Dokument wie für einen normalen Druck mit einer Ausnahme ein: Das Seitenformat muss als Benutzerdefiniert ausgewählt werden.

Nachdem Sie alle Einstellungen getroffen haben, klicken Sie auf Drucken. Den Acrobat Distiller müssen Sie nicht im Hintergrund geöffnet haben, dieser wird automatisch als PDF-Drucker aktiviert und die PDF-Datei umgewandelt. Das fertige PDF erscheint dann auf Ihrem Arbeitsplatz.

Adobe PDF 7.0 nur für die Druckvorstufe

Der virtuelle Drucker PDF 7.0 eignet sich nur für den Export von drucktauglichen PDF-Dateien. Alle anderen Anwendungen erledigen Sie besser mit einem direkten PDF-Export. Multimedia-Elemente wie Filme oder Hyperlinks werden mit dem virtuellen Drucker ignoriert.

Frühere Versionen von Acrobat

Mit der Version 6 vom Acrobat drucken Sie ebenfalls über den Druckdialog, indem Sie Adobe PDF als Drucker auswählen und dem hier beschriebenen Weg folgen. Für Acrobat 4 und 5 müssen Sie eine PostScript-Datei als Drucker auswählen und die entsprechende PPD vom Acrobat Distiller 4 oder 5 auswählen, um eine optimale Datei zu erhalten. Danach müssen Sie allerdings die PostScript-Datei per Hand mit dem Distiller zu einer PDF-Datei umwandeln.

Schritt für Schritt: PDF drucken

1 Druckdialog öffnen

Öffnen Sie mit ⌘/Strg + P den Druckdialog von InDesign.

2 Allgemeine Einstellungen

Wählen Sie den Drucker Adobe PDF 7.0 im Pull-down-Menü unter Drucker.

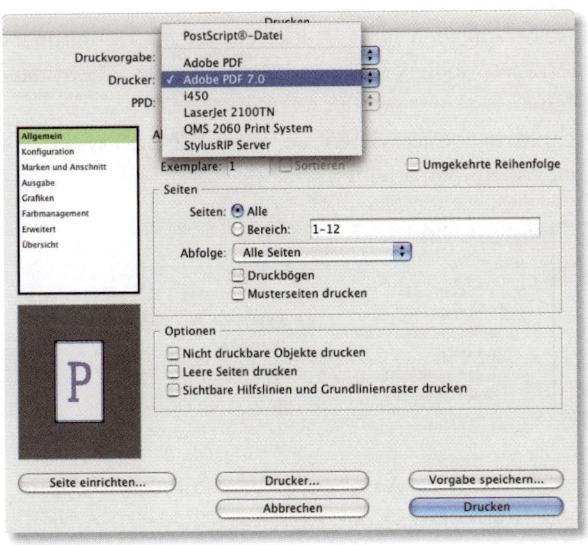

3 Konfiguration

In der Rubrik Konfiguration wählen Sie das Papierformat Benutzerdefiniert, damit InDesign Ihr Dokumentformat als Druckformat übernimmt.

Die Skalierung muss auf 100 % eingestellt sein, damit die PDF-Datei nicht größer oder kleiner als das InDesign-Layout erzeugt wird.

Die Seitenposition ist mit Zentriert optimal.

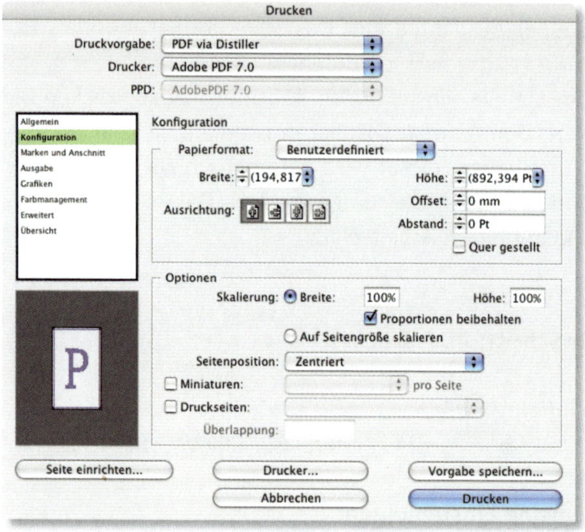

4 Marken und sonstige Angaben

Sofern Sie keine Angaben Ihrer Druckerei besitzen, Schnittmarken zu exportieren, sollten Sie sicherheitshalber die Schnittmarken anwählen.

Die Beschnittzugabe aktivieren Sie, wenn Sie im Layout mit randabfallenden Rahmen arbeiten.

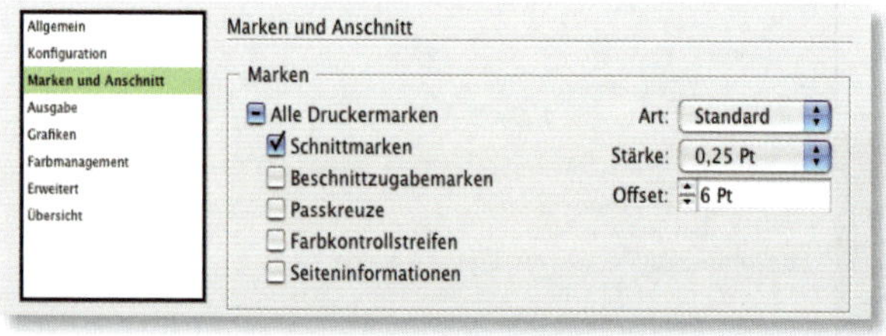

Folgen Sie den weiteren Angaben in den Rubriken Ausgabe, Grafiken, Farbmanagement und Erweitert.

5 Druckvorgabe sichern und dann ...

Sichern Sie sich alle Einstellungen als PDF via Distiller, indem Sie auf Vorgabe speichern... klicken.

Starten Sie den Druckvorgang mit einem Klick auf Drucken, und der virtuelle Drucker Adobe PDF 7.0 wird geöffnet.

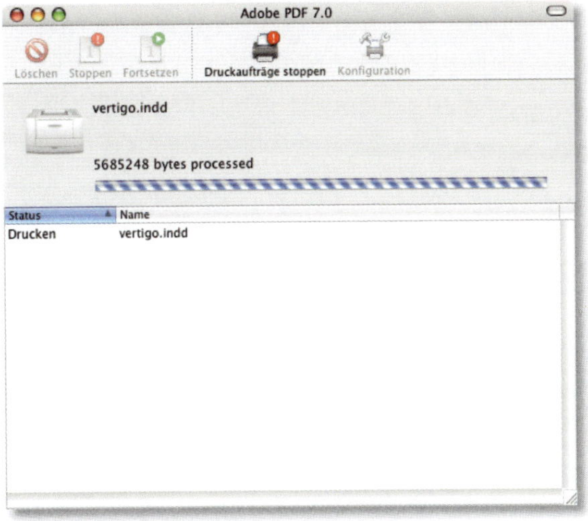

Doppelseiten in Acrobat darstellen

Die Ansicht einer fertigen PDF-Datei mit Acrobat erleichtern Sie sich, indem Sie die Ansicht auf das doppelseitige Format stellen. Rufen Sie dazu im Menü Anzeige den Befehl Seitenlayout • Doppelseite auf.

TEIL V
Vernetztes und automatisiertes Layout

24 Einfaches Database Publishing mit InDesign CS2

24.1 Was kann man mit Database Publishing erreichen?

Database-Publishing kann so einfach sein: Wenn Sie einen **Serienbrief, Visitenkarten oder Produktdatenblätter** erstellen wollen, muss es nicht gleich eine XML-Lösung sein. Mit der neuen Funktion Datenzusammenführung erreichen Sie Ihr Ziel.

Auf der DVD zum Buch finden Sie die Arbeitsmaterialien zu diesem Kapitel unter Beispieldaten\24_Datenzusammenführung.

Wer gleich an XML denkt, sobald variable Inhalte aus einer Datenbank in ein Layoutdokument übernommen werden sollen, wird überrascht sein, wie unspektakulär und einfach auch für Einsteiger ein Database-Publishing mit InDesign CS2 möglich ist, ohne auf eine komplexe Lösung wie ein XML-Import zurückgreifen zu müssen: Sie importieren eine Datenquelle und tauschen einen Platzhaltertext mit den gewünschten Inhalten aus.

Wenn Sie dasselbe Layoutdokument mit einem Text in verschiedenen Fassungen gestalten wollen, z. B. für einen Serienbrief mit austauschbaren Adressen, so bietet InDesign CS2 mit der Funktion Datenzusammenführung eine einfache Lösung an, die jeder in kurzer Zeit erlernen kann. Diese Funktion stammt aus dem PageMaker Plug-in-Pack für InDesign CS. Sollten Sie diese Funktion bereits kennen, wird es Sie vielleicht interessieren, welche Datenquellen für InDesign genutzt werden können und wie Sie Bilder und andere Dokumente als austauschbare Inhalte für eine »Layout-Schablone« einbinden.

24.2 Die Datenquelle: eine einfache Tabelle

Als Quelle Ihrer Inhalte dient eine Tabelle, die Sie aus einer Tabellenkalkulation wie Excel exportieren können.

Die Tabelle muss so strukturiert sein, dass die erste Zeile jeweils die Datenfelder wie »Name« bezeichnet. Jede weitere Zeile ist ein Datensatz wie »Max Mustermann«. In jeder Spalte stehen die unterschiedlichen Datenfeldinhalte. Sollte es zu einem Datenfeld keine Informationen geben (z. B. »Titel«), so lassen Sie die entsprechende Zelle in der Tabelle einfach frei.

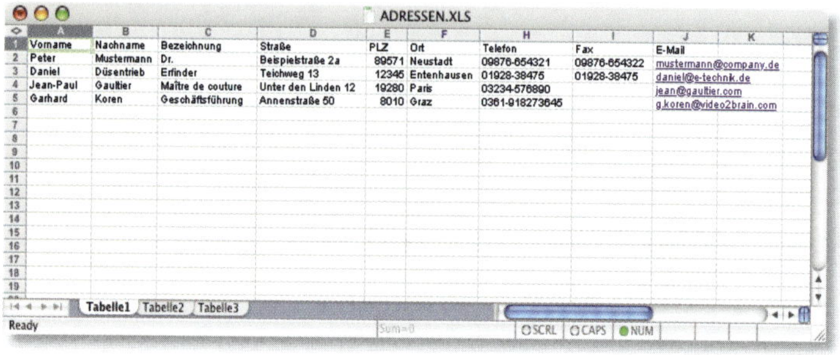

Abbildung 24.1 ▶
Eine simple Excel-Tabelle dient als Datenvorlage.

Sobald Sie diese Tabelle fertig gestellt haben, exportieren Sie sie als mit Tabulatoren getrennte Textdatei (*.TXT) oder als kommaseparierte Liste (*.CSV). Eine Textdatei entspricht dann folgendem Schema:

```
Name        Vorname  Titel  Straße              Postleitzahl  Ort          Tel                 Fax                 E-Mail                   Internet
Mustermann  Max      Dr.    Beispielstraße 12   12345         Hauptstadt   +49(0)987 876 543   +49(0)987 876 544   mmustermann@company.de   http://www.company.de
```

Ein Komma in kommaseparierten Dateien

Wollen Sie innerhalb einer kommaseparierten Datei ein Komma innerhalb eines Datenfeldes nutzen, müssen Sie dies in Anführungsstriche setzen. Somit wird das Komma nicht als Trennung zum nächsten Datenfeld, sondern als reine Textinformation erkannt. Wenn für Visitenkarten »Manager Central Europe, Africa and Middle East« als Titel verwendet wird, so muss der Text in der CSV-Datei lauten: »Manager Central Europe«, »Africa and Middle East«.

Die exportierte Datei kann selbstverständlich auch später noch nachbearbeitet werden. Dazu öffnen Sie die Datei in einem Texteditor oder importieren sie in eine Tabellenkalkulation. Durch Tabs getrennte Dateien eignen sich dabei besser als die etwas unübersichtlichen CSV-Dateien.

Somit haben Sie nun alle Datensätze bereits als Datei exportiert und können das Layout vorbereiten.

24.3 Die Layoutvorlage

Jedes Layout eignet sich als Vorlage, um die Inhalte aus der Datenquelle einfließen zu lassen. Bedenken Sie jedoch, dass Sie Textrahmen groß genug aufziehen, damit Texte unterschiedlicher Länge (Doppelnamen) oder Titel wie »Dipl.-Ing. Dr. phil. Dr. h.c.« oder »Senior Account Manager Central Europe« auch hineinpassen.

Die Darstellung und Formatierung wird einzig und allein in InDesign vorgenommen. Wenn Sie also in Excel einzelne Datenfelder fett oder kursiv ausgezeichnet haben, so gehen Ihnen diese Formatierungen bereits beim TXT-Export verloren. InDesign importiert nur reine Textinformationen.

Das Layout können Sie zuvor anlegen und mit Platzhaltern befüllen, um das Layout zu überprüfen.

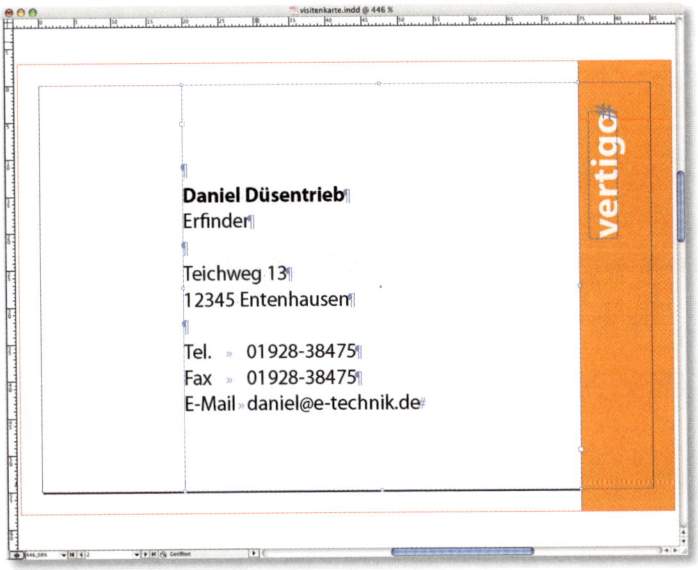

◄ **Abbildung 24.2**
Eine Visitenkarte wird im Endformat mit einem Beispiel ohne weitere Tricks layoutet. Der Textrahmen ist vertikal zentriert ausgerichtet, falls zusätzliche Textzeilen je nach Datenquelle hinzukommen sollten.

Flattersatzausgleich
Für den Import von unterschiedlich langen Texten eignet sich als Formatierung des dafür vorgesehenen Textrahmens der InDesign-eigene Flattersatz. Die Funktion sorgt dafür, dass alle Zeilen innerhalb eines Textrahmens möglichst gleichmäßig in der Länge der Zeilen umbrochen werden. Bei kurzen wie langen Texten, die als unterschiedliche Datenfelder in diesen Textrahmen importiert werden, sorgt der Flattersatz für den Umbruch. Die Funktion ist im Kapitel »Typografie« genauer beschrieben.

24.4 Die Datenzusammenführung

Unter dem Menü FENSTER • AUTOMATISIERUNG • DATENZUSAMMENFÜHRUNG rufen Sie die Palette auf. Ein kurzer Erklärungstext gibt Ihnen schon einen Hinweis, was Sie nun tun müssen: Rufen Sie aus dem Palettenmenü die Option DATENQUELLE AUSWÄHLEN auf, und wählen Sie Ihre TXT- oder CSV-Datei.

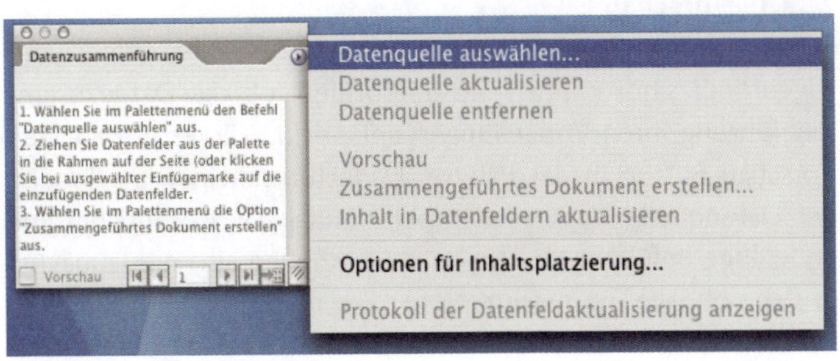

◄ **Abbildung 24.3**
Mit der Palette der Datenzusammenführung wählen Sie Ihre Datenquelle aus.

Die Datenfelder werden ausgelesen und erscheinen als Liste in der Palette. Jetzt folgt die Zuweisung zum Layout: Klicken Sie in einen Textrahmen, in dem später der betreffende Inhalt erscheinen soll. Wenn Sie vorher Platzhaltertext angelegt haben, so markieren Sie diesen (z. B. »Daniel«) und ziehen dann das Datenfeld »Vorname« mit gedrückter Maustaste auf den Platzhalter. So wird nun das Datenfeld mit der Bezeichnung in doppelten Tag-

Klammern, z. B. <<Vorname>>, eingesetzt. Wenn Sie keinen Platzhaltertext angelegt haben, reicht es auch, jetzt einen Textrahmen anzulegen und durch Doppelklick die Felder einzufügen.

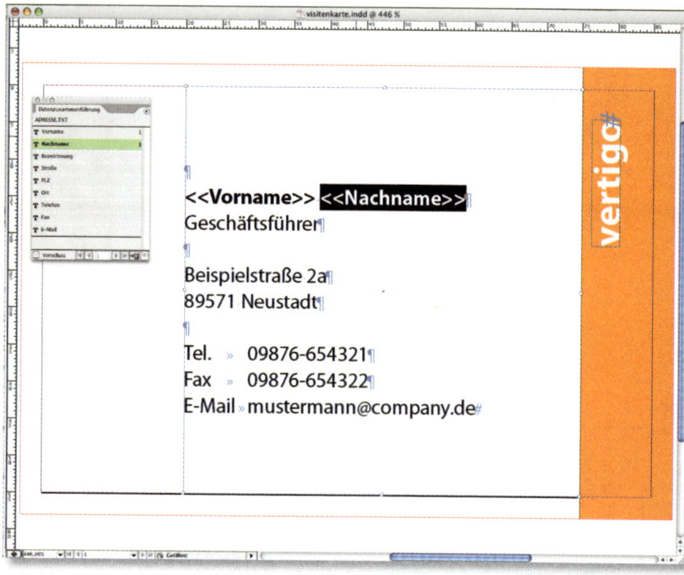

Abbildung 24.4 ▸
Die Platzhalter werden markiert und dann per Drag and Drop aus der Palette der Datenzusammenführung gezogen.

So verfahren Sie auch mit den anderen Datenfeldern und weisen allen Feldern eine Position im Layout zu. Die Tag-Klammern dürfen dabei nicht gelöscht werden, da sonst die Verbindung zur Datenquelle verloren geht und die entsprechenden Datenfelder nicht importiert werden.

Feintypografie
Für den Ausgleich von Ziffern wie bei Telefonnummern können Sie die Zahlengruppen nicht anhand des Platzhalters oder Datenfeldes manuell unterschneiden. Beim späteren Import der Datenquelle geht diese Formatierung verloren. Nur mit einer optimalen Vorbereitung der Texte und einer manuellen Spationierung und Unterschneidung nach der Datenzusammenführung erklimmen Sie den typografischen Olymp, indem Sie alle Telefonnummern nach demselben Schema erfassen und nachträglich im Layout ausgleichen. Lesen Sie dazu auch das Kapitel »Typografie«.

24.4.1 Vorschau

Sobald die Datenquelle importiert ist und die Felder dem Layout zugeordnet sind, können Sie überprüfen, ob die Datenzusammenführung Ihren Vorstellungen entspricht: Klicken Sie auf den Vorschau-Button in der Palette. Danach erscheinen die Inhalte der Datenquelle im Layout. Noch einmal: Dies ist noch keine endgültige Befüllung des Layouts, Sie können also hier zunächst prüfen, ob alle Textinformationen in die dafür vorgesehenen Textrahmen passen. Mit den Pfeilbuttons in der Datenzusammenführung nach rechts und links blättern Sie durch die Datensätze (Abbildung 24.5).

24.4.2 Optionen für die Inhaltsplatzierung

Über das Palettenmenü der Datenzusammenführung wählen Sie die Platzierungsoptionen, wie mit den Inhalten verfahren werden soll (Abbildung 24.6).

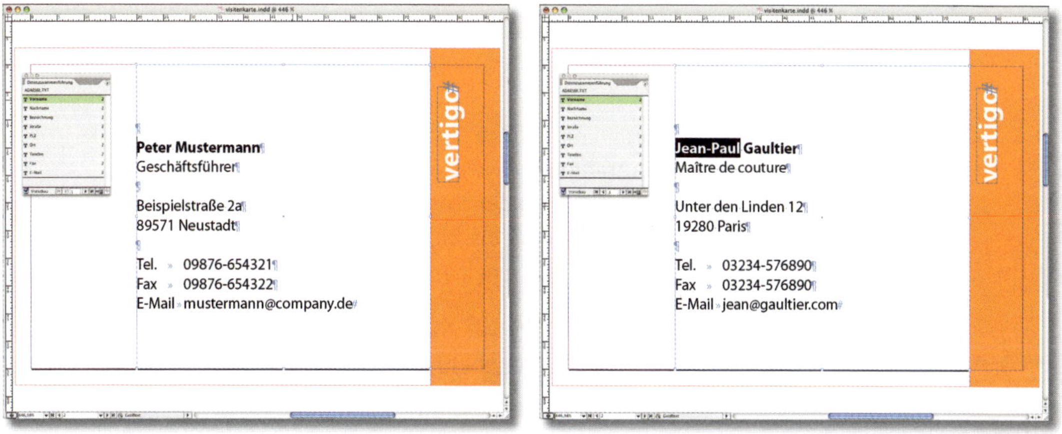

▲ **Abbildung 24.5**
Die Vorschau zeigt Ihnen die Inhalte anstelle der Datenfelder an.

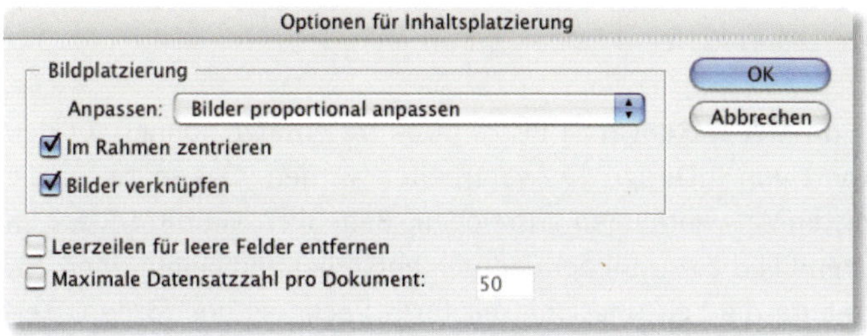

◂ **Abbildung 24.6**
Die Optionen für die Inhaltsplatzierung sind allgemein gehalten und beziehen sich nur auf die Bildplatzierung und Leerzeilen anstelle von leeren Feldern.

Bilder anpassen | Grundsätzlich machen alle Einstellungen, die InDesign hier bietet, Sinn. Bilder werden proportional in den Platzhalterrahmen angepasst, also in der Größe so weit skaliert, dass das Bild vollständig im Rahmen zu erkennen ist.

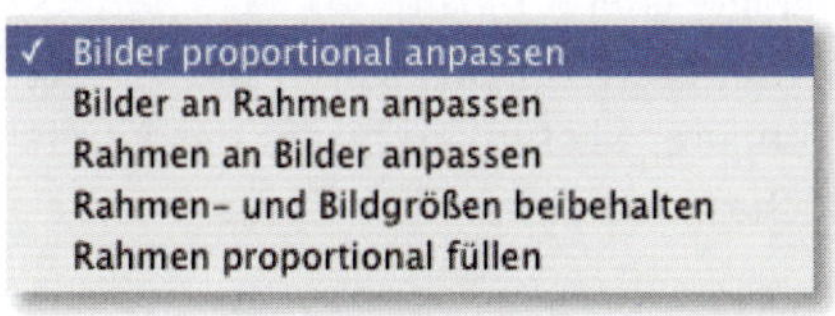

◂ **Abbildung 24.7**
Bilder unterschiedlicher Formate aus der Datenquelle müssen evtl. angepasst werden. Damit sich das Höhen- und Seitenverhältnis nicht ändert, wählen Sie Bilder proportional anpassen

Beachten Sie hierbei, dass die Bilder eine geeignete Auflösung besitzen. Wenn Sie ein zu niedrig aufgelöstes Bild verwenden, könnte es sein, dass es durch diese Einstellung übermäßig in einem Layoutrahmen vergrößert wird und die Auflösung unterhalb von 300 dpi sinkt. Befassen Sie sich bitte mit dem Kapitel »Platzieren«, falls Ihnen diese Problematik noch nicht bekannt ist.

Wenn Sie PROPORTIONAL ANPASSEN wählen, so ist es je nach Layout von Vorteil, dass Sie die Bilder auch gleich IM RAHMEN ZENTRIEREN. Diese Funktion benötigen Sie, wenn Sie Bilder unterschiedlicher Seitenformate als Datenquelle verwenden. In einem quadratischen Platzhalterrahmen wird mit dieser aktiven Einstellung z. B. das Hoch- und das Querformat horizontal wie vertikal zentriert eingesetzt. Mit deaktivierter Option platziert InDesign die unterschiedlichen Formate immer oben links in den Layoutrahmen.

Sobald die Bilder platziert sind, ist es sinnvoll, dass Sie für das Layoutdokument die BILDER VERKNÜPFEN. Nach der Datenzusammenführung erscheinen diese dann in der Palette VERKNÜPFUNGEN.

Leerzeilenproblem lösen | Wenn in der Datenquelle einzelne Felder leer sind, so wie z. B. bei unserem Visitenkarten-Beispiel ein <<Titel>> fehlt, setzt InDesign an diese Stelle kein weiteres Zeichen, eine Textzeile bleibt leer. Jedoch können dadurch in einem automatisierten Layout unschöne Leerzeilen entstehen. Entweder tolerieren Sie diese, oder Sie entscheiden sich für »Leerzeilen für leere Felder entfernen«.

Maximaler Datensatz | Bis zu 9999 Datensätze können für den Import von InDesign CS2 verarbeitet werden. Das sollte für die meisten Anwendungen ausreichen. Bedenken Sie bitte, dass im Extremfall die Anzahl der dadurch entstehenden Seiten oder Dokumente die Leistungsfähigkeit Ihres Rechners überfordert. Teilen Sie in diesem Fall die Inhalte in zwei oder mehrere TXT- der CSV-Dateien auf, und starten Sie erst dann die Datenzusammenführung. Auch wenn InDesign CS2 bis zu 9999 Seiten pro Dokument erstellen kann, sollten Sie diese Möglichkeiten nur im Sonderfall ausschöpfen.

Haben Sie jedoch umfangreichere Inhalte zu layouten, so sollten Sie sich über weiterführende Möglichkeiten durch Plugins von Drittanbietern informieren. Lesen Sie hierzu das Kapitel »Plug-ins« am Ende des Buches.

24.4.3 Datenquelle in Felder importieren

Die Datenzusammenführung kann Ihnen auf zwei verschiedenen Wegen die Datenquelle in die Felder importieren: Entweder ein einzelner Datensatz pro Seite oder Dokument, oder Sie erstellen mit der Vorlage mehrere Datensätze auf einer Layoutseite.

Sobald Sie die DATENZUSAMMENFÜHRUNG in der Palette mit dem unteren rechten Button starten, öffnet sich ein Dialog, in dem Sie weitere Angaben zur Befüllung eingeben können. Dort bestimmen Sie in der Einstellung Datensätze pro Dokumentenseite, ob Sie nur einen Datensatz oder mehrere im zusammengeführten Dokument erzeugen möchten.

Dazu erhalten Sie mit aktiver Vorschau einen Blick auf das zusammengeführte Layout ❶.

Sobald Sie diesen Dialog mit OK bestätigen, legt Ihnen InDesign ein neues Dokument mit den zusammengeführten Daten an. Für unser Visitenkartenbeispiel mit vier Datensätzen ergeben sich vier Layoutseiten.

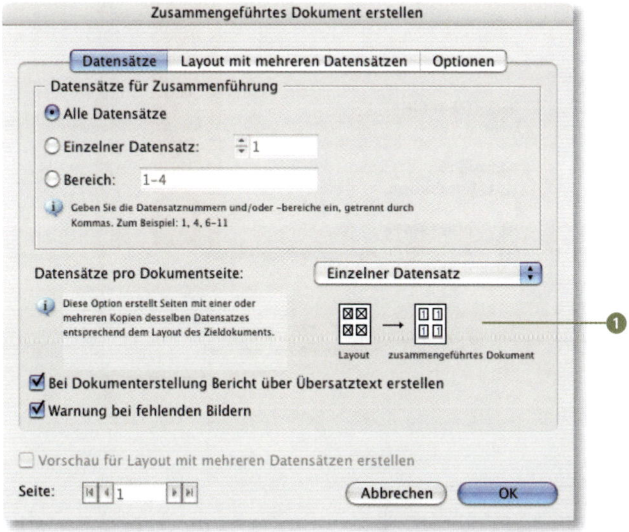

◂ **Abbildung 24.8**
Die Zusammenführung für einen einzelnen Datensatz

Dieses InDesign-Dokument besitzt nun keine weitere Verbindung mehr zur Datenquelle, so dass Sie hier Feinheiten layouten oder die Datei als PDF exportieren.

24.4.4 Mehrere Datensätze anlegen

Interessant wird es jedoch, wenn Sie mehrere Datensätze pro Layoutseite anlegen wollen. Dazu müssen Sie jedoch das Layout anders aufbauen. Während wir beim einzelnen Datensatz nur eine Seite im Nettoformat der Visitenkarte (85 x 55 mm) angelegt haben, wollen wir Ihnen anhand eines kleinen Workshops die Montage und die Datenzusammenführung näher bringen.

Schritt für Schritt: Visitenkarten

1 Layout der Visitenkarte

Gestalten Sie eine Visitenkarte mit einer Platzhalteradresse auf einem Format von 85 x 55 mm. Ergänzen Sie die Visitenkarte ggf. mit Schnittmarken (Linien mit 0,25 Punktkontur und [Passkreuz-]-Farbe). Gruppieren Sie Karte und Schnittmarken.

2 Import der Datenquelle

Über das Palettenmenü der Datenzusammenführung importieren Sie die Datenquelle im TXT-Format. Die Datenfelder erscheinen in der Palette.

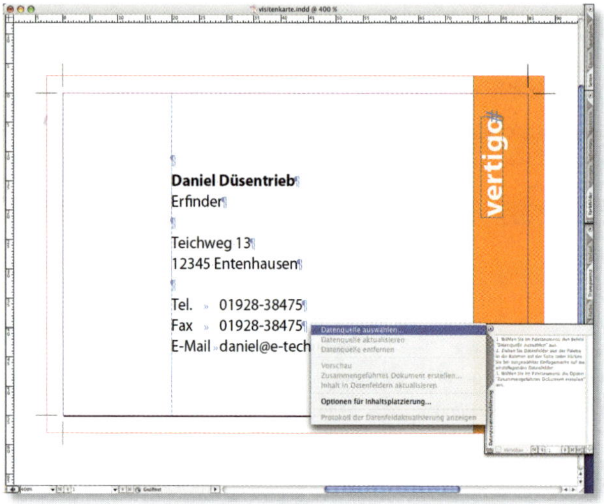

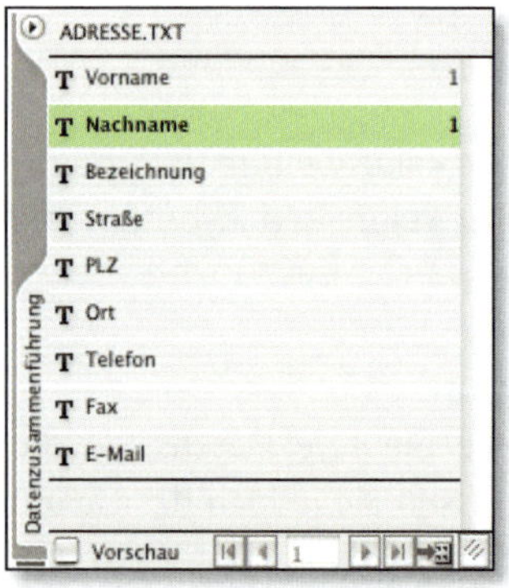

3 Austausch mit Datenfeldern

Markieren Sie den Platzhaltertext mit dem Textwerkzeug [T], und klicken Sie in der Liste der Datenfelder auf das entsprechende Feld. Wiederholen Sie diesen Schritt, bis alle Platzhalter durch die Datenfelder ersetzt wurden.

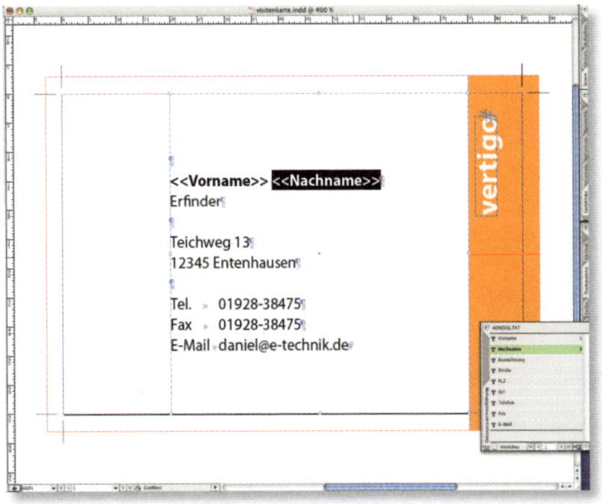

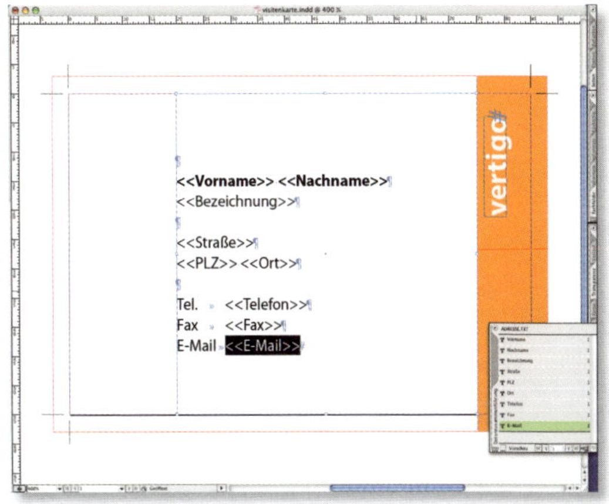

4 Gruppieren

Markieren Sie alle Objekte mit dem Tastenbefehl ⌘/Strg + A, und erstellen Sie eine Gruppe mit ⌘/Strg + G. Die Gruppe wird durch einen gestrichelten Rahmen angezeigt ❶.

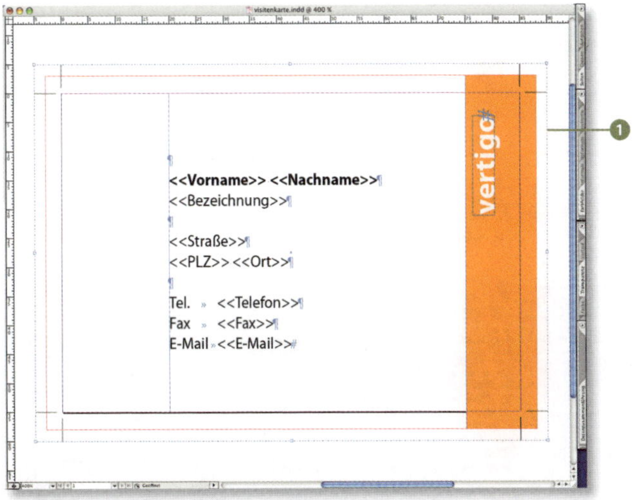

5 Format ändern

Rufen Sie unter dem Menü Datei die Option Dokument einrichten auf. Wählen Sie ein A4-Format.

6 Gruppe positionieren

Die Gruppe erscheint nun auf dem Gesamtformat. Verschieben Sie die Gruppe mit der Auswahl V nach links oben.

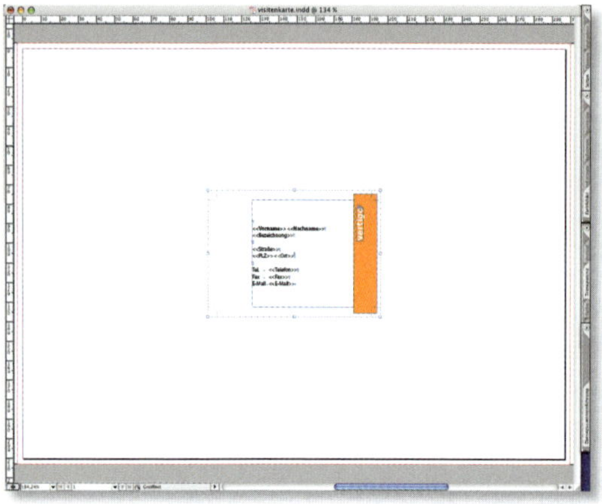

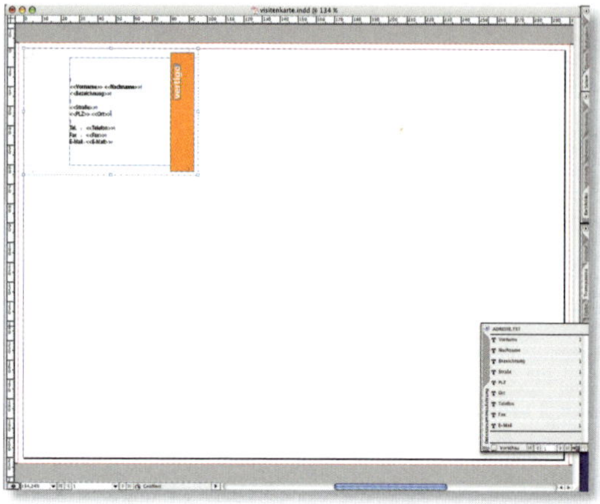

7 Datenzusammenführung starten

Rufen Sie mit einem Klick auf den Zusammenführen-Button in der Palette DATENZUSAMMENFÜHRUNG den Eingabedialog für das zusammengeführte Dokument auf.

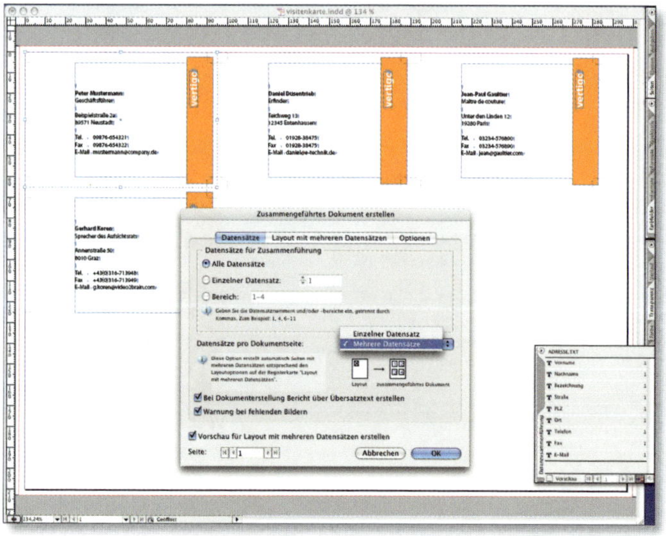

8 Mehrere Datensätze wählen

Aus der Einstellung zu den Datensätzen wählen Sie MEHRERE DATENSÄTZE. Mit aktiver Vorschau sehen Sie im Hintergrund bereits die vier Visitenkarten.

9 Layout einrichten

Damit die Visitenkarten einen Abstand zum Rahmen und zueinander einnehmen, wählen Sie Ränderwerte und Abstände von 5 mm aus.

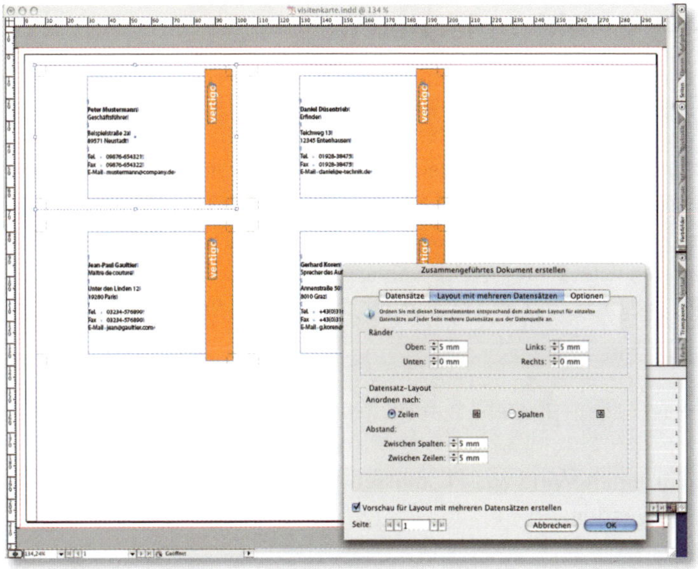

10 Zusammenführung fertig stellen

Klicken Sie auf OK, und InDesign legt Ihnen ein neues Dokument mit den gewünschten Layoutobjekten an. Dabei wird noch eine Meldung ausgegeben, ob Übersatztext durch zu lange Textinhalte entstanden ist. ■

24.5 Bilder platzieren

TIPP: Das @-Zeichen in Excel

Tabellenkalkulationen wie Excel erlauben kein @-Zeichen als Texteingabe, sondern vermuten sofort dahinter eine Funktion oder einen Link. Um diesen Programmen die Eingabe trotzdem beizubringen, müssen Sie vor das @-Zeichen ein Apostroph setzen: '@Bilder.

Neben den Textinformationen kann die Datenzusammenführung auch Bilder automatisch platzieren. In der Datenquelle muss dafür eine Spalte gekennzeichnet sein, deren Überschrift mit einem @-Zeichen beginnt: »@Bilder«.

Als Eintrag in dieser Spalte dient der absolute Pfad zu der Bilddatei. Die Schreibweise variiert je nach Computersystem. Verwenden Sie auf einem Macintosh-Rechner die folgende Schreibweise:

```
Macintosh HD:Benutzer:Max:Bilder:Beispiel.jpg
```

Für einen Windows-PC müssen Sie dagegen dieses Pfadschema verwenden:

```
c:\Eigene Dateien\Beispiel.jpg
```

Bildfelder platzieren Sie ebenso wie Textfelder. Zunächst legen Sie sich wieder ein Layoutdokument an und importieren die Datenquelle wie zuvor beschrieben. Dann ziehen Sie einen Textrahmen im Layoutdokument auf und klicken in der Datenzusammenführungspalette auf die @Bilder. Der Text <<Bilder>> erscheint dann in dem Layout. Nach aktivierter Vorschau werden die Bilder in den Platzhalterrahmen importiert, und Sie können die Ausrichtung im Rahmen prüfen.

Falls Sie alle Bilder zentriert im Rahmen positionieren wollen, dann wählen Sie vor der Datenzusammenführung die Optionen für die Inhaltsplatzierung aus und aktivieren die Funktion Im Rahmen zentrieren.

24.5.1 Erlaubte Dateiformate

Neben den üblichen Verdächtigen wie TIFF oder JPEG können Sie auch alle anderen Formate nutzen, die InDesign platzieren kann. Darunter das EPS-, PDF- oder PSD-Format. Für diese Formate gelten jedoch immer wieder andere Bedingungen für die Verwendung. So kann ein EPS einen Freistellpfad enthalten, den Sie in InDesign nutzen wollen, oder ein Photoshop-Dokument besitzt Ebenen oder Ebenenkompositionen.

InDesign kann diese Formate nur mit der Standardeinstellung importieren. Die Importoptionen lassen sich nicht öffnen und bei der Datenzusammenführung auswählen – eine Funktion, die in einer zukünftigen InDesign-Version sehr hilfreich wäre. Daher müssen Sie die Bilder so vorbereiten, dass InDesign diese in einem Arbeitsschritt platzieren kann, vergleichbar dem Platzieren von Bildern aus der Bridge per Drag and Drop.

Ein Freisteller beispielsweise kann dann nur als Photoshop-Dokument mit einer freigestellten Bildebene ohne Hintergrundebene platziert werden, damit die Transparenz des Freistellers erhalten bleibt. Hier orientiert sich InDesign an der Sichtbarkeit der Photoshop-Ebenen im gespeicherten Zustand.

24.6 Mehrseitige PDF-Dateien automatisch platzieren

Natürlich können auch PDF-Dateien in die Datenquelle eingebunden werden. Geben Sie dazu einfach den Pfad zur betreffenden Datei ein. Wenn Ihre PDF-Datei jedoch mehrere Seiten hat, die Sie nacheinander für jeden Datensatz platzieren wollen, erkennt InDesign immer nur die erste Seite, wenn Sie in jedem Datensatz denselben Pfad eingeben.

Aber es gibt einen Umweg: Wenn Sie Acrobat 7 nutzen, so können Sie in der Palette SEITEN mit [Strg] + Klick oder [⇧] + Klick alle einzelnen Seiten markieren und rufen über das Flyout-Menü die Funktion Seiten entnehmen... auf. Danach wählen Sie die betreffenden Seiten und aktivieren die Funktion Seiten als einzelne Dateien entnehmen. Somit legt Acrobat aus jeder Seite der ursprünglichen PDF-Datei eine neue PDF-Datei an und fügt die Seitenzahl in den Dateinamen ein. So werden aus einer mehrseitigen PDF-Datei »Beispiel.tif« die einseitigen Dokumente »Beispiel1.tif«, »Beispiel2.tif« usw.

Diese Dateipfade müssen Sie in der Datenquelle angeben, und somit wird jedem Datensatz eine einzelne PDF-Seite – als separate Datei – zugewiesen.

25 Publishing mit XML

Form und Inhalt fließen im Layout zusammen: XML – die Extensible Markup Language – ist eine Metasprache zur Beschreibung und Strukturierung für beliebige Dokumente. Layoutdokumente erhalten in InDesign durch XML-Tags eine zusätzliche Datenstruktur, die sowohl von InDesign als auch von anderen XML-fähigen Anwendungen verstanden wird. Auf Basis von XML können Sie auch ein Paket für GoLive schnüren, um die Inhalte auf einer Website weiter zu gestalten.

25.1 Was kann man mit XML erreichen?

Stellen Sie sich vor: Sie müssen mit variablen Inhalten aus Datenbanken identische Layoutdokumente gestalten. Zusätzlich wird von Ihnen gefordert, die formatierten Inhalte aus der Layoutdatei so vorzubereiten, dass sie auf einer Website eingebunden werden können. Das Austauschformat muss nur die Inhalte transportieren und für den Kunden leicht zu lesen sein. Geht nicht?

Die Antwort heißt XML – oder präziser formuliert: Die XML-Integration in InDesign ermöglicht die Trennung von Form und Inhalt, so dass Text- und Bildinhalte in unterschiedliche Layoutformen einfließen können.

Die Möglichkeiten, XML in InDesign einzusetzen, sind umfangreich und verlangen von Ihnen, sich zunächst intensiv mit dem Thema XML auseinander zu setzen. Da die Anwendungen für XML und InDesign sehr unterschiedlich ausfallen, konzentrieren wir uns in diesem Kapitel auf die Grundlagen und wollen gleich auf die Alternativen hinweisen, bevor Sie selbst mit XML-, DTD- und InDesign-Dateien arbeiten.

25.1.1 Soll man wirklich auf XML zurückgreifen?

Denken Sie zuallererst lösungsorientiert, auch wenn die technischen Möglichkeiten verlockend sind. Häufig dauern die manuelle Vorbereitung und Durchführung eines XML-Workflows wesentlich länger und verschlingen zusätzliche Arbeitszeit durch

Fehlersuche und -beseitigung, die Sie durch den Erwerb einer fertigen Softwarelösung nicht aufwenden müssen.

Wir wollen Ihnen die oben beschriebene Funktionalität verständlicher und anwendungsbezogener näher bringen, als das viele Programmierhandbücher tun. Die Entscheidung, ob Sie XML als Austauschformat einsetzen wollen, diskutieren wir noch einmal abschließend am Ende des Kapitels.

Datenzusammenführung als Alternative | Wenn Sie als Praxisbeispiel jetzt an einen Serienbrief mit austauschbaren Adressen denken, ist die Lösung über XML-Inhalte möglich, aber umständlich. Dazu kann InDesign CS2 mit der Funktion DATENZUSAMMENFÜHRUNG einfache Inhalte als tabulatorenformatierten Text oder als kommaseparierte Liste einlesen.

Ebenso ist das Einbinden von Bildern als Datenquelle für ein flexibles Layout möglich. Lesen Sie dazu bitte das Kapitel 24, in dem wir Ihnen mit Hilfe eines Workshops die Arbeitsweise erklären.

Automatisierte Katalogerstellung | Auch die Katalogproduktion aus Datenbankinhalten ist über die XML-Funktionalität möglich, jedoch haben hier schon viele Plug-in-Hersteller Lösungen entwickelt, die gegenüber einer eigenen Planung und Umsetzung des XML-Publishings kostengünstiger und produktionssicherer sind. Zudem sind die Plug-ins ausreichend dokumentiert, und die Hersteller können eine gute Hilfestellung bieten. Die Lösungen und Adressen finden Sie im Kapitel »Plug-ins«.

25.2 Struktur

Bevor Sie tiefer in die XML-Thematik einsteigen, müssen hier drei Grundprinzipien erläutert werden:

1. Jeder Inhalt besteht aus gleichwertigen Elementen.
2. Elemente sind hierarchisch gegliedert.
3. Form und Inhalt sind voneinander getrennt.

25.2.1 Elementares

Ein Beispiel: Ein leckeres Speiseeis besteht aus einer gefrorenen Flüssigkeit und einem Behältnis. Speiseeis und Behältnis können verschiedene Beziehungen eingehen als Wassereis in der Tüte, Milchspeiseeis im Pappbecher oder als Riesenkugeln in der Waffel mit Schlagsahne. Ein Eis besitzt Inhaltsstoffe wie Milch, Zucker, Früchte, Alkohol oder Emulgator, die Waffel wurde aus einer bestimmten Teigzusammensetzung hergestellt. Bevor wir in die molekulare Ebene einsteigen, soll Ihnen das Beispiel verdeutlichen, dass der gesamte Inhalt aus mehreren Elementen bestehen kann, die zueinander in hierarchischer Beziehung stehen.

Ein Zeitungsartikel ist ebenfalls gegliedert und kann aus allen oder aus Teilen dieser Elemente bestehen (siehe Tabelle 1).

Artikel	
1.	Titel
2.	Untertitel
3.	Titelbild
4.	Bildunterschrift
5.	Text
6.	Zwischenüberschrift
7.	Querverweis
8.	Autorenkürzel
9.	Anleser
10.	Fließtext

Tabelle 25.1
Elemente eines Zeitungsartikels

Diese möglichen Elemente müssen in eine geordnete Reihenfolge gebracht werden. Einige Elemente können als Unterelemente eingesetzt werden, so ist das Element Text übergeordnet, andere Elemente wie Überschrift, Zwischenüberschrift oder Querverweis sind untergeordnet. Sie erhalten nach einer Ordnung der Elemente die in Tabelle 2 gezeigte Struktur. Bei dieser Struktur sind die Elemente nicht nur hierarchisch gegliedert, sondern sie besitzen auch eine Reihenfolge, die nicht verändert werden darf. Setzen Sie z. B. die Zwischenüberschrift an den Anfang, wird die Logik zerstört.

Artikel	
Bild	
	Titelbild
	Bildunterschrift
Text	
	Titel
	Untertitel
	Fließtext
	Zwischenüberschrift
	Fließtext

Tabelle 25.2
Struktur

Weitere »logische« Beispiele
Wenn Sie einen Kleiderschrank schwedischer Art zusammenbauen wollen, müssen Sie die Reihenfolge der Montage beachten. Ihre Bauteile sind: zwei Seitenwände, zwei Rückenteile, ein Oberteil, der Fuß, Knöpfe, Scharniere, zwölf Schrauben, 24 Nägel etc. Wenn Sie eventuell dabei zuerst die Seitenwände mit dem Oberteil montieren, können Sie die geteilten Rückwände nicht mehr einziehen. Als Folge erhalten Sie eine schöne Holzskulptur, aber keinen Kleiderschrank.
Ein weiteres Beispiel: Ihre fünfjährige Tochter muss zum Zahnarzt. Nach dem Arztbesuch bekommt sie von Ihnen ein großes Schokoladeneis, damit die Sonne wieder scheint. Sollten Sie die Reihenfolge Arztbesuch und Schokoladeneis unachtsam vertauschen oder das Eis ganz vergessen, wird es Ihnen Ihre Tochter bis zum Sankt-Nimmerleins-Tag nicht verzeihen.

25.2.2 Tag-Definition

Eine XML-Struktur verhält sich vergleichbar. Die Elemente eines Zeitungsartikels, die wir eben beschrieben haben, werden in einer XML-Struktur mit den so genannten Tags markiert, die den Anfang eines Elements kennzeichnen. Die Schreibweise findet in eckigen Klammern statt. Die Markierung <artikel> sitzt immer vor dem Element, dagegen bildet </artikel> das Ende.

XML unterscheidet zwischen Groß- und Kleinschreibung. Verwenden Sie daher einheitliche Schreibweisen bei der Tag-Definierung. Ebenso wird ein Tag ignoriert, wenn er in der falschen Reihenfolge steht – auch wenn die Definition stimmen sollte.

Wie die Bezeichnung des Tags lautet, ist frei definierbar, und damit unterscheidet sich XML auch von anderen Beschreibungssprachen wie z. B. HMTL, das eine genaue Tag-Definition benötigt. Darin liegt die Flexibilität, aber auch die »Sprachproblematik«. So können Sie eine Textüberschrift als <ueberschrift>, <headline>, <head>, <titelzeile>, <texttitel> oder gar als <blumentopf> bezeichnen, XML interessiert das nicht. Das Problem taucht dann auf, wenn der Layoutinhalt einer InDesign-Datei als XML-Datei exportiert wird und an einer anderen Stelle wieder eingelesen werden soll. Diese anderen Stellen können sein:

- ein anderes InDesign-Layout für ein alternatives Medium
- ein Content Management System, das die Inhalte archivieren soll und Zugriffe auf diese Datei innerhalb eines Netzwerkes verwaltet
- ein Webeditor wie GoLive, der die Inhalte in eine Website einbindet und mit eigenen Style-Sheets formatiert

25.2.3 DTD und Validierung

Beim Empfänger müssen die Tags verstanden werden, das bedeutet für Ihre Arbeit, dass die Tags in ihrer Bezeichnung und der Hierarchie genau vereinbart werden müssen. Wenn dies nicht der Fall ist und in der Datei statt des erwarteten Tags <head> ein Tag namens <headline> die Titelzeile markiert, werden sowohl der Tag als auch sein Inhalt ignoriert!

Lieber automatisieren

Erlauben Sie noch ein persönliches Wort, bevor Sie zur Validierung übergehen: Schreiben Sie niemals XML-Dateien von Hand, dafür exportieren Ihnen Datenbanken einwandfreie Dateien, die auf Basis einer DTD erstellt sind.

In einer XML-Umgebung wird die Überprüfung einer XML-Struktur auf Basis einer DTD – Document Type Definition – vorgenommen, in der die Struktur hinterlegt ist. Dieser Vorgang wird als Validierung bezeichnet. Während der Validierung werden der Aufbau und die Hierarchie der XML-Datei mit der vorgegebenen Struktur verglichen. Stimmt die Struktur der XML-Datei mit der DTD überein, wird das Dokument akzeptiert. Weist die Datei dagegen Abweichungen auf, wird das Dokument zunächst abgelehnt.

Diese Validierung können Sie in InDesign mittels einer importierten DTD durchführen. Diese Validierung findet nicht durch eine Aktion statt, sondern eine XML-Datei aus einer Datenbank wird mit der Referenz auf die DTD abgespeichert. Im Gegensatz zur »well-formed« XML-Datei ohne DTD-Referenz arbeiten Sie also mit einer vorgegebenen Struktur, die Sie in InDesign CS2 als externe Datei importieren können.

Über das Palettenmenü der Strukturansicht (die Sie öffnen, indem Sie auf den linken Seitenrand Ihres Dokumentes doppelklicken) importieren Sie die DTD entsprechend zu Ihrer XML-Datei. Erst dann kann InDesign permanent im Hintergrund überprüfen, ob die Struktur mit der DTD übereinstimmt.

Da sich die Arbeit mit einer DTD immer nach der Komplexität der XML-Struktur richtet, können wir Ihnen an dieser Stelle keine allgemein gültigen Vorgehensweisen empfehlen. Daher sollten Sie sich zum Thema XML immer mit der Struktur der XML-Daten aus Ihrer Datenbank beschäftigen und bei Bedarf einen Programmierer hinzuziehen, der Ihnen eventuelle Transportprobleme in das Layoutdokument durch eine Umformung der XML-Datei ermöglicht.

▲ **Abbildung 25.1**
Über das Palettenmenü der Strukturansicht importieren Sie die DTD.

25.3 XML importieren

Die einfachste Arbeit, gleich auf Basis einer bestehenden XML-Struktur im Layout zu arbeiten, ist der Import einer XML-Datei. Dazu kann auch eine XML-Datei dienen, in denen nur Platzhaltertexte oder -bilder als Inhalt angegeben sind.

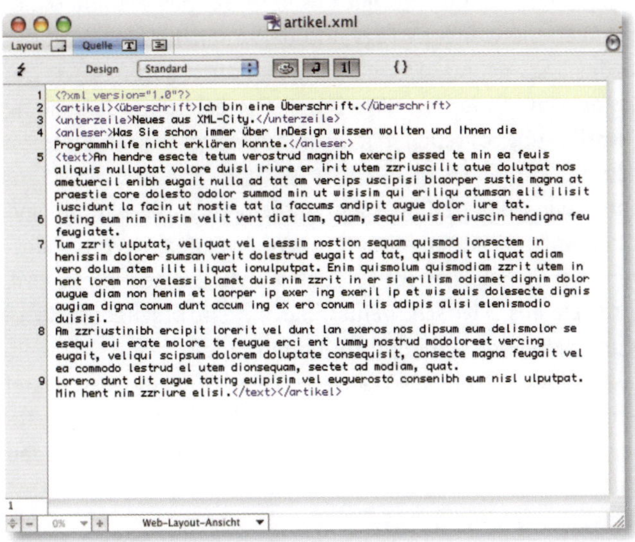

◄ **Abbildung 25.2**
Die Quelle ist eine XML-Datei, die im Browser oder in einem Webeditor wie GoLive angezeigt und bearbeitet werden kann.

Für unser Beispiel nutzen wir eine fertige XML-Datei, die wir in GoLive CS2 öffnen und verändern können. Alternativ stellt auch ein Webeditor wie der Internet Explorer ab Version 5 den XML-Code dar.

Die Struktur der XML-Datei ist als reiner Quelltext ungeeignet, Inhalte zu verändern. Dazu wechseln Sie in GoLive CS2 auf die Strukturansicht mit einem Klick auf den dritten Button unterhalb des Fenstertitels (1).

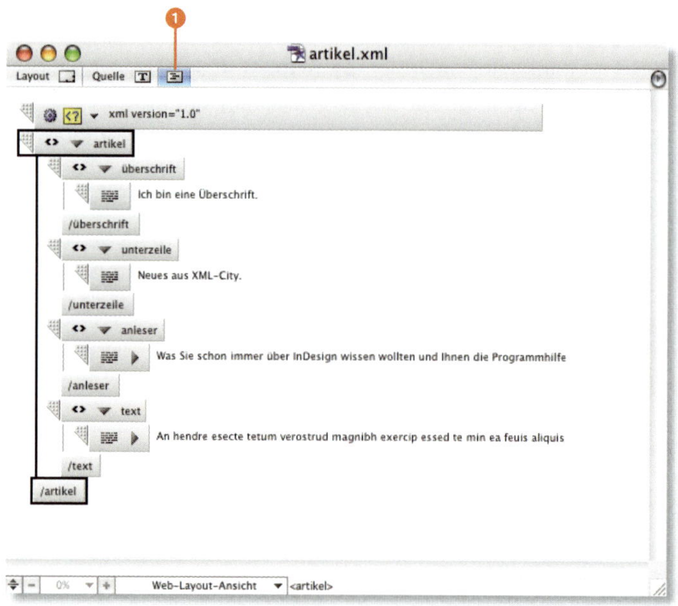

Abbildung 25.3 ▸
Die Strukturansicht in GoLive ermöglicht es, die reine Verschachtelung der Tags zu bearbeiten. Wird ein Anfangs-Tag umbenannt, ändert sich auch der Schluss-Tag.

Nun können Sie die Tags mit den Pfeilsymbolen aufklappen und sehen die Verschachtelung. Bei unserem Beispiel klammert der Tag `artikel` die weiteren Tags und deren Inhalte ein. Wird der Name des Tags geändert, verändert sich auch automatisch der Schlusstag zum Ende der XML-Datei. Diese Strukturdarstellung und Bearbeitung ist auch mit kostenpflichtigen XML-Editoren möglich.

Kehren wir wieder zu InDesign und einem vorbereiteten Layoutdokument mit Absatzformaten zurück: Rufen Sie das Palettenmenü der Strukturansicht auf, und wählen Sie den Punkt XML IMPORTIEREN aus. Danach wählen Sie die entsprechende XML-Datei und aktivieren die Importoptionen.

Wählen Sie VERKNÜPFUNG ERSTELLEN aus, damit die XML-Datei wie jede andere platzierbare Datei in der Verknüpfungen-Palette erscheint und zu jedem beliebigen Zeitpunkt aktualisiert werden kann.

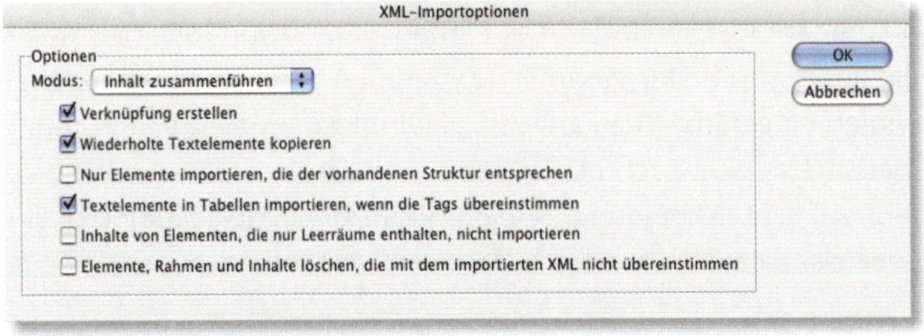

◂ **Abbildung 25.4**
Die XML-Datei wird mit dem Layout zusammengeführt.

Hier wählen Sie den Modus Inhalt zusammenführen und klicken auf OK, damit die XML-Struktur in das Layout geladen wird. InDesign legt dann entsprechend der Struktur die Tags in der richtigen Reihenfolge in der Strukturansicht an.

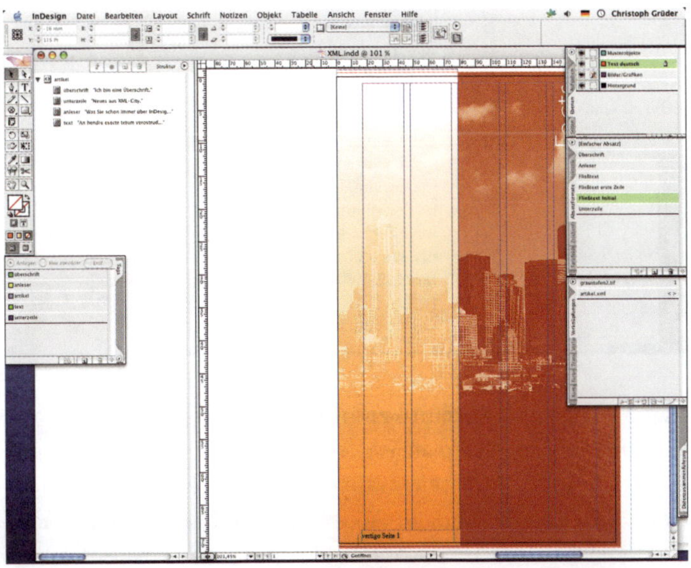

◂ **Abbildung 25.5**
Das InDesign-Layout besitzt bereits fertige Absatzformate, und die XML-Datei wurde in die Strukturansicht importiert.

Nun wird die XML-Datei in das Layout platziert. Ziehen Sie einfach mit gedrückter Maustaste den Tag »artikel« auf die Layoutseite. Danach platziert InDesign einen eingefärbten Textrahmen auf Breite einer Textspalte. Der Rahmen verhält sich nun wie jeder andere Textrahmen, Sie können sowohl die Textrahmenoptionen bearbeiten als auch die Farbgebung oder die Form des Rahmens beeinflussen.

25.3.1 Farbige Tags

Wenn Sie unter dem Menü Ansicht • Struktur • Rahmen mit Tags einblenden anwählen, werden Ihnen alle bereits mit Tags versehenen Rahmen farbig hervorgehoben, passend zu den Tag-Farben in derselben Palette.

InDesign stellt nun die einzelnen Textabschnitte, die durch Tags in der XML-Datei markiert werden, durch farbige eckige

Klammern im Layout dar. Die Farben werden von InDesign zufällig ausgewählt. Der gesamte Textrahmen ist in unserem Beispiel violett eingefärbt. Die Farbwahl gewinnt garantiert keinen Schönheitspreis – wie auch bei Hilfslinien oder Ebenenfarben dient sie nur zur Unterscheidung. Sobald Sie in den Vorschaumodus [W] wechseln, verschwinden alle farbigen Markierungen.

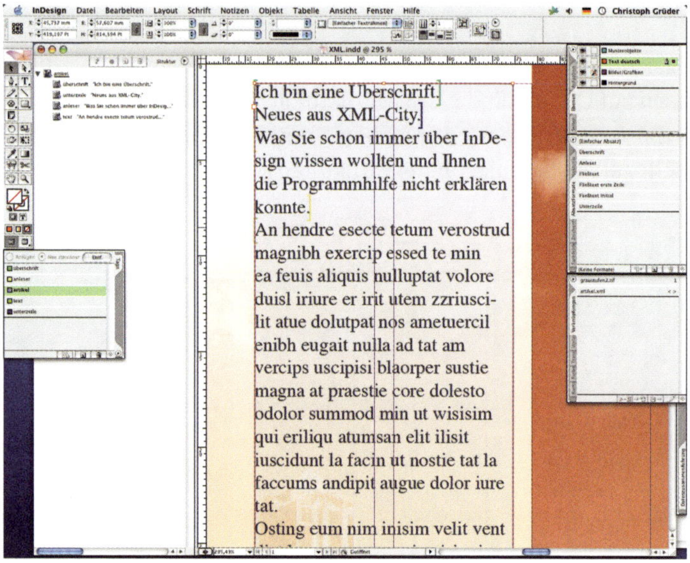

Abbildung 25.6 ▶
Die XML-Inhalte wurden platziert, und die Tags werden durch farbige eckige Klammern angezeigt.

25.3.2 Tags und Formate zuordnen

Die Inhalte sind nun platziert, aber die Textabschnitte müssen noch den Absatzformaten im Layout zugewiesen werden. Wichtig ist, dass Ihre Layoutdatei sauber aufgebaut ist und alle Textabsätze inklusive der Überschriften durch Absatzformate definiert sind (siehe Kapitel »Absatz- und Zeichenformate«).

Rufen Sie die Palette Tags aus dem Menü Fenster • Struktur auf. Wählen Sie nun aus dem Palettenmenü der Tag-Palette die Option Tags zu Formaten zuordnen aus.

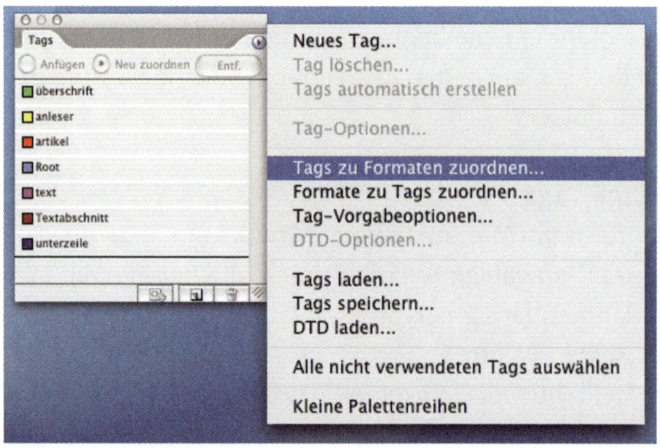

Abbildung 25.7 ▶
Tag-Palette mit definierten XML-Tags

Sie erhalten eine Liste Ihrer Tags, die Sie nun über die Auswahlfelder den bestehenden Absatzformaten zuordnen können.

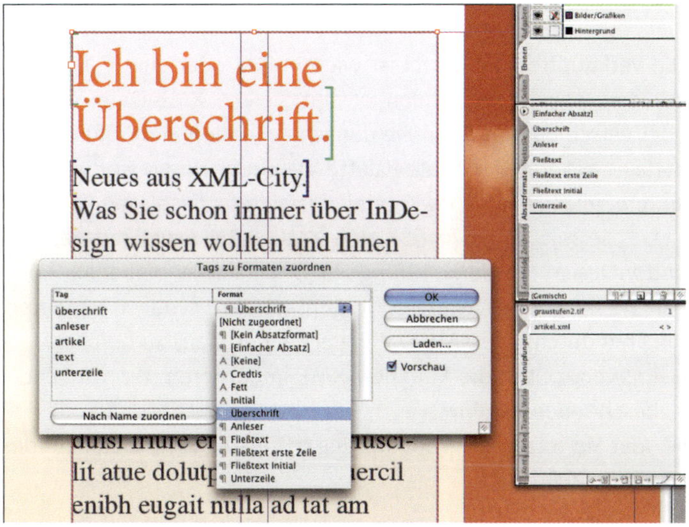

◂ **Abbildung 25.8**
Die Tags werden einem Absatzformat zugeordnet, und der Inhalt wird umformatiert.

Wählen Sie die entsprechenden Formate aus. Mit aktiver Vorschau sehen Sie gleich im Hintergrund, dass sich Ihr Layoutdokument ändert. Tags, denen Sie kein Absatzformat zuordnen können, weil der Inhalt nicht verwendet wird oder der Inhalt ein Bild ist, lassen Sie frei.

Nach Name zuordnen

Diese Option im Dialog der Zuordnung von Tags zu Formaten ermöglicht es, gleichnamige Tags und Formate mit einem Klick auszuwählen. Dazu müssen diese aber auch identisch inklusive Groß- und Kleinschreibung benannt werden.

25.3.3 Formate zu Tags zuordnen

Der andere Weg, die bestehenden Absatzformate jeweils einem Tag zuzuordnen, besteht ebenfalls. Dafür öffnen Sie die Funktion Formate zu Tags zuordnen im Palettenmenü der Strukturansicht oder der Tag-Palette. Eine Vorschau ist jedoch nicht möglich. Über die Option Laden... können Sie eine Tag-Format-Zuordnung auch aus einem vorherigen InDesign-Dokument übernehmen.

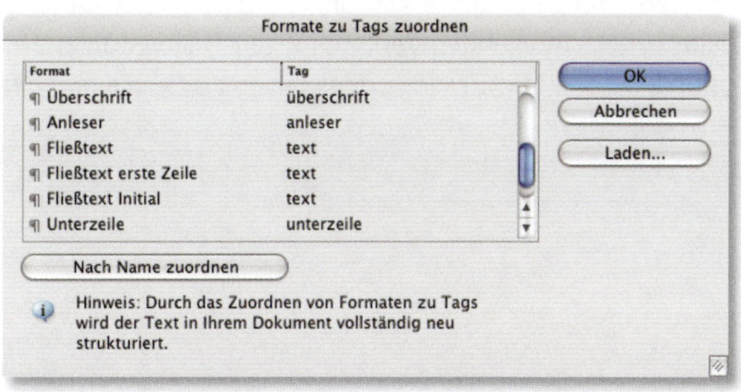

◂ **Abbildung 25.9**
Die Formate können auch den Tags zugeordnet werden.

25.4 XML-Quelle aktualisieren oder tauschen

Die verknüpfte XML-Datei ist wie ein Bild oder eine PDF-Datei mit dem Layout verbunden. Wenn Sie die XML-Datei ändern oder verschieben, sollten Sie danach auch die Verknüpfung wieder aktualisieren. Über die Palette VERKNÜPFUNGEN ist dies spielend möglich, wie Sie im Kapitel »Platzieren« nachlesen können.

Da Sie mit InDesign CS2 eine XML-Datei platzieren können und InDesign die Verknüpfung zur Originaldatei beibehält, können Sie nun zwei Wege einschlagen, um Ihr Layout mit anderen Inhalten durch eine XML-Datei gleichen Aufbaus zu befüllen:

- Entweder über die Funktion XML importieren, die wir schon beschrieben haben,
- oder Sie setzen die Verknüpfung der ersten XML-Datei auf die zweite XML-Datei.

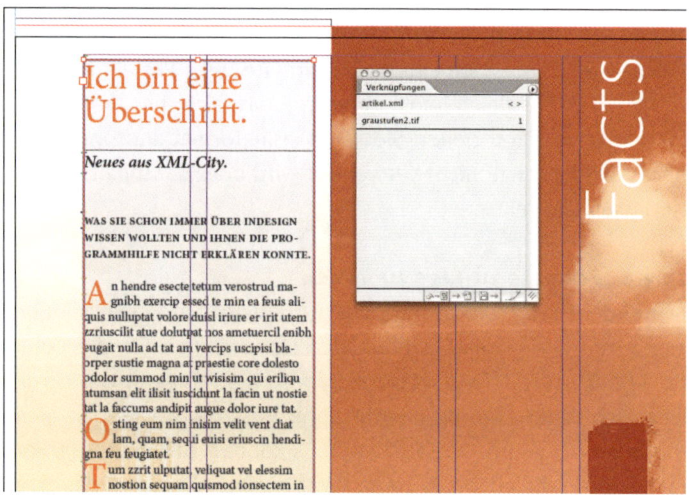

Abbildung 25.10 ▸
Ausgangspunkt ist der deutsche Text der Datei »artikel.xml«.

In der Verknüpfungen-Palette klicken Sie doppelt auf die alte XML-Datei. Im nachfolgenden Verknüpfungen-Dialog wählen Sie die Option ERNEUT VERKNÜPFEN... und wählen als Quelle nun die neue XML-Datei.

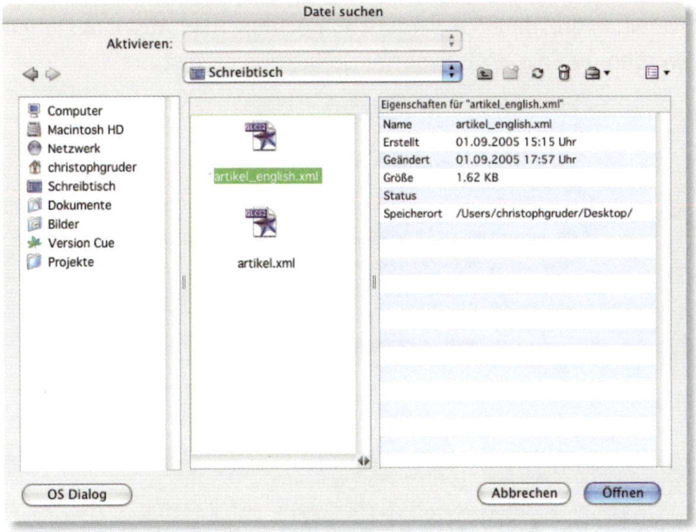

◂ **Abbildung 25.11**
Im Adobe-Dialog wählen Sie die neue Datei aus.

Sobald Sie die neue XML-Datei auswählen, tauscht InDesign auf Basis der Strukturinformationen die Inhalte und formatiert den neuen Text mit den identischen Absatzformaten.

◂ **Abbildung 25.12**
Der Inhalt wird ausgetauscht.

Mehrspachige Dokumente

Natürlich müssen Sie beachten, dass mehrsprachige Dokumente wie unser Beispiel auch mit einem entsprechenden Wörterbuch umbrochen werden. Legen Sie pro Sprache ein gesondertes Absatzformat an, indem Sie die Wörterbücher verwenden und die Tags den Formaten zuweisen.

25.5 XML exportieren

Wenn Sie nun die Inhalte der InDesign-Datei für eine andere Anwendung im Internet nutzen wollen, so wählen Sie im Dateimenü den Punkt EXPORTIEREN. Geben Sie als Format im nachfolgenden Dialog XML an, und bestätigen Sie mit dem korrekten

Dateinamen, den Sie vergeben möchten, die Auswahl. Ihnen werden nun die XML-Exporteinstellungen gezeigt.

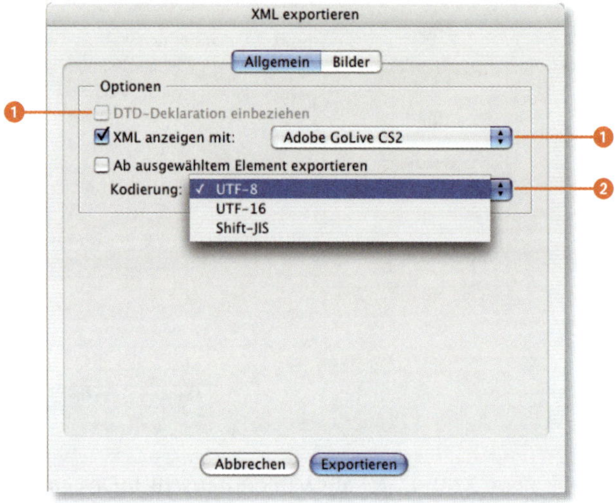

Abbildung 25.13 ▸
Die Kodierung sollte auf UTF-8 gestellt werden.

Allgemein | Unter ALLGEMEIN können Sie den Browser auswählen, mit dessen Hilfe die XML-Datei nach dem Export angezeigt wird ❶. Um eine reibungslose Übergabe der Inhalte im XML-Format zu gewährleisten, stehen Ihnen drei Kodierungen zur Verfügung ❷. Die ersten beiden, UTF-8 und UTF-16, sind Unicode-Transformierungsformate als 8- oder 16-Bit-Code. Davon gilt das 8-Bit-Format als universell einsetzbar. Das dritte Format, Shift-JIS, ist ein asiatisches Format. Außerdem können Sie hier die DTD angeben ❸, auf der Ihre XML-Datei basiert. Weitere Hilfestellungen dazu finden Sie auch in der Programmhilfe.

Bilder | Unter dem zweiten Reiter BILDER legen Sie die Bildumwandlung fest. Unter BILDOPTIONEN • IN UNTERORDNER KOPIEREN ❹ werden verknüpfte Originalbilder bei aktivierter Option in einen Unterordner BILDER gelegt, die Verknüpfungen zum InDesign-Dokument bleiben dabei erhalten.

Mit den nächsten beiden Optionen definieren Sie, ob und wie die platzierten Bilder neu berechnet werden. Wollen Sie nur den Inhalt von einem Dokument in ein anderes Layout einfügen, deaktivieren Sie bitte diese Punkte, um die Feindaten zu erhalten. Wenn Sie die Inhalte jedoch für das Internet aufbereiten wollen, aktivieren Sie den ersten Punkt OPTIMIERTE ORIGINALBILDER ❺. OPTIMIERTE FORMATIERTE BILDER hingegen behalten ihre Informationen zur Platzierung und Skalierung bei.

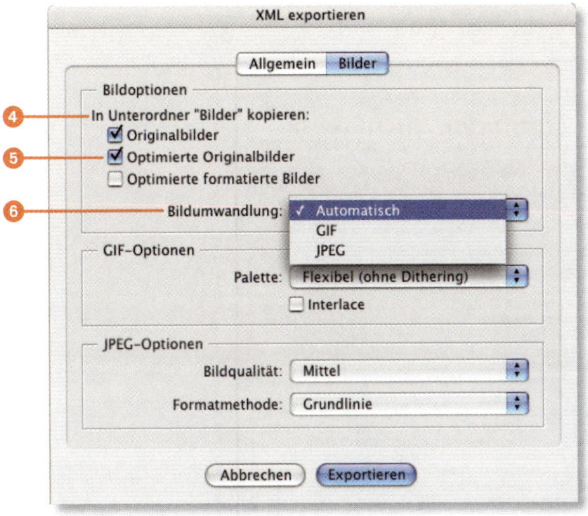

◂ **Abbildung 25.14**
XML-Exporteinstellungen BILDER

BILDUMWANDLUNG ⑥ bietet JPEG oder GIF als Ausgangsformat an. Sicher werden Sie bei dieser automatischen Ausgabe mit JPEGs bessere Bildergebnisse erzielen. GIF-Dateien haben zwar im Internet zahlreiche Vorteile, aber dazu brauchen Sie auch eine Kontrolle, wie die Bilder mit einer bestimmten Einstellung umgewandelt werden. Für das Web ist die Einstellung MITTLERE oder NIEDRIGE QUALITÄT bei der JPEG-Einstellung ausreichend.

Wenn Sie die Eingaben und den Export bestätigen, erzeugt InDesign eine XML-Datei, die im ausgewählten Browser angezeigt wird. Beachten Sie hier die Tags in der Datei. Untergeordnete Elemente wie eine Zwischenüberschrift werden im Textfluss markiert. Wie Sie ebenso erkennen können, werden in der XML-Datei keinerlei Formatierungen angezeigt noch Zeilen- oder Spaltenumbrüche integriert. Somit kann der Inhalt in einer anderen InDesign-Datei vollständig neu formatiert werden.

25.5.1 XML-Datei in GoLive verwenden

Die exportierte XML-Datei kann natürlich in anderen Layouts verwendet werden. Aber der eigentliche Zweck besteht darin, die Inhalte für das Internet oder mobile Geräte aufzubereiten.

Mit GoLive CS2 kann die XML-Datei nun mit Cascading Style Sheets (CSS) formatiert werden, so dass im Internet die exakte typografische Darstellung gesichert ist. Wie Sie in GoLive mit der CSS-Technik arbeiten, entnehmen Sie bitte der GoLive-Programmhilfe oder den Fachbüchern von Galileo Design.

Eine 30-Tage-Vollversion von Adobe GoLive CS2 für Mac und Windows finden Sie auch auf der DVD zum Buch im Order »Adobe Tryouts«.

Eine fertig formatierte Datei zeigt Abbildung 25.15: Jedes Element wurde mit einem anderen Stylesheet dargestellt. Da es sich um reine Textinformationen ohne Layoutangaben handelt, kann diese formatierte XML-Datei auf einem entsprechenden Browser eines Computers oder eines mobilen Geräts dargestellt werden.

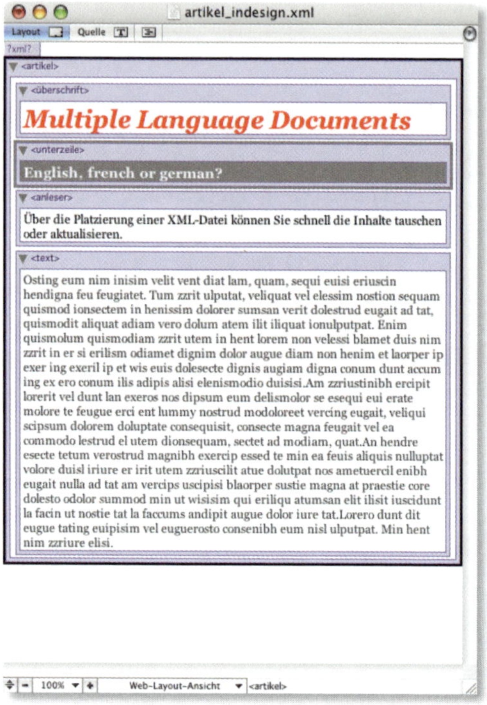

Abbildung 25.15 ▸
Die exportierte XML-Datei kann in GoLive eingelesen und mit Stylesheets formatiert werden.

25.6 Wer braucht XML?

Bei kritischer Betrachtung werden Sie sicher auch den erhöhten Aufwand und die Notwendigkeit von Kontrollen der XML-Struktur sehen, die über die Gestaltungsarbeit hinausgehen. Für den täglichen Gebrauch von Layoutinhalten eignet sich XML zunächst nicht.

Wenn die Layoutinhalte jedoch aus einer Datenbank stammen oder parallel für das Internet aufbereitet werden sollen, lohnt sich die XML-Integration und bietet auch für den Kunden einen enormen Mehrwert. Die Daten können sehr schnell ausgetauscht und aktualisiert werden, die Fehlerquote durch Copy-Paste-Arbeit und mehrere Dokumente, die den Inhalt bereitstellen (Word, Excel, externe Bilddaten etc.) entfällt vollständig, und das Publizieren auf verschiedenen Plattformen findet immer mit dem identischen Inhalt statt.

Nur über eine sinnvolle Verwendung von DTDs und XML-Dateien, die auf diese DTD referenzieren, ist ein fehlerfreies Publizieren über InDesign möglich. Für ein umfangreiches XML-Publishing lohnt sich daher die Zusammenarbeit mit externen Systemintegratoren, die fehlende Schnittstellen oder Datenübergaben auf XML-Basis schließen können und mit Skripten fehlende Funktionalitäten ergänzen. Alternativ dazu ermöglichen Plug-ins von Drittanbietern die Datenübergabe zwischen Datenbanken und Layout, wir gehen im Kapitel »Plug-ins« noch genauer darauf ein.

25.7 SVG – something very good!

SVG ist ein Datenformat, das auf XML basiert. Scalable Vector Graphics dienen zwar primär für die Darstellung von Vektorgrafiken im Internet – ähnlich wie das Flash-Format –, doch neben Pixeldaten können auch Schriften mit eingebunden werden, und das Dateiformat basiert auf einem offenen Standard. SVG gibt es in zwei Versionen, das offene Format *.svg und das komprimierte Format *.svgz. Beide Formate lassen sich aus InDesign exportieren oder in das Layout platzieren. SVG-Dateien werden von den aktuellen Internet-Browsern angezeigt. Der Mac benötigt den SVG-Viewer, ein kostenloses Plug-in, das Sie von der Adobe-Homepage laden können (http://www.adobe.de).

25.7.1 SVG erzeugen

Um eine SVG-Datei zu erzeugen, brauchen Sie das Layout nicht mit Tags zu markieren. Wählen Sie unter dem Menü DATEI • EXPORTIEREN... aus, und entscheiden Sie sich entweder für das SVG- oder das komprimierte SVGZ-Format. Beide Formate haben einen identischen Exportdialog, in dem Sie die Einstellungen treffen können. Bei zusätzlich eingeblendeten Optionen entdecken Sie einige bereits vertraute Einstellungen.

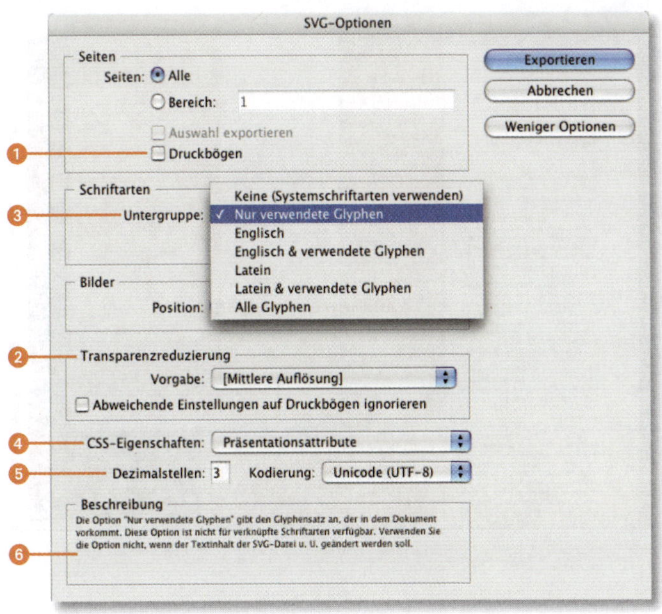

◂ **Abbildung 25.16**
Die SVG-Exportoptionen mit eingeblendeten Optionen

So können Sie wie beim PDF-Export statt Einzelseiten den Druckbogen exportieren ❶, und auch die Transparenzreduzierung hat den Weg in diesen Exportdialog gefunden ❷. Schriften können auf unterschiedlichste Weise eingebunden werden, eine optimale Verwendung im Internet ist die Untergruppenbildung ❸, da hier nur die Zeichen eingebettet werden, die auch wirklich in der Datei verwendet werden. Bilder werden entweder verknüpft oder eingebettet.

Die CSS-Eigenschaften sind komplex ❹. Mit der Einstellung PRÄSENTATIONSATTRIBUTE kommen Sie zu sehr guten Ergebnissen, die anderen Einstellungen werden ausführlich in der Online-Hilfe erläutert. Die Dezimalstellen ❺ von 1 bis 7 bestimmen, wie genau die Vektoren für die Bildschirmansicht berechnet werden. Der Wert 7 erzeugt die beste Abbildungsqualität, aber auch größere Dateien. Der Wert 3 reicht zunächst für einen guten Standardexport aus, ebenso die Kodierungsart Unicode UTF-8. Die Beschreibung am Fuß des Dialogfensters erläutert Ihnen die Einstellung, auf der Sie sich mit dem Mauszeiger befinden ❻.

Der SVGZ-Export ist dazu identisch. Eine SVG-Datei kann sowohl im Browser angezeigt werden, um die optische Darstellung zu überprüfen (Abbildung 25.17), als auch in einem Texteditor, um die XML-Struktur einzusehen. Das offene Format wird im XML-Code angezeigt, das komprimierte Format kann dagegen nur verschlüsselt angezeigt werden. Neben der geringeren Dateigröße schützt das Format SVGZ auch davor, Grafiken oder Schriftinformationen zu extrahieren.

SVG nachbearbeiten
Mit Illustrator CS2 können Sie die SVG-Dateien importieren und nachbearbeiten.

Abbildung 25.17 ▸
Die SVG-Datei im Safari-Browser im Vordergrund, im Hintergrund sehen Sie die InDesign-Datei als Vorlage.

Angesichts der Präzision, die mit SVG erreicht wird, nennt man das neue Format zu Recht das »PostScript für das Internet«. Formate wie Flash dagegen runden Vektorpositionen oder Strichstärken so weit ab, dass keine eindeutige Vorhersage möglich ist, wie sich die Erscheinung nach dem Export darstellt. Durch die hohe Flexibilität des Formates und die Möglichkeit, auf diesem Format weitergehende Interaktionen für das Internet aufzusetzen, ist davon auszugehen, dass dieses Format in wenigen Jahren seinen Platz neben den Standardformaten wie JPEG, GIF oder Flash haben wird.

Weiterführende Infos

Weitere Informationen zu diesem XML-basierten Format können Sie im Internet unter http://www.adobe.com/svg einsehen.

25.8 Ein Paket für GoLive

InDesign CS2 bietet an, die Layoutdaten für das Internet zu exportieren. Dazu können Sie über das Menü DATEI die Option FÜR GOLIVE VERPACKEN auswählen. Somit ist klar, dass hier nur ein Export für GoLive möglich ist, ein reiner HTML-Export ist nicht möglich. Für einen anderen Webeditor ist dieses Paket nicht kompatibel.

Nachdem Sie einen Platz auf der Festplatte angegeben haben, wo InDesign das Gesamtpaket ablegen soll, bekommen Sie die Exportoptionen angezeigt.

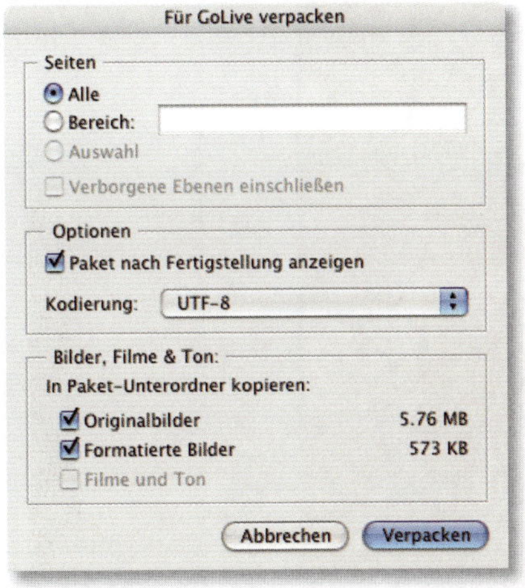

◂ **Abbildung 25.18**
Die Exportoptionen für das GoLive-Paket

Auf Basis von XML werden nun alle Layoutdaten so weit zusammengetragen, dass GoLive die Inhalte als Textabschnitte und platzierte Bilder erkennt und Sie im Web-Layout die Elemente auf Ihre Seite positionieren können.

Unter ALLGEMEIN können Sie das Layoutdokument gleich nach dem Export in GoLive anzeigen lassen, wenn Sie GoLive auf Ihrem Computer installiert haben. Die Kodierung sollte wie immer auch hier Unicode sein (UTF-8).

Ebenso wie im XML-Export werden Sie im zweiten Bereich BILDER nach der Auflösung der Bilddaten gefragt. Neben der Möglichkeit, nur die Feindaten zu exportieren und die Skalierung und Komprimierung später in GoLive durchzuführen, können Sie auch gleich die optimierten Bilder als GIF oder JPEG exportieren. Die Einstellungen sind zum XML-Export identisch. Schön, dass InDesign zeigt, wie viel Platz die Bilder einnehmen werden.

25.8.1 Paket erstellen

Nachdem Sie Ihre Einstellungen getroffen haben, beginnt InDesign damit, das Paket zusammenzustellen. Dabei werden nicht nur die benötigten Bilder und Grafiken exportiert, sondern auch alle Textabschnitte sowie das Gesamtlayout und Geometrien. Der Vorgang des Verpackens kann je nach Umfang des Dokuments einige Minuten dauern.

Buchtipp
Für die weitere Bearbeitung in GoLive CS2 empfehlen wir Ihnen das Buch »GoLive CS2« von Christian Fleischhauer, Helmut Vonhoegen aus der Reihe Galileo Design.

InDesign erzeugt einen neuen Ordner, in dem die Dokumente abgelegt sind. Darunter befindet sich auch eine PDF-Datei. Dieses PDF kann später in GoLive als Navigation für das Layoutdokument genutzt werden.

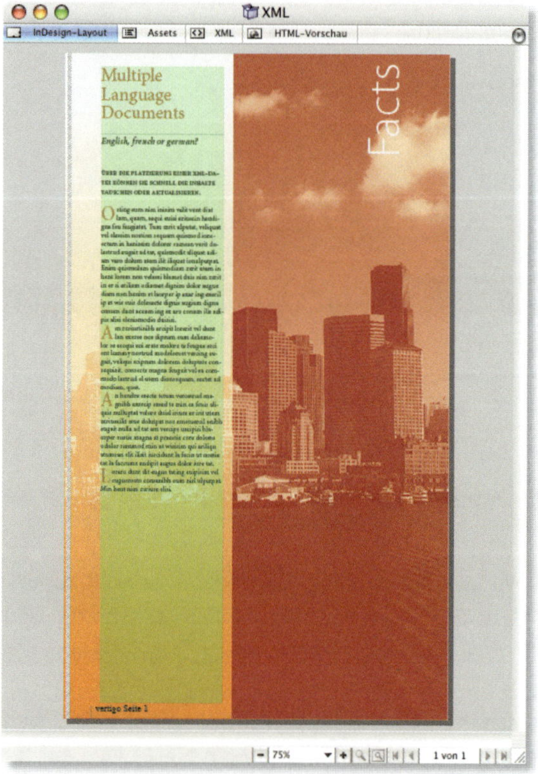

Abbildung 25.19 ▸
Das fertige Paket wird in GoLive als mehrseitiges PDF-Dokument dargestellt, aus dem Sie die Grafiken als Bilder in die HTML-Seite ziehen können. Texte werden in Abschnitten unter dem Reiter Assets zusammengefasst.

26 Redaktions-Workflow mit InCopy CS2

Die Layoutabteilung eines Magazins oder einer Tageszeitung gestaltet das Layout nach flexiblen Vorlagen, platziert Bilder, lässt Texte der Redaktion einfließen und stimmt die Korrekturen mit den Redakteuren ab. InDesign arbeitet mit InCopy zusammen, einem Werkzeug nur für Textredakteure. Wir wollen hier einen kurzen Überblick über die Möglichkeiten geben.

26.1 Wozu InCopy?

Eine Magazinredaktion setzt sich aus Redakteurinnen und Redakteuren, Layoutern, Fotografen und Systemadministratoren zusammen. Aufgrund dieses heterogenen Redaktionsteams entstehen für die redaktionelle und gestalterische Arbeit an einer Zeitung viele parallele Arbeiten – geradezu einen »Worst Case« für die Planungstechnik. Die einzige Planungssicherheit für eine Zeitungsredaktion liegt in den klaren Zuordnung der Mitarbeiter zu den immer wiederkehrenden täglichen Aufgaben.

Ebenso ist die Vereinbarung von Standards (Dateiformate, Größen, Exportdateien, Farben, Farbprofile, Schriften) extrem wichtig. Da Layout und Artikel parallel entstehen, ist für den Layouter entscheidend, wie lang der Artikel wird und nach welcher Vorlage – einspaltiger Randbeitrag ohne Bild, dreispaltig mit Bild und großer Headline – der Artikel im Layout angelegt werden soll. Der Redakteur will dagegen sehen, wie der Artikel im Layout steht. Gerade diesen Bedarf, den ein Layoutprogramm wie InDesign nicht allein bedienen kann, schließt Adobe InCopy.

Für Redaktionen wurde dieses Textverarbeitungsprogramm entwickelt, das auf demselben Programmkern wie InDesign beruht. Da InDesign modular aufgebaut ist, d.h., alle Werkzeuge und Funktionen aus Plug-ins bestehen, die über den Programmkern angesteuert werden, wurden für InCopy eigene Werkzeuge entwickelt. Die Darstellungsqualität ist in beiden Programmen somit völlig identisch. Sowohl das Layout als auch die redaktionelle Arbeit können parallel entstehen.

InCopy kann in unterschiedliche Umgebungen eingesetzt werden, um entweder die Arbeit in einem kleinen Netzwerk zu ermöglichen oder aber ganze Zeitungs- und Magazinredaktionen zusammen mit einem Redaktionssystem wie K4 von Softcare zu verbinden.

26.1.1 Ein typischer Workflow für ein Zeitungslayout

Wir wollen die Funktionalität von InDesign und InCopy anhand einer typischen Abfolge von Arbeitsschritten im Zeitungslayout darstellen. Dabei gibt es je nach Arbeitsorganisation kleine Unterschiede, wie die Aufgaben und Probleme gelöst werden. Die Abteilungen Redaktion, Layout, Bildbearbeitung und Anzeigensatz/Produktion arbeiten stets parallel.

1. **Redaktion:** Die Texte werden zunächst unabhängig vom Layout in einer Textverarbeitung geschrieben.
2. **Anzeigensatz/Produktion:** Der Anzeigenspiegel schreibt vor, auf welchen Seiten Platz für Artikel bleibt und welchen Umfang die Zeitung einnimmt.
3. **Anzeigensatz/Produktion:** Für die Anzeigen werden alle Seiten als einzelne InDesign-Dokumente mit Platzhalterrahmen angelegt und entsprechend gekennzeichnet oder gesperrt.
4. **Redaktion:** Die Artikel werden für eine Seite redaktionell ausgewählt und nach Aufmacher, normaler Meldung oder Randbericht gewichtet.
5. **Redaktion:** Für jeden Artikel findet eine Vorauswahl der Bildmotive durch die Redaktion statt. Mögliche Bildalternativen vergrößern den Gestaltungsspielraum für das Layout.
6. **Layout:** Eine Layoutvorlage wird als neues Dokument in InDesign angelegt oder vom Anzeigensatz übernommen.
7. **Layout:** Für die Artikel werden entsprechende Mustervorlagen sowie Bibliotheksobjekte auf der Seite platziert.
8. **Layout:** Der Text wird als Datei in die Platzhalterrahmen importiert.
9. **Layout:** Je nach Textstruktur und Vorlage wird der Text grob in unterschiedlichen Rahmen umbrochen und mit Absatzformaten formatiert.
10. **Layout:** Bildmotive werden ausgewählt und platziert, die Bildunterschriften werden als Textrahmen hinzugefügt.
11. **Layout:** Bilder und Bildunterschriften – die so genannten BUs – werden als Verdrängungsobjekte über die Textrahmen des Artikels platziert und die Textrahmenlängen ggf. angepasst.
12. **Layout:** Die Textmenge wird in der Laufweite angepasst oder manuell umbrochen, wenn die automatischen Umbruchoptionen von InDesign einen zu weit laufenden Text mit ungünstigen Trennungen oder großen Wortlücken ergeben.

13. **Layout:** Nach dem fertigen Layout wird die Seite als Korrekturabzug ausgedruckt oder als PDF an die Redaktion zur Kontrolle weitergereicht.
14. **Layout:** Damit der verantwortliche Textredakteur seine Änderungen am Text selbst durchführen kann, werden die gesamte InDesign-Seite und die Textabschnitte für InCopy freigegeben.
15. **Redaktion:** Die Textarbeiten werden in InCopy durchgeführt, während im Layout weitere Artikel platziert und gestaltet werden können. Dazu checkt der Redakteur oder die Texterin den Textabschnitt in InCopy aus.
16. **Redaktion:** Nach der Textkorrektur wird der Abschnitt in InCopy wieder freigegeben, und im Layout wird die Verknüpfung aktualisiert.
17. **Layout:** Ändert sich die Textlänge, wird das Layout entsprechend angepasst.
18. **Bildbearbeitung:** Die ausgesuchten Bildmotive werden auf die korrekte Darstellungsgröße im Layout berechnet und eine Profilkonvertierung in den CMYK-Arbeitsfarbraum durchgeführt.
19. **Anzeigensatz/Produktion:** Die Anzeigen werden parallel dazu als EPS oder PDF platziert.
20. **Anzeigensatz/Produktion:** Die fertige Seite geprooft, um die Druckqualität der Bilder und Anzeigen zu gewährleisten und entsprechende Anpassungen durchzuführen.
21. **Anzeigensatz/Produktion:** Nach einem Export der Seite als PDF-Datei wird die Datei in die Druckerei übermittelt.

In InCopy CS2 kann über Plug-ins für den Bridge-Workflow – also das Aus- und Einchecken von Artikeln bei gleichzeitiger Layout- und Redaktionsarbeit – zusammen mit InDesign auf einem oder mehreren Rechnern gearbeitet werden. Die Plug-ins, die an dieser Stelle für InDesign nötig sind, finden Sie auf der InCopy-Installations-CD.

Schritt für Schritt: Einsatz von InCopy CS2

1 Aufgabe hinzufügen

Sind die Erweiterungen für InDesign CS2 installiert, können markierte Rahmen im Menü Bearbeiten • InCopy als Aufgabe hinzugefügt werden.

Die Aufgabe wird benannt, dabei können auch Platzhalterrahmen eingeschlossen werden, in denen der Redakteur Bilder platziert.

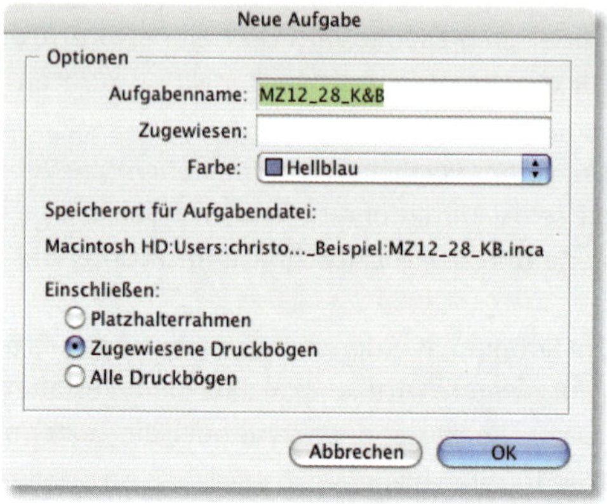

Die Aufgabe wird in der Liste der Aufgaben in InDesign aufgenommen.

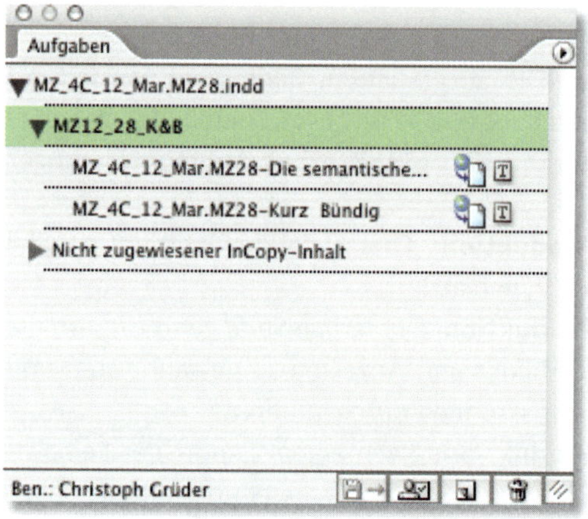

2 Aufgabe auschecken

Mit InCopy checkt die Texterin oder der Redakteur die entsprechende Aufgabe zur Bearbeitung über das Palettenmenü aus.

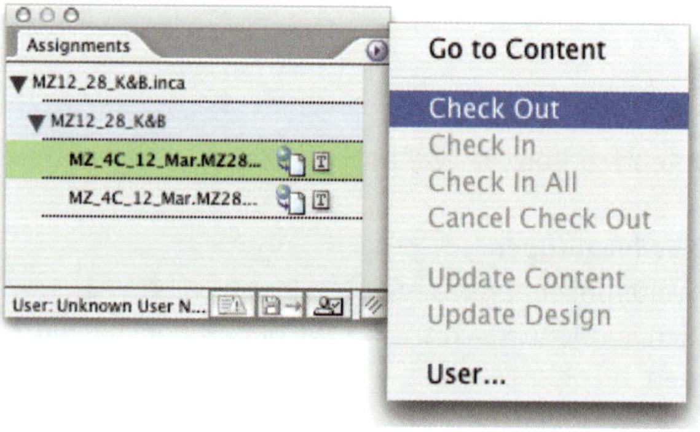

Während der Bearbeitung mit InCopy ist der Textabschnitt im Layout gesperrt, in den Aufgaben signalisiert dies ein durchgestrichener Bleistift ①.

3 Aufgabe einchecken

Nach den Textänderungen werden alle Textabschnitte wieder eingecheckt.

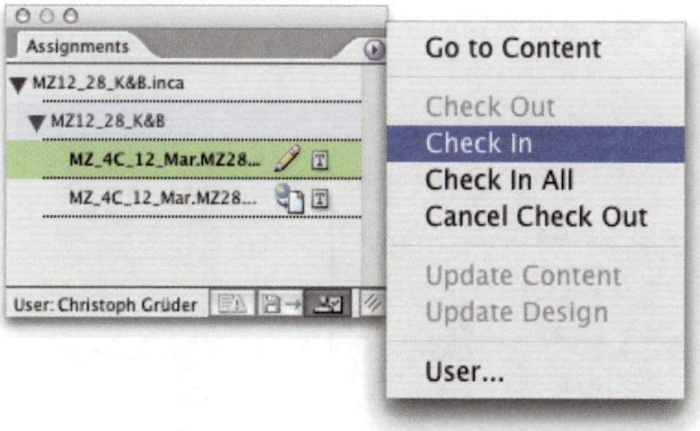

Sobald der Text wieder eingecheckt ist, kann in InDesign der Textabschnitt aktualisiert werden. Klicken Sie dazu auf das Diskettensymbol ②, ähnlich wie in der Verknüpfungen-Palette.

26.2 Die Werkzeuge in InCopy CS2

Ansichtsmodi | InCopy bietet Redakteuren komfortable Werkzeuge für die layoutverbindliche Texterstellung und -korrektur in drei Ansichtsmodi: Die Layoutansicht zeigt die gesamte Seite aus InDesign und den eingebundenen Artikel. In der Textabschnitt-Ansicht schreibt die Texterin oder der Redakteur direkt den Artikel. Die Druckfahnen-Ansicht hingegen zeigt den Spalten- und Zeilenumbruch nach den aktuellen Absatzformaten und Wörterbüchern an.

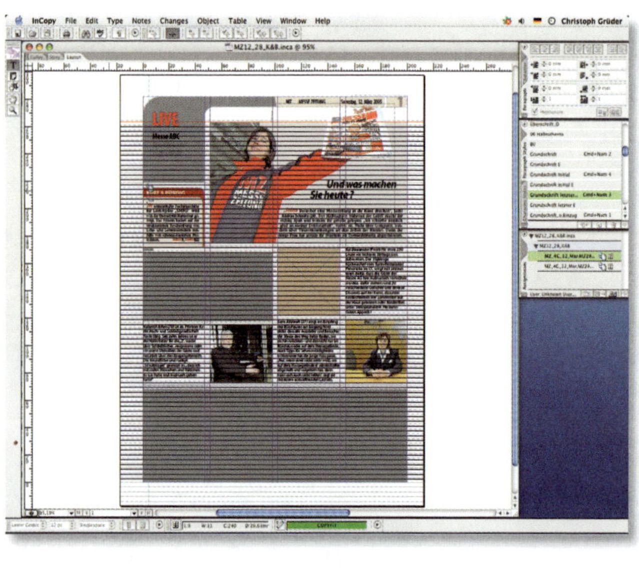

Abbildung 26.1 ▸
Ein Artikel wird in InCopy in drei Ansichten gezeigt: Die Layout-Ansicht zeigt den Artikel zunächst im tatsächlichen Design.

Änderungsverfolgung | Darüber hinaus ist die Änderungsverfolgung möglich: Wird ein Artikel zu einem gespeicherten Stand verändert, zeigt InCopy an, welche Textabschnitte gelöscht, überschrieben oder verschoben wurden.

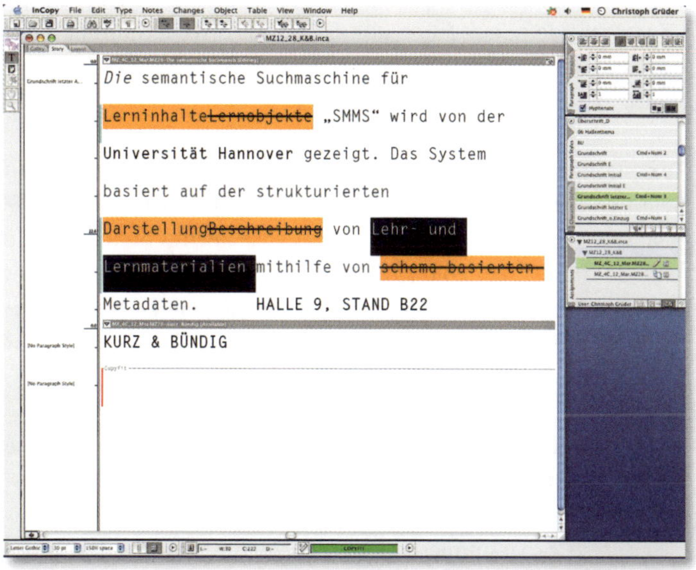

◂ **Abbildung 26.2**
Änderungen am Text können in InCopy nachverfolgt und angezeigt werden, hier in der Textabschnitt-Ansicht.

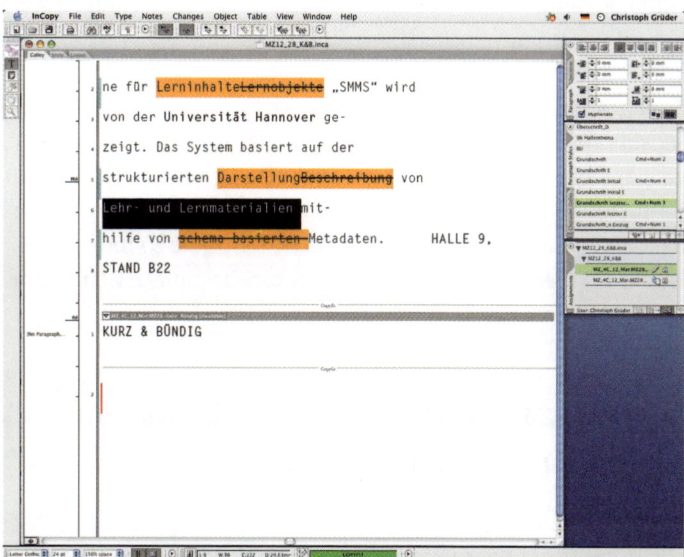

◂ **Abbildung 26.3**
In der Textfahnen-Ansicht wird der Umbruch im Layout gleich dargestellt.

Kommentarwerkzeuge | Ergänzend zu diesen Grundfunktionen einer Textverarbeitung gibt es Kommentarwerkzeuge, um unklare Textpassagen zu markieren oder besondere Wünsche der Redaktion an das Layout mitzuteilen.

Bilder platzieren | Für ein reines Textwerkzeug ungewöhnlich, aber in der Praxis sehr vorteilhaft ist die neue InCopy-Funktion, Bilder zu platzieren. Der Redakteur und die Texterin können sofort die Bildmotive auswählen. Eine Abstimmung mit dem Layout ist also nicht erforderlich. Diese Funktion fehlte bislang in InCopy CS und wurde nur dadurch überbrückt, dass weiterführende Redaktionssysteme diese Möglichkeit nachträglich in InCopy zur Verfügung gestellt haben.

Textmakros | Durch Textmakros setzen Sie bei wiederkehrenden Begriffen oder Wortfolgen automatisch die Formulierungen während des Schreibens ein. Eine permanente Rechtschreibkontrolle zeigt sofort Schreibfehler, und Sie können unbekannte Wörter per Silbentrennung dem Wörterbuch hinzufügen. Diese automatische Rechtschreibkorrektur ist identisch zu der neuen Korrektur in InDesign CS2.

Automatisierung | Sollen umfangreiche automatische Abläufe von Textersetzungen oder dem Anlegen von Absatzformaten ausgeführt werden, ist es möglich, diese Schritte in InCopy als JavaScript zu programmieren. Für den Mac ist auch eine AppleScript-Variante möglich. Beispiele hierzu und die Anleitung finden Sie auf der InCopy-Installations-CD.

Typografische Werkzeuge | Neben weiteren Optionen für den redaktionellen Workflow bietet InCopy alle typografischen Werkzeuge, die auch InDesign CS auszeichnen. Somit können Sie also im Layout Absatz- und Zeichenformate vorgeben, die in der Redaktion genutzt werden, um den Text gleichzeitig zu formatieren. Ist die Textbearbeitung beendet, checken Sie einfach den formatierten Text für das Layout wieder aus.

26.3 Redaktionssysteme auf Basis von InDesign und InCopy

Die Verwaltung der InDesign- und InCopy-Daten sowie die Freigabe auf Server-Verzeichnisse und andere Aufgaben erledigt ein Redaktionssystem. Von einer einfachen Netzwerkverwaltung bis hin zu einem komplexen Content-Management-System mit Definition und Verfolgung der Arbeitsprozesse sind Lösungen erhältlich.

26.3.1 Woodwing Smart Connection

Die Datenablage zwischen InDesign und InCopy kann über einen File-Server erfolgen. Die Übergabe der Dateien vom Server zu InDesign oder InCopy erfolgt über das Plug-in Woodwing Smart Connection, das in einer Light- und einer Pro(fessional)-Version erhältlich ist. Die Pro-Version stellt in Verbindung mit InDesign und InCopy ein vollständiges Redaktionssystem dar. Die Enterprise-Version ist als datenbankgestützte High-End-Lösung für große Redaktionen gedacht. Weitergehende Informationen und einen Vergleich der Funktionen dazu erhalten Sie im Internet unter http://www.woodwing.com, http://www.woodwing.com/smartconnect.htm oder beim deutschen Distributor http://www.impressed.com.

Eine Demoversion von Woodwing Smart Connection Pro für InDesign CS2 und InCopy CS2 finden Sie auf der Buch-DVD im Ordner »Plugins_Demoversionen«.

26.3.2 Softcare K4 Publishing System

Nicht nur die Datenübergabe ist für einen Redaktions-Workflow wichtig, sondern auch die Produktionsüberwachung für den Chef vom Dienst, welche Seiten bereits fertig gestellt sind, und nicht zuletzt die administrative Organisation von Zugriffsrechten und Änderungsprotokollen. Für diese Anforderung hat die Hamburger Softwarefirma Softcare das K4-Redaktionssystem entwickelt, das ebenso mit InDesign als Layout-Tool und InCopy als Texteingabe zusammenarbeitet. K4 wird u.a. in den Redaktionen der Magazine Capital, Focus und Playboy eingesetzt. Alle Dokumente werden hier zentral auf einem Server verwaltet und für Veränderungen »ausgecheckt«, d.h., die Bearbeitung erfolgt nur auf einem Arbeitsplatz. Andere können dieses Dokument nur ansehen, nicht aber editieren. Wenn die Änderungen am Dokument fertig gestellt sind, wird die Datei wieder »eingecheckt«. K4 registriert, wer die Datei bearbeitet hat, welche Änderungen vorgenommen wurden und zu welchem Zeitpunkt ein- und ausgecheckt wurde. Der Chef vom Dienst kann sich jederzeit den aktuellen Stand der Produktion abrufen und das Layout überprüfen. Die aktuelle Ausgabe unterstützt die Zusammenarbeit von InDesign CS und InCopy CS, zeigt einen Dokumentstatus nicht nur für Layoutdateien, sondern auch für Bilder oder Anzeigen an. Zusätzlich können auch Office-Dokumente aus Microsoft Word und Excel eingebunden werden. Infos unter http://www.softcare.de/de/k4/index.html. Leider wird von K4 keine Demoversion angeboten.

Über die K4-Systemintegratoren wird eine Anpassung sowie die Schulung an die Bedürfnisse von Verlagshäusern oder Redaktionen durchgeführt:

- Deutschland: Dr. Wirth New Media GmbH, http://www.newmedia-log.de
- Österreich: expanic, http://www.expanic.at
- Schweiz: Topix AG, http://www.topix.ch

26.4 Der Workflow ohne Redaktionssystem

Für kleine Redaktionen lohnt sich die Anschaffung eines Redaktionssystems nicht, wenn die Publikation nur vierteljährlich herauskommt und für jedes Magazin ein anderer Workflow mit internen wie externen Redakteuren stattfindet, die nicht auf identischen Systemen und Programmen die Texte verfassen. Häufig bildet Microsofts Word den Texteditor, eine Statusverfolgung und eine Zugriffsbeschränkung auf spezielle Dateien gibt es nicht, der Anzeigenspiegel wird manuell notiert.

Damit Sie auch in diesen Situationen mit InDesign und InCopy arbeiten können, sollten Sie für die Dateiablage und Arbeitsorganisation einige Punkte beachten, die wir Ihnen kurz vorstellen.

Interessanterweise hat sich der Arbeitsprozess ohne Redaktionssystem bei Magazinen und Zeitungen in England durchgesetzt, es ist also auch möglich, mit einer gut strukturierten Arbeitsweise eine ähnlich gute Effizienz zu erreichen wie mit einem servergebundenen Redaktionssystem. Ein vollwertiges Redaktionssystem bildet übrigens diese Punkte ebenso ab, nur ist die Verwaltung und Konfiguration wesentlich umfangreicher.

Für unser Beispiel sollen die Aufgabengebiete Textredaktion, Layout, Bildbearbeitung und Produktionskontrolle dienen.

26.4.1 Dateinamen und Ablageorte

Die folgende Abbildung zeigt eine typische Situation in einem OS-X-Dokumentenfenster (System 10.3.9). Alle Layoutdokumente sind als Einzel- oder Doppelseiten in einem Verzeichnis auf einem Netzwerkordner abgelegt. Die Dateien tragen eine einheitliche Benennung, die mit der Seitenzahl endet.

Die Netzwerkordner sind in diesem Beispiel auch unterschiedliche Computer oder Partitionen (Volumes), die in der Liste links auftauchen: Layout, Fotografie, Vorproduktion sowie Redaktion sind die eindeutigen Ablageorte von Dateien.

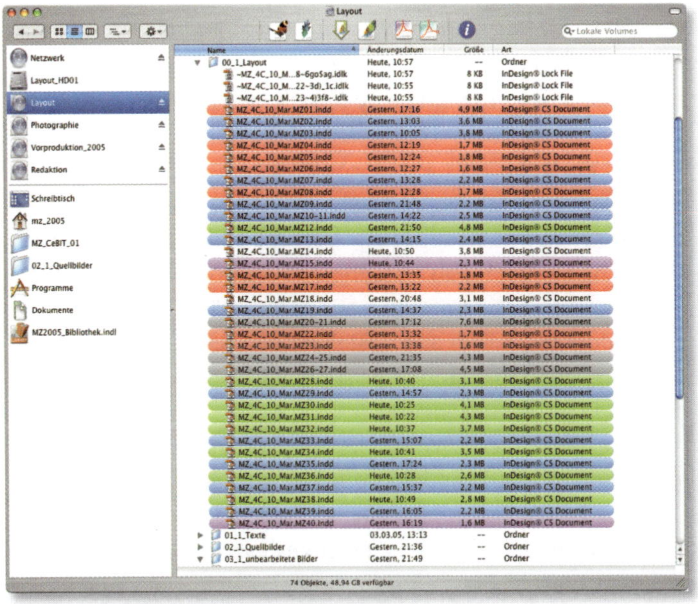

◂ **Abbildung 26.4**
Alle Einzelseiten werden auf einem Server zentral gespeichert. Die einzelnen Dokumente werden direkt geöffnet, bearbeitet und wieder an diesem Ort gesichert. Anhand der Lock-Files oben in der Liste kann jeder Layouter sehen, welche Dateien in Benutzung sind. Die farbliche Unterscheidung hilft zu erkennen, welche Dokumente noch bearbeitet werden müssen.

26.4.2 Status der Dokumente

Farblich werden die Dokumente mit Hilfe der Apple-eigenen Etiketten sortiert. Dafür können auf jedem Arbeitsplatz die Farben mit einer Bezeichnung eingestellt werden, wie die Abbildung 26.5 zeigt.

Die Etiketten markieren auf einen Blick, welche Seiten noch bearbeitet werden müssen: Besitzt ein Dokument keine Farbe, so liegt hier nur eine leere Seite vor. In Bearbeitung befinden sich die roten Dokumente, graue Seiten warten auf die Bearbeitung platzierter Bilder oder Anzeigen, fertige Seiten sind natürlich grün eingefärbt, und blaue Dateinamen bedeuten, dass die Seite bereits fertig als PDF an die Druckerei verschickt wurde.

▴ **Abbildung 26.5**
Arbeiten Sie in einem Macintosh-Netzwerk, können Sie Etiketten für die Layoutdateien vergeben. Diese Etiketten werden auf jedem Arbeitsplatz einmal eingerichtet und bei jeder Änderung des Dokuments neu vergeben.

26.4.3 Rollen der Arbeitsplätze

Die Etiketten geben auch vor, wer als Nächstes im Arbeitsprozess Daten für diese Seiten bearbeiten muss: Eine graue Seite gibt vor, dass Bilder und Anzeigen fehlen. Somit ist die Bildbearbeitung zuständig, entsprechende Daten für die korrekte Größe im Layout herunterzurechnen und in das richtige Ausgabeprofil zu konvertieren. Sind Anzeigen und Bilder korrekt platziert und aktualisiert worden, kann der Status auf »grün« umgestellt werden und die Produktionskontrolle kann diese Seite proofen, eine PDF-Datei erzeugen, einen Preflight starten und zuletzt die Datei an die Druckerei weiterleiten.

Jeder Arbeitsplatz sollte eine andere Rolle einnehmen: Layout, Bildbearbeitung und Produktionskontrolle sollten also auch auf

Etiketten Plattform übergreifend

Für eine Arbeitsweise auf unterschiedlichen Systemen wie Windows und Mac empfiehlt sich die Etikettierung der Dateien mit der Adobe Bridge, da diese Etiketten plattformübergreifend sind. Leider können diese aber nicht über das Netzwerk mit einer anderen Bridge eingesehen werden. Die Etikettierung ist also nur für die eigene Organisation hilfreich. Nutzen Sie daher eigene Verzeichnisse, in welche die einzelnen Seitendokumente verschoben werden, sobald sich der Status ändert.

verschiedenen Rechnern durchgeführt werden. Der Vorteil liegt in der Konfiguration der Benutzeroberfläche, hier können die entsprechenden Programme oder Aktionen abgelegt werden.

26.4.4 Vorlagen

Mit InDesign öffnen Sie Vorlagen als InDesign-Template und erzeugen somit eine neue Datei. Wollen Sie also Layoutschemata festlegen, können Sie als Vorbereitung diese Vorlagen aus einzelnen Dateien speichern. Über ein gesondertes Verzeichnis wie Vorproduktion greifen alle Gestalterinnen und Layouter auf das Template zu und starten die Layoutarbeit somit immer mit denselben Voraussetzungen.

Interessant ist jedoch auch die Verwendung von Bibliotheken: In Abbildung 26.4 befindet sich in der linken Favoritenleiste die Datei »MZ2005_Bibliothek.indl«. Mit jedem Klick auf diese Bibliothek, die zentral auf einem Server gespeichert ist, öffnet sich in InDesign die entsprechende Bibliothekspalette, aus der fertige Vorlagen für dreispaltige Artikel mit Bild oder einzeilige Randnachrichten in das Layout platziert werden können. Besonders hilfreich ist dazu die neue InDesign-Funktion, Textrahmen am Seitenrand oder zum Bund auszurichten. Somit »erkennt« eine Vorlage, ob sie auf einer linken oder rechten Seite platziert wird. Lesen Sie dazu bitte das Kapitel 15.

26.4.5 Automatismen

Was wäre ein tägliches Layout mit wiederkehrenden Arbeitschritten, wenn nicht kleine Helfer in Form von Automatismen die Arbeit erleichtern würden? In unserem Beispiel in Abbildung 16.4 verstecken sich die Automatismen als Symbolbuttons in der Favoritenzeile über der Dateiliste. Mit einem Klick wird ein Programm geöffnet oder eine Aktion durchgeführt.

Die verwendeten Programme wie InDesign und InCopy sind hier abgelegt worden, aber auch ein Droplet aus Photoshop fand seinen Platz: Wenn Sie Dateien auf dieses Droplet ziehen, wird Photohop mit einer zuvor gespeicherten Aktion gestartet und ein Bild wird z. B. in den richtigen Arbeitsfarbraum konvertiert. Natürlich können Sie hier auch ein JavaScript ablegen. Im Dokumentenfenster sind alle Favoriten – Netzwerkvolumes, Ordner, Bibliotheken, Programmicons und Aktionen – mit einem Klick aufrufbar. Insofern ersparen Sie sich lange Wege.

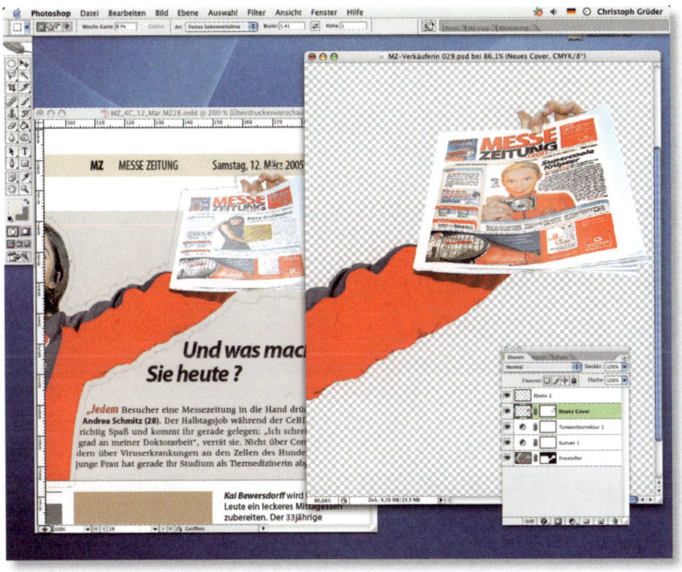

◂ Abbildung 26.6
Für die Ausgabe des nächsten Tages wird für den Freisteller das aktuelle Cover eingesetzt. Die Photohop-Datei wurde mit einem Alpha-Kanal freigestellt und transparent in InDesign platziert. Im Layout verdrängt der Freisteller anhand eines Pfades den Artikeltext.

27 Version Cue CS2

Version Cue verwaltet in der Adobe Creative Suite – wie der Name schon sagt – die Versionierung, Designalternativen, die Benutzer- und Zugriffsrechte sowie den Status und Backup eines Projektes. In der Praxis integriert sich Version Cue auf dem Arbeitsplatz in den Öffnen- und Speichern-Dialog. Wie Sie Version Cue einrichten und mit InDesign zusammen verwenden, zeigen wir Ihnen hier.

Zum komplexen Thema Version Cue finden Sie drei Video-Lektionen auf der Buch-DVD.

Sie müssen Designprojekte unter Zeitdruck realisieren und dabei gleichzeitig kreative Varianten erstellen. Dabei ist es notwendig, dass Sie den Prozess aus Versionen und Entscheidungen dokumentieren, aber auch den gesamten Arbeitsablauf im Auge behalten. InDesign kommt Ihnen im Zusammenspiel mit der Adobe Bridge und Version Cue zur Bewältigung dieser Aufgaben einen großen Schritt entgegen.

Während der Workflow daraus besteht, Arbeitsplätze und Aufgaben miteinander in Einklang zu bringen, steht der Begriff Design-Management dafür, einen Gestaltungsprozess in seinen Entwurfs- und Entscheidungsphasen zu erfassen.

27.1 Workflow

Um InDesign stärker in einen Workflow zu integrieren, ist dieses Kapitel gedacht. Es soll Ihnen verdeutlichen, wie Sie Ihre Arbeitsprozesse optimieren können, damit InDesign zusammen mit anderen Applikationen besser harmoniert und Ihnen eine höhere Produktivität ermöglicht. Um dies zu erreichen, gehen wir folgendermaßen vor:

- Wir beginnen zunächst damit, die Arbeitsschritte zu erfassen.
- Danach befassen wir uns mit der Umsetzung in den Programmen.
- Dann vergleichen wir die Produktivität von InDesign mit anderen Layoutapplikationen.
- Wir machen einen Ausflug in die Planungstechnik.
- Schließlich gelangen wir zum Design-Management.

Beachten Sie, dass die folgenden Punkte besonders die Organisation von mehreren Arbeitsschritten und Arbeitsplätzen betrifft.

27.1.1 Arbeitsschritte erfassen

Für eine umfangreiche Medienproduktion ist es wichtig, zuerst festzustellen, welche Arbeitsschritte notwendig sind, um ein Projekt erfolgreich durchzuführen. Betrachten Sie eine Magazinproduktion: Die Aufgaben bestehen darin, Texte und Bilder zu erstellen, zu erfassen und zu korrigieren, Infografiken nach Vorgabe des Textes zu erstellen, alle Bestandteile in einem Layout zusammenzuführen, Korrekturphasen durchzuführen und zuletzt das Layoutdokument zu drucken. Danach werden die Aufgaben in eine zeitliche und logische Reihenfolge eingeordnet. Dadurch entstehen serielle und parallele Prozesse, dargestellt durch ein Flussdiagramm einer Entwurfsphase.

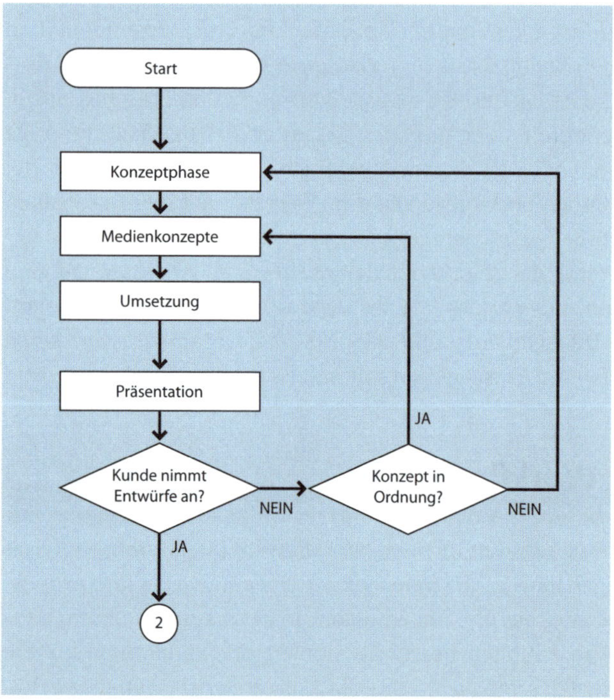

Abbildung 27.1 ▶
In einem Flussdiagramm werden alle nachfolgenden Arbeitsschritte erfasst und in einen Entscheidungsprozess einbezogen. Entscheidungspunkte werden als Raute dargestellt, die Entscheidungspfade (Ja/Nein) verzweigen zu den nächsten Arbeitsschritten. Anschließend beginnt Diagramm 2, die Produktionsphase.

Sind die Schritte erst einmal erfasst, bildet diese Aufstellung eine Basis für die Auswahl der Werkzeuge. Wenn Sie Ihre bestehende Arbeitsweise analysieren, werden Sie feststellen, dass Sie mittels einer Aufstellung erkennen, ob Arbeitsschritte doppelt vorkommen oder harmonisiert werden können, insbesondere zusammen mit einer Aufstellung von den eingesetzten Werkzeugen und den zeitlichen Dimensionen.

27.1.2 Die Umsetzung

Bis hierhin klingt alles noch sehr einfach, doch wenn Sie die genannten Arbeitsschritte in ihre Bestandteile zerlegen, wird daraus schnell ein Puzzle. Besonders die Übergabe der Daten nimmt hier eine wichtige Rolle ein. Mit welchen Dateiformaten arbeiten Sie? Aus welchen Programmen kommen die Texte? Was benötigt die Druckerei? Wer übernimmt welche Aufgabe? Welcher zeitliche und finanzielle Spielraum steht für das Projekt zur Verfügung? Mit welcher Software werden die Aufgaben gelöst?

Nicht zuletzt die Frage, welche Daten mehrfach im Ablauf der Arbeitsschritte vor- und zurücklaufen, erschwert die Antwort. Machen Sie sich zunächst ein Bild darüber, mit welchen Medien Sie arbeiten, setzen Sie diese in Beziehung zu den Arbeitsschritten und den Programmen. Die Grafik »Acrobat-City« soll Ihnen zeigen, wie Medien und Programme miteinander verbunden sind. Welche Wege die Daten nehmen können, sollen Ihnen die farbigen U-Bahn-Linien demonstrieren.

Nehmen wir zunächst vom Ausgangspunkt »Media Centre« den klassischen Weg der Informationen über Photoshop und Illustrator nach InDesign. Die Ausgabe erfolgt über PostScript und den Acrobat Distiller und erreicht als PDF-Datei Acrobat als Hauptstation. Von hier aus kann die Ausgabe in die »Print-World« erfolgen. Alternativ können Sie aber von hier auch umsteigen und optimieren die PDF-Datei für das Internet.

Eine Express-Linie stellt Version Cue dar, das alle Programme der Creative Suite miteinander verbindet. GoLive wird somit stärker an das Dreigestirn Photoshop-Illustrator-InDesign angebunden, und das XML-Paket für GoLive ist eine sehr gute Möglichkeit, Daten aus InDesign in das Internet-Seitenlayout zu überführen.

Wann kann ein Workflow verändert werden?
Eine Änderung dieser Gewohnheiten zugunsten einer effektiveren Arbeitsweise kann unter den Layoutern und Designern jedoch schnell als unangenehm und störend empfunden werden – zu Recht, denn für jeden Beteiligten ist die angelernte Arbeitsweise subjektiv betrachtet effektiver, da die Arbeit im »Fluss« ist und somit als angenehm empfunden wird. Eine spontane Änderung der Arbeitsschritte kann nicht nur zum Unmut des Designteams führen, sondern senkt auch erst einmal die Produktivität, da z. B. die Vorbereitung von Grafiken für einen anderen Arbeitsplatz neuartig und somit nicht intuitiv ausgeübt werden kann. Der Arbeitsschritt dauert automatisch länger.

Daher sollten Sie sehr behutsam mit der Optimierung Ihres Workflows umgehen. Eine gute Gelegenheit bietet sich immer dann, wenn es grundlegende Änderungen im Workflow gibt: Ein neues Magazin soll erscheinen, die Kunden, Dienstleister oder Lieferanten wechseln, eine neue Software wird eingesetzt. Die Bereitschaft eines Designteams, lieb gewordene Arbeitsschritte zu ändern, ist an diesen beispielhaften Punkten besonders hoch. Nur ein akzeptierter und intuitiv ausgeführter Workflow ist ein effektiver Workflow!

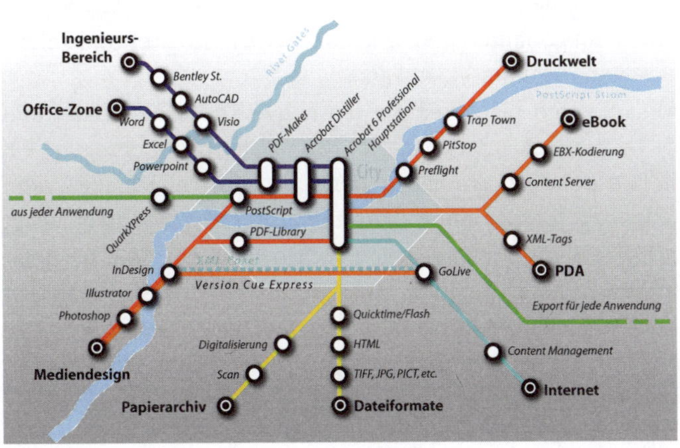

◀ **Abbildung 27.2**
Acrobat-City. Das Workflow-Modell zeigt die technischen Abläufe von Programm zu Programm auf Basis des Formates PDF.

Arbeitsplätze und -aufgaben

Für den Aufbau eines Workflows ist nicht nur eine realistische Projektplanung mittels Flussdiagrammen erforderlich, wie nachfolgend gezeigt wird, auch die Arbeitsplätze müssen den Erfordernissen entsprechend ausgestattet sein. Wenn an einem Arbeitsplatz vornehmlich die Daten für die Ausgabe kontrolliert und an das Belichtungsgerät gesendet werden, hilft es natürlich nichts, alle kreativen Programme zu installieren, ebenso sind Preflight-Tools auf Computern für die Illustration oder Bildbearbeitung wenig sinnvoll.

Einen anderen Weg können die Daten aus dem Office- und Engineering-Bereich nehmen: Die violette Route beginnt bei AutoCAD oder Microsoft Visio, um über den PDF-Maker eine PDF-Datei zu erzeugen. Diese Abbildung ist ein Modell, wie Medien, Programme und Workflows miteinander in Beziehung gesetzt werden können – auf Basis des PDF-Formats.

27.1.3 Performance vs. Produktivität

Wie lässt sich die Produktivität einer Layout-Software ermitteln? Die Geschwindigkeit eines Programms lässt nicht unmittelbar auf die Produktivität schließen. Ein direkter Vergleich von Funktionen und deren Geschwindigkeit in Programmen ist zunächst für die Statistik hilfreich, doch ob ein Programm – insbesondere eine Layoutapplikation wie InDesign – den Anforderungen des Designers gerecht wird, zeigt sich erst dann, wenn wir die Arbeitsschritte, die wir oben zusammengetragen haben, weiter aufschlüsseln und nun die Geschwindigkeit der Arbeit testen.

InDesign hat gegenüber anderen Layoutapplikationen eindeutig die Nase vorn: Viele integrierte Funktionen erleichtern und beschleunigen die Arbeit, besonders die Zusammenarbeit mit Photoshop spart zusätzliche Schritte ein. Für das Platzieren einer Bilddatei benötigen Sie z. B. in QuarkXPress ein TIFF- oder EPS-Format. Das erzeugt der Computer natürlich nicht von allein, diesen Schritt müssen Sie manuell oder über Skripte halbautomatisiert durchführen. Nun haben Sie zwei Dateien mit denselben visuellen Informationen, nur die »verflachte« Datei versteht QuarkXPress. Da es im Layout-Workflow immer wieder vorkommt, dass diese platzierte Datei geändert werden muss, wird die Photoshop-Datei bearbeitet, erneut eine EPS-Datei erzeugt und im Layout aktualisiert.

Auch wenn QuarkXPress nun ab der Version 6.5 ebenfalls Photoshop-Dokumente platzieren kann, müssen Sie sich vergegenwärtigen, dass ein Großteil an Agenturen und Verlagen noch mit dem einige Jahre alten QuarkXPress 4.11 arbeitet und solche Funktionen nicht einsetzen kann.

Mit InDesign platzieren Sie die native Photoshop-Datei und öffnen sie direkt aus dem Layout für weitere Änderungen. Ein Zwischenspeichern in einem anderen Dateiformat entfällt. Wenn Sie die Zeit für das reine Platzieren einer Datei messen, liegt QuarkXPress vorn, wird dagegen der Umstand der Zwischenspeicherung berücksichtigt, wird QuarkXPress von InDesign geradezu umrundet! Auch die Integration von Illustrator-Dateien in InDesign ist ein Kinderspiel und mit der Arbeit in QuarkXPress nicht zu vergleichen.

Als drittes Beispiel von vielen anderen sei hier das Importieren von Office-Dokumenten genannt. InDesign interpretiert seit der 2.0-Version das native Excel-Format und kann sogar verbundene oder formatierte Zellen erkennen. Absatzformate aus Word werden inklusive Inhaltsverzeichnissen, Index und Fußnoten importiert.

27.1.4 Planungstechnik

Ein optimaler Workflow ermöglicht einen flüssigen Ablauf von nacheinander ablaufenden Arbeitsschritten. Überschneidungen und Mehrfacharbeit werden dadurch vermieden, dass jeder Arbeitsschritt genau erfasst und definiert wird. Mit welchen Mitteln kann dies erreicht werden? Zunächst wird jeder Arbeitsschritt benannt. Die Dauer des Arbeitsschrittes wird erfasst oder kalkuliert, ebenso die Bedingung, welcher Schritt zuvor ausgeführt wird und welcher Schritt nachfolgt. Nun werden die Schritte als Module in einen zeitlichen und logischen Ablauf gebracht. Das daraus entstandene Abbild wird auch als Netzplan bezeichnet.

Eine Reihenfolge von Arbeitsabläufen, die alle aufeinander basieren, ohne dass zwischen ihnen ein zeitlicher Spielraum entsteht, wird in der Planungstechnik kritischer Pfad genannt. Das bedeutet, dass im vorhergehenden Schritt immer eine Arbeit vollständig beendet sein muss, damit die darauf folgende Arbeit beginnen kann. Dieser »kritische Pfad« muss unbedingt eingehalten werden, damit eine Gesamtplanung eines Projekts möglich wird – so lautet die Theorie. Weiterhin gibt es parallel ablaufende Arbeitspunkte, die nicht aufeinander basieren, aber Ergebnisse produzieren, die zu einem späteren Zeitpunkt zusammenfließen. Als Puffer wird dagegen ein Zeitraum bezeichnet, in dem keine Arbeit stattfindet, wenn sich zwei parallele Arbeitsschritte mit unterschiedlicher Dauer überlagern. Dieser Puffer kann dazu dienen, unvorhergesehene Zeitverzögerungen außerhalb des kritischen Pfades aufzufangen.

Ein Beispiel: Um eine Artikelstrecke in einem Magazin zu layouten, benötigt der Designer die vollständigen Texte, Bilder, Info-Grafiken oder Illustrationen. Ohne einen Großteil dieser Informationen kann die Layoutarbeit nicht beginnen. Hingegen kann das Dokument erst dann ausbelichtet und gedruckt werden, wenn das Layout vollständig formatiert und korrigiert ist und sich der Kunde mit dem Entwurf einverstanden erklärt.

Wie in Abbildung 27.3 zu sehen ist, wurden alle Arbeitsschritte für einen Entwurfsprozess zusammengefasst. Die Präsentation dieses ersten Entwurfs ist auch gleichzeitig Abschluss der ersten Projektphase. Nun folgen die Layoutarbeit, weitere Präsentationen, Korrekturphasen und die Endabnahme durch den Kunden.

Die Designphasen sind damit abgeschlossen. Zu guter Letzt folgt die Ausgabe: Belichtung, Andruckkontrolle, Druck, Postproduktion und Versand. Diese Arbeitsschritte und -phasen lassen sich mittels dieser Planungstechniken erfassen. Der kritische Pfad in diesem Flussdiagramm ist gelb eingezeichnet. In jedem Arbeitsschritt wird die Dauer der Tätigkeit angegeben sowie der relevante vorherige und nachfolgende Arbeitsschritt.

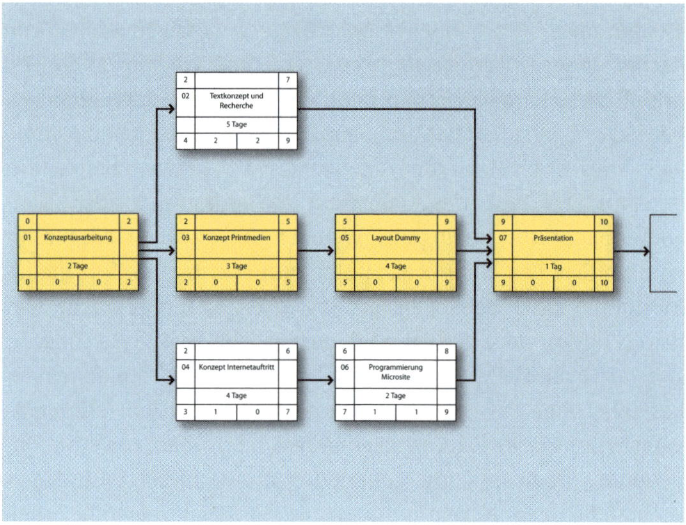

Abbildung 27.3 ▸
Ein Netzplan zeigt den zeitlichen Ablauf von Arbeitsschritten. Die gelben Einheiten stellen den kritischen Pfad dar, die Ziffern in den Ecken links und rechts oben stellen den frühestmöglichen Anfangs- und Endpunkt dar, die unteren äußeren Ziffern zeigen die spätest möglichen Zeitpunkte. Dazwischen liegen die Zeitpufferwerte.

Dieses Beispiel ist als Modell gedacht, jedes Projekt besteht aus unterschiedlichen Abfolgen und Phasen. Eine vollständige Magazingestaltung mit ca. 50 bis 300 Mitarbeitern und den entsprechenden Arbeitsschritten würde entweder mehrere Seiten für ein einziges Flussdiagramm oder einen Netzplan benötigen oder eine Zusammenfassung mehrerer Arbeitsschritte zu Gruppen erfordern, die einzeln in weitere Diagramme aufgeschlüsselt werden.

Zwischenbilanz | Nun haben Sie einen Einblick darin bekommen, mit welchen Mitteln ein Workflow geplant oder ein bestehender Arbeitsablauf analysiert und optimiert werden kann, und das soll Ihnen dafür die Augen öffnen, einmal die alltägliche Arbeit unter die Lupe zu nehmen, um die eigene Arbeitsweise auf Effizienz zu überprüfen.

Dies ist jedoch aus einem einseitigen und produktionsorientierten Blickwinkel betrachtet. Wie sieht das Thema Workflow als Kreativprozess aus? Welche Lösungen bietet InDesign und Version Cue?

27.1.5 Design-Management

Es können nicht alle Entwürfe, die während eines Entwurfes innerhalb der Designphase entstehen, durch Planungstechnik erfasst werden. Hier kommt das Design-Management ins Spiel. Im Design-Management plant man die Entwurfs- und Entscheidungsphase.

Innerhalb der Entwurfsphase zwischen der Auftragserteilung und der Entwurfsabnahme durch den Kunden können einfache bis komplexe Entscheidungsprozesse ablaufen. Der Zeitpunkt einer Projektentscheidung wird auch als **Milestone** bezeichnet. Zwischen diesen Milestones können mehrere Versionen ein und desselben Entwurfs gestaltet werden. Verschiedene Konzeptionen fächern den Designprozess auf: Bis zum nächsten Milestone werden parallele Entwürfe erarbeitet. Bis zu dem Milestone wird darüber entschieden, ob die Entwürfe auf einen reduziert oder bis zum nächsten Milestone weiterverfolgt werden. Sie kennen sicher die Situation, dass der Kunde fragt, ob er denn von den vorliegenden drei Gestaltungskonzepten nicht doch noch eine Variante 1a oder 2b sehen kann.

27.1.6 Der alltägliche Workaround

Für diese Anforderungen haben sich Designerinnen und Gestalter häufig damit beholfen, genau diese verschiedenen Versionen »irgendwie« zu verwalten. Häufig wird die nahe liegende Methode der Dateinamenerweiterung genutzt. So kann eine Layoutdatei die Bezeichnung »Layout_01_b_2506-2005.indd« bekommen. Je nach Dateiablage, Ordnerbenennung und Vorlieben der Mitarbeiter kann schnell einmal die Reihenfolge vertauscht oder die Entwurfsbezeichnung »umgestaltet« werden, und schon ist die schönste Dateinamenkonvention dahin. Der aktuelle Entwurfsstand ist nicht auffindbar, auch die Entwurfsabfolge mit Zwischenversionen kann nicht mehr zurückverfolgt werden. Im schlimmsten Fall gehen dabei Dateien zwischenzeitlich oder vollständig verloren, Bilder müssen noch einmal retuschiert und Layouts neu formatiert werden. Der Frustfaktor ist hoch, die Motivation sinkt in den Keller, und der Kunde wird nervös.

Was hilft gegen diese leider doch alltäglichen Szenarien? Zum einen kann die Dateiablage durch ein professionelles Content-Management – wie ein Redaktionssystem – abgelöst werden. Dazu ist jedoch umfangreiche administrative Arbeit erforderlich, und die Lösungen sind kosten- und zeitintensiv. Darüber hinaus muss erst die Akzeptanz der im Workflow Mitwirkenden gegenüber einem solchen System gewonnen werden, um eine Produktivitätssteigerung zu erreichen.

27.1.7 Lösungen

Eine Alternative dazu bietet Adobe Version Cue. Gemeinsam mit den Programmen in der Creative Suite 2 Standard und der CS2 Premium wird Version Cue als Management-Tool eingesetzt. Version Cue verwaltet – wie der Name schon sagt – die Versionierung, Alternativen, die Benutzer- und Zugriffsrechte sowie den Status und Backup eines Projektes. Darüber hinaus lassen sich Kommentarprozesse mit einem PDF als Diskussionsgrundlage abbilden. In der Praxis integriert sich Version Cue auf dem Arbeitsplatz in den Öffnen- und Speichern-Dialog, den »Adobe-Dialog«. Dabei kann der Benutzer jederzeit zwischen der konventionellen Dateiablage und dem Speichern in das Dateisystem von Version Cue wechseln.

Version Cue 2 ist für kleine Arbeitsgruppen (bis ca. 20 angemeldete Nutzer) gedacht. Auch für einen Arbeitsplatz allein bietet Version Cue eine bessere Dateiübersichtlichkeit. Natürlich können mehr als 20 Nutzer eingebunden werden, dennoch überschreitet das die Leistungsfähigkeit, andere Systeme und Lösungen sind hier besser geeignet.

27.2 Was ist Version Cue?

Produktgeschichte
Die Idee des Version Cue-Servers ist nicht neu: Zusammen mit GoLive 6 wurde der Adobe Workgroup-Server ausgeliefert, in den sich wie bei Version Cue nicht nur Webprojekte, sondern auch Print- oder Crossmedia-Projekte anlegen ließen. Der Workgroup-Server basiert auf der WebDAV-Technologie, einem HTTP-Protokoll. Der Workgroup-Server wurde nicht weiterentwickelt, da sich herausgestellt hat, dass sowohl die Leistung als auch die Geschwindigkeit des Servers nicht für die reale Produktion im Printbereich ausreichen. Wie auf dem Version Cue-Server wurden die Nutzer verwaltet, Dateien freigegeben sowie Protokolle angelegt. Die Versionierung war jedoch nicht möglich und somit auch nicht die Abbildung eines Designprozesses.

Worin besteht Version Cue? Version Cue ist technisch gesehen ein XMP-Server, der auf demjenigen Arbeitsplatz im Hintergrund läuft, auf dem die Projektdaten abgelegt sind. Die Abkürzung XMP steht für Extensible Metadata Platform und umfasst eine ganze Fülle von Metainformationen zu einer Datei wie Autor, Copyright und natürlich Version. Version Cue liest also die XMP-Daten jeder Datei aus und verwaltet diese für alle CS2-Anwendungen.

Auf den anderen angeschlossenen Arbeitsplätzen muss in den CS2-Applikationen die Verbindung zum Version Cue-Server aktiviert sein. Somit lässt sich auf die zentralen Daten zugreifen. Über die Systemeinstellungen auf dem Mac und unter der Systemkonfiguration von Windows wird Version Cue 2 aktiviert und eingerichtet. Der Server benötigt kein eigenes User-Interface und lässt sich über einen Internet-Browser konfigurieren. In einfachen Arbeitsschritten erfolgen das Einrichten des Projektes und das Anmelden der Nutzer.

Auf einem Arbeitsplatz oder auf einem Server im Netzwerk werden die Projekte eingerichtet. Alle am Projekt beteiligten Nutzer müssen hierfür angemeldet werden. Der Vorteil zu einem normalen Filesharing: Jederzeit lässt sich kontrollieren und protokollieren, wer wann welche Datei bearbeitet hat. Zeitlich parallele

Zugriffe auf eine einzelne Datei durch zwei Nutzer kann ausgeschlossen werden. Ein zwischenzeitlicher oder endgültiger Verlust von Daten oder Entwurfsständen ist somit nahezu ausgeschlossen – ein ungemein hoher Produktivitätsvorteil.

27.3 Erste Konfiguration von Version Cue CS2

Unter der Systemsteuerung von Windows finden Sie nach der Installation ein neues Einstellungsset Version Cue CS2. Die möglichen Einstellungen sind identisch zur Konfiguration der Mac-Variante, die wir im Folgenden beschreiben.

Ist die Creative Suite 2 in der Standard- oder Premium-Version automatisch installiert worden, erhalten Sie in den Systemeinstellungen unter der Rubrik Sonstige ein neues Kontrollfeld Version Cue CS2.

Version Cue CS1
Falls Sie zuvor schon mit der Creative Suite 1 gearbeitet haben, wird auf Ihrem Rechner eine alte Version Cue-Version installiert sein. Deinstallieren Sie diese alte Fassung mit Hilfe des Entfernen-Programms »Uninstall Adobe Version Cue« im Programmverzeichnis von Version Cue.

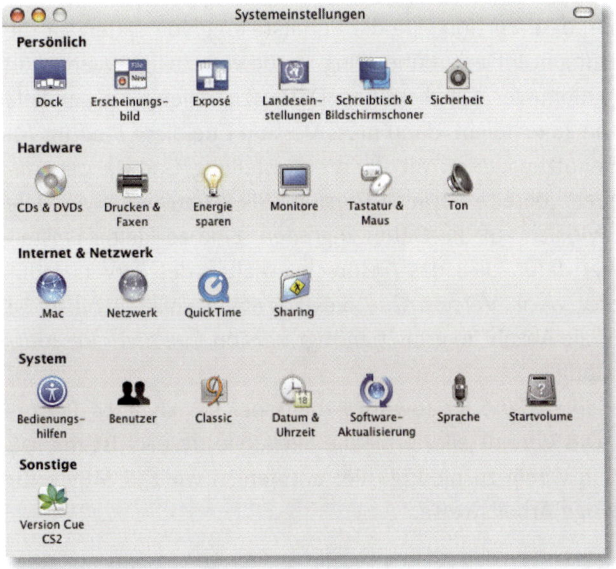

◂ **Abbildung 27.4**
In den Systemeinstellungen unter Mac OS X (hier 10.3.9) finden Sie die Einstellungen zu Version Cue unter der Rubrik Sonstige.

In dieser Systemeinstellung deaktivieren Sie den Server und können hier die erweiterte Administration aufrufen.

27.3.1 Einstellungen

Im Reiter Einstellungen aktivieren Sie den Server ❶.

Wenn sich bei jedem Systemstart der Server automatisch aktivieren soll, dann wählen Sie den Eintrag darunter: Version Cue CS2 beim Start aktivieren. Die Option Arbeitsbereichzugriff ermöglicht die Nutzung des Servers auf dem eigenen Arbeitsplatz oder innerhalb des Netzwerkes. Wollen Sie Version Cue nur für Ihren Arbeitsplatz nutzen, sollten Sie den Arbeitsbereich als PRIVAT kennzeichnen.

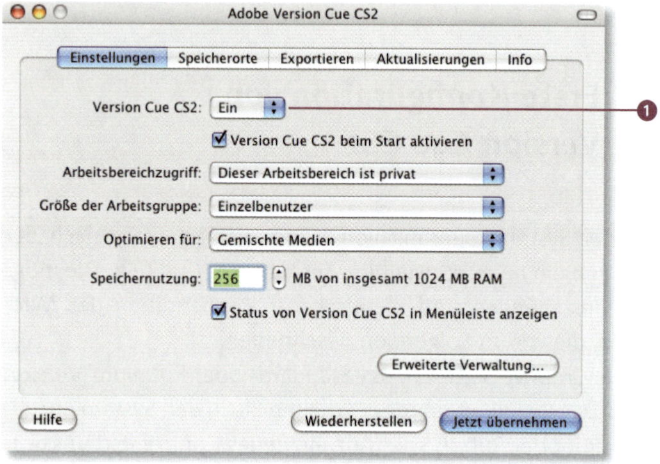

Abbildung 27.5 ▶
Aktivieren Sie Version Cue mit diesen Voreinstellungen, und schalten Sie die Option ein, dass Version Cue bei einem Neustart des Rechners aktiviert wird. Wenn Sie den Arbeitsbereich auf Ihrem Arbeitsplatz für andere freigeben, können andere Benutzer über das Netzwerk auf die Projektdaten zugreifen.

Die Anzahl der Benutzer ist unterteilt in Gruppen Dahinter verbirgt sich, dass Version Cue die Bereitstellung von Daten für die Bearbeitung in InDesign über Plug-ins bewerkstelligt. Wenn nun mehrere Benutzer auf dieselben Daten zugreifen, um parallele Versionen zu erstellen, dann muss Version Cue diese Plug-ins für jeden Benutzer laden. Mit der Voreinstellung GRÖSSE DER ARBEITSGRUPPE bereite ich also Version Cue darauf vor, wie viele Nutzer wirklich auf die Daten zugreifen. Eine zu kleine Einstellung sorgt dafür, dass das Ansprechverhalten des Servers reduziert wird, wenn Version Cue die Plug-ins nachladen muss. Ist dagegen die Anzahl zu groß, benötigt Version Cue mehr Ressourcen als nötig.

Der Server benötigt sowohl Arbeitsspeicher als auch Performance. Die Voreinstellung für die SPEICHERNUTZUNG ist mit 128 MByte ein wenig zu niedrig, hier empfehlen wir 256 MByte für eine flüssige Arbeitsweise.

27.3.2 Speicherort

Unter dem Reiter SPEICHERORT sehen Sie die Dateipfade der abgelegten Projektdaten. Nachdem Sie nun alle relevanten Voreinstellungen getroffen haben, starten Sie Version Cue über den Button unten rechts. Danach wird Version Cue aktiviert und legt alle nötigen Serverressourcen und Dateipfade an. Spätere Änderungen können Sie ebenfalls in den Systemeinstellungen vornehmen, müssen jedoch den Button Jetzt übernehmen anklicken.

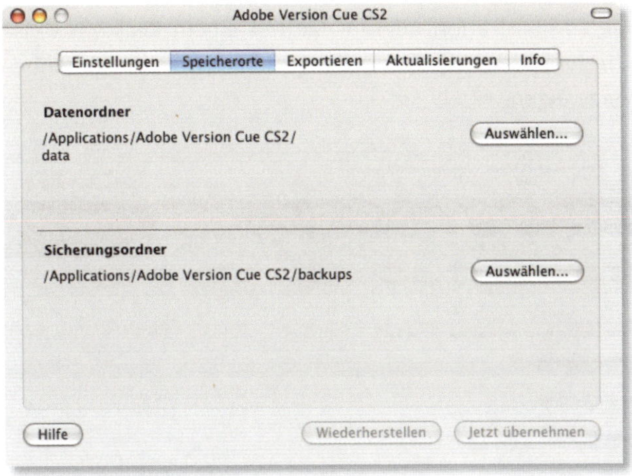

◂ **Abbildung 27.6**
Adobe Version Cue: Einstellungen unter SPEICHERORTE

27.4 Serveradministration

Über die Option ERWEITERTE VERWALTUNG in den Systemeinstellungen zu Version Cue öffnen Sie in einem Browser die Serverkonfiguration.

27.4.1 Login

Danach erhalten Sie das erste Login-Fenster, in dem Sie sich als Administrator einloggen.

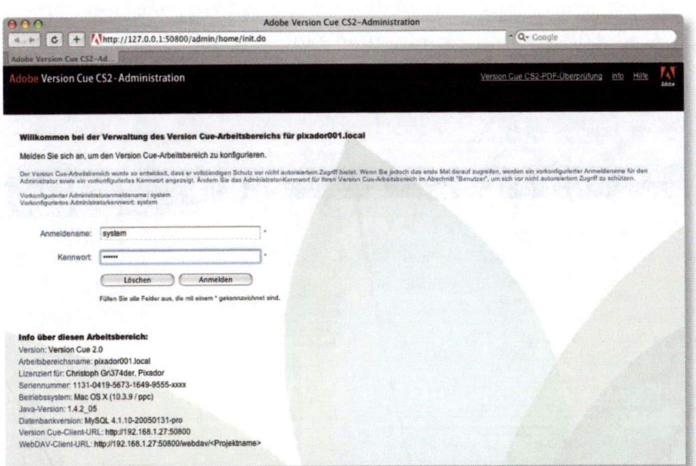

◂ **Abbildung 27.7**
Das erste Login-Fenster für die Eingabe des Benutzernamens und Passworts. Hier sehen Sie an der Aufführung der technischen Versionen, dass Version Cue eine Serverlösung mit Java-, MySQL- und WebDAV-Technik ist.

Dafür verwenden Sie als allgemeines Login in Version Cue den Benutzernamen »system« und als Passwort ebenfalls »system«. Damit sind Sie als Administrator eingeloggt und können nun problemlos Projekte und Benutzer einrichten und verwalten.

Die Serveradministration begrüßt Sie mit einem Willkommensbildschirm, von dem aus Sie in die verschiedenen Aufgabenbereiche verzweigen.

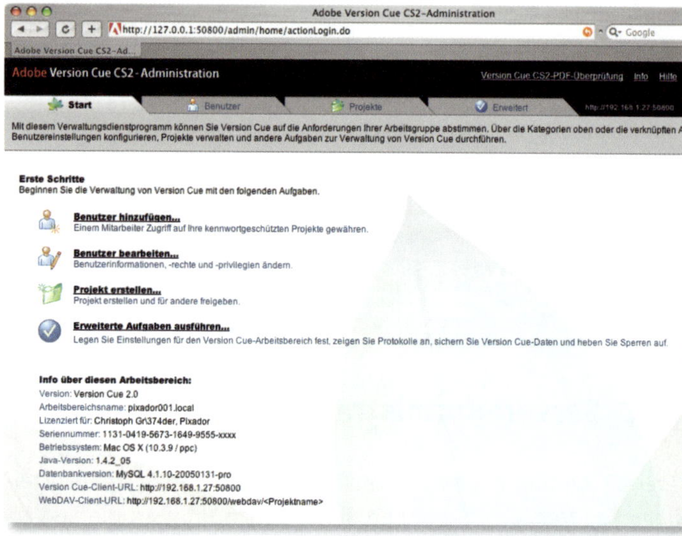

Abbildung 27.8 ▶
Einfach verständlich ist der Willkommens-Screen aufgebaut.

27.4.2 Benutzer hinzufügen

Über die Funktion Benutzer hinzufügen legen Sie die Daten für einen Benutzer fest. Neben dem Benutzernamen müssen ein Login-Name – beispielsweise ein Kurzname – und ein Passwort definiert werden. Neben weiteren Angaben wie Telefonnummer, E-Mail-Adresse und Kommentar kann der Status des Benutzers definiert werden.

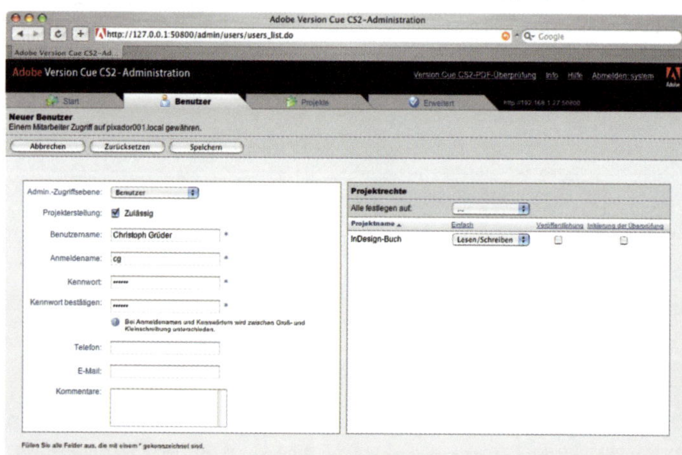

Abbildung 27.9 ▶
Einen neuen Benutzer legen Sie in diesem Einstellungsdialog an und bestimmen Status und Zugriff für die Projekte auf der rechten Seite.

Als Benutzer greifen Sie auf die Projektdaten zu und legen Dokumente ab. Projektbezogen kann im Einstellungsbereich auf der rechten Seite der Zugriff auf Lesen/Schreiben oder nur Lesen festgelegt werden. Als Benutzer dürfen Sie Ihre persönlichen Zugriffsdaten ändern, Dateien in Projekten ablegen und öffnen. Projekte, denen Sie nicht zugeordnet sind, können Sie auch nicht über den Öffnen-Dialog einsehen und Dateien öffnen.

Als Projektersteller dürfen Sie über den Benutzerstatus hinaus neue Projekte anlegen und die Datenzugriffe der anderen Nutzer einsehen.

Als Administrator hingegen dürfen Sie alle Zugriffe auf die Projekte einrichten, neue Projekte und Benutzer anlegen sowie ein Backup eines bestehenden Projektes durchführen. Zusätzlich stehen weitere Funktionen zur Verfügung, die es ermöglichen, ganze Projekte zu importieren oder auf andere Netzwerkumgebungen umzulegen. Lesen Sie dazu auch das Dokument »Version Cue bitte lesen.tif«, in dem alle wichtigen Funktionalitäten, aber auch Hinweise zur Netzwerkadministration beschrieben sind.

Nachdem alle Benutzer eingerichtet sind, sehen Sie unter dem Menü BENUTZER in der linken Spalte alle eingerichteten Profile und deren Privilegien.

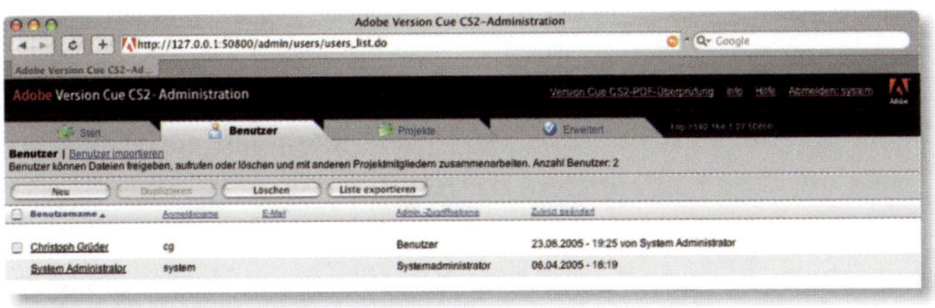

◂ **Abbildung 27.10**
Die Benutzerliste und die Übersicht der Rechte

27.4.3 Neues Projekt anlegen

Verschiedene Arten stehen zur Verfügung, ein neues Projekt anzulegen. Ein Blanko-Projekt ohne Daten ist eine gute Möglichkeit, zunächst die Arbeitsweise mit Version Cue auszuprobieren. Später jedoch werden Sie erkennen, dass es äußerst komfortabel sein kann, aus bestehenden Verzeichnissen ein Projekt zu einem definierten Zeitpunkt in ein Version Cue-Projekt umzuwandeln. Ein geeigneter Zeitpunkt kann durchaus der Beginn einer Projektphase sein.

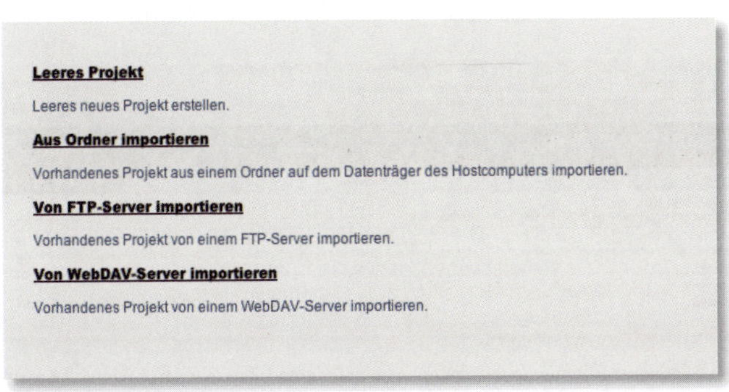

◂ **Abbildung 27.11**
Ein neues Projekt kann auch aus einem bestehenden Ordner angelegt oder von einem FTP-Server über das Internet oder von einem WebDAV-Server geladen werden.

Voreinstellungen | Nachdem Sie auch hier einen geeigneten Projektnamen vergeben haben, gilt es, sinnvolle Voreinstellungen zu treffen. Wenn Sie mit anderen zusammenarbeiten, sollten Sie das Projekt unbedingt für andere Benutzer freigeben.

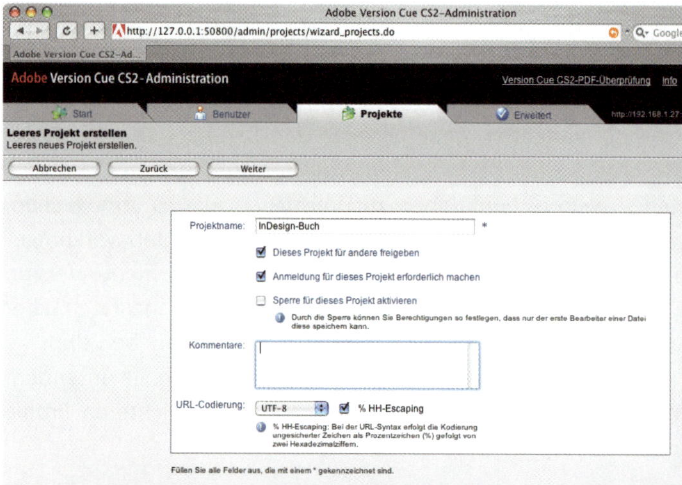

Abbildung 27.12 ▶
Ein neues Projekt. In gemischten Netzwerken sollte die Kodierung auf Unicode (UTF-8) gestellt werden. In homogenen Netzwerken wählen Sie die Option SYSTEM.

Legen Sie besonderen Wert darauf, dass zu einem Zeitpunkt mehr als ein Benutzer Projektdaten verändern darf, um nicht parallele Versionen zu erhalten, dann wählen Sie die Option SPERRE FÜR DIESES PROJEKT AKTIVIEREN. Sobald ein Benutzer auf eine Layoutdatei o. Ä. zugreift, wird die Datei für andere Nutzer gesperrt, die diese Datei zwar ansehen, aber nicht editieren können. Auch Versionen dürfen dann nicht parallel abgelegt werden.

Arbeiten Sie innerhalb eines Netzwerkes mit unterschiedlichen Plattformen wie Windows XP und Mac OS X, so sollten Sie als Projektkodierung UTF-8 wählen, das die Daten dann als Unicode verwaltet. Windows XP und Mac OS X interpretieren beide Unicode. In homogenen Netzwerken hingegen reicht die Kodierung »System« aus.

Projektübersicht | Alle Projekte sind nun in der Projektübersicht aufgelistet, wenn Sie im Browser auf PROJEKTE klicken.

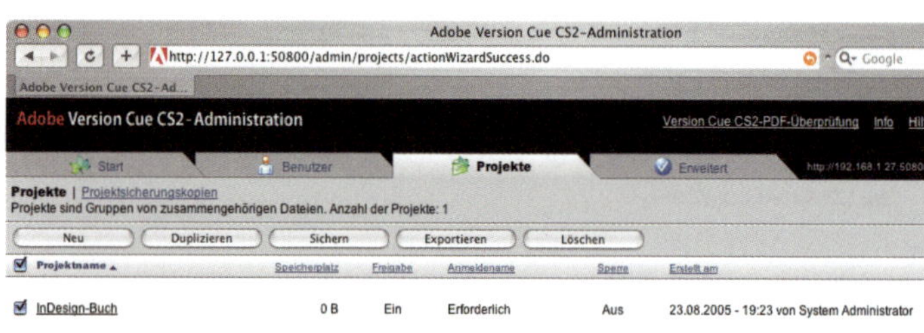

Abbildung 27.13 ▶
Angelegte Projekte sehen Sie in der Projektübersicht. Sobald Sie den Button vor dem Projekt anwählen, werden die Funktionen »Neu« bis »Löschen« je nach Benutzerrechten aktiviert.

Als Administrator können Sie von hier aus das Projekt als Sicherungskopie über den Button SICHERN zu einem bestimmten Zeitpunkt ablegen. Als Projektersteller können Sie das bestehende Projekt duplizieren. In den einzelnen Benutzereinstellungen weisen Sie nun das angelegte Projekt dem Benutzer zu und legen die Art des Zugriffs fest (Lesen/Schreiben).

◂ **Abbildung 27.14**
Eine Sicherheitskopie für ein Projekt speichern Sie zu einem bestimmten Zeitpunkt, den Version Cue auch verzeichnet. Dazu geben Sie noch einen Kommentar ab.

27.4.4 Erweiterte Aufgaben ausführen

Zahlreiche Administratorwerkzeuge finden Sie unter dem Reiter ERWEITERT versammelt.

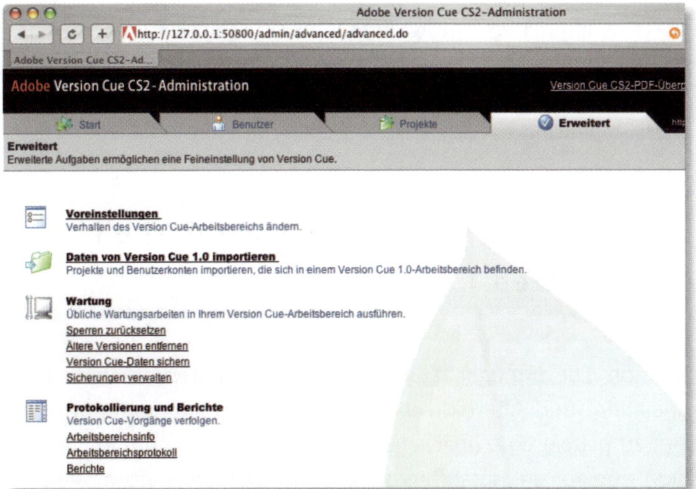

◂ **Abbildung 27.15**
Die erweiterten Funktionen für Administratoren

Darunter können Sie Sperren zurücksetzen oder ÄLTERE VERSIONEN ENTFERNEN. Besonders diese Funktion ist sehr hilfreich. Für jedes Projekt fallen je nach Datenvielfalt verschiedene Versionen derselben Dateien an. Je länger gestaltet wird und je mehr Versionen existieren, wächst die Größe des verwalteten Projekts. Mit dieser Funktion können Sie reinen Tisch machen und ältere Versionen vor einem bestimmten Datum unter Beibehaltung von z. B. mindestens einer Vorversion entfernen.

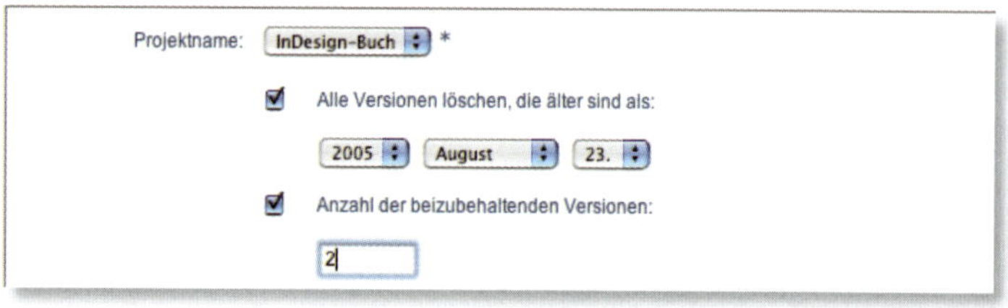

Abbildung 27.16 ▸
Version Cue löscht auf Wunsch ältere Versionen und behält eine Mindestanzahl bei.

27.5 Version Cue-Aktivierung in InDesign CS2

In den Voreinstellungen in InDesign CS2 unter DATEIHANDHABUNG findet die Aktivierung von Version Cue statt, indem Sie auf den Button VERSION CUE AKTIVIEREN klicken. Schließen Sie danach alle Dateien, und starten Sie das Programm erneut. Nun erkennt InDesign die Verbindung zu Version Cue, und Sie erhalten sowohl im Öffnen- wie auch im Speichern-Dialog einen zusätzlichen Button ADOBE DIALOG. Ebenso erhalten Sie im Menü DATEI einen neuen Eintrag: EINE VERSION SPEICHERN... Sobald Sie in der Serveradministration Benutzer und Projekte angelegt haben, können Sie aus InDesign heraus Projektdaten in die Arbeitsumgebung abspeichern.

27.6 Version Cue für die Layoutarbeit nutzen

Version Cue ermöglicht Ihnen nun, Layoutdaten als Version zu speichern und Alternativen von einzelnen Dokumenten im Layout zu platzieren. Zunächst speichern Sie die Layoutdatei in Version Cue ab, um daraufhin die gesamte Dateiverwaltung Version Cue zu überlassen.

27.6.1 Layoutdokument an Version Cue übergeben

Nachdem nun das Projekt und die Benutzer eingerichtet sind, starten Sie InDesign mit aktiver Voreinstellung neu, und speichern Sie Ihr Layoutdokument über die Funktion DATEI • SPEICHERN UNTER... ab. Im unteren Bereich des Speichern-Dialogs erscheint ein Button ADOBE DIALOG, über den Sie in die Arbeitsumgebung wechseln. Sie erhalten ebenso einen Speichern-Dialog, welcher der Bridge-Umgebung gleicht, die Favoriten sind auch hier wie in der Bridge vorhanden.

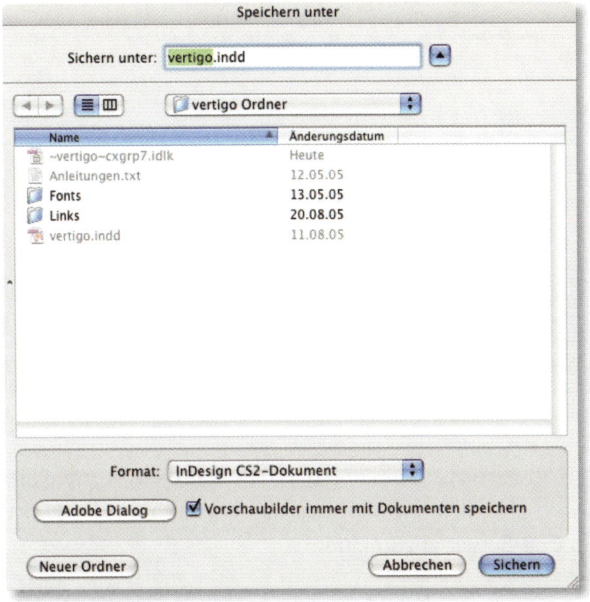

◂ **Abbildung 27.17**
Der normale Speichern-Dialog von OS X wird durch den Button Adobe Dialog ergänzt.

Der Adobe Dialog ist also noch keine Projektumgebung von Version Cue, sondern nur eine andere Form der Dateiansicht. Der Vorteil liegt hier darin, dass Sie zum einen mit der Adobe Bridge eigene Favoriten in der linken Spalte ablegen können, die dann wieder im Dialog erscheinen.

Adobe-Dialog

In der Vorgängerversion der Creative Suite 1 war dieser Dialog bereits unmittelbar mit dem noch sehr träge ansprechenden Version Cue CS1-Server verbunden. Jedes Öffnen des Dialogs sprach somit auch den Server an. Dies ist nun nicht mehr so, und Sie können flüssig arbeiten.

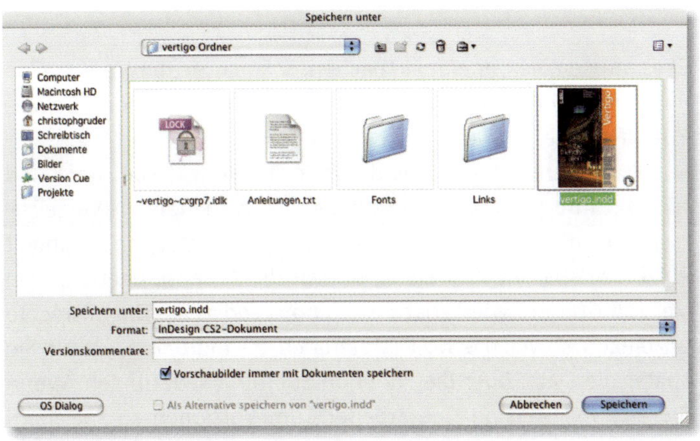

◂ **Abbildung 27.18**
Der Adobe-Dialog für die normale Dateiablage ermöglicht auch eine Darstellung der Dateien durch Symbole und Icons.

Über den Button Ansicht rechts oben im Adobe Dialog schalten Sie zudem die Dateiansicht zwischen einer Listendarstellung und verschiedenen Miniaturansichten um.

Klicken Sie in der linken Spalte des Adobe-Dialogs auf Version Cue, und die Projektumgebung wird geöffnet. Hier sehen Sie Ihren Arbeitsbereich und die angelegten Projekte.

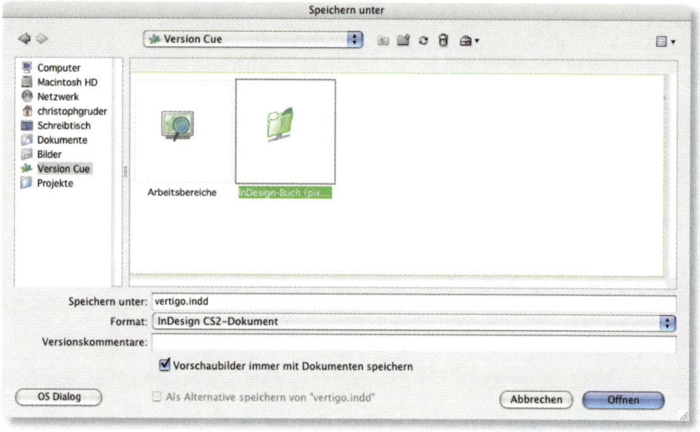

Abbildung 27.19 ▶
Sobald Sie auf VERSION CUE klicken, wird die Projektverwaltung geöffnet.

Mit einem Doppelklick auf das entsprechende Projekt werden Sie aufgefordert, sich mit Ihrem Benutzernamen und dem Passwort am Version Cue-Server anzumelden.

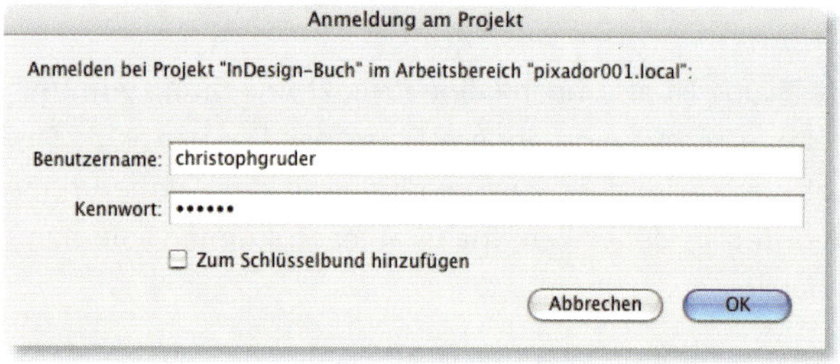

Abbildung 27.20 ▶
Um einen Projektbereich zu öffnen, müssen Sie sich am Server anmelden.

Erste Version verpacken
Wenn Sie eine InDesign-Datei in Version Cue speichern wollen, sollten Sie als ersten Schritt die Layoutdatei und alle verwendeten Grafiken verpacken. Den Speicherort der verpackten Dateien legen Sie im Projektordner fest. Somit können Sie nicht nur die InDesign-Datei für Versionen nutzen, sondern auch Photoshop-Dateien für unterschiedliche Alternativen vorbereiten, die Sie dann im Layout auswählen.

Dies müssen Sie nur einmal machen, solange Sie mit Version Cue verbunden sind. Das hat auch den Vorteil, dass Version Cue Ihre Zugriffsrechte auf das Projekt prüfen kann.

Sie können von hier aus direkt in Ihr Projekt speichern und nicht in Ihre bisherige Dateiablage und vorhandenen Verzeichnisse. Nachdem Sie den Speichern-Vorgang bestätigen, erscheint ein Prozessbalken. Die Datei wird in die Arbeitsumgebung von Version Cue integriert, dazu ist es notwendig, die Zugriffsrechte anzulegen sowie die XMP-Metadaten zu indizieren, damit Sie später die Datei über die Funktion SUCHEN wiederfinden. Wenn Sie also mit Version Cue arbeiten, um Versionen zu speichern und Kommentare zu vergeben, dann führt an dieser Art der Ablage kein Weg vorbei.

27.6.2 Versionen speichern

Sobald Sie nun mit Ihrer Layoutdatei weiterarbeiten, können Sie zu jedem Zeitpunkt eine Version abspeichern. Somit speichern Sie keine weitere Datei, sondern Version Cue verwaltet unterschiedliche Stände dieser Datei.

Anstatt über den Speichern-Dialog wählen Sie dazu im Menü Datei • Eine Version speichern… aus. Im nachfolgenden Dialog geben Sie einen sinnvollen Kommentar zu dieser Version ab. Beschreiben Sie darin die Veränderungen, die Sie im Layout vorgenommen haben.

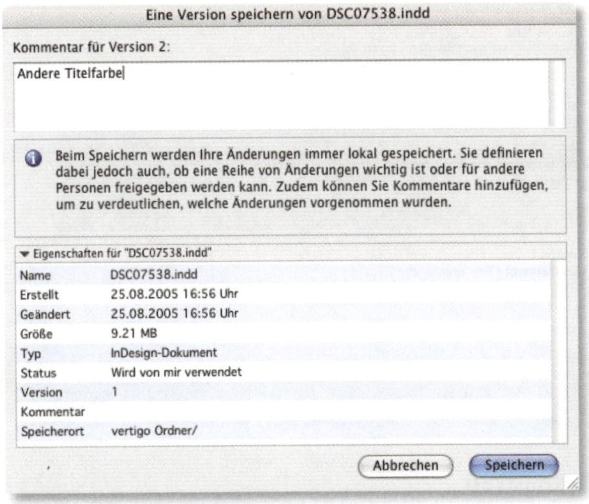

◂ Abbildung 27.21
Mit einem Kommentar als Klartext zur Version können Sie später den Designprozess nachvollziehen.

Diesen Vorgang können Sie beliebig wiederholen und weitere Versionen speichern. Dabei überschreiben Sie aber keine bestehende alte Version, die Versionsnummer wird von Version Cue »narrensicher« vergeben. Verabschieden Sie sich von Datums- oder Versionsnummern in Ihren Layoutdateien. Das Erstellungs- und Änderungsdatum wird ebenso wie der Autor, das betreffende Projekt und andere Informationen zu dieser Datei automatisch gespeichert.

27.6.3 Versionsübersicht

Wenn Sie nun einen Gestaltungsprozess abgeschlossen haben oder in der Konzeptphase einige Versionen zurückgehen wollen, weil Sie sich mit einer Idee »verrannt« haben, so rufen Sie über das Popup-Menü die Versionen auf.

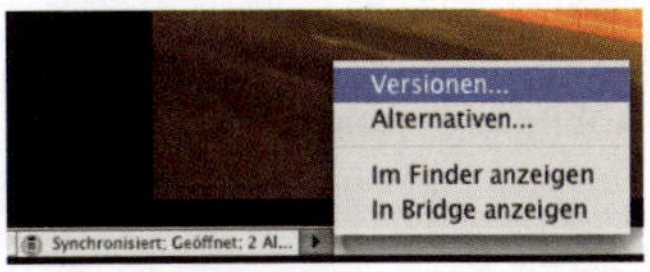

▴ Abbildung 27.22
In der Übersicht Versionen am unteren Dokumentenfensterrand rufen Sie die Versionsliste auf, in der Sie die Kommentare einsehen können.

Nun sehen Sie zu Ihrer Layoutdatei alle gespeicherten Versionen und die vergebenen Kommentare. Hier sehen Sie auch, warum die Kommentare so wichtig sind: Sobald Sie nur geringfügige Änderungen innerhalb der Versionen speichern, fällt die optische und zeitliche Auswahl der richtigen Version schwer. Vergeben Sie daher sinnvolle Kommentare!

Oben wird die aktuelle Version angezeigt, mit der Sie gerade arbeiten. Wollen Sie aber nun stattdessen z. B. Version 2 als weiteren Ausgangspunkt nutzen, so wählen Sie über den ersten Button im unteren Bereich Als aktuelle Version festlegen aus.

Die anderen Versionen bleiben davon unangetastet, Sie können jederzeit auf eine andere wechseln. Versuchen Sie dies einmal manuell ohne ein intelligentes Dokumenten-Management!

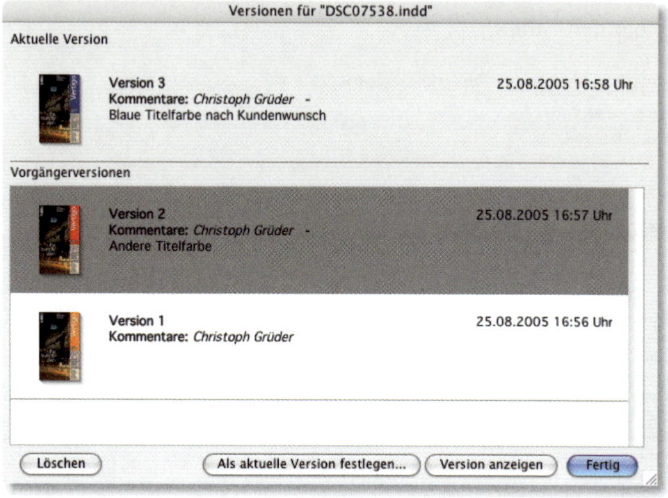

Abbildung 27.23 ▸
Die aktuelle Version befindet sich immer oben. Eine Vorgängerversion kann jedoch zu einem neuen Stand umgewandelt werden, eine Version 4 würde dadurch entstehen.

27.6.4 Alternativen

Neben den Versionen gibt es einen zweiten Weg, Varianten zu speichern: die Alternativen. Wenn Sie keine zeitliche Abfolge von Versionen gestalten wollen, sondern stattdessen parallele Designentwürfe für eine spätere Präsentation, so speichern Sie eine Alternative ab. Rufen Sie Datei • Speichern unter... auf. Im Adobe-Dialog wählen Sie den unteren Button Als Alternative speichern von... an. Hier geben Sie einen anderen Dateinamen ein. Version Cue verwaltet dann eine Verbindung dieser Alternative zu der zuvor verwendeten Datei als »Primärdatei«.

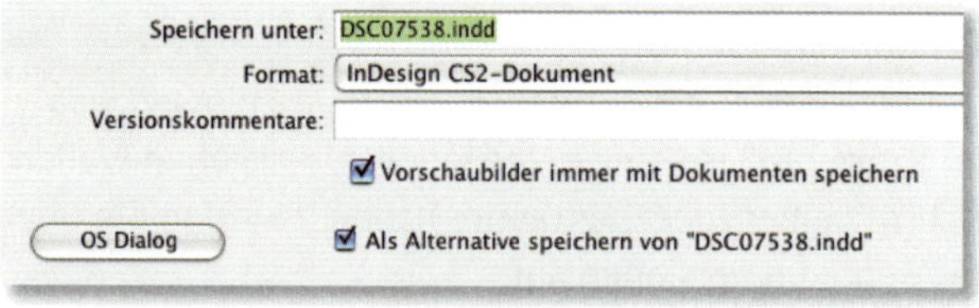

Abbildung 27.24 ▸
Unscheinbarer Button, große Funktionalität

Sobald Sie die Alternative gesichert haben, können Sie die Alternativen einsehen, indem Sie ebenfalls aus dem Status-Popup am unteren Rand des Dokumentenfensters wie bei den Versionen die Alternativen einblenden.

Alternativen besitzen im Gegensatz zu Versionen den Vorteil, dass sie keine Reihenfolge einnehmen. Somit lassen sich also verschiedene Designrichtungen ausarbeiten, um mehrere Entwürfe für eine Präsentation vorzubereiten. Dazu speichern Sie auch hier wieder von dieser neuen Alternative weitere Versionen ab.

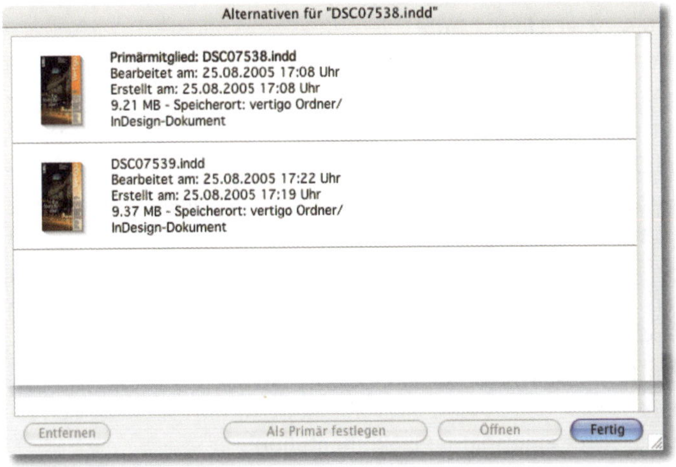

◂ **Abbildung 27.25**
Alle Design-Alternativen im Überblick. Ebenso wie bei Versionen kann eine Alterantive als »primär« eingestuft werden. Dabei ändert sich allerdings nicht die Reihenfolge.

Diese Alternativen und Versionen sind so intelligent aufgebaut, dass Sie mit Hilfe der Bridge eine schöne Übersicht zu den Dokumenten erhalten. Rufen Sie dazu die Adobe Bridge auf, und wählen Sie den Favoriten Version Cue in der linken Spalte. Danach öffnen Sie den Projektordner. Auch die Bridge wird Sie nun nach Ihrem Passwort fragen. Geben Sie Benutzernamen und Passwort ein. Wählen Sie danach das entsprechende Verzeichnis.

Im Menü Ansicht der Bridge rufen Sie Als Versionen und Alternativen auf. Somit werden alle Alternativen als große Dateisymbole gezeigt, und mit einem Abstand folgen die Versionen mit der Nummerierung. Hier fällt auf, dass zu den Alternativen auch ein Dateistatus angezeigt wird. Die jeweils aktuelle Version dieser Alternative erscheint in den Detailangaben inklusive des Versionskommentars.

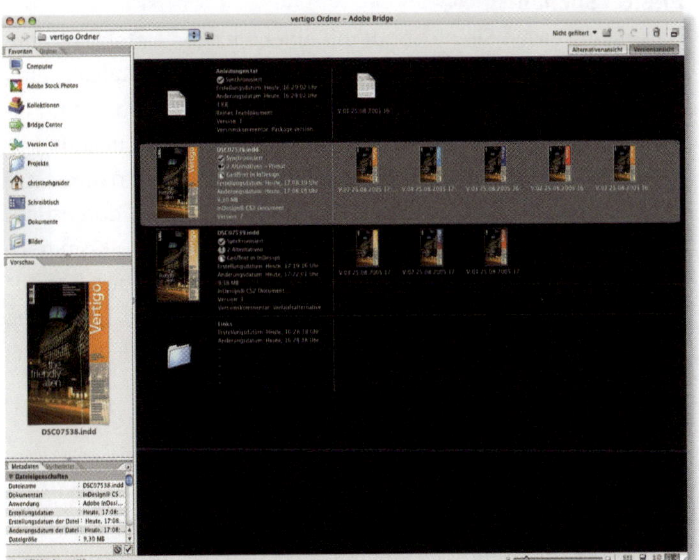

◂ **Abbildung 27.26**
Die Bridge zeigt Alternativen und Versionen gleichermaßen an.

Aktualisieren
Sollten Sie Dateien oder Projekte nicht in der Auswahl sehen, so aktualisieren Sie die Ansicht, indem Sie auf das Koffersymbol klicken und in der Drop-down-Auswahl die Funktion AKTUALISIEREN aufrufen.

27.6.5 Zwischenstände

Wie eingangs schon beschrieben, ergeben sich innerhalb eines Projektes Zwischenstände von Dateien, wenn eine Präsentation stattfindet oder eine andere technische Entscheidung – z. B. für die Drucktechnik – getroffen wird. Hier ist es sinnvoll, einen Entwurfsprozess nach der Entscheidung abzuschließen und einen neuen Entwicklungspfad zu beschreiten. Dies können Sie mit Version Cue über zwei Wege lösen: Entweder Sie löschen in der Versionsübersicht alle vorherigen oder nicht mehr benutzten Versionen Ihrer Layoutdatei, oder Sie speichern die aktuelle Version als neues Dokument ab. Somit wird diese Version wieder als erste Version behandelt, die vorherigen Versionen bleiben erhalten, z. B. für eine spätere Dokumentation.

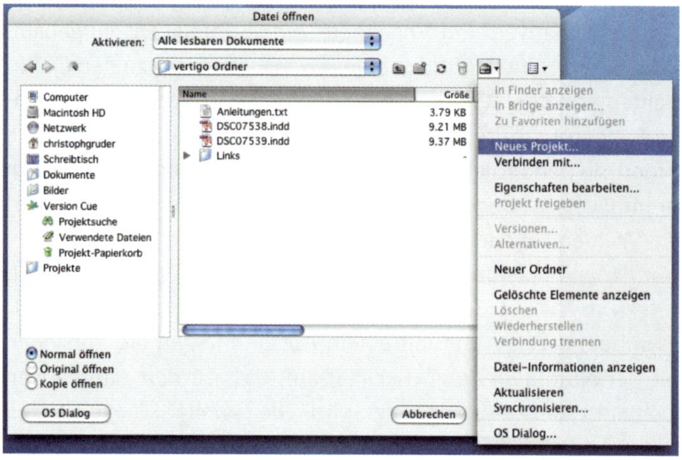

Abbildung 27.27 ▸
Ebenfalls über das Menü des Koffer-Buttons erreichbar: Anlegen eines neuen Projekts ohne den Umweg über die Konfiguration via Browser.

27.6.6 Suchen

Natürlich werden Sie nicht nur mit einer einzigen Datei layouten, sondern auch verschiedene Projekte und Dateien gleichzeitig bearbeiten müssen. Im Adobe-Dialog erreichen Sie die Suchfunktion, indem Sie in der Favoritenspalte unter Version Cue auf PROJEKTSUCHE klicken. In der Eingabemaske können Sie nahezu alle Begriffe oder Benutzernamen eingeben. Version Cue durchsucht danach alle XMP-Felder wie Autor, Erstellungsdatum, Kommentare oder andere nach dem Suchbegriff. In Version Cue CS2 können Sie nun auch nach Kommentaren suchen, eine besonders hilfreiche Funktion, wenn Sie Entscheidungsgründe oder Entwurfsstände überprüfen wollen.

27.6.7 Export eines Projekts

Wenn Sie die Arbeit eines Projektes innerhalb von Version Cue auslagern wollen, um die Versionierung zu beenden, Daten zu archivieren oder nur noch einen finalen Stand anzufertigen, so ist dies auf zwei Wegen möglich. Entweder rufen Sie in der erweiterten Version Cue-Verwaltung im Browser das Projekt auf und wählen die Funktion Exportieren aus. Oder Sie exportieren den gesamten von Version Cue verwalteten Datenbestand aller Projekte.

Die projektbezogene Exportfunktion hat den Vorteil, dass Sie das einzelne Projekt als Dateien in einem Verzeichnis speichern können oder stattdessen über ein Datenprotokoll wie FTP die Projektdaten auf einen Webserver stellen.

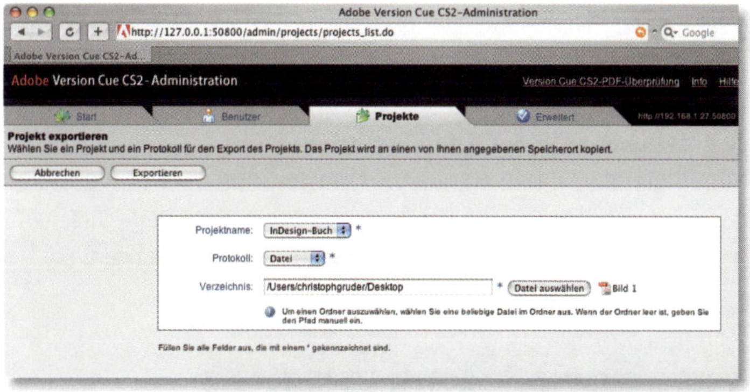

◂ **Abbildung 27.28**
Als Auslagerung eignet sich der Projektexport.

Wenn Sie stattdessen alle Daten aus Ihrem Version Cue-Bereich exportieren wollen, so sollten Sie dies über die Systemeinstellungen regeln.

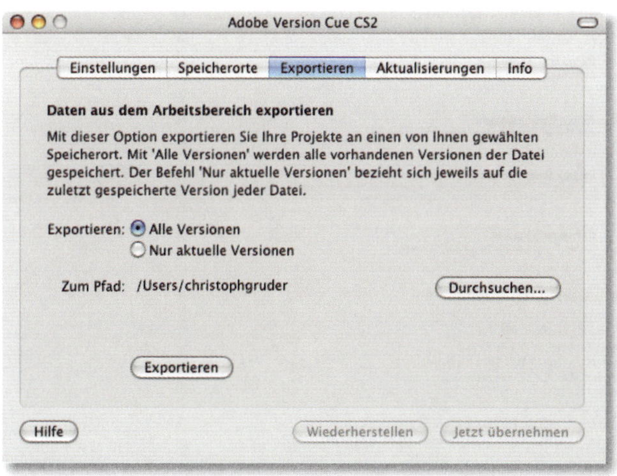

◂ **Abbildung 27.29**
Der Export des Datenbestandes von Version Cue CS2

Hier können Sie sich darauf beschränken, nur die aktuellen Versionen der Dokumente zu exportieren. Sie können sich vorstellen, dass alle Dateien, die in mehreren Versionen vorliegen, natürlich auch mehrfach von Version Cue gespeichert werden und somit eine große Projektdatenmenge verursachen.

27.7 PDF-Überprüfung mit Version Cue CS2

Ebenfalls neu in Version Cue CS2 ist die Möglichkeit, eine PDF-Datei durch Version Cue an alle projektbeteiligten Mitarbeiter zu schicken und um eine Kommentierung zu bitten. Das ist leichter, als es sich zunächst anhört, denn die E-Mail-Adressen kennt Version Cue bereits, wenn Sie die Mitarbeiter angelegt haben. Dazu kommen die PDF-Daten, die Version Cue automatisch aus den Projekten ausliest und erkennt.

Schritt für Schritt: PDF an Projektbeteiligt senden

1 Eingaben in der Administration

Rufen Sie die Administration von Version Cue über den Browser auf und wählen Sie die Funktion VERSION CUE PDF-ÜBERPRÜFUNG. Danach können Sie eine neue Überprüfung starten.

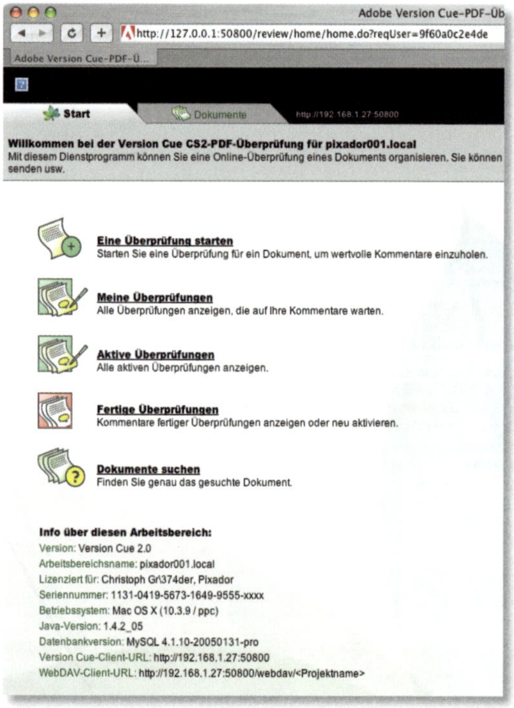

2 Datei auswählen

Sobald Sie das Projekt ausgewählt haben, erkennt Version Cue die gespeicherten PDF-Dateien. Eine davon wählen Sie aus und initiieren die E-Mail-Einladung an die Empfänger.

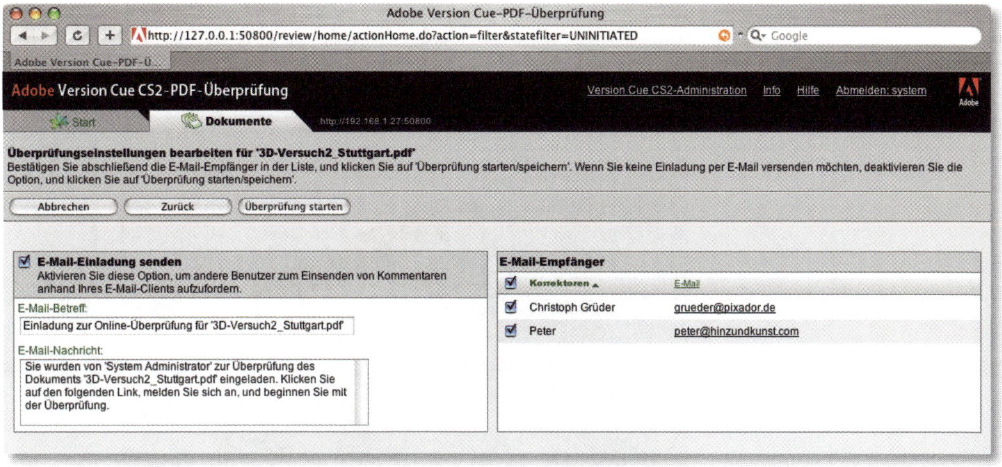

3 E-Mail erstellen

Sobald Sie hier auf ÜBERPRÜFUNG STARTEN klicken, öffnet sich Ihr E-Mail-Client, und eine E-Mail wird entsprechend den Einstellungen formuliert.

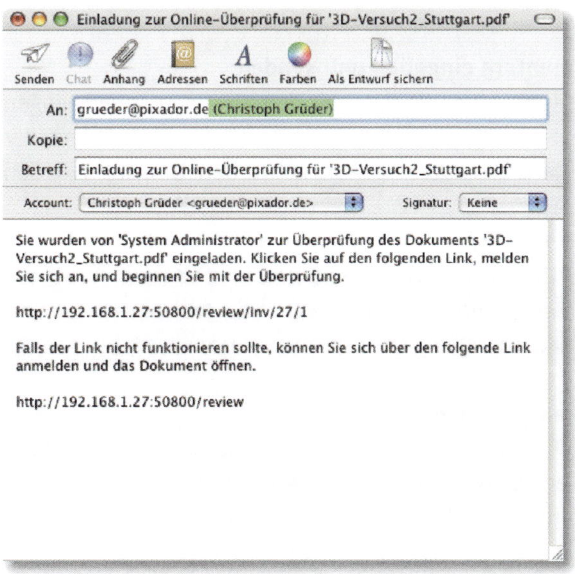

Mit der E-Mail werden zwei Links versendet, die es ermöglichen, innerhalb eines Netzwerkes auf die PDF-Datei zuzugreifen und die Datei über die Acrobat-Kommentarwerkzeuge im Browser mit Notizen zu versehen und sonstige Anmerkungen zu machen.

4 PDF wird angezeigt

Klickt der Empfänger dann auf den Link, wird ihm bei optimalen Netzwerkbedingungen die PDF-Datei im Browser angezeigt.

Tipps zu PDF-Überprüfung
Lesen Sie bitte dazu auch die PDF-Datei »Version Cue CS2 bitte Lesen.tif« im Programmordner von Version Cue CS2.

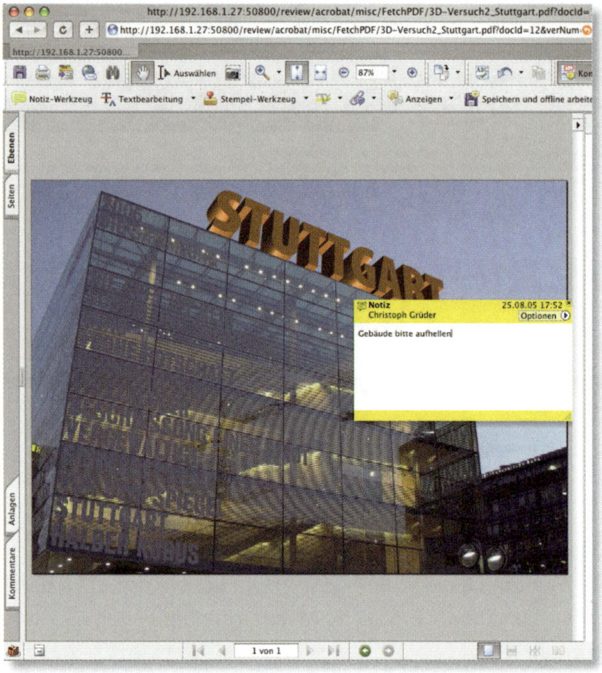

5 Kommentare eingeben und senden

Nun können die Anmerkungen mit den Kommentarwerkzeugen von Acrobat durchgeführt werden. Eine Kurzanleitung auf der rechten Seite erklärt auch für Ungeübte den Umgang mit den Werkzeugen.

Nach Beendigung der Kommentarvergabe klickt der Nutzer auf den Button KOMMENTARE SENDEN UND EMPFANGEN. Sollten andere Designer und Gestalter gleichzeitig Notizen vorgenommen haben, können Sie diese nun auch einsehen.

6 Notizen einsehen

Sobald also die Kommentare mit dem Version Cue-Server aktualisiert wurden, ist es nun auch möglich, die Notizen in der Version Cue-Verwaltung einzusehen.

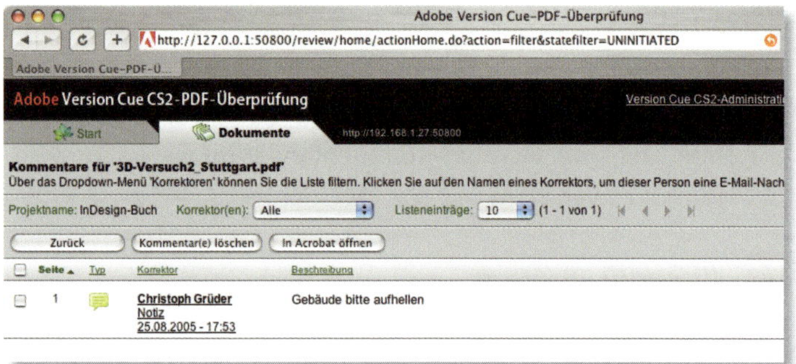

Die weitere Funktionalität von Version Cue zur Überprüfung von PDF-Dokumenten besticht durch eine simple Bedienung und einfache Werkzeuge. Dennoch geht der Komfort für die Protokollierung nicht verloren, Version Cue speichert alle Zeiten und Notizen ab. Probieren Sie es aus! ■

27.8 Fazit zu Version Cue CS2

Die zweite verbesserte Fassung der Serverumgebung Version Cue CS2 zur gemeinsamen Arbeit an Projekten bringt Ihnen zahlreiche Vorteile und führt zu einer höheren Produktivität, da Sie zum einen Versionen und Alternativen transparent verwalten können, ohne dass Sie InDesign verlassen müssen. Zum anderen können Sie durch die Verwaltung von Zugriffsrechten koordinieren, wer an den Projekten arbeiten und Daten ändern darf. Die Kommentierung ist eine interessante Alternative, die sich jedoch erst bei größeren Projekten eignet.

Im Gegensatz zur ersten älteren Fassung unterstützt Sie Version Cue in Ihrer alltäglichen Arbeit, das einfache Speichern und die fehlerbehaftete Versionsspeicherung über den Dateinamen gehören der Vergangenheit an, ein Workaround, den Sie und Ihr Designteam erst einmal wieder abstellen müssen.

Die Verwaltung und »Sichtbarkeit« der Versionen und Alternativen in der Adobe Bridge sind wesentliche Vorteile gegenüber der früheren Fassung.

Die Datengrößen, die bei einem Print-Projekt anfallen können, sind enorm. Jede Version verdoppelt die Datenmenge eines Layouts. Gehen Sie also pfleglich mit Ihren Festplatten um, und löschen Sie zu geeigneten Zeitpunkten nach Präsentationen ältere, nicht mehr benötigte Dateien. Eine regelmäßige Sicherheitskopie gehört dazu.

Einfach sind die Aktivierung und das Einrichten von Version Cue zusammen mit den anderen CS-Programmen. Etwas schwieriger ist dagegen die Integration von Excel- und Word-Daten, die im Layoutalltag mindestens ebenso häufig anfallen wie Photoshop-Composings, EPS- oder PDF-Dateien. Die Daten müssen manuell in das Verzeichnis gespeichert oder mit einem Verpacken-Vorgang aus InDesign direkt in die Projektumgebung gespeichert werden. Eine Möglichkeit, diese Dateiformate als Versionen zu speichern, besteht jedoch nicht.

Mit Version Cue CS2 können Sie nun verschiedene zeitlich bedingte Versionen von Designentwürfen speichern, parallele Designrichtungen lassen sich nun komfortabel mit den Alternativen umsetzen. Eine wesentliche Funktion, die Version Cue nun noch fehlt, um einen vollständigen Designprozess abzubilden, ist die Einbindung von Projektständen und Milestones. Daraus könnte sich auch eine Möglichkeit ergeben, Arbeitsleistungen zu protokollieren und Dokumentationen – bei großen Projekten nicht unüblich – zu erstellen.

TEIL VI
Spezialitäten

28 Import von QuarkXPress-Dokumenten

Kann InDesign Quark-Dateien problemlos übernehmen? Welche Einschränkungen gibt es beim Öffnen von diesen Dokumenten, und wovon hängt es überhaupt ab, ob sich Quark-Satzdateien nach InDesign übernehmen lassen?

Über den Befehl ÖFFNEN ist es möglich, QuarkXPress-Dokumente direkt auszuwählen. InDesign kann einsprachige QuarkXPress-Dokumente bis zur Version 4.11 öffnen. Dazu müssen jedoch einige Voraussetzungen erfüllt sein, die wir Ihnen hier darlegen wollen. Indem wir Sie mit den Einschränkungen bekannt machen, können Sie selbst sinnvoll planen, ob Sie Ihre Layoutdaten in InDesign-Dokumente umwandeln und wie viel Nacharbeit nötig ist.

Wer erwartet, dass man ein Quark-Dokument in InDesign zu 100% übernehmen kann, dem sei hier gleich gesagt, dass InDesign nicht zaubern kann. Auch bei anderen proprietären Dateiformaten und deren Besonderheiten treten ähnliche Einschränkungen auf.

28.1 Grundsätzliche Unterschiede von InDesign zu QuarkXPress

Viele Quark-Kenner sind in InDesign von einigen Werkzeugen irritiert, da diese entweder nicht so wie in Quark funktionieren oder für einen anderen Zweck bestimmt sind. Auch das Platzieren von Dokumenten, das Arbeiten mit Transparenzen und die PDF-Ausgabe widersprechen den bekannten Arbeitsweisen. Daher sträuben sich viele ehemalige Quark-Anwender, Transparenzen einzusetzen oder eine Photoshop-Datei mit einem Alpha-Kanal wirklich zu platzieren. Folglich gehen sie immer einen Umweg über Zwischenformate wie TIFF oder EPS. Diese Formate sind in InDesign nicht zwingend notwendig!

Objektwerkzeug und Inhaltswerkzeug
Die beiden Quark-Werkzeuge entsprechen in InDesign am ehesten dem Auswahl- und dem Direktauswahl-Werkzeug.

S&B
S&B finden Sie in InDesign CS2 auch, allerdings in der Absatz-Palette im Palettenmenü unter Abstände bzw. Silbentrennung.

Hier eine Aufstellung der wichtigsten Unterschiede, mit denen Sie sich vertraut machen sollten:

1. **Grafiken platziern:** Grafiken und Bilder ziehen Sie entweder aus der Adobe Bridge oder aus einem Dokumentenfenster per Drag and Drop in das Layout. Eine Mehrfachauswahl ist ebenso möglich. Das Platzieren von Grafiken erfordert keine vorherige Erstellung eines Platzhalterrahmens.
2. **OpenType-Format:** Die um typografische Alternativen und osteuropäische Zeichen erweiterten OpenType-Pro-Fonts können Sie mit InDesign vielfältig einsetzen. Derzeitige QuarkXPress-Versionen können das OpenType-Format nur begrenzt im bekannten Zeichenumfang von PostScript-Fonts einsetzen.
3. **Farbmanagment:** Mit einem synchronisierten Farbmanagement arbeiten Sie in InDesign ebenso farbgetreu wie in Photoshop. Um Farben im Layout zu beurteilen, starten Sie den Soft-Proof, das Öffnen und Bearbeiten in Photoshop ist nicht zwingend nötig.
4. **Ausgabevorschau:** Stark zusammenspielend mit dem Farbmanagement kontrollieren Sie die Farbauszüge noch vor dem Export mit Hilfe der Ausgabevorschauen für die Separation und das Überdrucken. Eine Beurteilung von Farben und dem Druckverhalten ist mit QuarkXPress nur nach dem Layout über einen PDF-Preflight möglich.
5. **Ebenen:** Die Ebenen im Layoutdokument können Sie auch als Ebenen im PDF erhalten. Dazu nutzen Sie den direkten PDF-Export aus InDesign.
6. **Transparenzen:** Transparente Grafiken erstellen Sie direkt im Layout. Deckkraft, Füllmethode oder Alpha-Kanal sind die Werkzeuge, mit denen InDesign aufwarten kann. Für transparent erscheinende Grafiken müssen Sie nicht den Umweg über Photoshop gehen, so wie das in QuarkXPress Alltag war.
7. **Tabellen:** Excel-Tabellen platzieren Sie im Layout und bearbeiten das Design. Zellen können jederzeit zusammengefügt und wieder aufgetrennt werden, Kopf- und Fußzeilen sind seit InDesign CS bekannt.
8. **PDF:** Die direkte PDF-Ausgabe ermöglicht einen schnellen Export für eine Kundenkorrektur oder eine PDF/X-3-Ausgabe für die Belichtung. Ein mühsamer Umweg über das Exportieren von Einzelseiten als EPS und das anschließende Destillieren von PDF-Dateien entfällt. Der Umweg über den Acrobat Distiller ist jedoch auch für InDesign in einigen Fällen ratsam, EPS-Daten müssen jedoch nicht exportiert werden.

28.2 Probleme bei der Verarbeitung

Bei der Konvertierung von Quark-Dokumenten bleiben das Format, das Layout, die Dokumentstruktur, Stilvorlagen, Farbdefinitionen und Objektpositionen erhalten. Folgende Probleme treten aber in der Praxis auf:

28.2.1 Passport-Versionen

QuarkXPress-Dateien, die mit einer Passport-Version (mehrsprachig) erstellt wurden, können in InDesign nicht importiert und umgewandelt werden. Dazu müssen Sie die Passport-Dateien noch einmal in Quark öffnen und als einsprachige QXD speichern.

28.2.2 Quark 5.x und 6.x?

Dateien der neueren Versionen müssen Sie abwärtskompatibel als Quark 4-Dateien abspeichern, damit InDesign diese Daten erkennen und umwandeln kann, ein Importfilter für 5.x- und 6.x-Dateien ist derzeit nicht erhältlich. Entgegen dem Wunsch vieler ehemaliger Quark-Nutzer, einen 6.x-Import anzubieten, hat Adobe die Importfilter für Quark in der CS2-Version nicht geändert.

28.2.3 XTensions

Es ist in InDesign nicht möglich, QuarkXPress-Dokumente zu öffnen, die in Quark unter Benutzung von Drittanbieter-XTensions erstellt wurden. In diesem Fall wird Ihnen InDesign beim Versuch des Öffnens gleich mit der entsprechenden Meldung begegnen.

Um dieses Dokument unter Umständen dennoch in ein InDesign-Dokument überführen zu können, müssen Sie mit dem Umgang von Quark vertraut sein und den XTension-Ordner einmal genauer durchgehen. Manchmal ist es möglich, die Drittanbieter-XTensions zu deaktivieren und das Dokument neu abzuspeichern, so dass der Verweis zur XTension aus dem Layoutdokument entfernt wird. Dies setzt natürlich voraus, dass Sie das Quelldokument in QuarkXPress überhaupt öffnen können, denn manche Dokumente dürfen ohne installierte XTension gar nicht bearbeitet werden.

Werden im QuarkXPress-Dokument nur QuarkXPress-eigene XTensions benutzt, sollte das Öffnen in InDesign kein Problem sein.

28.2.4 Textumbruch

InDesign erzeugt einen neuen Umbruch. Somit ist es unumgänglich, Text- und Seitenumbruch manuell zu kontrollieren. Hier wird der Generationswechsel von Quark nach InDesign besonders deutlich, da das einfache Umbruchverhalten von Quark nicht in InDesign »simuliert« werden kann. Wo Quark zeilenweise umbricht und manuelle Umbrüche sowie weiche Trennungen an der Tagesordnung sind, berücksichtigt InDesign je nach Einstellung und Absatzformat alle erdenklichen Zeilenumbrüche und wählt einen optimalen aus, der sich später nachkorrigieren lässt.

28.2.5 Standard- und benutzerdefinierte Seitenformate

Papierformate wie DIN A4 werden direkt in InDesign übernommen. Benutzerdefinierte Formate wie z. B. 22 zu 43 mm hingegen können im InDesign-Dokument um wenige Millimeter abweichen. Kontrollieren Sie daher bei selbst definierten Formaten in Quark das Dokumentenformat in InDesign.

28.2.6 Alles rosa? Schriften aktivieren

Alle im Quark-Dokument verwendeten Schriften müssen für einen vollständigen Import auf dem Computer installiert sein. Ansonsten bekommen Sie nach der Konvertierung eine wahre Flut von rosafarbenen Textzeilen, die den Eindruck erwecken, dass das gesamte Dokument zerstört ist. Diese rosafarbene Markierung ist jedoch nur eine Hervorhebung, die zeigt, welche formatierten Textzeilen nicht durch eine definierte Schrift dargestellt werden. Installieren Sie vor dem Import die Schriften, um dieser unliebsamen, aber harmlosen Überraschung zu entgehen! Zusätzlich müssen Sie die Schriften in den importierten Absatzformaten neu zuweisen, wenn Sie ehemalige Quark-Dateien von einem Mac mit InDesign auf einem PC öffnen.

28.2.7 Verknüpfungen

Neben den Schriften sollten Sie auch die verknüpften Bilddaten zur Verfügung haben. Bestenfalls tragen Sie in QuarkXPress mittels FÜR AUSGABE SAMMELN alle verknüpften Dateien und die Layoutdatei in einen neuen Ordner zusammen, um dann mit dieser Layoutdatei die Konvertierung durchzuführen.

28.3 Import-Beispiel

Wir zeigen in diesem Buch anhand eines Beispiels einmal auf, wie die mögliche Konvertierung einer Satzdatei aus QuarkXPress durchgeführt wird, und stellen Ihnen das Ergebnis der Konvertierung vor.

28.3.1 Öffnen einer Quark-Datei

Wählen Sie über das Menü DATEI • ÖFFNEN direkt das jeweilige QuarkXPress-Dokument aus, das in ein InDesign-Dokument umgewandelt werden soll, und klicken Sie auf die Schaltfläche OK.

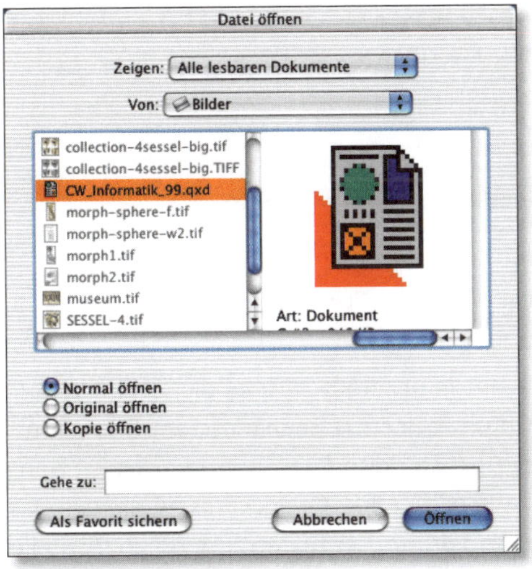

◂ **Abbildung 28.1**
Die QuarkXPress-Datei importieren Sie einfach über den Öffnen-Dialog in InDesign.

Im ersten Schritt wird das Dokument analysiert, und die einzelnen Textabschnitte werden eingelesen. Text wird dabei in InDesign-Textrahmen konvertiert. Alle definierten Formate werden hierbei in vorhandene InDesign-Formate konvertiert, wobei Text und Grafikverknüpfungen erhalten bleiben. In der Verknüpfungen-Palette werden die Text- und Grafikverknüpfungen angezeigt. Im Text eingebettete Grafiken, also Grafiken, die dem ursprünglichen Dokument über die Zwischenablage, beispielsweise als eingebundene Grafik, hinzugefügt wurden, können hierbei nicht konvertiert werden.

28.3.2 Konvertierungswarnungen

Jeder Quark-Anwender kennt die Möglichkeit, für Stilvorlagen eigene Shortcuts in Verbindung mit den Funktionstasten anzulegen, um so möglichst rasch und bequem über die Tastatur die Textformatierungen vornehmen zu können. Nicht alle Befehlszuordnungen aus QuarkXPress lassen sich in InDesign übernehmen, da InDesign ein eigenes Shortcut-Set oder ein Quark 4.x-kompatibles Set anbietet.

Werden im Quark-Dokument Shortcuts für die Formatierungen benutzt, kommt es bei der Konvertierung während des Öffnens der Datei zu einer Konvertierungswarnung. Es lässt sich im Warnhinweis sehen, welche der Stilvorlagen mit nicht zulässigen Tastaturkürzeln versehen sind (Abbildung 28.2).

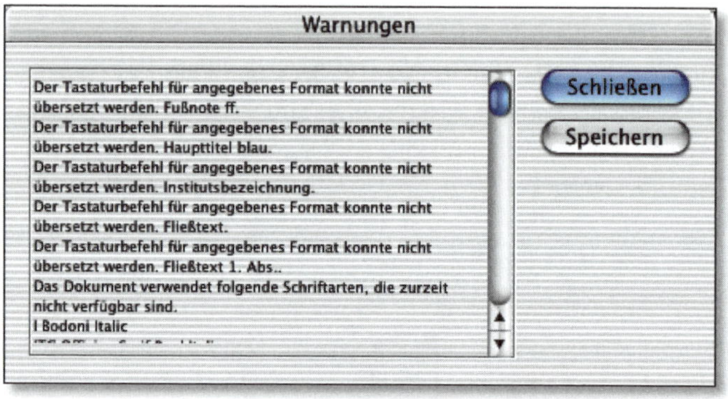

Abbildung 28.2 ▸
Tastenbefehle, die für Absatzformate in QuarkXPress angewandt wurden, können nicht importiert werden und sind in diesem Dialog dargestellt. Ebenso meldet InDesign fehlende Schriften, die Sie nachträglich installieren oder aktivieren sollten.

28.4 Das konvertierte Dokument

Nach kurzer Zeit erscheint in unserem Beispiel die fertig konvertierte Satzdatei unter dem Namen »unbenannt« am Bildschirm. Insgesamt benötigt die gewandelte Datei um gut 200 % mehr Speicherplatz als das entsprechende QuarkXPress-Original. Das hängt mit der internen Kodierung von Texten zusammen. Anstelle von QuarkXPress nutzt InDesign Unicode, ein 16-Bit-Format.

28.4.1 Farbkonvertierungen

In QuarkXPress angelegte Farben werden als InDesign-Farbfelder gewandelt. Die Konvertierung der Farben des Farbbestandes aus Quark 3.3 und 4.1 geschieht auf der Grundlage ihrer CMYK-Werte. HSB-Farben werden in RGB-Farben konvertiert.

Die aus Quark importierten Farbfelder werden nicht nach ihren Namen sortiert, sondern entsprechend der Reihenfolge des Anlegens. Somit erscheinen die Farbfelder auf den ersten Blick unvollständig, werden jedoch korrekt importiert. Wollen Sie also die Reihenfolge zugunsten einer geordneten Arbeitsweise wiederherstellen, so müssen Sie die Farben gegebenenfalls manuell per Drag and Drop in der Farbpalette neu sortieren.

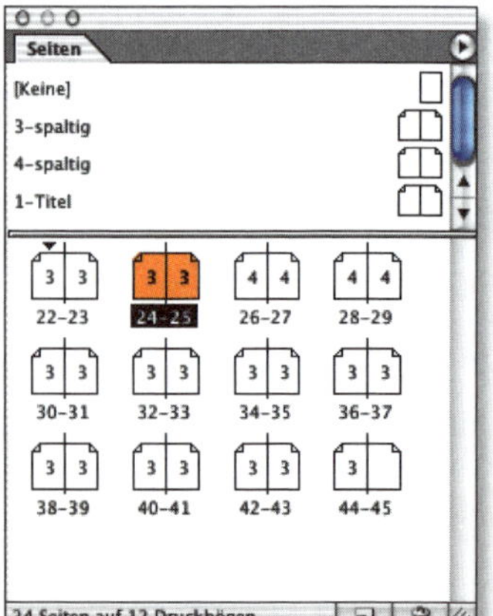

▲ Abbildung 28.3
Musterseiten und Bearbeitungsseiten werden nahtlos nach InDesign übernommen. Die Bearbeitungsseiten tragen das Kürzel der jeweils zugewiesenen Mustervorlage.

28.4.2 Farbprofile

QuarkXPress verwendet grundsätzlich andere Farbprofile als InDesign. Die XPress-Farbprofile werden in InDesign ignoriert. Wollen Sie mit aktivem Farbmanagement arbeiten, so empfehlen wir Ihnen, sich mit dem Kapitel »Farbmanagement« vertraut zu machen.

28.4.3 Musterseiten

Alle Quark-Musterseiten werden in entsprechende InDesign-Mustervorlagen konvertiert. Dieser Vorgang ist recht zeitintensiv. Dabei werden die Druckbögen zusammengestellt.

28.4.4 Ebenen und Linien

QuarkXPress-Ebenen aus Quark-Dateien werden auch in InDesign-Ebenen konvertiert. Konturen und Linien aus Quark werden in die Linienarten konvertiert, denen sie am ehesten entsprechen.

28.4.5 Verknüpfungen

Bild- und Grafikverknüpfungen des Dokuments sind in der Verknüpfungen-Palette erhalten. Sie klicken mit dem Auswahlwerkzeug auf ein Bild der Datei, und in der Palette wird das entsprechende Bild markiert. In der Palette kann direkt abgelesen werden, auf welcher Dokumentseite sich das verknüpfte Objekt befindet.

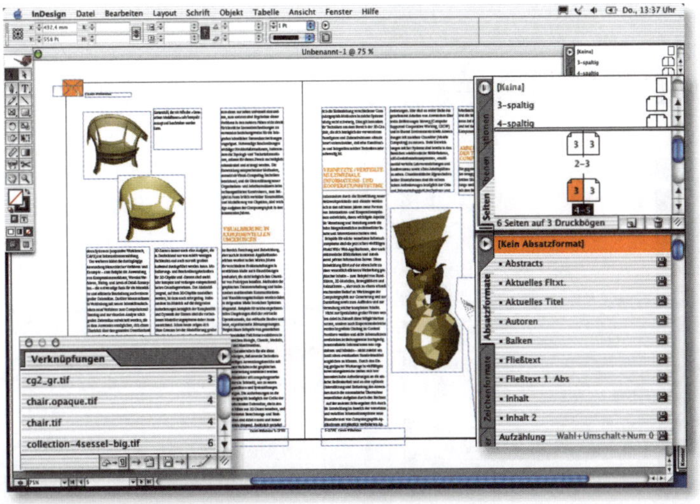

◀ Abbildung 28.4
Das konvertierte Dokument in InDesign: Haben Sie die Verknüpfungen- und die Absatzformate-Palette geöffnet, sehen Sie nach der Konvertierung sofort, ob Ihr QuarkXPress-Dokument vollständig importiert wurde.

28.4.6 Stilvorlagen zu Absatzformaten

Die Konvertierung der Textabschnitte ist ein komplexer, zeitaufwändiger Prozess. Alle mikrotypografischen Einstellungen aus Quark bleiben in den Absatzformaten erhalten. Das Grundlinienraster wird übernommen, und die Registerhaltigkeit bleibt bestehen.

Die Wort- und Zeichenabstände der Quark-Stilvorlagen werden in die Absatzformate überführt (Abbildung 28.5).

Alle in Quark definierten Stilvorlagen werden zu Absatzformaten konvertiert und können danach in InDesign weiter bearbeitet werden. Der schon beschriebene Absatzumbruch lässt sich somit über die Einstellungen in den Formaten zum Trenn- und Zeichenausgleichsverhalten korrigieren. Da InDesign als Standard mit dem Adobe-Absatzsetzer arbeitet, der alle Textzeilen in einem Textfluss über mehrere Textrahmen und Seiten berücksichtigt, Quark hingegen zeilenweise trennt und ausgleicht, ist es ratsam, zunächst die Umbruchmethode in den Absatzformaten auf den Einzeilensetzer umzustellen, wenn das Layout aus Quark möglichst originalgetreu übernommen werden soll. Somit verhält sich InDesign ähnlich wie Quark. Die weitere Korrektur erfolgt danach über die Toleranzwerte für den Zeilenausgleich sowie über die Trennregeln.

28.4.7 Zeichenformate

Auch die in XPress angelegten Zeichenformate bleiben erhalten. Auf die Besonderheit der echten Zeichenformate in InDesign gehen wir an anderer Stelle im Kapitel »Absatz- und Zeichenformate« genauer ein. Die Zeichenformate funktionieren erwartungskonform.

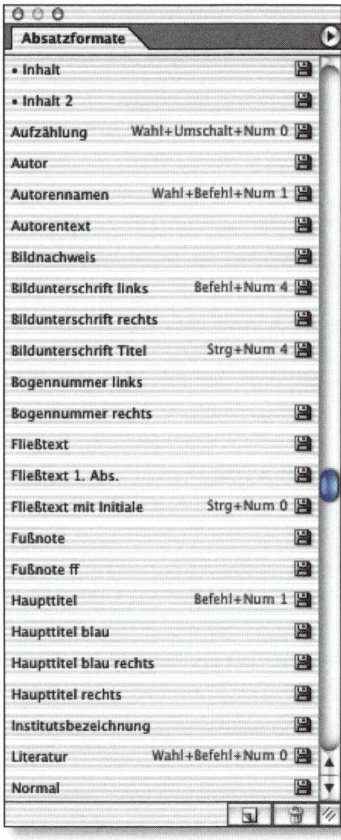

▲ Abbildung 28.5
Stilvorlagen werden in Absatzformate konvertiert. Das Diskettensymbol zeigt an, dass es sich um ein importiertes Format handelt.

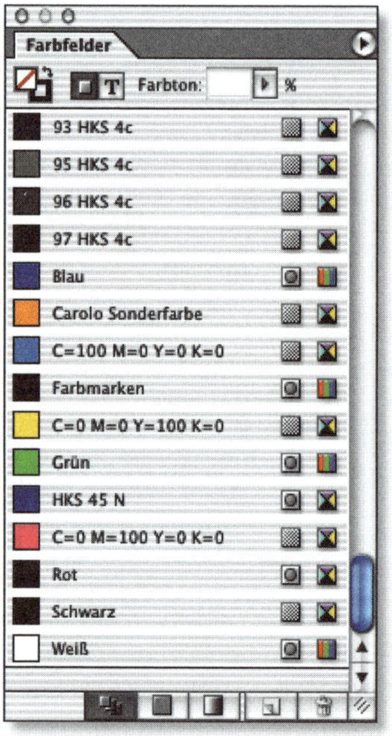

▲ Abbildung 28.6
Die Bibliotheksfarben werden in die Farbfelder importiert und in der Reihenfolge der Verwendung im Layout aufgelistet. HSB-Farben werden dabei beispielsweise in RGB-Farbfelder konvertiert.

▲ Abbildung 28.7
Auch Zeichenformate werden importiert. Im Unterschied zu QuarkXPress benötigt InDesign für eine »Auszeichnung kursiv« nicht unbedingt eine Schriftfamilie, eine Schriftgröße oder Ähnliches, sondern nur eine Schnittangabe. Sie können diese überflüssigen Informationen nachträglich löschen, um flexibler die typografischen Formatierungen zu wählen.

Hier sei darauf verwiesen, dass Zeichenformate aus Quark grundsätzlich mit einer Schriftfamilie und einem entsprechenden Schnitt verknüpft werden. InDesign benötigt diese Information nicht unbedingt, hier können relative Formate definiert werden, die nur den Unterschied des Zeichenformats zum Absatzformat beschreiben. Um flexibel mit Zeichenformaten umzugehen, können Sie auch die importierten Formate aus Quark-Dateien zu diesem Zweck editieren.

28.4.8 Automatisches Inhaltsverzeichnis

Die Inhaltsverzeichnisse und Indizes beim Konvertieren eines Quark-Dokuments werden übernommen.

Bei der Übernahme eines Quark 4.x-Dokumentes in InDesign, bei dem ein automatisches Inhaltsverzeichnis generiert wurde, kann es geringfügige Probleme geben, die eine manuelle Anpassung erforderlich machen: Das Inhaltsverzeichnis weist nach dem Import Sonderzeichen auf, die Sie einzeln entfernen müssen. Entweder Sie lassen es in InDesign neu generieren, oder aber Sie editieren die entsprechenden Absatzformate und gehen anschließend über das Menü LAYOUT • INHALTSVERZEICHNIS AKTUALISIEREN, um den TOC (Table of Content) neu erstellen zu lassen.

Wir zeigen Ihnen im Kapitel »Inhaltsverzeichnis und Index«, wie Sie ein automatisches Inhaltsverzeichnis generieren und wie Sie die Zuweisung der Absatzformate steuern.

Sichern
Nach der Konvertierung der Quark-Datei in ein InDesign-Layout sollten Sie unbedingt die gesamte Datei unter einem neuen Namen abspeichern, damit die Dateiressourcen neu geschrieben werden. Somit wird aus der konvertierten QXD eine einwandfreie INDD. Gegebenenfalls sind auch ein Preflight und Verpacken ratsam, um alle wichtigen Daten zu sammeln.

28.5 Fazit

Die Tatsache, dass InDesign in der Lage ist, komplexe Dokumente, die mit einer anderen Layout-Software erstellt wurden, zu importieren, ist sehr beeindruckend und ermöglicht eine vereinfachte Dokumentübernahme. Darauf basierend jedoch einen völlig identischen Nachdruck eines Dokuments zu realisieren, ist leider utopisch. Der Weg über PDF ist hier vorzuziehen. Sie sind trotzdem in der Lage, einen Großteil der bestehenden Dokumente zu übernehmen, um darauf basierend neue Dokumente zu erstellen.

Weitere Informationen zum Thema Quark-Import entnehmen Sie bitte dem Kapitel »Plug-ins«.

29 InDesign CS und CS2

Dokumente übernehmen, abwärtskompatibel speichern und korrigieren: Ältere Layoutdokumente können Sie mit CS2 problemlos öffnen und bearbeiten. Der Weg zurück ist jedoch eingeschränkt. Mit InDesign CS2 bekommen Sie erstmalig die Möglichkeit, Ihre Layoutdateien für die frühere InDesign CS-Version (CS1) abzuspeichern. Dabei sollten Sie einige Dinge beachten.

Auf der Buch-DVD unter Beispieldateien\29_austauschformat liegt eine INX-Datei, also eine aus CS2 für CS gespeicherte Datei für Sie bereit.

29.1 Als InDesign CS-Dokumente öffnen

29.1.1 Farbmanagement

Über den Befehl ÖFFNEN ist es möglich, InDesign-Dokumente früherer Versionen direkt einzulesen. Dabei können Farbwarnungen erscheinen, wenn die Dateien mit anderen Farbmanagement-Einstellungen angelegt wurden. Konvertieren Sie diese Daten nicht in die aktuellen Farbprofile, wenn Sie die Farben 1 zu 1 übernehmen wollen. Lesen Sie bitte im Kapitel 4 »Farbmanagement« nach, welche Einstellungen für InDesign CS2 optimal sind.

29.1.2 Plug-ins

Wenn in den alten InDesign-Dateien Plug-ins zur Formatierung verwendet wurden, sollten Sie prüfen, ob Sie diese Plug-ins auch für die InDesign CS2-Version installiert haben. Ist dies nicht der Fall, kann InDesign CS2 die Layoutdatei nicht einwandfrei darstellen oder bricht den Öffnen-Vorgang je nach Auswirkung des fehlenden Plug-ins auf die Datei ab.

29.1.3 Wörterbücher

Frühere InDesign-Versionen nutzen interne Wörterbücher. Wenn Sie also eine Layoutdatei mit InDesign 2 oder CS bearbeitet haben, konnten Sie unbekannte Wörter dem dokumenteigenen Wörterbuch hinzufügen. InDesign CS2 nutzt nun aber separate Wörterbücher, die eingeladen werden können.

Beim Öffnen einer alten InDesign-Datei werden Sie eventuell gefragt, ob Sie die Ausnahmewortliste im Dokument oder im

Benutzerwörterbuch verwenden möchten. Entscheiden Sie sich für einen der beiden Wege, und lesen Sie im Kapitel »Texte erfassen und bearbeiten« nach, wie Sie diese Ausnahmewörter überprüfen und ggf. neue dem InDesign-Wörterbuch oder Ihrem eigenen Benutzerwörterbuch hinzufügen.

29.1.4 Bibliotheken

Ältere Bibliotheken-Dokumente öffnen Sie mit InDesign CS2 und geben danach an, wo und mit welchem Namen die Bibliothek neu abgespeichert wird.

29.2 Abwärtskompatibilität

InDesign CS aktualisieren

Beachten Sie bitte, dass Sie die CS1-Version von InDesign auf den neuesten Stand bringen. Im April 2005 erschien ein 3.0.1-Update, das Sie für diesen Austausch benötigen. Somit kann die InDesign CS1-Version problemlos die Layoutdatei öffnen. Das Update können Sie von der Adobe-Website laden.

Wenn Sie den Export-Dialog mit [⌘]/[Strg]+[E] öffnen, entdecken Sie ein neues Format: InDesign-Austauschformat (*.inx). Dieses Format konvertiert Ihre aktuelle Datei für eine frühere CS1-Version von InDesign. Sie können danach die Datei in der älteren Version öffnen und bearbeiten.

Erwarten Sie hinsichtlich der Kompatibilität von CS2-Funktionen keine Wunder. Besonders verankerte Rahmen, Fußnoten oder andere Neuerungen werden nicht identisch umgesetzt. Verankerte Rahmen beispielsweise bleiben zwar als Rahmen erhalten, sind aber natürlich nicht mehr mit der Textstelle verknüpft. Auch die Position dieser Rahmen kann sich ändern.

Fußnoten werden zum derzeitigen Stand der Drucklegung dieses Buches nicht umgesetzt und verschwinden vollständig. Ob und in welcher Form sich noch Änderungen ergeben, sollten Sie aus der Fachpresse oder den Internet-Foren entnehmen.

Eine Abwärtskompatibilität ist immer ein Kompromiss: Was die CS1-Version nicht kennt, kann sie auch nicht darstellen. Dennoch sollten alle sichtbaren Objekte an sich bei einem solchen Export erhalten bleiben. Beachten Sie also, dass CS1 nicht CS2 ist, und prüfen Sie ein exportiertes Dokument mit der älteren InDesign-Version.

30 Interaktive PDF-Dokumente

Schaltflächen, Lesezeichen und Hyperlinks für das Internet und die Präsentation: Mit modernen Navigationshilfen in einer PDF-Datei für das Internet werten Sie Ihre Layoutdateien auf, und die Anwender freuen sich über Links zu anderen Websites.

30.1 PDF für das Web

PDF-Dokumente für die Verbreitung im Internet müssen vier Kriterien erfüllen:

- eine geringe Dateigröße für einen schnellen Download,
- bildschirmoptimierte Auflösungen,
- interaktive Navigationshilfen sowie
- »echte« Internet-Links zu anderen Internetseiten.

Die PDF-Formate 1.5 sowie 1.6 machen es möglich, dass auch Filme oder Töne als Multimedia-Objekte in ein PDF über Schaltflächen zu steuern und abzuspielen sind.

Dafür haben Sie in InDesign eine ganze Fülle von Funktionen zur Verfügung, PDF-Dokumente interaktiv zu gestalten. Oft bieten PDF-Dateien im Internet nur eine mangelhafte Aufbereitung, lediglich die Layoutdaten werden präsentiert, ohne jedoch Navigationshilfen zu bieten oder den Inhalt der PDF-Datei flexibel zu halten. Besonders umfangreiche Dokumente verderben das Interesse des Betrachters, sich am Bildschirm durch Hunderte von Seiten zu navigieren. Dazu ist es sinnvoll, Dokumente auf mehrere kürzere und handlichere Dokumente aufzuteilen und diese miteinander zu verknüpfen. Das beschleunigt die Ladezeit, und der Benutzer muss die Dokumente nicht erst ausdrucken, um eine spezielle Information zu finden.

Zudem können auch Filme oder Tonspuren den Inhalt unterstützen: InDesign erlaubt es, QuickTime-Movies oder AVIs, MPEGs oder Flash-Dateien in das Layout einzufügen. Sie wenden dies einfach an, indem Sie über die Funktion PLATZIEREN eine entsprechende Multimedia-Datei auswählen. Zudem können Sounddateien im Format WAV, AIFF sowie AU importiert wer-

Kein HTML
Die interaktiven Funktionen von InDesign sind ausschließlich für einen Export in das PDF-Format bestimmt. Ein HTML-Export ist nicht möglich.

den. Diese Filme, die auch wiederum interaktive Elemente in Flash- oder QuickTime-Dateien enthalten können, und die Sounddateien lassen sich nun bequem in das PDF 1.5- oder 1.6-Format exportieren. PDF 1.5 ist kompatibel zu Acrobat 6, die Dokumente können Sie also mit dem Adobe Reader 6 oder 7 anzeigen und präsentieren.

30.2 Schaltflächen

InDesign verfügt über Schaltflächen. Diese Schaltflächen unterstützen die Navigation wie mit einem Sprung auf eine andere Seite. Darüber hinaus legen Sie Schaltflächen an, mit denen Sie Seiten in der Ansicht umblättern, externe Dokumente öffnen oder ein platziertes QuickTime-Movie abspielen. Auch die Sichtbarkeit von anderen Schaltflächen lässt sich über ein Verhalten steuern.

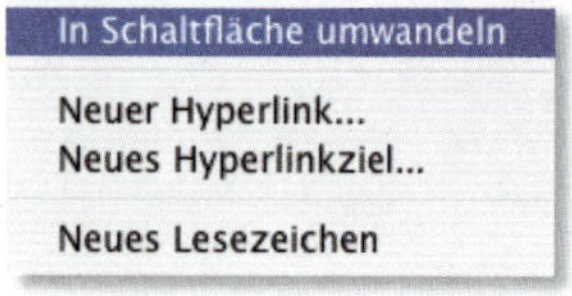

▲ Abbildung 30.1
Aus dem Menü Objekt wählen Sie den Unterpunkt Interaktiv und können die weiteren Anwendungen bestimmen.

30.2.1 Schaltflächen anlegen

Zwei Wege sind möglich, diese Schaltflächen anzulegen: Sie gestalten eine Grafik aus einer Hintergrundfläche, einem Bild und einer Beschriftung. Dann markieren Sie alle Rahmen und gruppieren sie mit dem Tastenbefehl [⌘] + [G] oder [Strg] + [G]. Über das Kontextmenü rufen Sie über den Unterpunkt Interaktiv den Befehl In Schaltfläche umwandeln... aus. Alternativ wählen Sie diese Funktion aus dem Menü Objekt.

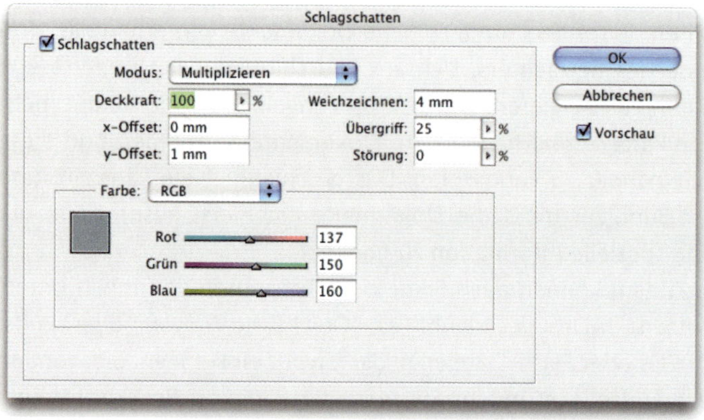

Abbildung 30.2 ▶
Eine typische Methode, Schaltflächen darzustellen, findet über eine gewölbte Fläche und einen Schattenwurf statt. Die Wölbung wird hier mit einem Mehrfarbverlauf dargestellt, der Schattenwurf wird mit einem Schlagschatten mit den abgebildeten Einstellungen getroffen.

Der andere Weg ist über das Button-Werkzeug in der Werkzeugpalette möglich, das Sie mit dem Shortcut [B] aufrufen. Mit diesem Werkzeug ziehen Sie einen Rahmen auf, der später in einer PDF-Datei als Button funktioniert. Dieser Weg ist jedoch eher umständlich, da die Größe des Buttons evtl. angepasst werden muss. Wenn Sie über den ersten Weg zunächst die Grafiken gestalten und erst danach die Interaktivität festlegen, ersparen Sie sich die Größenanpassungen der Schaltfläche.

Über die Palette Status aus dem Menü Fenster • Interaktiv gibt es hier vordefinierte Stile wie Abgeflachte Kante oder Schlagschatten. Diese Stile legen verschiedene Status an, die Bedienung ist jedoch recht umständlich, so dass Sie sich auf die Schaltflächen konzentrieren sollten, die Sie aus bestehenden Layoutobjekten anlegen.

30.2.2 Schaltflächen-Optionen

Der Name des Buttons wird zunächst von InDesign mit der Bezeichnung »Schaltfläche« und einer laufenden Nummer automatisch angelegt. Wenn Sie Buttons nur für ein PDF-Formular vorbereiten, müssen Sie die Namen nicht ändern. Wollen Sie jedoch Buttons durch andere Buttons einblenden, so ist es sinnvoll, passende Namen zu vergeben.

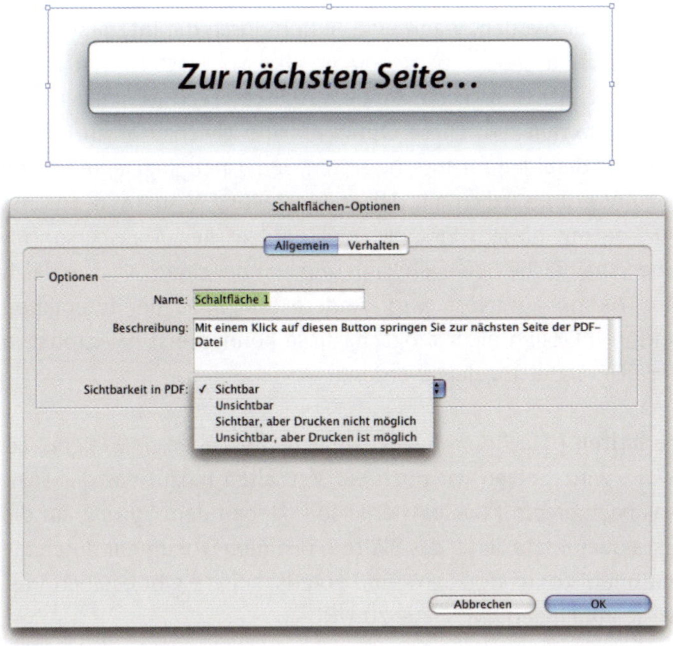

◂ **Abbildung 30.3**
In den Schaltflächen-Optionen legen Sie allgemeine Einstellungen und das Verhalten fest.

Interessant ist die Registerkarte Verhalten in den Schaltflächen-Optionen. Hier legen Sie fest, bei welchem Ereignis rund um Ihre Schaltfläche welches Verhalten ausgelöst wird, z. B. könnten

Sie beim Drücken der Maustaste (Ereignis) einen Filme anlaufen lassen (Verhalten).

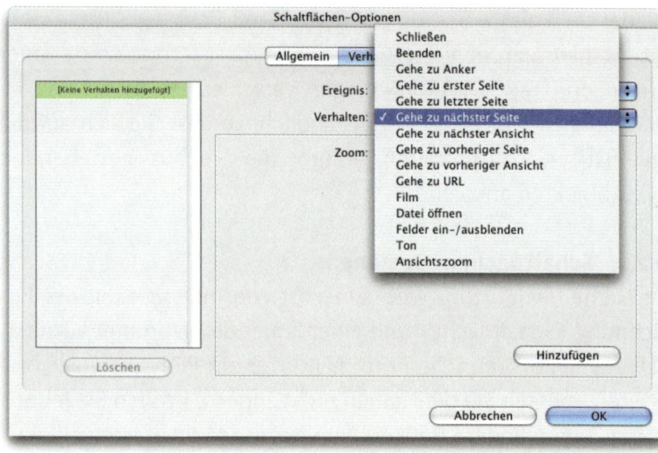

Abbildung 30.4 ▶
Im Verhalten fügen Sie eine Aktion an die Schaltfläche an.

Ereignis | Eine Schaltfläche kann also für verschiedene Zustände vorbereitet werden, wann eine Aktion durch die Interaktion des Benutzers ausgelöst wird: MAUSTASTE LOSLASSEN, MAUSTASTE DRÜCKEN, MAUS IN FELD, MAUS AUS FELD, FELD AKTIVIEREN und FELD DEAKTIVIEREN. Diese Optionen sind gleichzusetzen mit JavaScript-Befehlen für Internetseiten. Jeder neu angelegte Button beginnt grundsätzlich mit der Voreinstellung MAUSTASTE LOSLASSEN, da mit diesem Ereignis der Benutzer den Mauscursor auf eine Schaltfläche bewegen kann und erst bei einem Klick wirklich eine Aktion ausgelöst wird. Andere Ereignisse der Interaktion sind in InDesign nicht möglich, diese können erst in Acrobat in der PDF-Datei angelegt werden.

Verhalten | Nachdem die Schaltfläche nun über ein Ereignis aktiviert wird, setzen wir noch ein Verhalten hinzu, das uns sagt, was nach einem Klick passieren soll. Neben dem Sprung auf die erste oder letzte Seite, das Blättern in einem Dokument durch die Aktionen VORHERIGE SEITE und NÄCHSTE SEITE gibt es auch Verweise auf Hyperlinks: GEHE ZU URL.

Nachdem Sie diese Funktion ausgewählt haben, geben Sie einfach eine vollständige Internetadresse beginnend mit »http://www...« ein, wie im Beispiel in der Abbildung 30.5 zu sehen ist.

Wenn Sie stattdessen eine E-Mail-Adresse eingeben wollen, so starten Sie mit »mailto:...« und geben dahinter die Adresse ein.

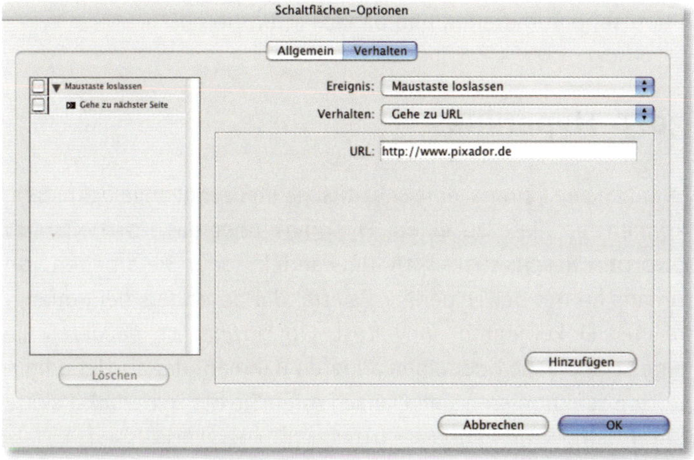

◀ **Abbildung 30.5**
Die Schaltfläche kann auch als Hyperlink dienen, wählen Sie hierzu das Verhalten GEHE ZU URL.

Um einen Film zu starten (über FILM), muss erst einmal eine QuickTime-Datei, eine AVI-Datei oder Ähnliches in das Layout platziert werden. Danach erscheint in den Schaltflächen-Optionen der Dateiname dieses Filmes, und Sie können weitere Aktionen festlegen.

Nach dieser Eingabe klicken Sie einfach auf HINZUFÜGEN, und diese Aktion erscheint in der linken Spalte der Schaltflächen-Optionen. Nun können Sie in dieser Spalte die angelegten Aktionen wieder bearbeiten oder weitere Aktionen definieren. Somit ist es möglich, gleichzeitig eine Seite aufzurufen, eine Internetadresse über den Browser zu öffnen oder zu einem Anker zu springen, sofern dieser definiert wurde.

30.2.3 Schaltflächen-Status

Sobald Sie eine Schaltfläche angelegt haben, erreichen Sie über das Menü ANSICHT • INTERAKTIV • STATUS die Status-Palette. Diese ist dazu da, einer Schaltfläche verschiedene Zustände – wie Mouse over – mit einer anderen Erscheinung zu versehen. Zunächst ist eine Schaltfläche NICHT AKTIVIERT. Das bedeutet, dass kein gesonderter Status unterschieden wird, die Schaltfläche ist normal sichtbar.

Mit einem Klick auf das Blattsymbol ❶ am unteren Ende der Palette legen Sie neue Status an, wie in Abbildung 30.6 zu sehen ist. Hier versuchte Adobe, Ähnlichkeiten zu Photoshop, GoLive oder anderen Webeditoren aufzubauen. Leider scheitert der Versuch an der umständlichen Bedienung: Eine Schaltfläche müsste als Bild platziert werden, ebenso die anderen Status einer Schaltfläche, die dann über den Plus-Button dem Status zugewiesen

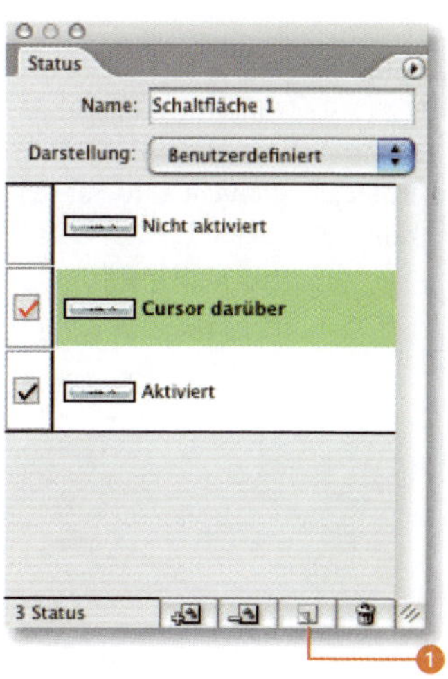

▲ **Abbildung 30.6**
Die Status-Palette unterscheidet verschiedene Darstellungen einer Schaltfläche.

werden. Eine in InDesign gestaltete Grafik wie unseren Textrahmen-Button können Sie nicht als Status definieren, Sie müssen für die Status in Abbildung 30.6 drei verschiedene Bilder in Photoshop vorbereiten und danach importieren.

30.3 Hyperlinks

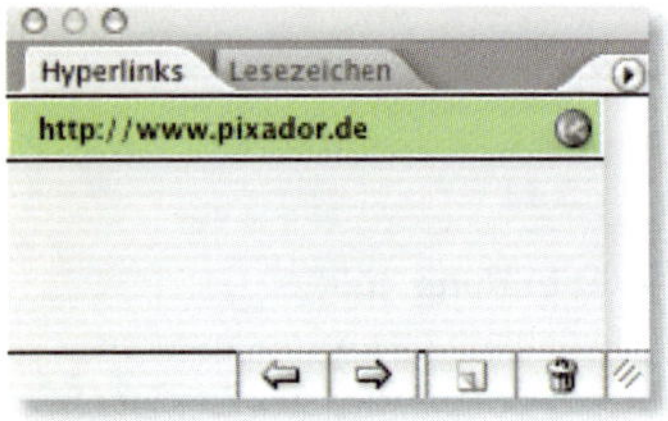

▲ **Abbildung 30.7**
Mit einem Klick auf das Blattsymbol der Palette HYPERLINK legen Sie eine neue Adresse an.

Wenn Sie erst einmal eine Schaltfläche im Layout angelegt haben, können Sie diese zu einem Hyperlink über das KONTEXTMENÜ UND DEN BEFEHL INTERAKTIV umwandeln, oder Sie arbeiten von Anfang an mit der Hyperlink-Palette, die besonders bei umfangreichen Dokumenten sinnvoll ist. Doch zunächst markieren Sie eine Schaltfläche oder einen anderen Rahmen, der als Hyperlink-Button funktionieren soll. Danach rufen Sie die Hyperlink-Palette unter dem Menü FENSTER • INTERAKTIV • HYPERLINKS auf.

Danach bestimmen Sie, wohin die Reise gehen soll. Ein Hyperlink ist ähnlich wie eine Schaltfläche ausgestattet, erlaubt aber nur einen Sprung zu einem genauen Ziel. Dies kann im World Wide Web durch eine Internetadresse (URL) gekennzeichnet sein, wie in der Abbildung zu sehen ist.

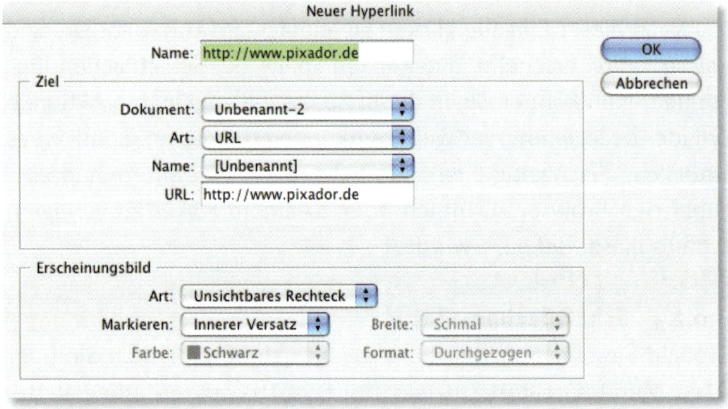

Abbildung 30.8 ▶
Als Ziel wird eine URL angegeben, ausgeschriebene URLs im Text werden jedoch nicht automatisch erkannt.

Die Erscheinung eines Hyperlinks in der später exportierten PDF-Datei ist vorgegeben: Sie können nur zwischen den Optionen UNSICHTBARES oder SICHTBARES RECHTECK mit den entsprechenden Möglichkeiten wählen.

30.3.1 Hyperlink-Ziel

Da ein Hyperlink nicht immer absolute Adressen wie eine URL ansteuert, sondern auch Ziele im Dokument benötigt, ist es ratsam, für diesen Fall ein Ziel zu definieren und danach den Hyperlink auf dieses Ziel anzuwenden. Über das Palettenmenü legen Sie ein neues Hyperlink-Ziel an und legen danach die Art des

Zieles fest. Aus einer Seitenanweisung, einem Textanker oder einer URL können Sie hier auswählen. Diese Funktionen sind identisch mit den Schaltflächen-Optionen.

30.4 Lesezeichen

Aus einer PDF-Datei kennen Sie sicher die Lesezeichen: kleine Notizen in einer eigenen Spalte in Acrobat oder dem Adobe Reader, die hierarchisch organisiert sind. Mit einem Klick auf die Lesezeichen springen Sie dann auf eine festgelegte Seite.

Auch in InDesign können Sie diese Lesezeichen anlegen und verwalten. Dazu rufen Sie einfach die Palette LESEZEICHEN aus dem Menü FENSTER • INTERAKTIV auf. Wählen Sie im Layoutdokument eine Seite aus, und bringen Sie die Seite zur Ansicht. Nun legen Sie ein neues Lesezeichen passend zur Seite an.

Bei einem PDF-Export müssen Sie eine eigene Vorgabe einrichten. Lesen Sie dazu den nachfolgenden Abschnitt »PDF-Export mit interaktiven Objekten«.

▲ **Abbildung 30.9**
Die Lesezeichen-Palette listet die Textanker auf, die später in einer PDF-Datei erscheinen werden.

Textanker

Über die Lesezeichen-Palette legen Sie auch Textanker an. Diese Anker können zum Beispiel als Hyperlink-Ziel fungieren. Markieren Sie eine Überschrift im Layout mit dem Textwerkzeug, und wählen Sie aus dem Palettenmenü der Lesezeichen-Palette ein neues Lesezeichen aus. Sofort wird ein neuer Textanker angelegt, zu erkennen am maritimen Symbol in der Palette.

30.5 PDF-Export mit interaktiven Objekten

Schaltflächen, Hyperlinks, Anker oder Lesezeichen werden erst dann in eine PDF-Datei exportiert, wenn Sie die entsprechenden Optionen aktivieren. Wie Sie in Abbildung 30.10 sehen können, wurde zunächst die Vorgabe KLEINSTE DATEIGRÖSSE ausgewählt und daraufhin in der Rubrik EINSCHLIESSEN die Optionen für LESEZEICHEN, HYPERLINKS und INTERAKTIVE ELEMENTE aktiviert.

Speichern Sie sich diese Einstellungen als Vorgabe, und verwenden Sie einen geeigneten Namen wie »Interaktives Web-PDF«.

Abbildung 30.10 ▶
Eine eigene PDF-Exportvorgabe garantiert Ihnen, dass alle interaktiven Elemente exportiert werden und später im PDF sichtbar sind.

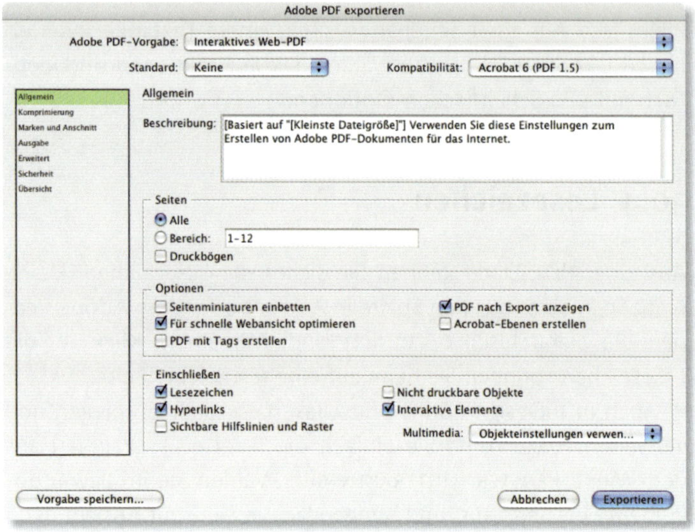

30.6 Interaktive Präsentationen

Überraschen Sie Ihren Kunden doch einmal durch eine Designpräsentation im PDF-Format. Nicht nur die Farbdarstellung dank Farbmanagement ist mit PDF eindeutig besser als z. B. in PowerPoint, sondern auch die Schriftdarstellung. Zudem lässt sich die PDF-Datei später in Acrobat über die Dokumenteigenschaften so vorbereiten, dass sich das PDF beim Öffnen sofort im Vollbildmodus in der gewünschten Größe darstellt.

Zu einer guten PDF-Präsentation zählt abgesehen von der Aufbereitung der Inhalte auch eine gute Navigation über Buttons, die zu einem Inhaltsverzeichnis führen oder zwischen Designvarianten auf verschiedenen Seiten hin und her schalten. Sie müssen also zwangsläufig für eine Präsentation eine Navigation zwischen den verschiedenen Seiten – auch Slides genannt – ermöglichen. Diese legen Sie am besten auf der Mustervorlage und auf einer eigenen Ebene an, so dass Sie für alle Folgeseiten eine identische Navigation nutzen können.

30.6.1 Navigation über das Inhaltsverzeichnis

Um den Verknüpfungsaufwand so gering wie möglich zu halten, können Sie dazu das automatische Inhaltsverzeichnis verwenden. Wie im Kapitel »Index und Inhaltsverzeichnis« bereits beschrieben, erzeugen Sie das Inhaltsverzeichnis automatisch auf Basis der Absatzformate. Haben Sie also z. B. ein Absatzformat »Headline« definiert und mit diesem Absatzformat alle Slide-Überschriften formatiert, können Sie daraus ein einfaches Inhaltsverzeichnis zur Gesamtnavigation erzeugen. Beim direkten Export in eine PDF-Datei wird das Inhaltsverzeichnis bei aktivierter Option PDF-LESEZEICHEN erstellen im Einstellungsdialog so aufbereitet, dass Sie in der PDF-Datei die Überschriften auf der Seite des Inhaltsverzeichnis anklicken können und somit auf die jeweilige Seite springen.

30.6.2 Thumbnails

Eine gestalterisch elegantere Methode ist vielleicht auch die Möglichkeit, alle Seiten der Präsentation als Seitenvorschau – Thumbnails – aufzubereiten. Dazu bietet InDesign jedoch keinen Automatismus, hier ist viel manuelle Arbeit gefragt. Gestalten Sie hierfür zuerst das gesamte Layoutdokument, gruppieren Sie dann alle Objekte auf den Seiten, platzieren Sie die Objektgruppen auf der Seite für die Gesamtübersicht und verkleinern dann die Gruppenrahmen. Die Dokumentgröße wird dadurch nicht unnötig vergrößert, wenn Sie im PDF-Export die Bilddaten mit einer geeigneten Auflösung herunterrechnen. Somit werden auch die verkleinerten Seitenvorschauen heruntergerechnet. Beachten Sie beim Verkleinern der Seitenvorschauen, dass in dem Palettenmenü der Transformieren-Palette bzw. in der Kontextpalette die Option STRICHSTÄRKEN TRANSFORMIEREN aktiviert ist, damit die Vektordaten der Seitenvorschauen auch skaliert werden.

Alternativ können Sie die gesamte Präsentation einmal als PDF-Datei exportieren und danach die einzelnen Seiten manuell verkleinert positionieren.

Elektronische Formulare?
Ein weiterer Anwendungsbereich für eine InDesign-Datei mit interaktiven Elementen wurde von Adobe bisher nicht berücksichtigt: eine Formulargestaltung. Die seit InDesign CS bekannten Schaltflächen könnten durchaus als Formularfeld-Vorlage dienen. Jedoch bietet Adobe zusammen mit Acrobat 7 Professional für den PC den Formular Designer an, ein Werkzeug, das nur für die Formularerstellung konzipiert wurde. Der Designer beherrscht die Übernahme von Vorlagen unterschiedlichster Art und die Ausgabe als XML- oder PDF-Formular. Somit hat sich das Thema Formulare in InDesign offenbar erledigt.

TEIL VII
Infoteil

31 Troubleshooting

31.1 Dokumente reinigen

Verschiedene Wege sind möglich, ein InDesign-Dokument von Fehlern und Datenschmutz zu befreien, wenn Sie Probleme während der Arbeit entdecken sollten. Zunächst sollten Sie gezielt nach dem Übeltäter suchen und mit einfachen Reinigungswerkzeugen bekämpfen. Wenn diese nicht helfen sollten, hilft nur noch die »Waschstraße«: das InDesign-Austauschformat.

31.1.1 Schriften ersetzen, Schriftenschnipsel löschen

Die Fehler können sich so äußern, dass InDesign behauptet, Sie würden Schriften in Ihrem Dokument nutzen, die nicht aktiv sind. Dabei kann es sich um Überreste einer vorherigen Formatierung handeln, eventuell ist im ganzen Dokument ein einziges Leerzeichen eines anderen Fonts verwendet worden. Mit Hilfe der Funktion Suchen und Ersetzen können Sie diesem Störenfried zu Leibe rücken.

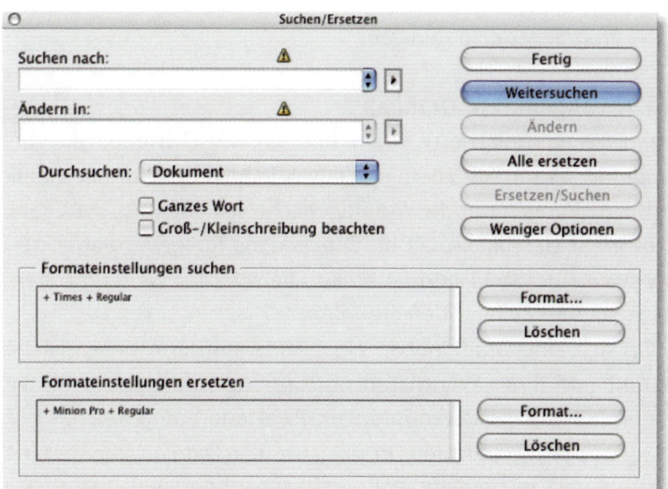

◂ **Abbildung 31.1**
Suchen und ersetzen Sie fehlerhafte Schriften.

Rufen Sie die Funktion im Layoutdokument mit dem Tastenbefehl [⌘]/[Strg] + [F] auf, klicken Sie auf den Button Mehr Optionen... und lassen die Suchen- und Ersetzen-Felder frei. Wählen

Sie aus den FORMATEINSTELLUNGEN die problematische Schrift aus, und ersetzen sie durch eine im Dokument genutzte Schrift. Klicken Sie zunächst auf WEITERSUCHEN, um die Fehlerstelle im Layout anzuzeigen. Erst danach können Sie die Stelle ersetzen.

31.1.2 Schmuckfarben löschen

Wenn Sie häufig EPS-, PDF-, DCS- oder PSD-Dokumente mit Schmuckfarben platzieren, werden die Farben als Sonderfarben in der Farbfelder-Palette abgelegt. Solange Sie die Daten platzieren, wird auch die Schrift aktiv genutzt und kann nicht gelöscht werden.

Wenn Sie eine solche platzierte Datei aus dem Layout entfernen, sollte auch die Schmuckfarbe verschwinden. Ist dies nicht der Fall, kann es zwei Gründe haben: Entweder wird die Farbe noch von einem Grafikobjekt genutzt, oder InDesign hat vergessen, die Farbe zu löschen. In der Ausgabe kann es dann zur Irritation kommen, wenn Ihnen die Druckerei mehr Schmuckfarben ausbelichtet, als Sie eigentlich haben wollten.

Den ersten Fall können Sie ermitteln, wenn Sie in der Farbfelder-Palette im Palettenmenü die Funktion ALLE NICHT VERWENDETEN AUSWÄHLEN ANKLICKEN. Danach werden diese Farbfelder in der Palette angezeigt. Klicken Sie danach auf den Papierkorb der Palette oder rufen im Palettenmenü die Option FARBFELD LÖSCHEN auf.

Wird daraufhin die Farbe immer noch angezeigt oder ist nicht unter den ausgewählten zu finden gewesen, müssen Sie mit gröberen Besen kehren. Nutzen Sie das Austauschformat, um die Datei grundlegend zu reinigen.

31.1.3 Ungenutzte Grafiken

Wenn Sie eine platzierte Grafik löschen, verschwindet die Verknüpfung. Wenn Sie allerdings einen Rahmen mit dieser Grafik vom Druckbogen auf die Montagefläche schieben, ist die Grafik nicht mehr sichtbar, spielt im Druck keine Rolle, wird aber beispielsweise verpackt und an einen Dienstleister weitergegeben, wenn Sie Ihre Daten offen ausliefern.

Ob sich eine Grafik neben einer Seite auf der Montagefläche ausruht und ihre Layoutdaten nur unnötig aufbläht, stellen Sie fest, indem Sie die Verknüpfungen-Palette mit dem Befehl [⌘]/[Strg]+[⇧]+[D] aufrufen. In der Liste der Dateien müsste eine solche Grafik mit einem »MF« gekennzeichnet sein. Lassen Sie sich diese Datei einfach anzeigen, wenn Sie zunächst in die Layoutdarstellung [W] wechseln, um auch den Bereich neben der Druckfläche zu sehen, und danach auf den zweiten Button am Fuß der Palette GEHE ZUR VERKNÜPFUNG... klicken. Solange auch nur ein Millimeter noch druckrelevant ist, erscheint immer die Seitenzahl hinter der verknüpften Grafik. Ein »MF« sagt aus, dass die Datei überhaupt keine Rolle spielt. Sie können sie also löschen.

31.1.4 Ausgeblendete Grafiken

Etwas anders verhält es sich, wenn Sie Grafiken auf Ebenen platzieren, diese jedoch für den aktuellen Zustand des Layouts nicht benötigen und ausblenden. Diese Daten könnten für den Druck noch eine Rolle spielen, und somit würde InDesign diese Dateien auch mit verpacken. Wenn Sie eine PDF-Datei im Format 1.5 oder 1.6 mit Ebenen exportieren, werden aus InDesign-Ebenen im Handumdrehen PDF-Ebenen. Auch ausgeblendete Ebenen können in das PDF exportiert werden. Auch hier kann sich eine Grafik unbemerkt ausruhen und die Dateigröße unnötig aufblähen.

Leider gibt es keinen Hinweis darauf, ob sich eine verknüpfte Datei auf einer inaktiven Ebene befindet. Daher wird Ihnen nichts anderes übrig bleiben, nach ausgeblendeten Ebenen in der gleichnamigen Palette zu suchen und jede Seite zu überprüfen. Schneller geht es natürlich, indem Sie die nicht verwendeten Ebenen komplett löschen. InDesign wird Ihnen dann einen Hinweis ausgeben, wenn sich noch Objekte auf diesen Ebenen befinden.

31.1.5 Übersatztext erkennen

Das Layout ist fertig, die PDF-Datei exportiert, die Druckplatte ausbelichtet, und nach dem Andruck stellt der Kunde fest, dass auf einer Seite die letzte Textzeile seiner AGBs nicht mit abgedruckt wurde. Wer ist schuld? Natürlich der Übersatz.

Sie können in InDesign zwar in jedem Rahmen mit Hilfe der Informations-Palette den Übersatz anzeigen, aber wie soll das in einem gesamten Dokument geprüft werden? Die Preflight-Funktion gibt darauf leider keine Antwort. Also müssen wir zu einem Trick greifen: Verkleinern Sie sich die Ansicht des Layoutdokuments auf 12,5 % Darstellungsgröße. Damit Ihnen die Übersicht nicht von zahlreichen Hilfslinien versperrt wird, sollten Sie in die Vorschauansicht mit dem Tastenbefehl [W] wechseln.

Klicken Sie auf eine Layoutseite, und wählen Sie mit [⌘]/[Strg]+[A] alle Objekte aus. Somit werden Ihnen natürlich auch die Textrahmen angezeigt. Das kleine rote Plus, das für einen Textrahmen den Übersatz anzeigt, fällt in dieser Darstellung besonders auf.

31.1.6 Übersatz und Index

Übersatztext taucht auch im Zusammenhang mit der Indexerstellung auf. Index-Seitenverweise, die sich im Übersatz befinden, werden in der Index-Palette mit einem »PN« gekennzeichnet. Weitere Kennungen wie »PB« kennzeichnen Indexeinträge auf der Montagefläche, »HL« verweisen auf Indexeinträge auf ausgeblendeten Ebenen, und »Master« kennzeichnet solche Einträge, die sich auf einer Mustervorlage befinden.

Wählen Sie den Indexeintrag in der Index-Palette aus, klicken Sie auf den Button GEHE ZU AUSGEWÄHLTER MARKE am unteren Ende der Palette, und ziehen Sie den Textrahmen weiter auf oder platzieren ihn auf dem Druckbogen. Sobald Sie den Fehler also korrigiert haben, müssen Sie im Palettenmenü der Index-Palette die Option VORSCHAU AKTUALISIEREN klicken. Die genannten Kennzeichnungen verschwinden, und der korrekte Seitenverweis erscheint wieder im der Liste.

31.1.7 Fehlerhafte Rahmen und Objekte entdecken: Seitenweise kopieren

Eine gute Methode, fehlerhafte Rahmen und Objekte zu entdecken, falls es nicht möglich ist, ein Dokument zu drucken oder zu exportieren, ist das seitenweise Kopieren in ein neues Dokument. Dazu legen Sie sich ein vollständiges neues Dokument mit derselben Seitengröße wie Ihr fehlerhaftes Layout an. Nun wechseln Sie wieder auf das alte Dokument. Rufen Sie im Menü FENSTER • ANORDNEN • NEBENEINANDER auf. InDesign stellt Ihnen nun beide Dokumente gleich groß dar. Öffnen Sie die Seitenpalette, und ziehen Sie die einzelnen Mustervorlagen oder Seiten in das neue Dokument.

Wenn Sie nun Stück für Stück die neue Datei somit aufbauen, exportieren Sie zwischendurch die gewünschte Datei. Somit ermitteln Sie, ab welcher Seite ein fehlerhaftes Objekt im Layout den Druck- oder Exportabbruch verursacht hat. Dabei können Ihnen unter Umständen die Textverkettungen verloren gehen. Die Position bleibt aber gesichert. Über Kopieren und Einfügen mit dem Befehl BEARBEITEN • AN ORIGINALPOSITION EINFÜGEN... erhalten Sie den Rahmen im neuen Dokument an derselben Stelle wie im alten Layout.

Haben Sie bei keiner Seite Erfolg, liegt der Fehler tiefer begraben, und es hilft Ihnen nur noch der Export als Austauschformat. Lesen Sie dazu auch den Abschnitt »Ihr Dokument bereinigen«.

31.1.8 Überblick über Daten zurückgewinnen

Manchmal geht es aber auch ein wenig einfacher. Speichern Sie Ihr Layoutdokument einfach unter einem neuen Namen ab. Auch hierbei werden Ressourcen neu geschrieben.

Alternativ können Sie die Layoutdatei durch die Preflight- und Verpacken-Funktion an einem neuen Speicherort sammeln. Alle platzierten Dateien und die genutzten Schriften werden dabei neu kopiert. Somit bekommen Sie auch wieder eine bessere Übersicht, wenn Sie zuvor die platzierten Dateien an vielen verschiedenen Speicherorten abgelegt haben sollten.

31.1.9 Ihr Dokument bereinigen

Als positiver Nebeneffekt kann in der CS2-Version das Austauschformat als »Waschstraße« genutzt werden: Durch einen einmaligen Export aus InDesign CS2 und nachfolgenden Import werden alle Ressourcen neu geschrieben, überflüssige Daten werden dabei herausgefiltert und tauchen im neuen Dokument nicht mehr auf. Wenden Sie jedoch diese Funktion nur dann an, wenn Sie Fehler im Dokument entdecken, die mit den herkömmlichen Methoden wie das Speichern als neues Dokument oder das Kopieren aller Seiten in ein neues Dokument nicht mehr zu einer Fehlerbereinigung führen.

32 Plug-ins für Kataloge und anderes

Für viele Anwendungen reicht der Funktionsumfang von InDesign nicht aus und muss um Plug-ins oder komplette datenbankgestützte Workflow-Lösungen ergänzt werden. Wir stellen Ihnen einige Spezialwerkzeuge vor und nennen Ihnen die Adressen von Herstellern und Anwenderforen im Internet.

Die meisten der hier beschriebenen Plug-ins finden Sie auf der Buch-DVD als Demoversion im Ordner »Plug-ins_Demoversionen«.

Für Plug-ins, die nicht mit dem DVD-Icon in der Seitenspalte ausgezeichnet sind, haben wir von den Herstellern keine Erlaubnis zur Weitergabe erhalten.

32.1 Plug-ins für die dynamische Katalogproduktion

InDesign eignet sich auch für die Produktion von Katalogen, deren Inhalte aus einer Datenbank ausgelesen werden und automatisch in die Layoutdatei einfließen. Besonders der XML-Import bildet hier die optimale Schnittstelle.

Dazu wird in InDesign zunächst eine Vorlagendatei – ein so genanntes Template – erstellt, in dem alle Layoutrahmen angelegt und Platzhaltertexte mit Absatzformaten definiert werden.

Danach muss eine Übergabe der Datensätze aus der Datenbank an die Layoutrahmen erfolgen. Um nun die Inhalte wie eine EPS-Grafik oder eine Textdatei in InDesign zu platzieren, kann ein Skript (Visual Basic oder JavaScript) die Übergabe definieren. Alternativ dazu können Sie mit Hilfe von Plug-ins die Datenübergabe einfacher organisieren. Gleich mehrere Plug-ins treten an, die beste Anbindung von Datenbanken an InDesign zu gewährleisten.

InDesign CS oder CS2?

Achten Sie bei der Auswahl der Plug-ins auch auf die unterstützte InDesign-Version, oder fragen Sie bei den Herstellern nach der Unterstützung für InDesign CS2.

32.1.1 Inforvision ModeS CatalogSuite

Eines dieser Datenbank-Plug-ins ist ModeS von Inforvision, es arbeitet mit allen Datenbanken, die SQL-fähig sind und mittels ODBC-Treiber angesteuert werden können. Über die automatische Befüllung entsteht ein Groblayout, das nun in InDesign verfeinert werden kann. Aufgrund der Flexibilität von ModeS kann praktisch jede Datenbank mit ModeS und InDesign CS verbunden werden. Die Anlage von Templates für die spätere Befüllung erfolgt mit einfach zu lernenden Werkzeugen, so dass mehrere hundert Vorlagen für die Kombinationsmöglichkeiten im Layout angelegt werden können. Zusätzliche Skripte sind für die Datenübergabe nicht nötig.

- Unterstützte Version: InDesign CS und CS2
- nur Windows
- Infos unter http://www.inforvision.de und beim Distributor www.impressed.de

32.1.2 Pagino 3.3.4

Dieses Plug-in des Herstellers quisquilia zeichnet sich besonders durch die Unterstützung von Pivot-Tabellen aus Excel aus. Darüber hinaus kann eine vorgegebene Abfolge von Layout-Templates zu einer Strecke angegeben und aus einer Datenbank befüllt werden. Auch hier ist keine weitere Programmierarbeit notwendig, die Vorlagen können adäquat zur Layoutarbeit erstellt werden. Die Version für InDesign CS2 ist ab November erhältlich.

- Unterstützte Version: InDesign CS
- nur Windows
- Infos unter http://www.pagino.de

32.1.3 Woodwing Smart Catalog

Als dritter Kandidat wartet SmartCatalog von Woodwing auf die Befüllung von Layouts mit Datenbankinhalten. Smart Catalog ist modular aufgebaut: Während die Light-Version die Grundvoraussetzung zur Datenbankanbindung mitbringt, erweitern die Module den Funktionsumfang für die verschiedenen Bedürfnisse: Das ODBC-Modul verbindet SQL-fähige Datenbanken mit InDesign CS. Das XML-Modul ermöglicht die Integration von XML-Dateien zusammen mit den Katalogen im Layout, das Robot-Modul automatisiert den Aktualisierungsprozess zwischen Layout und Datenbank, so dass Sie jederzeit mit dem aktuellen Datenbankinhalt arbeiten. Zuletzt bietet das Layout-Modul die Möglichkeit, fertige Layoutabschnitte als Bibliotheksobjekt abzulegen und anzuwenden. Somit entfällt die Vorgabe einer gesamten Layoutseite.

- Unterstützte Version: InDesign CS2
- Windows und Mac
- Hersteller: http://www.woodwing.com
- Distributor: http://www.impressed.com

32.1.4 InDesign CS X-Publisher

Als Anbindung an Datenbanken ist das Plug-in »InDesign CS X-Publisher« konzipiert, ein Client-Server-System, über das Sie mit InDesign auf dynamisch generierte Inhalte als XML-Pakete zugreifen können. »X-Publisher« ist darüber hinaus eine sehr umfassende Lösung, Inhalte per Internet, E-Mail oder als gedrucktes Exemplar zu veröffentlichen. Dieses Plug-in ist also nur die Schnittstelle an den großen Bruder.

- Unterstützte Version: InDesign CS und CS2
- Infos unter http://www.x-publisher.com/

32.1.5 Codeware Xactuell 4

Für SQL-Datenbanken wurde Xactuell konzipiert, Inhalte für das InDesign-Layout bereitzustellen. Besonders die Aktualisierung nach erfolgter Verbindung von Datenbank und Layout soll eine große Stärke von Xactuell sein.

- Unterstützte Version: InDesign CS
- Windows und Mac
- Infos unter http://www.xactuell.de/ sowie http://www.codeware.de/

32.2 Weitere sinnvolle Plug-ins

32.2.1 Arbeiten mit Stilen: Woodwing SmartStyles

Alle Layoutobjekte, die Sie in InDesign angelegt haben, können Sie mit diesem Plug-in als Objektstil abspeichern, inklusive Transparenzen, Schattenwürfen oder weiche Kanten. Ebenso lassen sich Tabellenstile anlegen, um verknüpfte Excel-Tabellen schnell zu aktualisieren.

SmartStyles CS unterstützt in der aktuellen Ausgabe auch die Anwendung von verschachtelten Formaten, die ebenfalls in einer Bibliothek abgelegt und per Drag and Drop auf einen Textrahmen angewendet werden können. Das Plug-in bedient sich dabei der intelligenten Objektarchitektur im Layout und überträgt – vererbt – die Zusammenstellung von grafischen Eigenschaften als Attribute auf ein anderes Objekt.

- Unterstützte Version: InDesign CS2
- Windows und Mac
- Demo und Infos unter http://www.woodwing.com

32.2.2 Indexerstellung mit Sonar Bookends InXref, InSeq, InFnote, InDex

Diese Plug-ins gehen über den Funktionsumfang der Indexerstellung von InDesign CS2 hinaus.

InXref | InXref ist ein Querverweis auf andere InDesign-Seiten oder Dokumente innerhalb eines InDesign-Buches.

InSeq | InSeq ist für technische Dokumentationen gedacht und erstellt hierarchische Nummerierungen von Absätzen oder Tabellen.

InFnote | InFnote ist eine Fuß- und Endnotenverwaltung.

InDex und InDex Pro | InDex und InDex Pro ermöglichen die Indexerstellung über eine vorgegebene Liste von Wörtern oder Eigennamen. Wird ein Begriff im Text in den Index abgelegt, untersucht Sonar Bookends automatisch das gesamte Layoutdokument und verknüpft alle Treffer mit dem Index. Auch die Erkennung über die typografische Formatierung ist möglich.

- Unterstützte Versionen: InDesign CS und InDesign CS2
- Windows und Mac
- Hersteller und Demo-Version: Virginia Systems, http://www.virginiasystems.com/

32.2.3 Protokoll-Palette auch für InDesign: DTP-Tools History 2.0

Das Plug-in ergänzt InDesign um die Protokoll-Palette und zeichnet alle Arbeitsschritte auf. Zwischenstände lassen sich als Version speichern.

- Unterstützte Versionen: InDesign CS, InDesign CS2 und InCopy
- Windows und Mac
- Informationen unter: http://www.dtptools.com/

32.2.4 Platzierte Bilder komfortabel: Slendro PictureLinks 3.01

PictureLinks verwaltet platzierte Bilder über die Verknüpfen-Palette hinaus. Welche Auflösung und Ausmaße ein platziertes Bild im Layout hat, lässt sich in PictureLinks auf einen Klick sehen. Das Aktualisieren der Links soll wesentlich komfortabler vonstatten gehen.

- Unterstützte Version: InDesign CS
- Informationen unter http://www.slendro.com/picturelinks.htm.

32.2.5 Spezielle Aufgaben bewältigen mit Alap InTools

Kein einzelnes Plug-in, sondern eine ganze Sammlung kleiner wichtiger Werkzeuge ist Alap InTools.

InStarburst | InStarburst erstellt Sternformen.

InPathfinder | InPathfinder verrechnet Rahmenobjekte miteinander.

InItemMarks | InItemMarks fügt dem Layout individuelle Beschnittmarken oder Passkreuze hinzu.

InPrint | InPrint druckt und exportiert einen Bereich der Layoutseite.

InNudge | InNudge positioniert oder dreht Objekte; bietet den Zugriff auf alle Attribute eines Objektes.

- Unterstützte Versionen: InDesign CS und InDesign CS2
- Windows und Mac
- Informationen unter: http://www.alap.com oder beim deutschen Distributor http://www.xcite.de

32.2.6 Tabellen aktualisieren: IQuest.xcell 1.0

Tabellen zu platzieren ist mit InDesign leicht, die Aktualisierung hingegen nicht. Dieses Plug-in erhält die Gestaltung einer Tabelle, auch wenn sich die Inhalte der Tabelle geändert haben.

- Unterstützte Version: InDesign CS
- Windows und Mac
- Informationen unter http://www.werk-ii.de/

32.2.7 Tabellenstile speichern: Teacup TableStyles und CellStyles

Differenzierter geht Teacup Software mit den Plug-ins für InDesign-Tabellen zu Werke: Separat für gesamte Tabellen oder detailliert für Zellenformatierungen können Stile gespeichert werden.

- Unterstützte Version: InDesign CS und InDesign CS2
- Windows und Mac
- Infos unter: http://www.teacupsoftware.com/

32.2.8 Formeln mit InMath 1.5.5

Mathematischer Formelsatz im Layoutprogramm auf Basis von OpenType-Fonts: Mit InMath entfällt das Platzieren von PDF-Dateien oder Bildern für mathematische Formeln.

- Unterstützte Version: InDesign CS und InCopy CS
- Windows und Mac
- Infos unter http://www.itip.biz/ge/index.htm

32.2.9 Barcodes mit Cacidi Extreme BarCodes 1.6

BarCodes werden dynamisch aus der Zahlenfolge – je nach Standard – generiert und können als Vektorobjekte ausbelichtet werden.

- Unterstützte Versionen: InDesign CS und InDesign CS2
- Windows und Mac
- Infos unter http://www.cacidi.com/

32.2.10 Unterschneidung mit Knowbody Cool Kerning 3.2.0

Die Kerning-Tabellen aus Quark sind bekannt, für InDesign gibt es sie nun auch. Per Tabelle können für einen Font die Zeichenpaare nachträglich anders unterschnitten werden, als sie in der Schrift definiert sind. Besonders ältere oder günstig erworbene Schriften benötigen eine Nachkorrektur.

- Unterstützte Version: InDesign CS
- Infos unter http://www.knowbody.dk/

33 Internet-Adressen

33.1 Hersteller-Links

33.1.1 Informationen direkt von Adobe

Weiterführende Produktinformationen, Tutorials und Kundenberichte zu InDesign finden Sie beim Hersteller Adobe unter http://www.adobe.de/indesign/.

33.1.2 Adobe Studio

Seit geraumer Zeit bietet die Adobe-eigene Website »Adobe Studio« Tutorials, Beispiele aus der Praxis, Anwenderberichte und technischen Support. Darüber hinaus können Sie auch viele Beispielskripte als Visual Basic- oder Apple-Skript laden und in InDesign integrieren, die den einen oder anderen langen Arbeitsweg erheblich verkürzen können. Nun ist diese Website auch auf Deutsch nutzbar: http://studio.adobe.com/de/

33.2.3 Technische Datenbank

Adobe bietet zu jedem Produkt eine so genannte Knowledgebase an – eine Wissensdatenbank. Diese Datenbanken basieren auf den bekannten Produktfehlern oder Problemen mit einer bestimmten technischen Peripherie, die bei Adobe durch die Kunden gemeldet wurden. Die Knowledgebase bildet auch die Grundlage für den technischen Support des Herstellers. Leider ist diese Wissensdatenbank nur auf Englisch zu erreichen. Infos unter: http://www.adobe.com/support/database.html

33.2 User-Foren

Bei Problemen oder speziellen Fragen, die nicht durch die Anleitung und dieses Buch geklärt werden können, haben sich die User-Foren im Internet als äußerst informatives Mittel erwiesen. Sie fragen alle Teilnehmer des Forums entweder direkt im Internet oder per E-Mail, ein Experte – oder ein anderer Teilnehmer, der eine Lösung zu Ihrem Problem gefunden hat – antwortet innerhalb kürzester Zeit. User-Foren werden zu unterschiedlichen Themenbereichen angeboten.

33.2.1 Adobe Community

Zu InDesign allgemein gibt es u.a. zwei wichtige Foren. Die Adobe Community ist das allgemeine Adobe-Forum für alle Nutzer, das sich dann in die Unterbereiche wie InDesign untergliedert. Eine Anmeldung ist erforderlich, um eigene Fragen verfassen oder auf die bestehenden Diskussionsbeiträge antworten zu können. Wenn Sie nur die Diskussionsbeiträge einsehen wollen, brauchen Sie keine Anmeldung. Infos finden Sie unter http://www.adobe.de/community/main.html.

33.2.2 Hilfdirselbst.ch

»Hilf Dir selbst« ist ein unabhängiges Forum aus der Schweiz, gegründet u.a. von Urs Gamper. Es wird betreut von einer Vielzahl an Moderatoren aus der Medien- und Printproduktion, die in unterschiedlichen Foren – alle CS-Programme – für fachkundige Antworten sorgen. Ursprünglich als schweizerisches GoLive-Forum gestartet, erfreut sich »hds« einer Anzahl von über 10000 Mitgliedern und ist somit das mittlerweile größte und schnellste Forum in Deutschland, Österreich und der Schweiz. Eine Anmeldung ist auch hier erforderlich: http://www.hilfdirselbst.ch/

33.2.3 PDF in der Druckvorstufe oder im Web

Über das Thema InDesign hinaus geht der Themenbereich PDF in der Druckvorstufe oder im Web, ist jedoch für die Produktion mindestens so wichtig wie das Design. Die »PDFZone« ist hierfür ein viel genutztes Internet-Forum, in dem alle Probleme, die beim Erstellen und Ausgeben von PDF-Dateien auftreten können, angesprochen werden. Es wurde von dem Journalisten Thomas Müller und dem PostScript-Spezialisten Robert Zacherl ins Leben gerufen. Dank zahlreicher Diskussionen der vergangenen Jahre können Sie auch über die Website nach bereits verfassten Beiträgen suchen. InDesign bildet nach Acrobat und QuarkXPress eines der meistgenannten Themengebiete. Auch hier ist eine Anmeldung zum Mitdiskutieren erforderlich: http://www.pdfzone.de/

33.2.4 European Color Initiative

Die European Color Initiative – abgekürzt ECI – kümmert sich um die Festlegung von Druckstandards innerhalb der ISO-Kommission, die weltweite Standards definiert, wie z.B. das Format PDF/X-3. Dazu empfiehlt die ECI die Verwendung von ISO-Farbprofilen in zwei unterschiedlichen Klassen. Diese Farbprofile sind jeweils für eine bestimmte Ausgabeart eingemessen worden. Die Sets an Profilen können Sie problemlos herunterladen, eine detaillierte Beschreibung der Profile wie z. B. des »ISO Coated sb« liegt als separate PDF-Datei bei: http://www.eci.org

33.2.5 PDF/X

Keine User-Foren, aber umfangreiches Informationsmaterial zum Thema PDF und dem ISO-Druckstandard PDF/X finden Sie unter der Adresse http://www.pdfnews.de, ein deutschsprachiges PDF-Forum rund um neue Techniken zur PDF-Erstellung aus Datenbanken, Layoutanwendungen oder für den Einsatz als elektronisches Formular.

33.2.6 FOGRA

Die FOGRA – Forschungsgesellschaft Druck e.V. – beschäftigt sich maßgeblich mit der Definition von Standards in der Druckindustrie und bietet u. a. standardisierte Medienkeile an: http://www.fogra.de/

34 Glossar

16-Bit-Grafik
Ein Farbbild oder -movie mit 65.500 Farben.

24-Bit-Grafik
Ein Farbbild oder -movie mit 16,7 Millionen Farben.

8-Bit-Grafik
Eine Farb- oder Graustufengrafik (oder Motive), die 256 Farben oder weniger hat.

Additive Farbmischung
Auf den additiven Grundfarben Rot, Grün und Blau basierendes Farbsystem. In der Mischung ergeben die Grundfarben Weiß. Das Verfahren lässt sich am besten durch die Mischung von Lichtfarben veranschaulichen. Fernseher und Computermonitore basieren auf der additiven Farbmischung.

Akzidenz
Druck- und Satzarbeit mit geringem Umfang (Anzeigen, Formulare, Briefbögen)

Alpha-Kanal
Ein 8-Bit-Kanal, der von einigen Bildverarbeitungsprogrammen für die Bildmaskierung oder für zusätzliche Farbinformationen reserviert wird. Er wird ebenfalls verwendet, um einen bestimmten Transparenzgrad eines Bildes zu definieren, so dass ein anderes Bild unter dem darüber liegenden durchscheinen kann.

Andruck
Probedruck zur Farb- und Rasterkontrolle

Antiqua
Serifenschrift, abgeleitet von der römischen Capitalis; neben den Serifen ist das typische Merkmal die wechselnde Strichstärke.

Aqua
Mit Aqua wird fast die gesamte grafische Benutzeroberfläche von Mac OS X bezeichnet. Sie erscheint deutlich heller als der in Brushed Metal gehaltene Finder.

ASCII
Mit dem American Standard Code of Information Interchange (ASCII) wurde ein Standard geschaffen, Texte in einer Datei speichern zu können. Er umfasst 256 Zeichen, ist an der englischen Sprache orientiert und beinhaltet daher keine deutschen Umlaute und Sonderzeichen.

Aussparen
Eine Form oder ein Objekt, das in der Hintergrundfarbe ausgespart wird und im Ausdruck die weiße Fläche vollständig ersetzt.

Auszeichnung
Hervorhebung von Textteilen durch differente Schrift; neben unterschiedlichen Möglichkeiten sind die üblichen: fette oder kursive Schrift, Sperren oder Kapitälchen.

Belichter
Ausgabegerät, das mit Hilfe von Licht (Laser) digitale Ausgabedaten auf lichtempfindliches Material (Film) schreibt. Neben Film- und Druckplattenbelichtern, die reine Strich- und Rasterdaten belichten, gibt es auch Diabelichter, die echte Halbtöne realisieren können.

Beschnitt
1. Teil einer Abbildung, der im Layout über den Seitenrand ragt, aber beim fertigen Buch/Prospekt weggeschnitten wird. Der in der Regel verlangte Überstand beläuft sich auf 3 mm.
2. Teil des Druckbogens, der beim Schneiden nach dem Falzen wegfällt.

Beschnittmarken
5 bis 10 mm lange feine Linien außerhalb des Endformates einer Drucksache, welche die Verlängerung der Endformatkanten darstellen und bei randabfallendem oder angeschnittenem Druck auf dem größeren unbeschnittenen Format als Markierung für den Stapelschnitt mitgedruckt werden.

Bézierkurve
Als Vektoren definierte Kurvenzüge zur Anlage von Pfaden (Linien oder Flächenbegrenzungen) mit Zeichenprogrammen, hauptsächlich im DTP-Bereich. Eine Bézierkurve wird immer definiert durch die Koordinaten von vier Punkten, wobei zwei davon als so genannte Stützpunkte Beginn und Ende des jeweiligen Kurvenzuges festlegen und diese Punkte dementsprechend immer auf der Kurve liegen müssen. Die beiden anderen nennt man Ankerpunkte; sie können auch außerhalb der Kurve liegen und bestimmen als Tangenten auf dem zugeordneten Stützpunkt den Verlauf. Die Bézierkurven erhielten ihren Namen von ihrem gleichnamigen Erfinder, dem französischen Ingenieur Pierre Bézier, der sie für Zwecke des Karosseriedesigns im Automobilbau entwickelte.

Bildformat
Bilddaten können in unterschiedlichen Dateiformaten gespeichert werden. Die gebräuchlichsten Dateiformate für Bilder sind TIFF, EPS, JPEG, PCX, BMP und PICT.

Bildgröße
Die Anzahl der Bildpunkte eines digitalen Bildes. Aus der Auflösung und der Bildgröße ergibt sich die Größe, in der ein Bild ohne Qualitätsverluste maximal gedruckt werden kann

Bildschirmauflösung
Die Bildschirmauflösung bezieht sich im Allgemeinen auf die Auflösung eines üblichen Computerbildschirms. Der gängige Durchschnitt ist 72 dpi, bei größeren Bildschirmen werden Sie gelegentlich aber auch von einer Auflösung von 96 dpi hören.

Bindung
Gefalzte Druckbogen werden durch verschiedene Verfahren zusammengefasst: Fadenheften, Klebebinden, Klammerheften

Bit
Binary Digit, kleinste Informationseinheit, die ein Computer nutzen kann. Ein Bit kann zwei Zustände (1 oder 0) annehmen, entweder Spannung beziehungsweise Schalter ein oder aus.

Bitmap
Die Gesamtmenge aller Helligkeits- und Farbinformationen eines Rasterbildes.

Bittiefe
Gibt bei Rasterbildern an, wie viele Informationen (Bits) pro Bildpunkt verfügbar sind. 1 Bit kann nur Schwarz oder Weiß darstellen, 8 Bit 256 Helligkeitsstufen oder Farben. Auch mehrfarbige Bilder haben normalerweise eine Bittiefe von 8 Bit, diese gilt jedoch für jede Farbe, so dass sich 256 x 256 x 256 Farben (16,7 Millionen) darstellen lassen. Manche Programme wie Photoshop bieten auch einen Bearbeitungsmodus für 16 Bit pro Farbe an.

Blindtext
Neutraler Text, dient der Visualisierung für ein Layout, wobei es nicht um Inhalte, sondern um den ersten visuellen Eindruck eines Entwurfes geht.

Blocksatz
Den Blocksatz kennen wir aus Büchern, Zeitschriften und Zeitungen. Vorn und hinten bündig, sieht Blocksatz ausgesprochen ordentlich aus, zumindest von weitem. Bei näherem Hinsehen jedoch entdeckt man die mehr oder weniger großen Löcher, die jeden Blocksatz auszeichnen.

Bold
Engl., Begriff für einen fetten Schnitt

Broschur
Dünnes, einfach gebundenes Buch oder Heft mit oder ohne einfachen Einband

Brotschrift
Schriftart des gesetzten Grundtextes (Werkschrift, Bodytype) einer Publikation

Browserunabhängige Farben
Die 216 Farben, die sich zwischen Plattformen, Betriebssystemen und den meisten Webbrowsern nicht verschieben.

Brushed Metal
Die an gestrichenes Metall erinnernde Farbe, in der unter Mac OS X 10.3 Programme wie der Finder oder iTunes dargestellt werden.

Buchblock
Die gehefteten oder gebundenen Druckbogen. Der Buchblock wird nach dem Beschneiden in den Umschlag/die Buchdecke eingehängt.

Buchdecke
Besteht aus der Pappe und dem Bezugsmaterial.

CID-Font
CID steht für Character Identifier und ist eine Weiterentwicklung des Type 1-PostScript-Fonts von Adobe. Gedacht sind diese CID-Fonts für den asiatischen Raum. Chinesische, koreanische und japanische Schriften benötigen mehr als 265 Zeichen, die im herkömmlichen Verfahren nicht in einem PostScript-Font beschrieben werden können.

CIE
Eine internationale Normenkommission, die eine Reihe von Standards für die Farbdefinition entwickelt

hat, z. B. den L*a*b*- oder L*u*v*-Farbraum. Diese Normvorgaben sind Grundlage für die Farbdefinition in DTP-Standards wie z. B. PostScript Level 2.

CIE 1976 L.A.B.-Farbraum
Ein einheitlicher Farbraum, der von der CIE im Jahre 1976 festgelegt wurde. Eignet sich für die Verwendung bei der additiven Lichtmischung (z. B. bei Farbfernsehgeräten) und als Maßeinheit für geringe Farbunterschiede.

CIE-Chromatik-Koordination
Der Anteil der einzelnen Farbmesswerte einer Farbe an der Summe der Farbmesswerte. In CIE-Systemen werden diese Werte durch x-, y- und z-Koordinaten bestimmt.

CIE-Standardprüfverfahren
Ein hypothetisches Prüfverfahren, das den Messwerten von Farbmischungen entspricht, die im Jahre 1931 von der CIE für ein 2°-Sichtfeld empfohlen wurden. Ein zusätzliches Prüfverfahren wurde 1964 für ein größeres 10°-Feld entwickelt.

Classic-Modus
Nur als Umgebung unter Mac OS X benutzbares Mac OS 9

CMYK
Gebräuchliche Abkürzung für die vier Prozessfarben Cyan, Magenta, Gelb (Yellow) und Schwarz (Key Color). Im Vierfarbdruck werden alle anderen Farben aus diesen vier Grundfarben erzeugt.

Color Gamut
Gesamtumfang der Farben in einem Farbraum.

Color Management System
Siehe Farbmanagementsystem

ColorSync
Apples Implementation des Farbmanagements, das auf den Standards des International Color Consortiums (ICC) basiert. Die ICC-Farbprofile sorgen für eine standardisierte Darstellung und Wiedergabe von Farben auf verschiedenen Plattformen und Programmen.

Composite-Datei
Druckdatei, bei der im Gegensatz zur separierten Ausgabe mit Farbauszügen die Farben nicht seitenweise voneinander in die Prozessfarben aufgeteilt sind, sondern alle Farben einer Seite als Einheit behandelt werden. Der Ausdruck auf Farbdruckern erfolgt beispielsweise immer als Composite-Datei, die Aufteilung auf die Druckfarben erfolgt dann erst im Gerät.

CUPS
Das Common Unix Printing System stellt seit Mac OS X 10.2 die Grundlage des Drucksystems dar. Es ist im Unix-Bereich von Mac OS X untergebracht und kann auch über einen Browser konfiguriert werden.

Dateiformat
Festlegung, wie Daten von Texten, Bildern usw. abgelegt werden. Je nach Dateiformat können bei Bildern auch Alpha-Kanäle mitgespeichert werden. Zudem komprimieren manche Formate die Bilddatenmenge (siehe Komprimierung).

Datenkomprimierung
Das Reduzieren der Datenmenge, mit der ein Bild dargestellt wird. Für die Datenkomprimierung stehen zahlreiche Techniken zur Verfügung, wobei generell gilt, dass eine geringe Komprimierung weitgehend ohne Qualitätsverlust vorgenommen werden kann, eine starke Komprimierung jedoch Verluste zur Folge haben kann.

DCS-Format
Dateiformat für vorseparierte Bilder. Das Dateiformat umfasst fünf Dateien, je eine für die vier Separationsdateien und ein Vorschaubild für die Platzierung im Layoutprogramm.

Densitometer
Ein Gerät, welches das Licht misst, das von Papier oder Film durchgelassen oder reflektiert wird. Es wird verwendet, um die Genauigkeit, die Qualität und die Gleichmäßigkeit der Ausgabe zu kontrollieren. Densitometer erkennen entweder das reflektierte oder das durchgelassene Licht.

Didot-Punkt
Typografisches Maß; der alte Didot-Punkt beträgt ca. 0,37601 mm, der neue wurde auf 0,375 mm abgerundet.

Digitalproof
Hochwertiger Farbdruck ohne vorherige Herstellung der Filmvorlagen, der das spätere Druckergebnis simuliert. Nachteil des Digitalproofs gegenüber den herkömmlichen Proof-Verfahren oder einem Andruck ist, dass Fehler durch falsche Rasterung der Filme nicht erkannt werden können.

Dithering
Simulation von Graustufen oder Farben durch regelmäßige oder unregelmäßige Anordnung anderer Bildpunkte. Das Auge erkennt diese Kombinationen als einheitliche Helligkeits- oder Farbwerte.

Divis
Trennstrich eines Wortes am Zeilenende oder bei Verbundwörtern, z. B. Nordrhein-Westfalen

dpi
Dots per Inch. Maßeinheit für die Auflösung eines Druckers, Monitors oder Scanners sowie eines Pixelbildes.

Druckbogen
Großformatiger Papierbogen, auf den mehrere Seiten gedruckt werden. Dieser Bogen wird gefalzt und beschnitten und somit ein Teil des Buchblocks.

Druckfarbe
Die farbigen Substanzen, die beim Druckprozess verwendet werden. Als Prozessfarben für den Farbdruck werden normalerweise Cyan, Magenta, Gelb und Schwarz verwendet. Diese Farben werden durch internationale Standards definiert. In einigen Fällen können auch spezielle Farben gedruckt werden. Dies ist meist dann der Fall, wenn eine Volltonfarbe in einem bestimmten Farbton und einer bestimmten Sättigung benötigt und nicht im Halbtonverfahren bearbeitet wird.

Druckverfahren
Grundsätzlich unterscheidet man zwischen Hoch-, Flach-, Tief- und Durchdruck. Das heute verbreitetste Verfahren ist der Flachdruck (Offsetdruck), weil es ausgezeichnete Qualität mit hoher Flexibilität und einfacher Druckvorlagenherstellung verbindet. Der Hochdruck hat immens an Bedeutung verloren und ist in der Praxis neben dem >Akzidenzbereich nur noch im >Flexodruck vertreten. Der Tiefdruck ist qualitativ sehr hochwertig, aber wegen der äußerst komplizierten und teuren Druckformherstellung nur für hohe Auflagen geeignet. Der Durchdruck wird durch den Siebdruck repräsentiert, dessen Vorteil darin besteht, mit unterschiedlichsten Farben die unterschiedlichsten Materialien bedrucken zu können.

Druckvorlage
Bereitgestellte Seiten einer geplanten Publikation für die Reproduktion bzw. für die Übertragung auf Druckplatten

Duplex
Graustufenbild, dem man eine zweite Farbe zur Verstärkung der Zeichnung und zum Erzielen einer gewissen Farbigkeit zuweist. Wird vor allem bei Druckaufträgen verwendet, die nur Schwarz und eine Sonderfarbe oder Schwarz und eine weitere Prozessfarbe einsetzen.

Einzüge
Einzüge vor jedem Absatz lockern das Textbild auf und geben dem Leser neue Ansatzpunkte. Häufig sparen sie auch die Leerzeile, die sonst erforderlich wäre, um Absätze deutlich voneinander abzugrenzen.

EPS
Encapsulated PostScript. Dateiformat für Bilder, Vektorgrafiken und einseitige Layouts, das intern PostScript verwendet und in der Regel für die Bildschirmdarstellung zusätzlich eine niedrig auflösende (72 dpi) Voransicht umfasst. EPS-Daten lassen sich nur auf Geräten ausgeben, die PostScript-Befehle verarbeiten können, alle anderen Ausgabegeräte stellen nur die Bildschirmansicht dar.

Euro-Skala
In Mitteleuropa allgemein anerkannte Norm für die Definition, Herstellung und Anwendung von Druckfarben für den Vierfarbendruck.

EXIF
Exchangeable Image File, Dateiformat für Digitalkameras, das sich aus einem JPEG-Bild und einem Dateianhang mit Kamera- und Aufnahmeinformationen wie Blende oder Belichtungszeit zusammensetzt. Häufig wird unter EXIF aber nur die Information zur Kamera- und Aufnahmesituation verstanden.

Fahne
Rohsatz als lange Papierfahne ohne Seitenumbruch, aber in den bereits vorgegebenen Spaltenbreiten gesetzt

Farbauflösung
Siehe Farbtiefe

Farbauszüge
Für den Vierfarbdruck werden alle in einem Dokument vorkommenden Farben in die vier Prozessfarben Cyan, Magenta, Gelb und Schwarz seitenweise aufgetrennt (separiert). Jeder Farbauszug umfasst nur die Elemente in einer dieser Farben auf der jeweiligen Dokumentseite. Je Auszug entsteht dann ein eigener Film für die Belichtung der Druckplatten, oder die Druckplatten werden direkt belichtet. Erst durch den Zusammendruck der vier Prozessfarben in der Druckmaschine entstehen dann im fertigen Ausdruck wieder die eigentlichen Farben.

Farbkalibrierung
Damit das Druckergebnis von Farbbildern mit der Bildschirmanzeige und dem Farbausdruck übereinstimmt, müssen alle Geräte aufeinander abgestimmt sein. Farben mit gleichen Anteilen der vier Druckfarben Cyan, Magenta, Gelb und Schwarz müssen auf jedem Ausgabegerät gleich erscheinen.

Farbkanal
Farbkanäle speichern die Farbinformationen von Bildern. Für jede Grundfarbe eines jeweiligen Farbformats (RGB, CMYK, Lab etc.) wird ein Farbkanal benötigt.

Farbkontrollstreifen
Ein Farbstreifen auf einem Negativ, einem Korrekturausdruck oder einem anderen Ausdruck, der verwendet wird, um die Druckqualität zu überprüfen, da er bestimmte Farben in verschiedenen Dichten druckt.

Farbkurven
Ein Mechanismus, der die exakte Änderung und Anpassung von Farben in jedem Stadium des Erstellungsprozesses ermöglicht und gezielte Farbänderungen innerhalb des Bildes erlaubt. Die Kurven bestehen aus verschiedenen benutzerdefinierten Farbumrechnungstabellen, mit denen die Veränderung definiert wird, die für jede Primärfarbe (additiv oder subtraktiv) im Bild angewendet werden soll.

Farbmanagementsystem
Software zur Anpassung der Farben beim Scannen, bei der Bildschirmanzeige und beim Drucken, so dass geräteabhängige Farbverfälschungen softwareseitig ausgeglichen werden

Farbmischung, additive
Farbaufbau des RGB-Farbsystems. Farbigkeit entsteht durch Addition der Grundfarben, alle Grundfarben zusammen ergeben Weiß. Die additive Farbmischung des RGB-Systems entspricht der Farbmischung des Lichtes.

Farbmischung, subtraktive
Farbaufbau bei Reflexion von Licht. Der Vierfarbdruck (CMYK-System) basiert auf subtraktiver Farbmischung. Durch Auftragen einer Druckfarbe auf weißes Papier werden aus dem Farbspektrum des reflektierenden Lichtes alle übrigen Farben subtrahiert. Alle Druckfarben zusammen ergeben Schwarz.

Farbmodus
Die Farben von Bildern können in unterschiedlichen Farbsystemen (Farbmodi) dargestellt werden, denen jeweils ein anderer Farbraum zugrunde liegt. Die gebräuchlichsten Farbmodi sind RGB, CMYK, Lab, indizierte Farben, Graustufen und Bitmap.

Farbprofil
Beschreibungsdateien des Farbverhaltens von Eingabe-, Betrachtungs- und Ausgabegeräten, um durchgehend eine einheitliche Farbdarstellung zu erreichen.

Farbraum
Beschreibung von Farben in einem Farbsystem. Es gibt verschiedene Systeme wie RGB, HSB oder Lab.

Farbsättigung
Die Menge von Grau in einer Farbe. Je höher der Grauanteil, desto niedriger die Farbsättigung.

Farbseparation
Zerlegung eines Farbbildes in die für den Mehrfarbdruck erforderlichen subtraktiven Grundfarben Cyan, Magenta, Gelb und Schwarz. Das Schwarz wird als Zusatzfarbe für eine bessere Tiefenwirkung mitgedruckt. Für die Umrechnung sind Farbraumtransformationen erforderlich.

Farbspezifikation
Farbmesswerte, Chromatikkoordination und Luminanzwerte oder andere Farbskalenwerte, die verwendet werden, um eine Farbe in einem angegebenen Farbsystem nummerisch zuzuweisen.

Farbtiefe
Sie gibt bei Scannern, Grafikkarten und Monitoren an, wie viele Farben dargestellt beziehungsweise erfasst werden können.

Farbton
Die Wellenlänge des Lichts einer Farbe in absoluter Farbreinheit (ohne Zusatz von Weiß oder Schwarz)

Farbumfang
Ein Wert, der die Farbfähigkeit eines Gerätes beschreibt, d. h. die Farben, die es anzeigen oder drucken kann.

Farbverlauf
Der weiche Übergang von einer Farbe in eine andere. Bei der Grafikbearbeitung kann mit diesem Vorgang innerhalb eines bestimmten Bereichs allmählich von einer Farbe zu einer anderen gewechselt werden (abgestuft – linear und logarithmisch, radial, konturiert).

Farbverwaltung
Ein Farbverwaltungssystem (Color Management System, CMS) interpretiert und übersetzt Farben zwischen mehreren Geräten auf präzise Art und Weise. Es vergleicht den Farbraum (die Farbskala, die ein Gerät darstellen kann) einer erzeugten Farbe mit dem Farbraum, in dem dieselbe Farbe ausgegeben wird, und passt die erforderliche Farbe in Vorschaugeräten so nah wie möglich der Farbe an, die in der Endausgabe erzeugt wird (gedruckt oder online).

Flattersatz
Satz ist nur auf einer Seite (rechts- oder linksbündig) an einer vorgegebenen Kante ausgerichtet, auf der anderen Seite aber laufen die Zeilen unterschiedlich lang aus. Der Wortabstand ist gleichmäßig.

Font
Schriftart innerhalb einer Schriftfamilie. Meistens besitzen Schriftfamilien Fonts/Schriftarten wie: Normal, Kursiv, Fett etc.

Fraktur
Auch Frakturschrift, Schriftform mit gebrochenen Buchstaben

Freisteller
Ein in einem Bild angelegter Pfad oder eine Maske, die bestimmte Bildbereiche ausblendet, so dass nur noch ein Teil des Motivs zu sehen ist und gedruckt wird.

Gamma
Bestimmt die mittlere Helligkeit in einem Bild. Bei der Gammakorrektur verteilen sich die Tonwerte zwischen Schwarz- und Weißpunkt neu. Die Korrektur wirkt sich hauptsächlich in den Mitteltönen aus, der gesamte Tonwertumfang wird nicht verändert.

Gammakorrektur
Das Verdichten oder Erweitern von Bereichen mit dunklen oder hellen Farbtönen in einem Bild

GCR
Abkürzung für Grey Component Replacement. Separationsart, die den Gesamtfarbauftrag verringert. Der Unbuntaufbau reduziert die Anteile der Buntfarben und gleicht die Reduktion durch Zugabe von Schwarz aus (siehe auch UCR).

Gemeine
Kleinbuchstabe oder Minuskel

Gestaltungsraster
Hilfslinien, die in gleichmäßigen Abständen in zwei Dimensionen gezeichnet werden, um die Positionierung der Seitenelemente zu erleichtern. Bei elektronischen Systemen müssen Raster verwendet werden, um Text und Bilder exakt im Seitenlayout zu platzieren.

Geviert
Größe zur Beschreibung eines Zwischenraums beim Setzen von Text. Entspricht der jeweiligen Schrifthöhe (Kegelgröße). Es gibt auch Halbgeviert, Viertelgeviert und Achtelgeviert.

GIF
Graphics Interchange Format. Schon etwas betagtes, aber immer noch weit verbreitetes Bildformat im Internet. Kann maximal 256 Farben darstellen und komprimiert die Daten mit dem LZW-Verfahren. Eine Besonderheit sind animierte GIFs, bei denen mehrere Varianten einer Abbildung in einer Datei gespeichert sind, die dann wie in einem Daumenkino nacheinander auf der Webseite dargestellt werden.

GIF89a
Eine Form der GIF-Datei, die Transparenz und Multiblocks unterstützt. Multiblocks (mehrere Bilder in einer einzigen Datei) vermitteln die Illusion von Bewegung. GIF89a-Dateien werden oft auch als Transparent GIFs oder Animated GIFs bezeichnet.

Gradation
Charakteristisches Schwärzungsverhalten eines lichtempfindlichen Materials, ausgedrückt in einer Gradationskurve. Diese Kurven gibt es auch in Photoshop, mit ihrer Hilfe kann man die Gradation eines Bildes steuern.

Gradationskurve
Korrekturfunktion in Bildbearbeitungs- und Scanprogrammen zur Änderung von Helligkeit, Kontrast und Gamma. Die Gradation lässt sich auch in einzelnen Farbkanälen ändern, um Farbstiche auszugleichen.

Grammatur
Grammatur bezeichnet das Flächengewicht von Papier. Eine Grammatur von 90 g/m^2 besagt, dass ein Bogen von 1 m^2 des bezeichneten Papiers 90g wiegt. Die Einheit der G ist g/m^2.

Graustufen
Helligkeitswerte eines Bildes, im Rasterdruck ergibt sich die Anzahl der Graustufen aus dem Zusammenhang (dpi : lpi) x 2 : lpi = Anzahl der darstellbaren Graustufen (maximal 256 bei 8 Bit).

Grauwertreduktion, GCR
Beim Druck soll durch die Farben Cyan, Magenta und Gelb beim Übereinanderdruck ein Schwarz erreicht werden. Dies ist nicht der Fall, es entsteht nur ein dunkles Braun. Bei dunklen Farben wird die Dunkelheit durch Zugabe der anderen Farbanteile erreicht. Bei GCR wird nun der Dunkelanteil errechnet und durch Zugabe von Schwarz erreicht. Dabei erspart man sich den sonst verwendeten Anteil von Cyan, Magenta und Gelb.

Haarlinie
Die dünnste auflösbare Linie, die noch dargestellt werden kann

Halbgeviert
Die halbe Breite eines Gevierts vom entsprechenden Schriftgrad, was dem Zeichen n bei den meisten Schriften entspricht

Halbton
Hiermit werden Bilder mit unendlich vielen Farben und Farbtönen beschrieben, die weich ineinander übergehen, um eine möglichst realistische Reproduktion von natürlichen Bildern zu erzeugen.

Halbtonraster
Ein Muster aus Punkten unterschiedlicher Größe, mit dem ein Farb- oder Graustufenbild simuliert wird. Im Notfall werden beim Drucken Raster zwischen 60 und 228 dpi verwendet. Je höher die Punktdichte, desto weniger sind die Punkte mit dem Auge wahrzunehmen und desto höher ist die jeweilige Auflösung.

Hängender Einzug
Ein Absatz, bei dem die erste Zeile nach links außen gesetzt ist; in der Regel ein hinweisender Begriff oder kurzer Text, der im Absatz erläutert wird.

Helligkeit
Ein Maß für das gesamte von einem Objekt ausgesendete, durchgelassene oder reflektierte Licht. In der Naturwissenschaft wird dieser Wert in Candela gemessen.

Hexadezimal
Zahlensystem, das auf der Basis 16 aufbaut. Es wird geschrieben mit den Ziffern 0 bis 9 und den Buchstaben A bis F. Im Computerbereich weit verbreitet, da die Werte eines Bytes (2 hoch 8) auch mit exakt zwei Hexadezimalziffern (2 x 2 hoch 4) geschrieben werden können.

Histogramm
Darstellung der Tonwertverteilung in einem Bild. Für jede der 256 Stufen in einem 8-Bit-Bild oder -Kanal wird die Zahl der Bildpunkte ermittelt, die diesen Wert repräsentiert.

HLS
Ein Farbmodell, das auf drei Koordinaten basiert: dem Farbton (Hue), der Helligkeit (Luminanz) und der Farbsättigung (Saturation)

HSB
Farbsystem mit den Parametern Hue, Saturation, Brightness; verwandte Systeme: HSV (Hue, Saturation, Value) und HSL (Hue, Saturation, Lightness)

Hue
Deutsch: Farbton (ohne Berücksichtigung von Helligkeit und Sättigung)

Hurenkind
Erste Zeile einer Seite, die als letzte Zeile eines Absatzes der vorherigen Seite auf einer neuen Seite steht

ICC-Standard
Standard für ein geräteunabhängiges, aber auch programm- und plattformunabhängiges Farbmanagement. Geräte und ihre Farbräume werden über ICC-Farbprofile beschrieben und mit einem Color Management Modul (CMM) ineinander umgerechnet. Referenzfarbraum ist der geräteunabhängige Lab-Farbraum. Das ICC-Farbmanagement ist mit ColorSync (Mac OS) bzw. ICM (Windows) fester Bestandteil der Betriebssysteme.

Imagemap
Grafik oder Bild auf einer Website, in denen Hyperlinks (Hot Spots) in Form von anklickbaren Bereichen angelegt sind.

Indizierte Farben
Farbmodus für Bilder, die nur eine begrenzte Anzahl von Farben enthalten. Im 8-Bit-Modus sind dies 256 Farben, bei einer geringeren Farbtiefe entsprechend weniger. Verwendung findet dieser Farbmodus besonders bei Bildern, die für die Darstellung auf Bildschirmen mit geringer Farbtiefe vorgesehen sind.

Initiale
Großbuchstabe am Absatzbeginn, der höher als die normalen Großbuchstaben ist und sich über mehrere Zeilen erstreckt

Interpolation
Höherrechnen der Bildauflösung durch mathematische Formeln

Italic
Englische Bezeichnung für kursiv

JPEG
Joint Photographic Experts Group; verlustbehaftetes Kompressionsformat für digitale Bilder, das bei niedrigen Kompressionsraten einen guten Kompromiss zwischen Qualität und Größe bietet. Standardformat bei Digitalkameras und im Web.

JPEG 2000
Weiterentwicklung von JPEG mit Wavelet-Kompression, das eine bessere Qualität bei hoher Kompression erlaubt

Kalibrierung
Eichen von Geräten auf Standardmaße, um zuverlässige Ergebnisse zu produzieren. Ein Beispiel sind auf bestimmte Standardeinstellungen kalibrierte Farbmonitore.

Kantenglättung
Eine Technik, die zackigen Grenzlinien, die bei Bitmap-Bildern auftreten, zu vermindern. Dies geschieht gewöhnlich durch das Einfügen von Pixeln, welche die Farben an den Übergängen zwischen benachbarten Farben vermischen.

Kapitälchen
Eine Schrift, bei der die Kleinbuchstaben wie Großbuchstaben aussehen, aber die Höhe von normalen Kleinbuchstaben ohne Ober- und Unterlänge haben.

Kerning
Individuelle Zurichtung von Buchstabenpaaren zur Erzielung eines besseren, ausgeglicheneren Schriftbildes. Früher eine sehr anspruchsvolle, manuelle Tätigkeit, heute bei den wirklich hochwertigen Schriften entbehrlich. Auch hier hat DTP den traditionellen Schriftsatz qualitativ längst abgehängt.

Kompression
Verringern der Dateigröße vor allem zur Übertragung im Web oder per E-Mail oder für schnellere Anzeige von Multimedia-Daten. Es gibt verlustlose (LZW, ZIP) und verlustbehaftete (JPEG) Komprimierungsverfahren.

Komprimierung
Reduktion der Datenmenge, um Speicherplatz oder Übertragungszeiten zu sparen. Bekannte Standards sind JPEG oder MPEG. Das grundsätzliche Verfahren: Bei der Komprimierung eines Bildes werden je nach Grad der Komprimierung Pixel mit gleichen oder ähnlichen Tonwerten zusammengefasst. Die Komprimierung kann so gewählt werden, dass entweder die gesamte Bildinformation erhalten bleibt, wobei der Grad der Komprimierung zwangsläufig geringer ist, oder auf Kosten der Qualität stärker komprimiert wird.

Kursiv
Eigenständige Zeichen, die leicht nach rechts geneigt sind und so dem Geschriebenen etwas ähnlicher scheinen.

Lab
Geräteunabhängiger Farbmodus, bei dem Farben durch einen Kanal für die Helligkeit (L für Lightness) und zwei Buntheitskomponenten (Kanal a von Grün bis Magenta und Kanal b von Blau bis Gelb) dargestellt werden. Der Lab-Farbraum ist größer als der RGB-Farbraum, lässt sich aber ebenfalls mit 24 Bit kodieren. Er umfasst das gesamte Spektrum der sichtbaren Farben.

Laufweite
Abstand zwischen den Buchstaben

Layout
Engl. für Planung, Anordnung; typografische Text- und Bildgestaltung einer Seite oder eines Dokuments. Auf dem Layout wird der Satzspiegel festgelegt, in dem Text und Abbildungen angeordnet werden.

Layoutprogramm
Programm zur vollständigen Gestaltung von Medien wie Zeitschriften, Prospekten und Webseiten auf dem Computer. Die bekanntesten Layoutprogramme sind Adobe PageMaker, Adobe InDesign und QuarkXPress.

Layout-Proof
Eine Farbkopie, mit der ein Gesamteindruck der auf einer Seite verwendeten Farben und des Seitenlayouts vermittelt wird

Ligaturen
Kombination von zwei Buchstaben zu einer Einheit. In Zeichensätzen für den Mac gibt es standardmäßig Ligaturen für die Buchstabenkombinationen »fi« und »fl«. Auch das »ß« ist eigentlich eine Ligatur.

Linienstärke
Die in Millimetern oder Punkten gemessene Dicke einer Linie

Linksbündig
Die Zeilen bilden links eine Kante, laufen nach rechts frei aus

Luminanz
Die Helligkeitskomponente einer Farbe, die von der Farbe selbst unabhängig ist. Ein Schwarz-Weiß-Foto besteht aus einem Luminanzmuster der Szene, die auf dem Film festgehalten wurde. Es ist möglich, die Luminanz ohne Chrominanz (Farbkomponenten) anzuzeigen. Es ist jedoch nicht möglich, Farbe ohne Luminanz zu zeigen.

LZW
Nach seinen Entwicklern Lempel-Ziv-Welch benanntes, verlustfreies Kompressionsverfahren, das von den Bildformaten TIFF und GIF verwendet wird. Man erreicht damit ein Kompressionsverhältnis von rund 2:1.

Marginalien
Randbemerkungen

Moiré
Beim Farbdruck entstehendes Muster, das durch die Überlagerung der Raster der einzelnen Druckfarben entstehen kann. Die Moirébildung wird dadurch weitgehend vermieden, dass die Farben mit versetzten Rasterwinkeln gedruckt werden.

Monitorkalibrierung
Der Vorgang, bei dem die Farbberechnungseinheiten eines Monitors so korrigiert werden, dass sie den gewählten Farben des Ausdrucks so nah wie möglich entsprechen.

Monochrom
Ein Bild, das in einer Farbe gedruckt wird, die nicht unbedingt schwarz sein muss, die jedoch alle Farbtöne, die erforderlich sind, um das gesamte Bild zu beschreiben, abdeckt.

Nutzen
Nutzen wird die größtmögliche Anzahl darstellbarer Seiten inklusive Anschnitt und weiterer Druckmarken pro Seite oder Doppelseite bezeichnet.

Open-Type
Von Adobe und Microsoft auf der Basis von TrueType entwickeltes Dateiformat für Schriften, bei dem sich in einer Schriftdatei mehrere Tausend unterschiedliche Zeichen speichern lassen. Intern verwendet eine Open-Type-Schrift entweder die PostScript- oder die TrueType-Technologie zur Beschreibung der einzelnen Zeichen. Die Schriften lassen sich sowohl auf dem Mac als auch unter Windows einsetzen.

OPI
Open Prepress Interface. Arbeitsablauf in der Druckvorstufe, bei der auf einem OPIServer die hochauflösenden Bilddaten verwaltet und für das Layout niedrig auflösende Platzierungsdateien erstellt werden. Das Verfahren reduziert das im Netzwerk zu übertragende Datenvolumen beträchtlich. Bei der Ausgabe wird über den OPI-Server gedruckt, der die Platzierungsbilder wieder durch die hochauflösenden Varianten ersetzt.

OPI-Schnittstelle
OPI ist eine Erweiterung der PostScript-Sprache, mit der die kommentierten Funktionen der Sprache für zusätzliche Aufgaben genutzt werden können. Ursprünglich wurde diese Erweiterung von Aldus entwickelt, um eine Verbindung zwischen DTP-Anwendungen und traditionellen Farbrepro-Verfahren zur Verfügung zu stellen. Die OPI-Schnittstelle wird jetzt verwendet, um niedrig aufgelöste Bilddateien durch hoch aufgelöste Bilddaten auszutauschen, bevor diese für die Ausgabe an einen PostScript-RIP gesendet werden.

Pagina
Seitenzahl

Passergenauigkeit
Die genaue Positionierung der vier separierten Filme oder der vier Druckfarben übereinander. Das menschliche Auge kann auch ohne Hilfsmittel feststellen, wenn die Passgenauigkeit nicht exakt ist, da dies durch Farbränder, die an den Konturen im Bild erscheinen, deutlich sichtbar wird.

Passkreuze
Auf den einzelnen Farbauszügen angebrachte Markierungen, welche die exakte Montage der belichteten Filme ermöglichen

PDF
Portable Document Format. Ein von Adobe auf der Basis von PostScript entwickeltes Dateiformat, das den plattformübergreifenden Austausch von Dokumenten bei gleichzeitiger Beibehaltung aller Gestaltungsmerkmale erleichtern soll, was unter anderem durch die Einbettung der Schriften möglich ist. PDF-Dateien sind durch die Komprimierungsmöglichkeiten für Bilder und Schriften vergleichsweise klein. Ursprünglich nicht mit Blick auf die Druckindustrie entwickelt, ist PDF inzwischen zu einem Standardaustauschformat in der Druckvorstufe geworden.

Pica-Point
Englisches typografisches Maß; ein Pica hat 12 Pica Points (4,233 mm); 6 Pica ergeben rund 1 Zoll.

PICT
Dateiformat für Bilder und Grafiken des klassische Mac-Betriebssystems. Lässt sich auch mit Mac OS X einsetzen, nicht jedoch mit Windows.

Pixel
Kunstwort aus Picture Element beziehungsweise Picture Cell, kleinste digitale Bildeinheit in einem Bild oder Bildverarbeitungssystem

Pixelgrafik
Auch Bitmap genannt. Aus farbigen Flächen bestehende Bilder. Jede Fläche entspricht einem Pixel und ist in einem gedachten Raster angeordnet. Pixelgrafiken wirken natürlicher als Vektorgrafiken, ihr Dateivolumen ist aber auch deutlich größer.

Plattformübergreifend
Dokumente, Programme und Medien, die sich unter verschiedenen Betriebssystemen einsetzen lassen

Plug-in
Zusatzmodul, das den Funktionsumfang eines Programms erweitert. Notwendig ist dazu eine entsprechende Schnittstelle, wie sie zum Beispiel Photoshop bietet. Auch Browser verwenden Plug-ins wie QuickTime, Flash, Shockwave, Real Video und Real Audio, um Multimedia-Inhalte darzustellen.

PNG
Portable Network Graphics, als Nachfolger für GIF entwickeltes, frei verfügbares Bilddateiformat für Webseiten, lässt sich aber auch in vielen Programmen verwenden

PostScript
Programmiersprache zur Beschreibung von Text, Grafik und Bildern in einem Layout, weshalb man PostScript auch als Seitenbeschreibungssprache bezeichnet. Der Vorteil von PostScript liegt darin, dass bis auf die Pixelbilder alle Elemente rein mathematisch definiert und deshalb auflösungsunabhängig sind. Erst bei der Ausgabe wird eine PostScript-Datei entsprechend dem Auflösungsvermögen des Ausgabegerätes im RIP (Raster Image Processor) aufgerastert. Mit PostScript-Befehlen lassen sich auch Schriften erstellen, deren Buchstaben ebenfalls nur mathematisch definiert und damit auflösungsunabhängig sind. Zum Drucken der Zeichen muss das Betriebssystem oder das Ausgabegerät PostScript unterstützen.

PPD
PostScript Printer Definition, Druckerbeschreibungsdatei für PostScript-Drucker. In dieser sind die gerätespezifischen Informationen wie Auflösung, Papierformat und verfügbare Papierschächte gespeichert und werden vom Druckertreiber gelesen und dann im Dialogfenster angezeigt.

Proof
Testdrucke, anhand derer die Druckqualität farbverbindlich festgelegt wird. Analoge Proofs wie Cromalin und Matchprint werden auf der Basis der belichteten Filme erstellt, bei digitalen Proofs werden die Originaldaten (Layouts, Bilder) direkt auf einem Ausgabegerät ausgegeben.

Proportionalschriftart
Eine Schriftart, in der jedes Zeichen eine unterschiedliche Breite hat

Prozessfarben
Die vier Farben Cyan, Magenta, Gelb und Schwarz (CMYK), aus denen im Vierfarbdruck alle anderen Farben erzeugt werden. Es gibt auch den Sechsfarbdruck, bei dem als zusätzliche Prozessfarben noch Grün und Orange hinzukommen.

Raster
Da Druckmaschinen keine unterschiedlich großen Punkte drucken können, wird eine Anzahl von Maschinenpunkten (Dots) zu Rasterzellen zusammengefasst. Je nachdem, wie viele dieser Punkte gedruckt werden, erscheint die Rasterzelle größer oder kleiner. Dadurch entsteht für das Auge der Eindruck von helleren und dunkleren Farben.

Rasterscan
In einem gerasterten Bild wird jedes einzelne Bildelement durch einen nummerischen Wert dargestellt, der die Farbintensität beschreibt. Bei einem Rasterscan wird ein Bild normalerweise progressiv von oben links nach oben rechts abgetastet. Nach dieser ersten Zeile werden die nächsten Zeilen ebenso abgetastet, bis das gesamte Bild erfasst ist.

Rasterweite
Maßeinheit, die angibt, wie viele Rasterzellen ein Ausgabegerät pro gewählter Strecke ausgeben kann. Verwendet werden entweder die Einheiten Lines per Inch (lpi) oder Linien pro Zentimeter (lpc).

Rasterwinkel
Die Linien mit den Rasterzellen der Druckfarben werden in unterschiedlichen Winkeln zueinander gedruckt, damit keine unerwünschten Muster (Moiré) auf dem Ausdruck erscheinen.

Rauhsatz
Variante des Flattersatzes mit bewusst glatter gehaltenen Kanten

RAW
Format der unkomprimierten Digitalkamera-Aufnahme. Es gibt kein einheitliches RAW-Format, die Hersteller verwenden jeweils eigene Varianten. Zum Lesen der Daten sind spezielle Programme oder Plugins erforderlich.

Registerhaltigkeit
Wenn die Grundlinien des Textes in einem Buch oder einer Zeitschrift in den Spalten und auf Vorder- und Rückseite jeweils auf der gleichen Linie liegen, spricht man von Registerhaltigkeit. In Layoutprogrammen erreicht man dies durch das Grundlinienraster, an dem sich der Text ausrichtet.

RGB
Rot, Grün, Blau, Farbraum aus Selbstleuchterfarben, die sich additiv zu Weiß mischen, beispielsweise beim Farbmonitor

RIP
Raster Image Processor, bereitet die PostScript-Daten zur Ausgabe auf Druckern und Belichtern auf.

Rollenoffsetdruck
Ein Druckverfahren, bei dem keine Bögen, sondern Rollenpapier verwendet wird. Der Rollenoffsetdruck ist schneller als der Bogendruck, so dass er sich besonders für große Auflagen eignet.

Saturation
Sättigung einer Farbe bzw. Grad der Verweißlichung

Satzspiegel
Vorgegebener zu bedruckender Raum

Schrift
1. Durch Zeichen/Buchstaben dargestellte Sprache
2. Eine gedruckte, weniger umfangreiche Publikation kulturellen, wissenschaftlichen etc. Inhalts

Schriftfamilie
Unterschiedliche Schriftarten einer Schrift (Familie); z. B. normal, kursiv, fett, mager, fett-kursiv. Im Bleisatz hieß das Garnitur.

Schriftgröße
Die Schriftgröße richtet sich nach der Art des Textes. Der Typograf unterscheidet zwischen Konsultations-, Lese- und Schaugröße. Die Konsultationsgröße liegt zwischen 6 und 8 Punkt (z. B. Telefonbuch).

Schrifthöhe
Die Höhe des Kegels (im Bleisatz), was im Fotosatz und Computersatz übernommen wurde. Die Schrift selbst ist kleiner, hat also keine absolute Höhe.

Schriftkegel
Höhe der Letter (im Bleisatz)

Schriftklassifizierung
Einteilung von Schriften nach Gruppen mit gleichen Merkmalen (DIN 16 518)

Schriftlinie
Zeichen/Wortgruppen stehen auf einer gemeinsamen Schriftlinie, auch wenn unterschiedliche Schriften bzw. Schriftgrößen verwendet werden.

Schriftmuster
Gesetzter Text, der das Bild und die Wirkung einer Schrift beurteilen lässt

Schriftschnitt
Im Bleisatz bezeichnet jede Variante einer Schriftform: kursiv, mager, normal, fett usw.

Schusterjunge
Die erste Zeile eines Absatzes am Ende der vorhergehenden Spalte

Schwarzaufbau, Schwarzanteil
Anteil der Schwarzkomponente in CMYK-Bildern. Je nach Separationseinstellung (GCR oder UCR) werden gleiche Farbanteile der Buntfarben Cyan, Magenta und Gelb ganz oder teilweise durch die Farbe Schwarz ersetzt.

Schwarzpunkt und Weißpunkt
Die Punkte auf einer Gradationskurve oder im Histogramm, die einem 100%igen Schwarz bzw. Weiß entsprechen. Durch Setzen von Schwarz- und Weißpunkt lassen sich die vorhandenen Tonwerte auf die gesamte zur Verfügung stehende Grauskala optimal verteilen.

Schwellenwert
Tonwertgrenze bei der Umwandlung von Graustufenbildern in den Bitmap-Modus: Dunklere Töne werden schwarz, hellere weiß.

Separation
Trennung der im Layout verwendeten Farben in die Farbauszüge der Prozessfarben und der gegebenenfalls verwendeten Sonderfarben. Die Separation kann entweder durch das jeweilige Grafik- oder Layoutprogramm erfolgen oder bei modernen Geräten auch direkt im RIP (In-RIP-Separation).

Serifen
Kleine geschwungene oder rechteckige Abschlussstriche oder Begrenzungen an den Enden der Buchstaben; auch Antiqua-Schriften genannt.

Siebdruck
Durchdruckverfahren, bei dem mit einem Rakel die Druckfarbe durch sehr feine textile Siebe (aus Kunststoff- oder Metallfasern) gedrückt wird. Die Farbe kann nur an den Stellen auf dem Bedruckstoff wirksam werden, die vorher nicht undurchlässig beschichtet oder abgedeckt wurden. Nur geeignet für kleine Auflagen bzw. schwierige Druckaufgaben. Er wird überwiegend für Kunstdrucke, Plakate, Schilder, Tapeten und Stoffe verwendet.

Sonderfarben
Auch als Schmuckfarben oder Volltonfarben bezeichnet. Diese Farben werden als gesonderte, vorgemischte Farben über ein separates Farbwerk aufgetragen. Man benötigt sie zum Drucken von Farben, die sich nicht durch die Prozessfarben darstellen lassen. Es gibt standardisierte Sonderfarbensysteme wie HKS und Pantone.

Sonderschrifttypen
Repräsentieren Gruppen von Schrifttypen. Das Zielsystem wählt eine installierte Schrifttype aus dieser Gruppe.

Spationieren
Verbreitern der Wort- und Buchstabenabstände in einem Text

Spatium
Im Bleisatz ein dünnes Blättchen, mit dem Wortzwischenräume ausgeglichen werden

Stapelverarbeitung
Automatisierte Verarbeitung mehrerer Dateien nach einem vorher festgelegten Modus

Subtraktive Farbmischung
Farbsystem mit den Grundfarben Cyan, Magenta und Gelb, bei dem die Absorption von Wellenlängenbereichen des Spektrums beschrieben wird. Das Ergebnis einer Mischung ist immer dunkler als die Ursprungsfarbe.

Suffix
Die Endung einer Datei wie .pcx wird als Suffix bezeichnet. Als anderer Name ist auch Extension gültig.

TIFF
Tagged Image File Format, Dateiformat für Bilder, das plattformübergreifend von vielen Programmen verstanden wird und alle Farbmodelle und Farbtiefen unterstützt. In einem TIFF lassen sich außerdem Masken und Pfade zur Freistellung und Ebenen speichern.

Tonwert
Helligkeitswert eines Pixels in einem Graustufenbild bzw. Farbkanal eines RGB- oder CMYK-Bildes. Die Tonwertskala reicht von 0 (Schwarz) bis 255 (Weiß).

Tonwertkorrektur
Verfahren zur Anpassung von Helligkeit und Kontrast. In einzelnen Farbkanälen durchgeführt, dient die Tonwertkorrektur zur Kompensation von Farbstichen.

Tonwertumfang
Bereich zwischen dem hellsten und dunkelsten Punkt in einer Bilddatei

Tonwertzuwachs
Durch Farbquetschung, Diffundierung der Druckfarbe in die Papierstruktur und vor allem durch den optischen Effekt des Lichtfangs (Unterstrahlung eines Rasterpunkts) hervorgerufene Verdunklung eines gerasterten Farbtones. Der Tonwertzuwachs muss bei der Separation oder Belichtung durch invertierte Berechnung (Aufhellung) kompensiert werden, damit der Druck die Tonwerte in der vorgesehenen Helligkeit und Farbe wiedergibt.

Transparent GIF
Eine Untergruppe innerhalb des ursprünglichen GIF-Dateiformats, bei welcher der GIF-Datei Header-Informationen hinzugefügt werden, durch die eine bestimmte Farbe maskiert wird.

Transparenz
Die Fähigkeit, durch ein Element hindurch das darunter liegende Objekt zu sehen. Der Grad der Transparenz wird durch das System über den so genannten Alpha-Kanal gesteuert.

True Color
Die durch 24 Bit Farbtiefe erzielte Farbqualität. 24 Bit führt zu 16,7 Millionen Farben, was für das menschliche Auge mehr als ausreichend sein sollte.

TrueType
Von Apple und Microsoft als Gegenstück zu den PostScript-Schriften von Adobe entwickeltes Schriftenformat, bei dem die Zeichen auflösungsunabhängig durch eine mathematische Beschreibung definiert sind und sich deshalb stufenlos skalieren lassen. Hat sich als Standardschriftformat der Betriebssysteme Mac OS und Windows sowie im Office-Bereich durchgesetzt. TrueType-Schriften können anders als PostScript-Schriften mehr als 256 unterschiedliche Zeichen umfassen (Beispiel Lucida Grande).

Überdrucken
Normalerweise muss ein in einer bestimmten Farbe definiertes Gestaltungselement einer Drucksache aus einem Untergrund, der mit von dem Element nicht benutzten Farben definiert wurde, ausgespart werden, damit die Farbe des Elementes nicht durch die Farbe des Untergrundes verfälscht wird. Es gibt jedoch Fälle, wo dies nicht sinnvoll ist, beispielsweise bei schwarzer Schrift vor einem farbigen Hintergrund. Hier spricht man davon, dass das Objekt den Hintergrund überdrucken muss, also aus diesem nicht ausgespart wird, denn Schwarz kann durch einen hinterlegten Grund nicht mehr nennenswert verändert werden.

Überfüllen
Der Vorgang, der normalerweise auf fotomechanische Weise ausgeführt wird, indem von einem Negativ wiederholt Kontaktdrucke angefertigt werden, wobei die Strichvorlage vergrößert wird. Die umgekehrte Funktion Unterfüllen wird verwendet, um Strichvorlagen in demselben Prozess zu verkleinern (wobei allerdings von einem Positivbild ausgegangen wird). Der Vorgang wird ausgeführt, um sicherzustellen, dass zwischen der Strichvorlage und dem umgebenden Bereich keine Lücke vorhanden ist, durch die das Papier scheint. Die Strichvorlage, die leicht vergrößert ist, tritt etwas über den Originalbereich hinaus. Hierdurch wird der Druckprozess vereinfacht, da die Druckpresse nicht absolut genau eingestellt sein muss.

Überfüllung
Zur Vermeidung von Blitzern zwischen angrenzenden Farben, die durch Ungenauigkeiten beim Druck entstehen können, lässt man die Objekte sich etwas überlagern. Dann entsteht zwar ein farbiger Saum, der vom Auge aber weniger wahrgenommen wird als das durchscheinende weiße Papier. Die Überfüllungen werden von Grafik- und Layoutprogrammen automatisch berechnet, oder man erstellt sie mit Hilfe darauf spezialisierter Programme.

UCA
Abkürzung für Under Colour Addition (Unterfarbenaddition). Dies ist eine Technik, mit der in neutralen, dunklen Bereichen CMY-Farbe zugegeben wird, damit das UCR-Verfahren effektiv eingesetzt werden kann.

UCR
Abkürzung für Under Colour Removal (Unterfarbreduktion). Mit dieser Technik werden die drei Farbkomponenten, mit denen die Grauwerte an dunklen oder schwarzen Stellen in Farbseparationen durch Mischung erzeugt werden, durch Schwarz ersetzt. Auf diese Weise werden die teueren CMY-Farben sparsam verwendet und durch die preiswertere schwarze Farbe ersetzt. Diese Technik reduziert die Menge an Druckfarbe, die erforderlich ist, um Grautöne zu erzeugen. Gleichzeitig wird die Druckgeschwindigkeit erhöht und die Trockenzeit verkürzt. Diese Technik ist nicht mit dem GCR-Verfahren zu verwechseln, das sämtliche Mischungen der drei Farben beeinflusst. Vielmehr sind hiervon nur die Grautöne, nicht die Farben betroffen. Das Ergebnis ist eine stärkere schwarze und schwächere CMY-Separation.

Umbruch
Anordnung von Text und Bildern in Spalten und Seiten

Unbuntaufbau
Deutscher Terminus für GCR (engl. für Gray Component Replacement); siehe GCR

Unterfarbenentfernung
Deutscher Terminus für UCR (engl. Under Color Removal); siehe UCR

Unterfüllen
Dieser Vorgang, bei dem Strichvorlagen verkleinert werden, wird normalerweise fotomechanisch ausgeführt, indem von einem Positiv wiederholt Kontaktabzüge erstellt werden. Die Gegenfunktion, das Überfüllen, wird verwendet, um Strichvorlagen mit demselben Verfahren (allerdings mit Hilfe eines Negativs) zu vergrößern.

Unterlänge
Unterer Teil eines Zeichens/Buchstabens

Unterschneiden
Verringern des Abstandes zwischen zwei Buchstaben, um optische Löcher zu vermeiden. Wird auch mit dem Begriff Kerning bezeichnet. Gut gemachte Schriften enthalten viele Zeichenkombinationen mit schon vordefinierten Unterschneidungswerten, die so genannten Kerning-Paare, die von Publishing-Programmen automatisch erkannt und verwendet werden.

Vakatseite
Eine leere, unbedruckte Seite

Vektor
Vektor ist ein allgemeiner Ausdruck für eine bestimmte Klasse von Grafiksystemen. Innerhalb eines solchen Grafiksystems wird ein Vektor durch eine Linie beschrieben, die durch Farbe, Start- und Endpunkt definiert ist. Vektoren werden daher im Normalfall bei der Erstellung von Strichvorlagen, typografischen Zeichen und Farbverläufen verwendet.

Vektorgrafik
Aus mathematischen Formeln beschriebene Bilder. Programme wie Flash und Illustrator sind auf Vektorgrafiken basierende Zeichen- bzw. Animationsprogramme. Siehe auch Pixelgrafik.

Versalhöhe
Gemessene Höhe des Großbuchstabens

Versalie
Auch Majuskel; die Großbuchstaben einer Schrift. Versalien sollten für Hervorhebungszwecke nur vorsichtig eingesetzt werden (besser sind Kapitälchen), für ganze Texte überhaupt nicht – denn sie sind wesentlich schlechter lesbar als Gemeine. Der Satz von Texten mit Versalien ist eine typische DTP-Unsitte und gibt dem Inhalt, im Gegensatz zur Meinung ihrer Urheber, keineswegs mehr Bedeutung, sondern hält eher vom Lesen ab.

Versalziffer
Ziffern in gleicher Höhe der Versalien = K 123

Vierfarbauszüge
Farbauszüge für den Vierfarbdruck in den Farben Cyan, Magenta, Gelb und Schwarz

Vierfarbdruck
Allgemein übliches Druckverfahren für farbige Druckprodukte mit den Grundfarben Cyan, Magenta, Gelb und Schwarz

Vierfarbraster
Rasterung für die Darstellung von Farben im Vierfarbdruck

Volltonfarben
Alle Sonderfarben wie HKS- oder Pantone-Farben sowie Gold, Silber oder eine Lackform

Websichere Farben
Websafe Colors. Farben, die von allen Browsern gleich angezeigt werden. In jedem Farbkanal (Rot, Grün und Blau) muss entweder eine 0 oder ein durch 51 teilbarer Betrag eingetragen sein.

Weißabgleich
Einstellung der Digitalkamera auf die Lichtbedingungen

Weißpunkt
Siehe Schwarzpunkt und Weißpunkt

Weißraum
Unbedruckter Raum auf einer Seite Werkschrift (auch Brotschrift oder Textschrift; die in einem Text benutzte Grundschrift)

Widerdruck
Bei doppelseitig bedruckten Vorlagen nennt man das Gedruckte, das sich auf der abgewandten Seite des Blattes befindet, den Widerdruck. Der Widerdruck kann bei dünnen Papiersorten durchscheinen und vom Scanner mit erfasst werden; die Vorderseite wird auch Schöndruck genannt.

XML
Die Extensible Markup Language (XML) entwickelt sich zur Grundlage vieler Dateiformate. Sie dient als Standard für die Beschreibung von Daten. XML-Dateien können in alle möglichen anderen Dateiformate – wie etwa HTML oder PDF – umgewandelt werden. XML wird auch von Apple bei den Property-Listen verwendet.

Zeilenabstand
Der von Grundlinie zu Grundlinie gemessene Abstand zweier Zeilen

Zeilendurchschuss
Auch: Zeilenzwischenraum; zur Schriftgröße zusätzlicher Abstand der Zeilen

Zentriert
Flattersatz auf Mittelachse bzw. Ausrichtung von Objekten in Bezug auf eine Achse. Sollte im Schriftsatz nur für kurze Texte verwendet werden.

ZIP
Verlustloses Kompressionsverfahren für Dateien und Bilder, auch in Mac OS X 10.3 integriert

Zulaufen
Negative (weiße) Rasterpunkte, deren Größe oberhalb der Druckbarkeitsgrenze liegt, können zulaufen, das heißt: nicht mehr differenziert gedruckt werden. Dies entsteht durch die Quetschung der Farbe durch die Druckplatte auf dem Papier.

35 Tastenkürzel

35.1 Tastaturen unter Mac und Windows

◂ **Abbildung 35.1**
Die Windows-Tastatur

◂ **Abbildung 35.2**
Die Mac-Tastatur

Die folgende Tabelle zeigt die Entsprechungen der Tasten Windows und Mac

Windows		Mac	
Steuerungstaste	Strg ❸	Befehl-Taste oder Apfel-Taste	⌘ ❿
Alttaste	Alt ❺	Alttaste oder Wahltaste	⌥ ❾
Umschalttaste	⇧ ❷	Umschalttaste	⇧ ❼
Tabulator	⇥ ❶	Tabulator	⇥ ❻
rechte Maustaste		Control-Taste	Ctrl ❽
Windows-Taste	⊞-Taste ❹		

Tabelle 35.1
Windows und Mac: Tastenbelegungen

35.2 Werkzeuge

35.2.1 Werkzeuge und ihre Tastenkürzel – alphabetisch nach Werkzeugen geordnet

Werkzeug	Symbol	Tastenkürzel
Ankerpunkt hinzufügen		+
Ankerpunkt löschen		-
Auswahl		V
Buntstift		N
Direktauswahl		A
Drehen		R
Ellipse		L
Farbe anwenden		.
Flächen- und Konturaktivierung austauschen		X
Flächen- und Konturfarben austauschen		⇧ + X
Frei transformieren		E
Hand		H
Keine anwenden		#
Linienzeichner		<
Messen		K
Pipette		I
Positionierungswerkzeug		⇧ + A
Rechteck		M
Rechteckrahmen		F

Werkzeug	Symbol	Tastenkürzel
Richtungspunkt umwandeln		⇧ + C
Schaltflächen		B
Schere		C
Skalieren		S
Standardflächen- und -konturfarben anwenden		D
Text		T
Text auf Pfad		⇧ + T
Verbiegen		O
Verlauf		G
Verlauf anwenden		.
Zeichenstift		P
Zoom		Z
Zwischen Standardansicht und Vorschau wechseln		W
Zwischen Text- und Objektsteuerung wechseln		J

35.2.2 Tastenkürzel der Werkzeuge – alphabetisch nach Tastenkürzeln geordnet

Tastenkürzel	Werkzeug	Symbol
-	Ankerpunkt löschen	
,	Farbe anwenden	
.	Verlauf anwenden	
.	Ankerpunkt hinzufügen	
<	Linienzeichner	

Tastenkürzel	Werkzeug	Symbol
#	Keine anwenden	
A	Direktauswahl	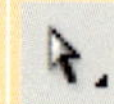
⇧ + A	Positionierungswerkzeug	
B	Schaltflächen	
C	Schere	
⇧ + C	Richtungspunkt umwandeln	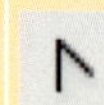
D	Standardflächen- und -konturfarben anwenden	
E	Frei transformieren	
F	Rechteckrahmen	
G	Verlauf	
H	Hand	
I	Pipette	
J	Zwischen Text- und Objektsteuerung wechseln	
K	Messen	
L	Ellipse	
M	Rechteck	
N	Buntstift	
O	Verbiegen	
P	Zeichenstift	
R	Drehen	
S	Skalieren	

Tastenkürzel	Werkzeug	Symbol
[T]	Text	
[⇧] + [T]	Text auf Pfad	
[V]	Auswahl	
[W]	Zwischen Standardansicht und Vorschau wechseln	
[X]	Flächen- und Konturaktivierung austauschen	
[⇧] + [X]	Flächen- und Konturfarben austauschen	
[Z]	Zoom	

35.3 Paletten

	Windows	Mac*
Absatz	[Strg] + [M], [Strg] + [Alt] + [T]	[⌘] + [M], [⌥] + [⌘] + [T]
Absatzformate	[F11]	[F11]
Ausrichten	[⇧] + [F7]	[⇧] + [F7]
Ebenen	[F7]	[F7]
Farbe	[F6]	[F6]
Farbfelder	[F5]	[F5]
Index	[⇧] + [F8]	[⇧] + [F8]
Informationen	[F8]	[F8]
Kontur	[F10]	[F10]
Konturenführung	[Strg] + [Alt] + [W]	[⌥] + [⌘] + [W]
Objektstile	[Strg] + [F7]	[⌘] + [F7]
Seiten	[F12]	[F12]
Separationsvorschau	[⇧] + [F6]	[⇧] + [F6]
Steuerung	[Strg] + [Alt] + [6]	[⌥] + [⌘] + [6]
Tabelle	[⇧] + [F9]	[⇧] + [F9]
Transformieren	[F9]	[F9]
Transparenz	[⇧] + [F10]	[⇧] + [F10]
Verknüpfungen	[⇧] + [Strg] + [D]	[⇧] + [⌘] + [D]
Zeichen	[Strg] + [T]	[⌘] + [T]
Zeichenformat	[⇧] + [F11]	[⇧] + [F11]

* Zur Doppelbelegung unter Mac OS X siehe auch die Tabelle unter Punkt 35.12.

35.4 Datei

	Windows	Mac
Anlegen	[Strg] + [N]	[⌘] + [N]
Öffnen	[Strg] + [O]	[⌘] + [O]
Speichern	[Strg] + [S]	[⌘] + [S]
Speichern, Kopie	[Strg] + [Alt] + [S]	[⌘] + [Alt] + [S]
Speichern unter	[⇧] + [Strg] + [S]	[⇧] + [⌘] + [S]
Schließen	[Strg] + [W], [Strg] + [F4]	[⌘] + [W], [⌘] + [F4]
Beenden	[Strg] + [Q]	[⌘] + [Q]
Dokument einrichten	[Strg] + [Alt] + [P]	[⌘] + [Alt] + [P]
Drucken	[Strg] + [P]	[⌘] + [P]
Durchsuchen	[Strg] + [Alt] + [O]	[⌘] + [Alt] + [O]
Exportieren	[Strg] + [E]	[⌘] + [E]
Platzieren	[Strg] + [D]	[⌘] + [D]
Preflight	[⇧] + [Strg] + [Alt] + [F]	[⇧] + [⌘] + [Alt] + [F]

35.5 Ansichten

	Windows	Mac
Auszoomen	[Strg] + [Num] + [-], [Strg] + [-]	[⌘] + [Num] + [-], [⌘] + [-]
Einzoomen	[Strg] + [Num] + [+], [Strg] + [+]	[⌘] + [Num] + [+], [⌘] + [+]
Anzeige: mit hoher Qualität	[Strg] + [Alt] + [H]	[⌥] + [⌘] + [H]
Anzeige: schnell	[⇧] + [Strg] + [O]	[⇧] + [⌘] + [O]
Anzeige: typisch	[Strg] + [Alt] + [Z]	[⌥] + [⌘] + [Z]
Ganze Montagefläche	[⇧] + [Strg] + [Alt] + [O]	[⇧] + [⌥] + [⌘] + [O]
Originalgröße	[Strg] + [1]	[⌘] + [1]
Auswahl in Fenster einpassen	[Strg] + [Alt] + [+]	[⌥] + [⌘] + [+]
Druckbogen in Fenster einpassen	[Strg] + [Alt] + [O] oder ein Doppelklick auf 	[⌥] + [⌘] + [O] oder ein Doppelklick auf 
Seite in Fenster einpassen	[Strg] + [O]	[⌘] + [O]
Größe 50 %	[Strg] + [5]	[⌘] + [5]
Größe 200 %	[Strg] + [2]	[⌘] + [2]
Größe 400 %	[Strg] + [4]	[⌘] + [4]
Ansicht: zwischen aktueller und vorheriger wechseln	[Strg] + [Alt] + [2]	[⌥] + [⌘] + [2]
Alle Paletten in Seiten-Registerkarten öffnen/schließen	[Strg] + [Alt] + [⇆]	[⌥] + [⌘] + [⇆]
An Dokumentraster ausrichten	[⇧] + [Strg] + [ß]	[⇧] + [⌘] + [ß]

	Windows	Mac
An Hilfslinien ausrichten	⇧ + Strg + Ü	⇧ + ⌘ + Ü
An Grundlinienraster ausrichten	⇧ + Strg + Alt + G	⇧ + ⌥ + ⌘ + G

35.5.1 Ein- und ausblenden

	Windows	Mac
Lineale	Strg + R	⌘ + R
Rahmenkanten	Strg + H	⌘ + H
Dokumentraster	Strg + ß	⌘ + ß
Grundlinienraster	Strg + Alt + ß	⌥ + ⌘ + ß
Hilfslinien	Strg + Ü	⌘ + Ü
Struktur	Strg + Alt + 1	⌥ + ⌘ + 1
Textverkettungen	Strg + Alt + Y	⌥ + ⌘ + Y
Alle Paletten außer Werkzeugpalette	⇧ + ⇆	⇧ + ⇆
Alle Paletten	⇆	⇆
Alle Hilfslinien auswählen	Strg + Alt + G	⌥ + ⌘ + G
Hilfslinien sperren	Strg + Alt + Ü	⌥ + ⌘ + Ü

35.6 Bewegen im Layout

	Windows	Mac
Seite hinzufügen	⇧ + Strg + P	⇧ + ⌘ + P
Gehe zur ersten Seite	⇧ + Strg + Bild ↑	⇧ + ⌘ + Bild ↑
Gehe zur letzten Seite	⇧ + Strg + Bild ↓	⇧ + ⌘ + Bild ↓
Eine Bildschirmlänge nach oben/nach unten	Bild ↑ / Bild ↓	Bild ↑ / Bild ↓
Vorheriger Druckbogen	Alt + Bild ↑	⌥ + Bild ↑
Nächster Druckbogen	Alt + Bild ↓	⌥ + Bild ↓
Zurück zur letzten Seite	Strg + Bild ↑	⌘ + Bild ↑
Vor zur letzten Seite	Strg + Bild ↓	⌘ + Bild ↓
Gehe zu Zoomfeld	Strg + Alt + 5	⌥ + ⌘ + 5
Gehe zu Seiteneingabe	Strg + J	⌘ + J
Bildschirm neu aufbauen	⇧ + F5	⇧ + F5
Zum nächsten Dokument wechseln	Strg + F6	⌘ + F6

35.7 Rahmen und Objekte

35.7.1 Objekt auswählen

	Windows	Mac
Erstes Objekt darüber	⇧ + Strg + Alt + Ä	⇧ + ⌥ + ⌘ + Ä
Letztes Objekt darunter	⇧ + Strg + Alt + Ö	⇧ + ⌥ + ⌘ + Ö
Nächstes Objekt darüber	Strg + Alt + Ä	⌥ + ⌘ + Ä
Nächstes Objekt darunter	Strg + Alt + Ö	⌥ + ⌘ + Ö

35.7.2 Objekte duplizieren und verschieben*

	Windows	Mac
verschieben nach links, oben, unten, rechts**	Pfeiltasten	Pfeiltasten
um ein Zehntel verschieben**	⇧ + Strg + Pfeiltasten	⇧ + ⌘ + Pfeiltasten
Auswahl um das Zehnfache verschieben**	⇧ + Pfeiltasten	⇧ + Pfeiltasten

* Die Einheiten, um die hier verschoben wird, können Sie in den Voreinstellungen unter Einheiten und Einteilungen • Tastaturschritte • Pfeiltasten bestimmen.

35.7.3 Größe ändern

	Windows	Mac
Um 1% vergrößern	Strg + .	⌘ + .
Um 5% vergrößern	Strg + Alt + .	⌥ + ⌘ + .
Um 1% verkleinern	Strg + ,	⌘ + ,
Um 5% verkleinern	Strg + Alt + ,	⌥ + ⌘ + ,

35.7.4 Objekt anordnen

	Windows	Mac
Anordnen: in den Hintergrund	⇧ + Strg + Ö	⇧ + ⌘ + Ö
Anordnen: in den Vordergrund	⇧ + Strg + Ä	⇧ + ⌘ + Ä
Anordnen: schrittweise nach hinten	Strg + Ö	⌘ + Ö
Anordnen: schrittweise nach vorne	Strg + Ä	⌘ + Ä

35.7.5 Inhalt und Rahmen anpassen

	Windows	Mac
Inhalt an Rahmen	Strg + Alt + E	⌥ + ⌘ + E
Inhalt proportional	⇧ + Strg + Alt + E	⇧ + ⌥ + ⌘ + E
Inhalt zentrieren	⇧ + Strg + E	⇧ + ⌘ + E
Rahmen an Inhalt	Strg + Alt + C	⌥ + ⌘ + C
Rahmen proportional füllen	⇧ + Strg + Alt + C	⇧ + ⌥ + ⌘ + C

35.7.6 Sonstige Befehle für Objekte

	Windows	Mac
Beschneidungspfad	⇧ + Strg + Alt + K	⇧ + ⌥ + ⌘ + K
Erneut transformieren	Strg + Alt + 3	⌥ + ⌘ + 3
Erneut transformieren: Abfolge	Strg + Alt + 4	⌥ + ⌘ + 4
Gruppieren	Strg + G	⌘ + G
Gruppierung aufheben	⇧ + Strg + G	⇧ + ⌘ + G
In Pfade umwandeln	⇧ + Strg + O	⇧ + ⌘ + O
Position entsperren	Strg + Alt + L	⌥ + ⌘ + L
Position sperren	Strg + L	⌘ + L
Schlagschatten	Strg + Alt + M	⌥ + ⌘ + M
Textrahmenoptionen	Strg + B	⌘ + B
Verknüpft: erstellen	Strg + 8	⌘ + 8
Verknüpft: lösen	Strg + Alt + 8	⌥ + ⌘ + 8
Verschieben	⇧ + Strg + M	⇧ + ⌘ + M

35.8 Textformatierung

35.8.1 Cursor bewegen im Text

	Windows	Mac
An das Zeilenende	Ende	Ende
An den Zeilenanfang	Pos1	Pos1
Ein Wort nach links	Strg + ←	⌘ + ←
Ein Wort nach rechts	Strg + →	⌘ + →
Ein Zeichen nach links	←	←
Ein Zeichen nach rechts	→	→
Eine Zeile nach oben	↑	↑

	Windows	Mac
Eine Zeile nach unten	↓	↓
Zum nächsten Absatz	Strg + ↓	⌘ + ↓
Zum vorherigen Absatz	Strg + ↑	⌘ + ↑
Zum Anfang des Textabschnitts	Strg + Pos1	⌘ + Pos1
Zum Ende des Textabschnitts	Strg + Ende	⌘ + Ende

35.8.2 Mit dem Cursor Wörter auswählen

	Windows	Mac
Bis zum Anfang der Zeile auswählen	⇧ + Pos1	⇧ + Pos1
Bis zum Ende der Zeile auswählen	⇧ + Ende	⇧ + Ende
Bis zum Anfang des Textabschnitts auswählen	⇧ + Strg + Pos1	⇧ + ⌘ + Pos1
Bis zum Ende des Textabschnitts auswählen	⇧ + Strg + Ende	⇧ + ⌘ + Ende
Linkes Wort auswählen	⇧ + Strg + ←	⇧ + ⌘ + ←
Rechtes Wort auswählen	⇧ + Strg + →	⇧ + ⌘ + →
Linkes Zeichen auswählen	⇧ + ←	⇧ + ←
Rechtes Zeichen auswählen	⇧ + →	⇧ + →
Nächsten Absatz auswählen	⇧ + Strg + ↓	⇧ + ⌘ + ↓
Vorherigen Absatz auswählen	⇧ + Strg + ↑	⇧ + ⌘ + ↑
Zeile auswählen	⇧ + Strg + ´	⇧ + ⌘ + ´
Zeile darüber auswählen	⇧ + ↑	⇧ + ↑
Zeile darunter auswählen	⇧ + ↓	⇧ + ↓

35.8.3 Ausrichtung und Einzug

	Windows	Mac
Blocksatz	⇧ + Strg + J	⇧ + ⌘ + J
Blocksatz (inkl. letzte Zeile)	⇧ + Strg + F	⇧ + ⌘ + F
Linksbündig	⇧ + Strg + L	⇧ + ⌘ + L
Rechtsbündig	⇧ + Strg + R	⇧ + ⌘ + R
Zentriert	⇧ + Strg + C	⇧ + ⌘ + C
Einzug bis hierhin	Strg + ´	⌘ + ´

35.8.4 Auszeichnung

	Windows	Mac
Fettdruck anwenden	⇧ + Strg + B	⇧ + ⌘ + B
Kursivdruck anwenden	⇧ + Strg + I	⇧ + ⌘ + I
Normal anwenden	⇧ + Strg + Y	⇧ + ⌘ + Y

	Windows	Mac
Durchgestrichen	⇧ + Strg + #	⇧ + ⌘ + #
Großbuchstaben	⇧ + Strg + K	⇧ + ⌘ + K
Hochgestellt	⇧ + Strg + +	⇧ + ⌘ + +
Kapitälchen	⇧ + Strg + H	⇧ + ⌘ + H
Tiefgestellt	⇧ + Strg + Alt + +	⇧ + ⌥ + ⌘ + +
Unterstrichen	⇧ + Strg + U	⇧ + ⌘ + U
Kerning und Laufweite zurücksetzen	Strg + Alt + Q	⌥ + ⌘ + Q
Kerning/Laufweite fünffach erhöhen	Strg + Alt + →	⌥ + ⌘ + →
Kerning/Laufweite fünffach verringern	Strg + Alt + ←	⌥ + ⌘ + ←
Kerning/Laufweite erhöhen	Alt + →	⌥ + →
Kerning/Laufweite verringern	Alt + ←	⌥ + ←
Schriftgrad fünffach erhöhen	⇧ + Strg + Alt + .	⇧ + ⌥ + ⌘ + .
Schriftgrad fünffach verringern	⇧ + Strg + Alt + ,	⇧ + ⌥ + ⌘ + ,
Schriftgrad erhöhen	⇧ + Strg + .	⇧ + ⌘ + .
Schriftgrad verringern	⇧ + Strg + ,	⇧ + ⌘ + ,
Wortabstand fünffach vergrößern	⇧ + Strg + Alt + <	⇧ + ⌥ + ⌘ + <
Wortabstand fünffach verkleinern	⇧ + Strg + Alt + ←	⇧ + ⌥ + ⌘ + ←
Wortabstand vergrößern	Strg + Alt + <	⌥ + ⌘ + <
Wortabstand verkleinern	Strg + Alt + ←	⌥ + ⌘ + ←
Zeilenabstand fünffach erhöhen	Strg + Alt + ↓	⌥ + ⌘ + ↓
Zeilenabstand fünffach verringern	Strg + Alt + ↑	⌥ + ⌘ + ↑
Zeilenabstand erhöhen	Alt + ↓	⌥ + ↓
Zeilenabstand verringern	Alt + ↑	⌥ + ↑
Autom. Zeilenabstand	⇧ + Strg + Alt + A	⇧ + ⌥ + ⌘ + A
Grundlinienversatz fünffach erhöhen	⇧ + Strg + Alt + ↑	⇧ + ⌥ + ⌘ + ↑
Grundlinienversatz fünffach verringern	⇧ + Strg + Alt + ↓	⇧ + ⌥ + ⌘ + ↓
Grundlinienversatz erhöhen	⇧ + Alt + ↑	⇧ + ⌥ + ↑
Grundlinienversatz verringern	⇧ + Alt + ↓	⇧ + ⌥ + ↓
Normale horizontale Textskalierung	⇧ + Strg + X	⇧ + ⌘ + X
Normale vertikale Textskalierung	⇧ + Strg + Alt + X	⇧ + ⌥ + ⌘ + X

35.8.5 Umbruch

	Windows	Mac
Absatzmarke	Alt + 7	⌥ + 7
Absatzumbruch	↵	↵
Alle Textabschnitte neu umbrechen	Strg + Alt + #	⌥ + ⌘ + #
Harter Zeilenumbruch	⇧ + ↵	⇧ + ↵
Rahmenumbruch	⇧ + Enter	⇧ + ⌅

	Windows	Mac
Seitenumbruch	Strg + Enter	⌘ + ⌅
Spaltenumbruch	Num ↵	Num ↵

35.8.6 Suche/ersetzen

	Windows	Mac
Weitersuchen	⇧ + F2	⇧ + F2
Auswahl in ERSETZEN DURCH laden	Strg + F2	⌘ + F2
Auswahl in SUCHEN NACH laden	Strg + F1	⌘ + F1
Auswahl in SUCHEN NACH laden und weitersuchen	⇧ + F1	⇧ + F1
Durch ERSETZEN DURCH-Text ersetzen	Strg + F3	⌘ + F3
Durch ERSETZEN DURCH-Text ersetzen und weitersuchen	⇧ + F3	⇧ + F3

35.8.7 Leerzeichen, Striche, Sonderzeichen

	Windows	Mac
Geviert-Leerzeichen	⇧ + Strg + M	⇧ + ⌘ + M
Halbgeviert-Leerzeichen	⇧ + Strg + N	⇧ + ⌘ + N
Achtelgeviert-Leerzeichen	⇧ + Strg + Alt + M	⇧ + ⌥ + ⌘ + M
Geschütztes Leerzeichen	Strg + Alt + X	⌥ + ⌘ + X
Geschützter Trennstrich	Strg + Alt + -	⌥ + ⌘ + -
Bedingter Trennstrich	⇧ + Strg + -	⇧ + ⌘ + -
Geviertstrich	⇧ + Alt + -	⇧ + ⌥ + -
Halbgeviertstrich	Alt + -	⌥ + -
Öffnendes Anführungszeichen	Alt + Ö	⌥ + Ö
Öffnendes einfaches Anführungszeichen	Alt + Ä	⌥ + Ä
Schließendes Anführungszeichen	⇧ + Alt + Ö	⇧ + ⌥ + Ö
Schließendes einfaches Anführungszeichen	⇧ + Alt + Ä	⇧ + ⌥ + Ä
Aufzählungszeichen	Alt + 8	⌥ + 8
Auslassungszeichen	Alt + Ü	⌥ + Ü
Copyright-Symbol (©)	Alt + G	⌥ + G
Paragraphenzeichen	Alt + 6	⌥ + 6
Symbol für eingetragene Marke (®)	Alt + R	⌥ + R

35.8.8 Sonstige Arbeiten mit Text

	Windows	Mac
Typografische Anführungszeichen ein/aus	⇧ + Strg + Alt + ß	⇧ + ⌥ + ⌘ + ß
Verborgene Zeichen einblenden	Strg + Alt + I	⌥ + ⌘ + I
Absatzlinien	Strg + Alt + J	⌥ + ⌘ + J
Absatzumbruchoptionen	Strg + Alt + K	⌥ + ⌘ + K
Abstände	⇧ + Strg + Alt + J	⇧ + ⌥ + ⌘ + J
Initialen und verschachtelte Formate	Strg + Alt + R	⌥ + ⌘ + R
Absatzformat neu definieren	⇧ + Strg + Alt + R	⇧ + ⌥ + ⌘ + R
Zeichenformat neu definieren	⇧ + Strg + Alt + C	⇧ + ⌥ + ⌘ + C
Alle Musterseitenobjekte übergehen	⇧ + Strg + Alt + L	⇧ + ⌥ + ⌘ + L
Tags automatisch erstellen	⇧ + Strg + Alt + F7	⇧ + ⌥ + ⌘ + F7
Liste fehlender Schriftarten aktualisieren	⇧ + Strg + Alt + #	⇧ + ⌥ + ⌘ + #
Autom. Silbentrennung ein/aus	⇧ + Strg + Alt + H	⇧ + ⌥ + ⌘ + H
Automatische Seitenzahl	⇧ + Strg + Alt + N	⇧ + ⌥ + ⌘ + N

35.9 Tabelle

	Windows	Mac
Tabelle einrichten	⇧ + Strg + Alt + B	⇧ + ⌥ + ⌘ + B
Auswählen		
Tabelle auswählen	Strg + Alt + A	⌥ + ⌘ + A
Spalte auswählen	Strg + Alt + 3	⌥ + ⌘ + 3
Zeile auswählen	Strg + 3	⌘ + 3
Zelle auswählen	Strg + #	⌘ + #
Zellen darüber auswählen	⇧ + ↑	⇧ + ↑
Zellen darunter auswählen	⇧ + ↓	⇧ + ↓
Zellen zur Linken auswählen	⇧ + ←	⇧ + ←
Zellen zur Rechten auswählen	⇧ + →	⇧ + →
Einfügen		
Tabelle einfügen	⇧ + Strg + Alt + T	⇧ + ⌥ + ⌘ + T
Spalte einfügen	Strg + Alt + 9	⌥ + ⌘ + 9
Zeile einfügen	Strg + 9	⌘ + 9
Zeilen oder Spalten beim Ziehen einfügen	Zeilen- oder Spaltenrand ziehen, dann Alt drücken und weiter ziehen	Zeilen- oder Spaltenrand ziehen, dann ⌥ drücken und weiter ziehen
Löschen		
Spalte löschen	⇧ + ←	⇧ + ←

	Windows	Mac
Zeile löschen	Strg + ←	⌘ + ←
Zeilen oder Spalten beim Ziehen löschen	Zeilen- oder Spaltenrand ziehen, dann Alt drücken und weiter ziehen	Zeilen- oder Spaltenrand ziehen, dann ⌥ drücken und weiter ziehen
Cursor bewegen		
In benachbarte Zelle bewegen	Pfeiltasten	Pfeiltasten
Zur nächsten bzw. vorherigen Zelle gehen	⇆ bzw. ⇧ + ⇆	⇆ bzw. ⇧ + ⇆
Zur ersten bzw. letzten Zelle in Spalte gehen	Alt + Bild↑/Bild↓	⌥ + Bild↑/Bild↓
Zur ersten bzw. letzten Zelle in Zeile gehen	Alt + Pos1 bzw. Ende	⌥ + Pos1 bzw. Ende
Weitere Befehle		
Zellen-/Textauswahl wechseln	Esc-Taste	Esc-Taste
Zellenoptionen: Text	Strg + Alt + B	⌥ + ⌘ + B
Zeile in nächstem Rahmen beginnen	⇧ + Enter	⇧ + ⌅
Zeile in nächster Spalte beginnen	Enter	⌅
Größe der Zeilen oder Spalten verändern, ohne die Größe der Tabelle zu ändern	⇧ + inneren Zeilen- oder Spaltenrand ziehen	⇧ + inneren Zeilen- oder Spaltenrand ziehen
Größe von Zeilen oder Spalten proportional ändern	⇧ + Tabellenrand ziehen	⇧ + Tabellenrand ziehen

35.9.1 Tabulatoren

	Windows	Mac
Tabulator	⇆	⇆
Tabulator für Einzug rechts	⇧ + ⇆	⇧ + ⇆
Tabulatoren	⇧ + Strg + T	⇧ + ⌘ + T

35.10 Index

	Windows	Mac
Index-Palette öffnen	⇧ + F8	⇧ + F8
Indexeintrag erstellen, ohne das Dialogfeld zu öffnen	⇧ + Strg + Alt + Ö	⇧ + ⌥ + ⌘ + Ö
Dialogfeld Indexeintrag öffnen	Strg + U	⌘ + U
Indexeintrag für Eigennamen (Nachname, Vorname) erstellen	⇧ + Strg + Alt + Ä	⇧ + Strg + Alt + Ä

35.11 XML: Struktur, Navigation

	Windows	Mac
Bis zum ersten XML-Knoten auswählen	⇧ + Pos1	⇧ + Pos1
Bis zum letzten XML-Knoten auswählen	⇧ + Ende	⇧ + Ende
Element erweitern	→	→
Element und untergeordnete Elemente erweitern	Alt + →	⌥ + →
Elementstruktur ausblenden	←	←
Ersten XML-Knoten auswählen	Pos1	Pos1
Letzten XML-Knoten auswählen	Ende	Ende
Nächsten Validierungsfehler anzeigen	Strg + →	⌘ + →
Struktur für Element und untergeordnete Elemente ausblenden	Alt + ←	⌥ + ←
Strukturfenster einen Bildschirm nach oben	Bild ↑	Bild ↑
Strukturfenster einen Bildschirm nach unten	Bild ↓	Bild ↓
Vorherigen Validierungsfehler anzeigen	Strg + ←	⌘ + ←
XML-Auswahl nach oben erweitern	⇧ + ↑	⇧ + ↑
XML-Auswahl nach oben verschieben	↑	↑
XML-Auswahl nach unten erweitern	⇧ + ↓	⇧ + ↓
XML-Auswahl nach unten verschieben	↓	↓

35.12 Tastenkürzel für den Mac

35.12.1 Konflikte mit dem Betriebssystem beheben

Wenn Sie mit dem Mac arbeiten, wird Ihnen aufgefallen sein, dass InDesign CS2 Tastenkürzel beinhaltet, die der Mac im Betriebssystem vergeben hat.

Um folgende Aktion auszuführen	benutzen Sie	statt, wie in InDesign vorgesehen,	denn es ist auf dem Mac belegt durch
Absatzformat-Palette öffnen	Ctrl + ⌘ + F11	F11	Desktop aufrufen
Zeichenformat-Palette öffnen	Ctrl + ⇧ + ⌘ + F11	⇧ + F11	Desktop aufrufen
Transformieren-Palette öffnen	Ctrl + ⌘ + F9	⌘ + F9	Exposé aufrufen
Konturen-Palette öffnen	Ctrl + ⌘ + F10	⌘ + F10	Alle offenen Fenster eines Programms nebeneinander anzeigen
Tabellen-Palette öffnen	Ctrl + ⇧ + ⌘ + F9	⇧ + ⌘ + F9	Exposé aufrufen
Transparenz-Palette öffnen	Ctrl + ⇧ + ⌘ + F10	⇧ + ⌘ + F10	Alle offenen Fenster eines Programms nebeneinander anzeigen

Um folgende Aktion auszuführen	benutzen Sie	statt, wie in InDesign vorgesehen,	denn es ist auf dem Mac belegt durch
Farbfelder-Palette öffnen	Ctrl + ⌘ + F5	⌘ + F5	divers
Seiten-Palette öffnen	Ctrl + ⌘ + F12	⌘ + F12	Dashboard
Anwendungsfenster minimieren	Ctrl + ⌘ + M	⌘ + M	Fenster im Dock minimieren
Anwendung ausblenden	Ctrl + ⌘ + H	⌘ + H	Programm ausblenden

35.12.2 Dock und Programme

Dock ein- und ausblenden	⌘ + ⌥ + D
Aktives Programm ausblenden	⌘ + H
Andere Programme ausblenden	⌘ + ⌥ + H
Aktives Programmfenster im Dock ablegen	⌘ + M
Zwischen geöffneten Programmen wechseln	⌘ + ⇥
Hilfe öffnen	⌘ + ?
Wechselmedium oder externe Festplatte auswerfen	⌘ + E
Fenster PROGRAMME SOFORT BEENDEN aufrufen	⌘ + ⌥ + Esc
Aktives Programm sofort beenden	⌘ + ⌥ + ⇧ + Esc

35.12.3 Finder

Neues Fenster	⌘ + N
Fenster schließen	⌘ + W
Alle Fenster schließen	⌘ + ⌥ + W
Fenster im Dock ablegen	⌘ + M
Ordner »Privat« öffnen	⌘ + ⇧ + H
Programmordner öffnen	⌘ + ⇧ + A
Fenster in Symbolansicht darstellen	⌘ + 1
Fenster in Listenansicht darstellen	⌘ + 2
Fenster in Spaltenansicht darstellen	⌘ + 3
Objekt zur Seitenleiste hinzufügen	⌘ + T
Neuen Ordner anlegen	⌘ + ⇧ + N
Suchen	⌘ + F
Ordner oder Datei kopieren	⌘ + C
Ordner oder Datei einsetzen	⌘ + V
Bewegen oder Kopieren eines Objekts rückgängig machen	⌘ + Z
Objekt in den Papierkorb legen	⌘ + ←
Papierkorb ausleeren	⌘ + ⇧ + ←

Fenster INFORMATION öffnen	⌘ + I
Alias erzeugen	⌘ + L
Original eines Alias finden	⌘ + R
In den Dialogfenstern ÖFFNEN und SICHERN zum Schreibtisch wechseln	⌘ + D

35.12.4 Rechnerstart

Startvolume auswählen (Startmanager)	⌥
Von CD oder DVD starten	C
CD oder DVD auswerfen	Maustaste gedrückt halten
Im gesicherten Modus starten	⇧
Im Single-User-Modus starten	⌘ + S
Im Target-Disk-Modus starten	T
NVRAM zurücksetzen	⌘ + ⌥ + P + R
Mit Open Firmware starten	⌘ + ⌥ + O + F

35.12.5 Ausschalten

Ausschaltdialog aufrufen	Ctrl + Auswurftaste
Ruhezustand (nur bei manchen Rechnermodellen)	Kurz auf die Einschalttaste drücken
Zwangsweiser Neustart	⌘ + Ctrl + Auswurftaste
Zwangsabschalten	Einschalttaste mehrere Sekunden drücken

35.12.6 Bildschirmfotos

Ganzer Bildschirm	⌘ + ⇧ + 3
Ausschnitt	⌘ + ⇧ + 4
Fenster	⌘ + ⇧ + 4 und anschließend Leertaste

35.13 Tastenkürzel für Windows

35.13.1 Tricks mit der Windows-Taste

Ausführen-Dialog öffnen	⊞ + R
Alle Fenster minimieren	⊞ + M
Alle minimierten Fenster wieder herstellen	⊞ + ⇧ + M
Systemeigenschaften einblenden	⊞ + Pause
Suchen-Dialog aufrufen	⊞ + F

Computer sperren	Windows + L
Lupe & Bildschirmtastatur aufrufen	Windows + U

35.13.2 Explorer

Windows Explorer öffnen	Windows + E
Eigenschaften eines Ordners	Alt + ↵
Alle Unterordner öffnen	Num + *
Eine Ordnerebene nach oben	←

35.13.3 Text markieren

Einfügemarke an den Anfang des nächsten Wortes setzen	Strg + →
Einfügemarke an den Anfang des vorigen Wortes setzen	Strg + ←
Einfügemarke an den Anfang des nächsten Absatzes setzen	Strg + ↓
Einfügemarke an den Anfang des vorigen Absatzes setzen	Strg + ↑

35.13.4 Sonstiges

Kopieren	Strg + C
Ausschneiden	Strg + X
Einfügen	Strg + V
Aktionen rückgängig machen	Strg + Z
Alles markieren	Strg + A
Löschen	Entf
Aktives Fenster schließen	Alt + F4
Element löschen, ohne es in den Papierkorb abzulegen	⇧ + Entf
Kopie durch Ziehen erzeugen	Strg
Umbenennen	F2
Datei oder Ordner suchen	F3
Aktives Fenster aktualisieren	F5
Zwischen geöffneten Fenstern wechseln	Alt + ⇆
Elemente in der Reihenfolge durchlaufen, in der sie geöffnet wurden	Alt + Esc
Kontextmenü öffnen	Alt + Leertaste

36 Schreibweisen

Zeichen	Erklärung	Beispiel
Trennstrich (Divis)	Dieser kurze Strich wird bei Trennungen automatisch erzeugt und ist mit dem Bindestrich identisch. Wird ein gemeinsamer Wortteil eingespart, steht er am vorhergehenden Wort, zum nachfolgenden Wort kommt der normale Abstand, zwischen gekoppelten Wörtern kommt kein Abstand.	Trennstriche stehen auch bei Wortkoppelungen.
Gedankenstrich	Er ist ein Halbgeviert lang. Der Abstand davor und danach wird reduziert. Als Ersatz für »von« und »bis« steht er ohne Abstand an den Ziffern.	Der Gedankenstrich – in Halbgeviert-Größe und mit reduziertem Wortabstand
Klammern	Sie stehen am Beginn und Ende des Einzuklammernden ohne Abstand.	Runde (und eckige) Klammern
Französische Anführungszeichen	Sie stehen mit der Spitze zum Angeführten, davor und danach mit etwas weniger Abstand.	»Französische Anführungszeichen«
Deutsche Anführungszeichen	Die deutschen Anführungszeichen (Gänsefüßchen) geben ein unruhiges Satzbild, weil dadurch die Zeile löchriger wird. Im DTP-Satz werden häufig Zollzeichen statt Anführungen verwendet. Diese sind nicht nur falsch, sondern auch noch störend.	„Deutsche Anführungszeichen", aber nicht die "Zollzeichen"
Auslassungspunkte	Auslassungspunkte erhalten etwa ein Drittel weniger Abstand. Dienen sie als Gliederungszeichen, haben sie keinen Abstand zwischen den Zeichen.	Auslassungspunkte ...
Schrägstrich	Wenn Begriffe zusammengehören, wird er spationiert gesetzt.	Galileo Press/Design
Punkt und Komma	Sie stehen am vorangehenden Wort.	Das ist das Ende.
Semikolon, Doppelpunkt, Fragezeichen, Ausrufezeichen	Sie halten etwas Abstand zum vorherigen Wort, danach folgt ein normaler Zwischenraum.	Ein Wurf!
Telefon-, Telefax- und Postfachnummern	Sie werden von rechts ausgehend in Zweiergruppen gegliedert. Der Abstand wird hierbei – wenn das Textprogramm es erlaubt – reduziert. Dies gilt für alle Ziffergruppen. In der Schweiz werden bei siebenstelligen Ziffern die ersten drei zusammengefasst. Die Ortsnetzkennzahl steht in runden Klammern davor oder wird durch einen Schrägstrich abgetrennt.	Telefon (0228) 42 15 00 Telefon 0228/4 21 50 99
Bankkonten	Bankkonten werden von rechts dreistellig abgetrennt.	Bankkonto 41 022 300
Bankleitzahlen	Bankleitzahlen bestehen aus zwei Dreier- und einer Zweiergruppe, der Abstand ist reduziert.	BLZ 123 456 67

Zeichen	Erklärung	Beispiel
Postleitzahlen	Postleitzahlen werden nicht untergliedert.	53227 Bonn
Dezimalzahlen	Dezimalzahlen dürfen durch einen kleinen Abstand oder Punkt nach drei Ziffern von rechts unterteilt werden. Das Komma ist nur zur Anzeige der Dezimalstelle vorgesehen.	Dezimalzahl 100.294,1 Dezimalzahl 100 294,16

37 Die DVD zum Buch

Für die Buch-DVD haben Verlag und Autor Ihnen einige Schmankerl zusammengestellt. Sie finden attraktive Video-Lektionen, eine 30-Tage-Vollversion von InDesign CS2 für Mac und Windows, Demoversionen von Plug-ins sowie sinnvolle Beispielmaterialien des Buchs.

Adobe Tryouts

In diesem Verzeichnis findet sich, für Sie besonders interessant, eine deutsche 30-Tage-Vollversion von InDesign CS2. Außerdem auch 30-Tage-Vollversionen von Adobe-Programmen, die Sie häufig in Kombination mit InDesign CS2 einsetzen werden:

- GoLive CS2 Windows und Mac
- Photoshop CS2 Windows und Mac
- Illustrator CS2 Windows und Mac

Beispieldateien

In diesem Verzeichnis finden Sie die Materialien zum Buch. Besonders wichtig: im Ordner Beispielprojekt_Vertigo finden Sie alle Daten für den Flyer, den Sie zusammen mit dem Autor erstellen werden. Außerdem finden Sie – nach Kapiteln sortiert – weitere Dateien, auf die wir auch im Buch an den jeweiligen Stellen verweisen.

Plug_in-Demoversionen

Im Buch besprechen wir Plug-ins, die Ihre Arbeit mit InDesign vereinfachen können. Zu vielen davon konnten wir für Sie eine Demoversion beschaffen. Hier eine Auflistung der vorliegenden Demoversionen.

Weitere Infos zu den Plug-ins

Genauere Informationen zu allen Plug-ins, die sich als Demoversionen auf der DVD befinden, bieten wir im Plug-in-Kapitel.

37.3.1 Inforvision ModeS CatalogSuite

ModeS arbeitet mit allen Datenbanken, die SQL-fähig sind und mittels ODBC-Treiber angesteuert werden können.

- Unterstützte Version: InDesign CS und InDesign CS2
- nur für Windows

Pagino für Windows

Dieses Plug-in unterstützt Pivot-Tabellen aus Excel

- Unterstütze Version: InDesign CS
- InDesign CS2-Version ab November 2005 zum Download unter http://www.pagino.de/FreeDownload.asp
- nur für Windows

Woodwing Smart Catalog 4

SmartCatalog dient der Befüllung von Layouts mit Datenbankinhalten.

- Unterstützte Version: InDesign CS2
- Windows 2000 SP 3 und XP, Mac OS X ab 10.2.8
- 30-Tage-Version

Codeware Xactuell 4

Für SQL-Datenbanken: Stellt Inhalte für das InDesign-Layout bereit

- Unterstütze Version: InDesign CS
- Windows XP und Mac OS X

Woodwing SmartStyles 4

Arbeiten mit Stilen

- Unterstützte Version: InDesign CS2
- Windows 2000 SP 3 und XP, Mac OS X ab 10.2.8
- 30-Tage-Version

Indexerstellung mit Sonar Bookends

InXref 5.0 | Querverweise auf andere InDesign-Seiten oder Dokumente innerhalb eines InDesign-Buches.

Sonar Bookends InSeq 5.4 | technische Dokumentationen, erstellt hierarchische Nummerierungen von Absätzen oder Tabellen.

Sonar Bookends InFnote 5.1 | InFnote ist eine Fuß- und Endnotenverwaltung

Sonar Bookends InDex Pro 5.2 | ermöglichen die Indexerstellung über eine vorgegebene Liste von Wörtern oder Eigennamen.

- Unterstützte Versionen: InDesign CS2
- Windows und Mac

DTP-Tools History 2.1

Protokoll-Palette auch für InDesign CS2

- Unterstützte Versionen: InDesign CS, CS2 und InCopy
- für Windows und Mac

Alap InTools 1.1.1

InStarburst: Sternformen erstellen

InPathfinder: Rahmenobjekte miteinander verrechnen

InItemMarks: individuelle Beschnittmarken oder Passkreuze hinzufügen

InPrint: Bereiche der Layoutseite drucken

InNudge: Objekte positionieren und drehen

- Unterstützte Versionen: InDesign CS2
- Windows und Mac

Teacup TableStyles und CellStyles

Tabellenstile speichern

- Unterstützte Version InDesign CS und CS2
- Windows und Mac

InMath 1.5.5: Formeln

Mathematischer Formelsatz auf Basis von OpenType-Fonts

- Unterstützte Version: InDesign CS und InCopy CS

Cacidi Extreme BarCodes 2

Barcodes generieren

- Unterstützte Versionen: InDesign CS2
- Windows und Mac

Woodwing Smart Connection 4

Für InCopy zur Übergabe der Dateien vom Server zu InDesign oder InCopy. Die Pro-Version stellt in Verbindung mit InDesign und InCopy ein vollständiges Redaktionssystem dar.

- Unterstützte Version: InDesign CS2, InCopy CS2
- Windows 2000 SP 3 und XP, Mac OS X ab 10.2.8
- 30-Tage-Version

Alap Imposer Pro 1.1.2

Zum Ausschießen: Imposer Pro schießt Druckbögen bis zu acht Nutzen aus.

- Unterstützte Version: InDesign CS2
- Mac und Windows

NICOLA 2

Kein Plugin, sondern eine eigenständige Software: Zum Ausschießen: frei definierbare Druckbögen für den Offsetdruck

- Unterstützte Version: InDesign CS2
- Nur für den Mac

Video-Lektionen

In diesem Ordner finden Sie ein attraktives Special: Aus unserem Video-Training »Adobe InDesign CS2« von Christiane Wittich, (ISBN 3-89842-715-3) aus der Reihe Galileo Design wurden für Sie relevante Lehrfilme ausgekoppelt.

So haben Sie die Möglichkeit, dieses neue Lernmedium kennen zu lernen und gleichzeitig Ihr Wissen um InDesign CS2 zu vertiefen. Sie schauen einer **erfahrenen Trainerin** bei der Arbeit zu und verstehen intuitiv, durch Zuschauen und Zuhören, wie man die erklärten Funktionen anwendet. Im Buch geben wir Hinweise, wann für Sie eine Video-Lektion zur Verfügung steht. Folgende Filme werden Sie finden:

- Ansichten: 8:18 min.
- Farbeinstellungen: 6:20 min.
- Farbprofile zuweisen: 5:11 min.
- Adobe Bridge: Oberfläche und Anwendung: 9:49 min.
- Adobe Bridge: Voreinstellungen: 4:43 min.
- Version Cue konfigurieren: 14:37 min.
- Version Cue einrichten: 3:58 min.
- Version Cue: Praktische Anwendung mit InDesign: 8:56 min.

I

J

K

L

M

N

W

X

Z

NEU!
edition PAGE
Mit DVD zum Buch:
→ Beispielbilder zu allen 88 Workshops
→ 12 Video-Lektionen
→ 30-Tage-Vollversion Photoshop CS2
Maike Jarsetz
Das Photoshop-Buch für digitale Fotografie
Aktuell zu Photoshop CS2
Galileo Design
Das Lösungsbuch
Die Fundgrube für Digitalfotografen
416 Seiten in Farbe, mit DVD, 39,90 Euro
>> www.galileodesign.de/1095
100% Lösungen!
Video-Training
Adobe Photoshop CS2
für digitale Fotografie
Canon EOS 350D
»anschauen
live mitmachen
verstehen«
Lernkurse der neuen Generation
Trailer
Kostenlose Video-Trailer im Web ...
>> www.galileodesign.de/video-trainings/
Galileo Design
Know-how für Kreative

edition PAGE
professionell
Thomas Bredenfeld
Photoshop CS2
professionell
100% Profiwissen
DVD
Galileo Design

Bibliografische Information Der Deutschen Bibliothek
Die Deutsche Bibliothek verzeichnet diese Publikation in der Deutschen Nationalbibliografie; detaillierte bibliografische Daten sind im Internet über http://dnb.de abrufbar.

ISBN 3-89842-707-2

1. Auflage 2006

Der Name Galileo Press geht auf den italienischen Mathematiker und Philosophen Galileo Galilei (1564–1642) zurück. Er gilt als Gründungsfigur der neuzeitlichen Wissenschaft und wurde berühmt als Verfechter des modernen, heliozentrischen Weltbilds. Legendär ist sein Ausspruch Eppur se muove (Und sie bewegt sich doch). Das Emblem von Galileo Press ist der Jupiter, umkreist von den vier Galileischen Monden. Galilei entdeckte die nach ihm benannten Monde 1610.

Lektorat Ruth Wasserscheid
Korrektorat Sandra Gottmann, Münster
Herstellung Vera Brauner
Einbandgestaltung Hannes Fuß, www.exclam.de
Schmetterling auf dem Cover © PixelQuelle.de
Typografie und Layout Vera Brauner
Satz Conrad Neumann, München
Druck Kösel, Altusried-Krugzell

Diese Buch wurde gesetzt aus der Linotype Syntax (9,25/13 pt) in Adobe In-Design CS2
Gedruckt wurde es auf chlorfrei gebleichtem (TCF) Offset-Papier PlanoPlus (100g/m²).

Gerne stehen wir Ihnen mit Rat und Tat zur Seite:
ruth.Wasserscheid@galileo-press.de bei Anmerkungen zum Inhalt des Buches
service@galileo-press.de für versandkostenfreie Bestellungen und Reklamationen
ralf.kaulisch@galileo-press.de für Rezensions- und Schulungsexemplare